2018 中国税官论税制改革

中国税制改革与发展编辑部　编

中国财富出版社

图书在版编目(CIP)数据

2018中国税官论税制改革/中国税制改革与发展编辑部编. — 北京：中国财富出版社，2018.12

ISBN 978-7-5047-6818-6

Ⅰ. ①2… Ⅱ. ①中… Ⅲ. ①税收改革—研究—中国 Ⅳ. ①F812.422

中国版本图书馆CIP数据核字(2018)第277368号

策划编辑	李彩琴	**责任编辑**	李　伟　孟　婷　杨白雪		
责任印制	尚立业	**责任校对**	孙丽丽	**责任发行**	杨　江

出版发行	中国财富出版社		
社　　址	北京市丰台区南四环西路188号5区20楼	**邮政编码**	100070
电　　话	010—52227588转2098(发行部)		010—52227588转321(总编室)
	010—52227588转100(读者服务部)		010—52227588转305(质检部)
网　　址	http://www.cfpress.com.cn		
经　　销	新华书店		
印　　刷	天津市祥丰印务有限公司		
书　　号	ISBN 978-7-5047-6818-6/F·3054		
开　　本	787mm×1092mm　1/16	**版　　次**	2019年8月第1版
印　　张	47.75	**印　　次**	2019年8月第1次印刷
字　　数	1444千字	**定　　价**	318.00元

《2018 中国税官论税制改革》
编辑委员会

张有乾　（国家税务总局河南省税务局党委副书记、局长）
胡立升　（国家税务总局湖北省税务局党委书记、副局长）
秦守成　（国家税务总局湖北省税务局党委副书记、局长）
刘明权　（国家税务总局湖南省税务局党委书记、局长）
吴紫骊　（国家税务总局广东省税务局党委书记、局长）
汤志水　（国家税务总局广西壮族自治区税务局党委书记、副局长）
吴　云　（国家税务总局广西壮族自治区税务局党委副书记、局长）
于智广　（国家税务总局海南省税务局党委书记、副局长）
陈如军　（国家税务总局海南省税务局党委副书记、局长）
李　杰　（国家税务总局重庆市税务局党委书记、局长）
刘建国　（国家税务总局四川省税务局党委书记、副局长）
刘晓华　（国家税务总局四川省税务局党委副书记、局长）
季　可　（国家税务总局贵州省税务局党委书记、副局长）
钟油子　（国家税务总局贵州省税务局党委副书记、局长）
唐新民　（国家税务总局云南省税务局党委书记、局长）
刘　虎　（国家税务总局西藏自治区税务局党委书记、副局长）
席七万　（国家税务总局陕西省税务局党委书记、副局长）
周彬县　（国家税务总局陕西省税务局党委副书记、局长）
包东红　（国家税务总局甘肃省税务局党委书记、副局长）
杨　勇　（国家税务总局甘肃省税务局党委副书记、局长）
谷剑锋　（国家税务总局青海省税务局党委副书记、局长）
马建民　（国家税务总局宁夏回族自治区税务局党委书记、副局长）
郑文敏　（国家税务总局宁夏回族自治区税务局党委副书记、局长）
刘培平　（国家税务总局新疆维吾尔自治区税务局党委书记、副局长）
赵　炜　（国家税务总局新疆维吾尔自治区税务局党委副书记、局长）
赵福增　（国家税务总局大连市税务局党委书记、局长）
梅昌新　（国家税务总局宁波市税务局党委书记、局长）
张曙东　（国家税务总局厦门市税务局党委书记、局长）
冯光泽　（国家税务总局青岛市税务局党委书记、局长）
张国钧　（国家税务总局深圳市税务局党委书记、局长）
姚嘉民　（国家税务总局沈阳市税务局党委书记、局长）
范扎根　（国家税务总局长春市税务局党委书记、局长）
韩国荣　（国家税务总局哈尔滨市税务局党委书记、局长）

文月寿　（国家税务总局南京市税务局党委书记、局长）
孟　军　（国家税务总局武汉市税务局党委书记、局长）
王义平　（国家税务总局广州市税务局党委书记、局长）
张　津　（国家税务总局成都市税务局党委书记、局长）
李毅刚　（国家税务总局西安市税务局党委书记、局长）
武建春　（国家税务总局杭州市税务局党委书记、局长）
蒋学武　（国家税务总局济南市税务局党委书记、局长）
曾光辉　（国家税务总局税务干部进修学院党委书记、院长）

目　录

税制改革

增值税

所得税

房地产税

消费税环境保护税及其他相关税种

税收征管

税务稽查

涉外税收

税收法制建设

职工队伍建设

税制改革

税收视角下广西县域经济高质量发展问题分析

国家税务总局广西壮族自治区税务局课题组

税收是县域经济高质量发展的重要动力，税收发展质量是县域经济发展水平的重要体现。通过对广西壮族自治区（以下简称广西）73个县域经济体（包含县、县级市，不包含市辖区）“十二五”以来税收发展质量的比较分析发现，广西县域经济的税收发展质量落后于广西税收发展整体水平，并与典型省（区、市）存在很大的差距。“十三五”时期，广西以提升税收发展质量为切入点，促进县域经济发展的转型升级和模式创新，对于打好基础设施建设、产业转型升级、扶贫攻坚三大战役具有重要的战略意义。

一、广西县域税收发展总体情况

近年来，广西县域经济发展实力不断壮大，县域GDP（国内生产总值）从2011年的5452.4亿元提高到2016年的8264.5亿元，占全区GDP比重达45.1%。经济的发展使县域税收规模和税收质量也有了明显提升。但是，县域税收发展质量整体水平仍然偏低，与发达地区的水平相比差距仍然较大。

（一）县域税收发展质量与全区整体水平差距不断扩大

1. 县域税收占比和增速呈现双双下滑趋势

2016年，广西县域税务部门组织的税收收入（自治区政府考核口径，下同）为453.63亿元，占广西税收总量的比重为23.1%，比“十二五”期间24.5%的比重降低1.4个百分点。2016年，广西县域税收收入增长率为3.1%，比“十二五”期间5.9%的平均增速降低2.8个百分点。

2. 县域宏观税负水平（税收收入占GDP比重）低于全区水平且呈现下降趋势

2016年广西全区宏观税负水平为12.1%，比“十二五”期间的平均值11.4%上升0.7个百分点。而广西县域宏观税负水平2016年和“十二五”期间分别为6.2%和5.4%，呈现下滑趋势，与广西整体税负水平的差距不断拉大。

3. 县域税收与经济增长的协调性低于全区水平

从规模水平看，“十二五”以来，广西县域GDP占全区比重始终保持在40%以上（2016年为44.1%，“十二五”期间平均值为45.2%），但是县域税收占全区税收的比重却未能超过25%（2016年为25.5%，“十二五”期间平均值为24.5%）。从增速水平看，利用税收弹性系数（税收增长率与地区GDP增长率之比）对税收与经济增长的协调性比较发现，2016年广西全区税收弹性系数为1.1，比“十二五”期间上升0.1个百分点，整体保持比较协调的水平。但是广西县域税收弹性系数2016年和“十二五”期间分别为0.65和0.67。上述两方面数据都反映出广西县域税收收入增速长期滞后于经济增长速度，县域经济的税收创造能力不足，导致与经济增长水平的协调性不佳。

（二）地区间县域税收发展水平差距较大

1. 税收总量与增速的地区差异大

从税收总量看，“十二五”期间，广西县域经济体税收收入总量前5位（平果县、柳江区、北流市、岑溪市和扶绥县）与后5位（东兰县、凌云县、乐业县、西林县和凤山县）的税收收入总和分别为208.02亿元和

20.57亿元，两者相差约10倍。2016年，税收收入排名末位的凤山县与排名首位的平果县相比，差距达16倍。从税收增速看，“十二五”期间，广西县域税收增速排名前5位的富川县、东兰县、都安县、上林县和大化县，税收增速分别是40.36%、26.91%、24.72%、23.84%和23%。而税收增速排名后5位的苍梧县、蒙山县、田东县、鹿寨县、大新县，税收增速分别是－35.22%、－31.03%、－18.06%、－13.28%和－13.21%。2016年税收增长率最高的县域与最低的县域相差51个百分点。

2. 县域宏观税负水平地区差异大

“十二五”期间，凭祥市宏观税负水平平均值为12.81%，县域排名第一，比广西县域宏观税负平均水平高出1倍，超出广西宏观平均税负水平1.43个百分点。2016年，凭祥市宏观税负水平为11.93%，相当于广西县域平均税负水平的0.9倍，比广西宏观平均税负水平高1.3个百分点。“十二五”期间，浦北县宏观税负平均值为3.15%，排名末位，低于广西县域平均税负水平3.02个百分点，两者差距近1倍，与县域税负水平最高的凭祥市相差4倍。2016年，浦北县税负水平上升为4.13%，但仍低于广西县域平均税负水平2.3个百分点。

3. 县域经济税收协调性地区差异大

根据经济与税收总量比较，县域经济总量与税收总量匹配程度较低。“十二五”期间，广西县域经济体税收收入总量排名前5位的平果县、柳江区、北流市、岑溪市和扶绥县，其GDP的县域排位分别是第28位、第9位、第2位、第4位和第33位。而GDP排前5位的桂平市、北流市、横县、岑溪市和博白县，其税收总量在县域经济体中排位分别是第8位、第3位、第6位、第4位和第16位。地区经济总量的增长与税收规模的扩大并不匹配。

根据经济税收弹性系数比较，“十二五”期间，广西县域经济体中税收弹性系数大于1的只有平南县(1.81)、北流市(1.62)、平果县(1.40)、凭祥市(1.23)和横县(1.03)等少数县域，大部分县域税收弹性系数普遍偏低，税收弹性系数排名后5位的那坡县(0.33)、凌云县(0.41)、隆西县(0.48)、巴马县(0.57)和东兰县(0.58)，显现出经济增长的税收带动能力严重不足。

(三)与典型省(区、市)县域税收发展水平的比较

为更好地认识广西县域税收发展质量与其他省(区、市)之间的差距，我们分别从东、中、西部省级行政区域中各选取两个经济比较发达的县域经济体，与广西税收总量排名第一的平果县进行比较。所选取的典型县域经济体分别是东部地区的江苏省昆山市和浙江省慈溪市，中部地区的湖南省浏阳市和陕西省神木市，西部地区的内蒙古自治区准格尔旗和新疆维吾尔自治区库尔勒市。

1. 县域税收总量与增速的差距

从税收总量和增速看，平果县均低于上述典型县域的发展水平。在税收总量上，“十二五”期间，平果县税收收入与典型县域的差距最大的达到34倍(昆山市)，最小的也有3倍(库尔勒市)。2016年平果县与昆山市的税收总量差距缩小到32倍，但与库尔勒市的差距进一步扩大到3.2倍。在税收增速上，“十二五”期间，平果县税收平均增速为6.1%，比典型县域中增速最快的慈溪市(12.5%)低6.4个百分点，比增速较慢的准格尔旗也低1.3个百分点。2016年平果县税收增速比增长最快的慈溪市低5.2个百分点，比增速较慢的准格尔旗低1个百分点。

2. 县域宏观税负水平的差距

“十二五”期间，平果县宏观税负平均值为12.6%，比典型县域中宏观税负水平最高的慈溪市(19.1%)低6.5个百分点，比宏观税负水平最低的准格尔旗(13.2%)也低0.6个百分点。2016年平果县宏观税负水平比慈溪市低7.8个百分点，二者差距进一步拉大。

3. 县域经济税收协调性的差距

“十二五”期间，平果县税收弹性系数为0.1，大大低于昆山市(2.38)、慈溪市(0.9)、浏阳市(2.2)、神

木市(1.4)、准格尔旗(0.7)和库尔勒市(1.3)的水平。“十二五”期间,平果县税收经济贡献率为12.6%,与昆山市、慈溪市和神木市相比分别低5.6个、3.5个和5.4个百分点。2016年,平果县与昆山市、慈溪市的税收经济贡献率差距进一步拉大到7.1个、5.0个百分点,说明平果县每单位经济增长带来的税收增长非常低,产业的创税能力偏低。

二、广西县域税收发展质量不高原因分析

(一)第一产业比重偏高,产业创税能力不足

经济决定税收。与典型省(区、市)县域相比,广西县域产业结构中,第一产业占的比例较大,很多县域第一产业比重高达30%以上。由于第一产业基本是低税甚至无税产业,因此,广西很多县域虽然GDP体量大,但其宏观税负水平和税收经济贡献度与典型省(区、市)县域经济体仍存在较大差距。如合浦县2016年第一产业增加值占比仍然高达38.9%,县域内农副产品加工、烟花爆竹等传统制造业持续萎缩,第二产业增加值占比从2006年的37.2%下滑至2016年的27%。2016年合浦县地区生产总值占全市生产总值比重为22.1%,但是全县财政收入占全市财政收入比重仅为6.6%,全县国税收入占全市国税收入比重仅为4.3%。

(二)税收对资源的依赖程度过高

产业结构单一是广西县域经济发展的普遍特征,能源、特色农业、旅游等成为县域经济发展和税源的重要依托,但是单一的产业结构发展模式容易受到资源枯竭、国内外市场波动等因素的影响。例如受国际糖价影响,崇左市主要的产糖县份税收收入都受到严重影响,平果县铝产业也受电价和市场供求因素影响导致税收贡献大幅下滑。

(三)公共服务和资本投资的低水平恶性循环影响县域税源规模扩大

作为经济欠发达地区,广西大部分县域处于群山环抱之中,交通、教育、医疗等公共服务供给严重不足,导致吸引资本投资和企业落户能力偏弱,县域税源出现基础老化和规模萎缩的问题。而资本投资不足、产业发展落后以及由此导致的地方税收不足,又进一步影响到县域的公共服务投入力度。由此恶性循环,自治区内县域经济发展不仅与市辖区的差距越来越大,而且与发达地区的差距也在不断拉大,县域经济的税源规模和质量提升受到限制。

(四)地方政府对县域经济的财政扶持力度弱于城区

财力薄弱的县域急需财政资金扶持,近年来国家和地方政府对广西县域转移支付力度不断加大,但是仍旧不足。有些地市级政府对经济开发区、保税港区以及各城区的资金扶持力度远远大于对相关县域的扶持力度。城区经济发展水平和税收收入本来就均高于县域,再加上扶持力度不平衡,导致县域经济发展更加缓慢,税收差距进一步扩大。

(五)县域经济自身税收创造能力不足

广西大部分县域的经济基础薄弱,经济发展水平较落后,税源质量和创税能力都比较差。按照现行的分税制体制,税收收入经过中央、自治区、市级和县级几个级次的分成后,县域财政分得的收入比例普遍偏低,对上级财政的转移支付收入依赖性强。如2015年广西74个县(包括县级市)中一般公共预算收入占财政总收入的比重低于20%的达到44个县,其中17个县的这一比重低于10%。在县域自身收入创造能力普遍偏低的情况下,依靠中央和自治区的财政转移支付弥补支出缺口成为主要方式。

(六)现行税收征管体制对县域税收的影响

当前,社会化大生产条件下跨区经营成为企业普遍行为,总部经济则成为影响税收收入分布的重要因素。但是由于县级处于行政区划的层级末端,加之县域的公共基础设施和服务水平普遍偏低,造成总分机构企业一般仅在县域设立二级、三级甚至四级机构。按照现行的税收征管体制和收入分配体制,增

值税、消费税、企业所得税等主要税种主要实行在分支机构预交、最后由总机构汇总计算缴纳的方式。目前跨省、跨市总分机构所得税一般只分配到二级机构，而金融、保险、电信、移动、电力等涉及民生范围广、盈利能力强的企业在县域设立的分支机构通常已是三级、四级机构，源于县域丰厚利润所产生的所得税流向了上级机构所在地。例如，在消费税方面，2008 年，国家对卷烟批发环节开始征收消费税，按广西烟草经营模式，只有市级烟草公司能够取得《烟草专卖批发企业许可证》，各市、县的卷烟批发环节消费税一律由市级烟草公司缴纳，县域卷烟批发交易消费税在县域无法体现。在增值税方面，“营改增”后，很多试点行业都从原来营业税就地申报缴纳改为在经营地或项目地预交后由企业在注册地汇总申报的方式，这种税收与属地不对等的情况削弱了县域财源基础，影响县域税收收入。

三、提升广西县域经济税收发展质量的建议

（一）转变发展方式，增强产业发展的税收创造能力

以农业供给侧结构性改革为契机，通过产业深化和产业链条延长，将第一产业比重过高从创税能力不足的劣势变为巩固扩大税源基础的优势。

1. 完善体制机制，围绕农业现代化巩固税源基础

以发展优质高效生态安全的现代农业为核心，推进县域农业板块化、基地规模化、生产集约化，进一步壮大农产品加工业，大力培育龙头企业、家庭农场、农民专业合作社等新型农业经营主体，以此带动涉农物资、机械、服务的需求增长，壮大服务农业发展相关产业的税源基础。

2. 集聚县域资源，提高全域旅游的税收带动作用

充分利用好农业产业比重高的县域资源优势，加快全域旅游业发展步伐，用“旅游 + ”的理念加速农业与特色旅游产品制造业、旅游业、餐饮住宿业等产业的深度融合，以农村田园风光、乡土文化为平台，扩大县域第二、三产业的创税能力，使吃、住、行、游、娱、购等旅游全产业链条成为重要的县域税源基础。

3. 创新发展模式，提高县域互联网产业的创税能力

创新县域电子商务发展模式，一方面，以重大电子商务园区项目为载体，积极吸引国内外电商巨头将电商运营、网络交易、物流配送、呼叫服务等电子商务服务环节向县域集中；另一方面，依托特色农产品、特色旅游资源打造本土电子商务平台，带动本地制造、商贸、物流等创税产业发展。

（二）更新发展思路，提高县域公共服务的供给能力

1. 以打造特色小镇为方向

加快城镇化发展步伐是提升县域公共服务水平、促进县域产业升级的强大动力。广西应积极对接国家打造中国特色小镇的城镇化发展战略，集聚县域资源、地域和文化优势，加强各级财政资金支持，打造产业特色鲜明、生态环境优美的特色小镇，以此带动整个县域公共服务水平的提升。

2. 以 PPP（公私合营）运营模式为手段

作为西部欠发达的少数民族地区，广西县域经济受制于交通、通信、电力、医疗、教育、环境等基础设施和公共服务供给不足的问题比城市更加严重，而在短期内依靠县域经济自身或上级的转移支付都无法弥补巨大的支出缺口，因此，需要借助 PPP 模式吸引社会资本参与县域的基础设施建设和公共服务供给，为经济发展打造稳固的基础。

（三）完善扶持政策，加大民营经济税收扶持力度

运用税收手段加大对民营企业的支持力度，从而引导民营企业行为，提高民营企业实力，减轻民营企业负担，使之发展成为促进广西经济社会发展的新生力量，对促进县域经济发展、调整县域经济结构、解决就业问题和保持社会稳定等都具有重要作用。建议对县域民营企业的企业所得税地方分享部分，广西县域内的现代农业、高新技术产业、现代服务业，以及自主创新、技术进步和资源节约、节能减排的企业免

征自用土地的城镇土地使用税和自用房产的房产税给予一定时期的税收减免。

(四)统筹发展规划,引导县域与城区税源均衡发展

1. 优化工业布局,将县域打造成城区工业的配套基地

充分发挥中心城市的产业辐射和外溢效应,形成中心城市作为管理中心、研发基地和销售总部,县域城镇作为制造基地、装配基地、物流中心的产业发展格局,以此促进县域产业结构的转型升级和税源基础的稳固和扩张。

2. 加大对县域产业发展的产业政策支持

上级政府部门在财政资金转移支付,政策制定、招商引资和人才引进等方面要尽量向偏远县域倾斜,积极借助西部大开发税收优惠政策,以及当前开展的全面“营改增”的实施,在财税收入分配体制制定方面对县域财政部门予以照顾,为县域发展提供政策财政资金保障,促进县域经济与城区经济同步均衡发展。

(五)优化财税体制,加大县级税收分享比重

争取政策支持,使税收最大限度在税源地实现,促进县域税收与经济协调增长。一是争取将区内卷烟批发消费税下垂分解至县级缴纳。争取自治区政府层面的支持,协调行业管理部门,基于实质重于形式的原则,将烟草批发消费税下垂分解至县级缴纳,增强税收与属地的匹配度,进一步夯实县级财政收入增长基础。二是完善总分支机构企业所得税预算调配机制。建议在当前缴税地政策规定下,由省级财政部门建立调配制度,基于属地原则对相关税款进行国库间的划拨,增强公平性。三是完善电信业、建筑业增值税预征方式,适度提高分支机构或项目经营地的预征率,或建立按月预征年度汇算的调整机制,将预征方式形成的差额税款进行区域间再调配,提高预征方式下税款属地分配的公平性。

课题指导:汤志水

课题组组长:霍　军

课题组成员:孔祥军　秦书辉　刘景荣

课题参与单位:南宁市税务局、柳州市税务局、桂林市税务局、北海市税务局、防城港市税务局、钦州市税务局、玉林市税务局、河池市税务局、崇左市税务局

执笔人:秦大磊　孔祥军

从税务角度看广州“一带一路”的推进现状及发展契机

国家税务总局广州市税务局“走出去”调研课题组

改革开放以来，中国从不断加速和加深的经济全球化中受益良多。2012 年，中国进出口贸易额首次超越美国，成为全球货物贸易第一大国，并蝉联至今。2015 年，中国实现直接投资项下的资本净输出，成为全球第二大对外投资国。中国企业也迅速发展壮大，活跃于国际舞台。

党的十八大提出，加快“走出去”步伐，增强企业国际化经营能力，培育一批世界水平的跨国公司。2017 年中央政府工作报告中明确提出“扎实推进‘一带一路’建设。坚持共商共建共享，加快陆上经济走廊和海上合作支点建设，构建沿线大通关合作机制”。随着“一带一路”倡议的提出和建设的深入推进，我国的“走出去”战略迎来了发展的新时期，从中央到地方各级政府，从国家税务总局到各级税务机关，紧密围绕“走出去”和“一带一路”，制定和贯彻落实一系列政策，引领国内企业走向国际。

一、广州税务部门服务与管理企业“走出去”的总体情况

（一）从商务部门角度看广州企业对外投资总体情况

2000 年入选《财富》世界 500 强的大中华区企业是 11 家，而 2016 年，110 家大中华区企业入选。2016 年中国经济发展富有韧性，经济增长方式发生着重大变化，越来越多的企业通过出国或出境开拓海外市场、加强跨国（地区）投资。

在此背景下，广州“走出去”企业发展的态势依旧良好。据广州市商贸委统计，2016 年，广州市共核准或备案对外直接投资项目 263 个，同比增长 4.37%；中方协议投资额 52.83 亿美元，同比增长 10.71%；对外直接投资额 22.28 亿美元，同比增长 58.03%。

截至 2016 年 12 月 31 日，广州市企业向全球 80 个国家（地区）投资设立了 1208 家非金融类境外企业（机构），其中，境外企业 1157 家，境外机构 51 家，中方协议投资额达 171.74 亿美元。

（二）从税务部门角度看广州企业“走出去”的总体情况

广州税务部门按照国家税务总局和省级税务部门有关工作部署，积极加强合作，通过专人采集信息、电话了解、上门核实等方式，逐户排查，逐项核对，结合所获取的外部数据及内部数据，建立了广州税务部门《“走出去”企业清册》（以下简称《清册》），下发基层单位。其中外部数据主要来源于商务部门信息、省外管局企业累计汇出股权投资金额信息以及通过大数据抓取的境外上市公司股权变更信息；内部数据主要来源于税务系统有关申报信息及纳税人申请办理的涉税事项。在核实中对实际情况与第三方信息有差异的，如已在商务部门进行备案而无实际开展业务或项目已完成但没有及时进行备案核销等，要求纳税人作出说明，并排除在《清册》名单之外，确保《清册》信息的翔实、完整、准确。根据《清册》数据统计，截至 2016 年 12 月 31 日，全市共有 537 家企业开展跨国（地区）投资，其中 29 家企业同时开展两项或以上类别的“走出去”项目。中方对外协议投资额共计 1709.46 亿元，实际投资额 1491.24 亿元。

从企业直接“走出去”的时间来看，广州企业在 1978—1992 年累计“走出去”14 家，1992—2001 年累计“走出去”26 家，2002—2013 年累计“走出去”203 家，2014 年以后累计“走出去”81 家。由此可见，广州

企业“走出去”的步伐不断加快。

从“走出去”企业税收管辖区域来看，多数集中在广州经济开发区，共计 93 户，占比 17.32%；其次为天河区，共计 92 户，占比 17.13%；再次为越秀区，共计 62 户，占比 11.54%；中心六区（包括市国税直属税务分局和市地税大企业局）“走出去”企业共占全市总数 47.13%；两大经济开发区共计“走出去”企业 122 户，占比超两成（见表 1）。

表 1　　广州“走出去”企业所属税收管辖区域

税收管辖区域	户数
广州经济开发区	93
天河区	92
越秀区	62
番禺区	53
市地税大企业局	52
海珠区	38
南沙开发区	29
花都区	29
荔湾区	20
白云区	16
黄埔区	16
从化区	15
海珠区	9
增城区	9
市国税直属税务分局	4
总计	537

数据来源：广州税务部门“走出去”企业《清册》，统计截至 2016 年 12 月 31 日。

（三）广州税务部门服务企业“走出去”的主要举措

随着广州企业“走出去”的步伐不断加快，部分纳税人面临着被重复征税或者不公平征税等风险。为了维护国家和纳税人利益，广州税务部门积极服务国家“一带一路”倡议，着力打造“走出去”税收服务品牌。

1. 多管齐下，夯实“走出去”管理基础

组织开展“走出去”纳税人基础信息专项核实工作；自主开发境外上市公司数据挖掘系统，抓取股权变更和高管薪酬信息；以分级分类风险管理为导向，形成广州市“走出去”企业风险管理应对案例和风险管理指引建设。

2. 多方借力，丰富“走出去”服务模式

与各级政府部门建立服务“走出去”企业长效合作机制，签订合作备忘录，联合专业机构、行业协会等共同开展税宣工作，举办了“穗港两地携手防范境外投资风险宣讲会”等 30 余场以“走出去”为主题的税宣活动；打造“一带一路”税宣基地，组织开展“税宣路演走进广交会、进机场上飞机”“税收服务粤港澳大湾区发展研讨会”等主题活动；以实地走访、问卷调查等方式对广州市“走出去”企业开展深入调研，为 70 余户大中型企业提供精准化、个性化“点对点”的纳税管理服务。

3. 多措并举，形成“走出去”保障体系

自 2014 年起每年联合专业机构编印《“走出去”企业税收政策与风险管理手册》，为“走出去”企业保驾护航;通过媒体、门户网站、官方微博微信、纳税人学堂等渠道,形成广州税务服务“一带一路”税收宣传网络;采用“面授+视频+网络直播”方式,每月的税收服务“一带一路”系列专题直播共吸引6.5万网友同步收看;建立了由业务骨干组成的国际税收管理人才库和3个专业化“走出去”工作团队,以业务精湛、能担重任、能打硬仗的国际税收管理专业队伍服务“走出去”企业更好地走向世界。

二、广州“走出去”企业投资运营情况分析及存在问题

为了更全面深入了解广州企业“走出去”情况、企业对税收执法与服务的印象以及涉税诉求,广州市国家税务局和广州市地方税务局联合开展了服务企业“走出去”发展抽样问卷调查(以下简称问卷调查),共计发放问卷500份,回收问卷468份。下面将以问卷调查数据及《清册》管理数据为基础,对广州企业“走出去”投资情况、运营情况进行具体分析。

(一)广州“走出去”企业投资情况分析

1. 投资目的分析

“走出去”的企业投资目的各有不同。问卷调查显示,开拓国际市场在企业海外投资的动机中位列第一,国内的市场饱和、盈利率过低等都刺激了企业开发新市场的需要。从优化资源配置,拓展发展空间,树立品牌国际形象等长远考虑。排在第二位的是“企业长期发展战略需要”。因此排在第三位的是“获取或利用当地资源”,由于国内能源的短缺和经济快速发展之间的矛盾日趋明显,利用其他国家的资源,参与到境外资源的开放利用上,可以有效弥补我国许多资源不足的问题。此外,“国内市场竞争压力大”“转移国内多余生产能力”“降低劳动力成本”“规避(关税、反倾销等)贸易壁垒”也是促使企业“走出去”的因素(见图1)。

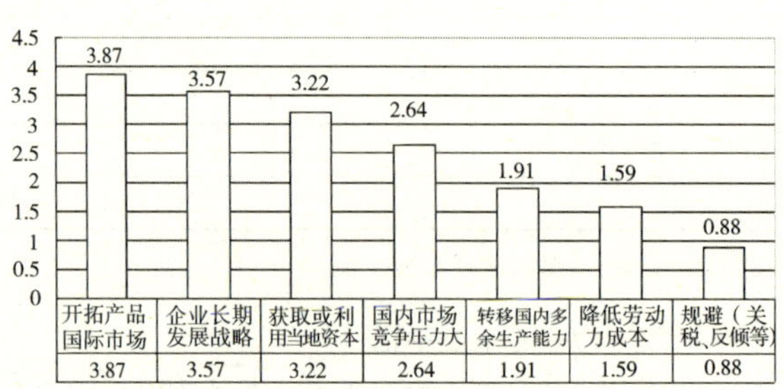

图1　广州企业“走出去”海外投资主要动机

注:问卷调查设计分值为0~5分,分值越高表明该动机占比越大。

数据来源:广州税务部门服务企业“走出去”发展抽样问卷调查。

2. 投资方式分析

广州“走出去”企业投资方式主要以对外直接股权投资为主,对外承包工程和对外劳务合作为辅,以2016年为例,广州对外直接股权投资达444户次,占总数近八成,对外承包工程占比为5%,对外劳务合作占比为4%(见图2)。

3. 投资区域分布分析

广州“走出去”企业投资的国家和地区主要集中在中国香港特别行政区和美国,占据了“半壁江山”。以2016年为例,“走出去”企业共有706户次,涉及73个国家和地区,其中,户次最多的地区是中国香港特别行政区,多达296户次;其次是美国,达到82户次。“走出去”企业分布的国家和地区高度集中,超过20户次企业的仅有4个国家和地区。

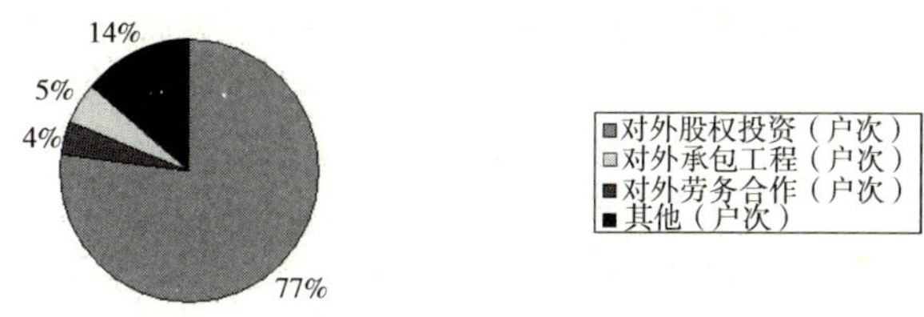

图 2 “走出去”企业投资方式

数据来源：广州税务部门服务企业“走出去”发展抽样问卷调查。

“一带一路”沿线投资涉及 24 个国家和地区，包括 146 户次企业，投资的区域主要分布在东盟国家、西亚和南亚，其中涉及 9 个东盟国家合计 93 户次，并主要集中在印度尼西亚和越南，均为 19 户次；涉及 6 个西亚国家，合计 13 户次；涉及 5 个南亚国家，合计 29 户次，其中印度多达 22 户次；涉及 2 个中亚国家，合计 5 户次，独联体仅涉及俄罗斯和白俄罗斯，合计 5 户次（见图 3）。

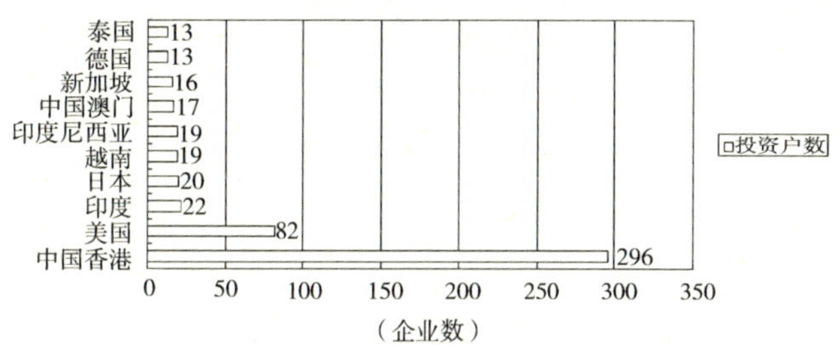

图 3 广州“走出去”企业主要投资国家和地区

数据来源：广州税务部门“走出去”企业《清册》（统计数据截至 2016 年 12 月 31 日）。

4. 被投资行业分析

问卷调查结果显示，按产业分类，广州“走出去”企业对外投资项目主要集中在第三产业（即服务业），合计 160 个，占 67.51%，主要投资在批发和零售业、租赁和商务服务业、科学研究和技术服务业、交通运输、仓储和邮政业、房地产业等领域；第二产业合计 70 个，占 29.54%，主要投资在制造业领域；第一产业合计 7 个，占 2.95%，主要投资在农业和林业（见图 4）。

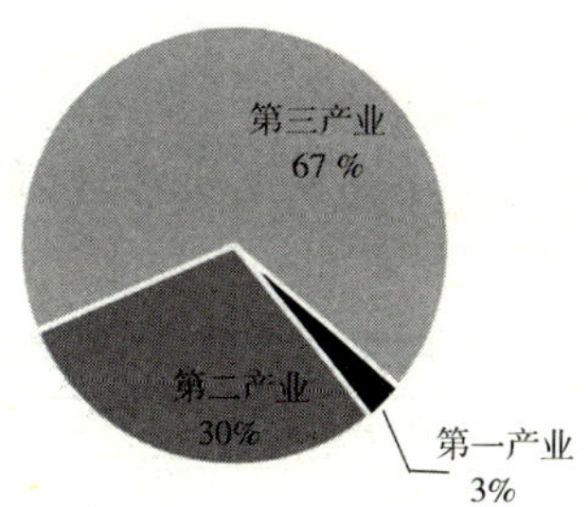

图 4 投资产业分布

数据来源：广州税务部门服务企业“走出去”发展抽样问卷调查。

根据问卷调查结果按行业细分，截至 2016 年年末，广州企业对外直接投资覆盖了国民经济所有行业类别，其中批发和零售业以 78 个位列第一，占总数 32.91%；其次为制造业 45 个，占 18.99%；再次为租赁和商务服务业 29 个，占 12.24%；科学研究和技术服务业，交通运输、仓储和邮政业，房地产业，建筑业等行业大类均为 10 余个，占比在 5%左右。

（二）广州“走出去”企业运营情况分析

1. 实际投资规模与协议投资规模比对分析

（1）受影响因素分析

调查问卷结果显示，未按协议落实投资原因各有不同，具体见图 5，主要有以下三种情况：一是企业自身经营考虑，拟减少境外投资；二是目前投资规模已满足境外公司现阶段运作，因此暂不加大投入；三是协议投资项目取消，因此没有实际投资。

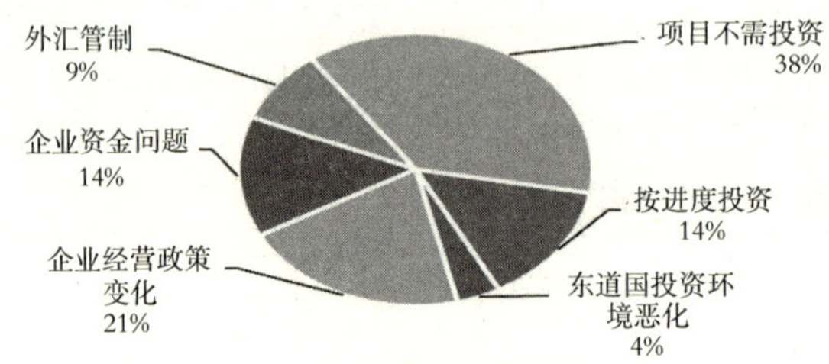

图 5　未按协议落实投资原因

数据来源：广州税务部门服务企业“走出去”发展抽样问卷调查。

（2）行业投资到位率分析

调查问卷结果显示，中方协议投资实际到位率仅为 77.98%。按行业划分，建筑业、租赁和商务服务业、信息传输、软件和信息技术服务业等行业投资到位率均低于 50%，仅为平均水平的 2/3。

2. 境外收入及所得申报情况

在国家“一带一路”倡议的带动下，“走出去”企业数量不断增加，经营规模和业绩也呈现“一年一台阶”的喜人局面。2014—2016 年，企业申报境外所得户数总体逐年增加，境外所得总额和境外所得应纳所得税额也快速增长。

在境外所得抵减境内亏损和抵免所得税额方面，2015 年经历急剧增长后，2016 年相对有所回落。反映出 2015 年受国内经济形势不景气影响，当年境外所得抵减境内亏损和抵免所得税额均处于历史高位。

其中，高新技术企业 2014—2016 年申报境外所得户数也逐年增加，境外所得总额和境外所得应纳所得税额也呈现快速增长的态势。

3. 境外享受税收协定待遇分析

“走出去”企业享受税收协定待遇的户数和金额占比不高。根据纳税申报数据统计，2015 年至 2017 年上半年，广州税务部门开具《中国税收居民身份证明》共计 191 份，仅占“走出去”企业的 14%左右，享受税收协定待遇减免税额共计 7298.26 万元（见表 2）。

表 2　　2015 年至 2017 年上半年《中国税收居民身份证明》开具情况统计

时间	《中国税收居民身份证明》开具数（份）	减免税额（万元）
2015 年	73	1037.21
2016 年	77	5557.10
2017 年 1—6 月	41	703.95
合计	191	7298.26

数据来源：“金税三期”系统及纳税人申报数据。

(三)广州“走出去”企业存在的问题

1. 投资方式较单一,以股权投资为主

以2016年为例,广州“走出去”企业境外直接股权投资为444户,占“走出去”企业总数的77%,对外投资方式大部分集中于股权投资,但其中的问题不容忽视,如一些股权投资不能给国内带来紧缺资源,不能给企业带来技术,不能给国内带来就业机会,企业估值具有巨大的弹性空间,甚至可能存在资本外逃的风险。

2. 投资区域高度集中

广州“走出去”企业投资分布地域高度集中,香港特别行政区地理优势、金融中心地位、语言文化接近、政府效率高、税收政策简单透明等都使其成为大部分“走出去”企业的投资首选地。投资企业数量排在前列的国家大多对来自其他国家的投资持合作态度,且因为部分发展中国家与我国市场相近,产业结构差异不大,对“走出去”企业来说,更容易适应和融入。而部分东道国的社会体制、法律法规和文化习俗难以适应,部分国家贸易保护主义倾向明显,对中国企业戒备心强,个别国家通过调整法规和政策设置壁垒,甚至有的国家会对企业进行反垄断调查、反商业贿赂调查、环境保护审查等,使企业在海外整合资源、适应市场、参与竞争方面临巨大的挑战。投资地域过于集中不利于市场多元化战略的实施,不利于投资风险的分散,且容易导致我国海外企业自相恶性竞争,甚至存在利用部分国家和地区的低税率或税收协定避税的嫌疑。

3. 投资行业“偏科”,对科研和高新技术产业投资较低

对外直接投资产业低层次发展,投资领域主要集中在批发零售业、制造业、租赁服务业等低附加值的传统行业,高新技术产业方面的投资虽然较之前已有所增长,但比例仍然不高,拥有自主品牌和核心技术、核心产品的对外投资主体数量不多。这主要是因为广州劳动力资源丰富、传统生产技术比较成熟,但高新技术产业发展不足、研发水平低、缺乏技术优势,难以和发达国家在高端产品和技术市场竞争。

4. 实际投资规模与协议投资规模差异较大

问卷调查结果显示,企业经营政策变化及自身资金问题是企业未按协议金额实际投资的主要原因,具体到建筑业主要是由于合同协议跨度时间长,按工程进度落实投资,部分前期签订的合同始终未实际投资;租赁和商务服务业主要是由于受外汇管制影响,实际投资额较少;信息传输、软件和信息技术服务业主要是由于企业按项目开展进度分期投资,商务部颁发的境外投资许可证有效期较长,企业尚在考虑阶段。

5. 境外所得实现不尽如人意

尽管广州“走出去”企业海外经营收益呈现稳步增长状态,其中高新技术企业境外经营效益表现突出,但总体来看,“走出去”企业境外所得表现仍未达到理想状态。一方面由于传统行业,尤其是建筑业前期投资大、周期长,在起步阶段很难盈利,另一方面是由于海外企业管理水平不高,善管理、懂外语的复合型人才紧缺,对投资国法律法规、风俗习惯不熟悉,投资可行性研究不到位,企业抗风险能力不强。

6. 税收协定网络利用率不高

问卷调查结果显示,仅有34.80%的企业表示部分或全部享受过国家税收协定提供的税收权益,剩余65.20%的企业表示完全没有享受过相关权益。造成这一情况的原因既可能是企业并不符合税收协定待遇享受条件,也可能是企业对相关政策不了解。另外,61.52%的企业不了解启动相互协商程序的申请。

7. 政府部门扶持力度有待加强

大部分“走出去”企业对相关政策和执行程序缺乏了解,了解渠道主要是通过聘请税务中介和聘用投资所在地财务人员等涉税服务社会组织,占比65.2%,咨询国内税务部门的比例仅21.95%。“走出去”

企业在对投资国的税收体制了解和应对境外可能遭遇的税收歧视或税收争议时，优先选择聘请税务中介，在一定程度上反映了税务机关的个性化辅导服务及国别投资指南无法满足“走出去”企业在实际经营过程中的需求，纳税服务措施仍有待加强。

“走出去”企业经营过程中核心竞争力不够、国际化人才不足，也凸显出了目前国家和地方政府在技术创新、人才培养及人才引进方面仍需出台更多配套措施，支持和提高“走出去”企业的核心竞争力和国际化人才储备。

三、国内外服务“走出去”企业经验借鉴

(一)国内主要城市经验借鉴

北京、上海、深圳、天津，作为较早开展“走出去”企业服务的主要城市，通过搭建信息化服务平台、完善基础保障机制、简化办事流程、加大财政倾斜力度等措施，主动引导企业对外投资、积极做好服务企业“走出去”工作。如北京市搭建北京国际经贸合作网络信息服务平台，具备信息服务、决策辅助和便利出海三项主要功能；天津市推进经贸合作区的建设，在“一带一路”沿线国家打造国家级境外经贸合作区；上海作为“走出去”“引进来”企业国际税收服务的“引路人”，打造 12366 上海(国际)纳税服务中心，扎实推进国际税收咨询“智库”建设；深圳市设立规模为 100 亿元的市级“丝路”基金，支持企业参与境外合作园区建设。

(二)国外经验借鉴

国外许多国家在信息技术、财政金融、投资保险制度、税收征管等服务“走出去”企业方面有丰富的经验与做法可供借鉴。

1. 信息和技术支持

政府机构或政府设立的银行为本国企业和居民(尤其是投资规模较小的企业和居民)对外直接投资提供信息服务、组织投资招商团、提供可行性分析以及所需的部分资金，为本国企业在项目开发初期提供诸如准备法律文书、融资咨询和人员培训等服务，降低了对外直接投资的前期成本。

2. 直接的财政和金融支持

部分经济合作与开发组织成员国的开发金融公司为本国企业在发展中国家的投资提供贷款和股权融资。如日本的输出银行、英国的英联邦开发公司、法国的经济合作中心、瑞典的产业合作基金等。

3. 投资保险制度

设立专门的机构为本国企业的对外直接投资提供保险服务。海外投资保险涉及的险种包括国有化险、战争险和投资收益的汇出险等。不同国家海外投资保险的险种和适用的国家及地区虽有所不同，但许多发达国家的投资保险都有着共同的前提条件，即申请投资保险的投资项目必须符合本国的经济利益，如有助于增加本国的就业机会、增加本国的经济收入等。

4. 简化境外所得税收征管程序

美国在提升企业国际市场竞争力方面的突出措施是将境外所得征税制度由属人制调整为属地制，即将对居民企业全球收入征税调整为对来自国外联属企业流动性强的消极所得(如利息、特许权使用费等)征税，减少申报复杂性，进一步实现资本输出中性。

四、加强“走出去”企业服务与管理的对策建议

现阶段，加快企业“走出去”步伐、加快推进“一带一路”建设、对外投资产业结构转型升级、完善“走出去”公共服务平台建设，是广州市贯彻落实中央“走出去”战略和习近平总书记对广东省工作重要批示的主要任务。包括国地税在内的各政府部门需要更加紧密协作，进一步解放思想，敢于创新，强化政府服务

职能，解决企业“走出去”遇到的问题，积极引导企业科学投资，让“走出去”企业走得更稳更好！

（一）建立“走出去”企业基础信息数据库

一是借助当前国地税部门“走出去”企业基础清册工作，开发建立专业数据库，采集“走出去”企业的基本登记信息、投资信息、涉税数据等静态内容。二是完善与市商务委、工商局等部门数据共享机制，利用大数据技术与第三方数据进行对碰分析，更加全面摸清“走出去”企业的基本投资动态。通过这样的基础信息数据库，实现对“走出去”企业的系统化管理，有效提高税务部门对“走出去”企业的服务和管理水平。

（二）提升“走出去”企业服务质效

根据企业在调查问卷中所提需求，进一步深化税收征管改革和国地税合作。一是成立广州国地税“走出去”企业服务窗口，梳理国地税在涉外办税事项异同之处，简化办税程序，削减“走出去”企业办理涉外税收事项的繁杂手续和所需提供审核的资料，简化申请审批流程，压缩办理时间，避免企业“一事多跑”，优化企业办税体验。二是完善网上办税的功能，加强国际税收管理相关业务的软件开发及适用层次，尽可能让企业能够在电子税务局中像办理日常业务一样，办理更多涉及“走出去”税收业务，进一步提升服务质效和纳税人满意度。

（三）加大对外投资涉税信息服务力度

从目前来看，“走出去”企业存在的投资区域过于集中、投资效果不明显或境外投资所得实现达不到预期的现象，其中一个重要因素就是信息不对称，信息不对称造成了这些企业对投资涉税信息掌握不够全面，这一点也是当前企业呼声较高的需求。针对这个问题，建议做好四个“进一步”。一是国地税应进一步联合，深入调研“走出去”企业的对外投资涉税需求，收集企业对外投资所反馈的有效信息。二是进一步开展专业培训或辅导讲座，有的放矢地向企业讲解投资意向地的税收制度和我国与相关国家或地区签订的税收协定。三是进一步宣传和做好税收居民身份证明开具工作，使“走出去”企业能够在国外及时享受到有关税收协定待遇。四是进一步拓宽宣传渠道，借助短信平台、官方微信公众号、移动终端等媒介，向企业主动推送相关税收协定、我国居民（国民）提起税务相互协商程序的规定等内容，扩大税政宣传的受众和覆盖面。

（四）加大财政支持和金融服务力度

针对当前“走出去”企业投资方式比较单一、实际投资规模和协议投资规模存在一定的差距、对于基础建设投资或其他长期工程项目投资前期投入巨大等问题，建议广州市市政府一是加大财政支持力度，通过设立“走出去”企业服务专项基金、给予一定的现金补贴或其他形式的财政优惠政策等形式，引导企业对外投资方式多元化，从比较单一的对外直接股权投资形式向均衡覆盖投资形式转变，降低从事出口业务等行业的企业所承担的成本费用率，从而提高企业在境外投资经营的竞争力。二是加大金融服务力度，降低“走出去”企业贷款门槛和利率，对在境外投资长期工程项目或前期投资巨大的企业适当加大贷款优惠力度，拓宽企业融资渠道，降低“走出去”企业的融资压力和成本，提升企业对外投资的积极性。

（五）重点扶持科研高新技术行业企业“走出去”

建议市政府加大对高新技术企业的扶持力度，重点培育成长性好、含金量高的企业；积极向上级争取高新技术企业资格认定权限下放到市一级，出台相关高新技术企业对外投资优惠政策，提升对高新技术领军企业的吸引力，树立和宣传高新技术企业对外投资先进典型，在全社会形成示范效应，推动广州市企业“资本输出”和“技术输出”双轨并重，促进广州市“走出去”企业投资产业结构优化升级，用知识技术要素驱动新一轮的对外投资增长。

（六）搭建国际经贸合作网络信息服务平台

借鉴其他一线重点城市的经验和做法，建立商务委、海关、工商、税务、侨办、商会、行业协会等多部门和组织的国际经贸合作网络信息服务平台,为"走出去"企业提供双边投资与贸易、风险预警、"一带一路"政策、决策参考等对外投资咨询和服务功能,加强对企业投资行业指导,为广州企业与海外商会或投资协会联系牵线搭桥,拓宽企业获取海外投资精准信息途径,提升企业对外投资决策的科学性。

(七)建立"走出去"服务专业团队

建议市政府一方面出台引进国际化专业人才的优惠政策,建立国际化专业人才信息库,吸纳专业人才到广州工作,为广州市政企各界服务,为广州企业"走出去"出谋划策。另一方面注重国际化专业人才培养,利用广州市作为集聚华南地区名牌大学的人才高地的区位优势,引导企业与高校或其他培训机构合作,针对专业人才需要有计划地开展人才培养,打造精通国际市场、跨国经营、海外税务、金融、管理等综合性人才库,为广州市企业"走出去"增添人才核心竞争能力。

课题组组长:王　峰　李健强

课题组成员:舒桂凤　卫广林　黎军华　谢靖山　黄珊珊　欧媛媛
方冬艳　杨剑威　刘　刚　周美婵　李思达　郑建群
段淑芬　李　杨　亦　舒　石　丹

特朗普税改方案对中国经济的影响及对策建议

秦应记

2017年9月17—27日，我率团对美国税制进行了为期14天的考察学习，其间美国总统特朗普及国会共和党领导人于9月27日公布了“统一税改框架”，11月17日，美国国会众议院以227张支持票对205张反对票批准共和党税改议案，递交给参议院表决，这可谓特朗普税改的里程碑。12月2日，美国参议院以51张支持票对49张反对票通过税改法案。这也是特朗普及共和党向对企业和富人减税的目标迈进的关键一步。我们对美国的现行税制和税改法案与美国同仁进行了深入交谈，现将考察学习内容及其思考与大家分享。

一、美国税制及其特点

（一）美国税制概要

税收是各级政府参与国民收入分配的主要手段，发挥着筹集政府财政收入、调节宏观经济和调节收入分配的作用。从1787年美国制定新宪法起，美国税收制度的发展大体经历了三个阶段，即以关税为主体的间接税阶段，以商品税为主体的复税制阶段和以所得税为主体的复税制阶段。经过200多年不断的改革、发展和完善，特别是经过20世纪50年代和20世纪80年代两次重大改革，美国逐步形成了以个人所得税、社会保障税、公司所得税、商品和劳务销售税、财产税、特别消费税和关税等主要税种构成的复合税收体系，税制结构逐步合理，税收杠杆运用纯熟。美国的税收征管机构是美国国内收入局，隶属财政部，2016年财政年度美国国内收入局的税收收入（包括社会保障税）为32680亿美元，占政府财政收入的85.1%左右，占当年GDP的28.1%。

（二）美国税制特点

1. 美国实行直接税占主导地位的税收制度

在美国实行的现行税制中，直接税占据主导地位。自2000年以来，美国直接税收入（个人所得税、社会保障税与公司所得税之和）占税收收入总额的71.5%。其中，个人所得税（美国税制中的最大税种）收入在税收收入的占比高达35%。

2. 税收制度具有联邦制的属性

美国自建国初期就对税收实行彻底的分税制，在这种税收体制下，美国的联邦、州、地方三级政府根据权责划分，三级税收分开各自进行征管。

3. 各级政府税收结构明显不同

在美国，联邦、州和地方三级政府税收征管范围虽有一定的交叉，但各级政府税收结构明显不同。联邦税以个人所得税、社会保障税和公司所得税为主，辅之以消费税、遗产和赠予税、关税等；州税以销售税和州所得税为主，辅之以各州自行规定的其他小税种；地方税以财产税为主，各地还有若干小税种。

二、特朗普税改方案及其影响

(一)特朗普税改方案

特朗普税改主张公司税从35%永久削减至20%,并进行其他调整,从而使得美国企业更有竞争力;将税率级数从七个减少到三个;限制州和地方的联邦扣除和抵押贷款利息扣除,免除个人免税,将标准扣除额加倍。该税改议案整体规模将近1.5万亿美元,包括下调企业税、精简税收等级和上调减计标准等内容。

1. 企业所得税改革

(1)新的企业所得税率是企业所得税最高税率20多年来的首次下调,从当前的35%降至20%。法定税率略低于工业化国家22.5%的平均法定税率(国际货币基金组织计算的经济合作与发展组织国家平均企业所得税法定税率为25%)。

(2)小企业股东(如个人独资企业)的最高税率为25%。

(3)对美国公司的海外利润存量实行大赦,鼓励资本回流美国。但大赦税率尚未最终确定,目前仅确定现金利润的税率会高于其他利润形式的税率。另外还有一些关于拓宽税基的规定(包括限制大公司扣除净利息费用和取消其他多项优惠减免)。

2. 个人所得税改革

(1)最高税率由39.6%降为35%,将七级累进税率10%、15%、25%、28%、33%、35%、39.6%降为三级累进税率:12%、25%、35%。

(2)扣除额提高近一倍,提高未成年子女等家庭成员的税收减免,还有许多其他家庭优惠。

(3)取消遗产税。

(二)税改方案的影响

1. 对美国国内的影响

税改方案将刺激美国经济增长,刺激消费与投资,进而增加就业,提高美国企业竞争力,同时鼓励企业留在美国投资,特别是把海外利润带回美国。

该税改议案将带来近1.5万亿美元减税规模,造成约1.5万亿美元的财政赤字,但是其所刺激的经济增长将抵消这一成本。对于美国家庭的影响,在该计划下,每个收入水平的家庭都将得到一定的减税;对于美国整体经济的影响,下调商业税将带来更好的经济增速和薪资增幅,美元指数涨幅扩大至0.15%,最高达到93.96,逼近美股开盘前所创日高94.00。

2. 对全球的影响

特朗普税改方案引起了世界范围内的广泛关注,全球范围内掀起了减税浪潮。英国在推行税制改革:特蕾莎梅政府将在2020年前将企业所得税税率降至17%,目标是达到G20集团中的最低税率;法国也在推行税制改革:马克龙政府将在2020年前将企业所得税税率降至25%,马克龙政府有意建立统一的税收规则;印度也在推行大规模的税制改革:莫迪政府实施大规模减税政策,目的是降低企业税收负担,简化纳税流程,刺激经济增长。

3. 对中国的影响

(1)对引进外资的影响。税收负担是影响引进外资和对外投资的重要因素之一,特别是特朗普政府的税改方案与美国1981年税改所处环境相似,减税政策的出台,叠加货币收紧,美债收益率上行压力会增大。美债利差扩大、跨境企业利润回流和企业税收环境改善三方面因素可能增加中国的资金外流压力,在这一阶段中国需着重应对资金流出、人民币贬值及国内资产价格下行压力。

特朗普税改的一个重要环节是通过对境外企业利润实施一次性的税收减免,以期吸引高达1万亿美元的企业利润回流美国。在这个过程中,如果跨国企业将非美元的海外利润转换为美元汇回美国,将可能带来阶段性的美元升值压力。根据BEA的测算,截至2014年年底美国跨境企业在华总资产已达到6000多亿美元,占中国存量FDI(外商直接投资)规模的1/5,这意味着一定的资本外流压力。

(2)对汇率的影响。特朗普的减税方案会使人民币面临较大的贬值压力。如前所述,特朗普税改方案将引发世界范围内新一轮的减税浪潮,美国减税引发国际资本流向美国,短期内美元升值,全球美元流动性收紧,会给中国等新兴市场国家货币带来贬值压力。从长期对汇率的影响来看,特朗普政府的贸易保护主义行为将会对冲美元升值,因此长期来看美元升值幅度不会太大,贸易战很可能引发人民币汇率下跌,人民币将面临较大的贬值压力,企业为避险而纷纷购汇,加剧资本流出。这会对中国经济的稳定与发展产生负面影响。

(3)对税收的影响。特朗普的减税方案会在一定程度上产生税收竞争压力。税收是国家的重要经济手段之一,其主要目的是促进经济发展,提高就业和增加政府财政收入,特朗普税改方案必然会带来世界范围内新一轮的减税浪潮,如果特朗普能将企业税降至20%,将接近发达国家的最低税率水平,对企业的吸引力将上升,叠加特朗普对制造业回流的诉求,会加大对美国的投资力度,20%的企业所得税法定税率明显低于中国目前25%的税率。在当前的经济转型期,中国企业也会有减税和允许一次性扣除投资的要求,在一定程度上会产生税收竞争压力。

三、对策建议

面对美国减税冲击,中国应从自身发展战略出发,根据党的十九大报告提出的“贯彻新发展理念,建设现代化经济体系”“深化税收制度改革,健全地方税体系”等一系列新部署新要求,继续完善和落实好全面推开“营改增”试点、资源税全面改革工作,抓好环境保护税的开征准备工作;推进健全“绿色税制”,助推美丽中国建设等,结合实际情况和比较优势、可能空间,认识、适应和引领新常态,深化供给侧结构性改革,进一步简政放权减税,制订合理、有效、可行的借鉴方案。

(一)加快税制改革

特朗普税改方案将引发世界范围内新一轮的以减税为内容的税制改革浪潮,将有助于中国总结经验,推进有利于中国自身特点的税制改革。中国应在这次改革浪潮采取跟进和引领的态度,实施跟进和引领的税收政策,具体来讲,就是把党的十八届三中全会指明的“逐渐提高直接税比重”的税制改革任务和其他关于各项税制改革的要求真正贯彻落实。

1. 加强税收法制体系建设

不断加强税收法制体系建设,规范和简化税制要素,建立公平、科学、法制化、税负合理的现代税制体系,增强公民对税收的社会认同感,提高公民对税法的遵守度。

2. 增值税的改革

增值税是中国目前最大的税种,占到税收收入总额的1/3以上,“营改增”的税制改革之后,从今后的发展趋势来看,应进一步合并增值税的税率档次,逐步降低增值税的税率。

3. 企业所得税的改革

在国际降税的潮流下,企业所得税的改革应放在支持投资和就业上:清理规范税收优惠,对制造业等鼓励性行业的投资允许一次性列支,对虚拟所得与实体所得实行差别税率等;降低企业所得税的税率,可以考虑将现行的25%的法定所得税税率降为20%,把小型企业的所得税税率降为10%。

4. 个人所得税的改革

目前,中国个人所得税只占全部税收收入的6%左右,个人所得税的改革目标是:简化个人所得税的税制,提高个人所得税的收入比重,逐步强化个人所得税调节收入差距的作用,真正构建、培育具有自动稳定器和优化全社会再分配功能的直接税收体系。

5. 进一步完善税收管理体制

中国税制改革虽然取得了很大进步，但税收管理体制仍有待进一步完善。目前，中央政府税收来源相对充足，而地方政府征收的都是些征管难度大、税源分散、收入不稳定的税种，没有主体税收来源，同时承担了大部分公共事务支出，面临事权和财权不匹配的困境。因此，税收管理体制需进一步完善。

(二)降低企业税收负担

李克强总理指出：国际竞争激烈，很多国家实施减税计划，中国要有抢跑意识，政府要通过清费减税，深入推进“放管服”改革，优化税收环境；中国已有三十余年减税让利与税制改革、特别是近年以“营改增”为代表的结构性减税经验，以及继续贯彻实施的安排。自 2012 年推行“营改增”的税制改革以来，累计实现减税 1.7 万亿元，所有行业税负实现了只减不增，推动了经济结构出现“质变”。通过减税进一步降低市场主体的实际负担，在供给侧激发微观层面创业、创新的潜力与活力，为企业的发展创造了较好的营商环境。“营改增”的税制改革不仅在鼓励投资方面发挥了重要作用，而且在产业结构调整和区域协调方面也发挥着十分重要的作用。

(三)进一步清费减费

中国可以参考美国税改，适当推进拓宽税基、降低税率的改革，取消多项优惠减免、降低法定税率。中国的宏观税负和企业的负担中，税收只是其中的一部分，各种收费占据了大部分：政府行政性收费、社保“五险一金”缴纳等税外负担，这些负担给市场主体实际增加了时间成本、“处理关系”等隐性成本与综合成本，因此，为了减轻企业负担，除了减税以外，还必须清费减费。

面对美国减税冲击，中国除了继续进行减税、清费减费、积极的税制改革之外，还应做好以下工作：一是税费的减少会带来国家财政收入的减少，应采取配套改革措施，进一步减少相关的财政支出等；二是深化推进“放管服”改革，政府精简机构，降低行政成本开支；三是大力推进 PPP 创新以融资合作提升绩效。

（作者单位：国家税务总局河南省税务局）

税收视角下广西蔗糖生产企业降本增效调查分析

国家税务总局广西壮族自治区税务局课题组

近年来，受国际食糖市场供需过剩、价格走低的影响，广西壮族自治区（以下简称广西）蔗糖生产企业品种单一、成本高、效益下降等长期累积的问题更加凸显。为了帮助企业成功实施“二次创业”，广西国税部门积极落实各项税收优惠政策，在帮助企业合理降低税费成本方面取得积极效果。随着市场糖价触底回升和需求状况好转，广西应抓住这一有利时机，通过深入推进农业供给侧结构性改革，帮助企业进一步降本增效，不断提升蔗糖产业发展的质量效益和市场竞争力。

一、税收政策促进蔗糖生产企业降低成本的积极成效

近年来，广西国税部门积极落实农产品进项税额核定扣除、“营改增”、西部大开发和资源综合利用税收优惠等各项改革措施和优惠政策，在降低企业税费成本、促进产业转型升级方面取得良好效果。

（一）因地制宜落实农产品进项税额核定扣除政策

从 2014 年 12 月 1 日起，广西制糖行业试行农产品增值税进项税额核定扣除政策，即制糖企业生产蔗糖购进原料蔗的增值税进项税额，由原来凭票抵扣变为根据投入产出法核定抵扣的进项税额。该政策从两个方面促进了蔗糖企业的发展。

1. 增加抵扣，有效降低了企业税收负担

以河池市 6 家糖厂为例，通过测算，在同等条件下，2014/2015、2015/2016 和 2016/2017 三个榨季按照农产品核定扣除政策将比凭票抵扣政策多抵扣进项税额 2253 万元，相当于从该项政策获得 2253 万元的减税优惠。2015/2016 榨季，根据当年自然灾害造成甘蔗大面积出现糖分降低的实际情况，广西国税部门将机制糖（每吨）的甘蔗单耗数量由 8.22 吨提高到 8.61 吨，并为按原办法多缴纳税款的企业及时办理退税或抵税手续。仅河池市 6 户蔗糖生产企业就办理退税累计 594.43 万元，为企业有效应对天灾损失提供有力支持。

2. 鼓励先进，有效激励企业提高效率

目前农产品核定扣除所依据的原料蔗单耗在全区实行统一的标准（8.22 吨），因此，不断降低蔗糖生产单耗就成为提高增值税进项税额抵扣额度、降低增值税税负的重要手段，这就促使企业积极推动扩大“双高”糖料蔗种植面积、不断改进生产工艺，以提高原料蔗品质和糖分回收率。通过农产品核定扣除政策，有效提高了广西蔗糖产业整体的工艺水平和生产效率。

（二）“营改增”税制改革降低企业运输成本

从 2013 年 8 月 1 日“营改增”试点之后，交通运输业改按增值税管理，对企业降低税负、提高管理水平产生积极作用。

1. 抵扣比例提高，有效减轻企业负担

增值税进项税额由原来按照运费的 7%扣除率改为按照不含税运费金额的 11%抵扣，减轻了企业的增值税负担。通过对制糖企业的调研，大多数企业反映“营改增”后运输费用的增值税进项抵扣有所增加，在一定程度上缓解了油价、人工等运输成本上升对企业的不利影响。根据对崇左市一家糖厂的测算，与按照“营改增”之前的抵扣方法相比，其在“营改增”后的三个榨季累计多获得了 358.23 万元的进项抵

扣税额。

2. 促进了传统运输模式的积极变革

"营改增"前甘蔗运输以个体为主，由税务机关代开大量的运输发票作为蔗糖生产企业的抵扣凭证，仅崇左市江州区5个糖厂1个月就要代开12500多份，不仅税务部门工作量大，企业也经常因无法及时获得发票而影响抵扣。"营改增"后，部分蔗糖生产企业采用招标的形式将运输外包给具有一般纳税人资格的运输企业，运输企业在月末只需开具一张增值税发票给蔗糖生产企业即可，对企业减负增效起到积极作用。

（三）税收优惠政策促进企业降本增效

通过对南宁、防城港、河池、崇左四市蔗糖生产企业调研，大多数企业都享受了西部大开发战略按15%税率征收企业所得税的优惠政策。部分属于北部湾经济区的企业还享受了房产税、城镇土地使用税的税收减免。部分制糖企业充分利用资源和税收优惠政策，延伸发展造纸、有机肥产品。例如，广西崇左东亚糖业有限公司在"十二五"期间因享受西部大开发、资源综合利用等政策累计减免企业所得税9385万元，南宁糖业宾阳大桥制糖有限责任公司2015年、2016年仅安置残疾人员及国家鼓励安置的其他就业人员就获得支付工资加计扣除32.6万元。

二、蔗糖生产企业成本结构的现状分析

课题组通过采集南宁市、防城港市、河池市和崇左市（以下简称"四市"）24家蔗糖生产企业的经营数据，分析发现近年来蔗糖生产企业的成本构成主要呈现以下特征。

（一）主营业务成本仍然较高

2011—2016年，四市24家蔗糖生产企业各主要成本费用项目占主营业务收入的比重从大到小分别为主营业务成本82.23%、税收总额8.68%、职工工资总额6.68%、财务费用3.76%、缴纳行政性收费和基金（以下简称政府收费）0.46%。以甘蔗为主的主营业务成本仍然占企业成本的绝大部分。

（二）税收负担主要受增值税影响，且总体呈下降趋势

1. 增值税占企业缴纳税收的较大比重

2011—2016年，增值税总额占税收总额的74%，税收占主营业务收入比重的大小主要受到增值税的影响。虽然增值税作为价外税具有向购买方转嫁的效应，在财务上并不构成企业的成本，但会占用企业流动资金。从剔除增值税后的税收总额占主营业务收入的比重看，蔗糖生产企业税收负担6年占比仅为2.26%，低于工资总额和财务费用的占比。

2. 企业总的税收负担持续下降

调研的24家企业税收总额从2011年的23.28亿元下降到2016年的8.45亿元，降幅达63.7%。按税种看，增值税、城市建设维护税、企业所得税和个人所得税主要税种降幅分别为63.13%、59.01%、70.69%和61.46%。纳税总额不断下降的同时，企业的税收负担也呈现不断减轻的趋势。蔗糖企业税收总额占主营业务收入的比重已经从2011年的12.14%下降到2016年的5.49%，降幅达到54.7%。这一方面是因为糖价大跌造成与经营直接相关的增值税以及附加税费（城镇建设维护税和教育附加费）、企业所得税等大幅下滑；另一方面也得益于国家各项税收改革措施和优惠政策的减税效应。

3. 部分地方税税种整体保持稳定

在企业税收负担总体下降的趋势下，企业缴纳房产税、耕地占用税等地方性税收占主营业务收入的比重呈上升趋势。调研的24户企业缴纳的房产税、城镇土地使用税占主营业务收入比重，分别从2011年的0.06%、0.06%上升到2016年的0.12%、0.10%。其主要原因是上述税种与企业收入无关，企业收入的下降反而造成该项税收占比的相对上升。

（三）主营成本和财务费用逐步上升

以2014年为分水岭，蔗糖生产企业主营业务成本、财务费用占主营业务收入比重呈现先升后降的态势。其主要原因是2014年以前，糖价下跌速度超过甘蔗收购价下降速度，造成企业生产成本相对上升。同时，产品价格下跌造成企业资金短缺，对银行信贷的需求提高，进一步增加了企业的财务成本。而随着2015年糖价触底回升，经营收入的增加使得上述两项成本占收入的比重进入下降通道。

（四）政府收费未明显降低，且存在过多的额外支出

蔗糖生产企业涉及的政府收费主要有排污费、水资源费、锅炉、压力容器检验费、水利建设基金、教育费附加、地方教育附加、残疾人就业保障金。总体来看，政府收费占主营业务收入的比重6年来保持在0.42%～0.57%，且政府收费并未随着企业收入的减少而有所降低。主要原因在于，除了教育附加费是以增值税为计算依据（因而会随着增值税收入的减少而减少）外，其他很多收费项目并不与企业的收入变化挂钩。

此外，在调研中发现，部分地区的涉企收费项目还包括公路维修费、水利费、甘蔗管理费、甘蔗发展基金、甘蔗发展费用等不在政府预算内的收费项目。例如，调研中的1家蔗糖生产企业近三个榨季累计支付的公路维修费、水利费高达1713万元；调研中一个市的6家蔗糖生产企业2011—2017年各榨季支出的蔗区修桥补路费总计达7914.69万元。

（五）劳动力成本持续上升，社保缴费占比不断提高

近年来，蔗糖生产企业工资总额占主营业务收入的比重一直保持上升的趋势，已从2011年的5.36%上升到2016年的7.64%，增加了2.28个百分点。劳动力成本上升的一个重要原因就是社保缴费支出的增加。2011—2016年，调研的24户企业社保缴费支出占职工工资总额的比重已经从14%上升到18%，增幅28%；社保缴费占主营业务收入的比重从2011年的0.76%增加到2016年的1.38%，几乎增加1倍（见表1）。

表1　24家蔗糖生产企业不同成本项目占主营业务收入比重

年份	主营业务成本	总税收	其中：增值税	剔除增值税的总税收	工资总额	其中：社会保险费	财务费用	政府收费
2011	69.31%	12.14%	8.02%	4.12%	5.36%	0.76%	2.87%	0.46%
2012	82.27%	9.82%	7.25%	2.57%	5.67%	0.93%	3.57%	0.43%
2013	87.33%	8.29%	6.88%	1.41%	6.82%	1.22%	3.88%	0.57%
2014	93.70%	7.01%	5.95%	1.06%	7.82%	1.35%	5.07%	0.42%
2015	81.83%	7.99%	5.96%	2.03%	7.47%	1.43%	3.99%	0.46%
2016	82.10%	5.49%	3.65%	1.84%	7.64%	1.38%	3.48%	0.42%
总计	82.23%	8.68%	6.42%	2.26%	6.68%	1.15%	3.76%	0.46%

数据来源：根据24家蔗糖生产企业提供的生产经营数据计算得出。

三、蔗糖生产企业进一步降成本存在的主要困难

（一）原材料成本短期内难以实现大幅降低

蔗糖生产企业成本高的主要原因在于以甘蔗为主的原料成本占比较大。但是，受生产条件和工艺技术的限制，短期内广西原料蔗生产成本难以实现大幅度的下降。此外，从各地调研反馈的情况看，近年来甘蔗种植面积逐年减少，导致企业产能闲置，难以通过规模化生产摊薄税费成本。

（二）利用税收政策降低经营成本仍存障碍

1. 利用增值税进项税额核定扣除政策存在的障碍

不断降低企业的吨糖耗蔗率（每吨蔗糖消耗的甘蔗），不仅能降低企业增值税税负，而且可以降低城

镇建设维护税、教育附加费等附加税费的负担。但是吨糖耗蔗率的降低仍存以下障碍:一是含糖量较高的优质甘蔗品种没有实现全面推广;二是部分地区受到土地、水利、种植技术限制,甘蔗含糖量提高有限;三是很多破损的蔗区道路路况不佳,通行不畅造成新鲜甘蔗因无法及时送达车间而致水分流失糖分降低。这种情况在山区丘陵较多的河池市表现更加突出,该市甘蔗糖分普遍偏低,在全区统一的增值税核定扣除比例下,同样一吨蔗糖比其他地区耗费更多的甘蔗,但得到的进项抵扣大体相同,从而造成增值税税负高于其他地区。

2. 利用"营改增"政策降成本存在的障碍

"营改增"后,企业购进交通运输、研发、技术服务等项目可以抵扣增值税。但是,一方面,很多地区甘蔗运输以个体司机或挂靠经营为主,运输企业因无法得到进项抵扣而增加的税费负担,便转嫁给了蔗糖生产企业;另一方面,多数蔗糖企业生产方式改进力度缓慢,外购研发服务、技术服务的规模有限,也难以利用"营改增"政策降低企业税负水平。

3. 利用税收优惠政策降成本的障碍

虽然部分蔗糖生产企业已经通过资源综合利用获得了国家的税收减免优惠。但是,从调研情况看,多数企业的资源综合利用产品生产规模仍然较小,无法充分享受税收政策支持,不能有效降低企业税负。

(三)业绩下滑与融资成本上升的恶性循环推高债务杠杆

银行信贷是广西蔗糖企业目前的主要融资模式。近年来,糖价下跌导致企业经营效益大幅下降,不得不通过增加银行贷款维持经营,财务费用不断上升。而多数银行鉴于蔗糖企业市场风险增加,纷纷紧缩贷款或提高放贷要求,进一步增加了企业的融资成本,加大了债务杠杆风险。

(四)蔗区公共基础设施供给模式对企业降成本的影响

长期以来,由于资金投入有限,蔗区水利、道路等公共基础设施投入模式都是采取政府和企业共同筹集资金、每年进行局部修缮的方式进行。在这种模式下,企业每年都有上百万元的费用支出,但是无法推动蔗区公共基础设施条件发生根本改观。近年来,随着企业经营效益的大幅下滑,各项水利费、道路维修费等支出成为巨大的负担。

四、促进蔗糖生产企业降本增效的对策建议

(一)改善甘蔗种植的生产基础条件

以"双高"基地建设为契机,提高甘蔗种植的规模化、良种化、机械化、水利化水平。这不仅能够从整体上降低蔗糖生产企业的原材料成本,而且可以在现行的增值税进项税额核定扣除制度下,提高进项税额抵扣额度,降低税负水平。

1. 加快蔗区土地制度改革

甘蔗种植规模化是实现良种化、机械化和水利化的前提,而加快推进蔗区土地制度改革,完善蔗区土地流转机制则是实现规模化种植的关键。为此,一方面,需要加快推进蔗区土地承包经营权确权登记,引导和规范蔗区土地承包经营权向新型农业经营主体有序流转;另一方面,需要进一步完善蔗区土地流转涉及的市场服务机制、行政监管机制和纠纷协调机制,降低土地流转的制度成本。

2. 保障原料蔗供给

充分利用好国内外两个市场,稳定并不断扩大甘蔗种植面积。一是加强对区内甘蔗种植优势地区的规划管理,以"双高"基地建设为契机扩大糖料蔗核心基地范围,并将之作为基本农田实行永久保护;二是出台鼓励政策支持制糖企业、蔗糖产业链上的其他企业到无制糖企业或种植其他经济作物的地区建立原料蔗基地;三是出台鼓励措施支持制糖企业发挥技术、资金、农资等优势,积极发展境外甘蔗种植,并通过完善口岸通关、进口配额、人民币跨境结算政策,为甘蔗和农资进出口开通"绿色通道"。

3. 完善蔗区公共服务体系

一是加强蔗区公共基础设施建设的政府投入。以“双高”基地建设为契机，对蔗区水利、交通等公共基础设施建设进行整体的规划和建设，将蔗区水利交通基础设施作为地方公共基础设施建设，形成以政府为主的投资和建设模式。二是创新和完善甘蔗生产社会化服务体系，鼓励创建甘蔗托管生产合作社、机械化专业服务组织。

4. 完善甘蔗物流运输模式

为缩减运输路途，减少甘蔗入厂留置时间，建议将建立流动和固定的甘蔗收购站作为蔗区公共基础设施项目统一规划，将其作为连接田间作业和主干运输道路的重要节点，通过合理布局，实现优化运输流程、缩减运输路途、减少入厂时滞、提高甘蔗鲜度的效果。

（二）完善政府扶持蔗糖产业的政策模式

1. 完善原料蔗定价模式

在现行定价模式基础上，借鉴巴西等国按质论价的定价模式，以甘蔗含糖率为主要指标，并在综合考虑调控政策、关联产业市场等因素的基础上确定收购价格。这样不仅能够在生产环节最大限度地调动蔗农的主动选取优良品种积极性，提高田间管理水平，而且也能够减少运输环节里砍运过程的糖分损失，提高吨糖耗蔗率。

2. 完善蔗区公共基础设施投入机制

一是落实中央关于深化“放管服”改革工作要求，进一步减少涉企收费，清理以水利、道路建设为名义的各种收费项目；二是提高蔗区公共基础设施的财政投入比例和效能，合理规划蔗区水利、交通等基础设施建设，保证各项设施质量稳定、功能满足需要。

（三）引导企业转换经营方式降低经营成本

1. 整合原料蔗运输模式

为充分利用增值税进项税额抵扣政策，应完善蔗区甘蔗运输服务的组织体系，通过建立统一、规范的运输公司，减少因个体司机挂靠经营而无法提供进项发票的问题。在此基础上，建立田间收割—公路运输—企业生产一体化的原料蔗运输服务体系，通过提高机械化水平降低成本。

2. 充分利用国家扶持政策加快产业链条延伸

根据近期国家发改委等部门下发的《关于扩大生物燃料乙醇生产和推广使用车用乙醇汽油的实施方案》，2020 年全国范围内将基本实现车用乙醇汽油全覆盖。因此，蔗糖生产企业应抓住这一有利时机，扩大甘蔗产品的产业链条，提高乙醇生产和供应能力，避免产品单一带来的市场风险。

3. 充分利用税收优惠发展资源综合利用产品

蔗糖企业应充分利用国家鼓励资源综合利用的税收优惠政策，加大利用甘蔗渣、糖蜜等进行造纸、乙醇、发电、生物肥料的循环经济发展模式，在提高原料利用率的同时，也能获得更多的国家税收减免。

（四）创新融资模式，降低蔗糖企业债务杠杆

针对目前蔗糖企业债务成本高的问题，需要从融资模式入手，在进一步完善现有债务融资模式的基础上，积极发展各种形式的股权融资，在降低企业债务杠杆和融资成本的同时，借助资产重组提升企业经营管理水平。

课题组组长：李传玉

课题组成员：霍　军　严秀成　孔祥军　刘景荣　秦大磊

林　剑　覃先显　曾宜林　蒋秋芬

课题参与单位：南宁市税务局、防城港市税务局、崇左市税务局、河池市税务局

执　笔　人：孔祥军

研发费用加计扣除优惠政策执行效应分析及建议

王　峰

企业研究开发费用税前加计扣除政策，对供给侧结构性改革具有重要意义，是国家促进科技创新、提质增效的重要举措，受到各界广泛关注。本文从广州市2016年度实际享受加计扣除优惠企业情况及近年比较数据出发，结合典型企业调查问卷，深入分析研发费用加计扣除政策执行效果及存在的问题，并从完善政策实体、强化程序管理和修订申报表等方面提出建议，为完善研发费用加计扣除优惠政策提供一定的参考。

一、研发费用加计扣除政策执行效应分析

（一）研发费用加计扣除政策实施的总体情况

1. 受惠企业数量大幅增长，税收惠及面进一步扩大

2016年度，广州市享受研发费用加计扣除企业共3248户，同比增长98.41%，共加计扣除额96.01亿元，同比增长58.44%，如表1所示，享受户数和金额均保持了快速增长势头且增速较上年略有提高。这说明，2016年度研发费用新政的有效落实和宣传力度的加大使企业创新的热情高涨，刺激了更多的企业投入自主创新并享受优惠政策。具体来说，受惠企业户数大幅增长的原因主要有三个方面：一是研发费用新政对可加计扣除的行业管理思路从“正列举”转化为“负面清单”，扩大了研发费用加计扣除的行业和活动范围，使新政的受惠主体数量大幅增加。二是新政将原“专账管理”要求改为“对享受加计扣除的研发费用按研发项目设置辅助账”，极大减轻了企业的核算负担。三是新政简化审核程序，调整了争议解决机制。这些变化使企业享受优惠政策的通道更便捷、更直接、更高效，有效增强企业享受优惠政策的意愿。

表1　　企业享受研发费用加计扣除优惠情况统计表　　单位：户、万元

年份	户数	增长率	加计扣除额	增长率	户均加计扣除额	增长率
2014	848	—	405008.33	—	477.60	—
2015	1637	93.04%	605998.59	49.63%	370.19	−22.49%
2016	3248	98.41%	960114.11	58.44%	295.60	−20.15%

2. 总体加计扣除额提高，但户均加计扣除额有所下降

近年来，广州市企业享受研发费用加计扣除金额以每年50%以上的增幅上涨，但是由于享受户数增幅高于金额增幅，造成户均加计扣除额由2014年的477.60万元逐年下降到2016年的294.88万元，年降幅达20%。企业的户均加计扣除额与总体加计扣除额呈现此消彼长的变化，其主要原因是新政限制条件的放宽，享受税收优惠的门槛降低，许多中小企业成了新政的受益者。受限于资产规模与资金实力，中小企业在技术研发方面投入的金额与大企业相比较少，因此户均优惠额有所下降。但这也从侧面体现了我国“大众创业万众创新”税收政策对于中小企业发展的激励与扶持效果。

（二）享受研发费用加计扣除优惠企业分布情况分析

1. 各经济类型企业均从优惠政策中获益

由于研发费用加计扣除政策未限定企业经济类型，各类企业均可享受这一税收优惠。其中户数较多的是其他有限责任公司和私营有限责任公司，合计占到全部类型的78%，与广州国税征管这两类企业较多呈正相关关系，如表2所示。

表2　享受研发费用加计扣除优惠企业分经济类型统计表　单位：户、万元

登记注册类型	户数	金额
其他有限责任公司	1483	36321.56
私营有限责任公司	1018	14105.92
外资企业	148	8017.21
港、澳、台商独资经营企业	131	11638.54
私营股份有限公司	124	3298.24
非国有控股非上市企业	107	3796.06
中外合资经营企业	101	7064.40
合资经营企业（港或澳、台资）	62	3677.86
港、澳、台商投资股份有限公司	20	2315.40
外商投资股份有限公司	12	1178.25
非国有控股上市企业	7	816.44
中外合作经营企业	7	540.33
合作经营企业（港或澳、台资）	7	373.19
国有企业	6	471.54
国有绝对控股非上市企业	3	169.36
国有相对控股非上市企业	2	82.22
国有绝对控股上市企业	2	522.71
股份合作企业	2	15.30
其他企业	2	42.96
国有相对控股上市企业	2	1504.62
事业单位	1	1.29
国有独资公司	1	58.01
总计	3248	96011.40

但如果将经济类型简要区分为国有、外资、民营三种（见表3），可以发现民营企业和外资企业是享受这一优惠的绝对主力，户数占享受企业的99%。民营企业以其较大的基数占了享受优惠金额的60%以上，而外资企业更注重科技投入，户均享受金额远超内资企业，国有企业以其较大的个体体量，户均享受金额超过1500万元。

表3　享受研发费用加计扣除优惠企业分经济类型（大类）统计表　单位：户、万元

类型	户数	金额	户均
民营	2743	583964.75	212.89
外资	488	348051.80	713.22
国有	17	28097.55	1652.80
总计	3248	960114.10	295.60

2. 优惠政策的行业倾向明显

从行业分布来看，享受研发费用加计扣除的行业主要集中在制造业、信息传输、软件和信息技术服务业、科学研究和技术服务业，合计占享受户数的95.54%、享受金额的91.42%。与2015年度相比，上述三个行业都有较大增长，其中科学研究与技术服务业增长最快。批发零售业、租赁和商务服务业降幅为100%，主要由于新政策增加了负面清单行业限制，主营行业为批发零售业、租赁和商务服务业的企业均不能享受加计扣除优惠（见表4）。

表4　享受研发费用加计扣除优惠企业分行业统计表　单位：户、万元

行业	户数	金额
制造业	1274	453488.54
信息传输、软件和信息技术服务业	969	288688.31
科学研究和技术服务业	860	135563.79
建筑业	38	31551.36
居民服务、修理和其他服务业	33	5500.01
交通运输、仓储和邮政业	21	10087.81
农、林、牧、渔业	14	3480.41
电力、热力、燃气及水生产和供应业	13	9260.31
水利、环境和公共设施管理业	8	1517.85
文化、体育和娱乐业	6	1877.23
金融业	5	17369.52
卫生和社会工作	3	986.01
教育	2	125.18
采矿业	2	617.76
总计	3248	960114.10

（三）加计扣除费用的构成分析

从2015年和2016年享受优惠企业加计扣除的研发费用结构上看（见表5及表6），排名前三的为人员人工、直接投入费用和其他费用。人员人工占比最大，达到允许加计扣除研发费用的66%，比例较上年度有进一步提高，可见企业的研发成果始终以科技人员为主力，高技术人才是一家企业是否能真正有效开展研发的有力保障，其次是直接投入费用，占比为24%，以上两项合计占研发费用的90%。

表5　2016年度加计扣除的研发费用构成表　单位：万元

费用构成	金额
人员人工费用小计	1305161.39
直接投入费用小计	484000.46
折旧费用小计	93175.77
无形资产摊销小计	29597.61
新产品设计费等小计	45334.10
其他相关费用小计	22840.23
委托外部机构或个人进行研发活动所发生的费用	87727.84
当期费用化支出可加计扣除总额	1900321.50
研发项目形成无形资产当期摊销额	19979.00

表 6　**2015 年度加计扣除的研发费用构成表**　单位:万元

费用构成	金额
研发活动直接消耗的材料、燃料和动力费用	301028.67
直接从事研发活动的本企业在职人员费用	766748.22
专门用于研发活动的有关折旧费、租赁费、运行维护费	74329.45
专门用于研发活动的有关无形资产摊销费	21306.36
中间试验和产品试制的有关费用,样品、样机及一般测试手段购置费	48709.11
研发成果论证、评审、验收、鉴定费用	8853.40
勘探开发技术的现场试验费,新药研制的临床试验费	5251.03
设计、制定、资料和翻译费用	40473.07
计入本年研发费用加计扣除额	600858.43
无形资产本年加计摊销额	6772.52

(四)享受优惠企业财务及相关情况调查分析

为深入分析研发费用加计扣除政策的执行效应,更准确地掌握研发企业的涉税需求,广州国地税联合对 2016 年度享受研发费用加计扣除优惠政策的 55 户企业进行了问卷调查。

从被调查企业 2014—2016 年的资产规模、研发费用支出(账载)、主营业务收入、主营业务利润、利润总额和应纳税费等财务情况(见表 7)可见,研发企业在近年来不断加大研发投入,增长幅度最大的是研发费用支出(账载),三年累计增幅高达 3040.43%。研发费的投入加大,为企业注入新的活力,在享受研发费加计扣除等税收优惠政策的同时,企业的收入、利润、资产规模和应交税金均呈现增长态势。

表 7　**被调查企业 2014—2016 年财务情况**　单位:万元

项目	2014 年度	2015 年度	2016 年度	三年累计增幅
资产规模	692440.64	1030629.00	1143968.87	65.21%
研发费用支出(账载)	21405.65	35117.29	672230.15	3040.43%
主营业务收入	602192.50	995014.13	991501.51	64.65%
主营业务利润	66537.43	116854.37	149398.60	124.53%
利润总额	25668.75	52342.87	73869.72	187.78%
应交增值税	11765.72	16613.30	23271.27	97.79%
应交企业所得税	6524.63	7593.16	12797.35	96.14%
应交城市维护建设税	1124.21	1559.25	2137.24	90.11%

从对研发企业在享受了研发费加计扣除政策后所产生的经济效益、在享受优惠过程中遇到的困难及对优惠政策落实工作的意见和建议的调查情况来看(见表 8),在已享受优惠政策的企业中,60%的企业倾向于将享受到的政策红利继续投入到研发活动中;有 30%以上企业增加研发投入的比例在 11%～30%;有 90%以上企业采用自主研发的形式;享受税收优惠后,50%以上企业表示获得很大的激励,而优惠政策对研发企业的投资能力、研发能力和行业竞争力都起到了较大作用,其中以提高企业研发能力的作用最为明显。

表 8　　企业享受优惠政策相关情况调查结果统计表

序号	调查项目	调查结果占比分析				
一	政策红利的运用	A. 购入生产设备	B. 增加注册资本	C. 继续投入研发	D. 其他	—
	选项占比	33%	4%	60%	3%	—
二	获知政策途径	A. 税务人员告知	B. 宣传单张	C. 新闻媒体	D. 微信或网络	E.其他
	选项占比	35%	11%	17%	33%	5%
三	享受优惠政策过程中遇到的困难	A.对政策了解不够	B.程序烦琐	C.申报资料不符合文件要求	D.无	—
	选项占比	33%	29%	15%	23%	—
四	享受政策前后研究开发投入变动	A. 平均增长50%以上	B. 平均增长31%～50%	C. 平均增长11%～30%	D. 平均增长10%以内	E. 减少
	选项占比	9%	27%	37%	24%	3%
五	研发的主要形式	A. 自行研发	B. 委托研发	C. 合作研发	—	
	选项占比	92%	3%	5%	—	
六	该政策对企业的激励作用	A.很大	B.较大	C.一般	D.无	
	选项占比	53%	32%	12%	3%	
七	对企业哪些方面起到帮助作用	A. 投资能力	B. 研发能力	C. 行业竞争力	—	
	选项占比	18%	48%	35%	—	

二、研发费用加计扣除政策执行中存在的问题

通过对研发费用加计扣除政策执行情况和对企业调查问卷反馈的情况进行分析，目前研发费用加计扣除政策执行中主要存在以下几个方面的问题。

(一)部分政策内容有待进一步明确

一是研发活动界限不明晰。新政对于研发活动“实质性改进”和“产品(服务)的常规性升级等方面的活动”的界定不够清晰，造成税企双方理解存在差异。目前，我国尚处于经济转型升级初期，对于多数中小企业来说，具有明确“实质性改进”的研发活动相对较少，许多项目处于两者之间，甄别上存在着一定的难度。二是研发费用政策范围口径不统一。近两年对研发费用加计扣除政策口径和高新技术企业鉴定中研发费用执行口径逐渐趋于一致，但在部分费用项目、其他相关费用比例等方面仍存在差异，一方面造成企业费用归集的重复和困难；另一方面导致部分高新企业混淆了两者差异，按照高新技术的认定标准进行研发费用加计扣除核算。三是不适用加计扣除政策行业的判断不明确。企业兼营研发费用行业负面清单中所列行业中的几个，但每个行业的业务都达不到规定 50%以上的占比时是否可以享受优惠的问题不明确。四是特殊经营模式的企业无法继续享受研发费用加计扣除优惠。部分特殊经营模式企业(如集研发、销售高度捆绑的销售企业)一直开展研发活动并享受研发费用加计扣除优惠政策，新政出台后被列入负面行业清单中导致无法继续享受研发费用加计扣除政策，打击了企业加大创新研发的积极性。

(二)政策执行管理的简便性和可操作性有待提升

从税务机关的角度：一是税务工作人员专业水平有限，对研发项目判断有难度。在实际工作中，税务工作人员除了检查相关费用支出是否符合政策规定外，对研发项目是否符合政策规定往往难以判断，缺

乏专业知识对项目提出异议。二是委托研发费用真实性在一定程度上难以核实。税务部门需要跨企业延伸检查才能判断其真实性,加大了管理难度。特别是当受托方为异地注册的企业,由于税务管辖权问题,前往实地核查会受到限制。三是研发费用资本化摊销难管理。企业摊销过程中如经营发生变化不再属于允许加计扣除规定的行业、企业调整以前年度损益重复加计扣除等情况均难以监管。

从纳税人角度:一方面研发费用难以准确归集。准确核算和归集研发费用,是企业享受加计扣除政策的前提条件。但划分是否合理、准确,征纳双方都难以确定。在实际执行过程中,对于一些尚未设立专门研发机构或者研发机构同时承担生产经营业务的企业,享受优惠的同时存在巨大的税收风险。另一方面研发支出辅助账设置工作繁复。由于辅助账实际按税法口径设置,与会计口径存在差异,且无软件生成支持,加大了企业财务人员手工填报的工作量,也增加了错报风险。

三、完善研发费用加计扣除优惠政策的建议

研发费用加计扣除政策对促进企业创业创新、推动经济转型具有积极作用。在实施中,既要促进企业充分利用好新政策,提升创新能力,又要防止滥用,导致税基侵蚀、税收流失、风险增大。针对现行政策执行中发现的问题,建议从完善政策实体内容、简化政策执行管理要求和优化申报表三个方面加以改进。

(一)明晰和统一政策执行口径

一是明晰研发活动边界标准。进一步明晰“实质性改进”和“常规性升级”边界技术判断标准,便于税企双方和技术部门在界定中能够准确掌握可加计扣除研发项目的口径。如对仅仅提高产品质量、改变产品使用效率、提高生产效率、以改良型为目的但没有带来真实技术进步的研发活动,应明确作为常规性升级处置,减少中间争议地带。二是统一研发费用扣除标准。从长远来看,应考虑减少税费差异角度,建议可逐步统一财务核算、高新技术企业认定和加计扣除研发费用的三重标准,可考虑按研发费用财务管理相关政策的口径统一执行,方便企业和税务机关的理解执行,更好地发挥优惠政策的协同效应。三是明确不适用加计扣除政策行业的判断。建议以“不适用税前加计扣除政策的行业”的营业收入合计作为主营业务收入总额来计算占比;对“不适用税前加计扣除政策的行业”中的批发和零售业,应区分“采购+销售”的传统贸易模式,和“自身研发+销售”创新科技型经营模式,对于实际有研发活动、销售高技术附加值产品的企业,在符合研发费用加计扣除政策规定的情况下,准予享受优惠待遇。

(二)优化和便捷政策执行管理程序

一是强化风险事项的预先防控。建议允许企业自主选择是否在汇算清缴前向科技行政主管部门提出项目鉴定申请。这种做法可以避免企业的税务风险,避免在汇算清缴后的后续管理中发现问题进行补税和交纳滞纳金的风险产生。二是制定研究研发项目鉴定管理办法和系统。建议在省级层面统一建立加计扣除项目认定网上申报系统。通过系统管理,使基层管理部门可以对历年数据进行统计分析和比较,及时发现企业申报中存在的问题,提升服务效能。三是组建专业管理团队。建议各级税务部门抽调会计、所得税管理、评估等方面的专业人才组成专业管理团队,一方面辅导企业准确核算和归集研发费用,特别应帮助企业养成建立“研发费用辅助账”的习惯,对研发费用的归集进行规范。另一方面负责对研发费用加计扣除的政策调研、风险监控和后续管理等工作,也可外部聘请科技部门的专家或事务所的专业人员共同开展政策调研或税收宣传工作,提升税务部门内部政策水平,降低纳税人税收风险。四是优化“研发支出辅助账管理软件”,协助企业开展研发费用加计扣除信息化管理。建议上级部门及时优化新开发的研发费用加计扣除辅助账电子软件,让企业研发支出辅助账可通过会计核算软件中相应凭证数据的导入实现电子化填报,提高辅助账填报的精准度。

(作者单位:国家税务总局广州市税务局)

以风险管理为导向
推动税务部门“放管服”改革的实践与思考

孙长举

推进“放管服”改革是全面深化改革的重要内容。作为执法和服务的职能部门，江苏省淮安市地税局应势而谋、顺势而为、乘势而上，勇于探索、集成创新，主动运用风险管理理念，大力推进“放管服”改革，实现事前审核向事中事后监管、固定管户向分类分级管户、无差别管理向风险管理、经验管理向大数据管理“四个转变”，着力构建科学严密、运转高效的现代税收征管体系，激发市场主体活力，增强经济发展动力，提高财税保障能力，实现了纳税人、财税经济与地税事业发展的多方共赢局面，在全国、全省组织开展的纳税人满意度第三方测评中两次获得江苏地税系统省辖市局第一名，连续三年被评为全省地税系统绩效考核先进单位，地方税收对公共预算收入的贡献度稳步提升。

一、以风险管理为导向推动“放管服”改革的基本理念

（一）强化权责理念

还权还责于纳税人，体现征纳双方法律地位平等关系，征纳双方共同遵守税法约束、共同维护税法权威。一方面，坚持以人民为中心的发展思想，明晰界定征纳双方的权利和义务，始终把相信纳税人能够依法纳税作为各项制度安排的前提，全面推行纳税人自主申报、实名办税等制度。另一方面，强化法治思维和规矩意识，通过建立健全税源管理事项清单实行清单管理，做到“法无授权不可为”“法定职责必须为”；通过加强政策确定性管理，从市局层面统一执法口径和处罚标准，杜绝随意执法、任意执法等现象。

（二）强化风险理念

全面嵌入风险管理，通过对纳税人涉税风险行为的收集、识别、排序和推送，对纳税人实施差别化精准化管理，为遵从度高的纳税人提供便利化办税条件，对遵从度不高或不遵从的纳税人予以惩罚震慑。借鉴执纪问责“四种形态”的做法，对暂未发现风险的纳税人不打扰，对低风险纳税人予以提醒辅导，对中等风险纳税人进行约谈或实地核查，对高风险纳税人进行重点稽查。

（三）强化流程理念

全面实施流程管理，变“人找事”为“事找人”，由对人负责转变为对事负责，强化税收征管过程控制，提高税收执法服务的工作效率。从“事前、事中、事后”三个环节实施征管机构重组，再造工作流程，减少管理层次和环节，归并一些职责交叉、业务单一的执法服务事项。从“识别推送、组织应对、法治审核、质量检查”四个维度优化风险管理，提高识别的精准度、推送的科学性、应对的有效性和监管的针对性。

（四）强化协同理念

不断健全完善税收协同共治机制，扩大综合治税“朋友圈”，变“单兵作战”为“团队作战”。建立办税员制度深化征纳双方协同，加强统筹调度深化处室之间协同，推进综合治税深化部门之间协同，强化教育培训深化人机协同，形成“相互理解、协同共治，相互促进、互为补充，相互支持、信息共享”的工作合力。

二、以风险管理为导向推动“放管服”改革的地税实践

（一）坚持“放”要彻底且有序

做到简政与放权同步推进，把该简的简到位、该放的放彻底，让流程更简化、资料更精简，真正为纳税

人减负。一是全面推进“多证合一”。实施“五证合一、一照一码”商事登记制度改革，与国税、工商、质检等部门积极配合，实现系统互联、信息共享、业务协同。对“多证合一”纳税人首次办税不再进行信息补充采集，减并和后移非工商共享信息补录工作，简化市场准入流程。简化纳税人在本省内跨市、县变更登记流程，便利纳税人自由迁移。制定简易注销办法，实现纳税人退出便利化。二是全面实行清单化管理。实施权力和责任清单化管理，坚决将不该设的项目、不该有的权力拦在清单之外。实施涉税资料清单化管理，清单之外的资料不再要求纳税人报送。建立A级纳税人容缺受理机制，积极推进税收优惠资料“以报代备”“留存备查”，推行“告知＋承诺”模式，进一步简化纳税人资料报送要求。三是全面融入“一张网”建设。主动融入地方政府“一张网”建设，拓展网上办税事项，实现“一号登录、全网通行”，凡是现有条件下能够采集到纳税人信息的，不再要求纳税人报送，不见面事项52项，占依申请权力事项的91.23%。

（二）坚持“管”要规范且有效

做到事中与事后同管，综合运用风险管理、信用管理的治理方式，将“强基础”“转方式”“提效能”有机结合，提升征管效能。一是做实基础管理。按照属地原则设立基础税源管理局，压实基础管理责任。制定基础税源管理事项清单，建立基础税源工作规范，做到“事事有人管、件件有规范”。按照“20/80”法则推进税源分类分级管理，对土地增值税、股权转让个人所得税等难点税源建立台账实施项目化管理；对房产税、土地使用税、车船税等固定税源加强比对实施精细化管理；对个体零散税源通过国地税委托代征等方式实施协同管理。建立欠税管理精准指引、精细分工、精准发力、精诚协作“四精”工作机制，强化欠税管理，欠税管理质效居全省前列。健全完善实名办税制度，按照企业类型、涉税风险等因素，合理确定实名信息采集范围。推行国税局、地税局实名信用双方互认，实现一次采集、多处使用。开发建设集“政策法规库”“规范指引库”“操作指南库”“典型案例库”“常见问题库”于一体的“五库一平台”，为工作人员执法提供详细指引和精确导航。二是做优风险管理。建立健全“一个指引、两个统筹、三个分离”的风险管理运行机制。“一个指引”是通过制定操作指引和应对模板，为应对人员提供智能化应对支持。“两个统筹”是数据统筹和任务统筹，实现市局层面数据充分整合和任务集约化管理，市局对下推送任务统一由风险监控局扎口管理。“三个分离”是实施案头审核、集中审理、案件执行与风险应对的三个分离，建立案头审核团队，在案头审核环节即要拿出明确的应对建议；对应对案件进行集中审理，防止执法偏差；设立执行科（岗）专门负责执行，提高执行效率。健全完善风险管理配套机制，率先在全国税务系统开展中高等风险应对案件集中法治审核，建立《风险评析会》《数字说风险》《风险管理建议书》等相关制度，促进风险管理进一步做精做实，去年中高等风险应对入库税款8.68亿元，应对千元以上案件占比上升46个百分点。三是做好信用管理。联合国税部门对全市纳税人进行信用评价，落实税收“黑名单”制度，对失信纳税人实施联合惩戒，去年首次对10名企业法定代表人申请实施边控措施，构建纳税人自律、社会监督和行政监管相结合的合作机制。

（三）坚持“服”要优质且有感

一是构建常态化的宣传格局。构建报纸有版面、电视有影像、网站有报道、手机有图文、刊物有文章的“五有”宣传格局，将政策解读、热点咨询等作为宣传重点。全面推广办税员制度，每年评选表彰优秀办税员，并向优秀办税员所在单位寄送评先评优建议，增强办税员的荣誉感和责任感。建立副科职以上干部联系服务企业制度，每名干部至少挂钩联系一个企业。二是构建规范化的服务体系。打造“实体办税、网上办税、掌上办税和自助办税相互补充、线上线下优势互补”的立体式办税网络。在全省率先实现不动产交易税收、社保费的网络化征管与“不见面”征收，纳税人足不出户就可以办理相关事宜。房产交易税收管理工作获得全市“101%服务十大品牌”。全面运行办税服务厅公共管理系统，统一办税服务标识，实行一机双屏，全面推行一次性告知、限时办结、预约办税等制度。健全完善纳税服务规范，细化业务描述、工作流程等内容，做到办税一把尺子、服务一个标准。三是构建便利化的增值服务。全省首家征收自由职业者社保费，切实把方便留给群众、麻烦留给自己，在半年、年度缴费高峰期，增设办理窗口，实行延时服务，确保每一个资料齐全的缴费人最多跑一次。深化国地税合作，国地税共同进驻政务中心，设立国地税业务通办窗口。加强委托代征管理，去年相互委托代征税费 3.85 亿元，其中地税代国税征收增值税 2.94 亿元。

三、以风险管理为导向深化“放管服”改革的对策建议

以风险管理为导向的“放管服”改革是一项全局性、系统性、战略性工程，事关税收治理体系和治理能力现代化，要坚持问题导向、集成导向、目标导向，对焦纳税人需求和基层税务工作者期盼，持续加大税务系统简政放权改革力度，一体化推进办税便利化改革，创新以风险管理为核心的事中事后监管方式，推动税务系统“放管服”改革提档升级，提升税收治理能力和服务水平。

（一）持续推进办税便利化改革

进一步简化资料报送和办税流程，对内部能获取、第三方可交换、纳税人已报送、实名办税下的身份证明以及无明确应用指向的资料信息不再要求纳税人报送。进一步拓展线上办税功能。按照建设全国通用的电子税务局的方向和要求，改造升级网上办税服务厅，实现纳税服务多渠道整合和管理。在实现省内办税服务资源全面整合的基础上，全面融入政府的政务服务“一张网”，尽快实现各类行政许可及申请事项的网上办理。进一步简化税费种认定，对于新设立的登记户，在其首次发生纳税义务前不进行初始税费种认定，在其首次上门申报时再予以税费种初始认定。进一步规范前台当场办结事项，落实总局“最多跑一次”改革要求，坚持当场办结是基本要求、非当场办结是例外的原则，对前台不能当场办结事项进行逐一梳理，对无须流转到后台进行调查核实的事项一律由前台当场办结。

（二）持续优化完善风险管理

提升风险管理统筹领导水平，建议在税务总局现有风险管理领导小组的体制架构下，统筹规划税务系统风险管理的机构设置、制度体系和信息化建设，单独设立风险监控部门对各业务领域的风险扫描、分析、推送等实行扎口管理。提升涉税数据质量，加快大数据平台建设，以政府“一张网”建设为抓手明确涉税部门信息共享机制，拓宽信息采集范围，提高涉税数据质量。提升智能应对水平，全面推进模板化、标准化应对方式，风险监控机构在推送时，不仅要描述具体的风险疑点，解释疑点加工原理，还要负责将纳税人入库的各税金额、各税纵向横向变动比率、各税金额与财务报表相关数据比对分析结果等作为智能化信息，一并推送应对人员，逐步建立健全涵盖各税种、各行业的风险应对模板。提升风险应对质效，全面落实国务院“三项制度”改革要求，健全完善重大执法决定法制审核、执法公示、执法全过程记录制度，加强对税收执法的过程记录、结果评价和问责追究。

（三）持续优化完善信用管理

既要抓紧建立覆盖全社会的征信系统，又要完善守法诚信褒奖机制和违法失信惩戒机制。深入贯彻落实统一社会信用代码制度，抓住商事制度改革的契机，在办理税务登记、实名办税中做好统一社会信用代码嵌入工作，以社会信用代码作为归集各项资料的唯一代码，为后续的统一管理和信用信息交换打牢基础。制定纳税人信用积分制度，建立动态信用评价和风险评估指标体系，实现对纳税人信用和风险状况的动态监控评价，并根据监控评价结果，实施风险提示或中高等风险应对的差异化递进式应对方式。对税收严重失信行为的纳税人要联合各部门进行联合惩戒，尤其是在投融资、取得政府供应土地、工程招投标、各类行政许可、注册公司等方面实行严格的联合惩戒措施，逐步建立以信用为核心的新型监管机制，形成“一处失信、处处受限”的信用惩戒大格局。

（作者单位：国家税务总局淮安市税务局）

税务系统公用经费支出定额标准体系研究

李晓峰

一、公用经费管理体制改革的必要性

公用经费作为基本支出经费的一部分，是保障税务系统机构正常运转的资金基础。长期以来，税务系统建立了基本支出经费管理制度，严格划分人员经费和公用经费，并实行分科目定额标准管理，保障机构正常运转和部门职能履行，控制不合理支出，从而提高了公用经费预算管理水平。但随着时代发展，目前的公用经费管理体制还存在地区间不均衡、支出定额标准不完善、与经济发展不适应等问题，其弊端日趋显现，具体表现在以下几方面。

1. 公用经费保障地区间不均衡

公用经费定额标准基本按历年形成的基数予以核定，仍然维持各省“基数+增量”经费体制的既得利益，虽然各地经费差距有所缩小，但并没有从根本上打破原有基数法的格局，地区间不均衡的矛盾较为突出。保障高的地区，设备更新较快，甚至出现超标准配备资产现象，导致人为浪费和过度结余；保障低的地区，税收设备等硬件设施无法及时更新换代，影响税收工作有序发展。

2. 公用经费定额制定不科学

由于公用经费包含项目较多，每项支出都有影响其支出规模的相关因素，仅仅采用人均定额计算，其不合理性显而易见，没有考虑实物量、业务量、耗用量、人员性、综合性等客观因素。这种定额标准不能反映实际消耗水平和物耗水平，已经不能满足日益发展的税收事业对公用经费的实际需求。没有完善的公用经费各明细项目定额标准，使得预算编制依据不充分，预算审核缺乏标准，只能评审预算总体是否合理，无法查明导致执行结果的直接原因和真正存在的问题，误导预算评价。预算编制主要采取基数加增长的方式，预算编制与年度工作计划不能有机结合，不能满足预算精细化管理要求。

3. 公用经费定额调整不及时

随着经济社会的发展和物价水平的上涨以及税收现代化水平的不断提高，公用经费保障不足日益突显，已经不能保证各项税收工作的正常开展。另外，随着政府收支分类科目的变化，有些科目的核算内容和范围已经有所改变，但公用经费明细项目定额标准没有随之调整，预算标准与实际执行严重脱节。

针对以上公用经费管理体制存在的弊端，探索建立科学合理的公用经费支出定额标准体系，有效约束财政支出的随意性，推动公用经费支出预算管理的科学化、精细化、制度化显得尤为重要。公用经费支出定额标准体系的构建能够打破传统的依靠上年预决算和“基数+增量”的预算管理模式，公平公正分配公用经费，缩小地区间人均经费水平差距，改善单位间“苦乐不均”现象，准确测算真正的公用经费实际需求数，有利于加强中央财政资金的统一调度和使用管理，提高公用经费资金的使用效益。

二、税务系统公用经费支出定额标准体系设计

公用经费支出定额标准体系，是为满足公用支出预算管理的需要，通过综合考虑国家政策方针，结合经济社会发展水平，以项目的资产配置量、资产消耗量或业务工作内容为参考因素，适应所有预算单位执

行的公用经费管理体制。

（一）指导思想

建立公用经费支出定额标准体系的指导思想：以税收工作为中心，坚持“合法、公平、规范、高效”，准确把握公用经费支出的特点和规律，紧扣管理实际需求，建立公用经费支出定额标准基础信息数据库，构建内容完整、定额科学、动态调整的支出定额标准体系，充分发挥公用经费支出标准在预算编制和管理中的基础支撑作用，在保障各单位正常运转和重点工作支出需求的同时，有效控制行政成本。

（二）基本原则

1. 零基预算原则

建立公用经费支出定额标准体系要彻底打破基数概念，真正实现零基预算，根据客观需要和财力可能来编制预算。

2. 成本控制原则

通过建立一套科学合理的支出标准体系，在满足各级税务机关履行职能需要的前提下，力争使行政成本最小化，从而达到有效降低税收成本的目的。

3. 区别对待原则

在制定公用经费支出定额标准体系时，要统筹考虑各单位的职能、性质、人员、资产、所在地区经济发展、物价水平等相关情况，对不同的单位设立合理的浮动系数。

4. 动态管理原则

公用经费支出标准体系建立后，不能一成不变，要结合基础信息数据库相关因素的变化，定期进行动态调整，使公用经费支出标准与国家政策、经济发展和单位实际相适应。

（三）具体方案

根据指导思想和基本原则，建立公用经费支出定额标准体系，可通过以下三方面具体工作来实现。

1. 建立基础信息数据库

建立一个覆盖单位基本信息、实物量信息、耗用量信息、业务量信息、工作计划信息、政策标准信息的基础信息数据库，为制定支出定额标准提供全面、翔实的基础资料。该基础信息数据库中的大部分内容可充分利用现有的各类财务信息资源，实现网络数据共享。例如，津贴补贴管理系统中包括所有人员的性质、级别等信息，网络版资产管理系统中包括税务系统所有资产状况，网络版财务软件中可以随时查询每个公用支出科目的历年支出情况，资金监管平台可以提供支出业务数量，决算报表和能量消耗报表中能体现有关能量消耗，等等。

该基础信息数据库建立后，剔除某些特定因素（如支付上年欠款或预付款项），使其真实反映各单位当年的实际支出情况。通过定期对这些大数据进行分析处理，就可以得出一个完整的预算年度内各公用经费项级科目支出的合理实物量、耗用量、业务量等情况，为核定下一年度各公用经费项级科目支出定额标准提供可靠信息。具体来说，公用经费支出定额标准基础信息数据库应包括以下六个子模块。

（1）基本信息子模块

①单位信息。包括本单位预算级次、单位性质、行政区划、所在城市经济发展状况、单位职能（管理局、征收局、稽查局）、部门数量等，主要为确定浮动系数提供依据。

②人员信息。包括上级批复的“三定”方案确定的人员编制和领导班子指数、在职人员各级别实有人数、征管业务人数和稽查业务人数、离退休人员各级别实有人数、人事部门审定的临时工人数、在职职工工资总额、新招录公务员计划等，主要用于测算与人员有关的科日支出定额标准，如移动通信补助、公务交通补贴、报纸杂志费、临时工工资、被装购置费、工会经费、福利费等。

(2)实物量信息子模块

①房屋建筑物信息。包括实际建筑面积、按照人员编制核定的标准建筑面积、账面价值、竣工年份、进驻人数、办税服务厅面积、服务纳税户数、取暖方式、办公楼物业管理合同等，主要用于测算办公取暖费、房屋维修费、租赁费等科目的支出定额标准。

②交通工具信息。包括公务用车改革后车辆编制数、实有数量、车型、用途(执法执勤、机要、应急等)、账面价值、已使用年限、行驶里程、单车耗油量等，主要用于测算公务用车运行费、公务用车购置费等科目的支出定额标准。

③其他通用设备信息。包括数量、价值、使用年限、报废年限等。其中办公设备和办公家具要根据办公设备和办公家具配置标准和实有人数计算出应配置数量。主要用于测算办公用品购置费、办公设备购置费、办公设备维修费等科目的支出定额标准。

(3)耗用量信息子模块

包括全年水、电、油消耗量、办公用品类所有备品单项耗用情况，主要用于测算水费、电费、燃料费、办公费等科目的支出定额标准。

(4)业务量信息子模块

包括预算单位年税收收入情况、所辖区划地域面积、税务所分布情况、所辖纳税人户数、数据网络专线租用数量、日常印刷品耗用量、资金监管软件体现的资金支付发生数量、公务接待人次情况(分为市内、省内、国内)、公务出差人数和天数及交通费等，主要用于测算印刷费、邮寄费、手续费、公务接待费、差旅费、网络租用费等科目的支出定额标准。

(5)工作计划信息子模块

包括单位的年度会议计划、培训计划、业余活动计划、税务宣传方案等，主要用于测算会议费、培训费、活动费、其他办公费(宣传费)等科目的支出定额标准。

(6)政策标准信息子模块

政策标准包括属地政策标准和国家政策标准。

①属地政策标准。主要包括预算单位所在城市办公用水、用电收费标准，固定电话收费标准，92号汽油全年平均价格，办公取暖和居民取暖收费标准，年度临时用工最低工资标准、计算“五险”的比例，当地办公用房屋租赁、网络租用费用标准，物业管理收费标准，当地公务接待费标准，当地车船使用税税额标准，人民日报、属地省市日报、中国税务报、税务研究、廉政建设等必备报刊的价格等。

②国家政策标准。主要包括国税系统通用资产配置标准、差旅费、会议费、培训费、工会经费等支出标准。

2. 测算支出定额标准

公用经费支出项目范围广、种类多，影响每个支出的因素往往都是多元的。因此，其定额测算可采用现代数量经济学、统计学等分析方法与传统的因素分析法相结合。为确保定额标准核定的科学性和先进性，还可建立数学分析模型。按照实物量、耗用量、业务量等因素对各科目影响的不同程度，可以将公用经费支出定额标准分为五大类。

(1)实物量定额标准

实物量定额标准是指以实物量为依据来确定公用经费支出定额，主要用于与资产实物保有量有紧密相关的公用经费支出定额核定，其支出水平与单位房屋建筑物、交通工具、办公设备的数量和价值等因素相关。具体包括取暖费中的办公用房取暖费、物业管理费、邮电费中的电话通信费、租赁费中的办公用房租赁费、办公设备购置费、公务用车购置费、公务车辆运行费中的维修费和保险费等。下面以取暖费为例说明测算方法。

集中供暖的办公用房取暖费定额标准可从基础信息数据库—实物量信息子模块中提取各单位实有办公用房建筑面积，从基础信息数据库—政策标准信息子模块中提取属地化办公用房每平方米取暖费收费标准来测算。假设各单位实有办公用房建筑面积为 M，属地化每平方米取暖费收费标准为 K，按照加权平均法计算出办公用房取暖费支出定额标准为 Q_{QN} 元/㎡。

取暖费——办公用房支出定额标准

项目	支出定额标准
取暖费——办公用房	$Q_{QN}=\Sigma(M*K)/\Sigma M$

非集中供暖的办公用房主要是偏远税务(分局)所，随着征管改革的深入，数量将逐年下降，因此，对于这类办公用房的取暖费可参照集中供暖方法予以核定。

(2)耗用量定额标准

耗用量定额标准是指以物资消耗量为依据来确定公用经费支出定额，主要用于与购买物资数量或能源消耗量紧密相关的公用经费支出定额核定，其支出水平与物品消耗量、能源消耗量及物资和能源的价格等因素相关。具体包括办公费中的水费、电费、办公用品、公务用车运行维护费中的燃料费等。下面以水费为例说明测算方法。

水费支出定额标准可从基础信息数据库—耗用量信息子模块中提取各单位全年用水量和排污量，从基础信息数据库—政策标准信息子模块中提取属地化水费和排污量收费标准，从基础信息数据库—基本信息子模块中提取各单位实有人数，从基础信息数据库—实物量信息子模块提取各单位办公用房建筑面积来测算。假设各单位全年实际用水量为 B_1、实际排污量为 B_2，属地化每吨水收费标准为 K_1、每立方米排污量收费标准为 K_2，各单位实有人员为 R，各单位实有办公用房建筑面积为 M，计算出水费的支出定额标准为 Q_{SF} 元/人、平方米。

水费支出定额标准

项目	支出定额标准
水费——办公用水	$Q_{SF1}=\Sigma(B_1*K_1)/\Sigma R/\Sigma M$
水费——排污费	$Q_{SF2}=\Sigma(B_2*K_2)/\Sigma R/\Sigma M$

(3)业务量定额标准

业务量定额标准是指以工作业务量为依据来确定公用经费支出定额，主要用于与工作业务量紧密相关的公用经费支出定额核定，其支出水平与单位业务发生量、工作计划开展情况等因素相关。具体包括印刷费、手续费、邮电费中的邮寄费、会议费、培训费、差旅费、公务接待费、公务出国(境)费等。下面以印刷费为例说明测算方法。

印刷费主要包括大宗账簿、表证单书、规章制度、统计月报、宣传资料等印刷品支出，其定额标准可从基础信息数据库—业务量信息子模块中提取各单位全年各类印刷品的印刷数量和政府采购价格，从基础信息数据库—基本信息子模块中提取各单位实有人数来测算。假设各单位全年各类印刷品的印刷数量分别为 B_1、B_2、B_3…，各类印刷品的价格分别为 K_1、K_2、K_3…，各单位在职人员为 R，计算出印刷费支出定额标准为 Q_{YS} 元/人。

印刷费支出定额标准

项目	印刷数量	单位价格
大宗账簿	B_1	K_1
表证单书	B_2	K_2
规章制度	B_3	K_3
统计月报	B_4	K_4
…	…	…
印刷费		$Q_{YS}=\Sigma(B*K)/\Sigma R$

(4)人员定额标准

人员定额标准是指与人员情况有直接关联的公用经费支出，其支出规模与单位人数、人员职级、工资标准等因素相关。具体包括移动通信补贴、职工取暖费、被装购置费、劳务费、工会经费和职工福利费、办公费中的报纸杂志费等。下面以移动通信补贴为例说明测算方法。

移动通信补贴支出定额标准可从基础信息数据库—基本信息子模块中提取各单位不同职级实有人数，从基础信息数据库—政策标准信息子模块中提取不同职级的移动通信补贴标准来测算。假设各单位实有人员为 R，补贴标准为 K，计算出移动通信补贴支出定额标准为 Q_{YDTX} 元/人。

移动通信补贴支出定额标准

项目	支出定额标准
移动通信补贴	$Q_{YDTX}=\Sigma(R*K)/\Sigma R$

(5)综合定额标准

综合定额是针对支出规模与多种因素相关或偶然性较大的支出项目，无法准确核定支出定额标准，因此可根据近三年平均支出情况来测算。

3. 确定浮动系数

一个预算单位的公用经费支出定额标准，与其所处的预算级次、单位类型、所在城市的经济发展状况以及地域大小、纳税户多少等有很大关系。因此，在制定支出定额标准时，不但要考虑普遍性，还要考虑差别性，即在测算完支出定额标准后，确定合理的浮动系数。下面以差旅费为例加以说明。

因差旅费支出受到单位预算级次、所在地经济发展水平、职能划分、征管范围、地域情况等诸多因素的影响，需要综合考虑。如省局单位的机关管理职能较强，差旅费支出标准应适当提高；稽查单位由于业务量大，差旅费支出标准应适当提高。基于以上因素考虑，将差旅费支出定额标准调整如表 1 所示。

表 1　差旅费支出定额标准调整表

预算级次	调整系数	单位类型	调整系数
省局	2	行政单位	2
市局	1	征收单位	1
县区局	0.5	稽查单位	2

三、税务系统公用经费支出定额标准体系建设展望

(一)确保刚性支出，提升保障程度

根据公用经费支出的内容、性质、作用等因素，公用经费分为刚性支出和弹性支出两大类。刚性支出

是确保系统各级单位日常办公所必需的支出，如水费、电费、物业费、取暖费等。弹性支出则由本单位依据财力状况自主决定支出规模，如培训费、差旅费、购置费等。公用经费支出定额标准体系建设的目标是实现中财拨款全额保障，而在当前财政资金保障未全部到位的过渡时期，可优先保障刚性支出，确保税收工作正常运转。

（二）适应科技发展，降低税收成本

伴随"金税三期"和"数字人事"等系统的开发和使用，网络通信技术快速发展，办公自动化系统不断演进，税收信息化实现飞跃式发展，这也要求公用经费支出定额标准体系顺应税收事业发展趋势，不断调整、更新变化，适当降低办公费、印刷费等支出定额标准，相应提高网络构建和运维的定额标准，合理降低税收成本。

（三）逐步优化设计，实现体制统一

目前，税务系统建立了津贴补贴信息数据库，依据两部委下达的津贴补贴标准，按照各预算单位的实际人员状况测算在职和离退休人员经费，科学化、规范化程度越来越高。公用经费支出定额标准体系的发展，就是要通过不断改进和调整，逐渐与人员经费核定方法趋同、高度融合统一，最终摒弃基数、定额概念，实现税务系统真正意义上的"零基"预算。

（作者单位：国家税务总局辽宁省税务局）

关于新时代税收制度改革若干问题的思考

沈承纲

2018年是全面贯彻十九大精神的开局之年，是改革开放40周年，是决胜全面建成小康社会、实施“十三五”规划承上启下的关键一年。当前，税收对经济社会的影响越来越广泛，现行税收体制的完善对促进经济发展、实施改革攻坚具有重要意义，正如十九大报告所提出的“深化税制改革，健全地方税体系”，为今后税收理论与实践的研究指明了前进方向和发展道路。回顾40年改革开放历程，每一次重大的国家整体改革都会带来税收制度的调整，每一次税收制度与时俱进的发展都会促进整体改革的提升，新时代的税收改革面临诸多问题与挑战，如何用税收手段破解社会经济发展中的新矛盾、新问题，找出攻坚破难的突破口，是实现税收整体联动、集成发展的一项重要工作。

一、我国税收制度改革回顾

中华人民共和国成立近70年来，我国税收制度改革经历了艰辛而又曲折的发展过程。税收制度是国家以法律或法规形式确定的税收征纳关系的总称，它是根据特定时期党和国家政策与经济发展需要而制定和相应改革调整的。从成立之初到今天，我国税制改革大致经历了四个阶段。

第一阶段（1950—1957年）：主要是国民经济恢复时期与社会主义改造阶段，采取的是多税种、多环节的复合税制度。

第二阶段（1958—1978年）：主要是开启国民经济建设时期与十年内乱时期阶段，采取的是全国统一的工商税制和农业税制度。

第三阶段（1979—1993年）：主要是配合全面改革开放而实施的一系列税收改革时期阶段，外商企业经营和所得以法律的形式确定下来，有力地促进了改革开放的发展。

第四阶段（1994年至今）：分别采取了分税制、增值税、消费税、合并所得税包括“营改增”等一系列改革，为我国逐步成为全球第二大经济体发挥了积极的促进作用。

从四次税制改革的过程不难看出，社会变革、经济转型、规模发展、产业调整，将直接决定税制改革的方向和进程。因此，经济的发展与税收体制具有交互影响作用，经济稳步持续增长需要有与之相适应的税制改革同步进行。

二、新时代深化税收制度改革的必要性

十八届三中全会从推进国家治理体系和治理能力现代化的高度部署税制改革，使税收的职能作用超越了经济层面，成为治国理政的重要手段之一。2014年，中央政治局审议通过了《深化财税体制改革总体方案》，明确财政是国家治理的基础和重要支柱，财税体制在治国安邦中始终发挥基础性、制度性、保障性作用。党的十九大对税收改革提出新要求，税收改革迫在眉睫。

（一）国家治理体系和治理能力现代化的要求

新时代中国特色社会主义事业总体布局是“五位一体”、战略布局是“四个全面”，其中全面深化改革总目标是完善和发展中国特色社会主义制度、推进国家治理体系和治理能力现代化。税务部门作为政府

职能部门，税收治理体系和治理能力的现代化是国家治理体系和治理能力现代化的重要内容。为适应国家治理体系和治理能力现代化的要求，总局作出了顶层设计，率先提出到2020年，也就是全面建成小康社会决胜期，基本实现税收现代化。建成完备规范的税法体系、成熟定型的税制体系、优质便捷的服务体系、科学严密的征管体系、稳固强大的信息体系、高效清廉的组织体系，这是税收改革的目标。

（二）经济发展新常态的要求

进入新时代，“我国经济已由高速增长阶段转向高质量发展阶段，正处在转变发展方式、优化经济结构、转化增长动力的攻关期”，这是对我国经济发展已经进入新常态的表述。经济学的一条基本原理是经济决定税收，税收反作用于经济，税收除了筹集财政收入这一首要的、基本的职能外，还有优化资源配置、稳定宏观经济的调节职能，经济进入新常态、深化供给侧结构性改革，客观上要求必须进行税收制度改革，只有这样，才能有效发挥税收的职能作用，为推动经济行稳致远提供有力支撑。

（三）社会主要矛盾转变的要求

人民对美好生活的向往就是我们的奋斗目标。党的十九大报告中指出，我国社会主要矛盾已经转化为人民日益增长的美好生活需要和不平衡不充分的发展之间的矛盾。着力解决发展不平衡、不充分问题，迅速提升发展质量和效益，更好地满足人民在经济等方面日益增长的需要，给税收工作带来新的挑战，也提出了新的要求，税收的财政、调节和监督职能对破解新矛盾将发挥积极作用。

（四）国际税收发展新趋势的要求

新发展理念提出要推动形成全面开放新格局，中国的大门不会关闭，只会越开越大。更加开放、包容、普惠、平衡、共赢的经济全球化要求我们深化税收制度改革时必须具备全球视野。习近平总书记在布里斯班G20峰会上提出“加强全球税收合作，打击国际逃避税，帮助发展中国家和低收入国家提高税收征管能力”三点主张，这是我国最高领导人首次在国际重大政治场合就税收问题发表重要意见。国际税收发展新趋势，对深化税收制度改革提出了新要求。这就需要在税收理论、税收制度、税收实践等多方面建立与我国经济总量和国际大国地位相匹配的中国税收体系。

三、新时代税收理论与实践面临的问题与挑战

党的十八大以来，税收各项工作取得了令人瞩目的成绩，但同经济社会发展趋势相比，同广大人民热切期待相比，同推进国家治理体系和治理能力现代化目标相比，仍面临不少问题和挑战，主要表现在以下几方面。

（一）宏观税负偏重，征管改革滞后

十八届三中全会提出的“稳定宏观税负”已经明确为“降低宏观税负”，财政部也在2018年明确要进一步进行财政减税降费。财税领域从战略上来说，当前最重要的是宏观税负的问题，就是政府从每年经济创造中的新增财富里面要拿多少来使用。指标就是GDP做分母，政府收入做分子，政府从新增财富中拿多少是任何一个经济体财政战略的重要组成部分。目前增值税最高税率为17%，如果没有较好的抵扣条件增值税会突破对经营毛利的征税；企业所得税最高税率为25%；若为私营将税后利润用于分红还有超额累进税率下的个人所得税，若为守法经营纳税人其经营利益的一多半或大部分将变成国家税收，诚信纳税成本较高，这种名义税率下的税收负担，已远远超过了人们所能认同的水平。

多年来我国的征管体系多见于对内部制度及可见税收的“严格征管”，这种宏大的征管体系并没有向征管前线作实地延伸，时至今日在税收管理、纳税评估、税务稽查等各环节，并没见到实质、可用的技术革新。

（二）税法体系不健全、缺乏宪政基础

在合理的税制下，纳税人会公正地支持一个最佳税收结构方案。同时，税收立宪也会对政府征税权

力施加宪法约束,限制政府规模的扩张。然而,当前我国缺乏宪政基础,没有制定税收基本法,并且宪法对税收作出规定的条款也只明确了纳税主体的义务,没有对税收立法权归属、征税主体及其权利范围、纳税主体的法定权利这三个方面的问题进行明确规定,税收立法统筹性、体系性不强,税收法定原则亟待推进;税法级次不高,大部分都是国务院的规章和条例,制度相对滞后、内容较烦琐,单行税法排列松散,相互之间协调性较差;法律法规修订不及时,给税收执法和纳税人遵从上带来不便,不能适应市场经济对税收高度法制化和税法与国际惯例接轨的要求。

(三)税制结构不合理,税收种类不平衡

我国税收的主要来源是流转税,所得税所占的比重整体偏低,这就造成了税收种类结构的失衡。这种结构失衡必然会导致一些不利影响的产生:一方面,不利于发挥税收对经济的调节作用。收入差距的缩小需要依靠税收来调节,政府可以利用所得税和财产税的共同作用来调节收入的流量和存量,缩小收入差距,进而起到调节收入分配的作用。近年来随着经济的不断发展,我国公民的收入差距也在不断扩大,而税收又以流转税为主,明显不利于发挥税收调节个人收入的作用。另一方面,违反了"效率优先,兼顾公平"的原则。"效率优先,兼顾公平"是我国税收政策的目标,近年来,更侧重于税收的"公平",根据公民收入收取相应比例的税收,低收入者少交税,高收入者多交税,但在实际中,税收中占较大比例的流转税却具有累退性,收入越高所交税的比重越低,这就增加了低收入者的负担,不符合这项原则。

(四)辅助税种缺位,税收职能弱化

主要表现在以下几个方面:一是社会保障税缺位。社会保障对维护社会安定、促进经济发展具有非常重要的作用。社会保障税的缺位,使我国社会保障的力度相较于西方发达国家而言呈现出明显不足,公民得不到足够的保障,"幸福指数"和心理的"安全感"就会大大降低。二是财产税、房产税、遗产税的缺位,不利于实现收入分配的公平。

四、深化税收制度改革的若干建议

根据十九大报告提出的"深化税收制度改革,健全地方税体系"工作要求,结合税收工作实际,应向"法律健全、结构优化、税种科学、征管高效"的现代税收制度迈进。

(一)法律要健全

习近平新时代中国特色社会主义理论提出了全面依法治国的治国方略,依法治税是依法治国的重要组成部分,按照习近平总书记"凡属重大改革要于法有据"的要求,首先要做到科学立法。目前18个实体税种中只有企业所得税、个人所得税和车船税3个通过人大立法,新开征的环境保护税法体现了立法先行的原则。烟叶税法和船舶吨税法已列入2017人大常委会审议议程。按照2015年颁布实施的《中华人民共和国立法法》第八条规定,税种的设立、税率的确定和税收征收管理等税收基本制度只能由法律制定,这体现了税收法定的原则,下一步,应遵循"新税种立法要先行,涉及个人税收立法要先行,税收征管法修订要先行,重要税种立法要先行"原则,逐步把主要税种由行政法规上升为法律,全面提升税收法律级次。

(二)结构要优化

应按照十八届三中全会确立的财税改革总体思路,在稳定宏观税负的前提下,通过税收制度的结构优化,逐步增加直接税比重,减少间接税比重,进而体现社会的公平正义,满足人民日益增长的对美好生活的需求。之前的税制改革主要就集中在增值税、消费税、环境保护税等间接税上。由于我国税制结构以间接税为主,目前推行的"营改增"等间接税改革以减税为基本取向,仅靠政府扩大财政赤字不可持续,下一步应聚焦个人所得税和房地产税等直接税税种,实施综合和分类相结合的个人所得税制,合并部分税目作为综合所得,适时增加专项扣除项目,如家庭教育、养老支出。合理设置建设、交易、保有环节房地产税税负，促进房地产市场健康发展，更好发挥税收调控经济、调节分配的作用。

（三）税种要科学

目前我国共有18个税种，其中环境保护税从2018年1月1日开始征收。在增值税方面，目前随着国务院废止《营业税暂行条例》和修改后的《增值税暂行条例》的发布，营业税彻底退出历史舞台，下一步应该进一步简化增值税税率，按照李克强总理提出的“营改增”五部曲要求，最终实现增值税立法；在消费税方面，要进一步发挥其具有的调整产业结构、稳定财政收入和正确引导消费的特殊调节作用，调整消费税征收范围、环节、税率，建议将消费税改在零售环节征收；在资源税方面，全面推开资源税由从量计征改为从价计征，近期对水资源税由河北试点推广到北京、山西、宁夏等9个省、区、市，使税种配置更加科学。

（四）征管要高效

新时代对政府治理提出了新要求，按照十九大报告中提出的“转变政府职能，深化简政放权，创新监管方式，增强政府公信力和执行力，建设人民满意的服务型政府”要求，税务部门应进一步规范税收执法，推行税收执法权力清单和责任清单制度，营造规范公平的税收环境，进而构建和谐征纳关系。要认真落实《深化国税、地税征管体制改革方案》，降低税收流失率和征纳成本，提高纳税人满意度和税法遵从度。提升大企业税收风险管理层级，加强非居民税收风险管理和反避税调查，把深化大企业和国际税务服务与管理改革同党的十九大关于深化改革、促进经济发展的一系列重要精神紧密结合起来，始终保持昂扬向上的精神，真正发挥改革“先手棋”的作用。

（作者单位：国家税务总局辽宁省税务局）

“放管服”背景下优化税收营商环境的研究

王志平

2018年，国务院召开国务院常务会议，部署进一步优化营商环境，持续激发市场活力和社会创造力。会议指出，优化营商环境就是解放生产力、提高综合竞争力。深化“放管服”改革的目的，就是要由原来的政府直接管理，让位于市场，让位于企业，提升政府治理体系的现代化水平，使之更加适合社会主义市场经济发展要求。2017年9月，国家税务总局发布《关于进一步深化税务系统“放管服”改革优化税收环境的若干意见》，从进一步深化简政放权、切实创新监管方式、不断优化纳税服务、持续改进税收执法、统筹升级信息系统5方面提出了30项改革措施，持续优化税收环境，提升税收治理能力和服务水平。2018年4月又以“优化税收营商环境，助力经济高质量发展”为主题，开展第27个全国税收宣传月活动，不断深化税收改革、不折不扣落实优惠政策、不断改进纳税服务，持续优化税收营商环境。

一、税收管理在优化营商环境中的作用

深化税务系统“放管服”改革，是转变职能、发挥税收作用的关键所在，是优化税收环境、减轻纳税人负担的重要抓手，对提升税收治理能力，营造稳定公平透明、可预期的营商环境，实现税收现代化具有十分重要的意义。

税收对改善营商环境至关重要。世界银行营商环境报告中纳税指标设计对应的是税制设计、税收征管和纳税服务，“放管服”改革正是针对这3个方面发挥作用。世界银行自2001年开始每年发布全球营商环境年度报告，为评价各国家和地区经济竞争力提供重要参考。税收是评价营商环境的重要指标之一，我国自2013年开始在税收领域积极推进“放管服”改革，优化税收环境，改善营商环境。

在世界银行发布的《2018年营商环境报告》中，评价一个国家或地区营商环境的指标包括开办企业要求、办理施工许可、获得电力、财产登记、获得信贷、保护投资者、纳税、跨境贸易、合同执行、破产办理和劳动力市场监管11项一级指标。自世界银行首次推出营商环境报告以来，在纳税指标项下共记录了有关国家和地区开展的473项改革，改革数量名列第二，仅次于简化开办企业要求指标。由此可见各国家和地区对优化纳税以改善营商环境的重视程度。

二、税务系统在优化营商环境方面取得的成效

“营商环境”是一个系统性的环境，除了基础设施的可得性外，它更强调企业开办、运营、关闭和市场维护全流程的便利化。按世界银行发布的《2018年营商环境报告》，从地区来说，全球排名前十的经济体中有两个在东亚和太平洋地区，分别为新加坡和中国香港。全球前十大改善最多的经济体中也有两个在该地区，分别为文莱和印度尼西亚。2017年东亚地区25个经济体中，超过2/3的经济体在过去一年总共实施了45项营商便利度改革，2016年改革数量为28项。这意味着，东亚和太平洋区域，即中国所在的这个区域的营商环境竞争特别激烈。身处这样的竞争环境，优化营商环境就成为全面深化改革的突破口之一。

政府工作报告指出，五年来，国务院部门行政审批事项削减44%，非行政许可审批彻底终结，中央政

府层面核准的企业投资项目减少 90%，行政审批中介服务事项压减 74%，职业资格许可和认定大幅减少，企业开办时间缩短 1/3 以上……由此，营商环境持续改善，市场活力明显增强，群众办事更加便利。

2017 年，税务部门采取一系列措施持续优化税收营商环境，取得了明显成效，突出表现在两个方面：第一，世界银行发布的《2018 年营商环境报告》显示，我国纳税时间较 2017 年压缩了 52 小时，排名提升 32 位；第二，2017 年由第三方组织的纳税人满意度专项调查结果显示，国税、地税得分较 2016 年同口径分别提升 5.49 分和 2.04 分，纳税人满意度和获得感进一步增强。为优化税收营商环境税务部门主要做了以下工作。

1. 问题导向制定改革措施

2017 年，全国税务系统上下联动，开展了为期三个月的税情大调研和体验式蹲点调研，集中查找和解决一批影响税务系统“放管服”改革的痛点、堵点、难点问题。根据调研情况制定出台了《税务系统深化放管服改革、优化税收环境的若干意见》，从进一步深化简政放权、切实创新监管方式、不断优化纳税服务等 5 方面提出 30 条措施，统筹推进税务系统“放管服”改革。

2. 精耕细作推动办税便利化

为切实提高便民办税的“含金量”，税务部门从小处着眼、细处着手，借助信息化手段，不断简化办税流程、缩减办税时间，为纳税人带来了全新的办税体验。比如，取消代开发票证明材料，办税时间压缩 50%；推行实名办税，一次性采集办税人员身份及相关信息，办税时间压缩 30%以上；地税部门核准类税收优惠事项办理时限压缩 50%以上。

3. 先行先试发挥示范作用

国家税务总局在北京、上海、广州、深圳、江苏 5 省（市）税务机关开展优化税收营商环境试点工作。试点单位迅速行动，从解决具体纳税环节时间、效率上存在的突出问题入手不断改进，有针对性地优化税收营商环境，并已取得了积极进展。

三、影响税收营商环境建设的主要问题

税务机关不断规范执法行为，整顿税收秩序，加强税收征管，优化纳税服务，为经济社会发展营造了良好的环境。但是，影响和制约税收环境的不利因素仍然存在，一些深层次的矛盾和问题亟待解决，突出表现在以下三个方面。

（一）税收法制环境方面

近年来，税务机关在公、检、法机关的配合下，严厉打击涉税不法行为，维护了税法的尊严。但是，随着税收地位的提高，税收作用的加强，税收参与国民收入分配力度的加大，偷、逃、骗税等涉税违法行为也日益突出，手段越来越隐蔽，造成国家税款大量流失，严重破坏了公平、有序的税务环境。同时，作为执法主体的税务工作者的知识层次、业务技能、执法水平参差不齐，在执法过程中还带有一定的随意性。个别税务工作者自律意识不强，人情意识、关系意识等非政策因素影响了执法的严肃性，因此，需要更完善的税收法律体系规范执法行为及税收工作者的行为惩戒相关违法行为。

（二）税收信用环境方面

市场经济是法治经济，也是信用经济，税收作为市场经济的重要组成部分需要法治，也需要信用。目前，从政府角度看，虽然税收用之于民愈加透明规范，但是与纳税人的期望和要求相比，税收支出（财政支出）透明度仍显不够，在一定程度上影响了纳税人依法纳税的积极性和自豪感。从税务机关来看，个别税务机关对税收政策执行不及时到位，有的工作人员凭人情关系自由裁量，造成管理不公、执法不公、税负不公，给纳税人产生了不公平、不诚信的印象。从纳税人来看，个别企业对守法经营、诚信纳税认识不足，用假票、做假账、假申报以及恶意拖欠税款，出逃失踪等行为还时有发生，不仅损害了国家利益，而且使企

业形象受到了难以挽回的损失。

(三)税收服务环境方面

纳税服务是税收工作的重要组成部分,是维护纳税人合法权益、融洽征纳关系、促进和谐税收环境建设的有效途径。近年来,税务机关积极转变服务理念,提高服务质量和办税效率,纳税人的遵从度和满意率不断提升。但也存在一些不可忽视的问题:一是少数工作人员服务意识不强,对纳税人态度生、冷、硬,存在着门难进、脸难看的现象。二是服务效率不高。出于强化管理、明确责任的需要,办税程序繁多,上下级之间、部门之间、岗位之间审批环节多、手续烦琐,给纳税人带来不便。有的税务工作人员办事拖沓、不负责任、贻误工作,存在着"脸不难看、事仍难办"的问题。三是服务形式和手段有待丰富。一方面,信息化服务手段的应用仍显滞后,网上办税服务厅建设步伐需要加快,网上服务范围需要进一步拓宽;另一方面,目前的纳税服务多数是着眼于满足纳税人的共性需求,针对不同规模、不同行业、不同特点的纳税人,开展的个性化服务还比较欠缺。

四、优化税收营商环境的对策与建议

近几年,税收营商环境大幅度改善,但依然存在不足,需要以"放管服"为抓手,深化税收治理,改善营商环境。税务机关要全面贯彻落实党的十九大精神,按照政府工作报告的要求,不断优化营商环境,全面实施"双随机、一公开"监管,深入推进"互联网+税务",使更多事项在网上办理,力争做到"只进一扇门""最多跑一次"。自觉把优化税收营商环境,支持和促进经济发展作为发挥税收职能作用的落脚点。

(一)建设严明的税收法制环境,促进依法纳税,保证公平竞争

要本着"解放思想、科学发展"的理念,以组织收入为中心,以税源管理为根本,以服务纳税人为宗旨,强化法制制约,优化法治环境,规避执法风险,落实依法治税。一方面要规范执法行为。开展"阳光执法",公开执法主体、执法程序、执法权限、执法内容和执法形式。加强执法监督,开展执法检查,推行税收执法责任制和税收执法过错追究制,把执法过错降到最低,确保执法行为规范。另一方面要加大执法力度。深入开展税收专项检查,严厉打击税收违法活动,有的放矢地在税收秩序较为混乱的行业和税收征管相对薄弱的区域开展税收专项检查和专项整治工作;充分发挥社会监督、诉求处理作用,严肃查处涉税违法举报。力争为守法企业发展创造一个公平竞争的环境。

(二)完善立法、改革税制,夯实税收制度基础

在2020年前要完成所有税种立法,为放权奠定坚实的基础。在完善立法的过程中,要简化税制,包括增值税税率简并和个人所得税税率简化,并适度降低企业所得税、个人所得税和社会保障缴费的法定税费率,从制度设计上为企业减负。同时,推行税收权力和责任清单制,减少、优化审批程序,改进备案制度,简化纳税人设立、迁移和注销手续,精简涉税资料,降低遵从成本。

(三)建设社会化的税收信用环境,促进诚信征税,引导诚信纳税

信用环境是在法治与德治的社会基础上产生的。税收信用环境的建设离不开社会信用环境的支撑与保障。一方面是加强税务机关自身的诚信建设。税务机关要实行政务公开、加强为纳税人服务、加强执法监督、严格推行执法过错责任追究、着重加强检查监督,在纳税人及社会各界中树立税务机关"诚信执法、依法征税"的良好形象。另一方面是完善纳税信用评价机制。重点加强对企业的分类信用监管,增强市场透明度,震慑失信商家,净化市场环境,为优化营商环境营造良好社会氛围。注重以诚信兴商宣传月为重要载体,进行诚信宣传,抓好商务诚信建设。

(四)强化事中事后管理,放管有机结合,避免"一放就乱、一管就死"

一是应明确税收管理员职责,以集约化为导向优化征管资源配置,做好以风险应对为重点的事中事后管理。建设电子税务局,通过在线受理、发票管理等"互联网+税务"行动创新管理方式。二是信息管

税，防范风险。全面推行实名办税，借助大数据完善纳税信用管理制度，建立信用动态监管方式，实现精准、差异化管理。通过金税三期工程建设，以纳税人信息为基础，为纳税人“画像”，有针对性地加强税收征管和稽查，减少税收流失，防范税收风险，为企业投资者建立公平、稳定的预期。三是规范税收执法。规范税务行政处罚，减少裁量空间。严格核定征收管理，提升核定征收的透明度。完善税务稽查，借助税收大数据提升稽查针对性和效率。加强税收执法监督，建立追责制度，有效应对税务争议。

(五)以税务系统机构改革为契机，打造纳税服务升级版

按照十九届三中全会通过的《深化党和国家机构改革方案》要求，2018 年要进行税务系统国税地税征管体制改革。国家税务总局局长王军在 2018 年两会期间说，税务系统机构改革方案是一项利民、利税、利企、利国的好方案。税务机关要以深化国税地税机构改革为着力点，大力加强国地税办税大厅的整合，下一步将进一步解决好人民群众在办税中的痛点难点问题，国家税务总局承诺清单上的办事事项将 100％实现最多跑一次和网上全程办理，2018 年 8 月 1 日起，全国范围内 100％办税大厅都可同时办理所有税收业务。大幅削减税务行政审批事项，进一步优化审批流程，精简涉税资料，有效便利纳税人。

(作者单位：国家税务总局辽宁省税务局)

税收助力京津冀协同发展相关政策探析

赵国宏

随着京津冀三地协同发展步伐的加快,资源优化配置需要与之相适应的税收制度、税收征管和税收服务。一体化发展较为成熟的长三角、珠三角地区提供了可比较和供参考的税收样本。2015年发布的《京津冀协同发展规划纲要》对京津冀的整体定位:以首都为核心的世界级城市群、区域整体协同发展改革引领区、全国创新驱动经济增长新引擎、生态修复环境改善示范区。税收作为区域发展中的重要政策工具,在助力京津冀协同发展中应发挥重要作用。

一、税收在京津冀协同发展中面临的问题

(一)在税收制度与政策方面

1. 现行税制对环境治理的调节力度不够

环境保护税法按照平移原则费改税,根据现行排污费项目设置税目,未强化限制高污染、高能耗行业发展的税收调控力度;现行车船税法对于环保未达标的车船缺少科以重税的惩罚性、抑制性政策规定;对张家口—承德生态涵养区等为生态建设做出贡献的地区缺少税收优惠政策扶持。

2. 部分税收政策的差异阻碍区域协同发展

一些地方税种存在幅度税率、三地政府根据本地实际情况确定的税率并不完全相同、一些税收政策的差异都容易成为京津冀区域协同发展的障碍。如京津冀三地的城镇土地使用税税额标准不同,特别是京冀交界地区征收额差距较大,这些地方税征收标准未从区域协同发展的高度统筹设计。

3. 在优化区域产业布局上缺乏有效的税收政策

目前,国家对于调整京津冀产业布局的战略要求已较为明晰,比如,北京市应疏解非首都核心功能定位产业和构建高精尖经济结构,天津市应加快发展战略性新兴产业和先进制造业,河北省应积极承接首都产业功能转移和京津科技成果转化,改造提升传统优势产业,建设新型工业化基地和产业转型升级试验区。但现有的国家层面制定的区域税收优惠政策在支持省际协同发展方面并无先例,适应上述战略要求的税收政策有待出台。整合区域资源,贯通产业链条,弥合发展差距,促进区域产业对接协作与优化升级,迫切需要研究出台差别化和有针对性的先行先试税收优惠政策。

4. 对优化城市布局缺少税收政策支持

京津冀区域,京津两地较为拥挤,周边中小城市较为薄弱,城市群规模结构存在断层,不利于解决京津大城市病问题和推动河北经济的崛起。从近期看,需要加快北京周边节点城市建设,以起到疏解首都人口和振兴河北经济的双重功效;从长期看,需要推动河北大中城市建设,逐步形成世界级的城市群。由于优化区域城市布局具有紧迫性、艰巨性、长期性的特点,税收政策应作为必要的调控手段,但目前还缺乏相应的税收政策,不利于加快推动基础设施建设,吸引人才、资金、医疗、教育等资源向需要重点发展的城市聚集。

(二)在税收体制机制方面

1. 京津冀税收协同机制有待完善

推动京津冀区域协同发展,需要根据区域内产业结构、税源结构等税收征管实际,整合三地税务机关税源信息、征管制度、信息系统等。目前,京津冀税收协同正在探索和实践阶段,三地税务机关在税收便利化、征管协同、信息交换、科研合作等方面尚未建立长效工作机制。覆盖全区域的税收保障办法亟待研究制定。

2. 有利于财政均衡的税收利益分享机制有待完善

目前关于跨区域税收利益分享还存在诸多体制机制障碍,有待在法律制度层面和实践中加以理顺。

3. 高效、透明的涉税信息共享机制有待完善

三地税务机关之间的信息共享机制尚未建立,没有形成统一的数据交换标准,也缺少支持三地税务机关数据交换的网络平台,对区域税收协作的推进形成制约。

二、长、珠三角税收管理经验的启示

从长三角、珠三角的经验来看,珠三角的区域协调在本省内进行,难度相对较小,长三角以上海为中心进行的区域协作与内部整合已达到较高水平。长、珠三角在经济一体化进程中也建立了与之相适应、相促进的税收管理方式。

(一)注重运用税收政策来引导资源流动

长三角在发展过程中,优惠政策主要集中于企业所得税、增值税、(原)营业税等税种上。珠三角在发展中实施人才引进税收优惠政策,引导人才聚集,促进都市圈经济发展。

(二)建立税收合作与利益协调机制

珠三角方面,2004 年 2 月泛珠三角区域签订了《泛珠三角区域地方税务合作协议》,正式建立了泛珠三角区域内的税收合作机制,目标包括整合税制资源,形成治税合力,加强协调配合,为九省(区、市)的纳税人提供优质高效的纳税服务,降低税收成本等。泛珠三角区域税收合作机制的建立对区域内税收利益的协调起到了积极作用,是我国地区税收合作项目的一种新尝试。长三角方面,2016 年公布的《长江三角洲城市群发展规划》提出,研究建立合理的税收利益共享和征管协调机制。其中,如何分配好产业转移的税收是利益共享机制的核心,合理的税收分享机制将有助于推动合理的产业转移,保护和提高迁出地区和迁入地区的积极性。

(三)税收管理及服务功能相对完善

长三角方面,政务一体化步伐不断加快。苏、浙、沪两省一市的交通、人事、规划、环保、质量等部门建立了长三角共享信息平台,逐步解决因行政壁垒带来的标准不一、资源流动不畅等问题。珠三角方面,2010 年 12 月广东省政府出台《广东省涉税信息交换与共享规定(试行)》,搭建集涉税信息采集、交换、分析、处理为一体的网络平台,联合工商、物价等职能部门通过该平台报送、传递涉税信息,实现多部门联合控税。

三、对税收助力京津冀协同发展的建议

构建京津冀地区税收合作机制和体制,建立统一的京津冀税收协调保障制度。将京津冀作为一个整体,明确各地政府部门在涉税信息共享、提供执法协助等方面的工作职责,积极构建综合治税制度。设立区域涉税争议专门协调机构。建立区域涉税信息共享机制和区域涉税信息数据共享交换平台,统一数据交换标准,实时共享交换三地六局管理的所有纳税人涉税信息,推进三地税收征管互助。

四、充分发挥税收政策导向作用，优化京津冀区域产业布局

（一）对属于不宜发展产业目录的产业，逐步取消税收优惠，对列入鼓励促进发展产业目录的产业，健全完善税收优惠政策体系

以鼓励京津冀制造业转型升级为例，对传统制造企业淘汰落后设备和实现产业转型升级，而新建项目或新购置的生产经营设备，执行固定资产加速折旧政策；对压缩过剩产能的传统制造企业，按企业压缩过剩产能占当年产能的比例减征企业所得税。

（二）支持首都周边重要节点城市发展

比如，对京津冀企业在首都周边重要节点城市公共基础设施项目的投资经营所得，自获利的年度起，第一年至第三年免征企业所得税，第四年至第六年减半征收企业所得税。对投资于首都周边重要节点城市基础设施项目的民营企业，以其取得的缴纳企业所得税后的利润再投资于首都周边节点城市基础设施项目的，按50%的比例退还其再投资部分已缴纳的企业所得税税款。

运用财税手段增进政府、企业、社会组织之间的合作和良性互动。对跨地区的行业协会联盟或新的行业协会组织，在其协同政府、共同制定区域行业发展规划、区域共同市场规则以推进区域市场秩序建立过程中，可给予适当的税收减免及财力支持。

五、规范统一促进京津冀市场一体化的税收政策

（一）梳理京津冀税收政策

全面梳理现有京津冀三地执行的税收政策，分析比较税收政策执行中的细微差别，结合产业结构调整的战略布局，规范调整各地区的税收政策，减少因税收政策差异造成的产业逆向转移、阻碍区域发展、降低区域间协同发展效率等问题的发生。

（二）完善相关领域税收立法

由国务院制定出台关于京津冀协同发展的实施意见，并制定财政、税收、金融、环保、交通、产业发展等各相关领域政策，加强各领域政策的有效衔接，形成政策合力。增加税收管辖制度的相关规定，对地域管辖、级别管辖以及管辖权争议解决给予明确规定。对京津冀区域实施先行先试税收优惠政策以及根据产业目录取消税收优惠政策，建议由国务院制定行政法规并颁布实施。对于示范带动效果较好的先行先试税收政策，应及时上升为法律，并在全国推广实施。

六、创新完善区域税收分配制度

第一，针对京津冀三地产业转移升级以及区域间税收分配的问题，积极争取国家相关部门的税收政策支持。

第二，对共建产业园区产生的增值税、企业所得税地方留成部分，按照三地政府对园区的投资比例进行分成，对于房产税、城镇土地使用税、契税、土地增值税、印花税等地方税种，全部归园区所在地政府。

第三，对跨区经营纳税企业进行汇总，充分考虑企业分支机构的实际经营规模、经济活动贡献大小以及分支机构所在地承担的投资开发成本、污染治理成本、资源能源消耗等因素，在现有五五分成的基础上，适当调增总分机构企业所得税在河北省迁入地区的分成比例。

（作者单位：国家税务总局保定市税务局）

“放管服”改革视域下的税收风险管理研究

肖玉峰

2017年，国家税务总局提出进一步深化税务系统“放管服”改革，优化税收环境，将“简政放权、放管结合、优化服务”作为税务系统“放管服”改革的总要求，目的是进一步优化税收环境，促进税收法治建设、税收管理能力和纳税服务水平的全方位提升。税收管理能力提升的一个重要方式是转变税收征管方式，税收风险管理作为其中的重要内容，也面临着前所未有的机遇和挑战。

一、“放管服”改革对税收风险管理的影响

（一）机遇性

1. 税法遵从度方面

税收征管的一个重要目的就是提高纳税人的税法遵从度。通过开展税收风险管理，对诚信纳税人进行激励，在纳税信用等级上给予授信，在办税方式上开通绿色通道，在税收管理上调查后置；对无主观过错因工作疏忽造成失误的纳税人进行纳税辅导和善意提醒，促使其对失误自我纠正；对拒不履行纳税义务的纳税人进行严厉打击，使其依法纳税，实现税法遵从。

2. 税源长效管理方面

实现税源长效管理的一个重要原则就是规范并且有效。税收风险管理，以规范管理为前提，通过对税收征管和纳税人涉税行为过程实施风险监控，消除涉税风险点，治理风险面，控制风险源。税收风险管理是对税收征管和纳税人涉税行为的过程监控，具有运行程序公开、管理行为有据、环节相互制衡、管理结果可诉的特点，能够对税收执法的任意性进行监督，避免税务人员对同一纳税人在短时间内重复实施风险应对，进而实现对税源的长效管理。

3. 纳税服务方面

通过税收风险管理，坚持问题导向，运用信息技术手段，针对风险管理纳税人在纳税方面出现的问题，进行纳税辅导和政策解读，使得纳税服务有质有感。以问题为导向的税收风险管理模式，一方面，抓住税务部门和纳税人在纳税服务环节的主要矛盾，调整需求与服务之间的关键环节，改进税务机关的服务质量，在办税时间上更加便利、便捷，在办税感受上做到更加贴心、舒心；另一方面，通过对纳税人进行辅导和政策解读，能够促进企业结构调整和产业升级、不断做大做强，让纳税人享受到税收政策红利和更多办税便利。

（二）挑战性

1. 放的方面

近年来，国家税务总局陆续取消了96项涉税行政审批事项、29项进户执法项目、26种涉税文书报表，进一步提高了办税效率。但需要注意的是，因为后续管理，尤其是事中事后监管不能及时跟进到位，在税款征收、税源管理等方面形成较大的风险。比如，在事前进户调查核实环节取消后，易造成事前管理缺位，不法分子利用虚假申请资料虚开增值税专用发票等重大涉税违法案件屡禁不止。因此，充分运用辩证思维，结合实际情况，客观准确地对各项税务行政审批项目进行评估分析，既不能抓住不放，也不能

一放到底，要根据实际情况循序渐进。这是“放管服”改革下税收风险管理必须考虑的首要问题。

2. 管的方面

税收管理要遵循税收法治原则。当前，与“放管服”改革的要求相比，在税收法治方面还存在法治观念不强、执法规范化程度不高、税收法治环境不良等问题。同时，依法治税，必须注重政治、法律、社会效果相统一。法律是调节社会关系的“节拍器”，在税收执法中，必须实现社会效果与法律效果的有机统一。执法作为最重要的手段必须得到强化，才能实现对社会关系的有效调整，进而推动经济社会健康发展。

3. 服的问题

服务能力是衡量国家治理能力和治理体系现代化的一个重要标准。从税务部门纳税服务来看，热情式服务、便捷式服务等服务表层性特征显著，纳税人的需求和税务机关的供给之间的契合度不高。在税收风险管理领域，纳税服务是管理和服务的结合体，管理是服务的手段，税务机关通过对纳税人进行风险管理，对诚信纳税人进行激励，对过错纳税人行为进行辅导和矫正，能够促进纳税人良性发展。同时，严厉打击税收违法行为，震慑涉税违法活动，是对守法经营纳税人最有力的保护，也是纳税服务的重中之重。

二、“放管服”改革下税收风险管理的几个具体问题

（一）在团队建设上，存在基层人员不足、队伍结构单一的问题

专业化的税收风险管理团队是实施税收风险管理的关键因素。从税务系统内部来看，基层税务工作者队伍人员结构、年龄结构、专业结构与专业化税收风险管理团队建设的要求都有很大差距，尤其是复合型、专家型人才数量较少，不能满足当前税收风险管理工作的需要。仅从人员年龄结构角度分析，如某市国税系统共有 823 名税务工作人员，具体情况如下：

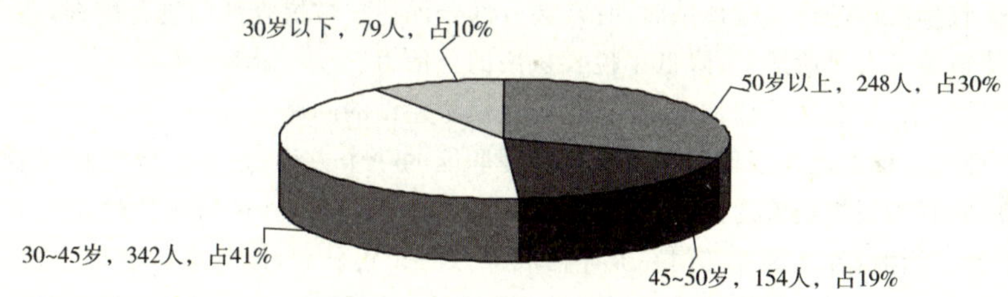

图 1　某市国税系统税务工作人员情况

从上图可以看出，该局人员年龄断层明显，结构矛盾突出。据测算，2018—2027 年，该局将退休 330 人，工作人员队伍将濒临“断层”。这种断层式的人员结构，给税收风险管理团队建设带来了巨大的挑战，在征管一线尤为突出。

另外，在团队人员组成上，以税务系统内部人员为主，系统外的财税、法律、信息技术等领域专业人员还没有广泛参与其中，与国外税收风险管理专家团队相比还有很大的差距。美国在税收风险管理方面将内部专业人员与外部经济学家、管理专家相结合，形成专业化的风险管理团队，充分运用先进的管理技术和管理方法，提高资源配置效率和管理效率，不仅能够有效地防范和控制重大税收流失风险，还能为纳税人提供多元化专业化的纳税服务。这一点非常值得借鉴。

（二）在数据支持上，存在基础数据薄弱、数据共享不畅的问题

数据是税收风险管理的基础，数据质量是税收风险管理的保障。数据的应用包含两个方面内容，一是对自身存储数据的应用，二是对第三方数据的利用。当前，税务部门在这两个方面都存在短板。在内

部信息应用方面，金税三期系统上线后，税务部门存储了大量的数据信息，但是在实践中，因纳税人报送的数据质量参差不齐，造成已有的数据不能全面、客观地反映相关情况。某市国税局在2016年企业所得税实证分析中发现，纳税人在纳税申报时存在乱填、乱报申报表的现象，导致产生了大量的错误信息。另外，跨国、连锁等跨区域经营企业不断增加，电子商务等新业态层出不穷，税源管理复杂性和不确定性进一步增强。税务机关较难掌握这些纳税人的创利方式、盈利水平和应税收入等数据，征纳双方信息不对称的矛盾更加突出。在外部信息应用方面，涉税信息主要散落在财政、交通、海关、公安、银行、社保等诸多部门，尽管从省级、市级两个层面都出台了《税收征管保障实施办法》，但是在实际应用上，仅仅在一些基础性数据共享方面取得了一些成效。某市国税局2016年从第三方获取信息21000余条，2017年获取信息43000余条，大多集中在工商、海关、财政、医药等领域，其中，有效信息仅4000余条，由金融机构掌握的纳税人开户、存款、支付和收益等动态信息，囿于银行保密制度，目前还无法实现实时交换和共享。

（三）在管理层级上，存在任务多头派发、重复派发的问题

当前，在税收风险管理过程中，尽管各级税务部门建立了风险管理领导小组这样的税收风险管理机构，组建了由各种业务人员参与其中的风险管理团队，但是在机构设置上没有明确要求，使得部门定位不准确，岗位责任不明晰，导致在横向上部门衔接不顺畅，纵向上工作多头管理。从横向来看，税收征管部门、纳税评估部门、税源管理部门都单独制订税收风险计划。在计划整合汇总到风险控制部门后，往往又因业务、任务不同无法整合，不能使税收征管整体效能得到充分发挥。从纵向来看，上级税务机关在下发税收风险任务时还存在分散性和随意性的情况，多头管理、重复派发的状况时有发生。对于基层税务机关而言，在人员使用上往往是“上面千条线，下面一根针”，每个人都承担着大量工作。上级税务机关多个部门税收风险管理任务同时下发后，基层人员往往同时承担这些任务，有时，还会被抽调参加上级部门组织的税收风险管理工作。这些繁重的工作任务导致基层税务工作人员疲于应对，无法保证税收风险管理的质量。另外，征收单位在进行风险评估时，时常会有部分评估户被稽查部门进行稽查，造成评估与稽查矛盾的出现，也使得纳税人无所适从，降低了税收执法的公信力。

（四）在成果运用上，存在注重评估成果、忽视行业模型建设的问题

通过风险管理防止税款流失仅仅是税收风险管理职能的一个方面，这一点体现在税收评估成果上。另一方面，税收风险管理还担负着通过对不同地区、不同行业、不同税种进行规律性研究和总结，建立风险管理模型的职能。当前，各级税务部门在抓评估成果方面成效显著，但是在行业模型建设和探索上显得用力不足。因为缺少相应的、具体的模型加以借鉴和参考，使得风险管理过程中采取的措施相对单一，工作基本停留在经验判断和简单比对阶段。这种经验判断和简单比对，造成税务机关在风险等级确定方面无法制定详尽的标准，在制度建设方面无法确定程序、标准等具体操作办法，在税收风险防范方面无法提供应对合理的策略，在征纳成本的控制和管理效益的分析方面无法提供深入研究与探讨的具体依据。

三、“放管服”改革下对税收风险管理的几点建议

在税收风险管理中，必须促进人力、数据、体系、模型等要素的充分融合，实现优势互补，形成结构优化、信息畅享、权责明晰、模型丰富的税收风险管理综合体系。

（一）加强税收风险管理团队建设

1. 改革税收管理员制度

当前，税收管理员属于属地固定管户的管理方式。改革税收管理员制度，就是要转变征管方式，从管户制向管事制转变。实行管事制，通过采取一人多岗和一岗多人模式，对税收管理员负责的咨询服务、税源监控、税源管理以及其他日常事务性管理职责进行简并整合，分派给综合业务辅导岗、数据应用分析岗、调查核实执行岗、税收联络员岗等岗位人员，实行管事不管人。在具体工作中，采取岗位轮换制。具

体设置如表 1 所示。

表 1　**税收管理员设置**

岗位	职责	岗位特性
综合业务辅导岗	咨询服务	纳税人自主选择，税收管理员不固定
数据应用分析岗	税源监控	对重点税源进行剖析和监控，进行行业数据对比
调查核实执行岗	事中事后管理	开展纳税评估、注销核查、个体税收定额核定、相关事项调查核实等工作
税收联络员岗	基础性工作	主要负责非执法核查类日常性税收事项，如新户的户籍税种票种核定、户籍申报信息核对维护、催报催缴、档案归档等工作，以及与纳税人的联络、沟通

同时，出台《税收管理员工作规范》，对岗位职能和工作职责实行规范化标准化管理，解决管理的随意性、服务的盲目性、岗责的模糊性等问题。

2. 构建复合型税收风险管理团队

(1)税务系统内部复合型税收风险管理团队建设

在人员组成上，根据税收风险管理的需要，既要建立税收征管、综合规划人才队伍，又要建立信息管理、技术研究人才队伍。在工作方式上，采取“分散－集中－共享”式风险应对模式。分散是指团队人员平时负担本部门工作。集中是在重点税收风险管理过程中，组建专业化的风险管理团队，集体分析、共同审议税收风险点，开展风险应对。共享是指将税收风险管理成果由各相关部门共享，实现成本最少效益最大。如在稽查部门和税源管理部门联合实施风险应对，双方通过共同风险识别，确定高风险纳税人名单。高风险纳税人名单确定后，双方进行信息交换、移交案件线索、证据，对风险应对成果双方共享。合作流程如图 2 所示。

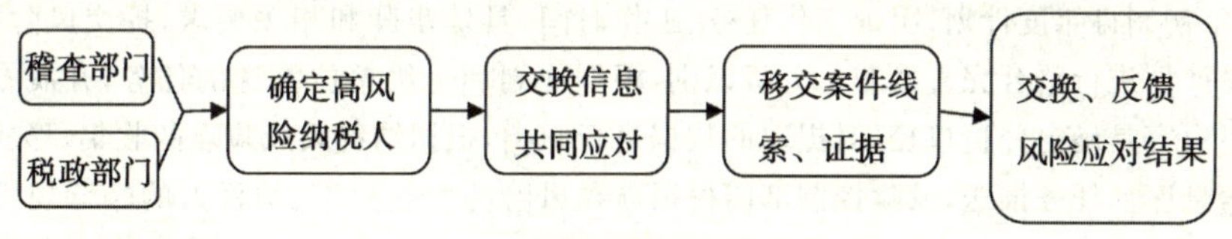

图 2　合作流程示意

(2)组建由税务人员主导，经济学家、法律专家、职业经理人等各方面专家广泛参与的团队，提高管理能力和管理效率

国外税务风险管理团队都有行业专家参与其中，美国每个行业的税务风险管理专家团队有 700～800 人，行业专家占 19.6%，140～160 人，其中包含工程师、金融产品专家、经济学家、技术顾问、电脑稽核专家等。澳大利亚税务风险管理专家团队行业及特别顾问占比达到 57.4%。经济学家、金融专家、行业专家对企业的战略决策、生产经营等方面的研究更为专业、系统，他们中的很多人本身就是企业战略决策的制定者或执行者，对税收风险产生原因的剖析比税务工作人员更深刻、更彻底，因而其在防范税收风险方面提供的意见以及采取的措施也更加切实可行。基于此，在税收风险管理团队建设中，引入外援，注重发挥各个专业领域人才的作用，必将给税收管理提供更加坚强的后盾。

(二)加大信息管税的支撑力度

1. 互联网＋税务

借助互联网思维，应用互联网等信息技术手段，是当前我国税收“放管服”改革的重要方向。互联网+税务为税务机关开展税收风险管理提供强有力的技术支持。对内，金税三期系统上线后，海量涉税数据汇集其中。一方面，要把好数据入口关，对涉及税务登记、税种认定、发票管理、申报征收等环节的数据进行完整性、合理性、有效性的初步分析和完善，确保数据源完整、准确、可靠、可用。另一方面，要加强对各种涉税数据的采集、整理、存储、分析、应用和互通，建立纵向总局、省局、市局和县区局全覆盖，横向税收征管、纳税服务、税源管理、税务稽查全包括的数据应用平台。对外，通过与其他政府部门信息共享平台对接，加大与公安、住建、工商、银行等政府部门和单位的信息共享力度，由信息孤岛向数据集中转变，减少税务部门共享数据时的阻力，提高获取第三方数据的质量，实现税务机关对纳税人涉税信息的全程跟踪和时点监控，最大限度地推进信息采集和数据利用工作。

2. 大数据税收风险管理模式

大数据税收风险管理模式是依托大数据应用平台，运用互联网技术，通过各应用系统产生的原数据进行分类、存储、处理和输出，进行事项评估、数据识别分析，对疑点纳税人根据疑点等级进行管理和服务。同时，根据数据识别，建立风险指标体系和工作模型。

（三）建立科学完备的税收风险管理体系

1. 在机构设置上，推进税收风险控制部门单独设置，实体运转

当前，各级税收风险控制工作大多数是成立税收风险管理工作领导小组，并将其作为常设机构设在征收管理部门，负责税收风险管理各项工作任务的统筹安排，开展日常工作。在深化党和国家机构改革方案出台后，省级和省级以下国税地税机构将合并，各层级税务组织体系和征管职责也将进一步优化，税务部门的结构布局和力量配置也将有较大调整。在本次机构改革中，可以设立专门的税收风险控制部门，对风险事项统一扎口管理，组织开展税收风险分析和应对工作。

2. 在工作流程上，按照规划制定—分析识别—任务推送—风险应对—监控评价的流程进行

其中，规划制定、分析识别、任务推送三个环节是解决任务多头派发、重复派发问题的关键。规划制定，各单位在年初制订年度计划，明确工作任务、工作时间、具体步骤和相关要求，提交风险控制部门，风险控制部门对计划进行整合完善发布。分析识别，根据规划和上级单位推送的任务，开展专业分析。风险分析的主要内容是确定分析口径，对提取的数据进行归类，根据纳税人风险点的收集，形成风险纳税人涉税风险的信息库。任务推送，风险控制部门根据涉税风险的发生概率、纳税人的经营规模以及税务部门的征管能力等内容进行等级排序，以此来确定纳税人的风险等级，明确任务属性，提出具体时限要求，推送至具体承办部门开展风险应对。需要注意的是，推送任务之前，风险控制部门应做好同稽查部门的沟通协调，避免同稽查选案交叉重复，解决“多头执法”“重复检查”等问题。

（四）建立和完善税收风险管理模型

1. 模型建立

对一个行业进行税收风险管理，建立一个税收风险管理模型，要结合行业特征、行业（产品）生产经营规律及涉税管理要点、风险分析方法、印证案例，从指标说明、数据项、风险项三个方面来展开。表2是餐饮行业税收风险管理模型。

表2　　　　餐饮行业税收风险管理模型

指标说明	编号	1
	指标名称	工资推算法
	指标描述	假定餐饮业工资水平与销售额存在一定比例关系的前提下，按照纳税人一定时期的工资总额，分析、推算该时期内的营业收入，并与纳税人申报信息进行对比分析的方法
	指标适用行业	餐饮行业

续表

数据项	指标公式	当期营业收入＝当期发生的全部工资×单位工资产生收入
	公式详细说明	—
	数据来源	1. 通过资产负债表、利润表，对纳税人的各项工资费用等相关涉税数据进行采集。 2. 通过实地查验纳税人提供的工资表、付款单等原始单据，询问收银员、服务员、厨师等，了解该公司员工的各项工资收入情况
	阈值(有风险)	工资：营业收入(1∶5.34～1∶7.57)
	阈值特点	自定阈值
风险项	对应税种	01增值税、02企业所得税
	风险指向	—
	适用性	行业专用
	与税款关联性	B

按照上述指标，构建一个行业模型，从行业企业的生产经营规律入手，通过研究行业企业的生产销售流程，按照行业特点设置产品监控数据指标，挖掘行业涉税风险点，建立行业模型，并通过实际税收风险管理案例进行单户验证。同时，通过评价企业税收风险内控、开展税收风险监控等方式引导企业建立完善税收风险内控体系，实现税务管理环节的前移，税企双方共同事前防范和应对税收风险。

2. 单户验证

一个行业的风险管理模型建立后，需要在实践中反复印证。通过对一段时期、一个行业、一个模型的数据进行校验和分析，及时修正指标说明项、数据项、风险项等内容，使得模型的精准度和持久度不断提升。按照“单户—行业—单户”循环递进的管理模式，不断总结应对风险的方法、措施和经验，不断完善风险监控模型和监控体系。建立复查机制，加强对风险应对工作的过程监控和应对结果的绩效评价，提升税收风险管理质效。

（作者单位：国家税务总局盘锦市税务局）

推进供给侧结构性改革背景下降低江苏省实体经济运行成本研究

孙　虹

新时代，党中央已提出适应和引领经济发展新常态的重大创新和重大举措：供给侧结构性改革。其改革的目标在于运用好产业政策和改革政策，加快产业结构调整的步伐，完成“三去一降一补”任务，为“十三五”期间我国经济社会的顺利发展奠定良好的基础。通过在制度供给方面发力，调整整个税费体系、降低企业实际负担，进一步为企业经营创业活动创造一个良好的环境和条件。

本文是从供给侧改革的背景下提出企业的运行成本，因此进一步将企业的运行成本归结如下：投资成本、融资成本、交易成本、社会成本，直接材料，直接人工，车间制造和其他成本（管理费用，财务费用，销售费用）。调查表明，当前影响实体经济运行成本的因素主要表现为企业的金融政策、财税政策、生产效率、资源环境约束等方面。

一、江苏省实体经济运行成本现状

本文采取了问卷调查和实地走访的方式，对江苏实体经济运行成本的现状进行分析针对镇江市不同行业、不同类型抽样调查，共发放问卷 80 份，收回问卷 76 份，无效 2 份，问卷有效率达到 97.37%。在对问卷进行细致分析后发现，62.16%的受访企业认为企业的运行成本增加，经营难度加大。认为企业运行成本上升的企业中有 45%的受访企业设有专职的成本控制管理人员，65%的企业成本控制成效甚微。总体来说，目前江苏省企业比较重视运行成本的改善，但控制成效不明显，其中融资成本、税费负担、工人工资以及社会保险、企业残保金普遍偏高。全国性“营改增”政策就是为了减少重复征税，降低企业整体税负，但是中小企业融资难、融资贵问题，税费负担、人力与原材料成本总体偏重问题依然存在，江苏实体经济运行成本居高不下。

（一）江苏省实体经济的融资成本高

相关统计数字显示，我国中小微企业的数量占企业总数量的 97%，每年的税收贡献占 60%左右，吸收就业占 85%。而与这些数字相比，小微企业的贷款占比却恰恰相反，只占企业总数 3%的大型企业却获得了近 70%的贷款，小微企业融资难可见一斑。其中，利率是中小企业融资过程中的关键因素。与国外相比，中国 2016 年最新基准利率为 4.35%，美国同期 2016 年 2 月最新基准利率为 3.25%，中国的贷款利率相对较高。对中小型企业融资成本的调查发现，在融资渠道的选择上：有 45.95%的受访企业向银行进行融资，29.73%的受访企业向小额贷款企业、典当行进行融资，44.59%的受访企业向亲戚朋友、关联企业进行融资。在中小企业融资渠道的选择中，作为最安全最保险的融资方式，银行与亲戚朋友、关联企业的占比几乎相当。江苏省中小企业向银行融资时并没有享受优惠偏斜，反而银行的审批以及各项费用让中小企业负重累累。在企业能承受的借贷利率水平方面：对企业的银行贷款利率调查发现，有 56.76%的受访企业愿意承受的年利率处于 4%～6%，35.14%的企业愿意承受的年利率水平在 6%～8%，即 91.9%的企业能承受的借贷利率水平位于 4%～8%。可见企业能承受的利率水平与银行的利率水平基本持平。然而现实情况下，中小型企业在向银行借款的过程中，银行会在基准利率上上浮一定百分比，同时涉及贷款的额度限制、担保费以及评估费等各项费用达到 14 种，将其转化为融资成本率，企业实际承受的利率水平要高出很多。在对融资成本的调查中发现，约 64.86%的受访企业认为企业的融资成本较以往有所提高；40.54%的受访企业认为银行的审批条件较以往更为严格，18.92%的受访企业认为银行的审批条件较以往略显严格；即 59.46%的受访企业认为企业的融资审批较以往更为严格。因此中小型企业的融资难、融资贵问题日益凸显。

(二)江苏省实体经济的税费成本高

全国性“营改增”是为实现降低税负、公平税负、简化税制的一次重要改革，但对于不缴纳或少缴纳营业税的企业来说，其实际税负降低不多。特别是工业企业面临较重的增值税，改革前后其税负差距不大。本次问卷调查表明，31%的企业 2016 年缴纳的各类税费占总利润的比例在 30%以上，特别是中小型企业现阶段普遍存在税负偏高的现象。较高的税收，增加了企业的负担，同时也降低了公司的投资能力和竞争力，不利于企业的长远规划与进步。企业的环境支出费用体现了企业的社会成本，是企业使用自然环境所付出的代价。在企业的环境支出方面：40.54%的受访企业认为，企业的环境成本较重；10.81%的受访企业认为环境成本的支出很重。

(三)江苏省实体经济的人力与原材料成本高

劳动力成本是企业生产成本中的重要因素之一。工资、奖金福利、社会保险以及教育培训费是构成劳动力成本的因素。调查的企业中有 62 家、约占样本数量 83.78%的受访企业认为员工的工资不断上升，63.51%的受访企业认为社会保险项的支出不断增加。在导致劳动力成本上升原因的调查中发现，72.97%的受访企业认为，物价的上涨是导致劳动力成本上升的原因之一；占样本数量 75.68%的受访企业认为企业难以招到合适的员工，因此会高薪聘请专业人才，从而导致企业的劳动力成本上升。另外，对企业的实地调查中发现，职工社会保险费以及残保金的征收也会加重企业的生产成本。原材料是构成企业生产成本的关键因素，是企业生产的核心。对企业的原材料价格走势的调查中发现，占样本数量 56.75%的受访企业认为企业的原材料价格呈上升的趋势，27.03%的受访企业认为原材料的涨幅达到 10%～20%。此外，对于部分用电用能量大且含有一定技术的产业来说，这也是企业生产成本不可忽略的一部分。对镇江某铝业的实地调查中发现，企业的用电量非常大，其生产的电动汽车蓄电池配套产品，有一定的技术含量，但电费构成了生产成本的主要部分。相关负责人表示，若每度电费降低 0.1 元，则企业一年的用电成本将降低 4000 万元。

二、江苏省实体经济运行成本过高的成因分析

(一)贷款利率高，融资成本居高不下

近年来，中小企业连连叫苦“融资难”，融资难、融资贵问题长期存在。虽然国家相关部委多次发文表示要降低企业融资成本，银行贷款向中小企业倾斜，但政策利好并未改变中小企业融资难的趋势。银行放一笔几千万元的贷款和一笔几百万元的贷款，需要走的流程基本一样，但小额贷款的审批要付出更高的贷前调查成本和贷中审查成本，基于效益而言，银行往往不愿意接受中小企业贷款。在对企业的调查中发现，91.9%的企业能承受的借贷利率水平位于 4%～8%，然而企业要想真正贷到足额款项，最终付出的成本几乎要翻一番。目前中小企业融资依然以银行抵押贷款为主，如果中小型企业需向银行申请贷款，有的企业厂房、设备却很难被银行认定为有效抵押物，股东不得不拿出自己的房产做抵押担保，银行只按房产评估价 60%左右的额度放款，还会产生 1%左右的评估费用，可贷额度往往杯水车薪。在缺少抵押物的情况下，企业必须找担保公司进行担保才能从银行贷款，企业还要支付高达 4%左右的担保费、银行理财顾问费，银行还另外强制要求企业购买理财产品。此外，银行贷款审批难也让企业一筹莫展。许多中小企业负责人坦言，多数银行的贷款审批手续非常烦琐，贷款展期、续贷审批流程更为漫长。企业

在年中、年末出现紧急资金需求时根本无法依靠银行贷款，只能选择利率更高的民间借贷机构。

（二）企业税费负担过重

1. 企业流转税以及企业所得税总体税收负担较重

根据调查表明，企业认为税费占比最高的是增值税，接下来是养老保险费、企业所得税与营业税。企业最希望能够进一步减免的税是增值税和企业所得税。长期以来税收负担份额最大的是流转税，即增值税、消费税、营业税。同时，增值税是企业负担的最大税种，大约占到了主要税种缴纳税额的50%。在世界范围内，对于增值税的级次设置，绝大部分国家和地区都在试图减少税率的级次，一般不会超过三级以上。近年来，企业所得税呈现出的是调整降低的趋势，经济合作组织国家的平均企业所得税率已经进行下调，欧盟国家的平均所得税税率也做了下调。目前我国企业所得税的法定税率为25%，企业所得税负担沉重客观存在。现行的企业所得税虽然进行了一些改革，但尚存不足，并且低税率、高免税的做法也没有得以实施。

2. 税负不公平

由于企业类型、企业规模的不同，企业的税收负担也表现出较大的差异。中小企业普遍感觉税收负担过重，而大中型企业多数表示可以承受。民营企业在税收征管中往往处于比较被动的地位，而国有企业则处于更为有利的地位。中小企业和民营企业受自身能力的限制，不能够进行有效的税收筹划，不能在避免税收风险的情况下减轻企业税收负担。与此同时，一些企业有时会铤而走险，利用税收漏洞偷逃税款，造成更恶劣的影响。企业与政府之间的关系也是造成税负不公平的一个重要原因。不同性质、不同规模的企业与政府的关系存在较大差异，国有、大中型企业往往更能够接近行政权力，他们运用自身的影响力，更易参与政策的制定，这种影响力在税收上就会表现为税收政策的倾斜，使得国有、大中型企业能够享受更多的税收优惠。国有、大中型企业本身也会对政府的决策产生影响，政府为了招商引资往往让渡其税收利益，所设置的差别性税收政策使得税负不公平现象更为严重。虽然众多学者的研究和政府的政策调整都指向了减轻中小企业税收负担，但是中小企业的这种弱势地位使得其对税收政策的影响力极为微弱，不能完全享受应有的政策。

3. 税制设计不合理

增值税、营业税、消费税是企业所缴纳的主要流转税，城市维护建设税、教育费附加等税费是在此基础上缴纳的，也属于流转税的范畴。在企业的税收负担中，流转税的税收负担是企业实际负担最为沉重的部分，同时也是与企业生产经营关系最为密切的主要税种。因此，流转税税制科学合理的设定对于完善税收体制改革以及减轻企业微观税收负担有重要意义。然而现阶段流转税税制在理论和实际中还存在一定的缺陷性和不合理性，特别是在主体税种的结构和主体税种的征税范围及调节能力两个方面存在较大问题。

（三）逐年上涨的用工成本挤压实体经济有限的利润空间

当前在企业经营成本中，人工成本越来越高。实地调研的27户企业2016年用工成本合计为4.33亿元，与2015年同比增长9.38%；用工成本占总成本的平均比例为9.7%，与2015年相比增长0.7个百分点。其中，“五险一金”合计为4311.35万元，与2015年同比增长20.9%；“五险一金”占用工成本的平均比例为9.96%，与2015年相比增长0.95个百分点。可以看出，用工成本特别是“五险一金”处于上升趋势，给企业带来较大压力。

（四）企业的环境成本上升

江苏通过加大价格杠杆倒逼企业绿色转型。调查中显示，有44.59%的受访企业包含排污费这一环境成本支出。江苏将实行的差别化的排污费收费政策表示，对治污效果较好的企业实行较低的征收标准；对超过限值或超排放总量指标以及属于需要淘汰的落后产能企业，将按标准加一倍征收，这无疑会加重重污染型企业的环境成本负担。

三、降低实体经济运行成本的对策与建议

供给侧结构性改革与扩大需求的政策手段有所不同，这些政策手段的有效实施，降低实体经济运行成本，促进实体经济的持续发展，需要中央的顶层设计，且问题的关键在于落实。

（一）加大金融支持力度降低企业融资成本，需要金融业有所创新

1. 面对中小企业融资难的问题，从短期来看，应规范银行涉企收费标准，并对各大银行的相关规定予以监管；从长期来看，必须拓宽融资渠道，逐步改变目前以银行贷款等间接融资方式为主的局面。

2. 加快建立区域性中小金融机构

从目前江苏省情况来看，小额贷款公司由于自身固有的“只贷不存”缺陷难以持续发挥作用；村镇银行的组建还刚刚起步，一些地级市只有一到两家中小金融机构，苏北有些城市甚至一家也没有，只从外地引进少数金融机构。加快建立地区性商业银行、村镇银行和政策性银行，加快对小额贷款公司的银行化改造，中小企业间可以建立互助金融组织，还可以尝试利用行业协会和商会为中小企业融资提供担保。

3. 优化审批流程

标准化、批量化的业务审批流程有助于降低业务操作成本，也是审批流程改革的趋势，因此银行应该建立高素质的审批队伍，提高审批效率。一方面要扩大审批途径，建立审批重点标准；另一方面要降低人工审批工作量，缩短审批时间，让中小微企业能快速获得贷款。

（二）实施财税支持政策降低企业的税负成本，税务部门应有所作为

1. 提高税收征管水平

税收征管水平的提高可以有效降低征税的成本，减少税收损失，使名义税率和实际税率趋于一致，为减轻企业税负提供必要基础。有效地税收征管还意味着政府组织财政收入能力的提高，可以为税制结构调整预留出空间。完善税收征管要在坚持依法收税、治税的原则上进行，坚决执行税收法律、政策和法规。在法律允许的范围之内强化征管工作，针对税收风险和征管漏洞，积极防范，精心设计，用更为科学化、专业化的方法做好税收征管工作。

2. 落实税收优惠减免政策

让顶层设计的税收优惠政策通过税务部门惠及所有企业，坚决秉承“不落实税收优惠政策就是收过头税”的理念，把税收优惠政策落到实处，让企业受益。

3. 推广江苏地税实行的“首违不罚”的措施

近几年江苏地税推行的“首违不罚”的措施，针对纳税人存在首次出现的非故意、轻微违规违法现象，重在教育，普及税法，不予处罚，得到了纳税人的普遍欢迎，优化了税收环境，改善了征纳关系，提高了征纳双方对税法的遵从度，创造了良好的税收环境。

（三）降低实体经济运行成本，有关部门可积极有为

企业的生产成本虽然受企业内部调控，但政府有关部门行为策略对有些方面也能起到一定的作用。

1. 推动能源成本下降

在企业的生产成本分析内容中，企业的用电成本占企业成本的一部分，特别是对于高新技术型制造业的企业来说，用电成本是企业的生产成本核心所在，政府应该推进和改进电价市场化，鼓励有条件的电力用户与发电企业直接交易，自愿协商确定电价。同时对水、气的直接购买也可做积极尝试。

2. 减免残保金

对于企业的残保金缴纳，国家下达政策的初衷是为促进残疾人就业，保障公平就业。对镇江市南帝化工的实地调查中发现，按照残保金的征收条例计算，企业每年需缴纳的残保金达到十多万元。政府可

以免征小微企业残保金，将其转移到企业环保安全以及环保维护的建设上，减少企业的运行成本，达到双赢的目的。

3. 规范非税收入体制，降低企业非税负担

混乱的税外收费，严重影响了企业的正常生产经营和政府的公信力，给企业造成了很重的成本负担。应当用法律的形式规范政府的收费行为。哪些可以收，哪些不能收，都应当全部列清，由于法律的权威性和强制性，相关利益部门的行为将会受到更强硬的约束，同时也有利于社会的监督。在具体的实施过程中，清理各项收费、加强收费管理尤为关键，要选择那些矛盾比较集中的收费项目进行集中整治，分步进行，统筹规划。大力取消不合理的非税收入，可以直接减轻企业的非税负担，也有利于所得税税基的扩大，为完善税制提供基础。

(四)降低实体经济运行成本，企业应首当其冲

企业通过转型升级提高效率，降低经济运行成本是重要途径。在降低企业运行成本中，推动发展智能制造，以“机器”替代人工，着力降低用工成本。大力推进企业智能化改造，分阶段实施“机器换人”项目，建设若干家“数字工厂”和“智慧车间”。鼓励劳动密集型企业在考虑经济效益(质量、成本和交货期)的前提下，自行购置或通过融资租赁方式购置自动化生产线和相应的配套设备及软件系统，推进企业技术改造和转型升级，降低企业的人力成本。对于新购置的自动化设备，除可以抵扣增值税外，还可以比照购置用于环境保护、节能节水、安全生产等专用设备的投资额，按10%实行税额抵免，同时允许享受加速折旧。

(作者单位：国家税务总局镇江市税务局)

“丝绸之路经济带”外向型经济发展的问题研究

——以石河子核心区建设为例

国家税务总局石河子税务局课题组

一、石河子外向型经济发展概况

改革开放40年来，新疆外贸体制发生了重大改革，外贸发展方式的转变使得石河子地区的进出口总额不断增长，发展水平显著提高。

（一）石河子外向型经济发展现状

2016年，新疆生产建设兵团（以下简称兵团）生产总值2134.33亿元，比2015年增长9.1%，占全疆生产总值的22%。兵团进出口贸易总额70.76亿美元，比2015年下降30.95%。其中，出口货物65.85亿美元，占进出口总额的93.06%。第八师石河子市（以下简称石河子）隶属兵团，2016年生产总值达到470.70亿元，比2015年增长7.1%，占兵团生产总值的22%，居兵团十四个师及下属四个国有企业之首（见表1）。

表1　石河子地区2011—2016年进出口贸易总额　单位：亿美元

年份	进出口总额			出口总额		
	新疆	兵团	石河子	新疆	兵团	石河子
2011	228.22	76.37	8.51	168.29	64.96	8.28
2012	251.71	96.50	13.59	193.47	83.43	13.08
2013	275.62	115.91	15.99	222.70	103.70	15.62
2014	276.69	119.88	20.34	234.83	109.55	19.32
2015	196.78	102.48	13.03	175.06	96.21	12.61
2016	179.63	70.76	4.01	159.12	65.85	3.84

随着2001年中国加入世贸组织，石河子外向型经济发展迎来了良好的机遇和发展环境。2000年，石河子进出口贸易总额只有5497万美元，2005年达到1.2亿美元，2014年达到历史峰值20.34亿美元，2015年由于受世界经济下滑的影响，进出口贸易总额下降至13.03亿美元，2016年进出口总额达4.01亿美元，由于旅购贸易额减少，比2015年下降69.22%。其中出口总额3.84亿美元，占进出口总额的96%。整个地区进口货物主要是从日本、美国及欧洲国家进口机械设备。

2011—2016年，石河子进出口贸易总额占兵团的比重依次为11%、14%、14%、17%、13%、6%；石河子进出口贸易总额占新疆比重依次为4%、5%、6%、7%、7%、2%，石河子占兵团和新疆的进出口贸易总额比重均较低。

（二）出口退（免）税情况分析

“十一五”期间，石河子累计进出口贸易总额17亿美元，年均增长38%，其中，出口贸易额14亿美元，年均增长64%，累计出口退（免）税4.81亿元，占总收入的11%。“十二五”期间，2014年外贸进出口额达到最高20.34亿美元，比2013年的15.98亿美元，增长27.2%，比2011年的9亿美元增长2倍。累计办理出口退(免)税 12.19 亿元,位列新疆第六,年均增长 5%,占总收入的 12%,出口退(免)税比重逐步增加,创汇能力增加(见表 2)。

表 2　石河子地区出口退(免)税情况统计表　单位:亿元

退(免)税	2011 年	2012 年	2013 年	2014 年	2015 年	2016 年
退税额	1.63	1.68	2.78	1.70	2.17	1.73
免抵额	0.45	0.47	0.47	0.70	0.14	0.27
合计	2.07	2.15	3.25	2.40	2.31	2.01

税收是经济的“晴雨表”,从上述数据透视石河子外贸经济的发展和走向状况,可见总体发展趋好,增速为 2013 年以来同期最高,退税增速与出口走势基本吻合。

(三)对外贸易方式分析

随着社会经济的发展,石河子充分利用新疆与周边八个国家毗邻的区位优势以及丝绸之路经济带上的陆路交通便利,形成了以一般贸易为主,边境小额贸易、加工贸易为辅的多元化贸易方式。2011—2016 年一般贸易进出口额分别是 2.74、9.63、9.29、11.85、13.02、3.90 亿美元,占进出口总额比重分别是 32.18%、70.89%、58.12%、58.28%、99.95%、97.29%。一般贸易占进出口总额的比重提高到 95%以上。边境小额贸易所占比重也由 2011 年的 5.5503 亿美元下降到 2016 年的 0.1085 亿美元(2015 年仅有 44 万美元),降幅明显。

2011—2014 年加工贸易进出口总额分别是 0.22、0.14、0.18、0.29,2015 年为 0.0024 亿美元,远不到 0.01 亿美元,加工贸易逐渐萎缩,2016 年未发生进料加工业务,来料加工贸易规模减小。

从企业性质看,民营企业和国有企业为主导,外商投资企业减速发展。2014 年,国有和民营企业进出口总额达到 20.28 亿美元,占外贸进出口总额的 99%,成为外贸发展的主要力量。民营企业进出口额达到 15.93 亿美元,占进出口总额的 70%,其中出口额 15.75 亿美元,占出口总额的 82%。2016 年,国有和民营企业进出口总额 4 亿美元,占进出口总额的 100%。其中,民营企业进出口额 0.63 亿美元(出口额 0.62 亿美元),占比 15.72%。石河子民营企业依靠自身优势,不断拓展新领域,增势强劲,但石河子属于西部偏远地区,外商投资企业进出口总值与沿海发达地区相比较少。

国有企业占据自产品出口主体地位。新疆天业(集团)有限公司是兵团第八师大型国有企业,出口产品涉及聚氯乙烯、糊树脂、番茄酱等享受出口退(免)税的产品,以及免税产品节水器材和征税产品烧碱等。2014 年,天业集团出口化工产品、柠檬酸及番茄酱等共计 40.93 万吨,出口节水器材 21 万吨,共计实现出口收入 10.83 亿元,相比 2013 年同期增幅 49.57%。另外,随着招商引资力度加大,私营企业逐渐增加,但出口规模和数量相比新疆乌鲁木齐、昌吉、伊犁等地区仍偏小。

(四)主要出口商品分析

石河子出口的商贸产品主要有日用百货、机电产品、手机、建材、纺织服装、地板、部分旅游购物商品及其他,这些商品多为外贸企业从内地采购再通过新疆各大边境口岸出口到中亚五国及周边地区。2016 年,随着旅游购物业务大量减少,石河子出口贸易总额大幅下降,呈现出以本地企业自产品出口为主的特点。

石河子生产型出口企业主要以出口自产品化工(聚氯乙烯、糊树脂、烧碱)、纺织(毛布、针织布)、农产品初加工(番茄酱、辣椒制品)、家具(家具制品、餐桌、餐椅)为主。2011 年自产品出口占全部出口总额的 24%,2012—2015 年自产品出口额平均占比 19%,2016 年自产品出口额提升到 89%,增长显著。其中以化工、轻纺、家具和番茄酱为主,具有地域优势的棉花、水果等农产品出口较少。兵团的农业机械化综合水平处于全国领先地位,其中约半数农机企业集中在石河子地区。石河子初步形成了农牧机械产业群,其中机械和节水设备广泛出口哈萨克斯坦、塔吉克斯坦、巴基斯坦和尼日利亚等中亚、非洲地区。自产品出口基地建设初具规模,氯碱化工、特色食品、建材家具三大出口基地已形成出口优势,石河子纱线面料基地被列为国家首批外贸转型升级示范基地。

氯碱化工产品出口额逐年呈上升趋势,棉布、家具等自产品出口均保持不同程度增长。2014年,石河子化工产品出口大幅增长,出口额2.8亿美元,同比增长49%,占同期石河子出口总值的85%,创历史新高,聚氯乙烯是自产品出口的主要拉动力量;出口番茄酱0.35亿美元,同比增加11.8%;纺织纱线、织物及制品出口0.03亿美元,比重逐渐提升。传统产业如纺织业、特色农产品加工业等技术得到改造,出口附加值增加,产业链拉长。“天业”牌聚氯乙烯、糊树脂、烧碱、番茄酱等产品在俄罗斯、哈萨克斯坦、吉尔吉斯、欧洲等国家进行了商标注册,提升了产品的知名度和市场占有额。

(五)进出口贸易国别分析

表3　石河子地区同部分国家(地区)进出口总额比较　单位:亿美元

国家	2014年		2016年	
	进出口额	出口额	进出口额	出口额
印度	1.71	1.69	1.35	1.35
哈萨克斯坦	8.02	7.91	0.47	0.44
俄罗斯联邦	0.67	0.67	0.43	0.43
乌兹别克斯坦	3.75	3.75	0.28	0.26
尼日利亚	0.08	0.08	0.19	0.19
吉尔吉斯斯坦	4.29	4.29	0.17	0.17
塔吉克斯坦	0.02	0.02	0.05	0.05
菲律宾	0.04	0.04	0.06	0.06
美国	0.13	0.0015	0.10	0.02
合计	18.70	18.45	3.10	2.97

比较2014年与2016年石河子同中亚及部分国家进出口贸易总额的比重可知,地理优势对进出口贸易的发展进程作用明显,且位居前几位的国家均是中亚国家,在各年进出口贸易总额的比重均超过了70%。石河子对中亚及印度、俄罗斯周边国家市场出口继续保持稳步增长,贸易额占进出口额的60%以上。近年来,石河子加快推进市场多元化,已同世界110余个国家(地区)开展了贸易往来,市场结构日趋合理,在巩固周边国家主要贸易市场的基础上,大力拓展了南非、肯尼亚等非洲国家,拉美、中东等新兴市场,市场占有率稳步提升。

二、石河子外向型经济发展存在的问题及原因

“十二五”以来,随着石河子外贸出口总额的不断扩大,外贸出口结构也随之不断调整,但是相对于东部沿海发达省份,外向型经济发展还存在以下几个方面的问题。

(一)出口产品结构不合理

1. 外贸型出口企业出口本地产品占比额低

外贸型出口企业出口的产品主要有手机、服装、纤维地板等,属石河子原产地的比例极低。出口的产品有90%来自中东部省份,石河子只是起到流通通道的过境作用。很多外贸型出口企业进货地和报关出口地均不在本地,增加了出口骗税、骗取政府补贴款等管理风险。

2. 出口产品技术含量低、产品结构单一,影响产业发展

石河子本地生产企业出口的工业制成品主要有化工产品、棉机织物、番茄酱、辣椒制品、家具等产品。其中,化工产品聚氯乙烯出口额占全部出口额比重大,纺织、家具、番茄酱占比10%。这些行业目前产品

科技含量和附加值低，深加工程度低，企业技术装备和生产能力有限，产业配套能力较弱，具有粗放型资源利用方式突出的高资本投入、高资源消耗、低技术创新能力等典型特征。石河子出口产品以天业集团的煤化工类产品为主，占石河子外贸出口总额的70%以上，该类产品受国际市场石油制品价格影响因素较大，容易上下波动，抗风险能力较弱。石河子初级产业比重高，深加工制造业比重低，无法占领国际市场。具有技术密集型特征的通信、其他电子设备制造业、高新技术业产品出口仍是空白。优势资源产品如特色农牧产品、纺织纱线及织物等劳动密集型产品，缺少自主品牌，未能形成完整产业链。石河子外贸发展未能有效发挥自身资源优势，形成产业集群。

（二）加工贸易发展水平较低

石河子加工贸易主要以番茄制品进料加工为主，但目前进料加工业很少，远远落后于全国水平和东部沿海省份（2014 年全国加工贸易的平均占比是 38%）。石河子现有 2 个海关特殊监管库和 1 个正在建设的保税库，但由于外向型平台建设滞后，仍不能满足加工贸易发展需求，依托外向型平台开展加工贸易的外向型产业无法有效聚集。

（三）服务贸易发展滞缓

发展服务贸易有利于石河子逐步实现从工业为主的产业结构，向以高质量、高水平的服务业和竞争能力强、技术含量高的新兴工业为主的产业结构升级。石河子近些年服务贸易处于起步阶段：一是中小型外贸企业大多独立完成外贸进出口环节，仍未建立起国际市场电子商品平台、公共物流及供应链管理等外贸公共服务平台；二是“走出去”企业参与国际竞争的方式较少，国际物流运输、建筑服务等服务贸易项目少，同时由于政策扶持力度不足、服务贸易协调机制不完善等问题，阻碍了服务贸易的发展。

（四）出口市场过度集中

石河子主要出口市场是亚洲，包括中亚、印度、马来西亚以及欧洲的俄罗斯等，过度集中的出口市场迫使外贸企业极力发展中亚地区的出口市场，一般贸易和边境小额贸易居多，同业竞争大。同时容易受到对方国家经济政策波动影响，使得外贸出口面临较大的风险和不确定性，不利于对外贸易发展，影响产业发展速度。

（五）外贸发展经济结构不合理

国有企业一直是石河子外贸发展的主力，但缺乏核心竞争力。国有企业资源分配的不合理使得其竞争力偏弱，竞争意识不强、企业治理结构不完善等问题仍较突出；随着市场经济逐渐开放，民营和“三资”企业实力不断增强，但大多数属于流通型外贸企业，发展加工贸易和本地特色产品加工产业较少，不能直接带动相关产业发展。

（六）外贸发展所需的优秀人才缺乏

由于石河子地处边疆，经济发展落后，本地优秀人才留不住，外部人才引进困难，从而形成了优秀人才“进不来、留不住”的困境，使得石河子从事外贸工作的骨干力量少，人才流失严重，尤其是高新技术、专业技术、研发人才匮乏。

三、促进石河子外向型经济发展的几点对策

（一）优化产业结构，促进对外经济贸易结构转型升级

1. 优化产品结构，加快自产品出口力度

加大政策扶持力度，继续扩大化工、纺织等自产品出口比例，重点扶持番茄酱、聚氯乙烯、烧碱、家具、辣椒制品等自产品出口，力争自产品出口保持占兵团自产品出口 60%以上。以增强企业产品自主创新能力为核心，鼓励重点出口企业改造传统产业，提高产品技术含量，增加农产品深加工率和附加值，以培植自有技术为重点，加快提高出口商品核心竞争力，以提高自产品国际市场占有率。

2. 优化投资结构，提升招商引资质量

石河子下辖国家级经济技术开发区和高新技术产业园区，应积极发挥园区产业聚合、资源整合、经济拉动和技术创新的辐射带动效应，吸引具备产业带动优势和关联效应及配套协作功能的项目进入园区，参与园区基础设施和相关配套设施建设；将引进资金与引进先进设备、技术、管理经验及人才相结合，形成以化工、电力、纺织、食品饮料为主导产业的特色园区。

3. 优化贸易结构，大力发展加工贸易

根据《丝绸之路经济带核心区建设》和《新疆制造 2025 发展规划纲要》有关产业发展的战略，以现有产业为基础，抓住国家支持东部加工贸易梯度转移政策机遇，有效承接加工贸易梯度转移，开展形式多样的加工贸易招商活动；扩大加工贸易规模，延伸加工贸易产业链，形成上下游产业联动的局面，如鼓励特色、生态和深加工农产品出口，重点加强家具、纺织服装、化工等优势产业加工贸易发展；积极引导企业“走出去”开展境外加工贸易；实施特色产品出口品牌战略，打造国际名牌产品，培育外贸企业技术、质量和服务等新竞争优势。

（二）进一步实现市场多元化，大力培育贸易发展新的增长点

1. 立足特色优势产业，加快出口基地建设

以北疆地区为中心区域，加快氯碱化工、食品加工、农机建材，纺织棉纱出口基地建设，从而提高产品质量、扩大出口货源、发挥产业集群效应、规模效益、增强国际竞争力，有效促进外贸经济结构优化，使石河子在兵团八大外贸转型升级基地建设中占据一席之地。如石河子是天山北坡经济带的农产品生产中心，应建设成为面向中亚的番茄酱、饮料、肉、奶制品、酒类产品食品加工中心和食品出口产业基地。

2. 利用丰富地理资源，重点发展新型服务业

要在国际物流业、旅游业、国际劳务输出、国际工程承包等重点领域取得突破性发展，同时积极发展研发、软件与信息技术等新兴产业、培育跨国服务企业。加大外商投资企业合作力度，开展跨境电子商务、市场采购贸易和外贸综合服务企业试点，建立一批外贸综合服务企业，重点鼓励和扶持新业态行业发展与成长。

3. 积极开拓国际市场

不断拓展被列为石河子重点跟踪外贸企业在中亚、俄罗斯等主要贸易市场份额，提高商品的市场占有率和利润率，深化与“一带一路”沿线国家产业合作，加大东南亚、欧美、中东、非洲等新兴市场开拓力度；充分发挥展会平台作用。在国内展会方面，重点发挥石河子企业及产品在中国亚欧商博会组展参展的展示展销作用。在国外展会方面，重点做好哈萨克斯坦中国商品展等赴周边国家参展参会、商贸考察等宣传推荐工作，利用专业机构组织企业与周边国家企业互访对接，扩大对外贸易范围。

4. 增强国有外贸企业竞争力，扶持民营企业发展

加快确立国有企业市场主体地位，以提高企业创新设计和研发能力为重点，科学合理地设计企业的各项机制体制，提高国际竞争力；积极不断扩大民营和“三资”企业发展规模，积极引导企业参与加工贸易和本地特色产品加工。实施大企业大集团战略，鼓励外商投资企业来石河子创业发展，将吸引外资重点投向现代物流、金融保险、商务服务等面向生产领域的服务业，文化、体育等面向消费领域的服务业以及旅游业等。

（三）创新税收服务，用好用足用活税收政策

1. 建立一站式管理模式的税收服务机构，专门负责企业跨境贸易投资事宜

对企业从备案建立到注销清算为止都提供专业化服务，完善税务登记备案等工作。针对跨境贸易投资税收常见问题，建立税收服务网络系统，努力实现税收信息上网并提供税收政策查询、解读、培训以及业务办理等服务。

2. 建设复合型的信息服务渠道，深入推进国别税收信息研究，继续翻译毗邻国家基本税收制度，加

大税收协定、对外投资税收政策宣传培训，加强中国居民身份证明开具工作，畅通“走出去”涉税诉求反映渠道，积极维护“走出去”企业税收权益；加强网站建设，动态掌握“走出去”企业涉税信息，加强商务、财政、公安、外事等部门之间的沟通协调，定期通报信息；针对一些中小或民营企业，及时提供纳税咨询服务和辅导。

3. 全面规范出口退(免)税管理

全面落实出口退(免)税政策及管理规定，继续完善和简化工作流程，提高办退效率，加强事中事后管理。优化出口企业分类管理，提高一、二类出口企业比例，全面扩大出口退(免)税全过程“无纸化”管理试点范围，加快退税进度，切实降低企业办税成本、提升资金周转率。

4. 健全政策体系，继续落实对外商投资的优惠政策

进一步转变经济增长方式，创造好的投资环境大力吸引外商投资。主动吸引外资的主要做法是全面落实各项税收优惠制度，对招商引资吸引来的外资企业给予政策上的保障和扶持，为其提供稳定环境，充分保障外商投资者在企业经营中的权益。税务部门应积极落实西部大开发、促进中小企业发展、农产品加工、新办鼓励类产业、纺织行业等优惠政策以及“营改增”等各项减税政策，对石河子产业结构调整提供政策支持，通过优惠政策落实，减轻企业负担，加快企业产品更新换代，提高企业盈利能力。主动争取国家对兵团地区的特殊优惠政策，充分发挥政策和区位优势，吸引知名企业、跨国公司以及相关新办企业入驻，打造外来资本密集、内外合作的新的经济增长点。

(四)加快保税物流中心的建设，提升外贸服务质量

石河子作为新疆丝绸之路经济带的重要节点城市、兵团对外开放的窗口城市，保税物流中心将成为其对外开放的有力抓手。目前石河子已经设立海关、检验检疫局，外汇管理局、商务局、税务部门等行政机构，市区火车站、机场等基础设施齐全。保税物流中心对发展国际物流和新型商贸业态，降低企业经营成本、扩大招商引资方面具有明显促进作用，石河子应积极努力争取保税物流中心的创建。

1. 不断完善城市功能，为保税物流区创建提供基础

完善石河子火车站、花园机场和中欧班列建设，积极搭建对外开放前沿平台，对接国内外市场，形成商贸物流和加工贸易制高点，建立面向国际的物流服务体系，促进高端人才和现代服务业聚集。

2. 通过完善现有保税仓库建设，加快出口加工区和农产品出口物流园建设，带动石河子进出口额大幅增加，孕育出多家本地的外贸企业，促进支柱企业创新转型，全面加快产业转型升级步伐。

3. 创建“互联网+外贸”新格局

利用信息化手段，推进跨境电子商务发展，跟踪服务中亚广通大宗商品交易平台建设及运营；推进综合物流服务平台发展，大幅节约本地企业运输成本，提高综合竞争力；构建加工贸易转型升级中心、跨境电子商务创新服务中心，使石河子拥有吸引周边城市群众购物消费、旅游休闲的优势。

(五)增加教育投资，加快培养对外贸易人才

一方面，应继续加大教育投资力度，结合石河子大学、职业技术学院等高校优势，大力培养高科技、熟悉国际贸易通行规则的人才；另一方面，加大对现有外贸人才的选拔、培养、培训力度并采取人才激励措施，调动现有人才积极性和创造性，促进外贸人才业务水平提升；再一方面，制定优惠政策，吸引国内外高端人才、特别是优秀大学毕业生及中亚、俄罗斯等国的外语人才，加快人力资源开发，为石河子外贸发展注入新的创新活力。

课题组组长：姜　妍
课题组成员：姜　妍　王文清　许小欢
执　笔　人：王文清　许小欢

“一带一路”下的连云港“亩产税收”经济

——基于税收调查的连云港、徐州的差异

武 琼

2017 年 6 月习近平总书记提出了“将连云港—霍尔果斯串联起的新亚欧陆海联运通道打造为‘一带一路’合作倡议的标杆和示范项目”重要指示。近年来，连云港在落实国家“一带一路”倡议中，不断推进实体经济转型升级，在国际国内复杂的经济环境中，实现了全市经济稳中向进。

本文从“亩产税收”的视角，基于 2017 年 6 月开始的财政部和国家税务总局的税收调查，对连云港参加税收调查工业样本企业（以下简称调查企业）数据进行剖析，和近邻徐州市进行比较。通过对比分析发现连云港调查企业呈现出总量小、质量好、发展空间大的特征。

一、连云港和徐州两城市的经济税收整体情况

连云港和徐州两城市地理位置同处苏北，为江苏省东陇海线上仅有的两个城市，在“一带一路”建设和新时代的经济发展中面临着类似的发展机遇和挑战。

由于土地面积和历史发展的差异，连云港经济总量较小，约为徐州的 40%，地区 GDP、工业增加值、一般公共预算三大指标分别为徐州的 40.91%、40.13%、40.98%，规上工业总产值为徐州的 43.79%。两城市的工业经济比重大致相当，工业增加值占地区 GDP 的比重均在 36%左右（见表 1）。

表 1　连云港、徐州两城市主要指标

	常住人口（万人）	面积（平方千米）	GDP（亿元）	GDP 增速%（可比价）	工业（亿元）	规上工业总产值（亿元）	一般公共预算（亿元）
连云港	449.64	7615	2376.48	7.8	851.82	5974.81	211.47
徐州	871	11765	5808.52	8.2	2122.58	13644.36	516.06

二、连云港和徐州两城市的税收调查情况

1. 调查的整体情况

连云港和徐州两城市调查样本一致，具有可比性。徐州因其经济体量大于连云港，调查企业户数和缴纳税收也高于连云港。但从调查的相对比重上看，连云港和徐州两城市具有一致性，调查结果也具有可比性。两城市的调查企业户数分别为 397 户、655 户，占调查样本的比重均在 31%左右。两城市的调查企业所纳税款分别为 81.29 亿元、120.46 亿元，占样本的比重均在 67%左右（见表 2）。

表 2　连云港、徐州两城市 2017 年税收调查情况

统计项		连云港	徐州
户数	调查总户数（户）	1283	2105
	工业调查户数（户）	397	655
	工业比重（%）	30.94	31.12

续表

统计项		连云港	徐州
纳税情况	调查户纳税(亿元)	120.53	180.63
	工业调查户纳税(亿元)	81.29	120.46
	工业比重(%)	67.44	66.69

2."亩产税收"整体情况

连云港"亩产税收"产出效应远高于徐州。连云港和徐州两城市参加调查企业占地分别为5.55万亩、11.78万亩,所纳税款分别为812896.1万元、1024612.5万元。连云港的调查企业的"亩产税收"为14.64万元/亩,超出徐州5.95万元/亩,徐州约为连云港的60%(见表3)。

表3　连云港、徐州两城市调查企业"亩产税收"情况

	亩数(亩)	税收(万元)	亩产税收(万元/亩)
连云港	55515.72	812896.10	14.64
徐州	117847.18	1024612.50	8.69

用地重点大户"亩产税收"均不高。连云港和徐州两城市的调查企业用地前十名用地分别为2.39万亩、5.68万亩,占到调查企业用地的比重均超过40%,分别达到43.04%、48.17%。用地前十名所纳税款占到调查企业纳税的比重分别达到8.7%、22.93%,远低于用地的比重。"亩产税收"上,连云港为2.96万元/亩,远低于调查企业,仅为20%多。徐州同样低于调查企业,为4.15万元/亩,不及调查企业的一半。

3."亩产税收"引出的其他思考

(1)从"亩产收入"看

通过每亩企业用地产生的销售收入,来衡量企业的经营情况。连云港调查企业"亩产收入"高于徐州,两城市分别为271.45万元/亩、166.67万元/亩。连云港的石化行业"亩产收入"最好,接近亿元,达9998万元/亩,徐州的金属制品、机械和设备修理业达7558.9万元/亩。

(2)从"亩产利润"看

通过每亩企业用地产生的利润总额,来衡量企业的盈利能力。连云港调查企业"亩产利润"好于徐州,两城市分别为34.91万元/亩、11.08万元/亩。连云港成立时间在20年左右的(17～22周年)企业"亩产利润"较好,在103.7万元/亩。徐州则是成立时间在10年左右的(7～12周年)企业较好,"亩产利润"在13.89万元/亩。

(3)从"亩产用工"看

通过每亩企业用地用工人数,来衡量企业的提供就业情况。连云港调查企业每亩提供就业人数多于徐州,两城市"亩产用工"分别为1.83人/亩、1.68人/亩。其中徐州制造业提供了更多的就业机会,提供就业岗位为2.5人/亩,连云港仅为1.87人/亩。特别是先进制造业方面,徐州的用工多于连云港,两城市"亩产用工"分别为3.5人/亩、2.4人/亩。

(4)从"亩产研发"看

通过每亩企业用地投入的研发费用,来衡量企业的创新和发展情况。连云港调查企业更愿意研发,更看重未来的发展。两城市研发投入分别为2.42万元/亩及1.27万元/亩。连云港在专用设备制造和仪表仪器制造两个行业研发投入较多,达到12.16万元/亩,是徐州的1.6倍。徐州在汽车制造和计算机两个行业上研发投入较多,为24.8万元/亩,是连云港的2.4倍。

三、连云港"亩产税收"的亮点

1. 先进制造业效应好

从税收调查数据来看，连云港先进制造企业"亩产税收"高，远远超过徐州。连云港参加调查的先进制造企业有54户，"亩产税收"为37.99万元/亩，是调查企业平均值的2.6倍，超出徐州先进制造企业23.82万元/亩。徐州先进制造企业"亩产税收"为14.17万元/亩，尚未达到连云港调查企业的平均水平。

2. 外资企业质量优

连云港的外资调查企业整体上优于徐州，投入少，成效好。从税收调查数据来看，连云港外资企业的"亩产税收"为19.03万元/亩，超出徐州6.38万元/亩。从经济指标上看，连云港的外资占用土地资源较小，户均用地138.29亩，远低于徐州的218.54亩/户。投入小，利润高，连云港的外资企业投入资产为342.18万元/亩，低于徐州的415.02万元/亩，但产出利润达44.87万元/亩，高出徐州(29.51万元/亩)15.36万元/亩。

3. 战略新兴企业利润高

从全省2015年认定的(1836户)战略新兴企业来看，连云港参与此次调查企业中战略新兴企业有64户，"亩产税收"达23.97万元/亩，高于徐州的15.20万元/亩。经营盈利方面，连云港战略新兴企业中有53户盈利，盈利面为83%，销售利润率为18.03%。徐州的97户战略新兴企业中有71户盈利，盈利面为73%，销售利润率仅为6.4%。徐州亏损较大的战略新兴企业主要为钢铁、机械制造等重工业，其新技术新产品目前尚未产生较好的税收效应。

4. 上市公司经营好

连云港上市公司"亩产税收"质量远高于徐州。连云港调查企业中上市的企业整体上优于徐州，投入少，成效好。连云港的上市企业主要为医药企业，是本市的优质企业。上市调查企业的"亩产税收"为38.42万元/亩，超出徐州近10万元/亩。从经济指标上看，连云港上市调查企业户均销售额达30.51亿元，是徐州的2.46倍。总资产周转率达66.81%，好于徐州的27.03%；利润率达25.31%，远高于徐州的6.81%。

四、连云港调查企业存在的不足

1. 研发投入高精不突出

连云港的企业比徐州重视研发投入，但高精不突出。连云港和徐州有近20%的企业有研发费用支出(分别为97户、103户企业)，两城市都侧重企业的长远发展。两城市研发投入分别为2.42万元/亩、1.27万元/亩，连云港几乎是徐州的两倍。但在先进制造业研发方面连云港领先优势并不明显。一是总量领先不明显。连云港为7.86万元/亩，徐州为7.07万元/亩，连云港仅高出徐州11%。二是先进制造业自主研发的比重偏低，连云港自主研发率为41%，而徐州达到75%。三是"亩产税收"效应不高，连云港有研发投入企业的"亩产税收"仅为12.05万元/亩，略低于徐州(12.53万元/亩)，而且未达到调查企业的平均数额，而徐州则高出调查企业的44%。

2. 用地规模"亩产税收"差异大

按用地规模的大小将调查企业分为五组，第一组:用地在1000亩以上，第二组:用地在500～1000亩，第三组:用地在150～500亩，第四组:用地在15～150亩，第五组:用地在0～15亩(见表4)。连云港"亩产税收"整体呈现"葫芦"形，徐州呈现金字塔形。其中用地在15亩(10000平方米)以下的最小组企业"亩产税收"均超过500万元，用地超过1000亩以上的企业"亩产税收"不足4万元，两组"亩产税收"的差异达 130 倍，而徐州仅为 30 倍。连云港“亩产税收”的组间差异性远大于徐州，由此可见，连云港调查企业的税收效应过于分散。

表 4　　连云港、徐州两城市用地规模“亩产税收”情况

连云港“亩产税收”(万元)	用地规模(亩)	徐州“亩产税收”(万元)
3.78	1000 以上	5.17
34.63	500～1000	8.90
14.03	150～500	8.90
10.66	15～150	21.83
500.71	0～15	159.76

3. 新办企业支撑力度弱

连云港成立 20 年左右的企业“亩产税收”最高。1994—2000 年成立的企业，参与调查的共有 55 户，该部分企业的“亩产税收”为 41.07 万元/亩，远高于其他时间段的企业(见表 5)。相对的，徐州各时期“亩产税收”为倒金字塔型，开办十年的企业“亩产税收”较好。徐州的新上项目，质量较好，而连云港仍然靠老企业支撑税收，新上企业产生税收时效较慢。

表 5　　连云港、徐州两城市成立时间“亩产税收”情况

成立时间	连云港		徐州	
	户数	亩产税收(万元)	户数	亩产税收(万元)
2011—2015	59	7.81	147	9.84
2006—2010	165	5.80	222	13.89
2001—2005	103	6.20	177	8.70
1996—2000	48	37.67	84	8.36
1990—1995	10	63.08	8	4.98
1990 年以前	6	17.64	11	2.12

五、根据“亩产税收”对连云港市工业经济的建议措施

1. 把“亩产税收”纳入企业评价的综合指标

“亩产税收”是企业占用社会公共的稀缺资源的一种社会补偿、社会责任。要重视“亩产税收”这个指标，并将其纳入对企业评价综合指标体系中。要通过“亩产税收”来限制企业过度占用土地资源。虽然连云港市企业户均占地为 140 亩/户，比徐州低 40 亩/户，但连云港用地大户前十名中有 6 户为钢铁企业，占地 1.43 万亩，占到调查企业用地的 1/4。而且上市调查企业户均用地高达 978 亩(徐州为 202.22 亩/户)。钢铁企业、上市公司因自身经营需要占用大量土地，但其资金雄厚，足可以承担一定量土地的闲置成本，所占地土地的使用效率值得关注，需要通过“亩产税收”来衡量。

2. 让“亩产税收”成为促进企业提质增效的方法

在当前供给侧改革中，连云港市企业的提质增效方面存在较大压力，自主研发和亮点企业提升空间较大。首先应加大自行研发投入，目前连云港市企业研发外购的比重接近 60%，而徐州仅 20%多。在重视通过外购快速产生经济效应的同时，也要加大自主研发的资金、人力投入。鼓励连云港市先进技术水平较高的医药行业(自主研发比例 21%)带好头，加大自主研发的投入；同时加大“放管服”力度，促进部分医药企业的研发中心回迁本地。其次，作为沿海城市和东陇海线的起点，连云港市海陆运输有天然优

势，铁路、船舶运输设备及配件制造业的“亩产税收”仅 1.2 万元/亩。要把握区位优势大力发展该行业，变短板和“盲点”为连云港市新的亮点和经济增长点。最后，传统制造企业的每亩用地研发费用投入几乎为零，其“亩产税收”也远远落后其他行业，成为行业发展的短板。通过创新研发的投入，提高产品种类、提升产品质量，降低企业成本，创造企业利润，增加企业的经济效益。

3. 把“亩产税收”作为加快产业转型升级抓手

在加强“一带一路”经济建设中，要抓住机遇，提振经济，加快产业的转型升级。在转型中既要发挥优势，把连云港市的医药、装备制造业不断做大、做强、做专，形成产业链，集聚群。同时又要补短板，不断改进产业布局，落实工业强市举措。首先在高耗能、高污染制造业方面加大创新研发投入，“两高”企业在研发方面投入资金 1.36 万元/亩，升级意愿较好，但仅为全市平均数的 56%。“两高”企业的“亩产税收”仅为 6.05 万元/亩，为全市平均数的 41%，“两高”企业转型空间较大，投入的力度不够，提升的空间较大。与徐州市相比，连云港市在汽车制造和计算机两个科技含量较高的行业上研发投入落后较多，两个行业研发投入分别为 4.16 万元/亩、1.63 万元/亩，均为徐州的 16%左右，两个行业“亩产税收”分别为 6.37 万元/亩、3.05 万元/亩，分别落后 33.7 万元/亩、4.95 万元/亩，行业发展和产出与徐州相比空间巨大，转型升级亟待提升。

4. 把“亩产税收”作为提供财税政策扶持的依据

通过“亩产税收”指标，加大对特定行业的财税扶持力度，通过采取“减、奖、补、贷、股”等措施，降低企业的经营成本，创造较好的营商环境。税收政策方面，市级政府减免权限较小，仅在土地使用税定额税率、在授权范围内有一定制定权。对“亩产税收”贡献较大的、小微企业、财产税额比重大的企业，在制定定额税率时给予一定减免优惠。对“亩产税收”贡献较大的企业，采取财政奖励，让企业重视“亩产税收”，提高土地产出效应。对研发投入和贷款压力较大的企业，特别是传统制造业，充分利用地方的投融资平台进行资金输血，进行技改、融资利息的财政补贴，提高补贴面，降低补贴门槛，助力企业发展。

（作者单位：国家税务总局连云港市税务局）

冬奥经济带来的税收利益、挑战与应对措施

国家税务总局张家口市税务局课题组

2017 年年初，习近平总书记视察张家口时指出，张家口要完成冬奥会筹办、扶贫攻坚和首都水源涵养功能区建设“三大历史任务”，交出冬奥会筹办和本地发展“两份优异答卷”。随着冬奥会筹备工作稳步推进，对张家口税收经济的辐射作用开始逐步显现，也对税务部门加强管理服务提出新的挑战。从税收视角研究分析冬奥经济，有利于充分发挥职能作用、深化以税资政、优化营商环境、助力冬奥经济更好发展，圆满完成“三大历史任务”、交出“两份优异答卷”。

一、2022 年冬奥会给张家口税收带来的影响

(一)政府加大投资，税收收入呈现短期放大效应

2016 年全市重点项目投资 78 个，总投资 1943.17 亿元，其中当年投资 177.28 亿元；2017 年全市共安排重点项目 260 项，总投资 7725 亿元，其中当年计划投资 835 亿元，总投资和当年投资较 2016 年分别增长 297.54%、371%。投资项目重点集中在城市基础设施、体育场馆、配套设施、通信设施及环境保护等方面，直接促进了建材生产、建筑施工、电子信息等行业的发展。行业生产和收入迅速增加并带来一系列连锁反应，引起消费需求和投资需求不断扩大，并带动房地产、旅游、餐饮娱乐、体育、文化创意产业等行业快速扩容。据统计，2016 年全市生产总值达到 1461 亿元，增长 7%；其中，规模以上工业增加值增长 2.4%，高新技术产业增加值增长 23.1%，服务业增加值增长 11.3%，社会消费品零售总额增长 10.5%，居民消费价格指数上涨 1.1%。加上 2016 年全面实行“营改增”政策，2017 年 1—4 月税收较上年同期增长 80.58%。冬奥会带来的巨大商机和市场潜力，必将为税收收入带来新的增长点。

(二)开拓国际平台，外资成为税源新的增长点

法国 MND 集团、马来西亚云顶集团、阿里巴巴、吉利沃尔沃、恒大等一大批具有国际影响力的知名企业及具有产业领先水平的战略项目纷纷在张家口落地生根。一是为全市经济发展注入了新的活力。到 2017 年，全市共签约经济技术合作项目 201 个，执行经济技术合作项目 271 项(其中执行 2016 年技术合作项目 106 个)，实际利用外资 4.6 亿美元，比 2016 年增长 38.3%，其中，外商直接投资 4.12 亿美元，增长 30.4%；外资企业对全市工业总产值的贡献率约为 11.4%。二是为税收收入带来了新的增长点。2016 年，外商投资企业缴纳税收比 2015 年增长了 15.9%，纳税额占全年工商税收的 4.8%；2017 年 1—4 月外商投资企业新增 19 户，缴纳税款较 2016 年同期增长 31.6%，纳税占同期税收的 6.9%，在全市税收收入中所占的比例越来越大。

(三)第三产业发展，税收收入比重更趋合理

冬奥会的举办，与之相关的旅游业、餐饮业、社会服务业、体育产业、文化创意产业、金融业、媒体传播等行业将直接受益。同时，张家口积极调整不符合功能定位的产业，限制那些高耗能、高污染企业的发展，加快化解落后产能和淘汰污染企业。近年来，张家口借助冬奥经济，在产业结构调整上取得了重大突破。第三产业增加值占 GDP 比重由 2014 年的 29.8%提高到 2016 年的 37.2%。从税收比重看，第三产业税收占全部税收的比重达 21.57%；从税收增速看，第三产业税收增长 44.85%；从税收贡献看，第三产

业税收增量占全部税收增量的76.35%。从行业发展情况看，互联网、商务服务、金融业发展势头较好，如商务服务业税收增长101.68%，软件和信息技术服务税收增长100.53%，互联网及相关服务业税收增长75.2%，金融业税收增长21.33%。

(四)京津冀协调发展，促进收入结构更加多元

张家口紧扣“四大两新一高”主线，不断深入推进与北京的产业对接。北汽福田汽车股份有限公司宣化福田雷萨泵送机械厂、怀来航空航天产业基地等一批产业转移入驻张家口；中关村京西科技综合园、京张科技企业孵化器总部基地等一大批产业共建项目签约落地。目前，京张合作项目已遍布能源、工业、农业、现代化服务、旅游等各主要行业，其深度融入、协同发展的身影随处可见，为全市经济注入了强心剂。2016年，在北京举行的张家口市投资推介会，现场签约29个项目，总投资486亿元，仅与北京企业签约的项目就达20项，总投资322.7亿元。京津冀经济的深度融合，不仅有利于促进张家口市经济结构调整，对优化其税收收入结构、聚力地方财政实力也将产生重要影响。

二、冬奥经济发展给税收工作提出的问题与挑战

(一)给税收管控手段带来新挑战

冬奥经济首先带来的是建筑行业的异军突起。“营改增”后，张家口市建筑行业纳税人增至5340户，其行业特点为：大型项目集中，举办冬奥会所需的运动场馆、指挥部、京张高铁以及相关配套设施相继开工建设，且投资规模较大；投资形式多样，政府投资、外商投资、民间投资均大量存在；跨区投资建设企业较多，涉及全国30多个省、市、区；内部关系复杂，挂靠、分转包和借用施工资质现象普遍存在。相对而言，税收管理手段呈现不足或滞后：一是信息监控手段缺乏。如跨区建设项目，尽管跨区投资纳税人机构所在地主管税务机关开出了“外管证”，但由于工程项目不在本辖区，管理人员对项目进度了解少，特别是针对一些在项目所在地预缴税款并代开增值税普通发票的行为，在企业不主动申报的情况下，主管税务机关很难对其申报纳税情况实施有效监管。二是信息获取与税收管理不对称。“营改增”后，将原来营业税时由项目所在地税务机关代开发票改为企业在机构所在地领票自开，使得报验登记地税务机关失去以票控税的主动权。三是经营主体多元致使管理难度加大。建筑工程项目从勘察、设计到采购、施工，再到试运行、竣工验收，环节众多，周期较长，经营模式多样。一个建筑工程项目的持续时间短则一两年，长则三五年，甚至更长时间。在建设周期内，建筑企业或自营、或发包、或联合共建，经营模式多种多样。所有这些因素，都对国税机关的管理手段以及管理水平提出了新挑战。

(二)给税务工作者素质能力带来新挑战

现代化企业制定的管理制度，高效的公司团队，复杂的会计业务都对税务工作者队伍的素质能力提出新的要求：一是人员老化，能力不足。截至2016年年底，张家口市国税工作人员队伍平均年龄45岁，其中50岁以上人员占到37.5%。二是业务复杂，人员素质需提高。冬奥经济的快速发展，大型规模企业突显，上市企业、跨国公司、高新企业等实行现代化企业管理制度，2015年上半年，崇礼区试点纳税人仅为641户，2016年年底猛增到2639户，工作量增幅近4倍。金融结算、电子账务的普及应用，对税务工作者提出很高要求。相对而言，近几年来新进人员少，系统学习过财务、税收、经济、法律等税收业务相关专业的人员更少，工作人员的素质与业务需求明显不对称。三是涉外税收增多，涉外人才缺乏。涉外经济的快速发展，非居民企业纳税事务增多，相比之下，外语、国际贸易、国际金融、计算机应用、税收协定、涉外税务审计等涉外税收专业人才较为匮乏。

(三)对税收风险防范提出新课题

从涉外税收风险看，冬奥会的举办吸引了大量外资投入。因此研究涉外税收流失对经济增长所造成的风险，构建相应的风险指标体系，确立相应的方法，是税收风险防范的主要方向之一。从税源监管风险

看，以建筑业、房地产业为例，“营改增”以来，建筑业与房地产业联系密切，相互关联的成本费用难以分清，面对税收管理的新情况、新问题，如何积极应对，实现建筑业、房地产业一体化管理，防止税款流失，是当前面临的重要问题。从税收执法风险看，建立风险预测、评估等机制，将有效地引导国税工作人员正确执法，同样是亟待解决的一大课题。以交通运输行业、建筑业、房地产业和生活服务业为例，由于其应税服务时间和空间跨度大、随意性大，企业普遍存在“散、乱、虚”现象，纳税人实际的业务量很难被评估，其现金流、货物流、发票流相互印证的核查思路也亟待改进。

（四）对税收服务提出新要求

一是冬奥经济快速发展需要确保各项优惠政策及时到位。冬奥会筹办刻不容缓，冬奥经济发展，首先要求各项税收优惠必须在第一时间及时到位，不影响冬奥会筹办进度，不拖重点项目的后腿。二是个性化服务要跟上。一些冬奥会建设项目具有特殊性，为此，必须打破常规，依据冬奥会项目的具体税收政策和办理程序进行个性化服务，一些项目需要“跟踪服务”，保证工程进度，一些赛事需要“超前服务”，保证资金结算及时，赛事按期举行。三是建立冬奥税收服务新机制，针对冬奥经济新特点，建立适应冬奥经济发展的专家团队、信息平台、政策咨询、办税指南、绿色通道等服务机制，为冬奥经济发展提供方便、快捷、及时、有效的现代化服务。

三、服务冬奥经济国税部门应采取的对策和建议

（一）加大政策扶持力度

1. 扩大政策优惠幅度

当前税收优惠政策适用主体单一，政策导向性和力度不足，不能完全适应冬奥会筹办工作的需求，为更好地发挥奥运会主办城市的优势，大力发展产业经济，建议扩大现有税收政策支持幅度，努力争取更多的冬奥税收优惠政策，为企业发展增添后劲。

2. 深入推进“营改增”政策落实

增值税抵扣链条的闭合，为第二、第三产业的发展降低了税负、提供了发展契机，并为新兴产业、高科技产业轻装上阵、快速发展，增加了新活力。随着“营改增”深入推进，企业在政策把握、投资决策、营销议价、财务管理、合同谈签等方面也会不断跟进，以便更好地适应新税制。只有税企双方协同合作，“营改增”这一重大供给侧结构性改革的多重效应才会进一步显现。

3. 加大优惠政策宣传力度

要坚持依法、公开、透明的工作原则，通过多种途径积极向冬奥企业宣传各类税收优惠政策，开展精准服务，使冬奥企业能够第一时间掌握和享受优惠政策。

（二）加大税收征管力度

1. 加强税收风险管理

认真落实《全国税收征管规范》，督促纳税人建立健全财务会计制度，加强账簿凭证管理，及时足额申报纳税，避免由于疏于管理，财务核算错误造成滞纳金、罚款等不必要的税收风险。同时，认真落实借鉴国外经验，积极研究冬奥重点项目特殊税收优惠政策，让企业尽享政策红利，提高冬奥基础设施建设的进度和质量。

2. 加强“外管证”管理和发放

及时推出电子“外管证”，实现网上“外管证”缴销业务，极大地方便建筑行业外出经营纳税人。

3. 强化信息管税

针对外出经营的建筑安装行业和房地产业的税源控管问题，建议适时开发全国统一的建筑项目和不动产信息交换平台，把机构所在地工程项目和纳税人全覆盖地纳入管理监控范围，通过信息高度共享，实

现对外出经营纳税人生产经营活动情况的系统掌握，便于更好地加强税收征管。

（三）加大专业服务力度

1. 成立专家团队

可成立专门的冬奥税收服务办公室，抽调全系统在国际税收、非居民企业管理、大企业管理等方面的人才，组成专业的工作团队，专门为冬奥经济提供政策咨询、业务培训、业务解答等服务，为税收助力冬奥经济提供智力支撑和人才保障。

2. 建设资讯中心

可充分利用12366热线、政府信息公开、微博微信公众号等服务平台，开辟服务冬奥经济的专题、专栏和专线，及时迅速地将纳税人所需要的政策信息、纳税信息公开公布，方便纳税人及时学习；实现冬奥企业纳税人与税务干部的适时互动交流，纳税人可以24小时提出业务需求或政策咨询，随时解决纳税人的涉税难题。

3. 开发信息平台

可在现有综合治税平台的基础上，扩展信息来源通道和信息来源方式，增强张家口与冬奥企业相关地区，国税部门与地税、工商、银行、海关等部门的信息联通，实现跨区域、跨部门的数据抽取和信息共享，为准确掌握冬奥经济实际情况，实现冬奥经济的数据化管理打牢基础。

4. 开辟绿色通道

可在办税大厅、云办税厅、自助办税厅等服务区域设立专门岗位、专一设备、专项区域，专门为冬奥经济纳税人提供办税服务，方便冬奥经济纳税人便捷办税、自主办税、快速办税。

（四）加大以税咨政力度

要围绕习近平总书记视察慰问张家口提出的完成“三大历史任务”、交出“两份优异答卷”总要求，充分发挥税收以税资政的职能作用，借鉴国内外奥运经济的发展规律和经验，深入研究推动冬奥经济可持续发展的良方和措施，并结合本部门实际，积极分析冬奥经济发展的形势和特点，研究冬奥经济发展内在规律，主动撰写一批质量高、分析准、数据全的以税资政报告，努力为地方政府领导决策，优化营商环境，服务和助力冬奥经济发展做出积极贡献。

课题组成员：杜成娣　武青松

PPP 项目涉税问题初探

张文虎　张如松

据财政部 PPP 中心最新(201803)数据,进入管理库的 PPP 项目金额已经达到 11.4 万亿元。虽然 2017 年 11 月财政部发布《关于规范政府和社会资本(PPP)综合信息平台项目库管理的通知》(财办金〔2017〕92 号,简称 92 号文),然而在供给侧结构性改革和防范金融风险的背景下,目前入库项目只增不减。随着 PPP 项目在国内的不断推广,带来了社会资本在税务处理上的一些困惑或者问题。目前没有统一的税收法律法规或文件对各种 PPP 项目运作方式中可能涉及的税务影响作出明确的规定,而是分散于多个税种的诸多文件中。本文尝试从 PPP 项目背景和概念、合同签订、融资方式、盈利模式、涉税风险、税收优惠等几个方面分析 PPP 项目的税务影响,并分析其面临的一些独特问题,给予一些建议,希望引起参与 PPP 项目的社会资本的共鸣,并推动税务机关完善相关的税收规定,为 PPP 项目的推广创造更好的税收环境。

一、PPP 项目背景和概念

社会投资,尤其是基础设施建设投资,一直是中国经济增长较为倚重的"利器"。对于地方政府而言,由于城市基础设施建设资金长期短缺,他们需要通过融资平台公司的融资,来解决城市基础设施建设问题,并拉动地方经济社会发展和提高城镇化水平,PPP 模式应运而生。

PPP 是英文"Public-Private Partnership"的简写,中文直译为"公私合伙制"。包含 BT(建设－转让)、BOT(建设－经营－移交)、TOT(移交－经营－移交)、BOOT(建设－拥有－经营－转让)、EPC(设计－采购－施工)、DBFO(设计－建设－融资－经营)、BOOST(建设－拥有－经营－补贴－转让)等多种模式。

二、PPP 项目合同签订

从 PPP 项目的采购阶段起,经项目筛选、物有所值评价、财政承受能力论证到项目方案比选、谈判、组织实施、后期移交等,PPP 项目的参与各方会签署一系列协议,如确认谈判备忘录、PPP 项目合同及补充合同、股东协议、融资合同、工程承包合同、运营服务合同、原料供应合同、保险合同等。

三、PPP 项目融资方式

政府通过 PPP 模式,选择社会资本参与项目投资,相对于原先由政府单独投资的模式,本身就是一种多元化的创新型融资方式。但是 PPP 项目投资大、期限长,若能够通过适当方式进一步拓宽融资渠道,不仅可以减轻政府和社会资本资金压力,分散风险,保障项目持续运营,还可以创造社会资金投资机会,实现项目多元化融资。新型投融资方式主要有项目贷款、债券、基金、资产证券化等。

四、PPP 项目盈利模式

在传统思维方式下,PPP 只是政府进行基础设施建设或开展公共事业的一种新型的融资方式,借此减轻其财政压力。社会资本通过收购股权或收购资产、投融资建设、经营管理或(和)按需求提供服务的方式投入 PPP 项目,而政府部门则以让渡收费权、支付可行性缺口补助或(和)政府付费的方式给予社会资本合理的回报。PPP 项目盈利模式主要有:

(一)捆绑私人产品,配补收益来源

1. 增补资源开发权,弥补收益不足

2. 授权提供配套服务,拓展盈利链条

3. 开发副产品,增加收益来源

(二)冠名公共产品,增值社会资本声誉资本

(三)打包运作形成规模效应,降低单位产品成本

五、PPP 项目涉税风险

从上述 PPP 项目合同签订起,因选择 PPP 模式不同、投融资方式不同和盈利模式的不同,PPP 项目涉税风险略有不同,主要有:

(一)纳税主体的确认

在 PPP 项目中会涉及多个纳税主体,包括项目发起人、东道主政府、项目公司、承包商、运营商、承购商、供应商、放贷方、担保方、保险商及其他利益方。项目中的各纳税主体,在特许经营项目的不同阶段,可能会涉及我国开征的所有税种,需要针对具体业务确定纳税主体及相应纳税义务人,涉及境外交易还需要确定扣缴义务人。

(二)项目启动阶段政府投入资产

在很多 PPP 项目中,政府虽然不出资入股参与企业经营,但是会提供一些与企业生产相关的基础设施,如划拨土地、修建公路等,由于项目公司在经营期结束后会无偿移交给政府,因此在项目初始阶段,政府对企业的相关支持也不需要支付对价。

这其中就涉及项目接收土地是否计入企业资产的问题,如果以资产计税,依据如何确认?企业因为本次土地划拨是否产生收益?产生的收益是否计入应税所得?土地产权是否过户?如果过户是否须缴纳相关税收?

(三)关联交易

在 PPP 项目实施过程中会存在大量的关联交易,如项目公司与股东或其控股公司之间的借款合同、设计合同、建造合同、购销合同、运营合同等。关联交易应当符合独立交易原则,如果不符合独立交易原则且造成国家税款整体减少,税务机关有权对关联交易进行调整。“国家税款整体减少”描述中涉及多个纳税主体,不仅仅针对项目公司而言,这点税务机关尤需注意。

(四)非居民税收

在 PPP 项目实施过程中各个环节都有可能涉及与非居民企业之间的交易,境外非居民企业要在中国境内缴纳预提所得税等相关税收。

(五)经营过程中的政府补助

有一些 PPP 项目在签订特许协议时会约定政府为公共产品的采购方,并对采购数量有相关的约定,如果达不到约定数量,政府应以财政补助的方式对项目公司进行收入补偿。这部分政府补助是否需要确认为销售收入?如果确定为不征税收入是否符合税收相关规定?

(六)项目移交过程中产权转移

一般 PPP 项目在特许经营期结束后都会无偿移交给政府,而政府会委派当地国资投资公司负责接收,固定资产移交过程涉及产权过户的是否需要缴纳相关税收?有形动产移交是否需要开具发票及缴纳

流转环节税？如果是无偿移交，接收方的计税基础如何确定？项目公司的清算所得如何确定？项目发起人的初始投资（项目公司的注册资本）是否确认为投资损失？

（七）股息、红利的支付

在项目公司运营阶段会产生经营所得，项目公司通过对股息、红利的分配实现项目发起人的收益，如果最终运营项目通过无偿的方式进行移交，那么分配的股息、红利是否包含投资成本、经营性股息、转让所得？如果包含以上三部分内容，发起人为境内居民企业的是否可以全部适用免税政策？发起人为境外非居民企业的是否可以对投资成本对应的部分不缴纳预提所得税？

六、PPP 项目税收优惠

目前，我国对 PPP 项目建设运营，没有统一的税收政策，而是分散于多个税种的政策文件中。

（一）PPP 项目企业所得税优惠政策

根据项目本身的内容与性质不同，在企业所得税层面，PPP 项目建设经营可以享受的企业所得税优惠政策，主要包括公共基础设施优惠、投资抵免，以及股利分配。

1. 公共基础设施项目减免企业所得税政策

《中华人民共和国企业所得税法》（以下简称《企业所得税法》）第二十七条明确企业“从事国家重点扶持的公共基础设施项目投资经营的所得”“从事符合条件的环境保护、节能节水项目的所得”可以免征、减征企业所得税。《中华人民共和国企业所得税法实施条例》及《财政部国家税务总局关于执行公共基础设施项目企业所得税优惠目录有关问题的通知》（财税〔2008〕46 号）、《国家税务总局关于实施国家重点扶持的公共基础设施项目企业所得税优惠问题的通知》（国税发〔2009〕80 号）、《财政部国家税务总局关于公共基础设施项目和环境保护节能节水项目企业所得税优惠政策问题的通知》（财税〔2012〕10 号）据此明确，企业从事港口码头、机场、铁路、公路、城市公共交通、电力、水利等项目投资经营所得以及从符合条件的环境保护、节能节水项目的所得，自项目取得第一笔生产经营收入所属纳税年度起，给予“三免三减半”税收优惠。《财政部、国家税务总局关于中国清洁发展机制基金及清洁发展机制项目实施企业有关企业所得税政策问题的通知》（财税〔2009〕30 号）规定实施 CDM（Clean Development Mechanism）项目享受所得税优惠。享受税收优惠直接增加了企业流动资金，进而吸引更多的资金投资于公共基础设施建设之中。

2. 投资抵免企业所得税政策

根据《企业所得税法》第三十四条规定：企业购置用于环境保护、节能节水、安全生产等专用设备的投资额，可以按一定比例实行税额抵免。所谓税额抵免，是指企业购置并实际使用符合相关优惠范围的环境保护、节能节水、安全生产等专用设备的，该专用设备投资额的 10%可以从企业当年的应纳税额中抵免；当年不足抵免的，可以在以后 5 个纳税年度结转抵免。

根据《财政部、国家税务总局关于执行环境保护专用设备企业所得税优惠目录节能节水专用设备企业所得税优惠目录和安全生产专用设备企业所得税优惠目录有关问题的通知》（财税〔2008〕48 号）的相关规定，企业利用自筹资金和银行贷款购置专用设备的投资额，可以按《企业所得税法》的规定抵免企业应纳所得税额；企业利用财政拨款购置专用设备的投资额，不得抵免企业应纳所得税额。企业购置并实际投入使用、已开始享受税收优惠的专用设备，如从购置之日起 5 个纳税年度内转让、出租的，应在该专用设备停止使用当月停止享受企业所得税优惠，并补缴已经抵免的企业所得税税款。转让的受让方可以按照该专用设备投资额的 10%抵免当年企业所得税应纳税额；当年应纳税额不足抵免的，可以在以后 5 个纳税年度结转抵免。

另外，国家税务总局《关于环境保护节能节水安全生产等专用设备投资抵免企业所得税有关问题的通知》(国税函〔2010〕256 号)的规定,纳税人购进并实际使用规定目录范围内的专用设备并取得增值税专用发票的,如增值税进项税额允许抵扣,其专用设备投资额不再包括增值税进项税额;如增值税进项税额不允许抵扣,其专用设备投资额应为增值税专用发票上注明的价税合计金额。企业购买专用设备取得普通发票的,其专用设备投资额为普通发票上注明的金额。

3. 经营期间项目公司股利分配的企业所得税政策

根据企业所得税法规定,首先,经营期间涉及股利分配,如果项目公司是境内居民企业间分配股利,免征企业所得税;境内居民企业分配股利给自然人股东,须代扣代缴 20%的个人所得税。其次,如果项目公司有境外股东,跨境分配股息给境外非居民企业,一般适用 10%的预提所得税;如果境外非居民企业所在国与中国间签订有双边税收协定,在符合一定条件下可适用税收协定安排下的优惠预提所得税税率。

(二)PPP 项目增值税优惠政策

依据《财政部、国家税务总局关于促进节能服务产业发展增值税、营业税和企业所得税政策问题的通知》(财税〔2010〕110 号)、《财政部、国家税务总局关于印发〈资源综合利用产品和劳务增值税优惠目录〉的通知》(财税〔2015〕78 号)等,对 PPP 项目中污水处理、垃圾处理和风力等涉及资源综合利用和环境保护的项目,可以享受增值税优惠政策。

(三)耕地占用税、土地使用税、契税等方面的税收政策

国家规定的基础设施和公共事业领域中的 PPP 项目,在耕地占用税、城镇土地使用税、契税等方面也享有优惠政策。

1. PPP 项目耕地占用税的优惠政策

根据《中华人民共和国耕地占用税暂行条例》第九条规定,对于铁路线路、公路线路、飞机场跑道、停机坪、港口、航道占用耕地,减按每平方米 2 元的税额征收耕地占用税。根据实际需要,国务院财政、税务主管部门商国务院有关部门并报国务院批准后,可以对前款规定的情形免征或者减征耕地占用税。在这些领域的 PPP 项目,也可享受税收优惠政策。

2. PPP 项目城镇土地使用税的优惠政策

对于有些新征用土地的在建基建项目,特别是国家产业政策扶持发展的能源、交通、水利设施和原材料基础工业等大型基建项目,建设周期长,在建期间又没有经营收入,纳税确有困难的,可由企业提出申请,依据《国家税务总局关于下放城镇土地使用税困难减免税审批权限有关事项的公告》(国家税务总局公告 2014 年第 1 号),报县以上税务机关批准,给予免征或减征城镇土地使用税的优惠。

3. PPP 项目契税的优惠政策

《关于支持农村饮水安全工程建设运营税收政策的通知》(财税〔2012〕30 号)规定,对饮水工程运营管理单位为建设饮水工程而承受土地使用权的,免征契税。

七、当前 PPP 项目面临的涉税问题

(一)PPP 项目缺乏系统性、专门性税收支持政策

从上述税收现状分析可以看出,政府与社会资本合作(PPP)项目适用税收优惠政策较为零散,PPP 项目全生命周期中各种可能涉及的税收政策,没有统一的税收政策文件规定,而是分散于多个税种的文件中。主要形式仍为国家税务总局的通知或答复函等,法律效力及权威性较低。并且有些 PPP 项目的税收政策仍属空白,如教育、公共卫生领域。由于税收政策体系不规范、不系统,难以满足 PPP 项目发展的需要。

(二)PPP 项目税收政策优惠力度不足

从现行税收优惠政策分析,优惠力度有限,仅涉及企业所得税、增值税、耕地占用税、城镇土地使用税、契税等,税收支持力度不大,激励不足,存在诸多的问题和制约因素,对社会资本吸引力度不足,抑制了社会资本投资基础设施和公共事业领域的积极性,难以满足社会对公共产品和公共服务的需求。

(三)PPP 项目税收政策缺乏制度上的配套

鉴于 PPP 项目的特殊性,需要对项目税收政策作出特别的法律规定。现有政策规定中的税收优惠期较短,政策法规操作性较低,缺乏制度上的配合。同时,体制与制度的不足,导致优惠手段之间缺乏整体协调,甚至出现矛盾,从而导致激励效果较弱。相关部门规章、地方政府规章之间不协调、不配套,甚至相互冲突。即使在 PPP 项目合同里,一般也会约定如出现税法修改产生的影响由政府补偿,但是,一旦地方政府财政困难,政府补偿常常执行不到位或者拖欠严重。因此,税收政策不稳定和不确定,会对 PPP 项目的盈利水平以及项目正常运营产生重要影响。

(四)缺乏对 PPP 项目公司的税收优惠和调节政策

在提供公共服务过程中,PPP 项目政府与社会资本双方的诉求不同。政府遵循公益性原则,以提高公共服务质量和效率为诉求目标,并对公共产品实行价格管制,防止私人部门牟取暴利。但私人投资以追求利润最大化为目标,如果在 PPP 项目中无利可图,则不会继续与政府合作,或者合作积极性不高,因此,应协调私人部门收益性和项目整体公益性之间的关系,确保私人部门在 PPP 项目全生命周期中获得合理回报,避免政府与社会资本合作中产生利益冲突。税收政策既要对 PPP 项目公司给予税收优惠政策,又要加以限制,保证私人部门“盈利但不暴利”。而现行税收政策尚未作出相应规定。

八、PPP 项目涉税建议

(一)建立 PPP 项目统一的税收政策体系

根据我国推广政府与社会资本合作(PPP)的实际需要,建立 PPP 项目专门的税收政策。从我国目前 PPP 项目的分布情况来看,除市政基础设施外,还涉及教育、医疗、养老等领域,建立统一的 PPP 项目税收优惠政策,除其他税收政策文件适合于 PPP 项目外,应补充空白领域的税收优惠政策,形成完整的 PPP 项目税收优惠政策体系,运用税收减免、税收返还、投资抵扣、加速折旧等政策工具,推动我国政府与社会资本合作(PPP)项目的健康发展,提高公共服务质量和效率、居民福利水平,满足社会公共需要。

(二)适度提高 PPP 项目税收政策优惠力度,保障投资者合理回报

由于 PPP 项目价格一般属政府管制价格,PPP 项目公司通过调整服务价格增加收益比较困难。因此,在其他条件不变的情况下,应适度提高 PPP 项目增值税、企业所得税、契税等主体税种税收政策优惠力度,以降低 PPP 项目公司经营成本和投资风险,保障投资者合理回报,增强社会资本参与公共基础设施等 PPP 项目建设的积极性。

(三)建立扶持 PPP 项目发展的一次性、临时性的税收优惠政策

特许经营类 PPP 项目运营周期长达 10～30 年,投资总量大、技术复杂,利益相关方众多,且项目全生命周期面临着各类风险因素,特别是在项目运营初期,风险因素影响集中,风险凸显,因此,税收政策在 PPP 项目投资前期和风险凸显期,应采取扶持项目发展的一次性、临时性税收政策,加强税收政策引导作用,如扩大优惠政策的范围和力度,增加扶持导向的减免税收政策,帮助项目公司度过困难时期,保持政府与社会资本合作的稳定性,维护公私双方利益。

(四)建立 PPP 项目公司专门税收政策,调控其运行过程,维护公共利益

如前所述,由于 PPP 项目的公益性,需要政府税收政策的支持;同时,由于 PPP 项目公司的特殊性,在税收政策上需要建立相应的调整机制,即在经营期内,项目公司收益处于政府合理回报的指导线以内,

项目公司可享受相应的税收优惠政策。倘若由于市场供求关系变化等原因,项目公司实际收益已超越了合理回报的界限,甚至获得暴利,税务机关可终止其享受优惠政策,按正常企业标准照章收税。这样,一方面有利于支持PPP项目发展,满足社会公共需要;另一方面,也有效防范了PPP项目公司利用政府赋予的特许经营等权力垄断经营,获得过高收益,甚至暴利,损害公共利益。

(五)加强PPP项目税收政策与其他财政政策及公共政策的协调性,提高政策效益

鉴于PPP项目的公益性、复杂性、高风险性,政府需要运用税收优惠、财政补贴、土地划拨、政策融资等一系列的支持政策;同时,需要加强税收政策与其他政策工具的协调、配合,形成政策合力,防止相互矛盾和冲突,共同促进政府与社会资本合作(PPP)项目的健康发展,为社会提供优质公共服务,满足城乡居民公共需要,实现公私双方合作共赢。

九、结束语

2017年11月16日财政部《关于国有资本加大对公益性行业投入的指导意见》(财建〔2017〕743号)在一定程度上顺应了地方政府的投资需求,可以“名正言顺”地加大公益性项目投入。可以预计未来一段时间PPP项目必将获得长足发展。如何发挥税收等政策引导作用,税务机关如何把握市场机遇,在财务顾问、租赁、投行、保险、理财、资金池、产业投资基金等金融领域,更好地推广政府和社会资本合作,是需要研究的重大课题。

(作者单位:国家税务总局涟水县税务局)

关于长春汽车工业经济税收发展思考

王　阳

汽车工业是长春的支柱产业，其经济发展状况不仅关系到长春社会稳定、民生改善和跨越式发展，而且对吉林省乃至东北三省老工业基地的振兴都至关重要。本文力求从税收角度透视长春汽车工业发展状况，探寻汽车工业发展和税收增长规律，找出问题，研究对策，最大限度地发挥税收职能作用，推动汽车工业健康持续发展，为促进税收经济稳定增长献计献策。

一、长春市汽车工业发展情况

长春市是中国汽车工业的摇篮，全国著名的"汽车城"，其汽车工业经过 60 多年的发展，已经从单一的中型卡车生产发展成为中、重、轻、微、客多品种、宽系列、全方位的产品系列格局。生产能力从当初设计年产 3 万辆发展成为年产整车 200 多万辆、发动机 130 万台以及变速器 100 万台。拥有汽车零部件企业 500 多家，生产上万个品种汽车零部件。全市从事汽车产品制造的专业人员有 20 多万人，汽车研发人员 1.5 万人。目前，长春市汽车工业拥有中外合资、独资企业 120 多家，其中，世界 500 强企业有 20 多家在长春投资从事汽车相关项目。一汽大众、一汽丰田、一汽通用等合资企业注重新产品开发，不断推出新车型。一汽解放、一汽轿股等自主品牌企业车型不断升级，产品技术含量不断提升，长春市汽车及零部件制造企业实力不断增强，成为集重、中、轻型商用车，中、高档乘用车，新能源车等九大系列十几大类百余种汽车及种类专用汽车为一体的汽车生产基地，如表 1 所示。

表 1　　2010—2014 年汽车工业经济指标情况　　单位：万辆

项　目	2010 年		2011 年		2012 年		2013 年		2014 年	
	本年	占全国比例（%）	本年	占全国比例（%）	本年	占全国比例（%）	本年	占全国比例（%）	本年	占全国比例（%）
全国汽车总量	1826.5	—	1841.9	—	2059.9	—	2211.7	—	2389.5	—
全市汽车总量	150.0	8.2	163.2	8.9	186.9	9.1	224.7	10.2	250.3	10.5
其中：乘用车	113.1	6.2	119.7	8.3	145.5	7.1	162.9	7.4	182.2	7.6

资料来源：长春市国民经济和社会发展统计公报。

汽车工业具有产业链长、关联度高、辐射面广、消费拉动大的特点，在国民经济和社会发展中发挥着重要作用。近几年，长春汽车工业实现跨越式和超常规发展，其速度和效益的增长，对长春市工业的快速发展做出了巨大贡献，是全市工业中总量最大、效益最好、贡献最大的行业。汽车工业的快速发展带来丰厚的税源。据统计，2000 年以来，长春汽车工业平均增速为 16.7%，汽车工业税收以 14.7%的速度保持同步增长，对全市国税收入的贡献度不断提高，由 2005 年的 53.7%增长到 2014 年的 62.6%。特别是 2007 年以来，税收贡献度保持稳步提高态势，2014 年，受国际经济缓慢复苏和国家宏观经济结构调控的影响，增速有所放缓，当年来自汽车工业的税收收入为 476.2 亿元，贡献度为 62.6%，也就是说国税收入的 60%以上来自汽车工业。长春汽车工业在全市经济发展中作用突出，与 GDP、财政收入、就业都有十分密切的相关性。以 2014 年为例，汽车工业累计完成产值 5526.8 亿元，对全市规模以上工业的贡献度为 60.0%。近几年,贡献度一直保持在 60.0%左右,核心地位不可动摇。随着汽车工业结构性调整的深化,效益提升,税收增加,对全市财政收入的贡献度也不断提升,2008 年为 31.9%,2014 年达到 41.2%,其中 2013 年一度达到 42.1%,作用可见一斑。在汽车工业中,具体又可细分为汽车整车和零部件两部分。

1. 整车企业情况

长春汽车工业的整车生产主要集中在一汽一大众公司、一汽轿车公司、一汽丰越公司和一汽解放公司 4 户企业,4 户企业实现的税收占汽车工业税收的 80%以上,对全市税收收入的贡献度在 50%以上。其中,一汽一大众公司税收由 2008 年的 94.4 亿元增加到 2014 年的 359.6 亿元,增长近 3 倍,对全市税收收入的贡献度由 2008 年的 38.3%提升到 2014 年的 47.3%,增长 9 个百分点。一汽丰越公司税收由 2008 年的 8.2 亿元增加到 2014 年的 36.9 亿元,增长 3.5 倍。一汽轿车公司受自身发展能力、体制机制等内在因素和金融危机、日本大地震等外在因素的影响,发展缓慢。2014 年税收仅比 2008 年增加 1.4 亿元,同比增收 1.3 亿元。一汽解放公司税收不稳定,2014 年同比增加 3.4 亿元。

2. 零部件企业情况

汽车零部件企业受整车企业的拉动,税收总量保持增长,占汽车工业税收的比重保持在 10%～20%,近年有下降趋势,对全市税收的贡献度在 8%左右。2007 年以前没有年纳税亿元企业,直至 2008 年,出现 2 家年纳税额超亿元的汽车零部件企业,分别是大陆汽车电子(长春)有限公司和一汽丰田(长春)发动机有限公司。到 2014 年,年纳税额超亿元并进入全市国税收入前 20 强的汽车零部件企业达 5 家,分别是一汽丰田(长春)发动机有限公司、大陆汽车电子(长春)有限公司、博泽汽车部件有限公司、富维—江森自控汽车饰件系统有限公司、长春佛吉亚排气系统有限公司。2014 年汽车零部件企业实现税收 60.2 亿元,与 2008 年相比增长 2 倍多。

表 2　　1995—2016 年长春汽车工业税收收入情况　　单位:万元

年度	汽车工业税收	年度	汽车工业税收
1995	8.7	2006	65.5
1996	9.8	2007	78.1
1997	15.2	2008	118.6
1998	18.4	2009	155.6
1999	23.1	2010	203.6
2000	24.9	2011	322.0
2001	34.1	2012	348.7
2002	39.3	2013	453.9
2003	48.9	2014	476.2
2004	61.8	2015	366.7
2005	62.0	2016	372.8

注:资料来源国税会计统计报表。

二、长春市汽车工业发展存在的主要问题

(一)行业规模不断扩大,逐步形成单一结构

据统计,截至 2010 年年底,长春市汽车拥有规模以上汽车零部件企业 518 家,整车制造企业 9 家,生产零部件近万种。全市从事汽车产品制造的专业技术工人 15 万余人,汽车研发人员 1 万余人。长春市

不仅拥有国家级研发中心——一汽集团技术中心，还拥有吉林大学、工业机械第九设计研究院等高等学府和实力雄厚的研究院，创新和研发能力在国内汽车产业中处于优势地位。"十二五"时期前四年（2011—2014年），长春市汽车工业的总产量和产能不断增加，截至2014年年底，长春汽车产值5894.2亿元，在长春国民经济中处于主导产业地位。从税收情况看，汽车工业仍是高产出行业，虽然产值所占比重不到工业总产值的60%，但提供的税收仅制造业就达62%以上。从全市国税收入看，2011年入库税收320亿元，占全市国税收入的63.9%。到2014年，税收增加到476.2亿元，比重降为62.6%，但加上汽车批发和零售业税收之后，比重达到70%以上，四年中比重有所起伏，但变化幅度不大，税收和产值弹性保持在1以上，汽车工业规模不断扩大导致长春经济单一，产业比重过大，逐渐形成单一结构型城市，抗经济波动的能力不强。

（二）零配配套能力增强，技术水平仍然较低

据统计，2010年长春市规模以上零部件企业占全市汽车零部件制造业的80%以上，大部分企业以OEM（代工生产）方式为一汽集团配套。目前，长春市零部件企业在发动机、底盘、保险杠、车灯及模具等方面已经形成总成配套。除了为一汽集团和一汽大众提供产品外，也为上汽集团、东风、华晨等提供配套服务，部分产品远销国外。尽管长春市内的汽车配套体系较完善，但能够很好地实现零部件配套，大而强的企业却很少，2013年仅一汽富维一家企业入围全国零部件企业百强企业，其他企业技术力量薄弱，缺乏独立开发能力，难以满足整车制造企业的需要，造成很多整车制造企业的配套要到全国各地去做。长春市属的汽车零部件企业为一汽配套率比以前有很大提高，但也仅为38%，比发达国家汽车产业集群内配套率的80%相差很多。长春市汽车产业没有按照汽车产业链形成上下游产业紧密联系的专业化配套，整车制造企业和零部件企业之间缺乏有效的合作关系。重点税源数据监控显示，2009年长春市纳入监控标准（500万元）汽车零部件企业共63户，入库税收27亿元，占全国汽车零部件企业税收总额的6.8%。到2014年，汽车零部件企业增加到89户，入库税收47.6亿元，占全国汽车零部件企业税收总额的5.8%。可以看出，通过五年的发展，长春市汽车零部件重点企业户数增加26户，税收增加20.6亿元，但占全国税收的比重却缩小1个百分点，说明其他省区、市汽车零部件企业的发展快于长春市，长春市原有的市场份额已被技术更为发达的省区、市抢占。

（三）人才储备具备优势，自主研发有待加强

在汽车科研与人才培养方面，长春市领先全国，拥有科研院所、大专院校100多家，国家、省级、市级技术中心17家。长春市在汽车技术、光学电子、精密仪器等领域的研究居国内领先地位。但人才储备优势并没有转化为技术优势，由于起步较晚，长春市汽车技术以外资输入为主导，企业自主开发能力较弱。除了一汽解放重型车、红旗轿车、一汽奔腾系列轿车的底盘平台、车身结构、生产工艺是自主研发外，其他轿车的开发技术主要依赖于国外。零部件企业因合资企业整车来源于跨国公司成熟车型，无须零部件开发，技术难以提升。以一汽轿车为例，2009年入库税收19.4亿元，占全国整车企业税收的2.1%。到2014年入库税收18.9亿元，占全国整车企业税收的0.8%。经过五年的时间，一汽轿车税收不增反降，停滞不前，所占比重下降1.3个百分点，体现出自主研发能力的不足。

（四）一汽奠定行业基础，国际竞争劣势明显

截至2009年年底，在长春市所拥有的300户规模以上汽车零部件企业中，有200户企业为一汽集团三大主机厂配套。其中，124户零部件企业为一汽大众整车配套，93户零部件企业为一汽轿车主机厂配套，117户零部件企业为一汽解放配套，零部件企业的配套率达到了32%，在全国处于领先地位。在世界500强汽车企业中，一汽集团排在第385位。重点税源数据显示，长春市汽车工业与国内其他厂家相比，盈利能力较强，利润占全国利润比重由2009年的12.7%增长到2014年的13.4%。其中，一汽-大众公司利润由2009年的147亿元增加到2014年的593亿元，占比由2009年的7.9%增长到2014年的

9.7%，这为长春汽车工业发展提供了信心支持。同时应看到，长春汽车产业集群由唯一一个大型核心集团一汽构成，而世界著名的汽车产业集群大都由数个知名的大型汽车生产集团构成。长春一汽集团产品销售基本局限于国内市场，在国外还不具备竞争力。其零部件企业很难为国外合资的汽车企业提供核心零部件，自主研发能力不足，技术水平落后，远远不能满足整车的需求。

三、长春市汽车工业发展的策略建议

（一）助推汽车“走出去”，促进老工业基地振兴

1. 发挥税收协定积极作用

要围绕“东北老工业基地振兴计划”，积极扩大出口，逐步建立起为“走出去”汽车企业护航的“协定互联网”，最大限度地保障企业在缔约国享受优惠税收待遇，维护企业合法利益。对已有协定要结合新环境、新要求、新成果对税种范围、反协定滥用条款等内容进行修订完善。

2. 加强境外税收信息服务

畅通交流渠道，建立健全汽车产业“走出去”企业定点联系制度和跨境涉税纠纷快速响应机制。定期了解、收集企业境外生产经营状况和涉税政策需求。健全国别信息系统，完善海外投资税务指南，帮助企业尽快熟悉投资目的地的税务要求。

（二）加大税收扶持力度，做强汽车零部件企业

1. 加强税收优惠落实，提升本地零部件配套率

利用汽车零部件研发企业所得税税收抵扣、固定资产抵扣力度加大的有利时机，重点支持对整车制造关联作用较大的共性、关键性和前瞻性零部件技术研发，选项集中于可提高汽车整体竞争力的关键零部件和重点通用零部件的发展，如汽车电子产业。

2. 积极利用税务信息平台，促进汽车零部件销售模式改变

以“互联网＋税务”为契机，积极搭建信息交换平台，鼓励零部件企业技术创新。市场调查显示，一汽乘用车生产厂商的网络营销意识最强，80%以上的轿车生产商制定了专门的互联网行销战略。零部件制造商的网络营销意识最弱，大约只有不到10%的公司利用网络电子商务为公司带来商机和品牌提升意识。税务部门可以充分利用税务部门掌握的政策信息，为乘用车生产厂商和零部件企业加大营销网络的创新、加快企业自身发展、促进整个汽车产业集群的竞争力发挥作用。

（三）推进自有技术成长，大力发展自主品牌

1. 积极落实税收政策促进企业提高研发能力

技术创新是增强企业核心竞争力的重要途径，也是保持汽车产业快速发展的重要支撑。税务部门要积极做好自主品牌企业投资界定工作，加大对自主创新、技术改造的重点项目政策落实，真正使政策落实到位，企业享受政策到位。同时，加强汽车企业高新技术企业认定工作，使汽车整车和零部件企业充分享受高新技术企业所得税优惠政策。

2. 积极加强税收政策辅导促进企业技术并购

鼓励汽车企业之间、汽车企业与科研院所之间跨行业、跨区域、跨所有制的联合与重组，加强税务政策辅导，鼓励企业税务筹划，降低税收成本，培育拥有自主知识产权和国际竞争力的大型汽车制造企业集团。对于国内企业并购海外汽车企业，当并购后吸纳技术达到一定标准时，在股权交易、资产交易等方面给予必要的税务支持。

（四）利用“互联网＋税务”，加强税收风险控制

1. 加强“互联网＋税务”的税收风险防范

充分利用互联网资源和大数据平台，研究汽车新兴产业的课税对象和纳税环节，并尽快出台相应管

理办法，加强税收风险宣传，提高汽车行业纳税人税收风险防控意识。

2. 为纳税提供完备的税收法律支持

借助征管法修订契机，明确电子凭证的法律效力，明确纳税人及与纳税相关第三方应提供的涉税相关数据等，为"互联网 + 税务"管理模式提供法律保障，把法律服务触角延伸到纳税人，有效规避税收风险。

（五）促进新能源汽车发展，加速实现"弯道超车"

1. 重点扶持传统汽车改造及其后续服务产业

鼓励汽车企业增加对新能源汽车的设计研发，提高研发费用，增加汽车行业高新技术企业，通过扶持增加高新技术企业，使其享受更多税收优惠，加强后续服务产业的开发，真正实现节能减排。对维修保养企业进行规范和税收扶持，建立企业核心竞争力。

2. 引导企业研发和制造强强联合

节能汽车研发成本高，一般在 10 亿美元以上，要引导汽车企业与相关企业组成技术联盟。充分利用"开发新技术、新产品、新工艺发生的研究开发费用可以在计算就纳税所得额时加计扣除"等税收政策，引导社会资本投入新能源汽车零部件产业，促进电动汽车、动力电池与燃料电池、智能电网等产业的交叉融合与综合发展，打造新兴战略产业链。

3. 运用税收手段扩大新能源汽车竞争优势

在税收政策上应借鉴发达国家的成功经验进行细化和合理化调整。增加非新能源汽车的使用成本，逐渐改变人们消费习惯，增强新能源汽车产品的市场竞争力。出台新能源汽车消费相关的优惠政策，如减免车船税、道路收费、停车费等。

（作者单位：国家税务总局长春市税务局）

对企业落实国家系列减税降费政策情况的调查报告

陈修胜

近年来，国家及山东省出台了多项减税降费措施，推动经济结构调整、扩大内需、支持发展实体经济。日照市东港区地税部门积极发挥部门职能作用，严格落实出台的各项减税降费政策措施，切实为各类市场主体减负，确保惠民政策落地生根，开花结果。近期东港区税务局选取了部分有代表性的企业享受减税降费情况进行了专题调研，现将调研情况总结如下。

一、企业享受到国家减税降费实惠

(一)国家出台的企业减税降费政策

为促进创业、降低企业负担，国家出台了大量减税降费的优惠政策，截至 2017 年 5 月 10 日，我国针对创业就业主要环节和关键领域陆续推出了 83 项税收优惠措施，尤其是 2013 年以来，新出台了 73 项税收优惠措施，现把部分 2017 年新发布或延续税收优惠政策及降费措施总结如下：

1. 增值税

《财政部　税务总局关于简并增值税税率有关政策的通知》(财税〔2017〕37 号)规定简并增值税税率结构，取消 13%的增值税税率，原执行 13%增值税税率的行业减为按 11%征收。

2. 企业所得税

(1)《财政部　税务总局关于扩大小型微利企业所得税优惠政策范围的通知》(财税〔2017〕43 号)规定："自 2017 年 1 月 1 日至 2019 年 12 月 31 日，对年应纳税所得额低于 50 万元(含 50 万元)的小型微利企业，其所得减按 50%计入应纳税所得额，按 20%的税率缴纳企业所得税。"

(2)《财政部　税务总局科技部关于提高科技型中小企业研究开发费用税前加计扣除比例的通知》(财税〔2017〕34 号)规定：科技型中小企业开展研发活动中实际发生的研发费用，未形成无形资产计入当期损益的，在按规定据实扣除的基础上，在 2017 年 1 月 1 日至 2019 年 12 月 31 日，再按照实际发生额的 75%在税前加计扣除；形成无形资产的，在上述期间按照无形资产成本的 175%在税前摊销。

3. 土地使用税

《财政部　税务总局关于继续实施物流企业大宗商品仓储设施用地城镇土地使用税优惠政策的通知》(财税〔2017〕33 号)规定：自 2017 年 1 月 1 日起至 2019 年 12 月 31 日止，对物流企业自有的(包括自用和出租)大宗商品仓储设施用地，减按所属土地等级适用税额标准的 50%计征城镇土地使用税。

4. 促进创业优惠

对商贸企业、服务型企业、劳动就业服务企业中的加工型企业和街道社区具有加工性质的小型企业实体，在新增加的岗位中，当年新招用在人力资源社会保障部门公共就业服务机构登记失业半年以上且持"就业创业证"或"就业失业登记证"(注明"企业吸纳税收政策")人员或新招用自主就业退役士兵，与其签订 1 年以上期限劳动合同并依法缴纳社会保险费的，在 3 年内按实际招用人数予以定额依次扣减增值税、城市维护建设税、教育费附加、地方教育附加和企业所得税优惠。定额标准为每人每年 4000 元，最高可上浮 30%，各省、自治区、直辖市人民政府可根据本地区实际情况在此幅度内确定具体定额标准，并报财政部和税务总局备案。

5. 降费措施

(1)《财政部 国家税务总局关于扩大有关政府性基金免征范围的通知》(财税〔2016〕12 号)规定:将免征教育费附加、地方教育附加、水利建设基金的范围,扩大到按月纳税的月销售额或营业额不超过 10 万元(按季度纳税的季度销售额或营业额不超过 30 万元)的缴纳义务人。

(2)《财政部关于取消、调整部分政府性基金有关政策的通知》(财税〔2017〕18 号)调整残疾人就业保障金征收政策:一是扩大残疾人就业保障金免征范围。残疾人就业保障金免征范围为在职职工总数 30 人(含)以下的企业。调整免征范围后,工商注册登记未满 3 年、在职职工总数 30 人(含)以下的企业,可在剩余时期内按规定免征残疾人就业保障金。二是设置残疾人就业保障金征收标准上限。用人单位在职职工年平均工资未超过当地社会平均工资(用人单位所在地统计部门公布的上年度城镇单位就业人员平均工资)3 倍(含)的,按用人单位在职职工年平均工资计征残疾人就业保障金;超过当地社会平均工资 3 倍以上的,按当地社会平均工资 3 倍计征残疾人就业保障金。

(3)《山东省人民政府办公厅关于进一步清理规范政府性基金和行政事业性收费的通知》(鲁政办字〔2017〕83 号)规定:自 2017 年 6 月 1 日起至 2020 年 12 月 31 日,减半征收地方水利建设基金,即对本省行政区域内缴纳增值税、消费税的企事业单位和个体经营者,其地方水利建设基金征收比例,由按照增值税、消费税实际缴纳额的 1%调整为 0.5%。

(二)企业实际享受到的减税降费实惠

1. 享受相关减税降费优惠的企业比例较高

国家及山东省为促进企业发展出台的大量减税降费政策措施,使很多企业享受到了实惠。经对 9 户有代表性的企业进行调查,其中有 5 户享受到相关减税降费的优惠,占比达到 55.56%。

2. 企业切实享受到减税降费优惠

享受到减税降费优惠的 5 户企业累计享受减税降费 4020.53 万元,占上半年累计实现各项税费 28880.48 万元的 13.92%。

3. 享受定向减税降费比例较高

为促进某一行业的发展国家出台了各项定向减税降费措施,据统计在企业享受的减税降费 4020.53 万元中享受定向减免税收的有 4019.67 万元,定向优惠享受比例为 99.98%。享受省政府降低地方水利建设基金普惠的只有 0.86 万元,普惠优惠享受比例为 0.02%。

二、企业是否认为税费负担过重

东港区税务局对样板企业进行统计,主要分析由税务部门征收的各项计入成本税费负担情况,从统计情况看样板企业计入成本的税费占成本的比例平均为 3.46%,最高的为日照某集团有限公司,比例为 28.07%,最低的为某集团有限公司,比例为 0.11%(见表 1)。

表 1 **调查企业税费负担统计** 单位:万元

序号	统计单位	发生成本	计入成本的税费	计入成本的税费占成本的比例(%)
1	日照某有限公司	156964.71	8957.32	5.71
2	日照某集团有限公司	15987.88	4488.02	28.07
3	日照岚山某有限公司	12189.39	114.24	0.94
4	日照某橡塑有限公司	130.85	1.05	0.80

续表

序号	统计单位	发生成本	计入成本的税费	计入成本的税费占成本的比例(%)
5	山东某工业集团股份有限公司	34529.72	468.00	1.36
6	某集团有限公司	178657.00	202.86	0.11
7	日照某商厦有限公司	9500.00	86.96	0.92
8	山东某集团有限公司	10117.97	145.07	1.43
9	五莲县某服务安装有限公司	471.52	8.61	1.83
合计		418549.04	14472.13	3.46

从对企业调查情况看，被调查企业9户中有2户反映税费重问题，占比为22.2%，大部分企业反映税费负担在合理范围内。反映税费负担重的两户企业中有一户反映某一单项业务办理时税费负担较重，另一户反映存在税负过重现象。山东某工业集团股份有限公司2017年1—5月，共实现利润5402万元，纳税总额4589万元，其中，国税部门2679万元、地税部门1910万元；企业成本占企业收入的80%，企业税费占主营业务成本的13.29%，占企业利润总额的84.9%，从地税部门来看，缴纳土地使用税379万元，房产税89万元，占地税部门缴纳税款的25%。

三、企业享受减税降费政策中存在问题

(1)国家优惠政策衔接不紧密，政策出台往往不在年初，导致税收优惠资金先占被用后退库或抵减问题，从而增加企业财务成本。

(2)纳税人在税收优惠政策方面存在的先天性信息不对称问题，使他们有时不能及时了解政府出台的税收优惠政策，不了解国家出台的税收优惠政策与自己的实际关系有多深，实际效用有多大，导致在享受税收优惠政策的“实惠”方面打折扣。

(3)虽然税务机关已采取多种宣传措施进行优惠政策的宣传，但由于纳税人对相关优惠政策掌握不到位从而对系统检测条件相关数据未能填全，导致不能完全享受优惠政策。同时申报系统有时会出现企业各项条件均符合却未能自动进行计算享受优惠政策的现象。

(4)享受优惠政策的大部分为小微企业，该类型企业大多数处于起步发展阶段，没有财力聘请称职的或水平较高的财务人员，企业财务人员业务素质不高，聘用兼职会计现象较为普遍，这样就造成了几方面问题：一是财务人员不愿意为了备案资料多做工作，对享受减免的政策知情不报，图清闲，少干事；二是财务人员兼职多家企业，业务繁忙，没有时间和精力更新知识，对小微企业减免税政策不甚了解，所得税年度申报应付了事；三是小微企业法人不了解政策，或者因手续繁杂、减免额度小而自动放弃。

四、企业享受减税降费政策的建议

(1)国家在出台优惠政策时，要考虑时间衔接问题，尽量安排在年初，对即将到期的优惠政策要提前预判，及时更新优惠政策，这样既能节约企业财务成本，又能节约税务部门征管成本。

(2)加大政策宣传力度。税务部门加大宣传力度，增加宣传渠道，可利用微信等网络平台做好宣传工作，对符合优惠条件的企业进行网络提醒，解决纳税人信息不对称的问题。

(3)加大优惠政策落实服务和培训力度。针对优惠政策落实过程中涉及的会计账目、报送资料和申报程序进行培训，并简化相关资料的报送，降低纳税人享受优惠政策成本。及时将相关减免优惠政策送到企业，必要时能给予培训，让企业及时准确享受相关减税降费政策。

(4)简化流程优化服务。税务部门要完善相关系统,使纳税人通过金税三期系统检测符合相关条件的能自动享受优惠政策。在简化措施的基础上进一步明确资料流程,为纳税人提供优质服务,方便纳税人享受相关优惠政策。

(作者单位:国家税务总局日照市东港区税务局)

多元服务　多种管理　多方共治

——关于优化税收营商环境的几点思考

国家税务总局常州市金坛区税务局调研组

优化营商环境是一项系统工程，税收营商环境是其中的重要内容。国家税务总局将江苏省列为全国五个优化税收营商环境试点地区之一，作为基层试点单位，国家税务总局常州市金坛区税务局通过深入调研和实践探索，全面查找影响税收营商环境的"痛点""难点""堵点"，提出统筹推进和改善税收服务环境、税收法治环境、税收智慧环境、税收共治环境、税收人文环境"五个环境"，多元服务、多种管理、多方共治，全面开创新时代税收营商环境新局面。

一、当前税收营商环境存在的问题及其原因分析

（一）简政放权、创业创新的时代需求，需要税收服务环境更有内涵、更科学便捷

（1）办税时间有待进一步缩减，同城通办、远程办税、就近办税、多元缴税、联合办税等业务有待进一步推进范围，服务细节抓得不够深不够细，政务公开还存在差距。

（2）税收服务层次不够多元，服务方式有待规范，方法不够多元，中介服务质量参差不齐，缺乏长效发展机制，与国际意义上的税收服务还存在差距。

（3）税收信用整体现状不容乐观，纳税信用方面的立法不够健全，少数纳税人还没有意识到依法诚信纳税的重要性，缺乏完备的税收监控体系，部门信息难以共享，税收征管难以到位，面对涉税违法犯罪新形式，税收执法需要进一步及时跟进。

（二）税收法定原则落地，需要税收法治环境更完善、更规范

1. 税收法定原则落实不够充分

尚未制定税收基本法，税收法律关系的一些基本问题亟待解决。在我国正在实施的税法中，只有税收征管法、企业所得税法、个人所得税法、车船税法、环境保护税法由国家强制力保障实施，地方或者各部委制定和实施的一些法规条文以及规章制度，在形式上都表现出了一定的不完整性以及不稳定性，在执行的效力以及法律地位上都有所欠缺。

2. 税收执法风险需进一步防范

税收执法的环境越来越复杂，风险也越来越高，执法风险防范就显得更加重要。一是征收管理环节的主要风险点。税务基础信息不齐全不准确、纳税人信息的变更不及时、税种鉴定错误、定额核定程序不严格、增值税发票代开不规范、非正常户管理不到位、未有效追缴欠税、注销清算不到位、行政许可程序不合法等。二是纳税评估环节的主要风险点。纳税评估依据位阶不高，方法不明确，结论强制执行力不强。各基层税务机关在实际操作中都是根据当地的实际情况，采取不同的操作模式，引用依据不清晰、文书格式不规范等，隐患较大。三是稽查环节的主要风险点。稽查执法主体和权限把握不好，可能越权行政；程序不合法，文书送达不规范；法律依据错误，引用法律、法规不准确，导致对案件定性处理有误，在行政复议或行政诉讼中败诉。由于对法律法规、规范的理解偏差，在具体操作中，很有可能会出现因滥用自由裁量权导致的执法风险。四是法律救济环节的主要风险点。在税务复议、诉讼等过程中，不积极应诉，或没

有把握好应对技巧，不举证或超期举证等，导致责任追究。

3. 税收监督体制需进一步优化健全

一是过大的自由裁量权影响监督的透明性。在税收执法过程中，自由裁量权很容易成为税务工作者进行权钱交易和贪污腐败的工具，税务机关缺乏对自由裁量权的有效监督。二是税收执法机关内部缺乏有效的监督。在税收执法监督中缺乏有效的事前预防控制和事中监督措施，主要是相关的事后监督措施。三是缺乏有效的外部监督。司法机关可以依法对行政机关及其工作人员司法活动的合法性进行监督，但是对于如何行使监督权，各种法律文件并没有作出明确具体的规定，因此司法机关主要监督各级执法机关的执法公允性，对行政机关的监督常常流于法律形式。

（三）经济全球化发展，需要税收智慧环境更通融、更包容

1. 新一代信息技术与税收征管未充分融合，税收智慧环境难以向深层次发展

税收征管与当前信息技术还没有充分渗透，仍没有构建出新的智慧税务体系。究其原因，一是由于信息不对称导致融合困难。一直以来，纳税人经济行为所产生的信息数据分散在银行、海关、外汇管理、供水供电等各个单位，税务机关难以完全掌握分散在各个部门间的涉税数据。二是由于技术不对称导致融合不充分。依托于线上业务审核、线下业务办理的传统税务办理流程，由于科学技术的限制，办税渠道缺乏整合，受制于时空限制的办税服务方式，不可避免仍会出现让纳税人重复跑的现象。并且面对海量数据信息，税务部门在数据分析上仍旧以查询、基础性趋势描述以及简单规律总结应用为主，没有真正做到利用“大数据”实现高效管理税收。

2.“互联网＋”浪潮下的新型商业模式兴起，传统税收管理体制无法满足时代需求

在互联网时代，新型的商业模式层出不穷，电子商务和无形资产交易，跨地区和跨国贸易导致税收管辖权、征税对象等难以确定；高度融合的线上线下交易也使纳税地点、纳税环节的确定困难重重；纳税人的公司治理结构、生产经营方式、商业经营模式、企业盈利模式等日新月异，对以属地管理、经验管理、层级管理等为主要特征的税收征管方式带来前所未有的冲击。然而传统税收管理体制采用层级化、手工化形式，缺乏集中整合和统一管理，系统“烟囱林立”现象较为严重，不利于税收智慧环境形成。

3. 简政放权制度改革措施与税收风险防控手段并未同步，难以避免部分税款恶意流失

简政放权要求作为纳税人的企业、个人必须要有高度的纳税遵从意识才能避免国家税款的恶意流失，然而仅靠纳税人的税法遵从度来构建税收征管体制并不科学，甚至有些被动。异地办税简化流程，部门之间互联互通，数据管税取代以票管税等，都需要税收智慧环境的搭建，然而税务部门在进一步深化“放管服”改革时，并没有对构建税务智慧环境的标准提出更高要求，稽查部门在电子查账软件的智能升级上也略显疲软，大部分账证梳理仍依靠人工操作，耗时耗力，有时难以避免部分税款的恶意流失。

（四）国家现代化治理，需要税收共治环境机制更健全，步调更一致

1. 涉税信息共享制度缺失，税收共治环境无法可依

当前没有一部明文规定的完善的税收共治条例，大多是地方政府以文件形式进行要求，缺乏法律依据。虽然目前各地根据《中华人民共和国税收征管法》（以下简称《税收征管法》）初步建起涉税信息共享机制，但《税收征管法》及其《实施细则》只是在原则上规定相关职能部门有提供涉税信息、加强协税护税的义务，但对具体采取什么方式、何种程序，违反规定应如何追究和处罚等均没有具体规定，导致很多地方税收共治环境都流于形式。

2. 协同治税机制不健全，税收共治环境浮于表面

一方面由于各部门信息化水平不一，导致提供的信息存在标准不统一、数据格式不一致、内容不确定等问题，使得税务部门在取得涉税信息后，需要耗费大量的人力物力进行筛选、整理和提取，严重影响了税务机关对涉税信息的利用和纳税评估的有效开展，降低了税收共治工作效率。另一方面涉税信息共享

的单位较少，目前，向税务机关提供涉税信息的单位主要集中于工商、建设、房管等部门，其他部门交流较少，并且协同治税的内容不够广泛，各部门的协作业务主要集中于工商登记、股权转让、房土权属转移等方面的数据传递，缺乏纵向方面的挖掘。

3. 税收共治部门积极性不高，综合治税意识薄弱

由于制度缺失以及宣传力量不足，个别地方主观上认为社会协同治税仅是做形式，一些单位认为协同治税与自身本职工作关系不大，缺乏主动意识，因此传递不全面、不及时，应付了事。甚至部分单位从自我利益出发，以经费人员不足、商业秘密为由，对税务部门获取涉税信息不支持、不配合，不愿意或不提供纳税人涉税信息。这些问题的存在严重影响税收共治环境的顺利构建。

（五）税制格局重塑的改革浪潮扑面而来，需要税收人文环境更为民、更全面

1. “以人为本”的税收执法体系没有构建完善，难以做到执法为民

虽然当前各地已经开展众多“便民春风行动”，不断提高办税服务水平，但仍有部分群众不满意的情况发生，面对这种情况，部分税务人员并没有坚持把人民群众满意不满意作为检验税收服务质量的标准，对纳税服务中“服务”的定位的认识存在偏差，法治观念淡薄、缺乏责任感和事业心的情况时有发生，成为整个“以人为本”税收执法工作的薄弱环节，一定程度上削弱了税收执法工作整体效能的发挥。

2. 纳税服务工作的支点被相对弱化，税收人文环境缺少刚性保障

近年随着服务型政府的构建，纳税服务也被提高到一个新高度，从过去附属于税收征管的位置剥离出来，成为一项与执法并重的工作，这是税务机关转变职能、改进作风的一项重要举措。但部分地区存在仅谈纳税服务工作，实质却缺乏有力支点的现象，这在一定程度上致使税收人文环境缺少刚性制度保障，易流于形式。

3. 税务人员工作能力良莠不齐，整体业务素养有待提高

当前部分税务工作人员不适应“营改增”后的税务工作形势，仍然用惯性思维、惰性思维、感性思维去面对新情况、新问题、新体制，导致执法、管理、服务过程中的风险增大。部门协作差，互相扯皮，导致工作落实存在阻碍。作风不扎实，懒、庸、散现象依然存在，导致税收人文环境的根基不稳。

4. 税法宣传工作不到位，税收人文共建难以产生共鸣

多年来开展的税法宣传形式比较简单，方式单一、渠道过窄，宣传对象也集中在一些大企业，税法宣传月也是集中进行一两次宣传，缺乏全方位、有针对性地宣传。税法宣传得不到位，使纳税人与税务人员之间仍有隔阂，没有形成相互理解、相互包容的税收人文体系。

二、多元服务、多种管理、多方共治、多面关怀，全面开创新时代、新常态下良好税收营商环境的对策研究

通过全面查找影响税收营商环境的“痛点”“难点”“堵点”，笔者建议，要统筹推进和改善税收服务环境、税收法治环境、税收智慧环境、税收共治环境、税收人文环境“五个税收环境”，全面开创新时代税收营商环境新局面。

（一）精准施策、提速便民，打造有温度、能感知的税收服务环境

1. 深化“放、管、服”，简政放权为创新创业清障搭台

定期开展规范性文件清理，严格落实国家税务总局江苏省税务局税收职责清单，推行纳税人自主申报，厘清征纳双方的权利义务关系，凡税收法律、法规及规范性文件中没有明确规定应当实施调查、核查、检查的事项全部取消，努力做到“清单之外无权力”。严格落实“流程、核查、纠错、问责”四道防线，严格规范事中事后管理流程，全面加强事中事后监管，加强对税收执法风险、廉政风险和税收流失三大风险的管控。充分运用“大数据”“云计算”等信息化手段，加强对重点企业、重点行业、重点项目和特殊风险的重大

风险管控，进一步降低接受检查和评估的纳税人占比，确保同一纳税人同一年度涉税检查不超过一次，努力做到“无风险不打扰”。主动聚焦纳税人最关心的问题，重点在政策惠企和便民利企上下功夫，努力为纳税人再添力、再提速、再减负。

2. 流程“简、缩、快”，提速增效为市场主体降本减负

推进税收优惠免予提供纸质资料、推进税收优惠以报代备、扩大简并征期税（费）种范围、推进综合申报表应用。大力推行网上办税为主，自助办税和其他社会办税为辅、实体办税服务厅兜底的办税模式。在提高申报质量方面，推进部门信息共享，减少信息录入及复核时间，由纳税人通过互联网、手机客户端或自助办税终端提前录入申报所需税源信息。积极推进“不见面审批”，全面推行“不见面审批”事项，拓宽远程办税。扩围“同城通办”，推进多元缴税，全面推广支付宝、微信等多元化缴税（费）方式。

3. 服务“新、准、实”，精准发力为服务对象排忧解难

从纳税人视角出发，进行流程优化、制度创新和管理改革，针对办税资料重复报送、业务事项有待整合、通办范围不宽等问题，采取加速实名办税进程、推进办税制度改革、扩大区域通办范围、拓展热线服务功能等具体服务措施。针对企业成长发展的生命周期，探索建立覆盖企业初创、成长、发展等不同阶段的政策服务体系，提高税收政策对企业发展的支撑服务能力。在推进办税制度改革方面，加大业务统筹集成力度，改变以往分税种、分业务设置服务事项的办税模式，推动关联度高的业务事项归并整合，全力提高纳税人办税便利度。

4. 系统“准、快、畅”，金税三期与电子税务局为信息管理保驾护航

要优化金税三期系统，提高系统稳定性，补充好利用好数据库信息，确保系统内纳税人信息更加准确。通过建设外部信息交换系统，实现税务机关与相关外部门机构业务信息的安全可靠交换与共享，提高涉税信息及时性、完整性、准确性。强化电子税务局与核心征管系统融合，全面实现电子资料的网上受理、流转、办结，真正运用网络化交互模式，使数据在税务端与纳税人端实现无缝对接、顺畅传递。重视和改善纳税人的办税体验，积极回应纳税人的合理诉求。

5. 诚信“建、配、促”，让守信者一路绿灯，失信者寸步难行

着力构建纳税信用体系，既要依法建立也要大力推进。完善纳税信用奖罚制度，对信用等级较高的纳税人要尽可能地给予优惠、方便；对信用等级较低的纳税人，则要将其作为重点监管对象，加大稽查、约束、监督力度，使其寸步难行、付出代价。配套纳税信用跟踪系统，完善纳税信用公告制度，实现信用评定的及时更新。

（二）推进改革、落实制度，打造公平规范、保障有力的税收法治环境

1. 完善税法体系，以税法改革促进经济发展

要加快重点税收领域立法工作。加速相关税收法律的修订和完善，提升税法层级，规范税收规范性文件制定和管理。将维护纳税人权利的条款写入法律当中，在制度上形成对纳税人权利强有力的保障。对中央与地方的立法权限进行及时有效的划分，需要明确的是立法的权力最终应集中到中央，并给予地方政府一定的权力范围。

2. 规范税收执法行为，加强内控机制建设

一是要严格执行《纳税服务规范》。国家税务总局出台的《纳税服务规范》《税收征管规范》《出口退税规范》《税务稽查规范》等，为税务人员规范执法行为提供了基本遵循。税务人员应严格落实到位，在规范操作中防范风险。税务人员在执法中应配备使用执法记录仪，对执法过程进行全程记录，留存证据。二是要加强内控机制建设。全面推进权力清单和责任清单制度，形成按岗定责、按制度办事、靠责任落实的权力运行机制。围绕税收执法的各关键环节开展税收执法督察，落实执法责任制与过错责任追究，实行决策权、执行权、监督权既相互协调又相互制约。尽可能将所有可以预见的基层税收执法风险点纳入金

税三期系统，使风险防范更加全面、高效、及时，对违规行为早发现、早提醒、早制止，弥补人工监控存在的不足。三是要规范自由裁量权。建立违法处罚信息的披露制度，让纳税人通过比较了解自己是否受到公平的待遇，增加纳税人的违法成本和税收执法人员贪污腐败的成本。

3. 加强纳税人权利保护，建立健全监督机制

在行政监督方面，需要明确税收执法不受干扰，并且要减少党政行政机关对税收的干预，强化税收行政机关本身的主体地位；在司法监督方面，要尽可能保护纳税人的权益，避免行政人员随意使用权力；在群众监督方面，聘请专业人员进行监督，纳税人能通过正常合法的途径进行举报；在舆论监督方面，可以通过媒体曝光，将各种涉税问题公之于众。完善相应的救济制度，以便更好地维护纳税人的权益。通过与律师事务所等第三方合作，建立税务行政争议协调机制，力争将税务行政争议化解在行政复议程序之前；拓宽税务行政复议案件的受理渠道和受理方式，有效保障当事人救济权的行使；强化复议机关的责任，有效解决涉税争议，尽量在复议程序解决好纠纷，以避免涉讼。

（三）主动拥抱、深度融入，积极营造智慧税务环境

1. 加强信息技术与税收工作深度融合，优化税收征管流程

积极将“互联网＋”思维与税务工作深度融合，倾情打造“互联网＋税务”独立品牌。一是利用大数据和云计算，将税收工作传统路径、税收管理服务与信息化手段深度融合，优化征管流程，实现经验管理到大数据管理的转变，实现征纳双减负，打造便民办税、税源管理、税务风险管控等工作的升级版。二是要利用“互联网＋”深化纳税诚信体系建设。以云计算和大数据分析作为支撑，借助工商、银行等第三方平台，探索、拓展、应用纳税人税收信用数据，对税收风险进行有效的识别、评估和应对，提升税收执法效率和水平，防止税收流失，大大降低对外执法和对内管理风险，实现从源头上管控税务风险。同时在税收管理工作过程中要利用互联网传媒的影响力和传播力，对税收违法案件及时曝光，提高纳税人税法遵从度，维护市场经济秩序，打击涉税违法行为。

2. 积极面对新型商业模式，推进传统税收管理体制改革

运用“互联网＋”思维并集成云计算和大数据的技术应用，以纳税人需求为导向，在以金税三期系统为依托的网上办税平台现有功能基础上，加强电子税务局建设，逐步建立起以网上办税、客户端办税、移动办税为主体，上门办税为补充的电子税务新生态。及时利用网络宣传推广，提高纳税人对于新型税收管理体制的认同度。

3. 主动面对简政放权制度改革，提高税收智慧环境构建标准

利用信息技术加强简政放权的后勤保障工作，首先应加强税收信息构建标准。信息管税应当制定和完善信息采集制度、信息分析制度、信息传递制度，明确信息管税的工作流程、信息管税相关单位的岗位职责，保证信息管税工作的有序进行。同时还要制定信息安全管理制度，加强各类信息系统的运维管理，保证信息的安全和效率，从源头上防控税源的恶意流失，使国家改革政策持续释放红利。

（四）匠心打造、主动对接，构建紧密配合的税收共治格局

1. 服务融合打造国地合并“便民共同体”

在国地税联办综合业务日趋完善、服务深入融合的基础上，积极推进国地税机构合并，让纳税人缴税不再“两家跑”。大力推广“一窗一人一机”的办税模式，建设电子税务局。加强对办税人员税收全业务培训，切实提升办税效率，并完善办税服务厅管理办法和岗责体系，防控管理风险。

2. 发挥特色打造区域协同“综治共同体”

根据地方政府需要，做好经济税收分析，定期向地方政府汇报工作。积极参与地方性工作，在招商引资、综治维稳、文明创建、精准扶贫等工作中认真履责，提升地税部门的整体形象和社会满意度。加强同工商、国土、城建、交通等部门的联系，充分利用财税大数据平台，积极构建各部门联合控管的综合治税信

息网络。

3. 多元参与打造社会治理“利益共同体”

通过“税务+银行”，提升纳税信用含金量。充分利用“银税互动平台”，将纳税信用与企业融资发展有机结合，使纳税信用成为企业获得银行信贷业务便捷融资的重要条件，为小微企业良性发展加油助力。通过“税务+公安”，提高信息交换与共享水平。遇重大涉税犯罪线索，公安机关提前介入，及时立案侦查，增强发现、控制和打击涉税犯罪的整体能力。通过“纳税信用+社会信用”，税务部门通过开展纳税信用评价，建立税收“红、黑名单”制度，将纳税信用结果运用到社会信用体系建设的各个方面，充分运用人民法院被执行人信息、失信被执行人名单，努力把网络执行查控及信息共享机制打造成为加强人民法院与税务机关沟通交流的连接点、构建税收共治格局的着力点。

（五）以人为本、便民春风，打造诚信和谐的税收人文环境

1. 以刚性制度为保障，加强税务部门硬件建设

依法加强税源管理，夯实征管基础，不断推进税收科学化管理，为纳税人营造依法诚信纳税的公平、公正、公开的健康治税环境，保障纳税人的合法权益。以刚性税收执法制度为保障，坚持在法律允许范围内的税收服务，坚持以提高税收遵从度和方便纳税人及时足额纳税为目标的服务，致力构建和谐的税收征纳环境。

2. 巩固基层建设成果，加强基层税务部门软件建设

重点提高人员素质、征管能力、服务质量和管理水平，强化岗位练兵和技能培训，提高基层一线人员岗位实践能力。按照“标准化、严格化、人性化、常态化”的标准，完善内部管理制度，加强基层税务文化建设，使基层始终保持良好的秩序和状态。

3. 加强反腐倡廉建设，保障税收事业健康发展

加强反腐倡廉教育和领导干部作风建设，增强税务人员的廉政意识。进一步加强对权力运行的制约和监督，重点加强对领导干部和行政执法、税务稽查、基建工程、人财物管理使用等关键岗位和环节的监督，抓好查办违法违纪案件工作，发挥好查办案件的治本功能，为税收人文环境的营造打下良好基础。

调研组组长：贾晓东　张志杰

调研组成员：许骏华　廖永辉　杜秀玲　苗　琳

孙伟婧　傅　迪　刘军路

基层税务机关优化税收营商环境的路径选择

许建国

随着经济全球化的深入持续发展，打造良好的营商环境已成为各国引领经济发展、引导资本投资和产业升级、促进企业创业创新的重要因素。近年来，我国也将建立良好的营商环境上升为新时代深化供给侧结构性改革和推进“一带一路”建设以及实现“两个一百年”宏伟目标的国家战略。而税收营商环境作为营商环境的重要组成部分，对企业的投资决策具有重要影响，也是各国振兴经济、扩大开放的重点工作之一。为此，本文通过对税收营商环境指标内涵的了解，分析当前我国在优化税收营商环境方面存在的不足，结合基层税务机关实际，提出优化税收营商环境的路径。

一、税收营商环境的指标内涵

自 2003 年世界银行首次发布《全球营商环境报告》以来，营商环境已逐渐成为衡量国际贸易与投资便利程度的重要指标，也是评价一国或地区经济竞争力的重要参考。目前参与全球营商环境评价的国家和地区已达到 190 个，包括开办企业、办理施工许可证、电力供应、登记财产、获得信贷、保护中小投资者、纳税、跨境贸易、执行合同、办理破产和劳动力市场监管 11 项一级指标。其中，在纳税一级指标下设有纳税数目（企业缴纳的各种税费的数量，用每年的纳税次数来衡量）、纳税时间（企业一年中准备纳税资料、填写纳税申报表和支付税款所需的时间）、总体税负（企业一年中缴纳的税费总额与企业税前利润的比值，税费总额是指企业实际缴纳的各类税费总额，税前利润是指企业缴纳各项税费之前的利润）、报税后流程（包括增值税退税申请和到账时间、税务审计和税务行政诉讼等报税后的流程和耗时）4 项二级指标，作为评价一个国家（地区）税收营商环境总体水平的标准。

从以上 4 项指标来看，所谓税收营商环境，其实质就是影响企业的税收法律法规、税收管理、纳税服务等一系列制度和程序的总和。它们之间互相联系、互相影响。其中，纳税数目取决于税制设计；纳税时间取决于税制设计、税收征管和纳税服务；总体税负取决于税制设计和征管水平；报税后流程则与税收征管和纳税服务密切相关。由此可见，影响税收营商环境的主要因素，归纳起来就是税制设计、税收征管和纳税服务。

新时代赋予了税收营商环境新的内涵。优化税收营商环境，就是税务部门贯彻落实党中央、国务院关于推进“放管服”改革，优化营商环境战略部署的重要举措，也是推进税收治理体系和治理能力现代化的必然要求。税负轻重直接影响企业的净利润，税收征管和纳税服务水平直接影响企业的投资风险和遵从成本，从而决定企业的投资意向和投资预期。因此，优化税收营商环境，不仅对实现税收现代化、提升我国税收营商环境的国际排名具有重要的现实意义，更对我国营造具有吸引力的市场化、法治化和国际化的营商环境，培育经济发展新动能、构建开放经济新体制、提高国际竞争新水平、实现高质量发展新目标具有深远的历史意义。

二、当前我国在优化税收营商环境中存在的不足

近年来，我国税收营商环境总体上有了较大改善，但根据世界银行发布的《2017 年全球营商环境报

告》,我国整体营商环境在全球 190 个经济体中排名第 78 位,处于中上水平,较 2012 年上升了 13 位。而我国的纳税指标单项排名却在第 131 位,不仅在参与测评的 10 个指标(劳动力市场监管未纳入评价)中排名第 9,而且在全球排名偏后,且自 2015 年以来呈下降趋势,这一方面表明我国税收营商环境还有较大的提升空间,另一方面也说明我国在优化税收营商环境中还存在以下不足。

(一)税制设计不够合理,税收立法相对滞后

近年来,虽然我国税收立法的进程有所加快,但在目前开征的 18 个税种中,仍有 12 个税种尚未完成立法,在税收法治化程度不高的情况下,容易造成政策执行缺乏连续性和稳定性,从而影响企业的投资预期。此外,我国现行税制设计不够合理,重复征税、税负偏重的事实依然存在,企业要求减税的呼声仍然很高。《2017 年全球营商环境报告》表明,我国的总税负率达 68%,高于全球平均水平的 27 个百分点。税制的不稳定和税负的不合理,将对营商环境产生直接影响。

(二)简政放权不够彻底,后续管理有待加强

虽然税务系统在持续深化“放管服”改革等方面做了大量工作,但距离“放权要更彻底,管理要更到位、服务要更优质”的要求,还有一定距离。比如在行政审批和资料报送上,仍然存在程序烦琐、资料繁杂、重复报送的问题。在后续管理上,重事前审核、轻事中事后管理的情况仍然存在。在征管体制上,征管机构不断调整,征管流程频繁更新,不仅增加了税务机关后续管理的难度,而且还给纳税人办税带来了麻烦,甚至增加了税收风险。

(三)权责清单不够透明,随意执法尚未根治

虽然各地税务机关推行了税收执法权责清单,但清单不够透明。有些地方将不该管的事项列入了清单之中;有的权责清单只强调税务机关行使的权利,却对应承担的责任规定不够透明。随意执法、随意检查、随意定税、随意处罚的问题还未从根本上得到解决,任性执法、人情收税的现象仍然存在。

(四)办税服务不够便利,信息应用仍需提升

近年来,部分县级税务部门在推行集成发展、集约管理和集中办公中,将基层税务分局(税务所)全部集中到城区办公,这虽然为税务机关降低了征收成本,却给纳税人带来了极大的不便,增加了办税负担。因此,在近几年对纳税人需求问卷调查中,纳税人普遍对简并报送资料、缩短办税时间、避免“多头跑”和恢复乡镇税务分局或税务所的要求比较强烈。此外,金税三期系统的推广虽然为信息化数据化应用奠定了基础,但由于新的系统功能仍不够完善,基层税务机关拥有的征管系统、网上办税平台和移动终端等信息系统仍存在系统分散、各自为政、功能不全、数据隔离等问题。还有部门间的信息壁垒问题,税务机关与其他部门及第三方信息交互尚未实现常态化、制度化,造成数据信息的可获取性不强,严重制约了数据集成统一和充分利用,导致纳税服务现代化缺乏有效的信息支撑。

三、基层税务机关优化税收营商环境的路径选择

基层税务机关是优化税收营商环境的落实者和实践者,除了税制改革与税收立法由顶层设计外,落实到基层税收工作实际,就是要进一步推进“放管服”的各项改革举措,落实税收优惠政策、推进简政放权、强化税收征管、优化纳税服务。

(一)要落实优惠政策,减轻企业税费负担

优化税收营商环境,减轻企业税费负担是核心。作为基层税务机关要全面落实国家一系列减税降费政策,为企业创造一个宽松的税费环境。

1. 要落实结构性减税政策

自 2012 年“营改增”试点实施以来,我国已累计减税近 2 万亿元。从 2018 年 5 月 1 日起,国家又出台政策将 17%和 11%两档增值税税率分别下调 1 个百分点,统一了增值税小规模纳税人年应税销售额

标准，以及对装备制造等先进制造业、研发等现代服务业符合条件的企业和电网企业在一定时间内未抵扣完进项税额予以一次性退还的3项减税措施，预计全年减税超过4000亿元。因此，基层税务机关要全面落实好“营改增”后的各项结构性减税政策，为促进产业转型升级，助推供给侧结构性改革，推动区域经济转型发展发挥作用。

2. 要落实综合性减税政策

近年来，国家完善和出台了一系列税收扶持政策，2018年又再次推出了关于企业所得税、个人所得税、城镇土地使用税、印花税等税种在内的7项减税措施，打出了一系列减税降费、优化税收营商环境的组合拳，预计全年将再为企业减轻税负600多亿元。基层税务机关要及时加强政策的宣传辅导，及时兑现各项税收优惠，确保各项优惠政策落地生根、应享尽享。

3. 要落实各项降费政策

近年来，为降低企业基金、费的负担，国家先后出台了阶段性降低企业社会保险费的征缴比例和降低残疾人保障基金的缴费基数等降费举措，预计全年为市场主体降低各项非税负担3000多亿元。因此，基层税务机关要通过多渠道对降费政策进行宣传辅导，务求各项降费减负措施落实到位，让企业享受到更多减税降费的政策红包，支持实体经济发展。

(二)要推进简政放权，降低企业办税成本

简政放权、简化办税流程，让纳税人办税更便捷、经济，是优化税收营商环境的必经之路。

1. 要进一步推进简政放权

要在全面推行税收权责清单的同时，进一步减少、下放行政审批和行政许可事项，大力推广涉税事项由审批制、备案制向备查制转变，扩大企业的自主经营和自主管理权。

2. 要进一步简化办税流程

世界银行对税收营商环境的测评，特别强调年纳税次数、纳税时间和退税时间等效能指标。目前国内许多企业也反映，他们既需要各项减税降费政策，也希望简化办税程序，降低办税成本。因此，要进一步简化办税流程，继续精简需纳税人报送涉税资料，实行涉税资料清单管理，切实解决资料重复报、办税多次跑的问题。

3. 要进一步提高退税效率

要减少纳税人报税后流程和耗时，使符合条件的纳税人该享受的税收优惠应享尽享，该退的税应退尽退，即征即退。

(三)要强化后续管理，防范企业涉税风险

简政放权并不是一放了之，强化管理也不是一管就死，而是要把该管的事情管好，为企业营造更加公平有序的税收营商环境。

1. 要强化后续管理

简政放权大幅减少了税收前置事项，这意味着基层税务机关要将管理的重点由事前管理转向事中事后管理，做到放管有机结合。首先，要完善以备案备查为重点的后续管理体系，落实管理清单、确定管理事项、细化管理程序、明确管理目标，使后续管理有章可循、有据可查。其次，要强化以风险应对为导向的后续管理模式，探索建立以“实名办税+分级分类+信用积分+风险管理”为核心的闭环管理机制，提升风险管理的针对性和有效性。最后，要构建以大数据为支撑的信息管理系统，通过完善金税三期信息系统，打破部门间的信息壁垒，打通信息管税渠道，完善纳税人基础信息，强化大数据深度应用，从而提高征管质量和效率。

2. 要规范税收执法

公正执法是对纳税人最好的服务，也是营造公平透明税收营商环境的关键。因此，一方面要扎实推进法治税务建设，完善税收执法内控机制，健全税收执法过错责任追究制度，规范并压缩税务行政处罚自由裁量空间，防范税收执法的随意性。另一方面要促进阳光税务建设，落实并公开税收权责清单和税务稽查“双随机一公开”制度，严格税款核定征收制度，完成税收执法全程记录，公开税收执法过程，增强税收执法的透明度。从根本上杜绝随意执法、随意处罚、随意检查、随意定税现象的发生。

3. 要加强信用管理

一个良好的营商环境，必然也是一个诚信的环境。要通过完善纳税信用等级评定管理，扩大纳税信用评定范围，构建与市场监管、海关、司法、环保、金融、行业组织、中介机构等部门和机构的“大征信”格局，实现信息资源共享，实施信用动态管理。对纳税信用良好的企业，开通绿色通道；对破坏营商环境的失信企业，要建立“黑名单”制度，实施联合惩戒。使守信者一路绿灯，失信者寸步难行。

(四)要优化纳税服务，维护企业合法权益

深化“放管服”改革，要坚持以纳税人需求为导向，以维护纳税人合法权益为重点，切实为纳税人提供高效、便捷、优质的纳税服务。

1. 要以纳税需求为导向，创新服务方式

进入新时代，随着社会经济因素的多元化，纳税服务需求也呈现多元化、差异化和个性化趋势。纳税服务应以纳税人正当需求为导向，通过持续推行“便民办税春风行动”，开展纳税服务需求调查，深入了解纳税人在办税流程、纳税咨询、纳税申报、发票领用以及服务方式等方面的需求，创新服务方式，完善服务事项，落实“放管服”30 条服务措施，满足正当需求，切实为纳税人打造更加便利的税收营商环境。

2. 要以纳税维权为重点，转变服务理念

优化纳税服务的重点不仅在于为纳税人提供各种各样的办税服务，更在于要树立征纳双方法律地位平等的理念，提升纳税人在税收治理中的参与度，切实维护纳税人的合法权益。一是要设立县级税务机关的纳税服务热线，满足纳税人咨询和诉求等方面的需要。二是要建立税收争议协调机制，完善税收法律救济制度，及时有效地解决涉税争端，维护纳税人合法权益。三是要在国地税机构合并中，保留或恢复在县(区)级以下中心乡镇或经济集中区设置的税务分局或税务所，保障纳税人“少跑远路”节省办税时间权利的实现，让纳税人有更多的获得感。

3. 要以优化营商环境为目标，完善服务体系

一是要构建具有中国特色的税收营商环境指标体系。要参照世界银行营商环境纳税指标评价标准，借鉴国际先进经验，制定具有中国特色的税收营商环境指标评价体系，完善由纳税人参与的营商环境评价考核机制，将优化税收营商环境形成制度化、常态化。二是要构建现代化办税服务体系。要大力推进“互联网＋税务”行动计划，根据国地税机构合并的要求，加快金税三期系统的全面整合和升级，打破系统间数据壁垒，实现数据互通共享。要通过整合实体办税服务厅，网上、掌上办税平台，拓展信息办税功能，使纳税服务渠道多元化、现代化，使纳税人办税就像网上购物一样方便、智能。三是要构建社会协同的纳税服务体系。要整合地方政府、税务机关、相关部门和社会组织为主体的服务资源和力量，通过加强税法宣传、办税服务、权益保护、信息共享、信用共管、社会共治等方式，构建与现代化相适应的多层面、多领域的社会协同服务体系，为纳税人提供全天候、全方位的纳税服务。

(作者单位：江苏省镇江市国际税收研究会第四(丹徒)分会)

加快地方税制改革的设想

朱志兵

党的十九大报告在总结过去几年来税制改革进程中出现的新情况和新矛盾的同时，针对地方税制改革滞后、地方税体系严重缺失的新问题，明确提出了要深化税收制度改革，健全地方税体系。这意味着在未来的税制改革中，推进地方税制改革已处于更加重要的位置。为此，本文就深刻理解十九大报告精神，提出加快地方税制改革的设想。

一、深刻理解加快地方税制改革的内涵

深化税制改革，健全地方税体系，是在落实党的十八届三中全会确定财税改革目标基础上的继续和深化，也是根据新时代我国社会主要矛盾发生新变化作出的战略部署。因此，我们要站在化解社会主要矛盾的高度去认识、理解新时代加快地方税制改革的丰富内涵。

（一）加快地方税制改革，是落实十八届三中全会财税改革目标的继续和深化

党的十八届三中全会提出了深化税收制度改革的目标。其中包括深化地方税制改革，完善地方税体系，逐步提高直接税比重。推进增值税改革，适当简化税率。调整消费税征收范围、环节、税率，把高耗能、高污染产品及部分高档消费品纳入征收范围。逐步建立综合与分类相结合的个人所得税制。加快房地产税立法并适时推进改革，加快资源税改革，推动环境保护费改税。从上述税制改革进程来看，其中“营改增”的改革基本完成，并已全面实施；环境保护税已经完成立法，并于2018年开征；资源税改革正在进行中。另外还有消费税、房地产税和个人所得税3个税种的改革任务尚未完成。尤其是涉及地方税的房地产税和个人所得税等直接税的改革尚未触及。为此，党的十九大报告针对全面实施“营改增”后地方税改革滞后和主体税种严重缺失的现状，提出了要深化税收制度改革，健全地方税体系。其中深化税收制度改革主要包括地方税收制度改革。这一方面说明，现行地方税改革严重滞后，需要进一步深化改革；另一方面也说明深化地方税改革已成为党的十九大重点突破的关键环节和领域。这既是落实党的十八届三中全会有关财税改革目标的继续和深化，也是在分税制体制下重新审视中央和地方收入关系的必然选择。

（二）加快地方税制改革，是为了更好地满足人民日益增长的美好生活的迫切需要

党的十九大报告提出，中国特色社会主义进入新时代，我国社会主要矛盾已经转化为人民日益增长的美好生活需要和不平衡不充分的发展之间的矛盾。这是对马列主义有关社会主义生产目的是不断满足人们日益增长的物质与文化需求的最新表述，是对马列主义的创造性发展，是指导各项改革包括税制改革的最高目标。关于什么是人民日益增长的美好生活需要，党的十九大报告也做了明确解释，不仅对物质文化生活提出了更高要求，而且对民主、法治、公平、正义、安全和环境等方面日益增长也提出了更高的要求。其中就包括对实现税收负担公平正义的要求，以及通过税收调节促进社会公平正义的要求。也就是说，为了更好地满足人民日益增长的美好生活的需要，尤其是满足对民主、法治、公平、正义、安全和环境等方面日益增长的需要，从而推动人的全面发展和社会的全面进步，迫切需要加快地方税制改革，健全地方税体系。

（三）加快地方税制改革，对解决发展不平衡不充分的问题具有极其重要的作用

尽管解决新时代我国社会的主要矛盾依然强调要发展，但是，发展的内容更加丰富，发展的要求更高、更新。从发展的角度来看，目前我国发展有城乡之间、区域之间、总体与局部之间的不平衡不充分存在。这种不平衡不充分的发展，不仅表现在市场体系提供的私人物品和服务上，而且表现在政府系统提供的公共物品和服务上；不仅表现在有形的物品和服务上，而且表现在包括税收制度在内的无形的制度设计上。从税收角度来看，不仅表现在税收制度结构的不平衡以及由此带来的税收负担分配不平衡的问题上，而且表现在中央税、共享税改革与地方税改革滞后带来的区域发展不平衡不充分的问题上。因此，党的十九大对税制改革的定位，不仅是税制结构性的改革，还包括地方税制的改革，其目的就是通过深化地方税制改革，健全地方税体系，建立权责清晰、财力协调、区域均衡的中央和地方的财政关系，实现中央与地方的事权和支出责任的平衡，以及各级政府之间、区域之间、城乡之间的财力平衡，从而发挥税收在解决发展不平衡不充分中重要基础性、支柱性和保障性的作用，促进区域全面协调发展。

二、加快地方税制改革的设想

加快地方税制改革，就是要坚持从我国进入社会主义新时代的基本国情出发，贯彻兼顾效率和公平的原则，通过深化税制改革，健全主辅税种合理配置，收入调节功能相互协调的地方税制度体系，为促进经济持续健康发展和社会和谐稳定创造良好的地方税制环境。

（一）要加快推进综合与分类相结合的个人所得税改革

建立综合与分类相结合的个人所得税制，要按照“调高、扩中、增低”的原则，要在扩大税基、规范扣除、优化税率、强化征管等方面进行改革。在扩大税基方面，对以个人为纳税人的，可将工资薪金所得、生产经营所得、承包经营、承租经营所得等所得纳入综合所得计税，对其他所得仍按分类所得计税；对以家庭为纳税人的，可将家庭成员及其各项所得累加按综合所得计税。在税前扣除方面，应将纳税人本人及其家庭成员的最低生计费用和获得应税收入而支出的必要成本费用以及为公益事业而付出的社会费用列入扣除范围。其中生计费用在考虑纳税人个人生计扣除外，应增加赡（抚）养无收入来源的家庭成员的生计费用，包括子女教育、医疗保险、家庭首套住房贷款利息支出等专项费用扣除，以此降低中低收入群体的税负。同时，将个人所得税划归地方税后，对必要的生计费用扣除标准，可在国家统一规定的扣除幅度范围内，赋予地方适当的调整权，由地方政府根据本地区的收入分配水平、物价指数、生活消费水平和生活习惯等因素做适当调整。在优化税率方面，对实行综合征收的应税所得统一适用超额累进税率，并将现行的税率级次统一简化为5级，继续保持3％的最低税率，将最高边际税率由45％降至35％；对按分类征收的劳务报酬所得和稿酬所得统一适用10％的比例税率；对按分类征收的其他所得仍适用20％的比例税率。在强化征管方面，要在继续实行源泉代扣代缴和纳税人自行申报相结合的基础上，加快完善个人所得税征管配套措施，建立健全个人收入和财产信息共享系统，加强对自然人纳税诚信体系的建设，通过强化征管，将一些游离于纳税之外的富人和所有应税所得纳入个人所得税征税范围，从而发挥个人所得税在调节收入分配和促进社会公平正义中的作用。

（二）要加快推进房地产税的改革

加快推进房地产税改革，是建立现代税收制度的必然要求，也符合国际惯例。因此，要按照中央立法先行、对地方政府充分授权、分步推进的原则，推进房地产税立法和实施。现阶段可在总结上海、重庆对个人住房征收房产税试点经验的基础上，先将现行的房产税和城镇土地使用税合并统一征收房地产税，将工商业房地产和个人住房都纳入房地产税征收范围，并按照房地产评估价值作为计税依据，评估期限一般在5～10年，保持税负的基本稳定。同时，将房地产税的征收范围由城市、县城、建制镇、工矿区扩大到所有城乡，对工商业经营性房地产和个人住房实行差别税率，并适当提高税率。此外，在全国统一幅度

的税目税率前提下，充分授权省级政府确定本地区的适用税率以及个人住房人均免税面积的扣除标准。推进房地产税的改革，不仅有助于为地方政府培育新的主体税种，改变地方政府“土地财政”的行为模式，也有助于为房地产市场的投机炒作降温，真正体现中央“房子是用来住的、不是用来炒的”调控目标。

（三）要加快其他有关地方税改革

1. 要继续深化资源税改革

资源税，是党的十八届三中全会确定的重点改革税种之一。目前要在河北等10省、市、自治区水资源“费改税”改革试点的基础上，尽快推广至全国范围。另外，要进一步扩大对森林资源、草场资源等“费改税”的范围。并将一些已开采但尚未纳入征税范围的地热资源、可燃冰等纳入资源税的征收范围。要根据我国资源稀缺程度和对生态环境的影响，适当提高资源税的税率，建立以资源税为主的资源开发生态环境损害补偿机制，变资源优势为经济优势和财政优势，为地方政府提供较为稳定可靠的财源。

2. 要加快城建税改革

目前，城建税并不是一个独立的税种，采取随增值税、消费税附征的办法，其收入与征管受“两税”的制约，弊端较多。因此，要将现行城建税的计税依据由随“两税”税额附征改为按销售（营业）收入直接征收，并将城乡差别化税率设置为统一适用税率。通过改革计税依据和统一税率，使城建税由附加税成为独立税。这不仅有助于公平税负、提高征管效率，也有助于为地方政府加快城乡一体化建设提供可靠的财力保障。

3. 要加快印花税改革

随着我国电子商务、网络订货等新型购销业务的迅速发展，许多经济活动不需要签订书面合同就能完成。再加上现行印花税的征收范围采取正列举的方法，使大量的具有合同性质的经济活动游离于印花税的征收范围之外，如部分代理合同、供水供电合同、管道运输合同等。因此，印花税的改革，就是要与新合同法接轨，对应税凭证不再采取正列举的方式，仅对免税凭证的种类进行列举，将以前遗漏的和新出现的具有合同性质的凭证包括电子合同凭证等都纳入印花税的征收范围。同时，简并、提高印花税税率，从而降低成本，提高征收效率。

（四）要加快费改税改革

1. 将教育附加费和地方教育附加费合并改为教育税

将其计税依据由实缴增值税、消费税税额改为以销售（营业）收入为计税依据，并统一税率。改革后的教育税统一作为地方税，可以扩大地方税收入规模，增加地方教育经费的资金来源，促进地方教育事业的发展。

2. 将社会保障费改为社会保障税

社会保险费改税，其税率、纳税人、征税对象、纳税期限、法律责任等由国家统一立法明确，将目前单位和个人缴纳的基本养老保险、基本医疗保险、失业保险、工伤保险、生育保险和残疾人保障基金等合并，形成统一的社会保障税，实行全国统一税率。基于目前社会保险费社会统筹和个人账户的不同性质，费改税后，对于个人账户养老金部分，与企业参与的企业年金和机关事业单位职工的职业年金一起组成个人养老金账户，并将今后个人缴纳的社会保障税也计入个人账户，继续保留多缴多得的激励机制。同时，考虑到今后社会保险实行全国统筹，可将社会保障税作为共享税，合理划分中央与地方分成比例。通过社会保障税改革，逐步缩小机关事业单位退休人员与企业退休人员的差距，为实现全国社保统筹和促进收入分配公平发挥重要作用。

（五）要适时开征遗产和赠予税

2017年9月5日胡润研究院发布的《2017胡润财富报告》显示，目前中国大陆拥有600万美元资产的家庭总财富已达125万亿美元，是大陆地区全年GDP的1.5倍。其中，拥有600万美元资产的家庭数量已经达到 460 万户，拥有千万资产的“高净值家庭”数量达到 186 万户，拥有亿万资产的“超高净值家庭”数量则达到 12.1 万户，拥有 3000 万美元的“国际超高净值家庭”数量达到 7.9 万户。而大陆每 940 人中有 1 人是千万富豪，每 1.4 万人中有 1 人是亿万富豪。

因此，鉴于我国高收入群体的不断增长和科学技术的不断发展以及贫富差距等社会矛盾的日益凸显，我国已有条件也迫切需要适时开征遗产和赠予税，通过对遗产和赠予财产的调节，防止贫富差距过大。同时，对于调节社会成员的财富分配、增加政府和社会公益事业的财力也具有一定意义。因为遗产和赠予税是与财产有关的税种，属于财产行为税，所以，开征遗产和赠予税，从完善地方税制、增加地方财政收入、便于税收征管的角度考虑，应将其作为地方税种，以充分调动地方政府积极性。

（作者单位：国家税务总局镇江市丹徒区税务局）

坚持五大发展理念　推动税收事业发展

吕　毅

党的十八届五中全会提出了创新、协调、绿色、开放、共享五大发展理念，这是对中国特色社会主义理论的丰富和发展，与科学发展观一脉相承，充分体现了马克思主义理论不断丰富、不断发展的活的本质。五大发展理论是相互结合、相互贯通、相互促进的有机整体，创新是发展的基点，协调是发展的节奏，绿色是发展的要求，开放是发展的格局，共享是发展的目标。深入学习领会五大发展理念及其内在联系，对于我们破解发展难题、增强发展动力、厚植发展优势、实现发展目标具有重要的理论和现实指导意义。正值税务征管机构改革的重要时刻，我们必须用五大发展理念指导工作实践，统筹规划，科学实施，勇于创新，勇于担当，切实把五大发展理念贯彻落实到各项工作中。

一、坚持创新发展

把税收征管体制改革摆在当前税收工作的重要位置，以科学合理的机构设置，权责得当的人员配备，精准高效的纳税服务，公正规范的税收执法，建立高效、公平、法治、文明的税收环境，创新纳税服务方式，探索“放管服”有效衔接与协调配合的更好的路径，完善税收征管流程，探索建立税收风险防控机制。提高纳税服务供给的质量，丰富纳税服务供给的层次。

二、坚持协调发展

目前，省级以下国地税合并，就是税收事业最好的协调发展举措。我们要提高政治站位，从大局全局的高度深刻领会党中央的决策部署，要顺应新时代经济社会的新变化新要求，不断改进税收征管方式，实现精兵简政，把有限的人财物进行统筹调配，协调运作，深刻体会国地税从几年前的深度合作到今天的合并，已水到渠成，党中央已经给足了思想认识上的逐步到位和工作中国地税机构的磨合过程。国地税机构的合并，不仅仅是原有的人财物叠加，而是对国地税机构以及税收征管的流程再造，是新时代税收事业巨轮奋力远航的再出发。国地税合并，使税收事业进一步协调发展汇聚了强大动力，我们当奋勇向前，奋发有为，做出无愧于新时代的业绩和贡献。

三、坚持绿色发展

税收事业的绿色发展，一要使税收为国家和社会的绿色发展服务，充分利用税收的条件和杠杆作用，加强税收征管，如水资源税、环保税的税收征管，就是国家对社会绿色发展最直接的支持；严格执行国家税收优惠政策，发挥税收政策的产业引导作用，也是对经济社会绿色发展的有力支持；税务机关大力发展多元化申报缴纳税款方式，推行无纸化纳税申报，本身就是提倡低碳税收，是最直接的绿色行政行为，是绿色发展。有效整合办税大厅纳税服务资源，实行同城通办、一窗式服务、一站式服务、电子税务局等一系列方便纳税人的举措，都是税务机关推动税收事业绿色发展的生动实践。让税收工作为推进生态环境保护，实现经济发展与环境保护双赢、经济发展与改善民生共进发挥应有的作用。

四、坚持开放发展

随着社会和科学技术的发展进步，税收事业不仅在量上发展迅速，在质上也有了长足进步，特别是在征管理念、征管业务范围上，形成了开放发展的格局。在社保费征收、残疾人就业保证金征收、工会经费征收中，都必须具备开放的思维方式和行为方式，必须要“唱大合唱”而不能“跳单人舞”。在税收征管过程中，也需要其他部门的协作配合，社会进入新时代，社会化的协税护税、综合治税已经具有常态化的趋势，形成以当地政府牵头，国土、房管、煤炭、环保、水务、工商等部门形成的综合治税和协税护税体系已是大势所趋，多部门的信息互通、协调配合为提高税收征管质量和水平提供了有力的综合效能支持。没有开放，就谈不上发展；没有开放性思维，就谈不上税收事业的大发展。税务机关要主动适应供给侧结构性改革，运用好与其相配套的税收政策，推动产业结构优化升级。在推进旅游业与新型工业、现代农业、现代服务业、文化产业的融合发展中，充分发挥税收政策的引导作用，及时兑现税收优惠政策，有效发挥税收政策的调节作用。加强与其他机关组织的沟通协调，发挥他们的协税护税作用，形成人人关心税收的大好局面。

五、坚持共享发展

税收工作为财政资金的积累做出了积极的贡献，强力推进扶贫攻坚，助力实现全面小康都需要可靠的财力支持。因此，税务机关为国聚财的使命可谓任重而道远。税务机关必须为国尽责，才无愧于时代和人民，国家才能有更多资金投入改善民生、强化国防等领域，才能让人民群众享受到祖国的繁荣和安宁。在这一点上，全体人民将一起共享税收事业的发展成果，税收事业的发展成果也惠及所有纳税人。税收事业的发展之路在人民的注视下继续前行，我们将不辱使命，牢记重托，继续优化纳税服务，降低纳税人的纳税成本，为政府加强公共服务平台建设提供更多的财力支持，提升人民群众的幸福感。

（作者单位：国家税务总局鄂尔多斯市东胜区税务局）

服务京津冀一体化发展的税收思考

——以保定市为例

桂新社

京津冀协同发展是党中央、国务院在经济新常态下作出的重大战略部署。经济决定税收，税收影响经济。如何发挥税收职能优势，服务京津冀协同发展已成为当务之急。本文以河北省保定市为例，在调研分析的基础上，阐述税收支持解决京津冀协同发展中面临的主要问题和矛盾，从发挥税收政策导向入手，创新税收利益协调机制、优化纳税服务，推进税收便利化、创新有利于协同发展的税收工作机制，提出税收服务京津冀协同发展的政策建议与措施。

一、保定市在京津冀协同发展中的现状

保定素有“京师门户、京畿重地”之称，在参与京津冀地区协同发展中，有着其他地区无法比拟的独特优势。

一是拥有深厚的历史渊源。保定是北京的“南大门”，与北京、天津三角相倚，相距均不到 140 千米，清为直隶总督署，中华人民共和国成立后曾为河北省会，“京津保三角”城市合作关系历史悠久。二是同城化交通体系基本建立。京广高铁和保津城际铁路使保定通达京津仅需半小时左右，与规划建设的北京新机场最近距离只有 15 千米。市域内京港澳、大广、京昆和荣乌等高速公路构成京南地区“三纵两横”城际大通道，为同城化发展创造了条件。三是人才支撑能力强。保定市是名副其实的“大学城”，现有华北电力大学、河北大学等 16 所高等院校，在校大学生 25 万人，高校数量和大学生万人拥有量在全国地级城市中位居首位。全市有各类科研机构 140 多所，科研人员 22 万多人，建有“院士工作站”13 家，科技创新实力在全省位居前列，具有高端对接的基础和条件。四是产业基础较好。保定是新中国第一批老工业基地、全国首批低碳试点城市，拥有国家汽车及零部件出口基地、国家新能源产业基地、国家科技创新示范园区、国家高新技术产业园区，多年来培育形成了以汽车、新能源、纺织服装、建材为代表的现代产业体系，涌现出长城、英利、奥润顺达、巨力等一批成长性强、影响力大的领军企业。五是承载空间广阔。保定市总面积 2.2 万平方千米，全市辖 26 个县(市、区)，总人口 1023 万人，是华北地区除京津外最大的城市。北京市西、北部均为山区，北京东部、天津西部空间有限，唯有南部的保定，地势平坦开阔，资源条件能满足 500 万人口特大城市的发展需要，可为首都功能疏解提供广阔空间。六是京保合作基础广泛。近年来，保定市与中科院北京分院、北京中医药大学、北京服装学院、清华大学、北京中关村等建立了战略合作关系。特别是在央企合作方面已成为河北省重要的转移基地，2013 年，河北省跟踪保定市央企合作项目共 33 项，总投资 710.96 亿元，项目涉及石油化工、装备制造、航天航空等多个行业和领域。随着京津冀协同发展战略的实施，对保定市发展的影响是全面的、深远的，这是保定市当前面临的最大机遇、最现实的机遇、最不能错失的机遇，必将推动保定市在新的历史起点上实现新的跨越发展。

按照京津冀协同发展战略，保定市积极谋划了河北白洋淀科技城、装备制造与生物医药等总占地 1216.5 平方千米的 7 大产业发展平台，并依据资源禀赋、产业基础、发展潜力等建设产业园区 34 个，主动承接京津功能疏解产业转移。2014 年，保定市承载平台实现主营业务收入 4350 亿元人民币，工业增加

值完成 938 亿元，上缴税金 168 亿元。

为全面融入京津冀协同发展，保定市发挥承载空间广阔、交通便利、现代产业体系较完善、特色产业突出等优势，着力构筑承接京津产业转移基地和创新合作平台。重点在高新技术、新兴产业方面吸引更多企业、项目和人才，已与中科院北京分院、北京中医药大学、北京服装学院、清华大学、北京中关村建立战略合作关系，谋划推进。河北安国现代中药工业园区计划建设北方最大药材集散地，已有北京同仁堂中药材加工生产及物流配送等 9 个项目落户，总投资 92 亿元，其中 3 个项目开工建设。同时，安国市加紧建设的天津天士力集团中国北方中药材交易中心，总投资达 50 亿元，成为津冀合作的示范项目。该中心将美国纽交所模式运用于中药材交易，使中药产业向国际化发展。白沟新城物流产业聚集区建设，成为对接京津的现代商贸物流产业基地。作为保定市唯一的省级物流产业聚集区，自 2016 年 9 月北京首批 1500 家商户相继入驻、600 多家商户"大挪移"到国际服装城 A 座以来，运营效果良好。投资 50 亿元、占地 2000 亩的北京新发地高碑店农副产品物流园区已有蔬菜、水果、粮油、干副产品等 5598 个档口签约，其中 80%来自北京的农批市场，签约河北辖区合作社 662 家。2017 年 5 月 1 日，园区内总占地 3.2 万平方米的香蕉库投入运营。作为以创新著称的中关村在北京以外设立的首个创新中心，保定·中关村创新中心正在迅速崛起，为京津冀协同发展的深入推进增添动力。截至目前，已有 39 家企业入驻该中心。据统计，截至 2016 年 6 月底，保定市与京津签订合作项目共 183 个，总投资 3923.42 亿元，其中，在建项目 58 项，总投资 1101.52 亿元；签约待建项目 54 项，总投资 1506.45 亿元；洽谈项目 71 项，总投资 1315.45 亿元。

经调研分析得知，能够容纳如此巨大的经济体量，源自保定市超前的工作规划。2015 年 4 月，保定行政区划调整完成，此举不仅使城区结构通过合并更加精简，而且将原市区周边的清苑县、满城县、徐水县 3 县撤县设区，一举将保定城区面积由 312 平方千米增加到 2531 平方千米，人口由 119.4 万人增加到 280.6 万人，彻底改变了保定长期以来"小马拉大车"的局面，"大保定"由此更具大能量。"原南市区、北市区合并成莲池区，绝不是简单的'1＋1＝2'，而是一个整合爆发的过程。全区紧抓京津冀协同发展机遇，2015 年共有 21 个项目列入省市重点项目，总投资 452 亿元。"

保定市坚持把高端引领、创新驱动融入京津冀协同发展的核心主导战略，通过共建研发中心、联合实验室、试验基地，一对一、一对多对接，使企业研发水平一举跃升到行业高端，为未来实现优质、快速发展奠定了坚实基础。2015 年 9 月以来，已达成合作项目 71 个（中国化工学会牵手晨阳水漆、中国金属学会对接巨力集团，成立了一批国家级联合实验室）。通过加强与中科院的合作，由中科院半导体研究所领衔与保定同光晶体公司成立的第三代半导体产业联盟，与长城汽车在发动机研发、新能源汽车等领域开展的广泛合作，正在产生一批高科技成果。国电联合动力成立了全国唯一风电设备及控制国家重点实验室，高技术价值使企业营业额三年增长 37 倍。目前，保定市还在着手成立"中国科协国家级学会保定创新联盟"，保定市成为京津项目、技术、人才、资金等创新要素汇聚地的进程正在加快。

据保定市统计局数据显示，2015 年，保定市完成投资 1149.6 亿元，同比增长 14.7%，高于全省平均水平 1.7 个百分点，新开工项目个数多、投资快，结构不断优化继续成为保定发展的鲜明亮点，全市新开工 465 个项目，同比增加 67 个，完成投资 375.2 亿元，增长 30.6%，其中汽车、医药、计算机通信和其他电子设备等制造业完成投资 127.9 亿元；全市限额以上消费品零售额实现 208.4 亿元，同比增长 11.8%，高于全省平均水平 5.5 个百分点，其中全市批发业、零售业销售额占到全市限额以上零售额的 97%。

二、税收支持京津冀协同发展中面临的主要问题

京津冀发展不协调，重要问题是公共服务非均等化，它的根源在财税体制上。财富分配不合理，财税体制不合理，以邻为壑、恶性竞争的局面不打破，城乡二元结构、京津冀二元结构不打破，一体化无从谈起。

（一）税收政策支持京津冀协同发展面临的问题

1. 现行支持区域创新驱动发展的税收政策力度不足

现行与京津冀协同发展相关的税收政策在一定程度上存在缺失或缺陷，亟须有关部门根据中央文件精神和京津冀协同发展规划要求，进行必要的税收政策调整或研究出台新的税收政策。一方面，及时清理和规范三地自行制定的地方税收政策，逐步减少政策差异，在更大范围内推广现行的中关村国家自主创新示范区税收优惠政策，以进一步发挥市场在资源配置中的决定性作用，促进京津冀协同创新共同体和区域市场一体化格局的形成。另一方面，根据国家战略要求，在推动京津冀产业转型升级和转移对接等方面进行税收政策梳理和分析，补充完善政策空白点，适时出台先行先试税收政策，从而在京津冀协同发展进程中更好地发挥税收调控作用。现行的支持京津冀区域创新驱动发展的税收政策，其力度及施行范围均存在不足。现行的中关村国家自主创新示范区税收政策对企业技术创新和升级改造发挥了较好的促进作用，但在执行中存在惠及面窄、优惠力度有限、配套政策不完善等问题。由于河北省无法享受中关村示范区“1＋6”“新四条”等试点税收政策，阻碍了科技创新产业在河北省、天津市的落地孵化。此外，由于研究开发费加计扣除政策门槛过高，致使部分创新性中小企业无法享受相关优惠政策，不利于创新型中小企业的发展壮大。

2. 现行税收政策难以适应优化京津冀产业布局的战略要求

立足京津冀地区的比较优势，按照现代产业的分工要求，通过制定相应的税收政策促进区域产业的优化升级与合理布局，是发挥税收调控作用的题中之义。目前，国家对于优化京津冀产业布局的战略要求已经明确，北京市应疏解非首都核心功能定位产业和构建高精尖经济结构，天津市应加快发展战略性新兴产业和先进制造业，河北省应积极承接首都产业功能转移和京津科技成果转化，改造提升传统优势产业，建设新型工业化基地和产业转型升级试验区。但适应上述战略要求的税收政策制度安排存在缺失，不利于三地实施产业差异化发展和融合发展。

（二）税收利益分享面临的问题

在当前分税制体制下，随着京津冀协同发展的推进，部分产业将按照布局规划进行调整，届时将有大批企业转移，因此亟须研究相关的税收利益分享机制，避免可能发生的相关问题。从财政体制层面来看，现行分税制中关于区域横向税收分配的制度安排还不够完善，造成区域内欠发达地区与发达地区的经济发展差距进一步拉大，严重影响了地区间的社会公平，因此从长远考虑需要进一步完善财税分配制度。

1. 改革为产业转移税收分享机制

以政府为主导的大型企业的搬迁转移，目前缺少相应的税收分享制度，短期内将给产业转出地的财政收入筹集带来很大的难题，产业转出地出于自身利益的考虑，可能会通过其他手段减缓企业转移速度。因此，应借鉴以往大型企业搬迁的税收分享经验，制定普遍适用于大型企业搬迁的税收分享办法，减少大型企业搬迁中“一事一议”的成本，明确大型企业转移的税收分享方法，降低产业转移协商过程中的时间成本。

2. 区域间横向税收分配制度有待完善

分税制改革以来，中央和地方之间的财权划分基本理顺，然而随着经济活动的不断复杂化，地方政府之间的税源划分成为突出问题，出现了税收在不同地区的不当转移，造成了地区之间税收缴纳和税源不一致的情况，即税收与税源相背离，极大地影响了区域经济协调发展。从京津冀三地情况来看，总分机构问题显得尤为突出。北京市以其独有的优势，拥有全国数量最多的企业总部，设在河北省的分支机构的税收汇总至北京市纳税，北京市分享了河北省的税收。随着京津冀协同发展的深入，产业重新布局形成了产业区域内的转移，在目前总分机构税收分配的制度框架下，河北省作为产业转移承接地，不但难以完全享受通过产业转移带来的税收收入增加，而且还要承担可能带来的环境污染等代价，这将在很大程度上影响津冀地区承接产业转移的积极性。因此，如何对跨区经营布局京津冀区域的企业产生的税收实行分享，成为促进产业承接转移的重要课题。

（三）优化纳税服务面临的问题

1. 区域纳税服务水平亟待提升

京津冀三省市税务机关纳税服务联动机制不够完善，造成区域纳税服务水平存在差异，区域内纳税服务资源整合力度不够。京津冀三省市税务机关虽然为纳税人提供多种咨询方式，但是由于三地税收政策和办税程序方面存在差异，尚未建立配套的咨询服务平台，使跨地经营企业和迁移企业难以全面掌握三地有关政策，影响企业税收成本的预测及企业顺利落地。另外，京津冀三地税务机关在同城通办事项选择、免填单服务数量、自助办税服务功能等诸多方面均存在差异，导致区域内纳税服务水准参差不齐。

2. 区域办税服务机制有待完善

目前，京津冀三地税务机关都已在国家税务总局的工作指导下，在简化辖区内纳税人迁移的办税程序、实行国税地税联合办理税务登记方面取得了重大进展，但由于区域内地区之间办税服务制度机制上存在设计缺陷，地区内横向部门之间缺少工作联动的制度保障，区域办税服务工作仍有待进一步创新和完善。一方面是多部门联合办理注册登记工作进展缓慢。虽然国税总局已明确要求各级税务机关要加强与工商管理部门、质量监管部门的沟通，及时获取工商登记、组织机构代码等信息，积极探索多证联办机制，但由于缺乏制度保障以及信息共享技术支持，相关工作进展较为缓慢。另一方面是跨省迁移企业税收征管程序有待简化。由于税收征管信息尚未实现省与省之间共享，纳税人发生跨省迁移时仍需办理注销税务登记，并将纳税清算作为前置环节，纳税清算时间较长。

3. 京津冀三地涉税信息共享协同水平不高

目前，京津冀三地内部国地税部门之间信息共享已经具备了良好的基础，但跨行政区域的信息共享和业务协同手段缺位，三地税务机关之间的“信息孤岛”现象依然存在，没有形成区域内网络互联互通、数据共享交换、标准规范统一的协同共享机制，尚未建立跨区域税务机关间数据共享交换平台。

（四）加强税收征管，推进征管协同面临的问题

目前，由于行政体制和财政收入分配体制的影响，京津冀三地存在企业经营地与纳税地不一致的现象，增加了税务机关对纳税人实施全面、及时、有效风险监控的难度，税收面临流失风险。另外，当前我国企业的组织形式呈现多样化发展的态势，已经由原来绝大部分企业生产、销售局限于一个地区的组织形式过渡到全国布局。总部经济、连锁经济、异地投资设厂等跨地区经营的各种经济组织形式发展迅猛，出现纳税人向多地税务机关申报纳税并接受税务管理的状况。由于纳税人在不同地区的应税事项相对独立却又密切相关，在登记与管理独立的模式下，税务机关对同一纳税人的申报和缴库信息难以比对分析，给实施纳税评估和税务稽查工作带来较大难度，增加了税收风险。

三、税收服务京津冀协同发展的政策措施和建议

京津冀三地具有特定区位优势。目前三地 GDP 占全国 GDP 比重近 11%，地方财政收入占全国地方财政收入比重近 12%，人口占全国人口比重近 13%，三地协同发展本质上是各地优势互补进而带动三地共同加快发展的过程。然而要看到，三地协同发展涉及改革、发展、稳定多层次问题，而财税制度是经济、社会和行政三者运行的支撑体系，推进三地协同发展必然要相应破解一系列财税难题。首先，如何平衡三地税制待遇。有必要把北京中关村的税收政策推广到河北省的高新技术产业和省级开发区。通过这种税制待遇统一来激励河北产业结构优化。其次，中央政府要从协同发展角度单独考虑对三地的转移支付政策。中央对三地的转移支付要考虑三地协同发展过程中人口流动、资金流动和技术流动等对经济发展和社会发展的影响。操作上可按照三地的功能定位来有针对性地、统筹考虑确定转移支付。最后，三

地应从协同发展角度制定区域性财税政策。制定区域性财税政策时，要考虑三地协同发展因素，具体安排基础设施投入时要优先三地协同发展项目，对三地间资本和技术流动要采取激励性税收政策。

(一)充分发挥税收政策导向作用

1. 完善推广促进京津冀区域创新驱动发展的税收政策

进一步完善现行的中关村国家自主创新示范区税收政策。降低研发加计扣除政策门槛，使相关政策惠及中小型科技创新企业。研究制定促进中关村示范区产学研合作的企业所得税优惠政策，对示范区科研机构免征企业所得税，对示范区企业科技成果转让实施更大力度优惠，适度扩大中关村示范区税收政策适用范围。

2. 规范统一促进京津冀市场一体化的税收政策

一是归并取消部分优惠政策。按照国发 62 号文有关清理规范税收优惠政策的通知精神，对京津冀三地各自制定的税收优惠政策逐一进行清理甄别，取消“即征即退”“财政返还”等妨碍区域公平竞争的招商引资政策，营造良好的区域发展环境。二是为减少区域内横向税收不良竞争，京津冀地区应加快由区域税收优惠政策向产业税收优惠政策转变。对已经出台的不利于三地协同的区域性税收优惠政策，执行到期的应彻底终止不再延续，对未到期限的要明确政策终止的过渡期，对符合三地协同发展需要的优惠政策，要进一步加强执行力度，确保政策落到实处，发挥此类政策的效用；对带有试点性质且具有推广价值的，应尽快转化为普惠制，在全国范围内实施。同时，统筹制定区域地方税种的征收标准，如营业税、车船税、土地使用税、房产税、契税、土地增值税预征率等，建议在尽可能短的时间内，在京津冀区域内实现以上地方税种征收标准的统一。

3. 创新优化京津冀产业布局的税收政策

按照京津冀协同发展国家战略规划的要求，三地应结合自身功能定位，制订鼓励促进产业发展目录和不宜发展产业目录。税收政策制定部门根据鼓励促进产业发展目录，健全完善相关的税收优惠政策，完善产业税收优惠政策体系，对于列入不宜发展产业目录的产业，逐步取消税收优惠政策。同时，对京津冀区域内为淘汰落后产能而新上的项目以及转型升级的重大项目，享受固定资产加速折旧政策。对压缩过剩产能的企业，按企业压缩产能的比例，相应抵扣企业应纳税所得额。

(二)创新完善区域税收分配制度

1. 研究制定大型企业转移的税收分享办法

企业的搬迁必然引发迁出、迁入地政府筹集财政收入的变化，特别是短期内将会影响迁出地政府的财政收入。为避免“一事一议”，减少协商成本，促进产业转移有序推进，可采取以下措施：对于政府主导的整体搬迁落地非园区的大型企业，可对企业产生的主体税种，包括增值税、企业所得税、个人所得税的地方留成部分、营业税在产生税收的一定时期内，按照五五分成的比例进行税收分享，其他的地方税种可以在一定时期内予以减免，以鼓励促进企业的搬迁发展。对于落地园区的企业，不论政府主导还是市场选择，不论企业规模大小，建议由国家设立园区专项扶持基金，促进共建园区建设。借鉴上海浦东新区的成功经验，在一定年限内，以中央核定的税收返还数为基数，每年税收增幅在一定比例内的税款进入园区发展基金，增幅超过比例的部分 50％入园区发展基金，最大限度保证税收分享制度的公平合理。

2. 进一步完善跨地区经营所得税分配制度

为促进京津冀协同发展的产业布局调整，提高三地产业转移的积极性，建议进一步完善已有跨区经营企业税收分配制度安排，如《跨地区经营汇总纳税企业所得税征收管理办法》(国家税务总局公告 2012 第 57 号)，充分考虑企业总分支机构的实际经营规模、经济活动贡献、涵养税源的前期建设成本、企业生产带来的负外部性成本等综合因素，适当调整总分支机构的税收分配比例，调增在津冀地区迁入地的分享比例，确保跨区经营企业所得税按照税源贡献大小原则在相关区域政府间公平分配，避免出现“有税源无税收，无税源得税收”的情形，损害税源地政府的税收权益。

（三）营造优质的税收服务环境

1. 大力提升纳税服务水平

探索建立京津冀纳税服务标准示范区域。以国家税务总局颁布的《全国县级税务机关纳税服务规范》为基础，推动京津冀三地涉税事项办理同政策、同流程和同时限。建立标准统一、透明公开、服务集约、科技含量高的全国示范性公共服务平台。简化办税流程，精简涉税资料，缩短办税时限，推进规范升级，为纳税人提供高附加值的服务。充分发挥网络优势，建立基于互联网的统一办税服务平台，实现办税服务“一点通”。纳税人打开三地税务部门网页，即可进入京津冀统一的网上办税平台，输入纳税人识别号之后，能够立即接入三地税务机关的办税服务系统。

2. 实现京津冀涉税业务三地通办

在三地现有通办服务基础上，逐步实现税务登记、纳税申报和备案类事项通办。对纳税人已享有的税收资质（如高新技术企业等税收优惠资质、增值税一般纳税人认定资质等）在纳税人迁移时，承接地主管税务机关继续予以认可，承接时不再审核调查，同时加强后续监管。推进三地涉税信息共享，实现三地统一的免填单服务。

3. 创新完善税收服务措施

推进多部门联合办理注册登记。京津冀三地税务机关应加强与工商、质监等职能部门的外部协调，规范信息共享口径，确保信息真实有效。基于获取的工商登记、组织机构代码等信息，直接赋予纳税人识别号，并主动推送给纳税人签字确认，不再要求纳税人重复提供并填报信息。探索建立三证联办的工作程序和规范，完善信息系统，适时实现一表登记、三证（营业执照、组织机构代码证、税务登记证）合一。

4. 简化京津冀跨省迁移税收征管程序

比照省内跨区县迁移模式，迁出地税务机关对发生跨省迁移的纳税人做迁出处理，简化和规范纳税清算程序或不做纳税清算，迁出前正在对企业实施稽查的，如无重大问题，应限期在两月内结案，减少企业在京津冀间跨省迁移的行政障碍，为产业转移和企业合理流动提供便利。

（四）强化税收征管，促进三地征管协同

1. 严格维护征管秩序

建立并完善企业异地经营税务管理协作机制。对企业工商注册地与税务登记地不一致的，要努力解决历史遗留问题，落实税务登记管理制度。对企业工商注册地与企业实际经营地不一致的，应在调整完善地方财政收入分配体制的基础上，减少地方政府的非正式优惠政策和行政干预，引导区域间企业良性流动，逐步减少税收与税源背离的情况。

2. 强化税收风险协同管理

建立跨地区经营企业的户籍式信息管理模式。将分支机构、子公司、临时外出经营户等纳税人的经营和纳税信息归并到其总机构、母公司、注册地纳税人的户籍信息内，便于总机构、母公司、注册地税务机关对纳税人及时实施风险应对管理。

3. 完善税收工作协调机制

京津冀三地税务部门应在《京津冀协同发展税收合作框架协议》的基础上，进一步细化工作方案，明确部门职责，落实国家税务总局京津冀协同发展税收工作领导小组确定的工作事项，制定相关配套制度。建立会商机制，及时沟通交流工作中的动态、问题和经验。建立涉税争议协调机制，设立争议协调机构，对因税收管辖权等事项产生的争议，组织各局相关部门妥善研究解决。

4. 提高三地涉税信息共享水平

首先，建立跨区域税务机关间数据共享交换平台。充分利用三地税务机关多年来信息化建设成果以及数据资源，在建立统一的数据交换标准的基础上，根据现行税收管理体制要求，结合金税三期的建设情况，由国家税务总局建立三地六局相互连接的信息共享交换平台，实时共享交换三地六局管理的所有纳税人的税务登记信息、申报征收信息、发票管理信息、税收风险控制类信息、税务稽查信息、相关的重大税收违法案件信息、自然人信息、纳税信用信息、政策法规库等各类信息，实现三地间税务部门数据共享。其次，建立涉税信息交换机制。规范数据信息交换的对象、格式标准和工作流程，实现对涉税信息的有效利用，并明确信息更新的时间周期和责任部门，确保信息的时效性。最后，构建京津冀跨地区纳税人信用奖惩联动机制。按照国税总局《纳税信用管理办法》和《重大税务违法案件信息发布办法》的相关规定，制定《京津冀跨地区信用奖惩联动机制》，通过实现纳税人纳税信用信息和严重税收违法黑名单等信息数据的共享，探索利用第三方涉税信息，实现对守信纳税人的奖励激励与对失信纳税人的约束惩戒在三地之间联动推进，协同管理。

（作者单位：国家税务总局保定市税务局）

经济生态两手抓金山绿岛长相依

——崇明世界级生态岛税源变化的思考及建议

国家税务总局上海市崇明区税务局课题组

"十三五"时期，生态文明建设成为国家战略，中央提出创新、协调、绿色、开放、共享五大发展理念，绿色、低碳、可持续发展成为时代主题。崇明作为最为珍贵、不可替代、面向未来的生态战略空间，是上海重要的生态屏障和21世纪实现更高水平、更高质量绿色发展的重要示范基地，是长三角城市群和长江经济带生态环境大保护的标杆和典范。在此基础之上，崇明将建设成为生态环境和谐优美、资源集约节约利用、经济社会协调可持续发展等综合性特点的世界级生态岛。随着崇明世界级生态岛建设的推进，绿色经济将成为崇明发展的新机遇。与此同时，税源结构也将一改传统模式，得到相应调整。因此，在新的经济格局之下，准确研判税源发展趋势将有助于为生态岛建设提供有力支撑。从当前崇明岛的税源现状出发，在税收发展的基本情况中进一步分析产业和行业的税收状况，继而结合岛内的生态农业、旅游业、先进制造业和现代服务业，分析本岛实际税源变化及发展趋势，进行相关思考并提出若干建议。

一、崇明目前税源现状与分析

近几年，在全国经济新常态大环境下，崇明经济社会保持平稳持续健康发展态势，税收总量不断创新高，产业结构进一步优化。在"撤县建区"后，崇明处于建设世界级生态岛发展的新阶段，税收收入的持续快速增长将为崇明经济社会发展提供有力的财政保障。

(一)总体税收发展情况

2014—2016年，崇明税收收入持续保持两位数增长。2014年共完成税收收入105.1亿元，同比增长15.8%，税收总量首次突破100亿元。2015年共完成税收收入124.4亿元，同比增长18.4%，继续保持快速增长态势。进入2016年，受资本市场活跃、房地产交易火爆、"营改增"效应等共同因素影响，共完成税收收入164.5亿元，同比增长32.2%，税收总量和税收增幅同时创新高(见图1)。

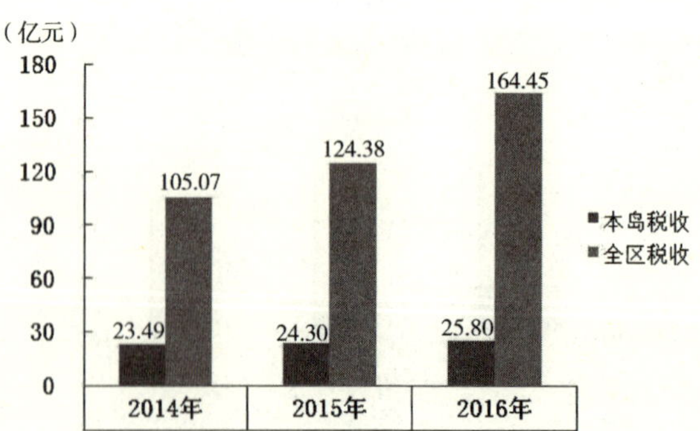

图1　2014—2016年崇明区税收完成情况

而崇明本岛企业税收中，近三年税收增幅分别为10.0%、3.4%、6.2%。崇明本岛大企业中，房地产开发企业税收波动较大，海洋装备企业整体低迷，仅烟草公司税收贡献稳定。除此以外，本岛企业税收体量小，税收增长缓慢。本岛企业近三年税收虽然实现增长，但占税收总量的比重从 2014 年的 22.4%下降到 2016 年的 15.7%。这说明，今后崇明税收要实现快速增长，将对岛外招商企业的依赖性越来越高。

（二）分产业税收情况

分产业来看，第一产业因受税收优惠政策影响，税收贡献率较低；第二、第三产业作为崇明税收的支柱产业，合计税收占全区企业税收的 99%以上。

第一产业主要包括农、林、牧、渔业，税收从 2014 年的 1434.1 万元上升至 2016 年的 2502.6 万元，年均增幅为 32.0%，这主要得益于本区产业结构调整、构建崇明生态绿色产业体系。

第二产业主要包括制造业、电力燃气业和建筑业。虽然制造业税收受海洋装备产业影响徘徊不前，且崇明电力系统迁出由上级集团公司所在分局统一征管，但依靠建筑业的快速增长带动了第二产业的增收，近 3 年分别增收 4.7 亿元、5.0 亿元和 8.2 亿元。

第三产业主要包括服务业、批发零售业、房地产业等，从表 1 中可以看出，第三产业税收增幅逐年攀升，从 2014 年的 15.9%上升至 2016 年的 38.0%，且第三产业占税收总量的比重从 2014 年的 66.6%上升至 2016 年的 70.5%，产业结构调整的成效逐步显现。

表 1　　2014—2016 年崇明分产业税收情况　　单位：万元

产业	2014 年	增幅(%)	2015 年	增幅(%)	2016 年	增幅(%)
第一产业	1434.1	35.1	2507.2	74.8	2502.6	−12.0
第二产业	349883.9	15.4	400364.9	14.4	482262.4	20.5
第三产业	699390.8	15.9	840917.9	20.2	1160074.7	38.0
合计	1050708.8	15.8	1243790.0	18.4	1644543.5	32.2

（三）分行业税收情况

崇明税收行业构成中，服务业、建筑业、批发零售业、房地产业和制造业五大重点行业税收合计，占全部税收的比重超过 90%，五大行业的税收变化直接影响着崇明区域税收的走势（见表 2）。

表 2　　2014—2016 年崇明分行业税收情况　　单位：亿元

行业	2014 年	增幅(%)	2015 年	增幅(%)	2016 年	增幅(%)
服务业	42.3	13.4	55.5	31.4	75.7	36.4
建筑业	24.5	19.4	29.5	20.6	36.7	24.6
批发零售业	10.4	35.4	11.1	6.9	13.5	22.1
房地产业	8.1	3.8	7.8	−4.0	12.9	65.7
制造业	9.9	10.9	9.8	−0.7	10.3	5.3
其他	10.0	15.8	10.7	7.0	15.2	42.2
合计	105.1	15.8	124.4	18.4	164.5	32.2

服务业税收贡献突出。近年来，招商企业税源特征正逐步向第三产业特别是服务业转变。服务业占全区税收的比重已从 2014 年的 42.3%上升至 2016 年 75.7%，2015 年和 2016 年税收增幅均超过 30%，服务业对崇明税收的贡献越来越大。

建筑业税收增收稳定。近 3 年，建筑业分别增收 4.0 亿元、5.0 亿元和 7.3 亿元，作为崇明税收产出第二大行业，建筑业税收增幅稳定在 20.0%左右。

其他行业中，批发零售业税收总量逐步攀升，房地产业和制造业经历 2015 年的减收后，于 2016 年实现反弹，特别是房地产业 2016 年税收增幅达 65.7%。

二、亮点行业税源变化情况及税源涵养的思考

(一)生态农业

1. 生态农业定义

生态农业简称 ECO,是按照生态学原理和经济学原理,运用现代科学技术成果和现代管理手段,以及传统农业的有效经验建立起来的,能获得较高的经济效益、生态效益和社会效益的现代化高效农业。它要求把发展粮食与多种经济作物生产,发展大田种植与林、牧、副、渔业,发展大农业与第二、第三产业结合起来,利用传统农业精华和现代科技成果,通过人工设计生态工程,协调发展与环境之间、资源利用与保护之间的矛盾,形成生态上与经济上两个良性循环,经济、生态、社会三大效益的统一。

2. 生态农业现状

根据统计数据,2014—2016 年崇明农业税收变化情况如表 3 所示。

表 3　　2014—2016 年崇明农业税收情况　　单位:万元

行业 \ 年份	2014	2015	2016	合计
农	724.6	1453.4	1193.5	3371.4
林	419.1	726.2	629.4	1774.6
牧	222.0	251.2	268.9	742.2
渔	68.5	76.5	114.6	259.6
合计	1434.1	2507.2	2206.4	6147.8

由此可见:相比 2015 年,崇明 2016 年的农业税收有减少的趋势。一方面,这是因为随着崇明生态岛建设和农村综合改革的深入推进,崇明的农业规模较去年有略微减少的趋势;另一方面,农业税收优惠政策的内容也越来越丰富,从而降低了从事农业的纳税人的税负。

3. 生态农业税源涵养的思考

(1)提高农业资源利用率

推进秸秆资源化综合利用,不断提高秸秆机械化还田质量,大力推进秸秆饲料化、能源化和肥料化综合利用;开展不规范生猪养殖场整治,提高畜禽粪便资源化利用率。

(2)优化农业产业结构

坚持低碳农业可持续发展的路线,加快形成以粮食作物和经济作物为主、特色禽畜和水产养殖兼顾的农产品体系,完善以育种研发、产品生产、加工销售、休闲体验为核心的全系列农业产业链,把崇明打造成为全上海甚至整个华东地区优秀的绿色食品生产和供应基地。

(3)深化农业经营体制改革

深化农业经营体制改革。积极引导开心农场建设,打造一批农业旅游特色景点。组建生态农业公司和绿色农产品产销联合会,进一步拓展农超对接、社区直销、电子商务等产销对接模式,完善农产品质量安全追溯平台和农产品产销信息平台功能,促进崇明绿色农产品市场培育,完善绿色农产品市场流通与销售环节。

(二)生态旅游业

1. 生态旅游业定义

国际上对生态旅游业(Ecotourism)的定义是在 1990 年确定的,即在一定的自然区域中保护环境并提高当地居民福利的一种旅游行为。随着时代的发展,生态旅游的含义、范畴更趋丰富,目前生态旅游的

最新定义:以有特色的生态环境为主要景观的旅游。具体是指以可持续发展为理念,以保护生态环境为前提,以统筹人和自然和谐发展为准则,并依托良好的自然生态环境和独特的人文生态系统,采取生态友好方式,开展的生态体验、生态教育、生态任职并获得心身愉悦的旅游方式。从定义来看,崇明地区目前的旅游产业都可划入生态旅游范畴。

2. 生态旅游业现状

根据崇明旅游局政府网站公开信息,2016 年全区接待游客达 490.0 万人次,比 2015 年增长 5.0%,比 2011 年增长 45.1%,年平均增长 7.4%;实现旅游直接收入 10.9 亿元,比 2015 年增长 9.1%,比 2011 年增长 101.9%,年平均增长 14.9%。从数据看,2016 年崇明旅游业增长势头强劲,为崇明整体的经济发展做出了重要的贡献。

随着旅游业的快速发展,崇明旅游业的税收也逐年增长,根据统计数据,2014—2016 年旅游业税收变化情况,如表 4 所示。

表 4　**2014—2016 年旅游业税收变化情况**　单位:万元

年份	2014	2015	2016
税收	2466.3	2847.3	3395.7

由此可见:崇明旅游业税收增幅十分明显,这说明生态岛的建设对于旅游业的推动已经有了一定成效。根据这种趋势,生态旅游业必将成为崇明的支柱产业之一。

3. 生态旅游业税源涵养的思考

(1)积极开展品牌建设

要继续提升东平国家森林公园、西沙湿地、东滩鸟类保护区软硬件设施水平,完善周边功能服务配套,推进崇明"东海瀛洲"国家 5A 级景区创建,从而进一步提高生态旅游岛的知名度。

(2)提高活动举办水平

在引入更多活动进驻崇明的同时,要更注重提高活动的水准,从而提高对外吸引力及游客的满意度。活动要更加突出崇明本土特色,要找出过去举办的森林旅游节、自行车嘉年华、美食嘉年华等品牌节庆活动存在的不足,并努力改正,争取把活动做得越来越好。还要通过政策扶持和平台的搭建,充分提高企业举办类似活动的积极性,既让企业积极参与,又让企业在提高知名度、打开销路上"有利可图",努力构建"月月有节庆,周周有热点"的旅游发展氛围。

(三)先进制造业

1. 先进制造业特征

随着当代信息技术、先进制造技术和全球化的发展,制造业的发展技术、发展模式发生了较大变化,成为现代制造业。现代制造业是相对于传统制造业来说的,对信息化水平、企业的组织形式、经营的开放性与全球性、企业的研究开发能力与产品的技术含量等都有较高要求。其中,先进制造业在现代制造业中尤为凸显。

一般来说,现代制造业主要有以下特征:一是充分应用和吸收当今世界先进制造技术,紧跟信息化的步伐,并呈现出制造业与服务业既分工又融合的特点。二是建立起与现代技术相适应的生产方式和企业组织形式。三是具有与全球化相适应的资源配置方式。四是利用现代信息技术,改造和集成业务流程,形成以价值链为基础的分工协作模式。

2. 先进制造业现状

近几年，崇明区制造业经历了一个缓慢回升的过程。其中，海洋装备产业作为崇明经济发展主导产业之一，因外向型明显，对全区经济的下拉作用十分突出。2016 年，全区海洋装备产业总产值 257.0 亿元，比 2015 年增长 0.6%，海洋装备产业占全区工业总产值达 68.1%。根据统计数据，2014—2016 年崇明区先进制造业税收变化情况如表 5 所示。

表 5　　2014—2016 年崇明区先进制造业税收变化情况　　单位：万元

行业＼年份	2014	2015	2016	合计
医药	2076.8	2845.0	2059.3	6981.1
稀有金属冶炼	13053.0	7585.6	8844.6	29483.2
其他原动设备制造	3984.2	5449.4	6838.6	16272.2
汽车制造业	2971.4	2863.6	2717.4	8552.4
铁路、船舶、航空、航天和其他运输设备制造业	8927.9	11130.8	21478.0	41536.7
电气机械和器材制造业	6578.3	8068.2	11047.8	25694.3
计算机、通信和其他电子设备制造业	1779.7	1772.2	2234.1	5786.0
仪器和仪表制造业	4428.2	2812.3	2898.5	10139.1
其他制造业	8424.5	12675.9	12444.6	33545.1
废弃资源综合利用业	1983.0	1513.7	1311.5	4808.2
金属制品、机械和设备修理业	5017.8	4468.3	2937.3	12423.4
合计	59224.9	61185.0	74811.7	195221.6

由此可见：近几年崇明先进制造业呈现稳定增长的趋势。2016 年全区先进制造业实现税收 7.5 亿元，同比增长 22.2%，比 2014 年增长了 26.4%。特别是海洋装备产业增长势头明显，2016 年实现税收 2.2 亿元，同比增长 93.0%。

3. 先进制造业税源涵养的思考

(1)紧跟“中国制造 2025”战略

要利用好崇明海洋装备产业的优势，依托长兴海洋科技港，努力成为上海建设我国海工装备制造业创新中心的中坚力量。要积极引导全区海洋装备企业调整产品结构，提升产品科技含量，推动传统海洋装备制造企业向智能化海洋装备制造企业转型。紧抓关键工序智能化、生产过程智能优化控制、供应链优化，建设海洋装备智能工厂/数字化车间，建立海洋装备智能制造标准体系和信息安全保障系统，搭建海洋装备智能制造网络系统平台。还要组织海洋装备制造企业实施能效提升、清洁生产、节水排污、循环利用等专项技术改造，制定绿色产品、绿色企业、绿色园区标准体系，开展绿色评价，建立绿色示范工厂和绿色示范园区。还要拓展和延伸海洋装备产业链，把长兴海洋科技港打造成为世界先进的集总装集成、系统模块、核心配套、生产服务等为一体的全要素一体化产业基地。

(2)加大制造企业招商力度

要抓住契机，围绕崇明生态岛建设理念，加大招商力度，吸引上规模、高科技、低能耗的制造企业驻根崇明。有些园区目前企业数量相对较少，总量仍有发展空间，未来尚有潜力可挖。这些工业园区要发掘自身潜力，利用自身优势，加大引进力度，做好招商工作。另外要努力建设具有区域性竞争力的先进制造业基地，推动崇明先进制造业与长三角地区产业联动发展，发挥郊区新城“产城融合”效应。重点发展新一代电子信息、节能与新能源汽车、高端设备制造、节能环保设备等，建成一批既高端又绿色的先进制造业园区。

(3)持续推进产业结构调整

要淘汰纺织业、黑色金属冶炼和压延加工业等产能饱和、附加值低的制造业,多发展低能耗、高技术的仪器仪表制造业、金属制品机械和设备修理业等。要做好产业调整工作,加大淘汰落后产能、扶持新兴行业的力度,促进崇明先进制造业实现又好又快发展。

(四)现代服务业

1. 现代服务业的特征

现代服务业是指依托电子信息等高新技术和现代经营、管理方式发展起来的,具有知识和技术相对密集型特征的服务业。

现代服务业具有四大基本特征:高技术性,即科技含量高;高知识性,即为消费者提供知识的生产、传播和使用服务,使知识在服务过程中实现增值;高附加值和集群性,即产生服务的规模效应和各种服务相互融合的聚集效应,引起服务的大幅度增值;从业人员的高素质性,即从事现代服务业的人员大都具有良好的教育背景、专业知识基础和较强的技术、管理能力。

2. 现代服务业现状

根据统计数据,2014—2016 年崇明区现代服务业税收变化情况如表 6 所示。

表 6　　2014—2016 年崇明区现代服务业税收变化情况　　单位:万元

年份	2014	2015	2016	合计
电信、广播电视和卫星传输服务	1363.7	1056.5	1292.5	3712.6
互联网和相关服务	1459.6	3235.7	3620.7	8315.9
软件和信息技术服务业	22777.6	33982.3	60114.6	116874.5
租赁业	5947.0	8938.7	10506.2	25391.9
商务服务业	280785.5	404404.1	494145.1	1179334.7
研究和试验发展	2902.4	3294.6	4424.7	10621.6
专业技术服务业	62556.6	63140.7	88028.8	213726.0
科技推广和应用服务业	28140.3	28240.4	37601.9	93982.6
合计	405932.6	546292.7	699734.5	1651959.8

由此可见,崇明区现代服务业税收呈逐年递增趋势,其中商务服务业、软件和信息技术服务业、专业技术服务业占比较大,发展势头良好。

2016 年 5 月 1 日全面推行"营改增"试点以来,"营改增"一般纳税人所属期 2016 年 5—12 月的纳税申报累计数据如表 7 所示。

(1)行业分布情况

表 7　　行业企业数量情况

行业	户数(户)
房地产业	36
建筑业	2582
金融业	8
生活服务业	2132
交通运输业	660

续表

行业	户数(户)
电信业	22
邮政业	2
现代服务业	7505
合计	12947

(2)税负变化情况

由表 8 可见,全面"营改增"试点以来,现代服务业户数占比最大,新办此类纳税人增幅明显。同时,因享受"营改增"政策,与营业税相比,税负显著下降,位于其他行业之首。

表 8　各行业税负变化情况　单位:万元

行业	税负变化额
房地产业	−1285.2
建筑业	5963.1
金融业	39.2
生活服务业	−19375.1
交通运输业	−2484.0
电信业	−377.8
邮政业	−9.4
现代服务业	−79668.0
合计	−97196.9

3. 现代服务业税源涵养的思考

(1)加快发展商务服务

商务服务是未来发展潜力巨大的行业,包含企业管理、专业咨询、会议展览等。崇明区应鼓励和扶持各种咨询、评估、会计、审计、法律、工程设计、广告和市场研究等中介服务机构,为崇明世界级生态岛的投资者提供经济发展战略研究、投资咨询、技术转让、资产评估、法律服务、产权交易、外贸代理等多项业务。同时,利用崇明独特的生态资源,举办大型会议展览,形成集会展、观光、度假为一体的现代化综合体系,发挥上海东滩国际会议中心作用,吸引国内外高端商务企业了解崇明、投入崇明、深入崇明。

(2)构筑信息服务平台

信息技术包含软件开发、信息技术咨询、数据处理等。加强信息网络基础设施建设,鼓励信息服务业务交叉,形成竞争开放的信息服务市场格局。利用陈家镇智慧岛产业园优势,整合信息业务平台,加大与浦东金桥、张江集团合作,将经验成果和品牌优势引入智慧岛产业园。结合国际海底光缆登陆站,优先发展数据处理、软件研发等创客经济,加快数据产业园建设和创客小镇建设。利用统一网络平台,开发和传输增值信息,通过网站和网页发布提供信息服务。通过实施电子商务工程,发挥信息经济和社会效益,开辟新经济形式和渠道。加快信息产业规划和政策制定,促进信息产业中小企业快速发展,为政府决策和企业生产经营提供及时、准确、高效的信息服务,实现信息咨询业的社会化、商品化。

(3)提升环保专业技术

专业技术包含气象海洋地震服务、环境保护监测、地质勘查等。进一步厚植生态优势,促进水、林、土、气等环境综合整治，以更高标准持续推进生态保护和环境建设，打造更具竞争力的高品质环境。为解决湿地生态系统退化、生物多样性不足的现状，在崇明开展湿地生态系统合理利用与保护技术研究，开展东滩鸟类栖息地优化工程的关键技术研究，改善湿地整体现状；针对崇明水环境退化问题，推进水资源保障与水体生态修复技术，开发应用村镇生活污水分散式处理，提升居住环境；围绕生态岛建设的环保目标，充分利用可再生资源，运用风力、太阳能等循环应用技术，提供城市发展所需，促进经济持续发展。

三、促进税源结构持续优化发展的思考及建议

（一）规范招商引资

从近些年招商引资工作的具体实践来看，崇明区招商引资工作仍以传统的招商模式为主。纵观传统招商模式的特征，不难发现，传统招商模式从体制上来看是由政府进行主导，然后在此基础之上成立各级招商机构，组建招商队伍，将招商引资的任务目标进行逐级分解。

传统招商模式的方法主要依靠招商人员上门找、委托中介招商、网上招商和以商引商等方式。但在实践过程中，传统的招商模式面临一系列的窘境，如各级政府及招商人员面临较大的任务压力，容易产生为招商而招商、为指标而招商的简单做法，导致只求量的上升，不求质的提高。从崇明生态岛建设的角度考虑，不利于生态经济的长远发展。同时，招商过程中通常只是引进一个企业，没有注意到产业链的相互协同，招商引资综合效益不高。

随着崇明区世界级生态岛建设的提出，崇明区区位优势及站位不断提升，尤其是区域功能的调整，经济发展方式亟须转变升级，这种新的转变迫切需要新的招商模式。目前，传统的粗放型的招商模式已不适应崇明生态岛的定位，应当引入企业准入机制加以规范。

1. 从政府的角度来看，要规范招商引资

（1）引入企业准入机制

除了要搭建专业招商平台，组建专业细分的招商队伍外，更多的是要加强与国内外知名中介机构的合作，通过制定一系列引入标准，有针对性地选择知名企业、上市公司或者前景优势较为明显的企业来崇明投资。在合作方式上，一是要利用知名中介机构的招商经验和对市场的深入认识这两大优势，对引进项目（企业）进行科学分析和预判，确保引进项目的前瞻性和必要性；二是要利用中介机构的信息优势，为符合生态岛建设功能定位和产业导向的优质企业落户提供可能；三是要利用中介机构的专业优势，为已落户的企业提供专业服务，为具有成长性的企业提供支持。

（2）加强招商工作的规范化建设

在招商过程中，往往会涉及法律政策等方面的限制，建议政府聘请专业法律顾问团队，在市场准入机制的框架内对招商过程中遇到的问题进行法律指导和合法性审查，避免因不符合相关法律法规而影响招商情况的发生。

2. 从税务机构来看，要提供优质高效服务

招商引资历来都是政府经济工作的重要内容之一，通过招商引资，不仅能够有效扩大地方税基，而且能够进一步增加地方政府的财政收入。而税务部门作为招商活动中的重要谋划者和参与者，首先要增强服务招商的理念，以服务地方经济和社会发展为己任，自觉摆正税收与经济的关系，不断增强为经济发展服务的意识，充分发挥税务部门在招商引资中的作用。

（1）做好全方位的纳税服务工作

对招商项目，税务部门要主动提前介入，为进岛企业提供全程纳税服务。对招商引资企业专门制定办税服务指南，建立涉税办理绿色通道，简化办税流程，提高办税效率和服务质效。要注重收集招商引资企业涉税需求，倾听他们的呼声及意见，使之成为制订税务工作目标的重要参考。同时，税务机构还要密

切关注项目投产后生产经营情况，深入开展经济税收分析，全面查找影响企业发展的政策性因素，为企业的发展壮大挖掘政策潜力，开拓政策空间。

(2)做好政府招商的参谋助手

积极开展税收政策的宣传和解释工作，给投资商提供一个良好的经营发展环境。另外，税务部门也可以充分利用联系面广、信息灵通的优势，为地方政府提供更多的投资信息，要把认真落实国家规定的优惠政策作为优化投资环境、促进地方经济快速发展的重要任务。针对不同招商项目，要通过各种渠道，把税收优惠政策宣传落实到位。在税法规定允许的范围之内，切实保护纳税人合法权益，最大限度地为地方招商引资、企业持续发展提供政策支持。税务机关必须做到依法治税，政策执行到位，维护税法尊严，为崇明的经济发展创造一个可持续发展的良好环境。

一是坚持依法治税原则。对招商引资项目要做好跟踪管理，在实现招商引资成果转化为税收收入的同时，严格执行各项税收政策，杜绝税收违法违规行为的发生，增强投资商的决心和信心。通过加强规范内部管理，促进税务人员依法行使国家赋予的税收执法权，依法严厉打击偷抗税行为，以维护良好的税收秩序，营造良好的营商环境。

二是树立公平执法理念。对招商引资企业和普通企业要一视同仁，做到公开、公平、公正。在配合政府招商工作的同时，对于招商引资企业存在的税收问题，要排除干扰，顶住压力，秉公执法，不徇私情，坚决维护国家的利益和税法权威。

三是加强与政府部门信息互通。全面掌握地方政府承诺的优惠政策以及财政资金扶持情况，及时纳入管理，严防地方政府滥用税收优惠政策、扰乱公平竞争市场秩序行为的发生，确保税法统一，避免税收流失。

四是加强关联交易反避税管理。在目前招商中，地方政府往往注重大企业、集团公司的招商，而跨区域公司经常通过在关联企业间人为抬高或降低交易价格来调节各关联企业之间的成本和利润，以达到转移利润或降低税负的目的。因此，税务部门在对招商企业的日常管理中，要重点关注其关联交易行为，加强与关联方所在地主管税务机关的情报交流，及时进行纳税调整，维护地方的合法税收权益。

(二)强化税收宣传

通过广泛、全面、针对性、持久性的税收宣传，有助于纳税人熟悉、了解税收优惠政策，自觉提高税法遵从意识，从而使税收工作得到顺利开展。随着“大数据”时代、“互联网+”时代的到来，税收宣传工作在准确把握纳税人需求、不断提高宣传的针对性和实效性方面还存在较大的提升空间。如何满足纳税人需求，如何创新税收宣传模式，还需进一步改进和提高。

1. 整合现有宣传渠道，增强整体宣传合力

对于现有宣传渠道，要针对不同特点进一步整合，加大其他部门在税收优惠宣传工作中的参与度，增强整体宣传合力，扩大税收优惠的知晓度，确保税收政策及时落地。

(1)对于税务网站，在宣传内容上要突出“全”

在网站开辟税收优惠专栏，发布相关优惠政策文件，全面集中展示税收优惠政策。

(2)对于税务微信公众号，在宣传速度上要突出“快”

通过税务微信公众号持续、动态宣传，第一时间更新税收优惠政策最新内容，根据纳税人关注的税收优惠热点，制作相关政策解读、流程操作稿件，让纳税人直观了解最新税收优惠政策。

(3)对于纳税人学堂，在宣传对象上要突出“细”

定期组织开展纳税人学堂，将税收优惠政策作为纳税人学堂的重要培训课程，有针对性地选择可以享受税收优惠政策的相关纳税人进行集中辅导。

(4)对于办税服务大厅的公告栏、显示屏,在宣传角度上要突出“全”

在公告栏及时张贴税收优惠政策,制作视频等形式投放在显示屏循环播放,以所有前来办税的纳税人为对象,开展整体宣传,提高税收优惠政策的知晓度。

(5)对于 12366 纳税服务热线,在税收宣传咨询上要突出“活”

借助互动平台,利用短信功能,向纳税人发送关于税收优惠政策的信息,同时针对来电咨询的纳税人,以个性灵活的方式,有针对性地做好税收优惠政策的解读和宣传工作。

2. 主动迎合时代潮流,拓展税收宣传领域

在数字化、信息化的大时代背景下,税收宣传不能满足于现有渠道,而应该主动跟上时代发展的浪潮,探索税收宣传的新领域。

(1)借鉴“大数据”思维,精确定位,提升税收宣传成效

一是多渠道获取信息。加强第三方数据交换,建立与相关部门情报交换的常态化机制,探索拓展互联网信息交换渠道,搭建综合治税平台。二是多途径用好信息。将获取的大量数据,用于纳税服务领域,通过数据分析,更准确地获取企业的实际经营领域、产业规模等信息,从而更有针对性地评估出企业的政策需求,进行个性化政策优惠信息推送,使税收宣传“精确制导”。除此以外,获取的大量数据也可以用于税收风险管理、税务稽查等领域,促进税收工作水平整体提升。

(2)拥抱“互联网+”时代,稳步探索,创新税收宣传模式

2015 年,国务院推出“互联网+”行动的要求,国家税务总局也印发了《“互联网+税务”行动计划》。税收宣传作为纳税服务重要组成部分之一,通过“互联网+税务”平台发挥着越来越重要的作用。“互联网+”时代信息的传播特点包括信息来源的开放性、传播舆论的多样性、传播主体的互动性、舆情危机的突发性和意见观点的偏颇性等。税收宣传工作要顺势而为,树立互联网思维。在具体做法上,除了目前应用较多的“税务 App”“二维码告知”外,还可以探索“互联网+纳税人需求调查”“税收宣传网络直播”“移动办税客户端”等。

3. 适应纳税服务新形势,开展分类分级宣传辅导

对纳税人开展分类分级宣传辅导,是建设税收现代化征管模式的必然要求,是优化纳税服务的重要一环。根据不同级别和类别的企业,开展个性化税收优惠宣传工作,确保符合条件的企业应享尽享税收优惠。

(1)将企业划分为招商企业和本土企业

对招商企业而言,由当地税务局牵头,联合财政局、经委等招商部门开展招商企业税收优惠政策整理整合,编制针对招商企业的税收优惠宣传手册,对招商企业开展税收优惠个性化宣传,提升当地对其入驻的吸引力;针对本土企业而言,在开展分级分类宣传的基础上,将税收优惠宣传的职责下发到各税源管理所,由各税源管理所组建税收优惠宣传辅导团队,定期深入企业开展农业、旅游业等税收优惠政策的宣传。

(2)组建税收优惠宣传团队

这支宣传团队包括税务专业人员、法律专业人员、工商专业人员、财务专业人员等,参与到招商引资的过程中去,为招商企业提供最权威的税收优惠政策解读和相关工作支持,及时、准确地回答招商企业提出的疑问和困惑,提升外来企业对税收优惠政策的知晓度。同时,税收优惠宣传团队也可以在企业入驻后,对企业开展税收宣传和政策辅导。

(3)及时做好名单维护

根据招商企业的行业和规模开展分级分类管理,根据分类开展个性化的税收优惠政策推送和宣传。利用微信和短信推送平台,针对研发企业开展研发费用加计扣除等相关税收优惠政策的宣传和推送;针

对软件企业开展企业所得税税收优惠政策的宣传和推送;针对特殊群体就业开展增值税优惠政策的宣传和推送;针对小微企业开展小微企业免征增值税的优惠政策宣传和推送;整理“双创”企业相关优惠政策,并进行针对性宣传和推送。根据招商企业的行业类别,区别推送相关行业的税收优惠,为招商企业提供个性化的优惠宣传服务,使税收优惠应享尽享,让纳税人体验感更好、获得感更强、满意度更高。

(三)用好用足政策

近几年,为促进“大众创业、万众创新”,激发企业发展动能,各项税收优惠政策频出。用好用足税收政策,扶持企业的发展,支持区域经济稳定向好,是税务部门义不容辞的工作职责,在用好用足政策上,应当包含两个层次:一是强化落实现有税收政策,二是进一步探索尝试完善与崇明世界级生态岛建设相匹配的税法税制体系。

1. 强化落实现有税收政策

(1)事前反复强化培训,剖析政策内涵

根据政策适用对象,制订详细的培训计划,以实体培训为主、座谈调研为辅,确保辅导面达到100%。对内,组织税务工作人员进行自学和集中培训,提升自身业务水平,帮助纳税人更好地掌握政策;对外,通过专家咨询、政策宣讲和纳税人学堂等形式进行政策解读。针对特定行业,通过网络、微信、微博、短信等方式推送专属政策汇总。面对重点企业,整理政策要点、难点和热点问题以税源管理所上门一对一的模式强化辅导,最终实现每一位纳税人对政策的深刻理解。

(2)事中狠抓效应分析,关注政策运用

在政策运行过程中,随时关注纳税人申报情况,获悉纳税人对于政策的理解程度,并主动收集对政策的反馈和纳税人呼声,判断政策运用成效。每月申报期后,抽取数据进行审核与分析,确认纳税人申报的准确性,以每季或半年为时间段,系统分析数据,形成横向纵向比较,直观体现政策的运行情况。发现有违政策制定预期的,及时反应,就行业就户查找原因,力求纳税人对政策理解“细致、深入、透彻”。面对崇明区占比较大的建筑行业,组织专题分析,从税率、纳税地点和发票抵扣等角度剖析建筑业税负变化,充分显现政策运行效应。

(3)事后及时督察整改,提升政策实效

为进一步提升政策落实成效,及时开展自查自纠、督察整改工作,以摸实底、查实情、看实效为准则,充分发挥督察考核杠杆作用,通过真查实督,实现督察整改管理工作制度化常态化。坚持动态常规督察,采取抽取数据的方式,对优惠政策的落实进行督察,检查是否存在应享受未享受、违规享受、错误享受等情况;坚持重点专项督察,按照发票管理办法,对发票的领用、开具、抵扣等方面进行督察,检查是否存在不开票、错误使用发票、违规代开发票等情况;坚持逐项跟踪督察,针对“营改增”期间日常巡查发现的各类问题,在第一时间整理下发各相关部门,适时跟踪整改落实情况。

2. 探索与世界级生态岛建设相匹配的税法税制体系

(1)提高思想认识

崇明立足于世界级生态岛建设,建设生态文明需要法律法规的有力保障,特别是建设符合生态文明建设要求的法律体系。税法在生态文明建设中具有不可或缺的政策引导和调节作用,税法与其他环保法律相互补充,相互配合,不仅可以使生态文明的政治理念在国家法律体系中得以具体体现并有效实施,更重要的是构建与生态文明建设相适应的法律体系,也是生态文明制度建设的重要内容和必然要求。对于基层税务机关来讲,完整的税法及税制体系是税收执法和税收管理的依据,是有法可依的必然前提。只有不断在顶层设计中完善税收法律法规和制度体系,建立起与现行客观经济运行相适应的税法税制体系,才能更好地为经济发展与经济体制改革服务,不断为经济改革与税收管理和执法提供强大动力和政策保障。因此,在现有的税法税制体系下,要积极探索和实践有利于区域发展及与之相匹配的税法税制体系。

(2)积极借鉴优惠政策的经验

①上海自贸区优惠政策。伴随着上海自贸区的挂牌成立,众多企业都将目光聚焦于自贸区的税收政策。依据《国务院关于印发中国(上海)自由贸易试验区总体方案的通知》(国发〔2013〕38号),将探索与试验区相配套的税收政策。

一是自贸区内实施促进投资的税收政策。注册在试验区内的企业或个人股东,因非货币性资产对外投资等资产重组行为而产生的资产评估增值部分,可在不超过5年期限内,分期缴纳所得税。对试验区内企业以股份或出资比例等股权形式给予企业高端人才和紧缺人才的奖励,实行已在中关村等地区试点的股权激励个人所得税分期纳税政策。对于科技创新创业企业转化科技成果,以股份或出资比例等股权形式给予本企业相关技术人员的奖励,技术人员一次性缴纳税款有困难的,经主管税务机关审核,可在5年内分期缴纳个人所得税。

二是自贸区内实施促进贸易的税收政策。将试验区内注册的融资租赁企业或金融租赁公司在试验区内设立的项目子公司纳入融资租赁出口退税试点范围。对试验区内注册的国内租赁公司或租赁公司设立的项目子公司,经国家有关部门批准从境外购买空载重量在25吨以上并租赁给国内航空公司使用的飞机,享受相关进口环节增值税优惠政策。对设在试验区内的企业生产、加工并经"二线"销往内地的货物照章征收进口环节增值税、消费税。根据企业申请,试行对该内销货物按其对应进口料件或按实际报验状态征收关税的政策。在现行政策框架下,对试验区内生产企业和生产性服务业企业进口所需的机器、设备等货物予以免税,但生活性服务业等企业进口的货物以及法律、行政法规和相关规定明确不予免税的货物除外。完善启运港退税试点政策,适时研究扩大启运地、承运企业和运输工具等试点范围。

三是在符合税制改革方向和国际惯例,以及不导致利润转移和税基侵蚀的前提下,积极研究完善适应境外股权投资和离岸业务发展的税收政策。在很多国家,这些税收政策都是发展全球离岸业务,促进金融创新的重要举措。

②海口综合保税区优惠政策。海口综合保税区享受的税收优惠政策叠加了保税区、出口加工区和保税物流园区的税收政策。如国外货物入区保税;区内自用基建物资及进口设备免征进口关税和进口环节增值税;货物出区进入国内销售按货物进口的有关规定办理报关,并按货物实际状态征税;国内货物入区视同出口,实行退税;区内企业之间的货物交易不征增值税和消费税。

③对于崇明的借鉴意义。从上海自贸区和海口保税区的政策经验看,对崇明的借鉴意义主要有两点。一是制定政策要具备国际化视野。在制定税收政策时,要充分考虑与国际接轨,以符合崇明世界级生态岛的定位。二是制定政策时要充分结合功能定位。上海自贸区和海口保税区在制定政策方面,都是注重贸易方面的政策,崇明世界级生态岛的终点在生态建设而非贸易,首要考虑的应是生态效应,在制定政策时要充分注意。

(四)优化纳税服务

税务机关要始终以纳税人为中心,以需求为导向,以机制建设为抓手,努力做好纳税服务各项工作,不断提升纳税人的获得感、满意度和遵从度。通过完善纳税服务规范、落实分类分级制度以及推进"放管服"改革,不断优化纳税服务的质量。

1. 完善纳税服务制度,规范纳税服务流程

通过完善各项纳税服务制度,规范纳税服务工作运作流程,在内部共同构建上下联动、资源共享、沟通顺畅、协同高效的纳税服务体系,将纳税服务工作各个环节紧密连接起来,通过制定各工作环节的纳税服务规范,明确各环节纳税服务规范要求,将纳税服务的职责贯穿到每一个工作岗位和工作环节中,促进纳税服务工作规范化,强化税务工作者全员参与纳税服务工作的服务观念,增强税务工作者的纳税服务

意识，充分发挥纳税服务工作整体效用，切实提升纳税服务水平。

（1）落实前台工作人员服务规范制度

除落实工作人员行为规范和导税服务规范外，要进一步落实一次性告知规范，要求一次性告知纳税人所办事项的全部资料和办理流程，减少纳税人往返次数；落实“绿色通道”服务规范，要求办税服务厅提供设立办税“绿色通道”，分流有特殊需求的企业，减少排队等候时间；落实领导值班规范，办税服务厅负责人设立值班制度，负责统筹协调办税服务厅服务工作，加强服务效率。

（2）落实后台人员指导服务制度

后台人员服务制度主要包含税收业务通知、新开业指导、税务业务申请指导、实地核查指导、服务型评估等各项应为纳税人提供的指导服务内容，通过对上述服务内容进行清晰规定，对后台工作人员的税收工作职责进行规范，有助于指引广大税收管理员为纳税人提供优质纳税服务，提高纳税人税法遵从度。

（3）落实通用服务规范制度

要进一步明确首问告知责任制度、服务投诉处理制度等内容。首问告知责任制度，应明确纳税人询问的第一名税务工作人员为首问责任人，具有首问告知的责任和义务，并详细规定纳税人在税务机关不同环节咨询不同层次的问题时，各首问责任人履行首问告知责任的具体操作规程及要求。服务投诉处理制度，应明确纳税服务投诉受理的范围和处理的工作流程。通过设置不同级别的纳税服务投诉处理岗位，明晰各级岗位的岗位责任，分级对纳税服务投诉进行处理。

2. 建立分类服务制度，满足不同层次纳税人需求

分类分级服务是社会专业化分工在税收管理工作中的体现，是社会进步的必然要求。鉴于现代企业的组织形式、运作方式日益多元化、专业化，为实现对纳税人的精细化管理和服务，税务机关要根据纳税人和征税对象的不同特点，将其划分成若干级别或类型，有针对性地持续优化服务。

采取以规模分类为主、兼顾企业性质的服务方法，将纳税人按照规模进行分类，分为重点税源、一般税源、零散税源三个类别，结合每个类别纳税人的不同特点，分别安排税源管理员，采用不同的管理方式进行基础服务。

（1）对重点税源企业

应采用集中管理的原则，设立专门的重点税源管理机构进行管理和服务，还可结合大企业纳税行为规范、服务需求高等特点，对重点税源企业提供“个性化”的特色服务，满足重点税源企业的需求。

（2）对一般税源企业

着重通过行业特点进行管理，探索不同行业的不同经营规律和服务需求，采取具有针对性的服务措施，重点采用行业评估的方式进行服务。

（3）对零散税源企业

可以采取社会化服务方式，充分利用政府协税护税等第三方力量，由税务部门制订统一的定额核定管理办法进行基础服务，既能节省人力资源，又能保证服务质量。

3. 深入推进“放管服”改革，不断优化营商环境

在落实国务院“放管服”改革中，既要“放”到位，又要“管”得住，通过简政放权、后续管理、优化服务等措施，为企业发展创造更加宽松便利的营商环境。

（1）在简政放权上做“减法”

简政放权是“放管服”的第一步，“放”的是审批权限。通过实施税务行政审批目录化管理、公布行政审批事项清单、全面清理非行政许可、取消下放行政审批事项，持续推进简政放权，最大限度便利纳税人，最大限度规范纳税人，切实减轻企业办税负担，帮助企业“轻装上路”、快速发展。

(2)在后续管理上做“加法”

简政放权不是只放不管,更需要进一步完善事中事后监管,接得住放下的权。对取消的审批事项,通过信用管理、信息管税等方式,实施科学化、精细化监管。要以税收风险管理为导向,运用大数据,落实“互联网+税务”行动计划,实现取消审批与事中事后监管的无缝衔接。

(3)在优化服务上做“乘法”

“放管服”改革协同推进,既要“放”到位,也要“管”得住,更要服务好。要不断规范纳税服务各项制度;根据不同类型纳税人提供个性化纳税人服务;通过网站、微信等平台发布更详细明确的办税流程;进一步加强网上办税服务厅的建设,让纳税人多跑“网路”少跑“马路”。通过持续不断的优质服务,确保便民办税春风真正让每一个纳税人受益受惠。

(五)合力协同治税

1. 完善纳税信用制度,纳入社会诚信体系

在目前纳税信用管理制度的基础上,通过加强高信用纳税人激励和低信用纳税人惩戒两个方向的管理,增强纳税信用等级管理的针对性和有效性。

(1)强化纳税信用等级的运用

对高信用等级的纳税人除提供绿色通道,放宽发票领用数量,减少例行检查等措施外,结合《纳税信用评定办法》,尝试在资格审批、税收优惠等方面出台一些力度稍大的激励措施,通过加大激励力度,提高A级纳税信用资质的“分量”,增强高信用资质对低信用纳税人的吸引力。将纳税信用等级评定活动与日常征管结合起来,集中各部门力量对纳税信用度不高的纳税人加强征管,对低纳税信用企业除严控发票、加强监控检查等措施外,还应开展集中评估和重点稽查,通过严格管理,督促企业提升管理水平,依法诚信纳税。

(2)加大与其他部门的协作力度

要与本区金融部门联合开展“银税互动”项目,符合条件的高纳税信用企业经税务机关和银行审核后,可在贷款申请审批程序、贷款利率、额度增加等方面享受优惠,以此提高企业对纳税信用重要性的认识。同时,在目前企业参加招投标、财政补贴、土地划拨、银行贷款等活动时,引入纳税信用指标审核的基础上,可考虑进一步在行业准入、生产规模限定、资质审批、产品进出口等审批时,将纳税信用作为重要参考指标。对于纳税信用好的企业,依据法律法规,给予一定便利和优待;而对于纳税信用较差,甚至进入涉税“黑名单”的企业,则严格审查,必要时一票否决。实施税务机关与其他政府部门携手联动的约束惩罚机制,增大失信成本,在全社会营造出依法诚信纳税的氛围。

2. 建立大数据交换机制,推进协同综合治税

构建税收共治的格局不仅是深化征管体制改革的重要内容,也是税务部门转变征管方式、提升征管水平的内在需求,要通过跨部门的协作,促进税收堵漏增收、实现协同共治。

(1)建立区级层面联动工作机制

由区政府牵头,建立由税务、工商、海关、公安、发改委、商务委、科委等部门的综合治税领导小组,明确各部门工作职责,定期召开工作例会,建立数据大交换机制,各小组成员加强协调和配合,形成合力,共建税收共治格局。

(2)加强数据交换,形成协作项目

通过与区规划和土地资源管理局签订协议、交换数据、协同执行等方式,进一步推动以地控税工作深化开展,有效堵塞税收征管漏洞、强化税源监控、防范执法风险,加强土地税收源泉控管,促进土地资源节约集约利用;通过与区建管委形成定期数据信息交换机制,共建“统一管理信息平台”,为“营改增”后外省、外区纳税人在本地提供建筑服务预缴征收工作夯实管理基础,实现税源监控管理与施工过程同步管

理，确保企业在工程结束时将税款足额预缴入库。此外，通过与其他相关部门在股权转让、户籍、公积金缴存、软件企业资格认定与年审、引进外资等重要信息方面实现共享，在稽查、评估、预警、惩戒等方面形成协同共治。

习近平总书记指出，“绿水青山就是金山银山”，这个重要论述是崇明建设世界级生态岛的重要遵循。建设世界级生态岛，将为“绿水青山就是金山银山”提供崇明案例，为建设美丽中国、走向生态文明新时代贡献力量。

2017 年，崇明迈入世界级生态岛建设的新阶段，生态立岛的理念深入人心，生态发展的道路越走越宽。崇明经济打破了传统产业的发展道路，走出了绿色经济发展的创新之路。崇明世界级生态岛“十三五”规划指出：到 2020 年，崇明要形成现代化生态岛基本框架，届时崇明税收总量预计将突破 300 亿元。从“生态岛建设”到“现代化生态岛建设”，再到“世界级生态岛建设”，崇明税收工作一直立足经济转型大局，深入开展经济税源调查，既从生态看税收，也从税收看生态，积极为崇明生态经济发展建言献策。

执笔人：施利忠

去产能背景下邯郸民营钢铁企业发展困境

——基于问卷调查及数据分析

邵秋丽

钢铁行业是河北省邯郸市的支柱产业，而民营钢铁企业在钢铁行业中占有很大比重，目前面临限产常态化，困难与机遇并存。关注民营钢铁企业发展现状及面临的问题，不仅对税收工作具有重要意义，同时也为政府研究钢铁行业去产能及资源型城市转型提供数据支持。

一、邯郸民营钢铁行业发展现状

民营钢铁企业是邯郸市的经济支撑及重点税源，税收占该市税收总量的14.9%左右。武安是邯郸市民营钢铁企业最密集地区，2017年武安民营钢铁企业税收占全市民营钢铁企业税收的74.3%；以武安市为例：除新兴铸管外，均为民营钢铁企业，截至2018年4月，共有高炉43座、炼铁产能2869万吨，转炉36座、炼钢产能2880万吨。2017年国税总收入为42.34亿元，钢铁企业总税收23.07亿元，民营钢铁企业税收为19.9亿元，民营钢铁企业税收占武安国税总收入的47%。2008—2017年，民营钢铁企业税收占武安国税总收入的一半。但是钢铁行业受市场及政策两方面因素影响，近10年的税收占比呈逐步下降趋势，2008年武安民营钢铁企业税收占武安国税总收入的60%，2017年这一比重降为47%。

相比国有钢铁企业，民营钢铁企业面对经济形势与政策情况变化，税收增减幅度大，抗风险能力差。而当前限产常态化，民营钢铁企业税收更容易出现波动。因此，对武安民营钢铁企业开展问卷调查及财务报表分析，对研究邯郸钢铁行业发展具有重要意义。

二、民营钢铁企业发展情况问卷调查表分析

问卷调查表主要从企业财务状况、生产销售、政策影响、综合情况四个方面来挖掘民营钢铁企业发展现状及困境。我们共采集了13家民营钢铁企业的调查表，同时还选取典型钢铁企业进行了现场调查。

（一）企业财务状况

主要通过融资方式、难易程度、资产负债率的情况来考察企业的财务状况（见表1）。

表1　企业财务状况

融资主要方式（多选）	银行贷款	信用担保	民间借贷	增资扩股	股权转让
	11家	3家	1家	1家	1家
融资难易状况（单选）	非常容易	容易	一般	困难	非常困难
	0	0	4家	4家	5家

企业主要的融资方式中，有11家提到了银行贷款。13家企业中，有9家认为融资存在不同程度的困难，并普遍指出主要原因是当前银行贷款政策限制。13家企业中，6家企业存在资产负债率高的问题，主要原因均提到短期借款数额大。钢铁企业融资过度依赖银行贷款，这本身就容易导致资产负债率高。这种融资方式受银行信贷政策限制，导致融资难成为民营钢铁企业主要的财务困难。

（二）生产销售状况

1. 生产状况

主要从生产影响因素、员工培训、技术研发方面来考察企业的生产状况（见表 2）。

表 2 **生产状况** 单位：家

	成本上升	资金限制	税费负担	科研开发能力弱	房屋土地限制	人力资源制约
影响生产的主要因素（多选）	11	9	8	3	2	1
	培训效果不明显	缺乏培训机构与人员	员工流动频繁	经费不足	职工参与积极性低	没有时间安排
开展员工培训存在的困难（多选）	8	8	5	4	3	3
	缺乏研究人员	缺乏技术标准难以通过国家认证	资金紧张融资困难	对市场前景把握不准	整体风险大	缺乏战略合作伙伴
技术研发中面临的困难（多选）	9	6	6	3	2	1

影响企业生产的首要因素是成本上升，主要由于限产、财务费用及原材料价格上涨。由于培训效果不明显，缺乏培训资源，员工技能培训开展情况并不乐观。在技术研发资金来源方面，13 家企业均提到了内部筹集，只有 2 家提到小部分来源于银行贷款及资本市场。技术研发集中在降低成本、完善新产品、研发新工艺方面。人员与资金不足，缺乏技术标准、难以通过国家认证是技术研发中的主要困难。目前，企业控制成本主要方式是通过改进技术来实现配料进一步科学化，进而降低原材料消耗。

2. 销售状况

主要从企业市场开发方式、产品销售及盈利状况、开展“互联网 + 钢铁”的情况来进行考察（见表 3）。

表 3 **销售状况** 单位：家

	业内交流	网络	展销会	中介推介活动	政府推介活动
市场开发主要方式（多选）	13	11	5	3	3
	较好	一般	微利	亏损	
产品盈利状况（单选）	1	7	3	2	

目前，钢铁企业开发市场的主要方式是业内交流与网络，钢铁企业一般有固定的买方，采用协议价，剩下的一般是通过业务员、网络、经销商来销售。从产品盈利情况看，普阳钢铁利润较好，7 家企业盈利情况一般，3 家处于微利情况。13 家企业仍然主要采用传统销售形式，只有兴华钢铁 1 家企业正在尝试“互联网 + 钢铁”，成规模地利用电子商务平台销售钢铁。企业虽然普遍认可“互联网 + 钢铁”的新模式可以扩宽销售渠道，节省销售成本，优化产业链及产品，满足客户的个性化需求。但是由于受到人才、技术及资金的内部因素限制及外部条件限制，包括客户认知程度、企业信息不对称、供应链尚需优化、大数据有待深挖掘，企业开展“互联网 + 钢铁”新模式困难较多。

（三）政策影响情况

主要统计了企业对政府政策的态度。在五方面的政策中，企业认为产业政策及税收政策对企业的影响最大（见表 4）。

表 4　　政策影响情况　　单位:家

	产业政策	税收政策	出口政策	货币政策	汇率政策
哪方面政策对企业的影响最大(多选)	6	5	2	1	0

企业普遍认为去产能政策导致企业成本增加(停工导致企业生产成本上升利润下降),还有 1 家企业指出:限产打破了公司原有铁、钢生产配套规律,造成铁钢比例失衡。

认为环境保护税、水资源税增加企业运行成本,只有 1 家企业认为可以间接促进企业环保投入及绿色生产。4 家企业认为研发费用加计扣除政策在很大程度上激发了科研的热情,其他企业认为无较大影响,并都建议进一步加大扣除力度。只有 1 家企业认为环保设备税收减免政策在很大程度上激发绿色发展的信心,剩余企业认为该税收减免政策影响不大。

(四)综合情况

主要从企业发展远期规划、整体经营战略及地区行业整体情况来考察企业的综合情况(见表 5)。

表 5　　综合情况　　单位:家

	降低成本	发展品牌	培养人才	改进产品	战略性合并
近 3 年提高竞争力的途径(多选)	12	7	6	6	4
	资金短缺	限产	环保投资大	销售渠道有限	市场因素(价格不稳定)
目前企业发展最大的困难(陈述)	8	5	2	1	1
资源价格上涨邯郸地区钢铁企业发展的根本问题(多选)	5	4	4	5	

企业认为当前发展面临的两大问题是资金短缺和常年限产。面对限产常态化,当问及企业近 3 年提高竞争力的途径,普遍提到要通过降低成本来维持基本的营运。各企业普遍认为邯郸地区钢铁企业面临的主要问题源于自身产品结构与产业链上的不足。面对低盈利状况,13 家企业中只有 3 家企业在本行业外开展多元化经营,目的在于规避风险、保证原材料供应,更多的企业认为多元化经营带来的影响无法判断,不会贸然开展。

三、民营钢铁企业财务报表数据分析

通过对 13 家钢铁企业进行全面的问卷调查,我们汇总了当前钢铁企业集中面临的问题。为了对钢铁企业有一个更为直观的数据了解,同时进一步印证问卷调查表得出的结论,我们还采集了这 13 家钢铁企业的财务报表,并从企业的偿债能力、营运能力及盈利能力指标进行了分析。

(一)偿债能力指标分析

流动比例衡量企业的短期偿债能力,速动比例去除企业存货的因素,体现企业的变现能力,除了普阳、新金、文丰、明芳、永城焊接 5 家企业指标比较健康外,其他 8 家钢铁企业的指标较低。资产负债率反映的是企业举债经营的情况,比率越高,说明企业自有资金越少,债权人债权保障程度则越低。普阳、新金、文丰、裕华、烘熔、金鼎重工指标相对健康,有 5 家钢铁企业的资产负债率则超过了 100%。

表 6　　　13 家民营钢铁企业偿债能力指标分析

	普阳钢铁	新金钢铁	文丰钢铁	裕华钢铁	烘熔钢铁	龙凤山	明芳钢铁	金鼎重工	文安钢铁	鑫汇冶金	永诚焊接	兴华钢铁	午汲轧钢
流动比例	1.29	0.8	0.92	0.49	0.46	0.51	0.64	0.48	0.22	0.65	0.67	－33	0.69
速动比例	1.1	0.62	0.75	0.38	0.02	0.43	0.61	0.39	0.13	0.5	0.65	－18	0.27
资产负债率	0.49	0.8	0.63	0.12	0.75	1.26	1	0.77	1.1	1.08	0.98	0	1.04

注：企业财务报表及指标数据是通过提取并加工金税三期中的数据得出。

正如调查问卷表中得出的结论，报表数据体现出钢铁企业普遍存在资产负债率高的问题，这样的运行模式导致企业财务费用居高不下，进而导致成本上升。同时企业可随时变现的流动资产相对较少，运营资金捉襟见肘的情况普遍存在，一旦资金周转不畅，很容易出现无法偿还债务的情况。

（二）营运能力指标分析

表 7　　　13 家民营钢铁企业营运能力指标分析

	普阳钢铁	新金钢铁	文丰钢铁	裕华钢铁	烘熔钢铁	龙凤山	明芳钢铁	金鼎重工	文安钢铁	鑫汇冶金	永诚焊接	兴华钢铁	午汲轧钢
总资产周转率	1.09	2.07	1.003	0.73	2.22	1.19	0.36	0.68	0.85	0.88	0.37	0.15	1.77
固定资产周转率	2.98	5.5	2.44	2.42	2.85	2.93	5.24	1.18	1.31	2.67	1.2	0.18	9.8
应收账款收回天数	3.77	30.38	7.7	42	－40.9	12.47	175.6	2.4	0	68.57	2.07	0	43.4
存货周转天数	31	23.6	38.3	51.4	44.12	29.5	83.5	35.61	33.3	76.1	60	217	55.9

总资产周转率指标越大，企业销售能力越强，资产利用率越高。有 6 家钢铁企业指标大于 1，只有 3 家企业指标处于 0.5 以下。作为重工业，指标高于 1，说明大部分钢铁企业资产经营质量和利用效率水平较高。固定资产周转率反映企业固定资产转化成现金的速度，兴华钢铁指标过低，仅为 0.18，6 家企业为 2 左右，3 家企业高于 5，午汲轧钢厂最高。说明大部分钢铁企业对厂房、设备等的利用效率比较高。应收账款收回天数，指标越低，企业账龄越短，普阳钢铁、文丰钢铁、金鼎重工、永诚焊接指标良好，除了明芳钢铁、鑫汇冶金周转速度较慢外，其他企业的应收账款变现能力较强。存货周转天数，指标越小，存货占用资源少，转换为现金、应收账款的速度越快，除了明芳钢铁、鑫汇冶金、兴华钢铁存货周转天数过长，其他企业对库存的管理能力较好。

整体来看，本地民营钢铁企业由于多年运营，积累了良好的管理经验，营运能力指标普遍比较健康。

（三）盈利能力指标分析

表 8　　　13 家民营钢铁企业盈利能力指标分析

	普阳钢铁	新金钢铁	文丰钢铁	裕华钢铁	烘熔钢铁	龙凤山	明芳钢铁	金鼎重工	文安钢铁	鑫汇冶金	永诚焊接	兴华钢铁	午汲轧钢
销售净利率	0.08	0.01	0.05	0.02	0.07	0	0	0	0.04	0.05	0	0.01	0
销售毛利率	0.12	0.14	0.08	0.11	0.1	0.04	0.51	0.04	0.05	0.1	0.03	0.15	0
总资产收益率	0.12	0.04	0.06	0.05	0.17	0	0.01	0.01	0.05	0.05	0	0	0

销售净利率反映销售收益水平，毛利率反映产品或商品的初始活力，没有足够多的毛利率就不可能

有盈利。数据显示,有 7 家钢铁企业的销售毛利率在 0.1 以上,而这 7 家企业在经历了“三费”(财务费用、管理费用、销售费用)的消耗后,销售净利率处于 0.05 以上的只有 4 家企业,这间接反映了企业的费用控制能力较低。明芳钢铁虽然毛利率高,经过“三费”的消耗,净利率几乎为零。总资产收益率表明一定期间企业资产的综合利用效果,衡量企业运用全部资产的获利能力,6 家企业的指标几乎为零,7 家企业处于 0.04 以上。

整体来看,除了普阳钢铁、文丰钢铁、烘熔钢铁、文安钢铁、鑫汇钢铁企业的盈利状况较好,其他的企业处于微利营运状态。

四、当前民营钢铁企业发展存在的困难

从问卷调查表及企业财务指标中,我们综合分析得出:民营钢铁企业自身处于“亚健康”状况,面临较为不利的外部环境,原本内部存在的问题更加凸显,集中体现在以下方面。

(一)筹集资金上的困难

民营钢铁企业运营资本结构单一,渠道狭窄,过于依赖银行贷款,而当前银行对信贷进行限制,使得企业普遍面临融资难的问题。同时,长期缺乏资本市场资金注入,单纯依靠短期借款来经营,导致财务费用居高不下,运营成本高。企业的财务指标已经体现出,民营钢铁企业资产负债率高,可变现的流动资金少,资金周转十分困难,民营钢铁企业不仅很难获得银行贷款,由于近几年行业利润水平下降,民间资金也不愿意涉足钢铁行业,企业本身再投入资金信心不足。

(二)人力资源上的困难

由于地域及经济条件的限制,民营钢铁企业技术人才引进较少,大部分职工来自当地农村,文化程度较低,从事生产一线最艰苦的工作,技术含量低。同时日常的职工技术培训中,由于培训资源的缺乏、员工流动频繁,钢铁工人的培训效果不明显,加上当前限产政策,企业为控制成本,让大量一线工人停工,钢铁工人技能提升存在不少困难。从近期看,影响产品的质量;从远期看,影响企业的技术改进。

(三)技术升级上的困难

民营钢铁企业大部分设备为 20 世纪 90 年代生产,设备老化,折旧基本提取完毕,产品线又较为单一。而上新的设备与产品线,需要大额资金,除了普阳钢铁在行情好的时期增加了产品线外,大部分民营钢铁企业错过了升级的最佳时机。而钢铁企业面临资金筹集难及限产政策,对设备及产品线升级更加力不从心。研发费用加计扣除的税收优惠政策,很难短期内激发企业研发的信心。

(四)降低成本上的困难

民营钢铁企业长期以来生产的产品附加值低,依靠销售量实现利润,旧的生产经营模式遇到限产常态化、原材料价格上涨及最新环保税收政策推行,成本大幅上升,利润却未增加,企业利润不乐观。外部环境不可控,企业只能从内部下功夫:一方面是通过技术改造来实现生产中科学化配料,进一步降低原材料消耗,而技术改造正面临着人才与资金的限制;另一方面是精益化管理,控制管理、销售、财务费用,由于企业资金结构的原因,财务费用很难控制。大部分民营钢铁存在较为乐观的销售毛利率,但经过“三费”的消耗后,很多企业销售净利率几乎为零。可见,企业在控制成本与费用上存在困难。

(五)营销升级上的困难

民营钢铁企业市场开发与销售大多采用传统模式,渠道较为单一,对电子商务平台的应用还较少。而要实现民营钢铁企业与互联网的融合还存在着主客观两方面困难。从企业自身来看,民营钢铁企业产品同质化非常严重,产品的品牌效应小,市场的认可度低,即便打造了电子商务平台,与全国同行相比,并不具有销售上的优势;从客观条件来看,开展“钢铁业 + 互联网”模式,需要大量资金与技术的投入,而当地互联网产业又不具有显著优势,大数据处理的人才更是少之又少。

五、促进民营钢铁企业发展的建议

尽管面临着内外双重困难，但是本地民营钢铁企业经过多年营运，整体管理基础较好，这是不可忽视的优势。民营钢铁行业正处生死攸关境地，出路何在？一方面需要企业进行自我改革，同时要摒弃只顾自家的思想，抱团取暖，共谋发展；另一方面需要政府拿出全面的政策来实现钢铁业跨越发展，关键在于提升行业技术，延伸产业链条，培育深加工龙头企业，推动形成产业集群。

（一）增强政企、企业间沟通

当前民营钢铁企业面临的困难是系统性的、行业性的，没有哪家企业可以独善其身，彻底走出困境，需要政府提出统筹性全局性的部署，能否如愿按规划实现产业转型，能否在困境中抓住发展机遇，需要每一家民营钢铁企业的配合。在这个时期，政府与企业，企业之间的沟通非常重要。在每一个重要部署开展前，政府要做好企业的动员工作，争取企业的理解与配合，避免出现大规模舆情；企业之间的交流会要常态化，抛弃自扫门前雪的思想，相互借鉴经验与做法，分析发展前景，共同谋划产业发展。

（二）坚持一企一策分类调整

虽然民营钢铁企业存在不少通病，但是每个企业具体情况复杂，核心问题不同，抓住关键问题才能牵一发动全身。要综合运用市场机制、经济手段和法治办法，坚持一企一策分类调整的原则，才能实现最优配置。对于城市钢厂搬迁项目，要吸收部分钢厂搬迁的教训；对于资不抵债，亏损经营的企业，要通过破产重整、债务重组等方式处置，该破产清算的要坚决依法破产清算，做好“减法”；对于技术装备先进，综合竞争力强的企业，要助力其形成区域龙头企业，打造特色品牌，帮助企业走出国门；对于产品有发展前景但面临资金困难的企业，推动企业间重组整合，聚合优势力量，打造产业群，借助上市来扩宽融资渠道，做好“加法”。

（三）引导企业协同技术升级整合优质资源

邯郸民营钢铁企业数量多、产能分散，产业链短，产品集中于低端，同质化严重。在当前情况下，督导企业进行自我技术革命，不仅难度较大，而且创新载体分散，各自为战，容易出现重复建设的浪费。实现行业转型升级，需要发挥企业间的协同作用，不仅包括钢铁生产企业间的协调，还包括与设计单位和下游用户协同创新。政府、行业、企业应全面分析地域、市场等多重因素，厘清协同创新的方向与思路，不是简单地为做大而联合，在确保减量的基础上，要充分评估创新建设的可行性及效益，避免出现产能边减边增的情况。

（四）引导企业提升有效供给

当前我国钢铁工业发展以化解过剩产能为主攻方向，继续生产低端产品对于企业来说没有发展前景，提高有效供给水平才是钢铁业发展的必由之路。制造业强国、创新型国家建设对钢材品种和性能需求不断升级，虽然我国钢铁工业提供了国民经济发展所需的大部分钢铁材料，但还有个别产品不能实现自主供应。这需要政府引导企业深挖市场需求，提升产品的有效供给。对于高端钢铁产品，要充分评估民营钢铁企业研发与生产的能力；对于用户尚未完全认可的产品，要分析继续提升产品性能的空间有多大；对于国家正在大力推广的钢结构建筑，要注意能否抓住此机遇……要细分出市场，规避无效生产。

（五）引导企业营销模式升级

受制于传统销售方式及经济效益，企业不愿意生产“小众”产品，但是钢材品种需求正逐渐呈现个性化、多品种、小批量趋势。政府要引导企业尝试新的营销模式，一方面，是协助行业，共同完善互联网、大数据等方面的建设，助推行业开展电子商务平台，为企业实现个性化销售打下基础；另一方面，要引领企业从卖“产品”向卖“产品＋服务”转型，企业不仅要为用户提供产品，还要统筹提供材料推荐方案、后续加工使用方案等延伸服务，更要引导用户形成新的消费需求，促进硬件与软件的共同发展，促进第二、第三产业的融合，增加企业获利途径，扩充利润空间。

（作者单位：国家税务总局武安市税务局）

日照市物流业发展存在的问题和建议

赵京君　王　涛　张　雷　张修香　刘　敏

现代物流业是融合采购、运输、仓储、货代、贸易、融资、保险、电商、保税和信息等供应链条的生产性服务业。为深入贯彻落实市委、市政府《关于加快发展以港口物流业为重点的生产性服务业的意见》(日政发〔2016〕17号),促进全市物流业转型升级、提质增效,山东省日照市地税局开展了专项调查研究,从税收的角度分析物流业发展存在的问题,并提出相关建议。

一、物流业发展现状及存在的问题

近年来,日照市依托港口优势,着力发展现代物流业,使之成为拉动经济增长的一个着力点,据统计,目前全市拥有从事物流业务的企业1784家,2016年实现地方税收3.4亿元,占全部地税收入的4.9%;2017年1—3月,实现地方税收0.91亿元,同比增长8.3%。但通过调研情况来看,也存在一些问题和不足,主要表现在以下三个方面。

1. 物流业与港口优势不匹配,存在外地车辆和物流企业污染当地环境、轧坏道路,却不在本地纳税的问题

一是外地物流企业承运业务量较大。据了解,日照港约有60%的货物由挂有外地牌照的车辆运输,一方面,是外地企业承运的业务,另一方面,部分本地企业考虑管理、安全、效益等问题,将承揽的货源配载给来港送货的外地回空车辆,形成的税收缴到了外地。

二是部分物流企业到外地进行登记、申报纳税,连云港、临沂等周边地市出台了对外来登记的物流企业给予资金补贴等优惠政策,部分本地企业受利益驱使,选择到菏泽、蒙阴、莒南等地进行工商登记、申报纳税,有的甚至远到苏北、苏中等地区。

2. 物流业普遍反映税负偏重、压力较大

“营改增”后,对于一般纳税人来说,物流业中仓储及辅助服务的营业收入,由征收5%的营业税,改为按不含税收入的6%征收增值税;运输及装卸服务的营业收入,由原来征收3%的营业税,改为按不含税收入的11%征收增值税,但从实际情况来看,部分企业因为进项抵扣不足,导致税负加重。中国物流与采购联合会、中国物流学会《2015年度物流企业负担及营商环境调查报告》显示,超过60%的企业反映缴纳税金有所上涨,其中,30%的企业认为显著增长,高于企业收入和利润的增长水平,物流业的税负率也高于其他行业平均税负水平。较重的税收负担在一定程度上阻碍了物流业发展。

3. 本地扶持政策不突出,政策洼地效应不明显

国家、省出台的扶持奖励政策,各地都在贯彻执行,对日照以及各区县来讲,没有特别的吸引力;相比周边江苏、临沂等省市,日照市在扶持物流企业发展方面出台的扶持政策,在扶持力度和幅度上还有提升空间,对流动性特别强的物流企业来讲,周边省市具有很强的吸引力;同时,部分企业反映,有的区县出台了相关扶持政策,但存在扶持奖励政策兑现难的现象,政府的公信力在一定程度上打了折扣。因此,一方面,难以有效吸引外地物流企业,特别是大型物流企业来日照落户经营;另一方面,部分本土企业因受利益驱动,到外地去注册登记、申报纳税。

二、建议

(一)发挥港口区位优势,带动物流产业发展

历经三十年的发展,日照港已经发展成为全国十大港口之一,2016 年货物吞吐量突破 3.5 亿吨,位列全国第九。下一步,要从服务全市聚力招引、推动港口物流业发展的大局出发,充分发挥日照市作为国家"一带一路"重要节点城市、日照港作为亚欧大陆桥东方桥头堡亿吨大港等战略优势,改善港口集疏运体系,规范区港交通秩序,加快推动港口转型升级。在此基础上,进一步强化日照港的龙头带动作用,一是打造总部经济,结合地域经济特点,高点定位、合理规划物流园区,加大招商引资力度,充分利用物流企业流动性强的特点,招引知名物流企业总部入驻园区,产生集聚、扩张和带动效应;二是快速推进无车承运人试点,目前日照港已成为无车承运人试点单位,意味着日照港即使没有自有车辆,也可以承揽运输业务并代开增值税发票,把物流运输环节产生的税收留在日照。

(二)落实各项扶持政策,让物流企业得实惠

近年来,上级密集出台了支持运输物流业的政策,其中 2016 年 2 月 29 日发改委等 10 部委联合发布《关于加强物流短板建设促进有效投资和居民消费的若干意见》,提出要"加大投资、财税、土地等政策支持力度,要进一步落实支持物流业发展的用地和相关税收优惠政策";2017 年 4 月 26 日,财政部、国家税务总局下发《关于继续实施物流企业大宗商品仓储设施用地城镇土地使用税优惠政策的通知》,对物流企业自有的(包括自用和出租)大宗商品仓储设施用地,减按所属土地等级适用税额标准的 50%计征城镇土地使用税;山东省《物流业转型升级实施方案(2015—2020 年)》提出"山东省将从财政、土地、税收、道路通行等方面为物流企业的转型升级提供保障。针对'营改增'后个别实际税负仍然偏高的问题,山东省将积极研究财政等扶持政策,真正为物流企业'减负'"。建议汇总梳理各级各类扶持政策,制定具体实施意见,抓好落地执行,让物流企业得到实惠。

(三)放大政策洼地效应,把物流企业引进来

吸引外地企业注册和纳税、留住本地企业税收的核心,创造比周边区域更加优惠的政策环境。2016 年,日照市委、市政府出台了《支持港口物流业为重点生产性服务业发展的意见》(日政发〔2016〕17 号),明确了 2017 年将落实新增车船扶持计划、外流车船回归计划等政策,对新增车辆扶持 20 万～30 万元、运输船只 500 万元,但没有具体的实施方案,建议进一步细化政策落实措施,提高政策扶持的操作性、实效性。在此基础上,借鉴其他省市经验,从市级层面制定地方性财政扶持政策,例如在一定期限内减免土地租赁费用、地方税收留成部分给予资金扶持等,本着优惠力度适当、落实优惠要快的原则,明确资金支持对象和条件,明确支持方式、申报要求、资金拨付程序,严格监督检查,及时兑现奖惩,通过财政扶持达到外流物流企业回迁、新企业在日照市注册成立的目的。

(四)打造良好营商环境,让物流企业强起来

一是进一步巩固、扩大近几年来作风建设、效能建设成果,在服务物流企业发展方面,敢于担当,积极负责,杜绝吃拿卡要以及中梗阻等现象,让企业舒心;二是按照属地管理、效能提升的原则,在政务服务大厅派驻工商、税务、财政等窗口单位,集中办理注册、纳税、财源奖励等服务业务,让企业少跑路、快办事;三是实行道路和周边环境综合治理,规范交通秩序,打击影响港口集疏运和物流企业健康发展的违法行为,确保道路安全畅通、环境优良,让企业放心;四是为企业提供税收筹划,通过"纳税人学堂"等形式,定期开展纳税人培训,解析最新税收政策,规范物流企业取得发票,及时认定进项税额抵扣,切实降低企业税收负担;五是搭建物流业发展平台,促进相关职能部门、物流行业协会、物流企业三方的沟通交流和信息共享,根据国家宏观政策走向,及时为企业发展提供可行性建议,促进物流企业转型升级。

(作者单位:国家税务总局日照经济技术开发区税务局)

税收促进兵团经济发展的实证研究

国家税务总局石河子税务局课题组

一、兵团经济发展现状及其问题分析

(一)兵团经济总体发展状况

1. 兵团经济发展现状

如表1所示,新疆生产建设兵团(以下简称兵团)生产总值GDP从2009年的610.69亿元一跃发展到2016年的2134.33亿元,增长3.5倍,其中,第一产业增加467.87亿元,增长6%;第二产业增加965.58亿元,增长10.2%;第三产业增加700.88亿元,增长9.6%。三大产业占生产总值比重分别为21.9∶45.2∶32.9。三大产业对经济的贡献率分别为14.5%、51.4%和34.1%,分别拉动经济增长1.3个、4.6个和3.1个百分点。从图1可以看出,税收随着经济的变化而变化,税收来源于经济,同时又促进经济发展,两者存在相互影响、相互依存的关系。

表1　兵团经济发展与地税税收收入情况

年份	兵团GDP(亿元)	兵团GDP环比增速	地税税收收入(亿元)	地税收入环比增速
2009	610.69	16.70%	277.84	16.66%
2010	770.62	26.19%	388.67	39.89%
2011	965.65	25.31%	557.64	43.47%
2012	1197.21	23.98%	655.75	17.59%
2013	1499.87	25.28%	772.3	17.77%
2014	1738.68	15.92%	802.03	3.85%
2015	1934.91	11.29%	859.2	7.13%
2016	2134.33	10.31%	775.4	−9.75%

数据来源:根据新疆2009—2016年国民经济和社会发展统计公报、兵团2009—2016国民经济和社会发展统计公报、新疆维吾尔自治区地方税务局统计数据计算。

2. 产业结构分析

产业发展是区域经济发展的核心内容之一,优化地区产业结构不仅有利于提高区域经济发展速度和质量,而且还有利于促进地区生产力水平的提升、人民生活水平的改善以及节能环保效益的增加。

表2　兵团三大产业结构演进统计表　单位:%

年份	2000	2001	2002	2003	2004	2005	2006	2007	2008	2009	2010	2011	2012	2013	2014	2015	2016
第一产业	40.6	33.1	35.7	42.3	39.9	39.4	37.8	36.8	34.9	33.5	36.2	33.8	32.4	29	24	22.1	21.9
第二产业	27.5	29.4	28.3	24.8	24.5	25.2	26.4	28.9	31.7	33.8	34	37.9	39.7	41.8	44.7	45.7	45.2
第三产业	31.9	37.5	36	32.9	35.6	35.4	35.8	34.3	33.4	32.7	29.8	28.3	27.9	29.2	31.3	32.2	32.9

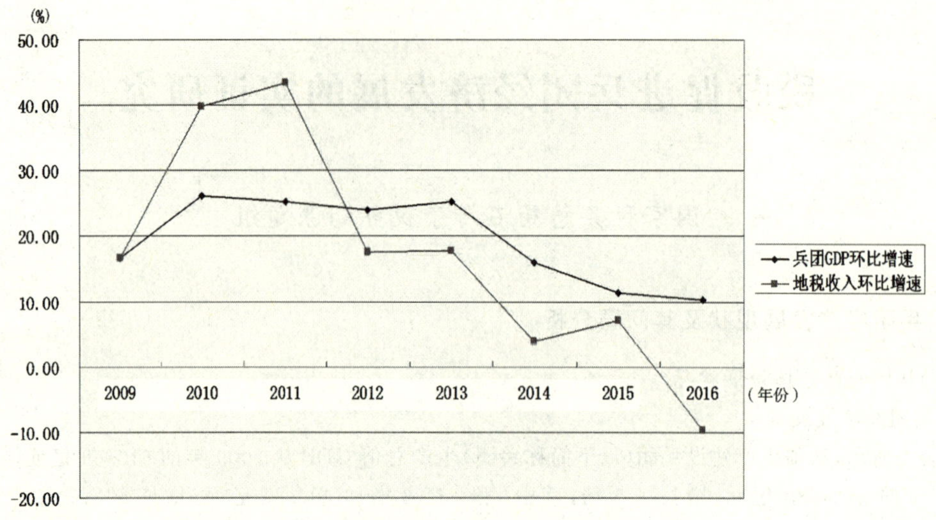

图 1　兵团 GDP 与税收收入变化曲线

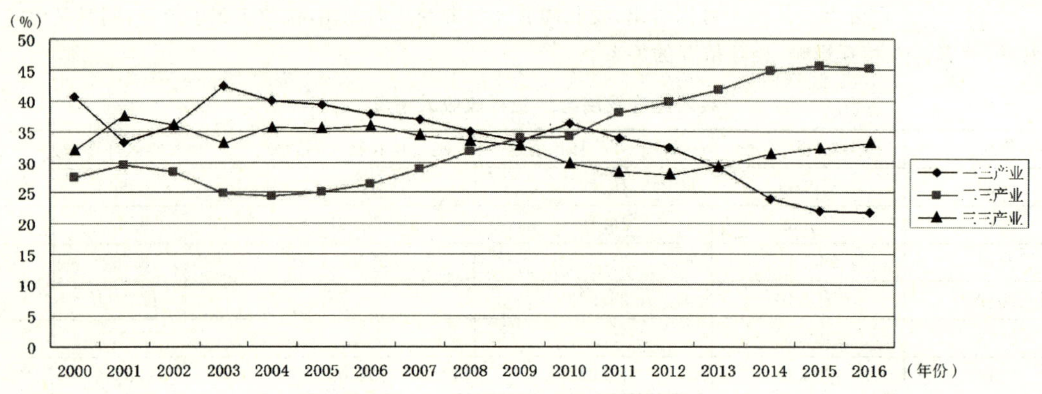

图 2　兵团三大产业结构演进折线图

从表(图)2 可以看出,兵团产业结构中第一产业占比呈现先降后升再降的趋势,2016 年占比最小。第二产业占比基本处于上升趋势,2015 年占比最大。第三产业占比波动较无规律,但在 2000 年与 2012 年的占比相差不大,并呈现下降的趋势,自 2012—2016 年逐年上升。这些数据表明新疆的产业结构目前属于“二、三、一”序列,工业主导产业不断壮大。同时,第三产业发展速度缓慢,第一产业占比仍然处于较高水平,说明产业结构升级速度缓慢。

(二)兵团经济发展存在的问题分析

1. 产业结构制约城镇化发展

随着兵团经济的发展,虽然团场产业结构不断优化调整,第一产业所占比重不断下降,第二、第三产业的比例逐步上升,但产业结构处于低层次发展的现状依然存在,国有经济与非国有经济发展很不平衡。从团场的产业结构来看这种现象更加明显,团场城镇经济结构趋同,产业层次偏低。农牧团场小城镇主要依托第一产业,具有较为典型的农产品集散地和初加工型城镇的特点,而发展较好的城镇产业也多以农产品加工和其自身服务的建材、农业机械修配等为主导。这种建立在农业开发之上的城镇类型在发展中无疑缺乏足够的竞争力。趋同的经济结构和发展模式使农牧团场小城镇难以形成群体力量。从产业的构成来看,第二、第三产业尤其是第三产业发展滞后,这既制约了农牧团场小城镇的发展,也影响了小城镇辐射功能和带动功能的发挥。

2. 筹集资金能力弱

兵团团场小城镇属非建制镇,没有财政资金的支持,城镇公共服务体系基本上依靠团场或企业自筹。随着市场机制的不断完善,近年来,团场小城镇建设也开始引入市场机制,采取土地有偿使用、股份制合作以及管理方式企业化等方式,有效地拓宽了融资渠道,但是团场小城镇的建设发展主要还是依靠自身的经济条件。

3. 兵团建制镇建设水平不高

兵团建制镇多年来在自身缺乏积累的同时承担着大量公共支出,特别是近年来城镇化进程快速推进,大批职工向镇中心集中,由分散居住向集中上楼居住转移,基础设施和公共服务设施建设配套不足问题日益凸显,建制镇建设和运营都面临财力保障压力,这些都制约了建制镇综合承载能力提升和人口产业集聚,影响了建制镇发展。

4. 兵团师市税收管理体制制约了兵团产业结构布局和调整

目前兵团已建有九个市(石河子市、五家渠市、阿拉尔市、图木舒克市、北屯市、铁门关市、双河市、可克达拉市和昆玉市)实施师市合一管理体制。但是,除图木舒克市外,其他八个均为非完备的师市合一体制,即现行“师市合一”体制并非真正的“合一”,师管理所有团场,市仅管理市辖区。以八师石河子市为例,八师面积7762平方千米,石河子市行政区划460平方千米。目前石河子市税务机关的税收管辖权仅限于460平方千米的石河子市行政辖区,八师其他辖区的税收征管权分属于塔城等地区。在现有的税收管理体制下,势必导致如下问题的出现:

(1)兵团新建市的投资建设重点为其市辖区域,致使兵团的第二、第三产业集中在市辖区域。以八师石河子市为例,在八师现行的非完备的师市合一体制下,为增强石河子市的财政能力,目前石河子市将其投资集中在石河子市辖区,尤其集中在石河子市北泉镇,产业结构布局极不合理,并引发了石河子市区的环境污染等系列问题。

(2)鉴于兵团各农牧团场没有税收管辖区,因此,各农牧团场缺少配置税源的积极性,使得兵团农牧团场难以形成“大众创业、万众创新”的氛围,兵团第三产业发展滞后,产业结构调整难上加难。

二、税收与兵团经济发展的相关性分析——以八师石河子市为例

(一)八师石河子市产业结构对其经济发展的贡献度分析(见表3)

表3　　产业结构发展贡献度　　单位:亿元

年份	2010	2011	2012	2013	2014	2015	2016	平均贡献率(%)
石河子市GDP	188.51	235.30	276.12	332.02	380.48	415.01	455.62	
第一产业	55.23	64.00	70.96	74.70	68.11	68.48	77.46	
第二产业	72.58	96.94	116.52	150.07	177.30	185.51	189.54	
第三产业	60.70	74.35	88.63	107.24	135.07	161.02	188.63	
第一产业贡献率(%)	29	27	26	23	18	17	17	22
第二产业贡献率(%)	39	41	42	45	47	45	42	43
第三产业贡献率(%)	32	32	32	32	36	39	41	35

从表 3 可以看出，第二产业和第三产业对经济的贡献度占主要优势。“十二五”期间，第一产业平均贡献率 22%，第二产业平均贡献率 43%，第三产业平均贡献率 35%。

农业在结构调整中丰产增效。农业是石河子市的优势产业，在集约化程度、规模化水平、农机装备水平、现代农业试验技术推广等方面处于全国领先水平。葡萄、苹果、蟠桃等特色林果业发展势头良好。食用菌、反季蔬菜等设施农业效益明显提升。畜牧业快速发展，水产养殖规模不断扩大。农特色养殖业规模逐步扩大。现代农业技术广泛推广应用，农田水利基础设施不断完善，农机事业加快发展，有力地促进了农业增效、职工农民增收。

工业在转型升级中负重前行，石河子市工业规模不断扩大，产业集聚效应日益凸显，开发区继续保持良好发展势头，投资吸引力、项目承载进一步增强。“天业牌”聚氯乙烯、烧碱荣获“中国驰名商标”，天业集团获得第三届中国工业大奖表彰奖。西部牧业成为新疆首家获准生产婴幼儿配方奶粉终端产品的企业。开发区被列为“全国知名品牌创建示范区”。城郊团场工业快速发展，北泉镇荣获“中国改革开放 30 年乡镇企业发展十佳魅力县市”称号。

第三产业在做大做强中提速发展。成功举办兵团首届绿洲产业博览会。云计算、大数据等信息服务业快速发展，成功举办了中国互联网大会石河子专场活动，电子商务产业园入驻企业 110 家，石河子市成为国家信息惠民试点城市、智慧城市试点城市。诚通、九洲、宏中等一批物流园建成投用。新入驻商业银行 4 家，达到 11 家。股权投资企业异军突起，达到 415 家，累计实现税收 17.9 亿元，年均增长 207.3%。成功举办“第八届中国新疆国际旅游节”“军垦文化冰雪旅游节”等活动。荣获“中国红色旅游军垦文化体验地”“中国屯垦文化国际旅游目的地”称号。累计实现旅游总收入 133.8 亿元，是“十一五”时期的 2.2 倍。

（二）税收支持兵团经济发展的相关性分析

本课题运用综合指标体系来分别反映地区农业现代化、工业化、城镇化发展水平的高低，在综合指标体系的测度方法中，主要有主观赋权法和客观赋权法两种方法，主观赋权法多采取定性的方法，权重的确定来自评价者的主观看法；客观赋权法确定权重的原始数据来源于客观环境，它根据指标之间的相关关系或各项指标提供的信息来确定全书，其判断结果不依赖于人的主观判断，本课题运用客观赋权法中的熵值法确定权重，以消除确定权重过程中的人为主观因素。通过计算熵值来判断一个事件的无序程度及随机性，即熵值越大，系统越无序，指标效用价值就越小，权重也就越小；熵值越小，系统越有序，指标效用价值就越大，权重也就越大。所以，可以根据熵值大小来决定指标的权重。根据熵值法计算的步骤对石河子 1994－2016 年 17 项指标的原始数据进行处理，计算出相应值（见表 4）。

表 4　“三化”质量综合测度体系

目标层	指标明细	信息熵	冗余度	权重值
农业现代化	农村人均纯收入	0.71252	0.06458	0.09582
	农林牧渔业增加值	0.65254	0.06124	0.11105
	农业就业占总就业人数比重	0.53464	0.05478	0.11471
	科技进步贡献率	0.75252	0.03254	0.08864
	农业信息化服务覆盖率	0.62541	0.01258	0.11952
	农业机械化率	0.82345	0.07438	0.11145
	农业劳动生产率	0.53546	0.02874	0.12112
	农业占 GDP 比重	0.43596	0.06128	0.05757
	农业适度规模比重	0.45321	0.04879	0.09554
	林木覆盖率	0.53487	0.04258	0.08458

续表

目标层	指标明细	信息熵	冗余度	权重值
工业化	工业成本费用利润率	0.86471	0.03287	0.10722
	总资产贡献率	0.86243	0.04158	0.17084
	工业化率	0.85123	0.07513	0.19885
	工业平均劳动生产率	0.75861	0.05487	0.09305
	高新技术产业产值占工业总产值比重	0.43597	0.04258	0.08987
	新产品产值比重	0.66872	0.02354	0.07897
	技术进步贡献率	0.51234	0.02846	0.08285
	工业劳动生产率	0.32482	0.04597	0.17835
城镇化	城镇人口比重	0.91618	0.08481	0.10885
	城镇人口规模	0.93322	0.06532	0.10305
	第二、第三产业从业人员数	0.91852	0.08213	0.12987
	人均生产总值	0.93999	0.0525	0.1139
	第二、第三产业产值占 GDP 比重	0.98336	0.02896	0.08215
	城镇固定资产投资占 GDP 比重	0.91252	0.09258	0.05735
	人均社会消费品零售总额	0.94582	0.05854	0.04131
	旅客周转量	0.90251	0.05121	0.08674
	建成区面积	0.93582	0.06852	0.04496
	建成区绿化覆盖率	0.97852	0.02168	0.05458
	人均居住面积	0.93585	0.06845	0.09723
	人均可支配收入	0.96828	0.04681	0.08001

同时，根据评价体系计算城镇化质量综合得分，如表 5 所示。

表 5　城镇化质量综合得分

年份	农业现代化总得分	工业化总得分	城镇化总得分
1994	0.8927	0.3941	0.2943
1995	0.8761	0.3987	0.3782
1996	0.7941	0.4125	0.3946
1997	0.7154	0.4385	0.3882
1998	0.6852	0.4539	0.426
1999	0.6514	0.4982	0.4525
2000	0.6624	0.5382	0.3909
2001	0.6125	0.5862	0.4225
2002	0.6014	0.6358	0.3981
2003	0.5938	0.6892	0.4364
2004	0.5724	0.7032	0.4949
2005	0.5625	0.7125	0.5218
2006	0.5344	0.7258	0.5564
2007	0.5124	0.7538	0.5847
2008	0.4832	0.7982	0.6233

续表

年份	农业现代化总得分	工业化总得分	城镇化总得分
2009	0.4591	0.8032	0.6422
2010	0.4283	0.8234	0.7206
2011	0.4071	0.8532	0.7731
2012	0.3892	0.8763	0.8022
2013	0.3625	0.8932	0.8445
2014	0.3354	0.8892	0.8649
2015	0.3215	0.8982	0.8732
2016	0.3013	0.9113	0.8813

1. 指标选取

(1)税收指标：选取 1994—2014 年石河子市地方税务局实现的税收收入，并对其进行标准化处理，用 Y 表示。

(2)经济发展水平的指标：选取石河子市农业现代化、工业化和城镇化发展总得分指标，用 X_1、X_2、X_3 表示。

2. 计量结果与分析

(1)单位根检验。时间序列变量间的协整关系检验以及 VAR 模型的建立都是基于所有变量均服从同阶单整的前提下进行的。最为常用的单位根检验法是 ADF 检验法，通过检验得知：农业现代化、工业化和城镇化及税收收入这些序列水平值的 ADF 检验值均是非平稳的。一阶差分后在 5%的显著水平上均是平稳的。因此可以认为这些序列均是一阶单整序列。

(2)协整检验。判断变量间是否存在协整关系，对序列做 Johansen 协整检验，如表 6 所示。

表 6　Johansen 检验

原假设：协整向量个数	特征值	迹统计量	5%显著水平临界值	P 值
没有协整向量个数	0.604029	19.33687	18.39771	0.0369
最多有 1 个协整向量个数	0.087271	1.735007	3.841466	0.1878

由于没有协整向量个数中迹统计量值 19.33687 大于显著性水平 0.05 时的临界值 18.39774，所以拒绝原假设，说明存在协整关系，也就是说税收收入与农业现代化、工业化和城镇化发展存在长期的协整关系。

(3)回归结果。

$$Y=-0.107888+0.218169X_1+0.538246X_2+0.486258X_3$$

$$R^{-2}=0.957641\quad DW=0.5383\quad F=429.5461$$

DW 值处于不能判断是否于自相关区间，通过残差检验判断模型不存在自相关。从以上检验可知，税收对农业现代化、工业化和城镇化发展的影响是非常显著的，两者之间存在着一种长期均衡关系。税收与农业现代化、工业化和城镇化发展正相关，农业现代化水平每增长 1%单位，税收收入就增加 0.22%，工业化水平每增长 1%单位，税收收入就增加 0.54%，城镇化水平每增长 1%单位，税收收入就增加 0.49%。同时，税收政策是促进经济发展的重要手段，兵团经济发展的进程，也会促进税收政策的优化，二者之间相互促进，相互推动，相互协调，相互制约。税收政策在宏观调控中主要发挥着经济职能和监督职能，这两大职能决定了税收政策和经济发展之间有着密切关系。经济发展能够带动税收政策完善、创新。通过兵团新型转型的概念可以知道，这个过程是一个产业升级、集聚，人口集聚的过程，这个过程也是促进合理税收政策完善的过程，能够影响税收体系的完善和收入总水平。经济发展与税收增长水平呈正相关关系。某地经济发展水平越高，相应的其税收水平也更高；与之相反的是，某地经济发展水平较低，生产水平较为落后，相应的经济收入也较为落后，税收水平也较低。经济发展不仅影响着税收收入的多少，还影响税收结构的完善和全面性。各个地方的财政收入主要来自税收，经济发展过程中，产业的不断升级，人口的陆续涌入，将会提高税收中财产税和所得税等税种的收入，而这一收入在发达国家财政收入中往往占有较大比重。这也在某种程度上促进了地方税种、税制的改革，完善了税收结构，提高了税收水平。

三、兵团经济发展税收政策存在的问题

（一）地方税体系不完善，地方筹资能力弱

兵团各师所属团场在城镇化建设中按城镇模式投资建设基础设施，目前已有10个团镇合一建制镇，其余团场虽然已经按城镇模式建设，有镇的名称，但还不属于行政序列中的建制镇，社会管理主体和公共服务主体缺失，导致基础设施建设、城镇管理缺乏应有的公共财政资金支持。而现行税制下，财产类税收如房产税、土地使用税在城市、县城、建制镇和工矿区以外属于不征税区域，使得从事非农业建设，逐步形成的经营性房产、土地没有变成税源，无法实现税收，政府投入没有相应财政收入，严重影响投入的积极性和长期性，更无法利用地方税收政策来调节经济。

（二）税收管辖权不适应“师市合一”体制

目前兵团师市税收管辖权大多数仅限于建市的中心城区，兵团师所管辖各团场区域均不在其税收管辖权范围内，造成兵团税收管辖“师市不合”的局面，带来财权事权不统一，弱化了兵团宏观经济调控能力。

（三）税收优惠的局限性分析

1. 税收优惠总体力度不够

目前，我国并没有专门制定针对农村人口就业、创业的税收优惠政策。在兵团地区，对从连队到团场务工的农业人口而言，场镇的高消费和高房价是一个沉重的经济负担。如何减轻这个负担，国家和政府应该认真思考。如他们在购买住房时，减免一部分契税，并给予一定的购房补贴；对于提供培训的教育机构和中介机构，制定相应的减免税政策；对于招纳农业人口较多的企业，给予一定的税收优惠。

2. 税收优惠的产业导向不到位

以企业所得税为例，目前，我国并没有针对促进产业调整而制定的税收优惠政策。科技进步是一个国家不断发展的动力，而其源泉是创新。如何通过不断创新来推动兵团经济的发展，值得肯定的答案是大力发展第二、第三产业。目前，我国促进第二、第三产业发展的税收优惠政策有高新技术企业税收优惠、技术转让税收优惠、研发费用加计扣除税收优惠等。综观这些优惠政策，兵团科技技术水平落后，高新技术企业很少，这些优惠政策起不到促进兵团产业调整的导向作用。

3. 税收优惠涉及的纳税人范围不广

如小微企业的企业所得税优惠只对法人企业有效，而同样符合小微企业标准的个人独资企业和合伙企业等仅因注册类型不同就无法享受同等优惠待遇。同时，一些税收优惠政策个体企业无法享受，对资源起不到一定的配置作用。

四、促进兵团经济发展的税收政策建议

(一)制定税收激励政策,完善产业结构

1. 稳定第一产业,构建规模化、市场化的兵团农业产业体系

兵团的资源优势是农副产品,继续维持农业免税政策,立足农业特色,拓展延伸第一产业产业链。对于农产品加工企业,通过税收优惠、减免及返还等方式,大力推进农产品的保鲜、包装、贮运、销售体系发展,不断增强兵团农业生产抵御自然风险和市场风险的能力;加大非农资本对农业科技、农田水利设施、农业社会化服务体系等方面的投资实行有效的减免税收,不断推进农业技术集成化、生产经营信息化、劳动过程机械化,实现兵团农业的持续稳定发展;加大农业企业研发新技术、新工艺以及新产品的研发费用的抵扣比例,促进农业企业加大研发力度,不断提升兵团农业企业的技术实力。

2. 实施二产优惠政策,构建现代工业产业体系结构

鼓励发展高新技术产业、支柱产业、优势产业以及代表未来产业发展方向、有巨大市场潜力、能发挥引领作用、提升整体经济技术装备水平的战略性新兴产业,如新能源、新材料、节能环保、生物制药、环保等产业,除了享受15%的低税率外,还应适当实行长期的税收优惠政策;对于勇于进行技术创新、积极推行节能环保的产业,实行组合式优惠政策,如企业购置低能耗、低污染、安全生产等专用设备,除享受税额抵免的优惠政策以外,同时享受加速折旧、税前扣除、延长抵免期限等长期优惠,积极引导产业节能减排,提高技术,增加产业附加值,以促进产业结构的升级调整;健全促进各类经济实体发展的税收优惠政策,加大对兵团中小企业政策扶持力度,改变兵团企业“一头独大,多头弱小”的局面,做大做强经济实体。

3. 加大对第三产业税收扶持力度,构建完备、便捷、高效的兵团现代服务体系

对第三产业企业在创业阶段给予税收优惠,即在企业创办初期(如2～3年)免征或减征增值税、企业所得税、房产税、土地使用税、城市维护建设税和教育费附加等地方税,为该类企业的发展营造宽松的环境;加大对旅游业的支持力度,扶持发展兵团红色旅游和自然景观旅游;采取直接优惠与间接优惠相互协调的组合税收优惠促使引导外来投资重点投向现代物流、金融保险、商务服务业等面向生产领域的服务业以及文体、边贸服务业、房地产业、社区服务业等面向消费领域的服务业。

(二)培育地方主体税种,完善地方税收体系

在中国现行财税管理体制下,地方税收占全部税收的比例较低,地方税收收入远远不够支持地方财政来发展城镇化建设,财权与事权的矛盾突出。因此,地方需要培育一些税源相对集中、稳定,征管相对便利,收入充足、增收潜力较大的税种作为主体税种,构建合理的地方税收体系。而随着兵团城镇化建设的不断深入,兵团下属团场已经形成了非建制性的一团一镇,非建制镇的发展已经与建制镇并无实质性区别。建议考虑兵团特殊体制,将各团场非建制镇纳入城镇管理,扩大兵团房产税、土地使用税征税范围,将兵团场镇区域纳入房产税、土地使用税征收范围,体现公平的同时增加税源。房产税、土地使用税属于财产税,具有可征收面广、征收对象较多、税源稳定等特点,通过推动财产税的改进,可解决兵团城镇化发展的资金瓶颈,增强兵团的自我“造血功能”,使城镇化建设得到更多的财力支持。

(三)构建兵团师市税收管辖权,适应“师市合一”体制

比照地方税务管理,构建兵团师市税收管辖权,将兵团建市的税收管辖权衍生为兵团师辖区域,改变兵团税收管辖“师市不合”的局面,进一步整合兵团财政资源,实现财权事权相统一,提高兵团宏观经济调控能力,为兵团进行主动性、诱导性的产业结构调整提供资金和制度激励。

(四)全力打造支持兵团转型和经济发展的特殊税收政策

①实施兵团特殊的个人所得税政策,加大对高素质人才的免税力度。

第一,特殊团场实施个人所得税全额减免。截至2016年,兵团人才总量32万人,较《兵团中长期人

才规划纲要(2010—2020)》提出的2020年达到47万的人才总量要求还有较大差距。因此,在感情留人、事业留人的基础上,可以对兵团人,尤其是“边境团场、民族团场、贫困团场”等特殊团场人才予以个人所得税全额减免的优惠政策。

第二,实施兵团高层次创新人才个税减半政策。目前,兵团高层次创新人才很少,享受国务院特殊津贴的人员仅283人,高层次人才仅占人才总数的0.15%,且80%分布在教育、卫生行业,适应兵团产业发展需要的企业经营管理、核心技术、高技能人才短缺,而且这部分高素质人才存在大量的人才流失问题。为留住兵团人才,避免人才流失,在对高科技人才实施其他激励措施时,可进一步制定《兵团高科技人才所得税减免政策》,对兵团高科技人才的个人所得税实施返还政策。

②加大企业高科技研发抵税政策,鼓励企业加大科技研究和开发,提高兵团企业研发费用税前加计扣除的比例,进一步提高企业开展技术创新活动的积极性,提高兵团企业“造血”的能力,加快兵团企业从资源依赖型向创新驱动型发展。

③优化增值税优惠政策,率先实行增值税单一税率,改变企业所得税税收优惠为主的局面,提高西部大开发税收优惠政策的含金量。

④扩大税收优惠的范围。结合兵团实际,出台一些促进兵团经济和城镇化发展的税收优惠政策。如在兵团注册成立的个人独资企业和合伙企业给予类似小型微利企业的税率式减免优惠政策;在兵团创业的农民工给予类似退伍军人及下岗工人的税收优惠政策;对吸纳农民工的兵团企业给予类似残疾人加计扣除的税收优惠政策。

⑤加大企业所得税税收优惠力度,比照在兵团注册成立企业“五免五减半”企业所得税税收优惠政策,发挥税收优惠政策的投资引导作用,做大做强兵团经济实体。

课题组组长:宁香兰
课题组成员:宁香兰　武军军　何小文
执　笔　人:武军军

税收扶持地方特色产业发展的效应分析

敖荣义　匡　洪

分宜县位于江西省中西部，苎麻是分宜县的支柱性产业和名优特产。1997 分宜县被国家授予全国唯一“中国夏布之乡”称号，2010 年双林夏布技艺被列入省级非物质文化遗产。

2008 年以来，分宜县新增苎麻种植面积 2 万亩，其中新增 50 亩以上连片基地 57 个，开展了 8 个“一村一品”产业建设项目。此外，麻纺产业被分宜县作为“十三五规划”的首位产业来抓，从苎麻种植、剥麻机械攻关、招商平台建设、龙头企业引进、国际麻纺城建设、麻纺特色小镇规划、科研创新能力提升和品牌创建等七个方面在全产业链上实现了突破。2013 年苎麻制品网络销售额为 62 万元，2015 年高达 1100 万元，2016 年突破 3000 万元。目前，分宜县麻纺产业链条企业达到 322 家，规模以上企业 10 家，2016 年产业主营业务收入 28 亿元，利税 3.6 亿元。预计到 2020 年，全县麻纺产业将实现主营业务收入 150 亿元。由此可以看出，苎麻产业对分宜县的经济发展和税收增长有着积极推动作用。然而，近几年来，尤其是 2012 年以来，苎麻播种面积连年减少，由 2012 年的 3.7 万亩减少到 2014 年的 2.57 万亩，种植面积减少造成苎麻产量大幅下降，2014 年、2015 年分别下降了 17.95％、18.9％，分宜县苎麻产业发展前景堪忧。

一、现行有关麻纺产业发展的税收政策

通过研究分宜县税务局和江西恩达麻纺科技有限责任公司的相关资料和数据，我们对我国麻纺织产业相关现有的政策，整理与分析如下：

第一，从税收政策在麻纺产业重点领域的分布来看，在麻纺种植阶段，税收支持力度最大，直接减免了麻纺种植农民的税收，在一定程度上有利于减轻麻纺种植者的负担，提高麻纺种植者的积极性。但是，在麻纺产业发展的中游和下游阶段，税收优惠政策并没有像粮食和棉花业那样发挥积极的支持作用。

第二，从麻纺产业优惠政策在各个税种的分布来看，企业所得税。房地产税等税种对麻纺产业都有一定的优惠，但优惠力度不足；进出口关税退税税率较高，但税率调整滞后。

第三，从税收政策在麻纺产业各个环节的分布来看，种植、加工、研发、消费等各个环节都有涉及，但覆盖面小，有些环节税收支持力度极小，作用不明显。

第四，从税收优惠政策采用的优惠方式来看，不仅包括直接性的优惠方式（如税收减免、定期减免、优惠税率等），也包括间接性的优惠方式（如先征后退、税前扣除、先征后返、延期缴纳等）。

二、现有税收政策存在的问题与作用分析

1. 税收激励体系不完善

（1）税收政策设计缺乏针对性和科学性

我国财税政策对粮食、棉花等产业的支持倾斜度大、设计体系完善，所以我国粮食产业出现产量“十连增”的可喜现象，但对麻纺产业未出台相关的系统性的和有针对性的财税支持政策。

（2）地方税收自主性小

我国税收征管部门有五个层级，管理层级多，地方税务部门压力大，且我国税收立法高度集中于中

央，地方自主性小，不能因地制宜地调控配置区域性税收资源。

(3)税收优惠时间少且手段单一

一是我国对传统制造业的税收优惠主要以直接优惠为主，形式单一，方法简单；加速折旧、提取投资风险准备金等间接性的优惠方式处于探索阶段，无充分体现。二是税收优惠不足，优惠时间短，免征企业所得税一般是2～3年，5年以上的抵免和延期纳税很少。

2. 税收政策发生的作用节点相对滞后

如表1所示，把麻纺产业分为三个发展阶段，即麻纺种植（上游阶段）、麻纺生产加工（中游阶段）、麻纺织品（下游阶段）。

表1　麻纺产业发展阶段税收政策作用情况分析

产业发展阶段	产业发展阶段特征	税收政策需求强度	税收政策的着力点	税收政策的作用目标
麻纺种植（上游阶段）	风险高、劳动力需求大、成本较高	中度	生产资料要素投入、物质和劳动力要素投入	降低投入成本，刺激劳动力投入
麻纺生产加工（中游阶段）	风险较低，成本高	最强	机械设备更新换代、人才资本供给、融资资金流入	提高税收收益，降低研发成本和风险
麻纺织品（下游阶段）	风险低、成本低	低	提高税后收益、鼓励再投资	提高税收收益、促进市场占有率

现行税收政策设计没考虑到麻纺产业发展的各个阶段，因而未能发挥政策的有效性。主要体现在：中游阶段，脱胶、纺织机械等方面的税收优惠政策不足；下游阶段，进出口税政策不完善；没有消费税优惠。

3. 税制设置不完善

(1)激励创新型人才的税收支持力度不够

麻纺产业具有较高的技术含量（如新品种培育，脱胶技术等），但我国在个人所得税除对几种特殊的行业有特别规定外，工资薪金个人所得税扣除标准所有行业一致，并没有体现出对创新型人才个人所得税方面的最优税收待遇。其次，费用计算较严格。现行有关政策规定，企业研发人员的工资计入管理费，在年终计算应纳税时，按计税工资标准予以纳税调整。按这样的方法来计算研发人员纳税所得额，企业的负担会变重。

(2)对麻纺机械设备方面的税收支持不足

目前，我国苎麻企业的脱胶技术基本上仍沿用20世纪50年代以来的化学脱胶方法。恩达公司总经理邱新海表示：我国苎麻种植、苎麻脱胶等方面的机械设备极其落后，不能适应生产发展的需要；由于国家对于苎麻机械设备方面相应的税收政策扶持较少，造成了我国苎麻机械设备的生产更新换代慢、苎麻业发展被动的局面。

(3)税率调整滞后

目前我国纺织品、服装出口退税税率为16%，支持力度大，这有利于出口企业获得额外利润，但长期的高出口退税带来的问题是，同样是中国制造的商品，国内价格比国外要贵；因此很多国内消费者加入出境购买大军，造成了国内国外企业税负不公平，影响了本土企业的发展创新。

4. 税收政策与其他配套性政策设计不完善

2017年7月，中国农业银行总行下发了对粮食、棉花、苹果、花卉、烟草等五个区域的信贷政策。这不仅体现了政策的引领作用，而且指明了农行对这五个领域信贷结构的调整方向，同时也强化了这五个领域的风险防控机制。但是这样的利好消息很少涉及麻纺产业,我国对麻纺产业的税收优惠太少,且缺乏相应的价格补贴、财政补贴、金融支持、保险业以及投资等方面的系统性政策支持。

三、完善促进麻纺产业发展的税收政策建议

1. 麻纺种植阶段

(1)在增值税方面

可参考大豆及豆油的进项税率,将增值进项税额核定扣除办法推行至麻纺原材料领域,将购入苎麻等原材料按照13%的税率执行,来解决麻原料不足的问题。

(2)在关税方面

对进口麻纺纤维及麻纺原料,应降低或免征关税,以解决我国麻纺原料不足的问题,也能够降低麻纺企业成本。

(3)在企业所得税方面

企业研发出的麻纺原料新品种,因其具有正外部性和高风险性特征,应免征企业所得税,以鼓励企业投入麻纺原料新品种的培育。

2. 在麻纺产品加工阶段

(1)在增值税方面

首先要拓宽增值税政策优惠范围,对符合标准的麻纺企业执行增值税即征即退政策,同时应规定将退还企业的税款用于纺织设备更新、技术革新等方面;其次对投资、研发及制造脱胶、纺织机械等麻纺生产设备的企业实施增值税减免政策。

(2)在企业所得税方面

第一,在企业研发加计扣除政策中纳入麻纺设备、脱胶技术等,增大企业研发费用的加计扣除比例,放宽麻纺产业研发设备加速折旧的年限;第二,麻纺企业购入新型纺织机械设备并投入使用,当年可在纳税所得额中扣除一定比例的设备投资额,未抵免部分可以结转以后纳税年度扣除;第三,为鼓励金融业向麻纺企业提供贷款,在计算金融企业应纳税所得额时,只计入一定比例的贷款利息收入;第四,生产高端麻纺产品的企业(如医用伤口护卫吸湿垫料,非织造产品等)允许其全额扣除,以鼓励麻纺业转型升级。

(3)在个人所得税方面

为鼓励高新技术人才进入纺织行业,对在麻纺企业工作的外地技术人才,地方财政返还一定比例的工资所得缴纳的个人所得税;对于投资麻纺企业的个人,其获得的收入股息红利可享受个人所得税减免优惠政策;对于研发麻纺加工技术设备的个人,其技术设备所得或将专利技术设备转让给麻纺企业所得均可享受个人所得税减免优惠,其专利申请费用亦可申请税收优惠。

(4)在关税方面

为支持麻纺企业的设备更新和机械设施研发,可对制造新型麻纺机械设备所必备的进口关键零部件和新型麻纺机器,给予免征关税的优惠措施。

3. 在麻纺下游阶段

(1)在企业所得税方面

对创新麻纺企业,可以免征一定年限的企业所得税地方分享部分,在此期间若该企业转型升级,积极进行技术研发及设备的更新换代,可以适当延长其免征年限。

(2)在房地产税方面

对引进的麻纺企业用地可给予政策性减免税待遇,同时,为鼓励自主创业,当地政府对新成立的纺织企业可免征一定年限的房产税。

(3)在关税方面

借鉴最近中国与韩国和澳大利亚双边对麻纺类产品免征关税的做法,将这种做法积极扩大到与中国友好往来的其他国家。

4. 建立健全税收同其他政策的协调配合机制

想让我国从麻纺大国走向麻纺强国,税收方面的政策支持不仅要给足给够优惠,而且要在金融、利率等方面给予麻纺企业融资和投资支持,在保险业和社保上保障麻纺农户的利益,从价格补贴和财政补贴上向麻纺种植者和麻纺企业倾斜等,只有建立起一整套的相互协调和配套的机制,才能真正实现我国麻纺织品的高质、高效、高产、低耗的强国发展目标。

(作者单位:国家税务总局分宜县税务局)

淮安地区税收营商环境问题研究

国家税务总局涟水县税务局课题组

党的十九大报告提出，要实行高水平的贸易和投资自由化便利化政策，深化商事制度改革。习近平总书记也强调，要营造稳定公平透明、可预期的营商环境。江苏省淮安市正着力打造“南有昆山北有淮安”台资产业集聚新高地、台企创新发展新高地、投资环境新高地和两岸合作交流新高地。目前已呈现淮台交流常态化、交流领域多元化、台商论坛品牌化的态势。全市已累计批准台资项目 942 个，总投资超百亿美元。其中知名台企 20 多家，总投资一亿美元以上项目 6 个，三千万美元以上项目 19 个，项目从最初的代工、贴牌发展到设计研发、创立品牌乃至通过转型发展走向产业高端。近年来随着我国商事制度改革持续推进，淮安地区营商环境持续向好，越来越多的台资企业在淮安成长壮大。

一、营商环境概念的提出

营商环境是企业在开设、经营、贸易活动、纳税、关闭及执行合约等方面遵循的政策法规所需的时间和成本。营商环境是一个国家或地区有效开展国际交流与合作，参与国际竞争的重要依托，是一个国家或地区经济软实力的重要体现，是提高国际竞争力的重要内容。2001 年，世界银行提出加快发展各国私商部门新战略，急需一套衡量和评估各国私商部门发展环境的指标体系，即企业营商环境指标体系。为更好地实施促进各国营商部门发展的战略，世界银行成立了 Doing Business 小组，负责企业营商环境指标体系的创建，经过几年的努力，Doing Business 小组将企业营商环境指标由 2004 年的五组发展到 2005 年的十组，并正式出版了 2004 年和 2005 年两份年度报告。2004 年 Doing Business 小组重点研究了有关企业生命周期的环境指标，2005 年侧重研究了登记物权、税制环境、对投资者保护等指标，2006 年重点研究知识产权保护、跨国贸易、治安环境等指标。

企业营商环境指标数据的产生，一般遵循以下五个步骤：

1. 在学术顾问指导下，收集和分析现行法律和规章。
2. 针对当地有经验的专业人员，如律师和企业咨询顾问等设计评估分析工具或问卷。
3. 问卷要有一个严格的假设前提，以确保各种数据的可比较性。
4. 当地专家与 DoingBusiness 团队进行多轮互动。
5. 将初步结果提交给学者和实际工作者，以进一步改进问卷和重新收集数据。

二、我国营商环境的现状

根据世界银行历年发布的《营商环境报告》，我国营商环境的世界排名逐年提高。但应当注意到，目前我国营商环境还存在不少短板和先天不足。体现在以下几方面。

（一）整体上与世界先进水平仍有差距

世界银行《2018 营商环境报告》显示，我国营商环境前沿距离分数（每个经济体与“前沿水平”的距离）为 65.29（前沿水平为 100），在世界 190 个主要经济体中，排名第 78 位，虽然比 2014 年的第 96 位上升了 18 位，但总体水平依然偏低，排名不仅落后于发达经济体，也落后于很多发展中经济体，与世界先进水平差距依然巨大。

(二)部分营商环境指标得分明显偏低

世界银行《2018营商环境报告》发布的10项指标中,我国各项指标之间的排名落差明显,其中单项指标排名最高的为第5位,排名最低的仅列172位,两者相差达167位。其中,"开办企业"一项,虽然比2017年大幅提高了34位,但依然只排第93位;尤其是"办理施工许可证"一项,排名仅列第172位。

(三)一些地区的营商环境依然不够理想

粤港澳大湾区研究院发布的《2017年中国城市营商环境报告》显示,在选取的35个全国直辖市、副省级城市、省会城市中,中西部地区的城市排名普遍靠后,与东部沿海发达地区存在比较大的差距。

造成我国营商环境上述问题的因素多种多样,其中非常重要的一个就是政府部门行政服务还不够稳定透明和科学规范,总体办事效率偏低。在世界银行《2018营商环境报告》"开办企业"指标中,即使营商环境相对较好的上海,开办手续也达到7个,开办耗时22天,而世界经济合作组织高收入经济体的平均手续为4.9个,平均耗时8.5天,表现最佳的新西兰开办手续仅为1个,耗时仅0.5天;在"办理施工许可证"一项,上海办理标准仓库施工许可证的手续数量为23个,耗时279天,而东亚及太平洋地区的平均手续为15.2个,平均耗时138.2天,手续最简便的丹麦手续仅7个,耗时最短的韩国仅需27.5天。

三、开展淮安地区税收营商环境调查

为优化税收营商环境,助力企业发展,淮安市国地税部门联合走访企业进行营商环境调查。调查采用2018年全国税收营商环境调查问卷,格式如下:

尊敬的纳税人:

营商环境是当下的高频热词,从中央到地方各级人民政府对营商环境的关注不断升温。世界银行《营商环境报告》越来越被各国政府、企业、学者等所关注。纳税作为世界银行《营商环境报告》的11个指标之一,内容主要包括总税率和社会缴纳费率、缴税次数、缴税时间和税后流程等。其中缴税时间(包括准备时间、申报时间、缴款时间)主要由税务部门负责,为了准确查找问题,进一步压缩缴税时间,不断优化税收营商环境,国家税务总局在全国范围内开展此次调查。

非常感谢您参与此次税收环境调查。此次调查针对年纳税额10万元以上的单位纳税人实施,我们设计的这份问卷,旨在为优化税收营商环境提供决策依据,请您客观、准确填写。调查数据仅供研究专用,所有信息都将严格保密。请按如下要求完成问卷:

1. 如您是企业法定代表人且自行办税,请选择企业办税人员身份填写。

2. 如您是多家企业的财务人员或办税人员,请选择年纳税额最大的一家企业填写。

衷心感谢您的支持!

这次调查,针对企业纳税所需时间、总税(费)率、报税后程序指数、税收执法规范水平、税外负担等6个指标,发放优化税收营商环境走廊企业活动情况反馈表,企业负责人可以在"纳税人需求"及"对税务部门意见建议"栏填写,向国地税部门反映情况。淮安地税406家年营业收入在4000万元至9000万元的企业参与调查。(调查对象为2017年度纳税额10万元以上单位纳税人。问卷由财务人员和办税人员填写,企业法定代表人自行办税的,以办税人员身份参与调查。)

四、淮安地区税收营商环境路径优化

从调查的最终结果来看,为淮安地区优化税收营商环境需从以下几方面入手。

（一）深化改革创新，持续扩大开放，努力打造国际一流的营商环境

2017 年，淮安市地方税务局对贯彻落实中央“放管服”决策高度重视，注重通过优化税收服务来优化提升营商环境，结合实际制订印发了《淮安市地方税务局优化营商环境提升纳税便利度实施方案》，出台了一系列措施。该方案立足长远规划、对标国际水平、探索创新高效便捷的纳税服务方式，提升税收服务经济发展整体效能，着力为纳税人营造一个公开透明、便捷高效、沟通顺畅的营商环境。主要优化以下三个方面。

1. 在减轻企业负担方面做减法

主要包括修订公布权力清单、精简报表、清理涉税证明、取消延期申报的核准，下放小额退税审批权限即是其中之一。在小额退税审批中，淮安地税每年要受理上万笔，涉及的退税类型比较复杂，范围比较广。传统的退税流程要经过五个部门，需要八名税务工作人员进行审核，这次把五百元以下的小额退税审批权限下放到分局后，只需要流转两个部门，经三名税务工作人员审核即可。既压缩了环节，提高了效率，又节省了时间，经测算，小额退税审核权下放以后，将减少近一半的时间。小额退税的申请人大部分都是自然人，因此这项改革措施可以让更多的老百姓享受到改革带来的红利，实实在在感受到改革措施的便利，切实体会政府职能的转变。下一步，将扩大退税审核权下放的范围，提高审核额度，让更多纳税人享受到快捷便利，以高效的纳税服务进一步优化环境。

2. 在加强内部事中事后管理上做加法

所谓加法，就是在促进公平公正优化税收环境上加强内部管理，权力下放以后要保证执法的公平公正，地税机关需要加强内部管理，主要是改革管理员制度，推进办税人员实名制，对纳税人实行分级分类管理，加强税收风险管理，相关部门合作推进税收信用体系建设，加强联合惩戒等。

3. 在为纳税人提供方便快捷服务上做乘法

所谓乘法，主要着重提高办税的便利度，继续推进互联网税务局的建设，推进网上办税，扩大全市通办的业务范围，推行办税无纸化，加强网络预审，完善自然人的办税平台，拓展自助办税服务，利用银行客户端等工具实现实时缴税等。贯彻落实中央的决策部署，通过不懈努力，构建公开透明的税收环境，便捷高效的办税环境，公平公正的执法环境，持续提升纳税人的满意度和获得感，是税务部门的职责所在，税务部门将不负众望，继续努力。

（二）高度重视大走访，优化任务分解到位

由纳税人维权服务中心牵头负责，安排分解优化路径，明确各税源管理部门、风险应对部门的任务、时限要求及完成此项工作的保障措施及纪律要求。加强纳税辅导，提升服务到位。加强涉税辅导，积极与纳税人沟通，落实一次性告知责任制，打造以网上办税为主、自助办税为辅、实体办税兜底三位一体的“线上线下”纳税服务体系。

（三）做好精准对接，优惠政策落实到位

始终把贯彻落实各项税收优惠政策作为优化税收营商环境的重要抓手，有针对性地做好税收优惠政策辅导，例如，2018 年 5 月 1 日起施行的增值税改革相关政策、个人税收递延型商业养老保险试点政策、税收协定有关税收政策、助力脱贫攻坚的税收政策等。用好用活降成本、优环境、新旧动能转换、小微企业征前减免、研发费加计扣除、高新技术企业等各项税收优惠政策。同时，不断加强政策执行情况的监督检查力度，及时纠正优惠政策执行不完整、不准确、不到位的情况，切实保证税收优惠政策落实到位，降低企业税收成本。

（四）借鉴前海深港现代服务业合作区国地税经验，择机发布淮安地区税收营商环境“一指数、一白皮书、一报告”报告

据介绍，“一指数”是指淮安地区税收营商环境评价指数暨体系，“一白皮书”是指淮安地区税务营商

环境白皮书,“一报告”是指淮安地区税收营商环境评价报告,创建富含淮安元素的税收营商环境评价机制。

“一指数”采集,采取实地走访、问卷调查、“税务局采集+纳税人调研”等多种方式,采集数据主要包括绝对值数据和相对值数据,如办税厅窗口日均接待量、电子税务局办税事项、税收优惠事项网上办理比例、电话及网上答复准确率等数据均由税务机关提供。纳税人调研则包括办税满意程度、流动导税便捷程度、容易取得联系程度、办税人员接待态度等相关指标。从淮安的金融、现代物流、信息服务、科技服务、专业服务及公共服务等维度,形成了由9个一级指标、25个二级指标,以及60个三级指标组成的指数体系,对办税便利化、纳税遵从程度、政策落地程度等九大方面综合评价。再结合外资企业尤其是淮安地区集聚的台资企业,重点税源企业尤其是已上市企业和培育上市企业等情况,形成对淮安税收环境的整体评价。

“白皮书”作为税务机关与纳税人有效的交互沟通渠道,将定期向纳税人和公众汇报淮安的税收环境以及创新改革举措的实施成效,推动提升淮安税务营商环境与企业发展,提升淮安国际化竞争力。

《淮安地区税收营商环境评价报告》则主要供税务机关深入了解具体影响税收营商环境的因素、测试及跟踪其发展情况,为进一步提升征管服务提供依据和保障,最终形成投资地政府与投资企业“优势互补共创双赢”的格局。

五、淮安地区税收营商环境建议

如何提高各级政府行政服务的质量和效率,已成为改善营商环境举足轻重的一环。而互联网技术的运用,无疑能显著提升行政服务的质量和效率。对此,李克强总理强调指出,加快推进“互联网+政务服务”,是深化简政放权、放管结合、优化服务改革的关键之举,有利于提高政府效率和透明度,降低制度性交易成本。有鉴于此,笔者建议以“互联网+政务服务”为抓手,进一步改善淮安地区税收营商环境。

(一)建立统一的互联网政务服务平台

政务服务平台不能局限于淮安,要建设覆盖全省乃至全国的互联网政务服务平台,将先进的云计算、大数据、人工智能、网络平台+机器人串接为物联网平台,解决服务平台分散重复建设的问题;整合地方各级政府和部门,特别是税务和市场监管等相关部门的互联网政务服务资源,设立时间表,有计划、分步骤地将政务服务资源迁移到省级政务服务平台上,构建省、市、县三级联动,统一入口的互联网政务服务平台。

(二)增加主动上网事项,扩大在线政务服务的范围

各级政府应以企业的实际需求为导向,增加“主动上网”事项;各行政部门尤其是税务部门应依据各自职能全面梳理具体服务事项,扩大在线政务服务的范围;淮安境内凡与企业注册登记、年度报告、变更注销、项目投资、生产经营、商标专利、资质认定、税费办理、安全生产等密切相关的服务事项,全面推行网上受理、网上办理、网上反馈,做到“应上尽上、全程在线”。

(三)整合前台后台,进一步优化政务服务流程

对淮安境内政务服务事项统一编码,进行精细化、可追溯性管理;在统一编码管理的基础上,优化简化服务事项网上申请、受理、审查、决定、送达等流程;构建并联审批长效机制,明确牵头部门、并联事项和审批时限涉及税务以外多个部门的政务服务事项,要以企业为中心开展流程再造,推进税务部门与其他业务协同,推动税务服务事项跨地区远程办理、跨层级联动办理、跨部门协同办理,实行一口受理、网上运转、并行办理、限时办结,做到政务服务“单点登录、全网通办”。

(四)加大数据共享,打破政务服务“条”“块”分割

制定信息资源互联共享管理办法,推进各类政务数据标准化;打通数据壁垒,推动公共数据资源在不

同部门以及上下级政府之间共享，消除信息孤岛；政府各部门要向地方网上政务服务平台开放实时数据；开展政务服务事项相关信息的网上验证核对，凡是能通过网络核验的信息，不得要求其他部门重复提供，凡是能通过网络共享复用的材料，不得要求企业重复提交；加快建设基于省级统筹的淮安政务服务数据库，建立健全电子证照、电子公文、电子签章等标准规范；建立用户统一身份认证体系，实现网上办事“一次认证、全网通行”。

（五）深度融合线上线下，推动政务服务一体化办理

将淮安政务服务大厅的服务事项，通过网上流程优化再造迁移到互联网上，变“互联网＋”为“＋互联网”，推进实体政务大厅与网上服务平台深度融合，形成线上线下功能互补的一体化政务服务，实现政务服务“一号一窗一网”办理。

课题组成员：张文虎　许海峰　高燕云　张如松

税收制度改革与经济新常态有关问题研究

刘启星　王世杰　李永平　梁琳琳

“深化税收制度改革,健全地方税收体系”是十九大报告关于税收体制改革工作的重要论述,对加快建立现代化财政制度有重要指导意义。税收作为筹集财政收入的主要手段,在支持政府建设、推动经济发展、调整资源配置等方面发挥着积极作用,是连接政府与市场、财政与经济的重要桥梁,税收制度改革不仅是财税体制改革的重头戏,更是促进经济结构改革的急先锋。党的十八大以后我国开始主动放缓经济增速,经济发展方式由粗放式的高歌猛进逐步转向中高速可持续发展方式。为此,我们要准确把握经济新常态的科学内涵与重要意义,深刻认识税制改革对经济发展新常态的支柱作用,深化税制改革,助力构建现代化经济体系。

一、税收制度改革背景

(一)税制改革是推进国家治理现代化的需要

党的十八届三中全会把财税体制改革提升到“完善和发展中国特色社会主义制度,推进国家治理体系和治理能力现代化”的历史高度,财税制度在国家治理中的基础性、支柱性作用越发明显。2014 年,《深化财税体制改革总体方案》经中央政治局审议通过,提出着力推进“改进预算管理制度,深化税收制度改革、调整中央与地方政府间的财政关系”。党的十九大在进一步完善社会主义市场经济体制的战略部署中,对新一轮财税体制改革作了明确部署,在加快建立现代财政制度的总体要求下,提出“深化税收制度改革,健全地方税收体系”。党中央将税制改革融入全面深化改革进程,以国家治理现代化为目标定位,从而在经济、政治、文化、社会、生态和党的建设等各个领域实现改革的联动,形成改革的总体效果,这是新一轮税制改革相较于以往的重要变化和突出特点。这也意味着,作为经济体制改革的重要内容,作为国家治理体系的一个重要组成部分,我们要从局部与全局的集成上整体考虑,统筹谋划财税体制改革的具体内容和行动路线。

(二)税制改革是转变经济发展方式的需要

税收既是政府取得收入、维持政府运转、兴办各种社会事业的主要途径,又是调节资源配置及社会经济发展活动的一种重要杠杆。征税是国家将财富从纳税人转移向政府的过程,这一过程除了给纳税人带来利润的转移外,税收政策倾向还会直接影响纳税人的投资方向、资本投入、资源配置等决策。经济学的一条基本原理显示经济与税收是作用与反作用的关系,经济发展模式的转变势必带来财税体制的改革,建立与经济发展相配套的税收制度是经济发展的内在需要。

(三)税制改革是建立现代税收制度的需要

新形势下的税制改革,面临税收立法不健全、税制结构不完善、税种设置不合理等诸多难题。构建现代税收制度,要克服税制功能不明显、税负分布不合理和税收立法层次较低等问题,并体现出税收制度的与时俱进,突出税制的调节功能。在保持现有中央和地方财力格局总体稳定的前提下,围绕调动各方面积极性、考虑税种属性等因素,以建立现代财政制度为基本取向的税制改革,必将推进社会主义市场经济体制的完善与成熟,为我国经济社会健康与可持续发展提供坚实的财力保障。

二、我国经济发展新常态的现状

2014 年 5 月，习近平总书记在河南考察时首次提出“新常态”一词，指出：“我国发展仍处于重要战略机遇期，我们要增强信心，从当前我国经济发展的阶段性特征出发，适应新常态，保持战略上的平常心态。”同年 11 月，习总书记在亚太经合组织（APEC）工商领导人峰会上首次系统阐述了新常态问题，并指明中国出现经济新常态的几个主要特点：“一是从高速增长转为中高速增长。二是经济结构不断优化升级，第三产业、消费需求逐步成为主体，城乡区域差距逐步缩小，居民收入占比上升，发展成果惠及更广大民众。三是从要素驱动、投资驱动转向创新驱动。”在“新常态”下，社会各界将希望通过对税制改革促进经济平稳增长、适当“熨平”经济波动、合理调整资源配置。

三、税收制度改革与经济新常态的关系

（一）税制改革应与经济新常态的特点相适应

中华人民共和国成立以来，随着我国对社会主义经济体制的不断探索，税制改革也在不断推进，以适应中国特色社会主义经济建设的要求。我国以往几次影响较大的税制改革，都与市场经济的飞速发展相伴。依托经济和财政收入的高速增长，以及交互作用所提供的巨大空间，税制改革得以在一个相对宽松的条件下展开。党的十九大报告鲜明提出中国特色社会主义进入新时代。新时代中国经济进入“增长速度换挡期”，经济步入“新常态”，新一轮税收制度改革正是在这一“结构调整阵痛期”的背景下启动的，探索新的与经济增长“新常态”相适应的宏观调控机制和方式，利用税制改革的机遇推动社会进步是其应承担的重任。

（二）税制改革应对经济发展新常态起支柱作用

经济改革是税制改革的主要背景，税制改革则是经济体制改革不可或缺的重要组成部分。自 1978 年改革开放以来，税收制度体系大致可以划分为三个阶段，一是商品经济时期的税制改革（1978－1993 年），二是社会主义市场经济起步完善时期（1994－2012 年），三是目前还在发展的改革与开放深化期（2012 年至今），每一次税制改革都出现在经济体制转型时期，各个时期的税收制度改革始终围绕经济改革的目标与要求展开，其意义就是重新定义政府与市场的关系。当前，中国特色社会主义发展进入新时代，经济发展进入新常态，围绕服务经济改革的目标，税制改革要着力构建有利于可持续发展、平衡发展的现代化税收制度体系，使其成为经济体制改革的重要支柱。

四、税制改革在经济新常态下面临的主要问题

（一）税制结构不合理，难以实现社会公平

我国现行税收制度在经济新常态下存在的主要问题：一是税制结构设计不合理。目前我国施行的以流转税为主体的税制结构是 1994 年税制改革奠定的，这种税制结构的优点是征管成本相对较低，在经济飞速发展时期有利于财政收入的筹集。但是这种以增值税、消费税等流转税为主体，所得税占税收比重偏低的税制结构一定程度上会抑制消费，不利于税收发挥调节收入分配的作用。二是难以实现社会公平。理论意义上，税收和福利作为二次分配手段，如果有完善的制度设计，居民收入公平分配是可以实现的。但目前我国税收中占比较大的间接税具有累退性，收入越高所缴税的比重越低，其累退性质明显。直接税制设计存在诸多不合理之处，例如我国个人所得税采用分类所得税税制，不同的收入来源采取的计税方法不同，工资薪金所得采用超额累进税率，最高边际税率为 45％，而对其他财产的持有和处置税率为 20％，这种明显的税率差异实际上是对生产要素的歧视，难以实现税负公平。

(二)税收法律环境不完善,税收立法滞后

首先,税收法定原则未上升到宪法的高度。税收法定原则是税收法律体系的基础,也是税法体系得以构建的灵魂,然而受到各种因素的影响,中华人民共和国成立后虽然先后制定和修改颁布了4部宪法,但每一部宪法中都没有写入体现税收法定内容的条款。其次,税收法律的供给不足。目前,我国有税收实体法律4部,个人所得税法、企业所得税法、车船税法、环境保护税法,另有1部税收程序法律——税收征收管理法,也就是说整个税法体系中仅有5部法律,却有约30部税收行政法规、约50部税收行政规章和超过5500部税收规范性文件。在实践中,发挥作用的主要是这些税收规范性文件,也就是由财税主管部门制定颁布的税收规则,在实际征管过程中,由于法律体系建设不足,存在税务机关在执法过程中缺乏充足的法律依据、税法修改比较随意、自由裁量权监督乏力等问题。

(三)现行地方税体系存在的问题突出

一是从税种结构上看,我国现行的有效税种为18个,与财政收入联系紧密、与经济发展质量和产业结构调整等关联度较高的增值税、所得税等大税种均为中央与地方共享税,而契税、土地增值税、城市维护建设税、耕地占用税、房产税、城镇土地使用税、印花税、车船税、资源税、烟草税10个地方税规模均不大,税收收入较少,对地方财政的支撑作用不明显。二是地方主体税种缺失,“营改增”后作为地方主体税种的营业税被废止,过渡时期增值税收入分配由中央与地方的75∶25调整为50∶50,这种过渡时期的特殊安排虽然保障了地方既有财力,使地方财政能够平稳运行,但营业税这一地方主体税种缺失后,在剩余地方税种规模小、占比低的现状下,地方政府容易产生对土地收入的依赖,既存在财政风险,也造成提高地方经济发展的质量和效益,实现可持续发展,存在一定困难。

五、经济新常态下税制改革未来发展方向

(一)优化税制结构、完善税种设置

按照十八届三中全会确立的财税改革要求,在稳定宏观税负的前提下,通过税收制度的结构优化,逐步增加直接税比重,减少间接税比重,进而体现社会的公平正义,是今后一个时期改革的总体思路。一是进一步推进结构性减税,降低间接税比重。目前推行的“营改增”改革,虽实现了我国商品劳务税征税范围的统一,降低了间接税在整个税收收入中的比例,但增值税制度依然不完善,仍有进一步改革的空间,如我国目前增值税税率包括16%、10%、6%和出口0税率,多档税率势必造成进项税额抵扣差异、税负不公,建议取消10%的税率,保留16%、6%和出口0税率。二是完善税种设置,更好地发挥税收调节作用资源税、环境保护税、消费税等税种在促进资源节约、环境保护、引导生产和消费等发面发挥重要作用,将绿色发展理念贯穿于开采、加工、消费的全过程,加强税收政策工具与财政补贴等支出政策工具的衔接与配合,完善税种设置,以构建经济新常态下可持续发展的科学财税体系。

(二)加强法律环境建设、落实税收法定

习近平新时代中国特色社会主义理论提出了全面依法治国的治国方略,依法治税是依法治国的重要组成部分。按照习总书记“凡属重大改革要于法有据”的要求,着眼于整体税制的优化和税法体系的完善,切实落实《中共中央关于全面深化改革若干重大问题的决议》关于税收制度改革的指导原则,按照落实税收法定原则的要求,加快向现代化税制的转型;按照稳定税负的要求,统筹税费改革和清费立税,继续实施结构性减税;按照完善地方税体系的要求,培育地方主体税种;按照逐步提高直接税比重的要求,加快个人所得税和房地产税改革,按照保持现有中央和地方财力格局总体稳定,进一步理顺中央和地方收入划分要求,赋予地方适当税收立法权,有计划地将15种税收“暂行条例”尽快上升到全国人大立法层面,确保到2020年,形成系统完备、科学规范、运行有效地税收制度体系。

（三）健全地方税体系基本思路

党的十九大报告提出“建立权责清晰、财力协调、区域均衡的中央和地方财政关系”的要求，同时对税制改革的具体部署是“深化税收制度改革，健全地方税体系”。这就要求健全地方税体系要以“权责清晰”的中央和地方财政关系为基础。短期来看，将共享税作为健全地方税体系的主力。地方政府失去营业税这一最大税源后，在作为地方主体税种优选对象的房地产税难以在短期内开征的情况下，把健全地方税体系与现行税制改革相结合，改革现有增值税地区间分配方法，形成共享税为主、专享税为辅的收入划分基本格局。长期来看，构建以财产税为主体税种的地方专享税体系。我国应循序渐进地实现以财产税为专享税的地方主体税种培植，逐步提高地方专享税的税收比重，逐渐形成共享税分成与地方专享税收入占比相当的地方税体系。如加快推进开征房地产税进程，房地产税作为以不动产为征税对象的税基相对固定，是纳税人能够从政府提供的公共服务中受益的税种，最符合作为地方主体税种的条件，但在积极推进房地产税改革的过程中，要对房产税、土地增值税、城镇土地使用税、契税等进行综合考量，最终使其成为地方公共财政收入的主要来源。

（作者单位：国家税务总局丹东市税务局）

四平市经济税收可持续发展研究

于　洋

面对环境约束和经济转型的巨大压力，区域经济社会一体化发展是提高区域经济整体实力的根本途径，是吉林省四平市加快转变、加快赶超、加快发展的必然选择。税收作为国家宏观经济调控的主要手段之一，是四平市经济运行和税源发展的成果体现，既能为区域经济发展提供资金支持和制度保障，又能弥补市场调控失灵的不足，引导生产要素流动和资源有效配置，实现生产力的合理布局。另外，随着大数据时代来临，信息共享和挖掘应用越来越被提高到影响区域经济发展的战略层次，税收信息准确、客观、价值含量高，是调控经济的重要参考，是公认的税务部门的优势资源。经济新常态下，亟须以财税、金融等与企业密切相关的信息为核心，构建全市经济战略分析“总参谋部”，在更高层面进一步发挥税收“调节经济”的职能作用，不断提升税务部门的经济决策话语权。在强化税收征管的同时，坚持征纳双方法律地位平等的理念，完善纳税服务体系，拓展纳税服务空间；大力实施简政放权，释放企业主体活力；联合惩戒税收违法，完善信用体系建设；携手控制税企风险，维护区域经济稳定。通过全面提升纳税服务层次，更好地发挥税收职能作用，促进全市经济税收可持续发展。

一、大力深化改革，经济税源保持稳定发展

近年来，四平市坚持“五路并进”，推进“五市联动”，实施“五城联创”，全力建设“美丽四平、幸福家园”。2016年，地区生产总值实现1260.9亿元；地方级财政收入实现63.4亿元；固定资产投资完成893.5亿元，年均增长11%；社会消费品零售总额完成604亿元，年均增长11.2%。一是综合经济实力稳步提升。通过项目支撑引领、要素保障充分释放等措施，有效破解了地方发展的瓶颈问题。二是经济结构调整取得进展。具体表现为工业转型升级步伐加快、现代服务业发展快速跃升。三是国税收入规模跨越新台阶。2014—2016年，全市全口径国税收入(不含公主岭)分别为314623万元、323795万元和378377万元，增幅分别为8.4%、29.1%和16.9%，为促进地方财力增长和四平经济发展做出了突出贡献。四是税制改革激励效应明显。“营改增”实行四年多来，在完善税制、企业减负、经济转型、结构优化和促进管理等方面取得了积极成效，全社会创业热情得到激发，新增登记户数快速增长，在经济下行中保持了城镇就业总体稳定。

二、经济税源结构不优，发展驱动力亟须转换

1. 项目建设质量需要提高

近年来，全市招引企业数量及投资规模都相当可观，企业经济指标也令人乐观，但与其实现的税收相比，却并不相称。一些招商引资企业质量差，创税能力弱；个别招引企业甚至弄虚作假，骗取各项优惠，导致项目建设与实际形成的税源不相匹配。另外，除了招引企业自身的原因外，相关部门在围绕企业扩大经营规模、提升创税能力、帮助做大做强方面所做的工作仍显不够。主要表现在：一是注重考核招引户数、引资数量，没有注重考核招引效果，存在重引进、轻培育的问题。二是在培育方面没有形成合力，对招引企业的扶持有心有力，没有形成“安商、扶商、壮商”的合力。三是部分招引企业受到资金不足问题的困

扰,影响了企业基本建设和生产经营。

2. 税源结构需要优化

全市税收对烟、电、油、酒行业的依赖性较大。从行业构成看,烟(四平卷烟厂、四平烟草公司含外县)、电(四平电厂、双辽电厂、四平供电公司)、油(伊通松原油田)、酒(金士百啤酒)4 个行业 7 户重点税源企业 2015 年和 2016 年税收收入分别为 213198 万元和 215709 万元,分别占全市全口径税收收入的 66%和 57%。特别是四平卷烟厂和四平烟草公司,纳税总额位居全市前两名。一旦这两户企业增速下滑,全市税收增长将陷于困境。

3. 税源增长动力需要转换

2016 年市本级年纳税额 300 万元以上的重点税源企业共计 44 户。2017 年上半年,税收收入同比下降的有 26 户,占 59.1%。主要原因是受经济下行和供给侧改革去产能去库存影响,一些传统重点税源企业税收减少明显。现代钢铁公司、昊华化工有限公司和生达玻璃制品处于停产状态,合计减少税收 2411 万元;北方水泥、天成玉米、线路器材厂、巨元换热器、康达农机、金隅水泥、白象方便面、东北证券(四平分公司)、鼓风机 9 户企业受经济下行和行业不景气影响,减少税收额均在 300 万元以上,降幅在 20%以上,合计减收 4459 万元。此外,去年供电公司和金士百啤酒分别减少税收 1796 万元和 1198 万元。

4. 企业改革需要高位运作

历史上四平属东北老工业基地,在老企业转型改制过程中,一些企业被域外大企业集团收购整合,形成了特殊的生产方式,即被收购的企业在当地只作为生产基地,成为集团公司的大生产车间。其特点是企业的财务核算、原料采购、生产计划和销售在总部分部门统一进行管理,例如卷烟厂、金士百啤酒等。这类企业一般生产规模大,税收贡献大,社会效益好。一方面,由于在当地没有经营自主权,财务原始资料在总部保管,企业所得税按比例计算分成,使得税企之间信息不对称,税务部门对企业实际生产经营状况不易掌控,给税收管理带来一定难度;另一方面,由于这类企业属于全国范围的集团性管理,也给协调域外税收、增加地方财力创造了契机。

三、发挥职能作用,促进经济税源建设

全市税务部门要在经济税源建设发展过程中大有作为,必须紧紧围绕履行好“为国聚财、为民收税”这一重要职责,自觉地把税收职能置于四平经济调整转型的大背景下去定位、思考和谋划,结合区域经济税源建设实际情况,及时、准确、系统地对四平经济产业结构存在的突出问题进行宏观分析,帮助地方政府和市场主体找出区域经济发展的瓶颈,促进四平税源可持续发展。

(一)强化税收调控,提升经济发展质量

1. 扩大税源总量

近年来,四平市经济总量有所提高,但经济规模总体上仍处于全省中游水平。要把加快扩大经济总量摆在更加突出的位置,积极运用各项税收政策,大力招商引资,加快项目建设,保持相对较高的经济增长速度,不断形成新的税收增长点。

2. 优化税源结构

首先要大力发展第二产业。推进工业产品结构优化升级增加品种,拉长产业链,把资源优势变成产业优势和经济优势。要依靠技术创新和新兴产业强力支撑,大力发展高新技术产品,推动技术进步和产业升级,促进经济增长方式从粗放型向集约型转变。其次要加快发展第三产业。要充分发挥四平市地域和人力等优势,大力发展第三产业。要高起点地做好旅游景点开发、配套设施及其服务体系建设,提高旅游业的服务水平和经济效益。要大力发展集商流、物流、信息流于一体的大型综合市场和各类专业批发市场,积极发展配送中心、连锁经营,培育大型流通企业集团,推动现代物流产业发展。要加快发展现代

服务业，改造传统服务业，明显提高服务业增加值占全市国内生产总值的比重。

3. 提升税源效益

首先要深化供给侧结构性改革，扎实推进“三去一降一补”重点任务，通过化解过剩产能甩掉包袱、轻装上阵。其次要深化企业融资改革，支持企业市场化、法治化，加大股权融资力度，降低企业杠杆率。优化信贷投向，提高直接融资比重，有序推进政府存量债务置换。着力抓好降成本措施落地见效，按照国家和吉林省的政策适当减免企业税费。最后要深化品牌建设。着力推动传统产业与科技嫁接、与设计联姻、与品牌联动，打造“中国换热器城”“中国农机城”；大力发展光电、医药健康、新能源汽车等新兴产业，推进吉高物流等现代物流项目建设。

(二)加强税收征管，大力组织税收收入

1. 营造法治环境

坚持依法治税，在营造公平公正的税收法治环境上下功夫。一是在夯实基础上下功夫。进一步深化税务行政审批制度改革，清理规范税务行政审批项目，推行权力和责任清单制度。二是在执法监督上下功夫。扎实推进“执法质量复审制”，不断提升基层税务部门执法过错自我检验、自我纠正的能力，切实防范税收执法风险。三是在打击涉税违法犯罪行为上下功夫。充分发挥税务稽查的职能作用，重点查处虚开发票和偷逃骗税行为以及高发、易发、频发的行业和企业，切实增强对各类涉税违法犯罪行为的威慑力。大力推进国地税联合稽查和税警联合办案，充分整合资源，建立协同作战机制。

2. 深化征管改革

一是集成国地税征管改革。梳理改革举措，科学评估成效，形成长效机制；不断创新形式、拓宽领域、深化内容、打造精品，特别是在信息共享、后台风险管控上下功夫、出实招。二是集成“营改增”后续管理。密切跟踪、持续监测，做好政策效应分析，对“营改增”申报纳税的情况要逐月分析，形成统一的报告；统一开展“政策大辅导大宣传”，帮助纳税人用好用足政策；研究利用第三方信息加强建筑安装、房地产等行业后续管理，形成相应的税收管理规范。三是集成数据风险管理。结合四平地区实际，深入研究前后台衔接问题，推广并用好“增值税发票快速反应系统”，研究后续管理规定，实行后续管理事项指标化、后续风险管理清单化，确保后续管理过程留痕、后续管理风险可控。四是集成各税种管理。加强增值税和消费税管理，做好所得税核定征收和汇算清缴工作，推进车辆行业专业化管理，探索建立各税种联动管理机制，促进征管质量整体提升。

3. 完成税收收入任务

严格落实国家税务总局吉林省税务局“22条”要求，以“算、调、清、查”为突破，找准发力点，拓展挖潜增收的工作思路。一是加大税源管理工作力度。强化个体税收征管，严格定额核定。大力清理陈欠、压缩新欠，根据欠缴税款纳税人的实际情况采取相应的追缴措施，力争达到全年零新欠的目标。二是加大税收风险管理工作力度。将组织收入任务进行分解落实，强化收入任务调度，签订组织收入责任状，加强风险管理，特别是要加强重点税源和重点行业风险分析应对。通过考核通报，层层传导压力，层层落实责任，推动挖潜增收任务完成。三是加大税务稽查工作力度。充分发挥警税联络机制作用，建立完善多方合作稽查机制，认真受理查处举报案件，重拳打击发票违法犯罪。四是加大税政管理工作力度。加强增值税、所得税、反避税管理。完善风险指标体系，提高风险指标准确度，确保质量。五是加大推进综合治税工作力度。积极推进四平市综合治税进程，以信息共享为手段，以税源控管为核心，全面有效地集中各相关部门涉税信息，完善工作机制、创新治税手段、拓展监控范围、增加地方财力。

(三)提升服务层次，打造良好税收软环境

1. 推动涉税业务区域协作和部门合作

一是国、地税联合办公，继续深入推进“一窗式”纳税服务，定期召开双方联席会议，拓宽合作领域，在税收分析、风险管理、税务稽查、纳税信用级别评价、信息交换等方面实现新突破。二是丰富办税服务手段，探索与银行合作共建银税综合自助服务厅，扩大 24 小时自助办税服务范围，推进电子税务应用，与合理设置简事、易办、快速窗口有机结合。三是着力加强税务部门与招商、发改、工商、金融等有关部门的密切联系、广泛沟通，逐步建立协作机制，构建第三方涉税信息平台，尽早实现信息共享。

2. 发挥依法诚信纳税的示范引领作用

一是认真落实国家税务总局出台的《重大税收违法案件信息公布办法(试行)》，完善地域划分的税收违法“黑名单”制度。二是将“黑名单”制度与纳税信用等级评定工作紧密结合，确立全新的纳税信用理念，充分发挥依法诚信纳税的示范引领作用，以实际行动加强区域经济纳税信用体系建设。

3. 全面深化“便民办税春风行动”

一是积极开展纳税人满意度调查和纳税服务需求调查，提升纳税服务投诉和反馈处理质量。二是全面落实纳税服务规范，围绕“三公三简”优化办税服务措施，提高服务质效。三是以征纳互信为前提，引入辅导、提示、约谈等平和的前置性管理方式，帮助纳税人化解涉税风险，引导纳税人依法诚信纳税。

(作者单位：国家税务总局四平市税务局)

探索全业务全流程集成管理机制 推进基层税务管理现代化的思考与实践

陈　浩

国家税务总局王军局长指出，“解决税收管理方式不适应形势发展要求的问题，根本出路是走创新驱动之路，全面实施信息管税”。山东省诸城市地税局，立足基层实际，遵循问题导向，坚持系统思维，引入BPM（现代流程管理）理念，探索建立了基层税务全业务全流程集成管理机制，税务工作实现了信息化支撑下的流程化集成管理，有效推进了基层税务管理的现代化进程。

一、背景动因

在国内外经济社会和理论技术快速发展的今天，传统的基层税务管理模式与税收现代化的要求相比，在思想、理念、手段、机制等方面已不能适应社会形势和税务工作的需要，存在很多的“痛点”和“难点”，影响了税收工作的质效，阻滞了现代化发展进程。主要表现在以下三个方面。

第一，传统模式下，以层级式职能制管理为特征，部门职能容易交叉，工作任务容易重叠，致使“拖延症”“肠梗阻”等现象突出。在传统的管理模式下，地税工作按照业务分工设置不同部门，再由不同部门管理落实完成工作任务。但在实际执行中，由于岗责体系不够规范，岗位设置不够科学，责任主体不够明确，没有形成权责一致、边界清晰、协调配合、运转高效的岗责体系，而且监督制约难以实现对全部工作、全部岗位的覆盖，致使部门之间沟通成本高，工作人员作风散，工作职责和制度规范难以全面、刚性执行到位，“拖延症”频发。由于以上原因，工作绩效的考评也就难以硬化细化实时化，致使不同部门、不同岗位之间的工作人员推诿扯皮，“肠梗阻”现象频发，不仅造成整个地税工作效率不高，更给税收现代化建设埋下了潜在的隐患。

第二，传统模式下，工作推进的过程中基本上依靠人工，效率不高而且标准不一，致使工作质量难以保证、工作监督难以执行。在传统的管理模式下，税收执法服务、行政管理、党建党务、纪检监察等各项工作存在重部署、轻落实，重结果、轻过程的现象，且各个环节基本沿用人工或半人工方式进行。基于人工方式存在的弊端，很难实现对工作全过程的有效管控和精准监督，致使工作任务难派发、工作过程难留痕、工作效率难保证、落实质量难监督、工作绩效难评价、工作责任难追究等问题频发，特别是在以税收风险管理为导向的新形势下，风险管理与机制弊端不相匹配的矛盾非常突出，这也严重滞后了管理信息化的步伐，成为税务管理现代化道路上亟须解决的短板。

第三，传统模式下，对工作集成创新的思想认识不到位和顶层设计不统筹，致使工作的协调性、关联性、耦合性不足等现象突出。近年来，基层单位创新创优的氛围愈加浓厚，在很大程度上解决了基层工作面临的一些突出问题。但大多数创新往往局限于解决单项工作或某个方面的突出问题，没有站在税务管理现代化的全局上思考和落实，更没有将税收业务、行政管理、党建党务、纪检监察等各项业务进行统筹考虑和有机融合，这些零敲碎打的创新工作很难彻底解决税务工作整体与部门、部门与部门、结构与功能之间的相互联系、相互作用、精准协调等实质性问题，影响基层建设的规范化、标准化、现代化，部门间职能壁垒、职责不明晰、分工不明确等一系列突出问题也就难以从根本上得到解决。

二、主要做法

针对基层管理存在的问题，国家税务总局诸城市税务局坚持系统集成思维，确立了以现代化流程管理支撑税务管理现代化的基本路径，研发应用集“流程集成管理、移动终端办公、自动督查督办、全程绩效评价”为一体的“税务全业务全流程集成管理平台”，对税务机关的人、财、物、事和征、管、查全面实行流程化集成管理，覆盖基层全部业务范围的全流程集成管理新模式正式运行。

（一）再造流程架构，完善岗责配置，实现对全部工作、全部岗位的流程化“全覆盖”

1. 搭建全业务流程架构

依托集成管理平台，注重集成，立足规范，根据党章党规、税收征管服务规范、绩效管理体系以及上级一系列规章制度，对税务工作的业务流程架构进行了重新理顺设计，搭建完成了由19大类、62小类、210个流程组成的全业务流程架构，并根据工作需要，随时在平台中灵活添加新流程，实现了对税务工作和岗位的流程化管理“全覆盖”。

2. 建立网格化岗责体系

在集成管理平台中搭建了税收管理、行政管理、党建党务和纪检监察四大岗责体系，实行扁平化管理，分事行权，分岗设权，分级授权，真正做到权责一致、权力制衡。对每一岗位的职责、风险点和应遵循的工作规范实行清单式分解，对每名工作人员在四大岗责体系中所处的岗位、职责、权限在平台予以固化和明确，真正实现了“制度+科技”支撑下的以规设岗、定责到人。

（二）流程驱动运转，双终端同步运行，实现对全部业务的“全天候”在线处理

1. 依托流程以事找人，实现工作“端对端”衔接

坚持“以任务流程驱动工作开展”的思维模式，充分应用流程管理理论中的“端到端”理念，通过平台的强制性衔接任务功能，实现各相关任务之间的全在线衔接办理、限时办结。在税收业务方面，税收征管模式由“固定管户”到“动态管事”全面转型，建立了覆盖全局税收所有基础事务和风险管理事项的指标库，集成管理平台每天24小时智能识别分析风险点，并自动随机推送风险任务到相关单位和执法人员，执法人员根据平台推送的“任务清单”实施针对性管理，以风险管理为导向的“动态管事”征管方式全面落地。对党建党务、纪检监察、行政管理等工作，由责任部门根据相关规章制度和工作要求，对当期应开展的工作进行“清单式”梳理，形成“自动任务”或“手动任务”清单导入集成管理平台，到达启动时间，平台自动通过流程向责任人派送任务，每个岗位、每个环节需要“干什么”由电脑说了算，真正实现了信息化支撑下的“以事找人”，既避免了漏办、忘办、迟办、错办的问题，又避免了责任不清、推诿扯皮等问题。比如，发起局长办公会申请流程后，各有关岗位即可在线迅速完成会议议题收集、会议室准备、参会人员通知、会议座号分配、会议召开签到、会议纪要整理传阅、会议任务推送、工作任务承办、任务办结反馈等工作，实现“一条龙”在线衔接办理，并可实现会议全过程信息的抓取查询。

2. 借助移动互联技术，实现工作“全天候”办理

突破单位内网所固有的时空限制，在保证内部专网和移动网络双网安全的前提下，实行电脑和手机同步运行、双终端办公，即工作人员在利用办公电脑处理业务的同时，可利用手机终端随时随地进行内网业务的同步移动办公，以及进行即时沟通、考勤管理、网络会议、数据查询等工作，实现全覆盖、全过程、全员式、全天候网上工作，解放了税务管理的生产力，提高了工作效能。比如，实施手机自动“定位定时考勤”，通过外勤打卡、执法签到、在线请销假等功能，破解了指纹、人脸扫描等固定考勤方式下外出不能签到、请假等管理弊端。再比如，支出预算审批由纸质签字全部转由平台流转、在线审批签字，通常要2天左右甚至更长时间方能办完的预算审批，现在30分钟即可完成，非常快捷方便。

（三）在线留痕管理，自动督查督办，实现对整个工作流程的“实时化”管控监督

1. 实施工作任务全过程、双留痕管理

结合制度规定和岗位职责，对每个岗位可办理的任务和应遵循的规则进行具体设定，对每个流程的使用方法、流转环节、操作要求和操作方法进行了细化明确，把难以监督落实情况的纸上制度变成必须遵循的机器程序，实现制度与工作的无缝隙融合、一体化运行。在此基础上，依托集成管理平台对工作流程实施全生命周期管理，将工作任务的发起、关注、预警、督办、承办、委托、评价、分析、考核 9 大环节全部纳入在线处理，同时，研发电子影像管理系统，对执法服务、党建党务、行政管理、纪检监察等资料进行实时扫描、影像存档，购置执法记录仪对执法服务过程进行“步步留痕”，实现了全部工作的“闭环式”管控和“全过程”电子留痕，让每项工作任务达到了可视化、可量化、可跟踪、可监督、可追溯、可评价、可考核的要求，为实施有效监督提供了保障。

2. 实施自动化督查督办

根据工作规程和业务运转的内在逻辑或预设的监控指标，由平台对应办事项及时提醒，对错办事项及时干预、强制阻断，形成顺向相互支撑、有效制衡，逆向真实反馈、有效监督的完整体系。在集成平台中，每项工作任务都设定了具体的处理时限，接近处理时限时，平台自动向责任人发送“预警提醒”，责任人要在规定时限内完成任务并上传相关附件。若超过规定时限未办理，平台自动对责任人启动督查督办流程，督办信息第一时间出现在督察督办曝光处。被督办仍未处理的，平台自动向责任人所在党支部或督查部门、纪检监察部门发送实施“第一种形态”监督任务，相关党支部或督查部门、纪检监察部门根据任务对相关责任人进行提醒谈话、诫勉谈话等，督促及时纠正。对形成纪律风险或出现考勤管理问题时，集成管理平台也会发起“第一种形态”监督任务。自动化督查督办，有效解决了“对上监督难”和“抹不开情面”等问题。

（四）优化考核机制，在线即时客观评价，实现绩效考核“自动化”评价

1. 实施工作任务双向评价

在每项工作任务办结后，集成管理平台立即提醒任务发起科室评价任务办理情况，工作质量越好得星越多，评价在三星以下的，科室要注明原因，以督促任务承办科（所）有针对性地进行改进提升。同时，任务承办科（所）可以对任务发起科室进行评价，超过 50%以上评价该项工作任务存在问题时，将对发起科室进行督办，相应进行绩效扣分。双向评价的实施，让科室与分局、所实现了协同互动、互相监督，既有利于促进工作落地，又使风险问题得到了及时纠改，同时，也促使科室主动承担实体化任务，减轻了基层负担。

2. 实施绩效积分制管理

依托集成管理平台，对税收管理、行政管理、党建党务、纪检监察各类工作任务和工作人员的一体化绩效进行评价，并将党员参加党内组织活动作为工作任务纳入积分制管理，实现了“一任务一绩效”“一单位一绩效”“一人一绩效”“一党员一绩效”。完成工作任务越多、质量越好积分越高。每个单位、每个人干多干少、干好干坏，可实时在线查询，排名客观呈现，让能干事、多干事的人得到体现和认可，有效解决了干好干坏一个样、监督考核难落地的管理难题。

三、初步成效

全流程集成管理机制，统筹运用先进的信息技术和管理理念及方法，实现了所有业务的流程化管理，基层税务工作走上了自动、规范、法治、公平、高效的现代化之路。

（一）推进了基层税务管理规范化

对税务工作实行流程化管理，所有文档全部保存在数据库中，为地税工作持续规范发展奠定了坚实

基础。将制度规则无缝隙嵌入工作流程，形成了以“制度＋科技”为支撑的规范运行机制，为工作部署落实和责任监督提供了规范的框架，驱动了税务工作的规范运转。对工作流程实施全生命周期管理，让每项工作可视化、可量化、可跟踪、可监督、可评价、可考核，实现了“有权必有责、用权受监督”，促进了税务工作从宏观到微观的全部规范化运行。

（二）推进了基层税务管理法治化

将税收管理、纳税服务、税务稽查领域的执法风险防控纳入全流程管理，嵌入“双随机一公开”制度，实现了随机筛选风险点、随机派工执法和全过程留痕管控，推进了税收征管的现代化，彻底走出“人盯人”的窠臼，有利于从根本上规避执法风险和廉政风险；将“三重一大”议事决策规则和职责、权限在流程中具体细化，“主体责任”和“监督责任”落实为具体的流程任务，制度“软约束”转化为流程“硬规则”，应公开的决策内容、执行过程全部在平台公开透明运转，真正实现了事前事中全过程监控，有效压缩了纪律风险、廉政风险的发生空间。

（三）推进了基层税务管理公平化

充分尊重职工个体个性意愿，实行工作岗位双向选择，推行能力系数自选，平台自动量能派工等做法，提升了职工的认同感。流程管理模式下，全体人员在流程中都是同质岗位，都必须按既定岗责、规则办理业务，没有特权和特例，任务发起者和承办者可以互相监督和评价，营造了平等和谐的工作氛围。同时，依托平台，可以客观精细计量和展示每个单位、每个人的工作绩效，干得多少好坏一目了然，激发了队伍的活力。在 2017 年全省地税系统纳税服务业务大比武选拔中，诸城入选人员占潍坊市的近 1/3。

（四）推进了基层税务管理高效化

以流程导向替代职能导向，通过衔接任务、子任务、委托办理、移动办公、自动预警、自动督办等功能，客观上形成了扁平化、网格化的高效工作模式，解决了职能型组织模式下部门之间衔接易断档、协同效率低、推诿扯皮多以及不作为、慢作为等问题。依托互联网、线上线下相结合等技术，实现了全员式、全天候在线办理业务，有效节约了管理成本，提升了工作效率。比如从会议的发起组织到会议研究事项的部署落实，实行流程管理后时间耗费比传统模式节省 90％以上；通过对二手房交易办税业务流程再造，每笔业务办理时间从原来的 40 多分钟缩减到 8 分钟。

（作者单位：国家税务总局诸城市税务局）

小口径下宏观税负率的计量分析

高锦平　侯雅馨

宏观税负是指一定时期内一个国家的总体税负水平，通常用国内生产总值(GDP)税负率即税收总量占同期GDP的比重来反映，体现国家在国民经济总量分配中集中程度的大小，也就是国家在参与国民收入分配过程中，以税收形式所集中的价值总额及其比率。宏观税负的高低，是政府制定各项税收政策的重要依据，也是各项具体税收政策实施的综合体现。因此，通过对宏观税负率的研究，可以更直观地看到税负的增减变化对国民经济发展的影响。本文对全国、全内蒙古自治区以及鄂尔多斯市的宏观税负率进行了量化分析，并分析了影响我国宏观税负率的主要因素，总结出改革时期的一系列税改政策取得的积极成效。

一、全国宏观税负率的量化分析

1994年税制改革以后，我国将财政收入作为税制设计的主要目标之一，我国的税收收入一直保持快速增长的态势，税收收入的规模也大幅攀升，如图1、图2所示，税收收入的增长率一直大于国内生产总值增长率，如表1。2012年开始实施"营改增"试点以来，税收收入增长率才逐渐放缓，直到2016年，全面推开"营改增"之后，我国的税收征管制度日趋完善，税收目标是所有行业税负只减不增，以减轻市场主体税负。

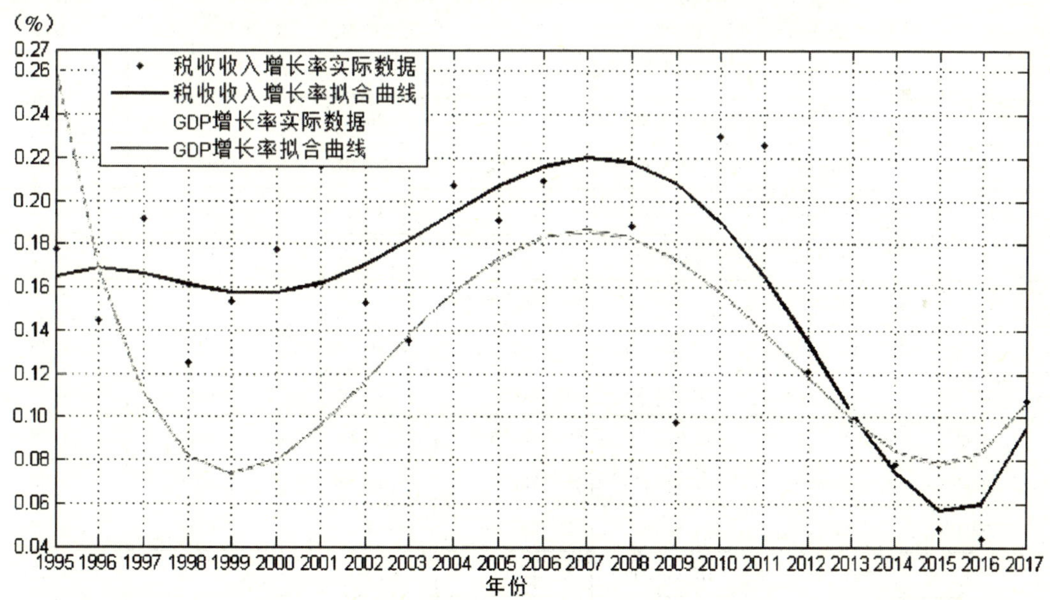

图1　1995—2017年我国税收收入增长率和国内生产总值增长率变化图

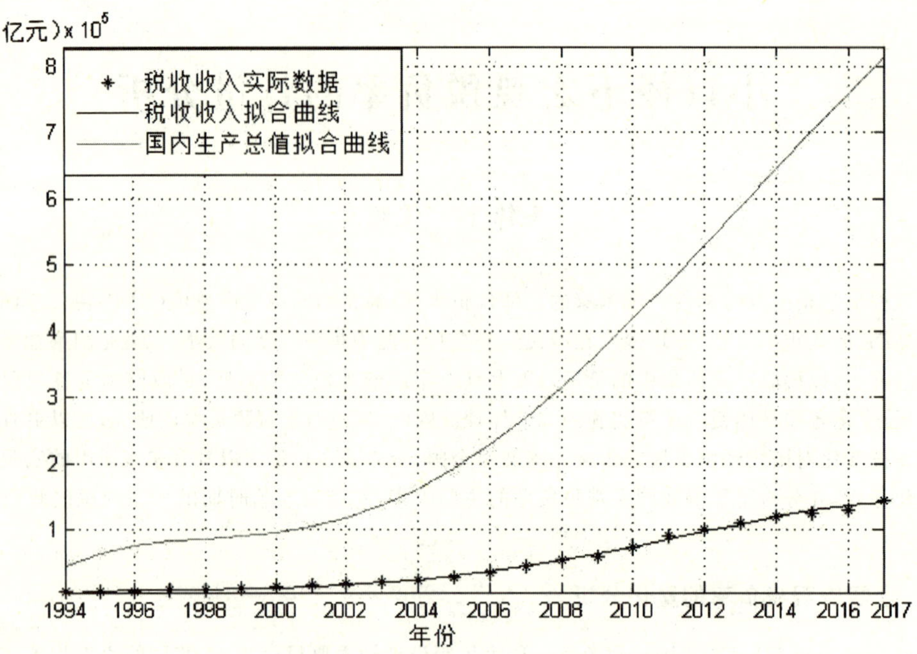

图 2　1994—2017 年我国税收收入和国内生产总值变化图

表 1　　　　我国税收收入、国内生产总值及增长率、税负率和弹性系数

年份	税收合计（亿元）	国内生产总值（亿元）	税收收入同比增长率（%）	国内生产总值同比增长率（%）	国内生产总值税负率（%）	税收弹性系数
1994	5126.88	48637.50	10.54%			
1995	6038.04	61339.90	17.77	26.12	9.84	0.68
1996	6909.82	71813.60	14.44	17.07	9.62	0.85
1997	8234.04	79715.00	19.16	11.00	10.33	1.74
1998	9262.80	85195.50	12.49	6.88	10.87	1.82
1999	10682.58	90564.40	15.33	6.30	11.80	2.43
2000	12581.51	100280.10	17.78	10.73	12.55	1.66
2001	15301.38	110863.10	21.62	10.55	13.80	2.05
2002	17636.45	121717.40	15.26	9.79	14.49	1.56
2003	20017.31	137422.00	13.50	12.90	14.57	1.05
2004	24165.68	161840.20	20.72	17.77	14.93	1.17
2005	28778.54	187318.90	19.09	15.74	15.36	1.21
2006	34804.35	219438.50	20.94	17.15	15.86	1.22
2007	45621.97	270232.30	31.08	23.15	16.88	1.34

续表

年份	税收合计（亿元）	国内生产总值（亿元）	税收收入同比增长率（%）	国内生产总值同比增长率（%）	国内生产总值税负率（%）	税收弹性系数
2008	54223.79	319515.50	18.85	18.24	16.97	1.03
2009	59521.59	349081.40	9.77	9.25	17.05	1.06
2010	73210.79	413030.30	23.00	18.32	17.73	1.26
2011	89738.39	489300.60	22.58	18.47	18.34	1.22
2012	100614.28	540367.40	12.12	10.44	18.62	1.16
2013	110530.70	595244.40	9.86	10.16	18.57	0.97
2014	119175.31	643974.00	7.82	8.19	18.51	0.96
2015	124922.20	689052.10	4.82	7.00	18.13	0.69
2016	130360.73	744127.20	4.35	7.99	17.52	0.54
2017	144360.00	827122.00	10.74	11.15	17.45	0.96

使用 Matlab 做出 1994—2017 年国内生产总值税负率变化图，如图 3 所示，可以直观地看到 1994—2012 年，我国的国内生产总值税负率逐年上升，从 2012 年开始有所下降，而 2016 年和 2017 年下降较快，这与我们前面的数据分析结论一致。

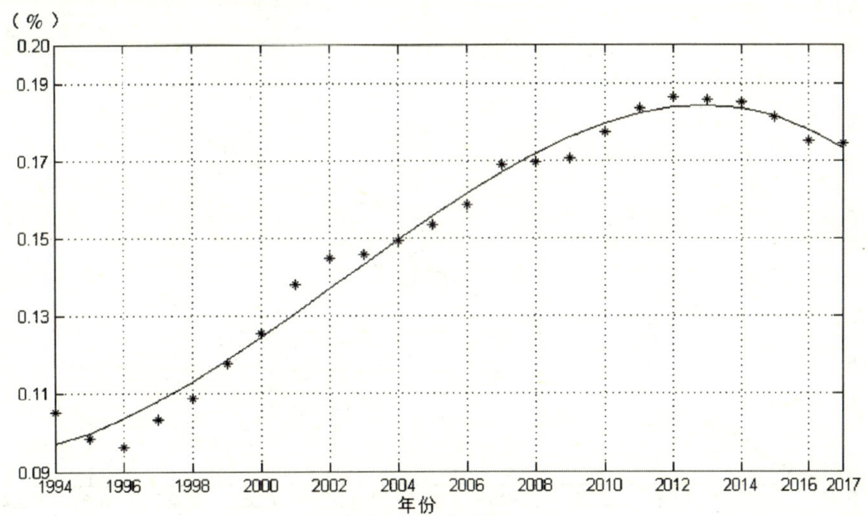

图 3　1994—2017 年国内生产总值税负率变化图

税收弹性系数是税收增长率和 GDP 增长率之比，是反映税收负担水平的重要指标。从表 1 中可以发现，1997—2012 年，我国的税收弹性系数总体水平一直大于 1，表明税收收入的增长速度高于 GDP 的增长速度。但 2013—2017 年，此系数始终小于 1，说明近年来我国的税收都处于平稳增长的状态，如图 4 所示。

下面我们使用最小二乘法对 1994—2015 年的税收收入和国内生产总值进行拟合，如图 5 所示。

可以得到国内生产总值与税收收入的拟合曲线为：

$$y=-1.6055e-013\times x^{3}+1.7811e-007\times x^{2}+1.4068e-001\times x-3.0367e+003x$$

根据上述拟合方程，我们可以得出，如果按照往年的规律，2016 年和 2017 年的理论税收收入和理论国内生产总值税负率应为如下数值，如表 2 所示：

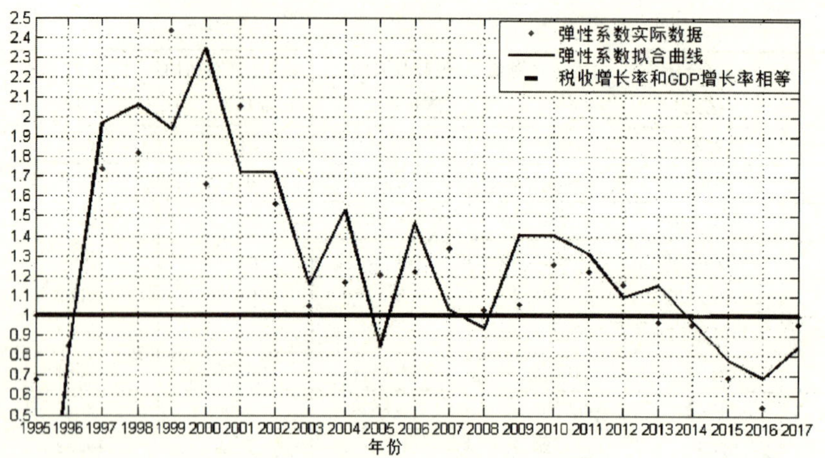

图 4　1995—2017 年税收弹性系数变化图

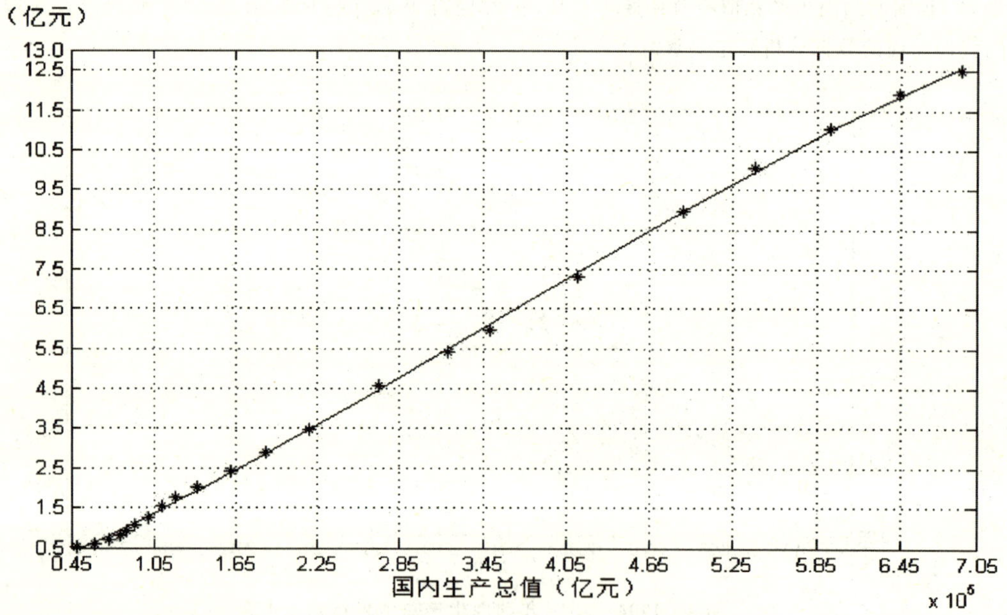

图 5　1994—2015 年税收收入与国内生产总值的关系变化图

资料来源：根据《中国统计年鉴 2017》和《2017 年国民经济和社会发展统计公报》整理计算。

表 2　　2016—2017 年我国 GDP、理论税收收入和理论 GDP 税负率

年份	国内生产总值(亿元)	理论税收收入合计(亿元)	理论国内生产总值税负率(%)
2016	744127.20	134120.00	18.02
2017	827122.00	149320.00	18.05

而我们的实际税收收入和实际国内生产总值税负率如表 3 所示。

表 3　　2016—2017 年我国 GDP、实际税收收入和实际 GDP 税负率

年份	国内生产总值(亿元)	实际税收收入合计(亿元)	实际国内生产总值税负率(%)
2016	744127.20	130360.73	17.52
2017	827122.00	144360.00	17.45

资料来源:根据《中国统计年鉴 2017》和《2017 年国民经济和社会发展统计公报》整理计算。

由表 2、表 3、图 6 和图 7 可以得到,如果剔除 2016 年以来全面推开"营改增"后的一系列减免税和税收优惠政策,2016 年和 2017 年的理论税收收入均大于实际税收收入,理论国内生产总值税负率分别高于实际国内生产总值税负率 0.5 个百分点和 0.6 个百分点。

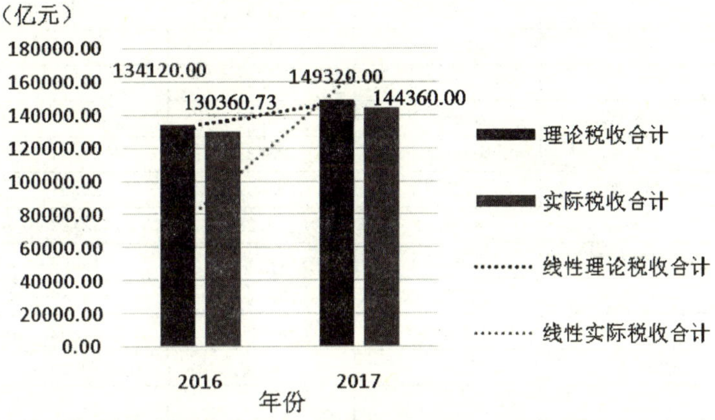

图 6　2016—2017 年理论税收收入与实际税收收入对比图

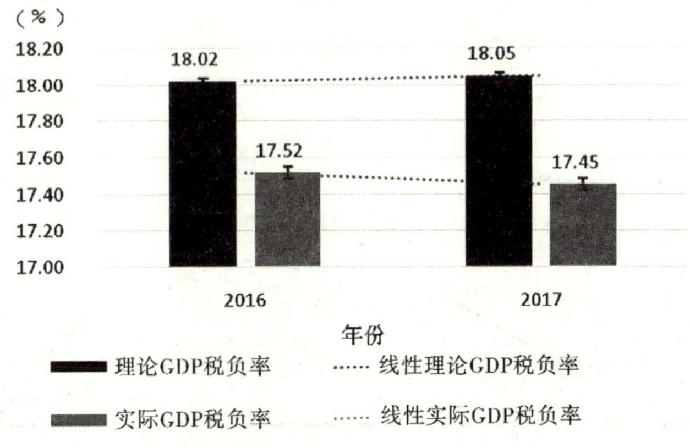

图 7　2016—2017 年理论 GDP 与实际 GDP 对比图

二、内蒙古自治区宏观税负率的量化分析

同样,我们来分析内蒙古自治区(以下简称内蒙古)的情况。

表 4　　1994—2017 年内蒙古税收合计、生产总值和生产总值实际税负率

年份	税收合计（亿元）	生产总值（亿元）	税收收入同比增长率（%）	生产总值同比增长率（%）	生产总值税负率（%）
1994	63.16	695.06	9.09		
1995	67.26	857.06	6.49	23.31	7.85
1996	87.07	1023.09	29.45	19.37	8.51
1997	98.82	1153.51	13.49	12.75	8.57
1998	108.52	1262.54	9.82	9.45	8.60
1999	114.47	1379.31	5.48	9.25	8.30
2000	122.65	1539.12	7.15	11.59	7.97
2001	131.53	1713.81	7.24	11.35	7.67
2002	162.48	1940.94	23.53	13.25	8.37
2003	201.85	2388.38	24.23	23.05	8.45
2004	270.43	3041.07	33.97	27.33	8.89
2005	408.25	3905.03	50.96	28.41	10.45
2006	511.88	4944.25	25.38	26.61	10.35
2007	691.04	6423.18	35.00	29.91	10.76
2008	921.03	8496.02	33.28	32.27	10.84
2009	1103.67	9740.25	19.83	14.64	11.33
2010	1420.97	11672.00	28.75	19.83	12.17
2011	1890.83	14359.88	33.07	23.03	13.17
2012	2064.40	15880.58	9.18	10.59	13.00
2013	2154.08	16916.50	4.34	6.52	12.73
2014	2051.44	17770.19	−4.76	5.05	11.54
2015	2113.11	17831.51	3.01	0.35	11.85
2016	1938.91	18632.57	−8.24	4.49	10.41
2017	1425.20	16103.20	−26.49	−13.57	8.85

资料来源：《内蒙古统计年鉴 2017》。

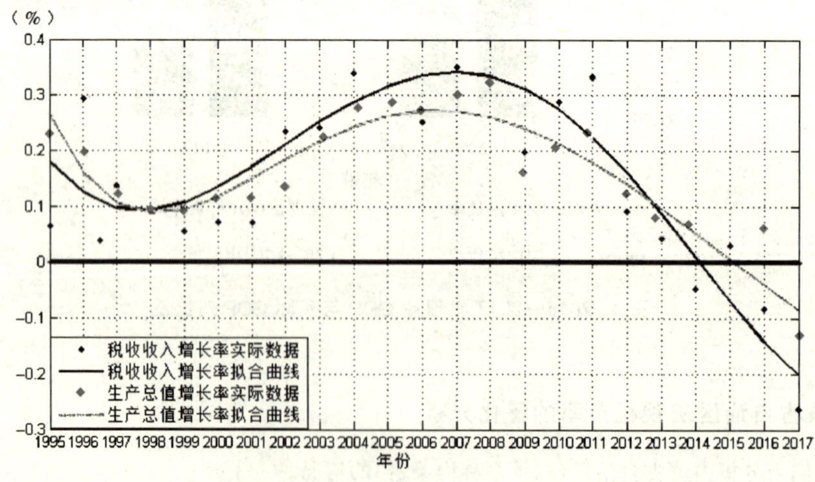

图 8　1995—2017 年内蒙古税收收入增长率和生产总值增长率变化图

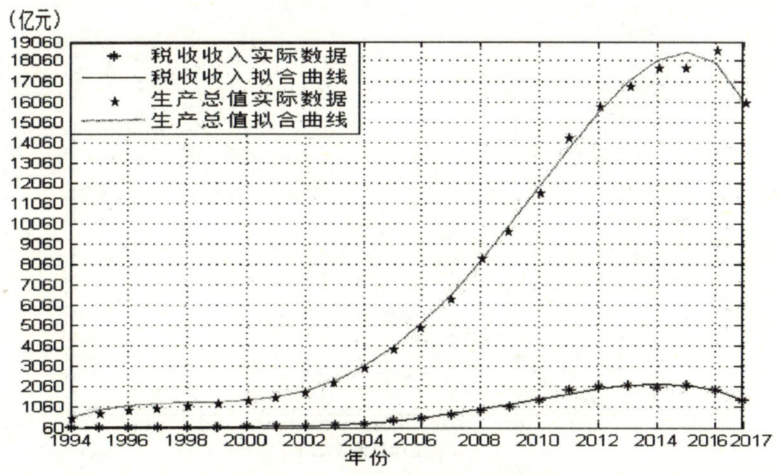

图 9　1994—2017 年内蒙古税收收入和生产总值变化图

根据表 4 和图 8、图 9，可以看到，1996—2012 年"营改增"试点以前，内蒙古税收收入一直保持较快增长，税收收入增长率一直大于生产总值增长率。从 2012 年党的十八大以来，我国启动"营改增"试点，内蒙古的税收收入增长率大幅下降，2013 年开始，税收收入增长率小于生产总值增长率，到 2016 年甚至出现了负增长，这与我国近年来的税制改革有必然联系。

同时我们使用 Matlab 做出 1994—2017 年生产总值税负率变化图，如图 10 所示，可以直观地看到 1994—2012 年，内蒙古的生产总值税负率逐年上升，从 2012 年开始有所下降，而 2016 年和 2017 年下降幅度较大，直观地说明了内蒙古从"营改增"试点以来宏观税负率降低，特别是 2016 年"营改增"以来更为明显。

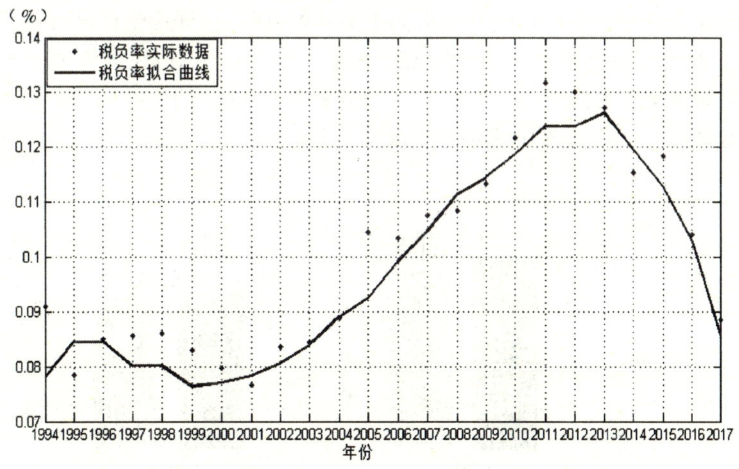

图 10　1994—2017 年内蒙古生产总值税负率变化图

下面我们使用最小二乘法对 1994—2015 年的税收收入和国内生产总值进行拟合，如图 11 所示。

如果按照往年的规律，2016 年和 2017 年的理论税收收入和理论生产总值税负率应分别为如下数值，如表 5 所示：

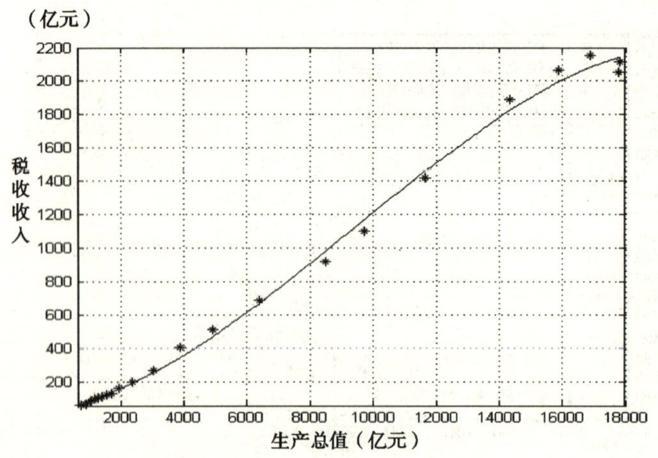

图 11　1994—2015 年内蒙古税收收入与生产总值的关系变化图

表 5　　2016—2017 年内蒙古 GDP、理论和实际税收收入、理论和实际生产总值税负率

年份	2016	2017
理论税收合计(亿元)	2178.40	2014.30
实际税收合计(亿元)	1938.91	1703.40
理论生产总值税负率(%)	11.69	12.51
实际生产总值税负率(%)	10.41	10.58

资料来源:《内蒙古统计年鉴 2017》和《2017 年内蒙古国民经济和社会发展统计公报》。

由表 5 和图 12、图 13 可以得出,如果剔除 2016 年以来全面推开“营改增”后的一系列减免税和税收优惠政策,2016 年和 2017 年的理论税收收入均大于实际税收收入,理论生产总值税负率分别高于实际生产总值税负率 1.28 个百分点和 1.93 个百分点。相比于国内生产总值税负率的比例差,可以明显看到内蒙古自治区实际税负率要更低于理论税负率,这与内蒙古自治区属于“老、少、边、穷”地区,同时又属于西部大开发战略地区之一,可以享受更多的优惠政策密不可分。

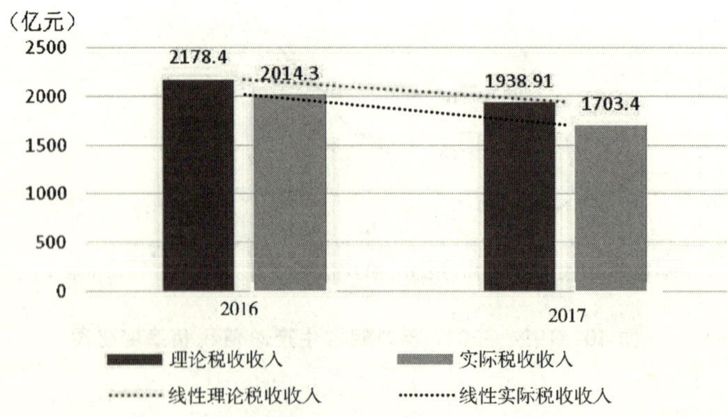

图 12　2016—2017 年内蒙古理论税收收入与实际税收收入对比图

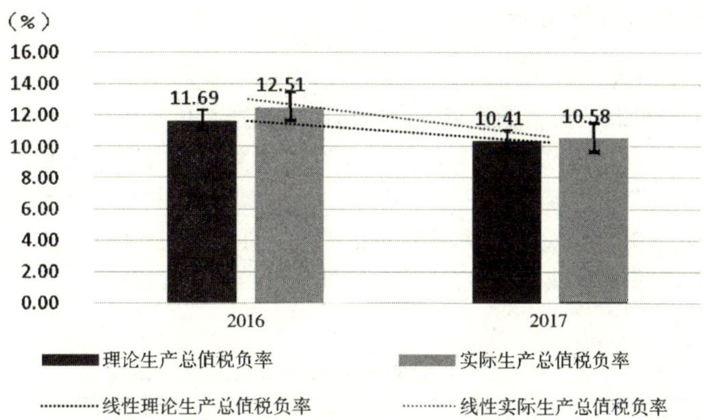

图 13　2016—2017 年内蒙古理论生产总值税负率与实际生产总值税负率对比图

三、鄂尔多斯市宏观税负率的直观展示

根据鄂尔多斯市 2013—2016 年的数据，如表 6 所示，可以直观地看到税负率在逐渐下降，税收收入增长率也明显低于生产总值增长率，与全国和全区趋势一致。

表 6　　2013—2016 年鄂尔多斯税收收入、生产总值和增长率及税负率

年份	税收合计（亿元）	生产总值（亿元）	生产总值税负率（%）	税收收入同比增长率（%）	生产总值同比增长率（%）
2013	318.6	3955.9	8.05		
2014	310	4162.2	7.45	−2.77	4.96
2015	297.9	4226.1	7.05	−4.06	1.51
2016	298.9	4417.9	6.77	0.33	4.34

资料来源：《鄂尔多斯市国民经济和社会发展统计公报》。

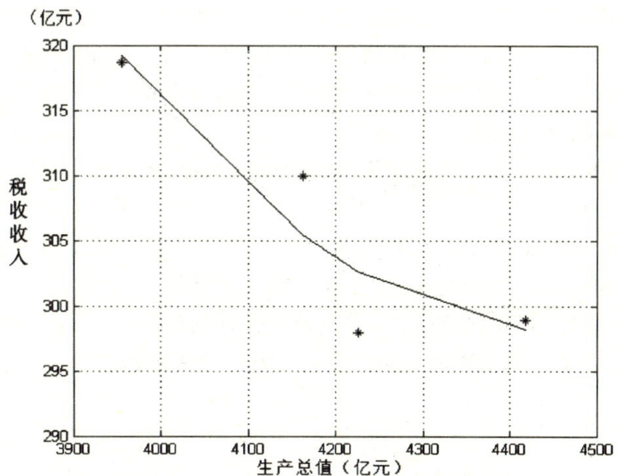

图 14　2013—2016 年鄂尔多斯市生产总值与税收收入关系对比图

四、影响宏观税负率因素分析

(一)经济发展水平因素

1983 年基思·马斯顿就采用实证分析方法得出国内生产总值税负率每增加 1 个百分点,经济增长率就会下降 0.36 个百分点,也就是税收负担率与经济增长率为逆向影响关系,这几乎成了一个普遍规律。然而,如果仅看税收负担与经济增长则为正向关系,一般来讲,社会经济发展水平越高,国内生产总值就越多,其可供财政集中的收入就越多,税收负担水平有可能会高一些;反之,社会经济发展水平较低,国内生产总值就越少,可供财政集中的收入就越少,税收负担水平就较低。

(二)产业结构因素

表 7　　2014—2016 年全国和内蒙古自治区产业结构表

产业	第一产业	第二产业	第三产业
标准变动范围	9.7%～15.4%	43.4%～45.6%	41.2%～44.7%
2016 年全国产业占比	8.56%	39.81%	51.63%
2015 年全国产业占比	8.83%	40.93%	50.24%
2014 年全国产业占比	9.06%	43.10%	47.84%
2016 年内蒙产业占比	8.74%	48.73%	42.53%
2015 年内蒙产业占比	9.07%	50.48%	40.45%
2014 年内蒙产业占比	9.16%	51.32%	39.52%

资料来源:《中国统计年鉴 2017》和《内蒙古统计年鉴 2017》。

对照塞尔奎恩－钱纳里产业结构变动的标准,可以看到 2014 年、2015 年和 2016 年我国的第一产业比重略低于塞尔奎恩—钱纳里产业结构标准;第二产业所占比重全国略低于塞尔奎恩－钱纳里产业结构标准,而内蒙古略高于塞尔奎恩－钱纳里产业结构标准;第三产业比重全国稍高于塞尔奎恩－钱纳里产业结构标准,内蒙古略低于塞尔奎恩－钱纳里产业结构标准。由此可见,我国的产业结构还需要进一步深化调整。

从三大产业税收收入所占比重来看,第一产业所占的份额明显呈下降趋势,第二产业所占比重较大,是税收收入的主要来源;第三产业所占比重保持稳定增长的态势,并已成为税收收入的主要来源,这与我国鼓励第三产业发展,对第三产业实行轻税负的产业政策是吻合的。我国目前对第一产业实行低税政策,对第三产业实行轻税政策,对于促进我国产业结构的升级,稳定和促进经济发展起到了重要作用。

(三)财税体制因素:税收优惠政策

党的十八大以来,我国一直在不断推进深化税制改革的进程,特别是 2016 年全面推开“营改增”以来,推出了一系列减免税和税收优惠政策,这大大减少了企业的微观税负,进而降低了我国的宏观税负率。党的十九大报告提出,要深化税收制度改革,进一步减轻市场主体税负,从主体税种入手,通过降低税率水平,为实体经济普遍减税,并向先进制造业、研发服务业倾斜。

内蒙古属于西部大开发优惠政策受益地区,国家对自治区内资的鼓励类产业、外商投资的鼓励类产业有更多优惠政策,因此,内蒙古宏观税负率要低于全国的宏观税负率。

五、结论

小口径下宏观税负率的影响因素是多方面的,结合上述理论与数据分析,可以看到改革时期的一系列税改政策,在降低宏观税负率方面取得了积极成效。

(作者单位:国家税务总局准格尔旗税务局)

新时代健全地方税体系的新思考

辛正平

继党的十九大报告明确提出要深化税收制度改革，健全地方税体系后，李克强总理在十三届全国人大一次会议上再次重申同样的要求。这意味着在我国未来的财税体制改革中，健全地方税体系已摆上了重要位置。本文针对我国现行地方税体系中存在的问题，提出健全地方税体系的建议和设想。

一、现行地方税体系存在的主要问题

我国现行地方税体系是在1994年实行分税制财政管理体制时建立的，当时，为了合理划分中央和地方的分配关系，保证中央与地方政府正常运转，按照事权与财权相结合的原则，将所有税种按其属性及功能划分为中央税、共享税和地方税，并分设国家和地方两套税务机构分别征管。实践证明，当时的分税制改革，为我国建立现代财税制度奠定了良好的基础，实现了中央与地方财政收入的稳定增长，充分调动了中央和地方的积极性。

但是，随着我国市场经济不断向纵深推进和政府职能的巨大转变，尤其是党的十八大以来，出现了大量由地方政府承担的公共产品和服务民生的支出事项，使中央政府与地方政府在财权、事权、责任支出的划分上产生了极大的不平衡。虽然，在实行分税制的二十多年间，我国的税收制度也在不断地进行改革和完善，但是，这些改革大多集中在中央税和共享税上，尤其是不断扩大了共享税的范围，逐步缩小了地方税收入规模。特别是"营改增"后，地方税主体税种严重缺失，这已与按照分税制原则建立的地方税体系有了相当大的差距，地方政府的财权、事权与支出责任不匹配的矛盾日益凸显。其主要问题有以下几方面。

(一)地方税界定不清晰，收入规模偏小

现行的分税制财政体制虽然将税种划分为中央税、地方税和共享税，但是在收入的划分归属上，又将一部分作为地方固定税种的相关税目划归中央。目前地方税名义上有13个税种，其中除了企业所得税和个人所得税早已成为共享税外，还有城市维护建设税(以下简称"城建税")中铁道部门、各银行总行、各保险总公司集中缴纳的税收，资源税中海洋石油缴纳的税收和印花税中的证券交易印花税等3个税种的相关收入划归中央收入。实质上目前真正属于地方固定收入的税种只有8个，即房产税、城镇土地使用税、车船税、耕地占用税、契税、土地增值税、烟叶税，另外环保税是从2018年开始征收的新税种。2016年实际组织收入为15808亿元，仅占全国税务部门组织税收收入(不包括关税、船舶吨税)的11.25%。而当年中央税和共享税分别组织入库25922亿元和98768亿元，占比分别为18.45%和70.3%。由于地方税收入规模偏小，不仅造成地方政府过度依赖共享税的分享收入和中央转移支付收入，出现了"跑部钱进"和"会哭的孩子有奶吃"的现象，而且还极大地影响了地方政府培植税源和协税护税的积极性。

(二)地方税结构不合理，主体税种缺失

随着"营改增"的全面实施和营业税条例的废止，营业税已经彻底退出了历史舞台，导致了地方税主体税种严重缺失。目前地方税税种只残留一些税源分散、税额较小、收入不稳定、征管难度大的小税种，且在这些税种中难以寻找和培育具有税基较宽、税源较广、收入稳定、征管简便的税种担任主体税种。由于目前地方税结构不合理，缺乏主体税种的支撑，使地方政府得不到稳定可靠的收入来源，不仅制约了地方税收职能作用的发挥，而且也诱发了地方政府开拓其他非税收入的渠道，其中“土地财政”和地方举债最为典型。

（三）地方税改革不到位，调节功能弱化

在现行的地方税税种中，除车船税、环保税是通过全国人大立法的税种外，其余均以暂行条例的形式颁布实施，且大部分税种都是20世纪八九十年代制定的，至今一直未做修改调整，其在征收对象、征管范围、税目税率、征管办法以及减免优惠等方面都存在诸多问题。如房产税与城镇土地使用税并行征收，对计入房产原值的土地既征房产税，又征城镇土地使用税，造成重复征税。另外，房产税既按从价征税，又按从租征税，造成税负畸重畸轻。又如城建税以实际缴纳的增值税、消费税“两税”税额为计税依据，在实际征收中，是以纳税人实际应缴纳的“两税”税额为计税依据，还是纳税人实际缴纳入库的“两税”税额为计税依据，征纳双方经常产生不同的意见。此外，城建税设计差别化的税率，也带来了税负不公的问题，已不适应加快城乡一体化发展的新要求。再如部分地方税种征收范围狭窄，房产税、城镇土地使用税只在城市、县城、建制镇范围内征收；资源税未将水、森林、草场等稀缺资源纳入征收范围，虽然水资源费改税在河北省试点的基础上又从2017年12月1日起扩大至北京、天津、山西、内蒙古、山东、河南、四川、陕西、宁夏9省、市、自治区，但推广至全国仍需时日；印花税只对列举范围内的项目征税，已与新合同法和电子商务等新型经营模式不相适应等。由于现行地方税税种陈旧老化，法律层次不高，已远远不能适应新时代经济社会发展和依法治税的要求，组织收入和调节经济的功能不断弱化。

（四）税权划分不规范，征管效率不高

我国分税制改革后，在税收立法权方面，全部集中在中央，只有经法律行政法规授权，地方权力机关才有权制定地方法规，而在多年的实践中，地方税收立法寥寥无几。对地方税的调整多以国务院或国务院财政、税务主管部门的“通知”“决定”“公告”等行政法规规章形式发布，缺乏法律保障。由此，也使地方政府无法通过地方立法，针对本区域地方特征因地制宜地选择开征或调整相关税种的征税范围及其税目税率，这也制约了地方政府财权与事权的匹配，影响了地方财政收入的稳定性，从而无法满足本地居民对公共产品和服务的需求。在税收管理权方面，分税制改革时，虽然明确了中央税和共享税由国家税务机关负责征管，地方税由地方税务机关负责征管，但在现实中，却存在着国税、地税征管职责划分不清、征管权限相互交叉的现象。目前除企业所得税和个人所得税存在征管交叉外，“营改增”后，在国税、地税相互委托代征的情况下又出现了职责划分不清的新问题。这种征管范围相互交叉，征管职责划分不清的现象，不仅使地税机关一直处于被动的弱势地位，而且还引发了执法不一、税负不公、征管效率低下，以及地方税务部门难以有效控制地方税源等问题。

二、新时代健全地方税体系的设想

地方税体系是财税管理体系的重要组成部分。一般而言，地方税体系主要由地方税种、收入规模、税权划分和征管制度组成。也就是说，要通过调整优化地方税结构、科学选择主体税种、合理界定地方税权和规范划分征管事项，构建一个主辅税种合理配置、收入调节功能相互协调、权责清晰征管高效的地方税制新体系。

（一）调整优化税制结构，构建合理的地方税税种体系

调整优化税制结构，适当增加地方税种，是健全地方税体系的重要组成部分。因此，要根据我国财权与支出责任的划分、税制改革和税收政策调整等因素，按照税基的区域性和弱流动性、收入的收益性和可成长性、征管的便利性和高效率性的原则，结合优化直接税与间接税的税制结构和法人与自然人的税负结构，实现逐步降低间接税比重，相应提高直接税比重，以及逐步降低法人（企业）税负，相应提高自然人

(高收入群体)税负的目标要求。建议在目前实施的地方八税的基础上,继续保持城建税、资源税、印花税的部分税目划归中央收入,同时,将个人所得税彻底划归地方税并作为地方主体税种。另外,通过加快费改税改革和开征新的税种,将教育附加费和地方教育附加费合并改为教育税;将社会保险费改为社会保障税;适时开征遗产税和赠与税等,适当增加地方税税种,不断拓展地方税的征税范围,从而构建具有中国特色的地方税税种体系。

(二)加快推进税收改革,构建现代地方税制度体系

1. 要加快推进综合与分类相结合的个人所得税改革

要按照“增低、扩中、调高”的原则,在扩大税基、规范扣除、优化税率、强化征管等方面进行改革。将纳税人赡(抚)养家庭成员的最低生计费用包括子女教育、医疗保险、家庭首套住房贷款利息支出等列入专项费用扣除;对实行综合征收的应税所得统一适用5级超额累进税率,将最高边际税率由45%降低至35%;对按分类征收的劳务报酬所得和稿酬所得统一适用10%的比例税率;对其他所得仍适用20%的比例税率。要在继续实行源泉代扣代缴和纳税人自行申报相结合的基础上,加快完善个人所得税征管配套措施,建立健全个人收入和财产信息共享系统,加强对自然人纳税诚信体系的建设。充分发挥个人所得税在调节收入分配和促进社会公平正义中的作用。

2. 要加快推进房地产税的改革

要按照中央立法先行、对地方政府充分授权、分步推进的原则,加快推进房地产税立法和实施。现阶段可在总结上海、重庆对个人住房征收房产税试点经验的基础上,先将房产税和城镇土地使用税合并统一征收房地产税,将工商业房地产和个人住房都纳入房地产税征税范围,并按照房地产评估价值作为计税依据。同时,将房地产税的征收范围扩大到所有城乡,对工商业房地产和个人住房实行差别税率,并适当提高税率。推进房地产税改革,是建立现代税收制度的必然要求,不仅有助于为地方政府培育新的主体税种,也有助于为房地产市场的投机炒作降温,真正体现中央“房子是用来住的、不是用来炒的”调控目标。

3. 要继续深化资源税改革

资源税是十八届三中全会确定的重点改革税种之一。要在河北等10省、市、自治区水资源费改税试点的基础上,尽快推广至全国,并扩大对森林资源、草场资源等费改税的范围。同时将一些已开采但尚未纳入征税范围的地热资源、可燃冰等纳入资源税的征收范围。另外,要根据我国资源稀缺程度和对生态环境的影响,适当提高资源税的税率,建立以资源税为主的资源开发生态环境损害补偿机制。

4. 要加快城建税改革

要将现行城建税的计税依据由随增值税、消费税税额附征改为按销售(营业)收入直接征收,并将城乡差别化税率设置为统一适用税率,使城建税由附加税成为独立税。

5. 要加快印花税改革

要与新合同法接轨,对应税凭证不再采取正列举的方式,仅对免税凭证的种类进行列举,将以前遗漏的和新出现的具有合同性质的凭证包括电子合同凭证等都纳入印花税的征收范围,同时,简并、提高印花税税率,降低征收成本,提高征收效率。

(三)科学选择主体税种,构建稳定的地方税收入体系

正确选择地方税主体税种,是健全地方税体系的重要内容,也是进一步深化税制改革的客观要求。地方税主体税种应是在地方税种中处于主导地位,且税源丰富、收入稳定、征管方便、调控力强的税种。但是,随着我国“营改增”后,地方主体税种的缺失,在现行的地方税种中缺乏税源充足、收入稳定的主体税种。虽然世界上有些国家将财产税作为地方主体税种,但是从我国的实际情况来看,2017年实际征收的房产税和城镇土地使用税分别只有2604亿元和2360亿元,只占全部税收收入的3.44%,显然目前要

把财产税作为地方主体税种的条件还不充分。如果地方主体税种没有一定收入规模，就没有单独建立地方税体系的必要，同理，如果地方主体税种没有稳定的收入来源，也不可能成为支撑地方政府履行其职权的财力基础。因此，我国可以借鉴国际上的通行做法，在当前和今后一定时期内选择双主体税种，即通过加快建立综合与分类相结合的个人所得税制和推进房地产税改革，使个人所得税和房地产税成为地方主体税种。这是因为上述两个税种都是十八届三中全会提出要加快推进直接税改革的重点税种，具有一定的收入规模和增长潜力也符合地方主体税种的特征，如2016年我国个人所得税征收入库10090亿元，同比增长17.1%，占全部税收收入的7.18%，再加上其他纯地方各税的收入，其地方税占比可达到18.43%（但实际可用财力占比为15.56%），与中央税（不含关税、船舶吨税）占比的18.45%基本持平，共享税占比则为63.12%。从而形成在以共享税为主、专享税为辅、共享税分享合理、专享税划分科学的中央和地方收入划分体系下，构建以地方主体税种明确、辅助税种适量，具有稳定收入来源和一定规模的地方税收入体系。

（四）适当赋予地方税权，构建规范的地方税征管体系

由于我国目前还存在区域经济发展不平衡不充分以及收入差距大等问题，需要赋予地方一定的自主权，因地制宜地培植税源发展经济。因此，党的十九大报告强调，要赋予省及省以下政府更多的自主权。这个自主权当然也包括税权，即包括税收立法权和税收管理权。在税收立法权方面，应坚持中央集权为主、地方分权为辅、兼顾效率和便利的原则，在大部分立法权集中在中央的同时，适当赋予省级人大和政府一定的税收立法权和政策调整权。即中央税、共享税和地方主要税种的立法权和开征、停征权仍应由中央集中统一，以保障中央政府进行有效调控，维护税法的统一性。在中央统一立法的基础上，应适当赋予省级人大和政府对部分地域特征较强的地方税种的立法权和政策调整权，如征收对象、税目税率、征收范围、减免税的调整权，以保障地方政府履行其基本职能的财力需要，充分调动地方政府培养税源的积极性。在税收管理权方面，要在国税、地税征管机构合并的基础上，进一步发挥地方政府在管理地方税收方面的优势，构建“政府主导、税务主管、部门配合、司法保障、社会参与、信息共享”的税收保障机制，明确地方政府各部门协助税务部门依法执行职务的职责、责任和义务，从而构建立法权限适当、征管职责规范的地方税收征管体系。

（作者单位：国家税务总局镇江市丹徒区税务局）

浅谈税收促进内陆港口发展的作用

——以邯郸国际陆港建设为例

国家税务总局邯郸市邯山区税务局课题组

邯郸国际陆港项目作为河北省和邯郸市的重点项目，被列入交通部“十二五”货运枢纽建设规划，是省直管100项、省服务业100强项目。2010年签约、2013年施工，2015年试营，目前已初具规模。如何发挥税收作用，促进内陆港口发展，我们以邯郸国际陆港为例进行分析。

一、邯郸国际陆港基本情况

陆港，是指在内陆地区的港口，是依照有关国内运输法规、条例和惯例设立的对外开放的国内商港，也是沿海港口在内陆经济中心城市的支线港口和现代物流的操作平台，为内陆地区经济发展提供方便快捷的国内港口服务。

按照总体规划，邯郸国际陆港项目规划占地6000亩，估算总投资200亿元，以邯郸—黄骅铁路为纽带，以黄骅港、邯郸机场为依托，实现港口功能内移至邯郸，与黄骅港协调联动，实现一体化管控与运营，开辟新的物流大通道，建设具备国际口岸、港口服务、货物中转、物流配送及商品展示、保税物流等主要功能的内陆港口，降低企业物流成本，扩大对外开放，建设面向海洋的物流节点和区域物流中心，拉动冀南乃至省域经济发展。

2010年8月17日，邯郸市政府与河北港口集团公司签约，2011年5月20日，邯郸国际陆港公司成立，2013年4月，核心功能区起步开工建设。2014年8月8日，按照出资协议约定，经陆港公司董事会决定，注册资本金由初期2亿元增加为8亿元，河北港口集团增注的资本金6.4亿元已全部到位，市政府、区政府的增资款尚未完全到位。

经过两年半的积极建设，邯郸国际陆港累计完成固定资产投资近12亿元。临机场路陆港大厦、客户信息中心、行政中心、会展中心等近10万平方米的商务设施已建成投用，成为邯山区省级经济开发区标志性建筑；1.2万平方米的仓储库、1.2万平方米的钢材加工库、16万平方米的集装箱堆场及道路等均已完工并投入使用，成为邯郸陆港开展物流、仓储、运输等服务的重要基础设施；园区北侧近2万平方米的海关监管库和保税库、近7200平方米的临街商业和海关大楼已基本建成。邯郸国际陆港集办公、金融、会展、商贸、仓储、堆存、装卸为一体的综合性物流园区已初具雏形。2015年10月28日邯郸陆港开港试运营。

二、项目业务运营情况

邯郸国际陆港（以下简称陆港）开港以来，邯郸海关以及工商、税务等职能部门相继入驻，为邯郸国际陆港逐步拓展业务运营提供了便利，2016年营业额达20亿元。

（一）无车承运业务启动

陆港公司与上海货运中国和邯钢安达智慧物流合作，2017年年初启动了无车承运业务，上半年为邯钢、新兴铸管两家钢厂，从黄骅港运输矿石100余万吨，向黄骅港集港钢材10余万吨，并成功中标两条国内干线运输业务，承运规模逐步扩大。

（二）以钢铁为核心的全供应链体系初步形成

陆港公司已与邯钢、天铁等大型钢铁企业建立长期合作关系，随着无车承运、仓储、装卸等基础服务逐步完善，矿石、煤炭、生铁、废钢、钢材等贸易业务及融资租赁、仓单质押、金融保理等金融服务也将相继展开。

（三）配套服务逐步启动

国内知名企业京东入驻园区，库房A已成为京东在冀南地区最大的快递物流基地；厂房B已被指定为精品钢材加工库，同时被邯钢列为钢材指定直发仓储库，并已开始存储钢材。

（四）集装箱业务全面启动

2016年年底，16万平方米的集装箱堆场、9台集装箱场桥已全部投用，集装箱堆场仓储能力、吊装能力、周转能力不断提升；2017年6月起，陆港发挥与黄骅港同属河北港口集团，一体化管控、一体化发展的优势和场地、内陆港一关三检功能，国企品牌、资金实力等方面的优势，与国内知名多式联运运营公司合作，整合冀中南地区集装箱箱源，全面开展集装箱多式联运业务。

三、发展现状与预期目标之间的差异分析

陆港项目规划占地6000亩，估算总投资200亿元，计划建设周期27.5年。从2013年施工至2017年，已完成固定资产投资12亿元，4年多的时间仅建成运营635亩的物流核心起步区，入园铁路、污水处理厂及园区道路等基础建设尚未完成，营运业务刚刚起步，与预期目标之间存在的差距巨大。主要问题表现在以下几个方面。

（一）资金压力逐步增大

一是增资协议未能完全落实，尚有6000万元缺口。二是原计划以陆港东区地产开发的收益弥补西区建设投资的设想，但因受东区土地指标的制约未能落实。资金压力导致项目建设进度受限。

（二）入园铁路建设耗时影响了集装箱业务的开展

陆港入园铁路涉及国家一级保护文物赵王城遗址，需要国家文物局审批。由于审批耗时较长，一方面依托邯黄铁路打通与黄骅港物流大通道的设想搁置，另一方面增加了集装箱业务的运输成本，导致陆港集装箱中转场站功能受限。

（三）受“一关三检”制约，陆港内陆口岸功能尚未发挥

除海关入住以外，其他检验检疫部门尚未入住，影响了沿海港口的功能内移至邯郸的进程。

（四）税收介入滞后

税务部门在陆港项目运营后入住，在项目筹划、建设的过程中极少参与，尤其是在保税区设置方面缺少税收筹划，开港以来，仅办理购买设备抵扣564万元，办理出口退税800万元远低于预期，在一定程度上影响了陆港功能和效能。

四、促进内陆港发展的建议

随着世界经济发展一体化趋势不断加强，内陆港建设已成为降低物流成本、促进开发开放、加快内外联通、促进经济发展的有效途径。自陆港公司成立到2017年8月，共缴纳税费4000多万元，成为地方经济发展的新生力量，应多层次发力加快和促进内陆港发展。

（一）政府加大支持

1. 加强顶层设计

一方面在立项之初组织工商、税务、住建、海关等相关部门入住帮助加快入园铁路审批、建设，协调高速公路集装箱运输降费，降低物流成本，加快实现内陆港“水陆铁”联运优势，打造内陆港与当地企业之间、相邻内陆港之间、内陆港与沿海港口之间互联互通平台，以坚实的基础，促进物资进出开放、产业有序转移。

2. 在财政上扶持

内陆港建设周期长、投入成本大，同时具有支撑经济发展的后续潜力巨大、持久的特点。建议全面清理行政事业性收费；在建设用地、基础设施建设等方面予以财政倾斜；同时借鉴外省市经验，加快制定和落实集装箱运输和装卸业务财政补贴制度，扶持内陆港做大做强。

3. 在资金上协调

目前资金短缺是制约陆港发展的重要因素，解决这个问题，建议政府一方面通过财政贴息协调商业银行提供优惠的贷款支持，另一方面通过项目引进、协调多种方面入股等方式注入资金，帮助项目建设达产见效。

（二）企业加快发展

1. 整理资源

发挥邯郸四省交界优势和陆路交通优势，完善内陆运输配套网络建设，充分利用建成的物流中心区，大力发展陆海、陆空、陆铁联运，拓展和延伸港口功能，加快临港产业发展。

2. 推进通关建设

完善查验配套设施，满足快速安全、高效的通关查验需要。加强与其他陆港、海港联系合作，以黄骅港、邯郸机场为依托，逐步延伸至其他省内港口和沿海港口，学习沿海省份口岸开放意识，用足用活政策，探索口岸直通的通关方式，做到“一次报关、一次验收、一次放行”，提升口岸效能。

（三）税务优化服务

1. 税收筹划前置

主动对接项目建设，在土地使用、建筑施工、设备购进、业务开拓等方面提供税收政策辅导，帮助企业提前做好税收筹划，为企业加快发展提供政策支撑。

2. 落实税收优惠

帮助加快保税区建设，实现进口货物入港保税和出口货物出港退税。促进内陆港更好发挥国际中转、国际配送、国际采购、转口贸易等功能。

3. 强化税收引导

制定和完善税收激励政策，鼓励工业企业产品和设备出口，鼓励港口拓展和延伸业务，更好服务当地经济与世界发展融合。

课题组组长：任海涛

课题组成员：张建鑫　王海军

以需求为导向推进税收宣传工作创新的思考

朱　伟　金里斌

一、新时期下税收宣传工作所面对的新需求

国家税务总局宝应县税务局采用无记名方式向宝应县社会各界人士发出税收宣传相关知识调查问卷 1200 份，收回有效问卷 1042 份，其中需求情况如图 1 所示。

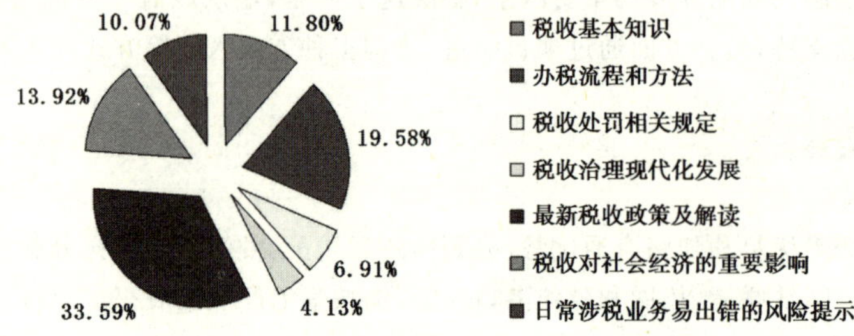

图 1　税收宣传问卷调查税收相关知识需求情况

根据调查结果，我们尝试将相关需求分析如下。

（一）从国家层面，税收宣传要为深化征管体制改革服务

中央《深化国税、地税征管体制改革方案》审议通过之后，转变征管改革的观念、提高认识是深化征管改革必须要解决的问题，也是新时期下税收宣传工作的新需求，从图 1 可以看出，13.92%的调查对象关心税收在社会经济中的影响力，因此，应着力加强深化征管改革对促进经济改革转型、合理纳税人税负、提高税收管理水平等作用方面的宣传，消除对深化征管改革的观望畏难等负面舆论的影响，提升社会各界对征管改革的理解，争取更多的配合与支持。

（二）从社会层面，税收宣传要推进社会诚信体系建设、促进遵从税法

纳税信用等级评定管理已实施十余年，但进展仍旧相对缓慢，对推进社会诚信体系的建设贡献甚微。从调查的情况看，调查对象对这方面的关注度是最低的，大多数企业对纳税信用等级评定不够重视或者不甚了解，尤其对评定的内容以及各个信用等级对企业可能带来的影响知之甚少，所以税收宣传需要努力营造诚信纳税、依法纳税的社会氛围，促进税法遵从。

（三）从税务系统层面，税收宣传要加快建设税收治理现代化，推进职能转变

税收治理现代化是服务国家治理的需要，更是规范税收征纳行为、保障税务机关依法履行职权、推进职能转变，促进经济和社会发展的重要途径。在加快税收治理现代化的进程中，税收宣传显然要扮演排头兵的角色，不仅要宣传税法政策、税制体系、优质服务、征管体系、信息技术、组织体系，切实提升税收治理现代化、税收职能去管理化的知晓度、理解度；而且要加快推进税收管理职能转变，展示税务系统新思路、新做法、新形象；更要营造全民关注税收治理的氛围，吸纳社会力量共同推进、监督这一进程，加快健康发展的速度。

（四）从纳税人层面，税收宣传要为维护纳税人合法权益服务

当前税收宣传工作中，强调纳税是每个公民应尽义务的较多，强调纳税人权利人身份的很少，使纳税人感觉纳税是一种负担，难以提升纳税积极性。纳税人意识并不等同于纳税意识，具有纳税人意识不仅要履行依法纳税，更要争取并享有相应的权利。从调查情况来看，很多调查对象认为，税收宣传应当立足于维护纳税人合法权益，60%以上调查对象关注新政策解读、相关处罚、涉税错误及风险等信息。税收宣传应当服务于纳税人的合法权益并使之成为常态，让纳税人清楚自己作为纳税人所享有的基本权利，明白缴纳的税款的使用情况，这样纳税人的纳税意识自然会提升。

二、当前税收宣传工作中存在的问题

从图2、图3可以看出当前税收宣传工作总体得到了社会的认可，但还无法完全满足调查对象对宣传的需求、内容、形式等方面的要求。

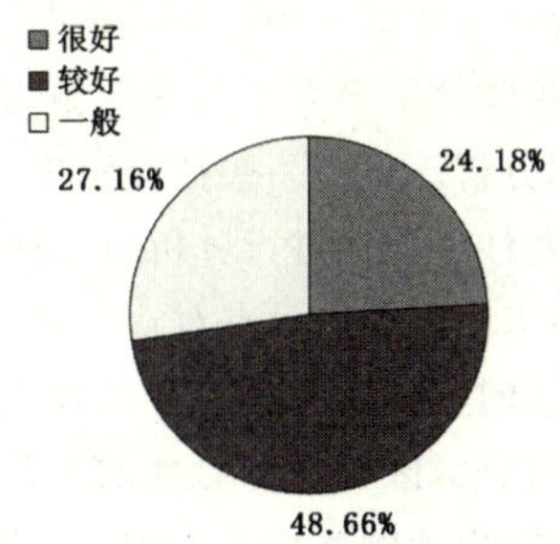

图2　税收宣传问卷调查的宣传效果

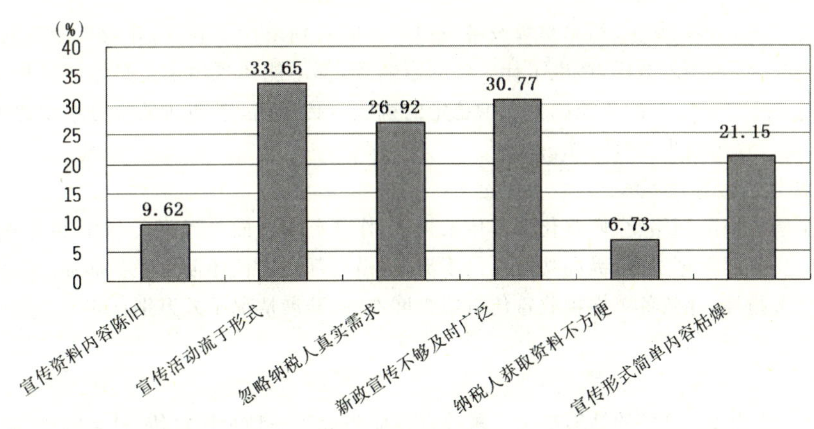

图3　税收宣传问卷调查当前存在的问题

（一）理念上未突出需求导向

1. 税收宣传定位不清

当前税收宣传没有围绕国家层面、社会层面、管理层面和纳税人层面的需求展开，税务系统内对税收宣传工作的量化考核指标仅限于报刊媒体的采用和"纳税人学堂"，而对其他的税收宣传不做定量要求，因此税收宣传的针对性、有效性不明显，出现了"重传媒、重活动、重普宣"的现象，忽视点对点、面对面的税收宣传形式的重要性。

2. 税收宣传存在认识误区

一是认为宣传只是一种形式，只在“税收宣传月”重视，其他时间重视度不够，广大民众、纳税人以及部分工作人员税务机关存在“应景走形式”的误解，认为税收宣传是一项政治任务，不去思考如何提升宣传效果和社会关注度，只依靠几个人员或者一个部门来完成任务。二是认为宣传是一种“额外负担”，没有真正将税收宣传纳入职责范围，认为税收宣传费时费力，作用也不明显，缺乏对税收宣传积极意义和深远作用的思考。三是认为宣传是办公室和领导的事情，与其他人员没有关系，由于税收宣传工作一般由办公室负责，但文秘人员对税收业务缺乏职业敏感，无法准确把握宣传重点，职能科室负责所辖政策的宣传，但对受众理解程度和需求把握不准，而恰恰与纳税人面对面机会最多、有条件一对一宣传的税收管理员，在这方面的职责却被一再弱化，甚至有的地方已经被取消。

（二）机制上未体现分级分类管理

1. 税收宣传针对性不够

一是缺乏对需求的调查收集。对税收宣传需求的调查和收集不足，经常不分受众泛泛而谈、普发宣传资料。如小微企业优惠政策、二手房税收政策等需要在事前做大量调查工作，甄别需求受众再有针对性地进行宣传。二是缺乏对需求的疑问分析。目前一些社会舆论对金税三期系统的使用、税收负担的轻重等存在疑问，这就需要税务部门对这些涉税舆情进行分析，并及时将相关信息宣传出去，防范和化解可能出现的“信任危机”。三是缺乏针对需求的宣传。没有对宣传受众群体进行细化分类，无法精准把握宣传对象。如个人所得税 12 万元自行申报的宣传应重点放在高收入人群而不是对所有群体都进行宣传。在宣传内容上基本沿用上级宣传模板与口径，区分度针对性的不足，直接导致了宣传效果的低下。在宣传形式上单一、粗化，真正贴近纳税人实际生活的互动式、参与式的宣传比较匮乏，在新媒体的应用上也不够熟练。

2. 税收宣传效果评估性不够

目前的宣传考核大多以数量、活动次数及各录用平台的级别来计分确定，并没有专门的效果评价机制。宣传是否有效果，效果怎么样，产生了什么样的影响等，都不能体现出来。每年的宣传工作结束后，没有对效用进行科学评价。有的单位因为缺少稳定的税收宣传队伍，遇到活动临时组织协调，后续工作基本无人过问，税收宣传效果大打折扣。

3. 税收宣传压力传导性不够

没有形成全国统一的网络化、职责化的宣传架构，工作任务未全面分解落实，责任传递无法体现。没有建立有效的分类分层管理机制，纵向功能定位不清晰，横向部门定位还需进一步加强。在考核上，没有细化各项工作任务指标，导致各单位税收宣传重视程度不一、开展情况千差万别。

（三）方式上存在形式主义

1. 宣传合力尚需加强

税收“取之于民，用之于民”的性质决定了税收宣传应当成为一种全民宣传、社会宣传，需要全社会高度重视。近年来，税务部门花了很大力气协调各相关部门共同开展税收宣传工作，努力构建社会化税收宣传网络，但效果不明显。如行政事业单位个人所得税 12 万元自行申报工作，尽管进行了大量宣传工作，但仍旧有机关事业单位行动缓慢，不配合。

2. 宣传渠道尚需开拓

目前宣传渠道和平台对内主要是国家税务总局及省市局自办的内部刊物、报纸、简报；对外主要是合作的传统媒体报刊、运营网站、微信公众号等。这些渠道显然不能满足新时期下的税收宣传需求，税收宣传渠道还需要进一步拓宽。调查中我们发现，超过一半的调查对象已经使用并倾向于网络宣传渠道。在做好网站、微信宣传的同时要充分开拓网络新渠道，把纳税人的需求放在渠道拓展目标的第一位，追求快速、便捷、全面满足纳税人的需求。

3. 宣传手段尚需创新

从全国范围来看，目前税收宣传活动形式已经相对多样化，但仍然有很多单位的税收宣传局限于拉横幅、发传单、宣传栏、QQ、短信、报刊等方式，结合自身实际的自主创新活动形式较少，缺乏互动式、体验式的活动。调查中我们发现，有超过 1/3 的调查对象比较喜欢动漫或公益广告，超过 1/4 的调查对象乐于接受文体活动形式。如可以尝试通过向全社会有奖征集税收宣传活动项目"金点子"来创新宣传手段。又如央视公益广告《我是谁》，从形式、故事情节、意义等都易于被大家接受且印象深刻，反观税务系统的一些反腐倡廉的视频短片，剧情老套、形式固化、主题不够突出，看了开头就猜到结尾，不能给人留下深刻印象。其次，在宣传稿件方面，各单位在多年的税收宣传报道中都积累了大量的素材和文字成果，在撰写稿件时易出现文字老套和旧闻新发等现象，稿件的质量、创新度、鲜活度有限。

（四）宣传保障有待进一步加强

1. 宣传工作队伍建设与宣传人才培养问题

近年来，税收政策、征管模式、涉税业务、操作流程、程序升级等变化频繁，特别是近期的"营改增"和金税三期上线，变动大、更新快、较难掌握。这部分税收政策及业务知识宣传难度大、要求高，以往简单的宣传方式已无法适应新时期下的宣传工作需求，税务工作人员的综合素质与税收宣传的发展要求也不相适应，使税收宣传的质量和效果受到了一定影响。再者，大多数税务机关没有配备专职的宣传队伍，基本上是由办公室兼职，而办公室本身就担负着诸多任务，势必削弱宣传力量，所以宣传队伍建设及宣传人才的培养就显得尤为重要。

2. 宣传经费保障与预算管理问题

由于各级税务机关的经费日益收紧，用于税收宣传的经费越来越少，远远不能满足宣传活动的经费需求，税收宣传只能搞"短、平、快"，在宣传经费预算管理上也存在少预算或者执行力度不够问题。另外，与报刊媒体的合作费用逐渐提高，也制约了宣传工作的正常开展。

三、以需求为导向推进税收宣传工作创新的设想及举措

（一）推动形成以需求为导向的税收宣传工作理念

按照国家税务总局税收宣传"全局性、导向性、基础性"要求，科学定位宣传工作，进一步提升税收宣传工作水平。

1. 服务中心工作，体现全局性

税收宣传要按照"贴近实际、贴近生活、贴近群众"的工作思路，定期确立宣传工作重点，有效利用各种宣传渠道，有针对性地深入开展走访座谈、咨询辅导、政策宣传等活动，将"服务中心、服务基层、服务税户"的要求落到实处。

2. 围绕宣传需求，体现导向性

及时收集分析各方面的宣传需求，针对国家层面、社会层面、系统层面和纳税人个人层面的需求，分门别类制订宣传计划、落实宣传方案，规定宣传渠道，定量宣传指标，引导社会公众理性思考，进一步加强税收宣传的针对性，使涉税舆论推进税收工作的发展。

3. 回归职能工作，体现基础性

税收宣传其实属于纳税服务，通过广泛、全面、针对性、持久性的税收宣传，使纳税人熟悉、了解税法赋予纳税人的权利和义务，顺应国家改革发展潮流，自觉提高税法遵从意识、诚信纳税意识，从而使税收工作得以顺利开展。要回归到税收宣传这个最基础的职能上，不断提升税收宣传工作的标准，使税收宣传往良性、健康、高效的方向发展。

（二）实施按需求分级分类管理的工作机制

1. 建立需求采集分析机制

以满足纳税人的税务信息需求为目标，建立需求收集、分析及后续追踪机制，实现税务宣传的快速反应和持续改进。一是主动收集宣传需求，畅通意见反馈通道。充分运用好电话问询、约谈沟通、问卷调查、走访座谈等方式广泛收集对网站、微信、微博、信箱等公开平台的反馈意见。二是反复分析梳理需求。借助信息化手段，结合宣传对象的细化类别分条目归纳出需求信息，找出共性和个性需求，逐条给出宣传建议。三是关注需求后续管理。做好宣传后期的效果评估，实现持续改进的目标。

2. 建立需求分级管理机制

一方面，明确全国税收宣传的纵向责任分工，优化全国税收宣传一盘棋的工作格局，健全自上而下、层级明晰的推动、指导和规范税收宣传工作的机制，提升税收宣传的整体效用。如征管体制改革这类重大政策宣传应当以国家税务总局、省局为主，市县局参与其细化任务的落实。一些具体的优惠政策则应以市县局为主导，联合相关部门协作，对辖区内的企业进行详尽宣传。另一方面，优化税收宣传的横向定位和协同分工。根据税收宣传部门、纳税服务部门、信息技术部门在税收宣传工作中的比较优势分工协作，横向部门之间形成相互支持和协同的职责架构。通过融合税收宣传平台，提升齐抓共管的合力。

3. 建立需求分类管理机制

一是分类管理宣传对象。要结合宣传内容对宣传对象进行分类，但大体上可以按年龄结构、职业类别、行业特点、企业性质等进行粗略划分但宣传对象的分类并不是一成不变的，重点是要把有同样或相似宣传需求的群体区分开来。二是分类管理宣传内容。宣传内容的分类建立在宣传对象分类的基础之上，根据宣传需求结合地区实际进行内容的筛选与优化，以达到宣传内容更加精准、更有针对性的目的。并且宣传内容的不同对宣传形式和手段的要求也不同，应避免宣传内容的“大而全”，力求“小而精”。三是分类管理宣传渠道。按受众群体分为对内对外两大类别，对内再细分领导宣传渠道和普通税务工作人员渠道，对外按媒体类别、政策类别、需求类别等细化管理，实现多渠道多类别多形式管理的全覆盖。

（三）建立健全满足需求的宣传效果评价体系

1. 明确宣传任务，完善精准的考评问责机制

下达翔实的税收宣传指标，进一步明确具体标准，对宣传什么、宣传到什么程度、宣传的形式等都要有细化的标准，要让广大宣传工作者对照标准开展卓有成效的宣传活动，不符合标准的宣传活动少做、不做，减少不必要的浪费。研究制定具体有效的科学绩效考核指标，将税收宣传工作纳入年度工作目标责任制，把完成情况作为考核和表彰的重要指标。建立奖惩和问责机制，对在税收宣传上表现较为突出的部门和人员，给予表彰，对不能完成税收宣传任务的，要追责处理，确保税收宣传工作稳定开展。

2. 实施调查分析，建立有效的效果评估机制

注重宣传的效益性，不能为了宣传而宣传，要在保证效益最大化的同时，实现费用最小化。建立税收宣传效果评估机制，积极开展绩效评估，通过各环节总结、数据统计、问卷调查等方法，进行投入产出以及效率和效果分析，及时查找不足，调整完善。

3. 寻求多方共赢，落实有力的社会合作机制

改变税务部门“单枪匹马”搞税宣的尴尬境地，努力寻求多方共赢的方法。加强与地方政府宣传、文化、公安、地税、工商、财政、教育等部门的沟通协作，主动邀请纳税人和广大市民参加宣传活动，加强与各新闻单位的联系与合作，主动邀请各级新闻媒体进行现场采访，征纳互动，实现税收宣传由部门行为转化为政府行为，由行业宣传变为社会宣传，形成全社会参与税收宣传工作的良好风气。

(四)大力建设一支围绕需求的税收宣传队伍

1. 加强宣传人才培养

定期组织税收宣传人员到基层走访,了解纳税人的真实需求。经常组织税收新闻写作培训,全面提升宣传人员的新闻敏感性和写作水平。进一步完善税收新闻宣传组织体系、建立健全通讯员队伍,打造税收专家评论员队伍、税收宣传咨询员队伍、特约通讯员队伍、税收网络宣传员队伍和税收宣传联络员队伍,壮大宣传力量,提升宣传水平。进一步加强新媒体使用和操作实践的培训,使税收宣传工作人员既能熟知税收政策业务又能熟练运用现代技术,以精湛的业务能力提高全民纳税意识。

2. 强化组织保障

加强对税收宣传工作的指导,下大力气抓好税收宣传工作。按条线分类,各业务部门和综合部门要积极参与、支持税收宣传工作,努力形成人人参与、齐抓共管、统一高效的税收"大宣传"工作格局。加大硬件投入,配好配齐符合工作需要的宣传设备。加强宣传基础资料管理,实现宣传资料信息化传输、电子化管理。

3. 落实经费保障

规范宣传经费管理,切实提供人力、物力、财力的支持保障,努力提高资金使用率。可借鉴一些地方税收宣传市场化的成功经验,将市场化运作引入税收宣传工作中,税务部门与市场主体联合,整合双方优势资源,共同开展宣传活动。

(作者单位:国家税务总局宝应县税务局)

优化服务提升质效
全面推进产业转型去库存

姜红春

多年来，沿海城市海景房闻名全国，以山东省乳山市为例，旅游房产累计开发面积近 2000 万平方米，开创了滨海旅游地产的“银滩模式”。近年来，受国家宏观调控、周边同质竞争等因素影响，部分三线城市滨海地产旅游面临严峻形势，房产销售量持续下滑，库存商品房面积大幅度增加，商品房去库存成为三线沿海城市供给侧改革的重中之重。作为具有经济调控职能的政府部门，税务部门应积极顺应政府探索滨海旅游地产去库存新模式战略部署，主动从税收角度出发，优化服务职能，扶持企业发展，有效推进房地产业转型去库存。

一、优化办税模式，提升服务质量

税务部门应始终奉行精准服务和问需服务的理念，进一步优化办税模式，积极落实人性化和个性化服务。

（一）注重信息技术的应用

由于乳山市银滩旅游度假区的房产开发企业大多为外来投资企业，近几年企业业绩下滑，部分企业接近停业状态，企业法人和财务人员因种种原因不在企业驻地，联系较为困难。为解决这一难题，乳山市地税局主动采取“互联网 + 税务”的服务模式，与企业法人和财务人员建立 QQ 群和微信群，定期同企业人员沟通，利用互联网向企业宣传新的税收政策，动态监控企业的纳税申报情况，定期催报催缴。目前，银滩旅游度假区注册房地产企业 101 家，外来企业 82 家，每月的纳税申报率均达到 98%以上。

（二）注重办税服务厅的建设

乳山市银滩旅游度假区区位优势突出，旅游业发展较快，商品房开发面积较大，房产交易（尤其是二手房交易）频繁，纳税服务厅办税人员也比较多。为了满足自然人办税的需求，兼顾企业办税的效率，乳山市地税局为重点房地产企业开通绿色通道，设立重点企业办税专用窗口，特事特办、急事急办，全力保障对房地产企业的服务。同时，深化国地税合作，加强房地产企业的征管合力，开拓国地税齐抓共管的局面，通过在办税服务厅建立业务联办窗口，实现国地税业务一窗式受理，一站式办结，大大缩减了办税时间和流程，为企业节约了办税成本。

（三）注重网上办税的推广

加强网上纳税申报系统的建设，完善财税银库联网，实现纳税人足不出户就可以办理纳税申报业务。尤其在金税三期运行后，加强对网上申报疑难问题的解答。乳山市税务部门 2017 年共受理、解答企业问题咨询 612 个，举办 6 期纳税申报培训班。

（四）注重税收调控职能的发挥

由于房地产企业经营困难，前期对商品房购买人的承诺难以实现，部分企业不能及时按合同为购房人开具发票办理产权证，造成售购双方矛盾突出。税务部门应积极发挥中间桥梁和润滑剂的作用，从中帮助协调解决矛盾。2017 年以来，乳山市地税局受理举报案件 16 起，参加政府信访部门群访事件协调会5次，督导12户房地产企业为127名购房人办理产权证，征收税款689万元。

二、坚持政策引导，优化投资环境

税务部门应始终奉行“扶持企业发展，优化投资环境”的理念，严格推行税企共建、征纳共赢的战略部署。

（一）发挥部门职能优势，积极出谋划策

积极开展服务企业发展的科级干部联系企业、局长服务日和税企恳谈会等主题活动，深入生产一线，面对面与企业人员进行沟通交流，全面了解企业的诉求，发挥部门资源优势，尽最大可能帮助企业解决困难。税务部门通过与企业交流发现，房地产业目前面临较大困难之一是融资问题。乳山市地税局主动协调农发行、国开行等金融企业向16家房地产企业贷款4.8亿元，解决了部分企业的燃眉之急；通过调研了解到房地产企业商品房滞销、库存数量大、产业转型难的现实困难后，将企业的诉求分类整理，按级上报到乳山市市政府全市经济会议和经济专题会议上研究探讨。

（二）解决企业发展瓶颈，盘活存量房产

税务部门应努力加大税收政策的宣传力度，严格落实税收综合整治，规范税收法治环境。针对房地产企业经营业绩下滑，部分企业欠税数额居高不下的现状，积极开展税收专项整治，要求欠税企业按期清缴税款，提高诚信度，吸引外来企业投资合作发展。近几年，乳山市地税局引导开发企业与专业养生养老机构合作，采取整栋返租、统一改造等方式，盘活原有存量房产项目，改造为专业养老机构，几年来乳山市地税局协助当地政府累计改建银滩老来乐康复养老度假中心、福星老年养老公寓等养老机构11所，盘活闲置房产面积16.4万平方米；先后改建养生养老社区38个、房产面积40万平方米，同时抢抓威海地方经济合作示范区建设机遇，在乳山市银滩旅游度假区规划建设了中外合作健康产业园，目前已累计盘活闲置商业地产面积1.1万平方米。

三、释放政策红利，扶持企业发展

税务部门应始终奉行“落实优惠政策，助力企业发展”的理念，全方位落实各项税收优惠政策，确保企业“应知尽知，应享尽享”。

（一）严格落实小微企业优惠政策，扶持房产中介发展

由于银滩旅游开发区的商品房大部分采取开发商整幢转让销售权的方式委托房产中介公司全权代理销售，房产中介的发展直接影响着库存商品房的销售。乳山市地税局高度重视房产中介的发展，严格落实小微企业的税收优惠政策，对企业所得税按规定进行减免。目前，银滩房产中介小微企业达22户，年销售商品房数量占银滩房产销售数量的90%以上，房产中介小微企业年享受税收减免优惠200万元。

（二）落实特殊人群就业税收优惠政策，扶持个体工商户发展

通过发展商品零售业，活跃银滩旅游开发区的周边经济，带动商品房的销售。乳山市地税局加大税收政策的宣传力度，努力将高校毕业生、下岗再就业人员、退伍军人和残疾人就业优惠政策落实到位，2016年以来，为523名特殊人员办理个体户税收优惠登记。

（三）严格落实企业所得税优惠政策，扶持重点企业发展

通过减免税款，降低企业税负，增强企业活力，增加就业岗位，增加银滩旅游开发区的居民数量，提高居民对普通住宅的需求量。2016年以来，乳山市地税局为银滩辖区企业在研发费加计扣除、资源再利用、高新技术和新能源新材料应用方面减免所得税30.2万元，就业岗位以每年20.3%的速度增长。

（四）严格落实财产行为税优惠政策，加强公共基础设施建设

目前，银滩度假区有24个小区实现了集中供暖，供热面积达到45万平方米。乳山市地税局积极为

银滩供暖企业落实税收优惠政策，共减免税款 24 万元；为学校、医院、农贸市场建设减免房产税和土地使用税，努力提高公共设施服务水平，实现城区扩容，增加商品房需求量，加快推进银滩由度假区向新城区转变。

（五）严格落实契税优惠政策，提升同质房源竞争力

乳山市地税局主动建议房地产企业开发优质小户型，扩大商品房选购空间，刺激商品房销售。目前，乳山市银滩旅游度假区 80 平方米以下小户型占比超过 70%。对于购买 90 平方米以下的普通商品房，按价款的 1%征收契税，对于企业购买商品房改造酒店式公寓的，按规定给予 1%的契税补贴。

（作者单位：国家税务总局乳山市税务局）

中巴经济走廊规划下的《中巴税收协定》发展研究

国家税务总局喀什地区税务局课题组

一、《中巴税收协定》及其议定书

(一)《中巴税收协定》

2017年5月14日,“一带一路国际高峰论坛”在北京召开。习近平主席在此次峰会上专门提及中巴经济走廊,凸显出中巴经济走廊在“一带一路”倡议中的核心地位。当前,中巴经济走廊建设正朝着互利双赢方向顺利发展,同时也是各国关注的焦点所在。

中、巴两国自1951年5月建交以来,在政治、经济、文化领域的交流与合作取得了令人瞩目的成就,中巴经贸关系成为中国与中亚关系的基本构成与重要内容。中国与巴基斯坦两国于1989年11月15日签订了《关于对所得避免双重征税和防止偷漏税的协定》(以下简称《中巴税收协定》)。《中巴税收协定》是对《OECD税收协定范本》(以下简称《OECD范本》)和《联合国税收协定范本》(以下简称《UN范本》)的继承。

《中巴税收协定》主要涉及征税主体、征税范围、征税税率、情报交换、协定生效与终止等。根据双方经济贸易发展趋势,中、巴两国以后又签署了三份议定书,对原《中巴税收协定》内容进行了补充和完善。

(二)《中巴税收协定议定书》

《中巴税收协定第一议定书》,于2000年6月签订。主要内容:更换中国税收内容,主管当局规定对非独立个人劳务中空运海运企业雇员取得的工资薪金征税。

《中巴税收协定第二议定书》,于2007年4月签订。主要内容:对国有银行进行释义,在原有中国人民银行和中国银行基础上,增加中国进出口银行、中国农业发展银行和国家开发银行三家银行。

《中巴税收协定第三议定书》,于2016年12月签订。主要内容:中国相关银行和丝路基金为《中巴经济走廊能源项目合作的协议》所列项目提供贷款所取得的利息收入在巴基斯坦免征所得税。

二、《中巴税收协定》存在问题的探讨

中巴是全天候战略伙伴,在政治、经济、文化上交流紧密。2013年5月,李克强总理提出中巴经济走廊双边战略构想,使中巴各方交流联系更加紧密,2006—2007财年中国对巴基斯坦出口额为35亿美元,2015—2016财年为121亿美元。其中属于中巴经济走廊的工程项目巴方进口额达到15.2亿美元,占其本财年前6个月总进口额(397.87美元)的3.8%。

《中巴税收协定》及其议定书的签订与执行已近30年,在此过程中,中国经济、政治不断发展,税收法制环境也发生了巨大变化。尽管在此之前签订了三次议定书,对协定相关内容进行过补充和替换,但是该协定的内容依然滞后于中国与巴基斯坦国内税法发展,同时也难以适应中巴经济走廊规划下出现的新形式、新问题。在经济贸易全球化、税收协定高速发展的今天有必要用发展的眼光看待《中巴税收协定》实施中存在的问题,并且探讨解决途径。

(一)《中巴税收协定》与国际税收理论的发展

1994 年中国分税制改革开始,经过长期富有成效的探索形成了现行的税制体系。目前的税制与 1989 年《中巴税收协定》签订时相比,目前中国税收制度和法律已经逐步完善。根据中国的相关法律规定,税收协定与国内法发生冲突时,税收协定可以优先执行。

为适应跨国经济活动日趋复杂的新趋势,《OECD 范本》自 1977 年修订以来,经过 8 次不断修改,2008 年的新版本,国家间避免双重征税和反避税制度已经更趋成熟。

《中巴税收协定》应当根据《OECD 范本》和《UN 范本》,结合两国实际,吸收国际税收协定理论发展的最新成果,更好地维护中巴两国间的税收利益。

1. 常设机构的新发展

《中巴税收协定》中的常设机构是一个重要的研究课题。《中巴税收协定》第 5 条认定常设机构的活动期限遵循《UN 范本》的规定。同时为解决以往协定中常设机构及其利润归属规则在具体实行过程中存在的问题,2008 年经合组织发布了一篇题为《常设机构利润分配》的报告,文中有意将"公平交易原则"的观点体现在常设机构的认定中。同年公布的《OECD 范本》中验证了这一说法。

最新的《OECD 范本》第七条进一步重申了企业独立原则,引入功能分析、使用资产和承担风险等公平交易原则,作为对独立企业的判断标准。这一新规定明确了来源地税务机关依照公平交易原则对常设机构利润进行调整的权力。根据《OECD 范本》对常设机构规则的修正可以进一步完善《中巴税收协定》的内容,这对双边贸易有着重要的现实意义。

2. 国际税收仲裁条款的引入

根据《OECD 范本》或者是《UN 范本》内容来看,国际税收协定普遍采用了"相互协商"制度解决国家间的税务争端。但在实际运用中,这一制度往往又显得软弱无力,不仅不能给缔约国双方提供明确的解决方法,还有可能导致久拖不决,无法达成共识,甚至即便达成协议也难以执行和实施。

因此,税收仲裁的引入将会大大提高协定效力。对于仲裁法庭的组成、立法程序以及适用规则等,都可以由缔约当事国互相协商确定。仲裁程序比相互协商程序在解决国际税务争端方面更具效率,也更显公平合理。仲裁可以较好地确定纳税人的纳税义务,协调两国间的税收利益。因此,可以适当考虑将这一制度作为完善《中巴税收协定》的要素。

综上所述,《中巴税收协定》执行 30 多年来,虽然为中巴经济发展做出了巨大贡献,但是随着两国法律与中巴经济走廊建设的不断发展,原先协定的部分条款已经不太适应当今经济形势,因此中巴两国可以借鉴国际社会关于协调两国之间税收利益的创新制度和有效办法,完善《中巴税收协定》。

(二)中巴经济走廊建设下中巴经济贸易的发展

2013 年 5 月,李克强总理访问巴基斯坦,双方发表了《中巴关于深化两国全面战略合作的联合声明》,并签订了多个政府间经贸协定。2014 年 11 月,中巴双方签署了《中巴经济走廊远景规划纲要》以及经济贸易、技术能源、金融、工业园、信息通信等方面的合作意向文件。

1. 中巴经济走廊贸易

中巴经济走廊建设总体分为三个阶段,2017 年年底完成第一阶段,2020 年完成第二阶段,2025—2030 年完成第三阶段。截至 2014 年年底,中巴两国已经签署了关于中巴经济走廊的各项工程项目协议。协议包含 30 个大型项目工程,总投资额约为 320 亿美元。

2015 年 4 月,习近平主席在访问巴基斯坦期间与巴方签署了 51 项合作协议和谅解备忘录,总投资规模达到 460 亿美元。该规模相当于巴基斯坦过去 8 年获得的外国投资总金额的 3 倍。至 2015 年,中国已成为巴基斯坦第一大主要货物贸易合作伙伴。

2016—2017财年前11个月中(2016年7月至2017年5月),巴基斯坦外国直接投资净流入金额为20.28亿美元,较上年同期净流入增长22.6%,首次超过20亿美元大关。其中,中国FDI占比为49%,牢固占据巴基斯坦外国直接投资来源国首位。该财年前11个月,中国对巴基斯坦直接投资额9.21亿美元,同比增长了38.9%,可见中国对巴基斯坦的投资力度之大。

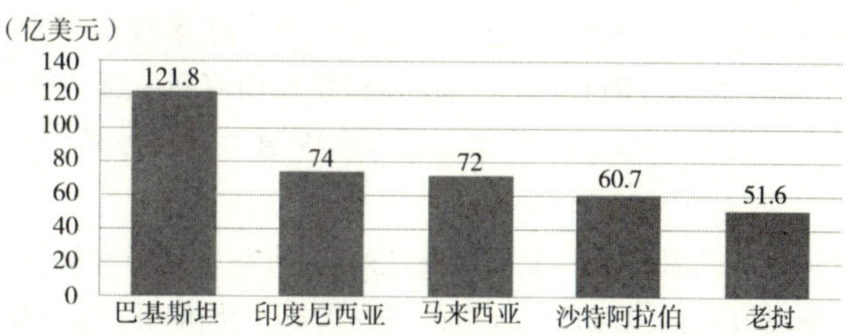

图1　2016年中国和亚洲国家与地区新签订合同金额(前五名)

随着中巴经济走廊建设不断加快,以及现代科技的进步和经济形式的多样化,中巴两国间经贸往来形式也发生了变化,这些新形式将对《中巴税收协定》的适用性提出挑战。为促进双边经贸合作的发展,中巴两国根据实际情况先后签署了中巴自由贸易协定。第一、第二、第三税收协定议定书等文件。

2. 电子商务发展与其常设机构的认定

在新的经济组织形式中,电子商务最具有代表性。巴基斯坦电子商务活动指数在130个国家中排名第86位,与印度等周边国家差距较小(印度排名第83位)。

2014年巴基斯坦引进3G/4G手机网络后,巴基斯坦电子商务发展迅速。巴基斯坦风险投资公司Rocket Market建立的Kaymu.com在2015年访问量一度突破1100万人次。目前该网站拥有雇员超150名,同时拥有1.5万个在线零售商,客户群达30万人,这一规模带动了巴基斯坦电子交易平台的迅猛发展。

据巴基斯坦《论坛快报》分析,到2020年,巴基斯坦将有超过6500万人使用3G/4G互联网络,届时利用手机上网的用户将首超1.63亿人,约占巴基斯坦全部人口的89%。目前巴基斯坦60%的人口低于30岁,且国内创业环境较为活跃,因此我们可以预计巴基斯坦电子商务发展前景将一片光明。同时世界银行研究表明,高速网络使用量每提升10%,可带动当地GDP增长1.38%。网络的快速发展对巴基斯坦经济发展具有极大激励作用。

然而,《中巴税收协定》对电子商务贸易领域的规范仍处于空白阶段,这将难以遏制中巴企业的避税行为,将会对两国的税收利益造成一定影响。由于互联网电子交易具有虚拟性、无纸化、无址化和高速流动性等特点,在《中巴税收协定》中,"固定营业场所"是判断常设机构的重要标准之一,但电子商务的运作媒介并不一定要有形、固定的营业场所,可能是虚拟的数字化空间。在中巴电子商务贸易中,两国贸易者并不需要在他国设立具有物理形态的固定设施或营业场所,只需要通过数据代码便可实现跨国贸易。在此情况下,两国税务机关对这种常设机构的认定就具有一定的难度,进而对税收管辖权造成挑战。因此,中巴电子商务的快速发展将给《中巴税收协定》的适用性带来一定的挑战。

在2016年"两会"期间,全国人大代表、时任喀什地委书记的曾存就曾建议充分利用喀什"五口八国,一路连欧亚"独特地缘优势,大力发展跨境电商便更好地建设"丝绸之路经济带核心区战略"与"中巴经济走廊"。目前喀什已开通直达北疆与内地的直达列车,这无疑将进一步推动喀什电商产业的发展。

(三)中巴协定同中国与"一带一路"沿线国家税收协定的比较

截至 2017 年 4 月下旬,我国共与 106 个国家和地区签订双边税收协定、安排和协议,其中属于"一带一路"沿线国家的有 54 个。我国与其他国家签署的协定,覆盖了中国主要对外投资目的地,形成了全球范围内的税收协定网络。

"一带一路"大数据显示,2017 年第一季度,中国对"一带一路"沿线国家出口货物总额为 9376 亿元,同比增长 15.8%,占同期中国出口总额的 28.2%;中国从沿线国家进口货物 7177 亿元,同比增长 42.9%,占同期中国进口总额的 25%。同时,与"一带一路"沿线国家新签服务外包合同金额约 261.2 亿元,执行额为 164.1 亿元,同比分别增长 33.9%和 18%,在中国离岸服务外包中的占比分别为 17.7%和 17.6%。

本文选取对比的税收协定中既有与发展中国家签订的,也有与发达国家签订的。我们着重站在资本输出国与资本输入国的立场对协定做出对比。选取的主要国家为德国、俄罗斯、乌兹别克斯坦、印度。

1. 股息预提税率

《中巴税收协定》第十条第二款规定;这些股息可以在支付股息的公司是其居民的缔约国,按照该缔约国法律征税。但是,如果收款人是股息受益所有人,则所征税款不应超过股息总额的 10%。

中德与中俄新协定第十条增加了 5%和 15%两档,分别适用于以下情形:

(1)如果股息的受益所有人是公司(合伙企业除外),并直接拥有支付股息的公司至少 25%的资本,则股息预提税税率不应超过 5%;

(2)如果据以支付股息的所得或收益由投资工具直接或间接从投资于第六条所规定的不动产所得,在该投资工具按年度分配大部分上述所得或收益,且其来自上述不动产的所得或收益免税的情况下,股息预提税税率不应超过 15%。

中德、中俄新协定是根据 2008 年版《OECD 范本》中关于支付股息的形式规定的,更加凸显了多投少税的概念,进一步促进资本输入国的经济发展。

2. 免息范围

《中巴税收协定第二议定书》中规定,缔约双方主管当局同意,缔约国另一方地方当局、金融机构和部门中免息银行仅限于传统的中国人民银行、中国银行、中国进出口银行、中国农业发展银行和国家开发银行。

中国与德国新签订的税收协定还规定,金融机构发生于德意志联邦共和国所支付给以下机构的利息,应该在德国对其进行免税。具体为:中国人民银行、国家开发银行股份有限公司、中国农业发展银行、中国进出口银行、全国社会保障基金理事会、中国投资有限责任公司,以及缔约国双方主管当局同意,由中国政府拥有的任何其他公共信贷机构负责落实。

中德签订的新税收协定中约定的免息银行比中巴第二议定书中的免息银行范围还广。

《中巴税收协定第三议定书》对中国相关银行和丝路基金为《中巴经济走廊能源项目合作的协议》所列项目提供贷款所取得的利息收入在巴基斯坦免征所得税。由于免税范围仅限于为能源项目所提供的贷款利息,所以其他基建工程包括铁路、港口、通信、电力等项目未能享受这方面优惠。

三、完善《中巴税收协定》的途径与建议

(一)完善《中巴税收协定》的途径

完善《中巴税收协定》应该立足于、服务于中巴经济走廊建设,充分考虑双方国别税制差异、在国内经

济发展与两国经贸往来中进一步协商研究与完善协定相关内容。

1. 政治接触

在《中巴税收协定》完善进程中，可以借鉴欧盟与东盟关于税收协调的经验，积极稳妥推进协定的修订。高效机制：税收协调属于博弈的过程，必须要有一个高效、专业、政治敏锐性强的机构来敦促两国不断完善协定。同时引入税收协调机制，高效解决两国税务争端。税收征管要加快建立税收征管互助机制，充分利用已生效执行的双边税收协定的税务情报交换和征管互助合作网络，加强与缔约国的税收协调和合作，开展情报交换，维护"走出去"企业的境外税收权益。国家税务总局与巴方税务局保持密切联系，举行经常性双边税务会商，就目前与今后工作交换意见，有利于双边政治上的互信，深化双边自动情报交换，积极开展国际税收合作。

2. 经济接触

鼓励企业"走出去"的同时，相关主管税务机关要多与企业座谈，了解企业在巴基斯坦所遇到的税收问题，了解中巴经济走廊建设情况。建立涉税企业台账，向企业提供税收风险预警帮助，积极向国家税务总局与相关省税务局反映实际情况，根据"走出去"企业的需要制订相关预案与解决途径。同时积极收集巴基斯坦经济、法律等方面的税收征管信息，及时向在巴中资企业推送相关政策，快速响应跨境涉税诉求。

同时第一时间响应、处理并限期反馈涉税诉求。省级税务局直接受理跨境涉税诉求与税收协定相互协商申请，维护企业境外合法税收权益。健全境外纳税人与境内税务机关直接沟通机制，根据需求启动税收双边磋商程序消除"走出去"纳税人被双重征税和税收歧视。

3. 学术研究

由于《中巴税收协定》修改与签订具有严肃性与专业性，所以投入专业人才进行税收协定的研究，进一步完善和修正协定部分内容，以便更加高效服务中巴经济走廊建设，是十分非必要的。可以在税务学院专门增设中巴税收研究类型课程，丰富税收参与"一带一路"的内涵。同时经常性组织双方涉税专家进行税收研究与探讨，促进学术交流。

及时发挥学术研究对税收协定范本的分析工作，使税收协定的税收协调作用得到最大限度的发挥。坚持独立综合地思考税收协定问题，用整体性的观点认识和把握新情况、新动态，审慎地处理新出现的各种问题，确保能够在学术上紧紧跟上范本的更新步伐。

4. 政策倾向

立足双方政治、经济立场，收集我国与其他国家签订的比《中巴税收协定》更优惠的条款，进行中巴经济适应性分析研究，将其中成熟的、具有建设性的优惠措施写进《中巴税收协定》，加速带动双方投资热情，促使"一带一路"样板工程——"中巴经济走廊"朝着更加积极健康的方向发展。同时也要考虑贸易逆差对巴方政府参与度的影响，建立利益补偿机制。同时税务部门应当加强与商务部、发改委、外管局、海关等相关部门的沟通，及时掌握我国企业对外投资合作信息，切实落实企业税收优惠。

(二)完善《中巴税收协定》的具体建议

现根据我国与部分"一带一路"沿线国家签订的最新税收协定、议定书等相关文件，结合中俄、中德、中韩、中印、中乌等国税收协定的部分内容，对《中巴税收协定》提出一些具体建议。

1. 传统常设机构认定标准

《中巴税收协定》中的"常设机构"，包括建筑工地，建筑、装配或安装工程，或者与其有关的监督管理活动，但仅以该工地、工程项目或活动连续 6 个月以上的为限。关于常设机构，我国对外签订的税收协议大都遵循《OECD 范本》12 个月的规定。

中国与印度、俄罗斯等国签订的税收协定都规定，常设机构中的建筑工地，建筑、装配或安装工程和与其有关的监督管理活动，如果在缔约国一方持续施工超过 12 个月，则在该缔约国一方组建常设机构。例如我国企业 A 为 B 国公司安装设备，工期持续 8 个多月，B 国税务机关可能认定我国 A 企业在 B 国构成常设机构，并考虑对该公司所得利润进行征税。但按照我国与 B 国签订的税收协定，建筑安装工程构成常设机构的认定标准为 12 个月。而该企业不符合 B 国常设机构的时间认定标准。据此，我方税务机关向对方主管机关提请相互协商，在不懈努力下 B 国最终同意退税。

根据以上案例，扩大常设机构认定标准有利于企业发展。《中巴税收协定》对此项条款规定的时间为 6 个月(UN 范本)。中巴经济走廊建设中有不少投资项目，工期有长有短，基础工程众多，为了使双边参与建设的企业能够以合理的税负完成建设周期，有必要对认定时间作出修改。这一修正对巴方税收将产生一定影响，但是从中巴经济走廊建设角度出发，这一影响所造成的损失可以从中方规模性投入中得到间接补偿。同时常设机构的认定标准对特许权使用费和技术服务费、利息的支付也会产生较大影响。

2. 电子商务中常设机构的认定与划分

随着中巴经济走廊建设的快速推进，中巴互联网贸易将不断加大。2017 年 5 月，巴基斯坦总理谢里夫参观访问阿里巴巴园区，深入了解电子商务的发展前景。同时巴基斯坦贸易发展局与阿里巴巴集团、蚂蚁金服集团签署互联网合作备忘录，将携手通过电子商务促进巴基斯坦中小企业走向现代化、全球化。

阿里巴巴董事局主席马云表示，愿意与巴基斯坦方面分享电子商务和互联网金融发展经验，帮助巴基斯坦中小企业走向中国乃至全球市场，共同建设一条数字丝绸之路。

电子商务常设机构的认定在《中德税收发展趋势》和《中韩税收协定研究》都有提及，一些学术性论文也对电子商务常设机构的认定作了进一步研究。因此，中巴双方应从服务中巴经济走廊和全球化贸易发展这一角度出发，做好《中巴税收协定》中电子商务常设机构的研究工作。

3. 股息、特许权的预提税率

关于股息的税率，《中巴税收协定》规定符合条件的股息预提税率为 10%。根据与“一带一路”沿线国家新协定的对比，和对 2010 年《OECD 范本》第十条的研究，考虑到输入资本可以促进经济发展，作者认为，如果增加了 5%和 15%两档预提率，将更有利于提高中资企业的投资热情，也可促进中巴经济走廊沿线的发展。

《中巴税收协定》关于对特许权预提税率的规定高于其他国家。

然而，根据《中巴税收协定》第十二条规定：这些特许权使用费也可以在其发生的缔约国，按照缔约国的法律进行征税。但是，如果收款人是特许权使用费受益所有人，则所征税款不应该超过特许权使用费总额的 12.5%。

根据中俄新协定规定，特许权使用费的预提所得税税率将由原先规定的 10%降为 6%。而《中巴税收协定》还保持在 12.5%的高位，对特许权积极融入中巴经济走廊建设产生了一定影响。因此，从企业与经济的角度出发，在一定范围内调整特许权的预提率是十分必要的。

4. 免息项目与银行

根据中国与巴基斯坦 2016 年 12 月签订的第三议定书内容，中国有关银行和丝路基金为《中巴经济走廊能源项目合作的协议》所列项目提供贷款取得的利息在巴基斯坦免征所得税。其他基建项目暂未获得免息优惠。

根据中德税收协定相关免息银行的范围，积极对比中巴第二议定书中的规定，可以发现中巴免息银行范围过窄,不利于拉动财团参与基建项目。

因此,扩大《中巴税收协定》免息项目与银行的范围,有利于加快中巴经济走廊项目建设进度,将有助于我国企业加大对巴基斯坦的投资,扩大投资覆盖面,进一步夯实中巴经济走廊建设项目基础,同时将减轻有关中资金融机构为中巴经济走廊基础项目提供贷款取得利息的税收负担,进一步降低参与项目建设的中资企业融资成本,为持续深化中巴经济贸易与投资合作提供强有力的政策支持。

5. 教师和研究人员停留时间

《中巴税收协定》第二十一条规定:任何个人,是或者在前往缔约国一方之前曾是缔约国另一方居民,为了在该缔约国一方的大学、学院、学校或为该缔约国一方政府承认的教育机构或科研机构从事教学、讲学或研究的目的停留在该缔约国一方,对其由于教学、讲学或研究取得的报酬,以及从该缔约国一方境外取得的其他所得,该缔约国一方应从自其到达之日起,两年内免予征税。

在中俄、中德新协定中该规定为3年,如果对这一项进行完善,有利于双边学术交流,促进中巴政治经济的健康发展,可以为中巴经济走廊的建设提供智力支持。

6. 税收协定文字版本

中国与其他国家签订的税收协定大都采用《OECD范本》和《UN范本》,这两种版本都是英译版。在翻译条款过程中,难免出现晦涩难懂的文字和语句,从而影响协定的适用性。所以,从适用性角度来说,有必要优化和完善协定文字的流畅性和普及性,以便中资企业更好地适用税收协定维护自身利益。

四、《中巴税收协定》发展研究总结

完善《中巴税收协定》应坚持从有利于中巴经济走廊建设和更好地服务于有意投资中巴经济走廊建设项目的双边企业角度出发。同时应坚持居民地管辖为主,结合国际经济发展趋势,有针对性地对《中巴税收协定》提出合理的补充与完善。对新疆而言,其作为"一带一路"和"中巴经济走廊"的双桥头堡,战略和经济地位更显重要。2017年1—5月,新疆与巴基斯坦进出口总额同比增长46.9%。因此《中巴税收协定》的发展研究在大框架下应该更加注重协定本身对新疆的促进作用。

同时应该用发展的眼光来看待《中巴税收协定》,不应该仅仅立足于眼前的利益,更应考虑在经济全球化、世界人类命运共同体以及"一带一路"中巴经济走廊规划下的战略布局。

1. 从国内角度出发

在积极宣传中巴经济走廊的同时,要协同做好"走出去"企业税收政策的辅导,加强同境外企业的沟通协作。根据发展的新形式,新机遇,照顾各方需求,适时丰富协定内涵。同时要加快双边税收协定谈签和更新步伐。调整双边税收协定的谈签策略,并尽快促成已谈签的双边税收协定生效执行。建议将避免货物和劳务税双重征税纳入国际税收协定谈签范畴;对签订时间较早的双边税收协定条款进行修订,尽快补充税收饶让与税种无差别规定。

2. 从国外角度出发

巴基斯坦企业所得税税率高于国内税率,减少所得税制方面的差异能够有效促进产品与生产要素等在两国之间自由流动。一方面,应该调整税率,使两国的公司所得税税率与世界平均公司所得税税率趋同。目前巴基斯坦对公司征收的所得税税率为31%,2020年及以后年度为30%。银行类公司附加税率为所得额4%;银行以外的所得额高于或等于5亿卢比,附加税为所得额的3%。对超过2.5亿卢比的高所得企业加成增税。另一方面,巴基斯坦还需要进一步完善本国税制体系,现行税制存在预扣税制度需要简化、地方征税机构工作效率低下、预扣征收不合理等问题。同时巴基斯坦增值税类型还属于生产型,不能抵扣购入的固定资产，这一举措虽短时间内增加了政府收入，但是也加重了企业税负，不利于企业长期发展。

完善巴基斯坦国内税制，有利于提供稳定、合理的营商环境，促进中巴两国企业相互交流，消除税制方面的隔阂，进一步为中巴经济走廊建设提供制度性保障。

课题组组长：康永忠

课题组成员：沈建业　陈剑平　段　旭　王　霞

执　笔　人：沈建业

中石油油气田企业税收状况和思考

刘建雄　乔永珍

国有企业是我国国民经济的支柱，在国民经济的关键领域和重要部门中处于支配地位，在地方经济中也占有绝对优势，国有企业是维护和巩固社会主义公有制性质、引领国家经济发展的主导力量，对确保国民经济持续、快速、健康发展发挥着重大作用，作为国有经济的骨干和支柱，在支撑、引导和带动经济社会发展，发挥国有经济的控制力、影响力、带动力方面，有着不可替代的作用。中国石油长庆油田公司是隶属于中国石油天然气股份有限公司的地区性油田公司，是一家国有大型企业，总部于1998年从甘肃省庆阳市庆城县迁至陕西省西安市，工作区域在中国第二大盆地一鄂尔多斯盆地，横跨陕、甘、宁、蒙、晋五省（区），勘探总面积37万平方千米，是中国石油近年来增长幅度最快的油气田，承担着向北京、天津、石家庄、西安、银川、呼和浩特等十多个大中城市安全稳定供气的重任。中国石油股份有限公司下设长庆油田分公司等多个非法人分支机构。中国石油集团西部钻探工程有限公司、长城钻探工程有限公司、川庆钻探工程有限公司、渤海钻探工程有限公司、华北石油管理局有限公司均为中国石油集团的子公司法人企业，为中国石油集团存续公司，主要从事油气钻探等工程作业，五个钻探公司均在鄂尔多斯注册登记了二级非法人分支机构。

一、鄂尔多斯市天然气基本情况

从20世纪70年代开始，中石油长庆油田分公司开始进驻内蒙古自治区鄂尔多斯市进行石油天然气勘探开发。截至2017年，鄂尔多斯市探明储量约1.2万亿立方米，远景储量3.6万亿立方米。内蒙古自治区天然气是鄂尔多斯市最具发展潜力的矿产资源之一，境内有四个半探明储量超千亿立方米的世界级大型、特大型气田，全国天然气储量最大。境内的乌审气田探明储量为1012亿立方米；大牛地气田探明储量1186亿立方米；纵跨蒙、陕的靖边气田，一半在鄂尔多斯境内。世界级特大型气田——苏里格气田，是中国目前陆上最大的整装气田，探明储量6025亿立方米。鄂尔多斯盆地天然气探明地质储量在未来20年内总体呈现快速上升趋势，累计探明天然气地质储量约为13156亿立方米，天然气产量在未来20年内呈现快速增长趋势，年均产量约为170亿立方米。随着非常规天然气资源的成功勘探与开发，鄂尔多斯对我国油气资源的供应能力也逐步增大，鄂尔多斯的天然气勘探开发将具有广阔的前景。

二、中石油等8户油气田企业在鄂尔多斯市内开采天然气的基本情况

截至2017年年底，据不完全统计，长庆油田分公司在鄂尔多斯市5个旗区累计打井5300眼，其他油气田企业打井4205多眼，建设集气站152座，建成长庆第一采气厂、苏里格天然气处理厂等8处天然气净化处理厂，并建成长呼复线、大杭管线、长乌临管线、长蒙管线等8条天然气外输管线、每年生产输出200多亿立方米天然气。

三、中石油对鄂尔多斯市国税税收收入的影响

（一）增加了税收收入且占比较大

从2007年开始，中石油等油气田企业开始在鄂尔多斯市境内缴纳增值税，从表1中可以看出2007—2015年，长庆油气田企业税款基本保持逐年上升趋势。自2016年开始，受国际原油价格下跌影响，陕西

省国税局将长庆油田分公司的预征率调至 2.5%，税收同比下降 19.08 亿元，减收 66.56%。税收结构中，增值税占比 95%以上。

表 1　　2007—2017 年中石油等企业入库税款情况　　单位：亿元

年份	2007	2008	2009	2010	2011	2012	2013	2014	2015	2016	2017
入库税款	1.65	2.3	3.3	3.12	6.1	9.05	22.09	19.36	28.68	9.59	6.3

(二)增值税县级收入比例变化

2014 年增值税中央、省、市、县分成比例为 75%、7.5%、7.5%、10%，10 亿多元的税收收入返还到地方的为 1 亿元，2016 年增值税中央、省、市、县分成比例为 50%、15%、15%、20%，县级收入比例调增为 20%。实现的税收地方返还收入不断增加，资源优势逐渐体现，中央对中西部地区的支持力度也更加明显。

(三)税款入库对鄂尔多斯市全市国税税收的影响

2007—2017 年中石油等 8 户油气田企业累计入库税款 111.54 亿元，直接用于鄂尔多斯市地方经济，促使国有经济更加高效有序发展，为鄂尔多斯市经济发展奠定了坚实的基础。

四、征管现状

中国石油天然气股份有限公司长庆油田分公司第三采气厂、第四采气厂、第五采气厂(以下简称长庆油田采气厂)以及西部钻探、长城钻探、川庆钻探、渤海钻探、华北石油等注册的项目部(以下简称中石油五个项目部)在鄂尔多斯市辖区内开采天然气，目前的注册和税收管理情况如下。

(一)长庆油田采气厂登记管理、财务核算及税款缴纳模式

长庆油田第三、第四、第五采气厂作为长庆油田分公司在鄂尔多斯地区的生产作业单位，未在鄂尔多斯进行登记注册，由中国长庆油田分公司在陕西省统一进行财务核算，增值税按照《陕甘宁蒙四省(区)国家税务局关于长庆油田增值税征收管理有关问题的会议纪要》(以下简称《四省(区)纪要》)向鄂尔多斯分配缴纳增值税。

按照《国家税务总局关于印发〈跨地区经营汇总纳税企业所得税征收管理办法〉的公告》(国家税务总局 2012 年第 57 号公告)第二条规定，中国石油天然气股份有限公司缴纳的企业所得税(包括滞纳金、罚款)为中央收入，全额上缴中央国库，企业所得税不向鄂尔多斯市分配缴纳。

(二)中石油五个项目部登记管理、财务核算及税款缴纳模式

中石油五个项目部在鄂尔多斯地区登记注册为非法人二级分支机构，并认定为一般纳税人。

目前按照《陕甘宁蒙四省(区)国家税务局关于〈长庆油田增值税征收管理有关问题的会议纪要(2014 年 10 月修订)〉补充纪要》规定，各风险项目部纳入长庆油田统一进行增值税年度清算，并按照《四省(区)纪要》有关规定进行分配入库。

中石油五个项目部作为总部的非法人二级分支机构，企业所得税按照《国家税务总局关于印发〈跨地区经营汇总纳税企业所得税征收管理办法〉的公告》(国家税务总局 2012 年第 57 号公告)规定，总机构根据上年度分支机构的营业收入、职工薪酬和资产总额三个因素计算各分支机构所得税款，按比例计算分摊并就地缴纳企业所得税。

五、对策建议

(一)加强交流沟通工作，真正实现属地管理

地方政府积极与中石油交流沟通，协调利税分配关系，以法律法规政策相关规定为底线，积极争取利益，协调长庆油田分公司更加积极有效地参与到鄂尔多斯市的建设发展，继续加大投资力度，拓宽合作领

域，实现共赢发展。协调油气田企业满足气源地用气要求，支持地方发展天然气综合利用，推动产业升级。同时，全力服务和支持央企，为企业创造良好发展环境，把双方的合作不断推向更深层次、更宽领域。按照长庆油田公司与钻探公司签订的《苏里格气田风险作业服务合同》规定，长庆油田公司是唯一合法的矿权持有人，风险作业服务期间矿权归属不变，钻探公司只负责合同区内的钻井、采气管线、集气支线、集气站及地面配套系统等的建设，并承担相应的风险以及所形成资产（场站、井等）的费用。从中可以看出，项目部从事的是"为生产原油、天然气，从地质普查、勘探开发到原油天然气销售的一系列生产过程所发生的劳务"。根据《油气田企业增值税管理办法》（财税〔2009〕8 号）及《财政部国家税务总局关于油气田企业增值税问题的补充通知》（财税〔2009〕97 号）规定，油气田企业向外省其他油气田企业提供生产性劳务，应当在劳务发生地税务机关办理税务登记，申请办理增值税一般纳税人认定手续，经劳务发生地税务机关认定为一般纳税人后，按照增值税一般纳税人的计算方法缴纳增值税。中国石油集团所属的 5 家公司在劳务发生地注册纳税，不影响长庆油田分公司四省（区）分税模式，也不触及其他相关省（区）税收利益，不能纳入分税管理。积极协调各项目部变更登记为独立核算的法人机构，财务单独核算，增值税和企业所得税按照税收法律法规规定计算实际产生税额全额向鄂尔多斯市缴纳。

（二）加强协调合作工作，保证税款不外流

国税、各旗县地税、发改委、国土等职能部门要不断加强沟通协作，在服务中石油长庆油田工作上保持一致。持续优化政务服务，不断深化多部门合作，深入开展"点对点、一对一"个性化服务，为企业添后劲、增活力，助力企业成长，促进地方经济发展，增加地方财政收入。

（三）加强依法行政工作，做到应征尽征

严格按照法定程序文明执法，稳步推进属地注册纳税工作，不断规范天然气及下游产品生产经营企业工商登记和税收征管工作，提高企业服务地方经济建设自觉性和主动性，使涉气企业实现税费属地征收和生产经营行为属地监管。

（四）推进税制改革工作，保障地方税收

不断配合推进财税体制改革，根据中央和地方收入划分规则，合理确定分配比例，适当提高县级收入，加大面向少数民族地区转移支付的财政资金，坚持税收和税源一致性原则，制定有利于西部资源地区的税收或转移政策，加大地方财政收入。

（五）适时调整预征率，及时清算增值税

中石油长庆油田油气增值税按上年实际税负率为当年预征率缴税，2016 年天然气增值税预征率确定为 2.5%后，至今未调整。经测算，长庆油田天然气 2017 年增值税实际税负在 5%以上，2018 年增值税预征率应及时进行调整。中石油长庆油田油气增值税当年实行预征，次年清算，多退少补，清算能否及早进行，直接影响增值税的及时足额入库，也关系着国家税收的严肃性，税务管理部门应确定税款清算时限，做到依法征收，应收尽收。

（作者单位：内蒙古自治区乌审旗国家税务局苏里格经济开发区税务分局）

增值税

对“营改增”实施后健全地方税体系的思考

王传玮

一、选题的背景及意义

(一)选题背景

党的十八大报告提出,“要加快改革财税体制,健全中央和地方财力与事权相匹配的体制,促进基本公共服务均等化,完善主体功能区建设的公共财政体系,构建地方税体系,形成有利于结构优化、社会公平的税收制度。”自 1994 年分税制改革以来,我国地方税收体系明确了不同税种收入在中央和地方的分配原则,将我国的税收划分为中央税、地方税和中央地方共享税,虽未形成成熟的地方税收体系,但营业税一直是我国地方税收的主体税种。

2016 年 5 月 1 日起,“营改增”试点范围扩大到建筑业、房地产业、金融业、生活服务业。“营改增”的全面实施有利于完善增值税抵扣链条,有效避免了行业的重复征税,优化了产业分工和协作,为地方经济的转型和跨越发展注入了新的活力,但同时营业税的消失导致了地方主体税种的空悬,使地方财政税收体系受到严重冲击,给地方财政收入带来了缺口。这既不利于地方政府职能的履行,也影响了中央和地方的关系,因此,如何顺应这一改革趋势、完善地方税收体系、保证地方财政收入稳定增长,成为摆在我们面前的一项紧迫任务。

(二)研究意义

党的十八大对财税体制改革提出了新的要求,单一税种无法达到支撑地方财力的现实要求,要实现“系统性、整体性、协同性”地方税制的要求,就必须构建多种地方主体税种。在这样的背景下,对“营改增”后我国地方税收体系的研究可以为财税体制改革提供借鉴。从理论上来看,“营改增”后研究地方税体系,不仅能完善我国税制理论,同时也能对具体问题进行理论上的指导。

从现实来看,“营改增”在全国范围内实施以来,其实际运行效果如何,对中央和地方政府的影响如何,是社会各层级普遍关心的问题。特别是“营改增”后地方税体系如何重构,应该采取怎样的税种搭配方式,更是各级地方政府普遍关心的问题。“营改增”后地方税体系的构建与完善,有助于促进地方税收政府充分发挥政府职能,促进各级地方政府在行使职权中实现标准化、法制化、程序化。

二、“营改增”后地方税总体收入分析

多年来,营业税作为地方税的主体和支柱,一直起着举足轻重的作用,其收入的稳定性、管理的可控性、对相关税种的带动性、对地方财政收入的重要性,都是其他地方税种所无法比肩的。“营改增”全面实施以前,地方固定税收收入包括营业税、城镇土地使用税、耕地占用税、土地增值税、房产税、车船税、资源税以及契税等,其中,营业税在地方税收收入中占据首要地位。全面推行“营改增”后,营业税的消失直接导致地方税主体税种缺失。

（一）“营改增”后，地方税收收入规模总体缩减

根据国家统计局网站统计的数据显示，全面实行“营改增”前，我国 2011—2015 年的营业税年均地方财政税收收入达到 52823.71 亿元，占地方财政税收收入的 31.61%，2012 年实行部分试点“营改增”后，增长趋势放缓。江苏省全面实施“营改增”前，2011—2015 年的营业税占地方税收入的比例大幅上升，营业税年均地方财政税收收入达到 5388.574 亿元，2015 年占比更是达到 36.96%，且呈现逐年增长趋势。连云港统计信息网 2011—2015 年的年鉴数据显示，连云港市营业税收入占地方财政税收收入的比例逐年攀升，年均占地方财政税收收入比例达到了 41.62%，2015 年占比甚至达到 46.10%，基本呈现营业税占据地方税收“半边天”的局面。

（二）“营改增”后地方税体系主体税种“缺失”、税源不稳定

“营改增”后，地方税面临的重要问题之一就是收入锐减、总量下降。2016 年 7 月至 2017 年 3 月三个季度地方税收收入情况显示，“营改增”后地方税收入比例较高的是个人所得税、城镇土地使用税和城市建设维护税，但三者合计仍不及“营改增”前营业税在地方税中的占比；从目前地方税税收收入规模来看，现有税种很难担负起营业税曾经承担的税收收入重任，造成了现在地方税体系主体税种悬空的现状。与中央税相比，现有地方税的税种不少，但税收规模小、分布零散、税源不稳定、课税范围窄、税收弹性差，且一些重要税种主要在生产环节课征，导致支柱性税种缺失，地方税税种分散，无主体税种。

三、“营改增”后地方税体系面临的问题

“营改增”的全面推广，虽实现了普遍减税的目的，但也带来了一系列问题。通过对“营改增”前后税收收入和相关数据的分析可知，“营改增”后地方税收体系面临以下问题。

（一）地方税制失去主体税种，征管难度加大，征管成本提高

“营改增”前，不仅地方税收规模主要依靠营业税增长，地税征管也大部分依附于营业税的“以票控税”。我国自从 2012 年开始进行“营改增”试点以来，随着营业税征收范围的不断缩减，我国营业税税收收入也在相应降低。2011—2015 年我国营业税占地方税收比例显示，虽然每年度营业税收入水平一直保持增长的趋势，但是从 2013 年开始，营业税税收收入的增速明显放缓，并进一步导致营业税占地方税收比例略有降低，“营改增”改革实质上相对减少了地方政府的税收收入。再以 2015 年连云港市征收的地方税税收为例，营业税在地方税收收入中所占比重最高，占比为 46.1%，而“营改增”后，地方税收失去主体税种营业税，地方税收征管也将失去“主心骨”，可能造成各类地方税收难以控管的局面，地方税收征管难度加大，征管成本提高，以致“倒逼”地税部门作出选择：要么疲于征管，要么委托代征。而过多的委托代征，将进一步削弱地税部门的地位和作用。

（二）地方税收收入规模减小，地方政府财权事权失衡

“营改增”的全面推开在一定程度上会缩减地方财政收入的规模，但地方财政相应的事权并没有减少，因而导致地方财政收支更加紧张。连云港市统计局网站统计月报累积数据显示，随着地方税收入的减少，2012—2016 年连云港市一般财政收入与支出的差额逐年拉大，特别是 2016 年地方一般预算收入与支出的差额达到 163.31 亿元，财政支出资金缺口较大。而在现实经济社会发展过程中，地方政府又承担了大量的发展重任，比如辖区义务教育、公共卫生和道路、农田水利、基础设施建设等，让地方政府“心有余而财不足”，很难积极发挥管理地方公共事务的作用。由此看出，地方税收收入规模的缩减，造成财力匮乏，难以保证地方财政经常性支出的需要，导致地方财权与事权失衡。

（三）地方缺少税收立法权，地方税制法律体系不健全

根据《国务院关于实行分税制财政管理体制的决定》，我国税收的立法权集中在中央，地方政府仅部分地方税的实施细则。而中央政府划归地方税务机关征收的税种，大都是涉及面广、税额小、零星分散、难以管理的小税种，这些税种法律级次低，地方政府又没有税收立法权，地方财税主体地位不独立，财政运作空间狭小，且只能在中央制定的相关税收法律允许的范围内，在征收范围、项目以及税收优惠等方面制定地方税收条例、规定，这些条例或者规定也比较缺乏完整性和规范性。再加上我国地方税制法律体系也存在不健全的问题，对地方税收管理没有统一的规范，使我国地方税制体系缺乏权威性、强制性和约束力，稳定性、规范性较差，存在税收法规重复等诸多弊端。"营改增"的实施，无疑加剧了这一矛盾，进一步加强了地方财政对中央政府的依赖，弱化了地方税收的财政功能。

（四）地方税种改革和建设滞后，与地方经济发展不相适应

我国目前使用的地方税体系是 1994 年建立的，当时初次实行分税制改革，后来虽然进行过多次调整，但基本框架并没有大的变化，改革的重点放在增值税和企业所得税上，但对地方税税种改革触动不大。如 1986 年制定的房产税暂行条例，随着经济、社会的发展，有关政策规定明显已落后于当前形势，使其调节作用几乎消失；土地增值税计算复杂，有关政策不明确，纳税人和征税机关往往存在争议；城市建设维护税主要包括增值税、消费税和营业税三种税额，没有独立的课税对象，受制于"三税"的征收和征管水平，无法发挥其应有的作用。此外，税种设置缺位。我国现阶段尚未开征社会保障税、遗产赠与税等这些社会功能较强且适宜地方经济发展的税种，导致地方政府的税收体系不完善，结构不健全，社会功能低下。这种情况下地方政府难以实现在新的历史时期下落实科学发展观、构建和谐社会的要求。

四、完善地方税体系建设的思考

"营改增"的全面实施，重构了中央与地方的收入格局，催生地方主体税种和地方税收体系的重建，倒逼分税制财政体制及整个经济社会新一轮全面改革的启动。我们应积极顺应这一改革方向，立足税制建设，加强主体税种、辅助税种、税收征管和法制保障四个方面完善地方税体系建设。

（一）完善税制建设，构建新的地方税主体税种

"营改增"后，地方税制失去了营业税这一主体税种，此时构建新的主体税种，是完善地方税制建设最核心、最迫切的任务。从理论上来看，地方税制主体税种应具备以下特征：税基的非流动性；税基的广泛性；税基的稳定性。

从目前来看，构建新的地方税主体税种主要有两种途径：一种是完善现行地方税制，重点是资源税和财产税，它们的税基较宽，纳税面广，同时征收简便、透明度高，且具有明显的非流动性、广泛性和稳定性的特点，符合地方主体税种的理论与实际要求。资源税方面，其改革目标定位应从原来调节资源开采企业的级差收入转到促进资源的合理开发和可持续利用上来，首先应考虑扩大征税范围，将水资源、森林、稀有资源等均列入征收范围，并提高矿产资源的税率；其次，提高资源税税率；最后，改革计征方式，由从量计征改为从价计征，强化资源有偿使用和对环境的保护作用，以实现资源税对资源开发和利用的调节；财产税方面，整合现有房地产税收体系各相关税种，扩大房产税的征税范围，在以房产的评估价作为计税依据后，将土地增值税内化到房地产税收体系中，全面开征新的以房产税为先导的财产税，逐渐取消土地增值税，用所得税来应对原转让取得的增值额征税，为地方政府提供稳定的、可预期的税收支柱，培育新的地方税体系主体税种。另一种另辟蹊径，开征某些新税种来填补"营改增"后地方主体税种的缺位，如把消费税转变为地方税种，从生产环节下移到零售环节征收，增强地方财政可用财力。

（二）完善辅助税种，构建稳健的辅助税种体系

"营改增"后，为适应地方经济发展的需要，在构建地方税主体税种的基础上，各级地方政府应及时完善地方税辅助税种，以实现地方税收体系组织收入、调节经济的整体功能。对辅助税种的完善包括两部分：

1. 对现有地方税税种进行完善

完善目前实行的城市维护建设税，首先要扩大征收范围，凡在中华人民共和国境内享受公共设施、社会公益服务并有生产经营收入的单位和个人，不分内资和外资，都是城建税纳税人，均应缴纳；其次要修改计税依据，按照城建设施收益与税收负担相一致的原则，将纳税人销售（营业）收入作为城建税的计税依据；再次要科学设定税率，中央可设置幅度比例税率，设置最高限和最低限，地方税种可参照现行城建税实际税负，保持持平或略有提高；最后可以根据城乡建设和环境维护需要，重新设计城建税的课税要素。

2. 适时开征新税种

主要包括以下几个方面：

(1)开征环境保护税，把环境污染和生态破坏的社会成本内化到企业生产成本和市场价格中去，用税收手段来促进环境保护，实现可持续发展。

(2)将现行征收的社会保险费改为社会保障税，以企业的工资支付额为课征对象，由雇员和雇主分别缴纳，税款主要用于各种社会福利开支。

(3)改设文化教育税，将教育费附加、文化事业建设费、职工个人教育费、农村教育费一并改为文化教育税，以销售收入、营业收入或其他收入为计税依据。

(4)择机开征遗产税和赠与税，采取遗产税和赠与税两税并征的措施，调节社会成员的财富分配与占有，防止遗产的不合理转移，增加政府财政收入，积累社会公益事业资金。

（三）优化地税征管体系，以最小征纳成本实现最大税收收入

税收的源泉在经济，税收的实现靠征管。在"营改增"后，地方经济税制又尚未成熟的条件下，地方税源控管难度加大，地方财政的"江山"亟须更加有力、更加有效的税收征管来支撑。当前，要建立科学、合理的地方税收征管体系，需要以新一轮地税征管改革为契机，按照"两提高、两降低"（提高税法遵从度、提高纳税人满意度，降低税收流失率、降低征纳成本）的目标，全面优化征管路径，着力构建"六个以"（以明晰征纳双方权责为前提，以风险管理为导向，以专业化管理为基础，以重点税源管理为切入点，以信息化为支撑，以健全有力的综合治税体系和专业化人才队伍为保障）的新征管模式。

首先要科学设置地方税收管理机构，切实加强国、地税两套机构在税收征管方面的协作配合，进一步理顺地方税体系与税收征管关系，通过进一步优化资源职能配置，减少管理层级，调整职能分工，避免交叉管理，以达到提高管理效能降低管理成本的目标。

其次利用现代信息技术服务税收征管体系，"营改增"后，传统的"以票控税"的税源控管手段已无法实现，可以利用现代信息技术，通过跨部门的信息共享，及时准确了解和掌握个人房产及收入的状况和变动情况，高效服务地税征管体系，实现对相关税收的有效控管。例如，建立相关部门之间的信息共享平台，以降低征管成本。此外，建立专门的综合治税平台，在税收法律法规和其他行政规章等约束下，通过与掌握纳税人涉税数据的社会各方合作，加强税源管理、弥补税收漏洞，构建税源控管体系。

（四）加强法制保障，赋予地方政府更多财税主体权

随着市场经济的发展和各项改革的深入，地方政府在被赋予更多事权的同时，却没有相应的税权，这

与分税制事权财权相统一的原则相悖。这就需要在分税制体制不变的前提下，充分考虑国家宏观调控的需要，在划分事权的基础上重新调整和划分税权，充分保障地方政府履行事权所需的财权，在法律上赋予地方政府相对独立的财税主体地位。一方面，着力顶层制度设计，改革现有的财政转移支付制度，将这种"跑部钱进"的临时性制度上升为"放权让利"的法律制度；另一方面，加快地方立法保障，充分给予和支持地方政府对地方税收保障的立法权，加快地方税收保障条例和规章的制定进程。

划分税权的基本原则是按照事权划分财权，根据财权确定税权，科学界定中央与地方的事权，根据事权确定支出范围。凡涉及国家宏观调控和全国性重大影响的事务，如国防、外交、能源、交通、基础设施建设等由中央负责；地方主要负责本地区范围内的社会治安、经济发展、基础设施建设等。在保证全国统一税法的前提下，有选择地下放税权给地方，对全国统一开征的，对国家宏观经济影响较小但对地方经济影响较大的税种，如地方企业所得税、个人所得税、房产税等，中央负责制定基本法律，地方在基本法规定的范围内，结合本地实际，确定具体的实施办法。对不具有广泛影响，税源零星分散、税收成本较高、地区差异较大的税种，如契税、车船税等，将立法权、解释权和征收管理权下放给地方，并建立严格的审批备案制度。

（作者单位：国家税务总局连云港市税务局）

金华市建筑行业“营改增”一周年效应分析

国家税务总局金华市税务局课题组

为了进一步完善增值税抵扣链条，2016 年 5 月 1 日起，建筑行业纳入“营改增”试点范围。从 2016 年 5 月至 2017 年 4 月，浙江省金华市建筑行业一般纳税人的整体增值税税负率为 2.93%，实现了建筑行业税负整体下降的目标。为了进一步降低建筑企业税负，财政部和国家税务总局在 2017 年 5 月后又陆续实施了一系列政策文件，有效解决了建筑行业“营改增”中凸显出来的部分操作层面问题。

但是，由于建筑行业的“营改增”政策较为复杂、不同建筑项目类型的成本构成比例各异，“营改增”后建筑企业间税负率差距较大、苦乐不均。建筑行业的上游行业存在较多的税收优惠政策，导致增值税抵扣链条不完整，建筑企业进项无法得到充分抵扣。再加上建筑行业长期实行营业税管理带来的发票管理混乱现象，给建筑企业和主管税务机关带来了较大的涉税风险和管理难题。本课题组先后走访了建设主管部门、行业协会和部分典型企业，随机抽选了金华市 122 家建筑企业开展专题调研，在此基础上，基于金华市建筑行业一般纳税人“营改增”试点一周年的纳税申报数据，分析“营改增”前后的税负变化情况和问题症结，并提出相应的政策建议。

一、建筑行业“营改增”整体纳税申报情况

（一）基本情况

1. 整体税负下降，一般计税项目平均税负高于 3%

2016 年 5 月至 2017 年 4 月，金华全市 1029 户建筑行业一般纳税人累计申报增值税销售收入 1887 亿元，应纳增值税 55.4 亿元，整体税负率 2.93%。其中：一般计税项目收入 617 亿元，应纳增值税 22.7 亿元，税负率 3.68%；简易计税项目收入 1270 亿元，应纳增值税 32.7 亿元，税负率 2.57%，如表 1 所示。

表 1　　金华市建筑行业 2016 年 5 月至 2017 年 4 月销售及增值税情况

项目	销售收入（亿元）	占比（%）	应纳增值税（亿元）	占比（%）	税负率（%）	其中：建筑服务收入（亿元）
总计	1887	100	55.4	100	2.93	1374
其中：一般计税项目	617	33	22.7	41	3.68	105
其中：简易计税项目	1270	67	32.7	59	2.57	1269

从申报表分项情况看，617 亿元一般计税项目收入中，建筑服务收入仅 105 亿元，由于受 512 亿元货物销售等其他业务收入拉低税负率因素的影响，建筑服务部分的实际税负应该高于 3.68%。

2. 建筑服务收入中一般计税项目收入占比呈逐步提高趋势，可能会带动整体税负逐渐提升

随着老项目的完结和新项目的开工，各建筑企业适用一般计税方式的建筑项目比例逐渐提高，一般计税收入占建筑服务总收入的比例由 2016 年 5—12 月的 6%逐步提高至 2017 年 5—8 月的 24%。在现

有政策不变的情况下，随着一般计税项目比例的提高，建筑服务的整体税负也将随之逐步上升，如表2所示。

表2　　一般计税收入占建筑服务总收入的比例

时间段	建筑服务收入(亿元)	其中:一般计税收入(亿元)	占比(%)
2016年5—12月	952	52	5.50
2017年1—4月	422	52	12.30
"营改增"一周年合计	1374	104	7.57
2017年5—8月	432	104	24.10

(二)样本企业调研情况

为了排除兼营货物销售业务对建筑服务税负率测算准确性的影响，2017年6月，课题组抽选了金华市本级122家建筑行业一般纳税人企业，对其2016年5月至2017年4月的建筑服务"营改增"税负情况进行了调查测算。

1. 同口径比较整体税负略有下降，一般计税项目税负较高

122家建筑企业共申报建筑服务收入134亿元，应纳增值税4.1亿元，整体税负率3.06%。按营业税同口径还原后的税负为2.94%，建筑企业相比营改增前税负整体下降2个百分点。其中，一般计税项目收入20亿元，应纳税额0.86亿元，税负率4.30%，如表3所示。

表3　　金华市建筑服务收入及应纳增值税占比

项目	销售收入(亿元)	占比(%)	应纳增值税(亿元)	占比(%)	税负率(%)
总计	134	100	4.1	100	3.06
其中:一般计税项目	20	15	0.86	21	4.30
其中:简易计税项目	114	85	3.24	79	2.84

2. 一般计税项目的收入占比和税负率均有所上升

从分期数据统计看，一般计税项目的销售额占当期建筑服务收入的比例由2016年5—12月的13%上升到2017年1—4月的18%，税负率由4.23%上升至4.39%，如表4所示。

表4　　金华市建筑服务收入及税负情况

类型	销售收入(亿元)	应纳增值税(亿元)	税负率(%)	其中:一般计税方式			
				销售收入(亿元)	占比(%)	应纳增值税(亿元)	税负率(%)
2016年5—12月	86	2.6	3.06	11.35	13	0.48	4.23
2017年1—4月	48	1.5	3.05	8.65	18	0.38	4.39
合计	134	4.1	3.06	20	15	0.86	4.30

二、建筑行业营改增一周年来取得的主要成效

1. 从整体上完善了增值税的税制结构，明显降低下游环节增值税税负

建筑行业"营改增"打通了从建筑材料生产企业到货物生产销售企业的增值税链条，2016年5月至2017年4月，全市建筑企业一般纳税人开具建筑服务增值税专用发票金额422亿元，可增加下游环节进项税额21亿元。

2. 从整体上减轻了建筑环节的税负

根据对市本级建筑企业的实际税负统计结果，同口径比较，建筑服务“营改增”后税负整体略下降 2 个百分点，以此测算，全市 1029 户建筑行业一般纳税人 2016 年 5 月至 2017 年 4 月申报 1374 亿元收入（不含税），相比营业税期间，应纳流转税减少 8542 万元。

3. 从根本上促进了建筑企业的转型升级

（1）“营改增”后建筑企业财务核算水平提高，一定程度上减少了违法挂靠现象，相比营业税而言，增值税对企业的财务核算要求更高，对发票的管理更加严格，原有的“资质挂靠”模式可能给资质出让方带来较大的涉税风险，“营改增”倒逼企业逐渐放弃原有“挂靠模式”转向“直营模式”。

（2）促进建筑劳务派遣市场的发展，在发票管理要求高和劳务派遣服务可以享受差额征税优惠政策的双重作用下，原来的建筑服务分包逐渐向建筑劳务派遣形式转变，“营改增”以来，简易计税项目中建筑服务分包款的占比由 2016 年 5—12 月的 16%逐步下降至 2017 年 5—8 月的 3%，如表 5 所示。

表 5　　简易计税项目中分包款的占比

时间段	简易计税收入（亿元）	简易计税项目分包款扣除额（亿元）	分包款占简易计税收入比例（%）
2016 年 5—12 月	898	152	16.4
2017 年 1—4 月	370	33	8.7
“营改增”一周年合计	1268	185	14.2
2017 年 5—8 月	328	12	3.6

三、建筑服务一般计税方式税负较高的原因分析

（一）商品混凝土和砂土石料等原材料进项抵扣不充分，直接导致建筑业一般计税项目的税负难以下降

课题组从建设主管部门、建筑行业协会和部分建筑企业了解到，建筑行业整体毛利润在 10%左右，建筑工程项目成本中，钢筋、砌块、混凝土、门窗等主材占 60%，劳动力成本占 30%～35%，沙土石料、管材等辅料和各项费用占 5%～10%。由此测算，建筑行业一般计税项目的增值税税负应在 2%左右。但是，由于现行规定混凝土、砂土石料的生产环节可以选择按 3%征收率适用简易计税，而上述原材料在土建工程的成本中占 20%左右，建筑企业却只能取得 3%的增值税进项抵扣发票，以此重新进行测算，建筑行业一般计税项目的实际税负应在 4.4%～4.8%。金华市本级 122 家建筑企业一般计税项目的税负率为 4.30%，与理论测算值基本相符。

以新世纪建设集团有限公司 2016 年承建的某小区单元楼项目（不含地下车库土建）为例，该土建项目含税总造价 2980 万元，不含税收入 2685 万元，不含税成本 2554 万元，其中商品混凝土和砂石料占成本的 22.4%。经测算，该项目的税负率为 4.64%。如果商品混凝土和砂石料能取得 17%的进项发票，则进项税额将增加 68.5 万元，税负率为 1.90%，如表 6 所示。

表 6　　成本及税收情况　　单位：万元

分项名称	不含税价	占总成本比例（%）	税率（%）	进项税额
商品砼	430	16.82	3	12.9
钢材	371	14.53	17	63.1
铝合金门窗	148	5.83	17	25.3

续表

分项名称	不含税价	占总成本比例(%)	税率(%)	进项税额
铝合金门窗、栏杆、防水保温材料、外墙面砖、多孔砖、模板、水泥、钢构件	363	14.23	17	61.8
砂石料、花岗岩	142	5.57	3	42.7
其他材料、费用	111	4.36	3	33.4
人工	894	35.00		
其他费用	935	3.66		
成本合计	255	100.00	进项合计	17.1
销项税额	295		应纳税额	12.5
税负率	4.64%		同口径税负率	4.18%

2017 年 5 月,课题组对商品混凝土生产行业进行了摸底调研,发现商品混凝土的主要原材料成本中,能取得 17%进项发票的水泥、添加剂与只能取得 3%进项抵扣的砂石、自来水各占一半左右,如果只取消商品混凝土的简易计税政策,那么商品混凝土行业的税负将从目前的 3%提高至 8.8%左右,相关企业纷纷表示不可接受。如果能同时取消砂土石料和生产用自来水的简易计税政策,则能使商品混凝土加工行业税负降至 4%左右。

(二)建筑工程所用水、电很难取得进项抵扣

由于建筑企业无法向施工地供水、供电部门申请单独的电表、水表户头,一般只能将分表接在甲方的总表下面,所以无法直接取得供水、供电部门开具的增值税专用发票,造成可抵扣的税额无法抵扣。

(三)市政工程项目难以选择简易计税,税负较高

根据相关文件规定,建筑工程老项目、甲供工程和清包工项目可以选择按 3%征收率实行简易计税。所以,当发包方不需要增值税专用发票抵扣进项时,建筑企业一般都会在签订合同时要求甲方提供部分设备、材料、动力,然后按甲供工程进行简易计税备案。但是,市政工程项目一般采用包工包料方式,招投标文件或合同中也无法添加有关甲供材料的条款,建筑企业往往只能按照一般计税方式申报纳税。

(四)建筑预收款确认纳税义务政策,明显提高工程前期税负

虽然从整个建筑项目来说,该规定并不会增加企业税负,但是企业收到预收款时并没有对应成本,相当于企业提前预支税款,导致建筑周期内税负不均衡,项目施工前期税负明显偏高,从而给企业带来较大的资金压力。

2017 年 7 月 11 日,财政部、税务总局下发文件规定,自 2017 年 7 月 1 日起,收到建筑服务预收款不再确认增值税收入,改为预缴增值税。

(五)混合销售政策口径的变化,提高了自产货物并同时提供建筑劳务的企业的税负率

《增值税暂行条例实施细则》第六条规定,纳税人销售自产货物并同时提供建筑业劳务的混合销售行为,分别核算货物的销售额和建筑业劳务营业额,分别计算缴纳增值税额和营业额。但后来的文件取消了该规定,纳税人销售自产货物并同时提供建筑业劳务的,须全部按照货物销售业务申报纳税,建筑安装收入部分的税率由原营业税的 3%上升到增值税的 17%。

2017 年 4 月 20 日,国家税务总局下发 2017 年第 11 号公告规定,2017 年 5 月 1 日起,纳税人销售活动板房、机器设备、钢结构件等自产货物的同时提供建筑、安装服务,分别适用不同的税率或者征收率。这些规定的实施较好地解决了该难题。

（六）影响一般计税项目税负率的因素较多，短期统计数据容易失真

从全市分户情况看，“营改增”一年来各建筑企业个体间一般计税方式的税负差异极大，税负率 0～11%不等。其中税负率超过 3%的 494 户，占 48%。主要原因一是项目差异导致税负差异，不同的建筑项目间的成本构成差异较大，同造价的不同项目能取得的进项税额完全不同，如土建工程、绿化工程、设备安装工程等。二是少数发包方为了扩大本企业的进项抵扣金额，将自行采购部分高税率材料，导致建筑企业进项不足。三是“营改增”后各企业新购置固定资产或不动产情况、进项发票取得时间、收入确认时间以及兼营货物销售收入占比等各种因素均会在短期内对税负率产生较大影响。以新世纪建设集团有限公司为例，该企业 2016 年 5—12 月一般计税项目收入占比为 13%，税负率为 4.18%。2017 年 1—4 月，由于新购置部分机械设备，且部分新项目原材料已购进但未实现收入，所以，虽然一般计税项目收入占比提升到 19%，税负率却反而下降至 2.46%，待这部分新工程项目完工后，整体税负仍将恢复至 4.2%以上水平。

四、改革中存在的其他主要问题

（一）增值税发票违规违法行为导致建筑企业间税负不均衡，不利于营造公平的竞争环境

一是收受虚开的增值税发票用于增值税进项抵扣、分包款扣除和成本费用列支。全国各级国税机关积极落实国务院简政放权政策以来，国内部分职业化虚开犯罪团伙利用各项便民政策，大肆骗领并虚开增值税发票，近几年全国各地相关案件频发。如金华市国税局和金华市公安局联合侦破的“11·03”“11·27”等特大虚开增值税专用发票案件中，票面货物名称为“钢材”“螺纹钢”“角钢”等建筑材料的比例较高；金华市公安局 2017 年年初侦破的某特大虚开增值税普通发票案件中，买票方基本上是各地建筑企业。

二是违规抵扣简易计税项目中取得的进项发票。按现行规定，简易计税项目和一般计税项目必须分别核算，用于简易计税项目的进项发票不得抵扣。但部分建筑企业为了降低一般计税项目的税负，往往会把简易计税项目中的取得专用发票“调剂”到一般计税项目中抵扣进项。

三是建材生产企业存在虚开增值税专用发票的政策空间。2015 年 7 月 1 日起，新型墙材以及资源综合利用产品中的水泥、砖瓦、砌块、防火材料、保温材料等建筑材料，由原免税政策改为即征即退，可以开具 17%的增值税专用发票。该政策有效降低了建筑企业税负，但同时也增加了建材生产企业向建筑企业虚开发票的可能性。

（二）异地代开发票政策存在税源管理漏洞，很可能出现可能“一笔业务、两份发票”现象

2016 年第 17 号公告规定，异地施工的小规模纳税人，不能自行开具增值税发票的，可向施工地国税机关申请代开增值税发票。但事实上，施工地税务机关很难了解辖区外的小规模纳税人到底有没有自行开票能力，只能依据其申请代开增值税发票。小规模纳税人在施工地申请代开一份增值税发票后，自己可以再开具一份发票，由于施工地预缴的税款能抵减纳税申报时产生的应纳税额，所以多开发票并不需要多交税款。而发包方却可以同时取得两份发票入账，用于列支成本费用、抵扣进项或者扣除分包款。

（三）农产品收购发票的进项抵扣缺乏有效管理监控

现行规定，农产品收购发票可按购买金额的 13%扣进项税额（2017 年 7 月 1 日后税率减并，降为 11%），但国家税务总局至今未制定有关农产品收购业务的管理办法。由于苗木、花卉等农产品是建筑工程项目中常见的原材料，数量、单价难以确定，且多以现金形式支付，税务机关难以核实其业务真实性，导致农产品收购进项抵扣成为目前增值税进项管理中的一大漏洞。

（四）异地施工项目预缴税款政策，给企业纳税带来不便

国家税务总局 2016 年第 17 号公告规定，纳税人跨县（市、区）提供建筑服务，应在施工地预缴税款，

然后回机构所在地申报纳税。但是,建筑施工地与建筑企业机构注册地相距不远却分属不同行政区的现象较为常见,在一些设区的城市里,甚至出现了“隔一条街施工,也要办理《外管证》预缴税款”的情况。对于一些零星小额的跨区域建筑服务,纳税人和基层税务机关都感觉不堪其烦。

2017 年 4 月 20 日,国家税务总局下发 2017 年第 11 号公告规定:2017 年 5 月 1 日起,在同一地级行政区范围内跨县(市、区)提供建筑服务,不再适用 2016 年第 17 号公告有关预缴税款的规定。

该政策虽然有效简化了纳税申报程序。但是由于各地市财政收入分配体制不同,一刀切式地取消地市内跨区域预缴税款,可能会影响部分施工地县(市、区)的财政收入。

五、完善建筑业“营改增”管理的建议

(一)合理调整现行简易计税政策,进一步完善增值税链条

一是取消商品混凝土、砂土石料、砖瓦、石灰等一般纳税人自产建材产品可选择按 3%征收率简易办法征收的现行政策,改为按适用 17%税率征收。基层税务机关认为,商品混凝土按照 17%计税能明显降低下游建筑企业税负,而沙土石料按照 17%计税,既能降低下游商品混凝土行业的税负,又能保持采矿行业的税负公平。为了解决沙土石料开采环节税负骤增的问题,“营改增”试点期间,可暂对其实行增值税税负超过 3%部分即征即退政策。

二是调整自来水可选择按 3%征收率简易办法征收的现行政策,兼顾民生保障和增值税链条完整。将自来水按用途分为生活用水和生产经营用水,生活用自来水可选择按 3%征收率简易征收,生产经营用自来水适用 11%税率。

三是市政工程项目可以选择适用简易计税办法。鉴于市政工程一般是社会公益性项目,建议适当放宽政策,可由建筑企业自行选择计税办法。

四是采用差额征税和应纳税额抵减方式解决用于建筑服务一般计税项目的水、电费进项抵扣问题。“营改增”期间,对于建筑企业的一般计税项目在建筑施工地所耗用的水、电,可暂凭水、电分表耗用记录和甲方开具的增值税普通发票,以差额征税方式在销售额中扣除电费成本,以抵减方式在应纳税额中抵减自来水进项。

(二)适当调整异地建筑施工项目相关政策,以利于基层税务机关管理

一是合理调整同一地市内异地施工项目取消预缴税款的规定。纳税人在同一地市内跨区域提供建筑服务,是否需要在施工地预缴税款,由各省、自治区、直辖市和计划单列市国家税务局根据本地区实际情况确定。

二是取消国家税务总局 2016 年第 17 号公告中小规模纳税人可在施工地申请代开发票的规定。提供建筑服务的小规模纳税人(不含自然人)可以自行开具增值税发票,不能自行开具增值税发票的,可向其主管国税机关申请代开增值税发票。

(三)加强对建筑行业纳税申报状况的监督检查,营造公平的纳税环境

一是加大对建筑企业接受虚开发票和虚开农产品收购发票行为的查处力度。充分利用金三系统大数据,及时对建筑企业收受的失控增值税专用发票、异常凭证以及从外省市取得的钢材、水泥、混凝土发票开展核查;对建筑企业用于分包款扣除、成本列支的金额较大的增值税普通发票开展真伪鉴定;对金额较大的农产品收购发票、农产品免税普通发票的业务真实性开展专项评估。发现涉嫌虚开、偷税的,一律移交稽查部门查处。

二是针对建筑企业的财务核算和申报情况开展专项检查,防止企业将简易计税项目的进销发票纳入一般计税项目抵扣,以及使用不符合规定的发票作为建筑服务分包款扣除销售额。

(四)优化增值税发票平台勾选功能,将增值税普通发票纳入勾选范围

在增值税发票勾选平台上增加增值税普通发票模块,参照增值税专用发票抵扣管理模式,对企业用于增值税销售额扣除、进项抵扣及所得税成本费用列支等各项涉税事项的增值税普通发票,必须通过增值税发票平台勾选,可有效防止假票和异常票。

(五)国家税务总局应尽快制定农产品收购管理办法

一是明确农产品收购发票的开具对象,应仅限于向农业生产者个人收购其自产农产品时使用。

二是明确农产品收购发票的开具要求。只能在本县(市)范围内开展收购业务;收购发票不得汇总开具,必须按人、按次开具;投售人必须在收购发票上签名确认;发票上需注明投售人姓名、身份证号码、住址、联系电话。

三是明确农产品收购发票的金额限制。收购金额和单价不包含运费、人员工资和其他与农产品价格无关的费用;单次收购超过 1000 元的,不得使用现金支付方式,必须在发票备注栏注明收款方收款账号信息。

四是要求建立投售大户台账,对于连续 12 个月内投售农产品金额达到 5 万元以上的个人,要建立台账,逐笔登记投售日期、品名、单价、数量、金额、收款账户。

课题组组长:吴伟民
课题组副组长:杨荣标
课题组成员:方肖川　马如凤
执　笔　人:杨荣标　方肖川

对“营改增”扩围后基层地税机关后续管理及风险应对的探讨

——以广州开发区地税局高新税务分局为例

林　军　杨　昀　陈仲颖　许　虹　刘　涛　张殷婷　杨佳培

根据财税〔2016〕36 号文，自 2016 年 5 月 1 日起，在全国范围内全面推开“营改增”试点，建筑业、房地产业、金融业、生活服务业等全部营业税纳税人，纳入试点范围，由缴纳营业税改为缴纳增值税。“营改增”作为深化财税体制改革的重头戏和供给侧结构性改革的重要举措，有利于进一步完善税制，减轻企业负担，促进经济发展。但是全面落实“营改增”后地方税收可能大幅度锐减，管理难度加大。如何做好地税征管工作，如何进行后续管理应对风险，是目前新形势下地税部门亟须着力解决的工作难题之一。

笔者结合基层税务分局税源管理、纳税评估工作情况，针对后续管理和风险应对工作，提出一些建议及对策，希望能够为今后有效开展工作提供参考。

一、“营改增”扩围后，基层地税机关面对税收风险管理方面的变化

“营改增”作为我国当前结构性减税的一项重大举措，随着国家坚定不移地推行及实施，地税部门营业税收入面临严重“缩水”。

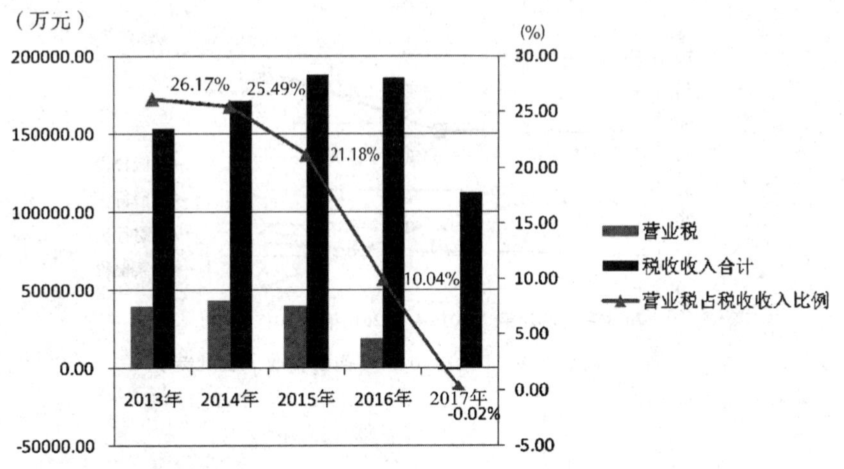

图 1　广州开发区地税局高新分局近 5 年税收收入情况

注：统计数据截至 2017 年 7 月 31 日。

近五年来，高新分局总体税收收入一直保持良好的增长态势，这主要得益于营业税以外其他税种收入的增长。受“营改增”试点和 2016 年 5 月开始全面“营改增”的影响，分局营业税税收收入呈现逐年递减趋势：“营改增”前，2013—2015 年营业税收入占比 20%以上，2016 年营业税收入占税收收入比例仅为 10%。可见随着“营改增”工作不断深入，营业税收入规模正逐步缩减，营业税占地税总收入比例呈逐年

下降趋势。2016 年 5 月后除查补以前年度的营业税外，地税部门将完全没有营业税收入，甚至可能因税款退库，入库额出现负数，这意味着地税部门失去了一个重要的主体税种。税收收入规模的变化情况，也从侧面反映出，"营改增"总体上能利用增值税抵扣链条有效避免重复征税现象，减轻企业负担。

(一)重点税种向个税和财行税转移，税源情况多样导致后续管理难度升级

按照我国 1994 年税制改革的设计，税种划分为两大体系：流转税体系和所得税体系。其中，流转税体系采取地税管营业税、国税管增值税"两条腿走路"的管理模式。经过二十多年的发展，构成地税机关主体收入的核心税种就是营业税。而"营改增"后，地税失去了流转税种，主要征管范围变为所得税、财行税及其他税费金。

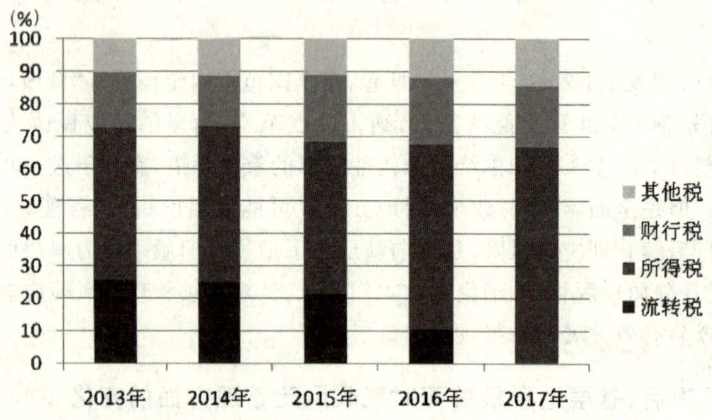

图 2　高新分局 2013—2017 年各税种收入占比情况

注：统计数据截至 2017 年 7 月 31 日。

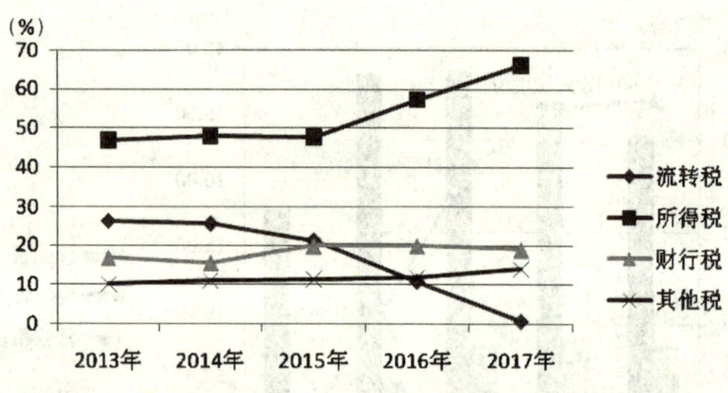

图 3　高新分局 2013—2017 年各税种收入占比走势

注：统计数据截至 2017 年 7 月 31 日。

从图 2、图 3 的各税种占税收收入的比例及走势来看，"营改增"后，原来的主体税种流转税(营业税)占比逐年下降，直至消失。所得税、财行税等占比逐年提高。

(1)所得税占比大幅提升：2013—2015 年所得税贡献率分别为 46.8%、48%、47.63%，均低于 50%；2016 年，所得税贡献率达到 57.38%，2017 年上半年达到 66.27%，即将近 2/3 的税收收入来源于所得税，其中，个人所得税占比将近一半。

(2)流转税占比逐年下降：全面"营改增"后，流转税收入锐减；以上图表中的流转税收入占比情况包括地税部门代征的增值税税收收入，分段来看，"营改增"前流转税收入占比均可达到 20%以上，"营改

增”后锐减至 10.76%、0.63%；其中，由于退税等原因，高新分局 2017 年度营业税收入为－25.16 万元，占比为－0.02%。

(3)财行税占比稳步增长：“营改增”前财行税占比约为 11%，“营改增”后增长至 14%；其中，随着房地产业的发展，契税和土地增值税的税收收入增长较为明显，具体各税种收入占比情况如表 1 所示。

表 1　　高新分局 2013—2017 年各税种收入占比情况　　单位：%

年份 项目	2013 年	2014 年	2015 年	2016 年	2017 年
增值税	0.00	0.00	0.00	0.73	0.65
营业税	26.17	25.49	21.18	10.04	－0.02
企业所得税	14.10	13.15	10.50	12.17	18.97
个人所得税	32.70	34.85	37.13	45.21	47.30
资源税	0.00	0.00	0.00	0.01	0.01
城市维护建设税	10.20	10.94	11.38	11.91	14.03
房产税	7.38	7.40	7.72	8.29	4.84
印花税	4.31	3.97	3.94	3.95	4.40
城镇土地使用税	2.55	1.90	1.81	1.55	0.21
土地增值税	2.23	1.96	4.40	4.29	4.46
车船税	0.37	0.33	0.22	0.92	1.18
契税	0.00	0.00	1.72	0.93	3.96
合计	100.00	100.00	100.00	100.00	100.00

由此可见，“营改增”后，地方税已形成以所得税和财产税为主、其他税种为辅的地方税收格局。“营改增”扩围后，个人所得税和财产行为税将成为地方税收主要的收入来源。由高收入人群及股权转让带来的个人税收在逐渐增加；以自然人为经营实体的商业运作模式越来越普遍，如电商、微商、个体工商户等，且其所采用的经营模式也越来越多样化，如通过网站、实体店、社交平台等都能实现交易。而个人经济行为具有分散、隐蔽，难以征管的特点，势必会出现许多隐蔽性更高的风险点，给传统的后续管理手段带来一定的困难和冲击，现有的风险应对模型对于地税征管一线来说已经不再完全适用。

(二)纳税主体行业规模特征不再明显，零散化特征使风险识别难度加大

“营改增”前，由于营业税一直是地税机关的重要收入来源，并且因其中涉及的房地产、建筑、金融保险、生活服务业等行业的收入比重很高，整个行业往往被划入重点税源监控范围，因此，地税机关的税收风险管理重点在很大程度上以上述行业为主，并形成了一定的模式且取得了一定的经验。但随着“营改增”政策的全面推开，“营改增”后地税部门各行业税源结构发生变化，地税机关的税收风险管理重点行业范围将也不再限于这些，各税种之间的关联性相对较弱，纳税主体的行业、规模、特征不再明显。

以高新分局为例，各行业在“营改增”前后的税收贡献率均有所变化，尤其是房地产、建筑、生活服务业等行业贡献有明显增减变化。以房地产业为例，2015 年贡献率为 10.08%、2017 年贡献率降为 5.08%；与此形成对比的是，科学研究和技术服务业“营改增”后的贡献率增长了 8%，约为 30%；此外，批发和零售业、卫生和社会工作、信息传输、软件和信息技术服务业等零散税源的贡献率由 2015 年的 14.17%提升至 2017 年的 20%。

由此可见，“营改增”前，地税机关可以对税源进行专业化管理，可按纳税人经营行业、经济性质、生产规模等基础信息对重点行业纳税人进行专业化分类，目前税源较为零散，没有占比明显的规模化税源，零

散化的税源特征同时折射出税收风险的隐蔽化、易变性等。地税部门要根据税种和零散化行业税源特征确定并建立与之配套的税收风险管理指标、模型、预警体系的难度大大提高。

（三）"以票控税"手段缺失，控管弱化导致漏征漏管风险增大

根据《国家税务总局关于全面推开营业税改征增值税试点有关税收征收管理事项的公告》（国家税务总局公告 2016 年第 23 号）有关规定："自 2016 年 5 月 1 日起，地税机关不再向试点纳税人发放发票。"全面"营改增"，地税机关不再发放发票，仅有涉及纳税人销售取得不动产和其他个人出租不动产可由纳税人向地税机关申请代开增值税发票。

"营改增"前，个人所得税、城建税及教育费附加等，地税部门可通过"以票控税"手段实时控管。"营改增"后，附征的税费能否向地税部门及时足额缴纳，主要取决于纳税人纳税意识，地税部门无法进行源头监控，特别是对未达起征点的个体工商户和临时纳税人，对其他税费的监控失去了抓手，可能导致临时纳税人在国税申请代开增值税发票后不主动申报其附加税费及个税，另外，由于城建税及教育费附加在地税中占据相当大的基数，改革后随着计税依据由营业税改为增值税，导致附征税费的不可控，也增加了漏征漏管的风险。

（四）重点评估业务类型发生变化，现有税收风险管理机制亟须完善升级

"营改增"前，地税部门的征管范围包括流转税、所得税、附加税费、房土税等税种，与之对应的评估工作必定也是围绕征管范围内的重点税种来开展。以高新分局为例，在以往的日常征管过程中，对企业征管数据进行整合，建立《发票管理台账》《房土两税管理台账》等，辅以数据分析比对，总结验证了"营业税入库税款与附加税费计税依据比对""有租赁营业税无从租计征的房产税""个人劳务有劳务报酬个税而无其他服务业营业税"等简易评估模型，适用于评估区域内纳税人存在的共性问题。

"营改增"后，随着重点税种的变化、纳税主体行业规模特征模糊、征管手段弱化等趋势，基层税务部门评估业务类型随之转变，以往的评估模型不再适应现有评估工作需求，现有税收风险管理机制也亟须推陈出新，及时完善升级。为配合当前征管形势，评估业务类型将逐步转向"营改增"风险、外籍人员个税核查、企业所得税优惠备案及申报事项、"走出去"企业涉税风险、财行税风险、与城市建设配套费相关的契税风险等。而当前的风险管理机制对以上涉税风险的核查尚未形成成熟的评估要点或评估模型，还需要评估人员进一步把握重点，通过比对数据、分析风险特性、整合税种共性等手段探索建立更高效的风险管理机制。

（五）信息获取手段有限，对外部信息依赖程度易落入征管被动的怪圈

"营改增"前，围绕营业税、企业所得税等开展的税收风险管理，其信息来源多数基于企业财务报表数据、征管系统中纳税人的税务登记、申报入库、发票领销存、企业所得税汇算清缴数据、三证合一后的注册登记信息等，其应对方法也以开展纳税评估和实地检查纳税人账簿凭证为主。

"营改增"后，税收风险管理将以财产行为税、资源税、个人所得税等为重点来开展，其基础信息来源多与国土、建设、房管、发改、公安、工商等部门密切相关。如地税部门需要依赖国税部门提供的房地产开发企业涉税情况来掌握房地产企业是否满足清算条件，是否按照销售收入和预缴率及时足额预缴土地增值税等情况；国税部门在代开建安发票时，并未代征相关印花税，也未设置纳税人提供印花税完税证明前置条件，造成印花税管理难题；工会经费、残疾人保障基金等代征工作实行税、费、基金同管同征的模式缺少"以票控税"支撑，代征难度加大。以上情况都会导致地税部门对外部第三方涉税信息的依赖程度加大，税源管控处于被动局面，使得地税基层分局在后续管理和风险调控上的难度系数升级。

（六）国地税合作磨合期，联合开展税收风险管理的需求更加迫切

"营改增"前，由于国地税征管软件的独立性和管理体制的差异性，双方信息融合度不高。目前国、地税均使用"金税三期"系统（以下简称"金三系统"），但并未建立统一的办税系统平台，纳税人办税仍需在

国税、地税两个系统中办理。信息传递的差异不利于地税部门全面掌握纳税人生产经营情况，不利于对纳税人采取有针对性的管理。国、地税双方在金三系统内部也无法有效互通，地税部门对增值税纳税户数、增值税缴纳情况、个体户超定额开票数、代开发票数等无法实时掌握；地税正常管户外出经营后，因地税部门无法掌握外出施工企业的详细信息，使得企业所得税征管工作的难度加大。

“营改增”后，随增值税附征的城建税、教育费附加等税费，“营改增”前欠税的征管仍由地方税务机关负责，同时，在建筑业、房地产业的征管和税收风险管理方面，地税机关具备多年积累的经验和各项基础登记信息和较为成熟的信息管理系统，这就要求国、地税机关在税收风险管理方面必须加强合作，尽快实施全面的联合风险管理。

二、“营改增”扩围后，地税部门后续管理和风险应对的探索与实践

“营改增”扩围后，高新分局及时调整工作思路，在坚持国家简政放权的方针政策，还责于纳税人，进一步优化纳税服务的前提下，根据纳税人规模、行业性质、涉税事项复杂程度实施“管户＋管事”相结合的管理模式。同时加强税收风险管理，针对“依申请”和“依职权”类涉税业务开展风险应对和纳税评估，实行专业化、团队化管理。

（一）以风险管理为导向，完善风险管理手段

“营改增”扩围后，面对税收风险管理方面的变化，高新分局创新纳税评估方式方法，形成以应对“上级下发风险”为主，“自发全面评估”为辅的模式实现优势互补，注重加强对所得税和财行税的税收风险管理工作，以高精准服务优化风险管理机制。

1. 创新评估方式

（1）采取“精准化”评估手段，拓宽个人所得税评估渠道

针对个人所得税管理分散、涉及隐私等特性，高新分局创新评估方法，自制《个人所得税调查问卷》，内容涵盖股权激励、商业保险、公积金、年金及外籍个人境内外收入、福利情况等，通过发放试卷并收集相关数据拓宽了评估面，丰富了数据来源渠道，提高了评估数据的准确性和时效性。问卷的问题通过精心设计直指关键，简洁明了，引导企业有针对性地开展自查，进一步提高了企业的参与度和遵从度。近两年发放调查问卷共 198 份，已 100％回收，评估税款及滞纳金 2769.42 万元。

（2）探索“税务＋中介”合作模式，加强企业所得税汇缴后续管理评估力度

由于税务机关人力资源的限制，高新分局自 2015 年起尝试引入税务中介机构参与企业所得税汇缴后续管理审核，坚持“税务机关为主，中介为辅”的审核模式，在最大限度发挥中介机构专业敏锐性的同时，最大限度实施税务机关的刚性执法，二者达到最佳平衡点。经过近两年的探索实践，沟通模式规范化，审核流程程序化，评估面较以前年度扩大 200％，评估效率大幅提升。经评估企业合计调增应纳税所得额 16195.64 万元，查补各项税费及滞纳金 2679.32 万元。

（3）创建评估模型，提高纳税人风险识别准确率

高新分局结合近两年的评估实践经验，通过充分考虑区域经济形势、行业特征、经营特点、可操作性、推广价值等因素，总结创建了“高新技术条件评估模型”“研发费加计扣除风险模型”“业务招待费税前扣除风险模型”等企业所得税评估模型，并通过实践反复验证模型设置风险指标计算公式是否合理、预警值和评分标准是否准确等。近两年通过模型评估企业 62 户，合计调增应纳税所得额 7429.5 万元，查补各项税费及滞纳金 1043.78 万元。

2. 完善评估模式

一方面，高新分局以上级任务为依托，对单项税种开展纵向评估。通常情况下，风险任务涉及面广征管难度大，涵盖了几乎所有税种的多样风险，如外籍人员两处所得、与城市建设配套费相关的契税、“营改

增”风险、房土两税风险、“走出去”企业涉税风险等。高新分局通过对上级部门下发的风险任务进行分析、筛选和甄别，以税收政策为准绳，统一执行口径，集中团队优势力量应对风险。近两年共应对风险960户次，占上级部门下发总风险任务的51.22%，实现补缴入库税费及滞纳金共计11044.15万元。另一方面，充分发挥评估人员的主观能动性，对社会影响力较大的企业，如重点税源企业、上市及新三板企业开展“体检式”评估。上级分批下发的风险应对任务不可避免地存在片面性和被动性，高新分局根据企业纳税信誉等级评定情况，结合企业生命周期，通过比对数据、分析行业特性、整合税种共性等手段，对企业的涉税疑点开展评估，并将企业涉税风险点链条上的税收政策进行打包，通过邮件、QQ、微信等速递给企业财务人员，服务精准，有效降低了企业的涉税风险。

3. 注重专项评估

与房产相关的税种是地方财行税的重要组成部分，高新分局重视对该类税种的管理评估，以房地产开发企业的土地增值税清算工作为例。结合以往清算经验，高新分局严格执行文件要求，通过为企业设置一套完整披露收入、成本、税费金等全信息的表格，采取实地+100%凭证核查模式，高效完成上级部门下达的清算任务。近两年完成房地产企业土地增值税清算项目共计4个，经审核减少退库及入库税款共计15084.71万元。

4. 总结评估案例

高新分局注重对日常税收风险管理工作进行分析总结、学习分享，形成长效交流机制，以便更好地指导风险应对、识别及纳税评估工作。定期组织专题学习，评估案例总结的方法和经验，提升了评估人员的业务水平。

(二)以“信息管税”为抓手，转变风险管理思路

高新分局重视利用征管数据的提取利用和加工处理，利用纳税评估专业手段和风险模型，提升涉税信息潜在价值。

1. 善用征管数据

高新分局以企业的申报数据、财务报表、税收优惠备案、办理涉税事项申请、工商信息变更等可疑数据为切入点，核查疑点问题的同时顺带开展同一纳税人其他税种的全面评估核查，以全面性、整体性思维强化税源管理。近两年对在管148户企业开展全面评估，已评估企业实现入库税费及滞纳金共计3322.75万元。

2. 巧用公共数据

高新分局在管的新三板企业数量持续快速增长，目前已达55户。针对新三板管户不断增加的情况，高新分局积极探索“互联网+评估”模式，利用第三方数据信息来源——互联网、企业微信公众平台、其他自媒体等，密切关注、掌握上市企业的公告状态和财务动态；通过分析比对互联网数据与征收系统数据的差异，梳理《新三板企业评估关注点》，主动出击，对新三板企业进行了全流程、全税种评估，累计已实现评估入库税款及滞纳金215万元，同时建立管理台账实行动态管理。

(三)以“国地税合作”为契机，充实评估手段

全面“营改增”为国地税联合纳税评估提供了重要契机。自“营改增”以来，上级地税部门积极适应征管新形势，主动与国税部门不断探索风险评估方面的合作方式。2017年，高新分局通过上级评估部门获取国地共管的国税已评增值税纳税人名单，重点核实地税附加税费情况。其中，国税已评20户企业，均存在查补增值税税款而未同步补缴附加税费的情况，经评估查补入库税费及滞纳金合计770万元。

三、“营改增”扩围后，完善地税部门后续管理和风险应对的建议

针对“营改增”扩围后税收风险管理方面的变化，高新分局进行了一些有益的探索与实践，对如何做

好全面“营改增”后地税部门面临的后续管理和风险应对提供了一定的参考和启发。总体来说，新形势下，地税部门对内应完善风险应对对策，对外探索多路径合作，进一步加强“营改增”扩围后税收风险管理制度建设，提高风险应对质量和效率。

（一）对内完善机制，强化税收风险管理

1. 锁定风险，由“以票控税”转变为“信息管税”，加强事前预警

地税部门应加强数据质量管理，强化数据分析应用，实现“信息管税”。

（1）集中对征管系统中的企业登记、申报、生产经营等相关税收数据进行清查、梳理、分析、比对，对垃圾数据进行过滤清除，夯实税收风险管理的信息基础。

（2）对地税内部、外部海量数据信息进行全面归集采集、整合加工，着力突破征纳双方信息不对称的管理瓶颈，锁定风险，分类应对，例如根据住建局提供的合同建筑面积、合同成交价格等信息，加强对房地产项目在售房产土地增值税的预征管理。

（3）从数据质量日常管理和实地核查、风险管理等方面入手，逐条核实纳税人涉税信息的真实性，把好数据入口关，增强涉税信息的准确性。

2. 创新手段，建立电子化台账动态管理，强化事中管理

“营改增”扩围后，地税部门应及时调整工作思路，将征管重心逐步转移到其他税种征管上，强化对新增税源、潜在税源和零散税源的规范管理。

（1）实施分级分类管理

地税部门要更加注重分级分类管理的科学性，从以往对企业纳税人按规模和行业分类管理，转向对自然人纳税人按收入和资产实行分类管理。一是实行重点税源专业管、一般税源动态管的模式，同时根据风险级别排序，划分为重大风险和一般风险，制定不同风险等级的应对措施；二是集中力量围绕风险较大的问题开展专题税收风险分析；对常见风险分类应对，建立模型并优化推广。针对重大复杂涉税后续管理事项，实施科室联动，并将风险分析转移至风险上游，发现其源头特征指标并提炼建立预警指标体系，用以提高典型风险应对效率。

（2）建立电子化台账管理

按照纳税人名称、经营范围、所属行业、税收管理指标、风险疑点等分类排序，建立税收风险分析台账，从中选取风险系数相对较高的纳税人，建立税收风险选案台账，将风险处理结果归入结果台账。

3. 突出重点，完善风险应对核查机制，做好事后反馈

做好风险应对工作反馈复核工作。从风险命中率、风险质量等方面入手，针对风险应对程序是否合理，必经程序是否前置，风险应对是否全面，无法消除的风险点理由是否充分，应对方式是否恰当等指标，设立分值对复核的风险应对工作进行评分，并形成风险月小结，年小结，按期按质对风险应对任务的完成质量实行复审。

（二）对外整合资源，构建大征管工作格局

1. 加强国地税合作，推进各领域深度融合

随着税收改革不断深化，税收管理和服务发生深层次的变化，国税、地税双方应实现优势互补，及时落实合作规范，推动国税、地税服务融合、征管协同、信息共享、经验互鉴。升级完善的《国家税务局地方税务局合作工作规范（3.0版）》也明确了针对地税部门“以票控税”手段弱化的问题，国税、地税要从协同实施房地产开发企业税收一体化管理、代开增值税发票环节税费一体化征收、及时交换涉税信息等方面入手，推动征管互助的加强和信息共享，即以“合作共管”和“信息管税”为主要方向。

（1）扩大互相委托代征范围

根据《深化国税、地税征管体制改革方案》要求，“按照有利于降低征收成本和方便纳税的原则，国税、

地税部门可互相委托代征有关税收”及(国家税务总局公告 2016 年第 19 号)“税务总局决定，营业税改征增值税后由地税机关继续受理纳税人销售其取得的不动产和其他个人出租不动产的申报缴税和代开增值税发票业务，以方便纳税人办税”等相关规定，全面“营改增”后，目前国地税委托代征范围仅限于纳税人销售其取得的不动产和其他个人出租不动产，申请代开发票的，由代征税款的地税局代开增值税专用发票或者增值税普通发票。而“营改增”后地税部门负责征收的附加税费并未实现由国税代征，普遍存在纳税人申报缴纳增值税附加税费不及时、建安业开票个税及印花税的征收不及时等情况，甚至出现漏征漏管风险。

针对该情况，国地税落实合作规范要求，加大合作征收、委托代征力度，有效防止地税机关“以票控税”及附征税款职能消失后带来的税款流失风险。可通过共建办税服务厅，采取国税、地税互设窗口、共建办税服务厅、共驻政务服务中心等方式，实现“前台一家受理、后台分别处理、限时办结反馈”的服务模式，实现税源登记、发票开具、申报缴纳、宣传咨询、优惠办理等环节国地税双方无缝对接，为纳税人提供便捷优质的服务。

(2)推进国地税联合评估、联合稽查

国税、地税双方可按照“统一信息采集、统一项目分析、统一数据口径、统一发布平台”的原则，提取风险数据，确定高风险纳税人，通过风险分析、风险识别、等级排序确定并交换高风险纳税人名单。面对高风险的纳税人，国税、地税机关应协同开展风险应对，如制订年度风险计划，选取部分业户联合开展纳税评估，联合开展实地核查，联合实施评估约谈，联合构建风险指标和评估模型。此外，可以考虑加强国地税联合稽查，实现国地税各税联评。共同开展区域性税收联合专项整治、重点税源企业抽查轮查、案件协同查办和对共管户联合进户检查工作，形成执法合力。

(3)加大数据交换力度

根据《深化国税、地税征管体制改革方案》，建设融合国税、地税业务，标识统一、流程统一、操作统一的电子税务局，实现网上办税。联合共享涉税信息，建立信息共享与交换体制。建立一个从上至下、有效可行的信息共享与交换体制，如《纳税信用等级联合评定管理制度》；联合发布重点税源企业分行业税负标准和税负预警指标、评估模型，帮助纳税人降低税收风险；加强国地税联合风险管理和联合稽查，实现国地税各税联查联评，结果互认等。

2. 加快完善社会综合治税体系，完善第三方数据共享机制

“营改增”后，税收风险管理将以财产行为税、所得税等为重点来开展，其基础信息来源多与国土、建设、房管、发改、公安等部门密切相关，这就需要基层地税机关与各部门进行沟通协作，形成密切的协税护税网络，及时取得各种涉税信息数据。如加强房屋土地登记源头管理，需要及时与地方政府、国土部门对接，做实房产、土地两税的税源登记，建立耕地占用税、契税、城镇土地使用税、房产税、土地增值税等税种之间联防联控机制，才能有效从源头上防止税收流失。

完善有效的第三方涉税信息交换机制，广泛收集和利用散落在地方政府部门和社会之间的第三方涉税信息，以解决税收征纳双方信息不对称的问题。

(1)明确部门职责和义务，从税收法律法规和相关部门法律法规等方面，明确各部门法定责任、程序、权利、义务以及违反的责任追究标准，且把第三方涉税信息交换工作纳入绩效考核。

(2)完善数据应用分析能力，从技术上完成获取有用信息、运用信息、传输信息等系统性工作。

(作者单位：国家税务总局广州开发区税务局)

全面“营改增”的积极效应及问题解决建议

朱存厚

自2016年5月1日起，金融业、建筑业、生活服务业、房地产业四大行业纳入营业税改征增值税试点范围(以下简称“营改增”)。自此，我国实现了在全国范围内对所有原征收营业税行业的“营改增”改革，实现“营改增”所有行业全覆盖，营业税退出税收制度，增值税完成了从生产型到消费型的全面转型。全面推开“营改增”试点作为我国财政经济转型发展的重要战略步骤，既是税收制度的重要改革，也对减轻企业税收负担、促进经济转型发展起到重要作用。

一、“营改增”的影响

(一)“营改增”对企业税负的影响

“营改增”的实施时企业税负产生了巨大影响，它解决了重复征税的问题，对企业具有很大程度的减税效应，但它同时也改变了各个行业的税率，导致不同企业税负不均，有的企业税负增加，有的企业税负减少。

1.“营改增”解决了由于同时征收增值税、营业税而导致的重复征税的问题，从而使企业税负降低

以某一餐饮业为例：假设某从事餐饮行业的企业为增值税一般纳税人，在“营改增”之前餐饮业需缴纳营业税，从事餐饮服务的企业从上游购进的一切原材料、设备所缴纳的增值税均不能从其最终经营餐饮业务所缴纳的营业税中抵扣，它最终要以包含材料增值税的营业额为计税依据缴纳营业税，这样就产生了重复纳税问题。而“营改增”之后，餐饮业经营餐饮业务改为缴纳增值税，其在上游缴纳的税款在合法条件下均可以抵扣，从而解决了重复纳税的问题，减轻了企业税负。

2. 营业税改为增值税之后，不同行业的税率也有所变化，从而导致“营改增”后不同行业的税负变化不尽相同

例如，交通运输业和建筑业由原来按3%税率征收的营业税改为按11%税率征收的增值税，税率变化较大；房地产业也由原来按5%税率征收的营业税改为按11%税率征收的增值税，税率变化也比较明显。这就造成从事这些行业的企业，由于进项税额抵扣而产生的税额抵减有较大可能不足以抵销由税率上升产生的税负增加，从而导致企业的整体税负不降反升。这只是从整个行业的角度看到税负变化的大致趋势，同时行业之中也会有不同的税负差别，以交通运输业行业为例细分看，不同的运输方式由于所能抵扣的进项税额不同，税负也可能不尽相同。

3.“营改增”后，有的行业整体税负会降低

“营改增”后，由于有的行业税率变化不大(例如金融保险业和生活服务业仅由原来的5%调整到6%)，相较之前，实施“营改增”后这些企业又有可以抵扣的进项税额，所以整体税负会降低。举例：假设一家餐饮企业在“营改增”后为增值税一般纳税人，每月需要采购适用税率为13%的价值12万元的农产品(并取得了农产品收购发票)，采购适用税率为17%的价值6万元酒水、饮料(6万元为不含税价并取得了增值税专用发票)，若不考虑其他成本，假定该餐饮企业每月营业额为200万元，则该餐饮企业在“营改增”之前每月应缴纳营业税额为(200×5%)=10万元。“营改增”后，每月应缴纳增值税为[200/(1+6%)×6%－〔12/(1+13%)×13%+6×17%〕]=8.92万元，“营改增”后的应纳税额相比之前降低了〔1－(8.92/10)〕×100%=10.8%。也就是说“营改增”的实施让这家餐饮企业每个月的税负降低了

10.8%。由于“营改增”后，其在上游缴纳的增值税在符合规定的条件下可作为进项税额抵扣，所以“营改增”的实施会使这些企业的税负明显降低。对于这些行业，税率的略微调升对其税负影响不大。

(二)“营改增”对财政收入的影响

“营改增”总体看是一项减税措施，同时对中央、地方的财政收入分配也会产生不小的影响。“营改增”之前，营业税是地方税的三大主体税种之一，而增值税则是中央和地方共享税，“营改增”全面推行后，营业税由地方主体税种变成中央和地方共享税，这就意味着地方税收收入将会减少，而中央和地方共享税收收入将会增加。在一定程度上造成中央和地方分税格局的不尽合理。2016 年 5 月 1 日全面“营改增”后，国务院及时出台中央与地方增值税收入划分过渡调整方案，有效解决了由于全面“营改增”所带来的中央与地方税收不均的矛盾。另外，全面“营改增”解决了重复征税的问题，减轻了企业的税负，使企业更具生机与活力，起到了“放水养鱼”、涵养税源的作用，促进了国家财政收入的持续稳定增长。

(三)“营改增”对经济发展的影响

全面“营改增”不仅能为企业减负，更有利于产业的转型升级。高端服务业发展水平，决定着一个国家或城市发展的地位和水平。“营改增”之前我国的营业税主要是面对服务业征收的，而全面“营改增”后，营业税则退出了我国税收制度。税款抵扣制度的重大变化让服务业的税负大大降低，有利于推动服务业的迅速发展，加快我国产业的转型升级，一定程度上推动了我国经济的发展。

(四)“营改增”对税收征管的影响

取消营业税，商品流转环节改征增值税，税种单一，税收征管工作变得简便，有利于实施科学高效的现代化税收管理，减少了偷逃骗税的可能，并且降低了税收征管成本，使税务部门有更多的时间对税收进行有效治理。

二、积极应对“营改增”产生的影响

通过实践，全面“营改增”的积极效应得到充分显现，促进了我国改革开放和现代化建设的进一步发展，但是“营改增”和增值税税收制度在实际执行过程中仍然存在一些问题，需要在今后的改革和工作实践中进一步完善。

(一)增加中央与地方税收矛盾

全面“营改增”，取消营业税这一地方主体税种，增值税税收收入实行中央与地方共享，造成中央与地方税收不均、地方财政收入减少的矛盾。

(二)部分企业税负上升

“营改增”是为了调整、优化产业结构而实行的结构性减税，并非单方面的减税。“营改增”试行中，部分企业由于生产周期、成本结构等原因，进项税额较少，因此对单个企业而言，不一定减轻税负，有些不降反增。以交通运输业为例，这类企业可以抵扣的进项税额主要是经营初期购进的固定资产，固定资产使用期限较长，企业新增设备有限，“营改增”后，每期可抵扣的进项税额有限，比较容易出现税负上升的情况。

(三)增值税专用发票取得困难

部分企业的上游企业如果是中小企业，会计核算不规范，属于增值税小规模纳税人，这类小规模纳税人在国税局无法领取增值税专用发票，因此其下游企业无法及时取得合法的抵扣凭证，本可以抵扣的增值税不能抵扣，导致“营改增”后税负升高。小规模纳税人不能自行领取、开具增值税专用发票，如果需要开具，只能去国税局窗口代开，下游企业只能按国税局窗口代开增值税专用发票 3% 征收率抵扣进项税，不能按货物适用税率抵扣进项税，导致税款少抵，税负增加。

(四)纳税人对“营改增”政策不熟悉，相关人员纳税知识水平有待提高

“营改增”的影响涉及试点企业诸多方面，如计税基数、适用税率和发票使用管理，提供货物和劳务产

生的净收入及财务报表数据结构都发生了变化，对于以上种种变化，试点企业负责人和财务人员都需要逐步适应和熟悉，特别是增值税纳税申报表项目繁多、填报复杂，企业在纳税申报、税务核算等工作中容易出现错误和失误。

三、针对“营改增”存在问题的意见及建议

（一）完善地方税立法体系

针对由于全面“营改增”，取消营业税，地方财政收入减少的问题，建议国家尽快完善地方税立法体系，增加地方财政的法定合理收入，与地方事权、责权相匹配。另外，全面“营改增”后，在国务院实施中央与地方增值税收入划分过渡调整方案的基础上，可根据实际情况，适时调整中央与地方的税收收入分配比例，确保地方财政收支平衡。

（二）针对部分企业税负短期增加的问题，对企业提出如下建议：

1. 企业首先应凭借行业特点、自身优势，做强做大自己

首先，无论是小规模纳税人还是增值税一般纳税人，都要加强经营管理和财务核算，合理开展税收筹划，以实现自身利润最大化，增强抗风险能力。其次，在供应商的选择方面，如果企业是一般纳税人，在供应商的货物价格相同或较低的情况下，尽量选择增值税一般纳税人进行交易，而非增值税小规模纳税人，最大限度抵扣增值税进项税额。

2. 采取简易计税方法

简易计税方法的应纳税额，是指按照销售额和增值税征收率计算的增值税额。应纳税额计算公式：应纳税额＝不含税销售额×3%征收率。采取简易计税方法计算应纳税额时，不得抵扣进项税额。因此，对属于税收简易计税方法范围的企业，尽量按简易计税方法计税，可以有效缓解短期内税负加大的问题。

3. 企业充分利用税收优惠政策，提高内部管理水平

企业可以视情形使用区域税收优惠或行业税收优惠，在法律允许的框架范围内，充分使用国家给予的税收优惠政策，做好税收筹划，此外，企业购进货物和服务，要尽量取得增值税专用发票，充分抵扣进项税，规范经营，降低企业税收负担。

4. 加强发票管理，做好培训工作

“营改增”全面推行后，企业对发票的管理显得尤为重要，企业应当正视“营改增”的影响，对涉税、涉票人员进行“营改增”相关专业知识的培训，积极做好纳税筹划工作，在合法前提下利用相关政策措施为自己减少税收，节约成本，争取更大获利空间。

（三）对税务部门提出的建议

1. 充分发挥自身职能

税务机关在促进产业结构调整、大力培植税源的基础上，要充分发挥自身职能，加强风险防范和税收征管工作，保证税收质量，防止税收流失，做到应收尽收，确保财政收入持续稳定增长。

2. 提高服务质量

税务机关提高纳税服务质效，大力营造优良的税收营商环境，加强“营改增”政策解读、宣传和后续管理，有针对性地开展上门特色服务和辅导，及时收集、解决试点企业存在的各类问题，指导试点企业加强税收及增值税发票管理，避免涉税管理及发票使用不规范而导致的不必要的税收风险，帮助试点企业根据“营改增”税收政策的变化合理安排生产经营，引导企业尽享“营改增”的减负红利。

（作者单位：内蒙古自治区鄂尔多斯市税务学会）

无车承运业务涉税政策研究

乔晓峰

早在 2013 年，交通运输部就发布了相关文件并提及“无车承运人”的概念；到了 2015 年在“大众创业，万众创新”浪潮的影响下，无车承运人逐渐成为物流行业与互联网等新技术结合的前沿领域。2016 年《财政部国家税务总局关于全面推开营业税改征增值税试点的通知》（财税〔2016〕36 号）明确规定无车承运业务按照“交通运输服务”缴纳增值税，这一关键政策的落地，使无车承运一时之间成为创业的风口。《交通运输部办公厅关于推进改革试点加快无车承运物流创新发展的意见》（交办运〔2016〕115 号）出台，到 2017 年年初经批准的无车承运企业就已经达到了 283 家。由此可见，无车承运人的出现并不偶然，而是在政府政策的引导和物流行业转型升级的呼唤下，在总结了近年来物流行业存在的弊病后，基于互联网等新技术与物流业的结合才最终形成的一种新业态。这一业态承载了助力我国物流业转型升级、规范市场和降本增效的历史使命，不论是政府、行业还是资本各方均对其发展带来的价值寄予厚望。无车承运人行业在物流行业转型升级的推动和相关政策及资金的拉动下，已经进入发展快车道，但由于发展时间较短、实践经验缺乏、行业根基薄弱，较发达地区和国家尚处在试点发展初级阶段，导致了该行业距离发展成熟还有较长的路要走。在试点过程中，虽然国家税务总局出台了相关的税收政策，但与飞速发展的无车承运人业务相比，涉及的税收政策也应及时跟上无车承运业务的发展。

一、无车承运业务现状

（一）国际无车承运业务发展状况

主要以美国无车承运市场为例。根据 2016 年的统计数据，美国 20 余万家卡车公司，其中近 80%的公司只有 1～5 辆卡车。在美国，拥有一辆卡车也可以注册一个卡车公司，美国的工商制度非常健全，要求司机尽量购买商业保险，因为其能承运货物的价值与保额是密切相关的。比如，有 10 万元的保险额度就可以承运 10 万元价值的货物，有 20 万元的保险额就可以承运 20 万元价值的货物，万一发生事故，司机就可以用卡车保险来弥补损失。从运输需求和运力匹配的情况来看，几乎每个国家都是不平衡的。事实上，运力分配是“无车承运人”的工作重点。全美“无车承运人”排名中，罗宾逊物流的营收排名第一位，具有领先优势。但即便如此，罗宾逊物流的营业总额占整个市场总额的比例也只有 2.2%左右，由此可见美国的运输市场非常庞大并且比较分散。概括来说，当前全美物流市场产值达到约 1 万亿美元的规模，而其中“无车承运人”的业务占比大概为 10%～15%，中罗宾逊物流所占比例为 25%。美国大约有 10000 家注册的运输中介服务商，也就是我国的无车承运公司，包括一些很大规模的“无车承运人”，也包括很小规模的中介服务商和大型的第三方物流企业。其中，第三方物流企业占整个物流市场的比例正在提高。在 20 世纪 80 年代美国运输大解禁之后，每个物流企业都在寻找自己的市场方向，罗宾逊物流发现随着市场规范化程度的日益提高，传统的自有车辆企业越来越多，于是决定随着新的市场趋势在 1990 年年底向“无车承运人”转型，定位于做客户销售服务，为客户提供解决方案，而将自有卡车剥离，把卡车运输、卡车管理交给专业的企业来负责。这正是美国的“无车承运人”模式，虽然没有车，但对运输市场有一定的掌控力。

（二）国内无车承运业务发展状况

目前国内无车承运企业根据诞生背景主要分为以下三类：一是纯互联网基因类。这类平台通常获得了具有互联网背景的风险投资支持，运输业务基本从零开始，需要大量资金投入以扩大车货资源规模，比如货车帮。而纯互联网基因平台需要投入大量人力、物力实现冷启动，从无到有相对难度较大；不过纯互联网基因类通常推动能力较强，在灵活的业务策略配合下能够快速扩大市场。就目前发展势头看，此类企业将会发展成为行业的主导力量。二是传统物流升级类。顾名思义该类平台主要是由传统的物流运输企业投资设立的，其母体往往拥有较强的运输业务实力，传统物流企业构建的平台拥有大量的存量车货资源及专线品牌，283家获得国家级无车承运人牌照的平台中有大量的该类企业，比如隶属传化物流的易货嘀。传统物流企业拥有大量重资产，这是一把“双刃剑”。自有车辆可以带来稳定的运力保障和自营服务质量保障，实体物流园区更是有其稳定的营收来源，但是这些重资产都需要不断投入资金和精力去维护，这对于传统物流企业来说是一个不小的负担。传统企业“互联网+”转型往往缺乏相应人才，相关业务人员绝大部分来自无车承运人的母体企业，这导致了该类企业员工创新思维不如互联网基因企业活跃，在创新方面处于劣势。三是电商延伸类。随着近年来产业互联网的兴起，各大行业渐渐形成了一些面向专业领域的B2B电商平台，这些平台在满足用户交易的需求后也在逐渐涉足后续的物流运输业务，从而催生了一批面向专业领域的无车承运人，例如欧冶云商设立的欧冶运帮。专业电商延伸类平台通常的状态处于前两者之间，可以依托母公司平台带来的业务流量快速扩大专业领域内市场份额，也没有大量的重资产，但是该类平台业务由于受到行业壁垒的限制，往往在满足自身平台客户运输需求后难以进一步扩大。

二、无车承运企业发展遇到的涉税问题

（一）无车承运企业税收负担的总体测算

1. 增值税税负率测算

作为无车承运企业，在与托运方签订承运合同之后，再委托实际承运人运输，我们以货车帮为例。

托运人支付运费10000元，货车帮开具增值税专用发票，价税合计11000元，货车帮支付油费3640元（含税），ETC通行费3120元（含税），平台司机运输费3640元（含税）。可抵扣的进项税698.96元（3640/1.16×0.16＋3120/1.03×0.03＋3640/1.03×0.03）。销项税额1000元，应纳增值税301.04元，增值税税负率3%。这是在完全取得增值税专用发票的理想状况下的税负率，但在实际业务中要想全部取得增值税发票存在困难，所以实际增值税税负率会大幅上升。

2. 所得税税负测算

假设油费成本、ETC通行费成本都能取得增值税发票，司机的成本取得一半增值税发票，则应税所得率在15%左右，所得税税负率为3.75%左右。

3. 个体司机的税负测算

个体司机在窗口代开发票综合税率5.3%（3%的增值税、2%的个人所得税、0.3%的附税），由于平台上的司机只管净收入，最终此部分税款也将由无车承运人承担。按司机收入占总收入的35%折算，最终将影响无车承运人的税负为1.3%。

综上所述，无车承运人综合税负率将达到10%左右。

（二）现在涉及无车承运企业的主要税收政策

根据《国家税务总局关于跨境应税行为免税备案等增值税问题的公告》（国家税务总局公告2017年第30号）规定：用于委托实际承运人完成运输服务的成品油费用和支付的道路、桥、闸通行费，即上例的3640元油费和3120元过路费，如相应取得合法有效的增值税扣税凭证，可按照现行规定抵扣进项税额，

但是剩余部分,即个体司机运费 3640 元部分,目前取得发票相对较难。《国家税务总局关于开展互联网物流平台企业代开增值税专用发票试点工作的通知》(税总函〔2017〕579 号)有明文规定:"试点企业使用自有专用发票开票系统,按照 3%的征收率代开专用发票,并在发票备注栏注明会员的纳税人名称和统一社会信用代码(或税务登记证号码或组织机构代码)。货物运输服务接受方以试点企业代开的专用发票作为增值税扣税凭证,抵扣进项税额。"但必须满足以下条件:一是在中华人民共和国境内(以下简称境内)提供公路或内河货物运输服务,并办理了工商登记和税务登记。二是提供公路货物运输服务的,取得《中华人民共和国道路运输经营许可证》和《中华人民共和国道路运输证》;提供内河货物运输服务的,取得《中华人民共和国水路运输经营许可证》和《中华人民共和国水路运输证》。三是在税务登记地主管税务机关(以下简称主管税务机关)按增值税小规模纳税人管理。四是注册为该平台会员。货物运输服务接受方以试点企业代开的专用发票作为增值税扣税凭证,抵扣进项税额。所以试点企业代开发票的受票方为货物接受方。

试点企业接受会员提供的货物运输服务,不得为会员代开专用发票。试点企业可以按照《管理办法》的相关规定,代会员向试点企业主管税务机关申请代开专用发票,并据以抵扣进项税额。但是目前大部分个体司机并没有办理税务登记,且不具备《中华人民共和国道路运输经营许可证》和《中华人民共和国道路运输证》条件,故无法按照 3%的征收率为平台司机代开增值税专用发票。

目前除税务局外,邮政部门可以为自然人代开增值税普通发票。但是,煤炭运输有运量大、司机流动性强、车次频繁的特点,受开票次数和金额限制,要求个体司机自己去税务局或者邮政部门办理代开发票业务很难实现。

(三)无车承运人轻资产模式,固定资产抵扣少

个体车主购买汽车,按道理在运输环节中的进项税额可以进行抵扣,但他本身不是一般纳税人,他为无车承运企业承担实际承运,他自己的车的进项税不能抵扣又无法转移到无车承运企业抵扣,造成行业整体税负增加,不利于行业的快速发展。

(四)个人司机不愿登记为个体工商户

我国目前有近 1500 万辆卡车,近 3000 万名司机,其中,个体司机总体的占到 70%以上。但如果个人司机登记为个体工商户,则需按照个体工商户进行税收管理,增值税按开票数缴纳,如果按季不超过 9 万元,可以免征增值税。个人所得税适用个体工商户生产经营所得,税率从 5%到 35%,实行核定征收的个体工商户按核定的征收率征收。个体司机要承担车辆养护的各种费用,由于竞争日趋激烈,加之这个行业本身风险就大,如果登记为个体工商户,税收成本就要相应加大,因此个人司机不愿登记为个体工商户。

三、加强行业税收管理的建议

对无车承运平台虽然核心技术要求较高、业务推广初期资金投入大,但平台建成对于推动行业发展具有重大意义,可以有效促进资源整合和集约发展。无车承运人利用移动互联网等先进信息技术,整合了大量的货源、车源,并通过信息网络实现了零散运力、货源、站场等资源的集中调度和优化配置,逐步引导和带动行业从"零、散、小、弱"向集约化、规模化、组织化方向发展。有效提升物流运输的组织效率。无车承运试点企业通过线上资源合理配置,实现线下物流高效运行,促进行业"降本增效"。根据对典型企业的调查分析,试点企业的车辆里程利用率较传统运输企业高 50%,平均等货时间由 2～3 天缩短至 8～10 小时,交易成本下降 6%～8%。同时,企业积极探索"无车承运＋"甩挂运输、多式联运、共同配送等模式,通过模式创新,发挥叠加效应,进一步增强和放大了试点效果,有效规范了物流运输的运营行为。试点企业通过严格承运人筛选标准、健全诚信考核档案、实施全过程风险管理、完善保险赔付机制等手段,

逐步建立起涵盖全链条、各环节及各要素的管理体系，不仅有效规范了广大中小货运企业的运营行为，同时也提升了无车承运自身的服务品质。所以当前亟待解决的问题就是细化无车承运人增值税进项抵扣政策和措施。要重点围绕无车承运人进项抵扣范围、认定标准及操作方法等方面，研究制定贯彻落实《国家税务总局关于跨境应税行为免税备案等增值税问题的公告》（以下简称 30 号公告）的实施细则，切实将 30 号公告落实到位，降低无车承运人的税收负担。

（一）参照个人保险代理人的税收征管做法，由平台企业汇总为个体司机代开增值税专用发票

由于无车承运平台以个体司机为主，考虑到其流动性强，车次频繁，司机无法到现场报税的实际情况，可以参照《国家税务总局关于个人保险代理人税收征管有关问题的公告》（国家税务总局公告 2016 年第 45 号）办理代开、代缴业务，公告规定："个人保险代理人为保险企业提供保险代理服务应当缴纳的增值税和城市维护建设税、教育费附加、地方教育附加，税务机关可以根据《国家税务总局关于发布〈委托代征管理办法〉的公告》（国家税务总局公告 2013 年第 24 号）的有关规定，委托保险企业代征"，"个人保险代理人为保险企业提供保险代理服务应当缴纳的个人所得税，由保险企业按照现行规定依法代扣代缴"，"接受税务机关委托代征税款的保险企业，向个人保险代理人支付佣金费用后，可代个人保险代理人统一向主管税务机关申请汇总代开增值税普通发票或增值税专用发票"。无车承运平台企业与主管税务机关签订委托代征协议，向个体司机支付运费后，代个体司机统一向主管国税机关申请汇总代开增值税专用发票。申请汇总代开增值税发票时，应向主管税务机关出具平台详细的运单明细，包括个体司机的姓名、身份证号码、联系方式、车牌号码、始发地、目的地、付款时间、付款金额等信息，作为代开增值税发票的清单，随发票入账。汇总开具增值税发票突破实名认证程序，简化个体司机的税务登记手续，允许无车承运平台企业按照平台提供的信息（司机身份证、驾驶证、行驶证照片、手机号码）汇总开票，免去个体司机本人来现场实名办税认证。平台企业提供真实的行车轨迹，通过对单车限重、吨公里费用限制结合每发运车次的始发地、目的地过磅单，确保业务发生的真实性。

（二）参照农产品核定扣除管理，对支付给个体卡车司机的运费实行计算抵扣

个体卡车自身无法承担计账的成本，只能按小规模纳税人管理。由于小规模纳税人的制度缺陷，所以其他国家在增值税体系里，都会将小规模纳税人的征收率和实际抵扣率作不同的处理。实际抵扣率要计算，将它因为简易征收不计入的税收加上，就是开 3%抵 10%。但是现阶段在我国无车承运行业还没有这个制度设计。这就导致了此行业增值税链条是断的。小规模纳税人的发票在中国是受排挤的，很多企业不接收这种发票，企业拿不到足额的发票从而导致买卖发票大肆出现。如果能参照农产品核定扣除的实施办法，对支付给个体卡车司机的运费实行计算抵扣，将会有效缓解这一问题。

（三）对个体司机开票月销售收入 3 万元以下的实行个人所得税零申报

《安徽省地方税务局关于定期定额个体工商户生产经营所得个人所得税问题的公告》（安徽省地方税务局公告 2015 年第 4 号）规定，对于核定月销售额不超过 3 万元的，其个人所得税实行零申报。所以比照这个规定，对个体司机开票月销售收入 3 万元以下的实行个人所得税零申报。这样做不仅可以加强国家对这个行业的管控，还可以加大个人司机登记为个体工商户的积极性，方便无车承运平台企业进项税和成本费用发票的取得。

（作者单位：国家税务总局鄂尔多斯空港物流园区税务局）

所 得 税

推行自然人投资者个人所得税自行申报管理的实践与探索

陈　筠　赵灿奇　戚浩东　鞠洪亮　朱永华

随着我国个人所得税从目前的分类所得税制向综合与分类相结合的混合税制改革的推进，针对我国财富分布“一九”现象，结合个人所得税“方便纳税人、调节高收入、便于税收征管、突出管理重点”的管理原则，江苏省结合本地实际尝试推行了自然人投资者个人所得税自行申报的管理模式，笔者就该项工作实践进行了广泛调研，提出了几点建议。

一、推行自然人投资者个人所得税自行申报管理的具体实践和意义

近年来，江苏省按照个人所得税税制改革和深化征管改革的要求，不断加大对自然人投资者个人所得税的管控力度，积极推进和探索面向自然人投资者个人所得税管理由间接管理模式转变为直接管理模式。在具体实践中，一是加强了自然人投资者的登记管理，着力宣传引导，扩大自然人投资者全员全额自行申报的覆盖面和申报率；二是加强了自然人投资者的申报质效，通过宣传辅导，提高数据申报准确性与完整性；三是加强和完善了自然人投资者风险管理流程和遵从引导服务，创新集约化、信息化的征管服务手段，优化征管流程，提升管理效率；四是加强和深化了自然人投资者的数据库建设，进一步提高基础数据质量，拓展数据来源，不断充实自然人投资者的数据库；五是加强了自然人投资者个人所得税的风险分析与应对，明确基础管理和风险应对的部门职责，分层级开展团队风险分析与应对；六是加强了自然人投资者的数据分析应用，深化模型建设，逐步建立了自然人投资者的涉税风险和诚信评价指标体系。通过这几年努力，江苏省充分运用风险管理和信息管税手段，使得自然人投资者个人所得税自行申报的人数和入库金额总体呈现快速增加趋势，初步构建了自然人投资者个人所得税的征管服务体系。

在目前我国实行分类个人所得税制模式的情况下，江苏省推行了自然人投资者个人所得税自行申报的方式。这样做的意义：一是有利于培养自然人投资者的诚信纳税意识，明确自然人投资者的法律责任，提高税法遵从度；二是有利于税务机关加强重点税源自然人的税收管理，加大对高收入者的调节力度；三是有利于加强分析比对，进一步推进自然人投资者个人所得税的科学化、精细化管理；四是有利于为下一步个人所得税税制向综合与分类相结合的混合税制过渡创造条件、积累经验。

二、目前自然人投资者个人所得税自行纳税申报存在的问题

（一）自然人投资者自行申报纳税意识不强

个人所得税属于直接税，由于个人所得税直接涉及个人利益，而我国在信用制度方面的欠缺和灰色收入存在导致部分纳税人心理不平衡，受传统思想的影响，往往从自己口袋里掏钱，对个人来说是件痛苦的事，特别是自然人投资者。在调研中发现，自然人投资者由于有企业的掌控权，有故意隐匿企业不开票的废料并将其收入装进自己腰包和应由自然人投资者及家庭人员个人承担的费用到企业财务上报销套现等情况，由于自然人投资者追求企业和个人利益最大化，使自然人投资者在取得应税收入时，很难做到能够主动自行申报，或者是没有全额申报，有的甚至主观上故意偷税。又如上市公司“董高监”限售股解

禁的个人所得税清算事项，在证券公司预扣代缴后，“董高监”未进行自行清算申报。

（二）自然人投资者推行全员全额自行申报的征管方式存在一些政策瓶颈

自然人投资者虽然是社会财富的主体，但是不一定都符合自行申报的纳税主体条件。《个人所得税自行纳税申报办法（试行）》第二条第一种情形中，对自行申报的起点定为年所得 12 万元，实行一刀切的做法，看似公平，实际上却是不公平的，不能体现量能负担原则。我国幅员辽阔，各地区经济发展极不平衡，两个收入相等但处于不同地区的重点纳税人，由于所处环境、物价水平不同，所承担的实际费用不同，其实际收入即实际所得不同，应承担不同的税收，相应的自行申报起点也应有所区别。我国个人所得税采用国外很少采用的纯粹分类所得税制，最大问题是极易使收入相同者由于所得来源不同而导致税负不同。另外，第二条第五种情形中，“国务院规定的其他情形”没有具体明确是哪种情形，因此，在实践中若自然人投资者对不上该《办法》第二条第一种至第四种情形，可否对照第五种“国务院规定的其他情形”的规定执行。

（三）自然人投资者某些项目的年所得确定存在难度

1. 工薪的年所得确定依然存在一定困难

根据规定，工薪所得按照未减除费用及附加减除费用的收入额计算。实际上，纳税人每月实际领到工资并不等于这个收入额。有些单位的工资单并不清晰，如对一些免税项目并未单独列出，有些单位将部分税后收入直接转入个人账户，并不在工资单中列示，也没有完税凭证。按照现行政策，许多需要列入工薪所得课税的项目，如旅游奖励、商业保险等收入数额，个人难以准确掌握。

2. 家庭或夫妻双方共同收入较难确定

从目前来看，家庭或夫妻双方共同的财产转让，租赁所得，家庭储蓄及股票投资取得的利息、股息、红利所得以及其他所得等收入，是计入某一特定家庭成员的年所得，还是在家庭成员之间进行分割后计入各自所得？如果允许分割，如何分割？这些都会对纳税人是否达到自行申报标准产生重要影响。

3. 有关盈亏相抵的规定需要进一步明确

第一，按照规定，对于同时参与两个以上（合伙）企业投资的，合伙人应将其投资所有企业的应纳税所得额相加后的总额作为年所得。但对于有亏损的怎么处理没有明确，是否允许盈亏相抵并不清楚。若允许盈亏相抵，相抵后为亏损时，又如何处理？第二，对股票转让所得盈亏相抵为负数的，规定此项所得按“零”填写。除股票之外的其他财产转让盈亏如何处理，以及其他不同类财产有盈有亏时如何处理，也没有明确。因此，对以上有关盈亏处理作出规定时，应充分考虑合理性，否则有可能会出现年收支净额为负、经济处于困境的人仍要申报个人所得税的情况。

（四）自然人投资者自行申报存在困难和不便

由于自然人投资者目前个人所得税自行申报纳税意识不够强，很多自然人投资者并未就年度终了后的纳税申报做好充足准备，对全年收入没有详细的收入记录，或没有完整地保存收入凭证和完税凭证。这样，对于收入项目单一、集中，或多为大额收入以及税务机关着重监管的重点纳税人，就年内收入进行申报相对较为容易。而对于收入项目多、次数多、收入分散，每次（项）收入额相对较小，且多为现金收入的纳税人，准确理清及申报其全年所得确实有一定的困难。另外自然人投资者自行申报地点问题，现行办法没有规定如何处理。在实践中，选择纳税地点很容易被自然人投资者作为逃避纳税义务的手段，也易导致地区间税收恶性竞争，如上市公司“董高监”限售股解禁的个人所得税纳税地点问题。

（五）对自然人投资者纳税申报全面性准确性风险监控有困难

目前条件下未能形成有效的相关公共管理部门、支付单位与税务机关之间信息传递的配合机制，再加上现实生活中现金交易，如对自然人投资者资本收入、财产收入客观上无法监控，对个人财产收入申报没有形成制度，税务机关对自然人投资者基础信息的掌握并不完备。同时，各地税务机关信息化水平参差不齐，信息传递和共享难以实现。在自然人投资者所得项目比较多，支付地点相对分散，又多以现金形式取得的情况下，税务机关对自然人投资者全员全额自行申报情况的监控存在困难，需要信用制度的健全，需要各种法制的完备，单靠税务部门的力量很难完成。目前税务部门易于监管的以工薪所得、股权转让、分红所得为主的自然人投资者申报情况良好，而真正难以掌握的是自然人投资者的其他类应税所得，对他们的收入信息收集整理难度大。

（六）税务机关为自然人投资者自行申报情况的保密问题需要完善

由于税务机关内部有行政业务等处室和征收、管理、评估、稽查等多个环节，自然人投资者的收入信息在各环节资料的移送过程中随时都有泄密的可能。自然人投资者的信息资料若被外人知悉并被恶意利用，将会给自然人投资者造成损失。对此，尽管《办法》有规定但缺乏具体的操作规范，自然人投资者难以对税务机关进行有效监督。

三、进一步完善自然人投资者自行纳税申报的建议

（一）加大宣传力度，提高自然人投资者自行纳税申报意识

国家税务总局在深入调研和广泛征求意见的基础上出台了《个人所得税自行纳税申报办法（试行）》，税务机关应以税法宣传月、个人所得税宣传月等活动为契机，经常性地组织开展影响力广泛的税法宣传活动，充分借助网络、短信等现代信息手段，发挥电视、电台、报纸等涉及范围广的媒体作用，针对不同人群开展多样性、多渠道的宣传辅导，特别是自然人投资者，要做到使自然人投资者个人所得税全员全额自行纳税申报基本知识家喻户晓，使纳税人在耳濡目染中提高对税法的认知程度和遵从程度，提高自行申报纳税意识。

（二）尽快调整和完善个人所得税税制

（1）明确自然人投资者全员全额自行申报的义务，自然人投资者作为社会财富的主体，不管是否符合自行申报的纳税主体条件，都要实行自行申报。

（2）建议尽快调整完善个人所得税制，以纯所得为课税对象，实行混合所得税制，并最终过渡到综合所得税制，从个人收入总额中扣除各项相关成本以及赡养纳税人本人、纳税人所抚养家属的生计费用和其他必要的费用，这样才能准确反映纳税能力，起到个人所得税的收入调节作用。

（3）实行《个人所得税预征预缴制度》和《个人收入年度申报制度》，加强对个人所得税的控管和监控。

（4）建立税务机关定期公布个人所得税中关于个人所得支付环节的制度。

（5）建立申报评级制度，对自行纳税申报人建立纳税申报评级制度，并通过申报人的评级制度与申报人的社会信誉、取得政府的某些优惠措施等挂钩，形成对自行申报人的相应激励措施。

（6）建立对自然人投资者信息资料保密制度，规定税务人员对自然人投资者信息资料泄密的法律责任，保障自然人投资者的合法权益。

（三）强化个人所得税征管，明确某些项目的年所得确定标准

（1）加强征管人员的职业道德教育和业务素质的培养，努力建立和健全个人所得税的现代化征管手段。

（2）抓住自然人投资者的重点管理，把自然人投资者的基础信息管理与全员全额管理结合起来，扩大自然人投资者的建档管理面，实行动态管理。

（3）制定年所得的标准计算公式，提供给纳税人、扣缴义务人和代理机构；统一规定各单位工资单（或个人收入凭证）的标准格式，体现出规定口径计算的年所得；扣缴义务人在扣缴税款时必须向纳税人提供符合标准的收入凭证和扣缴税款凭证，主管税务机关应在年初向纳税人提供上年度符合标准口径的完税证明。

(4)对夫妻或家庭共同取得的收入是否划分、如何划分作出明确规定,以准确计算每个人的年所得。

(5)对申报地点的初次确定给予纳税人充分的选择权,同时对变更申报地点的条件作出明确的规定,对纳税人改变申报地点进行限制。

(四)加快个人所得税征管信息化建设

自然人投资者较多,当然应对自然人投资者全员全额自行申报管理所需人力也较多,基层税务机关人员较少,不能胜任,只有靠信息技术来支持,所以希望上级税务机关能开发更好的、更适应当前形势的个人所得税征管软件,来监控自然人投资者自行申报的真实性,以加强个人所得税征管。通过建立完善的"一户式"档案制度,运用现代科技手段,加强对自然人投资者各项所得信息的收集和管理,实现自然人投资者收入监控和数据处理的电子化,当前和今后一段时间,本着"先进笼子后规范"的精神,对所有网上申报的纳税单位实行全员全额管理,从根本上提高实现个人所得税的征管效率。

(五)充分发挥社会综合治税功能,加强部门配合,整合管理资源

解决自然人投资者全员全额自行申报的真实性或准确性问题,不是一朝一夕的事,也不是单靠税务机关能够解决的问题,而是需要社会各部门通力协作、共同努力的系统工程。要不断完善社会综合治税网络,坚持不懈地做好税收宣传,努力营造浓厚的治税氛围。有关部门应加强协调,充分利用现代信息化优势,实现信息共享、全社会共同参与,从而提高个人所得税征管水平。个人所得税政策性强,涉及面广,征管难度大,需要方方面面的支持和配合,才能形成合力,我们要在内部强化征管评查部门的基础上,在外部努力构筑良好的征管环境,主动争取各个职能部门的配合,要经常向党政领导汇报税收工作情况,使个人所得税工作得到他们的支持理解,化解征管阻力和矛盾,注重同财政、工商、公安、司法、银行、证券、房产管理等部门的协调配合,借助社会力量,推进个人所得税管理工作的顺利开展。

(六)做好纳税评估,加大稽查力度

受社会宏观环境的制约,现实生活中现金交易较频繁,如自然人投资者的资本收入、财产收入不通过银行支付,客观上无法监控,以致大量应税所得逃避了正常税收征管,特别是作为社会财富主体的自然人投资者,其个人所得税征收还存在许多管理死角,个人所得税征收效率因此大打折扣。根据有关统计资料,全国入库的个人所得税中工资薪金所得占65%以上,工薪阶层是缴纳个人所得税的主力军,而自然人投资者等高收入人群的管理还存在许多盲区,如上市公司"董高监"的限售股解禁和文体明星的个人所得税管理,针对此现状,税务机关应坚持公平正义,下大力气清除管理盲区,加强对自然人投资者等高收入者个人所得税的评估和稽查,坚持以查促收,做到执法必严、违法必处,发挥稽查教育的震慑作用,引导纳税人规范纳税。通过积极有效的措施,使工资薪金所得占个人所得税的比重下降,劳务报酬、利息、股息、红利所得、财产所得等税收比重逐步提高。只有这样,才能有效遏制个人所得税的流失,实现个人所得税调节高收入的立法初衷。

(作者单位:国家税务总局江苏省税务局)

美国公司所得税改革影响与应对策略分析

国家税务总局广西壮族自治区税务局课题组

一、美国公司所得税改革的背景

(一)产业空心化导致经济增长乏力

作为较早完成工业化的发达国家,美国从20世纪80年代开始,逐渐放弃其在制造业的领导地位,转向以服务业为中心的第三产业发展。美国制造业的GDP比重从20世纪60年代27%以上的占比,一直下滑到2009年的11.2%。在这一过程中,美国制造业在促进就业、带动经济增长方面的驱动力以及制造业产品的国际竞争力都严重削弱,1965年以来美国制造业就业人数相对稳定在1700万人左右,到2010年则下降了580万元,降至1200万人以下(2016年又恢复到1230万人)。由于缺乏实体经济的支撑,2007年的次贷危机导致美国经济迅速陷入衰退,GDP增长率由2006年的2.7%,下滑至2007年的1.9%,并在2008年跌至-0.4%。2008年国际金融危机后,美国重新认识到制造业,特别是先进制造技术对于发展国民经济,进出口贸易,开发就业岗位和提高国家竞争力,甚至保障国家安全等方面,都具有重大的作用。为此,从奥巴马政府开始,大力倡导振兴国内制造业发展,并先后出台了一系列法律促进"制造业回归"。

(二)面临财政赤字压力

继2008年次贷危机以及由此引发的全球性金融危机之后,美国政府又陷入伊拉克战争、阿富汗战争中还面临着布什政府赤字财政和减税政策以及庞大的医疗体系支出等财政运行挑战。在奥巴马当政时期,其在财政运行方面的主要任务就是努力在国会两党的不断妥协下,寻找削减赤字和经济增长之间的新平衡。但是,美国一方面要为其插手世界各地纷争的军事行动买单,另一方面需要为医疗改革、国内基础设施建设以及对经济增长的刺激提供财政支持,在此情况下,美国的财政赤字非但没能下降,而且需要不断地寻求国会支持提高财政赤字上限,以维持政府有效运作。在增收方面,早在2008年金融危机以前,美国实体经济"脱实向虚"的问题就已经凸显,美国产业空心化使得税源不断遭到侵蚀,对税收收入的持续稳定增长造成严重威胁。在过去的五个财年,美国联邦政府税收收入占国内生产总值GDP的比重一直下滑,从2008年的18%到2011年的15%再到2012年16%,低于其OECD(经济合作与发展组织)贸易伙伴同一比率的平均水准。2016财年税收收入3.3万亿美元,税收占GDP比重由2015财年的18.1%降至17.8%。

(三)税制改革滞后于经济发展需要

解决税收收入问题的长远之道在于促进经济增长,以恢复经济体的活力,从而扩大和夯实税源基础。自从里根政府时期的大规模减税政策以来,美国税制改革的步伐进展缓慢。经过近30年的发展,无论是国际经济环境还是美国自身的经济环境及对外经济政策都发生了翻天覆地的变化,美国现行的税收制度日渐成为阻碍经济增长,甚至是削弱美国经济竞争力的重要桎梏之一。其中其对美国投资和产业发展最为严重的影响就是造成大量的"税收倒置"交易,据美国国会研究报告统计,1982—2014年,美国共发生了50余起通过"税收倒置"交易将注册地迁往低税率国家或地区、以逃避美国税负的交易。仅2014年就有 8 起总规模超过千亿美元的以“税收倒置”为目的的并购交易。“税收倒置”频发，严重侵蚀了美国税基，使美国企业的巨额利润滞留海外，降低了美国政府的税收收入，不利于经济发展。同时，进行“税收倒置”的企业大多是处于发展“成熟期”的企业，这些企业迁往外国，不利于美国的产业链布局，影响了美国本土的就业率。

二、美国所得税改革方案的比较分析

自从 20 世纪里根政府的大规模税制改革以来，美国公司所得税基本保持稳定，甚至被认为滞后于其他国家的改革步伐。随着 2008 年金融危机的爆发，乏力的经济增长以及日趋复杂的国际经济竞争形势使得美国现行公司所得税制度的弊端进一步暴露。因此，社会各界的改革呼声不断高涨，来自各党派、国会和政府的改革方案也层出不穷，并在降低税率、简化税制、打击海外逃税等改革大方向上取得基本共识。但是，受限于美国当时的经济形势以及党派政治的特点，奥巴马政府时期很多改革提议并未付诸实施。2016 年美国总统选举期间，美国众议院共和党人提出了新的税改计划，对公司所得税改革提出了新的改革思路，特朗普在竞选期间以及当选后也提出了自己的税改方案。上述改革措施大多数仍处于讨论之中，因此仅能冠以“方案”，美国税改的最终走向取决于国内外经济形势、国内两党政治博弈以及特朗普总统与各政党、国会之间的协调。但是，通过比较奥巴马、众议院共和党和特朗普主要的改革主张，仍然能够大体勾勒出美国公司所得税改革的总体轮廓和未来走势。

(一)各改革方案的主要内容

1. 奥巴马政府的税收改革方案

2012 年 2 月 22 日，美国白宫与财政部联合发布《美国企业税收改革方案》。该方案阐述了目前美国税收体制存在的主要问题，并就降低公司税率、减少税收漏洞、扩大税基、加强制造业和创新实力、完善国际税收管理和减轻小企业税务负担等方面提出改革措施及目标。其主要措施包括：

(1)将公司所得税税率从 35%降至 28%。

(2)改变现行的“后进先出”的会计核算方法，并使之与国际标准接轨。

(3)实施一系列的税收优惠清理，范围涉及石油和天然气产业的费用化处理、保险业的人寿保险避税漏洞、基金公司经理人及合伙人计税收入范围和飞机购置折旧处理等领域。

(4)改革折旧政策。

(5)降低利息支出的税前扣除比例。

(6)通过扩大税前扣除比例，使先进制造业公司所得税的最高有效税率降至 25%以下。

(7)扩大和简化研发支出的税收抵免优惠，并使之永久化。

(8)加强对清洁能源领域投资的税收优惠政策。

(9)对海外留置利润实行最低税负制，设定一个最低税率给予一次性征税。

(10)取消生产外迁的免税政策，并为生产回迁业务给予 20%的所得税抵免优惠。

(11)对向低税收地区转移无形资产的利润课税，涉外贷款利息在征税后才能实行利息抵扣。

(12)将小企业投资成本的费用化处理金额上限从 50 万美元上调至 100 万美元。对小企业允许采取收付实现制核算的总收入金额上限从 500 万美元提高到 1000 万美元，并进一步简化费用处理。

(13)将企业开办费用的减免额提高一半，为创业者免除 5000～10000 美元的税负。

(14)扩大小企业健康保险税收抵免，允许 25 人以上 50 人以下的小企业获得健康保险税收抵免。

2. 美国众议院共和党的税收改革计划

2016 年 6 月，美国众议院共和党人公布了一项税收改革计划。该计划将通过降低工资、投资和商业收入的边际税率来改革个人所得税法，扩大税基，简化税法。该计划还将把企业所得税税率降至 20%，并将其转化为以目的地为基础的现金流量税。最后，该计划将取消联邦房地产和礼品税。在公司所得税改革方面，该项计划的主要内容包括：

(1)将公司所得税税率从35%降低到20%。

(2)取消公司的替代性最低税。

(3)对公司开展直通业务(pass－through businesses)征收最高税率为25%的所得税。

(4)允许资本投资支出在税前以费用化方式全额扣除。

(5)取消贷款净利息支出的税前扣除。

(6)将允许在应纳税所得额中扣除的亏损限制在经营业亏损的90%，允许经营业亏损扣除无限期结转，并根据通胀水平和实际的资本回报率对准予扣除的亏损给予扣除，不允许净经营亏损的收回。

(7)除了研发活动外，取消国内生产性活动的税收扣除(依据美国国内收入法典第199节)和其他任何形式的经营性扣除。

(8)建立完全的属地管理税收制度，对来源于美国以外的子公司分回的利润免征国内母公司的税收。

(9)对留置海外的利润给予税收减免，具体做法是对现金及现金等价物以8.75%的低税率优惠，对其他利润形式以3.5%的低税率优惠。

(10)对进出口业务实施边境调整，即对进口产品的购进成本不允许税前扣除，对出口产品的销售收入可以不计入应税收入。

3. 特朗普的税改计划

继2016年9月特朗普公布的较为详细的税改计划之后，2017年4月26日，美国财政部长史蒂文·姆努钦和白宫国家经济委员会主任加里·科恩举行发布会，正式概述了特朗普的最新税改计划，并将其誉为自1986年以来最大规模的税收改革，但是该项方案仅提出了一些原则性的改革方向，且与其在竞选过程中提出的税改目标相比，内容有所缩水，有必要对其前后两次税改计划内容进行比较。

2016年9月的税改计划中公司所得税改革方面的具体内容包括：

(1)将公司所得税税率从35%降低到15%。

(2)取消公司的替代性最低税。

(3)允许国内制造企业在资本投资的全部费用化一次性扣除和根据折旧分期扣除之间进行选择。

(4)除了研发活动外，取消国内生产性活动的税收扣除(依据美国国内收入法典第199节)和其他任何形式的经营性扣除。

(5)对海外留置利润按照10%税率给予一次性征税优惠。

(6)根据2001年的经济增长和税收减免法案，将雇主提供的日托服务的税收抵免上限从15万美元提高到50万美元，并将其从10年减少到5年。

2017年4月的税改计划中公司所得税改革的内容：

(1)联邦的公司所得税税率从35%下调至15%。

(2)对直通业务征收最高15%的所得税。

(3)建立基于属地管理的税收体系。

(4)美国公司在海外持有的数万亿美元实施“一次性征税”。

(二)各方案对美国国内经济的影响分析

1. 降低税率

美国联邦政府企业所得税税率为35%，如果再考虑州政府企业所得税，那么美国企业所得税税率可高达39.1%，远高于经济合作与发展组织(简称OECD)平均值和中国税率(25%)，是美国各界公认的最影响竞争力的经济因素。过高的名义税率削弱了美国公司所得税的竞争力，使美国企业产生了强烈的避税动机。2017 年 3 月美国国会预算办公室在一份报告中，根据 2012 年数据将美国与 20 国集团(G20)各经济体的公司所得税法定税率、平均有效税率和边际有效税率进行比较，结果发现无论从哪个指标看，美国的公司所得税税率都是相对较高的——美国有最高的法定税率(39.1%)，第三高的平均有效税率(29%)以及第四高的边际有效税率(18.6%)，如表 1 所示。企业所得税阻碍了投资，并促使了利润的转移。

表 1　　G20 国家公司所得税税率比较

法定税率		平均有效税率		边际有效税率	
国家	税率(%)	国家	税率(%)	国家	税率(%)
美国	39.1	阿根廷	37.3	阿根廷	22.6
日本	37.0	印度尼西亚	36.4	日本	21.7
阿根廷	35.0	美国	29.0	英国	18.7
南非	34.6	日本	27.9	美国	18.6
法国	34.4	意大利	26.8	巴西	17.0
巴西	34.0	印度	25.6	德国	15.5
印度	32.5	南非	23.5	印度	13.6
意大利	31.4	巴西	22.3	墨西哥	11.9
德国	30.2	俄罗斯	21.3	印度尼西亚	11.8
澳大利亚	30.0	韩国	20.4	法国	11.2
墨西哥	30.0	墨西哥	20.3	澳大利亚	10.4
加拿大	26.1	法国	20.0	中国	10.0
中国	25.0	土耳其	19.5	南非	9.0
印度尼西亚	25.0	中国	19.1	加拿大	8.5
韩国	24.2	澳大利亚	17.0	沙特阿拉伯	8.4
英国	24.0	加拿大	16.2	土耳其	6.1
俄罗斯	20	德国	14.5	俄罗斯	4.4
沙特阿拉伯	20.0	英国	10.1	韩国	4.1
土耳其	20.0	—	—	意大利	−23.5

资料来源:《CBO Report Compares U. S. Corporate Tax toG20》.

美国过高的公司所得税税率长期以来一直受到政府和社会各界的诟病，无论是奥巴马政府、国会共和党人还是特朗普政府，虽然在税率削减的幅度上有所不同，但是降低公司所得税税率一直是他们税制改革的首要措施。很多分析人士也认识到，法定税率的降低是否能够以及在多大程度上达到诸如刺激投资、扩大就业、拉动增长的改革的最终目标，仍然存在分歧。虽然在理论上，降低税率无论是降低成本的角度，还是从提高与其他国家相比更具竞争力的投资环境来讲，都可以得到充分的论证。但是，与商贸交易不同，建造工厂、投资新设备作为一项长期的商业决策，其影响因素并不仅仅是税收制度，其投资本身也需要时间。因此，无论公司所得税税率下降幅度有多大，其在什么时间才能显现出政策效应，仍然不确定。而作为政府来讲，在有限的任期内，如何通过税收政策工具来兑现其关于收入、就业、福利的承诺，其时间又是明确的。

此外，美国的企业组织模式非常复杂，不但有独资、合伙和股份公司的一般模式，在股份公司中又有 S 类股份公司(S corp)、C 类股份公司(C corp)和有限责任公司等形式，而真正按照 35%的联邦公司所得税税率缴纳公司所得税的只有 C 类股份公司。而美国人口普查数据显示，2011 年美国 2700 多万家企业中只有150万家C类公司，占比仅为5.6%。这说明，长期以来过高的公司所得税税率对美国企业的经营组织形式产生了严重的影响，由此造成公司所得税在整个税收收入的比重一直处于较低水平。如果公司所得税法定税率降到15%，短期内应受影响的企业数量不多，对美国税收收入的影响不会太大，但是，从长期来看，则将影响到美国企业经营组织形式的再一次变革。

2. 对直通业务的管理

与中国的所得税制度类似，C类股份公司的经营利润必须支付两层税收：一是根据公司所得计算缴纳公司所得税，二是在向股东分配利润时由股东缴纳个人所得税，而美国的公司所得税和个人所得税的最高边际税率都非常高，因此，为了规避税收，美国企业不断发展出更为复杂的直通业务(Pass－Through Businesses)。自1986年的税制改革法案大幅降低个人所得税税率以来，美国直通企业的数量已经大幅增加，直通业务的申报数量增长了175%，从1090万件增长到3000万件。在新一轮的税制改革中，美国国会共和党提出了对公司开展直通业务征收最高税率为25%的所得税，特朗普在其4月26日的方案中将税率降低到15%。无论最终的税率如何，法定公司所得税税率的大幅降低，势必影响美国企业目前为规避重复征税所做的各种筹划，美国不同组织形式的企业在经济中的比重将发生变化，进而影响到公司所得税和个人所得税的占比。

3. 费用化措施

与现行的固定资产折旧政策相比，投资在当期的全部费用化在鼓励投资、促进中长期的经济增长上，比削减企业所得税率更有吸引力。虽然降低税率有利于减轻企业投资负担，但是企业从开始投资到产生盈利并缴纳公司所得税需要经历一定时间，而时间的长短除了与行业特征有关外，也同固定资产投资成本的回收方式有关。在计提折旧的方式下，企业分期收回投资成本，则投资初期税前扣除的成本较少，在财务上企业将较早实现盈利，相应地，企业缴纳公司所得税的时间也会提前。如果采用当期费用化的方式，高额的初期投资成本将推迟企业实现盈利的时间，相应地，缴纳公司所得税的时间也会推迟。从理论上讲，在静态上虽然这只是一个递延的所得税处理方式，不影响企业总体的税收负担水平。但是，从动态上则会对企业产生至关重要的影响：一是费用化措施使得企业在成长初期免于过早缴纳所得税，相当于政府给予企业一笔优惠贷款，有助于企业进一步扩大投资；二是通过费用化的处理方式，有利于消除通货膨胀对税收减免的抵消作用，与折旧政策相比，一次性费用化的扣除，通过减少企业的当期应纳税额，加速了企业资金的回流，能够让企业获得更多的货币时间价值，降低了企业的固定资产投资成本，有利于鼓励企业投资和增加就业；三是与税收减免或抵免相比，费用化措施更加中性，不会产生政府人为挑选“输家和赢家”的弊端，因为“税收抵免只影响他们所瞄准的行业，有利于一个行业的增长超过其他行业”。

4. 边境调节

众议院共和党的税收改革蓝图，其目的是通过“以目的地为基础的现金流税”(DBCFT)来取代美国现行的公司所得税，关于这一税制改革的性质目前也成为美国国内热议的话题，并开始将此项政策与其他国家的增值税制度进行比较。此项改革动议中，最引人注目的就是对进出口业务的边境调节。边境调节对于美国国内的影响，首先是其有可能导致美元的升值，根据一些经济学家的分析，边境调节有可能导致美元相对于其他货币的升值幅度达到20%～25%；其次从对美国国内的影响来看，虽然美国国内部分商业人士认为，实施边境调节将提高国内消费进口产品的价格，但是根据美国税收基金的分析，他们认为边境调节在短时间内会造成进口产品价格上涨，同时出口产品也有更大的降价空间以提高其在国际市场的竞争力。由于美国自由的汇率制度，随着边境调整对进口的抑制，会降低美国对外国货币的需求，从而导致外国货币的汇率下跌(或美元升值)，从而抵消税收对进口的影响。对于出口，美元的升值同样也在一定程度上抵消了税收减免所产生的税收优势。从某种程度上讲，边境调节对经济的影响是中性的，美国不会因为实施边境调节而出现出口激增，也不会出现因进口成本提高而导致商品短缺的情况。总之，这一税收措施对美国国内价格不会产生影响。

5. 海外留置利润的一次性征税

无论是奥巴马政府、国会共和党人还是特朗普政府，对目前规模巨大的海外留置利润，都计划以一个较低的税率通过一次性征税的方式加以处理。这一政策一方面对长期以来形成的海外留置利润问题产生一定的遏制作用，在降低公司所得税法定税率、边境调节以及奥巴马政府时期关于"税收倒置"的相关等各项政策的配合下，将有助于美国企业将利润汇回国内，对扩大国内投资具有一定促进作用；另一方面对海外留置利润征税获得的收入，能缓解财政赤字压力，为其他各项减税措施的施行提供活动空间。

（三）改革方案可行性的制约因素

1. 财政赤字压力

与里根时期实施减税政策的环境不同，奥巴马在执政 8 年后留给特朗普的政府国债是 19.95 万亿美元，已经顶到了 20 万亿美元上限的天花板。如果国会不重新批准上调国债上限，特朗普政府在财政上已经没有空间来增加任何赤字以弥补减税后带来的政府收入减少。如此高的债务占比使得国会在提升债务上限时不得不考虑到国家破产的风险。减税是把双刃剑，也会加大美国的赤字与公共部门的债务压力，如果再加上特朗普已明确表态要推行大规模基础设施升级建设，这种压力就会更为明显。由于有财政"三元悖论"原理揭示的减税、增加公共支出和控制政府债务与赤字水平三大目标至多只能同时实现两项的现实制约，特朗普政府需要把握好其减税、加大基础设施开支与控制赤字、举债风险的临界点。

2. 党派政治斗争

长期以来，美国民主党和共和党在经济改革问题上始终难以达成共识，一方面，他们对美国经济的现状存在认识分歧；另一方面，即便在一些问题上有了共同的认识，但是在解决这些问题的政策工具选择上又各有主张，所以政府的税制改革方案要想获得通过并实施，首先需要两大党派内部之间达成共识，而从美国长期以来的党派政治经验来看，比较困难。因此，无论是国会共和党人的"税改蓝图"还是特朗普的税改方案，要在短期内马上实施，仍然面临诸多困难。此外，从上面的分析可以看到，国会共和党人和特朗普政府的税改方案也有部分差异，特朗普如何协调其与共和党内部的分歧，并最大限度争取党内的支持，成为决定其施政纲领能否得到实施的关键，而在这一过程中，必然会对税改内容作进一步妥协、修改，而这本身也需要一定的时间。

综合上述两方面的情况看，特朗普税改方案的实施，在时间上仍然有较大的不确定性，其各项改革措施可能需要在一定时间内分步到位，即使是某一项政策（例如大幅度降低税率）是否能够一步到位也仍然需要观察。

3. 国际社会博弈

美国大幅削减公司所得税法定税率、对进出口产品实施边境调节等措施从提出伊始，就受到国际社会的高度关注，特别是特朗普政府对"美国优先"立场的不断强调，使得国际社会对改革的真正落地，比以往更加担忧。与此同时，欧盟等美国的主要贸易伙伴也纷纷发声，认为美国大幅降低公司所得税税率将挑起新一轮的恶性竞争，而对直接税实施边境调节将违反世界贸易组织的基本原则……在这一过程中，很多国家都在预判特朗普税制改革的走势，并积极研究相应对策。在此背景下，美国政府公司所得税改革的效果将更加多变。因为，在当今世界经济高度一体化的背景下，美国作为一个超级大国其国内税收政策的变动，将通过汇率、价格、投资等一系列因素迅速波及全球。与此同时，欧盟、新兴经济体针对美国的改革，必将采取一系列应对措施，使得美国改革政策的最终效果变得不确定。这也会造成美国政府在政策选择上变得更加犹豫和摇摆不定，无论是国会共和党人详细的税改清单，还是特朗普框架性的改革方针，在具体实施上都将会有较大的变数。

三、美国公司所得税改革对中国的影响

(一)对贸易的影响

边境调节通过将出口收入不进入公司所得税税基的方式,实现与增值税出口退税制度类似的降低出口产品税负的效果,但是二者的计算办法仍有明显不同:增值税制度中,劳动力成本不列入准予进项抵扣的范围,因此,无论是出口货物还是国内劳务,劳动力成本是计入增值税税基的;而美国的边境调节,是将劳动力成本也纳入扣除的范围,从而拥有更大的减税优势。

美国计划通过边境调节提高美国出口产品竞争力并保护国内制造业的计划,在一定程度上会刺激美元的升值,但是中国当前的汇率管理体制又使得人民币不能在汇率上很快地作出反应,给中国汇率稳定带来新的风险,而这将直接影响到中美之间的经贸关系。

(二)对投资的影响

美国公司所得税改革的很多措施(降低税率、海外利润一次性征税以及边境调节),很大程度上都是为了实现其吸引制造业回流的经济发展目标。而这些措施如果付诸实施,不仅促进了美国企业在境外的资金回流和产业回流,同样也会吸引世界各国资本和产业的投资。因此,美国税改对中国的一个直接影响就是会导致中国的资本外流,特别是近几年关于中国人口红利消失、制造业成本高、企业税负加重等产业发展环境的判断,更加重了人们对于资本外流和产业转移的担忧。

但是,经过几十年的发展,中美两国渐已成为非常重要的贸易和投资伙伴,已经逐渐形成了一个优势互补的合作关系。从投资来讲,近年来,不仅美国对中国的投资比重大,中国也在不断加大对美国的投资,随着中国经济发展水平的不断提高,“走出去”企业除了向亚非拉等发展中国家投资外,向欧美国家的投资也在不断增加,而这一过程当中,它们最担心的反倒是美国通过其他壁垒限制中国企业在美投资(例如关于投资美国石油产业、电信产业所遭到的抵制)。从这个意义上讲,美国国内政策环境的改善,也会为中国“走出去”企业扩大对美投资带来新的市场机遇。

(三)对产业的影响

美国本轮大规模税制改革的目的,就是要创造更好的政策环境吸引资金、产业回流到国内,通过复兴国内制造业,提高产业竞争力,以实现经济的稳定增长。对我国的产业发展来讲,美国税改所引起的世界产业分工链条变动,既有挑战也有机遇。

从挑战来看,如果美国税改能够按计划实现,则美国在土地、税收乃至劳动力上的成本优势可能将超过我国,其结果不仅在吸引外资方面我国处于劣势,国内资本也有可能加大对美投资,这将对目前我国仍然较低的民间资本投资增速带来严重影响。与此同时,美国的制造业回流建立在领先的技术优势和创新优势上,美国并不是简单地要恢复“制造业大国”身份,其目的是利用既有的金融、技术和创新优势,打造更具优势的先进制造业体系。这将成为刚刚崛起的我国先进制造业的强大竞争对手。

从机遇来看,美国税改计划进一步降低了产业发展成本,加之美国在制造业、公共基础设施领域的巨大投资需求,也为我国扩大跨境资本投资带来机遇。通过产业转移,我国的先进制造业也将有机会在国际分工的产业链条上占据更有利的位置(这也是几十年前西方发达国家产业转移的必经之路);通过积极参与美国制造业投资、公共基础设施建设,过剩的产能将得到进一步化解,为我国经济转型和产业升级扩大空间。

四、借鉴美国改革完善中国税制改革的主要措施

美国公司所得税改革既是对长期以来制度弊端的一次清算,同时也是吸引投资、促进就业、振兴经济的需要。中美两国在税制结构上具有较大差异,由此造成税制的经济影响方式也存在较大差异。借鉴美

国公司所得税改革，不仅需要完善我国的企业所得税制度，使其更具竞争力，还需要进一步完善增值税、个人所得税等相关税收制度，以积极应对美国通过税制改革对中国贸易、投资和产业发展等方面发起的挑战。

（一）完善企业所得税制度体系

1. 完善税率结构

公司所得税税率的不断降低已经成为一个国际性趋势，我国 25%的法定税率目前并不算过高，但是随着各国争相降低，则会不断降低我国的税制优势。但是与美国不同，我国企业所得税收入占财政收入的比重较高，大幅降低法定税率同样要面临财政压力。因此，建议对企业所得税税率进行结构性调整：一是根据世界各国公司所得税税率进一步的变动趋势，适当调低法定税率。二是通过降低高新技术企业的优惠税率，一方面增强国内先进制造业发展动能和竞争力，另一方面提高高新技术产业投资吸引力。三是对各种区域性和产业性企业所得税税率优惠措施进行评估，在此基础上结合国家今后一个时期的发展规划，按照有增有减的原则，进一步规范各项优惠措施。

2. 完善费用扣除政策

虽然美国关于投资的全部费用化政策是否可行仍然存在疑问，但是，同样面对民间投资乏力这一问题，我国可以考虑有针对性地学习借鉴这一政策：例如，将全部费用化的范围限定在符合条件的中小企业，以此促进中小企业的投资；或者将全部费用化的范围限定在符合条件的项目上，以此促进国家鼓励发展项目的投资。

3. 完善鼓励科技创新的税收政策

与美国等西方发达国家已经建立起来的创新优势不同，我国仍然处于从制造业大国向制造业强国转变的过程中。美国已经建立起来的创新优势决定了其制造业回流不会是简单的低端加工业回归，而是通过科技创新继续巩固其强大竞争力。因此，在企业所得税改革过程中，应当借鉴世界各国先进的理念，增强税收政策对科技创新的鼓励作用，而不是盲目降低税收优惠门槛，一味鼓励制造业发展。因此建议一要完善研发费用税收优惠，借鉴多数国家延长对研发费用税收抵免结转期限的做法，改革现行的研发费用加计扣除制度，允许研发费用加计扣除可以无限期向后结转。二要加大对中小型企业从事研发创新活动的支持，可以借鉴美国关于投资的费用化方案，对中小型企业从事研发创新活动的投资在当期给予费用化处理。三要增强对初创期企业的税式支出支持，大部分初创期企业虽然没有企业所得税的纳税负担，但是积累了较大的增值税进项留抵税额和待结转亏损弥补金额，建议设计针对企业增值税进项留抵税额和待结转亏损弥补金额的税收返还政策，作为对企业研发创新投入的专项补贴。

（二）深化增值税改革

“营改增”后，增值税成为我国税制结构中占比更大、对经济的影响范围和深度更大的税种。中美税制差异的一个突出特点就是我国的间接税（主要就是增值税）的比重大，而美国的直接税（主要就是个人所得税）的比重大。“营改增”后，营业税重复征税的弊端得以消除，增值税进项抵扣机制在第二、第三产业的覆盖，进一步降低了所有行业的税负水平，特别是 2017 年简并税率档次和降低税率的措施，进一步降低了企业的税收负担。但是，作为间接税，增值税仍然大量占用企业的流动资金，给企业造成事实上的负担，加之目前 17%的法定税率，不完善的进项抵扣机制以及多档增值税税率问题，仍然有较大的改革空间。

1. 进一步降低增值税税率

目前，17%的增值税税率仍然较高，而且与 11%、6%的另外两档税率差距过大，在进项抵扣机制运作中，容易引起税负倒置和更多的违规操作。虽然降低法定税率并不必然影响企业实际的税负水平（应缴增值税/应纳税收入），但是却降低了整体的宏观税负，对刺激投资和消费具有积极意义。

2. 进一步简并增值税税率

税率档次过多，容易造成不同档次边界上的违规操作，增加了税务机关的征管成本和纳税人的遵从成本。从国际经验来看，大多数国家保持在1～2档的税率水平。

3. 进一步清理规范税收优惠

在“营改增”试点期间，为了保证税制平稳过渡，对原有的营业税税收优惠政策基本采取了“平移”政策。在我国经济社会发展阶段、发展特征和国内外经济环境已经发生较大变化的情况下，原有的税收优惠政策在引导产业发展和经济转型方面的效用日益微弱，需要通过清理和规范，增强税收政策的有效性。同时，正如美国通过税率降低和税收优惠清理来实现财政收入的平衡一样，我国也应适当借鉴这一方式，根据经济发展的需要，结构性地实施税制改革。

（三）加快个人所得税改革

从美国税制改革的整个进程来看，历年来个人所得税改革与公司所得税改革总是相互配合、齐头并进的。从美国税制改革过程中直通业务的大行其道，也反映出纳税人总是会综合两个税种的优劣来选择企业的组织模式和经营模式，以此达到避税的目的。相较于企业所得税，我国的个人所得税制度同样滞后于经济和社会发展的需要，如果不加快改革步伐，势必也会成为纳税人的避税重点。因此，建议加快与个人所得税相关法律的修订进度，尽快弥补制度漏洞，提高个人所得税的收入比重（2016年我国个人所得税占全部税收收入比重仅为7%），为企业所得税、增值税进一步降低税负提供减税空间。其中，需要注意的是要提高个人所得税的征管水平，因为综合与分类相结合的所得税制度将比现行的制度更加复杂，而新的税收制度本身并不必然解决当前的征管低效问题，如果不对现行的税收征管模式和手段进行革新，将有可能造成更大的制度漏洞。

课 题 指 导：汤志水
课题组组长：霍　军
课题组成员：孔祥军　秦书辉　刘景荣
执　笔　人：孔祥军

对美国个税的借鉴与相关启示

王中明

一、美国个税概况

美国开征的个税，主要指个人税种，包括：个人所得税、社会保险税（工薪税）、财产税、遗产和赠与税等。

（一）个人所得税

个人所得税是在个人收入中，每年须向美国国内税务局（IRS）进行纳税申报的部分。按照征收级别的不同，美国个人所得税又分为联邦个人所得税、州个人所得税和地方个人所得税，其中，以联邦个人所得税为主。其主要特点有：

1. 实行"宽税基"

一般来说，纳税人全年各种形式的收入都必须归入税基。包括劳动收入、土地出租收入、资本红利收入以及接受遗产等。

2. 实行"累进税率"

税基本身在做了法定宽免与扣除后，其余额按累进税率征税。

3. 实行"综合计征"

在确保税基的基础上，充分考虑不同经济境遇的人适用不同的扣除规定，其中包括以"家庭"为单位计征。

（二）社会保险税

社会保险税亦称"工薪税"，是美国联邦政府为社会保障制度筹措资金而课征的一种税。它的征收对象是工薪收入或经营收入，分别由雇员、雇主和自营人员交纳。社会保险税的征收方法一般有两种：一种是采取源泉扣缴，另一种是采取自行申报缴纳。雇员的应纳税款由雇主按雇员应纳税工资、薪金，依法定税率，源泉扣缴，并连同雇主自己的应纳税款一并在每季度申报纳税。对自营人员课征的联邦保险税，除了自营人员必须自己交纳全部税款这一点与雇员不同外，其余的基本相似。

（三）财产税

财产税是美国州政府和地方政府对在美国境内拥有不动产或动产，特别是房地产等财产的自然人和法人征收的一种税。财产税一直是美国地方政府最重要的财政来源，它占地方政府税收收入的 80%以上。联邦政府不征收财产税，各州政府只征收少量或不征收财产税。课税对象是动产和不动产，以不动产为主。不动产包括农场、住宅用地、商业用地、森林、农庄、住房、企业及人行道等；动产包括设备、家具、车辆、商品等有形财产，以及股票、公债、抵押契据、存款等无形财产。

（四）遗产和赠与税

遗产与赠与税是美国联邦政府对死亡者的遗产和生前赠与的财产课征的一种税。遗产税的征税单元是遗产。遗产税的税基等于自然人死亡后发生的不动产转移，然后减去可折扣和免缴部分。赠与税以赠与财产总额为课税对象，以财产赠与人为纳税人，以应税赠与额为计税依据。应税赠与额是赠与财产总额减去税法允许的每年免税赠与额、夫妻之间赠与的全部财产以及慈善捐款等之后的余额。

二、美国个税的主要特征

(一)在个人税种定制上,美国个税总体上体现了税收公平与效率的原则

1. 兼顾调节分配、实现社会公平的重要职能

美国是一个以私有经济为主体的国家,它主要以"个人高税负"来对国民收入进行再分配调节,以此缓和社会各阶层矛盾,调节各阶层收入。因此,也有种说法把个人税种称为"富人税"。例如,在美国社会炒股要缴纳炒股资本利得税,它鼓励长期持股,并用高税率来抑制短炒;财产税主要是针对地产与房产合并征收的一种从价税,每年都要对房产价值和地产价值进行重估并征税;遗产税、财产赠与税则主要是针对"富二代"或"富三代"征收的,与穷人无关。这也是美国人为什么不炒房、不囤房的重要原因之一。

2. 调节控制社会总需求与总供给之间的矛盾

以个人税种为主的所得税累进税制具有"内在稳定器"作用,税收随经济周期自动地同方向变化,起着抑制经济过热或缓解经济紧缩的作用。

3. 以个税为主体税种,实行鼓励竞争及自由贸易政策的要求

美国是商品经济高度发达的国家,其经济政策主张自由贸易,鼓励竞争发展。它的经济基础是私有制,国家一般不干预企业的经营。所以在选择税种时,资产阶级学者强调的一个重要原则就是使其最小限度地制约商品经济中的竞争。按学者观点,流转税中很多税种是按部门、行业或产品设置的,容易妨碍部门之间和部门内部的竞争,而个税作为所得税则为企业开展广泛的竞争创造了有利条件。

4. 以所得税为主体税,以高度发达的生产力和很高的人均国民收入作为基础

美国是当今世界最富有的国家,人均国民生产总值在30000美元以上,使所得税的征收有丰富的税源、宽厚的税基。而且美国在经济管理、会计核算与征收管理方面都很先进,再加上长期以来形成的良好的纳税意识,为所得税的征收提供了便利条件。

(二)在筹集财政收入上,美国个税的划分能较好地处理中央与地方的财权与事权

美国个税在财政收入中所占比重非常大。如表1所示,美国个人所得税大多数年份占联邦政府财政收入在45%以上,如加上社会保险税和其他收入,约占联邦政府财政收入的80%以上。

特别值得注意的是,美国联邦、州、地三级政府对个人税种都要进行重复征税,只有财产税,联邦政府不参与征缴。因此,美国个人税种不仅对联邦政府财政收入贡献最大,而且对州、地政府财政收入的贡献也是最大的。

表1　　美国联邦政府财政收入来源构成　　单位:%

财年	个人所得税	公司所得税	社会保险税	消费税	其他收入
1978	45	15	30	8	5
2008	45	12	36	3	4
2012	46	10	35	3	6
2013	47	10	34	3	6
2014	46	11	34	3	6
2015	47	11	33	3	6

注:"其他收入"包括遗产和赠与税、关税、其他联邦收入。

如表2所示,2015年美国三级财政收入个人所得税、社会保险税和其他收入分别占比29.94%、28.53%、7.68%,合计占比66.15%。个人税种联邦、州级、地级政府分别占比83.38%、60.96%和30.16%,都名列各类税收榜首。

表 2　　2015 财年美国三级财政收入构成　　单位：万亿美元

财政收入	联邦	州级	地级	总计	占比(%)
个人所得税	1.54	0.34	0.03	1.91	29.94
公司所得税	0.34	0.05	0.01	0.40	6.27
社会保险税	1.07	0.64	0.11	1.82	28.53
从价税	0.20	0.50	0.60	1.30	20.38
行政收费	0.00	0.20	0.27	0.47	7.37
其他收入	0.10	0.16	0.24	0.49	7.68
总计	3.25	1.87	1.26	6.38	100.00

资料来源：美国国会预算办公室(CBO)。

(三)在个税征收管理上，美国个税有着较为先进且完善的征管模式

1. 机构设置精干高效

美国由于实行联邦、州、地方政府三级政府制度，有效保证了“税收法定”原则的实行。目前，美国国内收入局按经济区域在全国设立 7 个大区，下设 63 个税务分局，共辖 600 多个基层分局，并在全国设立 10 个征税服务中心和 1 个总部税务信息处理中心。机构的合理设置和部门间良好的协作提高了美国个税征管的效率。纳税人的经济情况能如实地传达给联邦、州、地方税务部门。税务当局能够较好地监控税源。偷税被查出的概率很高，逃税成本很高。

2. 征管手段科学先进

在美国，税务部门从 20 世纪 60 年代起大规模使用计算机进行税收征管。美国联邦、州及地方政府税务部门已全面实现计算机管理。美国的计算机征管网络已贯穿从纳税申报到税款征收、税源监控、税收违法处罚等税收征管的全过程。网络还与光电技术、自动化技术结合起来，大量先进科技手段的普遍应用，大大提高了税收征管的效率，提高了税收征管的质量和效益。

3. 税务执法具有刚性

美国对纳税人权益保护得很到位，对偷税者的处罚也相当严厉。税务部门有冻结、查封违法者银行存款、财产的权力，所有补税均苛以利息并处以罚款；对有意偷逃税者除按其行为定罪外，还处以 10 万美元以下(企业是 50 万美元以下)的罚款或 5 年以下的刑罚，外加法庭开支。美国是一个崇尚法治的国家，法治观念深入人心。这确保了执法人员在税收征管过程中能够严格执法，做到有法必依。

4. 税务代理比较普遍，税收征管社会化

美国税法种类和条文繁多，一般纳税人很难完全掌握，所以大部分纳税人委托会计师事务所等中介机构代理纳税事宜。美国社会中介机构有着良好的职业道德，严格遵照法律办理业务，恪守为客户保密原则，且收费合理。

5. 纳税部门服务优良

美国官方和民间有着十分发达的纳税服务系统，也给税收管理提供了很大的帮助。美国官方除了有税收征收部门外，还设有独立于税收征收部门的专为纳税人提供帮助的服务机构。美国国内收入局每年都提供各种教育和服务，帮助纳税人理解和完成他们的税收责任。美国政府的许多网站都有提供纳税帮助的服务内容。

三、我国个税现状及存在的主要问题

(一)我国个税概况

我国目前开征的个人税种，主要是个人所得税，没有开征社会保险税、财产税、遗产和赠与税等税种。

我国现行的《中华人民共和国个人所得税法》于1980年9月颁布实行，个人所得税采用的是分类所得税制，适用超额累进税率，同时规定了800元为个税起征点。2005年8月，我国实行了第一轮个税改革，其最大变化就是个税起征点从每月800元调至1600元，同时高收入者实行自行申报纳税。2008年3月，在个税第二轮改革中，个税起征点由每月1600元提高到2000元。2011年6月30日，全国人大常委会决定将个税起征点从2000元提高到3500元，并将工薪所得9级超额累进税率缩减至7级。

近年来，随着我国市场经济的快速发展，经济总量持续快速增长，居民收入增长较快，个人所得税收入呈现三个主要特点：一是个税逐年快速增长，呈“异军突起”之势。1994年，我国仅征收个人所得税72.7亿元，2016年增加到10089亿元，首超万亿，增长了近139倍，年均增长26%。二是个税增速高于同期GDP增速，与经济增长相适应。1994年国内GDP生产总值48197.9亿元，2016年增长到744127亿元，增长15.4倍，年均增速14.5%。个税收入与GDP收入相比，从增长倍数和年均增速看，个税增长明显快于GDP增长。可以说，个人所得税是税改以来增长最强劲的税种之一。三是个税收入占税收总比重不高，个税增长仍有潜力。仅以2016年为例，我国2016年税收总收入为115878亿元，个税收入10089亿元，个税收入占税收收入总额8.7%。这一比例低于发展中国家平均15%的水平，也明显低于发达国家30%的水平。

（二）以个人所得税为主的直接税改革存在的问题

1. 个税功能定位有待完善

个人所得税占税收总额比重过低，只占全国税收收入的6.6%左右。现行的个人所得税制度的调节功能没有发挥出来，除工薪所得税代扣代缴比较到位外，其他收入尤其是经营性、财产性收入征管相对薄弱，这样个税其实只起到了扩大贫富收入差距的作用。

2. 现行税制设计不尽合理

（1）以分类为征收模式难以充分体现税收公平

分类征收模式虽然能防止税款从源头流失，但也仅仅是反映了税收的来源。收入相同的人，可能会因为来源的不同而缴纳不同的税；而收入不同的纳税人，可能会因为收入来源不同适用不同的扣除额、税率以及优惠政策等，最终导致高收入的群体少缴税而低收入的群体多交税。如表3所示。

表3　2000—2013年工薪、经营、财产性收入及各自所纳个人所得税占比情况

年份	三类收入所占比重(%)			三类税收所占比重(%)		
	工资性收入	经营性收入	财产性收入	工资性所得税	经营性所得税	财产性所得税
2000	92.28	5.07	2.65	43.94	26.24	29.82
2001	92.20	5.23	2.57	42.37	21.34	36.29
2002	92.97	5.38	1.65	47.46	19.71	32.83
2003	92.25	5.81	1.94	53.46	18.47	28.07
2004	91.61	6.33	2.06	55.16	18.19	22.65
2005	89.94	7.84	2.22	56.41	17.96	25.63
2006	89.27	8.25	2.48	53.49	17.26	29.25
2007	88.81	8.17	3.02	55.96	16.08	27.96
2008	85.99	11.06	2.95	61.49	16.76	21.75
2009	86.33	10.66	3.01	64.41	16.51	19.08
2010	85.99	10.75	3.26	66.50	16.47	17.03
2011	84.35	12.09	3.56	65.52	15.26	19.22
2012	84.19	12.38	3.43	62.98	14.82	22.20
2013	83.89	12.52	3.59	63.93	13.74	22.33

资料来源：相关年度的《中国统计年鉴》《中国税务年鉴》。

从表 3 中我们可以看到：工资性收入占“三类”收入比值较高，而工资性收入在逐年占比减少的情况下，税收并没有减少，税收占比却逐年增多，反映了税制设计上的缺陷。现实生活中我国大部分高收入者恰恰不是以薪酬形式获取收入的群体，私营厂主、企业老板可以只给自己象征性地开一点薪酬，甚至也有完全不开薪酬的情况。尤其是在股票市场和房地产市场异常火爆的近年，高薪酬者与高收入者越发偏离。

(2)以个人为征税单位难以充分体现量能负担原则

目前我国个人所得税以个人为征收单位，费用扣除标准是应税所得项目采用定额和定率两种方法，其中对工资、薪金所得的费用扣除实行的是定额扣除，并未区分个人所对应的家庭负担，即家庭的人口结构、受赡养人口的多少、有无房贷、婚姻状况等因素，一律采用相同的扣除标准、税率和优惠政策，这就会产生实质上的税负不公平。

(3)以代扣代缴模式难以避免税源流失风险

由于目前个人收入来源呈现多元化，甚至有些人的收入就不受单位代扣代缴的影响和约束，以代扣代缴为主的个人所得税制度导致税收在实际运行过程中受到诸多外界因素的影响而出现代扣代缴质量不高的问题。

3. 税收法治环境亟待改善

部分纳税人依法纳税意识薄弱，纳税主体意识不强，能少纳，绝不多纳，能不纳，绝不主动纳。社会评价体系存在偏差，对出现的逃税、避税行为，个人信用得不到有效质疑和约束，社会评价缺失。缺少社会激励措施，除缺少依法纳税的舆论宣传环境外，我国个人所得税尚未与社会福利待遇及社会保障体系结合，居民所享受的福利待遇往往与缴纳的个人所得税不成正比。

4. 个税征管手段比较落后

缺少有效的源头监控，个人收入分配来源多元化，税源纷繁复杂、隐蔽多变、难以监控，信息化管理水平低。与第三方诸如与银行、工商、保险、人事、公安等部门的信息交换、互联互通，仍存在着法律层面、物理层面、制度机制等诸多方面的问题。综合治税的保障作用有限，从近年实践来看，由于受人力物力所限、改革措施不配套，税务部门常常处于孤军奋战、孤掌难鸣的境地。对逃税、避税现象惩戒不严。在具体的税收执法过程中，还存在税务部门的违法违纪现象。

(三)我国尚未开征的相关直接税改革存在的问题

1. 社会保障“费改税”改革滞后

目前我国的社会保障费，根据国务院 1999 年 1 月颁布的《社会保障费征缴暂行条例》，仅仅限于企业征缴，由企业按月申报应缴纳的社会保障费数额，在规定期限内向征收部门足额缴纳。目前全国大部分地区由税务机关代征社保费。征收社保费目前存在的主要问题是执法刚性不足、缺乏立法保护，社会保障基金收缴办法由地方政府自行制定，靠行政手段推向社会，缺乏严格有效的法律依据和强制有力的硬性约束。部门职能不清、管理机制混乱，我国目前参与社会保障基金征缴的部门众多，这些部门囊括了地税、人事、劳动、民政、保险、卫生等单位。社保费参保面窄，社会化程度低，目前我国社会保险覆盖面仅限于城镇、工矿区的企事业单位。企业全面参保的积极性不高，存在不能有效据实征缴的问题以及不同地区社保费难以足额征收与实际受益面、受益额不匹配等问题。

2. 房地产税改革“雷声大雨点小”

目前受到热议的房地产税改革，主要是指对房产、土地在保有环节征收的一种财产税。在我国的现行税制体系中，现有的房产税，开征于 1986 年，适用范围较窄，仅限于单位和个人的经营性房地产，对个人住房则实行免税。新增房地产税无疑和百姓生活与利益息息相关，为此备受关注。房地产税改革作为我国税制改革的一部分，如何做到对现有房地产税制重新设计，包括城镇土地使用税、耕地占用税、契税和土地增值税等房地产开发、交易、保有各环节及各税种的改革，是当前房地税改革面临的主要问题。再就是未来房地产税开征，如何做到避免重复征税、税负公平，包括对增量征收还是存量征收、对所有住宅征收还是只针对高档住宅、按人均面积还是家庭拥有房屋套数征收、房屋价值如何评估等，都是千家万户关注的现实问题。再者，关于房地产税的构成要素，尤其是房地产税的税率、免征范围、征税办法等，都面临着不少问题和障碍。

3. 遗产和赠与税“难以启动”

目前我国虽然尚未开征遗产和赠与税，但从国家非税收入的角度讲，遗产继承公证是收费的，也就是说作为继承人要申请遗产过户到自己名下，都要按遗产继承公证的收费标准缴费。另外，税法规定“赠与视同销售”，也是要缴纳增值税和个人所得税的。如何理顺“费改税”，是将来开征遗产和赠与税的应有之义。据有关资料认为，中国的亿万富翁数量目前已经赶上美国，有各种方式富起来的群体，是遗产税开征的一个最基本的条件。目前中国财富统计还比较混乱，个人财产登记、申报制度尚不健全，财产评估制度不够完善，遗产数量难以确认，无法保证遗产在征收税收之前不被分割或转移等都是未来开征遗产和赠与税面临的主要问题。

四、美国个税对我国个税及相关“费改税”改革的启示

(一)加快以直接税为主的现代税收体制改革进程

1. 转换税制结构，推动社会公平

纵观世界各国税制模式变迁规律，税制结构大多呈现出从间接税向直接税转化的趋势。美国进入经济快速发展的阶段，也是由以关税为主的流转税向以直接税为主的所得税过渡。直接税能以纳税人的收入和财产作为税基，并以累进税率课征，税负随收入和财产的增加而提高，体现量能负担原则，且公开透明，不易转嫁，对消费者及生产者的行为选择和市场资源配置的干扰相对较少，对国民收入分配不平等具有较强的抑制和纠正作用。基于此，迫切要求加大直接税比重，以逐渐提高包括个人所得税在内的直接税的地位，调节社会收入分配，并通过增量调整，促进税制结构由间接税为主向间接税与直接税并重转化。

2. 改革调控方式，充实财税收入

据资料统计，我国近年来宏观税负已处相对偏高水平，应保持税收与GDP及居民收入大致同步增长。个人所得税改革应该有助于提高其在GDP和财税收入中的比例。要扩大税基，把个人收入全部纳入征收范围之内，同时通过科学的累进税率和弹性的费用扣除办法来进行个性化的税收调整，达到提高税收的目的。在党的十八届三中全会《中共中央关于全面深化改革若干重大问题的决定》中也明确提出了逐步提高直接税收入比重的改革方向，在这一既定方向之下，房产税、遗产税等直接税的推出只是一个时间问题。另外，要将我国现行税制中流转税、所得税等各种税收优惠转变为以所得税为主的税收优惠；改革税收优惠方式，除税收减免外，要主要采取加速折旧、投资抵免、提高费用扣除率等间接减免的优惠方式，鼓励企业进行技术改造与创新，促进企业提高经济效益；尽快开征社会保障税、遗产税。

3. 坚持立税清费，强化依法治税

要增强税收调节财富占有的功能，适时推进社会保险、遗产继承公证“费改税”，推进个人所得税由分类所得税制向综合与分类所得税制改革，开展房地产税改革，特别是重视探讨保有环节的税收，减轻建设、交易环节的税费负担。要倡导税收法定主义，强化依法治税，一方面，将诸多税种的“暂行条例”，在重新定位、整合基础上，上升为税收实体法；另一方面，大力清理财政税务部门、地方政府涉税行政规章。

(二)以个人所得税和相关直接税改革为契机完善中央和地方税体系建设

1. 要明确中央与地方分税制的重要性

目前世界上有大约130个国家实行的是国家和地方分税制体制，我国虽是高度集中的政治体制国

家，然而从国际经验看，要解决地方诸如土地资源、环境保护、市政建设、房价虚高、教育、社保、医保等难题，并减少中央转移支付压力，现阶段应以个人所得税和相关直接税改革为契机，进一步健全中央和地方财力与事权相匹配的体制，构建和完善地方税体系。

2. 要明确中央与地方事权和税收管理权

从调动中央和地方政府管理税收的积极性出发，中央政府应在总的税制结构框架下，在保证中央财政收入稳定增长的基础上，按照“统一税法、分级管理”的原则，充分考虑地方经济发展需求和地方政府运用地方税调控地方经济的能力，赋予地方一定的税收管理权限，即地方政府有权在基本法规的基础上，根据本地区的实际情况，对地方税种的开征范围、税目的设计、税率的确定等进行调整。

3. 要确定主体税种，优化中央与地方税制结构

从完善地方税的角度讲，要选择税基宽广稳定、税负公平、体现地方特色、收入规模大、保证地方财政支出需要、满足地方人口增长和为地方提供有效的公共产品和服务的税种，建立一个适应我国国情的双主体税制模式。这样的税制模式既能保证国家财政收入，又有利于政府职能的实现；既能促进经济发展又可调节社会收入差距。

（三）加快推进以个人所得税及相关“费改税”等直接税为主的税种建设

1. 推动综合与分类相结合的个人所得税制改革

（1）扩大征税基础，合理确定综合所得

首先，确定课税对象。明确个人收入来源，比如现金、实物和有价证券等，只要能够用货币计量的收入或所得均属应税范围。其次，简并税目设置。将现行个税税目工资、薪金所得和劳务报酬所得调整为劳动所得；将个体户生产经营所得、个人独资企业所得、个人合伙企业所得、企事业单位承包承租经营所得以及同类性质各类经营所得合并为生产经营所得；将稿酬所得并入特许权使用费所得；继续保留财产转让所得、财产租赁所得、利息股息红利所得和偶然所得以及将现有税目以外的所得，归为其他所得。再次，优化税率结构。逐步改变税率体系复杂、边际税率过高的现状，对分类所得继续坚持依 20% 的比例税率按次征收，对综合劳动所得逐步适用相同税率，适当减少劳动所得与经营所得的税赋差距等。最后，进行综合调节。将工资薪金、劳务报酬等劳动所得统一纳入综合范围征税，对其他的应税所得分类征收，或者对部分所得先分类征收，到年终时把这些应税所得与其他应税所得汇总计算，凡全年所得额超过一定限额以上的，即按规定的累进税计算全年应纳所得额，并对已经缴纳的分类所得税额，准予在全年应纳所得额内抵扣。

（2）完善扣除制度，“家庭负担”纳入抵扣

目前个人所得税的纳税主体是个人，应该让纳税人自主选择个人纳税或是家庭纳税，在确定费用扣除额时，除基本扣除外，在费用扣除的设计上应注意考虑不同纳税人的实际情况，合理确定扣除标准和其他单项扣除，内容应包括纳税人为取得收入而支出的必要费用及生活费，抚养子女、赡养老人、按揭贷款的费用及其他如教育、医疗、保险等费用的扣除。在家庭人口费用扣除标准上，建议可采用绝对指标每人定额 1000 元，或采用相对数指标免征额（现阶段标准为 3500 元）×30%，此方法在实践中的操作简便易行。

（3）改进代扣代缴，避免税源流失风险

要求扣缴义务人报送其支付收入的个人基本信息、支付个人收入和扣缴税款明细信息以及其他相关信息，对扣缴义务人不按规定扣缴和申报缴纳税款以及不按规定报送有关信息资料的，要规定明确的法律责任和相应的惩处办法。要进行有效的税收检查和稽查，防止税款的流失。

2. 推进社会保险“费改税”

美国在开征工薪税之前的 1935 年就通过了《社会保障法案》，以法律形式确定了社会保障的资金筹

集渠道为税收，并规定由国内收入局征收。其实，从世界范围来看，社会保障税的征收由税务部门负责和由社保资金管理部门负责在不同的国家都有被采用，而具体选择由哪个机构征收要根据一国的国情来定。我国早在中华人民共和国成立之初就建立了社会保障制度，并于20世纪80年代开始推进社会保障制度改革，到21世纪基本形成了覆盖养老、医疗、失业、工伤、生育(以下简称“五险”)在内的一系列社会保险。2010年《社会保险法》出台，以法律形式明确了“五险”费用的征缴制度为社会保险费，因此我国并没有开征社会保障税，但是基于税务部门强大的征收管理能力，我国很多省市都已将社会保险费的征缴工作移至税务部门。社会上对社会保险“费改税”之争一直存在。笔者认为，由税务机关代征社会保险费名不正、言不顺，我国应尽快实行社会保险“费改税”，更好地利用税务部门的征管能力，保障社会保险的资金来源。基于我国贫富差距问题比较严重的现实，建议我国开征社会保障税时设置起征点，照顾低收入者，同时不要设置最高限额，以减轻税制的累退性。另外，我国社会保险“费改税”后，需要考虑企业支付能力、社保支出水平等因素综合测算确定适宜的税率水平，不能过高也不能过低，过高将导致偷逃税款现象严重，过低又不能有效筹集社保资金。

3. 适时推进房地产税改革

从长远来看，随着条件的成熟，可以参照国际做法推进房地产税改革并作为地方税开征的主要税种。房地产税的开征并不一定意味着加税，有学者建议将现行房产税、土地使用税、土地增值税、土地出让金等税费合并，转化为房地产保有阶段统一收取的税种。笔者认为，开征房地产税需要特别注意以下几个环节：一是要通过全国人大立法实施。二是房地产税的开征，要避免重复征税。三是未来开征房地产税，要先解决征管技术难题。四是未来若开征房地产税，建议要提高起征点。房地产在保有环节，只要不出让，对于购房者来说是没有利润可图的，甚至有相当一部分人在交房地产税的同时，还要继续向银行交房贷，因此，开征房地产税，建议调高起征点，重点是调节高收入阶层，同时，增加减免税政策，保护普通购房者利益。

4. 适时推进遗产和赠与税改革

遗产和赠与税在许多国家都被视作缓解贫富差距的税种，对社会确有积极作用。从全世界范围来看，目前有一百多个国家已开征遗产税，美国近年来加大了对遗产和赠与税的征收力度。而对我国来说，开征遗产和赠与税或许也只是时间问题。2013年2月，国务院同意并转发国家发展和改革委员会、财政部、人力资源和社会保障部制定的《关于深化收入分配制度改革的若干意见》，首次提出，研究在适当时期开征遗产和赠与税问题。笔者认为未来遗产和赠与税征收的前提一定要完善个人财产登记制度，此外税率要合理，门槛要适度。开征是一个渐进的过程，时间太早或税率太低都不能起到预期作用，而税率太高则不被人接受。国家相关部门需要根据不同时期、不同地区以及相关法律综合考量最终的结果。

(四)完善税收征管模式，改进税收征管手段和方法

1. 营造诚信纳税的社会氛围

要提倡与市场经济相适应的“权利义务对称”的税收观念，纳税是为了获得公共产品所付出的成本。同时，诚信纳税也是纳税人维护自身良好形象和社会形象的需要，是衡量纳税人自身信誉和个人道德品质的标准。

2. 建立起全社会的个人信誉约束机制

要构建与银行信贷、社会保障和特种消费相联系的信用体系，提高纳税人违法的社会成本，一旦个人或单位发生逃、避税行为，个人信誉就将被记入“黑名单”，并做到信息公开，这样多数个人或单位将会依法纳税，逃、避税现象将大为减少。

3. 坚持税收法定和完善税收激励措施

要按照税收法定原则，调动纳税人、执法人员、税收中介人员和其他社会力量，知法、懂法、遵法，并适

时建立个税激励政策，鼓励纳税人所享受的福利待遇与缴纳的个人所得税成正比。

4. 提高信息化征管水平

要尽早建立全国统一的纳税人征管信息系统，逐步建立健全纳税人个人档案；加强国、地税系统金税三期系统建设；建立包括税银信息共享在内的部门协作机制，形成扣缴单位信息、自行申报信息、第三方信息和税务机关整合信息“四位一体”的信息管税格局。

5. 充实稽查力量，加大处罚力度

强有力的税务稽查制度是个人纳税制度得以高效运行的关键。要不断提高稽查质量。同时提高税务人员的业务水平，熟练掌握税收政策，充实稽查力量，开展各项征税内容的个人所得税专项检查，对查出的偷漏税者要严格执法、严厉惩处，增强税法的威慑力。

综上所述，从借鉴美国个税改革的经验看，我国的个税改革在目前经济转型时期，其深层次矛盾日益突出不容忽视。需要把握税制改革时机，采取一系列有针对性的措施推进个人所得税及相关“费改税”等直接税的改革，更好地发挥其调节分配、推动社会公平，增加财税收入的积极作用。

（作者单位：国家税务总局连云港市税务局）

个人所得税费用扣除的国外经验与启示

国家税务总局连云港市税务局课题组

一、国外个人所得税费用扣除的基本情况

(一)多数国家税制模式以综合税制或混合税制为主

从目前美国的税收实践看,美国实行的是将纳税人全年各种所得不分性质、来源、形式来统一加总求和,再统一扣除的综合所得税制。其基本内容是:所有形式和来源的收入都必须归入税基,包括消费收入、财富积累、劳动收入、土地出租收入、资本红利收入以及接受遗产等。综合所得税税基本身允许做一定的扣除,以实现公平原则。目前,大多数拉美国家实行混合税制,但近年来已明显向综合税制转换。

从欧洲国家看,目前,除葡萄牙以外,所有的国家都实行综合所得税制。从19世纪末以来,受现代税收制度的影响,许多国家赞成综合税制。在欧盟内偏好税收一体化和综合所得税制,进一步促进了综合税制体系的完善。

从亚洲国家看,日本个人所得税实行分类综合税制(也称混合所得税制),依所得来源性质不同而分别采用申报征收法和源泉征收法,即按纳税人的各项收入先课以一定比例的分类所得税,实行源泉征收和预定征收,然后再综合纳税人全年各项所得额,如达到一定课税额度标准,再以统一的累进税率课以综合所得税,并对预定征收或源泉征收予以扣除。

从俄罗斯的个税制度看,俄罗斯个人所得税实行单一税制。单一税是一种简化的综合所得课税模式,它的特点在于简化税制并减轻中高收入者的税负,以期引导人们依法纳税。目前实行单一税的国家大多为东欧国家,最早涉入单一税改革的是爱沙尼亚,随后波罗的海各国纷纷效仿。可以说俄罗斯是对个人所得税进行单一税制改革最为彻底也是最为成功的国家之一。其在统一税率制度下,使绝大多数纳税人都按统一税率纳税。有学者认为,单一税制使税制简单明了,有利于降低直接税收成本,提高征管效率;还可以使个人从利用累进税率和优惠政策的税收筹划中走出来,降低税收的社会成本。

(二)费用扣除项目比较具体详尽

对费用扣除的规定各国往往采用不同的名称,但一般都可以按照以下三种类型进行分类。

1. 生计扣除

生计扣除是指为维持劳动者及其抚养人口的基本生活、实现简单再生产的必需的费用。各国家和地区对于该项扣除多以免征额的形式予以规定,并根据通货膨胀指数等因素按照一定规律进行指数化调整。澳大利亚的个人所得税生计扣除与我国类似,在2012—2013年度之前为每年6000澳元,此后调整为18200澳元。此外,许多国家在生计扣除上,一般还对本人、配偶、受抚养人三类扣除主体设置不同额度的扣除,甚至还会根据扣除主体的年龄作出更详细的区分。比如:韩国的个人所得税法律规定纳税人可以申请对本人、配偶和受供养人的基本生计扣除,扣除额为每人每年150万韩元。符合条件的受供养人是指纳税人供养的20岁以下的子女、20岁至60岁共同生活的兄弟姐妹、60岁以上或未满60岁但共同生活的父母。

2. 成本费用扣除

成本费用扣除是指纳税人为取得应纳税收入而产生的必要的成本费用,该项目必须与取得收入密切相关。如与工作相关的汽车费用、差旅费、办公设备、服装及其清洗费等,都属于成本费用扣除。英国作为个人所得税的创始国,目前已经形成了比较成熟且适合英国国情的个人所得税制度。其成本费用扣除与所得来源相对应,纳税人在申报税款时将不同来源的收入汇总,据实扣除对应的成本费用。澳大利亚的成本费用扣除将与获取收入直接相关的费用纳入其中,其涵盖的项目非常广泛且规定具体。可以扣除的费用包括:与工作有关的汽车费用和差旅费、与工作有关的服装及其清洗费用、与工作相关的个人教育开支等等。除此之外,美国等国家的成本费用的扣除还包括各种保险费用、医疗费用、税款等。

3. 特别扣除

特别扣除是指为照顾纳税人的某些特殊项目支出或者鼓励纳税人特定方向的消费或储蓄而规定的扣除。包括教育支出扣除、医疗支出扣除、配偶支出扣除、子女抚养费用扣除、残疾人宽免、养老金储蓄等。美国设有教育抵免,该抵免是针对选择接受继续教育者的援助。台湾地区设有医药及生育费扣除。美国、韩国等国家以及我国香港、台湾地区直接在生计扣除中规定了对配偶的扣除。英国对单独抚养子女的纳税人设有额外人口宽免。韩国对70岁以上的老人设有100万韩元的追加扣除。纳税人的退休金存款可全额扣除,但退休金存款与个人养老金存款的扣除额之和不超过400万韩元。英国设有盲人宽免,宽免额每年根据物价指数的上升幅度进行调整,2012—2015年度的宽免额为2230英镑;韩国对残障人士也设有每年150万韩元的追加扣除,等等。

(三)费用扣除标准采用弹性机制

目前,大部分国家或地区都建立了所得税费用扣除的弹性机制,费用扣除随物价水平的上涨而增加,以满足纳税人的基本生活需要。美国对费用扣除额的调整作出了明确的规定,根据物价变动每年进行指数化调整,其宽免递减的收入临界点和收入上限也依此调整。美国于1981年首次立法通过了税收指数化方案,这个方案在1985年开始正式实施,而接下来1986年的税制改革又规定了劳动所得抵免的指数化。英国的指数化开始于1982年,每年都按照前一日历年度的零售物价指数来调整其税前扣除额。加拿大则给居民消费价格指数(CPI)规定了一个临界点,如果其高于3%,则按高出的部分来调整税率的档次级距以及扣除额。台湾地区规定生计扣除额以每人每年60000新台币为基准,每遇居民消费价格指数较上一次调整年度的价格指数上涨累计达3%及以上时,根据上涨程度进行调整,这种调整机制与英美两国相比存在一定的差异,但调整的标尺仍然是消费者物价指数。

(四)费用扣除额没有“内外有别”

相对来说,我国对外开放和市场经济起步较晚,在向国外学习和吸引人才上,当初“内外有别”是可以理解的。但就国外而言,在个税费用扣除额上,国内外是完全一致的。我国在下一步个税改革中,应该消除“内外有别”的做法。

二、当前我国个人所得税费用扣除的基本情况

(一)个税历次调整主要体现在起征点的提高

我国现行的《中华人民共和国个人所得税法》于1980年9月颁布实行,个税适用超额累进税率,同时规定了800元为个税起征点。2005年8月,我国实行了第一轮个税改革,将工资、薪金项目及对企事业单位的承包经营、承租经营所得的费用扣除标准从每月800元调至1600元,同时高收入者实行自行申报纳税。2008年3月,在个税第二轮改革中,由每月1600元提升到2000元。2011年6月,全国人大常委会决定将个税费用扣除标准从2000元提升到3500元,并将工薪所得9级超额累进税率缩减至7级。我国在近5年的时间内3次对个税费用扣除标准进行提高调整,总体上看,在当时是符合社会预期的。但是,

随着人们收入结构的变化、社会通胀因素和生计费用成本增长的影响，个税改革的局限性很快显现出来，甚至个税调整还出现了“逆向调节”现象，即高收入者缴税少而工薪阶层成了税负的主体。在新一轮的个税改革进程中，如何通过调整费用扣除标准解决此类问题，成为人们关注的焦点。

（二）现行个税税前费用扣除标准采用分类扣除

我国现行个人所得税实行分类所得税制，针对不同的征税对象分别计征个人所得税，共分为 11 类，税前费用扣除共有 9 项，如表 1 所示：

表 1　　个人所得税费用扣除标准

序号	名称	税前费用扣除内容
1	工资、薪金所得	每月 3500 元；按规定外商或外籍人员在每月减除 3500 元的基础上，再附加减除 1300 元
2	个体工商户的生产、经营所得	每一纳税年度成本、费用以及损失
3	对企事业单位的承包经营、承租经营所得	每一纳税年度必要费用，也是指按月减除 3500 元
4	劳务报酬所得	每次收入不超过 4000 元的，减除费用 800 元；4000 元以上的，减除 20%的费用
5	稿酬所得	每次收入不超过 4000 元的，减除费用 800 元；4000 元以上的，减除 20%的费用（应纳税额减征 30%）
6	特许权使用费所得	每次收入不超过 4000 元的，减除费用 800 元；4000 元以上的，减除 20%的费用
7	利息、股息、红利所得	无税前费用扣除
8	财产租赁所得	每次收入不超过 4000 元的，减除费用 800 元；4000 元以上的，减除 20%的费用（一个月内取得的收入为一次）
9	财产转让所得	财产原值和合理费用，合理费用是指卖出财产时按照规定支付的有关费用
10	偶然所得	无税前费用扣除
11	其他所得	无税前费用扣除

其中“利息、股息、红利所得”“偶然所得”“其他所得”个税实行定率征收，无税前费用扣除。

（三）个税免税、减税的税收优惠政策比较宽泛

1. 免税项目

免税项目共分 8 个方面，32 条。其中主要有奖励所得，补贴、津贴所得，利息、股息、红利所得，中彩、中奖所得，杰出高级专家暂缓离退休，其工资、薪金所得，转让、赠与家庭住房所得，支持就业与再就业，代扣代缴手续费等免税规定。

2. 减税规定

减税范围主要包括残疾、孤老人员和烈属的劳动所得，因严重自然灾害造成重大损失的以及其他经国务院财政部门批准减税的。对个人投资者从上市公司取得的股息红利所得，暂减按 50%计入个人应纳税所得额。

3. 外交人员的有关免税规定

外交人员的免税所得是指依照我国法律规定的各国驻华使馆、领事馆的外交代表、领事官员和其他人员及中国政府参加的国际公约、签订的协议中规定的免税所得。

4. 外籍专家和外籍人员的有关免税规定

外籍专家和外籍人员的免税所得主要是指符合国家规定的外国专家取得的工资、薪金所得。

三、现阶段我国个人所得税费用扣除存在的不足

从我国目前个人所得税开征的情况看，课题组认为个税费用扣除主要存在以下四个主要问题。

(一)分类所得税制"先天不足"，难以充分体现税收公平

我国对个人收入采用分类所得税制，对同一纳税人在一定时期内的各种所得，按其所得的来源进行分类。分类征收模式虽然能防治税款从源头流失，但可能会因为收入来源不同、适用不同的扣除额、税率以及优惠政策等，最终导致高收入的群体少缴税而低收入的群体多交税。如表 2 所示：

表 2　2000—2013 年工薪、经营、财产性收入及各自所纳个人所得税占比情况

年份	三类收入所占比重(%))			三类收入所占比重(%))		
	工资性收入	经营性收入	财产性收入	工资性所得税	经营性所得税	财产性所得税
2000	92.28	5.07	2.65	43.94	26.24	29.82
2001	92.20	5.23	2.57	42.37	21.34	36.29
2002	92.97	5.38	1.65	47.46	19.71	32.83
2003	92.25	5.81	1.94	53.46	18.47	28.07
2004	91.61	6.33	2.06	55.16	18.19	22.65
2005	89.94	7.84	2.22	56.41	17.96	25.63
2006	89.27	8.25	2.48	53.49	17.26	29.25
2007	88.81	8.17	3.02	55.96	16.08	27.96
2008	85.99	11.06	2.95	61.49	16.76	21.75
2009	86.33	10.66	3.01	64.41	16.51	19.08
2010	85.99	10.75	3.26	66.50	16.47	17.03
2011	84.35	12.09	3.56	65.52	15.26	19.22
2012	84.19	12.38	3.43	62.98	14.82	22.20
2013	83.89	12.52	3.59	63.93	13.74	22.33

资料来源：相关年度的《中国统计年鉴》《中国税务年鉴》。

从表 2 中可以看到：工资性收入占"三类"收入比值较高，而工资性收入在逐年占比减少的情况下，税收并没有减少，税收占比却逐年增多，反映了税制设计的缺陷。近 40 年间，我国个税经过数次调整，个人所得税渐渐开始被诟病为"工资税"，上缴人群以工薪阶层为主。根据 2004 年国家税务总局公布的数字显示：2004 年中国个人所得税收入 1700 多亿元，65%来源于工薪阶层。另外，根据财政部的公开数据显示，2012 年中国个人所得税收入 5820 亿元，其中，工资薪金所得项目收入为 3577 亿元，占 61.4%，2013 年，这一数字上升为 62.6%，2015 年更是上升为 65.23%。有学者认为，我国的个人所得税将高薪酬者和高收入者混同了。现实生活中我国大部分高收入者恰恰不是以薪酬形式获取收入的群体，私营厂主、企业老板可以只给自己象征性地开一点薪酬，甚至也有完全不开薪酬的情况。尤其是在股票市场和房地产市场异常火爆的这些年，高薪酬者与高收入者越发偏离。

(二)费用扣除"一刀切"，难以充分考虑通胀和量能负担等因素

目前，由于我国的费用扣除方法以固定数作为费用扣除标准，而没有与居民消费价格指数挂钩，因此随着物价的上涨，纳税人的基本生活费用也在相应增加，而个人所得税的费用扣除标准却没有改变，这显然不尽科学合理。据统计，1994—2003 年，我国的商品零售价格指数上升了 12.5 个百分点，居民消费价

格指数上升了 26.3 个百分点。受通货膨胀的影响，人们的税负在不断增加，这有悖于税收的公平原则。另外，我国个人所得税以个人为征收单位，费用扣除标准是应税所得项目采用定额和定率两种方法，其中对工资、薪金所得的费用扣除实行的是定额扣除，并未区分个人所对应的家庭负担，即家庭的人口结构、受赡养人口的多少、有无房贷、婚姻状况等因素，一律采用相同的扣除标准、税率和优惠政策，这就会产生实质上的税负不公平。不考虑其家庭的实际情况仅根据纳税人本人的收入是很难确定其真实纳税能力的。

(三)采取费用分项扣除，难以保证税款足额征收，增加征管难度

分项扣除采用定额和定率扣除制度，会导致收入相同的人可能会因为收入来源的不同而缴纳不同的税款。如表 3 所示：

表 3　　　　　　　　　　　甲、乙收入纳税情况对比

甲收入情况		乙收入情况	
名称	收入(元)	名称	收入(元)
工资薪金	4700	工资薪金	6000
劳务报酬	700	劳务报酬	0
稿酬	600	稿酬	0
收入合计	6000	收入合计	6000
应税所得	1200	应税所得	2500
缴税	36	缴税	145

从表 3 可以看出，甲、乙收入都是 6000 元，但其应税所得需缴纳税金却分别为 36 元和 145 元。这不但有失公平，而且在客观上可能鼓励大批纳税人利用分解收入、多次扣除费用的办法避税。在实践中许多兼职的报酬明明是工资，却申报成劳务报酬，就是因为劳务报酬比工资薪金有更多的扣除机会。分项扣除费用，为人为转移税负甚至偷税提供了条件，不仅造成税款的流失，也增加了税务部门征管的难度。

(四)费用扣除“内外有别”，难以彰显公正，不利于公平纳税

目前我国在个税免税、减税优惠政策上，有多达 4 个方面、11 个大项、41 条之多。其中对在我国境内外资企业中工作的外籍人员与外聘在我国境内工作的外籍专家，在计算其应纳税所得额时，按月附加减除 4800 元费用，对外籍人员从外资企业取得的股息、红利以及房补、洗衣费、探亲费、子女教育费免征个人所得税。这种内外有别的规定明显不符合税法精神和公平原则。需要说明的是，这种“内外有别”的个人所得税扣除费用形式在世界其他国家是没有的，从我国改革开放的实际情况出发，此举是为了“招商引资”和吸引外国人才，但从某种程度上说，它不仅违背了税法所倡导的公平原则，这一“超国民待遇”，其实也违背了我国当初加入“WTO”的一项基本义务和给予外籍居民的无差别待遇。

四、对完善个人所得税费用扣除的几点建议

(一)实行以综合与分类所得税制模式的费用扣除制度

从世界多数国家或地区均采用综合所得方式征收个人所得税的经验看，随着我国经济的发展，收入来源呈现多元化，个税收入目前主要包括工资性收入(劳动收入)、经营性收入(经营所得)、财产性收入(资本所得)，从税收公平的原则出发，应该逐步提高税制的综合性，对一定数额以下的劳动所得实行源泉扣缴，对一定数额以上的劳动所得再按年综合征收；完善生产经营的累进税制，对部分资本所得项目按照生产经营处理，对其他资本所得实行按比例征收。具体来说，可以将目前 11 项所得当中的工资薪金所得、生产经营所得、承包承租所得、劳务报酬、稿酬所得以及财产租赁所得纳入综合所得项目；将财产转

让、利息、红利、股息及其他所得纳入分类所得项目，到年终时把这些应税所得与其他应税所得汇总计算，凡全年所得额超过一定限额以上的，即按规定的累进税计算全年应纳所得额，并对已经缴纳的分类所得税额，准予在全年应纳所得额内抵扣。

（二）建议将生计、成本、特别费用扣除纳入抵扣

1. 建立完善生计费用扣除制度

生计扣除项目包含对纳税人本人、配偶、受抚养人等的扣除，对该项扣除可以以免征额的形式予以规定，并根据通货膨胀指数等因素进行适时调整。

2. 建立完善成本费用扣除制度

在成本费用扣除方面可以借鉴各国以标准扣除与列举扣除相结合的形式进行扣除，如生产经营所得和承包承租所得，按一定比率下发生的成本费用据实扣除。劳务报酬、车船费、住宿费凭发生劳务当日发票据实扣除。稿酬所得，应确定一个比率，进行扣除，因为在实际情况中无法判断著作权人在写作中会发生何种费用，因此可以规定一个比率来进行扣除。财产租赁所得，不动产就维修费用凭发票据实扣除；动产就交付租赁人使用所发生的车船费凭发票据实扣除。

3. 建立完善特别费用扣除制度

要制定特殊项目支出或者鼓励纳税人特定方向的消费或储蓄的扣除。包括教育支出扣除、医疗支出扣除、配偶支出扣除、子女抚养费用扣除、残疾人宽免、养老金储蓄等。

目前我国个人所得税的纳税主体是个人，应该让纳税人自主选择，个人纳税或是家庭纳税，在确定费用扣除额时，除生计扣除外，在成本费用扣除的设计上应注意考虑不同纳税人的实际情况，合理确定标准扣除和其他单项扣除，内容应包括纳税人为取得收入而支出的必要费用及生活费，抚养子女、赡养老人、按揭贷款的费用及其他如教育、医疗、保险等费用的扣除。

（三）费用扣除要与居民消费价格指数挂钩，实行费用扣除指数化调整

综观美国、英国等个税费用扣除制度，大多采取税收指数化措施。按照每年消费物价指数的涨落，相应调整纳税扣除额，尽量实现对通货膨胀最大限度地抵消。课题组认为，扣除额的多少应该随工薪收入、物价水平的变化进行适当的调整，真实地反映纳税人的纳税能力，增强个人所得税制的弹性。我国可以借鉴英、美等国的做法，在新一轮的个税改革中，每年按照物价变动情况对扣除额进行调整。一般从宏观经济学的角度讲，物价上涨3%～10%被认为是温和通货膨胀的界限，即当居民消费价格指数超过3%的时候，物价的上涨可能会影响到居民、企业的生产生活，因此根据宏观经济学理论，在费用扣除特别是生计费用扣除上也可以将3%作为扣除额是否进行调整的临界点，具体做法可以设定为：当居民消费价格指数大于或等于3%时，须进行费用扣除额的调整，以适应不断变化的经济形势，满足社会和纳税人的共同需要。

（四）尽快改变“内外有别”的局面，统一内外费用扣除额

在下一步个人所得税改革中，应当在费用扣除上实行本国居民纳税人和外籍人士同等待遇。对在华的外籍人士和在内地的港、澳、台同胞实行与中国内地公民统一的个税起征点。只有实现内外税制的统一和内外税负的公平，才能在全社会形成依法纳税、诚信纳税的良好氛围，才能维护国家的长远利益和国民的合法权益。

五、改革和完善个税费用扣除制度要处理好以下几种关系

（一）处理好税收减负与财税收入的关系

从世界各国的实践看，税前扣除标准应当保障居民基本生活的需要，而非全部消费开支。提高费用扣除标准，既要考虑纳税人减负需要，又要考虑财政承受力。目前，我国的个人所得税负担，尤其是边际

负担水平偏高，需要适当调整税率和费用扣除标准，但从财税收入的角度看，应该有助于提高个人所得税在国内生产总值和财政收入中的比例。要把全部的个人收入都纳入征收范围之内，使税基尽量宽泛，同时通过科学的累进税率和弹性的费用扣除办法进行个性化的税收调整，达到提高税收的目的。过高的税前扣除标准不仅会增加财政负担，而且不利于宏观调控的实施。尤其是当前我国实施积极的财政政策，财政支出压力骤增，提高费用扣除标准尤需慎重。

(二)处理好费用扣除与征管简便的关系

要从兼顾征管效率的原则出发，建议在实行个税费用扣除改革的过程中，循序渐进，切忌繁复，从而减轻税务部门行政成本，有利于纳税人合规遵从。目前要以税收征管法修订为契机，适应“简税制、宽税基、低税率、严征管”的税改潮流，围绕个人(自然人)登记、推动部门合作和加强源泉控管，为个人所得税改革创造条件。

(三)处理好代扣代缴与个人纳税申报的关系

落实代扣代缴制度是加强个人所得税征管的有效途径。在此基础上，要尽快规范纳税人的纳税申报制度，在条件成熟的情况下，推行个人所得税双向申报制度。对个人取得的收入除扣缴义务人按月定期向税务机关申报纳税外，税务部门还可以每年确定一个月为个人纳税申报月，在法定的申报期限内，纳税人要主动自觉申报纳税。

(四)处理好诚信纳税与优化法治环境的关系

要构建与银行信贷、社会保障和特种消费相联系的信用体系，提高纳税人违法的社会成本，要不断优化法治环境，完善税收激励措施，适时建立个税激励政策，鼓励纳税人所享受的福利待遇与缴纳的个人所得税成正比。

课题组指导：项　明　王中明

课题组成员：张依东　任　虎　杨　青　徐光辉

杠杆收购的企业所得税问题浅析

罗洁华　夏　宇

回顾近年来的资本市场，万科股权争夺战作为中国A股市场上规模最大的杠杆收购与反收购“攻防战”引起了各界的高度关注。随后，频现“野蛮人”利用杠杆收购和万能险等工具大举举牌上市公司，掀起了资本市场的惊涛骇浪。本文拟从税收的角度分析杠杆收购过程中涉及的企业所得税问题。

一、基本概念

杠杆收购（Leveraged Buyout，简称LBO）本质是举债收购，指收购者仅有少量资金，举债借入资金来收购目标公司。杠杆是指企业的融资杠杆，反映企业股本与负债的比例。具体来说，杠杆收购大致通过以下步骤完成：第一，收购方出资设立一家壳公司，用于发起收购行为；第二，壳公司从外部融资，收购标的公司51%（或以上）股权，实现对标的企业的控股；第三，壳公司与标的公司合并，合并后的企业（新标的企业）承接壳公司之前收购51%（或以上）股权时发生的债务；第四，收购方以新标的公司的资产作为抵押从外部融资，收购新标的企业剩余股权，从而实现全资控制。

二、效应分析

杠杆收购在20世纪80年代兴于美国，KKR（美国极具盛名的杠杆收购基金）收购雷诺兹·纳贝斯克（RJR Nabisco）成为史上最为经典的杠杆收购案例。杠杆收购的成功，关键在于选择合适的目标公司。理想的收购对象，一般是拥有较好的管理团队、资产负债率不高、现金流充足稳定、产品（服务）市场占有率较高、企业实际价值超过账面价值、但股价偏低、未能体现其应有价值的公司。然而，杠杆收购从效应上分析，仍是一把“双刃剑”，须谨慎运作。其优势在于：第一，整合多方优质资源，形成更具有竞争优势的集团企业；第二，杠杆收购往往伴随管理层收购（Management Buyout，简称MBO），当管理层通过MBO拥有企业股权之后，工作业绩与物质回报关联，建立企业的长期激励机制；第三，收购股份行为在一定程度上会导致二级市场股价上扬，股票投资者可从中受益。风险在于：第一，无论是收购方还是标的公司，均承担了大量债务，利息费用负担沉重，财务风险突出；第二，如收购方前期与标的企业的谈判未达成一致意见，实行“野蛮人”强行收购，目标公司会采取一系列反收购行为，从而引发股价在二级市场的剧烈波动，股票投资者易承受损失；第三，杠杆收购行为过程中，特别是企业合并环节产生的一系列涉税风险。

三、所得税政策链接

（一）利息支出

1. 企业在生产经营活动中发生的合理的不需要资本化的借款费用，准予扣除。

——《中华人民共和国企业所得税法实施条例》第三十七条

2. 企业在生产经营活动中发生的下列利息支出，准予扣除：

（1）非金融企业向金融企业借款的利息支出、金融企业的各项存款利息支出和同业拆借利息支出、企业经批准发行债券的利息支出。

(2)非金融企业向非金融企业借款的利息支出,不超过按照金融企业同期同类贷款利率计算的数额的部分,准予扣除。

——《中华人民共和国企业所得税法实施条例》第三十八条

(二)企业重组的特殊性税务处理

企业重组同时符合下列条件的使用特殊性税务处理规定:

1. 具有合理的商业目的,且不以减少、免除或者推迟缴纳税款为主要目的。

2. 被收购、合并或分立部分的资产或股权比例符合规定的比例。

3. 企业重组后连续 12 个月内不改变重组资产原来的实质经营活动。

4. 重组交易对价中涉及股权支付金额符合规定的比例。

5. 企业重组中取得股权支付的原主要股东,在重组后连续 12 个月内,不得转让所取得的股权。

——《财政部国家税务总局关于企业重组业务企业所得税处理若干问题的通知》(财税〔2009〕59号)第五条

(三)股权收购

1. 股权收购,除符合规定适用特殊性税务处理规定的除外,按以下规定进行税务处理:

(1)被收购方应确认股权转让所得或损失。

(2)收购方取得股权的计税基础应以公允价值为基础确定。

(3)被收购企业的相关所得税事项原则上保持不变。

——《财政部国家税务总局关于企业重组业务企业所得税处理若干问题的通知》(财税〔2009〕59号)第四条

2. 股权收购,收购企业购买的股权不低于被收购企业全部股权的 50%,且收购企业在该股权收购发生时的股权支付金额不低于其交易支付总额的 85%,可以选择按以下规定处理:

(1)被收购企业的股东取得收购企业股权的计税基础,以被收购股权的原有计税基础确定。

(2)收购企业取得被收购企业股权的计税基础,以被收购股权的原有计税基础确定。

(3)收购企业、被收购企业的原有各项资产和负债的计税基础和其他相关所得税事项保持不变。

——《财政部国家税务总局关于企业重组业务企业所得税处理若干问题的通知》(财税〔2009〕59号)第六条和《关于促进企业重组有关企业所得税处理问题的通知》(财税〔2014〕109号)第一条

(四)企业合并

1. 企业合并,除符合适用特殊性税务处理规定的外,按以下规定进行税务处理:

(1)合并企业应按公允价值确定接受被合并企业各项资产和负债的计税基础。

(2)被合并企业及其股东都应按清算进行所得税处理。

(3)被合并企业的亏损不得在合并企业结转弥补。

——《财政部国家税务总局关于企业重组业务企业所得税处理若干问题的通知》(财税〔2009〕59号)第四条

2. 重组交易各方对交易中股权支付暂不确认有关资产的转让所得或损失的,其非股权支付仍应在交易当期确认相应的资产转让所得或损失,并调整相应资产的计税基础。

非股权支付对应的资产转让所得或损失=(被转让资产的公允价值-被转让资产的计税基础)×(非股权支付金额÷被转让资产的公允价值)

——《财政部国家税务总局关于企业重组业务企业所得税处理若干问题的通知》(财税〔2009〕59号)第六条

四、涉税处理

企业重组，是指企业在日常经营活动以外发生的法律结构或经济结构重大改变的交易，包括企业法律形式改变、债务重组、股权收购、资产收购、合并、分立等。因此，杠杆收购过程中涉及的股权收购和企业合并等环节适用企业重组的税务处理。

（一）壳公司融资环节

债务承担方为壳公司。壳公司按约定支付给A融资方的利息支出和融资过程中发生的合理费用，如果A融资方为金融企业，准予在企业所得税前扣除；如果A融资方为非金融企业，仅就不超过金融企业同期同类贷款利率计算的部分，准予扣除。

（二）壳公司收购标的企业股权环节

壳公司融资后，基本以现金支付形式，向标的企业的原股东收购标的企业的股权。此操作虽然满足“购买的股权不低于被收购企业全部股权的50%”这一条件，但未同时符合“股权支付金额不低于其交易支付总额的85%”的要求。因此，多不符合特殊性税务处理条件。根据企业重组一般性处理原则：标的企业原股东如为法人企业，应按规定计算股权转让所得企业所得税；壳公司取得标的企业股权的计税基础以其支付的金额（包括收购过程中发生的相关税费）确定。

（三）标的企业合并壳公司环节

1. 若合并过程不涉及非股权支付或者非股权支付不超过15%

（1）如果标的企业以增发股份的形式作为支付对价，不涉及现金或实物支付，符合特殊性税务处理条件，则标的企业取得壳公司的资产和负债计税基础以原壳公司的计税基础确定，壳公司股东即收购方取得壳公司股权的计税基础以其原持有的壳公司股权的计税基础确定。

（2）如果标的企业以增发股份的形式作为支付对价，同时涉及部分现金或实物支付，但非股权支付比例不超过交易支付金额的15%，也符合特殊性税务处理条件。但需要注意的是，对于壳公司股东即收购方取得的非股权支付金额，应按规定计算缴纳非股权支付对应的资产转让所得的企业所得税。

另外，如果壳公司有尚未弥补完的亏损，则可由新标的企业在剩余年限内继续弥补，但每年弥补亏损有限额限制，限额以壳公司净资产公允价值与合并当年年末国家发行最长期限国债利率的乘积计算。

2. 合并过程涉及非股份支付

标的企业合并壳公司，如果标的企业以非股权支付金额超过交易支付金额15%，则不符合特殊性税务处理。根据企业重组一般性处理规定，标的企业按公允价值确定接受壳公司各项资产和负债的计税基础，壳公司及其股东即收购方均按清算进行所得税处理，且壳公司的亏损不得在新标的企业进行弥补。

（四）收购方以新标的企业股权质押融资环节

债务承担方为收购方。收购方按约定支付给B融资方的利息支出和融资过程中发生的合理费用，如果B融资方为金融企业的，准予在企业所得税前扣除；如果B融资方为非金融企业，仅就不超过金融企业同期同类贷款利率计算的部分，准予扣除。

（五）收购方收购剩余股权环节

收购方融资后收购新标的公司的剩余股权实现全资控制的过程，同样多以现金支付为主，交易对价中涉及股权支付金额未能达到规定的比例，不符合特殊性税务处理条件。因此，新标的企业原股东应按规定计算股权转让所得企业所得税，收购方取得新标的企业股权的计税基础以其支付的金额确定。

五、征管建议

当前，各地税务机关数据管税的力量不断增强。通过收集、整理、分析上市公司公告等相关信息，税务机关在大数据时代可及时掌握资本市场股权变更情况。针对收购、合并等资本运作行为，主管税务部门应合理、准确判定适用一般性或特殊性税务处理，联合证监、工商等部门，从税收管理角度进一步规范资本市场。

（作者单位：国家税务总局广州市税务局）

当前我国个人所得税存在的问题及改革建议浅析

韩海涛　周瑾来

2018 年 3 月，李克强总理在政府工作报告中指出，“深化财税体制改革。……改革个人所得税。提高个人所得税起征点，增加子女教育、大病医疗等专项费用扣除，合理减负，鼓励人民群众通过劳动增加收入、迈向富裕”。个人所得税是对个人（即自然人）取得的各项应税所得征收的一种税。它不仅能缩小个人收入差距，缓解社会分配不公的矛盾，而且在调节社会经济发展速度，增加国家财政收入等方面都有着积极的促进作用。在我国，个人所得税发展速度一直较快，且其地位在不断上升。随着课征范围的扩大，目前个人所得税纳税人数已占总人口的 12%左右，个人所得税已成为最具潜力、最有发展前途的税种之一。但是，现行个人所得税制度的设计存在着诸多不足之处，影响其功能的发挥，有进一步改革的必要。

一、我国个人所得税制度的发展概况

我国个人所得税制经历了一个发展历程，不断走向完善。1980 年 9 月，第五届全国人大第三次会议通过了《中华人民共和国个人所得税法》（以下简称《个人所得税法》），这是新中国成立后制定的第一部个人所得税法。1993 年 10 月 31 日至 2011 年 6 月，个税在这期间经历了六次改革，尤其是“工资、薪金所得”，月收入额减除费用由 800 元、1500 元、2000 元提高至 3500 元；对其适用的超额累进税率进行了适当简并，税率为 3%～45%。

二、当前我国个人所得税存在的主要问题

个人所得税是国家调节公民收入的重要经济杠杆。加强个人所得税的征收管理可以缓解社会分配不公的矛盾，抑制通货膨胀，促进社会安定团结，保障社会主义市场经济的健康发展。然而，随着我国社会主义市场经济体制的逐步建立，改革开放的进一步深化，产业结构加速调整，多种经济成分并存，经济更趋活跃。个人收入已呈现出多元化，个人收入差距明显拉大，高收入者人群不断地分散和扩大、收入来源具有多样性和隐蔽性。《中华人民共和国个人所得税法》虽经过几次大修改，在调节收入分配、组织财政收入等方面发挥了积极作用，但仍然存在一些问题。

（一）现行的分类课税模式难以体现公平

个人所得税采用“分类所得税”计征模式，对纳税人的不同所得项目分别按规定税率计算征税。这种计征模式，虽然能够简化税额的计算手续，并便于对纳税人的不同应税项目分别进行“源泉扣缴”，但是难以掌握纳税人的总体收入水平和负担能力，会使那些多渠道取得收入、应税所得总额较大但分属若干税目的纳税人税负相对较轻，使那些收入渠道单一、应税所得总额较小的纳税人税负相对较重，难以真正实现税负公平。

（二）税前费用扣除缺乏科学性

我国个人所得税在确定税前扣除额时一般只考虑了个人的日常开支，忽略了家庭中的一些主要开支，如所赡养人口多少、老人需要的抚养费、未成年子女的抚养教育费、高房价、高医疗价格及通货膨胀等

诸多因素，导致税前扣除额较低，应纳税所得额增大，加重了工薪阶层的负担，影响了个人所得税公平原则的实现。在赡养状况差异很大时，税收负担的差异表现得更为明显，税收的不公平性更突出；忽略了经济形势的变化对个人纳税能力的影响，费用扣除标准长期不变无法适应经济状况的不断变化。由于这种费用扣除方法以固定数额作为费用扣除标准，未能与物价指数挂钩，难以适应由于通货膨胀造成的居民生活费用支出不断上涨的实际情况。费用扣除的变化完全滞后于经济的发展水平，损害了一部分纳税人的利益。从国际上看，工资、薪金所得减除费用标准一般是参考一定时期居民基本生活费用支出情况来确定，并随着居民基本生活费用支出的变化而适时动态调整。我国工资、薪金所得项目减除费用标准主要以国家统计局公布的城镇居民人均消费性支出为测算依据。据统计，2010 年度我国城镇居民人均消费性支出为 1123 元/月，按平均每一就业者负担 1.93 人计算，城镇就业者人均负担的消费性支出为 2167 元/月。2011 年按平均增长 10％测算，城镇就业者人均负担的月消费支出为 2384 元。将减除费用标准提高到 3500 元/月，工薪收入者的纳税面由目前的约 28％下降到约 7.7％，纳税人数由约 8400 万人减至约 2400 万人，纳税人纳税负担有一定程度减轻，但不能完全适应新的形势变化。

(三)配套法规欠缺，课税范围狭窄，税收征管难

随着我国市场经济不断发展，金融商品不断丰富，房屋、土地、财产、科技走向商品化，个人收入结构发生重大变化，证券交易所得、个人股票转让所得、资本利得、财产利得等收入已成为重要组成部分。同时，全国职工工资以外收入大约相当于工资总额的 10％，如住房补贴、公费医疗、儿童入托、免费或优惠就餐等。对于这些部分个人收入，现行个人所得税法难以有效制约。而且现行个人所得税法基本不下乡，对从事农、林、牧、渔业的数亿人员没有征收个人所得税。在农业经济结构调整较早、经济作物种植业、养殖业、捕捞业发展较快的地区，高收入者已占相当比重，需要个人所得税制的有效补充缓解收入差距悬殊的矛盾。相关配套法规、措施不健全，缺乏一整套控制个人收入和财产的制度，不能及时、准确掌握纳税人收入财产的增减变化情况。再加上个人所得税涉及面广，现金交易多，存在灰色收入，具有不确定性和隐蔽性，税收征管工作更加困难。

(四)征管信息不畅，效率不高

从征管制度方面看，我国对个人所得税的征税采用两种方法，即代扣代缴和自行申报。由于受目前征管体制的局限，征管信息传递并不准确，而且时效性很差。不但纳税人的信息资料不能跨征管区域顺利传递，甚至同一级税务部门内部征管与征管之间、征管与稽查之间、征管与税政之间的信息传递由于税务部门和其他相关部门缺乏实质性的也会受阻。同时，其他配合措施(比如税银联网、国地税联网等)，信息不能实现完全实时共享，形成了外部信息来源不畅，税务部门无法准确判断税源组织征管的问题，出现了税收漏洞。同一纳税人在不同地区、不同时间内取得的各项收入，在纳税人不主动申报的情况下，税务部门不能全面统计汇总，既降低了征管效率，又加大了征管成本。

三、个人所得税改革的有关建议

(一)建立综合征收与分项征收结合的税制模式

分项计征加大了征税成本，缺乏一定的弹性；而综合所得税课税模式是指归属同一纳税人的各种所得，不管其所得来源于何处，都作为一个纳税总体来对待，并按一个税率公式来计算纳税额。由于综合征收的税基宽，能反映纳税人的综合纳税能力，因此，应将“分类综合所得税”模式作为改革的目标，由现行分类税制向分类与综合税制相结合过渡，最终向以家庭为单位按年课征的综合税制发展，以便能切实体现“量能负担”的税收原则，更好地发挥个人所得税对个人收入的调节作用，促进社会分配公平的实现。

(二)调整税率结构，公平税负

收入分配的理想结构应该是“两头小、中间大”的“橄榄形”结构，这既有利于促进效率的提高，也符合

“共同富裕”的原则。今后，我国个人所得税制的改革应充分体现再分配原则，加快高收入者收入向低收入者的转移，缩小贫富差距。当前运用税收调节个人收入差距，重点应当是减轻或者免除低收入者的税收负担，加大高收入者的税收负担，对中等收入人群实行低税率政策。另外，工资薪金与劳务报酬同属于劳务所得，在税收上应同等对待。参照大多数国家的经验，对工薪与其他个人劳务所得应实行统一税率。适当增大个人所得税的累进程度，尤其是增大高收入者税负，使高收入者做出更多贡献，减轻较低收入者税负，体现公平与效率原则。一要减少纳税级次，逐步简化税制；二要适当降低最低档税率，拉大低档次税率级距，避免中低收入者税负累进过快；三要维持最高档税率不变，适当加大对高收入者的调节力度；四要税负变化公平，避免出现较高收入者减税幅度高于较低收入者的减税幅度，防止税负增减幅度倒挂现象；五要税负变化平滑，避免出现税负陡升陡降的凸点现象。

（三）健全费用扣除制度，适当提高起征点

我国是法制统一的国家，税收法制是国家法制的重要组成部分，应该实行全国统一的税收政策。同时，市场经济条件下人口流动性非常大，户籍地和工作地很可能不在一个地方，如果不实行统一的标准，可能会出现税源不正常转移的情况，将加大征收管理难度，也不利于人才流动。此外，从国际经验看，一般都采用全国统一的基本减除费用标准，而不实行差别政策。因此，应确定合理的税收扣除制度，由国家划出扣除标准范围，各省、直辖市根据各自经济发展水平综合考虑选择相适应的标准，再予以法制化。在扣除项目中，考虑纳税人不同税收负担程度，根据纳税人的婚姻状况细划为单身、已婚联合申报、已婚分别申报等情况，按不同身份分别制定不同的费用扣除标准、级次和税率，并要综合考虑纳税人的家庭成员人数和子女教育费用、房屋购建费用等。对于烈军属、残疾人、农民工等弱势群体要在正常扣除标准基础上增加附加扣除的照顾。应随着通货膨胀率和收入水平的变动对扣除标准进行相应调整，即实行“指数化”，消除物价变动对纳税人税收负担的影响。

（四）简化个人所得税税制结构，尽快开征遗产赠与税等新税种

在个人所得税的框架内，参考工资薪金税率形式，减少税率级次，降低边际税率，把累进税的级距定在5级左右，最高税率定在40%左右。扩大中间税率的适用范围，使低收入者的税负水平略有下降。大幅度提高高收入者的税负水平。借鉴西方发达国家的成功经验，尽快开征遗产税、赠与税、个人财产税、个人消费税和社会保障税，加强对富豪阶层等高收入群体的税收征收，从根本上弥补个人所得税的局限性，达到类似西方发达国家“富不过三代”的税收效果。

（五）建立健全社会信用体系，狠抓税收法律法规的落实

以国、地税机构改革、社保费划转税务机关征收为契机，建立健全的包括储蓄存款实名制、个人财产登记制在内的全社会统一的社会信用体系，实现银行、审计、工商、海关、人社、税务、不动产、保险、验资验证等单位的信息共享与联动。充分运用先进的电子和通信技术，建立健全征收管理机制，将个人所得税的征收管理能力提高到新水平。完善代扣代缴制度和12万元以上高收入者个人自行申报制度，建立双向申报纳税制度及交叉稽查处罚制度，明确法律责任，强化约束机制。建立针对高收入重点纳税人的档案管理系统追踪检查，对高收入者的监控要列在显著位置，严堵税收漏洞。同时，严格实行失信惩戒，对于纳税信用等级低的纳税人（个人），从经济、行政、交通、金融等多方面进行限制和惩戒。

（六）强化征管基础，创新管理和服务方式

进一步强化部门协作，加强涉税信息的获取和应用，逐步掌握高收入者经济活动和税源分布特点和收入获取规律等情况，通过推广应用个人所得税管理系统，加强日常税源管理。积极推进年所得12万元以上纳税人自行纳税申报常态化，积极开展与不动产登记、股权变更登记部门的合作，实现房屋转让所得和股权变更涉税信息传递的税源监控。综合运用日常税源管理和纳税评估等征管手段，以非劳动所得（主要是财产性所得和资本性所得）为重点，继续加强对高收入者主要所得项目以及高收入行业和人群的

个人所得税征管，加强法人企业向投资者分配股息、红利扣缴税款的管理，对非法人企业实行建账管理，明确规定："对税务师、会计师、律师、资产评估和房地产估价等高收入者集中的鉴证类中介机构不得实行核定征收个人所得税。"继续开展高收入者个人所得税的专项检查，依法严厉打击偷逃个人所得税行为，堵塞税收漏洞，减少税收流失。

（作者单位：国家税务总局威海市文登区税务局）

房地产税

关于优化“二手房”交易税收管理服务的实践和思考

国家税务总局莒县税务局调研组

近年来，二手房交易规模不断扩大，二手房交易逐渐成为涉及千家万户的民生事项。然而因其相对复杂，涉及的相关政策较多，市场体系处于进一步发展与完善阶段，再加上二手房本身又具有不同于新开发房地产商品的许多特征，使二手房交易环节更多、程序更加复杂、风险也较大。对于地税部门而言，提升二手房交易税收服务水平是立足民生、服务大众的重要内容，山东省莒县地方税务局深入落实“放管服”改革要求，不断优化二手房交易的税收管理服务，简化办税手续，增加了办税便利。截至目前，累计办理 2659 套二手房交易税收业务，入库各项税收共 2867.53 万元。

一、二手房交易税收工作的做法及成效

(一)不断优化纳税服务，全面实现二手房交易的提速增效

二手房交易涉及不动产、税务、房管等多个部门，税收管理和服务是其一个重要的环节，能否在第一时间办理完相关税收业务，决定着二手房交易的整体进展。莒县地方税务局从二手房交易双方的需求出发，采取多种措施，进一步优化了办税流程，大幅提高了业务办理效率，得到了纳税人的一致好评，经调查，满意率达 99.8%。

1. 加强税收政策宣传

利用宣传公告栏、地税门户网站、微信公众号等载体，将《二手房交易的税收政策》《关于减免契税审批方式及流程》等制度，包括二手房交易应纳税种、税率、计税依据、计算方法、税收优惠，以及所需资料、办理流程、注意事项等公布于众，让纳税人一目了然。同时，还可通过办税窗口咨询电话，及时解答纳税人疑难问题。

2. 推行一窗办理

在全县范围内推广房地产税收服务和管理优化升级工作，实现了新房、二手房所有税收一人一机一窗口全部办结，征收机构、涉税资料、办税流程、政策口径、服务标准和涉税票证全部统一。

3. 创新资料预审方式

打造涉税事项“网上预审服务平台”，将二手房交易涉税资料审核前置，提高预约办税效率，实现涉税申请、审核事项的网络化，取得了服务内容、服务手段和服务方式的新突破，优化了纳税服务措施，方便了纳税人，前台办税时间缩短为 3～5 分钟，比以前节省了 30%的时间。

4. 落实容缺办理事项

当遇到纳税人在办理二手房交易涉税业务时，提交的核心资料齐全且符合法定形式，非核心资料欠缺但不影响事后核查的情况下，税务机关可以先行受理办结或流转，事后再由纳税人进行缺件承诺并在规定时间内补齐资料。据统计，截至目前，莒县地税系统办理二手房交易容缺受理事项 231 余件，纳税人对该项措施赞誉有加。

（二）严格落实税收优惠政策，保证二手房交易纳税人利益

认真落实税收优惠政策，规范税收征管执法行为，存在疑点的随时核对和更正，探清交易的真实性，资料的合法性，确保政策落实公开公正公平，执行到位，切实做到应收尽收，应免尽免，在维护好税收法治严肃性的同时，为民生工程建设做出应有贡献。

1. 加强纳税人税收辅导

对前来办理二手房税费申报的纳税人进行耐心辅导，一次性告知其相关涉税事项所需的资料，主动向纳税人宣传讲解二手房交易的税收优惠政策，对个人购买家庭唯一住房（家庭成员范围包括购房人、配偶以及未成年子女），面积为 90 平方米及以下的，减按 1%的税率征收契税；面积为 90 平方米以上的，减按 1.5%的税率征收契税。对个人购买家庭第二套改善性住房，面积为 90 平方米及以下的，减按 1%的税率征收契税；面积为 90 平方米以上的，减按 2%的税率征收契税。符合以下条件免征个人所得税：一是“满五唯一”（满“五”是指购房者拥有房屋的时间等于或超过五年，“唯一”是指业主以家庭为单位家庭成员名下在该省份内，登记在房产局系统里的有且只有这一套房产）；二是继承房产免个税，继承房产出售满五唯一免征；三是将房产无偿赠与直系亲属（父母、配偶、子女），免征税和个人所得税；四是将房产无偿赠与非直系亲属，视同买卖，个税正常缴纳（满五唯一免征）；五是离婚房产分割时，对夫妻共有财产，如果一方放弃房屋归为另一方，不征个人所得税。

2. 做好二手房交易减免税备案

在二手房交易个人所得税及契税减免受理过程中，对纳税人的房屋面积、是否为家庭唯一住房等相关指标严格按流程进行备案，对符合减免税的及时受理备案，确保做到“应减尽减，应收尽收”，使纳税人最大限度地享受税收优惠。截至目前，全县地税系统共减免各项税收 3262.12 万元。

3. 强化税收政策落实执行的绩效管理考核

重视对优惠政策执行情况的监督检查，每年均将优惠政策的落实情况列入绩效考核管理之中，推行税前调查、税中审核、税后稽查“三位一体”，接受群众举报、投诉，强化对执法责任的考核和追究，促进各项优惠政策及时、有效的落实。

二、存在的问题

（一）部门间数据不共享，存在信息壁垒

目前地税窗口与国土、房管部门没有实现端口链接，数据不能共享，各部门均要求纳税人提供各种各自所需的资料，导致纳税人多头跑，资料重复提交，重复审核，加重了纳税人的时间成本等，给纳税人带来不便，间接降低了二手房交易税收办理的工作效率，未能充分满足纳税人最短时间完成房产交易的需求。在日常工作中，税务人员通过核对纳税人所提供的资料，确定纳税人的类型，但税务人员无法辨别纳税人所提供资料的真实性，如认定纳税人家庭住房套数的《不动产登记资料查询结果证明》需要纳税人个人传递纸质资料，导致涉税信息不能被及时了解，同时也为造假提供了可能性。部门间的相对独立，不仅降低了工作效率，还为税收执法管理带来了风险。若二手房买卖双方存在主观故意，利用伪造、变造的证件使自己达到享受税收优惠政策的要求，税务人员容易无法识别虚假证件，此种信息不对称的情形，势必会为税款征收带来风险，同时也造成了纳税人偷税漏税的心理。

（二）二手房交易中介机构监管松散

二手房买卖的交易价格可以通过双方协议约定，其中中介机构是二手房交易的重要桥梁，它们更了解交易双方的需求和市场变化。但是一些中介机构在一定程度上扰乱了二手房交易市场，各种弊端引发了二手房交易双方的强烈反应，而由于利益的驱使，为了促成更多的交易，他们帮交易者钻税法的漏洞，双方通常签订“阴阳合同”，使网签价远低于真实成交价，达到避税的目的，减少了国家税收。

（三）纳税服务质效仍需继续提升

随着二手房交易量的增加，各办税服务厅窗口、契税窗口业务量大幅度增长，虽及时采取了增设窗口、合理分工、延时下班等举措，但窗口排队现象依然存在。这给部分纳税人办理涉税业务、咨询涉税问题带来了不便。当前的纳税服务模式同“互联网+”的时代要求仍存在一定的差距，不能满足纳税人日益增长的纳税服务需求，纳税服务质效亟待进一步提升。

三、建议

（一）打通数据壁垒，实现信息同步共享，进一步提升办税效率

在二手房交易高度市场化，涉及部门众多的形势下，建议由政府主导，地税、房产管理、不动产登记、民政、国税、工商等相关部门的加强交流与协作，打破部门间原有分工壁垒，借助信息技术力量，打造跨部门的综合治税信息平台，实现各部门并联审批、同步联动，彻底实现部门间数据信息交流，推进完税信息与产权交易信息的及时查询、比对，促进信息共享，一方面避免纳税人多跑部门和重复报送材料的现象，另一方面也可以减少地税窗口大量烦琐数据录入、扫描等工作量，提高征管效能，防范税收风险。

（二）强化中介管理，规范代理行为，进一步理顺二手房市场

逐步完善办税中介人员统计工作，针对个别中介公司部分工作人员代理涉税事宜存在不规范行为，及时对中介负责人进行约谈，对中介人员进行税收法律和业务培训，收集整理不规范代理行为，建立“违规办税黑名单制度”，严格调查审核社会中介评估机构的评估价，对于信誉不高的中介机构，加强税务稽查力度，着重排查其办理的二手房买卖业务，严惩偷税漏税行为，不断规范二手房交易市场的税收秩序。

（三）依托“互联网+”，打造“零跑腿”，进一步优化纳税服务水平

积极落实“放管服”改革要求，坚持纳税人需求导向，利用职能部门互联互通共享信息，充分发挥网络优势，依托“大数据”与“云计算”等信息技术，在不断完善涉税事项“网上预审服务平台”的基础上，探索二手房交易网上办事平台，通过让老百姓在网上提交资料、职能部门网上预审资料、网上人脸（指纹）确认、网上核税办税、网上审核办证、证件邮寄服务等一系列举措，切实提升办税效率，真正做到“网上受理、网上办结”，最终实现纳税人二手房交易办税“零跑腿”的便民利民终极目标。

执笔人：安丰阳

税务部门二手房交易办税服务的优化与思考

——以江苏省溧阳市为例

彭 滢 周利民 彭 华 黄黎明 房 健

税务部门进一步深化"放管服"改革是优化税收营商环境、减轻纳税人负担的重要抓手，对于提升税收治理能力，营造稳定公平、可预期的营商环境，具有十分重要的意义。一直以来，纳税人对二手房产交易办理过程中的资料重复提交、多部门往返跑、等候时间长等问题反映较为强烈，由于地税部门处于业务办理的中间环节，需要纳税人在各部门窗口来回排队多次，办事负担较重，所以地税部门改革成为优化纳税服务的方向之一。近日，江苏省溧阳市地税部门就该市目前的二手房交易现状进行调研、梳理、分析，结合全省"3550"改革的要求提出相关建议。

一、目前溧阳市不动产产权证办理的现状

由于溧阳市推行"一手房自助办税"的模式，纳税人只需在自助智能办税机上刷一次身份证、银联卡，即可完成申报、缴税和开具契税完税证明服务，完税信息可从网上实时传递至不动产登记部门，纳税人由以前在四五个窗口多次排队等待，变为无须排队、自助机一次性办理，仅需 5 分钟左右，因而一手房产权证办理时间较短；而二手房产权证办理时间较长，约需 100 分钟，问题主要体现在以下三方面。

(一)办事"多头跑"

房产交易办理权证前要先缴纳契税，这涉及身份证明、婚姻登记、未成年子女、房产登记等多个部门信息，由于不同部门之间管理信息封闭，未能向税务部门开放，因此需要纳税人自行办理各种证明材料，存在"多头跑""多次跑"现象。在二手房产交易办理过程中，纳税人从交易到办理产权证书，需要经过不动产咨询辅导窗口、不动产网签窗口、税务咨询窗口、税务综合窗口、不动产办证窗口、银行窗口缴费、登记中心交件办证、领证等 8 个环节，需要纳税人在各部门窗口来回排队多次，"多头跑"的现象较为普遍，群众反映办事负担较重。

(二)办证时间等待长

由于群众办证需要往返于不动产登记中心、税务部门等窗口，需要"取多次号、排多次队"，据统计平均排队时间在 20 分钟左右。同时由于部门之间的"信息壁垒"，不动产登记中心、税务等部门之间信息相对独立，每个部门需要重复输入相关信息，网签窗口约需要 20 分钟、税务部门约需要 40 分钟、不动产登记部门约需要 20 分钟，再加上每次排队等待时间，群众办理一次二手房产权证需要 100 分钟左右。

(三)资料重复提交

在目前的二手房交易中，系统化思维运用还不够，存在"各管一片、各自审核"问题，相关资料多次重复提交，纳税人意见较大。网签窗口需要提交双方身份证、婚姻状况证明、房土两证或者不动产权证、自行成交声明等 7～8 项证明资料，税务部门需要提交网签合同等 10 项证明资料，不动产部门需要提交房土两证或者不动产权证等 10～11 项证明资料，其中房土两证或者不动产权证、交易双方身份证、双方婚姻状况证明等 5～6 项证明资料为三次重复提交，网签合同为两次重复提交。纸质资料的重复提交既增加了群众的办事成本，也增加了政府部门的审核负担。

二、造成办理时间长的原因

(一)信息共享程度低

由于各部门信息存在壁垒,部门之间的信息流通程度较低,办证过程中需要的身份信息、婚姻状况信息、产权信息等未能够"互联互通",公安、民政、住建等部门的信息相互封闭,部门之间本可开放接口以共享的信息均需要不动产交易双方自行提供,造成可简并资料因未打通共享通道而需要重复提供,这样既耗费了纳税人的时间成本和资料负担,又浪费政府公共资源,需要政府相关部门重复审核、重复存档。

(二)档案管理思路僵化

目前档案保存方式主要以纸质资料为基础,未考虑电子签名、电子信息等"互联网+"的保存方式,加重了不动产交易双方的负担。这一方面是由于部门理念陈旧、思想解放程度不够,主要立足于原有的传统理念,对于新事物接受程度不充分;另一方面是由于上级部门对重要资料考核检查标准老化,上级对下级的督查考核主要是立足于现有的纸质档案检查,基层部门不得不要求群众提供纸质档案以备检查。

(三)信息化建设相对滞后

目前各地税务、住建、民政、公安等与群众密切相关的服务部门已经进驻政务服务中心,群众无须部门之间"来回跑",但由于政务服务中心的信息化建设程度较低,部门之间的信息仍处于封闭状态,群众仍需要在各部门的窗口之间"来回跑",这是造成群众办事等待时间长的重要原因之一。以二手房交易为例,由于政务服务中心未能够牵头打通税务、不动产登记中心、民政等部门之间的信息共享,造成办事效率低。

三、优化二手房交易环节流程的相关建议

构建二手房交易新范式后,纳税人办事无须重复提交资料,可以大幅压缩办税流程,减轻办事负担,相关资料信息通过电子系统自动查询、实时流转,实现"一次取号,一窗受理,内部流转,一单缴费,邮寄送达",通过数据"网上跑"代替群众"路上跑",纳税人无须在多个窗口往返排队重复递交资料,经济、时间成本大大降低,实现纳税人与税务人双减负。据测算,目前办理不动产登记手续的全部时间大约需要100分钟,实行新模式后需要时间30分钟,缩短70%。

(一)加强部门配合

由于二手房交易环节不仅涉及税务部门,还需要多部门配合与协作,政府强有力的支持是推进该项工作的重要基础。因此,建议地方政府成立深化不见面审批服务改革工作领导小组,领导小组由市政府主要领导担任组长,分管领导担任副组长,公安、民政、住建、不动产、政务服务、税务等部门负责人任工作小组成员,形成上下联动、左右协同的工作机制,以确保该项工作顺利推进。

(二)破除信息壁垒

办理不动产产权证需要经过多个环节,涉及的身份、房产等登记信息分散在不同部门,"信息孤岛"是制约房产交易办税便捷化的最重要因素。建议通过建立和开放数据接口,连接国库、银联、金税三期等部门的信息系统,并打通内外网屏障,实现房产交易相关数据的自动采集、自动审核、自动匹配、自动申报、自动反馈。

(三)加强档案集约管理

建议政府整合公共资源,加强不动产办证档案资料的规范和管理,出台不动产产权证办理档案资料管理办法,明确收集、整理、归档、使用等,推行档案电子化管理,实现"一档保存、多元使用"并统一存档管理,以解决群众办理中最大的"痛点"。

（四）整合“各自为政”的征收模式

目前全国较多地区政务服务中心采用“谁受理，谁征收”的模式，即各自征收本部门的税或费，建议参照南京等地区的做法，采用“综合征收”模式，推行“综合受理单”，汇总征收各部门的税或费，征收后的税或费在相关部门之间归集分配，以降低群众“多头缴费”负担。

（五）加强信息化建设

以房产交易不见面审批服务工作为起点，建立“政务服务一体化平台”，先行先试，逐步推行。同时建议扩大政务服务中心的硬件建设，逐步提高服务器容量等，以信息化建设引领不见面审批服务工作，形成具有特色的“3550”改革。在“政务服务一体化平台”建立后，可实现“7×8”小时办理不动产权属证明，解决群众节假日需要紧急办理业务的问题，群众可随时在平台预约办理，相关部门工作人员可以根据群众的办证的紧急程度，帮助群众办理相关事项。同时做好平台宣传辅导工作，编制动画式的操作指南，以提高群众办事效率。

（作者单位：国家税务总局溧阳市税务局）

土地增值税清算管理存在的问题与对策

刘拥军

1994年开征的土地增值税，是房地产企业纳税义务中的一个重要税种，加强土地增值税清算管理，具有许多现实意义。不仅有利于保障收入公平分配，促进房地产市场健康发展；而且有利于增加财政收入，调控房地产行业盈利水平；更有利于贯彻落实税收政策，推进依法治税。但是，在土地增值税清算管理的实际操作中还存在着许多薄弱方面，国家必须引起高度重视并采取切实措施加以解决。

一、土地增值税清算管理中存在的问题

随着土地增值税清算工作的不断推进和深入，一些管理和税政方面的问题逐渐显现，影响了土地增值税清算管理工作的开展。主要表现在以下方面：

（一）税收政策宣传力度不够

税务机关对土地增值税政策宣传和培训辅导力度不够，造成企业财务人员对土地增值税清算政策不了解，清算意识淡薄，填报土地增值税申报表和提供相关资料困难，清算阻力较大。另外，税务系统真正懂得土地增值税清算的人又较少，缺乏相关知识储备，如开发成本核算、工程造价评估等，给土地增值税清算带来不便。由于清算工作滞后，税务机关积压了大量符合清算条件的开发项目。要求纳税人对前期符合清算条件的项目全部一起清算，一方面使纳税人申报缴税压力增大，另一方面税务机关审核工作量剧增，清算工作量大。

（二）税务机关缺乏专业审核人员

税务机关对土地增值税清算的审核是规范土地增值税清算的重要环节。目前，由于没有数据积累，还没有相应的土地增值税评估指标和预警值，因此清算工作主要还是以案头审核为主。单纯的案头审核，弊端在于审核工作量大，不能通过对纳税人账目的审计分析和实地勘察，判定其申报的真实性、合法性和配比性。有的地方在土地增值税清算过程中，通过引入第三方中介机构提供鉴证服务的方式来提高审核效率，但往往不加筛选，将全部清算项目推送给中介机构，这样的操作方式缺乏科学性和有效性。而房地产开发经营周期长、组织形式与经营方式灵活、成本项目复杂、财务核算不规范等，增加了审核的难度。税务审核人员对房地产开发流程不熟悉、缺乏成本核算和工程造价的专业知识，也给审核工作带来一定的执法风险，影响审核的效率和质量。

（三）清算情形难以准确掌握

按照《国家税务总局关于房地产开发企业土地增值税清算管理有关问题的通知》（国税发〔2006〕187号）与《关于印发〈土地增值税清算管理规程〉的通知》（国税发〔2009〕91号）的规定，土地增值税以国家有关部门审批的房地产开发项目为单位进行清算，对于分期开发的项目，以分期项目为单位清算。具体情形包括：一是房地产开发项目全部竣工、完成销售的；二是整体转让未竣工决算房地产开发项目的；三是直接转让土地使用权的；四是已竣工验收的房地产开发项目，已转让的房地产建筑面积占整个项目可售建筑面积的比例在85%以上，或该比例虽未超过85%，但剩余的可售建筑面积已经出租或自用的；五是取得销售（预售）许可证满三年仍未销售完毕的；六是纳税人申请注销税务登记但未办理土地增值税清算

手续的；七是省（自治区、直辖市、计划单列市）税务机关规定的其他情况。通常认为，前三种情形属于应当清算情形，后四种属于税务机关要求清算情形。对于应清算的情形，税务与企业较易沟通一致，而对于要求清算情形的，实践中较难把握。而实际工作中，由于房地产项目多是分期开发、分期施工、分期销售，项目工程结算分期进行，企业不及时结转建筑安装成本，导致竣工决算延后、房地产开发成本不真实。

（四）销售折扣政策规定待明确

在开发产品的销售过程中，有时会出现由于人情关系、商业促销、质量问题等原因而给予一定的销售折扣。对于销售折扣，在增值税的相关税收政策中有着较为明确的规定，即只有将折扣与价款开具在同一张发票上，才允许在销售额中予以扣除，否则不论在财务上如何处理都不予扣除。土地增值税的政策中并未明确规定，而且房地产企业的销售折扣一般都直接体现在发票上，但这种销售折扣肯定要有一个合理的控制范围，否则将直接影响到土地增值税的税基。另外，近些年房地产市场又出现了“一房一价”的销售方式，即对同一房地产开发项目内的开发产品，在销售时根据楼位、层次和户型等因素，确定不同的销售价格。压低销售收入有利于销售双方加上现金补偿交易，给税务部门确认销售收入带来了较大的难度与不确定性。

（五）建筑施工成本查证难度大

建筑施工成本（包括前期工程费、建筑安装工程费、基础设施费、开发间接费用等）是房地产开发中最大的一项支出，也是土地增值税清算中存在问题最多、涉及内容最多、查证难度最大的项目。这方面最突出的问题就是人为增大建筑成本，主要表现在：一是开发企业与建筑企业互相利用，多开建筑安装发票；二是重复列支建筑材料发票与金额；三是虚构工程项目、工程量。这些问题，特别容易出现在建筑施工企业是其关联企业、工程采用包工包料形式的情况。但由于税务干部对纷繁复杂的建筑施工知识匮乏，无法一一分辨各施工项目所需的材料、设备、构件、人工等，基本没有办法去核实真实的建筑施工成本。建筑材料市场管理又比较混乱，现金交易居多，部分企业舍近求远到外地采购，税务人员核实难度很大。

（六）开发项目成本费用核算复杂

由于房地产开发项目的开发周期一般都较长，不少项目采取分期开发或滚动开发的方式，财务核算较复杂，清算和管理工作难度较大，计算过程烦琐，核查资料众多，计算结果并不能真实反映企业在开发房地产时实现的利润。如计算房地产开发费用和加计扣除额时，是直接按照取得土地使用权支付的价款和房地产开发成本两者之和的 30%进行扣除的，而不论企业是否实际发生这些费用；再如企业销售不动产缴纳的流转税（根据财税〔2016〕36 号文的规定，自 2016 年 5 月 1 日起，在全国范围内全面推开“营改增”试点，房地产业由缴纳营业税改为缴纳增值税）是以预收款作为计税依据的，与清算时的销售收入并不对应、不匹配，尤其是企业同时开发多个楼盘时，核对起来费时费力；还有就是因基础资料不全，分不清是哪个清算项目发生的成本费用时，只能统统归入其中一个项目，也势必会造成有的清算项目多计税、有的清算项目少计税的情况。

二、加强土地增值税清算管理对策

土地增值税清算管理是一项专业性很强的工作，也是房地产企业和税务管理人员共同关心的税收问题。因此，做好土地增值税的清算工作，不仅需要加大税收政策力度，统一税收执法口径，还需要征纳双方共同配合，努力协作，严格依照税收政策执行。

（一）加强政策宣传培训力度

一是税务部门应利用各种媒体加强对房地产开发企业的土地增值税知识宣传，及时将税收政策调整变化告知房地产企业，提高房地产企业对土地增值税的认识，提高纳税人尤其是企业领导和财务人员主动纳税意识。二是通过举办纳税人土地增值税业务培训班，辅导和监督企业财务人员正确核算成本费用，提高办税人员的专业知识水平，使纳税人严格遵守税收法律法规。三是加强对税收管理人员的业务培训，有针对性地对土地增值税清算相关知识进行培训，让税务人员参与土地增值税清算审核，理论结合实践，培养土地增值税清算专业人才。

(二)统一土地增值税清算口径

目前各地对清算口径的要求尚不一致，如果不进行规范，将会造成政策执行混乱，税负不公。针对票据不合法、不规范，建筑安装成本不能及时结转影响土地增值税清算工作的，涉及确定收入的从高核定，涉及成本的严格按照规范的票据参照公允价格从低核定，制定具有指导性的规定和标准。对那些弄虚作假，难以查实的，可以制定一个建筑安装工程费标准，这个标准要因城施策、因地制宜，具有公平合理性和指导性。

(三)引入施工成本审核机制

针对建筑施工成本存在问题最多、涉及内容最广、查证难度最大的问题，建议在工程造价的核实方面引入中介机构审核机制，由税务部门委托有资质的中介机构对房地产开发企业的建筑施工成本进行全面审核，并出具工程造价的审计报告书作为税务部门进行土地增值税清算的参考依据。对于房地产开发企业报送的相关成本资料不全或不实的，依照国税发〔2006〕187 号文件规定，可以参照当地建设工程造价管理部门公布的建安造价定额资料，结合房屋结构、用途、区位等因素，核定部分开发成本的单位面积金额标准，具体办法由省级税务机关确定。

(四)加强土地增值税评估工作

税收机关要充分地利用纳税评估这一有效手段，在土地增值税的清算工作中发挥其作用。通过深入房地产企业了解商品房的开发、销售等情况，采用约谈等方式了解房地产企业的资金变化、销售收入等情况，认真对清算申报资料、成本项目归集、数据计算的准确性等方面开展审核和评估，掌握土地增值税清算的第一手资料，真正做到心中有数，扎实推进土地增值税评估工作开展。

(五)有效发挥中介机构作用

新一届国务院对进一步转变政府职能、改善公共服务作出重大部署，明确要求在公共服务领域更多利用社会力量，加大政府购买服务力度。《国务院办公厅关于政府向社会力量购买服务的指导意见》(国办发〔2013〕96 号)，对政府向社会力量购买服务明确了总体方向和要求。由于土地增值税清算业务内容繁杂，涉及专业知识多，工作量大，单靠税务机关的力量，难以保质保量地完成。因此，税务机关应积极争取政府部门的支持，采取政府招标、中介机构参与、税务部门监督、财政预算支出的方式，充分利用中介机构的专业力量和智力资源，提高土地增值税清算审核质量。

(六)做好清算后续管理工作

根据《国家税务总局关于房地产开发企业土地增值税清算管理有关问题的通知》(国税发〔2006〕187 号)有关规定，在土地增值税清算时未转让的房地产，清算后销售或有偿转让的，纳税人应按规定进行土地增值税的纳税申报，扣除项目金额按清算时的单位建筑面积成本费用乘以销售或转让面积计算。在对房地产税收的管理中发现，当剩余房产全部销售结束后，纳税人一般要对全部房产进行一次统算，税务部门也应及时跟进，配合企业从收入确定、项目扣除、成本分摊、价格因素等方面进行一次统算，确保土地增值税征管到位。

(作者单位：国家税务总局天津市南开区税务局)

我国房地产税改革的思考与建议

卢 山 赵思南

近年来，在建立房地产调控长效机制的讨论中，房地产税征收一直是一个广受关注的话题，充满了争议。

房地产税是一种古老的税种，在我国征收的历史非常久远。在唐代，“廛(chan)布”拉开了房地产税征收的序幕，随后，各朝各代设置了五花八门的称谓来对房产进行征税。中华人民共和国成立后，对全国统一开征了房产税，并将房产税和地产税合并为房地产税。20世纪70年代，我国把对国营、集体企业征收的城市房地产税并入了工商税。20世纪80年代，我国进行了工商税制的改革，重新恢复了房地产税，并且颁布了沿用至今的《中华人民共和国房产税暂行条例》。

2010年，国务院出台了“新国十条”，发改委也在《关于2010年深化经济体制改革重点工作的意见》中，明确指出要推进房产税改革。

2011年，重庆市、上海市两地政府结合自身的情况制定了房产税的改革方案，并作为试点开始试行新的房产税。

2018年的“两会”期间，房地产税再次成为社会关注的热点。为什么要改革房地产税，成了百姓最关心的问题。由于房地产税是在我国房地产市场迅速发展、房价快速上涨的背景下提出的，因此房地产税改革往往被赋予“调控房价”的期待。同时，“保证地方财政收入”一时间也成了舆论的主流声音。其实，房地产税改革的目标取决于公众对房地产税作用的理解和预期，也就是首先要搞清楚为何要征收房地产税是偏重受益原则，还是偏重发挥房地产税调节财富的分配作用？这直接决定了改革的方向以及改革的各个细节。

一、开征房地产税目的

笔者认为，动议开征房地产税的目的主要有以下几点。

(一)保障地方财政收入

房地产税属于财产税，而财产税是当今世界大多数国家普遍设置的税种，是一个国家税收体系的重要组成部分，是构成西方国家地方政府财政收入的重要来源，占地方财政收入的50%以上。而在我国，根本没有建立规范的财产税制体系，财产税不仅税种单一，而且征税范围窄、税收规模小。自1994年实行分税制体系以来，我国存在严重的“财权上移，事权下移”现象，多个地方政府已经出现负债现象。地方政府除了营业税外没有稳定的大宗税收来源，更没有成型的地方税体系。这种税制结构无法保障地方政府对财政收入的基本需要。很多地方政府只能依靠出卖土地使用权获取收入，在土地出让环节只关注一次性把地价拿足，征收大额土地出让金，从而导致“地王”层出不穷。中国指数研究院公布的《2017年全国300城市土地交易报告》数据显示，2017年土地出让总金额为40632亿元，同比增长38%。土地出让金收入占财政收入的比重约40%，其中江西、重庆、江苏和安徽的占比甚至超过60%。同时，政府在房地产各环节设置了各种各样的收费，造成“以费挤税”“费大于税”的现象。开发商则把此费用以高房价的形式转嫁给消费者，使人们的购房负担日益加重，最终导致人们对现有房地产市场以及我国税制结构产生不满情绪。因此，动议开征房地产税，并有专家建议将房地产税列为地方税种，一个不可忽视的目的就是通过财产税制改革拓宽税基,增加地方财政收入。

(二)对房地产市场进行管控

房地产税的征收在持有环节,这能够减少房地产市场的投机行为,抑制房价强劲上涨的趋势,从而保证房产市场的稳定。将房地产税改革同房地产市场调控有机结合起来,能够发挥税收政策调节住房的积极作用,对居民的住房消费发挥正确引导的作用,从而进一步促进房地产行业的健康发展。

(三)引导居民理性购房

对于投资者而言,房地产税的征收,将增加房地产投资收益的不确定性,降低投资者的收益预期。投资者想要获得收益,房价的涨幅就必须要超过税收和持有成本。开征房地产税,进一步加大了投资者的风险,对其投资行为有很强的制约性。对于拥有多套房产的投资者,为了减少房产的持有成本,会对房产进行买卖或者出租,这对于房地产市场来说则是增加了供给,让存量房合理流动。长远来看,开征房地产税是有利于引导居民理性购房的,对房地产市场的稳定起促进作用。

(四)缩小贫富差距,调节居民收入,优化资源配置

财产税是通过对高收入者多征收,对低收入者少征收或者不征收,以调节富裕阶层财富为主的税种,其目标是通过对社会财产的征税,缩小贫富差距。房地产税是对纳税人不动产的征税,对富人的财产和收入起着调节作用,因为房地产价值越高的人,交税越多。通过设置免征额,对一般家庭和贫穷家庭只征收比较少量的税甚至不征税。通过房地产税的这种有效的调控方式,有利于加强对富人财富的调节,缩小贫富差距,缓解社会矛盾。同时,也有利于优化房地产的资源配置,使占有房产较多的人,为减轻税收负担主动出让部分房屋,这样就可以起到调节房产余缺的作用,促进房屋资源的优化配置。

(五)有利于促进地方政府克服短视行为

政府为保证其长期收益而注重改善投资环境,从而为促进中国房地产业的发展创造条件。

然而近年来,随着我国经济形势的不断变化,各项改革措施的不断深入,房地产税改革的目标也应该顺应形势发生微调。据统计,2018 年第一季度,全国税务部门组织税收收入(已扣减出口退税)39243 亿元,同比增长 17.8%,延续了 2017 年以来税收收入平稳较快增长的态势,反映了我国经济发展实现良好开局。2018 年 4 月 19 日,在国家税务总局举行的新闻发布会上,税务总局收入规划核算司副司长郑小英表示,2018 年第一季度实现了税收收入数量和质量的双提升。数据表明,我国近年来的税收收入持续高速增长。同时,根据上海市税务局公开的税收收入统计情况,房产税开征前和开征后,它在总税收收入中所占比重基本持平,这说明房产税在总体税收收入中所处的地位基本没有改变,对地方整体税收格局影响不大。2018 年,国地税合并的进程正式开始,“两税”合并后,国家财政可以统一协调中央和地方的财政格局。因此,“保障地方财政收入”似乎已不是房地产税改革的主要目标。

此外,从国外经验和我国试点情况来看房地产税对房价的抑制作用也不明显。房地产税的开征对众多的炒房者形成了威慑,在一定程度上打击了房地产的投机行为,对房价的降低能起到一定的促进作用。作为房地产保有环节税收,房地产税能够降低房地产投资、投机的获利空间,从而降低投资和投机需求,减少房屋空置率,具有一定的调节房价的功能,但绝不是调节房价的工具。以上海市实行房产税改革的几年来看,其住房价格指数在一段时期内有小幅降低且比较稳定,但很快便开始上涨,并且涨幅很大,势头强劲,2011 年甚至高出 2010 年将近 20 个百分点,这表明房地产税的改革并没能有效地抑制房价的上涨,对房价调控的作用不明显。这一点在各国的经验中也可以得到验证。仅有日本、韩国等少数国家采用保有环节房地产税收来调节房地产市场,而且效果并不理想,此外在其他国家,并没有此类工具。

二、我国房地产税改革建议

既然如此,我们对于房地产税改革的目标重点就应调整到调节居民收入、缩小贫富差距、促进房地产

行业的健康发展等方面。而改革目标的调整，势必影响到征收范围、征收方式以及税率的各个细节。基于以上观点，笔者认为房地产税改革应着重考虑以下问题。

(一)科学确定征税范围

“普遍征收”还是“只征高端和多套”是目前争议较多的问题。从国际经验看，“普遍征收”的好处至少包括三个方面。第一，在纳税人税负较低的同时，政府可获得可观的房地产税收入，即“宽税基，低税率”。第二，当地居民可在缴纳房地产税的同时获得良好的地方公共服务，在体现“受益原则”的同时减少居民对公共服务“搭便车”的现象。第三，房地产税用于地方公共服务，公共服务水平的提高也促进了房地产价值的增加，因此居民普遍缴纳房地产税也有利于形成“房地产税、地方公共服务与房地产价值”间的良性循环。但是，“普遍征收”的做法也面临着一些挑战。一是“普遍征收”涉及的纳税人众多，征收成本比较高。但随着批量评估和征管技术的发展，房地产税的征管成本正在降低。二是“普遍征收”涉及的人群广泛，如果征管措施不当，缺少必要的纳税宣传，更容易引起纳税人的抵触。三是可能出现税额与家庭收入不匹配的现象，使部分中低收入人群的税负过重。在中国关于房地产税改革的讨论中，很多人提出了“只征高端和多套”的方案。这种方案在上海和重庆两地的个人住宅房产税试点中已经有所实践。其优势:第一，更多地发挥房产税调节家庭住房财产的功能。第二，纳税人范围小，征收成本较低，公众反对较少。未来中国的房地产税改革，有必要在两种方案之间寻求平衡点，笔者更倾向于后者。

(二)充分考虑国民的民生保障

我国的房地产税改革应该充分保障国民的基本生活需求以及合理的投资需求。在我国现有的社会制度下，按人均居住面积为标准征收房地产税较能够体现公平的原则。住房超过了人均居住面积，才需要缴纳房地产税，人均房屋使用面积越大，税率越高，也可实行累进税率制度。参照上海市试点情况可以看到，以一个三口人的居民家庭为例，如果这个居民家庭原来已拥有一套 50 平方米的住房，现又新购一套 120 平方米的住房，该居民家庭全部住房面积为 170 平方米，人均住房面积为 56.67 平方米，未超出人均 60 平方米的免税住房面积标准，因此，该家庭此次新购的这一套 120 平方米的住房可暂免征收房地产税。同时，在物价上涨期，房产作为百姓投资工具，几乎是每个家庭资产安全的“救命稻草”。既保证国民合理的投资需求，也与我国 2020 年全面建成小康社会的目标相吻合。另外，几乎所有征收房地产税的国家都设计了一些减免规定，还有一些国家对低收入人群、残疾人、老年人等设计了特殊的税收减免。主要目的是避免个人或家庭的房地产税负担过重，以保护居民基本住房权利。我国对住宅和低收入等人群的房地产税减免可以分成直接免税、限制评估价值、限制税率、限制纳税额四类。

(三)妥善处理房地产税和土地出让金的关系

土地出让金与房地产税二者之间的联系十分密切，无视土地出让金因素，轻率征收房地产税，对于支付了高额地价的业主来说，显然是不公平的。在没有房地产税的情况下，买房人每平方米愿意出一万元，但是如果每年还要征收 2% 的房地产税，可能情况就会变化。在这种情况下，我们不能否认土地出让金与房地产税存在相当的互斥关系。已经支付了高额出让金的土地，至少在征收房地产税时应当考虑这一因素，适用较低税率或者设定相应的免征条件。

(四)妥善处理房地产税和物业费关系

房地产税立法时还有一个需要仔细考量的问题，就是如何处理其与物业费的关系。如果开征房地产税，就必须要界定清楚其与物业费的关系。换言之，物业服务中的内容，哪些应该交给政府来维护，哪些可以交给物业公司来提供，这些都需要进一步划清。否则就会出现业主在缴纳了房地产税之后，还要缴纳物业费，去承担本应由政府来承担的开支，客观上造成双重征税的结果。这一点在立法时也必须认真考虑。

总之，房地产税改革的目的并非简单的“加税”，而是应将改革重点放在调节居民收入、缩小贫富差距、促进房地产行业的健康发展上来。改革应当在调整现行房地产相关税收,清理不合理收费的基础上进行,推动房地产相关税收结构的调整。改革既要立足当前,又要着眼长远,兼顾税收调控和筹集财政收入功能,充分发挥税收取之于民用之于民的本质。

(作者单位:国家税务总局本溪市税务局)

消费税环境保护税及其他相关税种

环境保护税征收管理要素分析与思考

江苏省淮安市国际税收研究会课题组

《中华人民共和国环境保护税法》(以下简称《环境保护税法》)于2016年12月25日通过,自2018年1月1日起施行。《环境保护税法》是党的十八届三中全会明确"落实税收法定原则"后的第一部税法。加强环境保护税的征收管理,必须重视其征收管理的各个要素,发挥各个要素间的协调与配合,使之更加完善。具体地说,环境保护税征管要素有征税范围、计税依据、适用税额、免征情形、减征优惠、纳税期限、征管模式、部门协作机制、污染物排放量计算、纳税信息资料和排污评估等。环境保护税征收管理要素的正确运用,发挥各个要素间的精准有效衔接,对提高税收征收管理的效率与质量有着十分重要的作用,应引起各级税务机关的重视。

一、环境保护税法理内涵与现实意义

环境保护税源于排污收费制度,我国于1979年开始排污收费试点,通过收费这一经济手段,促进企业加强环境治理、减少污染物排放,对我国防治环境污染、保护生态环境起到了重要作用。但在实际执行中,环保部门征收排污费存在征管措施不完善、缺乏强有力的行政强制手段、地方政府和部门干预等复杂问题,常常出现核定出费额却无法实施有效征收的现象,实际征收中存在着大量的协商缴费,影响了排污收费制度功能的正常发挥,"排污费改环境保护税"的呼声日益强烈。党的十八届三中全会与四中全会明确提出"推动环境保护费改税""用严格的法律制度保护生态环境"。

排污费改征环境保护税进一步理顺了税费关系、完善了地方税费体系,依靠税务机关健全的税收征管体系,改进和强化了环境保护制度的手段。"费改税"后,税务机关将环境保护税纳入统一的税收征管体系进行征收管理,既提高了征收效率,又降低了征收成本,税务机关对不依法履行纳税义务的纳税人可以按照《中华人民共和国税收征收管理法》予以强制执行。

党的十九大报告要求"必须树立和践行绿水青山就是金山银山的理念""加快建立绿色生产和消费的法律制度和政策导向,建立健全绿色低碳循环发展的经济体系""推进资源全面节约和循环利用"。《环境保护税法》第一条"为了保护和改善环境,减少污染物排放,推进生态文明建设,制定本法",充分说明了环境保护税的立法主旨是保护和改善环境,是贯彻落实党中央确立的绿色发展理念、推进生态文明建设的具体实践,是习近平总书记"绿水青山就是金山银山"理念的具体落实。

二、环境保护税征收管理应遵循的原则

(一)税收调节职能原则

税收有两大职能,一是财政收入职能;二是经济调节(社会)职能。环境保护税主要是发挥税收杠杆调节作用,提高纳税人环保意识和遵从度,强化企业治污减排责任,促使企业加强环境治理,减少污染物排放。构建促进经济结构调整、发展方式转变的绿色税制体系,强化税收调控作用,提高全社会环境保护意识,推进生态文明建设和绿色发展。实施环境保护费改税不是为了增加财政收入,而是促进环境保护,其生态意义、社会意义远大于财政意义。

(二)费税标准平移原则

为保障排污费制度向环境保护税制度的平稳转换,环境保护税费改革后的税额标准基本是平移之前各地确定的2018年排污费征收标准。

(三)循序渐进原则

环境保护税的征税对象大体上延续了以前排污费的征收范围,但又略有差异。对于目前争议比较大的二氧化碳、监测难度较大的建筑施工噪声、污染物排放量计算非常复杂的挥发性有机物(VOCs)等都没有纳入环境保护税的征收范围,待这些污染物具备征税条件时再考虑将它们纳入环境保护税的征税范围。

(四)有利征管原则

环境保护税的征收管理涉及税务、环保两个部门,税务机关负责税款的征收管理,环保部门负责对污染物的监测管理。《环境保护税法》及其实施条例利用较多的篇幅对双方的职责、征管配合工作等事项予以明确。

三、环境保护税征收管理的瓶颈与原因分析

(一)征收管理涉及部门多且各方职责不够明晰

环境保护税的一个显著特点是其征收管理流程涉及多个政府部门,是目前我国唯一在税法层面就明确部门征管职责分工的税种。《环境保护税法》第十四条明确税务机关负责税款的征收管理、环保部门负责对污染物的监测管理,环境保护税的征收管理需双方紧密协作,仅靠地税机关的力量无法完成环境保护税的征管工作。《环境保护税法》及其实施条例对税务机关、环保部门间的信息共享、数据复核、联合核定应纳税额等进行了原则性的规定,但对双方在税收征管流程中各环节的职责边界及具体执行规范没有明确,容易导致双方出现责任划分不清、职责推诿现象。

(二)信息共享机制平台不完善

环境保护税征管流程涉及多个部门,部门之间需要交互征管数据信息。税法及其实施条例对税务、环保部门间的数据信息共享进行了原则性的规定,并且要求各地税务、环保部门间构建信息共享平台,实现环境保护税征管数据及时共享,提升征管质效。全国税务系统已于2016年底实现征管系统的统一,但是全国环保系统目前还没有一个统一的信息化系统,搭建全国统一的环境保护税征管数据共享平台难度较大。环境保护税法实施条例要求国务院税务、环境保护主管部门制定信息共享平台技术标准以及相关规范,信息共享平台的实现交由各地自行实现。排污单位的基本信息、污染物排放数据、环境违法及处罚信息、数据复核信息等征管必需数据都要求通过信息共享平台实现共享。可以说信息共享平台是否完善将直接影响环境保护税征收管理工作的好坏,各地须加快建成环境保护税涉税信息共享平台。

(三)数据复核标准及流程不完备

税法规定税务机关应当将纳税人的环境保护税纳税申报数据资料与环保部门交送的相关数据资料进行比对,税务机关发现纳税人的纳税申报数据资料异常或者纳税人未按照规定期限办理纳税申报的,可以提请环保部门进行复核。环境保护税法实施条例第二十二条列举了纳税申报数据资料异常的两种情形,但在具体表述上采用的都是“明显偏低,且无正当理由”,未给出具体偏低程度,需各地自行判断。另外,在实际征管中,可能会出现纳税人对环保部门复核调整后的数据提出异议的情况,此时该如何处理,环境保护税法及其实施条例并未明确规定。

(四)污染物排放量确定难度较高

环境保护税的计税依据主要是污染物排放量,环境保护税法第十条规定了污染物排放量的计算方法及顺序。根据以往排污费征收的情况看,污染物排放量的确定一直是个难题。自动监测设备价格昂贵,

一次性投入资金量大，中小型企业基本负担不起；监测机构监测数据存在监测时点无法覆盖生产全过程、有可能选择性监测的现象，导致监测数据无法真实反映污染物实际排放量；排污系数、物料衡算方法反映的是各行业一般生产技术条件下的污染物排放量，是根据调查统计得出的一般参数值，与污染物实际排放量出入较大；面向小型企业、第三产业企业的抽样测算核定征收方法，目前缺乏科学有效的指标体系，各地出台的特征值指标体系相差较大，不能科学反映企业污染物排放量。

（五）行政复议、诉讼责任不明晰

环境保护税法第二十条规定，税务机关发现纳税人的纳税申报数据资料异常或者纳税人未按照规定期限办理纳税申报的，可以提请环保部门进行复核，税务机关应当按照环保部门复核的数据资料调整纳税人的应纳税额。环保部门的复核意见属于环境保护税征收管理的内部流程事项，并不直接对纳税人产生行政效力，对纳税人直接产生行政效力的是税务机关依据环保部门复核意见下达的行政征收决定书。纳税人如果对环保部门的复核意见有异议，只能对税务机关下达的行政征收决定书提出行政复议或诉讼，而不能对属于内部流程的复核意见提出行政复议或诉讼。从行政救济的角度看，应允许纳税人对环保部门的复核意见提出不同意见，环保部门也应充分考虑纳税人的意见，对复核意见予以重新审核。

（六）部分污染物税款征收困难

大气污染物中的一般性粉尘包含工业粉尘、施工场地扬尘等。其中施工场地扬尘的行政管理，涉及环保、住建、市政、街道办、征收办等多个政府部门，施工人具有临时性、突发性、易变性、政治任务性等特点，税务机关征收施工场地扬尘环境保护税没有相应的抓手，难度较大。

（七）联合核定、税收检查规范机制待健全

对不能按照环境保护税法第十条前三项规定的方法计算污染物排放量的，应采取抽样测算方法计算污染物排放量，核定征收环境保护税。环境保护税的核定征收包含对污染物排放种类、数量和应纳税额的核定，情形复杂、涉及面广，单靠税务人员进行核定难度很大，需税务、环保两部门共同开展税款核定工作。对哪些纳税人和行业实行核定征收以及具体如何核定征收，环境保护税法及其实施条例没有明确规定，需各地自行探索实施。环境保护税的应纳税额与污染物排放种类、数量直接相关，税务机关核实应纳税额，实质上是要核实纳税人应税污染物排放的种类、数量，纳税人排放什么样的污染物、排放多少数量等都需要环保部门来认定。税务机关在实施环境保护税税收检查时，需要环保部门协同配合，环境保护税法在这方面也做了原则性的规定，双方协作配合的机制等仍需进一步明确细化。

（八）数据比对、风险识别急需加强

环境保护税的征管模式是纳税人自行申报缴纳，税务机关按照环保部门提供的污染物监测数据与纳税人自行申报数据进行比对分析，并结合风险识别模型，加工生成风险疑点推送风险应对。税务人员普遍对污染物排放量的计算方法不熟悉，对排污系数、物料衡算方法等不了解，实施环境保护税税收检查时，很大程度上要依赖于征管系统的数据比对、风险识别结果。可以说数据比对、风险识别工作开展的好坏直接影响到环境保护税征管质量的好坏。环境保护税开征时间不长，税务机关对污染物排放的知识了解不多，现有的环境保护税风险识别模型很少，亟须增加模型种类及数量。不同行业企业所涉及的污染物排放种类不同，相同行业不同工艺产生的污染物种类也不相同，排污系数、物料衡算方法非常复杂，这些都严重制约了环境保护税风险识别模型的建立及扩充。

四、环境保护税征收管理机制及相关措施

（一）明确相关部门职责、细化分工协作

税务机关应积极推动建立地方政府领导下的环境保护税征收管理协作机制，税务、财政、环保、住建、农委等相关部门在地方政府的领导下，明确各自职责，结合各地实际情况，细化协作分工，确定工作职能

边界，避免责任不清、推诿扯皮现象发生。在确定各部门职责分工的基础上，进一步细化明确环境保护税征收管理部门间协作机制，推进环境保护税征收管理流程制度化，部门协作配合常态化。各地应充分依靠政府综合治税网络，推动建立环境保护税征管工作联席会议制度，统筹协调环境保护税开征过程中的重点、难点问题。

（二）建立健全涉税信息共享平台与工作配合机制

省级地税、环保部门应按照国家税务总局、环境保护部制定的涉税信息共享平台技术标准以及数据采集、存储、传输、查询和使用规范，建立全省统一的环境保护税数据共享平台系统，省市县三级地税、环保部门利用数据共享平台进行涉税信息数据共享。同时省市县三级地税、环保部门还应结合环境保护税征管流程与数据共享平台，制定信息共享协作办法，探索不仅限于税法条例规定共享的涉税信息的交换，实现用信息管税，用数据说话。

（三）优化数据复核标准及流程

各地税务机关应会同环保部门对纳税人纳税申报数据资料异常的情形予以进一步明确，包括但不限于条例第二十二条列举的两种情形。双方还应对纳税申报数据资料异常的情形予以量化，给出污染物排放量明显偏低或者申报数据明显不正常的界限，统一政策执行口径，限制自由裁量权的使用。税务机关应当按照环保部门复核的数据资料调整纳税人的应纳税额，纳税人对税务机关调整的应纳税额有异议的，实质上是对环保部门复核意见有异议，此时，应允许纳税人向环保部门提出自己的异议。建议税务机关提请环保部门复核时，应同时将复核申请书抄送给纳税人；环保部门向税务机关出具复核意见时，也同时抄送纳税人；纳税人对环保部门的复核意见有异议的，允许纳税人直接向环保部门提出申诉，环保部门应充分考虑纳税人的意见，给出复审结论。

（四）完善污染物监测，提高污染物排放量计算准确度

环境保护税能否准确征收实质上取决于纳税人的污染物排放量是否计算准确。环境保护税法第十条规定了污染物排放量的四种计算方法，且按照计算方法的精准程度排序。从税款征收角度看，应尽量采取环境保护税法第十条靠前的方法计算污染物排放量。国家、地方应对纳税人用于污染物自动监测设备、委托监测机构监测的投资予以资金和政策支持。国家可以对污染物自动监测设备投资予以增值税、企业所得税等政策抵免，鼓励企业加大投入，增加污染物自动监测设备；对企业委托第三方监测机构监测的，也可以给予一定的财政补贴或者税收优惠；地方政府还可以探索政府购买服务的方式，由政府集中采购第三方监测机构污染物监测服务，定期对排污企业进行监测，既可以减轻企业负担，还可以避免第三方监测机构收企业费用替企业“说好话”的现象。

（五）厘清法律责任，健全数据复核流程

地税、环保部门间应进一步建立健全排污信息复核机制，增加环保部门的复审流程。环保部门向税务机关出具复核意见后，税务机关应按照环保部门的复核意见调整纳税人的应纳税额，纳税人对调整后的应纳税额有异议的，可以直接向税务机关提出复审请求，税务机关应提请环保部门对相关数据予以复审，环保部门应充分考虑纳税人的复审请求，对复核意见予以复审，复审后向税务机关出具复审决定，税务机关按照复审决定确定纳税人的应纳税额，纳税人仍有异议的，可依法进行行政复议或行政诉讼。纳税人对税务机关依据环保部门的复核意见作出的征收决定提起行政复议或行政诉讼的，应将环保部门列为第三人参加行政复议或行政诉讼。

（六）依靠综合治税，加强特殊污染物税款征收管理

税务机关要依靠政府综合治税机制，积极会同财政、环保、住建等相关部门，联合商讨施工场地扬尘环境保护税征管办法，借助住建、交通、水利、城管、房屋征收等施工场地行政管理部门对扬尘控制措施监督检查，督促施工单位如实进行纳税申报，建立部门间联动协作机制，及时通报相关信息，以确保各施工

工地均纳入环境保护税征收管理。税务机关根据有利于税收征管和方便纳税的原则,还可探索实施委托住建等施工场地行政管理部门代征施工场地扬尘环境保护税的征管方式,强化扬尘环境保护税的征收。

(七)进一步建立健全联合核定、检查机制

省级地税、环保部门应及时按照抽样测算方法,分行业、分规模、分污染物排放处理水平开展排污企业典型调查统计,通过选取一定数量具有代表性的排污企业,深入了解其生产经营状况、污染物排放情况等信息,制定本地区分行业、规模的排污特征指标及系数表。各地税务机关、环保部门应形成联合核定税款的工作机制,成立联合核定工作小组,日常化运作。联合核定工作小组依纳税人申请或依职权定期核实纳税人适用的行业类别、应税污染物种类、数量和应纳税额后,由税务机关向纳税人下达《税务事项通知书》,通知纳税人按照核定结果定期缴纳税款。地税、环保部门应建立检查协作机制,税务机关在实施环境保护税税收检查时,环保部门予以协作配合,对纳税人污染物排放种类、数量等信息予以确认;双方还可以建立联合执法检查机制,每年市、县两级地税、环保部门联合开展环境保护税征收专项检查工作,重点加强对采取排污系数法、物料衡算法、抽样测算法等方法计算污染排放量纳税人的检查。环保部门对违法排放污染物企业实施环境保护行政处罚后,应当及时将处罚信息告知地税部门,地税部门根据环保移交的数据核定企业应纳税额。

(八)迅速扩充环境保护税风险识别模型

税务机关应邀请环保部门专家对污染物排放量计算方法进行梳理,形成分行业、分规模、分生产工艺的污染物排放量计算风险识别模型。环境保护税涉及的污染物排放种类多,计算方法复杂,风险识别模型数量较多,国家税务总局可以根据全国各地涉及的重点污染行业、污染物排放类型不同的特点,以省为单位将环境保护税风险识别模型的构建任务分解,各省对承担的模型进行系统分析、梳理、构建、验证,形成全国普遍适用的风险识别模型交由国家税务总局审核后下发给其他地区使用。其他地区可以直接按照总局下发的模型进行风险识别,也可以因地制宜,对相关模型进行本地化改造,形成更符合当地实际情况的自定义模型。同样的道理,各省也可以将承担的任务向下分解,充分发挥全国各地税务、环保部门业务骨干的智慧,在环境保护税开征后较短的时间内形成较为完整的风险识别模型库。

五、环境保护税征收管理要素设计与构想

(一)优化税制

进一步优化环境保护税税制顶层设计,国家层面制定税务、环保等部门的配合机制,出台全国性的规范性文件,进一步规范环境保护税的征管工作流程。同时,鼓励各地积极探索税务、环保联合税源普查、联合核定、联合检查等工作机制。

(二)加大优惠力度

出台更优惠的税收政策,鼓励排污企业加大环保资金投入力度,降低污染物排放量,充分体现环境保护税"多排多缴、少排少缴、不排不缴"正向激励机制。同时鼓励地方政府加大对污染物排放监测的财政补贴力度,鼓励企业安装使用自动化监测设备、委托第三方机构监测等,促进企业污染物排放量计算方法从排污系数、物料衡算法变为实测法,保证环境保护税计税依据的可靠性。

(三)充分利用信息化手段

充分利用信息化手段,强化风险模型及排污系数、物料衡算计算小程序的开发,让税务人员通过输入企业生产的产品数量、原料数量、工艺方式等,能够快速计算出污染物种类及排放量,提升风险识别效率。

课题组负责人:孙长举

课 题 组 成 员:朱红根　张红兵　周立刚　姜伯明　邱子彦

基于地税非全责征收模式的社保费征管现状及改革研究

——以淮安市征收社会保险费的实践为例

江苏省淮安市国际税收研究会课题组

一、引言

党的十九大报告指出，要全面建成“覆盖全民、城乡统筹、权责清晰、保障适度、可持续”的多层次社会保障体系，建立全国统一的社会保险公共服务平台，尽快实现养老保险全国统筹。构建多层次的社会保障体系，增强人民群众的获得感和幸福感，社会保险费的足额征收是前提条件，但是目前我国社会保险费征缴率比较低，存在逃费、欠费现象。据 2012—2016 年全国人力资源和社会保障事业发展统计公报统计，2012—2016 年 5 年期间，全国社保费基金收入增加 1.74 倍，而支出增加了 2.01 倍，社保基金征收收入增幅连续 5 年低于支出增幅。从淮安市来看，2012—2014 年养老保险费收入皆高于养老金支出，但从 2015 年开始，已经连续两年养老保险费收入小于养老金支出，社保基金收支逆差态势加速显现，运行压力日益明显。同时，我国目前经济低速运行、人口老龄化、大规模的人口流动和就业高流动性，都为社保费征收增加了难度。在此情况下，分析和解决社保费征收管理过程中存在的问题，完善社保费征收管理措施，从而提高社保费征收管理效率显得尤为迫切。

1993 年我国确立社会统筹与个人账户相结合的社保制度时，社保费的征缴是由社保部门负责的。自 1995 年开始，为了加强社保费征缴工作，弥补社保基金的支付缺口，江苏省开始尝试由地税部门负责代征社保费。1999 年 1 月，国务院发布《社会保险费征缴暂行条例》（国务院第 259 号令），明确社保费征收机构由省级人民政府规定，可以由税务机关征收，也可以由社会保险经办机构征收，这一规定直到 2011 年《中华人民共和国社会保险法》颁布实施，也未做修改。而江苏省在“人社核定、地税征收”的模式下，一直存在着职责交叉、权责不匹配、人力资源不足等问题，导致地税征收的优势不能完全发挥，征缴效率有待进一步提高。淮安市在江苏省的 13 个省辖市中，是唯一由地税部门统一征收单位社保费和灵活就业者社保费的地区，也是地税征收社保费覆盖面最广的地区，因此，选取淮安市作为江苏省“地税半责征收”社保费的样本，具有全面性、典型性和推广性。本文将通过分析淮安市社保费征缴现状，剖析社会保险征缴管理过程中存在的问题，并为提高征缴效果提出有针对性的改革思路以及积极有效的措施，希望能够对提高江苏省社保费的征缴提供试点经验，甚至为全国提供例证。

二、国内外研究现状

关于社保费的征收管理，目前主要集中在征收主体选择和在不同征收主体下的研究，不同的国家不同的国情及历史选择的征收主体不同，国内学者近些年更是对“费改税”进行了积极的探讨。

（一）国外研究

目前世界各国的社保征管主体主要分为三类：社保部门、税务部门以及基金管理公司或其他自治机构。其中,以社保部门作为主体征缴的主要是西欧国家以税务部门为主体征缴的包括部分北欧国家、一些以英语为母语的国家以及部分中东欧国家。第三种征缴模式主要适用于强制储蓄性质的养老保险个人账户,不是征缴机构的主流。Brrand、Ross 和 Harrison(布兰德、罗斯、哈里森,2004)认为,发达国家建立社会保障制度一百多年来,社会保障供款征缴体制经过不断演变逐渐成熟起来,征缴体制形成了"三足鼎立"的局面,大部分国家长期以来实行的是现收现付制,传统上社保供款一般都由社保行政管理部门征收;从 20 世纪 30、40 年代,一些发达国家开始转向由税务部门的征收方法;进入 20 世纪 90 年代,中东欧一些转型国家随着经济改革的深入,也开始向税务部门征缴的方向转变。Watanabe(瓦塔纳贝,2006)从社会保险历史观察出:较早建立起社会保障制度的国家不得不建立其社会保险征收体系,因为税收体系没有很好地建立起来;较晚建立起社会保障制度的国家利用税务部门征收社保费,因为税收体系已经很好地建立起来了。Zaglmayer 和 Schoukens(扎格梅耶、肖肯斯,2005)认为,社保费的征缴用哪种模式征缴,主要是基于它们自身不同的系统和不同的体系机构。两种模式各自覆盖的范围不同,它们的历史国情决定着选择哪种模式,比如德国和奥地利,因为这两个国家根深蒂固的传统是由社保机构征收,所以税务部门只能扮演合作角色。郑秉文、房连泉(2007)对世界各国社保征缴的三种模式进行了实证分析,发现对于有些国家,实行税务部门征收模式可能是有效率的,可以更加有效地利用现有资源,加大征收力度,实现专业管理,但也有国家并不一定能够完全保证税务部门对社保费的正确使用和分配,在这种情况下,最好将社保费和税收分开,实行社保部门征收模式。这主要和一个国家的社保体制和税务体制的基础条件相关,如果两者都过硬,向地税部门征收模式转变就非常顺利,比如瑞典,而是否选择转变,要看哪个部门征收更有效率。如果一国税收体系和社保行政管理都很薄弱,由社保部门征收比较理想。举例来说,德国和美国可以说是两个主流征缴模式的代表,德国是世界上最早建立社会保险制度的国家,一直坚持推行强制性的社保费征收制度,征收范围涵盖了德国 90%的从业人员。与西欧国家不同,美国是通过开征社会保险税来筹集社会保险基金的,充分考虑了个人和企业的效率和公平,各类社会保险待遇的给付也遵循公平与需要的原则,并具有严厉的征管和稽核措施,保证了社会保险税的征收。这两个国家无论采用哪种征收主体,都已拥有健全的法律体系、合理的缴费激励机制、健全的信息系统和监督机制。

(二)国内研究

目前我国实行的是"双主体,三模式"的多元化征管体制。"双主体"就是社保部门和地税部门,"三模式"一是指社保经办机构独立开展征收工作的模式,目前我国采用社保部门征收工作模式的省有 12 个,即北京市、天津市、山东省、四川省、广西壮族自治区、江西省、山西省、贵州省、新疆维吾尔自治区、吉林省、上海市、西藏自治区。二是"社保核定、税务征收"联合征管即半责征收模式,目前有河北省、内蒙古自治区、黑龙江省、江苏省、安徽省、湖北省、湖南省、海南省、重庆市、云南省、陕西省、甘肃省、青海省、宁夏回族自治区及宁波、大连 16 个省市。三是地税机关全面负责征收工作的管理模式,目前有广东省、福建省、厦门、浙江省、辽宁省 5 个省市。

1. 支持由社保部门征收

郑功成(2001)认为社保费的"费改税"应当缓行或不行,征税并不必然比征费好,其强制性并不在于名称,而在于法律的规范、执法的力度和当时当地的经济发展状态。王惠(2004)认为社会保障税无法解决社会保障制度自身的缺陷,单纯地进行社会保障"费改税"无法从根本上解决社保基金入不敷出的问题。郑秉文(2010)认为社保费改税无助于解决中国社会保险制度在征缴、基金安全和统筹层次等的问题。彭雪梅、刘阳、林辉(2015)利用我国 31 个省、自治区、直辖市 2002—2011 年数据进行实证研究,结果显示征收主体对足额征缴率有显著影响,并且由社保部门征收总体要好于由地方税务机关征收。目前,支持社保经办机构征收的文献较少,研究者之所以支持社保部门征收,主要是认为我国社会保障制度存在的根本问题，即使由地税部门征收也无法解决。

2. 支持由地税部门征收

支持地税部门征收的研究者更多。胡鞍钢(2001)认为，“费改税”有利于建立全国统一的社会保障制度。贾康、杨良初、王玲(2001)认为“费改税”可以确保社会保险收入的稳定可靠，有利于建立规范化的社会保险收、用、管制度和投资制度，有利于公平税负，促进劳动力跨地区、跨行业的流动，有利于建立社保预算，从而确保基金安全、节省管理成本、提高管理效率，并测算提出了 30.6%的社会保险税率，其中基本养老保险税率为 20%。朱青(2007)认为，社保费由税务部门征收更具有可靠性和保障性，在制度和技术上也有绝对优势，在征收和稽核上具有专业的队伍，同时我国的社会保险制度也比较合适以税收的形式征收保险费。吴晓琪、耿文博(2010)引入金融风险中的“逆向选择”和博弈论中的“占优策略均衡”等分析方法，分析我国采用社会保障费缴纳方式存在着无法克服的弊端，不能保证社会保障基金的充实，并认为征收“社保税”可以在个人、财政部门和企业三方中实现帕累托改进，以解决我国社会保险关系难转移的问题。邓子基、杨志宏(2011)认为，社保缴款的本质就是税收，社保基金筹资立法并不能解决社保资金征收效率低下的顽疾，社保“费改税”是顺应国际社保制度改革路径的必然选择，因为这仅仅是社保资金筹集方式的转变，并不会增加纳税人的负担，更有利于应对人口老龄化高峰期引起的巨大的社会保障资金需求压力。叶珊(2012)讨论了社保“费改税”的必要性，并探究了其理论依据。史正保、李智明(2014)根据目前我国社会保障制度现状，提出我国开征社会保障税的必要性和可行性。王显和、宋智江、马宇翔(2014)通过对我国现行的征收模式比较，认为科学合理地依法赋予地税部门征收职责，最大限度地发挥其职能和专业优势，构建规范、统一、高效、稳定的征管制度体系，是提高社保资金征管效率和安全性，解决当前诸多征管问题，缓解社会保险待遇发放压力的现实选择，并且还有利于优化政府职能配置，维护社会保障制度的公平正义，促进社会保障体制的改革和完善。石坚、杜秀玲(2014)认为，我国社会保险“费改税”是必然趋势，当前应开拓创新社保费统一征收模式，建立“税务统一征收、社保待遇发放、财政基金监管”的分权制衡模式。费茂清、郭勇平(2014)从国际经验和中国国情出发，建议我国加快推进由税务部门统一征收社保费，认为这有利于加大社保费的征管力度，有利于完善社保费征管体系。孙玉莺、敖忠良(2015)认为，当务之急是解决“双重征管”和“碎片化”管理问题，宜将社保费征收权统一赋予各级税务部门，推行社会保险一体化管理，实行一户式登记、五险一体化参保，不为选择性参保和选择性缴费留有余地，从而建立“地税征收、财政管理、社保发放、审计监督”的社保费管理机制，提高社保资金征收、管理、使用质效。王堃(2016)认为，基本养老保险费征管体制改革的重中之重是解决“二元征收”问题，转变多头执法局面，统一征收主体，应按照《深化国税、地税征管体制改革方案》的具体部署，明确地税部门的征收主体地位，以法律形式赋予地税部门保费征收工作的全部权利和职责。胡继晔(2016)通过分析我国征缴现状、国际情况及我国国情，认为我国的社会保障制度仍处于高度碎片化状态，城乡之间、区域之间、不同群体之间适用的社会保障制度不同，造成社会保障待遇水平不一、社会保障管理体制分散的问题，根据目前的国情，认为我国社会保障制度应该从碎片化走向制度整合，其中社会保障税将是重要一步。

以上研究偏重于理论，而蒲晓红、徐梓川(2013)通过理论分析，结合对部分地区的调研，发现“费改税”的障碍要么不成立，要么可以规避，开征社会保障税是可行的。郑春荣、王聪(2014)经过实证研究，认为地税跨部门征收社保费具有规模效应和协同效应，有利于降低单位税费征收成本。从实证方面证明了地税部门征收社保费的优越性。

除了学者研究支持之外，在实务过程中，国家税务总局课题组(2009)认为可以借鉴国际经验，科学设置税种，即取消过时的税种，开征社会保障税等新税种，进一步优化中国中长期税制结构，使税制体系更加合理和简化。前财政部部长、全国社保基金理事会理事长谢旭人(2010)认为，可以通过完善社会保障筹资形式，并与提高统筹级次相配合，提出“研究开征社会保障税”的设想。这是首次由时任财政部部长明确提出要研究开征社会保障税的问题。广东省地税局局长吴紫骊(2017)根据广东省税收的多年经验及其研究成果，提出全国统一实行社保费由地税部门全责征收的建议。

(三)国内外研究评述及创新

从上述观点来看，西方国家社会保障制度经过一百多年的发展，社保费征收主体比较统一，各国具体选择哪种征收主体，主要根据各国的历史情况、基本国情、经济发展水平以及征收主体的效率来决定。一般有完善的社会保障和税收体系的国家，除了历史的原因之外，基本上是支持税务部门征收的。但无论实行哪种征收主体，健全的法律体系、合理的缴费激励机制、健全的信息系统建设和监督机制都是完善的社会保障体系所需要的。而我国的研究，无论是理论分析还是实证分析都主要集中在哪个征缴主体更好的问题上，对于社保费征缴管理，特别是征缴主体职责的研究较少。本文结合我国几乎一半省市实行的联合征缴模式，即“社保核定，地税征收”模式，并以实行此模式的淮安市为例，重点对征缴主体职责限制给征缴管理带来了哪些问题，以及如何解决这些问题进行研究。

三、我国社保费整体征收管理情况

《中华人民共和国社会保险法》(以下简称《社保法》)将社保费的征收职责授权给省级政府自行决定，因此各省的具体规定不太相同。目前我国有 21 个省市是税务部门征收，12 个省是社保部门征收。其中，由税务部门征收社保费的，各省市规定也不相同。由各省市实行的《社会保险费征缴办法》可知，虽然大部分实现“五险统征”，但也有仅征收基本养老保险费和失业保险的(河北省和青海省)，有的仅征收单位参保人的社保费，还有的对行业有相关规定(比如黑龙江省对森工和农垦系统由社保部门征收)；另外，又按税务机关在社保费征收过程中承担的职责，具体分为税务机关“全责”征收(即社保费征收过程中的缴费登记、申报、核定、征收、划解、追欠、检查及处罚等环节全过程均由税务机关负责)与“非全责”征收(即只负责社保费征收过程中的征收、划解和追欠环节)两种不同模式。在 21 个征收社保费的省市中，除广东省、福建省、厦门市、浙江省、辽宁省等地税机关实行全责征收外，其他地区均未实现全责征收。

2016 年全国社保费收入达到 53563 亿元，同比增收 7551 亿元，增长了 16.4%，江苏省 2016 年的社保费收入为 3358.18 亿元，同比增收 217.07 亿元，增长 6.9%，虽然江苏省社保收入总量在全国算是前列，但增幅低于全国平均水平；与实行地税全责的浙江省相比，虽然 GDP 与人口总数都远远超过浙江省，但是社保费总收入与增幅都小于浙江省(如表 1)。经济处于我国前列的江苏省，为什么社保收入却小于经济总量较少的浙江省？为保证分析的完整性，本文选择淮安市这一由地税部门同时征收数万户参保企业和近百万名灵活就业者、参保人社保费的地区，进行具体研究，以找出社保费收入较低的根本原因。

表 1　　江苏省与浙江省社保与经济总体比较

地区	社保费收入(亿元)	收入增幅(%)	人口(万人)	GDP(亿元)
江苏省	3358.18	6.9	7998.60	70116.38
浙江省	3799.74	17.6	4910.85	47251.36

四、淮安市社保费征收管理情况

淮安市是苏北地区的重要城市，2000 年由地税部门开始征收社保费，征缴增幅逐年加大，2016 年淮安市社保费收入 80.46 亿元，比 2015 年增收 6.52 亿元，增长 8.82%，是 2000 年 1.62 亿万元的 50 倍。2000—2016 年共计征收社保费收入 544.85 亿元，年均增幅超过 30%。2016 年淮安市共有 90.3 万名职工参加了企业基本养老保险，实际缴费人数为 80.6 万人，比 2015 年的 82.2 万人下降 1.97%；缴费工资基数总额 198.82 万元，比 2015 年的 184.11 万元增长 7.98%；其中当期征缴养老保险费 48.16 万元、清理企业欠费 0.73 万元，基金收缴率为 98.51%；但是淮安市共有离退休人员约 27.8 万人，共计发放养老金（含丧葬费）60.70 万元，养老金支出远远超过其收入。

（一）淮安市社保费征收基本框架

淮安市社保费征收实行的是"社保核定，地税征收"的联合征收模式，即地税部门非全责征收模式，在职能上，人社部门负责申报与核定计划，地税部门负责征收与清欠。

1. 地税征缴机构设置

地税部门非全责征收模式，即地税部门负责社保费的征收、划解和追欠等环节。由于地税部门实行省级垂直管理，因此江苏省地税部门对社保费的征收管理形成了从省、市、县（区）的统一管理模式，各级税务机关都设置了专门的部门负责政策的制定与执行，保障了征收管理措施的一致性。目前，淮安市地税部门已实现了对参保单位的"五险统征"和对灵活就业参保人的直接征收。淮安市作为江苏省唯一同时征收单位参保人和灵活就业参保人社保费的地区，在社保费征收方面作出了一些积极的探索，比如实现了人社部门与地税部门的信息实时交换，职工办理社保等待期从一个月缩短到缴费后的 2～3 天，解决了跨部门征收的时效性问题。此外，对灵活就业者也推出了网上缴费服务，实现了单位和个体缴费人享受同种服务、同等方便的服务目标。

2. 人社征缴机构设置

负责社保费征收过程中的缴费登记、申报、核定、检查及处罚职责的淮安市人社部门隶属各级人民政府，因此，负责社保费征收职责的社保经办机构设置各有不同，有的是在人社部门下设专门社保费征缴的中心，与养老、医保、就业管理中心并行，俗称"小社保"；有的是将征收、养老、医保、就业管理中心合并为一个单位，俗称"大社保"；还有是将征缴与养老合署办公。从全市范围来看，淮安市的社保经办机构兼顾了以上三种模式。此外，淮安市的社保部门只承担企业缴费人业务，灵活就业者社保费仍属于原社保基金管理中心。同时，各级社保部门之间没有行政隶属关系，市级社保部门对区、县级社保部门只有行政策指导的职责。

3. 社保费征缴管理措施

2009 年，淮安市在全省率先实行了信息系统实时联网，实现了数据的及时交换，从而实现了一家登记、两家共享，征收数据实时传递，业务周期缩短、办理更加便捷。缴费计划核定方面：参保单位在年初根据上年参保人员工资向人社部门申报个人缴费基数，然后根据所有参保人员的缴费基数汇总形成企业统筹部分的缴费基数，年中发生人员变动的，当月申报当月修改，若次年参保单位不按规定申报的，人社部门自动按上期计划自动核定。缴费渠道方面：缴费时与税收纳入同一纳税人识别号管理，可与税收同时确认缴纳。服务优化措施主要有：人社部门正在推广网上申报工作，地税部门已实现了网上缴费、实体办税服务厅缴费、自助办税服务机缴费和银行代收等多种缴费方式。地税部门只接受单位汇总计划，由人社部门提供外网和实体查询功能。另外，地税、人社部门每年都组织社保费政策宣传和扩面征缴服务工作。

（二）淮安市社保费征收管理措施

由于我国经济进入调整期，社保费征缴制度设计方面的问题呈放大趋势，具体体现在淮安市的社保费欠缴单位和欠费金额呈现出上升趋势，由此引发的上访举报案件增多，社保费征缴工作已成为地税部门践行"忠实履职、安全履职"理念的重大考验。

1. 社保费整体征管水平

从收入总量看：2016 年淮安市地税局直接征收社保费收入 80.46 亿元，比 2015 年增收 6.52 亿元，增长 8.82％，总量居江苏省第 12 位；收入增幅 8.82％，居全省第 4 位。按收入比重分析，淮安市地税局征收的社保费收入占地税组织总收入的 26.43％，江苏省地税局征收的社保费收入占地税组织总收入的 33.36％，低于全省水平。其中，按险种分析：养老保险费增长 4％，医疗保险增长 14.15％，两大主体险种占社保费总量的 93.4％。按缴费单位行业构成分析：行业贡献度差异较大，制造业份额较大，交通运输和批发零售业增长较快。从贡献度看：制造业贡献份额最高，达 18.76 亿元，占收入总量的 35％左右。从增减幅度看：交通运输和建筑业增幅达到 29.75％、27.68％，农业和金融业同比减少，农业减幅达 15.38％。而从排名前 35 的重点费源单位来看：缴费金额较高的行业主要集中在制造、电力、金融、文化体育业、金融、电信等行业，凸显企业效益和参保职工人数两项因素直接影响社保费的收入贡献度。按经济类型分析：社保费的缴费人主要分为单位和灵活就业者，作为全省唯一同时征收单位和灵活就业者社保费的地区，淮安有 78.34 万人参加灵活就业者社会保险，正常缴费的 33 万人贡献了约 12％的社保费收入；在单位参保的 80.65 万人贡献了约 88％的社保费收入，单位参保平均贡献率高于灵活就业 9％。按缴费规模分析：收入和户数结构呈倒金字塔形，规模以上企业支柱作用明显。从缴费规模来看：933 户年缴费金额 100 万元以上单位，即 6％的单位贡献了 65％的社保费收入。

2. 对缴费计划的管理

淮安市社保部门根据年社会平均工资每年核定最低工资基数，在当年 7 月到次年 6 月一个缴费年度内有效。参保单位可按年申报工资金额和参保人员，在发生人员变动时做调整申报；对于未按规定申报的，社保经办机构结合上年参保人数和工资金额，结合当年最低工资基数核定期缴纳社保费。

对于缴费单位未按规定缴纳的社保费，由地税部门负责催缴。但是由于欠费数据分属两个部门，地税部门在催缴时根据欠费时间的长短，要分别采取不同的欠费信息核对程序。对当月欠费，直接根据地税系统记载的金额进行催缴，对包含以前月份的欠费，先与社保部门进行核对，根据社保经办提供的欠费金额进行催缴。为固化这一做法，形成了《淮安市社会保险费欠费管理实施细则》。

3. 对欠费计划的管理

随着近年来经济下行压力加大，欠费单位和欠费金额逐年增加，2014 年江苏省政府办公厅出台了《省政府办公厅关于进一步加强社保费征缴管理工作的通知》（苏政办发〔2014〕89 号），淮安市也出台了《淮安市人民政府办公室关于进一步加强社会保险费联动征缴工作的通知》，建立了多部门协作的社会化征管机制，采取定期召开联席会等方式解决重大、复杂的社保费欠费案件，这些措施取得了一定的成效，征缴率和欠费催缴率都有提高。2016 年社保费征缴率为 98.65％；淮安市地税部门对有当月欠费的单位实施欠费催缴的比率达到了 100％，催缴有效率为 95％；而有历史欠费且企业经营状况不佳，长期无税户或者欠税户的欠费户占所有社保户的 14％，即使淮安市地税部门的欠费催缴率达到了 100％，但催缴有效率只为 47％。2017 年淮安市又进一步出台《社会保险费征缴管理部门职责及工作机制》，厘清各部门工作职责，深化协作机制建设；与财政、人社部门联合印发了《淮安市社会保险费欠费管理实施细则》，进一步细化了地税部门在欠费清缴工作流程和各节点的工作要求；同时，兼顾加强社保缴费刚性和减轻困难企业缴费压力两个目标，与法院联合印发了《淮安市社会保险费欠费追缴执行联动实施办法》。

4. 社保费征收的创新做法

经过多年的实践，通过对出现的问题反复进行总结，淮安市地税部门真正从认识和实践上做到“税费并重”，以高度的责任意识、大局意识、创新意识，将税务部门成熟的管理措施运用到社保费欠费单位方面，取得了比较好的效果。

对停止生产经营、无法联系的企业，采取非正常户认定的办法，即经地税、人社部门联合上门查明情况、联合认定为社保费非正常户。对非正常户，税务部门可以暂停催缴清缴社保欠费，人社部门在此期间也不得发送征收计划。2016年，淮安市将经人民法院强制执行无财产或财产不足以清偿欠费的，以及查无下落、无法联系的364户欠费单位认定为非正常户，在一定程度上解决了社保费欠费的真实性的问题，厘清了地税部门对欠费催缴的责任。

对正常生产经营的企业，则加大管理力度，实行税费"同征同管"。"同征同管"是淮安市地税部门对社保费征收管理基本要求，也是江苏省政府根据地税部门征管优势，决定由地税部门征收社保费的主要目的。在社保费的征缴工作中，淮安市地税部门主要采取在税务检查工作中，同步对社保费欠费情况进行检查，并结合社保费欠费情况以确定纳税信用等措施，实现税费同征同管。2016年淮安市地税局稽查和纳税评估案件涉及社保欠费的单位有185户。2016年，江苏省政府出台的《江苏省税收失信行为管理办法（试行）》中，首次将未按规定缴纳社保费的情形纳入纳税信用评定条件，在2017年度国地税联合信息等级评定工作中，规定社保费欠费企业不得评为A级纳税人，共将57户企业调出A级纳税人，发挥了失信惩戒对提高企业缴纳税费遵从度的正向引导作用。

五、淮安市社保费征收管理存在的问题及原因

淮安市实行的是社保费地税非全责征收模式。由于地税部门和人社征缴机构管辖范围、职责范围、政策口径无法对应，造成了地税与人社部门管户交叉、政策不一的情况，受此制度和条件所限，淮安市社保费征缴管理仍存在着较大的困难。

（一）"部门共治"的社保费管理模式导致管治能力先天不足

在"社保核定，地税征收"的双主体联合征收模式下，人社和地税权责分散，双重管理，责任很难分清，导致信息不对称，地税优势资源很难有效利用，阻碍征缴效率的提高。

1. 主体不明，征管责任不清

由人社部门负责登记、计划、申报和应征数据核定，地税部门负责征收的社保费征缴模式，主体不够明确，征管责任不够清晰。因为在这种模式下，地税部门处于被动地位，对于征收保费、征收程度、清欠等问题，都缺乏执行的刚性与手段。而且社保费执法主体法律界限模糊，不仅影响社保费征缴工作的质效，而且当征缴工作出现矛盾，面临行政复议、行政诉讼等法律纠纷时，难以准确区分执法和责任主体。如今，已发生多起因缴费单位对征缴计划有异议，而对淮安市地税部门发起行政复议的案件，而淮安市地税部门对征缴计划无任何认定和修改的权力，面对这样的复议诉求，左右为难，无法应对。

2. 双重管理，征缴效率不高

在"社保核定，地税征收"的联合征管模式下，人社、地税"两条线"管理社保费业务，导致问题多发、效率不高。一是社保费参保率偏低。经分析比对，由于实行先税务登记后社保登记的登记模式，仍有一定比例的纳税人未纳入缴费人管理范围，社保费参保率还有相当大的扩展空间。二是社保费缴费基数核定暗藏法律风险。针对缴费人不按规定时限申报的情形，由于《社保法》的规定人社部门可先核定后调整，因此人社部门往往不采取责令限期改正等行政强制措施，而是人为地对社保费缴费基数重新调整核定，导致缴费计划数据与实际数据脱节，造成缴费申报法律责任的空缺，为追缴欠费留下较大风险隐患。三是缴费基数远低于实际工资总额。由于数据互联互通仍存在瓶颈，"信息孤岛"依然存在，人社部门在核定缴费基数时难以及时判断缴费人缴费基数的真实性、准确性，大部分是以社会平均工资的一定比例作为最低缴费基数缴费的，对缴费真实性的认定主要依赖于事务所等第三方进行调查，耗时耗力，效果不明显，导致缴费基数不实，名义费率与实际费率不符的现象比较普遍。在数据上也可以体现，虽然江苏省社

保费收入规模在全国实行税务征收社保费的21个省(市)中居于前列,但与实行全责征收的浙江省相比,虽然其GDP与人口都高于浙江省,但社保费收入却小于浙江省,为了具有可比性,本文选取了浙江省湖州市与淮安市的社保费征缴情况进行比较分析。

从表2中可以看出,淮安市虽然地区生产总值高于湖州市,但是社保费收入、登记率和参保人员比例都低于湖州市;只有养老保险和医疗保险企业统筹部分费率高于湖州,相差了7个百分点;但欠费规模上,湖州市欠费几乎为零,远少于淮安市。

表2 湖州市、淮安市社会保险宏观数据对比

序号	指标项目	湖州市	淮安市
1	地区生产总值(亿元)	2243	3048
2	常住人口(万人)	297.5	489
3	人均可支配收入(万元)	4.58	3.03
4	2016年社会保险费收入(亿元)	130.59	80.46
5	整体社保负担(决算收入/地区生产总值)(%)	5.82	2.65
6	人均社保负担(决算收入/总人口)(元/人)	4389.58	1466

数据来源:来自当地统计部门网站。

3. 信息不对称,资源利用不力

根据江苏省地税大集中信息系统和国家税务总局"金税三期"系统中调取的相关数据,基于税务系统现代化网络征管系统的数据分析和应用没有得到有效充分运用。由于缺乏法律规定的支持,地税部门掌握缴费单位的工资发放和企业所得税税前列支工资情况,尚未有效运用到人社部门对社保费的征管工作中,还实行着人社部门办理社保登记,再同步到地税部门的做法。上述问题的原因在于,人社部门受职责范围和人力资源限制,其行政执法事项与社保费征收事项关联度较弱,对缴费基数核定和行政处罚事项等心有余而力不足。

(二)缺乏对不遵从行为的管理手段

催缴效率不高的现象在很多实行地税部门非全责征收的省市都存在。江苏省近年也对提高征缴效率采取了一定的措施,虽然催缴欠费达到100%,但催缴效率不高。因为地税部门只负责征收,其他都由人社部门负责,对应征缴多少、拖欠多少很难实时准确地掌握,更不能发挥强制执行的优势。对不遵从行为的管理缺乏法律依据,不利于增强征缴效率。

1. 对不遵从行为的风险识别能力不足

当前,在信息化技术越来越发达、管户数量呈几何倍数增长、地税部门普遍运用风险管理手段进行税收治理的环境下,因为地税部门不能及时、准确掌握社保费登记,无法准确掌握欠费金额和欠费时限,因此早期预警能力不够,很难与税务管理事项进行有机融合,税务机关不能根据风险级别进行有针对性的管理,更不用提应对策略了。

2. 强制执行的制度性保障措施不够

在地税非全责征收模式下,地税部门在行政保全、强制措施和行政处罚等方面依据不足,普遍运用在税收征管中的法律法规规章在社保费征管中"看得见"却"用不上",执法刚性大打折扣。在《社保法》和《江苏省社会保险费征缴条例》规定的框架下,地税部门只有加收滞纳金、提交法院强制执行的权力,对违法行为无法处罚,难以强制执行到位,是社保费征收刚性无法得到保证的主要原因。另外,征缴率从表面上看,应由地税部门单独负责,但实际情况是,由于《社保法》只规定了缴纳社保费的义务发生时间,对企

业经营情况不正常或濒临破产、关闭等情形都未予以考虑，因此，只要企业不办理税务登记注销，人社部门都要按规定制订征缴计划再由地税部门征收，这也造成了征缴率不高，后续欠费难以追缴等问题。而与此相对应的是，社保费的优先清偿性严重不足。《中华人民共和国税收征收管理法》明确规定"税务机关征收税款，税收优先于无担保债权，法律另有规定的除外；纳税人欠缴的税款发生在纳税人以其财产设定抵押、质押或者纳税人的财产被留置之前的，税收应当先于抵押权、质权、留置权执行。"但关于社保费的规定只见于《中华人民共和国企业破产法》，只有在优先清偿破产费用和共益债务后，按所欠职工的工资和医疗、伤残补助、抚恤费用，所欠的应当划入职工个人账户的基本养老保险、基本医疗保险费用，以及法律、行政法规规定应当支付给职工的补偿金的顺序依次清偿，企业应为职工缴纳的社保费和欠费滞纳金不包含在内。这也使税务机关履行社保费征收职责时缺少依据，陷入"师出无门"的困境。

3. 社会信用管理措施不完善

信用体系的建立越来越受到重视，虽然，江苏省人大有相关办法，将连续 6 个月未缴纳社保费的列为严重失信行为，但这一办法在操作层面还需要进一步细化。另外，对社保费欠费的惩戒措施偏少，如对欠费单位的法定代表人没有惩戒措施，很难让法定代表人真正重视社保费。

（三）服务水平仍需提高

随着参保人数的逐年增长，"分封而治"的服务方式分散了服务能力，难以从根本上解决信息不对称的问题，参保人的需求有待进一步满足。

1. 人社、地税部门难以形成服务合力

由于社保费计划和征收分属两个部门，信息传递存在时间差，缴费人信息需要整合分析等原因，导致两个部门都难以及时掌握缴费人的全面信息，从而难以在必要时给缴费人风险提示，督促缴费人自查自纠，政府机关的政策服务、征收服务工作有待准确高效地提供。

2. 服务自然人的能力有待提高

虽然淮安市地税部门与人社部门对灵活就业者倾注了大量的关注，在全国率先实现了网上缴费等服务措施。但是，由于灵活就业人员参保人数增加速度较快，人社和地税部门现有征收资源难以满足缴费人日益增长的缴费需求。2016 年淮安全市灵活就业参保缴费约 33 万人，是参保单位的近 10 倍。按一个人一年需要缴费两次计算，共需缴费 66 万次，以淮安市地税部门 100 名、人社部门 100 名前台服务人员计算，服务对象与服务人员的比例达到了 3300：1。虽然淮安市地税部门为了方便缴费，实行委托银行代收、自助办税机缴费和网上缴费系统，办税服务厅共 4 种缴费方式，但这 4 种缴费方式都存在一定限制。而易于被大众接受、方便快捷的现代化的缴费平台建设较慢，缴费人"缴费难"。如现有的网上缴费系统考虑到资金安全，需要对缴费人身份和缴费银行卡进行认证，烦琐的程序使大多数缴费人望而却步；而"金税三期"系统上线后，银行代收工作也出现了一些问题；目前地税办税服务厅一般都是集中办公，缴费时需排队等候。

3. 社保费困难缓缴政策仅落于纸面

社保费困难缓缴是类似于税法，给予行政相对人的一种正常救助，但由于社保费的收益与付出对等的设计基础，全国大部分省份根据《社保法》的要求，提出缓缴的参保单位应提供相应财产担保。实践中，由于没有配套的操作流程，大部分地区缓缴工作未正常开展，参保人员、参保单位不能享受法定待遇，也无法合法免收滞纳金。《江苏省人力资源和社会保障等部门关于困难企业缓缴社会保险费有关问题的通知》（苏人社发〔2016〕82 号）在《社保法》的基础上明确了参保单位申请缓缴社保费的条件和程序，各地也根据文件要求出台了细化文件，但受担保财产限制，淮安市至今无一例参保单位符合缓缴社保费的条件。

六、淮安市社保费征收管理的改进措施

总结以上问题，最根本的原因在于，地税部门非全责征收模式导致的职责分散。为了提高社保费的征缴效率，需要以注重公平和提高效率为主要目标，规范征收与优化服务并重，实现社保费征收的广覆盖与低负担，重新设计社保费征收管理职责体系，建立统一社保征收管理职责，统筹运用服务能力，加强征收强制力度，从而推动社保费征管工作的规范化及制度化建设。

(一)法律规定地税部门全责征收

要想完全发挥地税部门的优越性，提高登记及征缴效率，必须加强社会保险征缴体制改革，尤其要明确地税部门和社保部门的征管职责。只有确立地税部门的征收主体地位，建立从参保登记的源头控管，到申报、征收的准税收模式，再到催缴、检查、规范处罚与强制执行的系统化征管机制，即由地税部门全责征收，变被动为主动，才能避免两部门职责交叉，才能在实际征收管理中，提高工作效率。另外，淮安市社保费从 2000 年起由淮安市地税部门征收，地税部门本身在税收过程中已经拥有了较高效率的运作方式，在征收管理方面具有优势，对征收保费也已经拥有成熟的经验，实行地税全责征收模式，不仅理论上需要，实践中也可行。

1. 参保登记的源头控管

现行的"五证合一"模式，在纳税人办理工商登记时同时进行社保登记，但这只对新登记人员有记录，对历史遗留问题，还需要充分发挥地税部门组织机构优势，利用地税部门对现有企事业单位、灵活就业人员所掌握的税务登记、生产经营、人员变化等信息，建立标准数据库，随时了解税费缴费增减变化情况，摸清社会保险的实际费源及潜在费源。地税部门还要联合社区，摸排灵活就业人员，力争掌握所有应参保人员信息，从而将社保费与税收的管理机关和收入级次都纳入同级机关管理。

2. 申报征收的准税收模式

改变现在社保费与税收各行其政的做法，依据社保费、企业所得税和个人所得税对企业职工工资的共性规定，用人单位与参保个人的缴费基数分类申报，建立三者间严密的逻辑和对应关系。单位缴费部分、个人缴费部分均由单位按工资总额计算并分类向地税部门办理汇总申报，统一由地税部门征收。为了提高效率，地税部门可以采取一定的政策，激励企事业单位办理涉税事项的同时办理社保费事项，提高自觉缴纳意识。地税部门根据个人所得税明细申报、企业所得税清算信息，依托日常检查、税务稽查等手段，对个人明细申报和汇总申报的社保费基数实施校验和风险管理，对人员工资和企业生产经营数据进行归集、分析，逐步建立标准数据库，形成税务征收管理的标准数据体系，通过税费征管有机融合，实现税收、社保费的整体管理和相互牵制，规范社保费缴费基数、降低税务机关管理成本，提高企业缴费的遵从度，有效实现社保费工作由"执法扩面"向"征管扩面"的转化。

3. 建立追、查、罚一体化的补充管理模式

借鉴税务部门在税收征管方面的措施，实行用人单位按月申报的方式，杜绝因未申报而重复下达计划而导致的法律风险和虚欠，在用人单位及个人社保费首次申报征收之后，对没有及时申报缴纳的进行督促，对仍未申报的进行处罚，直至采取税费统查；对申报而未按规定缴费的单位，及时履行催缴手续，也可以明晰缴费人和税务机关之间的法律责任，解决以往因社保计划未经用人单位确认导致的法律风险，提高缴费人按规定缴费的意识。对经催缴仍未缴纳的用人单位，依据具体情况适当采用强制征收或处罚措施，有效防止社保缴费中的拖欠及偷逃现象。

4. 大力开展政策引导

针对目前企业参保人员减少，灵活就业人员断保比例加大的趋势，一方面，政府、社保及地税部门应

借助社区、公交站广告栏和网络，将众多灵活就业人员纳入覆盖范围，加大社会保险的宣传，让大众了解到社会保险的好处，自觉缴纳社会保险，不断扩大社保费征缴面；另一方面，扩大对欠费单位的公告面，让更多的单位职工知晓本单位欠费的情况，让职工监督单位缴费，切实保障职工的社会保障权利，力争做到全民了解社会保险，全民参与社会保险，提高登记率、参保率、征缴率。

（二）加强对不遵从行为的管理的力度

对于不遵从行为，必须通过健全征管制度，规范日常管理，建立健全完整、系统的征收管理制度，完善征收管理各环节，以及检查、行政处罚、保全、强制执行措施等。

1. 提升社保费管理风险的识别能力和应对能力

要加强对不遵从行为的管理力度，首先必须建立社保费风险管理机制，将社保费缴费人数、缴费基数和欠费情况，与地税个人所得税明细申报人数和计税依据、企业所得税税前扣除的工资薪金数额，以及税务登记状态和纳税情况进行有机的结合，分别设置不同的风险指标，确定风险特征、风险对象，事先对可能发生的风险制定应对策略。地税部门应定期组织学习相关法律，进行业务知识培训，加强业务技能，提升员工的风险识别能力。在社保征收管理过程中，应将风险管理融入日常社保征收工作，对征缴管理的各个环节进行实时监控，把握最新动态，提高风险应对能力。要提高风险处置的责任意识，建立风险责任制度，并纳入年终考核指标中。最终实现社保费征收的广覆盖、低负担，提高社保费申报的真实有效性。

2. 加强强制执行的法律保障

要提高管制效率，必须加强法律保障。一是在法律实体层面，建议赋予税务机关直接查封、扣押的权力，在操作层面，能获得人民银行查询账户的支持。二是在法律程序层面，由于受到《中华人民共和国行政强制法》对行政机关申请强制执行的法律救济期和强制执行告知的限制，为提高强制执行的有效性，建议进一步明确税务机关财产保全的程序，对未到期申请强制执行的，明确对欠费单位财产保全的范围，简化财产保全的程序。三是清偿优先顺序方面，将企业欠缴的企业部分和应划入个人账户的社保费作为对职工的保障，统一优先于普通债权清偿。

3. 建立政府和部门间“联合清欠”机制

提升社保费的社会化管理层级，将社保费征收从两个部门的密切配合，延伸到多个职能部门，建立由各级政府牵头，多部门组成的社会化管理模式。与企业工商、建设、经贸、人事部门和工会组织等企业主管部门开展协作。在信息交换方面，工商部门负责及时交换登记信息。对遵从度方面，将依法参加社会保险、缴纳各项社保费的情况作为对用人单位及其经营者业绩考核的重要标准。对不依法缴费的企业和法定代表人，予以考评。财政、科技部门对退税、补贴和奖励都要把好审核关。在国税局和经信委确定纳税、社会信用等级，住建部门负责特殊险种的把关和建筑招标资格准入，政府招标办进行招投标等工作中，都应将按规定缴纳社保费作为资格准入条件。

4. 进一步加大社保费失信行为惩戒力度

对社保费失信行为要严惩。一是建议进一步细化社保费信用管理措施，采用积分制，对未达到严重失信的不遵从行为，按照情节进行扣分、评级。二是扩大缴费人信用积分的应用范围，政府层面和社会公共层面的准入、评选、财政资金支持等领域，全面引入信用积分评价。三是扩大严重失信的惩戒力度。严格限制严重失信人的高消费行为，例如限制乘坐飞机、高铁等现代化交通工具，高尔夫、高档酒店等场所禁入限制；严格限制严重失信人的金融信贷能力，在其严重失信行为未消除前，停止为其发放贷款，行为消除后，依然保留对其一定金额的贷款限制；阻止严重失信人员出境。从目前淮安市地税部门对失信行为的惩戒效果来看，因失信惩戒期较长，一些正常经营的企业即使后来履行了缴费义务，仍要在长达 7 年的惩戒期内不能开展正常的经营业务，这样反而打击企业履行义务的积极性，也增加了征收部门的工作难度。因此，建议在最初开始失信惩戒时，对正常经营的企业因欠缴社保费而被失信惩戒后，及时履行缴费义务的，缩短失信惩戒期限或将纳税信用等级从 D 级调高一级，

(三)加强服务与征收工作的有机统一

提高征缴效率，除了需要制度的支持外，还要充分发挥现代技术平台和技术手段的积极作用，以满足缴费人多样化的缴费需求。要尽可能方便参保人，提高服务能力，简化相关程序，同时对较困难的参保人，提供一定的帮扶措施。

1. 由税务机关提供统一的涉费服务

为方便参保人了解社会保险以及自身的社保情况，可以借鉴税款管理，将社保费征收服务全面纳入地税部门“电子税务局”，缴费人可在电子税务局直接查询其登记情况、计划编制情况、征收数据、风险提示等信息，电子税务局还可提供纳税人在线申请滞纳金减免、延期缴纳、清欠计划提供等功能，并设置在线客服或通过电子税务局连接地税部门“12366 在线咨询”，实时进行各类涉费咨询，提高服务效果。

2. 为纳税人提供现代化的缴费平台

随着我国移动支付的迅速发展，如果没有便捷的支付平台，无疑会对征收效果产生较大影响，尤其是面对灵活就业参保人员增长迅猛的现状，行政机关人力资源显得较为不足，“排队难”“缴费难”的问题会更加突出，可能造成想缴纳参保人的无法及时缴纳，从而形成拖欠。因此可借助现代化的第三方平台，为纳税人提供便捷的缴费通道。把社保费缴纳全面纳入“支付宝”“微信”等城市服务功能，开通缴费人移动端缴费渠道。减少人工负担，节省缴费人时间，提高征缴效率。截至 2016 年年底，国家税务总局已实现了全国范围的税务征收系统的联网，这一措施不仅可以对单位纳税人及其法人信息实现全国范围的共享，由于国家税务总局“金税三期”系统建立了个体纳税人信息库，更是可以将社保和个税信息进行比对关联，实现税收服务和社保服务的有机结合。

3. 完善社保费困难缓缴程序

运用地税部门对困难企业缓缴税收的管理模式，对催缴不上来的企业单位，进行深入了解，若发现其确实存在困难，可从人性化角度，了解其实际情况，帮助其申请社保费困难缓缴，并简化困难缓缴的前置审批程序，明确可作为担保的财产种类和担保程序，或者借鉴我国其他省市做法免除财产担保程序，对未提供财产担保，但实际经营困难的参保单位，在缓缴过程中暂停待遇享受，免予加收滞纳金，既解决了缺口支付的担忧，也给予遵从度高的企业以合理合法的待遇。

七、结论

随着我国社会老龄化的加速，社会保险的支出规模越来越大，社保费的征缴无疑成为社会保障工作中的重点，本文以实行社保费非全责征收制度的淮安市为例，通过分析淮安市社保费征收的模式以及征缴管理的基本情况，发现淮安市社保费征收在管理能力、管理手段、服务能力等方面都有待进一步提高。管理能力方面，因为主体不明确，征管责任、征管效率都不高，而信息不对称问题导致资源利用率不高；管理手段上，在不遵从行为上风险识别能力不足，强制性执行的制度，其保障性较弱，社会信用管理没有得到很好利用。服务能力方面，由于信息传递的时间差，地税与人社两部门都很难较为全面的信息，两部门很难形成合力；另外，由于灵活就业人员的增加，服务能力不能完全满足社会需求。追其根本原因还是社保费征缴实行的地税部门非全责制度的问题，“社保核定、地税征收”模式下，两部门职责不明，权力分散，导致征缴效率不高，相关措施较难实行。要想改变目前的状况，本文提出可从法律层面规定地税部门代征改成地税部门全责征收，从源头上管控，建立申报、征收、追缴、检查、惩罚一体化的管理模式，同时对灵活就业人员加大政策宣传引导。在管理手段上，除了制度保障外，提出提升风险识别水平及应对能力，法

律执行保障能力，建立由各级政府牵头、多部门组成的社会化管理模式，加强失信行为的惩戒力度。在服务能力上，加强运用现代化电子服务手段，同时简化与完善社保费困难缓缴的程序。

本文研究不仅对淮安市有一定的指导作用，对于其他实行地税非全责征收模式的地区，也有一定的参考作用。地税部门征收更具有国家强制性，拥有系统的征收管理办法，全国统一的征管信息系统、全面完整的纳税人和自然人信息库，省级垂直的自上而下的机构设置和统一的管理制度，以及众多具有丰富征收经验的税务工作人员。因此就淮安市目前社保管理的情况下，实行地税部门全责征收也将是最有效率的。只有在社保费由地税部门全责征收的前提下，征收实施中出现的问题才好解决，才能综合改善社保费征缴工作中的困难，提高征缴效率，让更多公民得到社会保险的保障，提高人民幸福指数。

课题组组长：孙长举
课题组副组长：朱红根　张红兵
课题组成员：王　波　杜美霞　李艾莉　张　朋　夏　磊

“税收共治、征信互认、源头控管”关于全面加强矿山开采业资源税管理的探索与实践

王增友

近年来,随着矿山开采行业生产技术的不断发展及开采手段的多样化,“按量核定、委托代征”的矿山资源税管理模式越来越难以反映矿山真实的开采、销售情况,特别是“营改增”全面实施之后,地税部门对纳税人的管控能力有所下降,矿山资源税管理上也出现了新的问题。对此,山东省五莲县税务局深入调查分析,在继续推行“按量核定、委托代征”的基础上,以多部门税收共治为载体,创新实施矿山资源税“税收共治、征信互认、源头控管”的管理模式,有效解决了矿山资源税管控手段薄弱、征管信息不对称、税收管理漏洞多等问题,并取得了显著成效。截至目前,五莲县共计入库资源税 1745.73 万元,同期增收 1129.69 万元,增长 183.38%。

一、当前矿山开采业资源税管理存在的主要问题

现行的按储量开采限额核征资源税的管理模式,虽然一定程度上解决了以前按“灰药、导爆索”等生产要素测算核征不到位的问题,但仍旧出现了国土、税务部门的矿山户籍信息、征管信息不对称,采矿权许可证办理前后交税态度差别大,不能真实反映矿山开采等问题,这又给矿山开采业资源税管理带来了新的困难。

(一)国土、税务部门矿山户籍信息、征管信息不对称

目前,全县范围内所有矿山的资源税全部由县国土资源部门进行代征,统一入库。国土资源部门完全按照许可证发放业户和矿山储量进行代征,但是在实际税收管理中,由于矿山业主随时可能发生变更,导致国土和税务部门之间出现户籍登记信息不一致的现象;由于税务部门经常实地进行税收调查,导致实际核算的税款和国土部门代征的税款出现不一致的问题。在出现信息不对称的情况下,如果双方缺乏及时有效的信息传递和交流,那么就很难第一时间掌控税源变化。

(二)纳税人采矿权许可证办理前后交税积极性差别大

当前国土资源部门核发的采矿权许可证有效期为 3 年,在核发许可证初期,国土资源部门按照“先税后证”的原则,在纳税人申请办理采矿权许可证时向纳税人代征资源税,此时纳税人为了尽快办出许可证,缴纳税款比较积极,但在许可证发放后,部分纳税人受经济利益驱使,往往不再积极向国土资源部门缴纳资源税,而国土资源部门又无税收征管职能,对其缺乏有效管控手段,由此出现了纳税人办证之前能及时、足额缴纳税款,办证之后却漏报、瞒报的现象。

(三)按储藏量核定资源税不能真实反映矿山开采情况

当前实行的“按量核定”模式,由国土资源部门按每矿每台轮锯核定的开采量(2 万立方米)确定资源税及相关税种,另外对认定纳税人超过开采量的,按规定对超采部分加征资源税。但是由于超采量确定工作难度高、工作量大,部分矿山业主漏报、瞒报等原因,导致国土资源部门对此项工作难以有效开展,往往按照核定的开采量对矿山业主进行资源税代征,从而出现部分矿山资源税的漏征、漏管现象。

二、进一步加强矿山开采业资源税管理的主要措施

针对矿山开采业资源税管理中出现的这些问题，五莲县税务局在继续实行“按量核定、委托代征”的基础上，创新实施“税收共治、征信互认、源头控管”模式，对矿山开采业资源税的管理进行进一步的细化、强化。

（一）政府主导，构建资源税管理税收共治新格局

依托社会综合治税，按照县政府下发的《关于加强部门协作、强化社会协同，构建税收共治新格局的实施意见》，提请县政府和石材管委制定实施《矿山资源税税收共治实施意见》，建立由政府牵头，地税部门负责，国土、市场监管、国税、公安、环保、电力、金融等部门为成员的矿山企业税收综合管理办公室，明确各协税单位应履行的具体义务和责任，定期向地税部门传递涉税信息，重点加强资源税代征信息、工商登记信息、发票代开信息等内容的采集和传递，地税部门通过筛选、归类、分析，确保各项涉税信息执行到位、征收到位。同时，积极加强与各部门的合作，开展多部门联合执法行动，并及时将各矿山业户资源税缴纳情况传递到国土资源部门，为其代征资源税提供依据。目前，各部门通过税收共治，传递各类涉税信息共计 337 条，新增矿山开采业登记户数 28 户。

（二）征信互认，推进行业纳税信用联合激励惩戒

为提高矿山业户的税法遵从度，应结合社会信用体系建设的工作要求，积极拓宽纳税信用的使用范围，通过税收共治，建立并实施多部门联合信用互认共享和奖励惩戒机制。对诚信纳税的业户，由地税部门根据纳税信用等级评定办法，确定为 A 级或以上等级信用纳税企业，并将名单及时传递到各职能部门，由各部门在荣誉表彰、资格审验、金融贷款、发票管理等方面予以扶持。去年，地税部门提请了石材管委对 37 家矿山开采企业进行了表彰；对不按规定申报纳税、偷逃税款的业户，由地税部门确定为失信企业，并列入“黑名单”，同时传递到各职能部门，由国土资源部门在企业办理矿山许可证环节，国税部门在企业领用、代开增值税发票资格监管环节，金融机构在企业审批发放贷款环节等进行严格控制，切实营造良好的社会信用环境。目前，地税部门已联合矿山企业税收综合管理办公室各成员单位对 51 户欠税企业进行了联合惩戒。

（三）源头控管，加强国地税合作实现“以票管税”

为准确确定矿山开采企业的实际开采、销售数量，确保应收尽收，根据建筑业材料使用方对发票要求较为严格的实际，积极加强与国税部门的合作，充分借助国税部门“以票管税”的优势，在国税办税服务厅设置地税窗口。在矿山开采企业代开发票环节依法附征个人所得税、城市维护建设税和附加税费的基础上，每季度由国税部门将矿山开采企业领用、代开发票的数额通过税收共治平台传递到地税部门，再由地税部门通过对矿山开采业户发票信息的汇总、分析、核算，确定出每季度每个矿山开采企业通过发票反映的实际开采、销售数量，然后再同每台轮锯核定的储藏量（2 万立方米）进行比对，未超过核定储藏量的，按核定储藏量征收资源税，对于超过开采量的，由地税部门按规定对超采部分加征资源税。

三、取得的成效

在推行矿山资源税“按量核定、委托代征”的基础上，五莲县税务局配合实施“税收共治、征信互认、源头控管”模式，切实把地税和国土资源部门“单兵作战”，转向政府牵头、多部门联动管理、行业综合治理和税收源头控制上来，全面提高了矿山资源税管理质量。

（一）有效填补了资源税征管漏洞

通过矿山资源税“税收共治、征信互认、源头控管”模式，加强了地税与政府各部门之间的合作交流，实现了涉税信息的共享互用，有效杜绝了纳税人偷逃税款的现象。该模式自实施以来，联合矿山企业税

收综合管理办公室各部门共对 53 户企业进行了联合执法，共计清缴入库税款 640 万元。

（二）建立了公平公正的税收环境

通过矿山资源税"税收共治、征信互认、源头控管"模式，加大了对诚信纳税企业的激励力度，加大了对失信企业的惩戒处罚力度，为矿山开采企业的发展营造了公平、公正的税收环境。该模式自实施以来，配合矿山企业税收综合管理办公室对 23 户违法企业进行了关停。

（三）全面提高了资源税管理质量

通过矿山资源税"税收共治、征信互认、源头控管"模式，提高了对矿山开采行业资源税征收依据的准确性和科学性，保障了矿山开采业资源税的"应收尽收"。该模式自实施以来，结合国税发票共对 40 户企业补征了资源税，补征税款 120 万元。

（作者单位：国家税务总局五莲县税务局）

部门联动、精准辅导、跟踪服务 研发费加计扣除政策落实出成效

张　辉

高新技术及其产业的发展，既是衡量一个地区综合实力的重要标志，也是推动地方经济社会全面发展的主要动力。为鼓励和促进企业科技创新，加快企业新旧动能转换，山东省五莲县税务局按照省市局决策部署，以落实研发费加计扣除政策为切入点，以“部门联动、精准辅导、跟踪服务”为思路，立足本职、主动作为，积极帮助企业用足、用活、用好税收政策，为地方经济社会发展提供了可靠的保障。

一、具体做法

（一）部门联动，营造良好创新氛围

为全面落实国家相关政策，营造良好的科技创新氛围，五莲县税务局积极联合县科技局、财政局、国税局等部门，及时为企业提供政策方面的培训。

1. 广泛发动，提高企业创新意识

为全面提升企业对科技创新的重视程度，五莲县税务局积极联合科技局、财政局、国税局等部门，提请县政府组织召开全县科技创新动员会议，并邀请各乡镇（街道）、园区的相关单位以及全县大部分企业负责人参加，以此引起地方党委政府、部门单位、社会各界以及广大纳税人的重视，切实营造了良好的创新舆论氛围。

2. 全面培训，加强政策培训宣传

为全面加深企业对科技创新的了解，五莲县税务局积极联合县科技局、财政局、国税局等部门成立科技、财税政策宣讲团队，定期在城区、乡镇（街道）、园区举办科技财税政策专题讲座，全方位、多角度地对科技创新和研发费加计扣除等政策进行宣传，让企业能及时了解相关政策，开展科技创新。

（二）精准辅导，全力服务企业创新

为全面扶持企业开展科技创新，五莲县税务局积极联合县科技局、财政局、国税局等部门成立联合专家团队和互动服务小组，及时为企业提供精准辅导。

1. 成立专家团队，提供专业辅导

五莲县税务局积极联合县科技局、财政局、国税局等部门组成联合专家团队，在广泛征求纳税人对科技政策、研发费加计扣除等财税政策培训需求和建议的基础上，有针对性地为纳税人设计政策培训重点和辅导重点，共同研究制定辅导培训内容，定期为纳税人提供政策专题辅导，切实增强了政策培训辅导工作的针对性、时效性。

2. 成立互动服务小组，提供个性辅导

五莲县税务局在基层分局、中心所设立互动服务小组，由税务人员围绕拟申报享受高新技术、加计扣除、财政补助等优惠政策的企业，及时进行上门辅导，提供“点对点”“会诊式”帮扶，积极帮助企业建账、建制，征求企业意见，解决生产发展难题，并积极向企业讲解优惠政策办理流程，及时为企业办理涉税优惠备案审批，真正“打通”政策落地的最后一公里。

（三）跟踪服务，保障政策取得实效

为切实保障研发费加计扣除等相关优惠政策落地生效，五莲县税务局积极建立、完善部门联动服务机制和跟踪问效机制，全面保障相关政策落实到位、取得实效。

1. 建立、完善部门联动服务科技创新工作机制

五莲县税务局积极与县科技局、财政局、国税局等部门进行沟通联系，依托税收共治平台，积极加强部门间企业信息的传递、分析、互用，并定期召开科技企业联席会议，及时汇总各部门在科技创新方面的相关信息，对存在的问题，及时将具体责任明确到部门、科室，并限时予以解决，切实将助推科技创新工作制度化、固定化。

2. 建立、完善科技创新工作跟踪服务机制

五莲县税务局积极建立长效追踪机制，设立科技创新工作责任清单，将宣传、培训、辅导、落实等内容进行细化分解，确定专人定期对符合条件的企业进行跟踪辅导，并设立"未享受企业台账"税务人员定期上门了解企业状况，进行"点对点"辅导。同时，对基层单位工作情况进行抽查问讯、跟踪督查，对辅导频率较低的单位进行通报批评，以此提高基层单位工作的积极性和责任感，确保各项措施落到实处。

二、取得的成效

（一）企业创新研发积极性明显提高

通过多部门联动式的服务措施，让企业在通过科技创新提升竞争力的同时，还享受到了国家税收优惠和财政资金扶持，极大增添了企业发展的动力和活力。今年以来，五莲县税务局共联合各部门组织专题宣传培训会 6 场，培训企业 500 余户次，通过宣传培训，企业研发投入的积极性显著提高，目前已经有 12 户企业申请高新技术企业，申请户数也为历年之最。

（二）享受政策优惠的企业明显增多

通过精准化的辅导和跟踪服务，有效破解了部分企业科技创新优惠政策不知道、不会用等问题，让越来越多的企业享受到了国家优惠政策的扶持。今年以来，五莲县税务局共为 10 户企业办理了研发费加计扣除备案，较去年同比增长 150%，累计申报加计扣除额 7620 万元，同比增加了 720 万元，申请研发费加计扣除的户数和金额均为历年之最。

（三）服务企业发展的水平明显提升

通过各部门之间的协作配合，既为企业提供了贴心的跟踪服务，又有效提升了国家科技政策和财税政策的落实力度，让符合条件的企业真正享受到国家的政策红利，降低了企业成本，实现了多方共赢。今年以来，五莲县税务局共组织开展上门政策辅导 300 余户次，解决企业政策难题 60 余条，并为 32 户企业规范了财务，得到广大企业纳税人的充分信任和一致好评。

（作者单位：国家税务总局五莲县税务局）

从部门协作角度加强环境保护税征管的探讨

国家税务总局盱眙县税务局课题组

《中华人民共和国环境保护税法》于 2016 年 12 月 25 日第十二届全国人大常委会第二十五次会议审议通过，自 2018 年 1 月 1 日起施行，标志着我国环境治理进入法制阶段。做好环境保护税的征管研究，将《中华人民共和国环境保护法》落到实处，可以有效地促进节能减排，改善居住环境，对全球环境治理做出贡献。

一、环境保护税的概念及征收意义

环境保护税是以保护和改善环境、减少污染物排放、推进生态文明建设为目标，对在中华人民共和国领域和中华人民共和国管辖的其他海域，直接向环境排放大气污染物、水污染物、固体污染物和噪声的企业事业单位和其他生产经营者征收的一个税种。党的十九大报告指出，要坚持人与自然和谐共生。建设生态文明是中华民族永续发展的千年大计。必须树立和践行绿水青山就是金山银山的理念，坚持节约资源和保护环境的基本国策，像对待生命一样对待生态环境。环境保护税实施后将“污染者付费”原则进行有效贯彻，为政府提供法理依据，有效保护环境和提高人民生活质量，标志着我国对环境的治理进入法治阶段，为环境和资源的可持续发展提供了保障。

二、环境保护税的征管现状及难点

环境保护税的计税依据为纳税人污染物的实际排放量，而实际排放量的确定一是依靠环保部门对纳税人污染物排放的实际在线监测数据，二是通过排污系数法和物料衡算法进行估算（如图 1 所示）。目前在线监测设施在我国的实施情况与发达国家相比还有很大差距：大多数纳税人未安装，少部分安装但未按规定正常运行。这意味着绝大多数纳税人需要通过估算排放量的方式确定计税依据。根据排污费的实地征收情况，物料衡算法和排污系数法具有计算结果更接近实际排放量的优点，也将会成为确定环境保护税计税依据的主要方法。但是这两种方法都具有较强的技术性和专业性，只有既掌握环境保护专业知识、又拥有排污量核定经验的专业人员才能熟练运用。显然，目前税务部门的知识结构和工作性质并不符合这一要求，直接导致了环境保护税征管模式的选择问题。

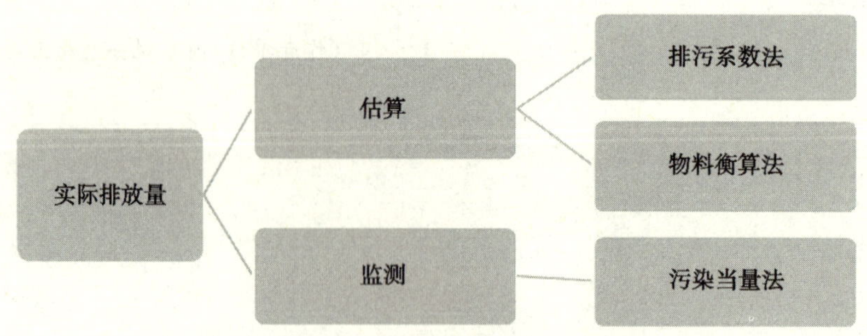

图 1　环境保护税计税依据计算示意

环境保护税实施时间较短，难免出现各种问题。如何制定应对策略是工作的重点，征管难点及策略如表1所示。

表1　　环境保护税征管难点及应对策略

序号	征管难点	应对策略
1	应税污染物排放量测算口径不一致	制订标准、统一测算口径
2	缺乏环境保护税专业人才	加强培训、提高素质；引入第三方协助
3	涉税信息共享平台建设与维护	重视平台建设
4	分工协作工作机制建设与定期会商	建立健全分工协作、定期会商机制
5	现场监测	加强环境监测机构建设
6	复核机构人员编制与素质	注重复核人才培养

1. 应税污染物排放量测算口径不一致

首先，根据环境保护税法的要求，应税污染物排放量的测算方法和顺序是优先采用污染物自动监测数据计算；其次，对未安装自动监测设备的纳税人，按照监测机构出具的监测数据计算；再次，因排放污染物种类多等原因不具备监测条件的，按照国务院环保部门规定的排污系数、物料衡算方法计算；最后，不能按照前面三项规定的方法计算的，按照省、自治区、直辖市环保部门规定的抽样测算的方法核定计算。以上种种原因导致出现应税污染物排放量测算口径的不一致问题。

2. 缺乏环境保护税专业人才，影响正常申报

环境保护税额以应税污染物排放量为计税依据，但排放量的计量和判断均需要高度专业化的知识作支撑，不易为一般纳税人掌握，导致纳税申报困难，另外，环境保护税法强调纳税人应当如实办理纳税，对申报的真实性和完整性承担责任。

3. 涉税信息共享平台建设与维护

税务部门获得环保部门的相关数据资料是通过涉税信息共享平台完成的，该平台的稳定性与数据质量直接影响环境保护税的征缴。

4. 分工协作工作机制建设与定期会商

仅依靠涉税信息共享平台及时、全面、可靠地获得环保部门的相关数据资料，且要求该数据科学、具有代表性等是很困难的。为此环境保护税法强调税务部门、环保部门应建立分工协作工作机制，使环保部门有机构、有专人负责环境监测、数据整理、现场核查、数据传输等工作。在纳税人与税务部门对税额的计算和资料的比对产生严重分歧，或者纳税人出现开车、停车、环境风险事故等非正常工况排污时，税务部门和环保部门必须会商解决特定条件下的特殊问题。

5. 现场监测

现场监测结果不仅受气象条件、场地条件、生产工况等因素影响较大，而且还受监测人员、监测设备等因素的影响，并且受经济条件的制约，目前绝大多数纳税人都没有安装自动监测装置，现场监测的工作量非常大。现场监测问题不解决，将直接影响环境保护税法的执行。

6. 复核机构人员编制与素质

税务部门收到纳税人的纳税申报后，将申报资料与环保部门的数据资料进行比对，发现申报数据异常或者未按规定期限办理纳税申报的，可以提请环保部门复核，环保部门须在15日内出具复核意见。时间短、任务重，环保部门不安排专职复核人员，或者复核人员专业知识不强、责任心不强都会影响复核结果和复核意见的按时出具。

三、环境保护税的国际借鉴

（一）美国的环境保护税

美国从 1987 年国会正式通过对一氧化硫和一氧化氮征收税费的议案，到 21 世纪初，已经形成了一套完善的、行之有效的环境保护税收体系。美国的环境保护税征收范围很广，主要分为四大类：一是对损害臭氧层的化学品征收的消费税；二是与汽车使用有关的税收；三是开采税（资源税）；四是环境收入税。1990 年 1 月 1 日，美国制订了化学品征收方案，对破坏臭氧层的化学品不仅征收生产税和储存税，还征收使用税和进口税。与汽车使用有关的税收除了联邦政府征收外，州政府也可以征收，主要包括汽油税、消费税、轮胎税等。现阶段美国在税收方面也采取了很多优惠措施，比如减税免税、加速折旧、各种税费抵免等。另外，美国在环境保护税的执行方面有着严格的程序。首先由税务部门统一进行征收，征收资金如数上缴财政部，然后财政部再进一步转入各种基金。完善的管理制度和突出重点是美国环境得到有效保护的根本原因。

（二）加拿大的环境保护税

加拿大是世界上环境质量较好的国家之一，其良好的环境状况与其税收及环境管理制度紧密相关。其中，加拿大对一次性固体饮料容器的征税措施很具代表性。加拿大对于一次性固体饮料容器，不仅征收税费，而且收取押金。消费者在购买饮品时，所付的费用中不仅包含饮品的价格，同时还包含了环保费和押金。如果消费者能够自动归还空瓶，押金就能退还，所收的环保费就用于处理这些塑料制品。如果不自动归还空瓶，就无法收回押金。加拿大这种措施，有效地减少了塑料制品乱丢乱扔的现象，既保护了自然环境，也实现了资源的再次利用。加拿大的另一个措施就是通过对空调加收环境税来减少对大气层的破坏。此外，加拿大还通过各种优惠措施鼓励纳税人自觉参与到环境保护当中。比如引进节能环保设备，可以免交进口税和处置税等，对于一些污染设备，则通过返还税金的形式，促进企业加速折旧。

（三）荷兰的环境保护税

荷兰是世界上实施环境保护税较早的国家。荷兰推行的环境保护税以小税种为主，任何一种税收都有其特定目的。据不完全统计，荷兰环境保护税收入占所有税收的比重由 1996 年的 1.22%上升到 2004 年的 14%。荷兰环境保护税大多都是专门目的税，收取的税费进入专项基金，根据税收的目的专款专用，没有任何理由挪用，环境保护税收入全部用于环境保护方面。荷兰的环境保护税种类众多，除了我们常见的消费税、燃料税、垃圾处理税外，还有超额粪便税、狗税等。

四、完善我国环境保护税征管的建议

1. 部门高度协作

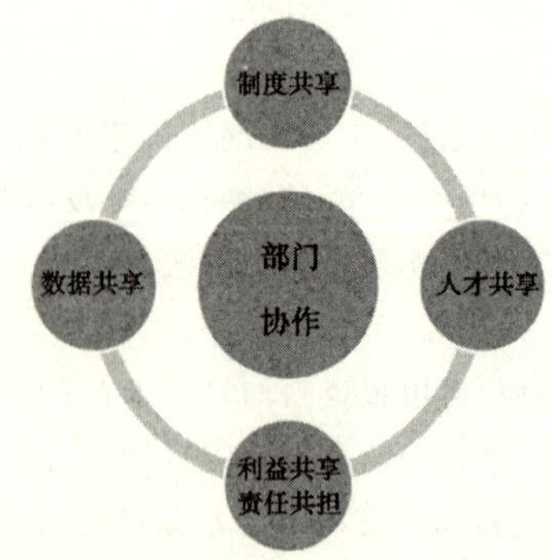

图 2 税务、环保部门协作机制示意图

我国部门协作总体效率较低，要突破这个瓶颈，需要做到以下几个方面。

(1)顶层制度设计。在国家层面建立税务部门与环保部门的联合协作机制，做好环境保护税的顶层制度设计。只有设计涵盖数据共享、分工协作、会商会办、违法违规纳税人联合惩戒等制度内容，才能实现征管工作的高效率。税务部门除了与环保部门加强合作外，还应在规范社会信用码的基础上通过阻止出境等措施加强与海关的合作。

(2)规范文书制作与传送。在环保部门设立专门的环境保护税务部与各级税务机关紧密合作。仔细规划、制定与发布制式核定文书、排污数据网站公告、排污数据交换岗位、排污数据传送路径、交换数据确认签收、制式的污染物排放核定单等内容，并于每月 5 日前将数据传送给税务部门。

(3)环境保护税务数据实时共享。税务环保部门成立信息共享领导小组，将“互联网＋”和大数据运用于部门协作，保证征管环境保护税的税务人员能够实时查询环保部门确定的纳税人排污许可、污染物排放、环境违法、行政处罚情况等监测数据；环保部门同时也能实时查询到纳税人的纳税申报、税款入库、减免税额、欠缴税款以及风险疑点等环境保护涉税信息。打破过去政府间协作部门责任推卸、山头主义的陋俗，防止部门间出现报不报、报多少、怎么报等诸多问题。要有效解决交换数据缺失、时滞、不完整、不准确的问题，唯有互联互通、实时共享，以规章制度的形式明确数据交换的时间、地点、路径、内容、岗位和法律责任等。同时构建问责机制，对权力寻租、懈怠阻挠、信息不畅等情况进行问责。

2. 加快专业人才培养

税务部门、纳税企业、社会中介要积极招聘环保专业人才，加大培养力度。储备一批既能深入了解环境保护税各税制要素、征管流程，又能熟练掌握主要污染物的产生原理、排放特点、排污量核算等相关环境专业知识的人才。为征管模式由“环保核定、税务征收”逐渐向“税务核定、税务征收”过渡打下基础。

3. 分级分类管理，加强在线监测

引入物联网、大数据、监测技术等最新的科技成果，利用互联网对污染情况进行实时监控，对纳税人实行分级分类管理，加强监测管控。根据我国环保监测现状，纳税申报时采取了不同的应税污染物测算口径。首先，根据环境保护税法的要求，应税污染物排放量的测算方法和顺序是优先采用污染物自动监测数据计算；其次，对未安装自动监测设备的纳税人，按照监测机构出具的监测数据计算；再次，因排放污染物种类多等原因不具备监测条件的，按照国务院环保部门规定的排污系数、物料衡算法计算；最后，不能按照前三项规定的方法计算的，按照省、自治区、直辖市环保部门规定的抽样测算的方法核定计算(见表 2)。

表 2　环境保护税分级分类明细表

纳税人种类	监管方式	污染物排放量数据来源	计税依据确定方法
重点监控(排污)纳税人	重点监控	强制安装监控设备，在线监测	污染当量法
非重点监控(排污)纳税人	非重点监控	鼓励第三方监测机构监测/估算核定	污染当量法/排污系数法/物料衡算法
其他纳税人	逐步向第一二类过渡	估算核定/抽样测量	排污系数法/物料衡算法

税务机关根据排污企业信息掌握情况、环境影响评价等级、排污费缴纳等情况的不同，将纳税人进行分类：分为重点监控(排污)纳税人、非重点监控(排污)纳税人和其他纳税人三类。从信息采集登记、申报征收、后续管理等方面实行分级分类管理，做到重点监控、有的放矢。

税务机关、环保部门应该将重点排污企业作为税收监管重点。一方面要能抓重点，贯彻 80/20 法则，实现对绝大多数污染物征税，保障税款不会重大流失；另一方面利用环保部门的管理数据，加强比对，提升征管质效。对一般监控纳税人的环保管理要求相对较为宽松，环保部门的监督性监测、执法性监测大多数无法覆盖或者监测频率较低，不能满足按月/季申报的信息比对要求。税务部门应鼓励纳税人采用第三方监测机构监测数据并认可纳税人申报数据，发现申报数据异常的，税务部门应依法提请环保部门复核。而对其他纳税人，根据环保部门核定的污染物排放种类、数量和应纳税额，纳税人按照核定标准申报，税务部门可参照个体工商户核定管理的方式管理。

4. 环境保护税专款专用，加大环保投入，实现利益共享、责任共担

以美国、波兰等国为代表，如波兰环境基金分为三个层次：国家环境保护基金和水资源管理基金（即国家基金）、地区环境基金以及市政环境基金，不同层次的基金之间用处不同，对环境保护的程度也不同。结合我国国情，建议将征收的环境保护税建立环境治理专项基金，分为国家基金、省级基金、县级基金三个层次，进行责任划分包干，分级投入，利益共享，责任共担。

5. 循序渐进，稳步推进

环境保护税的征管机制还很不完善，我们要循序渐进，稳步推进。如环境保护税专业人才的培养、纳税人在线监控设备的投入、环境保护税制的完善、税务环保部门协调机制的建立都需要一个过程，不能急于求成，要科学有序，稳步推进。

6. 科学设置税制，绿色税收引导

在税制设计上，比如可以借鉴加拿大对一次性固体饮料容器征税的经验。又如实行环保在线监测设备投入分 5 年抵扣企业所得税制度，鼓励排污企业加大在线监测设备的投入。还有实行绿色金融政策，鼓励社会资金向环保投入等。科学的税制加上政策工具的合理运用，必将使环境保护税成为有效的政策工具，还我们一个青山绿水、宜居宜业的生态环境。

课题组负责人：孙　群

课 题 组 成 员：张祥彬　唐春进　马春葆　王　卫

关于加强环境保护税控管的建议

安丰阳

《中华人民共和国环境保护税法》是我国首部推进生态文明建设的单行税法，已于 2018 年 1 月 1 日起施行。环境保护税的开征，对于地税部门来说是个全新的课题。作为一个新税种，具有独特的技术规范和征管特点，它既不同于以往的地方各税的征管，又有别于其他基金费的征收，具有不可借鉴性。

一、环境保护税基层征收存在的征管难点

环境保护税"脱胎"于排污费，实行的是"费改税"，是破解管理体制机制障碍的重要抓手，是一项系统性的长期工程，地税基层单位要对其进行有效的征管，还存在诸多难点。同时，因其存在点多面广、税源分散的特点，单靠地税部门一方力量难以实现税源的"应收尽收"。

（一）申报审核难

环境保护税法所指的应税污染物，包括《环境保护税税目税额表》《应税污染物和当量值表》规定的大气污染物、水污染物、固体废物和噪声。也就是说，征税对象不再表现为传统的资金流动或者类似土地、房产等稳定的实物，税务部门对现金、发票、实物以及账簿管理的监控手段失去了施展空间，这给税务部门申报审核带来了较大困难。

（二）实时监控难

环境保护税法要求应税大气污染物和水污染物的计税依据按照污染物排放量折合的污染当量数确定，应税固体废物按照固体废物排放量确定，应税噪声按照超过国家规定标准的分贝数确定。但是，税务部门没有专业检测人员、污染检测装备，税务部门难以独立检测，不易做到实时监控。

（三）风险应对难

环境保护税所指向的污染物在生产过程中的产生和消失较快，污染指标可能处于起伏不定的状态，由于缺乏对信息的准确把握和运用，税务风险应对面临着巨大的挑战。一是由于缺乏即时信息，税务部门无法把握企业的实时信息，就无法跟踪企业生产经营动态，难以做到对税基，即污染物的排放量，进行全面有效监管。二是由于行政组织、行政体制的原因以及污染源的分散性，使得信息纵向传递效率较低且较易失真，决策者难以掌控信息的及时性和准确性，在税制设计与现实基础间必然会出现一定背离。

（四）部门"融合"难

与其他税种相比，对环境保护税的征管上，税务部门对环境保护部门、检测机构等第三方的依赖程度是前所未有的，甚至可以说是一定程度上的多部门"融合"。显然，环境保护税法要求县级以上地方人民政府建立的分工协作工作机制，不是一般意义上的部门间信息共享和传递，而是从纳税人界定、税额确认、税款追征到税务稽查的涉及所有征管环节的"全流程"协作机制。

二、针对环境保护税征管难点的几点建议

环境保护税与目前税务部门征管的其他税种存在较大差异，绝不能靠"老套路"写"新文章"。正因如此，地税部门要下苦功夫，花大力气，有的放矢，抓好各项针对性工作。在分析了环境保护税征收管理难

点的基础上，本文提出如下建议：

（一）加强教育培训，破解申报审核难

面对环境保护税这一新税种，地税部门的管理及业务人员要加强对《中华人民共和国环境保护税法》的培训、学习和理解，掌握环境保护税征收对象的征收标准、计量方法、缴费标准、征收频次等，深刻领会文件精神，为做好本地区环境保护税的征收落实工作奠定理论基础，如果对法律文件精神理解不准或者措施，那必然导致辖区内税收工作无法正常开展。

（二）完善技术保障，破解实时监控难

提高污染物的监测技术，将光学技术和自动化技术与互联网技术相结合，利用网络平台对纳税人排污情况实时精确监控，加大对监测技术的研发力度，同时加快监测设备更新力度，防止纳税人恶意篡改设备避税。

（三）优化征管流程，破解风险应对难

合理设置征管流程是确保税收政策得到贯彻和落实的关键。按照税收征管总体流程，建议建立环境保护税分类管理体系。可以将纳税人分为一般排污纳税人和小规模排污纳税人（包括不具备监测条件的畜禽养殖业、小型企业和第三产业纳税人）两类。对于一般排污纳税人，建议采取“纳税鉴定—排污申报—环保部门信息传递—税务部门比对—环保复核和审核—税务征收”的模式实施。

（四）加强综合治税，破解部门“融合”难

环境保护税能否征得了、征得好，关键在于税务部门与环保部门的密切配合。税务部门和环保部门应加强信息共享设备建设，将“互联网＋”思维应用到两部门协作中，提高信息共享的便利性和准确性。环保部门应利用纳税人的纳税识别代码，将纳税人的排污情况录入到计算机数据库，税务部门通过识别代码即可快速、详细地了解纳税人的排污情况。同时，县级以上地方人民政府应从地方实际出发，构建综合治税分工协作的“大格局”，打通环境保护税征收的“任督二脉”。

（作者单位：国家税务总局莒县税务局）

关于茂名市地税系统推广实施规费专岗专责管理改革的探索

吴锡昌

社会保险费等规费基金征收是地税部门的一项重要工作职能。针对“后营改增时代”，地税部门面临主体税种缺失、费金随税“同管”手段弱化、费金征管职能强化、基层业务重心转变的新挑战和新形势，广东省茂名市地税部门创新思路，从2016年7月起率先在部分基层分局试行规费专岗专责管理新模式，11月起在全市地税系统基层分局全面推广实施，有效破解了重税轻费、工作热情缺失、税费衔接不到位、执法风险大四个难题，凸显了规费专岗专责管理改革的良好效应，全面提升茂名市地税系统规费征收管理的水平。

一、推广实施规费专岗专责管理改革的出发点

针对“后营改增时代”，地税部门面临主体税种缺失、费金随税“同管”手段弱化，费金征管职能加重，基层业务重心转变的新挑战和新形势，茂名地税局从2016年年初就提出了“税费并重”的工作方针，并结合“营改增”后基层分局业务急剧减少的实际情况，充分利用税费业务“全市通办”的有利契机，拟通过“先试点、后推广”形式在全市地税系统基层分局推行规费专岗专责管理新模式。这主要是基于以下五个方面考虑。

（一）基于全面履行职责的需要

自2009年全责征收包含养老保险、医疗保险、工伤保险、失业保险、生育保险5个险种的社会保险费后，茂名市地税部门坚持税费“同征、同管、同查、同服务、同考核”“五同”的原则，加强征管，夯实基础，努力做好社会保险费等规费基金的征管工作，有效地发挥了税务部门的职能作用，社会保险费收入年均增幅达到两位数以上，规费总体收入规模占费金总量的比重不断上升，2015年达38%，2016年1—9月为42%，为地方社会保障事业提供了持续稳定的财源。与此同时，费源规模的持续扩大也对费金征收管理带来了一定问题。

1. 欠费问题较为突出

虽然茂名市地税部门历年均对社保费历史欠费进行了专项清理，但截至目前，全市社保费欠费仍有近6.8亿元。大额欠费难以根除的原因主要是茂名市缴费的人社保费负担较重、参保意愿不强、历史遗留问题较多等，尤其是基层部门不同程度存在社保费“五同”管理不足，社保费信息系统功能不完善，查询统计追欠效率较低，涉费评估、涉费稽查和专项自查等效果甚微等问题。

2. 扩面压力难以缓解

经统计估算，目前茂名市符合扩面条件的人员所在企业性质为个体、私营的人数占应扩面人数超过六成。这些企业多属于劳动密集型企业，员工素质较低、人员流动性强、劳资双方参保意识低，造成扩面工作难度加大，稍不注意就可能形成社会矛盾。

3. 社保政策宣传不足

社保法实施以来，在地税部门全责征收的带动下，社保费的宣传更广泛，更深入人心，但其征缴方面

的内容宣传较多，至于劳动关系、社保待遇、迁移、退休等参保人所关注的内容仍然较为欠缺，导致众多务工人员的参保意识模糊，待遇政策不明就里，不愿甚至抵触参保。

4. 政府兜底压力逐步增大

目前，茂名市养老保险基本穿底，财政兜底压力逐步增大，市委市政府对社保费收入越来越重视，明确要保持养老保险的预算平衡。

5. 有效应对中央降费形势

去年以来，中央、省、市陆续出台相关政策，工伤、失业和生育保险缴费比例下调，教育费附加和地方教育附加扩大免征范围，价格调节基金和堤围防护费停征，文化事业建设费移交国税部门征收，地税部门规费收入难度越来越大，今年1—7月，茂名市规费收入一直处于负增长的不利局面，直至7月，推进规费专岗专责管理试点工作初见成效，才一举扭转局面，实现0.4%的正增长。因此，通过推行规费专岗专责管理做大做强规费总量，是地税部门的职责所在。

（二）基于适应税费并重的需要

目前，茂名市地税基层分局普遍存在"费大于税"的现象。今年1—9月，在全市53个基层分局中，有36个分局规费收入大于税收收入，占68%。其中，滨海新区局1个，占33.33%；茂南区局6个，占75%；电白区局5个，占50%；信宜市局8个，占80%；高州市局11个，占91.67%；化州市局5个，占50%。此外，全面"营改增"后，全市各办税大厅税收业务下降幅度较大，部分大厅税收业务同比下降60%以上。例如，茂名市45个办税大厅，有20个大厅社保费业务超过或接近税收业务，占44%，而且随着社保费业务管理的加强，这一比例将逐步提升。因此，全面"营改增"后，基层分局必须主动适应"税费并重"的新形势，以"主业"意识对待规费征管工作。

（三）基于科学配置征管资源的需要

目前，茂名市社保缴费户数达14万，年申报缴费人次超过600万，业务工作量水涨船高，但涉费征管力量并未同步壮大。例如，截至2016年6月底，茂名市专职从事规费工作人员仅为23人，其中市局7人，区（市）局16人，基层分局人数则为0，占全局干部职工1500多人的比例仅为1.56%，人力资源投入与收入规模不成比例。此外，基层税管人员的精力有限，在管户数量较多的情况下，税收的征管工作已占用大部分时间，社保费涉费业务种类多，缴费人员阶层跨度大，工作业务量较税收更大、更杂，耗时耗力，再加上涉费投诉上访情况的出现，部分基层税管员面对社保业务心存畏惧，思想上也不够重视，在社保扩面、欠费清缴等难度大的工作面前就出现了有心无力、推诿扯皮、能拖就拖的情况。

（四）基于防范执法风险的需要

一方面，规费工作涉及面广，服务不到位很容易引发涉费舆情和群体性突发事件；另一方面，随着法制健全，缴费人维权意识的提高，缴费人对地税部门的执法服务要求也越来越高。例如，今年1—9月，茂名市地税部门共收到1宗社保费行政复议，5宗社保费投诉信访事件。部分事件是由于宣传不到位，缴费人不了解相关政策法规，对地税部门的工作产生误解；也有部分事件是由于地税部门在社保征收、减员停保方面存在不规范、随意性等问题，造成缴费人利益受到损害。目前，茂名地税基层分局不同程度存在规费管理制度落实不到位，表证单书仍未规范，社保档案管理不善，日常的催报催缴和文书送达不规范，对企业长期未申报放任不管，未履行欠费催缴职责等问题，如果不及时整改，加强管理，很容易发生失职渎职和滥用职权等职务违法行为及引发群体性突发事件。因此，在基层分局推广实施规费专岗专责管理，有利于进一步降低地税部门履职风险，维护社会平安稳定。

（五）基于破除基层干部晋升"天花板"的需要

目前，茂名市地税基层区（市）局普遍存在中层干部倒挂现象，正股级干部倍数于副股级干部，副股级干部"稀缺"。尤其是基层分局，只有副科、正股和一般科员，无副股编制，干部队伍出现断层。因此，在基层分局成立规费组，给予规费组负责人副股级待遇，打破基层干部职务晋升的“天花板”，让基层干部可以正常走向副股、正股的晋升阶梯，保持队伍的合理配备。

二、茂名市地税系统全面推广实施规费专岗专责管理改革的具体措施

经过3个试点单位探索实践、积累形成了可借鉴、可复制的推广经验，茂名市地税部门于12月1日起在全市地税系统基层分局全面推行规费专岗专责管理改革。

（一）总体构思

在保持现有人力资源的前提下，合理调整基层税务人员分工，实行税、费业务内分离，实施规费专岗专责管理，从而实现省局、市局、区（市）局、分局规费业务“四级联动”管理。一是调整分局税务人员分工，指定一名分局副局长主抓规费业务；二是成立规费管理组，设置规费专岗，明确岗位职责，配备专职、兼职人员，负责本分局规费管理具体工作；三是规费征收业务仍由办税服务厅办理，维持不变；四是部分系统任务仍由税收管理员随税同办理。

（二）机构设置

1. 在基层税务分局成立规费管理组（以下简称“规费组”，非正式机构）。规费组人员配备视分局的规费管理业务量或人员数量而定。

2. 规费管理业务量较大或人员数量较多的基层税务分局，特别是城区税务分局，规费组最少应配备3名专职人员（含规费组负责人），其中最少2名人员应具备执法资格。

3. 业务量较少或人员数量不多的基层税务分局，规费组最少应配备2名具备执法资格的专岗人员（含规费组负责人），专岗人员可以专职或兼职。兼职专岗人员必须以规费组工作为主，确保规费专岗工作的正常开展。

4. 各区（市）局根据工作实际灵活合理设置规费岗位，可组内一岗或组内多岗，可一人一岗或多岗一人。

5. 规费组负责人可享受副股级待遇。

（三）工作职责

规费组负责本分局管辖范围内的社会保险费和其他规费（教育费附加、地方教育附加、堤围防护费、价格调节基金、文化事业建设费、残疾人就业保障金、工会经费等）征缴日常管理业务，但不包括“金三系统”随税同办理的其他规费业务以及其他信息系统直接推送税收管理员处理的待办任务。其主要职责如下：

1. 社会保险费管理

负责社会保险费欠费管理工作。①对用人单位未按时申报缴纳社会保险费进行催报催缴；②实施查询单位存款账户、通知银行扣款、抵押担保、申请法院强制执行等强制措施；③实施下户实地调查、非正常户认定等管理工作。

负责社会保险费检查核查工作。①核查用人单位办理参保缴费登记情况；②核查用人单位依法参保情况。包括核查用人单位是否选择险种参保、单位内用工以灵活就业人员身份参保、申报缴纳月度工资薪金个人所得税但未参保缴费、未如实申报缴费工资等；③对社会保险费相关违法行为提出初步处罚意见。

贯彻执行社会保险费相关政策。①全面学习社会保险费相关政策知识；②开展社会保险费相关政策宣传工作；③辅导用人单位申报缴纳社会保险费。

负责社会保险费征管其他工作。①抓好社会保险费组织收入工作；②协调处理社会保险费举报投诉信访等案件；③协助当地人社部门开展社保扩面征缴工作；④负责社会保险费征缴管理资料归档工作；

⑤开展社会保险费调查、研究和数据预测、收入分析工作；⑥向上级反映和汇报社会保险费征管工作情况。负责上级交办的其他社会保险费征管工作。

2. 其他规费管理

①学习、宣传以及贯彻落实其他规费的相关政策，抓好其他规费组织收入工作；②负责教育费附加、地方教育附加和主税的信息比对工作；③负责整理汇总本辖区其他规费情况，协助做好欠费移送、退费工作；④开展调研、预测、收入分析等工作；⑤负责整理其他规费管理资料归档工作；⑥完成上级交办的其他规费征管相关工作。

“营改增”政策全面实施后，“地方税务局”实质上正在逐步演变为“地方税费局”。因此，必须适时顺势，主动作为，积极探索实施规费管理专岗专责管理改革，实现规费的专业化、精细化管理，全面提升规费征收管理工作的水平。

（作者单位：国家税务总局茂名市税务局）

环境保护税开征情况、存在问题及对策建议

秦泗林　牟现宏

环境保护税(以下简称环保税)自2018年1月1日开始征收,4月为第一个申报期。本文结合山东省日照市环保税开征情况,就当前环保税征管工作中存在的问题谈几点认识,并提出优化建议。

一、开征情况

为确保环保税平稳开征,日照市税务局主动靠前、及时谋划、积极作为,从业务培训、走访调研、信息采集、模拟申报等多个方面入手,扎实做好环保税开征的各项准备工作。

(一)开展技能业务培训,加强征管队伍建设

为提高税务人员环保税征收业务水平,日照市税务局在加强计税依据和应纳税额、税收减免、征收管理等税收知识培训的同时,多次邀请环保部门负责排污费监测、征收工作管理的技术人员以及高校专业老师,为全市税收一线干部职工培训排污费计算和征收的有关知识和技能,包括对污染源管理、监测管理、排污费计算等知识进行讲解,以及环保费监测、征收时常见问题等,确保一线人员熟练掌握污染物的监测流程和计算方法等。今年以来,日照市已累积开展业务培训12场,共有219名税务人员和589名企业的财务和环保操作人员参加了培训。

(二)深入企业走访调研,提高环保税税收精准度

日照市税务局联合环保部门到79户已识别的环保税纳税企业走访调研,了解企业的发展规模、经营现状、财务状况、生产流程,特别是其污染物类型、污染物排放方式、污染物数据监测方法等,全面查实税源底数,加强征管数据收集。并根据调研情况,梳理排查征管过程中可能出现的问题,制订了26项处置方案。同时在走访时辅导涉税企业做好环保税基础信息采集、纳税申报表模拟填写等工作,在核实准确后录入金三系统,建立应纳税企业基本档案。

(三)情景模拟环保税申报,提前发现和解决问题

设立专门的模拟申报辅导窗口,对全市20余户不同行业、不同类型的环保税纳税人填制的《环保税纳税申报表》进行预审核和模拟申报。预审核过程中,重点检验环保税申报流程是否规范,报表对应涉税信息填写是否齐全、准确,是否存在属于核定征收情况的纳税人等内容。对模拟中发现的问题及时予以辅导解决,做好相关记录,确保每一户纳税人的申报表数据计算、内容填写正确,并能够在金税系统预生产环境模拟申报中顺利通过。

截至4月18日申报期结束,日照市进行环保税纳税申报企业共566户,其中包括正常管理户439户,入库环保税税款4650万元,同比增收388万元,增长9.1%。政策性减免申报51户,申报减免金额737.6万元。其中,大气污染物申报环保税4480.8万元,占环保税入库金额的96.4%,水污染物申报环保税190.9万元,占环保税入库金额的4.1%,固体废物申报环保税95.2万元,占环保税入库金额的2%,噪声申报环保税5.3万元,占环保税入库金额的0.1%。

二、存在问题

现行模式下,环保税的征收,由环保部门负责污染物监测,税务部门负责税款的征收入库,此模式弥

补了税务部门缺乏技术、设备支撑的问题。但从实际征管情况来看,该模式与税务部门常态化征管模式相比,还存在一定问题和不足,征管质效还有待提高。

(一)征管效率不够高

现行模式下,环保税的征管工作由税务部门和环保部门共同完成,但两个部门的征管效率比一个部门单独征管的影响因素更多,税务部门的征管工作也相对较为被动。例如当部门之间协作机制不完善时,环保部门不能将涉税数据及时传送到税务部门,税务部门的征管效率就会受到影响。应当注意的是,排污费作为环保税的"前身",曾是环保部门的主要收入来源,环保税开征后长期开展监测工作所耗费的大量人力、物力,对环保部门不仅是负担,而且也难以建立起长效化、常态化的部门协作机制。

(二)监测设备安装和第三方监测比例较低

当前,日照市环保税应税企业数量较多,但监测设备安装比例和监测机构覆盖比例都较低,在这种情况下,计税依据的确认无法完全依赖于设备及监测机构的监测数据。根据调查数据来看,日照市范围内除日照钢铁控股集团有限公司、亚太森博浆纸有限公司等中大型企业的监测设施、设备安装较为完善外,其他大部分中小型企业特别是各类采矿企业普遍未安装相应监测设备,设备安装也主要针对大气、水污染物等,对噪声监测比例较低。此外,第三方监测企业数量和监测范围有限,对环保税征收将造成很大影响。

(三)监测及计算数据与实际数据不一致

环保税的关键在于精准征收。通过前期调研发现,环保部门在实际工作中,受监测设备、排污系数、物料衡算方法、技术人员水平等因素影响,监测及计算数据与实际排污量确实存在差异,并且污染物的监测数值是动态变化的,一旦时机错过,很难核实。因此,当监测数据与实际数据不同时,相关部门无法确保数据准确性,容易出现纳税人多缴税或少缴税的情况。需要注意的是,环保部门或监测机构监测、计算企业污染物排放量,但不直接征收税款,有权利寻租行为的风险。

(四)部门责任有待进一步明确

当前,环保税法虽然规定了税务与环保部门各自的工作职责,但是当出现错失时,双方部门如何分配责任仍没有明确的规定,可能导致出现部门之间推诿扯皮的现象。例如,当监测数据与实际数据不一致,且确实高于实际数据时,若纳税人对监测数据有异议,纳税人应当向哪一部门反映情况或提请复议也并不明确。税务部门按照环保部门传递的监测数据确定应纳税额,并未参与到实际监测工作当中,在专业技术方面并不能为纳税人解决问题,而环保部门只是履行了数据监测职责,无法代替税务部门接受纳税人复议。

三、对策建议

(一)由税务部门负责数据监测

建议将环保部门部分监测设备和技术力量划转到税务部门,由税务部门负责监测管理;组建由税务部门管理的环保监测专业队伍,购进监测设备,独立完成对污染物的监测管理。税务部门在监测完成后可直接将数据带回并确认计税依据,省去了跨部门传递数据的环节,办税效率进一步提升。同时,部门内部人员更加方便管理,各个岗位责任分工明确,出现问题能够直接追究到个人。

(二)加大财政资金对监测设备和购买第三方服务的投入

污染物监测的技术性、专业性较强,对监测设备要求较高,想要实现其普及成本较高。建议由国家层面出台相关规定,加强地方政府的财政资金投入,或以政府补贴的方式,支持部分污染较为严重、监测难度较高或纳税信用评价等级较低的企业安装自动检测设备,加强污染源自动监控系统建设。

（三）完善信息传递机制

在税务部门能够独立完成环保税征管之前，应着重加强涉税信息共享平台的建设与维护，双方部门要不断加强数据采集、核实、传送、接收、核算、应用等环节的部门配合，明确各个环节、各个部门的工作职责，责任到人。同时，建立突发事故应急预案，出现问题及时处置，第一时间将数据传输到税务部门，实现数据从采集到应用的无缝衔接，提高信息利用效率。另外，建议环保部门在监测完数据后，与纳税人确认并当场将监测数据传送到税务部门，之后污染物数据的每一次核算和变动，都要通过税务部门审核。

（四）统一数据监测及计算

针对计算口径不一致导致排污数据与实际不一致的情况，建议尽快制定更加细致的排污系数和物料衡算方法，明确技术规范，统一纳税申报口径，提高环保税征缴效率。此外，纳税人申报应税污染物数据与部门监测数据不一致的，纳税人若有第三方监测单位提供的监测证明，建议按照监测证明上的监测数据和环保部门的监测数据取平均值作为征税依据。

（五）强化执法监管

责任分配问题若处理不当，很容易影响部门间的协作主动性、积极性，损害纳税人权益。因此，建议由国家层面出台相关规定，明确在出现过错时不同情况下的责任分配。同时，加强地方政府对部门的监管、部门之间的监督、纳税人对各部门的监督等，从根源处杜绝问题发生。特别是部门之间，从数据的监测到传递到应用，全面加强各个环节的监管，确保重要数据真实可靠，避免因不公平的征管手段损害纳税人权益。

（作者单位：国家税务总局日照市税务局）

社会保险费高质量征管路径初探

徐 丽 高 健

2018 年 2 月，党的十九届三中全会通过的《深化党和国家机构改革方案》明确规定：为提高社会保险资金征管效率，将基本养老保险费、基本医疗保险费、失业保险费等各项社会保险费交由税务部门统一征收。这标志着我国社会保险费征缴体制改革迈出了关键性的一步。然而，长期以来，由于社会保险费征收主体不明确、征缴体制不统一，引发了权责不清晰、社保权益受损、征收成本增加等诸多问题，对社会保险费的高质量征管形成了制约。

一、当前我国社会保险费征管体制现状

从运行流程来看，社会保险费征管是社会保险经办管理业务链中的重要环节。根据《中华人民共和国社会保险法》（以下简称《社会保险法》）和《社会保险费征缴暂行条例》的规定，社会保险费的征管工作主要包括社会保险参保登记、核定缴费基数、缴费申报、社保费稽核、社保费征收、建立缴费记录、清理追缴欠费、办理补缴缓缴手续、征收社保费入账入库、提供缴费查询服务、披露社保基金信息等内容。

1991 年，国务院发布的《关于企业职工养老保险制度改革的决定》规定，社会保险管理机构在银行开设“养老保险基金专户”，企业按职工工资总额和当地政府规定的比例在税前提取基本养老保险费，由企业开户银行按月代为扣缴，转入“养老保险基金专户”。随着经济社会的发展和国企改革的深入、社会保险待遇支付额的不断上涨，社会保险基金支付缺口越来越大，在人员编制有限、经办力量不足的情况下，社会保险管理机构面临的社会保险费征缴形势越来越严峻，一些地方开始尝试税务部门代征社会保险费的模式。1995 年，湖北省武汉市在部分国有企业实行养老保险费由地税部门代征模式，开创了地方政府委托代征社保费的先河。1998 年，财政部等四部委联合印发《企业职工基本养老保险基金实行收支两条线管理暂行规定》，规定基本养老保险基金征收方式包括社会保险经办机构负责征收和税务部门代征两种方式。当年，浙江省将社保费移交税务部门征缴。1999 年，《社会保险费征缴暂行条例》出台，规定社会保险费的征收机构由省、自治区、直辖市人民政府规定，可以由税务机关征收，也可以由劳动保障行政部门按照国务院规定设立的社会保险经办机构征收。此后的三年中，全国有 17 个省、自治区、直辖市和 2 个计划单列市地方税务局征收社会保险费。2010 年，《社会保险法》颁布，规定社会保险费实行统一征收，实施步骤和具体办法由国务院规定，但仍然没有明确社会保险费的征收主体，社会保险费由社会保险经办机构和税务部门征缴“双主体”体制继续维持。

目前，在社会保险费征收“双主体”体制下，我国社会保险费征管主要存在三种基本模式。一是由社保经办机构征收的模式。即以社会保险经办机构为征收主体，由其负责社会保险登记、预算编制、征收计划下达，以及申报、核定、征收、管理等，并负责缴费情况和个人权益的记录、社会保险待遇发放的全过程工作。目前有北京市、上海市、天津市、山西省、吉林省、江西省、山东省、广西壮族自治区、四川省、贵州省、西藏自治区、新疆维吾尔自治区 12 个省（自治区、直辖市）、新疆建设兵团、深圳和青岛 2 个计划单列市选择五项社会保险费全部由社保经办机构征收。二是由税务部门代为征收的模式。即税务部门作为代征单位，负责按照社保经办机构所提供的核定数据，将社会保险费征缴入财政专户，其他管理职责仍由社会保险经办机构负责。目前有内蒙古自治区、江苏省、安徽省、湖北省、海南省、云南省、陕西省、甘肃省、宁夏回族自治区、河北省、湖南省、青海省、黑龙江省、重庆市、河南省 15 个省（自治区、直辖市）和大连

市、宁波市2个计划单列市选择税务机关代为征收社会保险费。其中，税务部门代为征收的省市并没有全部做到“五险统征”，河北省、青海省、黑龙江省的税务部门仅代为征收基本养老保险费、失业保险费，湖南省税务部门代为征收外商投资企业和城镇私营企业的基本养老保险费。三是由税务部门全责征收的模式。即税务部门负责社会保险费缴费登记、申报、审核、征收至划解财政专户全过程的征收管理工作，社保经办机构全职负责社会保险的社会化发放。目前，实施税务部门全责征收的省份较少，主要有辽宁省、浙江省、福建省、广东省4个省份和厦门市1个计划单列市。

二、存在的问题及原因

在目前的“双主体，三模式”征管体制下，由于征收主体和征管模式的不统一，全国性的社保统筹一直未能实现，相关问题也日渐突出。

（一）执法刚性不足

根据《社会保险法》《社会保险费申报缴纳管理规定》等法律规范规定，用人单位逾期仍未缴纳或者补足社会保险费的，社保费征收机构可以通过划拨、扣押、查封、拍卖等方式追缴用人单位所欠社保费。但是由于法定程序较为烦琐，在操作过程中可能会耽误取证、追缴时间。且划拨、扣押、查封、拍卖等程序需要银行、法院等相关部门配合实施，涉及部门多、执法时间长，影响了征缴的力度和效果。以申请划拨社会保险费为例，社会保险征收机构向银行等金融机构查询欠费单位存款账户后，可根据查询结果向所属的社会保险行政部门申请作出划拨社会保险费的决定，并需要提交欠费单位名称、法定代表人、地址、联系方式、开户银行、户名及账号、申请划拨的事实、理由及依据、申请划拨的社会保险费数额等多项信息及相关材料，社会保险行政部门接到社保征收机构划拨申请后，经审核作出划拨社会保险费决定，并书面通知欠费单位开户银行或者其他金融机构予以划拨，同时按规定送达欠费单位，并抄送社会保险征收机构。该划拨规定体现了执法程序的公正性和完整性，但是在执行过程中往往需要花费较长的时间，违法单位可能会利用查询机制的时间差，乘机转移资产或篡改相关账目，进而影响社保费欠费追缴。

（二）职责划分不清

社会保险费的征缴管理涉及社保、财政、银行、法院、经信委等多个部门，而税务征收模式中又引入了税务部门，部门之间协调难度大。社会保险的缴费登记、基数核定、缴纳征收、日常管理、权益记录、行政执法需要多个部门共同参与，但现有法律法规并没有明确规定各部门的职责、职能和职权界定，多部门分权导致社保费征管中的核定、征收、管理、查处相互脱节，工作配合力度减弱，互相协调难度加大。相关部门之间不能及时共享信息，在税务部门代为征收模式中，税务部门不具备与征收责任相对应的社会保险费申报、缴费基数核定、信息变更、征收计划、欠费处罚等管理权限，难以对企业缴费申报不实的行为进行打击。而且，当社会保险经办机构发送的征缴计划与实际人数有差异时，作为征收部门的税务机关难以给提出质疑的缴费人提供合理解释。

（三）征管效率不高

现有征收体制下，由于体制不统一、职责不明确、征管不规范，社会保险费征管工作普遍存在行政成本高、征管效能低、征收不足的问题。在税务部门代为征收模式下，社会保险费与企业所得税、个人所得税同源，税务部门拥有费源信息优势，但是只能依据社保经办机构核定的数据征收社会保险费，税费同源、同征同管的优势难以有效发挥。在社保经办机构征收模式下。社保行政管理部门既是征收单位，又是支付单位，还是监管单位，集社会保险费的收、支、管、用于一体。如果外部监管不到位可能导致社保基金被挤占、挪用甚至贪污等违法违规现象发生。在这种征管体制下，如果实行养老保险全国统筹，社会保险基金结余地区以支定收，难免出现怠于征收的现象。

三、社会保险费高质量征管路径分析

中央通过的《深化党和国家机构改革方案》已明确社会保险费由税务部门征收，实现社会保险费高质量征管，不仅只是征收主体的变更，更需要从法律层面和实际操作角度进行研究，协同推进社会保险费征管体制改革。

（一）健全社会保险费征收法律法规体系

《社会保险法》规定社会保险费实行统一征收，实施步骤和具体办法由国务院规定。《社会保险费征缴暂行条例》规定社会保险费的征收机构由省、自治区、直辖市人民政府确定，可以确定由税务机关征收，也可以确定由社会保险经办机构征收。可见，现行法律法规中对征收主体的模糊表述导致出现实践中各地社会保险费征收主体不一、税务部门与社会保障部门职责不明确等诸多问题。因此，需要修改《社会保险法》和《社会保险费征缴暂行条例》中关于征收主体的表述。明确税务部门为唯一征收主体，赋予地税部门从社保登记、申报评定、征收管理到处罚监督环节全过程的完整征收管理权，厘清地税部门、人社部门及其社保经办机构、财政部门、审计部门等征管部门之间的职责与关系，构建职责明确、相互配合、协调统一的征管工作格局。同时，在《中华人民共和国税收征收管理法》中明确税务部门统一征收社会保险费的征收权限，进一步保证税务部门统一征收社会保险费的法律支撑和执法刚性。在此基础上，尽快研究制定《基本养老保险征收管理使用监督条例》《基本养老保险全国统筹管理办法》《基本养老保险征管规范》《基本养老保险审计条例》《基本养老保险投资管理办法》，明确养老保险基金征收管理使用监督工作中涉及的所有责任主体的权利与义务，进一步界定各责任主体之间的法律关系。

（二）实现税务部门社会保险费全责征管

税务部门已建立统一规范的涵盖登记、征收、管理、服务、稽查全流程的征管服务规范和信息平台，基本实现了“服务一把尺子、缴费一个标准”。《中华人民共和国税收征管法修订草案（征求意见稿）》提出要构建包括纳税人识别号制度、第三方信息共享制度、自然人税收征管平台建设等多方面内容在内的自然人税收征管制度。一旦自然人税收征管制度构建完成，就可以同步实现个人所得税、房地产税、社会保险费征管所需的信息，再加上大数据以及“互联网 + 税务”在税收征管中的应用，由税务部门统一征收社会保险费可以使社会保险费与个人所得税、房地产税征管同步推进。金税三期已经完成全国数据集中，实现了数据标准的统一和税费档案存储的标准化、电子化，可以有效保障和促进人力资源在全国范围的自由流动。借助税收征管的成熟模式，采用税费同征、同管、同查的办法，建立健全缴费登记、变更、数据维护、网上申报、费款入库、欠费管理等制度，动态管理缴费单位户籍档案。参照税务管理模式在日常税务征管、风险应对、检查稽查时对社保费征缴、代扣代缴情况同时进行检查，发现未履行缴费义务的及时催报催缴，直至采取保全措施，全面提高缴费遵从度。

（三）构建社会保险费征管部门协作机制

进一步健全并细化落实相关制度和机制，重新整合税务部门、社会保障部门和相关工作部门，明确分工及相关法律责任，建立规范化、法治化的协作渠道，督促各部门依法履行相应职责。当前，社会保险费不仅分别由税务部门和社会保障部门征收，而且全国各地征收办法不一，导致社会保险费征收管理的规范化程度较低，社会保障制度的全国统筹难以实现。除了法律上明确规定由税务部门统一征收社会保险费外，还应重新整合税务部门和社会保障部门，明确税务部门为社会保险费的唯一征收部门，社会保障部门为社会保险费的发放部门，财政部门为社会保险费的管理部门，审计部门为社会保险费的监督部门，构建“税务征收、社保发放、财政管理和审计监督”的社会保险费征管体制。充分利用税务机关的垂直管理体制优势，构建统一的征收管理平台，确保征收机构能够保持紧密的上下联动，不断提升社会保险费的征管效率和质量，破解社会保险体制的碎片化难题，提高我国社会保险费的统筹层次，从而推进我国社会保险制度的进一步完善。

（作者单位：国家税务总局金湖县税务局）

税收征管

新时期推进地税征管方式转变的思考与对策

国家税务总局广州市税务局课题组

当前，我国正在全面推进国家治理体系和治理能力现代化，党的十九大提出“深化税收制度改革，健全地方税体系”的要求，国家深入推进财税体制改革和“放管服”改革，中办、国办印发了深化国税地税征管体制改革方案，国家税务总局不断升级国地税合作规范，提出要积极推进税收征管方式实现“四个转变”，地税事业发展机遇与挑战并存，地税部门转变征管方式迫在眉睫。如何结合工作实际，切实转变税收征管方式，提高税收征管效能，已经成为各级地税部门面临的重要课题。为此，国家税务总局广州市税务局课题组先后前往省外南宁市、昆明市、成都市、贵阳市和省内东莞市、肇庆市等地税部门调研交流，并在广州市局召开专题座谈会，组织调研组进行深入研讨，形成调研报告如下。

一、新时期税收征管方式转变面临的形势和存在的问题

随着财税体制改革的深入推进和“营改增”试点全面实施，我国税收环境正在发生深刻变化，地税改革发展面临新形势、新任务、新机遇、新挑战。

（一）当前地税征管方式转变面临的形势要求

党的十八届三中全会以来，中央、省市和总局、省局高度重视税收改革工作，对税务部门加快推进改革创新提出了新的要求。

1. 上级对地方税收深化改革提出了总体要求

党的十九大把坚持全面深化改革作为新时代中国特色社会主义思想的基本方略之一，对各领域改革作出一系列重大部署，强调要“深化税收制度改革，健全地方税体系”，为地税部门推进改革创新提供了根本遵循。习近平总书记关于全面深化改革系列重要讲话和对广东省工作作出的“四个坚持、三个支撑、两个走在前列”重要批示精神为税收改革提供了方向指引。广东省省委、广州市市委深改领导小组会议也强调各级各部门要强化改革自觉、强化改革试点、强化改革督察，确保各项改革工作落地见效。国家税务总局局长王军要求落实改革主体责任，深入推进税收改革。省局党组提出“三个定位、一个走在前列”的发展目标，其中一个定位就是要争当新时代深化税收改革创新的排头兵。上级对深化改革的总体要求，促使我们要努力推进税收治理现代化，探索适应现代化经济体系建设的新的税收征管方式。

2. 推进“放管服”改革和优化营商环境，对持续推进税收改革提出了明确要求

国务院在“放管服”会议上对税务部门在服务、执法、改革等方面提出了明确要求，强调税务部门要坚持依法治税、深入推进税收改革、持续释放更大减税效应。国家税务总局印发《关于进一步深化税务系统“放管服”改革、优化税收环境的若干意见》，从进一步深化简政放权、切实创新监管方式、不断优化纳税服务、持续改进税收执法、统筹升级信息系统5方面提出了30项改革措施，要求持续提升税收治理能力和服务水平。广东省税务总局印发《关于发挥职能作用优化广东省税收营商环境的意见》，提出要紧紧围绕“服务效率最高、管理最规范、综合成本最低”的要求，持续深化“放管服”改革。上级对深化“放管服”改革、优化税收营商环境作出的决策部署，要求我们要进一步坚持问题导向和需求导向，全面推进税收改革

创新，努力促进营商环境市场化、国际化、法治化建设。

3. 中办、国办深改方案和总局“四个转变”要求为征管改革提供了工作指引

中办、国办深改方案提出 31 项重点改革任务，强调要转变税收征管方式，提高税收征管效能，着力解决税收征管针对性、有效性不强问题；要强化税务系统稽查职责和工作力量，探索建立跨区域税务稽查机构；要强化税务系统督察内审职责和工作力量，增强督察内审机构独立性，形成有效的内部监督制约机制。国家税务总局专门印发《关于推进地税加快改革发展的若干意见》《关于转变税收征管方式提高税收征管效能的指导意见》，提出税收征管方式要实现从事前审核向事中、事后监管转变、从固定管户向分类、分级管户转变、从无差别管理向风险管理转变、从经验管理向大数据管理转变。中央、总局和省局提出的新要求，为地税部门加快税收征管方式转变指明了明确方向，要求我们要结合工作实际，把总局和省局决策部署转化为税收现代化建设的思路和举措，努力探索推进税收征管方式转变。

4. 科技进步为税收征管改革提供了技术支撑

当前人工智能在全球范围内已逐渐成为各国的发展战略，并渗入到社会管理的方方面面，是推进国家治理体系和治理能力现代化的有力支撑。税收治理现代化是国家治理体系和治理能力现代化的重要组成部分，在智能化的大潮中，地税部门要把握人工智能革命新趋势，将互联网、大数据、云计算等新一代科技成果与税收决策、风险管理、纳税服务等税收管理环节紧密结合，将传统粗放的税收管理方式转型升级为“信息管税”“大数据管税”“智能管税”的全新征管模式，探索建设符合未来趋势的现代智能管理方式，促使税收管理能力获得智能化的质变提升，从而全面推动税收治理现代化发展。

5. 工作形势对地税征管格局变化提出了迫切要求

随着财税体制改革的深入推进和“营改增”试点全面实施，地税工作在组织收入、地方税体系、服务对象、征管方式、国地税合作、机构职能等方面面临着新的变化。特别是地税部门今后管理的主要税种是个人所得税、房地产税，面临大量自然人；以票控税方法缺失，财行税、附加税费征管面临较大困难；行业稽查特点弱化，属地稽查特点更加凸显，稽查重心面临转移。面对以上各种新变化、新难题，我们只有将改革作为破解发展瓶颈的重要抓手，实现征管方式突破，才能解决征管体制不适应、征管手段不强、征管效能不足等问题。

(二)当前广东省地税征管方式存在的问题

当前地税部门转变税收征管方式势在必行。但在探索实践过程中，我们仍然面临着困难与挑战。

1. 思想认识水平有待提高

部分干部特别是一些领导干部思想认识模糊，观念比较陈旧，不愿改革创新，存在上热下冷、畏难退缩、等待观望等现象，甚至有的领导干部部门观念过重，只想减少工作，不愿承担任务。部分干部攻坚意识不强，存在推诿心理，对改革只挂在嘴上，不落实到行动上，“等一等、看一看、不作为、慢作为、懒作为”现象客观存在。部分干部创新意识淡薄，创新勇气不足，调查研究不够，对改革难题缺少创新性的解决思路和办法，一些改革项目缺乏系统性、整体性、协同性。

2. 税源管理方式有待优化

在管户制模式下，人少户多的矛盾比较突出，由于管理员时间、精力、能力有限，“一人包干”的保姆式税源管理方式无法对纳税人提供优质服务和精准管理，且管理员权力过大，容易滋生廉政风险。在管事制模式下，人少事多的矛盾逐年凸显，部分单位还出现税源管理部门职责不清、推诿扯皮现象，存在“人人管事，事无人管”的问题。大数据应用停留在浅层次，数据管理基础性工作有待加强，数据对业务的驱动效用不够。信息化建设运用互联网、云计算、人工智能等现代化科技手段不够，电子化办税、大数据管控、全过程服务、智能化提升的基于互联网生态的新型征管模式还有待深入构建。

3. 事中、事后监管有待加强

2013 年以来，广东省地税持续深化税务行政审批制度改革，取消审批事项 59 项、下放 2 项、调整 1 项，同时加大“即时办结、限时办结”力度，前台业务即办率已提高至 90%以上。然而，随着“放管服”改革深入推进，基层单位后续管控措施还有待深入跟进。部分单位片面强调简政放权，轻事中事后风险防控，前台的“放”和后台的“管”衔接不畅，导致管理缺位和执法真空；部分单位虽重视加强后续监管，但存在管不好、管不深、管不透的现象，特别是对股权转让、税收减免等重要事项的跟踪管理手段不多、效果不好。

4. 风险管理机制有待健全

税收风险管理全流程链条式闭环管理虽已形成，但核心领域、关键环节的管理水平还有较大提升空间，主要表现在：风险管理运行机制未完全理顺，省、市一级风险管理统筹力度不足；“体检式”的综合风险指标（模型）体系有待建立，风险识别水平仍有较大提升空间；风险应对流程还需统一规范，应对结果复核评价规则仍未制定；风险分布“地图”有待绘制，税收遵从评价体系亟须建立；国、地税风险管理合作有待深入，风险共治格局尚待构建；大数据应用仍未发挥应有作用，技术与业务“两张皮”现象还普遍存在。

5. 稽查管理方式有待完善

“营改增”试点全面实施后，地税部门可稽查税种零散，稽查重点对象转为自然人纳税人，原有依托行业特性进行主体税种稽查的行业稽查模式难以继续沿用，属地稽查特点更加凸显，稽查重心面临转移。稽查效能不均衡，稽查体制存在较大完善空间，部分地市稽查人力不足，全职能局稽查效能较低。部分稽查干部年龄偏大，应用现代化科技的水平较低。与国税部门联合入户、资料共享、证据互认、结论共定的力度还有待加大，一定程度上还存在重复执法、多头检查的现象。

6. 税务组织体系有待调整

基层单位税源管理机构设置不够科学合理，有的地市城区征收局设立重点税源管理科、一般税源管理科和纳税评估科，而城郊征收局按照行政区划分设立税务分局，与税源分布特征和税收征管规律不够吻合，与新时期税收征管方式转变要求不相适应，且城区征收局干部职工人数多、晋升难，缺少可执行职务与职级并行政策的税务分局。督查内审机构还未单独设立，难以起到独立监督作用，同时受制于人力资源不足，主责主业意识不突出，审计工作停留在零敲碎打阶段。风险管理、数据管理和自然人管理等专职机构尚未建立或有待优化，具有税收业务、数据管理、信息技术等专业背景和技术专长的跨界复合型人才比较缺乏，难以发挥专职机构和专业人才在重点领域、核心业务上的探索推动作用。

二、国内部分城市税收征管方式转变经验借鉴

（一）通过厘清改革思路，明确税收发展方向

成都市地税在发展方式上，积极推动税收征管由“以票管税”向“信息管税”转变，组织保障由“单打独斗”向“多方协作”转变，纳税服务由“以服务企业为主体”向“服务企业和自然人并重”转变；在发展路径上，探索解决“税从哪来，人往哪去”的问题，坚持信息管税，深化国地税合作，坚持综合治税，抓好自然人税收和现有税种精细化管理，坚持主动作为，积极对接地方税费体系建设政策落地。

（二）通过加强事中事后监管，加快征管方式转变

贵阳市地税出台推进征管体制改革工作的意见，规范征管执法，实施风险核查，严格数据监控，全面规范数据质量管理。成都市地税改变“同质化设置征管机构、平均分配征管资源”的传统做法，梳理后台基础征管事项，做专做实后台岗责体系，将税收管理员从繁杂事务中剥离，形成专业分工、协同管理机制。

（三）通过实施分类分级管理，构建专业化管理体系

成都市地税将纳税规模占各单位收入 90%的纳税人划入重点税源，实行集中管理，其他一般税源管理模式由固定、无差别管理向风险、团队式管理转变；实行“管事制”和“管户制”相融合，破除“一人包干”

保姆式税源管理机制。贵阳市地税拟定纳税人分类及税务事项分级管理方案，重点税源按期申报率、财务报表报送率和基础信息完整率实现“三个100%”。

(四)通过强化风险管理，提升税收征管效能

贵阳市地税依托市“政府数据共享交换平台”，利用第三方信息，按照“行业+税种”的管理模式，分类开展税收风险管理；强化国地税合作，实现税收风险“精准管理”；优化层级管理职能，成立市区分局三级风险管理机构，建立三级税务约谈层级管理工作机制，对特定行业实施集体约谈，大幅提高工作效率。成都市地税将管理资源向风控部门倾斜，按照风险管理、局处融合、实体运作的要求，增加相关处室、直属分局风险管理工作职责，建成全市征管质量监控系统，将重点税源纳入监控。

(五)通过推行“互联网+税务”，提升信息管税水平

贵阳市地税利用“大数据综合治税平台”加强数据管理，广泛获取商业数据、互联网第三方数据等，实现系统搭建、数据收集、模型扩展和平台运行四大功能，推进社区大征管网格化管理模式。昆明市地税作为云南省“以地控税、以税节地”唯一试点单位，开发建成“土地税源管理信息系统”，对所有土地分布、利用、交易等情况全面统计分析，实现了土地税源可视化、税源管理精细化。南宁市地税开发手机App，强化线上线下、前台后台联动，提升服务效能；开发房产交易“互联网+自助办税”系统，契税办理时间由原来的10分钟缩短至2分钟。

(六)通过调整机构职能，适应改革发展需要

成都市地税成立专业执法督察机构，主要承担重点督察、专项督察、全面督察、专案督察、内部审计和内控实施等职责，制定规范，建立机制，推动执法督察工作从兼职化、运动式的散兵作战向实体化、专业化的集中作战转变。南宁市地税撤销原隶属南宁市地税局的9个地方税务稽查局，设立自治区地方税务局南宁稽查局，采用扁平化的组织结构，84%的税务人员在稽查业务岗位一线工作。

三、推进税收征管方式转变的思路和对策

党的十九大报告提出了“深化税收制度改革，健全地方税体系”的工作部署，目前这一改革思路已经进入加快落地阶段，地方税体系构建和完善的方向：逐步建立综合与分类相结合的个人所得税制度，加快房地产税立法和实施，调整部分消费税品目征收环节和收入归属，拓展地方税的范围，扩大水资源费改税改革试点，改革完善城市维护建设税。随着税制改革的深入推进，地税部门面临着管理税源零散、税种管理难度加大、征管手段弱化等问题。为着力解决当前税收征管中的突出问题和深层次矛盾，地税部门应以转变征管方式为主线，以风险管理为导向，以数据管税为手段，以推进信息化为支撑，以提升征管质效为目标，推进前端便捷办税，探索后端智能管税，努力构建征管服务、数据风险、税务稽查、督察内审“四位一体”和管户、管事、管数据、管风险、管质效“五管结合”的新型税收征管体系，实现税收征管方式“四个转变”。

(一)进一步提高思想认识

党的十九大报告强调要“增强改革创新本领，保持锐意进取的精神风貌，善于结合实际创造性推动工作”，对税务部门在新时代推进税收征管方式转变提出了明确要求。

1. 凝聚改革共识

学习领会党的十九大关于改革创新的指导精神，准确把握、推进税收征管方式转变的工作要求，切实加强调研，广泛开展讨论，统一思想认识，把思想和行动统一到十九大关于改革创新的精神上来，把智慧和力量凝聚到国家税务总局转变征管方式的要求上来，把干劲和拼劲集中到省局各项改革任务部署上来。

2. 落实改革责任

充分认识到转变地税征管方式是贯彻新发展理念的具体举措，是深化税收征管体制改革的具体实践，必须加强组织领导，落实主体责任，切实增强推动改革的使命感和责任感，推动转变税收征管方式落到实处。

3. 强化实践思维

摒弃旧观念，把握新方向，勇于担当使命，敢于先试先行，坚定推进改革的信心和决心，保持兢兢业业的工作状态、一往无前的奋进姿态和舍我其谁的拼搏心态，积极探索、推进税收征管方式有效转变。

（二）进一步创新纳税服务机制

贯彻十九大报告“坚持以人民为中心”的发展思想，围绕“最大限度便利纳税人、最大限度规范税务人”的工作理念，不断提高纳税服务水平，着力降低纳税办税成本，持续优化税收营商环境。

1. 减轻纳税人办税负担

以满足纳税人需求为出发点，通过多种渠道获取纳税人在享受政策、办税流程、办税环境等方面的需求，对纳税人需求进行科学分析，运用分析结果创新办税服务工作机制。简化报表资料和办税流程，减少纳税人申报缴税次数，加快推行办税无纸化、免填单服务，缩短纳税人办税时间。

2. 进一步深化联合办税

统筹谋划联合办税方式，持续推进国地税联合办税“互设共建共驻”，统一管理制度、统一绩效考评、统一服务标准、统一岗责培训。持续拓展联合办税范围，尽快实现国地税纳税服务事项“一厅办理”乃至“一窗办理”，通过信息共享方式实现纳税人基本信息确认、存款账号报告等事项“前台一次受理、后台信息共享”。探索创新联合办税形式，实现纳税人一体化申报缴纳增值税、消费税等主税和地方附加税费。

3. 构建电子办税新格局

深入推行电子办税，构建全链条电子办税服务体系，以电子税务局为基础，推进线上办税、移动办税与自助办税，实现办税渠道多样化、便利化，积极构建以“电子办税为主、自助办税为辅、实体办税为补”的立体化办税格局。

（三）进一步加强事中、事后管理

推进前端便捷办税改革，优化办税服务，探索后端智能管税模式，强化后续管理，建立权责明晰、便利高效的现代化征管体系。

1. 深化税收简政放权

结合“放管服”改革要求，减少税务行政审批，定期开展规范性文件清理，推行税收权力和责任清单，精简规范涉税资料报送，优化税收营商环境，切实减轻纳税人负担。适应互联网快速发展的形势，广泛应用互联网技术，全面增强办税便利度，让纳税人体验感更好，获得感更强，满意度更高。

2. 完善事中、事后管理实施机制

建立征管制度长效清理机制，修订与简政放权、现代税收征管基本程序不符的制度规定，完善税费征管规范性文件。推行纳税人自主申报，探索实名制办税，试行不确定事项报告制度，完善包括备案管理、申报管理等在内的事中、事后管理体系，出台相应管理办法。建立征管制度审核协调机制，建立税收政策、征管制度与信息系统间的联动机制，推动业务部门与技术部门的一体化运作。

3. 优化事中、事后管理措施

制定和细化事中、事后管理操作指引，明确事中、事后管理的监管方式、具体流程和工作要求，将事中、事后监管与巡查、督察、内审、稽察等事项协同管理，降低税收执法风险。完善减免税申报、股权变更等重点事项的后续管理措施，加强数据监控统计，堵塞征管漏洞。强化纳税信用评价结果应用，对守法诚信行为加强激励，对税收违法失信行为实施联合惩戒，引导纳税人依法诚信纳税。

4. 强化事中、事后管理权益保障

建立纳税人涉税（费）违法调查、争议处理工作机制，完善纳税服务投诉、税收行政复议、税收行政诉讼工作制度和流程，确保纳税人依法享受法定权益、承担法律责任。

（四）进一步健全分类分级管理体系

改革属地固定管户模式，树立"管户为对象，管事为方式，管数为手段，风险为导向，质效为目标"的税源管理理念，以优化管事方式为切入点，对税源和事项科学分类分级，发挥各层级各部门管理优势，分级、分岗承担涉税事项管理职责，逐步建立与分类、分级相适应的专业化组织体系。

1. 修订税收管理员制度

转变原来"人盯户"保姆式管理模式，合理分解税收管理员工作职责，简并整合日常事务性管理事项，属于宣传咨询等纳税服务事项的，主要由基层纳税服务部门承担；属于户籍管理、税源调查等基础管理事项的，主要由基层税源管理部门承担；税收管理员和风险应对岗主要做好以风险应对为重点的事中、事后管理，进一步实现管理方式转型。

2. 实施纳税人分类分级管理

按照纳税人规模和行业以及国际税收等特定业务类型实行分类管理；按照"重点税源重点管，一般税源标准管，零散税源综治管"的原则对纳税人实施"分级管理，制定差异化"的管理策略。提升市级重点税源管理层级，对大企业税收风险分析、税收风险应对、税源监控、个性化服务等事项归口到大企业局集中进行，构建"集团＋团队＋管理员"三级应对管理模式；区级重点税源结合区域特征进行动态调整或扩展，特别是针对辖区的重点行业，以设分局或分局内设科（组）的形式实行重点管理；一般税源由各区局实施集约标准化管理；个体零散税源实现国地税联合委托代征，实施社会综合化管理。

3. 实施涉税事项清单式管理

重构征管流程，推行以事设岗、合理划分业务边界、明确各级各部门涉税事项管理职责和办理标准、完善与新征管流程相适应的岗责体系。全面梳理、整合涉税事项，将涉税事项划分为纳税服务、基础管理、风险管理和法制管理四大类，细化分类标准，统一实施清单式管理，加强动态调整与维护。

4. 强化专业化团队建设

根据税种、行业或项目等类别组建专业化工作团队，提升包括专项风险分析识别、中高风险应对、稽查大案要案、行政审批事项及法制事项等工作的处理应对能力。对风险突出、情况复杂或集团式的重大税收风险任务，原则上安排专业团队参与风险应对。

（五）进一步强化风险管理导向

深化风险管理理念，坚持以风险管理为导向和数据管税为核心手段，健全税收风险管理运行机制，制定风险管理办法和工作规程，构建立体化、全闭环、持续改进的风险防控网络，提升税收征管效能。

1. 完善省市区（县）层级联动风险管理机制

构建"省市级为主、区县级为补"的层级联动风险管理机制。省局、市局负责组织实施风险任务统筹、风险数据采集、风险分析识别、风险管理系统搭建、任务扎口推送及应对过程监控与评价工作，区（县）局集中优势资源，主要做好风险应对、结果反馈工作，确保风险应对任务接得住、应对好、出成效。

2. 建立风险分级快速响应机制

构建统一的指标（模型）征集和优化机制，引入前沿统计分析方法，提高风险识别的精准度。构建科学的排序和风险推送方法，进一步完善"高风险稽查、中风险评估、低风险提醒辅导"的分类应对模式，完善和健全征收、评估、稽查高效联动机制。试行将低风险任务点对点智能推送至纳税人，由纳税人自主应对反馈的提醒辅导机制，提高风险应对效率。积极探索第三方服务，与国税部门就数据情报管理、数据共享交换、风险共同应对等内容开展深度合作，逐步构建行为规范、运转协调、服务高效的国地税风险管理合作机制。

3. 建立风险管理监控评价机制

采取风险管理过程监控、风险应对复核以及结果评价反馈等措施，完善风险闭环管理。运用风险分析结果，从区域、行业、税种等不同视角多维度绘制风险分布“地图”，引导风险管理优势资源向高频风险领域调配。

4. 建立自然人税收风险管理机制

发挥业务、数据、技术合力，归集整理散落于各部门、各环节的自然人涉税数据，联合内外部门专业力量搭建一人式数据库，逐步建立以自然人为核心的“体检式”的综合风险指标（模型）体系，关注重点人群、重点行业、重点政策，交叉比对识别税费风险，依托多渠道移动办税终端推送风险任务，提高自然人税收风险管理水平。

5. 建立党廉风险内控机制

严格落实党风廉政建设“两个责任”，持之以恒正风肃纪，强化工作流程和业务岗位风险防范，以廉政、作风、效能建设为着力点，从业务、人事、后勤、政务等不同领域完善内控制度建设，在征收、管理、稽查等执法环节搭建督察内审监控体系，多维度防范税收执法风险，提升党风廉政工作质效，形成以党廉风险管理助推税收管理的长效机制。

（六）进一步提升信息化管理和数据治理水平

按照十九大报告“善于运用互联网技术和信息化手段开展工作”的要求，依托云计算、大数据、移动互联等新技术推进互联网技术与税收业务的深度融合，围绕加强信息化应用和提升数据治理能力的目标，把海量的数据转化为有效的征管资源，充分发挥数据集成应用对征管效能提升带来的“乘法”效应。

1. 建立完善信息化管理机制

制定并完善信息化管理工作制度，统筹规划全省地税系统信息化建设，建立省市区（县）层级信息化管理机制，避免重复开发。同时鼓励基层单位积极参与省局建设项目，在省局整体框架下开展创新试点，构建统分结合、上下联动、协调高效的信息化建设工作格局。

2. 全面推进基础数据治理

依托互联网科技成果，梳理本地内部系统数据，拓展第三方资源，自动抓取互联网信息，形成多渠道信息采集机制，对采集数据进行整合融通，形成信息丰富的大数据资产。理顺数据全流程，规范管理流程，建立标准统一、共享共治的税收大数据仓库，为税收管理提供持续更新、容量充足的数据信息。以共享应用为目的、以数据安全为保障、以考核评价为抓手，加强数据关联、拆分、清洗等自动化处理能力，创新数据校验修正方法，提升数据管理水平。

3. 全面深化数据分析应用

搭建数据综合应用平台，充分利用税收大数据资源，借助大数据运算技术，开展税收结构、收入预测、减免优惠、纳税服务等方面的数据建模与分析，总结税收业务趋势性变动，形成“用数据说话、用数据决策、用数据管理、用数据创新”的管理机制，为税收征管、组织收入、领导决策等提供科学支持。将税收大数据关联社会、经济、文化等领域主题，围绕政府决策提供多维度的经济税收趋势分析，服务经济社会建设大局。

（七）进一步深化税务稽查改革

按照集成理念推进稽查改革持续深化，把各个重点领域、重点方向的打击整治行动整合起来，把稽查主力军作用和征管、法规、税政、信息化等部门协作作用结合起来，把税务和公安、海关、人民银行等有关部门的各自优势汇合起来，把打击违法犯罪和堵塞管理漏洞、防范税收风险契合起来，充分发挥税务稽查作为“征、管、查”链条中最后一道防线的作用，全面提升稽查工作质效。加快稽查现代化建设，主要从以下几个方面着手。

1. 建立全方位"市一级"稽查管理体制

以做强稽查为目标，提升稽查管理层级，强化"市一级"稽查，发挥市稽查局统筹、协调、指导全市稽查工作以及承办跨区域、大要案查处的作用。按"属地为主、行业为辅"划定稽查管辖范围，对日常稽查实行按属地管辖，对全市行业性整顿及大集团企业专项检查等按行业管辖。

2. 优化稽查工作机制

进一步优化稽查业务管理流程，创新稽查工作机制，优化集中选案，推行统分集合的两级选案制度；强化集中审理，实现税收政策归口管理，统一执法尺度；继续推行"执行前移"，探索并完善"大执行"模式；积极探索积案清理、高风险纳税人定向稽查、"重大稽查案源竞标"办案新途径。建立健全随机抽查制度和案源管理制度，合理确定抽查比例，对重点税源企业每5年轮查一遍；加强"双随机一公开"监管，及时公开随机抽查事项清单和查处结果，提高稽查随机抽查的针对性、有效性和透明度。

3. 完善征管、评估与稽查联动机制

畅通征稽联动渠道，通过分析稽查案例，及时发现征管漏洞，形成完善征管制度的建议，对税制运行和征管流程进行持续改进。加强风险分析与稽查选案的协调，将风险分析识别的高风险纳税人列入稽查异常对象名录库，提高稽查随机选案的针对性和有效性。

4. 推进国税地税、税警联合执法

国地税联合建立共管户纳税人名录库，开展随机抽查或协商确定稽查对象，增强共管案源联合稽查的计划性和科学性。完善联合检查、协同审理、协同执行等工作机制，统一执法尺度，实现证据互认，防止多头重复检查。强化税警协作，推进税收行政执法与刑事司法有机衔接，依法加大涉税违法犯罪行为查处力度，坚决防止以补代罚、以罚代刑。落实税收"黑名单"和联合惩戒制度，加强涉税违法案件曝光力度，提升税务稽查震慑力。

(八)进一步优化税务组织体系

以健全"征收服务、数据风险、税务稽查、督察内审"四位一体管理体制为核心，全面优化机构职能，打破过去属地税源管理下机构职能同质化、资源分配平均化的传统模式，在现有编制、职数等既定格局下，探索构建与税收征管方式转变相适应的税务组织体系，着力解决机构设置、资源配置与税源状况、工作要求不匹配等问题。

1. 整合局属单位税源管理机构

整合基层税源管理部门职责，适当改变过去以行政区划或功能划分的方式，考虑按照税源分布特征和税收征管规律重新设立科学合理的税务分局，按照分类、分级管理的原则，灵活调配各税务分局工作职能，并在新设的税务分局落实公务员职务与职级并行制度。

2. 完善纳税服务组织体系

开展组建市局纳税服务局的论证工作，负责统筹管理实体办税服务、电子办税服务的推广应用，税收宣传、纳税辅导工作，组织处理纳税服务投诉，实施税收信用体系建设、纳税服务质量评议和监督等制度；区县局设立纳税服务分局，统筹管理辖区内办税服务厅，科学合理简并实体办税厅。

3. 成立数据风险管理机构

专职负责数据和风险管理工作，组织实施企业和自然人的数据采集、风险识别分析、扎口推送及应对过程监控和效果评价工作，开展征管质量评价，实施数据管理、分析和应用，加强数据管理和风险管理的深度融合。

4. 完善督察内审机构设置

组建督察内审机构，负责税收执法检查、督察等工作，跟踪督导检查、巡查和审计发现问题的整改，增强工作独立性,提升管税质效,强化内控监督,形成有效的内部监督制约机制。

5. 优化人力资源配置

顺应征管体制改革要求,加强征管一线、税源集中地、电子化办税及数据分析应用部门的人力资源保障,将具有税收业务、数据管理、信息技术多重背景的复合型、实用型人才配置在核心工作岗位。充实纳服、规费、绩效等部门人员,明确工作职责,全面提升工作质效。

6. 强化思想文化建设

推进新时期税收征管方式转变,不能单纯地就业务论业务,还要切实增强政治意识、责任意识、文化意识,发挥其引领保障作用。要按照党的十九大新时代党的建设总要求,以党的政治建设为统领,不断强化队伍的思想认识和责任担当;要按照十九大报告"弘扬劳模精神和工匠精神"的要求,弘扬爱岗敬业的劳模精神,传承精益求精的工匠精神,将劳模精神、工匠精神融入税收工作的每一个细节。发挥税务文化的引领作用,着眼提升能力、激发活力、增强动力,打造一支德才兼备、业务精通、作风优良、敢于担当的税务干部队伍,为税收征管转方式、提质效提供智力支撑。

课题组组长:揭　晔

课题组成员:马世超　钟晓山　陈汉钗　谢汝铎　蔡春涛

龙志勇　陈杰辉　朱忠寰　邓　华　黄　峥

陈英聪　陈斯敏　张芳亮　张　宇　张雯雯

“四种形态”实际成果在税收风险管理中的应用与探索

江苏省淮安市国际税收研究会课题组

我国各级税务部门在启动实施并持续深化税源专业化管理及税收征管改革以来，探索建立以风险管理为导向的纳税服务、风险监控、风险应对的税收征管改革新体系。实践表明，新征管体系实现了税务系统征管理念、征管职能和征管方式的适应性转变，优化了有限征管资源在由无差别管理向风险管理转变中的配置，提升了税收治理能力，有力服务了地方经济和社会发展。但在各地税收风险管理实践中，还不同程度地存在着风险应对质效不高、执法风险与廉政风险并存等问题，亟须按照“巩固、完善、深化、提高”的思路加以研判、分析和解决。实践中，税务部门充分运用监督执纪“四种形态”成果，与税收风险管理有机结合，并在税收风险管理中发挥了积极作用，为税务部门进一步加强税收风险管理提供了路径，值得各级税务部门税收风险管理工作的借鉴与探讨。

一、税收风险管理的瓶颈

就目前来看，我国各级税务机关在风险应对管理中，还存在一些问题。

(一)税收风险控制不集约

税收风险监控采取以省、市局为主，县(区)局为补充的方式，此种非集约化的风险监控模式存在以下“三难”问题。

1. 难以适时掌握征管对象的变化

未能实现纳税人涉税风险在省域范围内的统筹整合，难以适应地税部门面对越来越多的多种收入来源自然人，以及跨地区经营的纳税人实施风险管理的需要。

2. 难以规范各层级职能

未能合理划分各层级税务部门的风险管理职能，难以解决基层部门征管资源配置上的结构性问题，实现市、县两级人力资源向风险应对一线的倾斜。

3. 难以应对任务扎口管理

一些省的国税局在实施省一级集中风险监控的条件下，地税部门实施省、市、县三级风险监控，势必形成多头、重复向基层推送风险应对任务的现象，国地税联合实施风险应对更是难以从源头上落实。

(二)应对方式统筹不科学

各级风险监控机构主要通过采集(共享)第三方(含互联网)涉税数据，借助风险指标模型、权重和约定算法，辅之以人机结合方式，实现对纳税人各涉税风险点的自动扫描和积分排序。继而根据稽查局、中等风险应对机构应对人力资源配置情况，由高到低确定高等、中等风险纳税人的数量及对象，分别推送相关部门实施税务稽查和中等风险应对，其余有风险点纳税人则确定为低等风险，纳入存量风险库或部分推送纳税人自查自纠。此种应对方式存在以下“三不”问题。

1. 逻辑上不自洽

高、中、低等风险的确定受制于本地风险应对人力资源的配置，意味着同样的税收风险点，同样的风险积分，由于各地应对人力资源的多寡，在不同地区可能被确定为不同等级的风险。也就是说，风险等级主要由应对人员数量这一“定量”，而非税收风险点本身“定性”或“定量”来确定，逻辑上难以自洽。

2. 执法上不公平

对高等风险纳税人直接实施税务稽查，查补税款一般必然伴生行政处罚；对中等风险纳税人实施案头审核、询问约谈、实地核查的递进式风险应对，查补税款一般根据是否实地核查确定是否行政处罚；对低等风险纳税人则无论是否实施风险提示，查补税款必然无须行政处罚，显失公平。

3. 定位上不合法

经机器自动扫描或以人机结合方式产生的高风险，未经证据采集、确认，直接推送稽查局实施税务稽查，不符合《中华人民共和国税收征收管理法实施细则》关于稽查局专司偷、逃、骗、抗税案件查处的职能定位。同时，数量巨大的未以风险提示方式推送纳税人自查自纠的存量风险点，更使税务部门处于涉嫌渎职、失职的困境。

（三）应对过程管控不规范

风险应对管理进入中等风险应对程序后，应对人员必须实施“各税统评”，当下，应对部门明确了案头审核、询问约谈、实地核查等相关程序以及（集体）审议、会审等内控要求，但并未针对“各税统评”明确相关规范和标准，缺乏对应对过程与应对质量的有效管控，“进得去，出不来”和“出得来，不放心”现象并存。

1. 从管理者视角看，存在“三个不可控”问题

①应对过程不可控。中等风险推送应对机构后，基层部门一般由一组甚至一个应对人员具体实施，团队化案头审核是否流于形式、在询问约谈环节是否告知纳税人风险点、不应进入实地核查的是否进入实地核查、应进入实地核查的是否未进入实地核查等问题，管理者无从有效管控。

②应对结果不可控。基层中等风险应对机构普遍存在“三分之一能够独立应对，三分之一勉强辅助应对，三分之一不能实施应对”的人力资源结构，“各税统评”的效果完全取决于应对人员的业务能力和职业素养。

③应对责任不可控。因为客观上存在应对人员工作能力差异问题，税务部门在对风险应对案件实施质量检查时，即使面对一些明显存在问题和瑕疵的应对结论，也难以准确区分到底是能力原因还是主观因素所致，从而无法追究相关人员的执法责任。

2. 从执行者视角看，存在“三个恐慌”问题

①任务恐慌。风险应对贡献率、风险应对千元以上税款率、风险应对时限等既要质量又要数量的考核指标，使应对人员疲于应对。

②能力恐慌。“各税统评”的应对模式，对应对人员的税法知识、财会知识及税会差异处理提出了很高要求，而部分应对人员连企业的收入、成本、费用在什么会计科目核算、不同会计科目的借贷方表示增加或减少都不清楚，存在不敢进入实地核查的畏惧心理。

③责任恐慌。尽管税务部门难以追究应对人员的执法责任，但如应对案件因种种因素进入检察程序，应对人员很可能因为某些明显问题线索或大额税收流失承担渎职或失职的法律责任。

二、运用“四种形态”创新税收风险管理的设想与举措

（一）设想

借鉴监督执纪“四种形态”，对税收风险实施递进式、差别化风险应对，即对有风险点的纳税人实施风险提示成为常态，对经风险提示未有效自查、自纠的纳税人实施询问约谈成为大多数，对经询问约谈仍未

有效自查补报的纳税人实施实地核查成为少数，对经实地核查涉嫌偷逃骗抗税的纳税人实施税务稽查成为极少数。在此种模式下，原则上除线索明显的举报案件、上级机关交办案件、相关单位转办案件外，对纳税人税收风险点普遍采用由风险提示到询问约谈，到实地核查，再到税务稽查的完全递进式的风险应对方式。同时，不同的应对方式下实施差别化的应对策略，充分体现由引导遵从到规范遵从，再到强制遵从的梯次遵从管理理念。

1. 风险监控集约化

①深入推进税收协同共治，在省级层面实现信息共享的原则上由省局统一实施，同时由省局集约化采集全省范围内纳税人及自然人的互联网涉税数据，最大限度地避免市、县两级多次共享和重复建设。

②对省、市、县三级在统一平台上、按规定标准采集（共享）的涉税数据，由省局集约化实施匹配、加工，并按“一户式”或若干主题进行归集和存储。

③由省局按照年度风险管理计划，选定对应、适当的风险指标及模型，集约化定期组织风险点的识别、加工和存储。

2. 任务推送统筹化

①统筹应对手段。在即将出台的新征管法税额确认的法条框架下，将反避税调查、税务审计、税务稽查等应对方法，将股权转让审核、土地增值税清算、企业所得税汇算清缴等税源管理任务均纳入风险管理范畴。

②统筹应对主体。对总局、省局定点联系企业以及规模较大的集团企业与成员企业，可推送省局大企业管理团队集中应对；对具有多处收入的自然人，可按支付地、居住地、户籍地的顺序，支付地依照最近一次支付、最近一次孰高支付的原则，推送相关应对机构实施应对。

3. 风险提示普适化

①由风险识别扫描出的风险点，经“一户式”归集后，不再区分高、中、低等风险，一律以风险提示方式推送纳税人自查自纠。风险提示内容仅涉及相关税种，不涉及具体税目；仅涉及相关年度，不涉及具体所属期。

②完善电子税务局的相关功能，支持向纳税人推送风险提示信息以及办理更正申报、逾期补申报。在电子税务局功能完善前，依托办税人员实名认证系统，向办税人员预留手机号码发送风险提示信息。

4. 信用评价动态化

把按年评定纳税人纳税信用等级、一个评定周期内一般不作等级变更的定期评价改为信用积分动态评价，即以现有纳税信用评价指标体系为基础，适当扩充部分评价指标。如经风险提示的纳税人未按规定期限自查自纠，经询问约谈的纳税人未按规定要求自查补报等，合理确定各指标分值。同时，对纳税人自行更正申报、补缴税款，纳税人在税务部门责令限期内更正申报、补缴税款等行为，可按原所扣分值的一定比例恢复得分（相当于信用修复），从而通过对金税三期及电子税务局相关信息的按日归集，实现对纳税人纳税信用的动态评价，推进纳税信用与风险管理的联动管理。

5. 询问约谈团队化

①询问约谈不再由各级风险应对机构开展，而改由各级风险管理部门集约化实施。如总局、省局定点联系企业，以及规模较大的集团企业与成员企业，可由省局风险管理处以集体约谈、信函、网络等方式实施。其他纳税人则按征管权限由所在市、县两级风险管理部门组织实施。

②询问约谈可具有风险提醒、纳税辅导和责任告知三项职能。风险提醒不得告知企业具体风险点及风险点所涉具体税目、具体所属期。纳税辅导可针对特定行业、特定事项、特定时期纳税人普遍存在的涉

税问题，分类集中开展。

6. 案头审核外分化

①将案头审核职能由风险应对机构调整为各级风险管理部门，因为案头审核本质上是就资料核资料、就风险分析风险，是以人机结合方式对税收风险点开展的深度分析。

②将案头审核环节时间由原来的询问约谈之前，调整至询问约谈之后、实地核查之前。

③将案头审核定位为评估纳税人自查补报情况、编制税务检查预案两项职能。即风险管理部门在询问约谈规定的自查补报期结束后，对纳税人自查补报情况实施评估。经评估认为可以消除风险疑点的，结束应对流程；结合纳税人动态信用积分，经评估确定应转入实地核查的，同步编制税务检查预案。检查预案需列明实地核查所涉账簿、科目、凭证及证据采集等相关要求。

7. 实地核查模板化

①编制发布并适时修订《税收风险应对操作规范与指引》。一方面从程序上明确应对环节、岗位职责和操作要求，一方面从实体上明确不同税种、不同行业在使用有效税收政策、计税依据、税收优惠，以及检查时所需关注的重点、难点。

②推广应用中等风险应对模板。根据纳税人所属行业、核算方式、征收方式和税种等要素，由系统自动生成或案头审核团队编制生成个性化、填空式的风险应对模板，为应对人员提供"各税统评"所涉账簿、科目、借贷方的检查指引，应对人员按检查指引采集、记录相关账载金额，并对其所记录账载金额与账簿的一致性负责。应对模板根据应对人员所记录的账载金额，依据预设算法，可自动生成应纳税所得额及应纳税额调整的初步意见，从而抹平应对人员能力上的差异，同时通过填空式、痕迹化的应对方式规范应对行为，防范执法风险，一定程度上解决"进得去，出不来"和"出得来，不放心"的问题。

8. 中高等风险衔接制度化

①明确中等风险转高等风险的标准。省局应通过政策确定性管理平台细化、明确适用《中华人民共和国税收征收管理法》第六十三条中"纳税人伪造、变造、隐匿、擅自销毁账簿、记账凭证""在账簿上多列支出或者不列、少列收入""经税务机关通知申报而拒不申报""进行虚假的纳税申报"等具体情形，以便统一全省移送口径。

②明确中等风险转高等风险的程序。中等风险应对人员经实地核查，对照中等风险转高等风险标准，提出初步建议、理由及证据，经所在应对机构集体审议同意后推送风险管理部门；风险管理部门会商风险管理领导小组成员单位，结合纳税人动态信用积分，形成移送对象清单，报领导小组审议；经领导小组审议后，风险管理部门向中等风险应对机构和稽查局分别制发移送通知文书。

（二）举措

1. 优化绩效考评指标

①以明晰征纳双方职责为出发点，从重税款数量转向重应对质量，取消风险应对贡献率、风险应对千元以上税款率等考评指标。

②在推行应对模板的同时，注重激发应对人员主观能动性，将应对人员通过实地核查在规定模板外新增的疑点、税款、提出优化模板的合理化建议、实现经验智慧共享等内容列入绩效考评。

2. 强化信息平台支撑

①开发应用纳税信用积分动态评价系统，优化电子税务局风险提示功能和数据应用公共服务平台辅助各级管理决策功能，适应性调整金税三期风险应对流程及岗责配置。

②开发应用风险应对典型案例库，提供按不同主题特征分类组合的查询功能，并由省局相关处室定

期形成分析报告，揭示不同行业、不同规模纳税人税收违法行为以及税收流失的特征、分布规律和趋势，以查促管、以查促查，实现风险应对成果的增值利用。

3. 深化风险管理理念

税务部门风险监控的结果受制于现有监控人员业务能力，第三方（含互联网）数据采集（共享）程度，以及风险指标模型的实用性、合理性等因素，未识别出风险点的纳税人并不意味着就不存在税收风险。因此，应进一步深化风险管理理念，一方面既要杜绝针对重点税源"三年查一次，一次查三年"等非风险管理的行为，另一方面也要摒弃"无风险不应对"等绝对化风险管理的观点，探索性实施对风险管理，即对未识别出任何税收风险点的纳税人，确定一定比例，按"双随机"方式产生部分对象纳入风险提示范围，从而真正实现风险管理的全覆盖。

课题组负责人：孙长举
课题组成员：卢李华　周立刚　孙晓峰　沈　曼
执　笔　人：满倩倩

优化税收征管促进江苏省高层次人才引进的研究

项　明

一、对高层次人才引进概念的界定与理论的分析

江苏省要实现“两聚一高”目标，人才是关键，是核心竞争力。因此，要想促进地方经济发展、在区域经济竞争中争得一席之地，通过税收政策促进高层次人才的引进意义重大。

(一)人才的概念

关于人才，我国古代有多种解释，最早以孔子、庄子为代表，他们根据先天素质定义人才：“生而知之者”为最高层次的人才；秦汉时期则开始以知识、能力定人才，“知者”“贤者”可以制定政策、改变法令；而后又先后出现以个人思想品质定人才和以“官本位”思想为主导的根据职位高低定人才的标准。新编《辞海》定义人才为“有才识学问的人，德才兼备的人”，《现代汉语词典》则定义为“德才兼备的人；有某种特长的人”。在我国，“人才”开始多表达为“贤”其“才”其“士”等，直至宋朝，才逐渐兴起，多为品德、才能优秀的人的代称。我国人才学专家认为“人才”指具有专业知识、技能和良好素质的，能够为社会进步和发展提供创造性劳动的人，强调了人才的社会性和创造性，却在很大程度上限制了人才的范围，忽略了潜在的人才。

2003 年，中共中央、国务院在全国人才工作会议上发布了《中共中央国务院关于进一步加强人才工作的决定》，强调落实科学人才观：“只要具有一定的知识和技能，能够进行创造性劳动，为推进社会主义物质文明、政治文明、精神文明建设，在建设中国特色社会主义伟大事业中作出积极贡献的人，都是党和国家需要的人才。”国内对于人才的定义认可度最高的是人才学创始人之一王通讯先生：人才就是为社会发展和人类进步进行了创造性劳动，在某一领域、某一行业或某一工作上作出较大贡献的人。王辉耀在《人才战争》一书中，定义人才为：“人才，是指具有良好的素质，在一定的社会历史条件下，以其创造性劳动，对社会发展和人类进步作出贡献的人”。而在本文中，人才是指具有一定知识、技能和良好道德素质的，现在或者未来能够为社会发展和人类进步提供创造性劳动，做出贡献和产生影响的人。

(二)高层次人才概念的界定

中共中央、国务院于 2010 年颁布的《国家中长期人才发展规划纲要(2010—2020 年)》，明确指出“人才是指具有一定专业知识或专门技能，进行创造性劳动并对社会作出贡献的人，是人力资源中能力和素质较高的劳动者。人才是我国经济社会发展的第一资源”。作为新时期的高层次人才必须具备三个因素：具有专业知识或技能、进行创造性劳动以及为社会做出贡献。高层次人才包括党政人才、企业经营管理人才、专业技术人才、技能人才、农村实用人才、社会工作人才等。

中央虽然已对高层次人才进行了清晰的定义，但是却局限于宏观层面，比较抽象，所以作为沿海发达省份的江苏省，在引进高层次人才上，必须围绕中心、服务大局，以实现“两聚一高”为目标，根据江苏省当前发展实际，科学界定适应江苏省发展的人才。笔者从以下方面，初步界定了江苏省所需人才的标准：引进到江苏省党政机关、事业单位和企业等急需的、具有专业知识与技能的人才，博士后或博士导师，享受国家、省特殊津贴人员，国家、省有突出贡献专家，市专业技术拔尖人才，主要包括新能源、新材料、生物技

术和新医药、节能环保、软件和服务外包、物联网、电子信息、光电、船舶、工程机械、新能源汽车、轨道交通等方面的人才。

（三）高层次人才政策

美国著名政治学家卡尔·弗雷德里奇认为政策是“在某一特定的环境下，个人、集团或政府有计划的活动过程”。本文所提的高层次人才政策是指国家、政党及其他政治团体为了引进高层次人才、提升队伍建设而制定的行为准则，包括高层次人才引进、培养、使用、激励、保障等方面，具体表现为计划、措施、办法、条例等。近年来，随着我国“人才强国战略”的提出与实施，国家、省市也都越来越重视高层次人才队伍的建设，陆续出台了加强高层次人才队伍建设的相关政策文件，如《关于为外国籍高层次人才和投资者提供入境及居留便利的实施办法》《关于鼓励海外高层次留学人才回国工作的建议》《教育部国家发展改革委国家民委财政部人事部关于大力培养少数民族高层次骨干人才的意见》等。我国高层次人才政策体系大致包括：高层次人才引进、培养、使用、激励、安全、市场与流动政策等。就国内目前情况而言，国家和地方的高层次人才政策还存在着许多亟待解决与完善的问题。

（四）人才引进政策的作用

人才引进政策为以中央“人才强国”战略和中长期人才发展规划为主要依据的人才政策的一部分，具有不言而喻的重要性。

1. 以市场调节为主的人才流动机制存在缺陷

在经济高速发展的大背景下，单纯靠市场调节人才的流动已经不再适应区域经济发展的需要。市场调节本身带有一定的自发性、盲目性和滞后性，无法在第一时间满足人才市场的需要，无法平衡人才供求双方之间的矛盾且因其盲目性导致市场上人才分布和人才结构不尽合理，无法实现人才的最佳配置。想要正确引导人才流动，必须引入人才引进政策，对市场经济下的人才流动进行宏观引导与调控，以此弥补市场调节的不足。

2. 人才政策具有前瞻性与引导性

作为响应国家人才战略的政策，人才政策在针对人才流动与管理的问题上，具有科学的前瞻性，为市场人才流动与管理提供正确方向，引导人才流动机制走向良性发展道路。

二、江苏省高层次人才引进现状

（一）高层次人才需求分析

高层次人才需求是由多种因素构成的，每个因素相互影响、相互叠加，共同发挥作用。有的因素影响大，有的因素影响小，有的因素发挥直接作用，有的因素发挥间接作用而因素的不确定性也导致高层次人才的需求是很难进行准确预测的。

1. 发展阶段

江苏省已经从最初的资源争夺阶段发展到现在的人才争夺阶段发展。在农业时代，能为农业、渔业、牧业带来大量产量的人较少，这类人可以称为高层次人才。在工业时代，各类工厂拔地而起，拥有熟练的技术、能源源不断地培养新人的技能型工人是当时的高层次人才。到了信息时代，是知识型人才、创新型人才的天下，他们带动高新技术产业蓬勃发展，为城市产业升级做出不可磨灭的贡献。目前，江苏省普通人才的缺口依然存在，相对于高层次人才来说，普通人才的缺口还是比较容易满足的。高层次人才的需求不但数量越来越大，速度也越来越快，单纯靠引进外来人才，已经不能满足需求。这几年，江苏省把人才工作放在中心位置，对高层次人才引进加大了财政投入、加强了财税金融的扶持力度。

2. 需求趋势

为构建现代产业体系的需要，江苏省大力加强重点产业和重点领域急需紧缺人才的引进。计划到

2020年，可在新能源、新材料、生物技术和新医药、节能环保、软件和服务外包、物联网、电子信息、光电、船舶、工程机械、新能源汽车、轨道交通等重点产业和领域培养引进急需紧缺人才100万人。重点产业和领域各类专业人才数量充足，整体素质和创新能力显著提升，人才结构明显优化。通过加强产业、行业人才发展统筹规划和分类指导，开展人才需求预测，定期发布急需紧缺人才目录来促进人才结构的调整，合理引导人才流向；通过调整优化高校学科专业设置，完善重点产业和领域学科体系，通过教育部门与相关部门的合作，加强高校和职业院校等紧缺型高层次人才培训基地的建设。

（二）高层次人才供给分析

高层次人才的来源主要是培养和引进，各级人才的供需缺口不断扩大，特别是高层次科技人才的缺口。

1. 省内培养高层次人才

本地培养包括社会培养、企业培养和高校培养。截至2015年年底，江苏省共有普通高校131所，其中“985”院校2所，全部在省会南京市；“211”院校11所，10所在苏南地区，1所在苏北地区（徐州市的中国矿业大学）；11所“211”院校中，4所综合性大学，4所工科类院校，医药、农业和师范类院校各一所。2017年江苏省研究生毕业生达3.2万人，呈较快的增长趋势。江苏省应该充分利用此项优势，大力培养企业所需人才，为日后产业转型升级储备人才资源。同时，研究生的培养应放慢脚步，不能以提高数量为目标，关注研究生的质量才是保障教育事业稳步发展的关键。社会培养和企业培养高层次人才是一个缓慢的过程，数量也只是占总培养人数的一小部分，企业还是以定期招聘外来高层次人才为主。

2. 引进外来高层次人才

包括引进海外高层次人才和引进国内其他省份的高层次人才。海外引进主要是吸引在国外留学的学生回国创业或工作，目前江苏省引进人数较少，难以大批量引进。省重点资助引进30个创新团队和402名高层次创新创业人才，资助382名博士到企业从事创新工作，有122人新入选国家“千人计划”，其中创业类60人，占全国的35.1%。选聘第二批“江苏省特聘教授”50人，其中部属高校20人，省属高校30人。资助苏北地区引进急需专业人才512人。截至2011年年底，全省共资助引进高层次人才6724人，有国家“千人计划”246人，其中创业类123人，占全国的28.2%，省“双创计划”1318人，企业博士集聚计划777人。在引进留学生的时候，大多是以欧美、日本等发达国家为主。从国内引进的高层次人才主要是来自各大高校和科研机构。

3. 海外高层次人才引进

海外留学生是中国高层次人才供给的重要来源，江苏省把吸引本土留学生回国创业就业作为人才工作的重点。中国出国留学的学生从1978年的860人增加到2011年的33.97万人，学成后回国的人员从1978年的248人增加到2011年的18.62万人。1978—2011年，国内出国留学人员累计达到224.51万人，学成回国留学人员累计81.84万人，回国留学人员不到出国留学人员的40%，因此留学生资源有很大的开发潜力。高校是另一个主要的人才供给渠道，根据最新的数据表明，目前全国普通高校有2358所，其中本科院校1112所。研究生培养机构共797所，其中科研机构316所，普通高校481所。

三、当前税收征管工作与人才引进之间存在的问题

随着税收现代化进程的不断推进、税收法律法规及相关制度不断修订和完善，我国基层税务部门纳税服务、行政水平处在逐渐提升的状态中，但与引进的高层次人才的需求相比，还存在一定差距。

（一）税收宣传缺乏针对性

第一，在宣传时间上普遍重视每年四月份的集中宣传，却常常忽视日常税收宣传，大量的税收宣传活动在四月份集中开展。近年来，随着日常税收宣传的加强，这种宣传时间上的不均衡性已有了较大改观，

但仍需进一步改变。第二，在宣传内容上重视纳税人义务的宣传、忽视纳税人权利的宣传，重视税收重要性的理论宣传、忽视税收支出使用情况的实证宣传，重视税务机关税收征管内容的宣传、忽视纳税人纳税需求内容的宣传。第三，在宣传方式上注重报纸、电视、广播、网站、集会等远距离的宣传，忽视面对面宣传、入户宣讲、个别辅导等近距离的宣传。曾有调查显示，约有82.6%的纳税人表示，面对面宣传效果，远远高于其他途径。第四，缺乏对特定人群的特定宣传。对不同的宣传对象，宣传的内容都大致相同，因此特定宣传成效不明显。针对高层次人才的个性化宣传服务，尚未形成长效机制。

（二）纳税服务缺乏个性化

在当前的大背景下，我国基层税务部门在纳税服务的个性化、专业化、特殊化等要求上，还存在一些不容忽视的问题，特别是针对高层次人才的个性化纳税服务不足。由于纳税主体和经济环境的复杂性，不同性质和行业的纳税人有着不同的纳税服务需求。目前的税务政策法规和纳税服务举措旨在满足纳税人的共性需求，这种平面化的纳税服务难以满足不同经济性质和行业规模纳税人的个性化纳税服务需求。

（三）纳税服务能力不足

基层税务部门提供的纳税服务水平处于较低的位置，纳税服务的发展仍处于初级阶段，难以满足纳税人日益增长的纳税服务需求。税务人员素质参差不齐，无法提供高层次、高水准的纳税服务。部分基层税务工作人员对于税务知识掌握有限，无法回答一些专业性很强和深层次的咨询问题，在回答中有不准确和不全面的情况。窗口人员往往以应届大学生为主要成员，存在着专业不对称和工作经验不足等问题，实际工作中更擅长程序性问题而缺乏知识性的掌握。12366咨询热线也存在法规库内容不够完善、接听坐席业务素质不高、纳税咨询解答不够详细、接转时间过长的问题。

（四）税收执法不够规范

税务人员在执法上存在着不够规范的问题。比如在向纳税人送达税务事项通知书时，不注重执法程序的规范性；又如在审批下岗再就业个体户的减免上，存在着减免政策落实不到位的问题。税务人员执法的随意性、税法的不落实性，既损害了税务机关的形象，又侵害了纳税人的合法权益。一些税务干部对税法不够了解、对业务不够熟练。

（五）办税服务流程复杂

由于涉税业务的审批权限相对集中，基层税务人员拥有的权限少，受管理层级限制，纳税人在办理涉税审批业务时常常要经过几个部门的批准，增加了纳税成本。以黑龙江省林口县地税局为例，本地建筑施工企业申请开具建筑业发票时需要申请分局局长审批，经过局长审批签字同意后再到税务管理员处进行登记备案，管理员签字后加盖"代开发票"章后才可以继续到大厅开具发票。大厅税务人员没有为企业直接开具发票的权限，必须经过两层审批同意后才能为纳税人办理开票业务。而对于外来施工企业的代开发票业务则更为复杂，办理外管证的企业要先到施工所在地分局审批备案，再到管理科签批《外出经营管理证明》，经同意后去法规科填报《税率审批单》，最后申请县局主管局长审批签字同意，完成这四个环节的审批方可回到大厅开具发票，由此，可见办税流程之复杂，纳税人为了开一张发票常常要花掉一上午的时间。

四、对江苏省优化人才引进环境的税收对策认识与建议

根据江苏省税务部门在优化人才引进税收环境中所面临的纳税服务、税收执法等问题，应当应用公共管理学理论，立足于江苏省税务部门的现实基础，从以下几个方面采取对策，为高层次人才提供更加优质、高效的纳税服务。

（一）以人才需求为导向加强税收宣传

强化税收宣传，要以问题为导向，深化税收宣传的供给侧改革，从高层次人才的需求出发，强化税收宣传工作。

1. 要突出宣传重点，着眼人才税收需求

要大力宣传税收法律法规和政策，加强办税服务、税法咨询和纳税实务知识的宣传，既要使纳税人进一步明确依法纳税是应尽的义务，又要使纳税人了解和掌握如何正确履行纳税义务。要有重点地开展个人所得税、促进创业、创新等与高层次人才以及企业发展息息相关的税收政策宣传，使高层次人才能够了解、掌握、遵从税收法律法规，能够从税收优惠政策中得到实惠。要加强税收取之于民、用之于民的宣传，使高层次人才提升社会责任感，从而进一步增强依法纳税的荣誉感和积极性。

2. 要创新形式，增强税收宣传对人才的吸引力

要按照贴近实际、贴近群众、贴近生活的宣传要求，从高层次人才最关心的问题入手，到高层次人才较多的高校、科研院所、高新技术开发区等地宣传，增强税收宣传的精确度。尤其是要加强信息技术在税收宣传中的广泛应用，同时继续发挥好的传统宣传的作用，做到新旧互补，相得益彰。要充分发挥办税服务厅的宣传功能，利用税务网站、12366 纳税服务热线等现代信息手段以及电视、广播、报纸等新闻媒体，大力开展税法宣传活动。

3. 要整合资源，提高税收政策宣传效能

税收宣传工作涉及面广，各税收宣传主体在工作中要充分利用现有资源，降低成本，不断提高宣传质量和效能。要理顺税务部门与其他税收宣传主体的关系，加强国、地税协作，设置统一的宣传服务机构，解决税务系统内部宣传与服务机构条块分割、职能分散的问题。整合信息服务平台，有条件的地区，可以将 12366 纳税服务热线、税务网站、税收短信台的资源整合在一起，实现“三网合一”，进一步扩容服务功能，提高税收宣传效能。

（二）注重基层税务部门文化建设

基层税务文化是由物态文化、行为文化、制度文化、精神文化四个层次构成，四者相互依存，相互渗透。要改变纳税服务意识不强的问题，应当从转变服务理念做起，加强基层税务部门文化建设。

1. 树立以纳税人为本的服务理念

“始于纳税人需求”是纳税服务工作的出发点，税务部门必须树立“一切以纳税人为中心”的理念，一切从纳税人的利益出发，打造服务型税务部门，明确作为服务部门为纳税人提供纳税服务是法律赋予税务部门的职责，为纳税人服务不仅是税务部门精神文明建设的组成部分，更是税务部门行政执法的重要内容。根据北京市纳税服务中心的经验，可制定服务承诺并向社会公开，以便接受社会监督。将以纳税人为中心的理念在服务承诺中体现，并通过实际行动来保证这一理念的落实。基层税务部门需要转变服务态度，提高纳税服务的积极性和主动性，解决目前税务干部工作懈怠、服务被动的问题。将工作任务以“计划式”“派单式”“积分式”方式下发，将组织目标逐层逐级分解为个体目标，充分调动干部完成纳税服务工作的积极性。

2. 寓基层管理于纳税服务

征纳双方法律地位平等是基本的税收法律关系，也是构建和谐征纳关系的必然要求。税务部门应当以纳税人需求为导向，提供优质的纳税服务。在依法行政的前提下，认真履行纳税服务职责，切实尊重纳税人的平等主体地位，为纳税人依法诚信纳税创造有利条件。转变传统征管模式中一贯的监督打击理念，正确认识征纳双方平等的法律地位，保障纳税人的权利和义务对等。

（三）切实规范税收执法

推进纳税服务立法，规范纳税服务执法，将依法治税理念贯穿于纳税服务的全过程。首先应当加快

纳税服务的立法，在充分尊重纳税人意愿、调动纳税人参与、保障纳税人权利的基础上制定一部关于纳税服务的法律，提高纳税服务的立法层次和可执行性，使基层税务部门在提供纳税服务时有法可依。税务干部执法时要严格按照法律要求，不得随意执法，更不能滥用自由裁量权，必须在法律的框架下严格按照手续和权限执法，保证依法治税，既不能越权执法，也坚决杜绝滥用手中权力违规执法。比如在高层次人才创业的减免税审批上，既要对手续齐全的纳税人及时审批，保障其充分享受减免的权利，又要杜绝办关系税、人情税，擅用审批权对不符合要求的纳税人予以减免税款，利用权力谋取私利。

(四)精简优化办税流程

纳税服务工作追求的目标应该是专业、经济、高效，也就是说要实现纳税人征缴最简单、程序最优化、时间最节省、费用最节约。因此，税务部门要在纳税服务工作中真正树立权力有限和公共服务的理念，时刻以方便纳税人为工作的出发点。对纳税服务流程进行精简，做好简政放权的“减法”，同时做好放管结合、优化服务的“加法”，将简政放权与创新管理相结合，把优化服务和加强管理相结合，加强事中、事后管理，最终做到提速增效。通过深入开展行政审批制度改革和完善税务行政许可实施办法，依法简化审批项目，切实降低办税成本，提升纳税人满意度。推行业务流程和管理模式再造，力求标准化和科学化。在纳税服务工作中要提高办税效率，减少对日常重复性报表的报送，重点清理申报表中无效的数据栏目，整合附报资料，探索建立一户式征管档案，使纳税人的各项信息可以通过软件查找，既加强了纳税管理，又减轻了纳税人的负担。

(作者单位：国家税务总局连云港市税务局)

大数据背景下的税收风险管理

国家税务总局广州市税务局课题组

应用大数据的税收风险管理，是指将登记、申报、征收、退税、票管、情报、第三方、互联网等信息收集汇总，进行共享交换，利用大数据分析技术对税务数据高度聚合，信息广度关联集成，价值深度挖掘，通过提升税收相关数据采集能力以及数据分析和应用能力实现全面的信息关联，预测和分析最佳的税收风险管理方案，支撑税收风险管理决策。

一、广东省国税税收风险管理体系建设的探索和实践

(一)税收风险管理具体流程体现“贯通 + 风险导向”的工作定位

广东省国税通过建立系统化的税源风险管理运行机制，将风险管理理念贯穿税源管理全过程。在机构设置上，广东省国税结合实际，成立风险监控管理中心，与广州市国税局风险监控管理中心合署办公，承担省级风控制度的建立健全、税收风险管理系统的升级完善、风险模型库的搭建、风险任务统筹下发以及接受国家税务总局风险办的过程监控和效果评价等工作职责。在指标体系建设上，广东省国税目前已构建 200 多个风险监控模型，基本实现风险管理指标模型对各业务线、各税种、从国家税务总局文件对税收风险管理的工作要求到广东省税收风险管理工作实际需要的全面覆盖。在税收风险管理流程设计上，广东省国税将税收风险管理流程分为：目标规划、风险分析、风险识别排序、风险应对、监控评价五个环节，运行模式是“采集信息→信息处理→识别风险→风险应对”四段递进、层层深入的数据处理架构。

表 1　　广东省国税税收风险识别评价模型体系框架

模型目录	指标类型	模型名称	税种	行业	指标状态	获取渠道
01 货劳	纳税人特定行为	出口供货企业增值税专用发票饱和度高无运费抵扣	所有税种	所有行业	使用中	金税三期决策支持风险管理平台
		辅导期转正疑点监控	所有税种	所有行业	使用中	金税三期决策支持风险管理平台
		有应纳税额减征额申报但无简易征收申报	所有税种	所有行业	使用中	金税三期决策支持风险管理平台
		购电企业疑点监控	所有税种	所有行业	使用中	金税三期决策支持风险管理平台
		一定规模税负异常疑点	所有税种	所有行业	使用中	金税三期决策支持风险管理平台
		……	……	……	……	……

续表

模型目录	指标类型	模型名称	税种	行业	指标状态	获取渠道
01 货劳	税收负担类	一定规模税负异常疑点	所有税种	所有行业	使用中	金税三期决策支持风险管理平台
		……	……	……	……	……
	税种管理类	有减免税申报无相应减免税文书	增值税	所有行业	使用中	金税三期决策支持风险管理平台
		一般纳税人预缴税款申报错误	增值税	所有行业	使用中	金税三期决策支持风险管理平台
		小规模纳税人申报征收率错误	增值税	所有行业	使用中	金税三期决策支持风险管理平台
		未达起征点征税	所有税种	所有行业	使用中	金税三期决策支持风险管理平台
		……	……	……	……	……
02 所得	纳税人特定行为	国地税关联税种风险事项	企业所得税	所有行业	使用中	金税三期决策支持风险管理平台
		企业所得税年度申报表与利润表差异	企业所得税	所有行业	使用中	金税三期决策支持风险管理平台
		企业期间费用变动异常疑点	企业所得税	所有行业	使用中	金税三期决策支持风险管理平台
		财务报表报送风险	企业所得税	所有行业	使用中	金税三期决策支持风险管理平台
		……	……	……	……	……
	税种管理类	核定征收企业会计利润率大于应税所得率异常疑点	企业所得税	所有行业	使用中	金税三期决策支持风险管理平台
		营业收入变动率	企业所得税	所有行业	使用中	金税三期决策支持风险管理平台
		营业成本变动率	企业所得税	所有行业	使用中	金税三期决策支持风险管理平台
		营业费用变动率	企业所得税	所有行业	使用中	金税三期决策支持风险管理平台
		……	……	……	……	……
03 征管	管理遵从类	废弃电器电子产品处理基金认定核查	所有税种	所有行业	使用中	金税三期决策支持风险管理平台
		存在可抵增值税欠税的增值税留抵税款	所有税种	所有行业	使用中	金税三期决策支持风险管理平台
		……	……	……	……	……

续表

模型目录	指标类型	模型名称	税种	行业	指标状态	获取渠道
04 进出口	纳税人特定行为	外贸企业来源于供货企业的发票异常	所有税种	所有行业	使用中	金税三期决策支持风险管理平台
		商贸型敏感商品风险供货企业	所有税种	所有行业	使用中	金税三期决策支持风险管理平台
		出口增长幅度较大且供货企业单一的出口供货企业	所有税种	所有行业	使用中	金税三期决策支持风险管理平台
		免抵退企业农产品购进金额变动异常疑点	所有税种	所有行业	使用中	金税三期决策支持风险管理平台
		……	……	……	……	……
05 大企业	税种管理类	职工教育经费支出未按实际发生额填报	企业所得税	所有行业	使用中	金税三期决策支持风险管理平台
		工会经费支出未按实际发生额填报	企业所得税	所有行业	使用中	金税三期决策支持风险管理平台
		业务招待费超额扣除	企业所得税	所有行业	使用中	金税三期决策支持风险管理平台
		广宣费支出未按实际发生额填报	企业所得税	所有行业	使用中	金税三期决策支持风险管理平台
		……	……	……	……	……
06 国际	税种管理类	非居民企业享受股息红利所得税收协定待遇持股比例不符合规定疑点	企业所得税	所有行业	使用中	金税三期决策支持风险管理平台
		所得税税前列支境外技术转让费未申报预提所得税风险	企业所得税	所有行业	使用中	金税三期决策支持风险管理平台
		股息红利分配未完税疑点	企业所得税	所有行业	使用中	金税三期决策支持风险管理平台
		……	……	……	……	……
07 风控中心	综合类	医药制造行业风险指标模型	所有税种	所有行业	使用中	金税三期决策支持风险管理平台
		销售额连续三个月超标的未达起征点个体工商户	所有税种	所有行业	使用中	金税三期决策支持风险管理平台
		核心征管行业种类名称与出口退(免)税方式不匹配	所有税种	所有行业	使用中	金税三期决策支持风险管理平台
		……	……	……	……	……

（二）税收风险管理职责分工体现“联动＋职能分离”的工作思路

一是统筹协调更优化。以全局为先、整体更优为目标，明确各部门、岗位的工作职责；统一各时期的管理重点；借助信息化手段按户归集各业务线管理要求，统一下发管理任务。二是信息共享更高效。通过建立各类信息交换和共享制度，借助信息化手段实现不同来源信息的按户归集。三是联动衔接更顺畅。以信息化手段为依托进行税源管理信息交换、共享和具体工作衔接，强化各层级、各部门和各专业分工之间的互联互动。

（三）税收风险管理信息系统体现“特色＋动态监控”的工作目标

广东省国税以金税三期决策支持风险管理平台为载体，建立起覆盖税收征管各环节、各税种、各行业的风险识别指标体系、风险特征库和分析模型等风险分析工具。

（四）税收风险管理长效机制体现“评价＋循环提升”的工作特色

管理流程方面，按照“目标规划——实施管理——结果评价——新一轮的目标规划”的可循环优化模式，每年末对本年度风险应对效果、风险分析和识别准确性等进行评价，解决存在的问题，不断优化风险指标模型。

（五）税收风险管理工作成效体现“动态＋过程留痕”的实践成果

广东省国税组织编写了《风险管理事项岗责体系》，实现了总局、省局各项规范在税收风险管理环节的无缝衔接和落地；加强信息技术支持，加强各业务部门间的工作衔接，持续构建和优化各风险监控模型，依托风险管理系统扎口下发任务；通过资源整合、机制融合、制度协调，推进国地税、第三方以及税企之间的税收风险管理深度合作，基本搭建起以“问题导向、全局联动、动态监控、过程留痕”为核心的税收风险管理运行机制和体系。

二、大数据背景下的税收风险管理体系建设优化对策

本文研究的对策是对信息化建设、组织架构、人力资源等进行适当的重组和优化配置，以税收“大风控”工作平台为载体，以动态管理及信用评价为重点，以制度为基石，以数据为核心，以质量监控为动力，以人力为保障，搭建起“一个平台、两个重点、四个支撑”的税收风险管理体系。

（一）搭建“一个平台”——构建高效的大数据平台

在税收风险管理中，风险分析是关键，信息获取是前提条件，风险应对是结果。大数据的税收风险监控是建立在所有涉税信息的分析预测基础上的一种管理模式。因此必须搭建起功能完备、内容充实并能满足处理海量数据和云计算的税收风险管理平台以支撑日常工作的需要。

1. 大数据平台的基本框架和设计要求

大数据平台是以存储、运算和展现作为目的的平台。将源自各方、结构形式各异的原始数据转变成可利用的征管资源，是税收大数据管理的关键。大数据平台关键设计包括：一是海量数据存储能力设计。Hadoop 数据支持 PB（拍字节）级别的数据存储能力。二是海量数据计算能力设计。Hadoop（海杜普）数据库支持海量数据计算能力。三是全面兼容 oracle（甲骨文数据库）语法设计。采用 Hadoop 中的数据库作为主数据库，兼容 oracle 语法。四是支持数据增量更新设计。针对业务的复杂性，Hadoop 集群提供的数据库支持复杂的 SQL（结构化查询语言）语句，高效并同时支持数据的更新能力。五是支持明细数据快速检索设计。Hadoop 数据库支持明细数据的快速检索，争取 3 秒内出结果。六是支持数据安全管理设计。七是支持横向扩展设计。Hadoop 是一个高度可扩展的平台，支持在成百上千的 X86 服务器上做存储和计算。八是支持可管理设计。支持用户友好的管理界面、提供系统安装、集群配置、安全访问控制、监控及预警等多方面支持。

2. 依托大数据平台推进“两个转型”

一是推动税收决策向数据驱动转型。包括建立数据标准管理体系，开发大数据应用系统，同时推进电子税务局建设。二是推动涉税数据向关联利用转型。包括不断提高采集大数据的能力和不断加大整合内外部数据的力度。

3. 建立大数据安全保障体系

一是落实信息安全等级保护、风险评估等网络安全制度，建立健全的大数据安全保障体系。二是明确数据采集、传输、存储、使用、开放等各环节，保障网络安全的范围边界、责任主体和具体要求，制定网络与信息安全事件应急处置预案。三是建立涉税信息安全监控机制。

(二)突出“两个重点”——实现“动态风控”和“动态信用评价”

重点是使征管工作按照大数据理念和流程进行重构，更有效地发挥风险管理在税收征管中的导向作用，建立动态监管方式，完善纳税信用管理制度，实现事前、事中、事后的全面风险管理。

1. 建立“预测科学化”的税收风险管理业务流程

(1)搭建“分析事前化”税收风险识别指标和模型库。采取“基础指标库建设—各税种管理需求—重点风险事项管理需求—行业性、地域性或特定类型纳税人共性税收风险特征补充”的构建思路。

(2)通过数据处理架构流程再造，促使风险管理精准化。对采集的海量信息形成大数据“情报站”，对需处理的风险信息构建大数据“监测室”，对精准的风险识别依靠大数据“显微镜”，对高效的风险应对实施大数据“手术台”。

(3)通过实现税收共治，促使信息获取高效化。进一步转变税收征管方式，率先在“税企风险共治”领域上大胆探索，在电子税务局上构建“税企风险共治”功能，将风险预警前置到纳税服务环节。

2. 完善“管控动态化”的税收风险管理应对措施

(1)实现风险应对手段“多元化”。对低风险采取风险提醒、税企共治等方法排查风险，对中、高风险企业有计划地实施纳税评估、税务稽查，强化动态监控。税收风险管理应对措施如表 2 所示。

表 2　税收风险内容、应对策略列表

序号	风险内容	应对策略	描述
1	纳税人可能存在的低微税收风险点	风险提醒(包括税企共治)	通过日常监管的各个方面，将发现的风险点及时反馈(含系统推送)给纳税人并开展税收政策宣传辅导，引导纳税人自我遵从。主要用于低风险纳税人税收风险任务
2	对纳税人和扣缴义务人纳税申报的真实性、准确性进行一户式分析	纳税评估	纳税评估是指税务部门运用数据信息比对分析的方法，通过税务函告、税务约谈和实地调查等方法进行核实，从而做出定性、定量判断，并采取进一步征管措施的管理行为。纳税评估是税源专业化管理的核心工作
3	主要针对企业开展全流程风险管理	税务审计	税务审计以税务风险评价为基础，确定审计对象，以税务审计技术与方法为依托，对大企业进行专项审计，发现企业的涉税问题，并采取进一步的措施。税务审计的程序包括通知审计对象、开展现场审计、交换意见、形成审计报告、审计处理等环节
4	主要针对关联申报和同期资料管理税收风险进行分析	反避税调查	反避税调查主要是指税务部门以风险管理为导向，构建和完善关联交易利润水平监控管理指标体系，加强对企业利润水平的监控，通过特别纳税调整监控管理和特别纳税调查调整，促进企业税法遵从

续表

序号	风险内容	应对策略	描述
5	税务法律、法规、制度等的贯彻执行情况，纳税人生产经营活动及税务活动的合法性，偷、逃、抗、骗、漏税及滞纳情况	税务稽查	高风险纳税人税收风险管理的主要应对手段为税务稽查

(2)实现“数据管税”和“信用管税”。探索建立风险动态分析评估和纳税信用动态评价联动机制，构建纳税人和相关责任人员诚信档案，在事前和事中，对不同信用、风险类型的纳税人，在发生涉税业务时采用不同的服务政策。在事后，通过全流程税收风险管理闭环以及横向互动、纵向联动的风险管理运行机制，实施税收风险管理工作。

(三)强化“制度基石”——优化税收风险管理机制及组织体系

1. 探索建立健全的税收风险管理运行机制

通过建立涵盖目标规划、风险分析、风险识别排序、风险应对、监控评价五个环节的税收风险管理流程，实现从事前审核向事中事后监管、固定管户向分类分级管户、无差别管理向风险管理、经验管理向大数据管理、强制遵从向自我遵从、部门管治向社会共治的“六大转变”。

2. 完成各级税收风险管理组织架构搭建

省级税务机关统一接收国家税务总局下达的风险应对任务，统一实施税收风险等级排序和下达税收风险应对任务，统一组织实施检查和考评。

3. 分类分级推进税收风险管理制度建设

宏观上，制定《风险管理战略规划》，明确指导思想、工作理念、工作目标和主要任务；中观上，制定风险管理实施办法、风险管理工作指引和风险应对评价等制度，构建持续改进的税收风险管理流程、纵向联动横向互动的风险管理运行机制；微观上，建立风险管理点评机制、会议沟通机制、风险管理跟踪机制和风险应对质量管理制度，为机制有效运行、增强各级合力提供有力保障。

(四)充分运用大数据——整合数据来源渠道和提高数据挖掘技术的应用能力

1. 归集整合数据来源渠道

对原有涉税数据及第三方数据进行整合。对互联网信息进行抓取、清洗和存储。互联网数据采集平台基于云计算技术架构，通过数据采集工具对特定纳税人、政府部门及社会组织互联网公开披露的各种信息进行采集和过滤，实时将信息存储到本地数据库，为税收风险管理提供大数据支持。

2. 广泛应用数据挖掘技术

大数据技术和创新应用定位于金三统一框架下，引入创新性的数据挖掘技术，结合积累的税收风险管理经验和历史涉税信息，推进税收风险管理的智能化进程。目前已有以下探索应用。

(1)利益关联网络。实现科学执法和优化纳税服务“双管齐下”。利益关联网络是系统自动识别自然人与企业、企业与企业之间的投资控股关系、企业与企业之间的交易往来关系，形成利益关联网络全景图。在全景图的基础上，根据提炼的关联交易模式，识别出典型利益关联社团和偷漏税嫌疑团伙。

广东省国税创新性地自主研发应用“全景一户式”分析功能模块(见图1)，集合核心征管系统、出口退(免)税审核系统、电子底账系统、外部系统等数据，归集纳税人基本登记认定信息、申报征收信息、关系分析信息、发票信息、第三方信息以及生产要素信息六大类信息，通过“实名登记＋负面清单”“关联法人＋

关系自然人”“经营特征+第三方信息”等实现集团式分析研判和监管，促进各环节的风险防范。

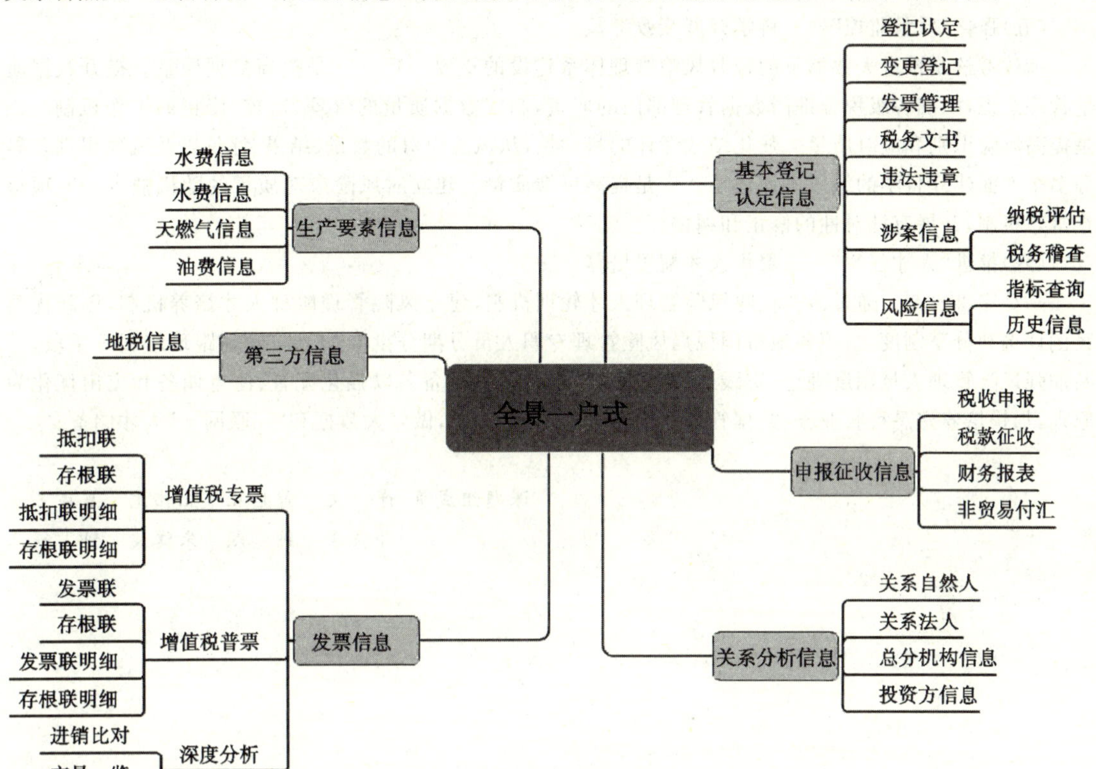

图1 “全景一户式”功能框架

(2)机器学习。机器学习通过输入样本纳税人数据、自动训练模型、构建专题分析模型，从而实现在后续风险扫描等功能中直接使用专题分析模型快速定位风险纳税人的工作目标。

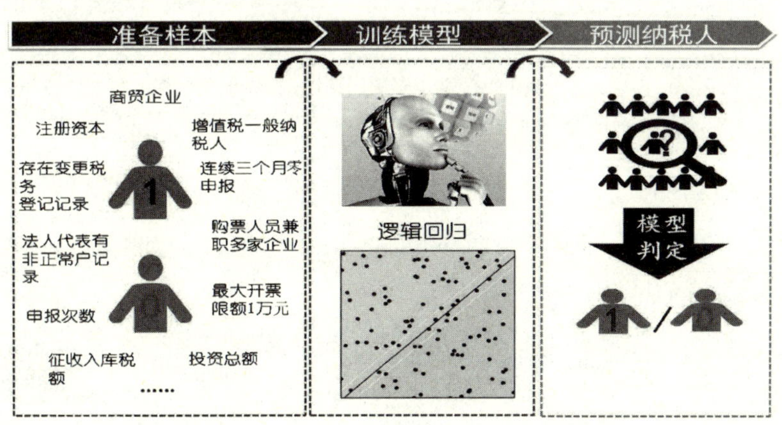

图2 利用机器学习模型预测纳税人虚开风险

(3)纳税人绘像。纳税人绘像是基于机器学习和经验建模两种模式，提炼业务标签，实现海量纳税人全景绘像。绘像与传统的一户式系统相比突出个性化、精准化和业务化。

(五)强化“质量监控”——科学开展绩效考核

绩效考核是推进大数据下的税收风险管理体系建设的重要一环。一是提高数据质量。提升数据质量管理意识,明确各级税务部门数据管理部门的职责,制定数据质量的管理、监控、修正的工作机制。二是提高风险识别和应对质量。强化绩效考评的科学性,从风险应对的数量、结果、评价以及风险识别差异等多个方面建立科学的绩效考评体系。三是提高反馈质量。建立对风险应对质量的随机抽查和专项检查常态机制,开展有针对性的修正和纠偏。

(六)推进“人才强税”——聚焦人才配置培养

一是完善机制。通过落实税收风险管理人才轮训机制,建立风险管理阶梯人才培养机制,创新优秀案例评选和分享制度,组织各地市国税局风险管理专职人员分期分批参加风险管理跟班培训等手段,不断加强风险管理人员制度理论、实践运用的能力。二是强化储备。以强化配置、注重储备和突出优化为原则,加快培养熟悉税收业务、数据管理的综合型、复合型人才,做好大数据和“互联网+”人才储备。

课题组成员:谢　文　曾昭孔　丘伟元　夏成五
邓耀全　钟　燕　朱江波　钟　轶

“三后时期”进一步加强个体户税收管理重要性的研究

——以天河区国税、地税个体户征管实践为例

龙志勇　陈国贤　郑子健　何智嫦　王红升　黄　冬　涂　画

近年来，在商事制度改革、简政放权及相关税收优惠政策的推行下，个体工商户市场逐渐活跃，成为国民经济发展的新增长点。随着“金税三期”全面上线、“营改增”试点全面推行和国税、地税征管体制改革的不断深化，个体户税收管理面临新形势新要求。一方面，国税部门因服务对象变化和数量增长面临着巨大的服务压力，“营改增”类型个体户管理经验不足，对业户生产经营的实际情况不甚了解；另一方面，地税部门因缺少“以票控税”的抓手，面临着管理的瓶颈问题，地税影响力下降，需要借助国税力量来做好个体工商户管理工作。天河区属广州市中心城区，面积137.38平方千米，2016年实现地区生产总值3801.18亿元，增长9%，总量连续十年全市第一，增速连续两年全市第二，地广、人多以及经济基础好的特点奠定了天河区个体工商户发展的优势。据天河区国税部门2017年上半年统计数据显示，辖区内个体户正常管户数量为41567户，占总体管户数量的18.97%，数量规模不容小觑。2017年是全国实施“十三五”规划的重要一年，也是推进供给侧结构性改革的深化之年，税务部门应重视个体户征管存在的问题，优化整合征管资源，抓住重点因势利导，借助其广泛的社会影响，进一步规范税收秩序，营造和谐税收环境，助力改革深化发展。

一、当前个体户税收管理现状及存在的问题

（一）数量多税收少，征管力量投入小

当前实行个体工商户营业执照和税务登记证“两证整合”登记制度，国家鼓励再就业扶持资金以及小微业户优惠政策出台后，个体经营成立门槛降低，个体户数量持续增长，但与之数量形成鲜明对比的是，个体税收收入微乎其微。从国税部门2017年上半年入库税款来看，个体税收仅5395.35万元，仅占总体税收收入的0.25%，税收贡献率几乎可以忽略不计。受人员编制和组织收入任务等各项重点工作限制，税务部门在征管力量配备过程中不得不“舍轻就重”，向税收贡献率高的单位纳税人倾斜，无法把人力、精力大量投入到个体及零散税源的管理上，无论是国税部门还是地税部门，在传统的个体工商户征管模式下，皆暴露出征管力量薄弱、税收多头执法、纳税人“不服管”、税收部门“管不好”的问题。

（二）核定征收操作困难，征纳矛盾突出

1. 起征点敏感性扩大

近几年来，国家对个体经济的扶持力度不断加大，陆续出台各项优惠政策鼓励和扶持个体经济稳步发展，2014年年底起征点再次上调后，个体税收面大幅缩小，起征点敏感性扩大。据2016年年底国税部门统计数据显示，经核定达起征点的业户不足2000户，占个体户总体数量的比例不到5‰，与绝大部分不需缴纳相关税费的业主形成鲜明对比，容易造成业户心理不平衡。

2. 核定开展阻力多

起征点作为税基式减免手段，意味着超过起征点就要全额纳税，而未达起征点则免税。大部分个体业主都面临着交税与不交税的“临界”问题，特别是靠近起征点的纳税人，月销售额仅几元、几十元的差额，却会带来实际收益相差近千元的结果，业户想方设法干扰、阻碍税务机关定额核定的现象普遍存在，

给个体征管带来困难。

3. 对地税征管理解有偏差

“营改增”试点普遍推行后，大部分个体纳税人片面认为月收入额低于 30000 元就不缴纳任何税收，或者对于国税部门核定不达增值税起征点而地税部门核定征收个人所得税抵触较大，给地税部门征管工作增加了难度。

（三）日常管理重复，国地信息不对等

1. 纳税人“两头跑”

自 2012 年年底“营改增”试点开始，国税部门与地税部门在个体户登记管理、核定标准、系统衔接、管控方式等方面都经历了较长时间的磨合，国税、地税部门“两头找”、纳税人“两头跑”的现象时有出现。例如纳税人在工商部门办理的登记信息同步传送到国税、地税部门后，仍需纳税人到国税、地税部门办理相关涉税事项才会进行税务登记；再如定期定额户核定与调整方面，目前国税、地税部门核定标准不一致，分别对业户进行信息采集及核定，发生定额调整事项时，纳税人需分别到国税、地税部门办理，不仅增加纳税人纳税成本，还浪费了征管资源，影响行政效率。

2. 基础信息不对等

国税、地税部门对同一个体户所掌握的基础信息往往不对等，如已经停业多年但没有办理注销登记手续，或只在国税或地税一方办理了注销手续等。在 2017 年上半年开展的国、地税关联信息比对工作中，存在逾万户次个体户金三系统未关联或关联不正确的情况。垃圾数据给基础数据清理工作带来了巨大压力，也使税务部门在开展个体户日常管理时受阻。

（四）漏征漏管问题凸显，风险管理要求高

1. 漏征漏管普遍存在

“营改增”后地税部门失去“以票控税”的抓手，丧失对个体税收工作的主动权。个体户收入缴纳增值税并开具增值税发票，附征的税费能否向地税足额缴纳，很大程度上取决于纳税人纳税意识的高低。地税部门难以从源头进行监控，特别是对未达起征点的个体工商户，也失去了对其他税费监控的抓手，加之大部分纳税人依法纳税意识不强、财会制度不健全，对纳税义务不了解或故意逃避纳税义务，导致超过起征点不主动如实申报、未按规定办理登记和注销、未按规定缴交附加税款等现象普遍存在，个体税源流失严重，面临税款漏征漏管风险。

2. 数据传递手段有待优化

目前国、地税金三系统相互独立，合作手段也仅限于事后的数据传递，存在数据获取不及时、数据遗漏、信息泄露等风险，加之受国、地税核定期起止时间、核定依据方法不一致等影响，数据差异明显存在。以天河区为例，区国税部门每日对定期定额户调整平均约为 6 户，在定额调整的次日将调整信息传递至区地税部门，地税部门参照国税部门定额进行相应调整，在如此高的数据共享频率之下，国、地税定额不一致的情况仍明显存在。

二、新形势下加强对个体户税收征管的重要性

（一）是强化税收社会责任、营造良好税收环境的迫切需要

虽然从税收的视角看，个体户税收贡献率小，但从社会的角度看，个体户广泛分布于国民经济的各个行业，涉及的纳税人众多，从业者素质良莠不齐，其中不乏年长体弱、文化层次低、经济收入来源无保障等社会弱势群体，社会关注度高，个体税收征管涉及面的广度及其与普通百姓关系的密切度使得个体征管的好坏将直接影响政府与税务部门的形象，稍有不慎就会引发社会矛盾，对整个社会风气、道德环境、舆论氛围的引导性极强，处于纳税服务高风险区。如何规范管理、引导、扶持这一特殊纳税队伍，增强纳税

人的获得感，激发其在稳定税收秩序中的正向带动作用，是当前税务部门必须直面解决的问题。

（二）是破解有限征管资源、发挥征管合力的必要举措

近年来，个体户数量不断攀升、业务愈加繁杂、纳税人需求日益增多，国税、地税部门受到编制、机构、人员素质多方面的限制，不可能完全依靠自身的资源实现全方位、无遗漏的管理。破解有限的征管资源与纳税人数量快速增加的矛盾，唯有国、地税部门深入合作、共同发挥集约化效应才是根本出路。如共同借助协税、护税中心力量，联合委托协税护税中心开展日常个体户核定数据采集、漏征漏管户清理等工作，减轻个体户管理工作压力；互相借鉴税收管理经验，针对国税局缺少“营改增”试点行业税收管理经验，地税局缺少增值税管理经验的问题，双方建立经验交流长效机制，通过业务指导、专题辅导、干部交流、联合攻关、共同调研等方式，促进地、税部门发展。

（三）是顺应税收信息化、堵塞征管漏洞的必然选择

在大数据时代，数据不但是计算机处理的对象，也是一种征管资源。在“互联网＋”背景下新经济业态层出不穷，个体经营多元化、收支隐蔽化趋势越来越明显。如新兴的电子商务交易，具有主体隐匿性、标的模糊性、地点流动性以及完成快捷性等特点，个体业主很容易借此隐藏信息，做出逆向选择。个体工商户业户素质良莠不齐，其纳税遵从度总体较低，加之量大、户小、分散、流动等生产经营特点的客观存在，纳税人很容易利用国税、地税双方信息不对等的弱点通过各种手段寻找征管漏洞、逃避纳税义务，若国税、地税各自为政，将会处于被动地位，单凭国税或地税部门一己之力，很难有效规范征管。在信息化浪潮的推动下，国、地税共享涉税信息、加强数据的采集共用，是破解漏征、漏管难题的有效手段。

三、天河区在加强个体户税收管理方面的探索

（一）深化数据共享，强化税源监控

天河区国、地税已形成常态化的涉税信息交换机制，对个体纳税人开展定期定额核定和调整、定期传递交换欠税清册、共享欠税业户数据等工作，双方为部分人员开通了金三系统的查询权限，极大方便了信息的查询和交换。制定了数据实时查询利用、纳税人联系方式维护、国地税管户对照关系关联等相关操作指引，对纳税人信息进行查询和动态维护，确保业户登记信息质量。通过共享数据的比对分析，2016—2017年上半年，排查出1.6万户漏登漏管户并开展清漏工作，对3.4万户次国、地税双定不一致的双定户进行定额调整，有效规范了个体户登记管理。

（二）共用基层服务资源，发挥集约化效应

得益于政府相关部门的支持与推动，经过近几年的摸索创新，天河区地税在个体税源委托代征管理方面形成了“一个协税护税中心”加“五片代征工作站”的天河特色。借助区地税部门协税护税工作基础好、经验足、站点多的优势，区国税、地税联合与区财政局及协税护税中心共建区级协税护税征管一体化工作平台，共同整合优化协税护税队伍，形成国地税联合管理制度汇编，将原属于区地税局的片区代征工作站升级改造为国地税联合委托代征工作站，开展联合办税、个体税收联合核定、联合税宣等事项，成为辖区内国地税个体和零散税源业务一站式办理及处理相关日常管理事项的主要场所，有效解决纳税人“两头跑”的问题。

（三）共享征管资源，深化业务合作

在全市范围内率先开展国、地税全流程联合双定工作，双方共同制定定额核定工作方案，共同派员开展定额调查，共同确认定额结果，有效解决国、地税双定标准不一致、重复劳动、浪费征管资源的问题，提高行政效率，在纳税人面前树立税务部门统一规范、严格执法的良好形象。同时，积极研究制定联合开户指引、推进个体工商户联合简易退出、开展联合清税注销测试及业务培训等，进一步深化开展合作事项，缩小国、地税个体征管差异。

四、启发与建议

(一)深化业务合作,提升纳税服务水平

1. 共建办税服务场所

国、地税个体户管理部门统一办公、集中管理,可通过采取联合共建、互相进驻、共同进驻等形式,实现场地、系统、人员、流程等深度融合统一,为个体工商户打造一站式办税新模式,紧密围绕便民办税的原则,采取多种前端便捷办税举措,提高个体业务办理质效,提升纳税人办税体验。

2. 共同梳理联合办税事项清单

制定联合办税业务流程,明确办税流程,规范业务办理,重视联合推进个体工商户简易退出工作,及时清理系统冗余数据,提高系统数据质量。

3. 共同开展宣传与培训

确定纳税等级和定额标准,对公众"晒出"定税程序、定税方法、核定结果,增强合理性、科学性和透明度。定期召开由纳税人代表、个体劳协代表、协税护税组织成员等相关人员参加的各行业民主评议会议,解决个体工商户对国、地税税收政策了解不全面、理解有差异、执行不到位的问题,逐步形成税务部门与纳税人之间、纳税人与纳税人之间的相互监督机制,推动公平税负,切实提升纳税人的获得感。

(二)强化数据共享,推进"以票控税"向"信息管税"转变

1. 加快数据互联互通

推动国、地税金三系统互联互通,加快国、地税涉税信息交换平台的建设,对国税核定信息、发票用量信息等数据实现实时交换,支持国地税部门对纳税人的征管信息的资源实时共享,有效解决地税部门查询数据的滞后性。工作方法由被动型向主动型转变,摈弃"等申报""靠发票""要数据"的旧征管观念,加强与政府部门、银行、媒体的合作,扭转税务部门处于信息劣势、在税收征管工作中的被动地位。

2. 加强数据应用与跟踪调整

共同应用双方涉税数据,加强业务合作无缝衔接,重点加强对临界点纳税人的动态管理、弹性定税,建议将月收入高于 20000 元以上的个体户列为管理重点对象,加大巡查力度,及时掌握其生产、经营变化情况,可结合行业性、季节性进行定额灵活调整,并开展不定期抽查。

(三)推动跨部门合作,建立健全协税护税工作机制

1. 引入社会化网格管理新模式

联合政府其他职能部门,构建协税护税保障体系,充分发挥地方政府参与个体税收管理的优势,破解涉税信息共享难题,拓展税收管理服务范围,变税务部门"单兵作战"为借助社会力量的"联合作战",形成市、区、街道、社区的四级协税护税工作网络,对辖区个体经营户进行全方位管理、全流程服务。

2. 按风险高低划分工作职责

税务人员负责税收核定、文书制作、执法强制等执法风险高的业务,街道办事处、政府相关部门工作人员负责文书送达、催报催缴、信息采集等执法风险低的业务,实现税务部门为主导,社会管理为补充征收模式,既缓解了税务部门征管力量不足的矛盾,又提高了个体工商户征管质量,使部分漏征漏管、容易流失的税源变得可管可控。

(四)联合开展法治建设,提高个体户纳税遵从度

1. 加强税法宣传的针对性

重视对个体户的税法宣传,把宣传材料送到纳税人门口,让纳税人知法、懂法、守法,形成自觉纳税的共识,从源头减少偷逃税。对规模较大的个体纳税人进行培训式的税法宣传,使纳税人进一步明确各自的权利和义务,形成纳税人依法纳税、社会协税护税的良好氛围。

2. 加大联合执法力度

制定具体的个体工商户征收管理办法，并形成固化的工作流程；联合开展市场共建，国、地税双方共同组织人员进行走访调查，联合开展定额调整工作，对于工作中发现的"钉子户"，由国地税部门联合相关部门共同执法，确保执法"一把尺子"，办税"一个流程"，共筑征管防线。

3. 完善诚信评价机制

将个体纳税人纳入纳税诚信评价系统，定期公示个体缴税情况，加大社会监督压力，对经举报查实存在偷漏税的纳税人，降低纳税人信用等级，并作为以后出入境、进行高消费的牵制条件，加大惩戒力度和震慑力，提高纳税人对税收法律法规的遵从度。

（作者单位：国家税务总局广州市天河区税务局）

“互联网+”大数据视角下税收治理举措的探讨

吴锡昌

在以互联网为基础设施和创新要素的时代背景下，随着大数据、云计算与社会经济领域深度融合，数据变成一种重要的生产资料，涉税数据正在成为税收征管的核心要素，通过“互联网+”涉税数据指导下的税收工作，将大大提高税收征管的质效。在“互联网+”大数据的视角下，对于国内外任何纳税人，征纳双方由“面对面”演变为“屏对屏”，距离都仅为“一键之遥”，这对新时期税收治理能力提出了新挑战。

一、用“互联网+”大数据强化税源控管

国务院 2015 年印发的《促进大数据发展行动纲要》指出：“信息技术与经济社会的交汇融合引发了数据迅猛增长”。“数据已成为国家基础性战略资源，大数据正日益对全球生产、流通、分配、消费活动以及经济运行机制、社会生活方式和国家治理能力产生重要影响。”在“互联网+”大数据时代，数据替代土地、石油、煤炭等成为核心的生产资源和生产要素，云计算将产生一种新的、优质、高效的生产力，正如顾客一个订餐电话在“互联网+”大数据的综合计算判研下，可以精准判断出订餐者喜好和需求，进而为顾客提供最适合的餐饮用品。在税务部门积累了纳税人大量数据的基础上，通过与工商、银行、海关、技监、住建、房产、规划、社保、审计等部门联网，在云计算的数据综合分析判研的驱动下，从海量数据中挖掘有价值的经济税收数据进而扫描、控管全部的经济税源。如地税部门要建立个人财产收入信息大数据平台，通过对个人的房产租赁、存款利息、有价证券溢价、财产增值、股权转让、投资收益等财产收入数据进行综合的逻辑判研和严密的数理分析，使个人财产税源在“互联网+”大数据的透视下一览无遗。基于云计算、大数据的运用，通过税收弹性分析、税负分析、税收关联分析等方法，对经济形势作科学研判，对税收收入作精准预测，就能有效对动态的经济税源进行严密控管。

二、用“互联网+”大数据应对新生业态的税收征管

在“互联网+”大数据的作用下，资源配置、生产要素、组织方式的急剧变化催生了新兴经济业态，严重冲击了传统行业，如滴滴打车、优步等就轻易动了出租车行业的“奶酪”，众筹、人人贷、微信支付、第三方支付等互联网金融严重冲击了银行业赖以生存的“存、贷、汇”等核心业务。在“互联网+”大数据时代，草根经济群体通过借助网络力量可以汇聚成惊人的经济总量，如阿里、京东、淘宝等网络销售平台呈现出全面跃超沃尔玛全球市场销售总量的趋势。网络销售平台、互联网金融等新兴经济业态以其虚拟、无址、跨域、高效、隐蔽等特点，使经营地点、税源归属、征管权限、税收分配等发生重大变化，极大挑战了传统的税收征管模式。为了加强对新生业态税收征管，税务部门要通过“互联网+”大数据，从“管事制”向“管数制”转变，实施“数据管税”；要打造一个全新的税电子税务局，将纳税人税收、财务、经营等信息链条完全打通，实现涉税信息电子化，税务部门、纳税人和第三方部门的信息数据，完全取代纸质申报和发票等实物载体，构建以信息数据为核心要素的税收征管新模式；要利用“互联网+”大数据助推纳税人自助式管理，使纳税人自主申报、税收政策自动适用成为征管主流；借助“互联网+”大数据效率高、成本低的优势，把以往的“抓大放小、集中精力管好重点税源”转变为“大企业与中小型企业并重，重点税源与非重点税源

并重”;要针对税收信息研判出纳税人的异常数据,为一线税管员提供“精确制导”以强化税收征管。

三、用“互联网+”大数据加强税收风险管理

“互联网+”大数据通过云计算等技术手段,将逐步使政府信息系统和公共数据互联共享,税务部门将从海量数据库中获取大量有价值的涉税数据,为推动税收风险管理打下基础。在简政放权的大背景下,涉税事项逐步发展为纳税人对照税法和税收政策、自行掌握执行、税务部门进行后续管理的方式,税务部门会更多地通过大数据、涉税信息平台进行比对分析、评估研判,将海量涉税信息转化为可量化、可比对的数据,实现涉税信息的数字化管理,通过网络技术、信息技术、整合技术等云计算、研判,对纳税人涉税情报进行智能化分析、计算、比较、判断、甄别、联想和定性,依据采集和积累的征管基础数据、风险分析数据、第三方数据等信息资源,多角度对税收风险进行综合关联分析,精准计算出各种税收风险指数,揭示涉税风险的发展规律,针对不同税收风险的纳税人,采取不同的税收风险应对措施:对高风险的纳税人实施税务稽查,对中等风险的纳税人进行税务约谈,对较低风险的纳税人则通过纳税辅导以促进其纳税遵从。

四、用“互联网+”大数据搞好纳税服务

“互联网+”大数据条件下,纳税人的多样化,必然导致纳税服务需求的多元化。针对当前税务部门大众化的纳税服务资源和能力过剩、个性化纳税服务不足的困局,必须从纳税人的需求出发,切实改进纳税服务的有效供给,以满足纳税人个性化的纳税服务需求。在“互联网+”大数据相互作用下,个性化纳税服务需求容易被识别,对于纳税大户、高新技术企业、小微企业等企业来说个性化、特殊化的纳税服务容易实现。因此,税务部门要针对不同行业、不同类型纳税人,从改变纳税服务的“供给侧”入手,根据每个纳税人所需求的纳税服务进行“私人定制”,改粗放型“端菜式”的纳税服务为精准型“点菜式”的纳税服务;要借助“互联网+”大数据,超越时间、空间、地域、业态等限制,使纳税人可以在家里、办公室、旅行途中通过互联网全流程、无纸化办理所有涉税事务,在大大降低纳税成本的同时,享受到精准、便捷的纳税服务;要充分依托互联网和移动通信技术,构建实体办税厅+网上办税+移动办税终端+自助办税终端的纳税服务平台,将申报缴税功能拓展到移动互联网,支持银行转账、POS机刷卡、网上银行、手机银行、微信支付等税款缴纳方式,使纳税人足不出户就可以享受到优质、高效的纳税服务。

五、用“互联网+”大数据规范税收执法

在“互联网+”大数据的支撑下,通过用云计算的方式,用精准的数据指标来规范税收执法。一是用“互联网+”大数据规范税收违法处罚。在“互联网+”大数据的视角下,信息高速流动,计算异常精准,增强纳税人对税务部门执法尺度的敏感性,使税收违法处罚处于纳税人的全程监督之下,做到公开、有序、透明,规范行使税收执法中的自由裁量权,统一不同地域、不同行业的税收违法处罚标准,有效避免“同案不同罚”“人情罚”“关系罚”等不公平现象发生。二是用“互联网+”大数据规范纳税定额管理。要对纳税人的经济及涉税信息,如资金流、营业额、来往账,甚至用水、用电、用工、人流量、客流量等涉税经济参数进行云计算,针对不同行业、不同纳税人,研发税收定额管理模型,进行定性、定量的综合分析判研,有效规范税收定额的标准。三是用“互联网+”大数据打击出口骗税。通过“互联网+”大数据着力打造由税务、海关、公安、人民银行、外汇管理、商检、交通运输、审计等部门提供的情报信息防控平台,将把出口企业的涉税参数,诸如订仓报关、纳税申报、货物运输、领票数量、退税凭证、银行账户信息、资金流向、商检清单、审计报告等重要涉税关联信息高度聚集在一起,通过精确的云计算,准确判研出口企业发票开具、涉税银行账户、开票资金运动三者之间的逻辑联系,使企图出口骗税企业在“互联网+”大数据的清晰扫

描之下无所遁形。

综上所述，在“互联网＋”大数据深度融合的时代潮流下，税务部门必须适时顺势，树立涉税数据资源化的理念，把涉税数据作为税收征管的核心要素，通过云计算得出的精准数据作为税收征管的重要指标，用数据说话，用数据决策，用数据管理，用数据创新，实现数据控税、数据管税、数据强税，使“互联网＋”大数据成为提升税收治理能力的重要抓手。

（作者单位：国家税务总局茂名市税务局）

“互联网+”背景下推进税收管理创新的途径

李建明

一、聚焦核心业务构建“互联网+税务”的一体化平台和机制

(一)构建一体化的信息支撑大平台

运用大数据、云计算和搜索引擎技术,多渠道采集、整合涉税信息,实现税务系统内部与外部信息的互联互通。搭建第三方信息共享平台。加大与发改委、经信委等政府部门和社会组织的信息共享力度,拓展获取第三方涉税信息的渠道。实现税务系统内部信息的有机整合。对收集到的各类信息,进行有机整合和一户式归集,建立起统一规范的纳税人数据仓库,在各级税务部门、各税种管理部门、前台服务人员之间,按照职能权限实行信息开放和增值应用。

(二)构建全天候、全覆盖的网上服务平台

以纳税人为中心,搭建起业务全覆盖、流程简约化的纳税服务体系。在巩固完善已有网上办税功能的基础上,对注册登记、发票管理、审批备案、业务咨询、投诉维权等办税事项,实行在线办理和限时办理。推进涉税需求在线征集以及对纳税人办税和咨询信息的智能化分析工作,掌握纳税人的个性化需求,将量体订制的纳税事项提醒、税收风险提示、税收政策资讯等个性化服务,及时推送给纳税人。对涉及多个部门的政策争议、投诉维权等复杂事项,以及需要当面沟通处理的特殊事项,实行可在线预约服务,并依托线下调度中心实现跨部门协同办理,及时、高效处理好纳税人的涉税需求。

(三)打造智能化的税收决策执行体系

充分运用“互联网+”思维和技术,为科学决策和高效管理提供智能化支撑。基于大数据以及结构化数据仓库,对经济税收形势和发展趋势进行更加科学的分析研判和预测,为推动税收收入预测、质量管理和收入规划核算的科学化,提供有力的数据和技术支撑。充分运用分行业、分类型的经济税收数据仓库,纳税人个性化档案,税收风险管理系统中的政策执行风险点提示等,为准确测算税收政策效应和政策落实中的风险分析,提供全面客观的数据支撑。加大对数据仓库的结构化分类和加工处理,按纳税人归属、涉税类别、风险事项、涉税违法记录等方面多维度标注查询,为基层一线实施执法管理、行政审批、业务咨询、纳税评估,提供信息化智能支撑。

二、利用“互联网+”技术,提升涉税信息采集分析水平

借力于云计算、物联网和大数据等新一代信息技术发展,税务部门具备了采集、分析、利用纳税人各类涉税信息的可能。因此,除了税务部门日常征收管理数据、纳税人申报数据、第三方交换数据以外,互联网信息已经成为税务部门采集、利用涉税数据的重要突破口。

(一)多渠道挖掘数据

互联网涉税信息的采集,有效延伸了税收管理的触角,特别是为风险管理提供了线索和依据,提升了税务部门对纳税人经营、交易行为的监控能力。可以利用“网络爬虫”技术,实时采集纳税人网上经营信息,如可对美团、大众点评、天猫网店等网站的交易信息进行采集;可以采用“关键字段”敏感搜索纳税人

特定涉税事项，如设定“减持”“竣工”“股权”等关键字，利用现有搜索引擎，面向整个互联网实施信息检索，抓取重点企业的重大事项、境外股权交易、上市公司股权激励等信息；可以采集政府部门、行业协会的信息，根据管理需要，设计信息采集固定表式，形成一户一表，对相关信息进行规范化采集，如政府公开招标、物业公司收费、演艺院线票房信息等。

（二）高效分析筛选有效信息

针对每月收集的海量互联网信息，运用信息系统自动分析和过滤技术，采用文字密度判断、相似择优等多种特殊算法，筛选有价值的涉税信息。

（三）开展一户式归集应用

互联网时代，纳税人的各种行为不可避免地会在移动互联网、云计算、物联网等处留下痕迹，通过对痕迹分析比对去伪归集，在此基础上建立纳税人一户式数据库，为风险应对人员全面了解纳税人真实情况提供便利。如纳税人财务报表反映的营业收入持续下降，但通过互联网数据发现纳税人企业发展迅速，税务人员可基本确认纳税人存在少申报应税收入的情况。通过大数据的分析比对与汇总，税务人员可以掌握更多的纳税人行为，使原本需要实地核查才能发现的问题现在足不出户就能掌握，甚至使一些通过传统查账手段难以发现的线索也浮出水面，税收风险管理的效率大幅提高。

三、运用“互联网＋”思维，提高风险识别精准度

互联网时代，纳税人的涉税信息分散在互联网的各个角落，为税务部门开展有效的风险监控提供了新的视角和途径。通过采集、利用互联网涉税信息，既可以动态掌握纳税人涉税信息，提高风险识别的及时性；又可以通过与税务部门掌握的外部门信息、征管信息的比对分析，发现税收流失的风险，提高风险管理的针对性和有效性。

（一）运用“互联网＋”开展行业风险识别

对于一些现金消费行业，如物业管理、餐饮行业等，不仅难以实现以票控税，而且与其经营活动直接相关的证据也较难获得，一直处于难于监管、缺乏管理手段的状况。互联网经济的蓬勃发展，使这些行业也不断“触网”，逐步走向线上，税务部门也因此获得了了解其经营情况的新途径，如可以从互联网上获得物业公司所管理的小区名称及其物业费、停车费标准，甚至小区面积、车位数等信息；再如餐饮企业组织团购的情况等，这些信息的获得使发现涉税疑点成为可能。

（二）运用“互联网＋”开展重点税源风险识别

随着简政放权、优化服务、为企业减负理念的不断深化，税务部门开展税源实地调查的活动越来越少，尤其是对重点税源，监控方式亟待拓展，控管成效亟待提升。大企业，特别是集团企业有着业务范围广、经营地域广的特点，且其成员企业间有着复杂的关联交易，与税务部门之间信息不对称问题显得尤为突出。与此同时，大企业在互联网上往往也有着较高的曝光率，运用互联网技术，可以拓宽信息获取渠道，更全面地了解企业生产经营全貌，及时掌握企业的股权变动情况、重要合同订立情况、招投标情况等。

（三）运用“互联网＋”开展重大事项风险识别

数据分析应用是风险管理的重要抓手，但是其有效性和及时性一直备受质疑。尤其是涉及自然人和外地纳税人的资本交易事项，事后管理的难度较大。通过定期收集和分析互联网信息，能够快捷、准确地聚焦资本交易、重大项目投资、重点工程建设等重大涉税事项，及时发起工作任务，实现有效控管。对单户企业的重大涉税事项，可以通过一线税务人员联系纳税人，及时了解重大涉税事项的具体细节，为纳税人提供涉税辅导，引导纳税遵从；对一般的税源信息，主要用于风险应对，包括风险应对任务发起和实施等。此外，对国、地税部门分别管辖的事项，还可以通过信息情报共享，提高风险管理协作水平。

四、运用“互联网＋”创新征收管理水平

（一）“电子化”发票开具

发票作为重要的消费凭证，是税收管理的重要依据，更是税收管理的难点所在。传统发票存在易伪造、难保存等一系列问题，一个完善的网络电子发票平台亟须建立：其一，需明确电子发票平台的技术路径，利用“互联网＋”将该平台做成一个系统化、开放式、多方登录的强实用性电子平台，实现税务部门“一键化”以票控税，实现发票电子化下的“零造假”；其二，需推行嵌入式电子发票软件，每一笔网络发票的开具将实时通过电子平台推送给税务部门待查，并存档于数据云端，实现税务部门与交易开票信息的高同步性；其三，需认可发票电子化入账，从国家规范、标准、制度的层面认可来源于税务部门电子发票平台的电子发票直接入账，并采取数字签名、加密防伪等安全技术手段，入账同时回传发票平台以供监管，实现了绿色、环保、高效的“互联网＋”新理念。

（二）“网络化”综合治税

目前，社会综合治税尚处于条块型、分散式的发展阶段，结合“互联网＋”，可以考虑用信息化手段填补现存空缺，构建网格支撑、多点关联型综合治税体系的框架：研发税务搜索引擎嵌入软件，利用网络爬虫、关键字段搜索技术，嵌入百度、谷歌、美团等站点定时刷新捕捉，如企业重大事项、境外股权交易、上市公司股权激励类网络涉税信息，以多个“点”支撑综合治税；完善互联网涉税信息收集体系，明确网络交易平台、电子银行证券机构、支付宝类第三方支付平台都有将涉税信息实时传递给电子税务平台的义务，使税务部门第一时间掌握企业个人网络交易和资金流信息，以多条“线”支撑综合治税；消除部门间的信息孤岛，以云端存储共享的方式畅通政府部门、行业协会、民间群体间的涉税信息传递渠道，对非保密性涉税信息进行规范化采集，以多个“面”支撑综合治税；此外，进一步明确税务部门的涉税信息保密责任，最大限度消除纳税人及第三方的顾虑。

（三）“共享化”信用体系

主动牵头打破银行、工商、税务、海关等部门的“信用资源所有制”，推动多部门之间的信用信息互补、共享，建立合作化的“征信互认”机制。以银行为例，央行主导的企业和个人信贷登记系统消除只对银行开放的惯例，将其信用资源存储于加密云端，对加入“征信互认”的其他部门同样开放，以此建立“共享化”信用体系。同时，将纳税信用作为重要内容纳入社会诚信体系，通过信用共享、身份证电子标记等方式，实现社会协作、多方激励、联合惩戒，让守信者一路畅通，失信者寸步难行。

五、运用“互联网＋”提高风险应对绩效

互联网时代背景下，各类技术手段的运用给税收风险管理由税务部门单一主体转变为多部门互相协作，甚至为纳税人参与税收风险管理提供了新的可能。

（一）运用“互联网＋”强化风险推送

大数据使税务部门与其他政府部门之间的数据交换共享变得方便及时，这就为多部门共同分析纳税人行为提供了合作的基础条件。搭建多部门互联合作平台，联合对异常行为人进行检查，发挥各自专长共享成果，或直接利用其他部门成果，在不增加人力成本的情况下，大大提高税务风险应对的整体绩效，避免了资源浪费，也提高了应对效果。如与公安部门共同检查出售假发票或虚开发票信息的行为人，或直接利用审计发现的纳税人少计收入行为等信息来进行补税处理处罚等，部门之间的合作使得风险应对的深度和广度必然在大数据时代有质的飞跃。

（二）运用“互联网＋”提高风险识别水平

当下税务风险识别仍以数据识别为主要方式，税务部门一般通过分析比对数据库中纳税人信息，发

现纳税人可能存在的涉税风险。然而对恶意逃税的行为而言，由于数据造假相对简单，很容易规避税务部门的风险识别。解决方式将是借力“大物移云”的信息技术，让风险识别通过云端筛选归纳某行业纳税人的普遍共性，或者详细分解纳税人的行业经营特点，找出行为规律，并设计出各个行业行为规律的程序算法，以此发现不符合算法的异常纳税人，将绝大多数涉税风险消灭在萌芽状态。另外，还可将提醒推送作为“互联网+”背景下风险应对的前置手段。以“金税三期”等先进电子政务工程为平台，在汇总纳税人所有涉税信息的基础上，定期与纳税人自主申报信息进行交叉比对、相互验证，可具备在纳税人发生异常经营行为或提交异常数据的同时，推算涉税风险可能性的能力，并通过推送风险提醒，作出前置化风险应对，真正实现防患于未然。

(三)运用“互联网+”，提高风险应对效果

大数据使税务部门与其他政府部门之间的数据交换共享变得方便及时，这就为多部门共同分析纳税人行为提供了合作的基础条件。搭建多部门互联合作平台，联合对异常行为人进行检查，发挥各自专长与成果，或直接利用其他部门成果，在不增加人力成本的情况下，大大提高税务风险应对的整体绩效，避免了资源浪费，也提高了应对效果。

(四)运用“互联网+”建立绩效评价和反馈机制

通过互联网网站、微信、微博等渠道和政府购买第三方服务[PPP(政府和社会资本合作)]等方式，为纳税人、税务中介机构和社会公众积极参与税收风险管理创造条件，确保其在税收风险管理中的参与权、表达权和监督权。比如，建立纳税人风险应对绩效评价和反馈互联机制，一方面由纳税人对税务人员在风险应对过程中的行为进行评价，另一方面对税务部门风险应对结论、差异原因、税务及账务处理等方面作出评价。纳税人由传统的被动应对转变为主动参与风险管理，从税务部门外部推动税收风险绩效提升。此外，还需进一步优化内部管理流程，比如，要加强风险应对任务的跟踪，建立风险应对知识库，实现各层级、部门之间案例共享；对风险应对反馈结果进行分析评价，加大风险应对任务的复审和复查，将发现的问题作为下次风险任务的起点，实现风险管理各环节首尾相连，推动税收风险管理水平螺旋式上升。

(作者单位：国家税务总局蠡县税务局)

关于大数据在税收征管中的分析与运用

——以长春市国税局2017年“百日攻坚”为例

李国闻

以大数据为基础的风险导向型税收征管系统，其核心在于“信息”，这也是信息化促进税收征管现代化的必由之路。全面高效地抓住和利用相关涉税信息是税收管理的关键，有利于破解税收征纳双方信息不对称难题，提高税法遵从度和税收征收率，也是全面提高税收征管工作水平的必然选择。

一、大数据对税收征管工作的影响

（一）解决数据共享问题

大数据促进了数据内容的交叉检验，随着数据量和数据来源的增多，数据判断预测的指向性会更强，准确率会更高。目前，无论是税务部门内部还是外部，第三方涉税数据的流动性和可获取性都比较弱，税务部门的信息获取渠道并不通畅。主要是因为内部流程和环节没有理顺，信息的共享利用受到了制约；外部协调难度较大、政府职能部门与税务部门的涉税信息交换尚未制度化、常态化；对税务部门获取第三方信息的权利以及第三方向税务部门提供涉税信息的义务尚缺乏明确的法律支持。大数据将促使政府考虑建立统一的数据共享平台，解决各部门之间的数据共享问题。

（二）解决数据挖掘问题

数据挖掘一般是指从大量的数据中自动搜索隐藏于其中的关联信息的过程。数据的价值在于更深层次的挖掘和再运用，但是，目前税务部门并不能有效利用和深入挖掘自身已有的数据，更不能有效获取和利用第三方数据。即使有所利用，往往也更关注数据的单一取向。因此，国税部门需要加强对数据价值、数据整合再利用和潜在挖掘数据的运用价值与频率，使信息管税的效能得以充分体现。从海量数据中发现有用的信息，通过深入挖掘分析，让数据产生生产力，数据产生税源。

（三）促进风险管理提档升级

风险管理的核心是基于大数据的风险分析识别和多元策略的风险应对。在风险控制平台建设中，引入先进的数据分析工具，打造一体化、智能化的数据分析应用功能区，为数据分析常态化运作提供强大的网上风险分析识别功能，为各级税务部门开展分层、分类管理，实施多层次、差别化风险应对提供了精确“制导”的操作平台。

二、税收征管应对数据存在的问题

近年来，吉林省长春市国税部门在税收征管和信息化建设方面积累了大量的理论和实践经验，取得了丰硕的成果。但受诸多因素的制约，在涉税数据采集、分析、利用等方面还存在一定的短板，影响全市税收征管因素分析的效用。

（一）数据质量不高

要实现数据挖掘分析，必须要有两个前提条件：足够的数据量和数据的可用性、真实性。目前长春市国税部门的数据分析与利用大多停留在初级水平，数据很难被发掘利用，反映出在系统建设和使用过程中的业务数据定义不清，业务数据标准化程度低，程序设计控制和校验不严，数据输入偏差等问题。进而导致数据不准确、不一致等诸多质量问题，给数据集成、挖掘与分析带来了很多麻烦。

（二）数据利用率低

数据的查询、监控和分析功能还仅限于分类统计、静态查询的层面上，一些软件只满足单一的业务需要，信息共享性程度差，不能从区域、行业等角度进行横向对比和分析，数据价值潜在效能远远没有发挥出来。数据处理分析缺乏规范，其具体的工作职责和流程尚未明确定位。同时，数据大多只是集中保存并沉睡在系统中，数据质量问题很难被发现，只有在使用时，问题才会暴露出来。

（三）数据来源渠道窄

就目前来看，国税部门掌握的纳税人涉税信息，主要是纳税人申报和社会综合治税信息，而社会综合治税的数据是非常有限的，这就造成了涉税数据的不全面、不充分，直接影响了税源管理的真实性、可靠性和客观性。

此外，由于数据资源的集成整合能力差，外部数据交换不充分等问题，也制约了涉税数据信息的共享程度。

三、税收征管运用数据分析的主要做法

2018 年从 10 月开始，长春市国税部门税收工作进入关键时点，为确保完成全年税收目标，长春市市局决定开展组织收入“百日决战”。为此，大数据在税收征管中的运用起到了不可忽视的作用。其主要做法有以下几点。

（一）找准切入点

率先以政策执行是否存在偏差为着眼点，通过分析综合征管软件系统、金税三期征管系统和互联网行政区划信息及向征收管理局了解具体情况，发现 9 户村镇银行和 2 户农村商业银行注册地址和生产经营地址均为长春市各个城区所在地，不符合享受 3%优惠税率征收营业税与按 3%简易计税方式缴纳增值税的必要条件。

如表 1、表 2 所示，这是一起典型的“营改增”政策执行项目类的纳税评估案例，可以说，“营改增”试点工作全面展开后，不同程度地存在“营改增”政策执行不到位的问题。由于找准了切入点，对村镇银行和农村合作银行进行有针对性的分析，发现了政策执行过程中存在的问题。据此，在全市 11 户此类纳税人中，少申报的税款共计 1.55 亿元。

表 1　商业银行股份有限公司补缴税款情况　　单位：亿元

序号	社会信用代码（纳税人识别号）	纳税人名称	已按 3%申报缴纳增值税税额
1	91220×××××××××××	××农村商业银行股份有限公司	1.18
2	91220×××××××××××	××农村商业银行股份有限公司	0.12
合计			1.30

表 2　村镇银行补缴税款情况　　单位：亿元

序号	社会信用代码（纳税人识别号）	纳税人名称	已按 3%申报缴纳增值税税额
1	91220×××××××××××	××村镇银行股份有限公司	0.01
2	91220×××××××××××	××村镇银行股份有限公司	0.05
3	91220×××××××××××	××村镇银行股份有限公司	0.04

续表

序号	社会信用代码（纳税人识别号）	纳税人名称	已按3%申报缴纳增值税税额
4	91220××××××××××××	××村镇银行股份有限公司	0.02
5	91220××××××××××××	××村镇银行股份有限公司	0.02
6	91220××××××××××××	××村镇银行股份有限公司	0.02
7	91220××××××××××××	××村镇银行股份有限公司	0.03
8	91220××××××××××××	××村镇银行股份有限公司	0.04
9	91220××××××××××××	××村镇银行股份有限公司	0.02
合计			0.25

(二)掌握关键点

自开展“百日会战”以来，长春市税务稽查部门面对一汽大众、轨道客车短收的严峻形势，充分发挥税务稽查的震慑作用，同时开展税务稽查与税收工作，积极向纵深延伸。一是对省局下发的第二批年收入10亿元以上、年纳税额500万元以上的15户重点税源企业实施全面稽查，确保重点税源检查成为税收工作的基础。二是突出关键环节，加大对32户国有粮食收储企业成本费用环节的核查、分析力度，提升稽查职能的“靶向”效果。抓住关键结点，堵塞征管漏洞，累计查补额度达8000万元。三是充分运用互联网和金税三期系统大数据，对7户房地产和上市公司等大型企业股权交易情况进行集中数据分析，重点分析房地产公司以前年度预收款申报情况和上市公司股权交易申报情况发现的涉税疑点问题。组织得力人员，厘清关键点，通过过程提醒、日常督导、预警催办，积极推进查办查结速度，取得了较好的效果。

(三)抓住结合点

九台区税务局税源结构单一，金融业占其税收收入的35%，金融行业的税收收入直接左右全局的收入形势。为此，九台区税务局把工作重心放在对九台区农商行三季度所得税的风险管理上。通过案头分析申报表，发现了该企业三季度申报所得税为8000万元，较同期减少所得税收入4000万元这一突出现象。针对该企业所得税税负大幅波动的事实，结合税收工作的严峻形势，全局上下以排查风险点入手，围绕发现的异常指标逐项排出，并就应收利息异常指标一项，与纳税人进行约谈。通过约谈症结找到了、风险排除了，企业的纳税意识也明显得到提升。及时入库所得税9000多万元，为高质量地完成全年税收任务奠定了坚实的基础。

四、大数据下完善税收征管的对策建议

大数据时代，从海量数据中挖掘税源，提高税收征管质量，是税收信息化建设的重要方面。在国税系统，大数据分析不仅是技术工作，更是一项管理工作；不是一个部门的职能，而是多个部门的协同工作；不但要有省级局的顶层设计，还要有基层局的数据支持。

(一)树立全新理念

实践证明，大数据所带来的思维方式、管理模式、监控手段等方面的变革，给税收征管工作带来了深远的影响。紧密依托大数据技术开展税收征管工作，已经成为税收工作的必然要求。将大数据税收征管模式与先进的管理理念结合，技术创新与管理创新结合，已经成为征管改革的突破口。税源监控、税收分析、纳税评估、税务稽查等控制手段，只有充分依托海量数据的分析与比对，在勾稽关系的失衡中及时找到问题结点，才能达到堵塞漏洞、纠正偏差，提高税收质量的目的。

（二）拓展汇集渠道

建立各级社会综合治税大数据平台，实现由政府主导的部门信息共享机制。设置统一的指标口径，通过信息平台的对接互通，将银行、公安、工商、地税、房管、土地、建设、发改等各个部门的涉税信息定期向大数据平台传递，构建一个社会化、全方位的税收沟通、监管体系。同时，国税部门的反馈信息也可以帮助社会综合治税的成员单位掌握有关情况，查找各自工作中的不足和监管漏洞，共同提高管理水平。

（三）创新挖掘方法

数据挖掘是大数据技术的一个典型应用，各级国税部门要在调查研究的基础上，创建科学有效的数据挖掘和分析体系。要建立税收数据仓库，对分散在各个应用系统中的数据进行集成、整合和统一管理，实现数据资源省级集中和共享，为数据挖掘、分析提供基础支持。要处理好宏观与微观的关系，通过宏观分析了解本地区范围内不同行业、不同税种、不同类型企业的税收情况，找到税收管理的薄弱环节。对有疑点的企业、存在问题多的行业，从微观上进行纳税评估、税务稽查，采取切实措施强化管理，堵塞征管漏洞。要处理好上级与下级的关系，瞄准税收管理现代化的发展方向，按照税源专业化的管理思路，分级、分类加强税收数据挖掘分析工作。要处理好全面与重点的关系，在全面分析的基础上，各级国税部门要结合实际、突出重点，有的放矢地开展数据挖掘分析工作。要处理好动态与静态的关系，进行税收数据挖掘分析时，注意动态数据与静态数据的结合使用，坚持从经济看税源，从纳税人的发展前景展望税源这一基本的工作思路。

（四）明确考核标准

要建立大数据考核标准，优化考核指标和考核要求，纳入绩效考核体系，提高考核客观性、公正性。从健全制度入手，推行数据质量领导负责制，明晰操作权限的划分，实行数据调整审批，推行数据运行监督机制。定期对数据质量情况进行通报和考核，对虚假数据、不规范的数据，要从源头上进行跟踪问效，对在信息采集和传输中弄虚作假，或因责任意识不强而导致的信息失真、失误的行为，要及时按照有关规定予以严肃处理。

总之，随着互联网、云计算等信息技术的蓬勃发展，一个全新的“大数据”时代已经来临。税务部门要充分利用大数据这一基础服务功能，在税收征管改革与发展进程中，不断提升税收征管质量。

（作者单位：国家税务总局长春市税务局）

上海市崇明区网上办税服务厅运营现状调查

国家税务总局上海市崇明区税务局课题组

一、绪论

（一）课题背景

2015 年是中国深化改革的关键年，“互联网 + ”首次出现在李克强总理的政府工作报告中，提出制定“互联网 + ”行动计划，推动移动互联网、云计算、大数据、物联网等与现代制造业结合，促进电子商务、工业互联网和互联网金融健康发展。《国务院关于积极推进“互联网 + ”行动的指导意见》的出台，点燃了各行各业借力“互联网 + ”的热情。税务部门积极响应号召，国家税务总局王军局长提出倾情打造“互联网 + 税务”靓丽品牌的要求，借助“互联网 + ”的东风，抓住提升纳税服务、优化征管格局的重要契机。网上办税服务厅作为“互联网 + 税务”运用的重要板块，利用电子信息化手段和互联网技术将实体办税服务厅的业务转化为网络办理，在历经前期探索开发、中期测试完善后，终于在 2016 年 6 月正式上线，与金税三期系统无缝对接，推动税务系统职能部门整合调整，实现税收管理由粗放型转为精准型，彻底颠覆了传统的纳税服务模式，让纳税人足不出户办理涉税事项成为现实。网上办税服务厅的投入使用，提升了纳税服务质效、转变了纳税服务模式、缩短了办税流程、提升了纳税人的满意度，其优越性日益凸显。但是，网上办税服务厅在投入使用的过程中也暴露出一些不完善的问题，如果不及时解决，会阻碍其良性发展，因此，亟须开展对网上办税服务厅运营现状的调查研究，从而发现问题、探索改进、进一步增强网上办税服务厅的服务能力。

（二）课题依据

该课题研究主要依托于上海市网上办税服务平台，着重于上海市崇明区网上办税服务厅一线人员的操作实践和科所人员的实地调研，兼采外省、市优秀经验做法，在对该课题进行问卷调查和内部访谈的过程中，将 500 份调查问卷和 20 份内部访谈数据作为课题研究的依据。

（三）课题目标

网上办税服务厅的建设目标是建成一个完备的“电子税务局”平台，使传统的税务部门朝着信息化方向发展，打破多部门、多层级办理的局限，真正形成一个跨越时间、地点的税收服务信息平台。网上办税服务厅将推进管理和技术创新，不断扩大业务覆盖范围，不断丰富服务的提供方式，不断提高服务的人性化程度，实现为广大纳税人提供优质、高效、便捷服务的建设目标。

二、崇明区网上办税服务厅调查概述

（一）网上办税服务厅运营现状

崇明区网上办税服务厅是提供网上办理涉税事项的服务平台，它利用电子信息化及互联网技术将实体办税服务厅的大部分业务展现在纳税人的电脑端，将涉税事项的提交、受理、推送、审核、办结、反馈等环节全部拿到线上。崇明区地处长江口，三面临江，使得往返崇明区与上海市区交通不便，而需要办理涉税业务的纳税人多来自上海市区，通常来回就需要一天，耗时耗力。崇明区网上办税服务厅的推出，依托互联网超越时间、空间和形态限制的优势，把实地办税转为网上办税，推动线上线下融合发展，为纳税人提供前所未有的便利，受到纳税人的极大欢迎。

崇明区网上办税服务厅(简称网厅)发展历程主要有四个时间节点。2010 年上海市税务局开拓税企沟通信息和办理涉税事项的新渠道，构建"上海税务"网站互动参与平台，即网厅的前身。互动参与平台是集合网上互动、在线咨询、课堂报名等多项服务功能于一体的服务型平台，经试点运行平台基本成熟，2011 年 7 月底分期、分批在全市范围内推行。2014 年网厅项目组在原有互动参与平台的基础上，整合了单点登录、发票服务、涉税事项办理等功能，形成网上办税服务厅，实现了全流程网上办理。到了 2016 年，市局主动对接金税三期，推动网厅升级版建设。新版网厅集网上办事、查询、互动、预约和纳税人学堂等功能于一体，从此纳税人足不出户就能实现网上办税。

(二)网上办税服务厅运营成绩

从最初以提供预约登记应用为主的互动参与平台发展到 2017 年 6 月的已上线事项包括七大类共计 232 项的网厅，网厅的发展速度迅猛。另外，经过 2016 年的宣传辅导，崇明区网厅使用率达 90%以上。可办理事项的快速增加与办税服务厅的高使用率，促使崇明区税务局开启网厅，实体办税服务厅为辅的纳税服务新格局。

第一，网厅有效地与实体办税服务厅实现互补。一方面，网厅实现了分流效应，缓解实体大厅办税的"堵点""痛点"，缩短了实体大厅的等候时间，极大地缓解了实体大厅的工作压力；另一方面，网厅充分以纳税人需求为导向，集网上办事、查询、互动、预约和纳税人学堂等功能于一体，办税界面美观友好，操作简便，大大降低了纳税人的时间成本和经济成本。从"微笑服务"到"有效服务"，再到今天"不见面的高效服务"，网厅已然成为一列名副其实的"办税高铁"。仅以发票业务为例，纳税人登录网厅后，验旧发票只需一键验旧，整个过程不到 10 秒钟。如果在网上进行了预约，纳税人前往办税服务厅之后无须排队可直接领用发票，1 分钟即办理完成，平均节约纳税人 75%的办税时间。网上办税打破了时间和空间上的束缚，使崇明区在空间上的距离不再成为阻碍，网上办税快捷、方便、安全的特点使崇明区税收事业进入新阶段。

第二，网厅的建设，是"互联网+税务"的有力体现。依托"互联网+"的力量，网厅在拓展税收服务新领域，引领税收工作新变革方面提供了强有力的助推。网厅的大力推行，凸显网上办税服务的优越性，预示着未来办理涉税业务的发展方向，受到了纳税人和社会各界的一致好评。

(三)网上办税服务厅调查目的

网厅建设的目标是建成一个完备的"电子税务局"平台，使传统的税务部门朝着信息化方向发展，打破多部门、多层级办理的局限，真正形成一个跨越时间、地点的税收服务信息平台。然而随着网厅业务办理量的激增，其存在的一系列不足正在阻碍网厅更好更快地发展，因此亟须加强对网厅运营现状的调查研究，从而进一步增强网厅的服务能力。同时，随着"全市通办"的推广，"网上办税为主、自助办税为辅、实体办事兜底"的办税模式使得网厅作为涉税业务办理的主要端口，必须深入挖掘其不足，才能满足未来发展的要求，这也正是开展本次网厅运营状况调查的目的。

三、崇明区网上办税服务厅运营调查

(一)功能模块有待完善

目前，网厅纳税人涉税事项办理在很大程度上实现了电子化，但是在功能模块的开发以及使用中还是存在一些问题，在一定程度上影响了纳税人的使用体验。功能模块是纳税人使用网厅办理涉税业务的关键内容，其完善与否直接影响纳税人在网厅的操作体验。通过对纳税人开展问卷调查、访谈税务人员了解网厅运营来看，部分功能故障频繁、流程设计不够优化等问题直接影响了网厅的健康运营。

1. 功能运营方面

网厅在长期运营过程中存在部分功能故障频繁的情况。从调查问卷汇总分析看（表1），纳税人在网厅办理业务时，主要遇到的故障类型大概有七种。其中，纳税人普遍认为运行速度慢是最常遇到的问题，占比高达54.40%，网页打不开、提交失败、登录失败仅次于运行速度慢。另外，缴款不成功、无法及时打印办结通知书、业务超期仍显示办理中三者占比达30%左右。这些数据表明，系统运行过程中的故障是网厅运行中的重灾区，在一定程度上降低纳税人使用网厅的热情。

表1　　网上办税服务厅问题类型次数统计

序号	问题类型	办理次数	占比
1	网页打不开	197	39.40%
2	登录失败	147	29.40%
3	提交失败	172	34.40%
4	运行速度慢	272	54.40%
5	缴款不成功	38	7.60%
6	无法及时打印办结通知书	62	12.40%
7	业务超期仍显示办理中	64	12.80%

数据来源：2017年4月对崇明地区纳税人进行的问卷调查。

2. 优化流程方面

网厅流程设计的合理性具有至关重要的作用，课题组通过调查发现，在网厅的流程设计方面应该酌情考虑纳税人的年龄层次。课题组发现纳税人年龄段主要集中在31～40岁，占比37.8%；20～30岁次之，占比26.2%；41～50岁占比23%，与20～30岁基本持平；而51岁及以上群体占比13%。这说明进行网上办税的群体基本在20～50岁，还存在少量的大龄纳税人。

课题组在调查中发现网厅流程设计得不合理已经成为大部分企业的一个痛点。纳税人反映网厅用户端部分流程描述模糊不清，容易产生理解偏差导致填写错误，最终导致纳税人无法准确完成业务办理。同时纳税人端和税务端衔接不流畅，常常填写一半就要重新录入。此外还要照顾到不同年龄层次的用户，考虑到不同年纪的纳税人，流程设计中应该减少文字输入事项，增加选择项，降低操作烦琐度。

（二）技术支撑有待加强

"互联网+税收"服务是一项在网络时代全方位、高效率的专业服务工作，内容的大数据、服务的多样性决定了服务技术的高效智能化，信息技术可以说是网上办税服务厅得以发展的基石，网厅的健康运营离不开信息技术的支持。课题小组在调查中发现当前网厅运营中信息技术上的问题频现，主要包括系统稳定欠佳与系统维护迟缓。

1. 系统稳定方面

崇明区网上办税服务厅涉及税务端和纳税人端，两个端口在运行过程中，因系统不稳定，造成了诸多不便。在网厅使用情况调查问卷分析中可以看到，如图1所示，因为系统不稳定、操作不便，不愿意使用网上办税服务厅的高达172人次，位居第一，这说明目前网厅所示未能满足纳税人的基本办税需求，系统问题需要进一步升级；还有155人次纳税人因系统问题，觉得实体大厅更方便。该项调查数据表明，系统稳定性欠佳在一定程度上降低纳税人使用网厅的热情，不稳定的系统对网厅运营造成很大的伤害。

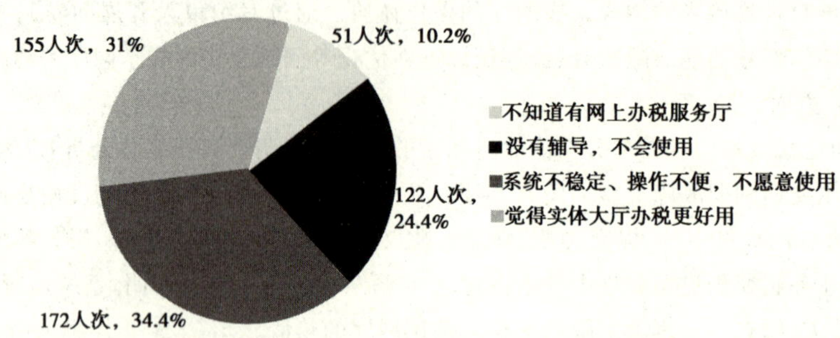

图 1　不使用或不常使用网上办税服务厅的原因

数据来源：2017 年 4 月份对崇明地区纳税人进行的问卷调查。

2. 系统维护方面

系统的正常运行是网厅健康运营的基础，因此服务器的日常维护显得尤为重要。网上办税系统的运行、维护涉及多个内设机构，但就目前来说，系统的维护主要依靠市局项目组。课题组通过观察发现，虽然项目组能在系统出现问题时进行维护，但是反应速度迟缓，有时候要等候数小时才能恢复正常，阻碍纳税人业务办理进程。

（三）反馈处理有待优化

网厅作为发展中的办事平台，在运行过程中出现系统问题、功能障碍都是正常的。但调研发现，由于纳税人与税务人员对网厅反馈处理方式的不适应，导致出现问题反馈不及时、处理不高效等现象，甚至存在反馈无门、后续处理缺失的情况。有效快捷的反馈机制是保证网厅健康运营的必备条件，网厅目前在反馈处理方面存在的问题对纳税人和税务人员来说都至关重要，值得深入探讨。

1. 口径统一方面

首先，实体大厅和网厅之间业务不能实时同步。由于涉税政策、优惠事项等事宜更新速度快，网厅和实体大厅人员不能做到同步知晓，从而导致业务归属不明的情况产生。其次，反馈部门不明确。对纳税人而言，在操作网厅业务出现问题时，并不清楚具体应该向哪个部门咨询。向谁反映和寻求帮助，成了纳税人的一个难题。纳税人虽然可以通过网上在线咨询，大厅电话咨询，12366 热线等途径寻找解决方案，但调查中发现这些资讯方式往往效果不佳，纳税人找不到准确对口的咨询渠道。

2. 处理机制方面

在工作中，即使问题得到及时反馈，但是由于后续处理机制的缺失，问题还是不会得到高效的解决。在对纳税人调查和内部访谈结果分析中，课题组发现：首先，纳税人在网上办税服务厅遇到疑难问题时，通过 12366 电话咨询、网上办税服务厅与在线咨询不能解决问题，也无法做到后续问题的持续跟进。问题的有效解决最终依赖于实体大厅，在某种程度上，实体大厅实际起到了疑难问题的兜底作用，同时也反映出网上办税服务厅疑难问题处理机制的不合理甚至是缺失。其次，单位与部门在网厅业务上的衔接不够及时，会出现相关业务的负责部门职责混淆。最后，各部门各单位之间信息传递的不及时及沟通不畅问题导致向纳税人传达信息时存在一定程度上的不稳定性及滞后性，某一环节的低效率导致整体办税时间过长，增加纳税人的时间成本。

因此，处理机制的不通畅会给纳税人办事带来极大的不便，在办税资料的准备和反馈问题的渠道方面，给纳税人设置了天然的障碍，降低了税务人员的被信任程度，最主要的是，纳税人在网上办税遇到的问题不能得到及时反馈，网厅的建设、维护存在着严重的条、块分割问题，在一定程度上违背了设置网厅的初衷，降低了税务工作的时效性，不利于网厅的进一步推广。

（四）税务人员数量有待增加

涉税事项前移后，网厅工作职能发生较大变化，办税服务厅办理业务量明显增多。相比之前实体大厅的面对面操作，现在的网厅在缺乏与纳税人的有效沟通的情况下，只通过所提交的资料了解所办理的事项具有一定的难度。因此，人力资源的科学配置至关重要。税务端人员配备在网厅运营中发挥着承前启后的作用，人员配备充足，队伍结构优化，则能保证纳税人提交的业务量得到及时办结，否则会影响纳税人办事效率，延长流程办理时长。课题组通过走访网厅岗位税务人员了解到，税务端目前面对的人员问题是：税务人员投入不足和税务人员的知识储备不足。

1. 人员投入方面

网厅目前承担三百多项业务，几乎囊括绝大部分涉税事项。随着涉税事项网上办理的逐步推进，网厅成为纳税人办事的第一线。网厅税务端具有在岗时间长、推送工作量大，且业务不受时间、地点限制的工作特点，只要纳税人有业务需要，均可发出业务申请。课题组抽取网厅业务受理量情况，发现月平均业务量达到 11000 笔，而税务端人员配备并没有发生变化。在如此庞大的工作量下，无论是受理端人员还是审批所，都显现出受理、推送速度跟不上纳税人提交速度，不能很好地达到网厅实时、高效的目标，甚至在业务量堆积的时候，会导致纳税人等待时间过长，失去网厅办税高效、便捷的优势。

2. 知识储备方面

税收工作内容的专业性和工作流程的复杂性对税务人员的业务水平、职业操守、服务态度提出更高要求，因此在积极开展纳税服务工作的同时，还存在亟待解决的问题：提高税务端人员的专业水平。课题组在调查中发现，网厅税务端人员流动频繁，主要以新进大学生为主，知识储备不足，专业能力有限，接受的培训不够，操作熟练程度不高，导致有些问题不能及时解决和回应，涉及政策或是新型业务时往往束手无策，需要向科室或所长求助才能处理。

（五）宣传辅导有待拓宽

网厅的推广使用需要税务部门持续加大宣传辅导力度，纳税人只有熟悉网厅并灵活使用，才能真正发挥网厅办税的优势。但是就目前纳税人使用网厅的熟练程度以及情况而言，纳税人对网厅的使用在宣传和辅导方面存在不适应性，培训内容与纳税人实际需求存在一定的差距，不能完全应需施训，存在“被培训”现象。课题组经过调查发现：网厅宣传辅导存在的问题主要是宣传效果欠佳和辅导方式欠妥。

1. 宣传效果方面

在此次课题的调查问卷中，针对纳税人类型的问卷主要涉及财会人员、普通办税人员、小区代办人员和企业老板四种。从图 2 中可以明显看出普通办税人员占比高达 40%，专业财会人员，小区代办人员和企业老板占比较小。从纳税人类型分布可以看出，网厅税务人员类型多样，并非都是财务会计，普通办税人员登录使用网厅频率最高。

课题组通过办税体验区的日常接触，网厅纳税人类型多样，年龄层次、受教育程度均有不同，虽然税务部门的宣传渠道多样，但由于不区分纳税人类型特点，因此针对性不强，宣传效果不够明显。在此次调查中我们发现（表 2）66.60%纳税人通过办税服务厅了解网厅；29.60%纳税人通过 12366 热线了解网厅，税源管理所和税务网站仅次于 12366 热线，而新闻媒体、招商小区和朋友推荐总和占 20%左右。从此项统计数据中可以看出，宣传的效果并不理想。

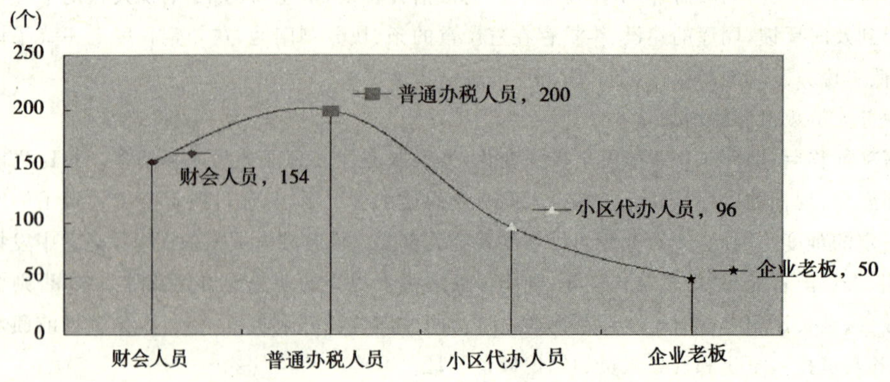

图 2　纳税人类型分析

数据来源：2017 年 4 月对崇明地区纳税人进行的问卷调查，详见附录一第 2 题。

表 2　网上办税服务厅了解渠道统计

序号	渠道	办理次数	占比(%)
1	办税服务厅	333	66.60
2	税源管理所	135	27.00
3	12366 热线	148	29.60
4	税务网站	134	26.80
5	新闻媒体	25	5.00
6	招商小区	51	10.20
7	朋友推荐	41	8.20

数据来源：2017 年 4 月对崇明地区纳税人进行的问卷调查。

2. 辅导方式方面

课题组发现对纳税人的辅导往往依赖大厅网上办税体验区的税务人员，而管理所税务人员以宣传为主，辅导力度不足。从调查统计的崇明区税务部门网厅宣传辅导情况分析看，如图 3 所示，303 人次认为有宣传有辅导，税务部门在宣传和辅导方面发挥了很大作用；106 人次认为有宣传无辅导，这说明辅导产生了错位，税务部门的人力投入没有与被辅导对象的水平匹配起来；51 人次认为无宣传有辅导，说明宣传存在一定的问题；40 人次认为无宣传无辅导，说明宣传辅导层面的不足。据课题组调查，在操作过程中，纳税人在政策层面和操作层面会遇到各种问题，税务部门对纳税人具体业务知识的宣传辅导还有待进一步加强。

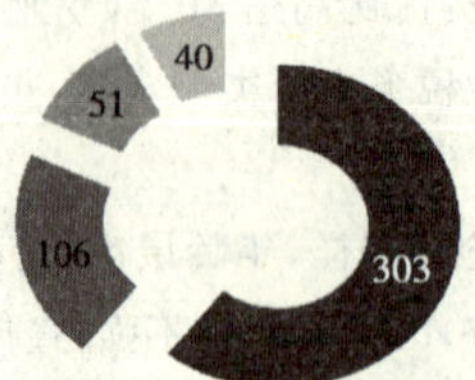

图 3　税务部门对网上办税服务厅宣传辅导情况

数据来源：2017 年 4 月对崇明地区纳税人进行的问卷调查，详见附录一第 8 题。

四、崇明区网上办税服务厅运营剖析

(一)完善功能模块研究

根据课题组调查结果显示网厅功能模块最为纳税人诟病的是功能故障频繁、流程设计存在缺陷,因此有必要尽快完善网厅各项功能模块,努力建成让纳税人满意的网上办税服务厅。

1. 功能故障分析

(1)登录故障。目前网厅的登录主要分为两种方式,一是用纳税人识别号+密码登录,二是CA证书登录。因为大部分事项都需要CA证书签名,因而CA证书登录更为普遍。但是由于CA证书未注册或已过期等问题,都可导致登录不成功,这就需要纳税人寻找CA软件维护商寻求问题的解决方案。

(2)扣款失败(提交失败)。扣款失败主要涉及增值税专用发票代开模块,在业务办理过程中会出现电脑控件未安装不能完成扣款,电脑卡死不能顺利扣款,甚至出现系统问题直接导致一段时间内都没法完成税费的扣款。遇到此类情况纳税人只能到大厅窗口办理扣款事宜,又加上平时银行端系统不稳定,增加了扣款失败的发生频率。

(3)故障排除不及时。纳税人在网厅操作遇到故障导致流程受阻,其故障排除速度较慢,使得纳税人对网厅产生抵触情绪,觉得网厅并未给自己带来便利和高效。在课题调查问卷中发现,如图4所示,307人次希望提高网厅速度和稳定度,134人次希望简化操作界面,122人次希望提高系统兼容性,100人次希望及时提供培训辅导。

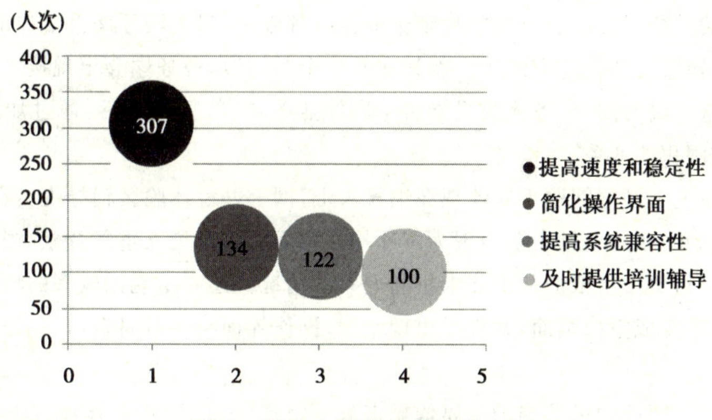

图4　网上办税服务厅改进方面

数据来源:2017年4月对崇明地区纳税人进行的问卷调查,详见附录一第10题。

2. 流程设计分析

(1)流程表述不清。网厅的所有业务都需要纳税人自助完成,流程表述不清会导致纳税人错填、错申。实际操作中部分年龄较大或业务办理较少的纳税人会根据表单的文字描述进行填写,仅仅有简单的指引会导致纳税人产生错误理解。最常见的流程如本市跨区报验登记,主要涉及临时到外区从事生产经营活动的本市纳税人,向经营地税务部门办理报验登记,并接受经营地税务部门的管理。表单中重要的一栏为"经营地行政区划",实际意义为工程所在地的行政区划,但许多纳税人潜意识里默认为公司注册地的行政区划。由于填写的内容即为提交的相关区划税务局,所以导致许多办理该业务的纳税人提交错税务机关,不能正确办理。

（2）流程开发不健全。网厅的业务由实体大厅业务转换而来，有的流程虽然显示可以网厅办理，但网厅流程并未开发健全。在汇算清缴退税中，网厅与金三税收数据连接不够完善，网厅受理后不能保证金三可以正常退税，但是网厅既然上线了该业务，纳税人会根据自身需求主动办理，这就造成线上线下的事项不匹配，造成不必要的麻烦。因此，初期项目组要求网厅工作人员通过补正的方式告知纳税人“该业务仍需线下受理，请至税务大厅办理”。

（3）流程设计不完善。在走访税务人员的交谈过程中，税务人员表示网厅业务存在涉税事项办理风险，需进一步完善。比如在流程设计中多增加前置事项的审批，增加预警机制，一方面能使得纳税人网厅办税流程更加清晰，另一方面也减少涉税事项风险的发生。对于部分风险较高的涉税事项应当采用人工方式进行办理，不宜推广网厅办理。

（二）加强技术支撑研究

根据课题组调查结果显示，网厅信息技术支撑上最大的不足一是系统不太稳定，二是系统维护迟缓，一旦出现纳税人使用高峰，操作切换卡顿频发，网厅技术力量仍需进一步加强。

1. 系统稳定分析

（1）数据包丢失。在网厅日常运营中，课题组发现经常会出现一种情况，纳税人提交完业务后，在事项进度中显示该业务处于待受理状态，且后期也一直处于待受理状态。这时候纳税人便会来税务所咨询，经查实发现，纳税人提交的业务，税务端根本没有收到，所以该业务也不可能被受理，目前，这种数据丢失情况只能重新申请才能予以解决。

（2）数据传输滞后。数据传输会直接影响整个业务办理效率，目前网厅两个端口的传输是实时的，但在网厅运营过程中传输滞后情况时有发生。例如在某一个时间段，税务端会出现接收不到任何一笔业务的情况，传输滞后的这一段时间，税务人员只能暂停网厅业务，待数据恢复后，通过加班加点或者临时性增加人员来完成之前囤积的业务。

（3）系统卡顿。系统卡顿的问题主要体现在纳税人端，网上办税体验区辅导人员在帮助纳税人、辅导纳税人时也常常会碰到。系统卡顿主要表现为网厅操作页面要求纳税人重复登录：当纳税人已经登录成功打算申请相关业务时，页面上依旧跳出要求重新登录的情况。还有出现比较多的情况是点击页面操作按钮，页面无反应，直接变成空白页面，并提示出现错误，操作界面跳转费时费力。

2. 系统运维分析

（1）运维力量不足。网厅的运营维护主要依靠市局项目组人员，除此之外项目组成员还要负责金税三期系统正常运行、系统漏洞处置以及版本升级改造。由于项目组人员运维力量有限，承担的工作任务繁重，无法进行及时响应，这就使得网厅的日常维护变得被动且缺乏针对性。

（2）运维效率不高。系统运维效率影响着网厅的办事效率，维护效率越高，网厅恢复运行的效率也越快，但是各区局网厅问题均向市局项目组反映，运维人员需要区分轻重缓急，逐一解决，另外基层运维人员缺失造成问题反馈接收环节上的缺失，整体上导致系统维护效率不高。

（3）硬件负担较重。随着网厅受理业务量的不断增加，服务器设备的运行负担也在不断增加，高峰时期会出现宕机现象。服务器一旦宕机，网厅就会出现系统运行停止甚至瘫痪的情况。税务人员在税务端受理业务时就会出现无法登录、被迫退出网厅，或无法制发通知书等一些情况。服务器宕机后只能向项目组反应，请项目组进行紧急维修。

（三）优化反馈处理研究

根据课题组调查结果显示，纳税人在网厅遇到困难并没有专门解决渠道，一般是拨打 12366 热线或者联系主管税务所,或者跑实体大厅办理,税务机关现状是多部门共同管理网厅,以业务划分为标准,未建立专门反馈机制。根据课题组调查结果显示,网厅的高效运营需要大厅所、管理所、审批所、业务科室密切配合,因此做好各单位各部门内部的工作衔接才有利于网厅运营以及深入发展。

1. 内部口径分析

(1)多部门共同管理。目前网厅业务受理流转由第八税务所承担,接收终审单位包括审批所与业务科室,日常工作受到对口科室的领导,同时接受其他业务科室的指导。网厅的涉税事项面广、流程多,所有科室、部门都是参与者,多部门共同管理往往会出现无人管理的情况。各部门、各单位最大的问题是没有建立衔接机制,部门和单位之间无法有效整合业务信息,导致衔接时间过长问题不能得到有效解决。只有建立衔接协调机制,由牵头部门负责落实到位,才能保证业务衔接有序。

(2)各部门分工不明。各部门分工不明是网厅业务多部门管理的情况下产生的。网厅存在涉税事项业务管理部门重叠,使得各部门面对网厅出现的问题时都不是很清楚自己的职责。当网厅业务出现问题涉及多个部门时,第一时间应该向谁反馈、由哪个部门接收处理,这一点并不明确。网厅和实体办税大厅之间未能做好业务的衔接,导致纳税人分辨不清业务属于网厅还是实体办税大厅。有时出现纳税人到达实体办税大厅以后却被告知该项业务可以在网厅上办理的情况,纳税人最终对网厅产生排斥心理。

(3)部门间协调性不足。网厅问题的处理、网厅系统的更新维护目前不能做到区局与税务所间同步,时间上的错位、信息传递上的滞后,使得纳税人的待办问题不能快捷有效的解决。各部门、各单位沟通不到位、不及时,会造成网厅业务在部门间流转时出现延迟现象,导致网厅业务办理时长增加,网厅业务办结效率降低,从而增加纳税人的等待时间。信息的横向和纵向传递不及时主要由于部门间协调性不足,这也造成反馈部门问题处理效率不高。

2. 后续处理分析

(1)问题反馈渠道不明。纳税人在遇到问题时第一时间不知道该向哪个部门咨询求助,虽然可以联系 12366 热线,但是 12366 热线工作人员并不实际操作网厅业务,无法给予纳税人实质性的帮助,而负责网厅受理流转的税务人员并不清楚纳税人端的问题,目前纳税人遇到问题只能向多个渠道反映寻求解决。

(2)问题反馈流程缺乏。目前网厅运营中遇到问题缺乏一套完整的反馈响应流程,遇到问题如何处置和应对,有哪些部门负责等都未明确,加之多部门管理和部门职责不明现象的存在,往往部门处置不及时,各部门、各单位沟通没有明确的沟通要求与方式,也没有对应的记录,责任无法落实到人,网厅业务一旦涉及跨部门流转,容易产生梗阻。因为各部门、各单位的衔接不够及时,网厅业务甚至会出现超时未办结,因此需要建立一套完备的网上办税服务厅问题反馈流程。

(3)问题处理时间较长。由于缺乏一套完备的问题反馈处理机制,纳税人遇到问题时接收人员只能向业务部门报告,特别是涉及多个主管部门时,问题处理需要多方协调沟通达成意见或者确定牵头单位负责处理。如果涉及向市局项目组反映,要进一步沟通协调,问题处理流程时间较长,一来一回可能长达数日。由于网厅的业务量较多而配备人员不足,纳税人有时需要等待较长时间才能得到结果,而线下办理所见即所得,业务不熟悉还可以随时咨询大厅工作人员,因此部分纳税人反而愿意跑实体大厅办理,觉得实体大厅办理更加可靠。

(四)配齐网厅人员研究

根据课题组调查结果显示,在网厅的人员配备上,业务量与人员投入不成正比,受理端人员以新参加工作人员为主,专业经验不足,无论是人员能力还是数量,网厅工作岗位力量都亟待加强。

1. 人员投入分析

(1)业务呈现快速增长。自网厅正式投入使用以来,崇明区第八税务所根据区局推广网厅的要求,从广度和深度两方面同时进行,既广泛地宣传又同时钻研网厅业务技能,力求高效、优质完成业务,做好纳服工作。但是网厅业务的快速增长态势对配备网厅人员提出了更高的要求,以崇明区第八税务所为例,网厅的4个税务人员在2016年1月—2017年3月平均受理业务量为11000笔,其中的巨大工作压力是显而易见的。

(2)人员配备严重不足。随着网厅的进一步推广,网上可办事项越来越多,很多纳税人也都顺应发展在网上办税,网厅业务量在一定时间范围内呈现指数增长状态,面对如此态势,第八税务所所长积极改善人员配置情况,投入更多网厅工作人员,从原来的两人扩充到四人,人员增加了一倍,但网厅的工作累积程度没有好转。网厅人员一般的工作情况是:从上班开始受理流转,几乎没有休息时间,然而纳税人仍反映业务办结不够及时。

(3)人员工作强度较大。网厅业务量与网厅工作人员是正向对比关系,二者一旦比例出现失衡,就直接会影响整体的工作效率。目前,崇明区第八税务所网厅业务量增长速度远大于人员配备速度,直接造成网厅人员一直处于高强度的工作状态,不仅影响身体健康,在业务累积下也会因疲劳工作导致操作上的纰漏。如果长期处于一种高压的工作状态,网厅工作人员会出现情绪疲劳,岗位舒适性较差,不利于提高工作效率。

2. 知识储备分析

(1)人员工作经验欠缺。税务政策根据实际情况经常会出现一些微调,在这种时候,工作经验的作用会更加凸显。针对网厅而言,就课题组实际了解的情况看来,网厅工作人员工作经验的缺乏在一定程度上不利于网厅的进一步拓展。目前,网厅人员以新进大学生为主,工作经验欠缺,对简单重复性操作上手较快,但需要一定专业技能的业务接受能力较弱。

(2)人员注重业务操作。网厅工作主要凸显为实时性,所有的网厅业务讲求的是时效性,很多流程都是人工核对提交的表单,更多的是一种流水线的操作模式。鉴于网厅工作量较大,网厅税务人员在工作中以流程操作学习为重点,往往只注重业务操作性,而忽略税务专业知识的学习,日常工作中局限于完成手头上的任务,碰到问题解决问题,不善于学习总结,不利于专业水平的提升。

(3)人员专业能力积累缓慢。网厅业务的开发是相当细致的,每一个模块下都有具体的划分,很多时候,网厅税务人员自身面对如此纷杂的内容设计都无从下手,更遑论纳税人本身。网厅税务人员没有专门的培训课程,主要以自我学习为主,但是由于工作时间疲于应付业务操作,他们往往很难静下心来认真学习专业知识。学习存在一定的被动性,自身对于专业技能的把握度不准,影响自身专业素养的提升,导致专业能力积累缓慢。

(五)推广网厅方法研究

根据课题组调查结果显示,在网厅推广上,无论是宣传的方式还是辅导的方式,效果都不够显著,在宣传辅导工作中应该因地制宜、因人而异,用不同方式应对不同类型的纳税人。

1. 宣传效果分析

(1)宣传手段未形成合力。目前网厅宣传途径多样,纳税人可以通过手册、网站、微信等各种媒介来获取网厅的有关信息,但是由于媒介和渠道未形成合力导致未达到预期的效果。无论是征收所、管理所还是纳税服务部门,宣传主要从自身业务条线出发,没有合力而为,形不成“一盘棋”,打不好“组合拳”。

(2)宣传方式针对性不强。在宣传方式上税务部门没有充分利用内门户网站、办税服务厅公告栏、

LED 电子显示屏、纳税人学堂、微信、微博、税企 QQ 群等载体，不能对网上办税服务的业务功能和操作流程进行个性化宣传，提升网上办税认知度，一味依赖传统宣传方法，没有对不同年龄段、不同类型纳税人的需求进行调查了解，个体针对性不强。

(3)宣传落实力度不足。网厅宣传离不开税务部门的层层传递与落实，据课题组了解，税务上层比较重视宣传工作，随着层层传递，效用逐层递减，往往上层提出的宣传方案到最后不能完整、高效的落实下去。人员配备等方面也做不到完全兼顾，导致网厅宣传效果不够显著。

2. 辅导方式分析

(1)辅导方式单一。现有的网厅辅导以人工手把手操作引导为主，辅导方式较为单一，而网厅辅导人员精力有限，无法满足所有纳税人一对一单独辅导的需求。当出现网厅辅导高峰时，无法对纳税人进行一对一进行及时辅导，纳税人难免会产生焦虑情绪，直接影响网厅推广效果。此次课题调查问卷特意选取四种典型方式做调查。纳税人对于课堂实地培训、办税服务厅宣传辅导、网站视频自行学习的偏好三者基本持平，而对发放宣传辅导手册进行辅导学习的仅有 92 人次(500 份问卷)，绝大多数纳税人更喜欢面对面的宣传辅导方式。

(2)重复辅导效率低下。一方面，就办税服务厅体验区的辅导对象来看，虽然办税企业往往是固定的，但是办税人员却经常变化，甚至出现同一家企业办税人员每次都更换的现象，这导致要重复多次对企业办税人员进行辅导。另一方面，部分纳税人对网上办税辅导存在一定依赖性，如之前办过的事项再次办理时依然需要辅导人员寸步不离地进行操作引导。辅导循环反复，辅导效率低下，达不到辅导原先设计的目的。

(3)辅导宗旨有所偏离。网上办税体验区本意是对纳税人进行网厅事项辅导，让纳税人尽快掌握操作流程以便足不出户办理税务事项，在方便纳税人的同时减轻大厅的办税压力。然而现状却是部分纳税人特意从家里赶到网上办税服务体验厅办理网厅事项，与税务部门设立体验厅辅导的初衷背道而驰。

五、上海市崇明区网上办税服务厅运营改进建议

(一)税务所加强网厅运营的有效措施

实体办税大厅作为网厅的具体实践单位，肩负着连接纳税人和网厅后台的桥梁作用。课题组通过发放网厅调查问卷、走访一线税务人员等方式，对网厅运营情况开展了广泛调查，对网厅存在的不足之处进行了多次讨论，提出各种运营改进建议。网厅工作的好坏直接影响其运营状况和纳税人的满意度，为进一步优化网厅运营效果，提升纳税人网厅使用满意度，课题组向配备网厅的税务所提出四项具体措施建议。

1. 优化人员配备，提高专业水平

任何一项工作的顺利开展都离不开工作人员的努力付出，网厅的健康发展离不开每一位网厅税务人员的学习进步，因此，应当从以下几个方面全面提升网厅税务人员的整体素质和业务水平，从而为网厅的发展打好基础。

(1)加强教育引导。税务所加强对网厅工作人员的教育引导，树立乐观进取的大局意识，切实增强做好网上办税服务工作的使命感和责任感。通过工作上的肯定鼓舞士气、增强信心，激发年轻税务人员展示才华，在岗位上建功立业，在网厅工作中找到荣誉感、成就感，通过在生活上关心照顾，努力让网厅工作人员在本职工作岗位上踏实工作。

(2)强化业务培训。鉴于工作现状中网厅人员知识储备不足的情况，要求强化业务学习培训，以求不

仅能操作还要懂业务，逐步提高网厅人员专业水平。税务所可以采取业务骨干“以师带徒”的办法，充分发挥“传、帮、带、领”的作用，促进税务人员熟练掌握涉税业务知识和网上办税操作的技巧，增强培训的互动和实效。税务所也要积极安排青年税务人员进行业务培训，为网厅提供强有力的专业人才支撑。

(3)动态调整人员。课题调查中发现网厅的业务量呈现逐月递增态势，税务所可以根据网上办税服务厅业务量的月度数据，及时增加网厅人员，保证网厅人员处于合理工作强度。如果人员无法调整，也可以采取救急措施，临时性调整其他岗位人员职能。比如组建代班队伍，在业务高峰期给予网厅人员支持；或者对于一些审核要点简单的业务，可以分配给实体大厅人员帮忙受理，减轻网厅人员工作强度。

(4)树立正确理念。税务所应该倡导“健康工作，快乐服务”理念。引导网厅税务人员加强自身修养，增强同纳税人沟通、交流的技巧，提高应对各种突发情况、处理各种矛盾的能力。在条件允许的情况下，可以邀请心理学专家对办税服务人员进行心理辅导和培训，提高他们的心理调节能力，引导他们学会缓解压力，使其能够以一种愉悦的心态投入工作之中。

2. 形成合力，打好推广网厅组合拳

网厅的推广使用离不开税务所的大力宣传与辅导，建议税务所多措并举，打好网厅推广组合拳。网厅推广宣传是税务部门的重要职责，这种宣传对纳税人而言是方便、快捷办税的福音，对税务部门而言是高效、简洁办理的体现。税务所应该制定税收宣传管理制度，注意丰富税收宣传方式，努力拓宽税收宣传渠道。主要可以从以下三个方面入手。

(1)拓宽宣传渠道。通过税收宣传月、政务公开、电子网络、新闻媒体等方式做好社会层面大范围的宣传普及。同时也要做好网厅宣传手册的印制发放，在招商小区、办税大厅、管理所等渠道进行宣传，力求推广全方位无死角，全面提高纳税人网上办税使用率。

(2)加大人力投入。在网上办税体验区加大人力投入，一方面要增加税务人员的投入，另一方面也要增加信息技术维护人员、税务外聘人员等投入。在网上办税体验区实行税务人员排班制，并将纳税人网厅操作遇到的各类问题汇编成册，纳税人在遇到问题时可以参考本册自行解决，便于纳税人高效完成网厅业务操作。

(3)借力媒体手段。通过大厅流媒体，滚动播放网厅事项操作步骤，用纳税人便于接受的方式提高宣传辅导效果。积极利用社会资源在网厅推广中的作用，例如，美国联邦税务局就是通过借助商业税务公司，加大网上电子税务的推广力度，我国网上办税服务厅也可以充分利用移动通信将最新的网厅操作事项、税务通知及时推送给纳税人。同时加强与电视台、广播电台、报刊的工作联系，定期播放网上办税的宣传短片，促进网厅宣传的常态化，加大网厅宣传声势。

3. 做好纳税人辅导工作，问题及时上报

网上办税服务厅的设置理念就是更加方便纳税人，税务所应当牢固树立服务纳税人的观念，形成“人人是窗口、个个是形象”的服务意识，积极解决纳税人遇到的问题。

(1)言明组织纪律，引导自助办税。全所干部职工把网厅作为工作链条上的“关键环节”，把税务大厅高效、便捷的工作理念内化于心化外于行。在税务所内形成稳定、有序、严格的纪律组织体系。进一步引导纳税人自助办税，税务所充分利用现有的网上办税体验区的优势，一方面把体验区作为宣传网厅办税的一个窗口，另一方面要积极引导纳税人通过自主的操作完成涉税事项。

(2)耐心答疑解惑，及时上报问题。网厅在运营过程中会出现体验区网络突然中断、纳税人无法申请业务或者提交业务迟迟不见处理的情况，在此过程中，势必会因为语言、年龄、表达及理解力等方面的差异导致税务辅导人员和纳税人之间产生误解，引起不必要的冲突。建议税务所做好沟通解释工作，针对纳税人的不同情况进行问题上报。当出现网厅新业务问题或者大面积业务无法办理时,税务所要及时上报市局项目组寻求解决方法,在解决方法尚未出来之前耐心做好解释工作,必要时网厅业务可以采取实体大厅办理,保证纳税人业务顺利办结。

4. 加强部门沟通协调,做到衔接顺畅

网厅作为一个办税平台,涉及多个职能科室,加强科室间的有效沟通才能有效保障网厅流程的顺畅,保证纳税人办税的高效、便捷。

在课题调查中发现网厅业务在纳税人提交业务申请、后台推送审核时,常会在衔接中发生延迟中断情况。对此情形,税务所要积极做好网厅业务与实体大厅窗口间、与审批所之间的协调沟通。例如,纳税人在网厅发起发票票种核定业务的申请,这其中就会涉及网厅后台受理组、审批所、货劳科等业务部门。作为税务所,一方面要明确自己的工作职责、熟悉网厅业务流程走向;另一方面要做到及时与相关业务部门进行沟通,确保税务系统内部信息的及时共享。在网厅业务出现梗阻时及时与区局业务科室取得有效沟通,保证业务及时流转,业务流转办理如果涉及多个科室部门时,税务所可以请求别的科室部门协同做好网厅业务的及时办结。

(二)区局加强网厅运营的建设性意见

网厅是崇明区税务局运用"互联网+税务"思维,发挥"互联网+税务"技术在办税服务上的作用。进一步加强区局对网厅运营的统筹指挥,课题组希望区局定期召开网厅运营联席会议,召集各单位部门负责人,将网厅运营和跨部门协调的问题进行汇总解决,健全协作互助机制,群策群力建设好崇明区网上办税服务厅。通过这几个月的调查,研究课题组向区局提出三点建设性意见。

1. 完善区局运维制度,保证网厅正常运营

任何工作的顺利推进都离不开制度的保障,网厅作为税务系统的新兴模块,其正常运转同样需要相应的制度保障。区局可以从以下两个层面规范网厅的正常运营。

(1)制定相应规章制度。安全高效的网厅运行维护机制首先需要制度的保障,区局在网厅建设中应该制定比较全面的规章制度,将网厅的维护和安全保障作为重点,将工作具体到单位及个人,并实行责任制,保证网上办税的高效与便捷,可靠与安全。

(2)成立网厅运维团队。成立专业的网厅运维团队,建立由信息管理部门牵头,网厅工作部门共同负责的运维格局。信息管理部门必须做好服务器的日常维护工作,提高计算机服务器性能,保证网厅正常运营。加强服务团队的组织管理,明确各部门工作职责,信息管理部门及时协调和处理运维突发情况,完善网上办税系统运行、安全、技术、应急、服务、响应机制,及时解决网上办税过程中发生的各类问题。

2. 合理统筹人员,加强人力财力配备

课题组在课题调查中发现,随着越来越多的涉税事项转移到网厅以后,网厅的业务量逐月增多。目前仅仅依靠税务所优化人力资源,提高网厅效率困难较大,因此,人力资源的科学配备至关重要,这离不开区局层面的统筹规划。

(1)灵活调整人员配置。区局可以收缩实体大厅阵角,把大厅岗位调整设置为网厅岗位,根据各单位科室的业务范围和业务量的轻重科学合理地进行人员调动,尽可能把人员向承载重要业务的大厅倾斜,将业务过硬、政策精通、流程熟悉的精兵强将向一线前移,配强、配足网厅的工作人员。也可以适当招录外聘人员,对于相关的简单操作进行培训,受理网厅简单业务,充实网厅力量,尽快解决网厅出现业务量激增的问题。在条件允许的情况下,加强实体大厅人员与网厅人员的轮换,避免个人从事单一工作时间过长而引起厌倦、消极等情绪。

(2)保障资金投入。保证良好的网厅建设和维护工作有序进行,增加资金投入是必不可少的。高效、快捷的网厅办税需要不断地投入人力、物力、财力进行维护和升级,资金保障是关键。首先要在财务预算上,给予维护网厅更多的空间,保证资金的充足供应;其次,在网厅的建设和维护工作中,对资金要有合理的安排,争取资金能够发挥最大的作用,为网厅的建设和维护切实贡献力量。

3. 建立区局应急反馈机制,响应解决网厅问题

由于没有专用的应急反馈机制,目前网厅问题没有快速响应机制,课题组向区局建议建立网厅问题应急反馈制度,设计网厅应急反馈流程。建立网厅应急反馈制度,可及时、有效地控制和消除在税务部门发生的各类突发紧急事件的影响。

(1)成立网厅应急反馈处理组织机构。目前网厅应急事件频发,但是缺乏具体的负责部门,往往出现突发事件得不到有效解决的情况。区局可以成立网厅应急处理小组,选定具体科室部门作为应急反馈的协调部门,管理网厅遇到的应急反馈事件。明确其他科室部门作为保障部门,共同参与,分工合作。

(2)制定网厅应急反馈预案。通过制订应急反馈预案,统一规范网厅应急反馈的处理流程。根据情况进行分类处理,可分为:市局后台维护中断、区局网络服务器中断、税务所网络中断、临时突发停电、硬件设备故障、办税人员过多、申请待办事项积压过多等多种类型。针对每类事件详细规定启动程序、应急反馈措施和处理时限,评估事件处理成效,研究制定应急反馈措施,进一步完善应急反馈预案。

(三)积极向市局项目组寻求技术支持

网厅的应用实现了方便纳税人办事、提高纳税人办事效率的初衷,但是如何将纷繁复杂的税务事项在网络上进行有效整合,最大限度地为纳税人提供方便是网厅后期发展的关键所在。课题组在学习其他省市网上办税服务厅的优秀做法,结合调查中发现的网厅功能模块故障、流程设计缺陷、界面操作卡顿、系统尚不稳定等问题,发现区局层面没有能力进行解决。课题组建议区局积极向市局项目组寻求支持,进一步优化功能模块,完善业务流程,提升网厅体验的舒适度。

1. 优化网厅系统,提高系统承载

网厅作为崇明税务网上办税的唯一平台,在长时间的运行和大量纳税人访问下,系统的不稳定、卡顿现象肯定会出现,但在调查问卷中发现纳税人对此问题很难接受。因此课题组认为系统的不稳定和卡顿现象不仅影响到纳税人网厅业务办理,也会让纳税人对网厅产生排斥。建议区局向市局项目组提出优化升级网厅系统的要求,还可以参考学习其他省市电子税务局信息系统,比如支持多种技术的快速接入,设计专门的配套运行维护工具,自动更新客户端,以避免大量的客户端维护工作,从而简化运维工作,提高了系统的稳定性。

课题组认为为缓解服务器的承载可以尝试开发移动端的应用程序实现移动端办税,例如四川省、宁波市和山东省国税局推出的手机 App 客户端,将发票验旧、信息维护等简单的事项通过手机移动端 App 实现,缓解单一系统的承载。随着网厅推广力度进一步加深,对服务器承载量的要求肯定会越来越高,必须进一步提高服务器承载量,为网厅良好运营提供强大硬件支持。

2. 优化功能模块,完善业务流程

网厅功能模块在市局项目组的前期努力下,已经有了一定的优化,逐渐趋向人性化、合理化布局,但是在课题组的调查问卷和日常工作中发现,纳税人依旧对网上办税服务厅功能设计有更高的期待,课题组建议区局向市局项目组提出进一步完善优化网上办税业务流程、使其更加贴近纳税人的需求。例如,四川省国税局将常用的发票验旧放在首页并加以红字标记,这种模式使得办税事项更加醒目易找。

网厅业务在为纳税人提供便捷、高效的办税服务时也应该充分考虑涉税服务的风险问题,课题组建

议对网厅业务涉税风险增加预警机制，例如对增值税、所得税优惠备案等涉及税收减免的事项加强预警功能，防止网厅业务产生涉税风险。功能模块需明确网厅业务流程办理的前置条件、基本流程和办结时限。项目组继续编写各项业务操作指南，对存在业务表述不清的进行备注或者修改，确保业务操作不会产生错误理解，对流程开发不健全的要做好测试，确保大厅业务与网厅顺利衔接。

六、结语

网厅的推广使用是税收征管体制改革的重要里程碑，让纳税人“多走网路少走马路”成为现实。任何新生事物的出现和运用都会经过一段磨合期，课题组结合网厅工作实际，通过大量调查研究，针对网厅在运用中出现的功能模块、技术支撑、反馈处理、人员配备、宣传辅导等方面存在的不足，从税务所、区局、市局三个层面提出了相应的改进建议，力求能够不断完善网上办税服务厅。任何新生事物的成长和发展都需要得到精心栽培与呵护，只有在实践中不断探索，针对纳税人反映强烈的问题，坚持“痛点思维”，不断迭代、逐步完善，才能真正发挥网厅的便民作用，推动智慧税务模式早日实现。

执笔人：曾庆森

创新统筹推进税收现代化建设
进一步提升纳税遵从和税收征管效率

——六盘水市税务局创新统筹推进税收现代化建设的做法及建议

国家税务总局六盘水市税务局课题组

创新、协调、绿色、开放、共享的五大新发展理念，指明了我国“十三五”乃至更长时期的发展思路、发展方向、发展着力点，必将使我国在发展上产生一场深刻变革。为适应新形势、新任务、新要求，创新统筹推进税收现代化建设是税务系统贯彻落实“五大发展”理念的有效方式，也是税务系统当今必须牢固树立和贯彻落实的新发展理念。国家税务总局局长王军在 2013 年 12 月到北京市国税局、地税局调研时称：“当前和今后一个时期，我们的工作目标，就是通过创新理念、创新机制、创新组织、创新方法、创新能力、创新文化，逐步建立完备规范的税法体系、成熟定型的税制体系、优质便捷的服务体系、科学严密的征管体系、稳固强大的信息体系、高效清廉的组织体系，到 2020 年基本实现税收现代化。”为使创新统筹推进税收现代化建设朝着健康、正确的方向发展，实现王军局长确定的 2020 年基本实现税收现代化目标，国家税务总局六盘水市税务局课题组对六盘水市税务局创新统筹推进税收现代化建设这一工作进行了深入调研，从中总结出一些可行的经验和做法，找出存在的困难和问题，有针对性地提出具体的建议，以便更好地推进税收现代化进程。

一、具体做法

六盘水市税务局近年来始终贯彻落实中央、省以及总局、省局关于创新税收工作、不断推进税收工作现代化的指示精神，本着结合本地实际创新统筹推进税收现代化建设的发展理念，做了一些工作，也取得了一定的成效。

（一）做税收现代化建设的开拓者，使税收征管基础工作走在全省地税系统的前列

1. 税收征管基础建设扎实推进，基础数据资料日趋完善，有效落实征管体制改革，为税收现代化夯实坚实的基础

（1）纳税人基础资料采集真实、准确、完整。“基础不牢，地动山摇”，税收征管数据是税收工作的基础、前提。没有真实、准确、完整的数据支撑，税收工作就难以有效开展，税收现代化也将是一句空话。六盘水市税务局十分重视对基础数据的采集规范，充分利用风控平台等系统对外部采集数据的预警和提示功能，进一步发挥市、县电税中心对数据分析、管理的优势，编写数据检测脚本，定期对数据进行逻辑分析，把好信息来源关、做好数据质量的监控、修正等基础性工作。到 2016 年年底，六盘水市税务局的基础数据的真实性、准确性、完整性在全省 9 个市州局中已名列前茅。

（2）强化对税收基础风险的管理规范。六盘水市税务局采取在一般税源风险管理分局内部科学设置基础管理类岗位的方式，细化管理职责，对系统产生的基础管理风险加强预警应对处理。对“营改增”后相关附征、个人所得税及企业所得税的征管范围建立比对制度，对纳税人欠税及追征情况实施台账管理等，通过强化税源的基础管理，进一步夯实了管事制度下对纳税人的基础管理，提高了数据的管理质量，降低了执法风险。

(3)涉税信息来源多元化且趋于共享。国家税务总局很早就提出信息管税的理念,六盘水市税务局为贯彻这一理念,积极争取地方政府的支持,与相关部门签订了涉税信息交换的互动机制,有效地堵塞了税收的跑冒滴漏,现在六盘水市税务局的第三方涉税信息来源已成常态,为税收现代化探索出了一条成功的经验。

2. 国、地税深度合作,用现代化手段更好地服务纳税人

(1)打造"一体式办税综合体"。按照"深度融合、便民高效"的原则,推行"一厅、一圈、一室、一窗、一制、一线"的"六位一体"合作模式,实现资源共享最大化。一厅共建,共建税务办税服务厅32个,办税服务窗口157个,182名窗口人员共同办理国、地税业务,纳税人不再"两头跑"。共同打造"十分钟办税服务圈",依托地税服务资源的优势开展纳税服务工作,52个分布在乡镇的地税窗口全面办理国税业务。一室共用,共建"税务综合档案室",统一制定档案采集分类、保密保管、调阅等制度,共同管理档案资料,纳税人涉税资料不再"重复报"。目前,已累计减少涉税资料报送7000余份。一窗通办,率先在全省打破国、地税网络壁垒,全域推行"一人一窗一机双系统"办税服务模式,纳税人不再"两头找"。目前,地税人员登录国税系统征收增值税等税款2020万元,国税人员登录地税系统征收个人所得税等税款1972万元。一制联定,联合制定《办税服务厅窗口人员绩效管理办法》,统一办税流程、服务规范,实现管理一把尺子,考核一个标准。一线联通,联合成立远程在线服务中心,为纳税人远程解决疑难500余次,在线公布咨询热点及答复180余次。

(2)打造"协同式执法联合体"。按照"适度整合、协同互助"的原则,推行税收执法、税源管理、风险防控"三协同"的执法管理模式,实现征管互助最大化。一要税收执法协同。在联合入户执法中共同下达执法文书、收集执法影像、执行处罚标准,分7类40项建立统一的行政处罚自由裁量权参照标准,统一执法"度量衡"。二要税源管理协同。制定《共同管理税源工作方案》,以个体工商户管理和房屋出租税收管理为切入点,协同开展税源清查清理,建立统一的定额核定指标体系,统一税负"公平秤"。目前,已联合评定定额57户,调整定额148户。三要风险防控协同。建立国、地税联合评估制度,按照"行业+事项"的分类模式,组建专业化、行业化评估团队,项目式承接案头分析和风险应对任务。目前,共联合对7户大企业开展税收风险管理,增加入库税款312.7万元;联合对11户企业开展税务稽查,国税局、地税局分别查补税款12.69万元和43.83万元。

(3)打造"仓储式信息聚合体"。按照"高度聚合、信息共享"的原则,共建协税护税、公共服务、信息共享三大平台,有效解决因管理数据不对称造成的征管漏洞和税款流失,实现税收共治最大化。一是共建协税护税平台,摸清税源。制定数据信息交换方案,累计共享涉税信息53万余条。健全由地方政府牵头,国、地税主责,住建、交通、工商、公安、银行等部门共治的协税护税机制,仅示范区水城县就采集涉及24个部门的第三方信息2万余条。二是共建公共服务平台,调度资源。市国税局、地税局先行先试,联合成立纳税服务调度中心,共建"公共服务管理平台",对办税服务厅运行情况进行全程监控,为错峰分流纳税人提供全面的技术支撑。三是密切配合省局开发征管信息共享平台,共享数据。通过该平台,实现工商、国税、地税已办税务登记、变更登记、注销登记和非正常户认定等信息的实时共享和互访,为国、地税征管协作提供有力的信息化支撑,同时也为跨区域间非正常户认定、报验户登记等信息共享提供便利。六盘水市国、地税深度合作经验还被国家税务总局国、地税合作专刊《重点工作动态》大篇幅报道。

(4)共建"税收指挥中心"。解决纳税人涉税"最后一公里"问题。实现统一监控税源,统一服务标准,对各类争议事项、各类风险疑点数据、纳税人反映的合作涉税问题,进行集中受理和统筹调度,及时召开联席会议协商解决。

(二)做税收现代化建设的创新者,使税收信息化建设开创全省新局面。

1."四位一体"平台创新发展,税收工作管理逐步科学化

近年来,六盘水市地方税务局在全省率先试点"两个规范化"管理平台并在取得较为成功经验的基础上,建立了以"工作目标、岗位责任、正向激励保障、负向惩戒约束"为主要内容的"四位一体"管理平台,有效整合"金税三期"核心征管、税收风险管理平台中的业务管理功能,全面开发了涵盖地税机关的行政管理事务。全面实现对税收业务处理的全程风险预警、应对、考核和监控;对行政管理工作的全部事务、包括临时事务的控制、流转、考核。基本实现了"组织系统化、管理模块化、业务流程化、行为标准化、过程控制化、操作痕迹化、权责明晰化、决策透明化、考核定量化、奖惩合理化"的管理目标。达到了"凡事有安排部署,凡事有责任落实,凡事有过程监督,凡事有绩效考核"的现代化管理目的,为全省推广"四位一体"管理平台作出了积极的贡献。

2. 开启"互联网+"、大数据"精准制导",助力税收现代化

(1)通过"固化指标—扫描分析—等级排序—分类推送—应对处理—反馈评价"闭环运行模式,加强对煤炭、建安、房地产等重点行业的风险识别和重点复杂事项的监控,并将增值税一般纳税人后续管理、发票虚开、企业所得税等中高风险事项纳入指挥中心平台监控,利用数据分析查找疑点数据,为基层税务部门提供纳税人异常情况,形成与"金税三期"系统的有效互补,实现风险的"精准制导"。

(2)按照5个预警指标和"三色"预警提示,有针对性地采取远程调度、错峰分流等措施缓解办税"堵点"。通过综合分析比对申报数据、第三方信息,一方面,精准查找出企业12类申报易错指标,达到精准辅导目标;另一方面,精准筛选可享受优惠政策的企业,研发费用加计扣除政策的重点宣传辅导对象从44户扩大到114户,满足纳税人深层次、高精准的服务需求。

(3)智能化监管,精准进行过程管控。按照"互联网+税收监管"的思路,加强痕迹管理和过程管控。依托行政执法图传系统和音频视频监控系统,实时监控行政执法全过程;依托互联网3D实景地图,对部分重点行业纳税人生产经营信息实现适时掌控。依托任务调度系统,实时监控、统一考核风险应对环节及应对结果。推进行政审批、行政处罚信息网上公开、全过程动态监控等工作,防止权力暗箱操作,隔断腐败滋生土壤。

3."金税三期"工作推进平稳,国、地税税收信息对接顺畅,信息共享已成常态

其一,六盘水市地方税务局严格落实"金税三期"实施方案,做到了制度落实、责任落实、人员落实。其二,加强网络应用管理和安全管理,适时调大网络带宽,保证纳税人及时申报;强化网络维护人员的责任意识、练就过硬本领,增强网络突发事件的处置能力,确保"金税三期"网络安全畅通运行。其三,加强"金税三期"等应用系统以及第三方数据的获取整合,建立一体化数据平台,加强数据标准化建设,建立数据供需双方对接渠道和良性互动机制。通过采取以上措施,目前六盘水市"金税三期"得到稳步推进并取得阶段性成效。

4. 积极推进绩效考核系统,不断提高税收管理的效能

当前税务系统的绩效管理工作可分为组织绩效和个人绩效两大块,对组织绩效的管理主要依托于国家税务总局绩效管理信息系统,六盘水市税务局从2016年3月起全面运行国家税务总局绩效管理信息系统,该系统通过不断更新,现已升级至2.0版本,系统各项功能(填报、审核、查询和分析等功能)均获得较大完善,为绩效管理工作提供了良好的平台支持。在指标体系方面,已升级为5.0版,经过近两年的实践,六盘水市税务局积累了较多宝贵经验,能够形成既能承接上级绩效指标,又能结合地方实际的指标体系,绩效管理创新在税源管理、征管质效等各项工作方面,充分发挥绩效管理"指挥棒"作用,成效凸显。

5. 率先试点数字人事系统,倒逼干部职工永葆"一心向上、一生向上"的干事创业激情

2016年,国家税务总局要求地税系统在国税系统全面推行数字人事信息系统的基础上参照执行推

广系统。2017 年 3 月，六盘水市税务局作为全省推广运用数字人事系统的试点单位之一在全市地税系统全面推广运用数字人事信息系统。截至 2017 年 7 月底，已经完成了岗责体系构建、干部成长账户录入等系统性工作，全市地税系统应登录系统的 585 名干部职工累计录入工作纪实 20002 条(录入量占全省总录入量的 64%)，每周人均录入率达 95%以上，按周纪实、按日纪实、详细纪实的习惯逐步养成，并按时开展工作自评和干部测评等。在全市地税系统的共同努力下，数字人事试点工作运行 4 个月来，取得了明显成效，为党组选拔领导干部、实施奖励惩戒提供了重要参考，为实现"能者上、平者让、庸者下"的管理制度提供了极佳依据，从而倒逼干部职工永葆"一心向上、一生向上"的干事创业激情，促进了干部职工的思想建设。

(三)做税收现代化建设的高素质服务者，切实提升纳税人的纳税遵从和征管效率

1. 强化税务人员的业务培训，不断提升税务人员适应税收现代化的业务素质和工作技能

六盘水市税务局持续加强税务人员教育培训，制订教育培训计划，举办了科级领导干部综合能力提升培训和党务、人事及纪检监察骨干培训、纳税评估业务骨干递进式培训；与湖南省税专的专家学者充分研讨、结合实际，将培训设置为两年三期，依次分为专业知识拓展、专业能力提升、综合能力提升三个阶段进行。每个阶段均以税收法律法规、企业会计知识、财务报表解读、纳税案头分析等为主线，逐渐拓宽培训内容的深度和广度，在纵向上形成合力，实现"三线纵贯"、层次丰富、内容充实的培训格局。

2. 借助现代化通信和互联网技术，税收宣传辅导多元化、个性化进一步增强

围绕国家"营改增"及六盘水市"三变"政策及纳税人关注热点，六盘水市地方税务局与国税局合作，整合国、地税宣传资源，编印《漫说营改增》《纳税服务二维码使用手册》《深化国地税征管改革合作》等宣传资料 4.8 万册，全部发放到纳税人手中；依托税务门户网站、公告栏、电子显示屏、QQ 群等载体，向广大纳税人深入宣传"纳税服务规范"和国、地税合作工作情况、对纳税人减负方面的积极作用；引导纳税人按"规范"要求和合作办税渠道办理涉税事项、对税务部门执行"纳税服务规范"和合作事项工作情况进行监督；与市国税局联合开展了"税企共话营改增，助力供给侧改革"税企座谈会、"纳服千里路，走访百家企"和"走访台资企业，共建和谐税收"等系列宣传活动。在 2017 年 4 月税收宣传月期间，共走访企业 81 家，收集企业诉求、建议 83 条，解答纳税人问题 54 个；围绕"大众创业万众创新"、供给侧结构性改革等内容，与国税局共同制作了 60 秒的税收宣传动漫，增强了宣传的趣味性和生动性。

二、存在的主要困难和问题

尽管六盘水市税务局在创新统筹推进税收现代化建设工作中取得一定的成效，也积累了一些好的经验和做法，但存在的一些困难和问题也不能忽视。

(一)未实现分类分级管理

由于管理体制方面的原因，税务部门对纳税人管理不够科学合理，仍停留在按经济属地管理的阶段，未实现分类分级管理。在一定程度上存在着对税源的税收管控难度，税收管理员事无巨细，眉毛胡子一把抓，税收工作疲于应对，无形中增大税收管理员的执法风险，不能满足税收现代化发展的要求。

(二)税务人员专业素养偏低

税务人员税收知识和业务技能偏低，难以适应新形势下的税收工作对人员素质的要求。尽管六盘水市税务局十分重视对税务人员的培训，也下了大力气，但税务人员的业务素质和工作技能还是不能完全适应现代税收工作。一是年龄较大的税务人员难以通过各类培训明显提升其业务素质和工作技能。二是由于缺乏相应的学位、职称的激励机制，税务人员的学习缺乏应有的积极性和主动性，在一定程度上削弱了税收工作的创新能力。三是依靠去院校每年培训十来天远远不够，日常性的政治业务学习这一有效的学习方式被忽视和形式化。四是由于在学习上的激励机制不健全，奖的多，惩的少甚至不惩，税务人员

学习的积极性和主动性调动不起来，导致培训效果不明显。

（三）税收执法监督、检查不够严，责任追究不到位，导致少征、漏征税现象时有发生

在税收执法督察监察过程中，对查出的违法行为，还存在大事化小、小事化了的现象；心慈手软，怕得罪人、怕影响单位形象，“老好人”思想严重，导致执法不严、违法不究的情况时有发生。税收督察监察工作未起到“处理一桩，警醒一片”的作用，一定程度上弱化了税收执法督察监察的职能。

（四）“互联网＋纳税服务”存在梗阻情况，导致纳税人对税务部门的满意度打了折扣

一方面，由于网报系统与“金税三期”系统存在接口不兼容，其数据传输存在一定的差异性，导致网报、横联、个人所得税申报、网上办税厅等集成度不高，对纳税人操作烦琐、稳定性差、更新频繁等问题反映强烈；另一方面，基于现实网上办税条件和其他办税渠道推广运用，纳税人了解不多，税务机关宣传引导不够。

（五）税务系统内部管理平台过多，功能重叠，导致税务人员操作困难，重复劳动，加大工作量

一是各平台模块运用率低。如“四位一体”管理平台、“金税三期”系统、风控平台、税收执法监控系统、公文信息系统、政府协同平台等已完成或实现，但很多模块未充分运用。二是信息集成度低。目前，各平台信息数据以主观录入和人工评鉴为主，没有客观数据的集成整合，系统数据来源单一，获取面窄，不能全面反映职工工作实绩，基层干部对整合各系统信息资源，集成系统使用的呼声高、要求急。三是各平台个人绩效管理模块在制度规定上存在较大差异，不同系统获取的考评结果兼容性低。

三、几点建议

针对六盘水市税务局在推进税收现代化建设工作中存在的困难和问题，课题组通过深入基层、广泛调研认为，要解决好这些困难和问题，在 2020 年实现王军局长确定的税收现代化目标，建议从以下几个方面采取有效的措施和办法加以解决。

（一）税收管理要逐步实行真正意义上的科学化、专业化、精细化

在经济和税收政策决定税源、征管决定税收的新理念下，税收征、管、查三者关系中，征收是管理的结果，管理是征收的基础，稽查是征收和管理的补充手段，管理起着核心作用。因此，实施税收专业化管理，是新形势下对税务管理的需要，而实施税收专业化管理，要以科学发展观为指导，以税务人员队伍建设为契机，在全面巩固税收征管基础建设、信息化建设和纳税服务工作成果的基础上，探索以县（区）级局为单位，改变属地固定管理模式，结合各地区经济发展及纳税人多少、分布状况，考虑纳税人相同类别与相近行业特点，在科学分类税源和涉税事项基础上，因地制宜地划分管理对象并设置专业管理机构，分级、分岗承担涉税事项管理职责，再根据企业纳税人的规模、建账情况以及个人纳税人的规模、类别拟实行分企业纳税人和个人纳税人的分类、分级管理，逐步建立与分类、分级相适应的“管事与管户相结合”的专业化组织体系，以达到优化管理模式，创新管理机制，提升税收管理员素质和税收专业管理水平，切实提高税收管理的质量和效率。最终实现“以科学的征管模式提高税收管理质量，以高素质的干部队伍提高税收管理效率，以专业化、精细化的管理提高税收征收率，以规范的税收管理和优质的纳税服务提高纳税人遵从度”的税收现代化目标。

（二）加强税务人员定期学习制度，有效提高业务水平和工作技能

在院校集中培训的基础上，还需要开展每周的集中学习。一是局机关、基层干部职工定期集中学习制度要进一步建立健全。二是所学的内容既要有针对性，又要有全局性，既要有重点，又要体现普及性。要达成以上要求，一方面，重要文件需要传达学习。由本局主要领导从全局性角度出发，从签阅文件及材料或自行阅读资料中选择要传达和学习的文件材料资料在机关干部定期集中学习上传达贯彻并作必要的讲解；分管局领导从分管的工作角度在签阅文件材料中有重点地选择要学习的文件材料在机关干部集

中学习会上传达贯彻并作必要的解读;部门负责人可从部门专业角度建议局分管领导要在机关干部职工层面传达贯彻的业务文件材料内容。另一方面,上级及各相关部门重要会议精神需要传达。局领导经常会参加地方政府以及政府相关部门召开的会议,上级地税工作会议,这些会议精神有的需要传达到全体干部职工,有的需要机关干部职工有所了解,正好通过机关干部职工定期集中学习的时间进行传达和贯彻。只有这样,税务干部职工才能从经常性的集中学习中了解国家和地方的大政方针,本地区经济社会发展状况,获取较为全面的税收业务知识等。

(三)执法督察监察敢于硬碰硬,责任追究零容忍

任何一项制度、办法、措施虽然难定,但难不过它的推行。因此,一是税收政策法规和监察部门要加强税收执法的督察与监察,对督察和监察中发现的执法过错,要敢于坚持原则,纠正执法过错行为及追究过错人员的过错责任。二是要对查出有违规执法、乱执法、贪赃枉法的人员敢于追究责任,敢于亮剑,使执法者对执法工作有敬畏感,在今后的执法过程中不敢违法、不愿违法、不想违法。三是要充分赋予被执法过错责任追究者的陈述、申辩、申诉的权利,及时纠正执法监督者作出的错误执法并追究,以增强内外部、上下级相互监督的制约机制,确保督察监察、责任追究的公平、公正。

(四)采取切实有效措施,解决“互联网+纳税服务”存在的梗阻问题

一是积极向上级建议,尽快解决网报、横联、个税、网上办税厅等存在的集成度不高、操作烦琐、稳定性差、更新频繁等问题。二是鉴于现实网上办税条件和其他办税渠道推广运用,宣传引导不够的问题。其一,在各办税服务厅创造良好的网上办税条件,方便纳税人自助网上办税;其二,加大力度,拓展办税渠道的推广和应用,让纳税人办税有更多的选择;其三,加强宣传辅导,让纳税人知晓税务部门提供的各种办税方式和渠道,使纳税人能在较短时间内快捷、方便地办理完涉税事务。

(五)加强各平台的整合,建立一个科学、系统、规范的“税收现代化综合管理平台”

一是将“金税三期”核心征管系统、风险监控平台、“四位一体”管理平台、税收执法监控系统、公文信息系统、政府协同平台数据、考勤系统和其他外部信息数据等,整合到“税收现代化综合管理平台”中来,使数据更加客观真实,考核更加科学合理,操作更加简洁便利。二是增加CA安全认证和电子签章等技术,提升系统功能,方便系统使用。三是尽快开发、使用移动“税收现代化综合管理平台”终端,充分运用税收现代化技术及手段,提高工作效率。

总之,创新是税收事业发展的第一动力。创新税收,就是要深刻认识创新的重要性,把创新摆在推动税收事业发展大局的核心位置,以创新激发旺盛的发展活力。统筹是税收事业发展的方式,即是正确认识和处理治税与带队、权力与责任、管理与服务、前台与后台、税种管理与风险防控这五个关系。推进就是要充分尊重基层税务机关和税务干部职工的首创精神,勇于推进税收理论创新、制度创新、实践创新,不断改进和完善税收工作体制机制、方式方法、手段措施。六盘水市税务局将在今后的工作中,秉承创新统筹推进的理念,齐头并进,推动税收现代化建设加速前行。

课题组负责人:张家荣
课 题 组 成 员:张家荣　张红曼　杨孝平　周百灵　孙润全
执　笔　人:张家荣　张红曼　杨孝平　周百灵　孙润全

构建数字式纳税服务模式的思考

国家税务总局淮安市淮安区税务局课题组

近年来，江苏省淮安市地税部门以构建数字式纳税服务模式为导向，以信息数字化手段为依托，建立微信支付及QQ群动态咨询辅导，拓宽响应渠道，丰富响应内容，改进响应方式、服务层次不断提高。数字式纳税服务模式体系有序启动、运转顺畅，取得了明显成效，但我们也看到，构建数字式纳税服务模式存在一定不足：针对性不够强，应急反应相对滞后，未能完全形成数字式响应解疑答难效应，无法准确衡量每项响应工作的成效等。因此，建立健全数字式纳税服务模式，满足纳税人个性化、差异性需求，是当前纳税服务工作亟待解决的现实课题。

一、构建数字式纳税服务模式的必要性

从纳税人需求的表现形式以及差异性需求原因探析，可以看出纳税人需求从宏观上看呈现需求的类别差异性、时间不一致性，从微观上看呈现需求具体差异性、要求的实时性，这决定了响应纳税人需求必须按照数字式纳税服务模式，根据不同类需求，采取针对性分类、区别化响应方式，充分考虑分规模、分行业、分税种、分区域、分环节、分节点纳税人的需求差异采取信息，提高纳税服务的整体应对效能。

（一）构建数字式纳服模式是优化纳税服务、维护纳税人合法权益的重要渠道

纳税人需求能否从时效上得到及时、有效的响应，是检验纳税服务水准的重要标尺。构建数字式纳税服务，能够通过一对一的方式零时差地收集、分析及响应需求，查找工作中的薄弱与不足，并进行针对性地整改和差别化服务，从而防止无效服务、为服务而服务等现象的发生，推动纳税服务的优化升级，切实有效保障和维护纳税人合法权益。

（二）构建数字式纳服模式是建立需求导向、提高征管质量和效率的重要手段

通过构建数字式纳税服务模式为纳税人提供优质的分类响应服务，解决纳税人热、难、疑点问题，缓解征纳矛盾，引导和促进纳税人自愿遵从税法，依法诚信纳税，减少日常征管工作量；通过数字化高效服务，可以针对纳税人需求提供“适路对销”的宣传、辅导等服务，建立征纳畅通的交流沟通机制，增进纳税人对税务部门的了解，加大纳税人对税收征管的理解和支持；以纳税人需求为导向，深入开展精简办税、报送资料等形式的分类服务，促进办税效率提高及税收成本降低，是改善对纳税人需求的服务方式、服务内容的过程，也是夯实管理基础、提高征管质量和效率的过程。

（三）构建数字式纳服模式是提高精准服务、树立良好税务形象的要求

税务部门服务质效直接体现公共服务水平，构建数字式纳税服务模式，实时关注纳税人纳税申报、成本核算、差异调整等差异性需求，对纳税人需求进行精确分类，针对需求特点、规律进行精确性归类分析，制订区别性的分类响应措施，推出适合纳税人的服务模式，降低纳税时间、货币等成本，提高精细化、科学化管理水平，增强纳税服务意识，提高纳税服务质量。因此，从时效性、精准性上不断创新的纳税人需求响应形式能推进税务部门深层次关注纳税人，利用法规政策帮扶纳税人，树立税务部门良好形象。

（四）构建数字式纳服模式能促进服务创新、不断推进税收征管改革深入发展

随着纳税人户数持续增加、经营规模不断扩大、组织形式日渐增多、经营业务不断创新、税收征管工

作量明显加大，以往单纯管户的税源管理方式，使得人少户多、能力不足、职能分散、方式粗放、技术手段应用不足、资源配置不合理等矛盾和问题日益突出。税收征管改革强化了实时性、有效性的需求管理，根据分行业、分规模、分税种税源的差异性需求进行数字式服务，按照业务事项进行科学分工，优化资源配置，实行按事设岗、分岗应对，提高需求决策水平与效率，使有限服务资源发挥最大潜能，化解供需矛盾，做到人尽其才、才尽其用，推动税收征管改革不断深入。

二、当前纳税服务与数字式服务的现状

近年来，税务部门对纳税人差异性需求进行数字式分类服务响应，采取多种措施以满足纳税人需求。随着税收征管改革进程的不断推进，对纳税人需求响应质量也提出了更高要求。

（一）传统纳服模式未能与需求实际同步

传统的纳税服务模式采用办税大厅、散发调查资料等方式发起需求调查、预测分析；在此基础上，纳税服务部门利用纳税人之家、纳税人学堂等形式，定期开展培训，解读最新法律法规、税收政策热、难点。此种模式调查的需求信息无论从量上还是从时效上都不能与数字式纳税服务相比。同时，在开展相关培训辅导中采集的纳税人需求，也具有同一行业、同一规模纳税人的普遍性、共性问题，难以有效应对纳税人个性化、差异性需求，呈现传统纳税服务方式明显滞后于数字纳税服务方式的实际。

（二）缺乏与智能分析应用的有效对接

在大数据背景下，涉税数据来源的增加，使得信息维度越来越广阔。但当前信息技术融入纳税服务时间不长，不能对不同来源的纳服需求信息实施有效采集、存储、分析和应用，仍然存在系统分散、数据隔离、运行速度慢和功能不完善等问题，人海战术仍然是纳税服务问题主要的解决方法，网上办税耗费大量人力资源解决纳税人各式各样的问题，亟须在全方位获取纳税人需求信息的同时，利用数据式纳税服务方式挖掘相关信息数据，进行相关全面分析和应用。

（三）传统纳税服务模式难以适应信息技术需求

当前纳税服务模式受人力、系统配置等因素影响，严重滞后于“始于纳税人需求”这一要求，纳税服务部门忙于应付日常事务，利用信息技术进行数字式纳税服务响应纳税人需求尚处于初始阶段，难以从浅层次服务需求进行数据间深层次逻辑或价值发掘，难以实现不间断、不衰减的数字式精准纳税服务。

三、当前制约构建数字式纳税服务模式的因素

当前，随着信息技术的不断发展，纳税服务的方式亟须实时更新变化，传统的纳税服务模式无论从空间、时间上都会出现衰减、滞后的特点，难以实时有效应对纳税人所需所求，与“不断提高纳税人税法遵从度”的要求不相适应。因此，纳税服务模式要以数字式为设计元素，突出时间不延迟、空间不间断，利用挖掘技术深层分析，帮助有需求的纳税人从原始数据中获取所需要的纳税服务模式，将纳税服务延伸到征管全过程、各节点，加快推进纳税服务治理的现代化。

（一）创新服务理念不强，数字式纳服理念未能确立

当前数字式纳税服务理念在基层税务部门还未能有效形成，造成纳税服务不能有效定位纳税人需求，影响服务对象的选择、服务方式的创新、服务资源的投放。有些税务人员认为只要能提供纳税服务就行了，应对纳税需求与征管、评估、稽查、执行等环节不密切，忽略了自身业务素质的提高，掌握和解释税收政策不够熟练，服务涉税需求心有余而力不足。有些税务人员缺少征纳换位思考意识，忽视纳税人多层次、多样性需求，把纳税人需求的创新服务理解为微笑服务等表层服务的重新包装和宣传，忽略了服务意识的增强，服务举措难以符合纳税人的真实办税需求、难以被纳税人接受，难以提高纳税人办税能力；服务流于形式，影响了对纳税人有效辅导和引导，长远来看还影响纳税人的税法遵从度。因此，精准定位

纳税服务需求，创新数字式纳税服务理念，既可以零时差解决纳税人需求，又可以提高纳税人的税法遵从度。

（二）制度体系不系统，数字式纳税服务缺乏规范

当前，纳税人需求呈现时间的差异性、要求的个性化，但基层提供响应服务时，缺乏规范性响应标准，导致服务水准高低不一，影响整体纳税服务效果。在操作性方面，响应纳税人需求的流程和方式没有用制度机制的形式明确，难以操作，需要对相关响应制度、标准进行明确细化，突出纳税人需求度和满意度，突出保护纳税人合法权益。在系统性方面，响应纳税人需求侧重单向推进，缺乏整体统筹协调机制，涉及的环节与过程未能无缝对接，部分环节仍处于自觉状态，响应服务的进展和水平存在不同程度的差异。这些造成数字式服务纳税人需求的响应尚未形成系统，制度体系相对零散，响应服务手段之间未能形成协同效应。

（三）数字化支撑不足，分类响应信息技能不强

目前，信息化应用停留在较低层次，应用领域较窄，没有建立纳税人需求深度服务平台，推动部门业务重组、流程再造，适应纳税人差异性需求。传统服务形式多、信息化依托少，纳税人涉税需求，采用办税大厅、基础税源岗等方式，而通过在线咨询、一对一数字式应对的较少。税务系统门户网站因开发利用程度不足、人力资源配置不科学，仅基本满足纳税人申报、查询需求，没有按照纳税人差异性需求，实行网上实时分类咨询、纳税辅导、财务调整等深度分类服务，大多事项仍需纳税人到办税服务厅办理，实时、前置、主动提供数字式纳税服务少，纳税人最想办结的需求未解决。税务部门存在年龄结构不合理、干部队伍创新缺乏等现象。部分税务人员业务技能单一，在政策辅导、疑难解答、账务处理等方面能力不强，在数字式响应纳税人需求上不对路、表层化，难以满足纳税人多元化、深层次、差异性需求。

四、构建数字式纳税服务模式国外借鉴

（一）各国纳税服务经验近年来，美国每年将10%～15%税务经费用于纳税服务。美国国税局利用计算机技术，研究开发了纳税服务分析系统，有效利用数字式纳服形式，提高服务的针对性。纳税服务方式有个性化服务和共性化服务两种。个性化服务包括当面联系、通信联系、互联网联系等。共性化服务包括召开小型企业税务研讨会、发行税务刊物、开辟电视税务诊所、通过广告委员会播放广告、通过金融信息网络播报税务信息等。

新加坡信息推动型纳税服务，税务部门制定了为纳税人服务的标准，通过大力推进信息化进程、建立科学和高效的系统运作机制，最终达到为纳税人提供最优质服务的目的。

法国纳税服务特别强调税务部门与纳税人之间对话和沟通，强调咨询针对性。澳大利亚税务当局最具特色的是以互联网和统一的电话咨询为主的纳税服务手段，并可用电子方式交存纳税申报表和进行资金过户。

（二）对纳税服务国际经验的借鉴

各国都通过建立全过程、全方位、科学系统和完整的快速数字式服务运作机制，平衡纳税人差异性办税需求，使办税秩序从无序走向有序，值得借鉴。

1. 高度重视纳税人需求，加强与纳税人实时沟通

只有充分了解纳税人的愿望与需求，才能够更好地提供纳税服务。纳税人一般希望办税简单、方便。因此，应将数字式纳税服务贯穿于税收征管的各环节：在内容上，包括税收信息、纳税程序、纳税环境、纳税救济等方面服务；在形式上，包括通过通信、在线服务等方面服务。通过各种有效的手段充分了解纳税人需求，提高响应服务水平。

2. 建立数字式纳服需求体系，对纳税人进行分类响应

不同纳税人在纳税遵从程度和服务需求上是不同的，税务部门应区别看待所有纳税人，建立纳税人数字式分析体系，对纳税人进行细分，使纳税服务在普遍化的基础上兼顾个性化，为纳税人提供个性化服务。通过全面评估纳税人需求状况，尽可能使每个纳税人都能得到所需求的服务，同时缩小需要重点管理纳税人的规模，使有限的资源发挥最大效应。

3. 建立精确数字式纳税服务系统，推进纳税服务信息化

一是建立数字式信息服务系统。主要进行税法宣传和税务咨询，提供网上自动查询系统，利用在线资源进行针对性税法辅导，帮助纳税人及时、完整、准确地掌握税法信息，了解如何履行纳税义务。二是建立数字式程序服务系统。为纳税人提供多种简便、快捷的电子申报、银行网点申报、自助报税机等纳税申报方式和便利的纳税场所。三是建立数字式纳税评估系统。通过该系统，对纳税人纳税情况进行科学评估，从而针对不同类型纳税人实施不同的管理和服务方式。

五、现代信息技术背景下构建数字式纳税服务模式的对策

在现代信息技术背景下，要实现纳税服务精准化、一体化亟须构建数字式纳税服务模式，以纳税人满意度和遵从度为目标，改变传统、定式纳税服务理念，要以大数据技术平台为载体，以数据为链条，通过数据内部应用和外部分享，有效协同部门为纳税人提供数字式服务等一系列涉税事项，实现纵横、内外一体化运作，快速的改进和优化流程，实现精准化、智能化服务。

(一)创新纳税服务理念，以构建数字式服务为导向

在大数据时代，面对日益增长的海量数据，要在税收治理现代化理念的指引下，不断更新纳税服务理念，转变纳税人需求服务导向，利用金税三期工程不断采集、挖掘、分析涵盖纳税人全方位的信息，查找申报纳税和其他数据之间联系。要在税务大数据发展规划下，设计数字式纳税服务模式，将纳税服务规划提升到战略层面，改变服务导向，从传统“供给导向”转变为大数据技术支撑下以数字式为导向的服务机制。

在开展纳税服务具体工作中，要把数字式服务理念贯彻到征、管、评、查具体环节中去，坚持以纳税人为中心、以纳税人需求为导向、快速响应纳税人的原则，开展具体的纳税服务工作。

构建数字式纳税服务模式、响应差异性需求进程中，必须首先更新理念：由于纳税人需求的差异性、对税法遵从度不尽相同，纳税服务按照统一规范提供普遍服务，不考虑纳税人的差异性需求，不利于税务部门合理配置征管资源和进行税源监控分析；要针对纳税人对税收专业性知识与技能、程序性权益的需求，根据纳税人素质高低和涉税业务繁简、涉税风险大小，在具体工作中区别对待，分类响应纳税人需求，争取主动服务，减少被动服务。

要借鉴客户关系管理理论，视纳税人为客户，借助大数据技术与纳税人建立前所未有的互动和亲密度，为提供个性化的服务提供可能性。改变与纳税人沟通的传统模式，引入社交媒体、移动化、物联网和数字化引发的大数据趋势，通过视频、截图等形式，根据数据准确、及时获取纳税人需求，并采取相应的措施，提高纳税人的满意度。同时，通过深层次的互动和交流，提高纳税人的参与感，让纳税人在数字式纳税服务中真心感受到贴心和愉悦，主动参与纳税服务。通过数据传输式纳税服务模式，税务部门与纳税人建立一对一、点对点的个性化纳税服务关系，通过数据传递的及时、准确，使纳税服务更加精准、实时，减少信息传递间的衰减、损耗，形成获取纳税人信息数据—利用信息数据—反馈信息数据的正向可靠、良性循环。

(二)夯实数据来源基础，构建纳服数据采集平台

建立统一的数字式纳税服务平台，统一信息发布和接收来源，对与纳税人沟通的渠道进行整合，明确

部门在信息传递中的职责，统一服务质量。利用金税三期系统对税收征管过程中重点、难点问题进行采集归纳。加强政府大数据交换平台的有效运用和拓展，将政府部门间纳税人信息数据实时分享、可视化运用，实现在更广范围内对纳税人信息数据搜集。

基于智慧分析“大数据平台”架构，建立全方位、多角度通用大数据战略，设计和探索运用更广泛、更深层次的网站、App、微信群、QQ 群等数据信息，收集和整理纳税人所需所求，制定大数据背景下的全面解决纳税服务需求方案，实现大数据管理纳税服务的可靠性、适应性、完整性。同时，注重纳税服务信息数据安全，由于获取全方位纳税人服务需求，涉及纳税人商业秘密、经济利益或隐私，须从技术层次和制度层次加固数据安全屏障，减少并控制恶意操作和误操作，形成数字式纳税服务模式下信息数据的正利用。

（三）架构大数据智慧分析，建立一体化数字式纳服模式

对纳税人个性化、差异化需求信息，要进行定性定量分析，从纳税服务表象看本质，从形式看内容，因此，亟须架构智慧大数据分析模型。通过了解常用的纳税服务方式与数字式纳税服务模型应用场景以及优劣差异点，利用决策树、Boosting、Bagging（套袋法）、支持向量机、随机森林、K 均值聚类、聚类、关联规则分析、贝叶斯网络等方法，建立数据模型，并通过实践逐步实现模型通用化、规则化。

以纳税服务需求为出发点，设计以整合、弹性和简洁的数字式纳税服务为导向的业务流程，统一标准，集中与共享资源，将服务由上而下贯穿到税收管理的基础业务。按照深化税收征管改革要求，利用大数据技术将纳税人需求和涉税风险提示贯彻于服务和管理全过程；将数字式服务前置，在纳税人申报纳税、报送资料过程中进行相关逻辑性、准确性审核，对相关涉税风险利用视频截图、内外部数据矛盾点等相关数据形式第一时间传输给纳税人，并通过 QQ 群、微信群等现代传媒服务，使纳税人第一时间利用自查申报自我纠正，减少或降低纳税人办税成本，包括货币成本、时间成本、心理成本。同时，在征管改革推进进程中，要增强税务部门间协同，通过纳税服务与业务部门深度融合和协同行动，纳税服务部门实时收集纳税人集中反映的问题，实时向智能型大数据平台传递信息数据，并向纳税人提供纳税服务；业务部门利用智能型大数据平台对纳税人反馈的信息数据，对难以解决、纳税人重复提出的问题，进行跨部门会商研究分析，在最短时间内回复纳税人或采取应急措施。

（四）建立专业技术分析团队，加强信息数据技术支撑

税务部门在面对纳税人需求进行数字式纳税服务的同时，需要对纳税服务模型进行搭建、修改、完善，专业技术分析人员需要具备计算机、统计学、数学基本原理等知识，对税收法律法规、征管体制、业务流程等比较了解，并能熟练使用一门数据挖掘工具；同时，需要组建具备专业技术能力和数据分析洞察力的分析团队，运用各种时机对专业人员进行大数据分析、运用培训，提高其对数据供应链统筹和规划，推动数据的收集、管理、分析和运用能力，实现数字式纳税服务和信息技术深度融合。

数字式纳税服务精准化、一体化的基础是税收征管业务数字化，要利用虚拟化技术、云计算、移动互联网技术等新兴技术和设备，不仅将核心征管业务操作和记录保存到信息技术管理中，而且要建立与之配套的管理制度和流程，加强对大数据技术的分析应用。同时，要利用数字式纳税服务平台整合各种渠道，将前端业务和后端纳税服务的数字通道打通，实现个性服务、分类服务，满足不同层次、不同行业、不同规模、不同税源纳税人的需求，实现前后端纳税服务的一体化，实现提高纳税人遵从度的终极目标。

（五）加强监督考评，建立健全数字式纳服质量评价体系

构建数字式纳税服务模式是一项系统性、全面性工作，加强构建科学的评价指标体系和监督机制，通过纵横向分析研究，查找其中薄弱环节，及时解决存在的突出问题，形成持续改进机制，促进纳税人数字式服务水平的提高。

开展数字式响应服务关系培育评价。对涉税需求办结时间、在线办税数量、成功解决率、需求频率等

重要事项，设计单项评价指标，对纳税人满意度和遵从度，应用指数法进行综合性评价。从服务能力、纳税人信任、纳税人认知和纳税人遵从成本四个维度，进行指数化度量，每个维度下还包含具体一级和二级测量指标。

开展数字式响应服务需求变化评价。按周期完成需求分析报告，对纳税人需求状况以及税企关系发展情况进行总结和合理定位。分析需求内容的变化情况，对各层次需求进行统计分析，关注高层次服务需求比重，掌握纳税人需求现状。分析数字式纳税服务中需求结构变化情况，验证分类服务效率，提出优化改进方案，挖掘纳税人潜在需求，通过将纳税人需求与纳税人资产规模、财务团队知识结构等情况进行关联分析，寻找纳税人在数字式纳税服务中的需求特点。分析纳税人评价信息，合理定位税企关系，提出优化改进方案。

建立数字式响应质效考评机制。根据内容设置项目，针对数字式纳税服务响应目标、计划、制度、措施、质效，对每个环节事项设置考核指标，规定相应分值；通过微信群、QQ 群等在线方式进行问卷调查，组织数字式响应服务绩效测算和回访；委托第三方开展需求调查和满意度调查，邀请行风监督员、特邀监察员进行数字式响应服务评议和暗访；采取定期考核与日常考核相结合、定性指标与定量指标相结合、内部监督与外部反馈相结合方式，对纳税服务质量进行全面、科学的监督评估，把服务行为置于有效的社会监督之下，增强考核全面性，并将考核结果与个人的奖惩挂钩，充分调动税务人员分类响应服务的主观能动性和创造性。

课题组负责人：丁　宏
课题组成员：翟长扬　雍润生　徐　萌　沈正一
执笔人：徐亚军

关于防范增值税发票虚开风险的思考

曲　明

随着以风险管理为导向的税收征管改革的不断推进，一个以纳税人自主申报为基础、税务部门分析识别风险为特征、各部门依职能实施有效风险应对的现代化税收征管格局正逐步形成并持续深化，税源管理质效不断提升。但与此同时，国家始终重点防范和严厉打击的增值税发票虚开案件仍呈高发态势，屡禁不止、屡打不绝。随着国家简政放权的不断深入，财政部和国家税务总局陆续取消和下放了一些税务行政审批项目，原来需要流转调查的审批事项变成即办事项，这种简化办税流程、缩短办税时限的改革确实给纳税人带来了方便，但也给无孔不入的不法分子以可乘之机。在目前的形势下，如何采取切实有效的措施防范虚开发票风险，值得我们不断地思考和研究。

一、长春市防范增值税发票虚开风险工作情况

近年来，吉林省长春市局高度重视增值税发票虚开风险的防范，深刻反思“4・08”案件，及时总结“虚开”特征。各业务部门根据各自的业务特点，积极采取措施，不断加强发票管理；基层单位也针对征管改革后增值税专用发票前期审批放开的实际情况，积极思考，大胆实践，加强对增值税发票管理，防范虚开发票的税收风险。

（一）加强组织领导，统一部署任务

一是成立领导小组，对防范和打击虚开发票工作统一调度、统一指挥，确保工作统筹兼顾、步调一致、落到实处。二是召开专题会议，全面贯彻落实省局精神，统一思想，提高认识，明确各单位、各部门的工作任务。三是建立报告制度，定期听取各县（市）、区局虚开发票风险监控和应对处理情况的汇报，要求基层单位对在日常管理或检查中发现的涉嫌虚开发票的问题及时报告。

（二）开展专项检查，强化发票管理

一是开展货运发票专项核查。选取 17 户开票金额较大或税负率偏低的货运企业，开展了货运发票专项核查，对行业性问题起到了打击和震慑作用。二是开展“4・08”案件发票专项清查工作，对涉及长春市的 31 户受票企业进行了专项清查取证，并在此基础上，对“4・08”案件特点和发生过程进行深入的剖析，从中找出管理环节、制度层面、责任落实等方面存在的问题和漏洞，有针对性地提出方法和措施，切实加大工作力度。三是开展打击虚假增值税普通发票专项核查，借助增值税发票系统升级版全面推行的契机，将普通发票纳入增值税发票系统管理，充分利用增值税发票电子底账，在全市范围内开展打击虚假增值税普通发票专项核查工作。

（三）加强日常监管，全力识别风险

征管部门针对普通发票管理当中容易出现风险的环节实施“三管”，即对纳税人领购、保管和缴销发票三个环节加强控管。风控部门通过建立虚开发票指标集合进行风险扫描、监控虚开发票风险。基层税务局注重从日常管理入手，以便及时发现风险苗头。从基层调研情况看，长春市朝阳区局严把新办纳税人增版增量关，发现部分企业短时间开具大量的增值税专用发票，及时采取征管措施，控制虚开风险的扩大。长春市南关区局加强对新认定一般纳税人基础信息真实性的核实，充分利用社会化试点成果，由网

络长期、定期对新认定一般纳税人实际经营地点、联系方式等基础信息进行核实，对登记与实际情况不符的，及时反馈给相应的税源管理科，由税源管理科联系企业，限期改正税务登记信息。长春市农安县局强化增值税专用发票“用量”控制，实施专票动态管理，最大限度消除发票失控或囤票虚开隐患；强化增值税专用发票“使用”控制，对既没有发票严格的管理制度、保管措施又不齐全的纳税人的丢失发票行为进行重点监控。

二、目前防范增值税发票虚开存在的主要问题

（一）思想认识上，存在两个不到位

一是对当前防范虚开发票形势的严峻性认识不到位。目前虚开发票出现有恃无恐的势头，严重扰乱经济秩序和税收秩序。虚开发票领域不断扩大，犯罪分子在地区间、城区间流窜，虚开方式向小“（规模小）、快（时间短）、农（农产品）”转变。尤其是“营改增”后，大量的餐饮行业使用农产品收购发票，虚开风险加大。二是对防范虚开发票工作的长期性认识不到位。各层级都强调防范虚开发票风险的重要性，但多是阶段性地开展专项打击，日常监管防范工作坚持得不好，工作持续性和力度保持不够。

（二）增值税政策制定上，存在设计漏洞

虚开增值税发票之所以屡禁不止，主要是因为增值税链条出了问题。从增值税链条的起点来看，因增值税优惠政策存在，相关行业的纳税人有虚开票的环境。比如按照农产品收购企业自开票规定，农产品加工企业既是免税农产品的采购者也是再加工农产品的销售者，收购行为多为现金交易，自行填开发票。把农产品收购发票交由企业自己管理，税务部门难以监管。从增值税链条的中继来看，即征即退、先征后返、免税等增值税减免税政策的存在，容易给企业留下虚开发票的动机。从增值税链条的终端来看，不少行业纳税人因零售中消费者不需要增值税专用发票，形成进项税额沉淀，犯罪分子利用这种沉淀，向需要进项票的企业牵线搭桥，虚开专用发票用于抵扣税款。

（三）应用软件设计上，带来新的管理风险

增值税发票管理新系统的运行对加强增值税发票管理起到了重大作用。但同时，在设计上仍然存在风险。一是增值税发票管理新系统中销方开票信息实时上传，购方在取票后直接认证，在稽核系统比对相符，即使月末销方在系统中作废该发票，该发票的稽核信息也不会出现比对不符的缺联信息，也不会再通过核查系统去核查。二是对于原来使用收购发票的企业，主管税务部门可以控制收购发票的使用数量，而使用新系统后，统一使用增值税普通发票来开具，只注明收购字样，至于开具的是增值税普通发票还是收购发票，税务部门在事前是无法知道的，给虚开农产品收购发票带来了便利，也给税务部门带来新的管理风险。

（四）后续管理上，风险导向不突出

目前，虚开发票呈现“小、快、农”等特点，征管改革后，随着国家税务总局纳税服务规范的实施，很多涉税事项前移到办税服务厅，涉税事项办理门槛降低，对合法性的审查难以深入，给犯罪分子提供了可乘之机。税务登记、发票购买、十万元版以下发票调增额度都不需调查核实，对虚开发票行为缺少防范措施，后续管理措施没有及时跟上，没有运用科学的方法进行风险分析识别，对纳税人购买和使用增值税发票进行有效的事前和事中监控，虚开风险加大。目前的管理多是事后处理，而不是事前防控，仅对取得虚开方进行处理，而没有真正找到源头。

（五）工作统筹配合上，衔接不够顺畅

防范虚开发票工作业务面广、涉及部门多，各部门对各自的职责分工不够明确，各环节衔接不畅。基层税务部门在管理过程中发现苗头，一开展调查或者在调查过程中企业就迅速走逃，无法取证。常常面临“转稽查难，转经侦难”的问题。主要是稽查部门要求有足够的证据才能移交，而基层税务人员通常只

能提供线索和怀疑虚开，取得切实的证据很难，难以满足移交的标准和要求，影响打击效果和力度。另外，与公安等部门的外部协作机制不够健全，全社会协税、护税的良好氛围还没有形成。

三、防范增值税发票虚开的措施和建议

（一）保持清醒认识，提高防范虚开发票工作的重视程度

各级领导必须充分认识当前防范虚开发票形势的严峻性，认清防范虚开发票工作的紧迫性、重要性、全局性和长期性，加大力度，督导督办，切实采取措施防范虚开发票涉税风险。

（二）完善政策体系，堵塞虚开发票漏洞

一是加快农产品增值税进项税额核定扣除试点工作落实。取消农产品收购发票，改为核定扣除。二是尽快研究出台行业性开具规定。对有可能大量产生“富余票”的商贸行业，尽早研究出台针对性的行业管理措施。如明确提货者、付款人和专用票取得者必须完全一致，且取得专用票必须转账支付货款等硬性规定，就有可能在很大程度上压缩虚开空间和增加其犯案难度。即便嫌疑人采用资金回流的手段，继续作案，也可为后期的查处，提供可靠的侦查途径与证据支撑。

（三）处理好三种关系，增强防范虚开风险的整体协调性

防范虚开发票风险从宏观环境讲，要建立全社会协税、护税体系，从更具体的层面来说，要处理好三种关系。一是处理好税务部门与公安部门的关系。加强和完善主管税务部门、稽查部门和经侦部门的协调、配合机制。由于不法分子流动性大，多地作案，仅靠税务部门的力量无法有效查处违法行为，迫切需要经侦部门的大力配合，同时要加大对税收违法行为的打击力度，发现一起查处一起，不给犯罪分子以喘息的机会，持续保持打击涉税犯罪的高压态势，形成税警联合的长效协作机制。二是要处理好基层税务部门与稽查部门的关系。要根据实际工作情况，研究、明确双方的责任分工和移交流程，避免互相推诿，管理和稽查中间出现真空地带，使不法分子有机可乘。三是处理好基层税务各部门的关系。要形成防范虚开发票工作链条，每个部门都是这个链条上的一环，各部门要明确职责分工，把自己该担的责任担起来，该干的工作干好，这根链条才能连接得紧密，才能有力量。

（四）发挥好三个支撑作用，提高虚开风险防控水平

一是发挥制度的支撑作用。研究出台有效的后续管理办法，对纳税人购买和使用增值税发票情况进行事前和事中监控。建立各层级、各部门间风险疑点的传递机制。基层管理部门在日常管理中发现虚开疑点线索，要及时提供给稽查部门；稽查部门已经立案稽查要将信息及时传递给基层管理部门采取必要的征管措施，限制纳税人的经营行为，避免虚开的违法行为造成的后果继续扩大，并且要结合已经查处的案件，认真分析虚开的新动向、新特点、新形式，及时向管理部门提出完善制度和加强管理的建议。同时建立基层税务各部门间的信息传递机制，办税服务前台发现可疑信息要及时传递给风险监控部门进行分析，对确有问题的及时转交征管部门和税源管理部门采取限制措施或进行进一步跟踪核查。二是发挥科技的支撑作用。现代税收管理对信息管税的要求越来越迫切，用信息化手段来加强税收管理是今后工作的方向，防范和打击虚开发票工作更要以信息化为基础和支撑，特别是要依托信息化手段建立涉嫌虚开增值税发票高风险人员的预警提示机制。发挥大数据优势，开展虚开风险分析，突出防范虚开的风险导向。要充分发挥升级版的发票数据优势，通过购销货物劳务品名比对、发票开具特点分析等方法，对纳税人开票数据进行实时监控分析预警，重点监控纳税人是否存在购销不匹配、有销项无进项、大部分发票顶额开具、发票开具后大量作废、发票开具金额突增等异常情形。同时，完善软件系统功能，及时堵塞增值税专用发票稽核系统的漏洞，对比对相符的发票月末又作废的要重新比对，比对不符的及时转入核查系统进一步核查。充分发挥增值税税控系统服务单位软件开发的优势，通过使用读卡器识别身份证信息的真伪，再通过增值税发票系统升级版导入身份证信息，使农产品收购企业开具收购发票时的农业生产者

个人身份证信息真实准确，以规避农产品收购发票虚假开具的风险。三是发挥人才的支撑作用。要大力培养业务和技术的复合型人才，精通各项税收政策，能够从日常管理的细节中发现虚开发票纳税人的疑点；熟练掌握计算机操作技能，擅长通过技术手段将各类征管软件中的数据信息进行比对关联，并应用互联网信息进行验证，及时捕捉风险纳税人信息。

（五）推进好三项基础管理，从源头防范虚开发票风险

一是尽快全面推行实名制办税。确保企业实际经营者、财务负责人和办税人员等身份的真实性，对违法犯罪分子起到极大震慑作用，最大限度地减少虚开发票行为的发生。二是要加强户籍、登记管理。加强日常申报风险管理，对存在疑点的纳税人，及时开展纳税评估，对存在涉嫌虚开发票的，及时移交稽查局处理。三是要加强发票管理。运用风险监控指标对疑点纳税人进行重点监控，对涉嫌虚开的纳税人开展专项评估，发现虚开行为的，移交稽查部门查处。日常工作中根据企业共性，每月定期提取疑点企业名单，采取“发票领购簿锁机”等措施控制风险，将危害降到最低。根据疑点企业名单，及时安排基础事项科核查企业经营情况，对经营地址虚假、法人无法取得联系或拒绝到场协助调查的企业，可通过升级版税务平台暂停该纳税人开具发票，同时暂停其网上申报业务，将其取得和开具的发票列入异常发票范围，录入增值税抵扣凭证审核检查系统，开展异常发票委托核查。每月申报期结束后，及时对未申报且走逃企业已经开具或结存的发票作“失控”处理。

（作者单位：国家税务总局长春市税务局）

关于税收风险管理专业化的探索与实践

国家税务总局邢台市税务局课题组

随着商事制度改革的深入推进、“营改增”试点的全面推行，纳税人数量激增，税源管理的复杂性、艰巨性、风险性不断加大，河北省各级国税部门对税收风险管理专业化进行了积极探索，通过精准查找征管薄弱环节，深入开展堵漏增收，有效促进了纳税遵从和征管质效的提高。但在实际工作中，基层税务部门在税收风险管理上还存在认识不统一、定位不准确、职责不清晰、机制不健全等问题，如何将税收风险管理更好地贯穿于税收工作全过程，进一步提升税收管理和风险防控水平，仍是急需解决的迫切问题。

一、基层税收风险管理存在的问题

(一)税收风险管理体制机制的顶层设计有待完善

近年来，总局、省局以及各市局均突出加强了税收风险管理，制发了一系列加强税收风险管理工作的指导意见，但作为税收风险应对一线的基层税务部门因文件过于宏观而且较为分散，缺乏对具体操作的认知与统筹，从而在落实中出现打折扣的情况。同时，由于各个业务职能部门之间在一定程度上仍存在管理职能的交叉。比如，货物和劳务税部门通过增值税进销项管理系统加强作废、失控发票的管理，下发疑点核查工作任务，征管部门为加强发票风险管理，同样提取了发票管理的风险信息，也具体安排了风险应对任务，出现了部门间任务交叉重复。又如，货物和劳务税、企业所得税以及大企业管理部门分别站在部门职责的角度，开展税收风险分析识别，安排部署风险任务，分口上报结果，也同样给基层造成税收风险管理难以统筹管理的情况，直接影响了工作的落实效果。因此，必须进一步完善适合基层税务部门的高效工作机制，为加强税收风险管理提供科学合理的制度保障。

(二)税收风险管理应对团队的专业化特征不够突出

风险管理水平的高低关键取决于人。从实际情况看，基层税务部门人员老化严重，特别是税务分局这种情况尤为严重。年轻的骨干力量，基本集中在部门科室，在税收风险管理上没有充分发挥作用。同时，以往风险应对工作均是由税务分局人员来完成，形成了税收管理员“独当大局”的局面，受制于人员素质、社会关系等诸多因素，消极应付等情况时有发生，导致税收风险管理质量不高。因此，必须逐步上收税收风险应对权限，打造过硬的税收风险管理专业化团队，为加强税收风险管理提供有力的人才保障。

(三)税收风险管理分级分类的科学性有待验证

省局税收风险管理机制中，明确了高、较高、一般和低四类风险以及应对方式。在实际工作中，对风险等级的确定还未形成科学精准的划分标准，基层税务局接到任务后，因没有具体明确的划分标准，多数全盘下发给管理人员实施应对。造成管理人员对纳税人的风险等级不清楚，只能泛泛地让纳税人写出书面疑点解释报告，不仅影响了风险应对成效，而且削弱了税收风险管理的刚性震慑作用。同时，应对层级也没有很好地划分，除虚开、虚抵等较大税收风险移交稽查外，其他三类风险没有在机关、分局之间进行科学合理的任务分配，致使应对职责出现交叉，应对任务完成质量不高。因此，必须科学划分税收风险等级、应对层级和应对方式，为提高税收风险应对质效提供责权清晰的分级分类管理模式。

（四）税收风险管理应对质量的监督问效尚未抓实

通过对前期税收风险管理情况的总结看，基层对税收风险管理的质量没有形成正确的认知，对上级下发的风险任务，只求过得去不求过得硬，“过关”的思想较严重，如风险报告直接交企业财务人员进行编写等。这种情况说明税收风险管理在基层没有实现有效的后续监督，税收征收管理的主体责任还没有得到真正落实。因此，必须进一步严细税收风险监督管理措施，为加强税收风险管理提供切实有效的监督机制保障。

二、税收风险管理专业化的实践做法

为有效解决上述问题，省局征科处会同邢台市局对税收风险管理专业化进行了积极探索，并选取清河县局进行了创新实践，主要是在税收风险专业化管理过程中，坚持实现“四个体现”，即体现于税收风险管理机制的建立健全，体现于管理团队的密切协作，体现于风险任务分级分类的科学管理，体现于内部预防监督。

（一）完善税收风险管理机制，实现风险管理手段的专业化

坚持主要负责人为第一责任人，省局优化税收风险管理机构，重组了省局税收风险管理领导小组办公室，市、县局成立税收风险管理领导小组，切实加强税收风险管理的组织和协调。进一步完善税收风险管理机制，明确风险应对实施办法，坚持以税收风险管理例会为平台，建立以“税收风险管理为导向，统筹风险任务发起为核心，以管理平台推送为载体，以递进式应对为手段、以跟踪管理问效为保障”的风险管理运作模式。一是在风险分析识别上，坚持集中讲评，在上级风险指引基础上进一步细化应对重点和方法。二是在风险评定排序上，根据上级风险报告以及业务科室的补充分析，确定风险等级以及所采取的稽查、评估、核查提醒等应对方式。三是在风险应对上，根据风险例会确定的税收风险等级，组织不同部门进行应对。四是在风险处置结果管理上，坚持集中审议制，由风险应对人员汇报任务应对情况，集中确定风险应对质量，未通过的发回重新进行。对需要提高风险应对等级的，采取递进式的应对措施。五是在风险任务跟踪督查上，对存在的违法违纪问题及时进行处理。

（二）打破地域界限和科室壁垒，实现风险应对方式的专业化

打破以往划片归属、自管自评、分散完成的税收风险任务分配方式，按照资源优化、重点突出、区别对待、主辅相协的原则，推进分行业、按规模区别风险级别的集约化、专业化的风险应对方式。一是拓展县局部门风险应对职能，开展特殊、复杂业务的专项评估。比如，对出口退税企业和企业所得税专项业务的应对任务，由专业管理人员带队进行，提高应对质量和效率。二是实行重点税源行业评估专业化管理。省局下发了专业化管理指导意见，将纳税评估从分局提升到了县区局层面。比如，在邢台市清河县局，从科室和分局抽调 30 名业务骨干，组成 15 个县局评估小组，形成县局纳税评估团队，负责省、市局以及县局安排的纳税评估工作。三是省局下发了加强基础税收征管的通知要求，明确了 6 类 20 项基础管理工作事项，将小规模纳税人和个体工商户的低风险及基础管理事项，逐渐明确到税务分局组织实施应对。

（三）科学界定税收管理风险事项，实现风险对象管理的专业化

在县区局层面，按照省局管理要求对税收风险事项的应对类型做出进一步划分，并实行不同的风险应对方法。将涉嫌虚开虚抵、骗取出口退税的，作为风险最高的纳税人，直接安排稽查部门立案进行检查；将涉嫌逃避纳税义务的，作为风险较高的纳税人，由县局统一组织实施纳税评估；将单一风险疑点或风险疑点较为笼统的，作为一般性税收风险纳税人，开展调查核实；将日常基础征管类的风险，作为等级较低的风险，以提示提醒的方式进行处理。同时，在税源管理方面，根据县域行业特点，确定按照“行业＋地域＋规模”的形式在各个税务分局所辖范围，进行税源专业化管理分工，内部按照重点税源企业、中小企业和个体工商户三类进行合理分工，突出分局日常风险管理职责，并承担税收风险应对中的调查核实

和提示提醒风险任务。

(四)强化内控预防和分权制衡,实现风险管理监督的专业化

为了进一步强化监督制约,明确专业化管理岗位职责,推进"三个分离"。一是风险任务派发与风险应对相分离。风险任务由风险管理办公室负责统一确定,提请市局下发工作任务,安排相关人员进行应对。二是风险应对与结论处理相分离。一般情况下,县局将风险任务完成期限比上级规定的完成期限提前 5 日,集中审议任务完成情况,确定任务是否可以办结,有问题的回退补正。三是风险管理与执法监督相分离。税收风险任务下达后,由征管、法规和监察等部门进行跟踪督办,督促各环节工作落实。

三、完善税收风险专业化的建议

(一)提高风险管理认识

新的税收管理形势下,税收风险管理是现代税收管理的先进理念,准确把握和有效运用风险管理理论与方法,对实施税收征管改革、防范税收执法风险、完成组织收入目标意义重大。因此,要加强对干部职工的风险管理知识培训,统一思想认识,使广大干部职工从思想上重视风险管理,主动参与风险管理。特别是要结合精简审批、减少环节、下放权力等创新服务和管理的要求,将税收风险管理作为日常征管的方法和手段,加强事前、事中和事后的风险监控,堵塞管理漏洞,提高征管质效。

(二)优化人力资源配置

面对基层管理人员普遍偏少、骨干人员集中在机关科室的实际情况,应当积极研究盘活人力资源的办法,实现合理有效配置。根据现有干部职工的业务能力情况,在保持机构与岗责不变的情况下,区别不同情况赋予其税收风险管理职责,形成县局的税收风险管理团队,可分为税收风险分析识别、纳税评估、过程监控等专业化管理小组,全部由县局统筹管理使用,以便更好地调动工作积极性,使有限的人力资源发挥最大的作用。

(三)培育专业管理人才

进一步加强税收风险管理人才培养,在风险监控分析、税务稽查、纳税评估等关键岗位,实行"定向培养 + 定向使用"模式,集中精力培养一批适应信息管税和专业化管理人才。比如,清河县的重点税源行业是羊绒加工和汽车配件行业,应该结合行业的管理特点有侧重地培养专业管理人才,提高行业的税务管理技能。在复杂涉税事项管理、重大税务案件稽查、重大业务攻关等工作中,积极锻炼和发现人才。同时,积极探索人才评价和激励机制,加强人才库建设,培训选拔一批税收分析、税务稽查、纳税评估、反避税等高层次专业化人才。

(四)强化风险管理支撑

基层税务部门要在省、市局统一税收风险管理的基础上,紧密结合自身税收管理实际,创造性地开展税收风险管理工作。一方面,要充分发挥积极性和主动性,突出抓好金税三期核心征管系统、外部信息管理平台和增值税进销项管理等系统应用,提出风险监控管理建议,搞好日常税收风险监控管理,努力将风险消除在萌芽状态;另一方面,积极推动政府落实好税收保障管理办法,根据不同税种的管理需要,提出加强税收管理的信息需求,拓宽获取第三方涉税信息的渠道,为加强税收风险管理,提供有力的数据支撑。

(五)建立协调联动机制

税收风险管理工作有效落地,必须有顺畅的工作机制作保证。因此,基层税务部门的主要负责人要做明确牵头部门,建立管理工作团队,为税收风险管理提供组织保障。同时,结合本单位实际情况,建立适合基层税务部门税收风险管理机制,制定税收风险管理流程,明确职责分工,完善工作制度,为税收风险管理顺利推进提供制度保障。

（六）强化绩效驱动作用

将税收风险管理纳入绩效考核重点内容，加强对风险管理的绩效考核。细化税收风险管理考核指标，将其作为日常税收征管考核内容。加强工单驱动，针对重要税收风险事项制发重点工单，充分调动全员风险管理积极性。

课题组成员：曹　向　张汝斌

关于加强涉外演出的税收征收管理的研究

郑子健　梁若莲　吕蔚珩　蓝镜明

潘子敏　吴军华　黎　柠　贾　晨　刘新宇

随着我国综合实力提升和"一带一路"倡议的推进，我国与境外的经济、文化交流日益密切，涉外演出项目的频率与范围逐渐增加，涉外演出的税收征收管理一直是国际税收管理的一个难点。涉外演出的征收管理不仅关系到依法治税和组织收入，更是维护我国税收主权的一个重要领域，所以加强涉外演出的税收征收管理具有重要意义。本文尝试立足于基层税务部门的日常征管情况，分析涉外演出形式复杂、流动性强、取证难与跨地区经营等特点以及提出相应的征管应对措施，从完善涉外演出的法制建设、优化国地税合作管理模式、探索多部门联合执法，以及提升纳税遵从度等方面加强涉外演出的税收征收管理。

一、关于当前涉外演出的税收征收管理现状

(一)涉外演出的基本情况

涉外演出按经营模式包括售票演出和驻场演出两种。2015 年，广州市共计涉外演出批文 147 份，涉外演出场次 17632 场。2016 年，广州市涉外演出批文共计 120 份，涉外演出场次 18755 场，批文数量有所下降，演出场次递增 10.55%。根据不完全统计，2016 年广州市的涉外演出征收流转税收入 104.86 万元，个人所得税收入 52.57 万元，企业所得税 190.05 万元，其他税种收入 8.38 万元。

根据数据可见，演出场次与实际收入并不匹配，尤其是个人所得税的申报情况，非常不理想。目前广州市有 200 多家文化演艺公司参与竞争涉外演出市场，行业内部水平参差不齐，准入门槛较低，监管存在一定的难度。根据调查，一般涉外演出的流程如图 1 所示：

图 1　一般涉外演出流程

1. 项目接洽

此环节由当地主办的演出公司或演出场地与境外演出团体或个人进行接洽，落实来华演出意向，并签订来华演出意向书。在此过程中，主办的演出公司有的是直接与境外的演出机构或艺人接洽，有的是通过境内的演出经纪公司与境外演出团体取得联系。

2. 提交审批

向文化部门提交审批资料，中国台湾及国外演出团体向省文化厅提交审批资料，港澳团体向市文广新局提交审批资料，审批资料要求非常详细，包括演出名称、举办单位、主要演艺人员(或团体)、入境停留时间、演出时间、场次、演出的详细台词内容以及该项演出的成本经费和演出公司的资金保障账户等详细资料。文化部门审批通过后，该涉外演出才正式确认。目前广州市文广新局在发批文的同时会抄送一份批文给地税部门。

3. 演出准备

获得演出批文后，签订正式的演出合同，接下来按合同规定执行，开始筹备演出工作，具体包括：安保工作准备，宣传售票，舞台、灯光设备的落实，人员、设备的跨境运输安排，演艺团体或个人到达前的准备工作，支付前期费用等。

4. 艺人入境

演出团体入境到广州市，安排演员的衣食住行，落实舞台、灯光的搭建，安排演出彩排。

5. 上台演出

正式演出时间时，演艺团体上台演出。

6. 结算申报

演出开场后，舞台灯光的拆除，结清演艺团体或艺人的费用。主办方的财务就售票情况核算演出的收入与成本，根据收入如实向国税部门申报增值税收入，收入成本结算申报非居民企业所得税，演艺人员申报个人所得税。

7. 离境

涉外演出团体或艺人演出后离开演出地，前往境内下一演出场地或直接离境。

(二)涉外演出的税收征收管理现状

1. 多环节多方管理、信息不对称、征管不到位

广州市国、地税部门分别管理不同税种，演出地和跨区经营分别获取不同的信息，使得一个演出可能涉及多个税务部门征收管理，而多个税务部门获取信息不对称，使得重复征管，征管不到位现象普遍存在，主要因为：一是演出地的税务部门对跨区经营的演出征管难以开展。二是主办方机构所在地的税务部门并没有获得演出信息的途径。三是国、地税部门分头征管，获得信息不对称。

2."营改增"后演出收入难以直接监控

"营改增"以前，地税部门通过印票监管的模式进行监控，每场演出都要向地税部门申请票号，门票既作为入场证明又作为税务发票，表演结束后，未售出票号要核销，主办方就销售了的票号计税，通过票号的监管确保纳税人申报收入的准确性。"营改增"后，演出的票据仅作为入场证明，不作为税务发票，演出后，主办方根据自己的售票情况自行申报，缺乏有效的监管机制，增值税的申报存在漏洞。

3. 企业所得税代扣代缴执行未完全到位

非居民的企业所得税一般以源泉扣缴为主，但是一个演出有主办方、承办方、赞助方、冠名方以及演出场地提供方等多个企业参与。根据《中华人民共和国企业所得税法实施条例》的规定，支付人是指依照有关法律规定或者合同约定对非居民企业直接负有支付相关款项义务的单位或者个人。也就是说直接与境外公司签订演出合同的境内居民企业，应被指定作为代扣代缴方。根据《国家税务总局关于印发〈企业所得税核定征收办法〉(试行)的通知》(国税发〔2008〕30号)规定，其他行业的核定利润率为10%～30%，国税部门目前按收入的15%作为利润率核定征收境外演出团体的企业所得税。根据调研发现有两个问题：一是演出公司反映该核定率不合理，认为目前演出行业成本高，并无15%的利润，征纳双方对政策理解不一致使得遵从度受影响。二是支付的演出公司大多不是演出地所在的企业，该企业要进行临时登记，再进行非居民的源泉扣缴，申报后进行核销，操作复杂，且暂无有效的监督制度，使得境外演出团体的企业所得税代扣代缴执行不到位。

4. 演艺人员个人所得税征收缺失

根据《中华人民共和国个人所得税法》第八条规定，个人所得税，以所得人为纳税义务人，以支付所得的单位或者个人为扣缴义务人。在两处以上取得工资、薪金所得和没有扣缴义务人的，纳税义务人应当自行申报纳税。但是实际征管中，地税部门失去以发票作为抓手后，无有效的监管手段。

二、政策规定与实际执行间的矛盾

广州市作为我国对外的南大门，涉外演出由来已久，但该行业的征收管理依然是执法的难点，原因主要有以下四点。

（一）演出形式的复杂性与征税成本高的矛盾

涉外演出的形式多种多样，从人员构成分有境外乐队、境外演出团体，还有外籍演艺人员等；从合作模式分有国内演出公司自办、合股经营以及出租场地等模式；从演出场次分有单次演出、巡回演出和驻场演出等；从收入模式分有收入分成、收取固定演出费用，还有置换演出等形式。不同的形式涉及的流程、支付的时点以及收入分配形式不同。比如个人所得税，境外艺人会有意识地进行税务筹划，很多商业演出的合同显示艺人未获取酬劳或获取低额酬劳，原因是存在友情出演，或者是为艺人增加曝光率等，对于这种现象税务部门要做好征收管理。而对非居民演出团体和外籍演艺人员进行贴身征管必须要花大量的人力、物力，在目前日常事务繁杂的情况下，高征税成本是无法实现的。

（二）演出的强流动性与执法滞后的矛盾

涉外演出一个重要的特点就是流动性极强，而我国当前的执法一般相对滞后，《中华人民共和国增值税暂行条例》《中华人民共和国个人所得税法》以及《中华人民共和国企业所得税法》都规定是次月 15 日前进行申报缴纳税款即可。广州市的税务部门一般通过市文广新局转发的演出批文获取演出信息，部分演出信息到达税务部门的时候已经非常接近演出的时间。而非居民演出团体或外籍演艺人员一般都是演出前两三天到广州，表演完就前往下一个演出地点或者直接出境离开，境外演出团体和艺人对我国法律以及协定了解度很低，遵从度不高，基层税务部门要把握演出时短暂的停留时间做好税收宣传以及征收管理工作的难度极高。一旦过了税期发现纳税人没有申报再开展跨境追缴难度极大，因此演出的强流动性与执法滞后的矛盾是涉外演出税收征收管理难的一个重要原因。

（三）演出项目取证难与合法征收的矛盾

根据调研了解，演出运营的收入分成模式众多，多渠道售票以及售票采用饥饿营销法等使得演出收入难以取证；非居民演出团体或外籍演艺人员每次演出的演出费用、收入成本等的差异很大，且未建立账册，使得其核算难以取证，演出市场并没有参考的价格标准，演艺人员的薪酬更是该行业的高度机密，使得演艺人员的个人收入信息难以获取。另外，演出项目一般还伴有其他的赞助广告收入以及各种利益捆绑、置换，均难以获取有效的证据，使得合法征管存在一定的难度。且目前关于涉外演出流转税、所得税等国内法以及国际法规定众多，其中存在矛盾不合时宜的地方，使得执法存在很大难度。

（四）跨地区经营的演出与辖区征收的矛盾

根据当前国内法和税收协定的规定，演出的流转税、企业所得税以及个人所得税应该在演出地申报缴纳。实际操作中，大型的演出中往往涉及多家演出、经纪公司，其中包括实际主办方、协办方、办理批文的、负责代表境外演出团体或个人接洽事宜等境内公司，还有境外来广州的演出公司和经纪人公司等。境内的演出公司大部分还是跨区、跨市经营的，众多参与演出的经营方中，机构所在地唯一能确定在演出地点的就只有提供演出场地的公司。根据调研了解的情况，增值税一般在演出地缴纳，而企业所得税和部分的外籍人员的个人所得税纳税人表示在主办方的机构所在地进行申报纳税，但是在实际征管中，演出地的税务部门难以核实纳税人在机构所在地申报的准确性、真实性。

三、加强涉外演出税收征收管理的建议

涉外演出的税收征收不完善究其原因主要是缺乏系统的征收机制，下面就政策完善、联合执法、国地税合作、国际信息交换和共享以及纳税服务质量的提升五个方面提出建议，以这五个点为立足点构建一

个系统的征收管理制度。

（一）修订国内外税收政策，完善演出市场法制化建设

流转税方面，财政部、国家税务总局 2016 年发布了《关于全面推开营业税改征增值税试点的通知》（财税〔2016〕36 号），规定文化服务里包括各项文艺创作、文艺表演和文化比赛，税率是 6%。

企业所得税方面，非居民来华进行文艺和体育演出的相关法律法规：1993 年国家税务总局与文化和旅游部、国家体委联合下发《关于来我国从事文艺演出及体育表演收入应严格依照税法规定征税的通知》（国税发〔1993〕89 号），1994 年国家税务总局单独下发《国家税务总局关于境外团体或个人在我国从事文艺及体育演出有关税收问题的通知》（国税发〔1994〕106 号），《演出市场个人所得税征收管理暂行办法》（国税发〔1995〕171 号），以及国家税务总局《非居民承包工程作业和提供劳务税收管理暂行办法》（国家税务总局令第 19 号）、《非居民企业所得税核定征收管理办法》（国税发〔2010〕19 号）和《国家税务总局关于修改〈非居民企业所得税核定征收管理办法〉等文件的公告》（国家税务总局公告 2015 年第 22 号）对非居民来华演出所涉及税收的计算、核定、申报、缴纳、扣缴等相关税收问题进行了规定。

个人所得税方面根据税收协定范本第十七条艺术家和运动员条款，对来华从事文艺演出的非居民的税收征管不同于其他非居民管理，无须进行复杂的征税权的判定，而是遵循来源国征税原则，即无论其停留时间和活动方式如何，来源国有权对其演出活动所取得的出场费以及取得的与从事表演活动有直接或间接关系的广告费、音像制品出售收入征税。

目前，就涉外演出方面的流转税、企业所得税和个人所得税虽然均有政策规定，但缺乏系统性，且与实际演出活动和基层征收管理有所脱离，执行力不强，应加强税收法制建设，理顺当前关于涉外演出的相关规定。根据政策体系构建建议如下：

1. 从操作层面不断完善国际税收法规

通过修改补充相关法律法规文件，提高法规执行力度和遵从度。比如个人所得税中税收协定范本第十七条的条款规定比较简单，并未出台相关解释文件，目前各地市基层税务局根据各地制定的指引进行属地征收管理。但演出行业大多数涉及跨地区经营，各地市之间的税务部门并未沟通，各自执法，效果并不理想。建议参照教师和研究人员条款的相关解释文件就第十七条艺术家和运动员条款出台相关实施细则，细化具体实施细则，明晰具体的纳税义务时间、纳税义务人与扣缴义务人、计税依据以及申报流程等，使得依法征税有条可依。

2. 修订国内演出行业的法规

目前针对演出方面的文件都较为陈旧，随着经济的快速发展，已经不能适应当前的经济形势，对纳税人缺乏约束机制。应结合当前演出行业的现状及发展，统筹考虑企业所得税、个人所得税、流转税的政策适用，对征收对象、征收内容、计税依据、申报缴纳流程等进行明确统一，制定既符合国际法及上位法规定，又符合实际情况、可执行性强的法律规定，明晰涉外演出增值税、企业所得税以及个人所得税的纳税义务，所得税方面明确演出主办方作为扣缴义务人，规范申报缴纳和扣缴的法律义务，探索更公平合理的核定征收制度，并通过法律层面建立有效的监督机制，通过法制建设引导涉外演出行业健康发展。

（二）探索多部门联合执法，形成闭环式税收管理

要解决涉外演出流动性强与执法滞后、跨地区征收管理难度大等问题，必须在演出环节形成系统化管理，加强部门之间协作，形成一个高效健全的征收机制以确保征收到位。应探索与文广新局、出入境管理部门联合执法的模式，在目前开放式管理流程中穿插入税收征管手段，使得在管理中形成闭环式管理（如图 2 所示），明确各地的征收权限，并通过金三系统的优化巩固征收管理的效果。

1. 事前介入管理

与文广新局建立协作机制，建立文化演出审批前的税务备案制度，规定演出主办方在文化部门审批

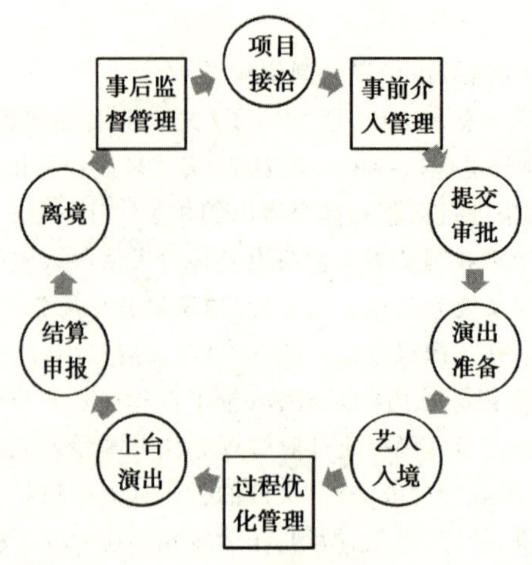

图 2　闭环式税收管理

前必须先到税务部门进行演出税务备案，提交主办方的联系人及联系方式，收入分配表以及演出保障账户信息，提交文化部门的审批资料必须增加在税务部门已备案的信息表，通过“先备案后审批”的制度，确保每个演出均办理事前备案。完善与文广新局的信息交换机制，提高演出信息从文化部门流转到税务部门的效率，确保税务部门在演出前能获取演出信息，增加流转信息的宽度，除了现在看到的批文信息外增加一些主办方及演出保障账户等相关信息，及时掌握有效信息是确保征收及时性的保障。

2. 事中优化管理

理顺申报、扣缴及管理流程，一是简化登记制度，简便申报流程，明确内部各级工作职责。二是通过金三系统对每个涉外演出项目单独建档，国、地税共同建立管理台账，做好信息采集工作，加强对涉外演出的动态管理，并及时开展税收风险评估工作。三是管理思维要从以往的“以票控税”向“以网管税”和“以数管税”转变，通过逐步系统建设，利用全国通用的金三系统，达到通过系统统筹演出地税务部门和机构所在地税务部门进行跨地区监管的动态管理模式。

3. 事后监管机制

主办方应依法按时到税务部门进行完税，税务部门及时把演出完税情况反馈给文广新局，共同建造演出行业的信用体系，形成失信惩戒的黑名单制度，文化部门以此作为后续审批的参考条件，对于不规范的非居民艺人与演出团体限制入境演出。与出入境管理部门联合落实离境清税制度，确保外籍艺人在离境前进行税务申报。

（三）国地税合作加强管理，形成长效的管理机制

国地税联合执法已经是一种常态，数据共享，共同管理，联合执法，无疑是一个更便捷高效的征收模式，针对涉外演出建议加强合作，建立联合执法小组。

1. 国税部门加强对演出行业的增值税和非居民企业所得税的征收管理

通过税控机、税控软件以及监控网络手机支付等手段对网络售票进行监督管理，准确掌握演出售票收入，并结合售付汇备案工作掌握非居民演出所得，有效开展涉外演出的税收管理。

2. 地税部门加强对非居民演出团体以及外籍人员的个人所得税征收管理

通过实行外籍艺人和境外演出团体备案制度，及时开展对个人所得税的征收管理。加强与出入境管理部门的协作，通过离境清税制度的落实确保外籍个人所得税的落实。

3. 国地税联合征收管理，提升执法服务效率

国地税联合执法，通过联合系统就每个演出建立统一档案，共享数据，共同管理，定期开展国地税就涉外演出的税收风险评估工作。遇到需要检查的项目时共同执法，既避免纳税人重复应付国、地税税务部门的检查与管理，减轻负担，又能增强执法的震慑力，提高纳税人的遵从度。及时交互征管信息，提高信息利用效率，对涉外演出流动性极强的事项显得尤为重要，及时开展行动，紧握税源避免流失。

(四)国际信息交换和共享，构建国际反避税体系

充分发挥国际税收合作与协调的效用，拓展国际税收信息交换与信息共享，交换利用国际情报交换体系以及 BEPS(税基侵蚀和利润转移)行动计划等税收信息交换网络，加强国际税收情报对涉外演出管理的力度，遇到需要向税收协定缔约方获取演出涉税信息，或告知境外演出者在中国境内的税收违法行为时，应按照国际税收情报交换工作规程的规定，制作并发出专项或自发情报。通过情报交换手段防止非居民利用税收协定漏洞或征管手段滞后规避税收，同时也要加强对非居民享受税收协定待遇的后续管理，防止滥用税收协定，合力构建一张涉外演出的国际法防避税的网络。

(五)建立专业管理的团队，提升管理和服务质量

1. 加强专业化涉外演出团队建设

建议就涉外演出进行集中管理，在基层税务部门建立一支专业团队，其中配备从事涉外演出税收征管的国际税收、外语及计算机专业的人才，并且加强业内培训和交流学习。多从纳税人的需求出发，建立新的合作型税法遵从模式，建立友好的征纳信任合作关系，提供专业化、精细化管理和服务。

2. 做好税收政策辅导，提出税收服务文化事业的理念

建议提升涉外演出行业的税务服务水平，有针对性地对本地演出企业开展税收政策宣传，通过行业沙龙、税收宣传会等形式做好涉外演出的相关税收政策辅导，制作专门的、多种语言的涉外演出的政策宣传手册，通过纳税服务质量的提升、政策辅导到位，更好地提升纳税人的遵从度。

(作者单位：国家税务总局广州市天河区税务局)

环保税征管中存在的问题及对策建议

丁道兵

《中华人民共和国环境保护税法》(以下简称《环保税法》)和《中华人民共和国环境保护税法实施条例》(以下简称《实施条例》)已于 2018 年 1 月 1 日起正式实施,《环保税法》作为我国第一部落实税收法定原则、体现绿色税制的单行税法,是贯彻绿色发展理念、促进生态文明建设的重要举措,也是深化税制改革、优化税制结构、完善地方税体系的具体体现。然而,环保税作为一种全新的税种,由于是以污染物为征税对象,具有独特的技术规范和征管特点,与税务部门征收的其他税种相比也有较大的差异,并给税务部门带来了新的挑战。因此,环保税的开征能否实现其立法目的,备受社会各界关注。基于此,本文针对环保税开征初期在征管中出现的问题,提出相关对策建议。

一、环保税征管中出现的主要问题

(一)征管户数难以掌握

虽然《环保税法》规定,在我国领域和管辖的其他海域,直接向环境排放应税污染物的企业事业单位和其他生产经营者为环境保护税的纳税人。但是,在日常征管中,税务部门对于部分排污主体却难以掌握,如有些企业未取得排污许可证进行排污,基层环保和税务部门难以全部掌握;又如江苏省镇江市某区共有从事餐饮、酒店经营的企业 200 多户,规模化畜禽养殖企业 800 多户,还有砖瓦、建材加工等其他污染企业 150 多户,一直都是环保费的漏征户。因此,环保税开征后,这些企业也成了环保税征管的盲点和难点。

(二)涉税风险难以管控

环保税是以污染物为征税对象,无法直接进行查账征收,与税务部门征收的其他税种有较大差异。比如,与现金流、发票流、实物流脱钩,税务部门缺乏税源监控的污染数据源,难以掌握其污染物排放数据指标,对纳税人申报数据的真实性和完整性难以审核和确认。另外,由于纳税人在生产过程中所产生的污染物处于起伏不定的状态,所反映的污染指数也将持续变动,且大部分企业没有安装监测设备,这不仅导致环保部门监测难,而且也给税务部门依法征管带来了税务风险。

(三)技术支撑难以到位

由于环保税是按纳税人排放应税污染物的种类、数量、浓度值和分贝数为计税依据的,所以对排放污染物的监测和数据计算具有较强的技术要求。虽然《环保税法》规定了环保部门负有对污染物排放的监测和复核责任,但目前环保部门的监测技术仍停留在对排污费核定征收的水平上,难以适应环保税按监测数据计算征收的方式。此外,《环保税法》明确规定,环保部门和税务部门应当建立涉税信息共享平台和工作配合机制。但由于受技术条件和相关设施的限制,目前信息共享平台尚未建立,涉税信息难以及时传递到位。

(四)部门责任难以划分

虽然《环保税法》及其《实施条例》对环保、税务部门的职责分工和协作配合作了明确规定,环保部门主要负责提供污染物信息,税务部门负责征收,但环保部门与税务部门之间的制约联动机制不够完善,对税收征管各个环节的部门责任不够明确。如《环保税法》第十九条规定了纳税人自行申报的时限和应承担的法律责任。第二十条又要求环保部门对纳税人申报的数据资料进行复核，税务部门按照环保部门复核的数据资料调整纳税人的应纳税额。而《实施条例》第二十一条又规定，纳税人申报的污染物排放数据与环保部门交送的相关数据不一致的，按照环保护部门交送的数据确定应税污染物的计税依据。按照上述规定，在实际征管中，不仅导致纳税人、税务部门、环保部门三方的责任难以划分，而且一旦发生纳税争议，就会造成部门间相互推诿责任的现象。

二、完善环保税征管的几点建议

(一)要落实征管措施

科学严密的征管措施是实现环保税政策目标的必要手段，也是提高征管效率，减少税收流失的有效途径。

1. 要强化户籍管理

强化户籍管理是加强环保税征管的基础。由于环保税的特殊性，目前在税务部门登记的征管户，不一定都是环保税的纳税人，而应缴纳环保税的纳税人，也没有全部成为税务部门的征管户。因此，所有从事生产经营的纳税人都应通过环保评估，对有污染物排放的企业，要严格执行排污许可证制度，以便税务部门从源头上掌握管户。同时，对产生污染物而未领取排污许可证的纳税人，包括小规模纳税人、畜禽养殖户等，要联合环保、税务部门开展逐户清理核对工作，登记造册，进行环保税纳税鉴定，纳入环保税征收管户，从而避免漏征管户。

2. 要实行分类管理

实行分类管理是提高环保税征管效率的有效途径。税务部门要依据环保部门传递的排污单位信息进行纳税人识别，建立纳税人名册，并根据环保部门提供的排污信息、环境影响评价管理等级的不同，按照《环保税法》规定的四种税额计算方法，将环保税纳税人分为重点税源户、一般税源户和核定征收户进行分类管理。一是将所有安装使用符合国家规定和监测规范的污染物自动监测设备的纳税人划定为重点税源户管理。这类企业的环保监测专业化程度较高，税务部门可以通过环保部门传递的监测数据，完成纳税人的税额审核和风险识别。这类纳税人目前占总管户的5%～10%，税额占60%～80%。对以上重点税源户可以按正常纳税户进行监控管理。二是对未安装使用污染源自动监测设备，但能够出具符合国家有关规定和监测规范监测数据或者明确适用排污系数、物料衡算计算方法的纳税人，按照一般税源户管理。即对纳税人能够提供符合规定的监测机构出具监测数据的，由税务部门按照第三方出具的监测数据，与纳税人申报的数据进行比对，如发现纳税人纳税申报数据资料异常的，及时提请环保部门复核。对不具备监测条件的，按照环保部门规定的排污系数、物料衡算方法计算应纳税额，将纳税人申报数据与环保部门传递数据进行比对，比对不一致的，按照孰高原则计算确定纳税人的应纳税额。对以上一般税源户要纳入重点监控户进行管理。三是对未安装使用污染源自动监测设备并且无法出具监测机构符合国家有关规定和监测规范监测数据或者无法明确适用排污系数、物料衡算计算方法的纳税人，包括小规模排污企业、畜禽养殖业、餐饮服务等行业的纳税人，实行核定征收管理。对核定征收户实行简易申报模式，由税务机关会同环保部门根据相关行业污染物排放种类、企业经营规模核定其污染物排放数据，再计算核定其应纳税额。并根据纳税人税额核定标准，确定按季或按年为申报纳税期限，从而简化征管。同时，对采取核定征收方式的，参照个体工商户定期定额的管理办法，实行一年核定一次，并由税务、环保部门联合将纳税人的排污行为和税额核定对外公开，接受社会监督。

3. 要推行风险管理

推行风险管理是防范涉税风险的重要手段。由于开征环保税强调纳税人的自行申报义务，税务部门在没有充分依据的情况下应当认可纳税人的申报数据，如果缺乏相应的发现风险、防控风险措施，容易出现漏征、少征税款等风险。为此，税务部门要按照国家环保部门制订的《纳入排污许可管理的火电等17个行业污染物排放量计算方法(含排污系数、物料衡算方法)(试行)》和《未纳入排污许可管理行业适用的排污系数、物料衡算方法(试行)》的要求，根据已采集的纳税人税源登记信息数据和相关行业能耗指标与污染指标，细化排污企业的行业排污标准、风险指标等相关参数，建立税收风险识别指标体系、风险特征库和行业风险比对模型，为环保税实施风险管理，堵塞征管漏洞提供数据支撑。因此，在实际征管中，税务部门要将纳税人纳税申报数据及时导入风险比对模型，发现疑点问题或超过预警值的异常申报情况要推送风险应对或提请环保部门复核，从而有效防范涉税风险。

4. 要实施信息管税

实施信息管税是提高环保税征管质量和效率的重要技术保障。由于环保税计税依据的特殊性，传统的以票控税手段难以在环保税征管中发挥效能，只有依托现代信息技术，实施信息管税，才是实现环保税征管现代化的有效途径。为此，一方面，税务部门要与环保部门联合制定信息共享规范，搭建全国统一的涉税信息共享平台，将税务部门的征管系统与环保部门的监测系统进行对接，打通与环保部门的信息交互渠道，明确信息交换中的内容、标准和真实性等，为税务部门征税提供准确的数据保障；另一方面，税务部门要与环保部门联手，借助“互联网+大数据”，全面推广污染源自动监测系统的建设，推进纳税人自动监测系统与税收征管信息系统的互联互通，以便税务部门可实时获取排污数据，从而不断提高环保税的征管质量和效率。

(二)要明确落实部门责任

税务、环保部门分工协作、协同征管、各负其责是环保税征管机制有效运行的重要保证。因此，要在《环保税法》及其实施条例已明确税务、环保两部门职责的基础上，进一步细化两部门协同征管的工作规范，从纳税人界定、纳税申报受理、税收优惠落实、税款核定征收、税额复核确认、税收风险管理、联合税务稽查、涉税争议处理、违章违法处置、涉税信息共享等征管全过程来明确落实具体协同事项的征管流程、操作标准、办税时限、表证单书、法律责任等。从而建立起既相互协作又相互监督的环保税征管机制，共同促进环保税征管质量和效率的提升。

(三)要提升自身征管能力

环保税涉及的环保知识专业性较强，对税务部门在技术上和征管上都提出了新的更高的要求，而目前在征收初期，税务部门无论是机构设置还是人员的相关业务知识、征管技能储备都比较缺乏。因此，税务部门要切实加强自身征管能力建设，设立专业化的征管机构，建立专业化征管团队。要全面加强对税收管理员的业务技能培训，加快培养具有环保知识和税务知识的复合型人才，不断提高税务人员的政策理论水平和业务技能，尽快掌握环保税征管的基本方法，从而较好地发挥税务部门在环保税征管中的主体作用。

(四)要优化办税服务

提供优质高效的纳税服务是提高环保税纳税遵从度的必要措施。由于纳税人原来缴纳环保费主要依靠环保部门计算核定缴纳，纳税人自主申报能力较弱。而开征环保税后明确了纳税人依法申报纳税的主体责任，要使纳税人由“被动缴费”向“主动纳税”转变，提高纳税人的办税能力和税法遵从度，税务部门应当为纳税人提供优质高效的办税服务，一方面要加强政策宣传辅导，提高全社会对环保税征收管理重要性的认识，使纳税人尽快了解和掌握环保税的法律法规、计算方法和办税流程，提高税法遵从度；另一方面要认真落实“放管服”措施，优化办税流程，简化办税手续，增设办税窗口，大力推行网上申报，实行线上线下融合服务，努力减轻纳税人办税负担，营造良好的办税环境，从而提升办税效率。

(作者单位：国家税务总局镇江市丹徒区税务局)

基层税务机关深化“放管服”改革现状分析及建议

国家税务总局淮安市淮阴区税务局课题组

2017年6月13日，李克强总理在全国深化“放管服”改革电视电话会议上强调，“放管服”改革是供给侧结构性改革的重要内容，今年要重点做到“五个为”：为促进就业创业降门槛、为各类市场主体减负担、为激发有效投资拓空间、为公平营商创条件、为群众办事生活增便利。基层税务部门作为落实“放管服”改革的重要责任主体，对税收营商环境有着直接的影响，笔者从基层税务部门的角度出发，认真总结相关做法，找准当前税收工作中影响营商环境的痛点、堵点和难点问题，并提出了一系列改进策略和保障措施。

一、当前税务部门深化“放管服”的主要举措

为积极策应全国深化“放管服”要求，基层税务部门积极部署，狠抓落实。

（一）放管结合，服务水平大幅提升

加快与省市政务服务网、省地税局“一张网项目组”对接，地税旗舰店已经于5月中旬进驻省局政务网。

1. 加快落实“一张网”要求，推进各类权责清单标准化

维护行政许可3项、行政奖励1项、行政确认35项、行政处罚57项、行政强制6项、行政征收17项、其他权力4项，共7类123项权力事项；推进政务服务事项网上申办，梳理60项对外公布权力事项。

2. 加快政务服务“一张网”推介宣传

完成江苏政务服务网、淮安市人民政府网上办事大厅3000次访问量，500次App下载量，246次两系统同时注册，246次两系统实名认证。发挥“互联网＋税务”思维，积极参加省局电子税务局开发工作，推广电子税务局、微信等便民办税举措，使纳税人随时随地了解和办理所有涉税事项所需资料、流程和内容，避免办税来回跑、多头问。同时将与服务大企业活动结合，扩大宣传效果，使纳税人办税更加便捷。

（二）深化合作，进一步整合服务资源

国税、地税部门进行深度合作。

1. 联合服务

整合办税服务厅，推行“一厅通办”和“一键咨询”等工作事项。

2. 联合办税

国地税联合委托代征，提高纳税服务强度，截至2018年5月底，委托代征单位已覆盖全区各个乡镇和国税办税大厅。将办税大厅延伸到乡镇和街道，极大方便了纳税人。

3. 联合培训

国地税联合开展各项税收优惠政策的宣传，实现同步宣传、联合培训、共同部署，最大限度地发挥好国、地税窗口资源的整体效能。

（三）减少审批，进一步缩短服务时限

严格落实省局《涉税管理事项及提交资料》要求，不增设办税条件、不要求纳税人开具无谓证明；落实

行政许可公开制度要求，在市局门户网站、市政府行政权力网上公开审批事项目录清单、办理条件、申请资料、办理程序、承诺时限等，自觉接受公众监督；落实审批时限“零超时”要求，按时办结审批申请事项。对申请的材料存在错误及资料不齐全或者不符合法定形式的，及时一次性告知纳税人并允许纳税人更正（补充）。结合税收执法权力清单、责任清单，对现行办税事项重新梳理，除企业所得税汇算清缴、土地增值税清算等审批核准类事项实行限时办结外，其余办税事项全部实行当场办结、后台流转，当场办结率达到 100%。此外，加强部门间信息共享，减少信息壁垒，扎实做好企业纳税人的“五证合一”，个体纳税人“两证整合”的各项工作，极大地方便了纳税人。

（四）优化流程，进一步强化服务举措

积极推进自助办税机在缴纳社保费、查询打印个税完税证明等方面的应用，提升纳税服务水平，缓解办税服务厅业务高峰期拥挤的状况。

二、当前税务部门深化“放管服”的问题分析

（一）部分法律、法规及规章制约“放管服”推进

为与经济发展相适应，随着经济的发展税收征管模式也在不断变化，过去我国经济不发达，企业较少，当时每户大点的企业都有一名驻点税务人员对企业实行全程管理，随着经济的发展，企业越来越多，驻点征收的征管办法已完全不能适应经济发展的需要，后来逐步实行税收管理员制度，对企业注册资金由实缴制改为认缴制以及“多证合一”等政策的实施，新办企业直线增长，现有的法律、法规及规章等部分条款规定的征管办法已经不能适应“放管服”的要求，制约了基层税务部门深化“放管服”工作的推进。例如 2005 年 3 月国家税务总局颁布的《税收管理员制度（试行）》（国税发〔2005〕40 号），该制度更多的是要求管理员对企业管得严、管得细、管得宽，对绝大多数依法纳税的纳税人来说加重了企业负担，制约了企业发展，虽然税总发〔2017〕101 号已明确改革税收管理员制度。但国税发〔2005〕40 号至今仍然全文有效，因此基层税收管理员的监管职责依然需要履行，从“中国裁判文书网”搜索也可以发现，近年来人民法院根据该文件认定税收管理员未有效履行监管职责构成玩忽职守而定罪的案件数不胜数，且呈逐年上升的态势。因此，对于基层税务部门来说，按照放管服务要求，有的事项该放、能放也想放，但又不敢放。

（二）放管结合还有待于进一步加强

放、管、服之间有着紧密的联系，三者需要紧密结合才能达到该放的放到位、该管的管到位、该服的服务到位的效果。比如“放”，究竟哪些能放？哪些不能放？那就要看税务人员征管程度，对于那些通过事中管理能达到征管要求的事项，其事前管理就可以放；对于那些通过事后管理便能达到征管要求的事项，其事前和事中管理就可以放。相反，对于已经放开的事项，我们要提高后续的管理水平来实现征管目的，对于尚不具备放开条件的事项，也要提高管理水平，尽可能早点为“放”创造条件。由于受技术条件以及人员等因素限制，基层税务部门在深化“放管服”改革过程中，放管不能很好地结合，往往是放先行，管滞后。特别是在放后出现新情况、新问题时，管不能及时跟进，从而造成税务征管过程中出现很多问题。比如 2018 年 3 月 30 日央视《焦点访谈》“虚开的发票”报道的，由于工商、税务“放管服”落实后，办企业、领发票更加便捷、容易，现实中只需要一张身份证复印件，中介机构就可以一次性代办数百家公司，从而导致空壳公司虚开增值税发票的案件高发，一个案件涉及的空壳公司就有可能上万家，从节目介绍来看，2017 年全国公安机关查处的虚开发票案件达 18000 多起，占全国税收类违法案件的 90%。

（三）部分“放管服”配套制度存在较大涉税风险

基层税务部门在各项改革措施的承接、落地工作中，往往需要制订配套制度，现实工作中课题组发现部分基层税务部门制订的配套制度存在较大的涉税风险。比如某基层税务部门为落实简易注销办法，实现市场主体退出便利化，规定对领取工商营业执照后未实际开展生产经营活动的纳税人，未领用或代开

发票且领取工商营业执照之日起至申请清税之日止不满 6 个月的，可以不进行清算检查，可当场办结清税申报或注销税务登记。该规定对实现市场主体退出便利化、方便纳税人方面有非常好的效果，理论上不会存在什么涉税风险，但现实工作中该规定却存在较大的涉税风险。

（四）“放管服”改革仍有较大提质空间

1.“不见面”服务有待扩容

现有税制体系下，各税种差异较大、各涉税事项的办理流程不一，导致地税部门虽然借助电子税务局，将 90%涉税事项纳入网上办税平台，较好推行了一系列“不见面”服务。但不动产交易税收、自然人办税代开票、更正申报、基础事项办理、税收优惠备案等事项，仍然需要纳税人到实体办税服务厅办理，“跑腿”现象依然普遍存在。

2. 办税时间有待深度压缩

影响办税时间的主要有两方面因素：其一，纳税人对税收政策的熟知度较低。企业办税人员对相关政策理解不透彻、把握不准确。甚至，一些经营决策者无法准确地进行税收风险管理和控制。其二，与申报直接相关的税收基础事项比较繁杂。部分税源管理基础事项，如税收行政审批事项调查核实、违反日常税收管理行为处理等业务，还需要在办税服务部门和税源基础管理部门流转，极大耗费了纳税人的办税时间，影响和制约了纳税人办税效率。

3. 税后流程有待“瘦身”

主要表现在三个方面：退税、抵税流程比较复杂，还依赖于税务部门的调查、结算等流程，还责于纳税人的退抵制度尚未完全建立；纳税人在系统自行更正申报权限尚未放开，仍需要办税人员前往办税服务厅前台办理；税务部门行政指导不到位，税收风险提示制度尚未建立，不能有效提示纳税人存在税收风险、提高税收遵从度。

（五）“放管服”配套管理手段亟须完善

一是实名办税税务部门与纳税人之间的权利与义务不够清晰，运用范围定位不准确，制约税收行政效率；二是分类分级管理界限不明确，差别化税收管理未能体现；三是信用积分体系还在开发阶段，纳税人信用信息公示散见于各类信用管理平台，未能在全社会形成“诚信激励、失信惩戒”税收环境。风险管理精准度不高，大数据应用还处于起步阶段，部门间信息共享程度不高，制约着税收风险管理手段有效实施。

三、落实“放管服”各项改革工作的相关建议

落实“放管服”的关键在于减少改革阻力（即因政策、制度、系统、绩效等方面设计不合理产生的改革“阻力”），为相关改革在基层落地生根提供保障，从而达到进一步优化营商环境，有效激发市场主体活力的目的。现就相关问题提出以下建议。

（一）坚持纳税人诚信推定理念，优化行政审批流程

按照国家税务总局“放管服”改革若干意见的工作要求，树立诚信推定、风险监控、信用管理等现代税收管理理念，强化对事中、事后的监管。对事前事项，在全面梳理纳税人办税事项的基础上，从便利纳税人办税、压缩办税时间的角度出发，进一步优化办税流程，清理纳税人的报送资料，确保 2018 年年底前精简 1/4 以上。一是对现有审批事项进行梳理，编制税务审批涉税资料清单，对清单之外的资料原则上不再要求纳税人报送。二是对所有涉税资料报送事项进行整合，建立涉税资料共享机制，对前期涉税事项已提供资料的，在后续涉税事项办理时原则上不再要求纳税人重复提供。三是优化资料报送频次，减少资料表报送次数，推行涉税资料电子化，减少纳税人纸质资料报送。四是优化审批流程，压缩流程时间，如退、抵税流程，更正申报权限等事项。

(二)加强监管机制和制度建设,加快转变税收征管方式

根据国家税务总局深化“放管服”若干意见精神,加强事中、事后监管机制和制度建设,推动转变税收征管方式,提高税收征管效能。基层税务部门应尽快制订与“放管服”改革相适应的监管制度,构建规范有效的征管体制,依托金税三期系统和相关管理新系统加大信息管税和风险管理力度,建立健全事中、事后管理体系。一是针对已取消的税务行政审批和前置性审核事项建立和完善税收风险分析模型,运用数据模型适时监控涉税风险。二是进一步完善风险应对机制,提高风险应对质效,对风险识别出来的低、中、高等风险及时采取应对措施以消除风险。三是构建与国土、房管等部门的数据共享机制,及时掌握单位相关涉税数据变动情况。四是做好中高等风险应对结果的增值利用,通过对中高等风险应对结果的分析,完善风险监管机制,提高风险应对的威慑力。

(三)加强现代信息技术的应用,不断提升纳税服务水平

充分利用现代信息技术的优势,为纳税人提供安全、高效、便捷的纳税服务。

1. 推进电子税务局建设

充分满足纳税人多元化办税需求,全力构建融媒体门户网站、12366 热线、微信公众号等于一体的网上办税服务厅。

2. 开发多渠道的申报、缴款方式

如开发自然人的自动办税机、手机 App、微信、支付宝城市生活、江苏政务服务网等多渠道办税模式,以及支付宝、微信、银联快捷支付等多元化缴费方式。

3. 开放部分申报事项

开放网上自主更正申报、自和退抵税等还责还权于纳税人的自主申请事项。

(四)完相关制度设计,切实优化“放管服”环境

1. 完善法律法规建设

秉持“以纳税人为中心”的理念,不断完善税收征管法律规范,厘清征纳权利与义务,按照行政审批制度改革需求,压缩审批事项,扩大“以报代备”范围。同时,统一规范征管制度,全面梳理税收征管制度、流程、规范,按照“放管服”要求,加强文件的“废立改”。建立征管规范基本制度框架和原则,简化、减少单项税种或专有事项的税收管理规程。

2. 完善信息系统建设

在国地税合并趋势下,加强信息共用的应用,将相关数据及时写入金税三期系统进行升级;加强“电子税务局”建设,尽可能让所有事项均能实现网上办理;强化自然人管理的 App 的开发与推广,加强“一张网”建设,全面融入江苏政务服务网,在原始缴费基础上,实现支付宝、微信、Apple Pay(苹果支付)等多元化缴税费方式;引入“互联网 + ”模式,做强 12366 热线,在线解答、处理办税工作难点问题,建立分区域、分行业、分事项的交流平台,鼓励纳税人自我管理、相互帮助、协力解答相关涉税问题。

3. 完善绩效考评机制

建立与“放管服”改革相适应的绩效评价体系,科学定标,严格考核,注重奖惩,倒逼落实,使绩效更具实际意义。

课题组成员:吴　昊　倪仁高　苗德通　陈智平　陈仲云

纳税人分类分级管理的思考与实践

周震寰　战　玥

随着经济社会的不断发展，税源管理状况日益复杂，辽宁省沈阳市和平区税务局在领会和贯彻国家税务总局印发的《纳税人分类分级管理办法》基础上，立足管辖区内纳税人实际情况，通过梳理分析2016年纳税人行业分布及税收收入数据，采取“规模为主，兼顾行业”的分类标准，切实转变征管模式，全面推进了纳税人分类分级管理工作。

一、实施分类分级管理的意义

2016年6月，国家税务总局印发《纳税人分类分级管理办法》指出，分类分级管理是在保持税款入库级次不变的前提下，对纳税人和涉税事项进行科学分类，对税务机关各层级、各部门管理职责进行合理划分，运用风险管理的理念和方法，依托现代信息技术，提升部分复杂涉税事项的管理层级，将有限的征管资源配置于税收风险或税收集中度高的纳税人，实施规范化、专业化、差异化管理的税收征管方式。这一管理模式的提出对我国综合治税有着深远的意义。

(一)分类分级管理有利于切实转变征管方式

近年来，税务机关的工作发生了很大变化，其主要原因一是在国家政策推动下，经济主体活跃，纳税人数量加速增长。特别是2016年5月“营改增”全面推行后，国税部门管辖的户数和业务量大幅增加。二是纳税人税收政策水平不断提高，与会计师、税务师、律师事务所广泛开展合作，对税务机关的服务与管理工作提出了新的要求。三是经济发展促进企业追求规模效益，实行集团式经营管理的纳税人越来越多，企业跨行业、跨区域甚至跨国经营成为常态，税源结构更为复杂，风险管控尤为迫切。因此，原有的税收征管模式受到极大挑战，已经不能适应现有经济需要。对纳税人实行科学化分类分级，从而对不同纳税人提供差异化的服务、实施专业化的管理，是顺应时代发展的必然选择。

(二)分类分级管理有利于精准应对税收风险

税源流动性增强、税务人员临近退休高峰期、人均管户越来越多是现阶段基层税务机关面临的窘境。如果继续按照原有管理方式，不仅容易出现漏户现象，还容易忽视涉税风险。另外随着信息化程度提升，一些不法分子的犯罪手段日趋隐蔽且向多元化发展，税务人员将面临更多的风险挑战。传统的粗放式管理已经无法满足当前的征管需求，取而代之的是实施有差别的分类分级管理。如在此基础上再加强风险管理，不仅能够改变以往税务部门过于繁复的管理方式，也顺应了当前简政放权、推进政府职能转变的要求，将有限的征管资源优先用于税收风险高的纳税人。

(三)分类分级管理有利于税源管理向高效转变

根据经济合作与发展组织(OECD)的资料显示，对纳税人、税源实施分类分级管理，是发达国家的通行做法。在调查的52个国家中，有85%的国家成立了专门的大企业税收管理部门。2008年，国家税务总局组建大企业税收管理司。2016年，大企业收税管理司选取1062户企业集团，撰写分析报告1356份，完成风险应对任务1465个，预估税款660多亿元。可见，对纳税人进行分类分级管理后，征管效率大幅提升。

综上，实行纳税人分类分级管理是切实转变税收征管方式的必然选择，是提高税法遵从度和纳税人满意度、降低税收流失和征纳成本的必由之路，也是队伍建设与形势发展相适应的客观需要。

二、税务基层部门分类分级管理的工作职责

分类管理就是税务部门把辖区内的纳税人和涉税事项按一定标准进行分类，与征管资源有效结合，实施税收征管工作的过程；分级管理就是不同层级的税务部门按照界定的职责，对不同的纳税人和涉税事项，完成各自的管理工作。税务基层部门分类分级管理包括两个方面：一是对纳税人进行分类，实施差异化管理；二是按上级的要求，做好本级税收管理工作。

科学化分类是实行分类管理的前提，可以按纳税人和涉税事项进行分类，同时纳税人可按规模和行业进行划分。首先，企业纳税人按照规模分为大企业、重点税源企业、一般税源企业。大企业包括总局监控的集团企业、省局监控的占全省税源80%以上的企业；重点税源企业包括市局和区局监控的重点税源企业；一般税源企业包括除大企业和重点税源企业以外的企业纳税人。其次，以《国民经济行业分类》为标准，对管辖的纳税人按行业进行分类，如划分为制造业、批发和零售业、房地产业、金融业等，可以按照税收占比高低对不同行业进行排序，选取重点行业实施集中管理。再次，根据管理要求和有关职能部门工作要求，对特定类型企业纳税人实行分类管理。比如，可以对外资企业和进出口企业进行专业管理等。按涉税事项分类，基层税务机关需要承担分类涉税事项包括纳税服务事项、基础管理事项、风险管理事项、筹划规划管理事项和法制事务事项等。

三、原有管理模式与分类分级管理要求的差距

和平区税务局对辖区纳税人原有管理模式与纳税人分类分级管理要求存在一定差距，主要体现在以下几个方面。

（一）未按行业实行分类管理

和平区税务局的分类管理是以规模为标准，将大企业、重点税源企业、大中型专业市场集中管理，除了房地产行业外，没有按行业进行分类管理，特别是对税收占比高、涉税风险大的行业，没能立足这些行业的特点，形成规范性的管理模式并推广。

（二）差异化和专业化明显不足

在对企业纳税人的日常管理中，模式相对单一，没有完全从企业实际出发，针对不同类别税源的特点，总结归纳管理规律，在管理内容、方式方法和纳税服务等方面实行差异化标准，实行专业化的服务和管理。

（三）传统的管户制度需要创新

现有的税收管理员固定管户制度已经不能适应时代发展要求，按照地域划分管户，专管员履行全流程税收工作，“全”而不“精”，风险管理薄弱。同时，“便民春风行动”已大大减少了管理员的审批权限，常态化的工作事项大幅减少，转变管理员制度势在必行，由“管户”向“管事”转变，由固定管户向动态化和集约化管理转变。

四、现有纳税人行业分布及收入占比情况

按照《国民经济行业分类》标准，和平区税务局对辖区内纳税人2016年全年行业分布情况进行统计，梳理出户数排名前十的行业和税收收入占全局税收收入比前十名的行业，如图1和图2所示。

通过分析图中数据，和平区税务局管户第二产业中，电力和制造业收入占比达39.7%，大企业主体作用突出；第三产业户数占比达92%，税收收入占比接近60%，纳税人类型齐全，分布于多个子行业之

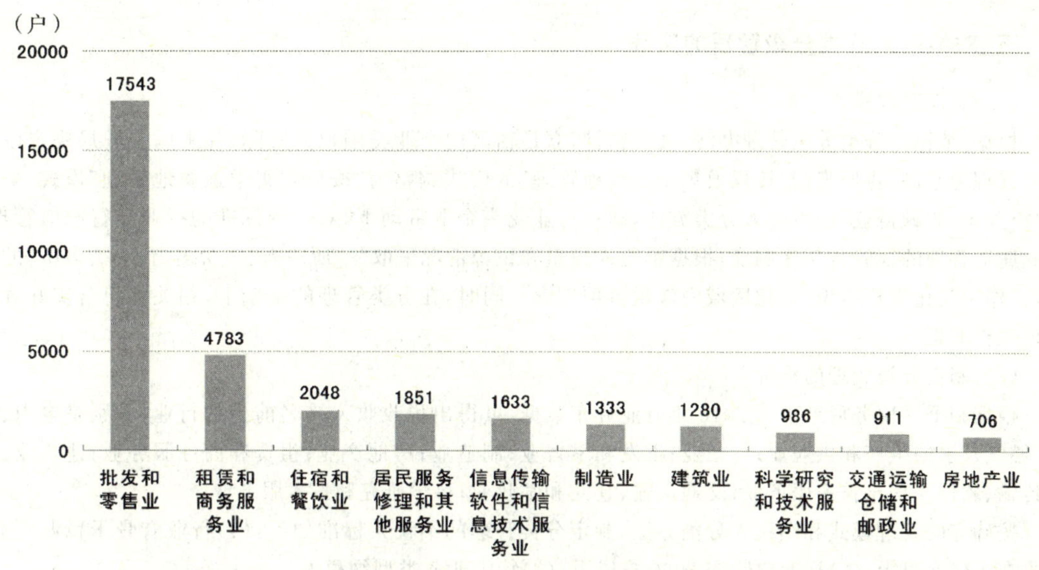

图 1　纳税人户数前十名行业统计图

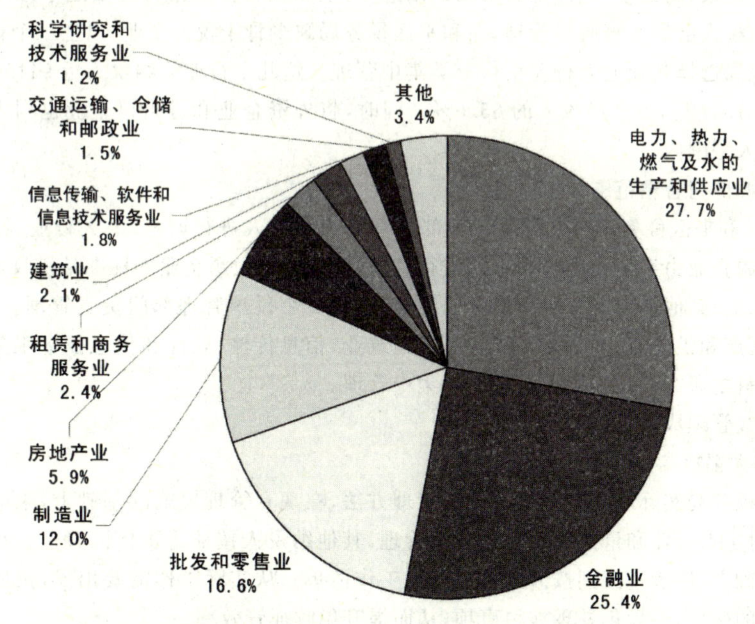

图 2　税收收入占全局税收收入比前十名行业统计图

中，其中金融业、批发和零售业、房地产业税收贡献率较高；税收收入占比前四名行业分别是电力、热力、燃气及水的生产和供应业，金融业，批发和零售业，制造业，税款收入均超 10 亿元，是和平区的主要支柱产业。

五、对纳税人分类分级管理的实践

（一）确定管理模式

根据《纳税人分类分级管理办法》文件精神，立足辖区内企业类纳税人实际，和平区税务局决定以大企业管理为基础，将原来的“按规模集中加属地管理”的模式调整为“按分类集中加属地管理”模式，采取“规模为主，兼顾行业”的纳税人分类方法，即在行业龙头企业带动下，对达到标准的行业实行归口管理。建立属地管理的征管责任区制度，根据纳税人数量和税源情况采取“一所一街、一所多街、一街多所”的方式，工作中淡化管户意识，强化区域内涉税事项理念。同时，在分类管理的基础上，相关部门落实好分级管理工作职责。

（二）制定分类管理的标准

根据和平区税务局纳税人 2016 年行业分布数据，可得出税收收入排名前十的行业，分别是电力、热力、燃气及水的生产和供应业；金融业；批发和零售业；制造业；房地产业；租赁和商务服务业；建筑业；信息传输、软件和信息技术服务业；交通运输、仓储和邮政业；科学研究和技术服务业。

按确定的管理模式和纳税人分类方法，制定分类管理的纳税人标准如下：(1)行业有骨干税源企业，税收在 1 亿元以上；(2)行业户数在 3000 户以下；(3)特定业务类型纳税人。

在这十大行业中，税收收入排名第三的批发和零售业有 17543 户纳税人，排名第六的租赁和商务服务业有 4783 户纳税人，均数量较大；排名第四的制造业，主要税收贡献来自红塔辽宁烟草有限责任公司沈阳卷烟厂，该纳税人已划入直属局管理，在和平区税务局缺少骨干税源企业，以上三个行业暂不适合归口管理。因此，该局选择其他七大行业实行分类集中管理。这几个行业的纳税人近 9415 户，占全局户数的 28.5%，税收 51.57 亿，占全局收入的 65.6%。同时，将外资企业和进出口企业也列入和平区税务局分类管理的纳税人范围内。

（三）调整税源部门管辖范围

2017 年 1 月，和平区税务局对原税源管理部门管辖的纳税人进行调整，七大行业、特定业务纳税人以及其他重点税源企业由三个税源管理部门进行管理，其中重点税源企业的标准是税收 200 万以上或注册资金 5000 万以上；其他纳税人按照征管责任区由其余 12 个税源管理部门负责管理。实现了电力、热力、燃气及水的生产和供应业，金融业，房地产业，建筑业，信息传输、软件和信息技术服务业，交通运输、仓储和邮政业和科学研究和技术服务业的归口集中管理。

（四）分类分级管理成果显著

1. 征管效率大幅提高

根据和平区税务局实际制定的纳税人分类管理方法，在现有管理模式的基础上，采取“分类＋属地”的管理模式，即对重点行业和重点税源企业分类管理，其他纳税人按征管责任区管理。在大幅减少通知和调查事项的基础上，逐步过渡到按涉税事项派发工作清单。从实际工作需要出发，按照人员工作能力的差别分配不同的岗位，差异化处理涉税事项，从而提升税收征管效率。

2. 纳税人税收遵从度稳步提升

建立纳税人分类分级管理后，和平区税务局广泛征求大企业、地方政府、地税部门和内部业务环节意见，提出三点创新服务理念：①建立标准化对象筛选评价体系；②建立个性化“一户一文本”谈签模式；③建立分级化税企磋商制度。由此编写了《〈大企业税收遵从合作备忘录〉签订工作指引(2017 年版)》一书，建构了基本完备配套和比较切合实际的工作操作依据与常态管理规范。和平区税务局筛选出七大行业中信用等级较高的 85 户大企业发放《税收遵从合作宣传提纲》和《税收遵从合作备忘录意向调查表》，进行广泛宣传，开展座谈磋商，充分了解这些企业的签订意向、服务需求及合作建议，大大提升了重点行业纳税人的税收遵从度。目前,《税收遵从合作备忘录》谈签工作正在有序开展。

3. 风险管理向专业化转变

风险管理是纳税人分类分级管理下重要涉税事项之一,通过对涉税数据进行风险识别、风险评估、风险应对和评价反馈,即可形成管理闭环,有效防控税收风险。在新的纳税人分类分级管理体系下,和平区税务局紧跟经济形势,把脉热点行业,将有限的征管资源优先用于风险较大的纳税人,协作开展重点行业的风险分析。深入企业实地走访,如房地产建安业、金融业等,获取一手资料,建立分行业风险分析模型,通过风险指标运用定量、定性和综合分析方法分析,确认收入成本配比异常,不合理成本费用列支等风险点。2017 年,和平区税务局共追缴风险管理税款 10114.65 万元,滞纳金 344.93 万元。

纳税人分类分级管理是新形势下进一步完善税收征管工作的必然举措,实施纳税人分类、涉税事项分类是税源精细化、管理科学化、措施差别化的重要途径。提高认识、明确职责、科学筹划、克服困难、扎实推进、务求实效是基层税务部门的必然选择。

(作者单位:国家税务总局沈阳市和平区税务局)

链条驱动集成管理
贯通税收征管“最后一公里”

——山东省聊城市经济技术开发区税务局创新征管机制提质效

王立训

2017年以来，山东省聊城市经济技术开发区税务局以开展“征管基础建设年”活动为契机，坚持问题导向，强化创新提升，积极探索推行以“双驱动、三集成、三目标”为核心内容的“链条式集成管理”机制，进一步夯实税收征管基础，全面提升了征管质量和效率。

一、补齐短板，探索实施“链条式集成管理”新模式

(一)剖析征管问题，寻求工作突破

随着税收现代化建设的推进和后“营改增”时代的到来，传统税收征管机制和现代税收征管理念发生激烈碰撞，一些征管基础性问题不时显现，如风险导向性不强、税源管控乏力、管理责任缺失、履职尽责缺位、岗位衔接不畅、工作流程脱节等。为找准症结所在，补齐问题短板，经济技术开发区税务局对业务进行全面梳理并认真分析，认为目前存在问题的成因，一方面在于金税三期系统以外部分业务流程和风险流程没有形成有效闭合，造成衔接不畅，工作空档断档脱节；另一方面，基层法规征管、税政、税源、绩效和信息管理等部门对征管工作没有进行有效融合，集成不强，协作不力，造成工作多头应对、质效不高。

(二)引入链条原理，助力集成管理

经济技术开发区税务局在研究解决问题的方案时，发现税收征管上下各层级、各部门、各环节，犹如一个链条的各个链节，整个征管工作犹如若干个链条。链条，是一种常见的传递动力的装置，链条断了或闭合不好，设备就要停产检修，而一根质量上乘的链条却可提高设备的使用价值。经济技术开发区税务局将链条工作原理引入征收管理，深入分析征管基本要素的内在联系和规律，最终形成以“双驱动、三集成、三目标”为基本思路的“链条式集成管理”模式，即将征管工作流程链条化，征管监控数字化，使征管链条闭合起来、环动起来，通过闭合业务链条和风险链条“双驱动”，形成相辅相成的联动效应和纲举目张的带动效应；通过集成业务、集成系统和集成指标“三集成”，形成融合新生的聚变效应和彼此支撑的集成效应；通过降低执法风险、提升纳税遵从度和提升征管质效“三目标”，形成层层递进的深化效应和联动互促的合力效应。

二、闭合链条，打造业务和风险链条双驱动

(一)闭合业务链条，提高征管质效

根据《中华人民共和国税收征收管理法》《全国税收征管规范》《全国税务机关纳税服务规范》等税收法律法规，对日常工作、税务登记、申报、征收和风险管理各环节，闭合经常性工作、临时性工作和个体管理3个综合类链条，开业、变更、非正常、注销、申报和征收6个程序类链条，企业所得税等各税种7个实体类链条，制定《链条驱动集成管理工作规范指引》，通过以上环环相扣的16个征管链条将各工作环节进行有效衔接、持续运转。

(二)闭合风险链条,提升防控能力

融合基础管理、政策管理和风险管理,将业务流程和风险流程进行梳理互嵌,打造企业所得税风险管理等7个风险管理链条,闭合目标规划、信息收集、风险识别、等级排序、风险应对和过程监控评价反馈风险管理流程,使税收风险管理流程和税收管理基本流程相融合,建立风险管理导向下的税收管理基本流程,准确定位两者进行融合的部位、环节,准确把握两者相互融合的运行机理,促进征管业务良性持续运转。

三、创新集成,建立有机衔接一体化平台

(一)集成征管业务,优化资源配置

按照精简、效能的原则,依照风险管理和纳税遵从管理理念,基于金税三期等各系统和征管各环节业务流需求,重置岗位、重明职责,将所有征管事项对应到岗;优化资源配置,对人员素质进行综合评估,科学合理对应到岗,明确前后台、内外岗职责和衔接方式,避免出现空档和断档,实现执行政策规范化、办理业务标准化和业务流程简约化。

(二)集成融合系统,联动共性互通

金税三期系统、征管质量监控系统、绩效考评系统、"执法360"系统、风险管理系统、企业所得税管理系统和土地使用税地理信息管理系统虽从不同角度和层面对征管对各环节进行管理和监控,但都有共性和相通点,开发区分局通过融合镶嵌,提高各系统的交融度,打通应用环节,实现系统集成,建立一体化的"流程推送集成管理平台",通过流程任务推送,优化各业务、系统和指标的和谐有序性,增强征管工作的集成效应。

(三)集成绩效指标,监控节点运行

将征管质量考核、风险管理、绩效管理等7个系统104个指标加上分局自行设置的15个指标嵌入每个流程链条,通过数字监控和考评,注重日常维护,使链条不脱节、不断档,形成"一事一绩效、一人一绩效",每个岗位人员每天通过"流程推送集成管理平台"登录访问、启动运行自己的工作链条,随时掌握考评指标和监控指标情况,及时、有针对性地处理链条上的事项及整改异常数据,保证考评指标和监控指标的正常,从而带动整体征管工作有序健康持续发展。

四、一降两升,打通征管"最后一公里"

(一)明责留痕预警,降低执法风险

16个征管链条和7个风险管理链条囊括所有工作,形成生产线式工作流,不同环节根据任务推送和完成时限设置工作事项提醒和预警,使工作不漏项、不逾期。将所有人员对应到岗、到事,将所有事项对应到岗、到人,镶嵌入征管链条及考评指标和监控指标,经办事项过程留痕,形成完整的数字量化控管体系,进一步降低了执法风险,风险管理成效贡献率和风险分析识别命中率明显提升。

(二)部门并联同进,提升纳税遵从

通过闭合链条、流程驱动,分局各部门实现有效并联,统筹协调,齐头并进,强化对纳税人全程管理,实现征纳管理互动,让纳税人对可能存在的税收风险提前预知,自行纠正。纳税人登记率、信息准确率、申报率和入库率明显提高,纳税遵从度进一步提升。2017年5月,分局税源管理岗位的工作人员,在处理征收管理链条流程时,发现某房地产开发区公司未按期缴纳税款且未在限期内改正,无法闭合征收管理链条。工作人员及时启动强制执行程序,依法从其银行账户扣缴税款及滞纳金1800多万元,保证了税款足额入库,维护了税法的权威。

(三)岗位串联贯通,提升征管质效

通过任务转办单、推送单和反馈单实现各岗位、各环节实时串联,环节扣合环节,岗位扣合岗位,链条对接岗位,岗位运行链条,指标控管链条,形成完整的流程链,前后衔接、环环扣合,不留空当,不设盲区、不存死角。欠税清理率、保全强制率等各征管指标进一步提高。经济技术开发区税务局税务登记岗在处理变更登记链条流程时,发现疑点及时转交调查核查岗进行处理,补缴股权转让个人所得税 1050 万元,避免了税收流失。

(作者单位:国家税务总局聊城市经济技术开发区税务局)

纳税人分类分级管理的实践与思考

——以广州市花都区税务局为例

孙国文　庚　国　东文彬　宋明文　张　斌
巫广安　张　彤　佟美雯　蔡浩纯

国家税务总局于2016年6月印发了《纳税人分类分级管理办法》，为纳税人分类分级管理提供了纲领性制度保障，但出台一年多来，广东省广州市地税系统尚未出台相应的实施细则。本文在总结2001—2018年以纳税人分类分级管理为理念的实践探索经验的基础上，剖析当前新形势和新要求下实施纳税人分类分级管理所面临的困难与挑战，并提出对策建议。

一、纳税人分类分级管理及其意义

《纳税人分类分级管理办法》明确指出："分类分级管理是在保持税款入库级次不变的前提下，对纳税人和涉税事项进行科学分类，对税务机关各层级、各部门管理职责进行合理划分，运用风险管理的理念和方法，依托现代信息技术，提升部分复杂涉税事项的管理层级，将有限的征管资源配置于税收风险或税收集中度高的纳税人，实施规范化、专业化、差异化管理的税收征管方式。"其目的是实现"四个转变""两个提高"和"两个降低"，即实现固定管户向分类分级管户、无差别管理向差异化管理、事前审核向事中事后监管、经验管理向大数据管理的转变，提高税法遵从度和纳税人满意度，降低税收流失率和征纳成本。这一税收征管方式的提出，对纳税人和税务部门均具有非常重要的意义。

（一）分类分级管理是有效破解新时期税收征管瓶颈的应时之举

当前，地税部门正处于"三后"时期（"金税三期"全面上线后、"营改增"试点全面实施后、"深改"方案全面推开后），"人少户多"的矛盾随着经济社会的快速发展日益凸显，"以票管税"的传统抓手随着"营改增"的全面推行而逐渐失效，纳税人满意度随着纳税人的维权意识提高和个性化需求增加而难以提高，内外监督进入"更高更严期"，执法风险越来越大等。要解决这一系列矛盾，必须转变税收征管方式。对此，国家税务总局在《深化国税、地税征管体制改革方案》中，明确提出通过实施分类分级管理等8项措施转变税收征管方式，将有限的征管资源配置于税收风险或税收集中度高的纳税人，这对于有效缓解甚至解决上述矛盾，无疑是场"及时雨"。

（二）分类分级管理是响应国家"放管服"改革号召的有力之举

党的十八大以来，党中央提出了"简政放权、放管结合、优化服务"的改革，要求既在"放"上下功夫，做好简政放权的"减法"，又要在创新政府管理上破难题，做好监管的"加法"和优化服务的"乘法"。税务部门，集管理与服务于一身，对纳税人实施分类分级管理，提升了部分复杂涉税事项的管理层级，实现无差别管理向差异化管理、事前审核向事中事后监管，既体现了简政放权的"放"，又通过风险管理等手段加强监管，提高税收征管质效，降低税款流失，忠实履行"为国聚财、为民收税"的天职，同时，又以为纳税人提供更加针对性的服务来提升服务质效，营造良好的税收营商环境，助力纳税人在市场经济中公平竞争。

（三）分类分级管理是推动实现国家税收治理现代化的重要之举

税收是国家财政收入的主要来源和调控经济、调节分配的重要手段，是国家治理体系和治理能力的重要组成部分，而税收征管是将税源转化为税收的唯一渠道。因此，税收征管效能的高低，影响着国家治理体系的健全和治理能力的高低。《深化国税、地税征管体制改革方案》要求对纳税人实施分类分级管理，就是通过转变征管方式对准现行税收征管针对性不强、实效性不高的症结，改变平均分摊征管资源，“眉毛胡子一把抓”的现状，提高征管效能，以更加有效地发挥税收职能作用，切实增强税收在国家治理中的基础性、保障性、支柱性作用。

二、纳税人分类分级管理的实践

对于广州市地税系统来说，分类分级管理并不陌生。早在 2001 年，广州市地税系统就开始了分类分级管理的探索。回顾起来，至今大概可以分为三个阶段。

（一）初探阶段（2001－2005 年）：实施重点税源分级分类管理

2001 年，广州市地方税务局制发了《重点税源企业分级分类管理暂行办法》，标志着全市地税系统拉开了分类分级管理帷幕。该时期的分级分类管理，是指以重点税源企业年度缴库的税收收入规模为主要依据，实行“统一指导，分级管理，责任到人”的管理。具体是将重点税源企业按年纳税额划分为 A、B、C、D 四类，其中 A 类为年纳税额 3000 万元以上的企业，由市局领导负责联系，市局与分局计统部门共同负责日常监控管理，实行双重监控管理；B 类为年纳税额 1000 万～3000 万元的企业，由各征收分局领导负责联系，分局计统部门负责日常监控管理；C 类为年纳税额 500 万～1000 万元的企业；D 类为年纳税额 100 万～500 万元的企业，均由各征收分局计统部门负责联系和日常监控管理。管理形式主要通过建立联系制度、报告制度、税收预警制度和建立管理档案四种形式。这种分级分类管理形式在当时为加强重点税源企业监控、及时掌握税源变动情况、完成组织收入工作，起到了非常重要的作用，按规模分类仍然是当前分类分级管理的重要分类维度，对 A 类企业实行市区两级双重监控管理，与当前大企业的管理如出一辙。但仅以税收规模作为分类标准，略显单一，同时市局层面的监管也并未实现对纳税人的实体管理，管理效果大打折扣。

（二）深化阶段（2005－2013 年）：“重点税源专业化、一般税源规范化、零散税源社会化”

2005 年，随着新一轮税收征管改革浪潮的到来以及《税收管理员制度（试行）》的出台，广州市地方税务局制发了《新一轮税收征管改革总体方案》，提出“实施对纳税人‘抓大控中规范小’的分类管理”，要求“科学划分重点纳税人、中等规模的普通纳税人和小规模纳税人，提高征管效能和服务质量”。从此，按照属地管辖的原则，全市地税系统通过“分片＋规模”“规模＋行业”等不同分类方式，不断探索分类分级管理：2008 年起，在市区两级建立专门的税源管理与纳税评估机构（“两办”），各区级税务局在原属地管理的基础上将重点税源管理部门单独分设，推进“抓大控中规范小”的分类管理；2010 年起，在“征、管、查”相分离的基础上探索更为精细的“管、评”分离，在税源管理部门中探索设立专门的纳税评估组（股）。经过不断的探索，全市地税系统“重点税源专业化、一般税源规范化、零散税源社会化”的税收管理格局基本形成，为后续分类分级管理积淀了宝贵经验。

（三）雏形阶段（2013 年至今）：成立大企业、纳税评估、纳税服务等专业部门，探索实施“管户、管事、管数据、管风险、管质效”五管结合的分类分级管理

2013 年，广州市市局层面，成立了大企业局税收管理局（以下简称大企业局）和纳税评估局，其中，大企业局承担全市年地方税收收入 3000 万元以上企业及集团企业的管理责任，纳税评估局承担全市税收风险识别、推送、监管责任，标志着全市地税系统打破了属地固定管户模式，并提升税收风险管理的层级。在区局层面，保留按税收收入规模划分的重点税源管理部门，于 2014 年成立了纳税评估部门和纳税服务部门，构建市－区两级风控架构，加强税收风险管理的导向性作用，同时实施纳税服务专业化，由纳税服务部门负责统筹纳税服务工作，着手整合现有纳税服务资源，规范纳税服务，提高服务效率，落实纳税辅

导，创新服务方式，全面提升花都区税务局纳税服务质量。与此同时，广州市地方税务局印发《广州市地方税务局税收管理员工作制度》，要求税源管理应遵循分类管事、分级负责、因事设岗、分工协作的原则，探索"管户"与"管事"相结合的管理方式。以花都区税务局为例，2014 年 8 月，该局开始在一般税源中全面推行"管事制"。一方面，调整税务分局内部岗位设置，把税收管理员岗位分为基础管理服务类岗位和纳税评估类岗位，强调基础管理类和纳税评估类独立。基础管理类岗位以管理员日常税源管理工作事项为切入点，依涉税事项合理划分专职设置户籍管理岗、申报管理岗、日常管理岗、综合岗和社保岗五类岗位。另一方面，梳理涉税事项，明晰工作规程。对管理员日常税源管理工作事项进行了一次全面彻底的梳理，明晰各涉税事项的法规及文件依据、适用范围、相关涉税资料、岗位业务流程、审核要点、表证单书，形成了《花都地税税源管理业务工作规程》。基本实现"人盯户"的保姆式管理向"人盯事"的专业化应对型管理转变。

三、当前基层税务部门实施纳税人分类分级管理面临的困难

经过多年的探索，广州市在分类分级管理上积累了一定的经验，也取得了一定的成效。但根据国家税务总局制发的《纳税人分类分级管理办法》，对照主客观实际，当前基层税务部门实施纳税人分类分级管理仍然面临一些现实困难。

（一）内涵认识有待提高

1. 意识淡薄

部分税务人员认为分类分级管理仅是一种形式，与之前的征管改革相比"换汤不换药"，对新征管方式的真正实效抱有怀疑态度；部分税务人员存在等待观望思想、畏难发愁情绪，缺少主观能动性；部分税务人员担心个人素质无法适应新方式的发展需要。

2. 理解不一

税务部门对分类分级的标准口径各有理解，如有观点认为分类就是按税收收入规模简单把纳税人区分为重点税源和一般税源，有观点认为将管户制改为管事制，实现岗位的简单分类便是专业分类；亦有观点认为按照层级管理就是分级，也有观点认为实现税收风险管理就是分类分级管理等。

3. 分类分级兼容性不强

实践中，税务部门对纳税人的分类标准较为单一，基本仅依税收规模大小划分，分级更多地体现在层级管理的分级，没有系统结合税收风险等级、纳税信用等级和税务督查内审之间的内在联系进行综合考虑，税收风险管理的导向性作用未能得到充分体现。

（二）配套制度有待健全

1. 税收征管法建设落后于征管实践

目前，我国税收征管环境发生了显著变化，基于分类分级管理方式下的税收征管实践也不断涌现出诸多现行征管法难以解决的热点、难点、盲点问题，税收征管法与税收征管实际之间的脱节问题日益显现，如现行的税收征管法存在法律体系不够完善、基础管理制度不够健全及法律责任不够严密明确等问题，成为制约分类分级管理质效的重要因素。

2. 税收风险管理的法律定位缺失

税收征管法尚未明确税收风险管理的法律地位，包括税收风险管理的程序、税收风险管理的执法主体资格，税收风险管理"师出无名"，不受税收征管法的保护。目前开展税收风险管理往往被定义为传统的纳税评估，工作制度上也以《纳税评估管理办法（试行）》为主。定位模糊、立法缺失等问题，均会影响到税收风险管理机制作用的有效发挥，成为制约分类分级管理发展的瓶颈之一。

3. 税收管理员制度不相适应

2005 年国家税务总局颁发的《税收管理员制度(试行)》,明确了税收管理员的工作职责、工作要求和对税收管理员的监督管理,在加强税源管理方面取得了显著效果。但是随着征管方式的转变,该制度存在的如管理员与纳税人职责划分不清、管理员的职能分散、不利于复杂条件下的税源管理等问题日益显露,已经不适应分类分级管理模式的实际,应该及时予以修改。

(三)机构职能有待调优

1. 税源管理部门的名称和职能有待调整

广州市税务部门当前基层,特别是原"两区两市"的税源管理部门,基本上以地域命名,职能也基于属地管辖范围内纳税人的管理。以花都区税务局为例,下设 1 个纳税服务分局、1 个纳税评估局、7 个税务分局(其中 5 个配备有独立的办税服务厅,并自行管理)、1 个稽查局。7 个税务分局完全采用属地管理的方式,按街镇划分管辖区域。花都区行政区域 960 平方千米,经济发展却极不均衡,属地划分的结果就是部分税务分局即使业务量再少,出于执法风险防范的基本要求,也要保证"麻雀虽小、五脏俱全",原本有限的人力资源被再次无效摊薄。

2. 税收风险管理部门的名称和职能有待调整

当前,除风险应对以外的税收风险管理职能由纳税评估部门负责,出现"名不正"现象。而且原"两区两市"的税收风险管理存在多头管理,征管部门统筹协调、纳税评估部门具体实施,在分类分级管理方式下,均有待调整。

3. 部分机关的职能有待调整

分类分级管理要求提升部分特定复杂涉税事项的管理层级,如土地增值税清算、企业所得税后续管理等复杂涉税事项,意味着相应部门就要实体化运作,而当前部门主要是统筹和指导职能,也需要作相应调整。

(四)工作流程有待理顺

1. 缺乏适用性操作指南

尚未出台包含事项类别、政策依据、操作功能等项目为一体的分类分级管理操作流程;缺少科学、规范和全面的业务流程,导致一到"真枪实弹",部门之间便会"推诿扯皮"。

2. 缺少导向性业务支持

分类分级管理强调运用风险管理的理念和方法,将有限的征管资源配置于税收风险或者税收集中度高的纳税人,但目前无论总局、省局还是市局均未出台税收风险管理办法及工作规程,税收风险导向性在流程上暂无支撑,有待进一步明确和完善。

3. 缺少扩界性联动指导

尚未明确如何衔接纳税服务、基础管理、风险管理和法制事务事项的工作程序和实施标准;尚未建立第三方数据采集业务流程和相关规范,对拓展跨部门税收合作,扩大与有关部门合作的范围和领域也存在局限。

四、对纳税人实施分类分级管理的建议

为了畅通分类分级管理,转变征管方式,切实提高征管效能,课题组提出以下建议,供决策参考。

(一)完善相关配套制度,为分类分级管理提供制度保障

1. 推动修订《税收征管法》及其实施细则

建议国家税务总局加快推进税收征管法及其实施细则修订进程,在程序上,重点围绕由申报纳税、税额确认、税款追征、违法调查、争议处理等主要环节构成,与税收风险管理流程相融合的现代税收征管基

本程序等内容修订;在结构上,既要包括法人纳税人,又要包括自然人纳税人。

2. 推动修订《税收管理员制度(试行)》

根据《纳税人分类分级管理办法》要求,和实施分类分级管理后机构职能的调整情况,修订《税收管理员制度(试行)》。重新定义税收管理员,相应明确税收管理员的工作职责,应由纳税人自主承担的职责,予以取消,还责纳税人;注意区分税源管理部门与纳税服务、税收风险管理等专业部门人员的工作职责,改变以往"一人管户,各事统管"的保姆式职责。

(二)综合考虑分类分级,为分类分级管理提供基础保障

在分级上,主要是按照《纳税人分类分级管理办法》规定的各级税务机关职责进行分级管理。

在分类上,为实现"提高税收征管效能"的目标,课题组认为相较于分类分出"规模"纳税人,更应该着力于分类分出"遵从"纳税人,以作为征管资源优化配置的重要依据。由于税收风险管理刚刚起步,风险管理机制有待健全,与纳税信用等级评定的融合度并不高,因此,短期来看,可以综合考虑将税收(收入或资产等)规模、纳税信用等级和税收风险等级纳入分类标准,建立"三位一体"的纳税人分类模式,并据此采取相应的征管策略和配置资源。对于规模大、信用高、风险低的纳税人,应该采用重服务的策略,多配置服务资源;对于规模大、信用低、风险高的纳税人,应该采用重管理的策略,多配置管理资源(如图 1 所示)。长期来看,随着税收风险管理机制的健全和纳税信用评价指标体系的完善,可以将纳税信用等级和税收风险等级合二为一,统称为税法遵从等级,即综合考虑税收(收入或资产等)规模和税法遵从等级进行分类,建立"规模 + 遵从度"("Scale + Compliance"简称"SC")的纳税人分类模式,并据此采取相应的征管策略和配置资源。对于规模大、遵从等级高的纳税人,采用重服务的策略,多配置服务资源;对于规模大、遵从等级低的纳税人,采用重管理的策略,多配置管理资源(如图 2 所示)。

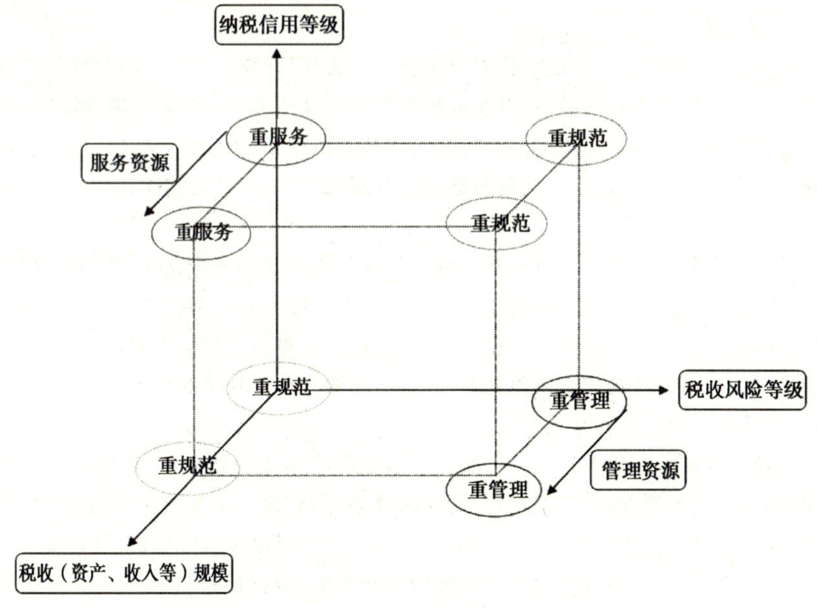

图 1 "三位一体"分类模式及征管策略和资源配置示意图

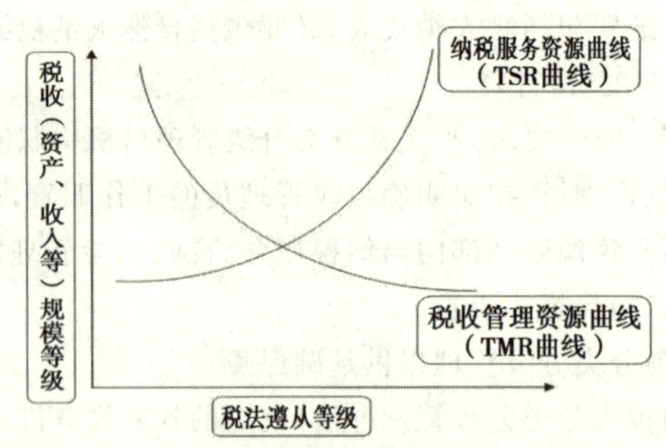

图 2 “SC”分类模式及征管策略和资源配置示意图

（三）调整机构优化职能，为分类分级管理提供组织保障

1. 市局层面

建议进一步明确和理顺大企业管理部门和风险管理部门、市局大企业管理部门与区局税源管理部门、市局风险管理部门与市局税种管理部门、市局风险管理部门与区局风险管理部门的职责和工作机制。

2. 区局层面

分类分级管理对区局的机构调整影响较大，因为分类分级管理不仅仅是对纳税人管辖范围的简单划分，还可能涉及打破属地原则，或负责特定纳税人的管理，或负责特定涉税事项的管理。《纳税人分类分级管理办法》要求，省以下税务机关应当适应分类分级管理需要，逐步推进直属机构和全职能分局（所）的职能转变，按纳税人规模、行业、特定业务类型或涉税事项类别等设置税源管理机构，实施专业化管理。具体以花都区税务局为例。

（1）进一步推动机关实体化。《纳税人分类分级管理办法》明确指出，税种管理部门（含国际税收管理部门）主要负责特定业务的基础管理事项，以及分税种的政策法规管理、数据采集、风险分析识别和风险分析工具设计维护等事项。因此，机关实体化将是落实分类分级管理的必然趋势。具体落实时，要明晰职责，机关与基层的职责既要划清界限，又要畅通联动机制，真正体现机关实体化对基层工作的减负和反哺促进。

（2）全面推进纳税服务集约化。将所有办税服务厅统一由纳税服务分局管理，集中全区纳税服务资源，实现人力、物力在全区范围内的高效配置；甚至可以根据纳税人分布密度，适当减少办税服务厅数量，除现有城区主厅外，在花都区东西两翼各设置一个副厅，进一步提高资源集中度，避免摊薄纳服资源。同时，进一步理顺集约化后前后台的职责调整和业务衔接，如对于首次到税务机关办理涉税业务的纳税人，纳税服务分局应主动为其核定税种。

（3）实施税收风险管理专业化。税收风险管理事项由区纳税评估局负责，具体负责本级数据集中管理、风险管理规划、风险任务管理、风险应对过程监控、效果评价、风险分析工具设计维护；负责本级重点税源企业和区域性、行业性的税收风险分析；协助市局和自主开展税收风险分析；负责市局推送和本级确定风险任务的应对工作。其中，随着数据集中层级的不断提高、数据质量管理不断规范和风险分析指标体系的不断健全，自主风险分析职责可以慢慢弱化，将更多的资源放在风险应对上。

（4）税源管理部门事项明晰化。《纳税人分类分级办法》第十七条明确基础管理事项是税务机关依职权发起的日常管理事项，主要包括数据采集、户籍管理、审查核实、税源调查、外部协作、委托代征、纳税担保、税收保全、强制执行、税务行政处理和处罚等事项。即“基层管理”与“纳税担保、税收保全、强制执行、税务行政处理和处罚”是包含关系。而该办法第三十三条规定：税源管理部门主要负责基础管理、纳税评估、纳税担保、税收保全、强制执行、税务行政处理和处罚，以及日常管理过程中发现的或风险应对任务安排的风险提示提醒等事项。“纳税担保、税收保全、强制执行、税务行政处理和处罚”与“基础管理”却成为并列关系。两者之间的关系有必要明晰，以免误解。

(四)明确各项工作流程，为分类分级管理提供业务保障

从涉税事项分类来看，与已经开展多年的纳税服务事项和法制事务事项相比，部分基础管理事项(数据采集、户籍管理)和风险管理事项的工作流程，或与新形势不相适应，或未有统一规范，因此，需要加以明确，便以工作开展，降低执法风险。重点明确数据采集、户籍管理和风险管理事项。

1. 明确数据采集工作流程

采集内容上：既要满足税源管理和纳税服务的需要，又尽量减轻纳税人负担；采集方式上：线上线下相结合，线上采集为主，线下核实为主；采集频率上：分类制定，常用关键数据，按月采集，其他数据按季度或半年采集；质量标准上：明确数据类型、数据格式、值域、关联关系等属性标准，严把数据质量关。

2. 明确户籍管理工作指引

一是明确户籍管理的内容；二是明确户籍管理的职责；三是明确户籍管理的工作流程；四是明确户籍管理的监督考核。

3. 印发《税收风险管理工作规程(试行)》

围绕构建立体化、全闭环、持续改进的风险防控网络，优化各层级风险管理部门职责，明确风险计划、数据整备、风险识别、风险应对、评价反馈等工作流程，逐步建立严密高效的税收风险管理运行机制，以充分发挥税收风险管理在现代税收征管方式中的导向性作用。

(作者单位：国家税务总局广州市花都区税务局)

浅论“互联网+税收”将面临的机遇和挑战

李 国 黄 琛

现代税收治理顺应互联网的发展趋势，以税收管理现代化战略为引领，以新技术革命为契机，以电子税务局建设为突破口，充分运用互联网、移动互联、大数据、云计算、智能技术等多种技术形态，推进制度创新，实现信息技术与税收管理的深度融合，实现税收工作的数字化、网络化、可视化、移动化、智能化，建设“互联网+税收治理现代化”新格局。

随着“互联网+”的深入推进，企业的经营交易和市场营销越来越依赖互联网。所以我们要充分运用数据挖掘技术，对散落在互联网中的海量涉税信息进行搜集、提炼和整合，形成税务信息共享平台，通过这个平台可以加强国地税、社保、工商等政府部门和社会组织的信息共享力度，大力拓展第三方涉税信息的获取来源和渠道，实现跨界融合和优势叠加，提高税收治理的社会参与度和效能。通过税务系统互联网专网，实现税务系统内部信息的有机整合和结构化存储。在实现总局、区局两大集中的基础上，对税收征管软件、发票系统、风险管理应对系统中的涉税信息，第三方渠道采集的各类涉税信息，进行高度融合，建立信息共享平台。

一、“互联网+税收”新模式的优势

“互联网+税收”工作模式与传统模式相比较，最大的优势和特点是利用互联网能超越时间、空间和形态的限制，依托信息化手段，由办税服务大厅的实地办税转为足不出户的网上办税、自助办税和移动办税，把实体办税服务的主要业务大量移植到线上，推动线上、线下融合发展，使办税方式发生根本性变革，给纳税人带来了前所未有的便利。“互联网+税收”的运用，可以让纳税人享受全天候纳税服务，使办税不再受时间限制；可以通过“互联网+税收”落实移动办税，不再受地域、场所限制，让纳税人所有涉税事项都有可能实现网上申请、网上流转、网上办结，不受物理形态限制，实现全流程无纸化办公。

“互联网+税收”在方便纳税人的同时，也给税务部门的征收效率带来了极大的提升空间。由传统服务地点单一、时间固定模式向全方位、全天候和全时段模式转变；“互联网+税收”时代为税务部门流程再造提供了广阔的空间，使办税流程缩短，趋于简单、优化。各种税收征管软件的运行，必然会提高税收征管数据的质量，增强税收征管的科学性和规范性。以纳税服务平台为核心的服务体系，提高了征收与纳税双方的沟通效率。征收部门可以直接通过互联网获取纳税人信息，有利于提高稽查效率和准确性。“互联网+税收”的最大优点是便利纳税人，提高税务部门征收效率的同时，实现税收治理的精准性。

“互联网+税收”思维为我们推进税收现代化治理提供了无限想象的空间和创新的余地。但是，在便利纳税人、提高征收效率和推进精准管理的“互联网+税收”实践中，还需要充分地发挥税务人的智慧，想纳税人所想，急纳税人所急，脚踏实地，才能让“互联网+税收”落地生根，开花结果，开创税收工作的新局面。

二、“互联网+税收”将面临的机遇

在“互联网+”的风口上，全国税务系统正以“智慧税务”建设为着力点、创新点，瞄准税收生活里的

“热点”“堵点”和“痛点”,高举创新大旗,用“互联网+税收”让税收管理服务“旧貌换新颜”。

“互联网+”改变了传统的征纳交互方式。国税短信平台、微博平台、App工具、微视频传输……现实场景里“面对面”的交流方式,被虚拟空间中“键对键”的方式取代,传统单向“灌输式”培训,被双向“互动式”模式取代,税务人员在虚拟空间听税户诉求,答政策疑问,讲网言网语,送涉税信息,受到纳税人的热捧,迅速把税收工作带入“微时代”。

“互联网+”的思维和先进的信息技术还推动着税务系统内部管理的深刻变革。在内部管理上,国家税务总局着力优化绩效管理信息系统,使其更适用、更好用、更管用;倾心打造内控机制信息化升级版,切实控风险、防腐败;积极开发和推行数字人事系统,如实记载每名税务人员的“成长足迹”,清晰记录激情燃烧的“税月”。

“展信息化之翼,圆现代化之梦”是我国当下各行业的趋势,全国税务系统应紧抓历史机遇,应用“互联网+”思维,推进税收管理服务创新,发挥信息技术乘数效应,从信息化的“追赶者”“同行者”,疾步超越成为“领跑者”。

“互联网+税务”的号角已经吹响:金税三期工程建设总攻战将统一国税、地税机关征管平台,实现全国税收数据在国家税务总局和省级税务局的大集中。增值税发票管理新系统推广蹄疾步稳,纳税人抄报税和扫描认证将成为历史,“电子底账”的生成将从根本上保证发票本身及内容的真实性,给发票管理带来革命性变化。与此同时,纳入增值税发票系统升级版的电子发票将结束电子发票“百家争鸣”的局面,有利于电子商务等新业态的快速发展。国家税务总局还将着手制订数据规范,从数据口径、数据采集、数据质量、数据共享和数据应用等方面规范数据、管理数据,为税收事业跨越发展插上“金色翅膀”。

“不热情拥抱和主动融入‘互联网+’,税收工作就没有希望,也没有未来,税收现代化更是无从谈起!”国家税务总局局长王军说。当前,以“互联网+税务”为主题的大胆创新和生动实践,正在全国税务工作中如火如荼地展开。

三、“互联网+”在税收领域的具体应用

(一)“金税三期”上线运行

按照国家税务总局的统一部署,内蒙古自治区国税局、地税局于2015年1月8日成功实现“金税三期”上线运行。上线以来,优化版运行情况良好,主体业务办理顺利,网上办税等系统运行稳定。

“金税三期”工程优化版应用系统在鄂尔多斯市税务局系统成功上线,无疑开启了鄂尔多斯市税收征管新纪元,促进了信息技术和管理方法在全局的广泛运用,保证了税收工作简便、规范、高效运行。“金税三期”系统上线后将对征收管理带来三方面影响。一是优化服务手段。“金税三期”工程构筑起包括一般纳税人抄报税、认证,各类纳税人申报缴税,涉税事项审批和各类机打发票网上开具和自动验旧为一体的网上办税服务厅。其未来目标是实现90%的纳税人和90%的涉税业务通过网上办税服务厅办税。二是规范税收执法。“金税三期”工程把税务机关所有的业务都纳入一个统一的系统,所有业务处理采取工作流方式,促进透明执法、规范执法。三是提升管理水平。“金税三期”以海量数据为基础,依托先进分析工具和模型,有利于税务机关把握税收变化趋势,推动决策管理上水平、上台阶。

“金税三期”系统上线以来受到了广大纳税人的一致好评,系统注重简化税收业务流程,压缩即办事项操作步骤,简并需提交的纳税资料,尽量减少纳税人负担。

借力“金税三期”打造优质的纳税服务体系,切实维护纳税人的合法权益,建设服务型体系,不断优化纳税服务,是“金税三期”工程建设的重要战略目标之一。当前信息化技术高速发展,纳税服务也因信息化技术而拥有了越来越多的服务平台和手段。传统的上门申报逐渐被互联网等新兴申报方式取代。应用信息化技术,纳税服务的内容、方式和覆盖得以极大的拓展,更为贴近纳税人的生产、生活。而“金税三

期”工程所推动的税收管理模式的变化和业务的创新，为构建和完善一个统一、规范、高效、便捷、全方位、多渠道的纳税服务体系创造了物质和制度条件。

“金税三期”是一个巨大、复杂和艰巨的系统工程，作为全世界规模最大的税收信息化系统，它具有区分轻重缓急、分步实施、建设周期长等特点。而由于地域上的差别，可能存在某些环节的特殊税收业务要求，从而形成统一开发的系统“一体化”与各地税收业务的“个性化”“特殊化”的矛盾。在我国当前国、地税即将合并的情况下，各个地区的地域化税收政策、税收征管模式都存在不同程度的差异，统一的税收信息化系统在满足基本的工作需求时，必然难以照顾到各项差异化需求。而如何在统一系统应用开发模式下满足基层税收管理的迫切需求，已经成为了税务信息化建设必须认真思考的问题。

随着“金税三期”应用系统的上线运行，各项税收数据信息必须上传到市局、总局集中处理，基层税收机关与上级部门的网络联系变得非常重要，任何一个环节的失误都有可能导致信息的丢失乃至税收征管系统的瘫痪。实际工作中，税务部门不仅要关注内部网络运行情况，还要维护好网络交换设备、空调、供电设备等硬件设备，保证整个网络的畅通运行。同时作为一个规模庞大的信息化系统，大量的数据信息必须长时间保持高度的开放和共享，这必然导致这些数据一直处于高风险的状态。税务基层信息化服务于基层税务机关，而基层税务机关直接面相广大纳税人，而纳税人的各项基础纳税信息都存放于系统之中。所以，不管是作为税收工作还是纳税服务的一环，税务部门都有责任和义务保证这些信息的安全。这就要求税务人员必须提高网络信息安全意识，加强信息安全防范。因此，如何保证网络信息安全畅通已经成为鄂尔多斯市税务局信息化建设中必须关注的一个重要问题。

“金税三期”应用系统上线后带来的一个重大改变就是税收执法流程的规范化。长久以来，由于管理和人员素质等各种原因，税收执法中都或多或少存在一些随意及不规范行为。而如今“金税三期”应用系统通过统一的税收执法系统流程，以软件上的限制和规范强迫工作人员按照法律程序推进执法工作，将执法中的每一项步骤以信息化形式记录在系统之中。这要求每一个税务人员都有完整的税收法律知识、了解系统要求的每一项步骤的实质目的，才能确实完成整个执法工作。同时，作为一个信息化系统，必须具备基本的计算机操作知识。因此，如何加强培训力度，保证税务人员的素质已经成为鄂尔多斯市税务局信息化建设中必须思考的一个重要问题。

掌握并熟练应用“金税三期”是一项系统而漫长的工作，各税务部门要勇于面对困难，接受挑战，同时认识机遇，把握机遇，借力“金税三期”，为税收事业的发展作出贡献。

（二）视频会议在税务系统的应用

随着互联网的发展鄂尔多斯市税务局部署了视频会议系统，以前，上下级部门平时工作上的交流主要依靠电话，这种传统的会议方式不仅耽误时间，也消耗了大量资源。而且对于一些突发事件只能采用传统的电话沟通而不能即时地、有组织地进行讨论。这样，大大损失了时间与效率。而有了视频会议系统，无论是行政会议、总结会议、决策会议都可以随时安排，既节约了时间又节省了会议费用。

视频会议系统可以节约会议的经费、时间，减少公务出差的费用，从而提高会议的效率。对于某些交通状况不好的地区，视频会议系统的作用尤其明显。此外，通过视频会议系统，可实现基层局与基层局，基层局与市局、区局、总局的联系，增加了参加会议人数。

会议视频是当下税务部门不可缺少的伙伴，它改变了电话、E-mail、异地出差等传统沟通模式，通过逼真的视音效果帮助各地职工轻松实现“面对面”的交流，从而节约时间、资源和费用，提高工作效率，改善工作模式。

四、“互联网＋税收”将面临的挑战

各地在实施“互联网＋”过程中，实施内容与业务战略的融合度不够，顶层设计和统筹规划的科学性有待进一步加强。因此，税务部门首先要以“金税三期”为推广应用契机，进一步优化完善业务流程，充分考虑到地域差异、经济差异等因素，为“互联网＋税收治理现代化”整体应用系统做好顶层设计。

当前数据的安全性与隐私性问题是目前公认的最严重的阻碍因素，使其在政府领域的应用推广面临巨大挑战。因此，“互联网＋税收”建设应当集中精力加强信息安全监测系统建设，应对互联网应用、金税三期、数据交换等技术带来的风险，提高对网络攻击、病毒入侵的防范能力和网络失泄密的检查发现能力。根据资源的重要性、涉密程度和安全风险等因素，划分安全区域，确立安全保护等级，统一做好风险评估和防范工作。

新时代下，税务部门应顺应新趋势，把握新机遇，顺势而为，转变征管方式，推进制度创新；审时度势，主动作为，通过制度创新促进技术与业务的深度融合。通过落实税收管理制度创新举措，为“互联网＋税收”建设创造良好的制度环境。

（作者单位：国家税务总局鄂尔多斯市税务局）

浅谈基层税务机关如何利用税收信息化建设加强税收风险防范

——以国家税务总局喀什地区税务局为例

黄文权　窦乾坤　黄晓东　宋博博

税收信息化是将信息技术广泛应用于税务管理,深度开发和利用信息资源,提高管理、监控、服务水平,并由此推动税务部门业务重组、流程再造、文化重塑,进而推进税务管理现代化建设的综合过程。近年来税务系统通过信息化建设在提升税收征管方面取得了一定成效,如:采用信息技术手段对传统税务管理的组织结构进行重组,对业务流程进行再造,同时税收信息化建设对传统的税务管理也产生了巨大影响,尤其在税收风险防范工作中的优势日益凸显。

一、税收信息化建设发展情况

中国税收信息化建设开始于 20 世纪 80 年代初,经历了从无到有、从简单应用到复杂应用、从单机应用到网络化与系统化的发展历程。尤其是 1994 年税制改革和税务机构分设后,以增值税专用发票管理为契机,金税工程一期建设和综合征管软件研发启动。从税收信息化建设的历程看,我国税收信息化建设大致可分为萌芽、起步、稳步发展、全面提升四个阶段。

(一)萌芽阶段(1982－1989 年)

从硬件投资起,计算机设备从无到有,到 1989 年年底,全国共装备微机 5000 余台。从软件应用上看,初期主要处理计划、会计、统计等税务网部信息,包括会统报表处理、票证处理、电月报处理、重点税源管理等,后期实现了征收开票的计算机化,各地尝试开发了征收管理软件,此外还有税收法规查询、涉外税收管理等应用软件。

(二)起步阶段(1990－1993 年)

1900 年,国家税务总局在广州市召开了全国税务系统第一次计算机应用工作会议,从计算机应用的制度制定和标准化推行开始,逐步开展了各类单项软件的开发、研制、推广和应用。

(三)稳步发展阶段(1994－2000 年)

机构分设后,计算机数量迅速增加,国税系统的信息化建设逐步加快。随着网络技术的发展,国税系统的计算机应用开始由单机和局域网向多机联网和广域网过渡。

(四)全面提升阶段(2001 年至今)

随着税务管理信息系统一体化思想的提出,我国税收信息化建设进入以一体化为主导的阶段。此段时期先后上线了金税三期工程优化版、增值税发票管理新系统等多项综合性强的信息化系统。

二、基层税务机关税收风险防范现状及问题

基层税务机关风险防范现状。

(一)税收风险管理理念得到普遍认同

经过多年的宣传推动和实践探索,基层税务人员对税收风险管理理论及其在税收工作中的指导意义

有了一定的理解。在工作实践中,税务人员能够主动将税收风险管理理论与税收管理工作结合,运用风险管理理念指导工作、开展工作,探索实施风险管理与流程管理的融合,税收风险管理理念得到了税务人员的普遍认同。

(二)主要依托上级税收风险管理框架

一是按业务流程设岗。打破原有的管理员划片管户模式,按业务流程确定岗位职责。二是风险管理的工作流程确立。按照风险任务接收、任务分配、风险应对、应对管理、应对实施等环节对风险进行全程监控。

(三)信息技术管理在风险防范中的作用日益突出

基层税务机关依托金税三期工程优化版、增值税发票管理新系统、出口退税审核系统等系统自行筛选疑点数据,开展日常案头分析,根据风险级别,采取相应风险应对工作。

基层税务机关在税收风险管理实践中取得了一定的成效,但是还存在一些问题,主要表现在:

(一)基层税务机关税收风险管理体系还不够健全

一是风险管理模式还未形成健全的制度保障;二是考核环节单一。税收风险管理的环节众多,包括风险的规划、分析识别、排序、应对管理等,但是纳入考核的却只有风险应对环节,考核不能涉及风险管理的各个环节。

(二)基层税务机关未形成自有的风险分析识别体系

一是风险管理工作中主要依托于上级风险指标模型下发风险数据,县局还未形成自有风险识别体系。二是案头分析过程中,重微观分析轻宏观分析。在实际工作中分析人员往往侧重微观个体的分析,对宏观经济、政策、区域发展的研究较少。

(三)基层税务机关人员自身能力有限,缺少专业团队协作管理

一是税收风险防范系统知识掌握不足,工作中不能够有效识别存在的风险点。二是科室间人员能力参差不齐,部分人员新接手岗位,对业务知识欠缺。三是对风险管理缺少专业性团队合作,成效不高。

三、信息化建设在基层税务机关风险防范的应用及成效

随着信息化建设的不断深入,基层税务机关利用信息化手段逐步提高风险应对成效,使得风险评估贡献率得到了不断提升,以国家税务总局喀什地区税务局为例:

2013 年该地区共计评估纳税人 666 户次,评估税款 6036 万元,占当年累计入库税款的 0.30%,其中增值税入库 1161 万元,企业所得税入库 4868 万元,其他税种入库 7 万元。

2014 年该地区共计评估纳税人 716 户次,同比上升 7.51%,评估税款 9389 万元,同比增长 55.55%,占当年累计入库税款的 4.44%,其中增值税入库 5124 万元,企业所得税入库 2393 万元,消费税入库 1869 万元,其他税种入库 3 万元。

2015 年该地区共计评估纳税人 892 户次,同比上升 24.58%,评估税款 6159 万元,同比减少 34.40%,占当年累计入库税款的 3.70%,其中增值税入库 2468 万元,企业所得税入库 1719 万元,消费税入库 1972 万元。

2016 年该地区共计评估纳税人 937 户次,同比上升 5.04%,评估税款 9511 万元,同比增长 54.42%,占当年累计入库税款的 3.70%,其中增值税入库 7418 万元,企业所得税入库 2052 万元,其他税种入库 41 万元。

通过数据分析显示,信息化建设在集成税务机关风险防范工作发挥的作用越来越大,从 2013—2016 年风险应对户数逐年提高,风险应对的贡献率也逐年提升。现分享该地区一户风险应对典型案例。

该地区以金税三期核心征管系统为依托,加大日常税收风险数据筛选,通过审核、对比分析某医疗器

械有限公司 2015—2016 年财务报表、申报表，发现该公司 2015 年及 2016 年上半年增值税税负率偏低。同时结合电子底账系统数据发现该公司开具发票与接收到并认证抵扣的发票存在一定程度的一致性，主要表现为每开出一类货物的发票就会接收到该类货物几乎相同数量、价格的进项专用发票。该地区税收管理人员以该项疑点为突破口，通过对该公司银行资金往来明细进行审核，发现公司接收汇入款明显大于其货物销售额，由此初步认定该企业存在未开具发票的销售行为，具有少计收入的嫌疑。该地税务机关针对上述疑点与企业开展约谈，发现该公司确实存在未开具发票的销售行为和虚假抵扣行为。税收管理人员对该企业进行了申报辅导，并要求其进行自查，企业按照规定，通过自查，合计进项税转出 276825.38 元，补缴增值税 276825.38 元。

四、信息化建设对未来税收风险防范的思考

在"互联网＋"行动计划的指引下，"互联网＋税务"思维和不断出现的互联网新技术，为税务机关加强信息管税能力、推进税收现代化提供了无限的想象和创新空间。将税收现代化建设与移动互联网、物联网、大数据、云计算等技术结合起来，充分整合、挖掘各方信息资源，提高征管效率，改进纳税服务，构建更加和谐的征纳关系势在必行。

（一）加强税收风险分析识别方法的学习

一是组建税收风险分析识别团队，针对基层机关的税收管理工作特点，研究适合基层税务机关的税收风险分析识别的方法。二是积极主动地开展岗位分类培训，将理论培训和技能培训紧密结合起来，不断提高税收风险管理专业人才的素质，拓宽视野，丰富管理经验，提高处理复杂问题的能力，加快专业化人才的成长。三是树立"从经济到税收"的分析理念。掌握本地区经济发展动态和经济信息，对税收分析至关重要。

（二）强化现有系统应用

充分依托现有征管系统，通过系统的应用，整合利用涉税信息资源。一是实现对税收征管基础数据的有效应用。二是实现对纳税人申报纳税情况的全面监控。三是实现对国税机关内部业务的过程控制，最终达到降低风险、提高质量、增强效用的作用。基层税务机关在日常工作中发现平台有需要修改完善的地方，应该提请相关业务需求，报上级相关部门。

（三）完善风险分析模型，提高税收风险识别准确性，逐步建立基层风险指标模型

一是强化日常征管工作，对征管风险点进行归集，不断完善税收风险识别模型。二是加快完善税收风险识别模型建设的指导性文件，提高模型建设的质效。三是形成制度化的科室互动，明确各科室在税收风险识别模型建设中的职责分工、目标和运作模式。

（四）完善风险管理数据基础

加强数据质量管理，增强数据质量意识，按规定采集录入涉税数据，把好数据入口关，做到纳税人申报纳税信息、第三方情报采集录入的信息准确、完整。对数据录入要严格审核，加强数据整理、存储、交换、校验等方面管理，定期开展数据维护、清理工作，不断强化数据管理，为开展税收风险管理提供高质量的数据源。

（五）加强涉税信息信息共享

全面掌握第三方拥有的涉税信息，可以对税务机关所掌握的信息进行校验和补充。一方面通过国地税信息共享平台加强国地税合作，实现信息及时共享；另一方面通过与外部单位签订第三方涉税信息，确保及时获取有效的第三方涉税信息，为风险防范提供数据支撑。

（作者单位：国家税务总局喀什地区税务局、国家税务总局伽师县税务局）

浅谈企业税收风险管理

黄景明　侯景平

企业税收风险管理，是指税务部门要对企业征税过程中税款流失的风险进行识别和预判，对存在的风险实施有效的事前控制，也包括事后风险处理等一系列的活动。实行税收风险管理的根本目的，就是最大限度地防范税收流失，并不断提高企业纳税人的纳税遵从度。

企业是税务部门重点税源的主要来源。当前，我国对税收风险管理的研究与实践仍处于起步阶段。因此，如何构建风险指标体系，确立风险度方法，并科学地评估税制改革对经济增长所产生的风险，是构建企业税收风险管理的当务之急，是有效防范税收风险的重要组成部分。本文主要是从税务部门角度，对当前企业税收管理中取得的成效以及存在的相关问题进行探讨，并提出针对性的意见与建议，希望对当前企业管理中的问题、成因及改进方法有一个系统的认识，为提高企业税收遵从度提供借鉴。

一、对企业税收风险管理的认识及实践成效

（一）对企业税收风险管理的认识

实施企业税收风险管理及评估可以使企业税收管理更有效率。税收风险管理即是通过对税收风险因素的识别，分析税收风险的成因，确立风险等级，估测可能造成的税收流失等后果，从而有针对性地采取措施，实施监督控制，防范并减少风险带来的损失。实践表明，通过税收风险管理可以大大提高税收的效率。

税收风险管理有利于保证税收的安全、稳定，降低纳税成本，减少不必要的损失。从实际操作来看，税收风险管理有利于保证税收的安全、稳定。

（二）企业税收风险管理的实践成效

1. 企业税收风险管理流程已基本确定

即在识别纳税人履行纳税义务过程中出现的引发税收风险的各种因素的基础上，科学评定纳税人风险度，并根据不同风险度和风险形成的情形，采取相应的风险应对措施，尽可能降低税收风险。企业的税收风险管理的流程主要由三方面组成，一是风险认知（也称风险识别），根据实际工作中积累的经验，归纳出税源管理中潜在的风险因素，并对每个风险因素进行分值和权重分析比较，建立涵盖纳税人生产经营活动全过程的特征数据库。二是风险评价，利用信息技术将征集到的风险数据进行分析、归类最后形成风险值，再根据风险值的高低对纳税人进行风险等级的划分。三是风险处理，为每个风险等级制定原则性的处理方法，由税源管理员根据以往研究按照风险程度给予不同级别的征税管理。

2. 企业的税收风险管理的信息化架构基本成型

一是正在全国范围内推广“企业税收管理信息系统”及“企业税务审计软件”，逐步实现企业税收风险管理的信息化。二是基本普及征管信息软件，建立具有基础资料、企业资料、数据信息、分析预警指标、评估模型、税企数据接口等功能的税务智能化平台。三是对企业采取驻厂管理的方法，从而掌握风险管理的主动权，防止因信息不到位而导致税收的流失。

3. 企业的征管资源配置创新效果良好

根据风险等级和企业实际情况进行税收管理，优化了征管资源的配置。通过税务人员制度创新进一步明晰了税务人员的责任区职责和风险管理职责，把风险管理职能从属地管理的税收管理职能中分离出来，提高了风险监控的专业化程度；通过设置专业岗位、建立专业队伍，将征管资源配置到企业税收征管风险最大的岗位上，一定程度上实现了税收征管的针对性。

4. 企业的税收风险基本得到初步控制

通过优化管理机制，不同层次的税务机关都进行了风险信息的筛选、分级，形成了以风险管理为基础，相互配合、互动协调的税收风险管理机制，使信息能够在各个层级、各个部门间充分共享信息资源，实现了由粗放管理向精细管理的转变。管理效能的提高，促进了企业纳税的遵从度，及时发现并纠正企业纳税人偷税、漏税的行为，达到了引导遵从、技术遵从的效果，企业的税收风险也得到初步的控制。

二、当前企业税收风险管理存在的问题

(一)治税理念的偏差对税收风险管理的制约仍然存在

我国的社会经济发展日新月异，税收管理事业也在不断变化之中。目前税务部门以数据统计为基础的静态式管理模式相对落后，税务人员主要是通过查看申报资料和上门核查的方式进行被动管理，而对税源的深入调查和分析预测则显得不够。税收管理理念的落后导致风险管理没有得到充分应用，税收管理效率还有很大的提升空间。

(二)内外部没有统一认识到风险管理的作用

对于税收风险管理的作用和意义税务部门还没有充分重视起来。在实际操作中，管理部门只注意到了税收风险管理带来的税收成本的增加，认为企业税收风险管理的效用程度不是很高，且操作复杂，对其自身带来的长远意义没有充分认知。从企业来看，对此也抱有抵触情绪，在现有的风险管理工作中配合十分有限。

(三)信息采集利用还不全面，限制性比较大

虽然企业税收风险管理的信息化水平有很大提高，但信息利用并不充分。但风险管理的重点就在信息利用，而在税收管理过程中对于企业的数据分析、模型评估等方面利用度十分有限。当下企业的突出特点是跨地区性，给信息采集带来了不便，需要不同地区税务部门实现信息共享，这进一步限制了税收管理工作的开展。

三、当前企业税收风险管理问题原因分析

(一)税收管理中种种信息不对称导致税收信用严重缺失

在税收风险管理中，虽然对风险进行了等级评定，但在操作中不论风险等级大小，均实施无差别的征收管理，导致征纳双方缺乏信任；同时税务机关增加了大量的调查审核环节和众多的附加资料要求以防企业纳税人“钻空子”，然而烦琐的管理未能集中力量应对真正存在风险的纳税人，不仅未能有效促进纳税遵从度和应对风险，反而造成税收成本增加、征收效率降低。

(二)税收风险管理的核心就是基础数据的统计分析工作

数据质量是由准确性、完整性、可靠性等相关因素决定的。只有提高了基础数据的准确性、完整性和可靠性等，才能保证风险识别的精准性，为风险评价和风险处置提供可靠的依据。在当前的管理模式中，基础数据的统计有很多不足之处，主要表现在数据统计以基础的静态式管理模式为主，税务人员主要通过查看申报资料和上门核查的方式进行被动管理，数据的可靠性大打折扣，基础数据质量较低。

（三）税务机关和税务人员的执法观念不强

从执行层面来讲，内部对风险管理的认识未达到完全统一，税务机关和税务人员在执法观念上还有不足之处。部分税务人员对风险管理新理念、新方法的认识不统一、理解有偏差、掌握不到位，未能将风险管理运用到工作中去。

（四）纳税人涉税事务复杂化，纳税人专业知识的缺乏

企业纳税人涉税事务复杂化，要求税务人员懂外语、熟悉国际税收和具备较高财务分析能力而且对会计、审计、信息技术分析等也有一定了解。目前的税收人员在专业知识和技能方面还比较欠缺，这也影响了企业税收管理工作的有效开展。

四、完善企业税收风险管理的措施

（一）建立一套税务风险评估、控制体系

由于风险具有可变性的特征，这就决定了风险管理是一个动态的管理过程，税务部门在制定了具体的风险管理目标后，就需要对风险管理全过程实施监督和控制，并对风险管理的实施效果进行评价，以便及时发现风险管理中的问题并加以纠正。随着市场经济的逐步开放，现代企业制度的逐步建立，企业的内部控制制度日趋完善，企业税务风险的合理评估与化解对企业实现其战略目标具有重要影响，税收风险控制也成为企业内部风险控制的重要内容。根据已有的风险认知、风险处理、风险处置三个环节进一步完善税务风险评估、控制体系。在对税收风险的各种因素进行识别的基础上，科学评定纳税人风险度，并根据不同风险度采取相应的措施，实现税收风险体系化处理。

（二）创新服务细化管理，把握税收风险管理的关键着眼点

完善企业税收风险管理还要在精细化服务上下功夫。企业本身的特殊性质要求税务部门提供更为细致的管理与服务。在税收风险管理方面应从三方面入手解决：一是内控评价和税务思维相互结合，帮助企业排查风险隐患；二是税收风险管理和行业管理相互结合，建立健全风险预警机制；三是专业应对和一般应对相互结合，积极处理税收风险。

（三）发挥信息资源作用，按照“信息管税”思路，建立一体化的风险管控信息平台

大力推进税源科学化、精细化管理，离不开全面、真实、准确的税收基础信息（数据）。数据标准是衡量数据的准则，是进行数据相关管理工作的规范要求。科学合理的数据标准对采集规范、录入标准等具有操作指导性，有利于加强数据质量管理，也有利于数据交换和信息共享。“信息管税”的有效途径是建立企业管理智能化平台。加强税务管理软件的应用，将税收管理中对于企业的数据分析、模型评估等方面建立软件化管理。切实加强对关联企业税源信息管理，防范税收转移流失。完善企业驻厂管理模式，从而掌握税源管理主动权，以防涉税问题发生。

（作者单位：国家税务总局鄂尔多斯市税务局）

浅议中小企业信用担保机构存在的税务风险

张志东

近年来，我国中小企业如雨后春笋般迅猛发展，成为推动我国经济增长和维护市场经济稳定的重要力量。中小企业对提高我国经济整体发展水平、扩大劳动者就业、满足消费者需求、增进劳动者收入、提高国家税收水平、促进社会和谐进步等方面起到了不可或缺的作用，它们在经济和社会发展中具有大企业无法替代的战略地位。与此同时，中小企业的资金融通问题日益凸显，为解决这一问题各地纷纷出现了政府引导扶持的中小企业信用担保、再担保机构，而其经营中的税务风险防控问题也随之而来。

一、中小企业信用担保、再担保公司的出现及现状

目前，我国中小企业总数占企业总数的99%以上，职工人数占70%，资产总额占50%，创造的最终产品和服务的价值对GDP的贡献超过60%，对税收的贡献超过50%，创造了近70%的进出口贸易额，提供了80%左右的城镇就业岗位。中小企业成为中国经济中越来越引人瞩目的力量。但是，当前中小企业也面临着抵御经营风险和融资能力差、产业结构趋同、技术创新能力不足、人才问题凸显、管理水平相对滞后等方面的问题。其中最为突出的还是“抵御经营风险和融资能力差”这一困境。这主要是金融机构的“惜贷、恐贷、拒贷”现象大量存在，对于中小企业的风险状况缺乏有效的识别手段，致使中小企业缺乏资金支持。相对来说，商业银行更愿意贷款给实力雄厚的大型企业，许多中小企业被各种严苛的条件拒之门外。融资困难，依然是制约中小企业发展的瓶颈。

国家针对中小企业贷款难等问题，出台了一系列措施：拓宽融资渠道，实现融资主体多元化，成立专门为中小企业服务的投融资平台，以缓解中小企业融资难担保难的问题。尤其是近几年，在国家有关部门的推动下，以财政资金来源为支撑，主要为中小企业服务的担保机构以及为部分目前资本实力较弱的市、县担保机构提供再担保的机构在全国普遍设立。这些担保、再担保机构的基本职能是通过信用保证的方式，为中小企业与金融机构之间架起一座桥梁，为中小企业贷款难和金融机构惧贷解决后顾之忧。目前，大部分地区的中小企业担保基金以政府财政资金为主，但是我国的中小企业信用担保机构出现时间不长，没有一套现成的可供借鉴的模式，内部管理不规范、不科学，大部分尚未建立起现代企业治理机制，税务内控基本空白，税务风险还没得到充分认识。

有效防范中小企业担保机构经营中可能出现的税务风险，可以进一步促进中小企业担保机构的健康发展，不断降低中小企业担保机构的经营风险，实现担保企业的长远发展，为中小企业发展提供融资服务，对更好促进中小企业发展具有重要意义。

二、中小企业信用再担保公司易出现的税务风险及应对

中小企业信用担保机构的存在源于金融机构对于中小企业的风险状况缺乏有效的识别手段，不愿意承担风险，致使中小企业缺乏资金支持而成立的。可以说中小企业信用担保机构承担起了银行业不愿承担的信贷风险。政府针对这一情况对中小企业信用担保、再担保机构给予了大量的资金支持和政策支持。但也正是这个原因，使很多中小企业信用担保机构打“擦边球”、搭“便车”，将一些不属于免税政策的

收入计入免税项目，明知本企业不符合享受中小企业担保机构政策，隐瞒应税收入，刻意偷逃税款。总的说来，中小企业信用担保行业主要在准备金、政府补助、工资薪金等方面存在较高的涉税风险。

（一）准备金所涉及的税收风险及核查方法

《财政部国家税务总局关于中小企业融资（信用）担保机构有关准备金企业所得税税前扣除政策的通知》（财税〔2017〕22号）规定，符合条件的中小企业融资（信用）担保机构按照不超过当年年末担保责任余额1%的比例计提的担保赔偿准备，允许在企业所得税税前扣除，同时将上年度计提的担保赔偿准备余额转为当期收入。符合条件的中小企业融资（信用）担保机构按照不超过当年担保费收入50%的比例计提的未到期责任准备，允许在企业所得税税前扣除，同时将上年度计提的未到期责任准备余额转为当期收入。

对于中小企业信用担保机构的"担保赔偿准备"是否超标计提，需要通过查阅企业审计报告、获取企业"担保赔偿准备金"科目的计提数等途径，取得"当年年末担保责任余额"数据，按照"当年年末担保责任余额"的1%计算允许计提的"担保赔偿准备金"，核实企业计提的担保赔偿准备金是否超过规定比例。对于企业计提的"未到期责任准备金"是否超过规定比例，需要我们通过获取企业"未到期责任准备金"科目的计提数，与计算出的允许计提的"未到期责任准备金"进行比较，核实企业实际是否超标。对于超标部分应调增应纳税所得额。

同时，中小信用担保企业在转回上一年度计提的两项准备金时，可能存在未按照已签订的合同如实进行解除，多冲减应纳税所得额的税收风险。这就需要对企业以前年度已解除合同的转回情况进行核实，看是否有重复解除、解除合同不存在、多解除合同金额的情况。

（二）政府补助所涉及的税收风险及应对

中小企业信用担保、再担保机构以一定的财产（或资金）为基础约定的保证债务的履行和保障债权人实现债权的各种手段和措施，主要以中小企业为服务对象，资金来源主要由政府提供。因而，中小信用担保企业通常会收到大量政府补助，但部分企业在收到政府补助时不确认收入，而是直接计入各种准备金、其他应付款等科目，或者将不满足不征税条件的政府补助确认为不征税收入。

例如长春某担保公司在1个纳税年度内分别收到年度金融机构和中小企业信用担保机构奖励资金、中小企业信用担保机构业绩考核奖励资金、省级畜牧业专业担保公司试点单位申报省级财政专项奖励补助资金、中小企业信用担保项目资金、省级重点中小企业和民营经济发展引导资金、融资性担保机构风险补偿资金、中小企业发展专项款、贴息担保、风险补助等多项政府补助和奖励资金。这些补助和资金被全部计入免税收入，没有准确地划分是免税还是应税收入。

对于这一风险应通过检查"担保赔偿准备""一般风险准备""其他应付款"等类似科目明细账，确认是否存在未确认收入的政府补助。同时，对于中小企业信用担保机构是否存在未确认收入的政府补助缴纳增值税问题，应该按照《营业税改征增值税试点实施办法》（财税〔2016〕36号）附件三第二十四条规定，查看该企业取得的收入是否同时符合下列条件：①已取得监管部门颁发的融资性担保机构经营许可证，依法登记注册为企（事）业法人，实收资本超过2000万元。②平均年担保费率不超过银行同期贷款基准利率的50%。③连续合规经营2年以上，资金主要用于担保业务，具备健全的内部管理制度和为中小企业提供担保的能力，经营业绩突出，对受保项目具有完善的事前评估、事中监控、事后追偿与处置机制。④为中小企业提供的累计担保贷款额占其两年累计担保业务总额的80%以上，单笔800万元以下的累计担保贷款额占其累计担保业务总额的50%以上。⑤对单个受保企业提供的担保余额不超过担保机构实收资本总额的10%，且平均单笔担保责任金额最多不超过3000万元人民币。⑥担保责任余额不低于其净资产的3倍，且代偿率不超过2%。对于同时满足以上条件的担保机构从事中小企业信用担保或者再担保业务取得的收入（不含信用评级、咨询、培训等收入）3年内免征增值税，否则应补缴增值税并缴纳滞纳金。对于中小企业信用担保机构是否存在未确认收入的政府补助缴纳所得税问题，应该按照《财政部、国家税务总局关于专项用途财政性资金企业所得税处理问题的通知》(财税〔2011〕70 号)规定了解担保机构是否同时符合以下条件：①企业能够提供规定资金专项用途的资金拨付文件；②财政部门或其他拨付资金的政府部门对该资金有专门的资金管理办法或具体管理要求；③企业对该资金以及以该资金发生的支出单独进行核算。同时符合以上 3 个条件的企业从县级以上各级人民政府财政部门及其他部门取得的应计入收入总额的财政性资金，可以作为不征税收入，在计算应纳税所得额时从收入总额中减除。但不征税收入用于支出所形成的费用，不得在计算应纳税所得额时扣除、用于支出所形成的资产，其计算的折旧、摊销不得在计算应纳税所得额时扣除。

还应该注意到企业的财政性资金作不征税收入处理后，在 5 年(60 个月)内是否全额支出，对于未发生支出且未缴回财政部门或其他拨付资金的政府部门的部分，应计入取得该资金第 6 年的应税收入总额。

(三)计提但未实际发放的工资薪金所涉及的税收风险及其他风险

由于融资性担保行业实际经营过程中存在较高风险，企业为降低经营风险，有时会按一定标准提取额外的工资薪金在损益中扣除，但并未实际发放且未缴纳个人所得税。该类工资薪金通常以职工风险金等名义计提。

对于这一风险，应通过查看“其他应付款—职工风险金”科目期末余额，核实企业计提的职工薪酬是否全部实际发放并代扣代缴个人所得税，针对其已在税前扣除但未实际发放的部分，应进行纳税调增处理。

融资性担保公司还可能存在预收担保费长期挂账不确认收入；列入免税项目的投资收益不符合免税条件；其他准备金(如贷款减值准备、坏账准备等)计提未做纳税调整等风险，在实际工作中也建议予以关注。

(作者单位：国家税务总局长春市税务局)

全面优化车辆购置税办税服务的建议

侯庆月　杨占强

近年来，随着汽车消费大幅增长，申报缴纳车辆购置税（以下简称年购税）的业务量陡增，窗口压力大、等候时间长等状况凸显，需要按照“互联网＋政务服务”的要求，拓展多元化车购税办税渠道，尽快探索推行云办税厅或微信办理车购税业务，促进纳税人和办税窗口人员双减负，切实提升征纳双方的满意度和获得感。

一、当前车购税办税服务的瓶颈

（一）实体办税服务厅窗口压力大

一是车购税业务量持续攀升。以河北省邯郸市为例，2015 年全市累计办理新车购税业务 158992 辆，2016 年办理 193304 辆，2017 年办理 185303 辆。二是车购税业务高峰期办税压力大。如 2018 年 1 月邯郸市办理新车征税业务 31998 辆，是 2017 年 6 月 13887 辆的 2.3 倍。此外，由于推行车购税业务全市通办服务，给纳税人带来便利的同时也容易造成市内主城区车购税办税服务窗口拥堵。三是纳税人办税需求不断提升。车购税纳税人对办税体验期待值普遍较高，但因其多是第一次申报纳税，办税常识欠缺，经常出现资料携带不齐全、多趟跑的问题，传统的窗口排队纳税模式难以适应纳税人的办税需求。

（二）自助办税设备利用率待提升

2013 年以来邯郸市税务局陆续在全市设置 4 个自助办税点、5 台自助办税设备，2017 年通过自助办税设备办理申报纳税 18621 辆，仅占全市车购税业务量的 10%。一方面，自助办税设备价格昂贵，汽车经销企业的购买积极性不高；另一方面，自助办税设备归汽车经销企业所有并管理，车购税纳税人多是首次纳税，对自助办税流程不熟悉，寻求代理人办理又易引发费用纠纷。因此，受易搭车收费、业务监管难、纳税人对之信任度低等因素制约，纳税人倾向于到办税服务厅窗口办税。

（三）纳税人满意度不够高

虽然邯郸市各办税服务厅全面落实预约办税、延时服务等服务制度，但受自助办税网点少、设备少、尚未实现 24 小时自助办税等因素制约，纳税人对车购税办税服务满意度不够高。2018 年 1—5 月，纳税人来电反映自助办税服务点办理速度慢、存在插队现象等问题多达 13 次，一定程度上折射出纳税人迫切期待进一步提升办税效率。各办税服务厅对车购税实行资料预审后发放排队号，有效杜绝“黄牛”利用排队叫号机多叫号等现象，但纳税人对车购税手续不熟悉、嫌排队麻烦等心理，给“黄牛”代办可乘之机，也扰乱了正常的车购税办税工作秩序。

二、优化车购税办税服务的建议

（一）加强宣传辅导

针对车购税纳税人对办税流程不熟悉的情况，在各汽车销售企业、办税服务厅等场所发放车购税办税宣传材料、播放动漫宣传片、培训税法常识、加强汽车经销企业师资力量。通过广泛宣传和培训，使纳税人熟悉车购税办理渠道及相关流程。

(二)提升服务质效

完善自助办税服务点管理办法,鼓励汽车经销企业增设自助办税设备,对信誉良好、管理规范的自助办税服务点进行表彰,调动自助办税服务点的办税积极性,减轻实体办税服务窗口的压力。对搭车收费、管理混乱的自助办税服务点进行惩戒直至撤销。强化实体办税服务厅车购税窗口管理,全面落实通办服务,设置高峰期车购税机动窗口,打击"黄牛"代办现象,营造良好的工作秩序。

(三)实现车购税云厅办理

邯郸市税务局联合税友公司开展云厅办理车购税调研,经多方论证,认为可通过以下流程实现云厅办理车购税。一是填写车购税申报信息,完成车购税的网上申报。当前需要从合法性及技术上扫清车辆合格证只能通过扫描枪扫描、不能手工录入等障碍,方便购车人或汽车经销企业通过网上登录云厅或手机登录云厅申报。二是申报成功后,利用互联网、手机银行或微信转账等方式完成税款缴纳。三是缴税成功后,可以直接使用自助终端打印完税证,或者到办税服务厅窗口打印完税证。条件成熟时,推行电子签章+电子资料的无纸化方式完成完税证明打印工作,让购车人可以自行获取和打印完税证明,最终实现车购税业务全流程的网上办理,购车人或汽车经销企业代理人能够随时随地地完成车购税申报缴税业务。四是对涉及税收优惠、退税等复杂车购税业务,仍由纳税人到实体办税服务厅窗口办理,尽早构建车购税"网上办理为主、自助设备办理为辅、办税服务厅兜底"的办税模式。

(作者单位:国家税务总局邯郸市税务局)

数字经济背景下的税收进化论

杨全民

从20世纪以来,数字经济已经从边缘走向核心,是当下不可忽视的经济现象。数字经济在规模快速扩张的同时也在经济领域产生着深刻而持续的影响,并进一步体现在税收领域。从农业经济时代、工业经济时代再到数字经济时代,社会的基本生产要素正在发生着巨大变化,在这一背景下,研究和探讨数字经济与税收关系是不可回避的话题之一。毋庸置疑,大数据给税收工作带来了许多挑战,但同时也为建立现代化税收治理模式提供了难得的技术手段和发展机遇。

一、数字经济正深刻地影响和改变我们的时代

数字经济是指一个经济系统。在这个系统中,数字技术被广泛使用并由此带来了整个经济环境和经济活动的根本变化。数字经济也是一个信息和商务活动都数字化的全新的社会政治和经济系统。企业、消费者和政府之间通过网络进行的交易迅速增长。近年来,我国数字经济获得了高速蓬勃发展。统计显示,2017年,我国数字经济规模达27.2万亿元,占GDP比重达32.9%,数字经济规模已跃居世界第二。

(一)数字经济创造"需求",改变了传统经济实现路径

数字经济的来临是新一代信息技术快速发展的必然结果,在互联网、大数据、云计算和物联网等新技术发展的背后,对社会经济发展的各个方面都将产生深远影响。与农业经济、工业经济时代的规模效应不同,数字经济在需求端具有很强的规模效应,用户越多,产生的数据量越大越丰富,数据的潜在价值就越高,这就是引发数字快速发展的根本原因。以共享单车为例,通过网络技术,集合了众多用户需求,以需求侧带动供给侧,满足了个人消费差异和需求的不同,在这个过程中,用户的需求是第一位的,整合后的用户需求价值被挖掘、被放大,传统自行车生产单位由此得到了新订单,传统制造业产品质量得到极大改善,企业的转型升级同步实现。

(二)数字属于生产要素,处于由量变到质变的阶段

不同于农业经济、工业经济以土地、劳动力和资本作为关键的生产要素,数字经济最鲜明的特点就是以数据作为关键生产要素,以有效的信息技术作为提升全要素生产率和优化经济结构的核心驱动力。如果说工业时代是生产型的规模经济,企业生产者可以通过增加产量、降低单位产品均价创造更大价值,那么数字经济就是利用网络规模经济规律来创造价值。2017年3月中国信息化百人会的一份报告指出,数字经济正在迈向体系重构、动力变革与范式迁移的新阶段。"体系重构"主要表现在数字经济和实体经济的融合;"动力变革"主要表现在,数字技术处于现代技术体系的核心,围绕数字技术形成的产业链条及规模不断延伸壮大,实现新旧动能转换和动力变革;"范式迁移"主要表现在认知方式上的变化,过去主要依靠一些理论和实验验证的经济结论,现在主要直接依靠大数据的计算和模拟,并得出事物的结论性特征。

(三)数字经济政府导向明确,数据正成为提升社会治理能力的重要标志

在导向层面,国家明确提出要构建以数据为关键要素的数字经济。由于政府掌握着经济社会80%左右的数据,数据开放应用程度对肯定和发展数字经济起着关键作用。在过去几年中,政策层面对数字

经济呈现了一个加速承认的态势。2016 年,G20 峰会上对数字经济予以确认;2017 年,我国第一次将数字经济写入政府工作报告,并在当年互联网大会上再次强调;2017 年 12 月 8 日,习近平总书记在主持中共中央政治局就实施国家大数据战略进行第二次集体学习时强调,推动实施国家大数据战略,加快完善数字基础设施,推进数据资源整合和开放共享,保障数据安全,加快建设数字中国,更好地服务我国经济社会发展和人民生活改善。即我国对数字经济的理解已经完全不是原来的仅限于信息和通信产业领域,而是整个经济数字化的转型,数字化进程整体上升为国家战略。

(四)数字技术通用可行,数字经济再升级

此外,数字技术还具有“渗透性”和“协同性”两大经济特征。“渗透性”是指数字技术作为一种“通用目的技术”能够与经济社会生产生活的方方面面紧密结合,比如:电子商务、“互联网+”、共享经济等经济现象,只是数字经济内涵中很小的一部分;“协同性”则表现为数字技术能够提升其他要素之间的协同性,进而提升经济社会运行的效率水平,提高社会全要素生产效率。应该说,数字经济的本质是一个应用技术的重大创新,更多的是要解决跨界和融合的问题,创造更大的商业价值。

二、数字经济对现有税收制度的冲击

税收是伴随社会变革不断更新和发展的,社会制度和经济基础始终是结合的。不同经济基础、不同社会制度将决定我们的税制建设。农耕时代土地就是我们的税源;工业时代的工业产品就是我们的税源,管住厂商,上门收税就可以;到了数字经济时代,我们的税收制度首先应在宏观层面,从数字经济的内涵、思想理念、制度建设上来考虑。

(一)数字经济下的税收需要治理能力大幅提升

数字经济不但彻底改变了零售、批发、社交等众多行业和领域,而且正快速向制造业渗透。伴随数字经济的发展,数字经济冲破了原有的规章制度、法律框架,产生了许多新问题;同时数字经济下一些新现象、新内容反映出我国现有法律规范还有欠缺和遗漏。税务部门作为政府管理机构之一,应当大力提升以数据为核心的社会治理手段,致力于打造税务部门数据的“金山银山”,而不能只定义为一个简单的收税机构;另外,在研究数字经济变化的同时,密切关注税收的对象和税收要素的变化情况。

(二)税源随着生产经营主体的多变性而复杂化和难以控制

在数字经济中,互联网与传统产业相融合,改变了有形商品的生产、销售以及分配之间的空间布局,经济活动的复杂化和经营形式的多样化,使得税务部门对税基的控制难度加大。作为税源主体的纳税人随时都在变化,这对于税务部门来说,应对经营主体纳税人的难度大大增加,而且复杂性也大大增加。比如:数字经济生产者可以面向全球消费者进行直接销售,属地原则受到极大冲击,这样的经营活动,使得税源的发生地变得模糊不清。举例来说,数字经济会导致出现一个在 A 省的消费者,财务中心在 B 省,营销总部在 C 省,研发中心在 D 省,仓库中心在 E 省的电商平台购买电脑所产生的税收应如何在各省进行分配的问题。

(三)在现代经济中呈现征税对象多样化和内容的数据化

按照现有税收制度,内容化的数字服务应该属于课税对象,但由于不同于传统意义上的有形商品和劳务、服务买卖和提供,交易形式中并不完全依赖有形货物、劳务的交付和使用,运输手段更无从谈起,通过网络交易能够轻易避开纳税义务产生的各种条件约束。同时数字经济中各种生活消费、娱乐等方面不断涌现出新的数字经济模式。新业态、新模式下,现有的社会生产要素被重新打散、重新组合,在数字经济快速发展的过程中,如何优化税收征管方式,既保持有效的监管,又不伤害新业态的积极性,需要在实践中不断探索和完善。

（四）在税源与价值创造地分离的情况下，利润的归属难以简单地作出判断

数字经济的一个特点就是去中心化，通过销售平台，原有经济基础发生了众多变化，新经济条件下，大规模的企业交易可以瞬间化解成个人或群体行动的这样一种经济行为，消费者和消费地产生的税收则“被集中”，税源与价值创造地被轻易分离，利润的归属难以简单地作出判断。极高的行业集中度将加剧地区间税源分布的不均衡。此外，目前增值税五五分成的比例，也将加重这一问题的严重性。2017 财年阿里巴巴实现收入 1583 亿元，全年增速 56%；2017 年杭州财税收入超过 2900 亿元，增速领跑全国。同年全国范围内实物商品网上零售总额为 5.48 万亿元，占到全社会消费品总额的 15%。

（五）直接对以票管税模式进行冲击

增值税的产生是适应经济专业化分工需要，为避免产品税由于专业化而产生的重复征税，税收中性原则要求，简化税制是税收制度优化的永恒话题。以增值税为例，增值税的征管在中国是“以票管税”为主的征管模式，给增值税的管理带来了复杂性和风险性。以开发票为例，张三向李四开了 100 元钱发票，正常情况下，张三开票要告诉税务局（发票信息上传），然后李四拿到票，同样把拿到票据这个事项也告诉税务局（网上认证），然后税务局根据张三开票的信息和李四拿到的票据信息，进行比对，然后才能最终确定。但在数字经济下，原有征税对象、纳税义务发生时间早已改变，税收基础和税收规定之间的不匹配造成最大的税收风险。

（六）对现有统计核算体系造成困惑

传统的经济结构清晰，每一个产业下是行业，行业下面经济细胞的市场主体是企业。但是到了数字经济时代，信息化构成经济基础，以数字化为基础，所有的经济相关活动内容围绕数据核心自由地组合，数字经济将市场需要的、各种可能的利益关系融合，一并向社会提供相关的服务，进而产生价值，至于经营内容人们已经分不清它到底应该是属于工业、农业还是商业。

三、数字经济下税收制度演化进程的建议

数字经济尽管对我国现有成熟定型的税制体系和完备规范的税法体系具有一定冲击，但是促进数字经济发展的技术具备通用性，也就是说能够充分被税收管理利用，是提升现代税收治理能力的基础，比如区域链、大数据、云计算、人工智能等先进技术将为现代化税收管理提供强大的技术手段，如建立以信息流、资金流为基础的税收监控体系，降低流转税比重；精准计算企业、居民税收负担，降低宏观税负成为可能；虚假发票成为过去式，通过业务结算，企业个人直接生成申报信息、纳税信息，建立在数据层面的无账簿、无发票而直接扣缴缴纳税款成为可能；利用流动性分析、先进算法、大数据分析等方法可以明显提高税收风险发现和解决问题的能力。

（一）税收制度税收制度设计——从传统的基于物的生产、流动向基于信息的生产、流动发展

现代税制体系，要求形成直接税与间接税搭配合理，税种配置科学，地方税体系健全，有利于结构优化、社会公平的税收制度。大数据时代，社会生产、经济价值的实现方式发生了重大变化。现代税制应当建立在对信息流、资金流关注的基础上。可以对纳税人生产经营和国家财政预算等数据进行分析，科学估算中央与地方财政收支总量、结构分布以及税收征管现实能力，确定适合中国国情的宏观税负，立足信息流、资金流的运转统筹设计各个税种，使税制要素的设计能够契合经济社会发展趋势，促进社会公平和征管效率提升。

（二）税收管理税收法律制定——从税务管税向数据治税发展

政府在数据归集、共享方面拥有优势，大数据时代税收法律应该将大数据作为现代税收治理的基础设施去构建，将涉税信息的归集、分析和应用作为治理核心，推动税务部门与政府其他部门、金融机构以及其他相关单位联网，实现纳税人收入系统、财产系统、申报纳税系统、金融支付系统等数据共享，大大拓

展数据的可得性与即时性，将税务部门单一管税模式转变为依靠全社会数据综合治理模式。

(三)税收体系重构——从法人制向自然人转变

各种收入信息和财产信息汇总至税务部门，如银行交易记录、股票交易信息、不动产登记信息、机动车登记信息等，引发由法人制管理向自然人转变的必然。信息的环环衔接，必定真实准确，即每个人的房产交易记录、资产交易信息(股权、债权、无形资产等)等信息都将是真实的、唯一的、准确的，这将大大有利于自然人税收的管理，可有效全面运用于以自然人为基础的税收体系重构。

(四)信息技术——从保障业务实现向引领业务变革发展

大数据带来的不仅是技术工具的升级，更是思维方式和工作理念变革带来的业务管理模式创新。大数据条件下，可通过获取纳税人信息流和资金流的方式实现对税源的有效监控，而不必再依靠传统的发票控税。大数据条件下，“多证合一”成为现实，政府的治理方式发生变革。未来运用区块链技术，基于其分布式账本的原理，纳税人的交易信息将真实、有效、不可篡改，因此，纳税人的每一笔业务将不再需要用发票来证明其真实性，所有交易信息的记录均真实完整，从而实现以账管税、以数据管税，建立在数据层面的无账簿、无发票而直接扣缴缴纳税款将成为可能。

(五)税收经济分析——从因果关系分析向相关关系分析拓展

税收是牵系国计民生的重要工作，是经济的晴雨表。大数据条件下税收分析不仅能通过海量数据对税收经济之间的因果关系进行更深入的剖析，还可以对税收经济社会发展非因果的相关性进行深入分析，更准确把握税收与经济运行、社会发展之间的关系，预测税收政策变化对经济社会发展的影响，从而提高税收工作的前瞻性和敏感性，为政府的科学决策提供重要参考。

(六)税收数据共享——从单一增长向投资引导转变

税收是国家参与社会财富分配的重要手段，通过税收变化可以反映一段时间内投资项目价值和经济运行情况，税收是宏观调控不可或缺的一部分，建立在数字经济基础上的税收规模和变动，摒弃了以往税收单一的财税指标属性，通过及时共享税收数据，对有意投资在数字经济领域的投资者给予准确的咨询，既可降低投资者投资成本，又能产生最大的经济和社会效益。方便投资者在投资之前就准确地了解投资方向，成为数字经济的“新路标”。

总之，经济数字化的发展，正在改变着传统经济运行的模式，自然也会带来对传统税收模式的挑战。税收必须适应经济的新发展，必须调整和改变传统税收制度和征管模式，以适应经济的数字化发展。

(作者单位：国家税务总局晋城市经济技术开发区税务局)

数字经济下中国税收秩序的思考

薛丽娜　符　豪

一、数字经济发展趋势及对未来税收重要性

（一）数字经济内涵

数字经济是随着信息与通信技术（Information and Communication Technology，简称 ICT）的进步而发展出来的经济形态。数字经济仅从字面上看，就是基于数字技术的经济形态，而数字技术的进步依赖于互联网技术的发展，所以数字经济也可以被称为网络经济或者互联网经济。数字经济也经常被理解为数据和信息通过网络流动而产生的经济活动，马云在 2015 年德国汉诺威通信和信息技术博览会开幕式上就指出："与其说数字经济，不如说数据经济"，数据传输使各种数字经济活动成为可能。如一家网店，销售者和消费者不用实际见面，就能交流商品信息并进行交易，这样的经济活动显然更加便捷。

数字经济的思想由来已久。1962 年美国学者 Marchlup（马克卢普）在《美国的知识生产和分配》一书中提出了"信息经济"的概念，美国企业家 Hawken（霍肯）在其 1985 年出版的著作《未来的经济》中指出，信息经济是一种信息成分在经济运行过程中占主导地位的新型经济形式，这已经与目前所说的数字经济有诸多相似之处。1996 年，美国 IT 专家 Tapscott（泰普斯科特）在《数字经济时代》一书中首先提出了数字经济的概念，指出数字经济是以信息数字化和知识为基础的经济形态。20 世纪 90 年代中期以后，数字经济的浪潮开始引起学术界、商业界和政府的广泛关注。1998 年，美国商务部发布《浮现中的数字经济》，这是世界上第一部关于数字经济的官方报告，揭示 ICT 技术和产业对美国乃至整个世界经济所产生的影响。1999 年 10 月，美国统计局公布了一份报告，进一步明确了数字经济的定义，将数字经济划分为四部分：（电子化企业的）基础建设、电子商务、电子化企业、计算机网络。

综合各方对数字经济含义的界定，结合数字经济的发展特征及发展趋势，本文把数字经济的内涵概括为：数字经济是以信息和通信技术的数字化为关键生产要素，通过现代信息通信基础设施，从根本上改变各行各业的业务流程和交易方式，刺激经济发展，使得生产及经营管理活动、生活消费活动实现数字化，同时也改变经济结构和创造经济价值的方式。

（二）数字经济成为国家经济发展重要引擎

以 2008 年金融危机为分水岭，全球经济进入了深度调整的新阶段。新旧经济交替，一方面是传统经济的持续低迷，另一方面是数字经济的异军突起。中国的实践印证了这一历程，使得这一图景更加清晰可见。在全球信息化进入全面渗透、跨界融合、加速创新、引领发展新阶段的大背景下，中国数字经济得到长足发展，正在成为创新经济增长方式的强大动能，并不断为全球经济复苏和社会进步积累经验。

目前，关于数字经济规模及其对 GDP 的贡献并没有权威的统计资料，但国内外都有机构做了一些研究性测算，对于数字经济成为经济增长重要引擎给出了一致性判断。

2012 年，美国波士顿咨询集团发布的《G20 国家互联网经济》称，2010 年 G20 国家的互联网经济占 GDP 的比重为 4.1％，到 2016 年将占 GDP 的 5.3％，互联网经济对中国 GDP 的贡献将从 2010 年的 5.5％提高到 2016 年的 6.9％，在 G20 国家中仅次于英国和韩国。2014 年，美国麦肯锡咨询公司发布的

《中国数字化的转型:互联网对劳动生产率及增长的影响》称,中国的互联网经济占 GDP 的比重由 2010 年的 3.3%上升至 2013 年的 4.4%,高于一些发达国家,已经达到全球领先水平。中国信息化百人会 2016 年出版的《信息经济崛起:区域发展模式、路径与动力》一书指出,中国信息经济总量与增速呈现“双高”态势。1996—2014 年中国数字经济年均增速高达 23.79%,是同期 GDP 年均增速的 1.84 倍,在中国经济进入新常态的大背景下,数字经济正在成为国家经济稳定增长的主要引擎。2014 年总体规模已达到 2.73 万亿美元,占 GDP 比重为 26.34%,对于 GDP 增长的贡献率高达 58.35%,如图 1 所示。

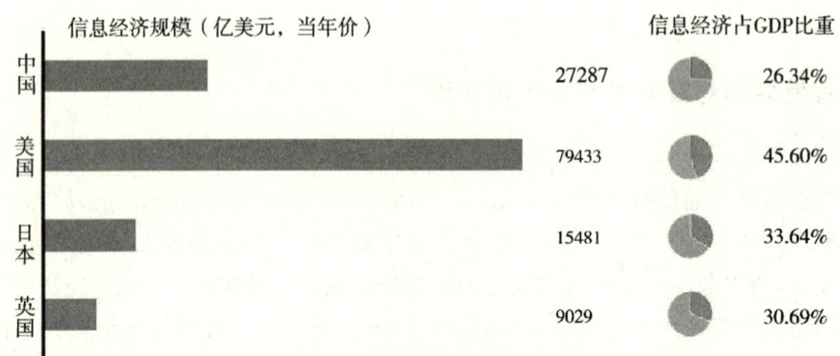

图 1　2014 年全球主要国家数字经济规模及 GDP 占比情况

资料来源:中国信息化百人会,《信息经济崛起:区域发展模式、路径与动力》。

2018 年 3 月 24 日,中国信息化百人会在北京发布的《2017 中国数字经济发展报告》指出,全球第二大数字经济大国中国的数字经济正步入快速发展的新阶段,正处于从量变到质变的关键节点。

2016 年中国数字经济总量达到 22.6 万亿元,占 GDP 的比重为 30.3%,比 2015 年提高 2.8 个百分点,比重呈现快速增长的势头,但仍显著低于全球其他主要国家,分别比美国(58.3%)、日本(46.4%)和英国(58.6%)低 28、16.1、28.3 个百分点。从增长贡献看,2016 年数字经济对我国 GDP 增长贡献率高达 58.7%。

2002—2016 年,数字经济对 GDP 增长的平均贡献率高达 34.3%,增速与贡献率均创近五年新高,在中国经济进入新常态的大背景下,数字经济正在成为国家经济稳定增长的主要引擎。

由此可见,数字经济成为我国未来 GDP 的重要组成部分是可以期待的,但现在,无论国际社会还是中国,对于数字经济下的税收都存在很多难点和漏点。如果国家想要更平稳、有质量地发展,应该将数字经济的税收放在日后税收工作的重要位置,构建数字经济社会的完美税收秩序,优化数字经济社会的营商环境,释放更大税收红利,反哺数字经济健康发展。

二、数字经济下税收征管面临的挑战

(一)数字经济视角下的电商税收征管博弈

1. 当前我国电子商务发展分析

虽然我国因经济条件所限电子商务起步较晚,但发展速度却有目共睹。近年来,随着消费群体的增加以及交易额的大幅攀升,电子商务经营模式运作带来的利好已被大众熟知和认可。据“2010—2016 年中国电子商务市场交易规模”(如图 2 所示)统计,短短的 7 年间,我国电子商务贸易额由 2010 年的 4.5 万亿元增长至 2016 年的 20.2 万亿元,翻了将近四倍。而据中国网络信息中心“2010—2016 年中国互联网普及率”(如图 3 所示)统计,互联网普及率由 34.3%上升至 51.7%,另“2010—2016 年中国网民人数与网络购物用户人数分析"统计，2010—2016 年网民人数由 4.57 亿人(次)增长至 7.09 亿人(次)，网络购物用户由 1.48 亿人(次)增长至 4.67 亿人(次)，网络购物用户占网民人数比例由 32.36%提升至 65.81%，平均占比达到 51.11%。据"2016 年社会消费品零售总额主要数据"显示，2016 年我国社会消费品零售总额同比增长 10.4%，其中实物商品网上零售额同比增长 25.6%，实物商品网上零售额占社会消费品零售总额 12.6%，增长进度排到各类消费群体的首位。电商交易额保持高速增长，并远远超过了预计，形成了新业态服务行业与传统营销行业交错发展的良好局面，极大地促进了国内经济发展和供给侧改革的顺利推行。

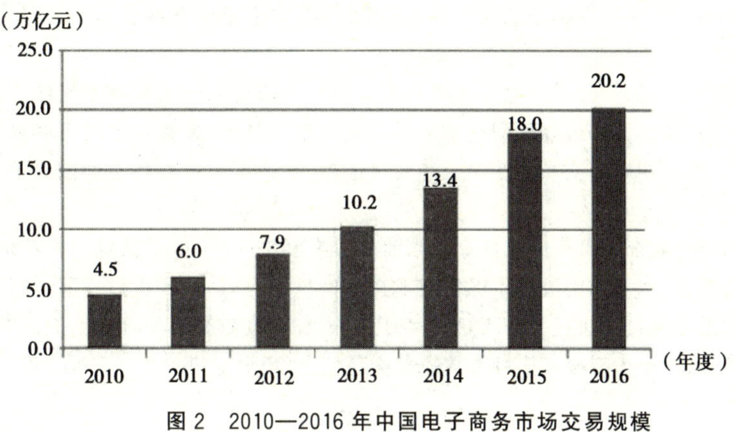

图 2　2010—2016 年中国电子商务市场交易规模

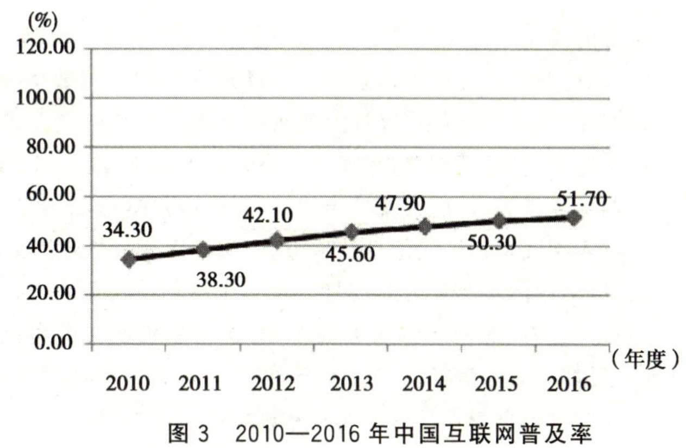

图 3　2010—2016 年中国互联网普及率

另外，从跨境电商的交易额分析，2014 年开始，受国际贸易萎靡的影响，我国外贸长期处于负增长状态。据商务部统计，2016 年全国进出口总额 243344.2 亿元，同比下降 0.9%。其中，出口总额 138404.7 万亿元，同比下降 2%；进口总额 104935.5 万亿元，同比下降 0.6%。虽然，数据显示进出口总额增速呈现负增长态势，但与以前年度相比，2016 年 8 月的进出口额分别增长了 5.9%和 10.8%，是自 2014 年 11 月以来首次实现月度总量"双升"。可以看到，我国数字经济视角下的电商发展势头日益剧增，面对这股"电商大军"的迅速崛起，加强电子商务的税收征管，对增加国内财政经济收入、维护市场经济秩序、提高税务部门执法水平、维护国家税收主权都具有十分重要的现实意义。

2. 电商征税给税收管理带来难度

(1)电商的实名税收登记制度过于弱化。在现行税收征管制度下,虽已实行“五证合一”“两证整合”,但电商营销在网上从事商业活动,不经工商部门批准就能在电子平台注册经营,低门槛准入标准无法限制和约束电商的营销行为,遮掩了税务部门了解电商生产经营状况的视线,从而造成税收漏管漏征。

(2)电商税收直接影响地方财政收支。通常情况下,电商平台的税收管理由属地税务部门负责征管,但由于通过平台交易的电商来自全国各地及境外,如果以电商平台所属地的税务部门为征税主体,势必影响征税所属地的政策与制度,也会影响到地方财税收支分配体制,造成电商经营集中地与分散地税收收入不均衡,拉大了发达地区与欠发达地区经济实力的差距,容易引发企业税款属地征管等一系列财税政策和收入分配问题。

(3)无纸化运营对稽查提出了挑战。电商在网上进行交易是通过电子信息流水记账为载体的,其记录并保存的原始电子信息及凭证都可以运用技术手段人为地进行篡改,并且不会留下明显的线索,这就意味着税务稽查失去了能证明电商交易真实与否的直接证据,在得不到真实信息的前提下,传统的税务稽查手段将无能为力。

(4)电子加密增加了税收征管可控的难度。在当前的数字经济时代,电子信息加密技术的安全性得到大众认可,对于电商而言,电子加密既可以保护网上交易信息不泄露,又能为偷税漏税行为披上伪装。由于涉及个人私密,如果不通过司法机关介入,税务部门很难获得电商交易的真实情况。正是这种因素的存在,电商利用电子加密、个人授权等多种方式掩藏交易信息,增加了税务部门掌握电商身份和交易信息的难度。

(二)收入类型界定问题

1. 行业法规及其税务影响

中国经济受到政府法律法规的高度监管,监管层面对于产业、产品和服务的分类,也会进一步影响它们的税务处理方式。然而,目前的行业法规和税务体系相对于高速发展的中国数字经济已然滞后,由此也导致了在许多方面的解释存在冲突或模糊不清,以致无法明确合适的税务处理方式。以 O2O(线上到线下)电子商务运营模式为例,所谓 O2O 运营模式,涵盖了一系列线上购买、线下消费的运营活动。目前流行的即时打车软件,如滴滴打车、优步等,采用的就是典型的 O2O 运营模式,主要以移动应用程序连接乘客和司机。然而平台的营运收入到底来自提供信息技术服务、佣金代理服务还是交通运输服务至今仍存在争议。从其经营模式上来看,平台运营商只是提供并运营一个移动应用平台,供乘车人和司机进行对接,而平台本身并不拥有任何用于提供交通运输服务的车辆,也与提供服务的司机不存在雇佣关系。从法律角度来看,平台运营商一般都注册为信息技术服务公司,并为运营移动应用平台而取得通信管理部门核发的 ICP 证(《中华人民共和国电信与信息服务业经营许可证》)。按照一般的业内操作,平台会向司机收取服务费,而司机真正获得乘客运输收入。过去,作为信息技术服务公司的平台运营商在实操中一般以信息技术服务或佣金收入申报缴纳增值税。但是,2016 年 7 月,交通部颁布了《网络预约出租汽车经营服务管理暂行办法》,目前的税务处理方式面临全面改变。根据最新的法规,平台须承担运输服务承包商的责任,确保行车安全并保证乘客权益。虽然最后颁布的法规中移除了对平台持有《道路运输经营许可证》的要求,平台须承担的责任仍引出了问题,即平台是否应被视为提供交通服务的主体,其产生的收入是否应被界定为交通运输服务收入。对于收入类型的判定是增值税征管中的重要环节,因为其直接影响到纳税人的实际税负。根据现行的增值税法规,现代服务业中提供信息技术服务对应的增值税税率为 6%,而交通运输业对应的增值税税率为 10%(2018 年 5 月 1 日后交通运输业增值税税率由 11%下调至 10%)。而实际征管中对收入的分类受诸多因素的影响。现行税收法规对收入分类界定的解读和指引有限,仅列举出应税服务类型。对于明确列举范围以外的收入类型,其分类界定往往由主管税务局自行裁量。主管税务局会参考其他相关分类,尤其是在会计和行业法规层面的分类,以作出判断。因此,对于共享汽车平台企业而言,鉴于产业监管部门要求平台运营商承担交通运输有关的责任和义务,税务部门相应地也需要判断平台运营商是否应该被视为交通服务的实际运营方。换言之,平台的收入须在行业法规和税收征管两个层面判断收入分类。各地税务部门在该收入类型界定的问题上也可能会产生不同的立场。因此,为保证税务处理方式的一致性,国家税务总局对于该问题的最终指引至关重要。

2. 云服务收入界定

美国国家标准和技术研究所(NIST)把云技术定义为"一种能实现便捷、即时地访问一个共享的可设置的计算机资源库(例如网络、服务器、储存设备、应用和服务)的模型,并且该资源库能以很小的管理成本和很少的服务商来维系其快速的升级和发布"。云服务一般分为以下三种服务种类(如图 4 所示):

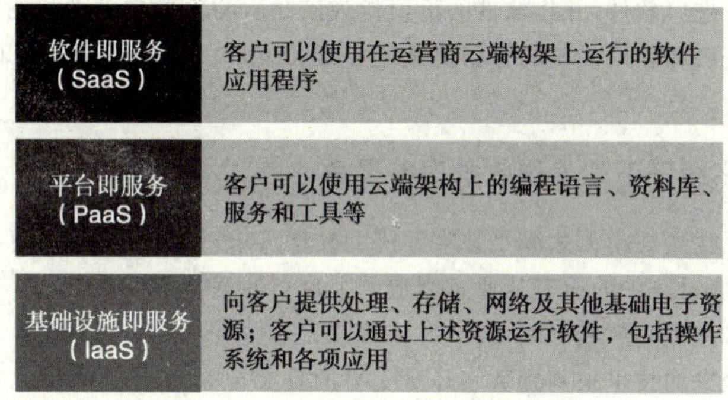

图 4 云服务的三种服务种类

从现行的税收征管角度分析,云服务的收入类型界定很大程度上取决于财产或是相应的权利是否转移给客户。云服务并不需要大量人力投入,其主要依靠硬件设备与技术,提供服务一般是自动完成。在提供服务的整个过程中,用以提供服务的财产所有权始终属于云服务提供商。有时安排人员仅为设备的基本维护与故障解决,而不是提供服务运营本身。因此,在传统的税务法律框架下,云服务收入可归类为设备租赁收入或软件使用权收入。现行税法体系通常将服务定义为由人提供。在实操中,各级税务机关考虑到云服务中人员投入有限,将其界定为设备租赁收入或软件使用权收入。但这样界定在其是否恰当反映云服务真实经济活动实质的问题上存在争议。该税务处理在实操中可能导致境外云服务提供商在向境内客户收取费用时被征收预提所得税,从而增加海外云服务提供商的税负。将云服务收入界定为被动收入并依此征收预提所得税可能是不恰当的,因为境外服务提供商取得的服务收入,除非在中国境内构成常设机构,其他情况下则不应在中国产生所得税纳税义务。

3. 无形资产转让中的税务实务问题

当一项无形财产或与之相关的权利转移给了一个顾客,那么这项收入应该是被归类为特许权使用费收入还是销售收入?上述两者都涉及无形资产权利的转移,比如所有权或者版权。理论上,当存在财产转移时,收入的归类应基于顾客在财产转移中获得的权利本质来判断,该判断应该以审阅合同证据以及相关支付方式为出发点。在中国,此处容易产生争议的是软件产品。因为软件产品没有排他的单一有形形式,无须物理运输便可轻易被转让,并可无限制地被复制。并且,由于软件使用者一般不会购买软件的源代码,这导致了无法明确归属其行为是软件购买还是软件授权。由于上述原因,其收入性质的界定在实际操作中非常困难。而当软件提供商是境外企业时,由于海关和外汇监管的介入,跨境软件购买或授权所面临的问题更为复杂。软件的特许权使用费适用 6%的增值税税率,而软件销售适用 17%的增值税税率。如果跨境支付特许权使用费，境内买方在跨境付汇时须代扣代缴相应的增值税，同时 10%的预提所得税也会被扣缴（部分双边税收协定可能会有优惠税率）。相较特许权使用费，跨境软件购买则无须扣缴预提所得税，境内买方仅需缴纳 17%的进口增值税。同时，两种收入类型认定也会导致其管辖机关的差别：特许权使用费一般由主管税务机关管辖，而以实体方式进口的软件则一般落入海关的管辖范围。

随着互联网传输能力和效率的提升，如今软件已经无须以实体形式从卖方运输给买方。因此，无论中国客户是购买软件还是获取授权，均可以直接从互联网上下载软件。然而，从中国外汇管理的角度而言，当以贸易形式购买进口软件时，客户需要提供相应的进口单证，才能向境外软件供应商付汇。但是中国现行海关体制下还没有无形资产进口的项目分类。这导致在实务中许多企业会选择以下两种方式解决：将软件购买视同为软件授权，并且相应地扣缴 6%的增值税和 10%的预提所得税；或者通过光碟或者闪存等介质以实体形式进口软件，并将软件的价值作为该介质的价值向海关进行申报，并缴纳 17%的进口增值税。只要软件进口和软件授权的管辖仍被税务机关、海关及外汇管理部门区别对待，该实务问题将会一直存在。

三、关于构建数字经济下完美税收秩序的思考

虽然我国现行的税收法规尚无法满足数字经济的发展需求，但税务部门一直在努力改善税收征管环境，为在数字经济和传统经济中的所有从业者创造一个公平的竞争环境。

（一）建立税务实名登记和惩戒制度

税务部门应运用先进的技术来判别数字经济交易的真实记录，结合纳税人“五证合一、一照一码”管理的实施，对数字经济下商家监管实行加载统一社会信用代码的营业执照，发放电子式身份证明作为数字身份证。采用备份制度，备份电商网络平台的网域名、网址、服务器所在的地址、电子银行账号以及计算机密钥等有关网络资料的申报信息，并以法律的形式进行规范。

《中华人民共和国税收征管法》及其实施细则修订草案，要有预见性和超前性，适时加入规范数字经济的法律条文，从立法上消除征管空白。同时，结合《国务院关于建立完善守信联合激励和失信联合惩戒制度加快推进社会诚信建设的指导意见》文件精神，对数字经济税收违法黑名单采取联合惩戒制度。

（二）建立电子发票普及与应用制度

在数字经济下，由于网络交易和服务的合同、订单和凭证等都是以电子化、数字化的形式存在，交易流程中不再需要纸质发票。而电子凭证可以在不留下任何痕迹的情况下被轻易修改，因此，税务部门也逐渐失去税收征管中这一最直接有效的工具——纸质发票。为了应对这一趋势，2016 年我国开始推行电子发票。相比传统的纸质发票，电子发票覆盖了发放、开具、流通、使用和入账等发票管理流程，可以有效为税收征管工作提供可靠、可追踪的证据，同时也具有便捷、经济的优点。

（三）建立电子商务税款代扣代缴制度

加快电商税收征管的信息化建设，建立网络销售税款代扣代缴制度，利用第三方电商平台运营商作为提供服务、信息流、商流和物流的记录者和启动者，借助与货物（服务）购买人、电商经济往来的纽带关系，掌控电商应缴税款的代收代缴的可操作性。采取委托代收间接征收税款的方式，即税务部门通过委托第三方平台对电商代征税款，第三方支付平台、电商开户银行等结算单位负责协助第三方平台代收代缴税款。对既有线下业务又有电商业务的企业，对其线下业务按属地原则采取直接税款征收，对网络交易部分则采取间接税款征收，但最终仍由税务部门通过直接征管方式对其进行核对，以防止某些传统企业通过两种交易手段相互转换予以避税。此外，也可以采取电商代收税款的方式。当消费者在网络平台上确认预订的货物或服务后，电商平台会通过支付平台冻结顾客在其开户银行账号上的货款，消费者收到商家的货物或服务时，电商平台会通过支付平台支付不含税货款给商家，同时将代收税款支付给电商

平台账户，最后，电商平台在税务部门规定的缴纳时间内申报结清税款，从而完成一个完整的交易、支付、代收税款、入缴国库的过程。电商代收税款流程如图 5 所示。

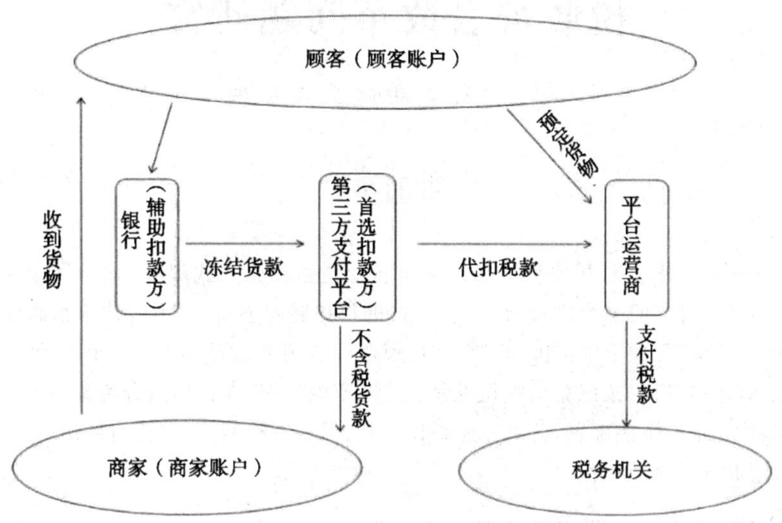

图 5　电商代收税款流程

（四）完善数字经济下《中华人民共和国税收征收管理法》修订

数字经济涉及跨境交易的征税问题，对于税务部门而言，无论从税源监控、税基确定、税收追缴，还是跨境税收筹划模式的识别和应对，都高度倚赖交易双方和网络平台、支付平台等第三方提供的数据信息。为此，从立法方面设定相关方提供信息的义务至关重要。2015 年年初，国务院法制办向全国公布《中华人民共和国税收征管法修订草案(征求意见稿)》。从该意见稿中看，增加了顺应数字经济下的税收征管模式内容，包括对网络交易纳税人实施税务登记规定，同时规定网络平台有义务向税务机关提供电商交易者的登记注册信息；税务机关可以到网络平台提供机构检查网络交易情况，到网络交易支付服务机构检查网络交易支付情况等。面对日新月异的数字经济创新模式，税收征管法需要积极适应形势变化，在其实施细则中对数字经济下的税收征管进行规定，不断补充。

（五）建立国际贸易合作与交流制度

目前，我国数字经济无论交易总量还是总额，都处于国际贸易排名的前列，因此，制定数字经济贸易准则(含税收管理规则)的条件已成熟，加快制定不仅能使我国税收管理水平与世界接轨，还能大大降低数字经济税收运营的成本。建立和完善国际交流互助制度，以便实现数字经济视角下与国际合作共赢的愿望。

（作者单位：内蒙古自治区乌审旗国家税务局苏里格经济开发区税务分局）

税收征管改革问题研究

——以邯郸市税务局为例

郝利华

2017 年，国家税务总局印发《国家税务总局关于转变税收征管方式提高税收征管效能的指导意见》（税总发〔2017〕45 号）文件，明确推进税收征管体制、机制和制度创新，努力构建集约高效的现代税收征管方式，力争 2019—2020 年在全国范围内实现现代税收征管方式的改革目标。国家税务总局邯郸市税务局（以下简称邯郸市税务局）按照总局深化税收征管改革的思路，在科学划分税源、实行分类管理，调整机构和岗位职责、优化征管资源配置，开展专业纳税评估、促进纳税遵从，实施信息管税、探索风险管理等方面进行积极探索并开展试点工作。

一、邯郸市国税局推进税收征管改革的主要做法

（一）实施分类分级专业化管理策略

突破属地划片的传统管理模式，按照“行业 + 规模”分类标准，对税源进行科学分类，探索“专业分工、分类管事”的管理模式，将过去的全职能分局转型为基础管理分局和纳税评估分局，2017 年 5 月先期在河北省邯郸市邯山区局、高开区局、武安市局开展试点，年底前在全市国税系统 20 个单位全部推行，全市 78 个基层税务分局（税源管理科）中成立 11 个纳税评估分局，基本实现了基础征管与专业化管理并重，协同推进事中事后管理，提升纳税评估工作层级的、全新的税源专业化管理格局。

（二）实施税收遵从策略

以促进纳税遵从为目标，着力构建现代纳税服务体系。对邯郸市纳税服务资源进行整合，在河北省率先推行发票“网上申领、线下配送”业务，推行预约办税系统，实现网上预约、远程取号、大厅办税，在全市设置 7 家 7×24 小时自助办税区，方便纳税人全天候就近办理涉税业务。充分利用纳税人学堂、邯郸市国税微信公众平台、大企业高层对话等载体，加强税法宣传咨询辅导。在全国率先完成全市所有行业纳税人增值税普通电子发票推行工作，在全市推行“一人一窗一机”办税新模式、构建 21 个“六能”型智慧云办税厅等措施不断推进“互联网 + 税务”建设，减轻纳税人办税成本。高度重视纳税人权益保障，通过每季度抽查五类公开电话、开展问卷调查、与兄弟单位交叉明察暗访等方式强化服务纪律落实，保障纳税人合法权益。强化纳税信用分类服务和管理，积极拓展“银税互动”三方合作，累计为全市纳税人提供信用贷款 36.9 亿元。

（三）实施税收风险管理策略

把风险管理作为深化税收征管改革的核心，遵循“统一分析、分类应对、分级负责、跟踪问效”的原则，将虚开虚抵、行业管理、基础征管作为风险防控的重点，市县两级分别建立税收风险防控机构，每季度召开税收风险管理例会、发布税收风险数据分析报告、下发税收风险疑点核查任务，开展实地督导，确保风险应对效果。确立了“疑点设置——数据分析——任务发布——基层应对——督导审核——通报整改”的闭环式工作机制，建立《基础征管及风险应对考核事项工作指引》等制度规范，初步形成上下联动的市局、县局、分局三级风险防控网络体系。

(四)实施信息管税策略

强化信息化对税源专业化管理改革的支撑作用。做好数据维护管理,在做好错误数据修改基础上,加强问题数据成因分析,遵循金税三期业务标准,从源头对相关数据进行修正,制定强化税收管理措施,有效提高税收数据质量。2017 年邯郸市税务局共计修改错误数据 14.89 万条,有效提高了综合征管软件的数据质量,保证了数据的准确性和有效性。充分利用"综合治税"信息平台采集第三方信息,依托市政府"信息化办公室"局域网络搭建全市纳税人登记信息比对平台,实现与工商、地税、质监、医保中心等部门之间的纳税人登记信息的实时共享,加大对漏征漏管纳税人的实时监管力度。截至 2017 年年底,全市纳入综合征管软件管理纳税人共计 138333 户,比年初增长 23.25%。

二、邯郸市税务局税收征管改革取得的成效

(一)税源专业化理念逐步确立

分类分级税源专业化改革使过去的专管员保姆式管理转化为现代团队流程化管理,有效化解了税收管理员权力集中、责任过大等问题。各级税务人员对分类分级专业化管理的变革认识显著提升,推行改革的各种担心、疑虑逐渐消除,专业化管理、流程管理等先进理念逐渐深入人心、逐步确立。

(二)征纳关系日趋和谐

纳税服务质效不断提升,税收环境持续优化,纳税人满意度也有较大幅度提高。据 2017 年河北省税务局纳税人满意度调查结果显示,邯郸市税务局 2017 年纳税人满意度综合得分 92.52 分,比 2015 年提高 4.53 分,征纳共赢的良好局面逐渐形成。

(三)税收风险防控成效显著

通过开展税收风险专项治理,各级税务人员逐渐认识到风险防控的重要性和紧迫性,思想上从被动应付转变到主动作为。推行税收风险防控以来,风险任务核查应对质量大幅提高,管理隐患得到及时有效消除,全市风险企业明显减少,全市纳税人户均疑点由 2016 年的 0.309 个下降到 2017 年年末的 0.023 个,户均疑点下降趋势明显。

(四)征管质效明显提升

税源管理方式转变之后,税收管理的针对性和有效性大大加强,较好解决了系统内外各部门、群体之间的信息不对称问题。税收管理员有更多精力专注于税源监控,税源管理的效率不断提高,全市征管质量持续保持较高水平,2017 年全市登记信息完整率、财务报表采集率等 6 项指标始终保持在 99%以上,网上申报率自 5 月起始终稳居全省第一。

三、邯郸市税务局税收征管改革存在问题与成因分析

税收征管改革是一项系统性工程,涉及面广,任务量大,没有现成的模式可套。随着改革的推进,一些问题也不断暴露出来,需要认真分析、予以解决。

(一)传统思维观念与现代改革理念的矛盾

现有税收征管方式还存在诸多问题,国家相关税收法律、法规和管理制度没有跟上改革的进程,征纳双方法律地位平等的理念还没有从根本上树立起来。分级分类体制尚不完善,专业化分工协作不到位,重点税源管理机构与基础管理部门在服务和管理等事项上业务边界还不清晰,完备统一高效的风险管理工作机制尚未完全建立。

(二)纳税服务先导性作用没有充分发挥

重管理、轻服务的观念依然不同程度存在,对纳税人满意度低、办税服务厅排队拥堵等问题心存侥幸,存在没被检查出来就没事的简单化思想。纳税服务力量有待加强,干部业务素质亟待提升,自助办税

分流作用不突出，24 小时自助办税服务区还没有实现全市覆盖。多数办税厅未开展服务质效考核，无法做到奖勤罚懒、奖优罚劣，工作积极性没有充分调动。

（三）机构和人员素质与现代管理要求存在差距

受机构人员编制限制，只能依靠组建团队来履行风险管理职能，其不足逐步凸显，影响工作效率。人力资源的盘活与优化配置不合理，高层次专业化人才匮乏，干部综合素质有待提高，机构设置和干部奖惩机制有待完善。

（四）税收信息化进展缓慢

信息系统缺乏有效整合，“金税三期”系统、“云办税厅”、税源管理平台等系统集成度不够，整体运行效率有待提升。信息数据互通共享不到位。现有信息没有得到充分利用，第三方信息来源渠道还不通畅，征纳双方信息不对称状况日益加剧。

四、深化税收征管改革的建议

（一）以分类分级为基础，推动资源机构分配变革

1. 建立与市级税源结构特点相适应的分类分级管理模式

市级确定重点税源企业分类标准，明确分级风险管理事项，统筹规划全市重点税源企业分类标准，细化分类分级管理措施；县（市、区）局负责基础管理事项以及县级重点税源企业、一般税源企业的纳税服务事项。法制事务事项分别由市局、县（市、区）局按法律规定程序分级管理。

2. 逐步建立与分类分级管理相适应的税务组织体系

优化调整现有税源管理部门，市内区局按照纳税人行业和集中度，结合分级管理事项，按纳税服务、基础管理、风险管理事项，调整税源管理分局职责，实施按事项分类的专业化团队管理；县局对一般税源企业、一般纳税人实施纳税服务事项、基础管理事项、风险管理事项分类管理，对分散的小规模纳税人、个体定额户等实施固定区域、固定管理组的纳税事项统一管理。分局数量较少的单位，在分局内部实施行业管理组模式，实施规范化、专业化、差异化管理的税收征管方式。

3. 明确细化与专业化管理相匹配的税收管理岗位职责

按照分类分级管理要求，合理确定税收管理工作职责，按照权责统一原则履行税源管理职责。县（市、区）局在征管科设置“风险监控岗”，负责集中管理风险应对事项，统筹分配纳税评估风险任务；在县（市、区）局下设纳税评估岗，集中优势税收管理资源，实施纳税评估事项的专业化应对；税源管理分局设置“基础管理岗”“日常事项管理岗”，分别负责纳税服务事项和基础管理事项，以及非评估类的案头风险管理事项的核查和风险提示提醒。

4. 探索建立现代税收征管基本工作流程

结合全市优化税收征管体系建设情况，优化完善相关涉税业务工作流程，下发县（市、区）局纳税服务事项工作流程指引，明确各部门、各岗位之间的纳税服务事项业务流程，进一步明确依纳税人申请由税务部门受理的涉税事项，主要包括税务登记、税务认定、发票办理等事项。根据税收征管法及实施条例修订情况，逐步建立由申报纳税、税额确认、税款追征、违法调查、争议处理等主要环节构成的现代税收征管基本程序。

（二）以便民办税为目标，推进纳税服务便捷化变革

1. 加强税法宣传

积极宣传推广“纳税人学堂网上直播系统”，通过二维码、微信公众号、办税厅公告栏、门户网站等形式，及时将最新税收相关政策传递给纳税人，扩大政策解读的影响力。

2. 强化大厅管理

落实总局、省局办税厅管理实施办法，编写《邯郸市办税厅标准化管理指南》，开展“星级办税厅”创建，提升办税厅标准化建设水平。组建办税厅导税服务团队，安排机关和分局业务骨干轮流到办税厅咨询辅导岗位值班，承担引导纳税人办税、核对涉税资料、维护办税秩序等职责。持续改善办税环境，合理规划设置办税厅功能区域，加强自助办税终端设备管理工作，确保自助终端正常运行。

3. 优化办税服务

加大智慧云办税厅宣传推广力度，充分利用银行、社区等网点，通过探索设立便民办税点、开展税银合作等方式，在银行自助服务区、街道办事处等人流密集场所配置24小时自助办税服务设备，打造7×24小时网格化自助办税区。同时，拓展自助办税业务范围，最大限度分流窗口业务，让纳税人办税少跑“马路”，多走“网路”。

4. 完善监督评价

在办税厅设置调解室，为导税员和窗口人员配备执法记录设备，规范征纳双方办税行为，及时化解征纳矛盾。全面推行现场评价，在服务窗口安装办税服务质量评价器，实现纳税人即时评价服务，通过定期统计分析评价数据，促进服务质量提高。开展办税服务专项检查，委托第三方开展办税服务专项检查，进行量化考核打分，对检查发现的问题实施责任追究，依据绩效管理予以扣分处罚。

5. 强化队伍建设

加强办税厅人员礼仪和业务培训，定期开展班后政治业务学习，有计划地组织参加脱产培训，增强一线窗口人员综合素质。全市系统组织开展“办税服务之星”“导税服务之星”评选活动，营造学习先进、优化服务的良好氛围。关心办税厅人员身心健康，合理安排办税厅人员调休、补休，通过设立减压室、开展心理疏导等方式舒缓一线人员压力。

（三）以提高征管效能为引领，推动税收风险管理变革

1. 全纬度搭建税收风险指标

梳理税收风险管理指标体系，从基础实时风险指标、全面扫描风险指标、专项扫描风险指标、纳税人行为分析扫描等几个维度，建设横纵贯通的立体风险防控指标体系。在事前，根据分析判定纳税人风险隐患，进行预防式管理，比如可以减少发票核定限额、限量，加大日常巡管频度，降低企业出问题的概率。在事中，根据纳税人涉税行为带来的风险指标异常，实时预判风险发展趋势，实施阻断式管控。在事后，按照税收风险指向进行定向打击，解剖典型案例，达到以点带面、事半功倍的效果，并总结税收风险规律进而完善指标体系。

2. 大角度拓宽税收风险管理视野

要在更多角度、更细颗粒度上持续开展税收风险分析，形成一批更高水平的税收风险分析产品，努力形成一系列拳头税收风险分析产品，通过税收风险分析在基础税收征管、行业税收管理、税收决策分析、以税资政上掌握税务部门的话语权。

3. 深层次加强税收风险质量监控

在市局层面对风险任务按户进行任务归集和推送，实行“扎口管理”，避免任务多头下发、重复下发、交叉下发。要强化对税收风险应对质量的考核监督，跟踪管理评价风险任务的应对情况，按照应对工作质量对县局进行绩效考核。市局要有针对性组织税收风险的直评，对县区局风险应对情况开展复核、复查，既选树风险应对质量标杆，又抓反面典型严肃追责。

4. 多方位加强税收风险组织建设

重点加强市县两级税收风险管理领导小组办公室建设，通过“转、借、引”等多种形式，充实和加强税收风险管理力量。谋划市局税收风险管理领导小组人员优化问题，着手建立与重大税收风险应对任务相

匹配的专业团队，满足市局直评的团队所需。

（四）以"互联网+"战略为契机，推动大数据征管变革

1. 完善数据，夯实信息化建设基础

优化完善市级数据质量监控指标，定期编发数据标准化手册，增加数据质量监控节点和监控指标，从源头上杜绝错误数据。充分利用金三系统对申报情况、税款征收情况分行业取数，建立区域性数据库。制定严格的纳税人涉税数据提供制度，采用双口令、痕迹固化等方法，防范纳税人信息泄露。

2. 共享数据，畅通社会信息流通渠道

在系统内部，依托总局、省局大数据平台，建设市级税源管理平台，整合各应用系统、政府第三方、互联网等涉税数据，夯实数据管理基础。在系统外部，强化外部信息采集比对，拓展市局数据中心数据获取渠道，建立由政府主导的综合治税信息交互平台，实现与市监、房产、国土等部门多方信息共享，逐步形成社会综合治税网络。

3. 分析数据，指导日常管理及服务

充分利用税收大数据资源，积极开展税制改革、纳税服务及税收政策调整数据分析，为推动改革、完善服务、评估改革效应等提供参考。筹划建立与数据治理相匹配的市级数据管理团队，完成对全市各类涉税数据的集中、整理、分解、归类、下发等治理任务。对税收征管质量进行按月综合评价，充实具有市级税收征管质量评价特色的指标，健全税收征管质量监控评价体系。

（作者单位：国家税务总局魏县税务局）

网络视频直播行业涉税风险分析

杜 艳 杨 科

网络视频直播，指人们通过网络直接收看到远端正在进行的现场音视频实况，比如会议、培训、互动交流等。网络视频直播的核心是利用互联网高速传输技术实现对音视频信号的实时传输，并能使在远方的人通过互联网实时流畅观看。目前我国的网络视频直播大致分为两大类，一种类型是通过网络观看电视信号节目，例如各种体育比赛和文艺活动的直播，这类直播是通过采集电视模拟信号转化成数字信号输入电脑，实时上传到网站供人观看；另一种类型是真正意义上的网络视频直播，它是基于在现场架设独立的信号采集设备，再通过网络上传到服务器，发布到网站供人观看。两者最大的区别在于直播的自主性和独立性，商家可以根据自身需要设计直播内容，比如产品发布会等。

本文主要是针对第二类网络视频直播进行研究，该类网络视频直播主要由直播客户端、直播网页端以及管理后台构成。主要经营模式按照主播来源划分为主播自发、平台招募、经纪公司招募三种类型。以直播平台公司的经营模式为例，分析相关法律主体的涉税风险点。

一、网络视频直播行业商业模式概述

截至2017年年末，全国从事网络直播的公司约有200多家，网络直播用户规模达到4.22亿。2017年，网络直播市场整体营收规模达到304.5亿元(数据来源：微信公众号"乾元资本")。海南省经济规模小，注册的网络直播公司有10多家，实际从事网络直播的公司仅有2家。网络直播平台的主要收入来源有以下几个方面：一是用户打赏收入，指用户在观看直播与主播互动的同时，可以在平台进行充值获取虚拟礼物送给主播，每个礼物价值1分到10000元不等。从打赏礼物衍生出的购买会员，也是网络直播平台的一个重要收入点。用户可以为喜欢的主播开通不同等级与时间的专属会员，以获得在直播间的专属权益，如防禁言、专属礼物、彩色弹幕等。这些打赏的收入，平台与经纪公司、主播按比例进行分成，分成比例从二成到八成不等。斗鱼、熊猫等泛娱乐平台，通常收取五成。二是广告收益，在直播过程中，通过直播画面边角、直播页面以浮窗的形式播放广告。另外，与各类厂商的合作推广也可以取得一定的收益。三是页游联运，观众在观看直播的同时可以玩游戏，例如斗鱼、战旗等泛娱乐平台网页均带有页游端口。

目前网络视频直播行业的主要经营模式按照主播来源划分为主播自发、平台招募、经纪公司(又称工会)招募三种模式。

(1)主播自发模式是指单个个人自主在平台完成开播流程后进行直播，主播没有与平台签约，直播内容及时间不固定。

(2)平台招募模式是指当某类直播内容缺失时，直播平台会发起待遇优厚的主播招募活动，吸引人们前来开播，主播签订合同后，由平台直接管理，每月要按规定完成固定的直播时长与天数，获取底薪及礼物分成。

(3)经纪公司招募是指平台需要某一类主播时，会直接与合作的经纪公司联系，由经纪公司代为招募，并对主播进行管理，平台将与经纪公司及主播签订三方合同，经纪公司对主播直播活动全权负责，平台与经纪公司费用结算后，经纪公司将报酬支付给主播。

二、网络视频直播行业相关法律主体的涉税风险

2017 年据相关媒体报道:北京市朝阳区地税局针对某直播平台 2016 年支付直播人员收入共计 3.9 亿元,但未按规定代扣代缴个人所得税一事,最终查补税款 6000 多万元。网络视频直播行业作为新兴经济业态,通过北京市朝阳区地税局查补税款的报道揭露出该行业存在的巨大税收征管漏洞。由于网络视频直播行业涉及的法律主体众多,法律关系较为复杂,本文按照主播来源划分为主播自发、平台招募、经纪公司招募三种模式所产生的法律关系分别进行涉税风险分析。

(一)主播自发模式

在主播自发模式下,主播个人通过在直播平台上提供服务,取得直播平台扣除平台费用后支付的服务费。主播个人与直播平台不存在雇佣关系而属于劳务关系,主播个人取得的收入属于劳务报酬(具体以双方的协议判断法律关系)。

(1)直播平台的涉税风险

直播平台(一般以公司的形式)在网络视频直播的过程中取得收入呈现多样化的特点,收入主要有用户打赏收入、广告收益、页游联运等。

涉税风险:①直播平台通过转移隐匿收入的方式少申报缴纳增值税,例如将用户打赏的收入通过多个账户收取、广告收益等通过第三方支付平台或账户收取;②通过虚增成本的方式,减少企业利润少缴纳企业所得税,例如虚增培训费用,购买设备费用等;③存在少申报缴纳服务合同印花税的风险,例如在主播注册的过程中,签订非合同形式的电子协议。

(2)网络主播的涉税风险

在主播自发模式下,网络主播与直播平台属于非雇佣关系,主播取得直播平台支付的服务费。部分网红主播在直播的过程中,通过植入广告的形式帮助某产品进行销售,与该产品公司进行收入分成或取得固定收入。随着网络直播行业的日趋成熟,网络主播在直播的过程中取得的收入也越来越多元化。

涉税风险:①以隐瞒收入的形式少申报缴纳个人所得税。例如某主播不仅从直播平台中取得收入,还从部分产品的销售取得收入,但仅申报直播平台收入;从多个直播平台取得收入,却未按照规定申报各个平台收入;隐瞒在线下商演的收入,等等。②以混淆税目的方式少申报缴纳个人所得税。例如属于劳务报酬的收入按照工资薪金所得税目缴纳个人所得税。

(二)平台招募模式

在平台招募模式下,主播个人通过在直播平台上提供服务,取得直播平台扣除平台费用后支付的服务费。主播个人与直播平台签订协议形成雇佣关系,直播平台支付的服务费以基本工资加提成的形式给主播发放工资,主播接受直播平台的日常管理,定期完成直播任务。

(1)直播平台的涉税风险

直播平台(一般以公司的形式)在网络视频直播的过程中取得收入呈现多样化的特点。

涉税风险:①直播平台通过转移隐匿收入的方式少申报缴纳增值税,例如将用户打赏的收入通过多个账户收取、广告收益等方式以第三方支付平台或账户收取;②通过虚增成本的方式,减少企业利润少缴纳企业所得税,例如虚增培训费用、购买设备费用等;③存在少申报缴纳服务合同印花税的风险,例如在主播注册的过程中,签订非合同形式的电子协议;④未严格按照税法规定代扣代缴个人所得税。

(2)网络主播的涉税风险

在平台招募模式下,网络主播与直播平台属于雇佣关系,主播取得直播平台支付的具有工资性质的服务费。部分网红主播在直播的过程中,通过植入广告的形式帮助某产品进行销售,与该产品公司进行收入分成或取得固定收入。

涉税风险:①以隐瞒收入的形式少申报缴纳个人所得税。例如某主播不仅从直播平台中取得收入,还从部分产品的销售取得收入,但仅申报直播平台收入;从多个直播平台取得收入,却未按照规定汇总申报各个平台收入;隐瞒线下商演的收入,等等。②以混淆税目的方式少申报缴纳个人所得税。例如将线下商演等劳务报酬的收入按照工资薪金所得税目缴纳个人所得税。

(三)经纪公司(又称工会)招募模式

在经纪公司(又称工会)招募模式下主播个人与直播平台签订协议形成雇佣关系,主播个人由经纪公司招募通过经纪公司联系在直播平台上提供服务,经纪公司取得直播平台扣除平台费用后支付的服务费,以工资薪金的形式给主播发放服务费,主播接受经纪公司的日常管理。

(1)直播平台的涉税风险

直播平台(一般以公司的形式)在网络视频直播的过程中取得收入呈现多样化的特点。

涉税风险:①以直播平台通过转移隐匿收入的方式少申报缴纳增值税。例如将用户打赏的收入通过多个账户收取、广告收益等通过第三方支付平台或账户收取。②以虚增成本的方式,减少企业利润少缴纳企业所得税,例如虚增培训费用、购买设备费用等。③存在少申报缴纳服务合同印花税的风险,例如在主播注册的过程中,签订非合同形式的电子协议。④与经纪公司签订阴阳合同达到减少收入少缴纳税款的目的。

(2)经纪公司(又称工会)的涉税风险

在实践中,大部分直播平台同多个经纪公司(又称工会)签订服务协议,经纪公司的收入呈现多元化,不仅从线上平台直播的过程中取得服务费,部分经纪公司通过在线下组织主播开展商演活动或者代言某产品取得收入等。

涉税风险:①以隐瞒或混淆收入的方式少申报缴纳增值税,例如隐瞒主播线下商演收入或将收入混淆按低税率申报缴纳增值税;②以通过虚增成本方式少缴纳企业所得税,例如虚增网络主播数量多发放工资薪金(未达起征点);虚增管理费用及培训费等项目增加成本。

(3)网络主播的涉税风险

在经纪公司招募模式下,网络主播与经纪公司属于雇佣关系,主播取得经纪公司支付的具有工资性质的服务费。

涉税风险:①以隐瞒收入的形式少申报缴纳个人所得税,例如某网红参加多个经纪公司,从多处取得工资薪金所得未合并申报或隐瞒在部分经纪公司的收入;②以混淆税目的方式少申报缴纳个人所得税,例如属于将线下商业等劳务报酬的收入按照工资薪金所得税目缴纳个人所得税。

三、网络直播行业税收征管存在的突出问题

网络直播行业作为一种新兴经济业态,呈现出不同于传统经济的特点,对税务机关在税收征管方面提出了巨大的挑战。具体表现为以下几个突出问题。

(一)商业模式的复杂性,为税收监管带来新的难题

随着信息化技术不断发展,网络直播行业异军突起,发展迅猛并不断发展出丰富的商业模式,产业链条也加速延伸。网络直播行业的产业链分为上游、中游和下游,上游包括主播、主播经纪公司、内容生产公司、版权运营公司四部分,中游包括提供直播内容的公司,下游包括服务支撑方,主要提供技术支持等。按网络主播来源划分为主播自发、平台招募、经纪公司招募三种模式,按收入来源划分为虚拟道具、互动营销广告、游戏联运、会员订阅、赛事竞猜等。

(二)线上线下收入的多元化,导致收入及税收管辖权难以确认

网络直播行业取得的收入包括用户打赏、流量变现、广告投放、订阅收费等,除此以外还包括网红主

播线下商演、境外收入等，收入呈现来源多元化、非货币化的特点，交易方式灵活多样，交易范围突破地域限制，直播平台等容易向有税收优惠地区转移收入，网红主播在多个直播平台取得的收入，需要多省税务机关联合协查。不同于以往的传统经济业态的特点，网络直播行业对收入及税收管辖权的确认带来了巨大挑战。

四、加强网络直播行业的税收征管措施

（一）完善互联网思维，实现“大数据＋税务”

网络直播行业作为新兴互联网业态，呈现收入多样化，交易方式灵活性，交易范围突破地域限制的特点，要求税务机关充分利用互联网信息技术和大数据分析能力，对涉及网络直播行业产业链的关联方数据进行采集、储存、分析和运用，提升税务机关在税收征管和税收分析方面的能力。综合利用第三方数据平台信息，通过协税护税信息平台与网信部分加强数据交换，利用第三方数据与金税三期工程信息进行比对分析，强化管理手段。

（二）按照分类分级管理的理念，组建团队式管理

在贯彻落实国家税务总局纳税人分类分级管理制度时，税务机关为了实现征管资源的优化配置，大幅度提升税收征管效率，按税源分级分类管理，划分为重点税源企业和一般税源企业。网络直播等新兴业态作为新的税收增长点，税务机关应将其作为重点税源企业，组建税务、计算机、法律等专业的业务骨干团队加强管理，对网络直播行业的上游、中游、下游产业链涉及的企业进行跟踪式、全过程、差别化税收管理服务。

（三）适应国地税合并要求，建立全税种管理机制

按照 2018 年 3 月中共中央印发的《深化党和国家机构改革方案》的要求，省级和省以下国税地税机构合并，按照“瘦身”与“健身”相结合的原则，完善机构布局和力量配置，构建优化高效统一的税收征管体系。国地税机构合并以后，税务机关要树立全税种管理的理念，结合各税种的特点，加强相关行业的税收征管。特别是针对网络直播行业等新兴业态存在税收征管的较大漏洞和突出难点问题，同时也是税收收入新的增长点，各级税务机构要统筹布局，摒弃以前的以票控税、各税种单打独斗的理念，建立全税种管理的机制，强化税收监管。

（作者单位：国家税务总局海口市税务局）

新时代如何提高大企业信息数据质量强化服务与管理的质效

内蒙古鄂尔多斯市恩格贝生态示范区国家税务局课题组

"互联网+税务"是税收征管信息化的发展基础,涉税信息的采集、分析、利用是税收征管信息化的核心工作,通过互联网的应用,可以非常便捷地、低成本地采集到大量具有实用价值的数据。大企业作为国民经济的引擎,对其税收的征、管、查既复杂,又涉及很多跨国的税务问题,利用便捷、低成本的互联网,提升信息化水平,加强对大企业的税收征管,提高对大企业的个性化服务水平,已经是税务部门迫在眉睫的任务之一。

一、大企业的特点

大企业对于一国经济起着支撑和带头作用,深刻地影响着国民生活,同时,大企业的税收贡献十分巨大,是税收收入的主要来源。大企业一般具有以下三个特点:

(一)复杂性

一般来说,大企业集团的生产经营业务涉及面广,跨境、跨区域、跨行业经营业务频繁发生,关联企业交易业务也时有发生。跨境经营涉及国际税收问题,税务征管中涉及避税与反避税的特殊税收业务;跨区域经营业务涉及地方税收利益分配和跨区域涉税事项日常监控管理问题;跨行业经营涉及多行业税收政策业务交叉问题;关联交易业务涉及关联业务财务税务特殊处理问题。这些经营业务决定了大企业集团涉税事项的复杂性。

(二)级别地位高

大企业对于税收收入有着巨大贡献。2017 年鄂尔多斯市国税收入中年纳税 1 亿元以上的大企业 81 户,占总收入的 67%。千户集团成员企业 555 户,千户集团扩围成员企业 221 户、千万元以上企业 164 户、500 万元以上企业 93 户,入库税款占总收入的 89%。因此,这些大型国企、大型集团、大型跨国集团在整个国家税收中具有重要地位。

(三)组织精细,业务发展快

大企业不但组织机构复杂、管理环节多、业务量大、涉及多个行业且跨地域经营、专业化分工细致、信息化程度高,在经济全球化浪潮的推动下,大企业集团的发展日新月异,经营业务处于一个新的膨胀期,这部分集团公司的信息化发展步伐不断升级,财务核算模式与世界接轨,管理模式不断创新。同时,大企业的管理人员一般都是高学历、高职称、高素质的人员,有些是税务系统的行家里手跳槽到大企业集团为其进行税收筹划。与之相比,税务机关的管理力量分散且明显不足,尤其是基层普遍缺乏精通法律、财会、计算机等知识和技能的专业人才,无论是人员数量还是人员素质都存在差距。因此,面对信息量巨大且复杂、信息技术和系统先进的大企业集团,税务部门想要及时、低成本地完成税收征管,必须依托信息化手段。

二、大企业税收管理的历史和现状

（一）大企业管理的历史

1982 年，国家开始重点管理税源。2011 年，《国家税务总局大企业税收服务与管理规程（试行）》——第一个有关大企业税收管理工作的规范性文件正式发布，标志着大企业服务与管理工作正式进入全面的“落地”实施阶段。国家税务总局 2015 年 7 月初发起“千户集团税收风险分析”计划，纳入了央企、国企、民企、跨国公司等。计划实施之后，中国 60%左右的大企业集团的税收管理都直接划归国家税务总局管辖。截至 2017 年年底，鄂尔多斯市国税局共管辖总部在我市的大企业集团 21 户。此次国家税务总局发起的“千户集团”计划，首先是进行税务分析，其次是进行风险管控，最后才是税收收入的管理筹集工作。企业的经营数据、利润指标和纳税状况，将被汇总并形成一个“大数据库”，政府可以观察宏观经济环境，向企业提供投资咨询服务。超过 1000 户大型企业集团的数据汇总，给国家税务总局带来了一定的困扰。此外，国家税务总局还需要对这些大企业经营数据进行深度挖掘，通过大数据防范税收风险，减少境外税务挑战和不公平税务待遇，千户集团的另一目的就是通过有效数据抓取和分析，将其用于宏观税收政策和宏观经济政策的参考。与此同时，为了使千户集团计划更完美，国家税务总局甚至邀请了诸如阿里巴巴集团旗下阿里云计算有限公司大数据部的管理人员、百度移动云计算事业部管理人员等互联网精英参与了这项计划。

另外，国家税务总局大企业税收管理司还组织开展了针对大企业的全流程税务风险管理工作，《国家税务总局关于运用大数据开展大企业税收服务与监管试点工作的通知》（税总函〔2015〕477 号）明确中海油、神华集团、兵装集团、中国建筑、中国网通和中国人寿被列为当年全流程风险管理对象，此前已有 11 家大企业经历过全流程风险管理。全流程税收风险管理采取国家税务总局和省局统筹、系统联动、国地税局联合、部门协作、税企合作的方式，排查和应对大企业存在的税务风险。在组织方式上，以国家税务总局和省局统筹为主，各地税务机关协调联动；在工作分工上，国家税务总局负责风险管理工作的统筹规划和总体方案制定，与企业集团总部协调沟通，统筹采集企业集团数据信息，选取企业集团的部分成员企业进行税收风险解剖，整理、发布税收风险特征库等，省局负责本地区风险管理工作的统筹，制定具体实施方案，市局及主管税务机关落实国家税务总局、省局推送的各项工作任务，及时反馈工作结果，根据要求加强后续跟踪管理。所有的这些都是通过互联网完成数据的收集、传送、分析、落实和跟踪等环节。

（二）大企业服务与管理的现状

目前，税务系统使用国家税务总局税务审计软件、大企业税收服务与管理信息平台、大企业电子账套系统。在“五做七化”即：做实机构、做优平台、做精数据、做深合作、做强团队；机构实体化、应对专业化、数据集成化、工作平台化、服务个性化、合作一体化、流程标准化的总体框架内，采用扁平化高效模式，各地纷纷在摸索中创新、在实践中提炼，在系统中导入大企业基本信息、成员企业层级关系、国家税务总局管辖的千户集团企业、省局管辖的年纳税千万元以上的企业、市局管辖的年纳税五百万元以上的企业。充分依托税务系统金税三期工程及相关税收监控新系统，来抓取大企业的涉税数据。进行分析画像，找到风险点，进行分析应对、反馈。在各个系统使用、改进的过程中，税务工作人员使用系统的熟练程度也随之提高，行业指标模型先行先试经过反复验证、修改，具有一定的指导作用。从上至下的大企业税收管理局陆续实体化，在税务总局、省局项目化管理模式下，分析应对成效正在逐步提高。大企业局与主管税务局之间的职责一步一步在厘清，经济数据分析方式正在摸索，为制数权水平寻找好的突破口。针对大企业的需求，大企业局制定具体服务项目，相互学习全国的先进做法，个性化服务礼包正在着手研制。以鄂尔多斯市国税局为例，近年来每年对风险户分析应对成效均在 3 亿元以上。

三、大企业税收征管在信息化方面存在的问题

（一）难以有效整合利用海量涉税信息

在互联网时代，信息资源日益成为重要的生产要素、无形资产和社会财富。近年来，税收信息化建设取得了显著成就。但是在日新月异的科技进步和蓬勃发展的信息化浪潮背景下，大企业集团能够利用这些先进的科技并开发出先进的系统处理海量的信息，与此相比，税务机关在面对海量涉税信息时常常显得思路不宽、办法不多、成效不大，甚至守着金山银山般的信息也未能充分开发利用，运用信息管理税收的能力明显不足。

1. 对高度智能化的大企业管理信息系统缺乏了解

随着大企业信息化管理水平的不断提高，大企业会计核算和生产经营数据存在于企业财务核算系统、ERP系统等管理信息系统内部。大企业普遍采用十分先进的财务信息管理系统，财务核算集中且十分规范，数据全面且质量高。而我国税务机构在现行大企业税收管理中已逐步实现依托计算机软件及网络技术，实行网络化办税。但是就大企业税收管理来说，现有信息平台在系统性、信息共享和数据利用分析方面还有待提高。以金税三期工程为例，目前的综合征管软件的主要功能是日常涉税业务操作，对于更为高端的税源分析和纳税评估并没有涉及，大企业很多的财务信息无法直接取得，使得所获取的涉税信息残缺不全。一些大企业仅财务报表就多达几百页，税收机构所获取的只有像资产负债表、利润表、现金流量表这样的基本信息。另一方面，大企业出于商业保密等主观原因也会导致税企信息不对称。出于信息安全方面的考虑，大企业在披露相关信息时一般十分谨慎。对于税收机构特别关注的关联交易、转让定价、资产核查等方面的信息或拒绝提供或需要企业内部层层审核，导致税收信息的完整性、时效性大打折扣。各级税务部门对大企业管理信息系统缺乏了解，不少税务管理人员看不懂系统里的数据，不知道从哪里下手获得所需数据，只能被动提出具体的数据要求大企业提供。这样既不能获取第一手最真实的数据，也不能根据数据分析中发现的疑点及时进行追溯和关联查询，很难掌握大企业真实的生产经营信息，税收管理的现代化程度难以提升。

2. 对海量的第三方涉税信息整合不够

一方面，部门与部门之间数据和信息相互分割、形成信息孤岛，政府、财政部、发改委、国土、工商、房产管理、银保监会等相关部门和单位的各类涉税数据不能有效共享互换。另一方面，对于互联网上的各类披露信息、媒体报道等缺乏系统的搜集、整合和分析，面对公开渠道的涉税线索反应迟钝。

3. 税源信息不能充分利用

国家税务总局虽然从2000年开始加强对重点税源大企业信息的直接监控管理，每年通过税源信息报告制度获取重点税源大企业的信息。但这些监控数据只有汇总上报到国家税务总局层面才能有一定的应用价值，基层税务机关还无法把这些税源调查工作和大企业税收管理完全结合在一起。

（二）不能充分适应企业生产经营变化

现行税收制度和传统征管模式难以应对新时代大企业生产经营的发展变化。一方面，工业经济时代制定的税收法律法规难以适应如今的数字经济时代，跨国企业税基侵蚀和利润转移（BEPS）问题日益严重。如目前多数高科技大公司的主要收入已非实体产品销售，更多的是专利授权等无形资产销售。国内知名互联网BAT三巨头（百度、阿里巴巴、腾讯）的一定利润并不是来自实体商品，而是来自互联网增值服务、知识产权特许权使用费等，而这些产品本身就是数字化的。与实体经济相比，高科技大公司更容易将利润转移到低税率国家或地区。另一方面，越来越多的大企业特别是跨国大企业设置复杂的股权结构，实行集团化运作，其跨区域经营、总部决策、集中核算的特点与现行税收征管属地管理体制下的分散管理以及由基层税务机关处理各种涉税事项之间的矛盾日益尖锐。税务机关与大企业之间信息严重不

对称，形成企业总部主管税务机关与分支机构主管税务机关之间“管得着的看不见、看得见的管不着”现象，导致对大企业的税收管理乏力甚至无法实施有效监管。大企业往往会利用现行税收征管模式下征管信息和征管资源碎片化的弱点进行避税筹划。

（三）信息技术手段相对落后

在税收信息化建设方面，虽然取得了不少成绩，但是，与大企业集团信息化建设相比，税收信息化建设方面还是相对落后的，尤其是缺乏专业技术人才和税收综合管理软件。税收信息化建设的滞后，导致税源专业化管理能力下降、管理效率下降、管理质量下降。尤其以风险管理为导向的税源专业化管理，更需要先进的信息技术和科技人才作为强有力的支撑，主要表现在：

（1）在前期准备工作阶段，需要从企业方提取涉税数据信息，而大部分大企业集团都上线了 ERP 系统，提取企业数据、分析涉税数据信息都需要专业技术人才和税收专业管理软件的支撑，税务部门不仅缺乏专业技术人才，还缺少专业管理软件。

（2）从海量涉税数据信息中分类提取数据，后续对所提取数据进行分析整理、筛查排序、分析评估、应对处理等工作环节，都需要借助专业软件进行数据信息的分析与比对处理。

（3）税务机关税收信息化管理系统品目繁杂，缺乏专业的应用软件，税务机关现有的管理系统之间的数据兼容性差，在涉税数据信息资源的分析处理过程中，需要耗费大量的人力、物力和财力，存在大量的资源浪费。

（四）预测和监控手段落后

近年来，我国税务系统不断加大对计算机硬件建设的投入，实现了从纳税登记、税款征收到税款划解全过程的计算机管理，但瓶颈是大企业的数据无法直接、及时传输给税务部门，由税务部门的系统进行监控。税务机关不能运用大量的信息数据对税源的发展状况进行调研、分析和预测，造成了监控结果与实际情况的断裂。目前，只能由大企业根据税务部门的要求提取一部分数据报给税收管理人员，税务机关的信息监控管理处于低级阶段。

四、如何提高信息化水平，搞好大企业税收管理

（一）提高信息集中度，利用信息集中优化管理

信息集中度越高，说明信息化建设基础越扎实，信息化程度越高。因此，提高信息集中度是大企业税收征管信息化建设必经之路。目前千户集团计划已经把这些大企业的信息进行集中处理，由于这些大企业信息量极大，税务与其他部门联动性弱，因此，要在众多部门、企业之间实现信息共享，不管是在理论上，还是在投入成本、运转费用、运行效率等方面，都会遇到很多困难，价值与效益的考验。从发达国家的经验来看，在技术层面上，数据的大集中是涉税信息的存储与应用模式之一，主要是通过发达的国家税务系统内部网络，将大企业和各级国地税部门税收数据信息统一集中在国家税务总局，并由总局对其进行处理，从而建成一个全国一体、功能完备、完全稳定的新一代税收信息管理系统。

数据大集中的优势，主要有以下几个方面：

（1）有利于降低信息化建设的成本，节约硬件网络资源，以总局为依托的集中式信息管理系统，可以大大减少分散配置、各自为政造成的重复投资，同时集中投资能够有效地提高硬件配置水平。

（2）有利于保证工作效率，集中式信息管理模式可以统一业务流程，使用同一技术支持的系统，按照国家标准化制定的数据规范来生产和加工税收数据，确保数据信息的质量，从而大大提升系统运行效率。

（3）有利于进行集中决策分析，在集中模式下，总局机关可以以实时掌握的各级上传数据为依据，进行数据挖掘分析和决策，从而提高管理监控的实效性和严密性。

（4）有利于提高数据的安全性，集中模式数据管理可以在各级管理人员中分配适宜的访问权限，并且

对任何访问和数据修改痕迹进行记录，这样就可以确保数据的安全可用性和系统的可靠性。

(5)有利于提高纳税业务的服务质量，集中式的信息管理可以为纳税人提供更为准确的涉税信息查询、更加多元化的办税模式和更为标准化的纳税服务，这对于提高纳税遵从度，改善征纳双方关系大有裨益。

(二)加快信息技术人才队伍建设

大企业税收征管信息化的推进要以信息技术人才为后盾，不管是什么形式的信息化，都离不开税收信息人才的培养，因此建设一支强有力的信息人才队伍迫在眉睫，而作为税务部门建设信息人才队伍要从两个方面做好工作。

1. 树立互联网+的思维

互联网+不仅是一种海量的数据状态、一系列先进的信息技术，更是一套科学认识世界、改造世界的观念与方法。一方面，税务部门作为重要的政府部门，把互联网+的思维和技术运用到税收管理与决策中，为纳税人提供更加智能、高效率的管理和更加精准、个性化的服务，是推进国家治理体系和治理能力现代化的题中应有之义；另一方面，面对大企业每天生成的海量涉税数据、瞬息万变的信息技术，只有树立互联网+的思维才能跟上时代步伐、应对现实挑战。互联网时代的思维转变至少包括以下三点：要全体不要抽样，要效率不要绝对精确，要相关不要因果。在互联网时代，除了面对大企业集团纷繁复杂的信息、纷至沓来的挑战外，税务部门常常没有时间也难有精力去寻根究底、追问真相，全面占有数据、快速分析数据、出具最优化解决方案，是税务部门应对大企业海量数据的唯一选择。

2. 提升人才队伍的素质

互联网时代对人才特别是对高端人才的需求十分迫切。互联网时代的税收管理人才，应具备在数据的海洋中探索发现的能力。他们需要把大量从大企业中收集到的散乱涉税数据变成结构化、可供分析的数据，整合各种数据源并清理成结果数据集，揭示蕴含在数据中的税收经济规律和涉税疑点问题。

应对互联网时代挑战，把握好国地税合并契机：

(1)要积极开展专业人才特别是领军人才培养，引进国内外专家，统筹国内外培训，实施分级分类培训，既需要培养一批全面掌握财会税收、数理统计、数据分析、信息化技术等相关知识的复合型人才，也需要培养一批在相关专业领域有极高造诣的专家型人才。

(2)创新人才使用机制，发挥各类人才在税收管理工作中的重要骨干作用，加强数据分析等各类专业队伍建设。

(3)尊重实践经验丰富的专业人才，组织上要考虑他们的工作和生活需求，尽量解除他们的后顾之忧，让他们安下心来为税收事业做贡献，把他们多年的工作本领、成功经验自愿地毫无保留地传递给后辈，让师带徒的工匠精神成为大家认可并传扬的美行。

(4)政策支持鼓励业务能力强、有开拓勇气、敢逆向推断、利用发散思维的人才，让他们在自己热爱的平台上做出一番事业来。

(三)加强信息技术管理

互联网的迅速发展给信息化管理带来挑战，同时，大企业的信息技术更新速度快，企业管理信息系统和财务系统也应当处于新技术的前沿，因此，在大企业税收管理中，应该大力加强信息技术管理，才能更好地掌控信息技术的优势发展大企业税收征管。

1. 加强信息技术兼容

信息技术兼容性指的是系统硬件与应用软件之间彼此相互可操作的程度，一般而言，系统的兼容性直接决定着系统运行过程中的错误率，兼容性越高运行中出现错误的概率越低，因此在软件编程过程中，应当采用成熟的计算机语言，以防异构环境的影响；在软件测试环节要采用不同配置、不同档次的计算机对其进行测试，以保证在各种环境和条件下系统都能正常稳定运行，从而保证资源被充分利用。

2. 尝试新兴技术应用

所谓新兴技术指的是尚未被大多数行业所广泛应用的技术或是已经获得确认但没有被充分应用于实际项目的技术。在大企业税收征管过程中，很多大企业的系统都是处于技术的前沿，因此税收征管系统建设和发展过程中应尝试对新兴技术的跟踪和应用，并在尝试中使系统逐步完善和发展，从而不断提高征管服务质量和服务水平。

（四）建立税收征管信息公开制度，有效分析、利用税收数据

根据各地信息公开的实践经验，为了落实好信息公开工作，首先应做到公开透明，让税务部门、税务工作人员的权力受到人民群众的监督；完善相关的信息公开法律规章，做到有法可依；及时向社会各界发布各种涉税信息，确保人民群众的知情权与参与权。利用云计算网络，可将各省（区、市）、各市县的税收数据集中存储于国家税务总局的云平台当中，还能通过云计算网络，先期实现税务各部门间的信息共享，实现信息在内部公开，之后将税务部门与工商、国土、质检、银行、海关等部门的网络对接，实现无缝连接，然后建立相关的信息披露、共享制度，从而实现大范围的信息共享。数据分析利用的是信息化条件下税收管理工作中必不可少的能力。充分利用已有的税收数据，有效分析使其能为税收征管、税源的监控、征管效力的评价起到衡量的作用，对税收征管过程中出现的错误也可以通过数据分析中出现的问题体现出来。

建立征管数据分析通报制度，分析征管数据，通过数据中分析出的问题，提出对应的整改意见，加强各地方税收征管工作的效力。建立上下联动的核实反馈机制，税务机关要明确分工，对税收征管情况实行过程控制，促进数据分析结果的有效性。将税收工作落实到个人，并对各单位的落实反馈情况进行定期通报，对落实不力的单位和个人严格实行责任追究，为数据分析工作充分发挥作用提供保障。税收数据的分析利用可以从以下两个方面进行分析。

1. 与外部信息数据进行比对分析，进行税源分析

通过对大企业的生产经营活动成本、利润和税负率等指标的分析，对企业财务核算和纳税申报质量进行评判。同时将从工商、国土、银行、统计、海关等部门获取的外部数据与纳税人申报数据进行比对分析，从而更准确地判断税源状况，提高税收征收率。

2. 对内部关联数据进行比对分析

比对同一纳税人增值税申报表与企业所得税申报表，查找隐瞒销售收入的疑点；比对同一纳税人的当期收入、成本、税金等数据与历史数据，查找异常变动情况；比对申报应征税收与入库税款和欠税，及时追缴入库；比对国税、地税之间交通运输业发票开具和抵扣情况；比对国税、海关完税凭证开具、抵扣情况，查找虚开、虚抵疑点。

随着大数据时代的不断发展，通过大数据技术与税收征管技术的不断融合，将现行的税收征管模式中存在的问题逐一解决，形成新的税收征管模式，新的模式以税收大数据为基础，计算机处理与人工处理相结合，着重通过税收征管中的数据分析来解决税收征管过程中的税收稽查、税源监控等问题。成为新时代大数据一个新的税收征管模式。

（五）加强数据分析，完善纳税评估流程

纳税评估作为一种税收中期监控的有效管理手段，在提高税务机关的执法能力和执法合力、发挥税务稽查整体效能、提高税收征管质量、优化征管模式等方面发挥着独特的作用。全面提高纳税评估工作的信息化水平，是适应新时期税收征管工作创新的必然选择。

以数据库技术为基础，结合规范的纳税评估管理流程以及相应的评估分析方法，在税务系统内部实施纳税评估系统的建设，能够提升数据仓库的价值，并最终减少纳税人的纳税风险。首先数据仓库解决

了信息集中、统一的问题。通过数据的抽取、加载、转换等一系列过程，实现了将分布在不同行业系统、不同格式的数据集中统一存放，这就为后续的各种分析、评估奠定了数据基础；其次，数据集成为纳税评估的各类指标、查看角度进行了轻度的汇总，为后期纳税评估的性能提供了保障；最后，数据仓库的数据挖掘技术，为深层次地发现纳税人中的异常、政策影响趋势等提供了保障。

从数据仓库中，基于现有评估模型或者自定义阈值选取挑选出评估对象，对这些初步评估对象进行审核分析，确定是否有问题，是否需要约谈，是否要举证，是否要实地核实，最终形成一个评估报告。纳税评估系统，是一个闭环的系统，除了要找到相关的评估对象并进行评估之外，还需要根据评估报告的结果，提交到稽查或者税务审计或者税收征管，继续由相关人员进行后续核查，最终形成正式结果反馈到数据仓库中，形成一个完整的纳税评估流程。

(六)畅通纳税人咨询与诉求反映渠道

大企业本身的特殊性使其对税收政策的咨询与诉求更为复杂和频繁，与其他规模的企业存在较大差异。具体到纳税咨询，因业务种类繁多且数量大，大企业对税收政策的调整反应十分迅速，尤其对于跨国经营的大企业，更需要高层次、专业化的纳税服务。因此，税收管理部门要通过便捷的互联网渠道疏通大企业纳税咨询渠道，加强纳税咨询业务指导。不仅要处理好日常事务性的管理工作，还要建立快捷、有效、畅通的电子化纳税咨询渠道，并及时更新纳税咨询最新动态，强化税收管理的规范性，提高税务管理部门业务指导的准确度。在响应纳税服务诉求方面，大企业所遇到的涉税问题比较少见甚至十分棘手，越难处理就越期望税务管理部门能够迅速、高效地予以解决。因此，税务管理部门要建立畅通的纳税诉求响应机制，及时响应大企业复杂的纳税诉求，从而最大限度地降低涉税问题或纠纷所造成的损失。

(七)统一大企业集团财务核算软件

向世界先进发达国家学习，逐步规范大企业集团财务核算软件。改革行业垄断的现状，打破利益固化的藩篱，实现大企业集团的生产经营在财政部的监管下高效运行。

课题组组长：杨有福

课题组成员：白二爱　杜　军　梅武娜

课题执笔人：白二爱

新形势下推进税收共治体系建设的思考

黄卫东　费立新　朱　平　徐　凡

在当前地方税收体系加速构建的新形势下，税收共治必然成为地税部门税收管理的主要途径。目前，我国的税收共治工作已有一定的社会基础，特别是《深化国税、地税征管体制改革方案》实施以来，各地都进行了一些积极探索和尝试，如江苏省出台的《税收协同共治工作意见》，保障了税收共治工作的深入推进。但是，从税收征管实践来看，当前税收共治工作仍面临水平不高、成效有限等问题，需要税务部门从推进涉税信息共享、拓展跨部门税收合作、健全税收司法保障机制等方面转变工作思路，创新方式方法，推进税收协同共治。

一、税收共治工作面临的难点

（一）法治层面

税收共治的法律保障还不够。现行的《中华人民共和国税收征收管理法》及其实施细则，只是规定了各级地方政府、有关部门和单位应积极参与税收协税护税，而对于如何推进协税护税还缺乏法律上的详细规定，实践中只是靠政府、税务部门的一些零散文件或会议要求，再加上各部门在实际工作中都有保护行政相对人信息的条款，造成信息共享不灵，税收共治无法落到实处。

（二）社会层面

税收共治的社会基础还不牢。治税是税务部门的事情，其他部门和人员没有义务，这是当前社会普遍存在的一种观念。特别在实际工作中，部分单位对税收共治的认识存在问题，重视程度不高，对此项工作无压力、无动力、无责任。税务部门自身层级不高，一呼难应，影响税收共治工作的开展。

（三）实施层面

税收共治的有效工作举措还不足。实际工作中，由于缺乏税收共治的相关明确规定和详细工作措施，造成税收共治措施无从落实。如税务部门行使追索税款权、代位权、撤销权往往受制于相关程序，难以操作。征管法要求银行在纳税人税务登记证副本上注明开户银行账户，实践中推广"五证合一"，取消了税务登记证，这一规定根本无法落实。

（四）惩戒层面

税收共治的联合惩戒作用有待进一步发挥。目前我国的税收信用评价体系和社会信用体系的对接还不完善，与政府社会信用平台对接不畅，对公布"黑名单"一事态度相对谨慎，对税收违法违规行为联合惩戒力度还不够。

二、推进税收共治的思考和建议

在税收共治工作推进中，需要从理念升级、领导体制、工作机制、利益机制、保障机制等方面着手，充分调动多方主体参与税收共治的积极性、规范性。

（一）做到"四个转变"，掌控税收共治主导权

部门和机构间的相互配合和支持是实现税收共治的基础。因此作为税务部门，必须要积极主动地向

政府部门进行建议,积极充当税收共治的智囊和推手,推动政府牵头,切实构建起“政府主导、税务主管、部门协同、司法保障、社会参与、科技支撑”的治税体系。

(1)做到由“部门主导”向“党政领导”转变,改变“税收征管是税务部门的事”的观念,积极争取政府支持,合力推进税收工作。

(2)做到由“被动协作”向“主动参与”转变,畅通信息来源渠道,提高信息采集的数量和质量。

(3)做到由“单向采集”向“多向汇集”转变,涉税信息实现多方多头汇集到统一平台,强化税务部门信息管税的手段和资源。

(4)做到由“单一管理”向“多方监控”转变,使税源监控实现全过程、多方位、立体化,促进税收征管质效的提高。

(二)实现“三个同步”,保证税收共治时空全覆盖

以建设“税收共治一张网”为核心,基于互联网平台,积极落实行政审批制度改革,实施不见面审批,进一步优化党政领导、部门合作、社会协同、公众参与的税收共治格局。

1. 实现行动同步

严格按照《江苏省税收协同共治工作意见》的安排,服从指挥,统一步调,维护税收法制环境,在开展涉税信息共享、跨部门税收合作、落实税收联合惩戒、健全税收司法保障机制、加强税法普及教育等工作中按期准时完成规定任务。

2. 实现信息同步

基于税务网站与政府部门网站或者社会信用体系建立互联互通机制,核心是推进涉税信息共享,做到涉税信息同步传递,及时完整展现涉税情况,预警涉税风险,推动信息共享和合作,在“互联网+税务”的时代潮流下,发挥信息的集合效用,真正实现“信息管税”。

3. 实现责利同步

通过税收共治,特别是信息共享机制,使信息提供者同时也变成使用者,把信息共享、信息归集、信息分析作为基础工作、作为社会信用体系的主要部分来建设,确实让各参与方在承担责任、履行义务的同时,都能从协同共治中获益,保证责任和利益的同步。

(三)全力做好“两个一”,夯实税收共治支撑点

通过完善信息分享、救济保障等机制,重点突破,统筹推进,落实各部门税收协同共治职责,营造税收共治新格局。

1. 全力构建“信息一平台”,重点解决涉税信息交换共享的问题

推动信息共享立法,以法律形式规范信息交换和信息共享,共建信息共享平台,明确信息交换的内容与标准、时限和频率,实现部门间信息适时交换共享。

2. 全力推动“惩戒一条龙”,重点解决税收违法联合惩戒不足的问题

推进税收信用体系建设,把税收信用纳入社会信用体系内统一建设,作为考量社会法人、自然人信用状况的一项重要评价标准。加大对税收违法失信行为的惩戒力度,建立国地税和人民法院之间的联合执行机制,加大联合惩戒力度,通过限制税收违法失信人员高消费、阻止出境、限制购房、乘坐飞机、乘坐高铁、信贷、担任办税人员等多重手段,强化全社会的税收遵从意识。

(作者单位:国家税务总局淮安市洪泽区税务局)

依需求服务求满意标准
全方位全过程提供高质量纳税服务

仲崇文

所谓纳税服务主要是指向纳税人提供的一种公共产品，其需求方是纳税人，广义的供给方有四类，即政府及其所属部门、中介机构、公益组织和志愿者以及纳税人相互之间的互助，狭义的供给方就是指税务机关。在大数据时代、“互联网+”背景下，纳税人数量呈几何级增长，纳税人经营方式越来越多样化，组织形式越来越复杂化，纳税服务需求越来越多元化与个性化……在税务机关征管与纳税服务资源有限的情况下，保障纳税服务供给、满足纳税人需求，是高质量纳税服务的出发点和落脚点。近年来，江苏省扬州市江都地税局始终秉持“始于纳税人的需求，基于纳税人的满意，终于纳税人的遵从”的服务理念，坚持依需求服务、求满意标准，全方位全过程提供高质量纳税服务，内强素质、外树形象，纳税服务工作得到了各级领导和广大纳税人的充分肯定和广泛认可。

一、摸清纳税人需求，在精准服务上下功夫

国家税务总局王军局长明确指出，优化纳税服务没有终点，纳税人需求管理是税务部门遵循顾客理念，以纳税人需求为导向的积极探索，将促进纳税人满意度和遵从度的提升。而随着越来越多元化与个性化服务需求的出现，纳税人可能并不需要税务机关部分的主动服务，从而出现纳税人“被”服务的现象。实际上，企业在生产经营过程中，并不希望过多地被政府部门打扰，无论是被动管理还是主动服务，各地政府也出台过文件要求职能部门减少下户次数，目的就是创造宽松的发展环境。因此，纳税服务工作的关键，是要摸准纳税人的需求，有什么样需求就给予什么样的服务，如此方能促进纳税人“遵从”。

(一)在日常接触中发现需求

在日常工作中，与纳税人接触最多的是税收管理员和办税服务厅人员，他们手中掌握着纳税人的大量信息，要从这些信息中主动收集纳税人的需求，培养需求敏感性，通过 QQ 群、微信群发现纳税人的需求，再主动上门服务。比如，在 2018 年纳税信用等级评定过程中，江都地税局工作人员发现不少建筑企业存在外出经营管理证明未及时核销的情况，企业将被扣分并影响信用等级，于是江都地税局主动反馈给纳税人，提醒纳税人及时与国税取得联系，对“营改增”后外经证进行核销确认，防止影响纳税信用等级评定，致使增值税用票受限，企业对此十分感谢。这样的服务就是在日常工作中发现的纳税人需求，自然能使纳税人满意。

(二)在政策辅导中了解需求

为纳税人提供多层次、多元化的政策咨询与辅导，是税务机关的常规性工作。通过政策辅导服务，帮助纳税人了解政策、用好政策，让纳税人掌握政策规定更精准、享受税收优惠更彻底、抵扣进项税额更充分、办理涉税事项更清楚。了解是相互的，纳税人通过政策辅导了解政策，税务机关也通过政策辅导了解纳税人需求。比如，在 2018 年江都地税局联合国税局、科技局开展科技创新政策培训的过程中，某企业咨询上年度发生的研究开发费用，能否在本年度企业所得税汇算清缴中加计扣除，江都地税局在了解企业需求后，按照坚持落实减免税的原则，使企业充分享受了国家税收优惠政策，企业十分满意。

（三）在数据分析中寻找需求

“互联网＋”时代，纳税人信息量巨大，税务部门正由信息管税转变为大数据管税，利用现有的“金税三期”征管系统对内外部涉税信息进行整合加工，生成涉税大数据，并在此基础上，依据涉税大数据分析结果，不断优化税收服务、满足纳税人需求，改进税收管理、实现减负增效，这样的服务是十分精准的，针对性非常强，是个别的服务而非普遍的服务。比如，江都地税局通过大数据分析发现辖区某企业职工工资全部以集团名义发放，在外地代扣代缴个人所得税，于是江都地税局主动上门宣传税收政策，要求企业必须在江都发放工资薪金并代扣代缴个人所得税，且说明在本地申报税款也十分方便这样的服务也得到了纳税人的认可。

（四）在调查研究中把脉需求

没有调查就没有发言权。大部分税务机关每年都有一定量的科调研任务，税务学会或税收研究会经常会布置一些纳税服务方面的专项研究课题并投身实践，这是目前提升服务质效的一项有效举措。比如，环保税是2018年新开征的地方税种，为确保税收足额入库，江都地税局联合环保部门，对辖区环保税重点税源企业进行专题调查。通过调研发现企业对“环保税的征税范围、计税依据、计算方法、申报时间”还存在疑惑，申报人员业务不熟练，急需辅导培训。于是，针对纳税人需求，江都地税局成立快速应对团队，对辖区环保税重点税源企业进行走访，提供个性化政策辅导和涉税风险防控，帮助企业申报人员快速掌握操作流程，为企业进一步熟悉环保税政策、顺利完成首个申报期纳税申报提供帮助，企业十分满意。这就是税务机关在调查研究中满足纳税人需求的实例。

二、方便纳税人办税，在便捷服务上下功夫

中国特色社会主义进入新时代后开启了新征程，明确了新目标，也对税收工作提出了新要求。税务机关踏上了高质量推进新时代税收现代化的新征程。新时代税收现代化包含高质量纳税服务，这就要求税务机关要针对纳税人办税中的“痛点”“难点”“堵点”，强弱项、补短板、促提升、重有感，进一步深化“放管服”改革、优化税收营商环境，推进办税便利化改革措施落地生效，带给纳税人更多的获得感，让纳税人办税更便捷、更贴心、更舒心，税务部门的“四个同步”展示了更优的新风貌。

（一）线上与线下服务同步

让纳税人少跑马路、多跑“网”路，这是现在税务机关追求纳税服务高质量的明显特点。网上办税服务厅作为传统实体办税服务厅的延伸和补充，打破了以往办税服务的时间和空间限制，纳税人可以不受空间地域的限制，选择任意时间办税，更加便民利民。目前，江都地税局正持续深化税务行政审批制度改革，加大信息化办税力度，全面融入政务服务“一张网”，推行“网上批、快递送、不见面”的税收服务新模式。加快推进电子税务局建设，实现纳税人申报、缴税、发票领用和开具、证明开具等绝大部分涉税事项网上办理；编制办税事项“最多跑一次”清单和“全程网上办”清单，推进涉税事项全区通办，实现纳税人就近办理涉税事项；建立健全实名办税制度，一次采集多次、多处使用。

（二）点上与面上服务同步

点上是针对某个具体企业的纳税服务，面上是针对该企业所处行业的纳税服务，坚持点上与面上服务同步，可有效地举一反三，将有针对性的服务举措在全行业推广，节约服务资源，让好钢用在刀刃上。比如，江都地税局针对某企业要求加计扣除上年度的研究开发费用，进行了一系列政策辅导，帮助企业充分享受了国家税收优惠政策。之后，江都地税局对该行业进行了全面梳理，按照“不落实税收优惠政策就是收过头税”的要求，积极落实减免税政策。只要符合减免税政策的企业，就可以充分享受政策红利，这一服务举措为企业税收成本省下了“真金白银”，深受纳税人欢迎。

(三)重点与普遍服务同步

重点是针对全区重点企业的服务,普遍是针对全区小微企业的服务。2018 年,江都地税局选取部分重点企业作为服务对象,建立重点企业重大政策咨询直通车机制,让企业遇有重大政策咨询时,能第一时间联系到税务专家和领导,让领导统筹、让专家服务,从而不断提升纳税人服务满意度。同时,结合扬州"双创"行动,实施精准帮扶,不断为小微企业保驾护航,江都地税局在区青年创业孵化园成立涉税辅导站,编印《小微企业税收优惠政策清单汇编》,将零散于各行业的税收优惠政策梳理归纳,确保小微企业户户都有"优惠清单",强化税收政策落实情况动态监控,确保税收优惠政策覆盖面 100%,符合条件的小微企业受益率 100%,税收优惠政策落实到位率 100%。

(四)集中与分散服务同步

集中服务是税务机关发挥职能,将纳税人集中起来进行纳税服务,分散服务是各基础管理分局发挥属地职能,服务好辖区内的纳税人。比如,为方便纳税人,切实提升企业所得税汇算清缴质效,2018 年江都地税局联合国税开展 2017 年度企业所得税汇算清缴培训,邀请了全区 400 余名相关企业财务人员进行集中讲授和现场答疑辅导。集中培训结束后,各基础管理分局将税务工作人员与汇算清缴企业一一挂钩,分散服务帮助企业完成汇缴,得到了企业认可。

三、降低纳税人成本,在效益服务上下功夫

什么样的服务是最受纳税人欢迎的?按照"成本—效益"原则,纳税人需求服务和接受服务的目的在于提升生产效益,而提升效益的前提之一就是降低纳税人的成本。根据《全国税务系统 2017－2022 年纳税服务工作规划》,纳税服务工作的基本原则之一就是实现经济效能,税务机关充分运用现代管理和信息技术手段,优化服务流程,降低征纳成本,提高服务效益,为纳税人提供操作简便、成本节省、程序简化的纳税服务。这里的"降低征纳成本"包括降低纳税人成本,纳税人成本降低了,企业的生产效益自然提升了。因此,税务机关的纳税服务应重点做好"三个变",在效益服务上下功夫。

(一)变事中事后服务为事前精准解读

以往,税务机关以纳税人需求为导向,着力为纳税人提供"事前""事中""事后"全程服务,有效提升了服务质效。现在,江都地税局从效益服务出发,在政策辅导上,变事中事后法规政策讲解为事前精准解读,即事前的服务突出针对性,增强企业的发展信心,让企业在做第一个动作前就能为今后的纳税打下坚实基础。比如,近年来,江都地税局把服务"一带一路"、助力企业"走出去"作为一项重要任务融入税收工作,其中最重要的创新举措就是在企业"走出去"前举行涉税政策解读会,帮助企业迅速了解泰国、蒙古国、中亚等"一带一路"沿线国家和地区的涉税政策、税收协定、风险防范、注意事项等,让企业走得出、走得稳、走得远。2017 年,某"走出去"企业在与蒙古国某公司合作时,一份金额达 8.48 亿元的合同在清算过程中遇到"刁难",对方要求该企业缴纳 10%的预扣税,即 8480 万元。该企业财务负责人立刻想到之前税务局举办的"走出去"企业涉税政策解读会上的相关政策,认为对方的要求无理,遂及时联系江都地税局税务专家,一番唇枪舌剑后,对方终于放弃这一无理要求。

(二)变政策法规宣讲为合法合规筹划

以往,税务机关只注重对政策法规的普遍宣讲,追求宣讲覆盖面,而较少关注落地效果。现在,江都地税局从降低纳税人成本出发,在政策允许的范围内,提醒纳税人选择更有利于企业发展的纳税方式和纳税期限,为企业发展节约更多的资金占用成本,从而提升生产效益。2018 年,江都地税局按照区政府要求,联合国税着手草拟《关于优化税收政策环境的通告》,并深入全面地落实好先期我局下发的《改善全区税收营商环境 18 条措施》,以期进一步提升纳税人满意度。比如,某企业筹划上市,拟收购 A 公司为其子公司,股权转让方式有两种,一种是以现金方式转让;另一种是通过拟发行股份,以 1 元/股作价 7000

万元，作为获取A公司股权的支付对价。以何种方式转让企业拿不定主意，江都地税局在了解这一情况后，主动派税收专家团队上门辅导，详细解读两种转让方式所涉及的税收政策，并建议企业采取第二种股权转让方式，这样，既可减轻企业近期的税收负担，又可减少转让的财务费用。这样的合法合规筹划，降低了企业成本，提升了企业效益，企业对此十分满意。

（三）变纳税人自主申报审批为税务人主动上门服务

在减免税管理工作中，以往都是由纳税人自主申报审批，江都地税局充分认识长远培植税源、扶持企业发展的重要意义，按照应免尽免的征管思路，建立了税收优惠政策享受倒逼机制。通过第三方数据比对和金税三期系统实时监控，按季建立并动态更新未享受优惠政策的企业名单，及时发出涉税提醒，对主动放弃享受优惠的企业补办相关手续。同时由专人负责减免税资料的管理、享受税收优惠政策企业台账的更新，定期开展企业优惠政策落实情况“回头看”，对照企业名册和台账，跟踪管理税收优惠政策执行情况，定期总结税收优惠政策取得的成效和存在的不足，确保税收政策落到实处。比如，全区的985家小微企业，2017年享受申请减免税的有947家，对未能享受减免的其余38家小微企业，江都地税局则运用倒逼机制，由辖区管理分局专人上门了解情况，对符合减免条件的应免尽免，这样的效益服务深受小微企业欢迎。

四、做实纳税人利益，在优质服务上下功夫

省局2018年税务工作报告指出，要将以纳税人为中心这个治税理念一以贯之，牢记“为民收税”的神圣使命，在我们的工作理念、制度框架、征管流程、服务举措各个方面，都要坚持以纳税人为中心，以纳税遵从为目标，真正让纳税人有获得感，让我们的干部有成就感。因此，高质量的纳税服务，要站在纳税人的角度，坐实纳税人的利益，想方设法为纳税人提供优质服务，消除纳税人的消极抵触情绪，促进税企和谐。

（一）联手服务，让纳税人得惠最大化

众人拾柴火焰高，税务机关利用政府搭建的综合治税平台，联手政府各职能部门，共同为纳税人提供优质服务。目前，江都地税局已联合国税将纳税人业务一并办理率提升至85%；联合市监局受理纳税人股权转让申报；联合国土部门强化“以地控税”，逐步建立完善土地税源数据库；联合科技局开展对高新技术企业的专项政策宣传；联合财政、人社部门，开展创投企业相关税收优惠政策宣传……这些联手服务，方便了纳税人，让纳税人尽可能地得到了实惠。比如，某企业对外支付款项较多，需频繁到国税、地税申报扣缴税款，很不方便。江都地税局在得知企业诉求后，联合国税局上门了解情况、制定方案，将对外支付税务管理作为国地税联办项目，避免了纳税人两头跑，企业对此十分满意。

（二）精准服务，让纳税人得利最优化

结合当下热点和各类时间节点，提供精准服务，让纳税人得到最优的利益。比如，在2018年第27个全国税收宣传月期间，江都地税局联合国税开展优化税收营商环境系列活动，包括从“点”上组建专家团队，对全区50强重点企业进行上门挂钩服务；“线”上对机械冶金、汽车及零部件等重点行业、资本市场建设“513”行动相关企业提供专业化指导；“面”上通过集中宣讲等形式，对各镇企业及相关纳税人进行全覆盖式辅导，不断优化税收营商环境。再比如，2018年围绕江都区委区政府“513”行动计划，江都地税局联合上市办对上市、拟上市和股改重组企业开展政策宣传，重点解析改组改制过程中涉及的相关税收优惠政策，最大限度放宽企业重组整合特殊性税务处理等政策享受的条件，递延非货币资产对外投资等项目纳税时间，充分发挥税收政策导向作用，引导企业选择最优的资本运作方案。

（三）整体服务，让纳税人得益最全化

企业的全面发展既离不开税务部门纳税服务的支持，也离不开政府全体涉企部门的整体服务。政府

部门的整体优质服务，有利于增强企业发展的信心和决心。由于企业的减免税和退税都在税务部门办理，所以税务机关在整体服务中，起到了至关重要的作用。比如，扬州市作为江苏省唯一跻身全国小微企业双创基地城市示范行列的城市，全市创业创新热潮涌动，江都地税局针对小微企业的服务就是整体服务，既帮助小微企业享受税务部门的减免税政策，还大力帮助企业尽可能享受区金融办的融资性支持、科技局的创新融合奖励、发改委的专利特权申请等，通过整体的优质服务，促进小微企业做大做强做优，同时也为江都区加快形成有利于创业投资发展的良好氛围和“创业、创新＋创投”的协同互动发展格局做出贡献。

（作者单位：国家税务总局扬州市江都区税务局）

“营改增”后地方费金征管问题的研究

——以广州市白云区为例

林键华 何丽玲 王 芳

广州市自2000年以来开始不断探索由地税征收社保费的征缴体制，从委托代征到2009年10月开始的“全责”征收，总体上社保费的征缴率得到提升，社保基金的收入实现稳定较快增长，社保费征管取得一定成效。“营改增”以后，地方税收征管格局发生变化，规费收入占比和业务工作量都发生了很大的变化，也面临着新的定位，如何在“营改增”后做好地方费金尤其是社会保险费的征管成为税务部门面临的重要课题。

一、白云区费金征收管理存在的问题

目前，广州市地方税务局征收和代征的费金共5种，分别为社会保险费、教育费附加、地方教育附加、残疾人就业保障金、工会经费。2017年上半年，白云区费金收入达34.6亿元，占白云区组织收入的53.08%；五个费种中，社会保险费收入占费金总收入的92.8%。本文以地税部门负责登记、核定、申报、缴费等环节及收入规模占比最大的社保费作为主要研究对象，分析“营改增”后地方费金征管存在的主要问题。

（一）征收管理有风险，执法刚性不足

1. 社保欠费发生率高

今年上半年，白云区地方税务局正常欠费企业通过委托邮局派发挂号信进行社保费催报催缴。根据核查的统计情况，多达52.7%的企业已经无法联系。由于企业已不存在，这类企业的欠费基本无法清理。同时，近年来由于经济下行，很多经济附加值较低的企业，由于用工成本不断上升，企业业绩下降，甚至出现亏损，而社保费逐年增长，已成为企业成本中负担比较大的一部分。欠费企业在经营过程中，一旦出现亏损并且扭亏无望，经常一走了之。税务机关只能将缴费人列为非正常户，所欠社保费亦成为死账，无法清缴。

2. 社保费扩面开展难度大

从企业角度上讲，受经济大环境影响，企业经营状况不稳定，为了短期利益不按时、不足额、不全员为员工参保的现象比较严重，企业参保遵从度较低。根据《中国企业社保白皮书2017》披露，2017年社保缴费基数完全合规的仅占24.1%，与2016年相比再次下降。从参保个人角度来讲，现有的社保政策不完善、不配套及务工人员的流动性大等原因造成个人参保意愿较低，私营企业员工表现尤为明显，很多企业甚至在用工之初就与员工拒绝参加社会保险签订补充协议。

（二）征管模式有待优化，综合治费尚未形成

1. 部门协调存在瓶颈

《中华人民共和国社会保险法》（以下简称《社会保险法》）对社保费行政机构、经办机构及征收机构的职责进行了一定的划分。但是社保费征收涉及方方面面，如工会、工商、银行、公安等部门，这些部门在社保费征管过程中是否应当配合征收部门、如何配合等问题都没有相关的政策文件规定。即使在专项行动

中需要相关部门的配合，个别单位和部门对工作没有深刻的认识和理解，缺乏主动配合意识，影响了专项工作的开展。

2. 征管职能划分不够科学

与税收相比，费金政策、征管、法规、信息、纳服等工作都由规费管理科及基层税所负责，这与税收征管、政策、评估等相互协作、相互配合的局面不大相同。规费管理科作为业务指导科室，承接了业务审批、政策答疑、信访投诉等多项工作，疲于案头工作，难以适应费金征管的专业化和精细化管理要求。

3. 费源管理存在风险

2010 年以来，广州地税实行税费同征、同管、同查、同服务、同考核，但从征管实际来看，在机构设置、人员配置、思想观念等各个方面都与“税费五同”管理的目标有差距。“营改增”之后，地税部门失去“营业税”发票这一有利抓手，尤其对社保费信访投诉案件处理、社保费扩面等方面管理难度更加大。

（三）数据管费水平有待提高，与征管需求尚有差距

1. 涉费数据难以适应征管需求

广州市已实现地税、社保、财政三方协同办公，但是地税部门与其他涉税单位和部门并未实现网络互通互联，部分涉费信息的共享仍采用人工报送方式，不仅数据实时性不强，而且转换整合难度较大，涉费信息质量和时效性也难以得到保证。

2. 涉费信息的推送不够及时到位

主要表现在，对外，退费数据无法实现地税与人社部门的有效传输，涉及退费数据的数据删除均需要通过协办函形式来处理，给税务工作人员和缴费人都带来了不便；对内，涉及的已医疗已缴满标示、养老保险缴满减员等均为实现智能化判断。

（四）信访案件数量剧增，维稳压力凸显

1. 维稳危机大

随着社保与购房、买车摇号、子女入学等资格的挂钩，越来越多的劳动者纷纷要求企业补缴社会保险费。2018 年上半年，白云区地方税务局共接访 582 人次，处理群访事件 5 次。由于社保投诉案涉及个人利益。此类案件一旦处理不好，很容易引发维稳危机。

2. 案件解决难度大

从所属期来看，补缴所属期在地税全责征收前的占比较大。根据 2017 上半年社保费信访投诉台账的分析，目前涉费投诉的案件中，92 宗社保投诉举报案件中，申请补缴期以地税开展社保费全责征收工作的 2009 年 10 月为界，92 宗社保投诉举报案件中，申请补缴期在 2009 年 10 月之前（含 2009 年 10 月）的案件 72 宗，占全部案件的 78.26%。由于涉及补缴所属期长，金额较高，企业一般不愿意为员工补缴。

3. 诉讼风险大

《社会保险法》出台后，劳动者维权意识不断增强，企业对执法部门做出的执法行为不服的也会选择提起诉讼。2017 年上半年，白云区共发生 12 单行政诉讼案件，其中涉及社保案 7 单，数量过半。从诉讼案件来看，原告诉求一般为要求税务部门为其追缴社会保险费，地税部门面对的诉讼风险也越来越高。

二、原因分析

（一）征缴机制不够科学

1. 地税部门执法手段有限

“营改增”之前，地税部门通过“以票控税、以税管费”的手段对企业开展社保费参保扩面和欠费清理工作；营改增以后，地税部门失去营业税发票这一有效抓手，执法刚性有所弱化。目前，对企业不按时足额缴纳社保费的行为，地税部门只能加收滞纳金，并无其他处罚的权限，再加上强制执行措施程序复杂，

地税部门的执法难度不断加大。

2. 缴费成本偏高

以广州市在参的基本养老保险为例，从缴费比例来看，2015 年 1 月 1 日起，广州市基本养老保险的缴费比例统一调整为 14%，国有及集体企业的缴费比例整体下降，而私营企业及个体户工商户的缴费比例却总体提高了 2%；从缴费基数来看，社会保险费的缴费基数是以广东省及广州市在岗职工平均工资为依据，但其统计口径为城镇非私营单位在岗职工，并没有将就业人数占比较大的私营企业统计在内，严重影响了社会整体的参保积极性。

（二）权责制定不够合理

1. 相关部门执法权限范围不明确

社保法出台后，相关补充法规和实施细则跟不上，执法部门在遇到《中华人民共和国社会保险法》里没有明确的事项时，在划分承担与追究法律责任的过程中，执法手段显得苍白无力。《中华人民共和国社会保险法》对社会保险行政本部门、社会保险经办机构、社会保险征收机构等部门的权责范围划分得不清晰，导致社会保险工作中的督促参保、追缴缴费、稽核检查等管理流程不能做到完全无缝衔接。许多工作只能依靠行政手段和部门制度规定推行，由此导致了执法部门权威性差、社会保险覆盖面徘徊不前、保障程度不高的结果。

2. 地税征收部门职责权限范围不明确

现行法律赋予地税在社保核定、追欠、查处等方面的权力不够，造成地税部门在推行地税全责征收改革进程中"出师无名"，遇到不少的困阻和障碍，工作局面难以打开，甚至出现被动的形势。具体体现在以下四个方面：

(1)社保费稽核案件的受理主体

《中华人民共和国社会保险法》第五十八条与《广东省社会保险基金监督条例》第五十九条关于未办理登记的投诉主体的政策规定不一致，导致因未办理登记而引发的信访投诉案件暂时无法处理。

(2)对于地税部门，现行的社保费征缴规定在许多方面未能达到税收征管法律法规水平的授权等级，造成征收与管理严重脱节，地税部门对不申报或不缴、欠缴社保费的现象，很难做出及时、有效的行政处罚，对不依法参保的企业约束力低，对征缴双方都产生了负面影响。

(3)申请法院强制征缴社保费问题，各地法院的细节处理流程还不统一，没有出台具体统一的操作指引，申请强制执行的工作人员无所适从，以致对每个程序步骤的时间掌握得不精准，衔接得不够紧密。

(4)地方政府要求社会保险征收机构推行社会保险参保扩面工作的问题，社保参保扩面的关键是督促未办理社保登记的单位办理社保登记和要求用人单位为全部员工参保，目前在这两方面，社会保险征收机构都缺乏相关的执法权，但实际工作中又要求地税部门积极参与，容易导致执法越位、错位，引起征缴矛盾。

（三）系统建设不够智能

1. 数据规则设置不够科学

目前，人社局、地税局分别使用不同的管理系统，涉费数据的传输需要经过前置机这一中间库来传输。由于规则设置问题，涉费数据的传输时限较长，影响缴费人享受待遇。市级社保和地税部门之间在信息系统传输社保登记资料、缴费数据时一直存在一些涉及系统软件或者硬件的技术性问题，不能确保百分之百按时接收对方的数据，在遇到接收数据不成功时又需要人工对账处理、重传数据等步骤，造成一部分社保数据延时传送。

2. 地税系统内部数据关联较差

企业在办理税务登记注销时，由于社保、金税三期系统不关联，在纳税户申请注销时并不会弹出社保欠费信息,将清欠作为注销的前置条件,导致系统内存在大量税务注销社保非正常、注销的社保欠费。截至2017年7月31日,国家税务总局广州市白云区税务局共存在68户企业欠费,涉及欠费179万元。税务人员对涉费数据的掌控,如个税申报数据与社保费申报数据比对,还需要税务人员通过登录社保管理系统和金税三期系统再进一步核查,严重影响了税务人员对涉费信息的掌控。

(四)制度设计不够完善

1. 社保欠费追征期现行政策增加了追缴难度

根据《社会保险法》,用人单位未依法为员工参保的,并无追缴时限规定,由此在征管实际中缴费人要求企业为其追缴《社会保险法》出台前的社保欠费,有的甚至超过10年。与较长补缴时限相对应的较高补缴金额增加了企业的压力,也影响了企业的正常经营。

2. 社会保险费的属性带来征缴困难

征缴难、扩面开展难、信访维稳处理难等问题是税务部门日常征管遇到的三大难题。究其原因,既有社会保险费的自身属性带来的企业不愿参保的问题,也有权责规定不明确导致的劳动者主观不愿参保的问题。在现行的制度设计下,统筹账户与个人账户混合征收,存在着劳资双方责任不清、部门职责难以理清、征管风险难以防范等诸多问题,影响着社会保险费的征收质效。

三、对策建议

(一)完善地税部门征管体系

1. 完善制度设计

尽快确定社会保险费地方税务机关的征收权限,《社会保险法》《社会保险基金监督条例》《征缴条例》等法律法规需要尽快地修订和完善。在修订过程中,应当以《社会保险法》为依据,自上而下统一修订,地方政府可结合本地区实际情况,在上级出台的行政法规的基础上进一步出台地方规范性文件,避免出现下位法与上位法不一致的情况。尽快明确赋予地税部门完整的征收权,以及与征收职责相匹配的执法权。由地税部门全面负责社会保险费征缴环节中的缴费登记、申报、审核(核定)、征收、追欠、查处、划解财政专户等相关工作,实现全国范围内地税部门全责征收。

2. 明确执法部门的职责划分

尽快出台《社会保险法》实施细则,对社保费行政部门、征收机构、经办机构的职责进行明确划分,建立权力、责任清单制度,要求涉费部门严格遵照权责清单运行流程,规范行政权力运行。

3. 科学划分费金征管职能

对涉及社保费征管的缴费服务、流程指引、统计报表、政策解释等职责进行进一步明确,优化人力资源的配置,强化规费科室的专职作用,充实社保费征管一线的人员配备,完善社保费征管组织架构。

4. 强化配备专业人才保障

充分发挥法治人才队伍建设对推进费金征管法治化的保障作用,积极开展费金政策培训与专题学习,组织规费岗位练兵考试,不断提升税务人员的思想认识和业务素质;加大对专业人才的招录,强化人才的专业化;培养具有一定法律知识、专业知识的工作人员,用于指导和带领费金管理工作的创新型发展。

(二)提高社保费征管水平

1. 推进征缴信息化

进一步完善地税、人社、财政三方协同办公平台,在统一的工作平台内,进行各项业务的查询、办理、审批,实现信息的互通、互联和综合利用。进一步提高数据传输的速度,降低错误数据发生的频次,实现以大数据为基础的社保费管理模式,为基础养老金向全国统筹过渡提供信息系统保障和依托。

2. 实施监控智能化

充分发挥大数据和云计算优势，通过数据共享，实现数据规则的自动校验，及时推送涉费风险，为税务人员日常管理提供数据支撑。

3. 促进流程规范化

充分借鉴税收征管在规范执法上取得的新成效，在社保费业务清单(2.0 版)的基础上，优化征管流程，统一规范业务办理流程，提高执法的规范性和一致性。

4. 完善管理网格化

以地理位置为基础，充分发挥各镇街及协税护税站的力量，尤其是在开展社保费扩面、欠费清理、日常维稳等专项工作上；同时，强化责任，将费金管理纳入镇街绩效考核以调动其工作的积极性。

(三)建立综合治费协调机制

1. 政府牵头，搭建综合治费平台

在市、区、街道三个层面分别成立社保费领导小组，形成以地方政府为主导，以人社、信访、工会、财政、地税、公安、法院等职能部门参加的社保费综合治理的工作机制。同时成立社保费群访事件处理工作小组，将有关部门作为成员单位，在遇到职工群体性上访事件时，由领导小组第一时间将相关组员派往现场，集体解决社保纠纷，避免各部门因单兵作战和因单个部门职责所限、处置纠纷不彻底而带来遗留问题和引发新的矛盾。这样通过地方政府的牵头领导，各部门协调、配合起来会更加顺畅，工作力度也会加大很多，避免了部门之间协商造成的效率低下、相互推诿的情况。

2. 部门协调，建立常态化联席会议制度

社会保险费的征收工作涉及财政、地税、人社、社保和法院等多个部门，需要统筹各部门的资源形成合力。因此，必须建立高效的工作联系制度，形成一套由政府各部门齐抓共管的工作流程，实行政府直接领导下的部门分工负责制和协作机制，形成各负其责、各司其职、紧密配合的工作局面。建立职能部门间常态化的联席会议制度，着力化解部门之间的工作分歧，共同研究解决工作中所遇到的各种困难和问题，定期通报征缴任务进度，动员各职能部门以实际行动全力支持、协助地税部门抓好社会保险费的征收工作。

3. 纳入考核，强化绩效考核激励作用

将社保费综合治理纳入各级政府的绩效考核内容，对在社保费扩面、清理欠费、日常征管、信访维稳等各个方面做出相应共享的职能部门和个人进行表彰和考核加分，对推诿责任、消极应对的职能部门和个人要通报批评，考核扣分。通过绩效考核等激励手段，引导、鼓励各个部门做好相关工作。

(四)推进征管法治化进程

1. 加强内部审计

以每年的内部审计为契机，加大对税务机关执行费金政策规定、履行费金征管职责等进行审计，及时纠正执法偏差，强化对费金执法过程的监督。

2. 强化执法检查

常态化开展费金如社保费正常补缴、堤围费优惠政策落实等业务的执法检查；充分发挥数据管费优势，利用信息化手段，对涉费数据疑点进行核查。

(作者单位：国家税务总局广州市白云区税务局)

税务稽查

基于遵从风险管理视角的税务稽查模式研究

国家税务总局厦门市思明区税务局课题组

传统的"收入型""打击型"稽查方式，片面强调组织收入和稽查威慑力，对涉税行为缺乏分析分类，应对风险方法单一，将税务稽查的职能片面化。随着信息化不断发展，大量涉税风险信息被识别，稽查的人力资源严重不足。当前"打击型"稽查方式，使征纳双方处于攻防对抗状态，稽查成本高。目前税务稽查还没有搜查权和刑事拘留权，调查取证较难，执法打击力度较低，偷逃骗税现象比较严重，税收流失率比较高。作为税收管理的最后一道防线，税务稽查的监督、惩处、服务和以查促管等职能作用不能有效发挥，税务稽查效能不高。

本文借鉴OECD(经济合作与发展组织)国家税收遵从风险管理理论和实践经验，积极探索影响税收遵从的各种因素，寻求改变传统稽查模式的方法，探讨在税收风险管理模式下创新税务稽查税收遵从风险管理新模式，对不遵从纳税人进行分级分类管理，采取相应的应对措施，提高税务稽查的针对性和有效性，优化稽查资源的配置，使税收风险管理下的税务稽查更具准确性，更有威慑力，提高税务稽查质量和效率，不断提升纳税人的税收遵从度。

一、OECD国家税收遵从风险管理理论

(一)OECD国家税收遵从模型

OECD国家向我们提供了完整的税收遵从模型，根据遵从的态度，将纳税人分为：自愿遵从且做正确的事、努力了但不能永远遵从、不想遵从但如果给予关注就遵从及决定不遵从四种类型。

与其相应的应对策略选择次序是使遵从变得容易、帮助其遵从、通过发现来威慑及充分使用法律强制措施。与应对策略相适应的风险应对方法，可以通过促进合作与严格执法进行搭配使用。

促进合作的应对方法包括使纳税人明晰义务、使之易于遵从、使权力和行动透明化及提供激励。更进一步则包括：税务机关公开其风险领域和重点纳税人群体，事先公开预告纳税人哪些行为不被接受，向纳税人宣布不遵从行为会面临全部处罚的范围(形式和级别)，明示纳税人，税务机关愿意与纳税人合作，如果不合作，将采取严厉的执法措施。严格执法的应对方法包括：向风险纳税人邮寄特定的信件，警示纳税人其申报的信息可能不正常或低申报，并告知税务机关可能从第三方接收到的信息中对此进行确认；开展未预约的调查，快速检查登记、记账和申报等资料；开展收入或销售等项目调查，查找不入账销售收入等涉税问题。更进一步的应对包括：开展全面稽查，深度调查发现少报收入或多报费用问题；开展严重逃税检查，实施违章处罚；最后是移送司法部门开展刑事侦查，将持续逃税涉及数额大等犯罪行为绳之以法。在具体的税收管理实践中，稽查风险应对方法常常不仅仅采用其中一种，而更多的情况是，采用不同应对方法的组合。

(二)OECD国家税收遵从风险管理

税收风险指的是在税收管理中，对提高纳税遵从目标实现产生负面影响的可能性。因此，税收风险可以解读为税收遵从风险。

借用美国国内收入局(IRS)的概念,税务机关的组织目标(使命)就是:税收管理=纳税服务+税收执法=纳税遵从,这个等式表明:税务机关的组织目标(使命)是提高纳税遵从。促进遵从的策略组合(根本方法)即:服务+执法,可以形象地理解为胡萝卜(服务)加大棒(管理),服务和管理这两项工作的根本目的是提高纳税遵从度。

税收的特性决定了遵从不容易,即纳税遵从不容易百分百地实现。世界各国的税制都具有复杂性,导致遵从不容易,纳税人不容易理解遵从或者不方便遵从,很多公民对法律的不遵从是因为法律制度烦琐,这就要求税务机关履行一个职能——纳税服务,帮助纳税人理解税法,履行纳税义务;税收是对利益的放弃,从利益上考虑很多纳税人不愿意遵从,这就要求税务机关具有第二个职能——税收执法,服务和执法的目的就是让纳税人遵从税法。因此,税务机关履行职能不外乎帮助纳税人遵从税法和强制纳税人遵从税法。

税收风险管理指的是税务机关运用风险管理的理念和方法,合理配置管理资源,通过风险分析识别、风险等级排序、风险应对处理以及过程监控、绩效评估等措施,不断提高纳税遵从度的过程和方法。税收风险管理是现代管理科学和现代税收管理相融合的一个产物。

税收风险管理流程是一个结构化的流程,由设计优化的步骤构成,支持税收风险战略管理、风险的分析识别、风险的等级评定、风险的应对处理和风险管理的绩效评价,同时,它是一个循环往复的流程,通过持续改进支持税务机关科学决策。从税务机关整个管理运行体系看,风险管理流程与税收管理业务流程的全面融合,就是构建了一个以风险管理为导向的税收管理运行体系。

二、影响税收遵从的因素

(一)稽查概率和惩处力度对税收遵从的影响

税收遵从的研究始于20世纪70年代的美国,以研究偷逃税为起点。阿林厄姆和桑德姆在1972年建立了A-S模型,其两大理论基础是贝克尔(Becker,1968)关于犯罪经济学的研究和阿罗(Arrow,1970)关于风险和不确定性经济学的研究,后来的斯里尼瓦桑又提出了预期所得最大模型,构成了对偷逃税研究分析的基本理论框架。

A-S模型为税收遵从的研究奠定了一个理性预期均衡分析框架,即纳税人通过从不确定的稽查和惩处成功逃税得来的利益期望效用的权衡来决定纳税遵从行为,稽查概率的增加和惩处力度的加大被认为有望增加税收遵从。

根据A-S模型,被稽查的可能性对避免逃税有着更重要的作用,处罚将对逃税有着抑制的作用。调查发现,稽查概率对纳税遵从有显著的影响,但没有证实惩处与罚金的影响。被稽查的威胁增加遵从度,罚金对纳税人的纳税遵从行为影响不显著。纳税遵从度随稽查概率的增加呈非线性上升,被稽查的概率取决于风险识别率,风险识别分为对纳税人群体不遵从纳税人的识别和对被稽查对象具体涉税风险事项的识别。如果对纳税人群体中不遵从行为识别率低,即使惩处力度再大,效果也并不理想。最典型例子就是“弹坑理论”,即在战场上一个战士隐蔽在爆炸过的弹坑里最安全。一般情况下纳税人遭遇过税务稽查以后,税收不遵从的情形更加恶劣。

在实施稽查过程中,对被稽查对象具体涉税事项识别的准确率尤为重要。如果被查对象有10项涉税事项,只对被识别出的一项涉税事项进行检查,即使严惩,逃税还是正收益,稽查的结果产生了负效应。因此,如果稽查质效很低,即使处罚力度再大,也难以对纳税不遵从行为产生积极效果,稽查对纳税人的威慑力会降低,甚至产生负激励效应。

(二)行为经济学视角的税收遵从影响因素

行为经济学认为,对人的决策行为的解释必须建立在现实的心理特征基础上,而不能建立在抽象的行为假设基础上;从心理特征看,当事人是有限理性的,依靠心智账户、启发式代表性程序进行决策,关心相对损益,并常常有框架效应等;当事人在决策时偏好不是外生给定的,而是内生于当事人的决策过程中,不仅可能出现偏好逆转,而且会出现时间不一致等;决策过程中的几个重要因素可以显著地影响决策的制定。这些因素包括感知、内在动机和态度。

1. 纳税人的感知

当一个纳税人选择遵守税法,很大程度上是因为社会规范已经内化于该纳税人,社会规范变成了个人规范,无论是否存在检查的潜在风险,都会遵循他的信念,遵守税法。由此产生愉悦的感受,逃税行为则会给纳税人带来痛苦。在惩罚威胁(社会规范)基础上的行动是与基于自利动机的行动相一致的。由于避免受到惩罚选择遵守税法,这也意味着,如果没有惩罚,规则将不会在随后得到遵守。

2. 内在动机

建立在一个人自身信念和个人规范基础之上的税收遵从,意味着人具有"做正确的事情"的内在动机。而以惩罚为基础的税收遵从,则表明人具有"做正确的事情"的外在动机。当内在动机和外在动机结合在一起时,便达到税收遵从的最高水平。人们之所以遵从法律,既是因为他们想遵从法律,也是因为不遵从法律会导致某种形式的惩罚。研究表明:各种形式的外部激励,包括以奖励形式出现的正激励和以惩罚形式出现的负激励,都影响着内在动机。运用各种形式的外部激励(惩罚),都应该按照有利于支持社会规范和个人规范来进行设计。

3. 纳税人的态度

认知心理学认为,态度反映了个人与周边环境相联系的稳定的心理倾向。态度和行为之间是一致性的。如果纳税人认为不遵从是普遍的社会行为,他很可能也会选择不遵从。从本质上看,纳税人是互惠者,从众心理很强,如果他感知其他人都遵从时,他会以遵从为骄傲;当认为其他人在欺骗时,他就会愤恨遵从而选择不遵从。因此,在税收执法环境不尽如人意的情况下,其他纳税人的偷逃税行为影响了税收遵从。

三、税收遵从风险管理在实践中的应用

目前,税务稽查主要有以下困境:

(1)随着信息化建设的不断发展,大量涉税风险信息被识别,税务稽查任务激增,呈现批量式、爆发式增长的趋势;人力资源配置相对落后,跟不上形势的发展和需要。

(2)纳税人偷逃税手段不断翻新,呈现多样性和复杂性;现有稽查应对方法单一,针对性不强,还不能做到有的放矢和精细化管理。

(3)稽查模式还停留在"大海捞针""一刀切"的状态,稽查干部存在"查不深、查不透""法律事实定性不准确"等执法风险。

针对以上弊端,厦门市思明区国家税务局在2017年对24户千户集团企业实施重点稽查工作中,充分借鉴OECD国家税收遵从及税收遵从风险管理的理论和经验,在做好信息采集、风险识别、风险等级评定、遵从识别分析的基础上,采取"辅导式检查+重点检查"的模式开展稽查,参与人员共6人,历时50多天,完成全部稽查任务,累计查补入库各项税款1200多万元,取得了较好的稽查质效。以上实践证明,通过引进税收遵从风险管理方法,在风险识别上下功夫,税务检查可以更有针对性;创新稽查方式,税企之间的沟通合作可以更加深入有效,既节约稽查成本,又提高稽查效率;在严格执法中让程序公开透明,企业的纳税遵从度可以进一步提高。具体实践如下:

（一）信息数据采集

采集企业登记、申报、财务核算电子数据及内控管理等相关信息数据。

（二）涉税风险分析

抽调区国税稽查局骨干力量，运用科学指标、分析模型对 24 户千户集团企业进行涉税风险分析识别。

1. 主要涉税风险疑点

①关联企业资金占用未按照独立交易原则计价，营改增后未视同销售计提增值税。

②库存商品库存率高，风险税源大，预付账款较大，存在企业将销售收入记入“预收账款”科目长期挂账，不确认销售收入。

③其他应收款金额较大，存在资金占用，“营改增”后未视同销售计提增值税。

④关联企业提供服务，未按照独立交易原则计价、确认销售收入。

⑤费用归集不明确，直接在主营业务成本列支。

⑥商品销售成本计算不准确，存在虚列成本。

⑦存在费用与收入不匹配。

⑧支付境外佣金，未计提增值税和预提所得税。

2. 纳税人纳税遵从分析

①遵从分析

24 户千户集团控股公司，企业组织机构、内控制度、财务核算制度健全，企业管理层纳税遵从度高，但可能对税收政策理解出现偏差，公司销售部门与财务部门协调不足，造成不当行为。

②采取风险应对策略

促进合作，使纳税人明晰义务，即帮助纳税人理解税法赋予的义务，使之易于遵从；使权力和行动透明化，促进激励；严格执法。

采取“预告 + 辅导自查 + 重点稽查”的稽查模式，开展风险应对工作。

（三）风险事项预告

（1）促进合作。借鉴澳大利亚大企业“合作遵从”管理模式，由分管稽查的区国税局领导约请企业管理层，召开沟通联席会议，预先告知企业存在的涉税风险事项、稽查程序和稽查方式，解读相关税收法律政策，促进大企业及时了解税收政策变化、税收相关制度规定，从而构建诚信纳税的理念。

（2）在风险识别的基础上，检查人员深入了解企业内部组织架构、经营模式和核算方式，根据企业可能存在的涉税疑点，进行“一对一”的辅导自查，促进纳税遵从。

（四）重点检查实施

区国税稽查局检查人员以团队作业方式，对企业自查发现的涉税事项，严格按照法律程序实施检查。重点检查方式，采取国、地税联合进户执法检查，避免多头重复检查。检查实施过程中共享信息、证据资料和检查结果，最大限度减少对纳税人生产经营活动的影响，在加强服务的同时，做好重点检查工作，并对涉税风险疑点进行针对性的重点检查。

四、税务稽查模式的创新

（一）税务稽查税收遵从风险管理模式

税务稽查税收遵从风险管理模式是指在税务稽查管理中，以税收遵从风险管理理论为指导的管理方式，即在整个税务稽查的检查工作中，由稽查选案体系、检查的方式和方法体系、稽查的惩处和司法保障体系、税收遵从风险的信息、反馈机制等五个不同层面组成的一个有效而完整的税收遵从风险管理体系。

借鉴 OECD 国家税收遵从管理的实践经验，引入税收风险管理理念，构建涉税风险分级、稽查方式分类，将纳税评估、审计和涉税侦查等方法嵌入到传统税务稽查方法中，使之创新为辅导型稽查、审计型稽查和打击型稽查的税务稽查方式，建立分类分级的税务稽查模式。

（二）税务稽查税收遵从风险管理流程

信息采集、风险识别、风险等级评定、遵从识别分析分类、选择稽查方式和稽查绩效评价，即：服务型稽查＝风险识别＋风险预告＋辅导遵从＋合作遵从＋强制遵从＝纳税遵从。

（1）信息采集：采集税收管理平台申报数据、纳税人经营管理和财务核算数据及第三方信息。

（2）风险识别：风险识别稽查风险遵从管理的第一步，它决定了可能的风险来源和幅度，这一阶段提供了潜在的风险。对采集信息数据，运用科学分析指标及模型识别涉税风险。

（3）风险等级评定：是风险评估排序即风险识别后，为对风险进行优先度不同的处理，并按照由高到低或由低到高进行排列评级。风险评定是对纳税人风险度的量化评定。

（4）税收遵从分析分类：通过风险评定后的涉税风险级别及性质，从静态和动态两方面来分析分类。静态方面分为自愿遵从、受迫性遵从和不遵从三类，从纳税人“动机姿态”，税收遵从为自愿遵从且做正确的事（支持者）、努力了但不能永远遵从（尝试遵从者）、不想遵从但如果给予关注就遵从（抵制者）、决定不遵从（不配合者）等四种类型。

（5）分类稽查机制：分类稽查是风险应对处置方式，在正常分类的基础上，针对不同纳税遵从的纳税人采取相应稽查方式，或者几种稽查方式结合的稽查方式。分为辅导型稽查、审计型稽查和不预约强制型稽查的分类稽查机制。对于大企业，可借鉴澳大利亚的“合作遵从”管理模式，采取定期召开联席会议、签署协议等措施使大企业及时掌握税收政策的变化和税收制度的规定以及构建诚信纳税的理念。

（6）稽查绩效评价：绩效评估是税收稽查遵从风险管理过程的最后一步，是对稽查遵从风险管理绩效的检查和评价，即通过不断地对稽查遵从风险管理模式实施的效果和存在的问题进行跟踪监控和评价，及时总结经验和找出不足，为进一步修正遵从风险分析指标体系，调整、完善遵从风险管理的内容、方法，合理配置有限的人力、物力、财力和技术等资源提供决策和参考的依据。评估遵从风险管理的绩效应以稽查质量和效率是否切实提高为标准。

（三）构建分类分级的税务稽查模式

1. 涉税风险识别

采集信息数据，识别涉税风险事项，并根据涉税风险金额进行排序，进行等级分类。

2. 税收遵从分析及应对策略

税收遵从分析指的是对风险评定后的风险级别所对应的税收遵从度及其变化的分析，包括静态和动态两方面。静态方面，根据纳税人的风险级别，确定相应的税收遵从度，税收遵从按遵从程度不同可分为自愿遵从、受迫性遵从和不遵从三种；按纳税人内在动机分为自愿遵从且做正确的事（支持遵从者）、努力了但不能永远遵从（尝试遵从者）、不想遵从但如果给予关注就遵从（抵制遵从者）、决定不遵从（不配合遵从者）四种类型。采取应对策略是：对自愿遵从（支持遵从者），采取辅导使遵从变得容易；对努力了但不能永远遵从（尝试遵从者），采取纳税约谈提醒涉税具体事项及法律风险，帮助其遵从；对不想遵从但如果给予关注就遵从（抵制遵从者），采取税务审计方法，通过风险识别，警示纳税人其申报的信息可能不正常或低申报，并告知税务机关可能从第三方接收到的信息对其进行确认已达到威慑，迫使遵从；对决定不遵从（不配合遵从者），采取不预约的强制执法措施。动态方面，税收遵从的三种状态并不是静止不变的，而是可以相互转化的。如果外部激励被感知为支持性的，内在动机就会增加，不遵从向自愿遵从方向转化；如果外部激励被感知为控制性的，内在动机将会减少，自愿向不遵从方向转化。

3. 确定稽查方式

区分愿意和不愿意的纳税不遵从的四种类型，选择相应的稽查方式，即自愿遵从者，采取辅导型稽查方式；受迫性遵从、尝试遵从者，采取审计型稽查方式；抵制者和不配合者，采取不预约强制型稽查方式。

4. 开展稽查预告

即在税务稽查前，对纳税人税收遵从进行分析识别，对于愿意遵从的纳税人，进行沟通对话，加强税企合作。预告内容包括：

①预先告知即将稽查的具体涉税风险事项，提醒纳税人自查自纠，使之懂得遵从、易于遵从；

②预先告知税务稽查实施程序，体现程序的公平正义；

③预先告知涉税风险事项相关税收法律政策；

④预先告知纳税人在稽查实施过程中的权利和义务，促使纳税人积极配合；

⑤预先告知涉税风险具体事项被查实将被处罚、移送司法追究刑事责任的依据和标准；

⑥预先告知采取积极沟通合作，减轻处罚或免于处罚的条件。

5. 辅导纳税遵从

根据 OECD 国家提供的纳税遵从模型（“金字塔”模型）的应对策略，采取税务稽查约谈、税法宣导、辅导自查等方式，帮助纳税人遵从。

6. 激励纳税遵从

在稽查实施阶段，运用纳税人遵从管理理论，纳税人的纳税遵从通过外部激励是可以进行转化的，通过外部激励措施，激励纳税人从不遵从状态→受迫性遵从状态→自愿遵从状态的转移，引导纳税遵从。

对不愿意遵从或辅导遵从仍然不遵从的严重违法涉税行为，采取不预约的强制的执法措施。尤其是对涉嫌偷、逃、骗、抗税及虚开发票的专案、举报案件的检查，稽查对象的税收遵从度低，属于强制遵从。对这类检查，采取税警联合的方法进行内查外调，查证涉税违法事实，依法做出行政处罚的强制型稽查方式。

综上所述，通过构建税务稽查税收遵从风险管理新模式，针对不同风险级别、不同纳税遵从度的纳税人，采取分级分类的风险应对策略，依据风险分析识别疑点及指标，及时切入案件的要害，可以切实提高税务稽查的针对性，避免执法风险；根据不同的稽查对象合理配置稽查资源，有利于减少稽查成本，提高稽查效率，可以有效发挥税务稽查的打击力和震慑力；将“服务要素”融入税务稽查执法，体现程序的公开公平，避免对税收遵从度高的纳税人的干扰，可以提高稽查的深层次服务，有利于促进纳税遵从，树立良好的社会形象。

课题组成员：毛云芳　陈藻生　张俊平

国地税稽查合作:问题、对策与发展趋势研究

邓国锋　雷小乔　杜燕玲　吴秋月　彭思敬
梁喜明　陈裔波　龙　卫　夏　璐

"营改增"政策全面实施以后,国地税深度合作已成为税收征管体制改革的新常态,国家税务总局也发布了《国家税务局地方税务局合作工作规范(3.0版)》和《国家税务局地方税务局联合稽查工作办法(试行)》两个重要文件,联合稽查势在必行。各地国税局、地税局稽查部门在联合办案、建立联席会议制度、共享相关信息等方面加强了协作尝试,取得了部分成效,但由于体制和机制等方面的原因,国地税联合稽查还存在协作方式及范围、稽查资源深度共享、稽查违规责任划分等深层次问题,为提高联合稽查效应、打击税收违法行为、保障税收收入、全面落实依法治税,需要对当前国地税联合稽查工作中存在的问题及原因进行全面分析,并提出相应的策略建议。

一、国地税稽查合作现状

(一)国地税稽查合作机制

1. 建立稽查合作领导机制

按照《国家税务局地方税务局合作工作规范(3.0版)》和《国家税务局地方税务局联合稽查工作办法(试行)》文件规定,由国税局和地税局成立国地税稽查合作领导机构。通常由分管稽查工作的局领导担任组长,稽查局长担任副组长,其他稽查人员担任成员,成立国地税稽查局合作领导小组,负责联合稽查工作的统筹规划、协调指导。

2. 建立稽查合作工作机制

即联席会议机制,定期召开联席会议,相互通报稽查工作计划,交流税收专项检查、协商双方协作中的难点问题、创新稽查办案手段等。

3. 完善稽查信息共享机制

国地税双方的计划、有节奏地共享稽查信息,确保双方信息交换通畅。同时,整合国地税双方税收宣传资源,采取联合开办政策辅导班、税企座谈会、实地走访等形式,为合作稽查奠定坚定基础。

4. 构建稽查督查考评机制

实施稽查合作工作任务量化,定期或不定期对国地税稽查合作任务具体落实情况进行检查,对存在问题责令整改并跟踪落实。强调落实稽查执法责任制和执法过错责任追究制,对国地税稽查合作事项执行不力、工作落实不到位实行责任追究。

(二)国地税稽查合作的主要内容

1. 联合确立稽查对象

国地税稽查部门汇总各自税务稽查对象分类名录,筛选出拟要稽查对象,联合确定年度稽查名单,分行业、分重点确定联合稽查名单,共同制定稽查方案。

2. 联合进户稽查办案

国地税稽查部门改变原来的各自为政,分别入户、分头检查的稽查模式,实行联合进户检查,一次查

清所有问题，方便企业在联合检查时，能够统一安排、统一汇报、统一准备报送资料、统一迎接检查，提高稽查效率，减轻企业负担。

3. 联合确定处理意见

国地税稽查部门实现同步调查取证，并及时交换双方检查情况，在充分研究讨论的基础上，对违法事实是否清楚、证据是否确凿、数据是否准确进行认定，对同一税收违法行为，统一定性和税务处理处罚标准，形成一致的审理意见，联合公告，形成工作合力。对案情特别复杂的，或检查过程中阻力较大的，双方各自向上级说明原因。

4. 联合协调税款执行

一般执行案件，国地税稽查部门统一执行时间，由双方执行人员各自依流程做好执行处理，确保查补税款及时足额入库。对需列入强制执行的案件，国地税稽查部门采取各项财产调查措施调查被执行人可供执行财产情况，并就各税种应缴税款追缴方案达成共识，联合采取强制执行措施或提请人民法院采取强制执行措施。

5. 联合承担执法责任

联合稽查案件涉及税务行政复议、行政诉讼等法律救济工作的，国地税稽查部门分别依据相关法律、法规等开展工作，双方应当给予支持和配合，共同承担相应的法律责任。

（三）国地税稽查合作取得的成效

1. 协商机制逐步完善

国地税稽查部门通过定期召开联席会议等形式，不断整合稽查资源，形成稽查合力，定期互相通报稽查情况，以点带面、循序渐进、分步实施，协商双方协作中的重大问题，确保联合稽查合作步调一致，提高稽查效率。

2. 涉税信息共建共享

国地税稽查部门日益重视稽查信息资源共享的重要性，建立多种渠道、多种信息的共享机制，在稽查过程中，对属于涉密范围之外的征管信息、稽查信息、票证信息等，双方按照具体工作需求及时共享，发现相关税收违法线索和证据，互相通报，实现案件线索和证据资料共享。

3. 入户检查步调一致

在稽查合作领导小组的领导下，国地税双方组成联合检查组，形成独立执法主体，共同制定检查方案，按照“同步不同文”的原则，各自制作进户和检查的文书，对企业实施联合入户执法检查。统一进户、牵头调账、共同取证、分别处理的税务检查方式，避免出现“多头执法”“重复检查”等问题。

4. 行业检查模板规范

国地税稽查部门双方根据行业特性，在合作实践中形成了各种检查模板，例如《房地产行业检查模板》《银行业税务检查手册》《审计式检查专用底稿》等，极大提高了检查效率。

5. 稽查队伍逐步专业化

由于存在国地税独立办案运行成本高、税基交叉重叠，高收入自然人隐性税源查不透等问题，国地税联合稽查队伍的专业化程度要求越来越高，双方需要整合人力资源配置，把有限的稽查资源优先用于风险大的纳税人，达到加大稽查力度和拓展稽查深度的目的。

二、国地税稽查合作存在的现实问题

《深化国税、地税征管体制改革方案》提出了“发挥国税、地税各自优势，推动服务深度融合、执法适度整合、信息高度聚合”的要求，但当前税务稽查国地税合作中，仍存在着职责不够清晰、执法不够统一、管理不够科学、组织不够完善等问题。

（一）稽查实际行动与合作态度不匹配

随着国地税稽查合作成为稽查常态，国地税稽查部门都在落实国家税务总局文件要求，双方在稽查合作态度上都很积极，明确表示加快深化双方的稽查合作，但积极的合作与稽查合作行动进度并不匹配，由于国地税合作后，地税部门的职能一定程度缩减，地方主体税种缺位、财税体制改革处于等待或过渡期，地税部门普遍有“迷茫”或“缺乏安全感”等思想因素，直接影响了合作人员的主观能动性，因此双方合作态度积极但工作开展得并不顺畅。

（二）稽查合作出现问题责任划分不明

对于国地税稽查合作出现错误或者执行不力，导致税款无法执行入库等问题，国地税稽查部门并未就具体的责任承担进行明确的划分。由于存在两套班子、两套人马的现状，出现工作问题时，对来自不同稽查部门的人员问题，是由领导小组直接进行问题责任，还是由各自上级部门进行问题责任，将导致稽查合作无法实现更深层次的融合。

（三）稽查合作信息资源共享共建范围不够

国地税稽查合作已经实现了部分信息共享，但全方位的信息共享仍然需要加强。在稽查合作中，数据的共享共建、数据的质量和完整性，关系到联合稽查的效果与效率。双方的征管数据，如发票信息、税源监控数据、稽查查补信息等，需要实时进行互通互联，及时共享纳税人全面信息，这样才有利于后续风险管理的数据分析和风险比对，能够较好地实现“以税控税”，形成稽查合力，合作效能优势才能得到充分发挥。

（四）稽查合作执法尺度需要协调统一

国地税稽查局之间、稽查人员之间由于检查的重点、业务素质等原因，在检查的深度上、掌握的力度上会不同，因而所发现的涉税问题也会不同。并且，由于双方的行政处罚自由裁量权不一致，很容易造成处理标准不一致。国地税稽查部门需要进一步统一执法尺度，统一处罚标准，避免出现因国地税部门执法处罚差异化引起纳税人的不满，从而保证对税源企业的有效执法。

（五）双方稽查合作成本需要逐步降低

国地税联合稽查成立了新的领导小组，对于如何协调好两个部门的稽查力量而不会明显增加各种成本，也是稽查合作中需要关注的现实问题。国地税合作中最可能出现的情况是形合神离，双方被动地进行稽查合作，结果导致稽查的成本并无明显的下降，反而又增加了更多的协调成本，造成人力、物力、财力的增加。因此，国地税稽查部门两套人马需要合二为一，整合资源，提高合作绩效。

三、广州国地税联合稽查案例分析

广州地税第二稽查局、广州国税中区稽查局两个部门进行税务稽查合作实践，按照《国家税务局地方税务局合作工作规范（3.0版）》的文件精神和上级税务机关关于国地税稽查合作的各项要求，认真落实，不断创新，取得了显著成效，开展了包括联合执法、人员互派、信息交换、教育培训、文化建设等多领域的合作机制，成为国地税稽查合作的成功典范。

（一）广州国地税联合稽查实践

1. 建章立制确保任务落实

2016年3月，广州地税第二稽查局、广州国税中区稽查局召开了联席会议，成立以主要负责人担任组长的联合改革工作小组，签署合作备忘录，在确定重点合作内容、强化信息共享、建立常态化沟通机制等工作方面达成共识，决定在稽查四环节和联合开展调研税宣等方面展开全面合作。双方明确稽查合作的工作目标和任务，出台了包含工作统筹、任务分解、绩效推进、月度小结、宣传推广五大机制在内的改革推进督办落实工作机制，并建立包含联合选案、联合检查及协同执行、协同审理及案件移送、协同税收保全和税款执行、联合调研宣传、人事教育、党风廉政等工作任务台账，确保各项合作落实到位。

2. 加强稽查相关数据共享

广州国地税稽查局以案源疑点为中心，双方建立案源疑点推送制度，任何一方在检查过程中发现可能涉及对方检查领域的疑点，都将第一时间推送。例如在对某企业检查的过程中，第二稽查局发现该企业存在少计算营业税计税依据，从而少缴纳营业税的问题，意识到可能涉及国税检查的企业所得税，故及时将检查结果及相应证据移交给对方，中区稽查局利用该线索深入挖掘涉税违法问题，查补该企业税费近 1000 万。双方交换各自查处案件情况信息，补充查办案件线索作为互相交换的案源，扩大选案范围，并核对双方入库数据，利用国税增值税入库额进一步查补地方附加税费，2017 年上半年双方开展检查结果互用案件 3 户，合计查补入库 873.23 万元。

3. 整合稽查资源形成合力

为增进互信，强化合作，双方注重稽查力量的整合与融合。双方共同签订《互派干部协作交流备忘录》，广州地税局第二稽查局于 2016 年 8 月首批派驻两名稽查员驻点中区稽查局协助办案，共协助查处 10 户打击虚开增值税发票案件和骗取出口退税案件，查补税款 14548 万元，开创广州地税稽查系列互派干部驻点的先河。通过联合办案，地税稽查人员对国税管辖领域税种的检查有了更深入了解，地税稽查人员直接参与国税系统各地机关之间的协查工作，开拓了工作思路和眼界，为深入开展联合稽查积累了有益经验。

4. 制作模板规范行业检查

稽查双方根据行业特性，在合作实践中形成了《房地产行业检查模板》《银行业税务检查手册》《审计式检查专用底稿》和“中普电子查账法”等多种创新性检查方法，极大提高了检查效率。在“某银行专案”检查过程中，双方积极运用《银行业税务检查手册》，助力检查人员迅速找到案件查办突破口，办案时间较以往缩短 1/3；对某房地产公司联合开展税务检查中，共同使用《房地产行业检查模板》，成功查补税款 1130 万元。

5. 创新思路率先税警合作

双方先后与广州市越秀区公安局、从化区公安局签订合作协议，建立了税警合作机制，率先形成了“国税 + 地税 + 公安”三方合作架构，细化了联席会议制度、情报交换制度、机构人员组成、工作职责及相关保障事项，共同建立了国地税警联合执法专区。例如 2017 年上半年，双方和公安机关利用完善的协作机制，成功开展代号为“震慑 2 号”的打击虚开增值税专用发票团伙专项行动，共出动 40 余人，刑拘涉案人员 1 人，查处涉嫌对外虚开增值税专用发票金额高达 118 亿元，有力打击了发票犯罪行为，优化了营商环境。

(二)广州国地税联合稽查经验借鉴

1. 通过案件稽查探索合作深度

广州国地税稽查双方以案件为中心，对案件开展联合审理，就查办案件在审理流程、取证要求、滞纳金计算、偷税定性，特别是对处罚的法律适用等多方面进行了全面深入地沟通，积极探索实现同一违法事实采取相同处罚尺度的目标。例如双方以 2016 年年初重点税源企业轮查为契机，通过数据比对，确定 7 户共同立案的企业作为联合检查对象，联合分析涉税疑点，制订详细稽查计划，约定统一时间对该企业发出检查通知书、联合下户检查，并确定“一次调账，两家同看”的方案，提高检查效率，双方共开展联合检查共 98 户次，查补税款、滞纳金、罚款合计 22443 万元。

2. 通过培训交流提升合作空间

①双方邀请高校老师为税务工作者讲解当前最新税收形势，重点讲解税制改革、国地税管理体制改革和国地税合作等内容，分析国地税加强合作的必要性和紧迫性，统一思想，凝聚共识。②共同分享联合

检查的经典案例，交流各自重点检查领域和擅长检查领域的办案思路和手段，分析常见涉税违法问题，制作《联合工作简报》，促进双方业务水平提高，联合打造一支精通国地税稽查业务的人才队伍。

3. 通过文化建设营造合作环境

①双方联合开展国地税青年税官廉政主题演讲比赛、纪律专题教育等活动，以文化为纽带营造合作环境。②联合广州市人民街行业商会共同建设“国地税企廉政共建示范点”，进一步加强税企交流和廉政建设，共同营造良好营商环境。③联合开展税法进校园、进企业、进社区、进商圈以及税宣月主题宣传活动，例如为3家重点税源企业、8个行业170余家企业开展了个性化的上门税宣服务，为纳税人讲解最新税收政策，解答纳税人遇到的实际问题。

4. 通过扩大合作实现无缝对接

广州国地税稽查双方充分应用已有合作成果，不断创新、扩大稽查合作领域，发挥各自在税种检查、取证手段、行业经验方面的既有优势，着力打通国地税基层稽查单位合作的“最后一公里”，实现稽查合作“零距离”、联合办案“无缝隙”，有效减轻纳税人负担，提升纳税人满意度。

四、国地税稽查合作建议及未来发展趋势

(一)国地税稽查深度合作的思路

国地税稽查深度合作的思路，基于中央大部制改革精神，建立与市场经济和社会发展相适应的税务稽查执法体系，由联合稽查到建立独立执法机构，有效整合国地税执法力量，形成独立稽查体系，唯有如此，国地税之间才能在更高、更难的层面上进行合作，实现《深化国税、地税征管体制改革方案》(以下简称《改革方案》)所要求的目标。

按照《改革方案》中“执法适度整合”的要求，稽查部门适度整合将不会过多地涉及两套征管体制的变革问题，先期整合操作比较简单的执法职能，执法整合的内容主要包括国地税稽查双方建立权力清单、责任清单，明确执法责任，完善联合稽查执法的协调机制，统一执法的标准，统一违法惩戒尺度等。对于纳税评估中出现异常的共管户，建立独立的对象数据库，以便于强制执行。在国地税稽查合作过程中，出现涉税业务处理上的责任问题时，国地税稽查部门双方要本着责任共担、明晰确认的原则，相互配合，把责任问题解决好，避免出现问题双方相互推诿、推脱责任，最后导致合作无法继续下去。责任配合要建立在制度规范的基础上，通过权力清单，客观地划分双方应当承担的责任。

(二)国地税稽查深度合作的目标

国家税务总局政策或资源利用的相关规划，有利于触发基层国地税部门对合作共同利益或愿景的认知，使合作双方对未来“蓝图”做到心中有数，对于稳定“军心”、增强共识有重要意义，因此需从顶层设计的角度设定国地税深度合作近期及中期目标。

1. 近期目标：依据《改革方案》，落实“执法适度整合”要求(2017－2020年)

国地税稽查深度合作的近期目标，是依据《改革方案》的路线图与时间表，明确落实“执法适度整合”的要求，但执法适度整合的表述也给基层执行带来了操作难度，什么是适度而非过度？特别是在执法方面的合作方式及内容创新面临“过度”或“不足”的风险。近期应本着先易后难的原则，不断探索执法适度整合的可行边界。

①建立稽查合作事项清单机制。国地税稽查合作在人的层面存在若干问题，毕竟国地税稽查部门两套机构在不合并的前提下难以实现人事规章、考核绩效、奖惩制度的统一整合或无缝对接，制度上的问题解决不了，人的问题就无法突破，相互认同感、积极主动性就无法产生。

②建立工作目标责任机制。人的观念根源于体制、机制设定，如果对稽查双方具体合作人员采取单独的考核系统，无疑又增大了合作的成本，造成考核机制的混乱。

③构建高效电子稽查税局。电子稽查税局不必区分国税和地税，如果由省一级税务部门共同投入资源，牵头建设电子稽查税局，则大部分由于人的问题而对合作产生的阻力就会被消减。

2. 中长期目标:构建独立稽查执法体系(2020 年以后)

我国已经建立起具有中国特色的社会主义市场经济体制，经济基础决定上层建筑的合理性，意味着政府行政体制改革的历史必然性。十八届三中全会明确提出让市场在资源配置中起决定作用，这就要求政府必须转变角色，与经济体制改革相匹配，促进经济发展与社会全面发展。大部制改革正是我国的行政管理体制改革转换政府角色的必然要求。通过对相同、相近、相关的部门职能进行"同类项合并"，整合职能，形成大部门体制，扭转以前的改革做法，即"精简—膨胀—再精简—再膨胀"的不良循环，部门的合并与整合不再是一种简单的机械分化与组合。国地税联合稽查将沿着这条主线进行，远期将实现一套机构、统一稽查模式的目标。

从中长期来看，国地税行政稽查职能的全面整合，符合我国大部制改革和深化行政管理体制改革的精神，"后国地税深度合作时代"必然对国地税稽查职能的整合提出更高要求。因此，全面整合国地税行政职能，把税政决策权统归财政部门，税务部门行使税政执行和税政监督权力，从而建立现代税收征管体制，实现税收治理现代化。在税务稽查上，按照行政权与监督权相分离的原则，采取"大监督、大稽查"的思维，把税务稽查职能独立出来，另设税务稽查机构，专职税务稽查职能。

(三)国地税深度合作的路径

国地税稽查合作的路径概括起来就是"制度管人、流程管事、信息管税"，以"有序推进"为原则，先易后难、分步实施，注重国地税稽查职能改革要与财税管理体制改革进度相匹配、相协调。国地税稽查合作的路径主要是从以涉税数据共享为基础，以提高稽查效能、规范税收执法为重点，依托大数据技术及云服务平台，通过整合资源、优化流程、完善机制，创新性地实现国地税稽查资源的优势互补，着力解决国地税稽查职责交叉以及职责不清等问题，形成稽查合力，切实提升执法水平。

1. 完善各项稽查合作制度

①完善国地税稽查联席会议制度。国地税稽查联席会议制度要明确国地税稽查合作的范围与事项，确保双方业务的合作与对接;明确双方合作的义务要求和会议组织形式;明确双方联席会议需要协调解决问题的层级。

②完善国地税稽查情况通报制度。对国地税稽查中出现的重大事项，双方实施互相通报制度，尤其涉及税收政策调整、大企业风险控制、重要税源管理等重大事项时，双方通过固有渠道电子化文件通报，便于协商联合稽查事项。

③完善国地税稽查数据共享制度。构建国地税稽查部门之间的数据交换平台，规定数据交换范围，实现数据的自动交换运行，共享涉税数据，同时联合建立配套的数据共享指标体系，解决双方户头、区域、编码等数据不对应的问题。

④完善国地税稽查工作绩效考核制度。通过国地税稽查合作考核评价制度，改变当前双方各自考核标准不一的问题，平衡由此产生的待遇差异问题。

⑤完善国地税稽查责任划分制度。完善国地税合作中产生问题的责任划分制度，通过制度明确合作事项的责任分工和完成时限，确保合作事项落到实处，出现问题时责任分担界限清晰。

2. 根据流程节约原则扩大联合稽查事项

①制定稽查合作事项处理的规范流程。通过规范的稽查合作流程，规定稽查合作事项的具体操作方法、合作方式，流程步骤，明确稽查合作事项的牵头科室、工作期限和工作要求细则，将责任落实到部门，形成稽查清单、现场管理、应急处置、监督考核等一整套稽查合作流程规范。

②因地制宜地不断创新稽查合作事项。在执法整合上，统一执法标准、统一执法力度、统一税收执法

文、统一进户执法、统一税务行政处罚裁量权，规范税务稽查行为，防止多头检查。

③对稽查合作事项全流程风险防控。对稽查合作事项中存在的涉税风险，国地税稽查部门在信息聚合的前提下，做好风险管理信息采集，联合开展税务风险评估，统一应对稽查风险，避免由于执法主体的不同以及管理步伐不一致，导致对企业内同一涉税事项处理各异的情况。

3. 依托大数据技术全面实施数据共享

①把好涉税数据准入关口。国地税联合开展涉税数据的采集工作，把好数据采集的质量关，做到采集标准统一、工作方法统一、工作要求统一、时间节点统一。双方定期跟踪企业数据采集进度，及时校验数据的完整性、准确性。对涉税保密数据，由国地税安排专门人员负责采集传输和储存，分级授权查询，做到数据安全"零风险"。

②数据高度聚合下实时共享。国地税稽查部门打通网络，开展双方系统的多方联调、上下联动，实现了数据的实时共享，减少共享障碍。在日常稽查合作事项上，打通省、市、县(区)三级信息壁垒，实现资料报送的便捷化和汇总统计。

总之，国地税稽查深度合作，将遵循党的十七大、十八大提出的大部制改革精神，本着税务决策权、税务执行权和税务监督权三种权力相互制约、相互分离的基本原则，以职能转变为核心，加快实现权界清晰、分工合理、权责一致、运转高效、法治保障的税务机构的目标。税务稽查职能从国地税中间独立出来，呼应"决策、执法、监督"三种权力分离的改革要求。税务稽查将成立独立的税务机构，同税务征管部门并行运行，从而实质性地提高我国税务执法的能力。

（作者单位：国家税务总局广州市税务局稽查局）

关于税收共治信息在稽查工作中的实践与应用

王金凤

2015 年 12 月，中共中央、国务院联合印发了《深化国税、地税征管体制改革方案》，首次提出了建立健全“党政领导、税务主责、部门合作、社会协同、公众参与”的税收共治格局。对此，山东省五莲县地税局联合国税部门向地方政府提请下发《关于加强部门协作强化社会协同构建税收共治格局的实施意见》，积极建立健全三个平台，完善三类指标体系，实时采集交换和处理应用第三方信息数据，充分发掘税收违法行为疑点，及时为税务稽查提供线索和证据，切实构建了一个全新的社会领域共同参与的税收治理格局。

一、建立健全三个平台，全方位采集利用第三方涉税信息

(一)户籍类平台

主要采集各相关部门的户籍管理类信息。如工商部门的营业执照信息、国税部门的税务登记信息、公安部门的出租承租房屋信息、统计部门的经济普查信息等。将这些信息与地税征管信息进行比对，从中获取应当纳入地税部门征管而未纳入的纳税人信息，补充登记到稽查案源管理系统，列入重点稽查对象名单。2018 年以来，通过税收共治信息平台提供的信息，国家税务总局五莲县税务局(以下简称五莲县税务局)共纠正纳税人未办理开业登记、未纳税申报等违法行为 620 起，新增开业登记 385 户，对逾期开业登记和申报的行为处罚 5000 多元，大大提高了开业登记率。

(二)业务类平台

主要采集房管、保险等部门代收代缴税款信息，工商部门股东股权变更信息等。通过采集到的业务开展信息，及时发现和确定其中的涉税疑点，以此助力稽查工作的开展。例如：由于《中华人民共和国行政许可法》“不得设定企业或者其他组织的设立登记及其前置性行政许可”的政策，国家税务总局颁布了《股权转让所得个人所得税管理办法(试行)》，废止了个人股权转让“先完税再变更”的规定，导致近几年大量股权转让人没有主动申报纳税，税款流失数额较大。对此，该局利用税收共治信息平台，及时采集工商部门股东和股权变更信息，并与金税三期工程中的资产负债表进行比对，经过排查、筛选和分析，及时挖掘应税未税信息并实施税款追征。近年来，五莲县税务局共计挖掘涉税股权转让信息 1100 多条，其中应申报未申报信息 500 多条，查补入库税款 210 万元。

(三)资产类平台

主要采集住建、房管等部门的房产、土地、房屋容积率等信息，作为财产税类主体税种的计税依据。针对有的纳税人借口房屋老旧没有产权证拒不提供房屋建筑面积以及相应占地面积导致计税依据不足的问题，稽查部门依托资产类平台信息，将土地价值计入房产原值有疑点又不能提供容积率等相关证明资料的，均列入选案对象，实施房产税专项检查。将提取到的第三方涉税信息进行交叉比对，重新核算容积率及应当计入房产原值的土地价值，经当事人确认签字后，作为房产税的计税依据。2018 年以来，共计发现疑点纳税人 45 户，经过筛选立案检查 27 户，查处应当计入房产原值的土地价值 5794.04 万元，入库房产税 48.67 万元。

二、完善三类指标体系，深化税收共治信息平台利用

在三个平台发现和查处税收违法疑点的基础上，五莲地税局又加大对平台的开发利用力度，搭建案源、检查和执行三个指标分析利用体系，全盘、高效地调动和利用税收共治信息，为查处潜在的税收违法行为提供了方便快捷的分析手段和方法。

（一）案源指标体系

税务稽查工作的顺利开展，首要任务便是案源管理，案源管理的首要环节又是各类信息的收集、筛选、分析和利用，科学的案源分析指标能起到事半功倍的作用。工作中，五莲县税务局重点建立纳税评估指标、分税种选案指标和异常申报数据指标，及时通过各项指标的分析利用确定稽查案源。如：通过分析工商、科技、民政部门相关企业信息，评估区域内企业享受税收优惠政策的情况，将享受税收优惠异常企业确立为案源指标；分析人社部门的五险一金收缴信息，将重复参保企业确立为企业所得税和个人所得税案源指标；分析住建部门的市政建设配套费征收数据，将缴纳市政建设配套费的单位列入契税案源指标。2018 年以来，该局通过税收共治信息平台共筛选确立案源指标 79 户。

（二）检查指标体系

按行业建立标准检查指标，利用标准指标分析纳税人存疑涉税资料，对明显异于行业发展水平、疑点较高的纳税人重点核查。如对科技部门信息中认定为高新技术的企业，经过财务报表数据的分析，存在研发费用支出且支出费用畸高的；对人社局的信息中重复参保如补充养老保险数额等较高，个人所得税扣缴数额却不高的；对没有安置或者安置残疾人较少，缴纳残疾人保障金也较少和享受残疾人工资加计扣除税收优惠的；对已经交纳市政建设配套费，却没有申报契税的等均应列入重点稽查内容。2018 年以来，通过检查指标体系发现疑点并查补入库各类税款 375.2 万元。

（三）执行指标体系

根据企业的经营和财务状况分为两类，即有执行力指标和执行力缺位指标。该指标依据税务检查情况进行分析，对有迹象表明可能存在执行难的企业提前预警，确保已经查处的税款足额、及时入库。对查处的税款缺乏执行力、有故意拖延执行或者转移资金逃避执行的企业，由稽查部门及时启动税收保全或强制执行预案，通过强制措施敦促被检查单位限期入库。今年以来，被列入执行力缺位指标的有 6 户，其中 3 户因超过限定缴纳税款的期限，被冻结银行账户，成功追缴税款、滞纳金和罚款 78.9 万元。

三、取得的成效

五莲县税务局借助税收共治信息平台，强化第三方信息的利用和分析，深度挖掘涉税信息资源，健全长效机制，进一步加大了税收征管秩序的治理和整顿，查处了一批涉税违法犯罪的大案要案，稽查的职能作用得到了充分的发挥。

（一）提高了检查工作的质量和效率

通过三个平台及三个指标的有效结合和灵活运用，进一步加强了部门间的配合。健全了国税、地税之间和稽查与征管之间的工作联系和信息反馈制度，加强了征管信息的交流。同时，大量税收共治信息的有效应用，极大地提高了税务稽查工作的效率，使得检查线索指向集中，筛选效率大为提高，收到事半功倍的效果。今年以来，五莲县税务局通过综合治税信息平台共挖掘疑点涉税信息 2108 条，涉及纳税人 680 户，并确定立案稽查目标 47 个。

（二）提升了选案的科学性和准确性

三个平台及三个指标的有效结合和灵活运用，改变了过去选案方法单一、案源判断难以把握、征管部门移交案源质量不高的现状，使得税收共治各部门杂乱无章的信息得以有效归集、分类和筛选，为案源管

理拓展了选案渠道，提升了选案的科学性和准确性。2018 年以来，五莲县税务局通过税收共治信息平台选取的案源指标，达到最终检查和执行指标的 98.5%，同比提升了 10 多个百分点。

(三)有效破解了税款执行难

通过三个平台及三个指标的有效结合和灵活运用，可以深入分析税收共治信息平台中的相关数据，准确定位被检查单位的银行存款、商品货物等可执行标的物可执行情况，使进入税收强制(包括税收保全和强制执行)环节后可以做到有的放矢，平稳推进，提高了执行工作的精确性。同时，通过与国税、工商、公安等执法部门的配合协作，特别是借助公安司法等部门的强制手段，提高了稽查震慑作用和执行力度，有效破解了税款执行难问题。2018 年以来，五莲县税务局通过多部门联合开展税收共治，共计查补入库税款、滞纳金和罚款 688.5 万元。

(作者单位：国家税务总局五莲县税务局)

对强化当前基层税收稽查执行工作的思考

朱　伟　徐福桂

一、当前基层税收稽查执行工作的主要难点

（一）税收执法体系不够完善，执法手段相对弱化

健全完善的法律体制是依法行政的有力保证，依法治税的基础就是要有法可依，有法必依。但伴随社会与经济的发展，在现行经济环境中出现的一些新情况、新做法，往往法律上却没有相应的新规定和新对策。也正因如此，令执法手段相对弱化，使税收执法的刚性受到影响，造成在办案过程中"法无明文""无法可依"的情况屡屡出现，这是我们遇到的最大、最难的问题。具体体现在以下方面：

1. 税收执法权限制

税法赋予税务部门的治税手段有限，难免出现有税难收的现象。根据现行的税收法律法规，税务机关追缴欠税时税收执法权的对象仅限于纳税人、扣缴义务人、纳税担保人、欠缴税款的纳税人的法定代表人等，而企业的"真实股东"和"实际经营者"就借此漏洞钻空子，往往找个不相干的人做股东和法定代表人，以预防和规避直接责任。对于这类问题，税法上一直没有明确的规定，更没有赋予相应的执法权限，造成问题复杂化，影响办案效率。

2. 税收优先权的运用受到冲击

根据2015年经过第三次修正的《中华人民共和国税收征收管理法》（以下简称《征管法》）第四十五条规定："税务机关征收税款，税收优先于无担保债权，法律另有规定的除外；纳税人欠缴的税款发生在纳税人以其财产设定抵押、质押或纳税人的财产被留置之前的，税收应当先于抵押权、质权、留置权执行。纳税人欠缴税款，同时又被行政机关决定处以罚款、没收违法所得的，税收优先于罚款、没收违法所得。税务机关应当对纳税人欠缴税款的情况定期予以公告。"虽然《征管法》第四十五条做出了税收优先性的规定，但欠缴税款的纳税人在缴纳所欠税款前优先清偿无担保债权或发生在后的抵押权、质权、留置权而致使所欠税款不能足额受偿时，税务机关应如何行使税收优先权，我国现行法律并未做出明确规定。同时不同部门对于税收优先权的理解和执行存在明显差异。税收优先权流于形式，难以付诸实践，常常把税案与一般民事债权放于同一天平上，执行中亦无从监管，从而直接影响执行效果。

3. 纳税担保措施的限制

《征管法》规定："税务机关可以责成纳税人提供纳税担保"，但"责成"的权限和力度的设定存在一定漏洞，没有确立以税收的强制性确保纳税担保的实现的规定，如未授权税务机关在特定情况下，可以指定设置担保物，致使在许多案件的执行中，虽然查证到一些有利于执行的、有相当价值的资产，在欠税企业以各种理由推诿的情况下，碍于没有法规支持而陷入僵局。

4. 相关操作程序的指引滞后

①查封扣押程序：《征管法》规定税务机关可以按照规定的权限采取查封、扣押等税收保全措施，却没有明确具体的操作程序指引，虽在相关的释义中提及了在查封过程中应注意的问题，但与实际操作有明显差异。如在实际工作中，涉及对房地产的查封时，必须遵从有关房管部门"登记优先"的原则，即不论执

法机关对实物加贴封条与否,只要先到该部门立项登记的,便被确认为拥有具法律效力的查封权。②申请人民法院强制执行程序:《征管法》规定,对税务机关的处罚决定逾期不申请行政复议也不向人民法院起诉、又不履行的,作出处罚决定的税务机关可以申请人民法院强制执行。在实际工作中,对于一些已穷尽执法手段,却仍无法执行的案件,必须借助人民法院更大更广的执法权予以协助,但《征管法》实施多年,至今仍没有具体的操作程序指导工作。

(二)基础管理相对薄弱,征管、稽查沟通不畅

当前,税收专业化改革的背景下,无论是征管部门还是稽查部门,都根据各自的业务性质、主要职责、工作流程等,制定了一系列规范的工作制度,并确定了落实工作制度的相关业绩考核制度,这无疑为依法治税、规范行政提供了保障。但在一些工作层面上往往存在着"本位主义",只注重各自工作的完成,考核上能过关,而忽略了兄弟部门的工作需求以及企业的实际情况,缺乏合作和大局观念,致使稽查工作难以为继。

(三)稽查部门协作仍相对欠缺

税务稽查根据深化改革的要求,实行了专业化运作,机构内部建立了分权制衡等工作机制,严格按"选案、检查、审理、执行"四环节分离运行,然而当前稽查检查环节往往过于注重查补税款数额及案件的检查取证,而忽略了对企业资产、权益状况的监控,更有甚者过于拘泥于政策条文的规定,采取措施不及时、不到位,导致企业在签收稽查税务处理文书前隐匿转移了资产,甚至逃匿失踪,增加了执法成本,加大了执行难度,极大地影响了执法时效性和执法成果的体现。

(四)协税护税网络不健全,削弱了执行力的运用

税收执法的外部环境不理想,协税护税网络和机构不够健全,这一提法似乎有些老生常谈,但在执法过程中,它确实是一大难点和关键点。

(五)执行力量薄弱

目前税务机关稽查的执行力量相对薄弱,执行岗人员编制较少,往往忙于应付案头等日常工作,只能在百忙中挤出时间和精力处置疑难个案,却也总显得缺乏深度和力度,使执行工作显得被动,不能很好地体现税法的严肃性。另外,一些紧急、额度不大或没有达到移送标准的欠税案件,不能总依靠公安部门的力量,在一些具体实地办案过程中,由于纳税人法律意识不强,税务机关的执行力、震慑力相对薄弱,使执行人员感到人身风险较大,无安全保障,从而增加了税收执法的难度。

二、解决基层税收执行工作难问题的探讨

(一)建立有效体制,健全税收法制

1. 优化完善税制,建立社会信誉制度

稽查与执行的最终目的是使企业自觉地依法纳税,因而在稽查力量较单薄的今天,如何公平税负从而使纳税人的遵从度得到提升,从长远的角度来说,也是使执行力得以提高和发挥的作用及目的。笔者认为,在税制设计中,应该充分考虑国情对税制设计的制约,更多地着眼于能做什么,而不是应做什么,不能追求理想化的税制。如目前刑法的修订案中对偷税的认定做出了修改,更切合实际情况,体现人性化。我国的税收征管水平还有待提高,与之相适应,税制的设计也宜坚持从简和低税负的原则。切实考虑对小规模、一般纳税人、核定户如何公平及信用机制的有序运行等问题。尤其是信用机制的运用,从长远来说,是一种征管成本、执行成本更低的维护交易秩序的机制,又可在长远达到和谐社会的目的,应考虑把税号与社会保障体系(应享受的社会福利)挂钩,把企业所得税与社会信用体系结合,如对纳税信用高的纳税人贷款予以降低门槛等。

2. 法律应创设规范，进一步完善税收司法保障体系

如税收优先权司法保障制度、税收代位权、撤销权司法保障制度等，防止税务行政执法权流于形式，难以付诸实践。

①税收优先权司法保障制度。税收应以其强烈的公益性致使税收优先权原则上优先于其他权利(力)的行使。建立税收优先权司法救济制度也就成了当务之急。税收优先权司法救济制度是税收优先权司法保障制度的重要组成部分，其制度的核心是税务机关通过人民法院请求行使撤销权，撤销欠缴税款纳税人的清偿行为，以达税款优先受偿的目的，从而保障税收优先权的有效行使。②税收代位权、撤销权司法保障制度。《征管法》第五十条赋予税务机关可以依照合同法第七十三条、第七十四条的规定行使代位权、撤销权。但如果欠缴税款的纳税人的其他债权人先于税务机关行使代位权、撤销权而致使税务机关无法行使或虽行使但不足以清偿纳税人所欠税款，税务机关与纳税人的其他债权人是否居于平等地位，应如何处理，法律应予以创设规范，加强可操性。《中华人民共和国合同法》规定："债权人可以向人民法院请求以自己的名义代位行使债务人的债权，但该债权专属于债务人自身的除外。"这表明，根据现行法律，债权人行使代位权的方式是通过诉讼进行的，税收代位权从性质上说是税收代位诉讼权利。在税收代位诉讼中，税务机关是原告，纳税人的债务人是被告。税务机关行使代位权的方式是诉讼，而不是以税务机关的执法行为直接实现。但是这种诉讼是采取民事诉讼方式进行，税务机关与被告处于平等的民事主体地位。笔者认为，它混淆了公益性的税收与普通的私利性质诉讼，也带来了诸多问题。因此在具体诉讼程序上税收代位权应与普通代位诉讼有所区别，或者说，税务机关理应享有一定的"特权"。

3. 法律规定税收行政执法权的授权，进一步增强税法行政执法的深度

对欠税企业的实际经营者、债务人的资产，如欠税企业由一个股东全资投资组建，对其股东的资产，如欠税人为自然人的，对其法定婚姻存续期内夫妻共有的资产等等，税务机关应有多大的执行力，其证据材料如何取证，程序怎样，如何监督规范等等，都是目前税收法律未能设定但又亟待解决的问题。

(二)建立提高执行力的工作制度

1. 对欠税企业监控力度还需加强

首先，《征管法》四十九条规定：欠缴税款数额较大的纳税人在处分其不动产或者大额资产前，应当向税务机关报告。那么如何报告，如何管理，则有必要对此建立相应的管理制度，使之规范化；其次，建立欠税企业"大宗财产状况汇报制度"，报告其资产、投资、债权等情况，对个人还需报告其及家庭成员的收入、消费等情况；对欠税数额较大的纳税人，在未缴清欠税前，还可向人民法院申请强制执行，由法院限制其高消费活动。尽管《征管法》明确了被执行人应如实报告其财产状况，但是由于对被执行人不如实报告财产的处罚没有作出具体的规定，致使被执行人特别是一些法人单位在这种报告义务面前没有任何实质性和紧迫性的压力，执行实践中被执行人不报告特别是不如实报告的情况十分突出。同时，在监控上，一方面在税收执法主客体正确的情况下，应多从有利于税款征收的角度出发，进一步简化程序，减少一些不必要的条件限制，使税务机关能够及时采取积极有效措施，堵塞税收漏洞；另一方面税务机关应根据现有法律来应对征管过程中出现的各种问题，不能因不符合相关条件而不作为，应建立有效的监控体系，及时了解掌握纳税人的生产经营等情况，加大执行力度，从而有力保证国家税收收入的实现。

2. 对企业账户、账号的管理仍需完善

《征管法》规定：从事生产、经营的纳税人应将其全部账号向税务机关报告。由于《征管法》自 2014 年 5 月 1 日实施，从而对该期限之前纳税人开设的账户账号，笔者认为应根据实际情况采取相应的补全措施，并形成制度。上述制度还应注意引入惩罚机制，应明确不如实报告的法律责任，如对不报告、不如实报告的，可以隐匿财产为由，依照《中华人民共和国民事诉讼法》第一百零二条之规定进行处罚，直至追究其刑事责任，以此增强执法刚性。

（三）继续加强社会协税护税组织的建设

走税收管理社会化的路子，实现房管、金融、工商、海关、公安、检察、法院等部门的机构联合，建立和完善相应的工作制度，如申请人民法院强制执行制度、涉税刑事案件移送制度、阻止欠税企业或其法定代表人出境布控制度等，在不同的职能部门和管理机制间建立广泛的信息共享体系，形成广泛的协税护税网络，密切协调配合，力争全社会的综合管制，为准确掌握欠税人的经营、活动、财产等状况，为更好地提高执行效率奠定良好的基础。

（四）完善相关的合作制衡机制，协调征管和稽查两大系列运作

征管和稽查是根据专业化管理的要求，结合税收征管活动的特点而进行的税收征管职能、职责、职权的分工，它们共同组成完整的税收征管体系，两个机构只有有效合作，才能保证整个税收征管体系的正常运转。因此，不能过于“本位主义”，不能只注重自身利益，必须要本着共同的工作目标、共同的工作理念，用“换位思考”的方法去研究和解决问题，才能提高税务工作的质效性。为此，应进一步理顺工作联系机制，建立更合理的、更灵活的、更完善的，既分离又统一，既相互制衡又相互促进的工作制度，如欠税管理制度、罚款暂缓或延期管理制度等，这将是改善执行难“瓶颈性”问题的有效途径，更是深化税收征管改革的关键。

（五）加强稽查实施阶段调查取证工作，把握执法最佳切入点

加强稽查查案环节与执行环节的相互衔接，做到打击偷逃税行为和防止新的欠税两者并重，稽查人员在稽查的同时，应掌握纳税人的动态，并及时与执行人员沟通，尤其是对那些有逃避入库嫌疑、表现经营状况不佳、无固定住所、外地籍经营者的企业，更应提前在稽查取证阶段，对被查企业的隐藏其真实清缴能力的背景资料进行调查，及时掌握第一手材料，从中突出重点，寻找突破口，避免错失时机，造成税款追缴入库被动局面。因此，稽查实施阶段的调查取证工作应从全盘考虑，将各种有利因素有机结合起来，确保国家税款入库刚性。

（作者单位：国家税务总局宝应县税务局）

信息化背景下税务稽查的实践与思考

——以金华国税为例

夏斌杰　戴金启

一、税务稽查信息化概述

税务稽查信息化是税务机关利用信息技术，实现稽查相关数据的采集、处理、应用，提高执法水平，强化稽查管理的过程。

作为税务信息化建设“一个平台，两级处理，三个覆盖，四个系统”的必不可少的组成部分，税务稽查信息化经历了从模拟手工操作的电子化阶段到目前涵盖税务稽查全面管理的信息化阶段。

(一)税务稽查信息化的内涵

税务稽查信息化的关键在于有效利用信息资源。通过建立信息应用平台，广泛采集和积累信息，迅速流通和加工信息，有效利用和繁衍信息。税务稽查信息化是强化管理的过程。通过税务稽查与信息技术运用的相互结合和互相促进，达到对内强化执法监控，对外提高稽查执法水平与质量的目的。

(二)税务稽查信息化的作用

1. 适应信息时代发展要求

在信息化条件下，纳税人传统的手工记账核算方式已被信息化等先进模式所代替。一方面，会计电算化在企业单位得到了最为广泛的应用，以检查纸质账目为主的传统税务稽查方式已经滞后于时代的发展变化。另一方面，以交易异地化和凭证无纸化为典型特征的电子商务使税务稽查传统的凭证追踪检查方式失去基础。在这种形势下，如果不能借助现代信息技术手段准确全面地解密、获取纳税人涉税信息，并进行涉税风险分析识别和应对，就会使税务稽查工作陷入被动。因此，税务稽查只有紧跟信息技术发展的步伐，融入先进的税收管理理念、模式和方法于一体，不断突破信息采集和分析难、检查手段和方法弱等瓶颈问题，推进税务稽查工作深入高效开展。

2. 推进税务稽查规范管理

规范化是金税三期工程建设的基本要求和主要特征之一。稽查部门在稽查信息化应用管理中贯彻集成理念方法，将稽查制度办法与信息化应用集成起来，实现业务与信息化深度融合；将金税三期模块功能与稽查应用软件功能集成起来，构成稽查信息化应用完整框架；将分散、独立开发的各类稽查应用软件集成起来，支撑稽查执法和管理的全流程；将税务端内部软件与“互联网＋稽查”应用集成起来，实现移动稽查；将稽查信息化应用与其他部门应用集成起来，实现大数据稽查。同时稽查信息化对税务稽查执法进行高度的信息共享和科学的分权制约，实现稽查执法信息在上下级机关、在管理层和执法一线人员之间的充分共享，把执法的各个环节、各项标准全部固化在计算机操作程序之中，将税务稽查选案、实施、审理、执行等重点执法环节全部纳入计算机管理系统，实现计算机实时监控，有效地推进了稽查规范化管理。

3. 提高税务稽查工作质效

新时期的重大税收违法案件呈现专业化运作态势，链环完整、组织严密、高度仿真、高度隐秘的特点，税企之间信息不对称、税务各业务系统数据缺乏整合等缺陷日益突出，传统的信息支持已经无法满足稽查工作的情报需求。只有把握发展机遇，利用税务系统内部日益丰富的存量数据、日趋完善的互联网扫描搜索技术等内外部有利条件，实现利用现场数据采集和数据恢复，结合存量数据，获取情报发现、企业画像、税务风险监测等级数据支撑，推动稽查方式的改变，提高信息化稽查能力。尤其是在“大数据”时代，牢牢把握金税三期上线后数据大集中、业务全覆盖的新机遇，打造智能化稽查分析平台，强化数据质量，提升稽查税收大数据应用水平。同时打通查账软件、取证工具、办案指挥中心等稽查“信息孤岛”，建立税务稽查预警、分析、比对、决策等应用系统，快速准确地筛选涉税疑点、锁定疑点信息、关联数据、联合执法的思维和方式推进稽查工作更加智慧、专业和高效。

二、企业信息化对税务稽查执法现实提出了挑战

随着我国经济社会的快速发展，渠道平台化、企业网络化、产品联结化是“互联网+”时代企业生产经营模式变化的典型表现，税务稽查作为税收征管体系的重要组成部分和打击涉税违法犯罪活动的主要功能手段，面临的纳税人纳税遵从状况对稽查工作的要求不是降低了，而是大大提高了；面临的涉税违法犯罪活动的形势不是明显好转了，而是日益严峻了。主要体现在以下几个方面：

(1)纳税人数量快速增长，涉税信息数量呈几何级数增长，并依托互联网平台，信息传播速度越来越快，范围越来越广，稽查部门只有顺应互联网、云计算、大数据等现代信息技术发展趋势，多维度整合利用企业涉税信息，提高对海量数据的收集、挖掘、利用数据实现科学化分析和利用能力，增强精准性和震慑力，才能有效加以应对。

(2)跨界经营的集团企业和新业态、新产品、新商业模式大量涌现，跨界经营在行业、产品之间建立起千丝万缕的联系，其直接后果是催生了经营大数据，导致以财务报表等静态数据为主要依托的传统稽查方式无法满足需求，实地稽查方法发挥的作用日渐削减，迫切需要建立在大数据的采集、提纯、分析基础上的更为科学的稽查方法，由传统的“经验驱动”决策变为“数据驱动”决策。

(3)企业特别是大中型企业普遍实行业务和财务信息化管理(ERP、ASP 等)，处理工具电算化、信息载体磁性化、内部控制和账务处理程序的自动化及数据处理集中化，传统的查账方法、办案经验难以适应时代的要求，同时会计电算化所具有的多态性、易修改性及缺少有效监控等特点，也使不法企业在造假账和逃避纳税方面有了可乘之机，税务稽查部门只有借助现代化信息技术和手段准确全面地解密、获取纳税人涉税信息，并通过涉税风险分析识别和应对，才能建立一条适应时代发展的信息技术稽查之路。

(4)涉税违法案件层出不穷，涉税犯罪手段日益智能化、网络化，税源呈现多元化、复杂化、流动化的趋势，税收违法活动更具有隐蔽性和高技术特征，税务稽查必须未雨绸缪，敏锐发现“互联网+”环境下的税收违法疑点难点问题，预先研判税收违法行为的特点、模式，及时、准确把握各类税收违法行为的主要特征与发展趋势，有效增强稽查执法的针对性和预见性，不断扩大稽查工作效应，实现由查处个案到归纳案件特点、解析犯罪成因、透视税收征管、规范行业和税收秩序的跨越。

三、金华国税电子税务稽查实践

电子税务稽查是税务稽查部门应对、丰富和改变现有稽查方式的重要手段之一，是稽查工作信息化的一个重要组成内容。金华国税重视培养、树立互联网稽查思维，通过交流研讨、实践验证等方式，不断探索、完善电子税务稽查工作，使电子税务稽查工作得以迅速推广并普遍使用。

电子税务稽查系统是针对税务稽查程序中的稽查实施环节，以企业的涉税电子数据和税务征管部门的征管信息为基础，以税收的政策法规为依据，将税务稽查经验、方法与计算机信息处理技术相结合，帮助税务稽查人员对纳税人实施稽查的先进的、高效率的信息化查账工具。

1. 电子税务稽查软件的构成

电子税务稽查软件由数据采集软件和数据处理软件构成。

①数据采集软件。数据采集软件是专门针对企业的涉税电子数据进行采集并将其转换成标准电子文档的工具。

目前国内企业大部分采用了财务会计软件来进行会计信息化工作，由于企业应用的财务会计软件种类和版本繁多，因此普遍存在信息输出输入标准的问题。也就是说，在财务会计软件名目众多的情况下，税务稽查基础信息的搜集存在难度。手工账务处理阶段，数据的形式都很“统一”，即都是纸质账册，只要不丢失，调阅搜集信息就没有问题。但是信息以数据形式储存时，企业可以选择不同的财务会计软件（如用友、金蝶、新中大、SAP 等）核算，更可以选择不同的数据库（如 Access、Oracle、SQLServer 等），甚至不同的操作系统（如 WindowsXP、WindowsVista、Linux、IBM 等）。此时就需要一个能够把不同格式的数据转换成标准数据，并且能够顺利访问不同数据库甚至可以跨平台操作的特定软件，否则税务稽查信息化只能是空谈（如图 1、图 2 所示）。

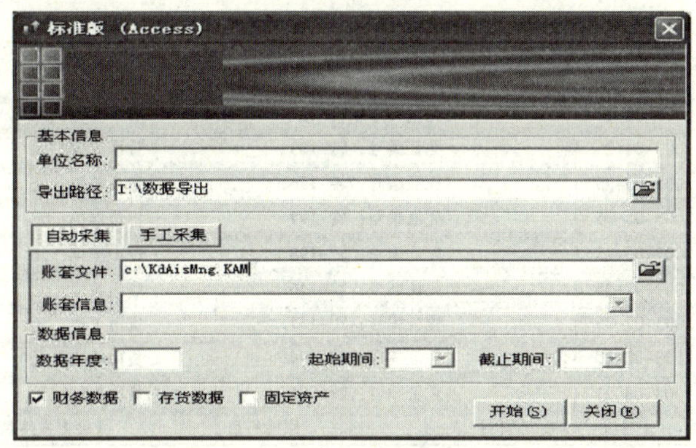

图 1　数据采集软件对某财务会计软件进行“自动采集”模式下的数据收集

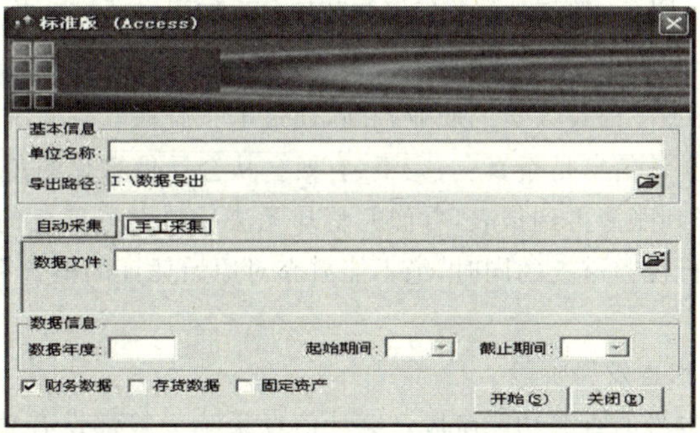

图 2　数据采集软件对某财务会计软件进行“手工采集”模式下的数据收集

一套好的数据采集软件提供了面对各种复杂情况的有力工具，使纷繁复杂的财务会计软件系统在税务稽查人员面前变得简单明了。当然，实际工作中面对稽查对象的具体情况时，需要稽查人员作出清晰的判断和准确的处理。

②数据处理软件。数据处理软件是电子查账软件系统的主体，它主要用于将数据采集软件获得的企业电子数据导入到软件中，然后对导入的数据进行检查分析，辅助税务检查人员快速地查阅企业的电子数据，发现和记录涉税的疑点问题。

数据处理软件对导入的电子数据进行分析检查得出涉税疑点的过程，是其主要功能模块从各个层面各个角度对数据进行检测加工的过程，其效果很大程度上取决于该软件各功能模块所具备的检查分析功能（如图 3 所示）。在这一过程中，数据处理软件可通过系统内建立的若干重要指标群，对被查对象的财务、税收指标进行总体评价，全面检查和分析背离原因；通过系统提供的内控调查、指标分析和报表分析等功能，对企业单账户、双账户、多账户数据进行全面的分析评估，形成稽查热点账户和企业稽查风险系数；通过各种模型、模板，对企业数据进行自动检查分析；根据税法规定设置税目和计税依据项目，提供模板取数、科目归集、凭证归集和账外数据录入等功能，依据企业税务申报表，结合检查分析调整产生的数据同企业申报数据进行比对、审核，最终确认企业存在的涉税问题。

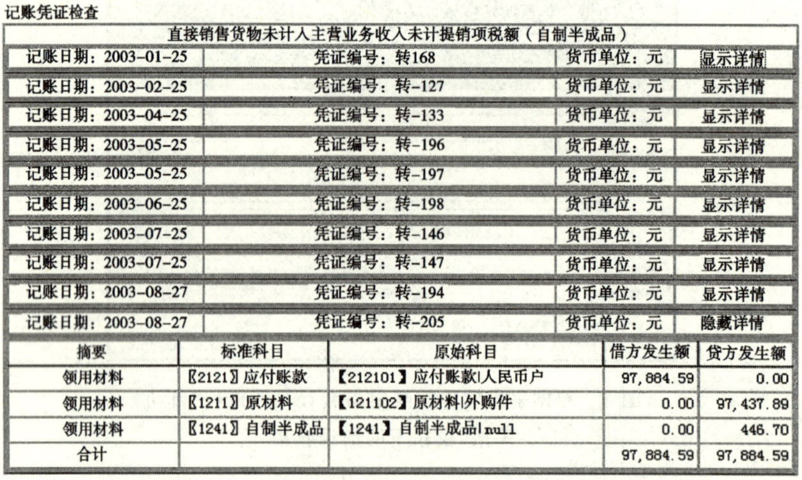

记账凭证检查

直接销售货物未计入主营业务收入未计提销项税额（自制半成品）			
记账日期：2003-01-25	凭证编号：转168	货币单位：元	显示详情
记账日期：2003-02-25	凭证编号：转-127	货币单位：元	显示详情
记账日期：2003-04-25	凭证编号：转-133	货币单位：元	显示详情
记账日期：2003-05-25	凭证编号：转-196	货币单位：元	显示详情
记账日期：2003-05-25	凭证编号：转-197	货币单位：元	显示详情
记账日期：2003-06-25	凭证编号：转-198	货币单位：元	显示详情
记账日期：2003-07-25	凭证编号：转-146	货币单位：元	显示详情
记账日期：2003-07-25	凭证编号：转-147	货币单位：元	显示详情
记账日期：2003-08-27	凭证编号：转-194	货币单位：元	显示详情
记账日期：2003-08-27	凭证编号：转-205	货币单位：元	隐藏详情

摘要	标准科目	原始科目	借方发生额	贷方发生额
领用材料	【2121】应付账款	【212101】应付账款|人民币户	97,884.59	0.00
领用材料	【1211】原材料	【121102】原材料|外购件	0.00	97,437.89
领用材料	【1241】自制半成品	【1241】自制半成品|null	0.00	446.70
合计			97,884.59	97,884.59

图 3　数据处理软件进行数据分析后得出涉税疑点

当然，信息化始终代替不了稽查人员的职业判断，通过电子查账软件系统能否得出正确的结论，关键要看稽查人员获得的企业会计信息是否真实、完整、有效。从会计信息化的角度看，财务会计软件反映的是企业的财务信息，从凭证到账簿再到报表，看似完整却无法反映财务信息的源头即原始凭证是否真实合法。在利用查账软件进行税务稽查的同时，绝不能放弃对原始凭证的检查和对企业相关业务真实性的准确判断。

2. 金华国税电子税务稽查发展阶段

①利用会计信息系统本身的查账功能阶段。会计信息系统一般都设有总账、报表管理、应收款管理等模块，提供账表查询、打印、数据分析等基本功能。税务稽查人员在对被查企业的电子账进行检查时，利用功能完成一部分税务稽查的基础工作。例如，利用凭证查询功能查询可疑涉税凭证；利用应收款管理的账龄分析功能进行企业客户账龄分析等。这种辅助检查方法可以替代一部分手工劳动，但这些模块还不具备达到税务稽查目的所需的全部功能。与此同时，在利用被查企业会计信息系统进行查询前，税务稽查人员必须对它们的处理和控制功能进行审查，只有经过证实，其处理和控制功能恰当可靠的子模

块,税务稽查人员才能利用它们开展辅助检查工作。

②利用电子表格辅助查账阶段。会计信息系统一般都提供将系统内生成的数据输出的功能,以便于对输出数据进行进一步分析。而电子表格处理系统提供了方便的数据采集、数据处理、排序筛选、统计分析、图形图表等功能,还可以方便地对文档进行管理。电子表格在税务检查工作中,主要利用会计信息系统的数据导出功能,将有关信息保存在 Excel 中,并对其进行加工形成查账信息或待查证据,或是利用 Excel 辅助进行分析性复核,帮助税务稽查人员发现异常变动的项目,寻找检查线索,确定检查重点,以便采取适当的检查方法,提高检查效率。电子表格辅助税务稽查从一定程度上减轻了手工查账的工作量,但存在检查方法不系统、检查的适用范围不广等问题。

③利用税务稽查电子查账阶段。即目前适应会计电算化和税务稽查发展的需要,运用专用税务稽查软件进行电子税务稽查阶段。税务稽查软件可以自动采集企业电子数据、税收征管数据以及外部数据,而后对采集的原始数据进行分析评估。科学的系统内置了大量的经验和模型,可以自动比对检查,科学、准确、快速地发现涉税问题。可以实现多层次的模型检测、多角度的数据加工、全过程的自动监控等功能。面对经济全球化和电子商务开展的网络商品交易的检查,电子税务稽查、网络化、数字化稽查方式将逐步取代利用会计信息系统本身的查账功能阶段和电子表辅助查账阶段的方式、方法,依托信息技术对外部信息的采集、统一利用,实现税务稽查现代化。

3. 金华国税稽查电子查账的主要做法及成效

金华国税稽查部门以推行电子查账作为稽查现代化进程的主要方向之一,逐步促进稽查手段和方法的创新。自 2014 年以来,从制度建设、人才培养、软硬件设施等方面着手,积极推动电子税务稽查的工作。

(1)建设完善的电子查账设施

①建立电子查账实验室

运用电子查账实验室实行集中电子查账,是实施集约化稽查的重要方式和手段,在减少人员投入、节约经费开支的情况下,还能更好地提高效率,是实现稽查现代化的有效途径。目前金华国税建成了电子查账实验室,配置 45 台计算机和用友、金蝶等主流财务教学软件。制定电子查账实验室管理制度,确定专人进行管理。电子查账实验室主要用于集中培训、日常学习交流、模拟训练、稽查实践等方面,为全面提高检查人员电子查账提供了实用有效的技术平台。

②选置适用的查账软件

在辖区 52755 户一般纳税人中,已使用会计软件核算的企业达 41307 户,占 78.3%。其中:使用金蝶软件的 40.18%,用友软件 19.23%,税师所软件 12.72%,杭州海穗 9.64%,其他共占 18.23%。为使查账软件能较好地进行涉税数据采集和涉税疑点分析工作等,电子查账实验室除了上级配发的 10 个单机版和网络版外,还选置了无锡税软公司开发的查账软件 10 套。税软电子查账软件其数据采集软件可以采集国内绝大多数主流财务核算软件(如用友、金蝶、浪潮等)、国内行业性财务软件(如中石油、电力、铁路等)及国外多款著名软件(如 SAP、Oracle 等),数据处理软件可提供多种查账模型和进行涉税疑点分析,较好地满足了电子查账的需要。

③打造“稽查支持系统”

探索“互联网+稽查”执法方式,设置税务询证室,具有音视频回放功能,所有询问谈话都能够同步进行录音录像,事后可以调取音视频进行回放和分析,同时安装手机信号屏蔽仪器,不漏过任何蛛丝马迹;稽查人员实施检查或外调检查时,通过专门配备的“单兵”系统(主要有执法记录仪、照相机、录音笔、移动存储设备等),有效地提高了执法实施过程的技术支持。

(2)增强信息化办案能力

①组建电子查账专业团队

查账软件应用要求稽查人员具有复合型的知识结构,不仅要有丰富的财会、稽查知识和技能,熟悉税收法律法规,还应当掌握计算机及网络技术,掌握数据处理和管理技术。金华国税于 2014 年首批挑选 24 名(其中市本级 10 名、县市局 14 名)具有一定计算机基础的稽查骨干组成电子查账专业团队,保证电子查账从业务到人员逐步向精细化、专业化管理发展。同时每年举办会计电算化与查账软件培训,聘请无锡奇星软件科技有限公司的电子查账专家为稽查人员就电子查账软件的实战运用讲解演示、释难解疑,并针对不同行业企业选取一定数量的案源供稽查人员“练手”,以提高实战技能。同时定期组织全系统稽查人员进行经验交流、案例研讨、分析,总结电子查账工作的成功案例和有效手段,推动电子查账工作水平的整体提高。

②开展电子查账技能比武

自 2014 年以来,金华国税每年举行全市税务稽查电子查账技能比武竞赛,市本级三个检查科及七个县(市)稽查局组成 10 个团队参加比武竞赛。各参赛队选择一户中小型电算化记账企业,应用电子查账软件开展模拟查账演练,查找企业纳税申报数据与账载数据、生产经营数据的差异及疑点,偏离行业正常值的异常指标和数据差异,揭示涉税问题和疑点。同时邀请软件专家从调取电子数据的程序和技巧、数据加工处理、涉税电子数据分析等予以面对面的技术支持。

③开展风险推送定向稽查

改进稽查工作流程,将检查环节分解为“风险分析”和“定向检查”两个环节。在“风险分析”环节,依据从企业调取的证据资料,包括采用电子查账软件专用的采集软件调取的被查企业的电子核算账套,用于经营统计数据的电子表格、文档以及相关的数据库数据,利用查账软件技术进行疑点归集和汇总分析,对企业的涉税风险点进行快速定位,为稽查人员厘清了思路,明确了检查方向,找到了工作重点;在“定向稽查”环节,稽查人员对被查企业的疑点问题清单一一调查、核实、取证并固定证据,最终形成工作底稿,签字并制作稽查报告。

(3)实施电子查账的收获

从 2014 年的起步阶段到 2017 年的电子查账案件占年度全部查结案件 60%的绩效考核指标,金华国税稽查系统电子查账工作不断推进、扩大,重大涉税违法案件检查、重点税源企业检查、重点风险应对企业检查都列入电子查账方法进行。三年多来,金华国税运用电子查账软件实施检查的涉税案件 358 件,查补税款 23807 万元。电子查账软件系统的普遍运用,具有传统手工稽查不可比拟的诸多亮点。

①稽查效率的“加速器”

根据不同的涉税问题和检查对象设置模型查账、自定义查账、自由查证等查账方法。在运用上述方法的同时还可以交叉运用模糊查询、频率抽样、穿透查账、数据处理加工等辅助查账工具,从而全方位、多角度、多层次对企业涉税问题进行比对分析。利用查账系统提供的功能,快速实施对企业总账、明细账以及记账凭证的检查,筛选出企业涉税违法情况,导出疑点,提供线索,弥补了手工查账的缺陷,使稽查人员可以集中精力对发现的线索和疑点进一步进行查证,提高了稽查效率。在 2016 年对重点税源企业某上市公司实地检查中,利用电子查账软件提示的风险,发现企业存在“发出商品”财务上已作主营业务收入但未计提销项税额情况,通过查账软件查找分类功能进行归集,先后发现企业存有七类问题,短短一个星期就查补入库税款 328 万元。稽查人员通过将电子查账和手工查账比较,深刻体会到了电子查账的方便、快捷和高效,充分认识到查账软件是检查工作不可或缺的工具。

②办案过程的“坐标系”

电子税务稽查实现了对被查企业电算化会计数据的自动采集,并将稽查工作流程和计算机紧密结合起来，使得编制稽查计划、采集转换数据、自动查账、编制工作底稿、形成稽查报告、检查过程的监控这一完整的工作流程在一个平台上完成，具有通用性、开放性与灵活性等特点。从税务稽查人员的角度来说，规范了检查方法，统一了各类计算标准，可以最大限度地避免理解上的偏差；从案件审理的需要角度来讲，可以看到最原始的账册数据，从软件应用各模块的记录中可以看出整个查账过程，更好地把握事实清楚、取证完整的要求，可以有效排除差错；从领导的角度来讲，从数据采集、自动查账、疑点生成、疑点确认到稽查报告制作都实行了电子化操作并实时记录，不仅实现了执法“过程留痕”的“有迹可循”，而且提升了工作的便捷性，使稽查内控更加严密健全。

③违法行为的“导航仪”

利用电子查账软件提供的指标分析、报表分析、账户分析、账户检测、会计分录和存货检测等模型分析功能，从不同角度对企业涉税数据进行分析，查找存在的问题；利用查账软件信息采集功能，能够自动搜索出企业设置的多个账套，发现企业是否存在设置多个账户的违法经营行为；通过企业财务数据、CTAIS征管数据、金税系统数据三者间信息的相互核对，可以检测企业上报的涉税信息与企业财务软件系统中的信息是否一致，发现企业是否存在虚假申报的行为，直接击中企业税收违法行为的要害。2014年一封举报信反映了A公司设有“真假两套账”、2012－2013年隐瞒销售收入8000余万元的情况。稽查人员实施检查时按法定程序调取了公司相关资料及两台电脑主机，在公证部门全程公证、依法委托第三方技术服务机构——上海盘石软件有限公司计算机司法鉴定所提取企业相关数据并进行证据固定。稽查人员通过电子查账软件从不同角度对企业涉税数据进行分析、核查、比对，最终查实其存在隐瞒销售收入24270万元、少申报缴纳增值税4126万元的违法事实。

④税企减负的“快车道”

电子查账软件具有快速高效实现科目平衡、凭证连续性、完整性的功能，利于实现重点检测。采用查账软件检查，运用查询功能将总账、明细账、记账凭证连为一体，进行穿越式阅账，减少翻阅账簿、凭证的时间，大大减少了以往海量数据工作带来的烦琐计算和重复查阅，通过企业财务指标与税收指标均衡性比较，可以发现企业财务处理的异常情况以及账外经营线索，提高了对企业检查的有效性和针对性。在2016年对某混凝土企业的检查中，运用查账软件疑点分析技术进行财务和经营、用电数据的配比分析，很快发现其账外经营情况，查补税款600多万元。案件的快查快结既有效节省了稽查资源，也大大节省了企业的时间，有利于纳税人增强获得感，提升满意度。

4. 金华国税电子税务稽查运用所存在的问题

①税务稽查信息化运用平台不足。稽查信息化运用平台主要由“中国税收征管信息系统”（简称CTAIS2.0）为依托管理日常稽查工作，另有全国联网的“税务协查信息管理系统”以及江苏无锡奇星软件有限公司开发的电子查账软件组成。但是运用的这些软件无法在一个平台上统一协作，三者互不联网。比如无锡奇星软件有限公司开发的电子查账软件与CTAIS2.0上的选案、检查、审理等环节不相关联，无法进行自动取数等，不能有效运用。稽查执法过程中，在产生手工纸质资料的同时，也产生了大量的电子资料，由于稽查机外户的大量存在，手工、电子两套资料不统一、不衔接，缺乏统一、完整的与现行工作要求相适应的稽查信息系统。

②企业会计核算软件不规范。当前企业的会计软件版本繁多，既有各部门、各系统自行开发研制的具有特性的软件，又有商品化软件，无论是规模、研发人员水平还是设计语言、设计标准都不尽相同，税务稽查人员要全面熟悉并掌握这些软件十分困难，另一方面由于稽查人员的信息化技术掌握程度相对滞后，要对其进行财务会计核算软件的编制程序、应用程序是否合法合规做出鉴别还存在难度。如有的上市集团公司使用的财务软件是自行研发的，整个集团的数据量庞大，后台表数据海量，其系统的数据结构不同于传统的财务软件，稽查的采集软件和查账软件无法开展，企业财务会计核算软件的不规范，给电子

稽查带来重重困难。

③税务稽查复合型人才匮乏。稽查信息化始终代替不了稽查人员的职业判断，实现稽查信息化更离不开信息化人才的支撑。开展电算化税务稽查要求稽查人员具有复合型的知识结构，掌握财会、稽查专业知识和技能、税收法律法规，还应当掌握计算机及网络技术，掌握数据处理和管理技术。但目前的现实情况常常是稽查能手在计算机方面不是能手，而计算机高手在稽查业务方面又不是高手。在面对千差万别的计算机信息系统时，多数稽查人员能利用设置好的软件做一些简单工作，但还不能完全胜任从系统分析、数据提取和转换到分析模型的建立运用等等工作，更不要说掌握对信息系统本身进行稽查的方法和技术。电子税务稽查的主要工作仅仅依靠少数骨干人员来支撑，稽查能手与计算机高手的复合型知识结构的人才缺乏。

四、思考与建议

信息化建设是税务稽查事业发展的根本出路。习近平总书记提出“没有信息化就没有现代化”，高屋建瓴地指出信息化的重要作用。推进税务稽查信息化建设，需要从多方面着力，破解发展难题，切实解决信息化应用的盲点和“瓶颈”问题，从而顺利推动各项稽查改革措施落地生效。

（一）完善法律制度建设，构建稽查信息化法制基石

税务稽查现代化程度越高，依法行政要求也越高。为了适应客观条件的变化要求，必须建立和健全科学、严密的税务稽查法规、制度和规程，形成全国基本统一的严密完备的税务稽查制度、规程体系。从法律层面赋予税务和稽查收集涉税信息的权力，进一步确认电子账册和电子票据的法律效力；明确电子证据的取证职权、程序、手段等法律制度，明确对在检查中遇到如毁坏计算机或服务器等电子设备、人为断电、恶意隐藏电子数据载体等阻挠情况以及企业信息加密、授权情形下的规章支持；完善税务稽查部门与地税、工商、公安、海关、银行、土地等部门的联运协作、数据共享的相关法律，明确部门之间的协作配合、信息交流共享等方面的职责、权利和义务。

（二）规范信息资源利用，提升稽查信息化应用水平

稽查信息化应用管理是稽查现代化建设的重要内容和有力支撑。提升信息处理的智能化。以数据库、法规库、案例库为支撑，全面融合现有平台及各类软件相关功能，研发融上下联动、国地税联查、分级分类稽查及虚假生产企业、银行个人储蓄存款账户、投入产出、工资能耗测算等具有智能转换和自动分析功能的软件，进一步提高稽查的精准性和靶向性；提高查账软件的多元化。充分借助软件开发商与市场联系密切的优势，及时掌握企业信息化的动态和趋势，结合信息化技术发展的方向，实现数据采集软件对各种财务软件及存货、销售软件的兼容，完善企业多个账套和删除、修改电子数据的自动预警，具有“穿透”测试和全方位、多角度、深层次的分析比对功能，合理评价纳税人涉税风险；提高数据接口的规范化。目前企业财务软件种类和版本众多，难以实现统一数据结构、统一输入输出的标准，达不到数据交换和共享的要求。虽然国家已出台相关法规，但遵从度较低。随着查账软件的广泛应用，一方面应设计开发通用财务数据采集软件，以应对企业主流软件。另一方面有关部门要加大制约力度，限期改进不符合规范的系统软件，要求其限期改进，支持稽查部门在执法中获取纳税人的涉税信息数据资料。

（三）加强信息人才建设，夯实稽查信息化人才

“工欲善其事，必先利其器。”税务稽查工作作为税收事业中最全面、最复杂、最具挑战性的工作之一，是一项集会计、稽查、税务、信息技术与计算机于一体的综合科学，客观上要求有一支训练有素的稽查队伍，从稽查力量上予以保证。

1. 夯实稽查队伍

研究制定稽查人员准入和退出机制，提高稽查人员招录门槛，优化人员年龄和专业知识结构，满足稽

查人员梯队发展需要。建立和完善人才引入机制，通过多渠道引进计算机、网络技术、法律等专业人才，不断充实稽查信息化技术队伍。尝试对部分技术岗位试行聘任制，以高水平、市场化专业人才年长税务稽查效能。

2. 重视人才培养

会同教育、人事部门做好稽查人才库管理和建设，逐步探索多层次的稽查人才培养机制，大力组织计算机系统技术、网络技术、数据库技术、税控设备以及应用系统的培训，进一步加大实战型、专家型专业化人才培养力度，造就胜任各环节岗位需求的行家里手。同时加强学用结合，开展岗位练兵、业务比武、能手竞赛、查前培训、案情交流、以案说法等培训，培养一批社会尊重、同行敬重，对社会有用的稽查信息化复合型人才。

3. 激发队伍活力

以推动个人绩效管理工作为抓手，以绩效考核注入推进剂，依托计算机信息技术，将绩效管理和数字人事系统有机结合，对信息技术人才进行客观公正评价，将个人业绩、业务能力与晋升评优结合，激发稽查队伍工作的积极性和创造性。

4. 强化风险防控

依托内控机制信息化升级版建设，运用内控信息平台，加强对稽查重点岗位、关键环节的廉政风险防控，严格“两权监督”“一岗双责”“一案双查”案件复查及“双随机一公开”等工作要求，进一步规范执法，堵塞管理漏洞，以风险防范架起防护网。

五、结语

电子税务稽查是推进稽查信息化的重要内容。本文旨在在对电子查账进行实践探索的基础上，适时进行分析总结，为今后深入开展电子税务稽查工作提供借鉴。一方面，电子税务稽查顺应了时代发展的要求，提升了税收管理信息化水平；另一方面，实施电子税务稽查，为打骗打虚提供了新的手段，是构建节约型税务部门和满足纳税人合理需求的有效举措，有利于营造良好的经济发展环境。但是电子税务稽查在应对假发票或没有真实的业务而虚开发票方面的稽查还有待深化。未来还需要进一步研究计算机如对偷逃骗税标识、计算机票据识别、计算机鉴别偷税者证据以及税务稽查软件的开发，以促进办案效率和质量。

（作者单位：国家税务总局金华市税务局稽查局）

涉外税收

"走出去"企业税收风险及应对

杨贵荣

2017年，中国企业对"一带一路"沿线的59个国家和地区新增投资合计143.6亿美元，在"一带一路"沿线的61个国家和地区新签对外承包工程合同额1443.2亿美元，对"一带一路"沿线国家和地区完成营业额855.3亿美元。尽管对外直接投资势头良好，但仍有企业在境外的生产经营中遭遇各种阻力，比如在东道国易受到税收歧视或不公平待遇，该享受的税收优惠没有享受到，发生涉税争议时得不到及时有效的解决等。如何让企业顺利"走出去"，稳健"走下去"，成了摆在中国"走出去"企业和中国税务部门面前的共同课题。

一、"走出去"企业面临的税收风险

（一）国际双重征税风险

"一带一路"涉及沿线65个国家和地区，既有发达国家，又有发展中国家，还有一些转型国家，在政治体制、经济发展水平、历史文化、投资环境等方面存在很大差异。在这样复杂的背景下，国际重复征税问题的多样性愈发突出。国际重复征税是指两个或两个以上主权国家，各自基于其税收管辖权，对同一或不同跨国纳税人的同一征税对象征收两次或两次以上的税。具体包括法律性国际重复征税和经济性国际重复征税。国际重复征税产生的基本原因在于国家间税收管辖权的冲突，如：甲乙两国同时判定同一法人为本国居民，两国的居民管辖权在同一居民身上交叉重叠。又如：甲乙两国同时认定同一笔劳务所得来自本国，两国的地域管辖权在这笔劳务所得之上交叉重叠。这些都可能会造成国际重复征税问题。国际重复征税现象是国际税法领域最为普遍、最为突出的现象。国际重复征税问题的解决，涉及国家主权和税收利益，成为国际税法的重点。

（二）境外投资风险，税法差异风险

"一带一路"沿线国家和地区税制体系差别较大，比如英联邦国家以所得税为主，法国以增值税为主，德国以消费税为主；不同国家企业所得税的税率不同，避免双重征税的制度选择不同，股息、利息、特许权使用费和财产收益适用税率不同，采用的会计年度、常设机构的判定标准等不同；此外，除了税法的差异外，会计准则也有差异。采用的会计准则标准不同，各国在税前成本扣除方面也有不同规定。因此，上述差异都构成了企业的财务风险。资本弱化风险。在世界各国的公司所得税法中贷款利息一般都可以作为财务费用在税前扣除，而作为股份资本支付的股息、红利不仅不得在税前扣除，反而要被征税。这就使得不少跨国公司更愿意采取借贷资本的方式，而尽量少用或不用股本投资，以此来降低税收负担，这就产生了"资本弱化"。现在大多数国家都建立了针对资本弱化的反避税措施：如果企业债务对股本的比例超出税法规定的固定比例（安全港比率），对超出部分债务所支付的利息不允许在税前扣除。如果我国企业在进行境外的投资和经营活动中，由于不熟悉投资所在国关于资本弱化的规定而贸然使用资本弱化的避税措施，很有可能被所在国的税务当局采取反避税措施，从而影响企业的利益。国际转让定价风险。国际转让定价是指跨国公司的母公司与子公司之间及不同的子公司之间属于关联企业，在关联企业之间转让产品和提供劳务时所采用的内部定价方法。不同国家之间关联企业的内部价格与国际市场价格之间存在较大差异，进而存在运用“转让定价”(Transfer Pricing)的方式进行避税的可能性。投资国的税务当局极有可能运用独立交易原则对企业的“转让定价”进行纳税调整，企业存在较大的涉税风险。由于“一带一路”沿线国家和地区投资环境复杂，如果企业对跨境关联交易的转让定价风险还没有足够的认识，一旦境外投资企业在转移定价管理严格的东道国滥用转移定价进行避税，将会承担较严重的经济责任和法律责任：不仅要补缴税款，还要缴纳滞纳金、缴纳罚款，甚至会受到法律的制裁。

(三)涉税争议风险

“走出去”企业会涉及两国甚至多国税收制度，发生税收争议的概率很高。从税收争议主体来看，可能存在两国政府就税收协定适用产生争议、一国政府与跨国纳税人在征税上产生争议这两种情况。比如在挪威，技术服务费与技术转让费的区分问题是税收协定争议的热点问题，中国居民企业或个人向挪威的商业客户提供技术服务并收取技术服务费，属于税收协定规定的营业利润，中国居民无须在挪威缴纳所得税。但是，如果中国居民的技术服务行为兼具技术转让行为，就容易引发税务争议。这种混合行为极易被挪威税务当局全盘认定为技术转让行为，所得属于特许权使用费，需要缴纳所得税。面对这样的争议，如果中国的居民企业不能分别核算技术服务收入与技术转让收入，就会增加企业税收成本。需要指出的是，中国企业要想向税务机关提出申请启动相互协商程序，必须首先在一定程度上向税务机关公开自己的财务和税务状况，以便税务机关了解国际税收争议产生的原委，掌握确凿的证据。不了解国内企业的真实状况，税务机关替企业说话就不会硬气。一些中国“走出去”企业在境外受到不公正待遇时，往往不向国内税务机关寻求帮助，而是选择忍气吞声，一个很重要的原因是自身在税务管理方面存在问题，或者有其他“难言之隐”。如果一旦向税务机关寻求帮助，就意味着这些问题也会暴露出来。在这种情况下，权衡利弊，一些企业便选择了沉默，而这种情况往往会被一些境外竞争对手和税务机关所利用。如果中国企业不能很好地配合税务机关不断强化自身的税务管理，很有可能使得中国政府在税收方面难以获得更多的话语权。

二、帮助“走出去”企业防范税收风险的有效路径

(一)化解重复征税让企业走出国门轻装上阵

当前，全球经济仍面临巨大下行压力，中国税收改革深度参与“一带一路”发展战略，服务于全方位开放格局。如何让企业顺利“走出去”，稳健“走下去”，成了摆在中国“走出去”企业和中国税务部门面前的共同课题。作为国家间税收合作的法律基础，税收协定在协调处理跨境税收问题、为企业避免双重征税、保障中国“走出去”企业和来华投资企业双向利益、解决涉税争议等方面发挥了积极作用。同时，也为我国“走出去”企业降低了境外税收负担，提高了其在海外的竞争力。如山东电力建设第一工程公司在哈萨克斯坦承建热电厂项目，哈萨克斯坦国内税法规定，外国公司分支机构在缴纳企业所得税后，还须对税后净利润缴纳15%的净利润税。山东省济南市历城区国税局立即帮助企业开具《中国税收居民身份证明》，并提交办理了我国公证机关和哈萨克斯坦驻华大使馆的“双认证”。据此，该公司在境外缴纳的净利润所得税税率从15%降至5%，减免了净利润所得税209万元。

(二)提升站位为境外投资提供可靠预期

稳定、明确的税收政策和透明、公平的税收环境，是跨境纳税人普遍关心的税收问题。要通过用好税收协定，为企业明确征税税率、东道国对利润的征税门槛、母国抵免规定、跨境涉税争议解决方法，大大提高了税收确定性，纳税人只需执行税收协定规定的内容，不必再担心东道国的税收政策什么时候变、怎么变。心里有数，前路光明，企业才有信心走下去。对于“走出去”企业而言，最重要、最紧迫的一个问题就是便捷地获取有关投资目标国税收资讯，包括税制、执法环境、税收争议常规解决渠道、重要税收政策的执行口径等。为了帮助“走出去”企业深入了解投资国税收法律情况，截至2018年2月，国家税务总局已

发布59份《国别投资税收指南》,基本覆盖“一带一路”沿线国家(地区)以及境外其他主要投资目的地,方便“走出去”企业了解东道国的税收政策,有效防范税收风险,建议企业充分利用《国别投资税收指南》了解投资目的地税制概况等基本税收信息,做到“心中有数”。

长期以来,中国一直是国际税收规则的被动接受者,但是随着国际税收形势的变化和中国国际地位的提升,世界上越来越多的国家开始倾听中国声音。中国已经从过去的旁观者、跟随者转变为参与者和引领者,积极参与规则制定,主动提升制度性权力,在法理重建中彰显影响力,从规则源头维护我国税收权益。近年来,我国探索出了成本节约、市场溢价等反避税新理论和新方法,这些理论和方法对一些地域特殊优势因素进行调整,有力地维护了我国的税收利益。同时,我国将会在进一步拓展国际税收合作范围的同时,更好地发挥现有国际税收合作网络的作用,在现有基础上开展更高水平、更深层次的税收合作。

(三)解决涉税争议保障企业合法权益

随着我国对外投资的增长,投资活动范围不断扩大,各类涉税分歧和争议也不断增加。税务机关应积极帮助纳税人解决涉税争议,为“走出去”纳税人和“一带一路”重大项目有效降低税收成本。如因两国税收征管差异,某国曾向中国南方航空公司提出要征收税款和滞纳金1635万美元。历时一年,历经四轮交涉磋商,两国外交部和税务部门就双边税收协定中关于民航国际运输在境外享受免税待遇的有关问题达成共识,为企业避免了重复征税。

在当前背景下,G20税改涉及各国和跨国公司切身利益,在各项成果逐步落实的过程中,我国企业与境外税务机关之间、我国政府与其他国家政府之间的涉税争议不可避免。正是预见到了这一点,税基侵蚀和利润转移(BEPS)项目第14项行动计划最低标准要求:各国税务主管当局按照一定的标准及时处理相互协商程序(MAP)案件,提高结案效率,积极为纳税人消除国际重复征税。今后,我国跨国公司在境外遇到涉税争议,可以根据税收协定的有关规定申请启动MAP。特别是随着各国对第14项行动计划的落实,MAP的效率会大大提高。在此过程中,税务机关应与企业进行充分沟通,切实了解企业的需求和面临的问题,通过为“走出去”企业提供服务,要么使企业获得税收利益,要么减少其税收损失,从而保障企业合法权益。

此外,国际税收管理部门要加强税收宣传,帮助“走出去”企业了解我国与东道国签订的税收协定、东道国的税收制度。充分了解企业的税收需求,通过各种互联网、广播、电视、报纸、微信等媒体搭建“互联网+‘走出去’企业”平台,拓展网络办税的互联互通渠道,为“走出去”企业提供稳定、及时、方便的专业服务。

(作者单位:国家税务总局河南省税务局)

构建立体化出口退税风险防控体系的研究

国家税务总局广州市税务局课题组

一、出口退税风险防控研究背景

我国自 1985 年实行出口退税政策以来，对外贸易持续增长，现已稳居世界前列。出口退税政策在对外贸易稳增长、调结构，保持稳中有进、稳中向好势头发挥了积极作用。但是近年来，出口骗税有增加的态势，骗税与防骗的博弈日趋激烈。为深入推进税收“放管服”改革，持续优化税收营商环境，大力支持对外贸易健康发展，构建立体化的出口退税风险防控体系具有十分重要的现实意义。

（一）经济新时期的必然要求

我国以“一带一路”建设为重点，拓展对外贸易，在世界经济舞台扮演更为重要的角色，为适应经济高质量发展，出口贸易面临调整结构、优化升级等重要关口。出口退税的管理需要完善的风险防控体系作为支撑，以营造公平法治的税收环境，推动外贸经济持续健康发展。

（二）改革新形势的必然要求

我国实施全面深化改革、转变政府职能、优化营商环境等重要改革，对于出口退税管理，既要有效防范出口骗税等不法行为，又要为正当经营的出口企业予以及时、快捷的退税支持。只有建立科学、高效的出口退税风险防控体系，才能满足目前便捷快速出口的退税要求。

（三）打骗新态势的必然要求

近年国家税务总局公布重大违法案件数据显示，出口骗税违法活动呈现多发易发之势，出口骗税呈现虚开骗税一体化、骗税分工专业化、骗税技术平台化、骗税主体多元化、骗税手段隐蔽化等五大特点。出口骗税的严峻态势，对税务机关防骗、打骗提出了更高要求，构建科学、规范、高效的出口退税风险防控体系显得更加迫切。

二、我国出口退税风险防控存在的问题

出口退税风险防控经过多年探索，形成了以出口退（免）税企业分类管理、出口退（免）税审核、出口税收函调管理、出口退（免）税预警评估等为主要手段的风险防控模式。课题组全面检视当前出口退税风险防控现状，总结了五方面问题。

（一）制度建设未完善

现有出口退税制度以部门规章为主，政策约束力和刚性略显不足。现行制度未对出口业务各环节实施链条式管理，容易形成管理的灰色地带。征、退税的政策和数据衔接不足，未形成征退一体化的出口退税风险防控制度体系。

（二）信息集成未形成

目前征、退税信息系统存在互不兼容的问题，制约了出口退税风险防控的信息化、智能化发展。退税审核系统独立于金三核心征管系统、防伪税控系统等征管系统之外，不便于发现和核查出口退税审核疑点。

（三）防骗手段未足够

目前，骗税作案手法日趋隐蔽，仅依靠现有的出口退税风险防控手段不足以应对。现有防控手段对人工依赖程度较高，不利于工作质量和效率的提高。风险点筛选、判断和核查的信息化、智能化水平有待进一步提升。

（四）企业内控未到位

出口企业普遍缺乏风险防控的意识和手段，未对供货企业、外商、出口货物、货物流、资金流等进行监控，容易被不法分子利用监控漏洞，最终引发出口骗税风险。

（五）外部联防未健全

出口退税的联防共治措施尚未健全，税务部门与海关、银行、外汇部门还没有信息共享，与公安机关办案机制未完全到位，社会共建共防共治出口骗税风险格局未建立，削弱了打击骗税的力度。

三、构建立体化出口退税风险防控体系的对策与实践

针对目前我国出口退税风险防控存在的问题，结合法国、意大利、瑞士、智利等国家的成功做法，形成了出口退税风险防控的总体思路，并通过广州国税的具体探索与实践验证其成效。

（一）总体思路

出口退税风险防控的总体思路是：以党的十九大精神和习近平新时代中国特色社会主义思想为引领，坚持问题导向和统筹谋划，深入推进税收现代化建设。紧紧围绕国家税务总局王军局长提出的持续加大简政放权力度，实现税收征管方式由事前审核向事中事后监管、固定管户向分类分级管户、无差别管理向风险管理、经验管理向大数据管理的“四个转变”，形成以税收大数据为依托，以“实名办税制+分类分级+信用积分+风险管理”为核心的闭环管理机制，坚持征管要素集成、管理与服务集成、征管软件集成。完善出口退税风险防控制度建设，优化风险防控流程，建立智能化风险防控应用平台，推动部门间信息互通共享，发挥税收信用在社会信用体系中的基础性作用，提高企业守法遵从度，共同防范出口退税风险（如图1所示）。

（二）广州国税出口退税风险防控实践及成效

广州国税始终将出口退税风险管理作为税收风险管理的重要组成部分，不断拓展出口退税风险管理手段，深化信息化应用水平，加大对骗税等出口退税违法行为的打击力度。积极推进出口退税风险管理融入税收大征管，建立“征、退、评、查”全链条、立体化联防格局，有效促进“以管助退、以退促管”的出口退税风险防控机制建立。

1. 构建立体化防控格局

近年来，广州国税按照国家税务总局依托税收大数据，将征退评查各环节有效结合，实现日常税源管理、税源风险管理、评估检查、稽查实施等“联合管，共同防”的防御体系。在风险防控的实践探索中，逐步建立起以出口退税业务全流程为基础，以出口供货企业、出口企业、报关行、物流公司等为对象，联合海关、检验检疫、外汇管理、海事等政府部门，从税务机关内、外部防控、企业内部防控入手的立体化出口退税风险防控管理格局。

2. 开展多层次制度建设

（1）以工作制度保障管理运行

广州国税制定了涵盖出口骗税风险、税源管理风险、税收执法风险以及内部监控等方面的五项管理办法及工作制度（如图2所示）。出口退（免）税审批权限下放后，广州国税出台出口退（免）税协作管理办法，明确各部门在出口退税管理的工作内容、职责以及部门间协作方式方法，进一步加强了各部门的联动协作。

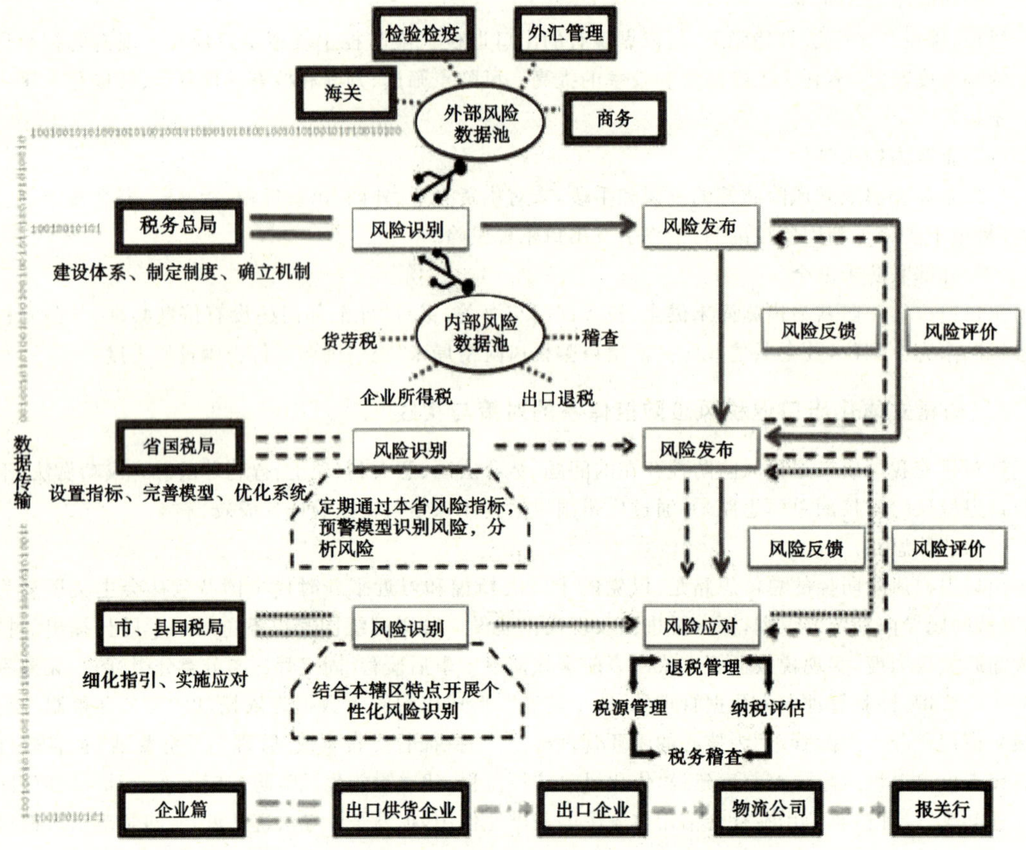

图 1　立体化出口退税风险防控体系示意图

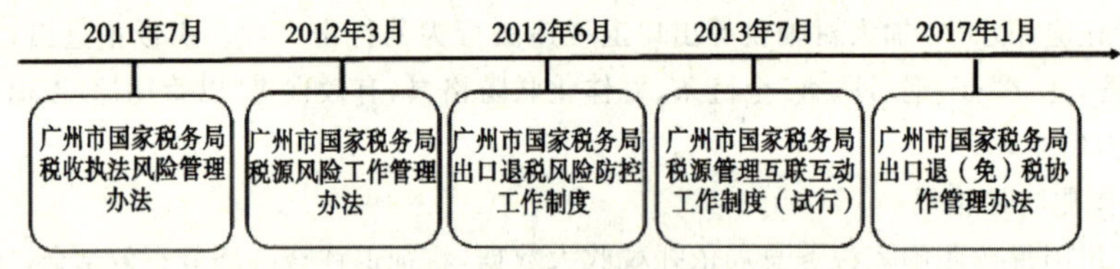

图 2　广州国税出口退税风险防控制度建设

(2)以工作指引保障操作规范

为提高出口退税风险防控工作质量，全面、细致指导出口退税风险防控工作，广州国税从出口退税申报、审核、预警评估等多方面制定操作指引，指导基层税务人员开展出口退税风险防控(如图 3 所示)。

(3)以行业指引保障专业化管理

广州国税运用税源专业化管理的思路，根据出口企业的实际情况和管理规律，先后制定了外贸企业、生产型出口企业、研发设计服务企业及国际运输企业等 4 个行业管理指引，详细制定了专业化管理的分类标准，确定了税源管理重点、管理方法、重点管理指标、评估模板和效果评价标准。

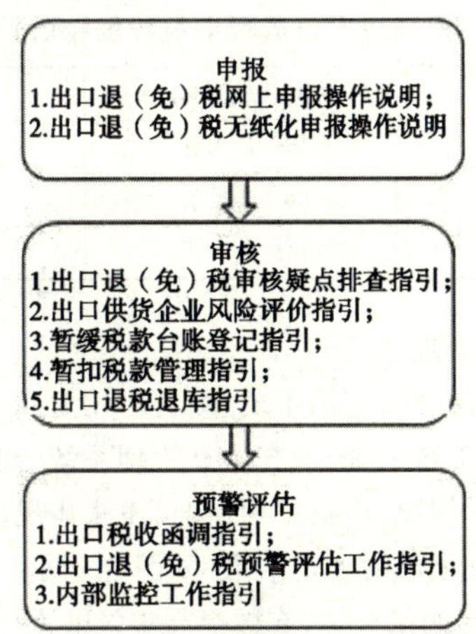

图 3　广州国税出口退税工作指引建设

3. 强化全流程防控手段

广州国税在国家税务总局和广东省国税局现有出口退税风险防控手段的基础上，全面梳理风险防控空白区域，依托自行开发的出口退税风险防控应用系统，实现对出口退税风险的有力监控（如图 4 所示）。

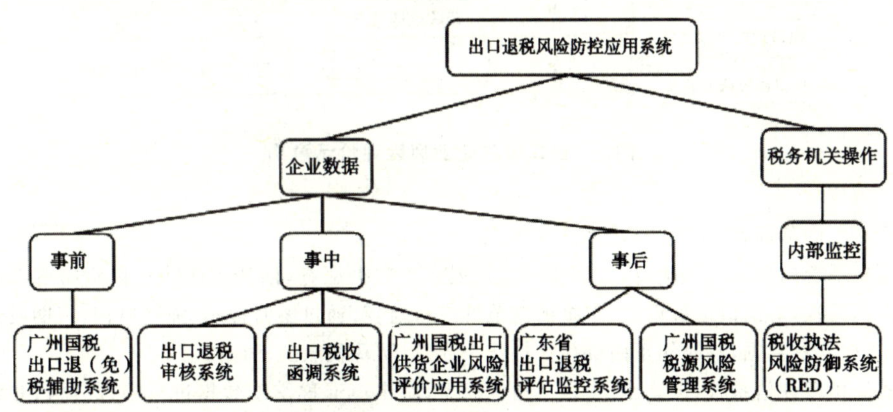

图 4　出口退税风险防控应用系统

①事前——注重出口退税源头预防

推行出口企业实名管理。广州国税全面推行出口企业实名办税，实现了全市出口企业“三员”实名认证，即法定代表人、财务负责人、办税员。通过企业纳税信用与个人信用的捆绑，增加决策者、执行者实施失信行为的成本，约束企业行为。

校验出口退税申报数据。广州国税在申报受理环节设置 36 个强制校验条件，对申报数据的准确性、完整性、逻辑性进行排查，拦截错误数据，有效提高申报准确率、减轻审核负担、缩短审核时间如表 1 所示。

表 1　　　　广州国税出口退税申报数据校验情况

年度	校验指标数量	拦截问题数据量	问题数据占全部申报数据的比例
2014	51	140 余万条	52%
2015	32	80 余万条	25%
2016	36	110 余万条	31%

②事中——出口供货企业风险管理

广州国税通过出口供货企业风险评价应用系统，综合运用金税三期税收征管系统、增值税发票电子底账系统、防伪税控系统、出口退税审核系统、稽查协查管理系统、出口税收函调系统等六大信息系统的数据源，对出口供货企业的企业基本情况、申报缴纳情况、违法违规情况、税收函调情况等四方面 16 项指标进行自动评分，并得出高、中、低三类风险评定结果（如图 5 所示）。目前，出口供货企业风险评价已在广州国税全面应用，全年可降低 20%的函调量，有效提高审核效率。

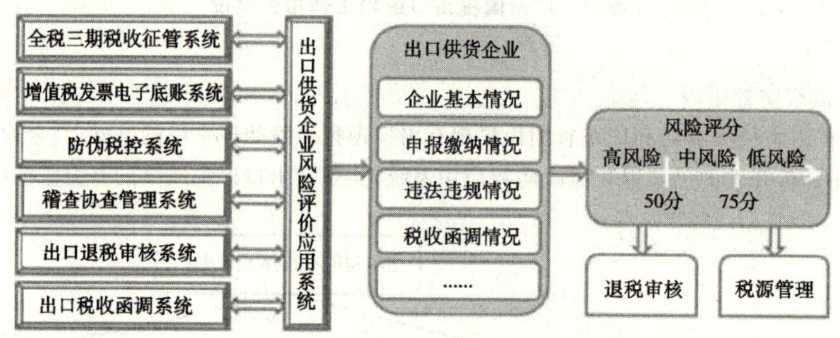

图 5　出口供货企业风险评价示意图

③事后——内部巡查、预警分析、单证管理

广州国税结合内部管理风险点，按季度组织开展人工数据巡查，依托税收执法风险防御系统实现内部管理的自动监控，对出口退税审核、审批的规范性进行监控，通过实时提示、强制监控、定期发送任务的形式，有效监控问题数据，及时纠正内部执法操作失误，以防范税收执法风险。

按照省局预警评估系统，设置 28 个疑点指标模型，对出口退税季度数据进行筛选分析，并将疑点企业名单下发基层进行核查，及时监控出口企业的退税疑点。

广州市局制定对出口企业备案单证的检查制度，将出口备案单证作为后续风险管理的重要抓手，每年检查企业覆盖面达 100%。

4. 创新智能化探索应用

目前，广州国税出口退税风险防控方面智能化应用的创新和试验仍在进行。①备案单证智能化核查。抽查出口企业海运、空运、陆运等常见运输单据，利用图像识别、数据识别技术对碰运输单据、报关单、退税申报中的相应数据，判别单证真伪。②货物名称智能化比对。以出口退税历史库数据为基础，利用机器学习，挖掘出口货物名称与海关税则号下标准名称的对应关系逻辑。通过校验增值税发票电子底账系统中发票的货物名称与出口货物报关单的货物名称，便可实现智能化辨别出口货物真伪情况。

5. 探索各部门联防共治

广州国税与海关、外汇管理、商务委等部门建立良好的信息互融共享机制。与海关明确税务机关重大税收违法案件涉案企业、海关失信企业等信息交换机制，强化双方风险企业信息应用，共同联合惩戒失信企业。与外汇管理局建立数据传递机制，共同重点监管收汇异常企业。与商务部门建立沟通联络机制，培育对外贸易发展新业态，联手营造健康公平的外贸营商环境。

6. 加强企业的内控建设

在大力推广《广东省出口退(免)税企业内部风险控制体系建设指引(试行)》的基础上，广州国税研制出口企业内部风险控制体系模板，积极引导、广泛辅导出口企业加强自身内部风险控制体系建设，帮助出口企业提前识别风险，规避风险。

四、完善出口退税风险防控的其他建议

针对当前出口退税风险防控中存在的问题，结合广州国税的探索实践，本课题组建议在构建出口退税防控体系时，还应完善以下内容。

(一)完善法律法规，优化税制设计

建议优化增值税优惠和抵扣政策，保证增值税链条的完整性，实现征退税政策无缝衔接。建议建立骗税虚开案件的税务行政定性指引，明确涉税行政案件与刑事案件在取证标准、证明标准、定性要件上的区别，解决虚开、骗税案件长期存在的定性难、处理难问题。建议修改骗税的法律定义为“出口企业和个人以虚假资料等欺诈手段向税务机关申报出口退税款的行为”，以解决查处骗税违法犯罪行为定性难、取证难问题。

(二)完善防控措施，退税管理更加严密

建议优化出口退税审核系统与金三征管系统、防伪税控、电子底账等系统的对接，集成税务机关内各系统的应用，提升信息化防控的能力。建议制定已申报退税款退出机制。

(三)提升协作层级，推进联防共治

建立跨部门协作防范和打击出口骗税违法活动的工作机制，明确各部门职责，扩大信息交换范围，充分发挥国家税务总局、海关总署、国家外汇管理局、人民银行、公安部、商务部等相关职能部门在各自领域管理的专业优势，通过联防共治实现出口退税闭环管理。

(四)强化信息支撑，推进智能防控

构建一个覆盖出口业务全流程，包含出口供货企业、物流环节、报关行和监管执法部门等的综合信息管理平台，实现出口全链条信息的传递共享，为税务、海关、商检、海事、外汇管理等部门打防共治多方联动提供信息基础。

课题组成员：谢　文　曾昭孔　陈志清　骆翠敏　何元鲲
陈戈云　秦燊尧　付庆红　江元萍

基层国际税收管理的探索与实践

薛希堂

随着全球经济的不断融合,“一带一路”倡议的持续推进,“走出去”企业及来华投资和工作的外国人不断增加,国际贸易成为常态。作为基层地税部门,做好基层国际税收工作,逐渐成为普遍、日常的业务工作。

一、基层税务机关国际税收业务呈快速增长趋势

当前经济全球化,外商来华投资、我国企业“走出去”投资越来越频繁,出现了基层国际税收业务量大量增加。从日常征管来看,在县级领域,也频繁出现了企业的跨境业务。以山东省莒县为例,到目前为止,纳入征管的有跨境交易行为的企业共 76 户,“走出去”企业 4 户,前来开具对外支付证明的 12 户,通过加强征管,以后牵扯国际税收的个人和企业还会更多。管好这些就需要我们把征管的嗅觉、触觉涵盖征管工作全过程,密切关注所有纳税人的国际经济行为,及时掌握涉税信息,并运用征管手段将信息转化为税源,将税源转化为税收,令基层国际税收工作大有作为。目前,国际税收的管理对象不再区分内资、外资纳税人,而是跨境纳税人的跨境所得,所谓的跨境纳税人由“引进来”的非居民企业和个人、“走出去”的居民企业和个人构成,而跨境所得则指非居民企业和个人源自中国境内的所得以及中国居民企业及个人源自境外的所得。从莒县近两年来的统计来看,大企业都有跨境交易,“走出去”企业增多,国际税收税源越来越多。

二、积极探索加强基层国际税收管理的方法和途径

(一)由“相对独立”到“积极融入”

由于国际税收税源具有不确定性、易流失性、隐蔽性等特点,不及时监控,就会造成税款流失,不但税款难以挽回,还会造成执法风险。因此,在实际工作中,对于基层而言,需要紧扣夯实税源基础这一主题,将原来只是涉外管理的“相对独立”工作方式向全局共同开展国际税收税源调查的“融入式”管理方式转变,重点对非居民税收、走出去企业、境外上市公司开展税源情况专项调查。同时,对于处于最基层的各中心所,对本辖区范围内的非居民税收及跨境税源情况进行摸查、有针对性地采取各项跟进管理措施发挥了重要作用。

(二)完善机制,拓展征管方式,不断提高基层国际税收的管理水平

做好国际税收工作要制定规章制度,规范基层国际税收工作。为此,莒县地税局制定了《国际税收工作管理考核标准》,使基层国际税收管理工作呈现出“事事有着落、层层有人管、级级抓落实”的管理新格局。发挥税源专业化管理优势,提高基层国际税收管理水平。通过人员联动、片区联动,发挥基层人员优势及地区优势,实现协同管理,增强管理的精细化。规范业务流程,抓好非居民企业税收管理。加强国地税合作,通过国税定期向地税机关传递的备案信息对非居民企业进行管理。同时,加强与外汇银行的协作,切实防止了偷避税行为的发生。2018 年来,共开具对外支付税务证明 5 份,税收入库 32.4 万元;定期对辖区内正常经营的,有国际税收业务的企业开展关联企业核查工作,对其同期资料的提报及保存情况

进行审核，保证关联业务申报率达到100%，税收收入及时入库。加强对外籍人员个人所得税管理，目前，已纳入管理的外籍人员共55人，入库个人所得税23.5万元。

(三)探索信息管税机制，强化基层国际税收源的控管

通过建立户籍管理制度、税源预警机制，及时掌握“走出去”企业、非居民企业及个人特别是重点税源企业的生产经营变化情况，提高管理的针对性。规范信息采集内容，注重基础信息收集，抓好税务登记、居民企业与非居民企业界定、外出经营管理等税源基础信息的收集，加强动态信息采集。加强与国税、工商、出入境管理等部门的沟通，实现部门信息共享，及时收集企业开工建设、企业进口大型设备安装等信息，为基层国际税收管理提供依据。

(四)搞好服务，营造良好的国际税收工作氛围

建立“国际税收政策宣传QQ群”，实现网送税法。充分利用现代网络和通信技术，以从事国际税收的管理人员为群管理员，建立起“国际税收政策宣传QQ群”，将全县有涉外业务的企业办税人员、财务主管人员80余人加入QQ聊天群，通过实时沟通，及时解答纳税人在办理涉税业务中出现的问题，实现网送税法；组织非居民企业及具体涉及国际税收业务的企业召开座谈会3次，40余人次参加。税务部门及时提供关于国际税收方面的相关税收政策，以方便纳税人了解税收协定内容和税收优惠政策，维护了纳税人在国际贸易中的合法权益。

(作者单位：国家税务总局莒县税务局)

税收法制建设

深化公职律师工作的思考与建议

国家税务总局河北省税务局课题组

2013年以来,河北省国税局持续深入推行公职律师工作,逐步实现了公职律师的梯次化建设、规范化管理、团队化运作和专业化发展,有效发挥了公职律师的作用。

一、推进公职律师工作实践

(一)围绕目标导向,逐步深化公职律师法律顾问系列工作

自2013年开始,省局围绕整合内部法律人才资源、发挥法律人才专业作用、提升税收法治工作水平的目标,按照"一年一大步,三年上水平"的规划,稳扎稳打,层层递进,积极探索以公职律师为主体的法律顾问工作模式。

第一步,公职律师梯次建设。2013年,发展了15名税务人员为公职律师,启动开展法律顾问工作,首次为省、市两级国税机关配备了法律顾问。省局党组高度重视公职律师队伍建设,一是在省、市级国税机关成立了公职律师办公室,积极为公职律师发挥才能搭建平台,每年举办公职律师业务更新培训班,不断加强公职律师能力建设;二是在近三年的公务员招录中,专门设置217个岗位定向招录法学专业人员,为公职律师梯次建设积聚后备力量;三是引导并鼓励税务人员报名参加国家司法考试,并专门举办考前冲刺班,促进全系统形成了学法用法的浓厚氛围,公职律师队伍不断发展壮大。目前,全省国税系统公职律师已达到105人,占河北省行政机关公职律师的四分之一强。

第二步,法律顾问全面覆盖。2015年年初,省局在加强公职律师建设的基础上,大力推行"一局一法律顾问"制度,全省国税系统的省、市、县三级国税机关211家单位全部聘请了法律顾问,实现了法律顾问的全覆盖,其中140家聘请取得公职律师资格或通过国家司法考试的税务人员、71家聘请社会律师,形成了以公职律师为主、社会律师为辅的法律顾问工作模式。在此基础上,各级各单位高度重视发挥法律顾问的专业作用,在重大决策合法性论证、税收执法风险防范、涉及法律事务办理等工作中,注重听取法律顾问意见,进一步形成了办事依法、遇事找法、解决问题用法、化解矛盾靠法的法治环境。河北省分管政府法制工作的副省长专题听取省局工作汇报,并给予充分肯定。

第三步,总法律顾问试点推行。2016年年初,省局以中办、国办印发的《关于推行法律顾问制度和公职律师公司律师制度的意见》为指导,持续深化法律顾问制度建设,积极探索、持续创新,以衡水市国税局为试点,在全市13个县级税务机关推行了总法律顾问制度,实现了依法行政工作专人、专门、专业统筹管理,在统筹法律专业人才、深度参与重大决策、提升法律服务层次上发挥了明显作用,《中国税务报》曾头版头条刊发报道了省局这一创新做法,河北省分管政府法制工作副省长对此给予了表扬性批示。

(二)坚持创新导向,不断完善公职律师法律顾问制度体系

在持续探索推进法律顾问工作中,省局十分注重问题导向,及时调研总结工作推进情况,针对问题不断完善制度机制,逐步形成了系统化、规范化的公职律师法律顾问制度体系,保障了公职律师法律顾问工作的有序开展、有力推进和有效落实。

1. 着力基础制度建设

制定实施《河北省国家税务局公职律师管理办法》,并在2016年进行了修订,明确规定了公职律师的任职条件、职责范围、权利义务和奖惩机制;出台了《河北省国家税务局法律顾问工作规程》,明确了法律顾问的聘用范围、任职条件、服务内容和权利义务,并规定了保障法律顾问履职尽责的制度措施,为公职律师和法律顾问的统一管理和规范工作提供了制度保障。建立健全公职律师法律顾问进入和退出机制,加强对法律顾问的日常考评、业绩考核,建立专门档案,强化检查指导,明确了公职律师法律顾问在推进依法行政工作中的地位和作用。

2. 注重实践锻炼培养

为不断完善公职律师法律顾问工作相关配套制度,鼓励各级国税机关大胆创新公职律师培养模式。秦皇岛市局与法院、律所合作,开展模拟法庭对公职律师进行实景培训,熟悉司法审查过程,弥补司法实践不足,为提高依法行政水平积累实战经验,《中国税务报》对此做法予以报道。保定市局制定了《公职律师外派实践锻炼实施办法》,试点推行公职律师到法院、律师事务所实践锻炼,使其在协助办案、观摩庭审的过程中积累应诉经验、提升履职能力。

3. 强化科学考核机制

公职律师法律顾问工作纳入绩效考核管理,建立了双向考核机制,在对公职律师法律顾问个人业绩进行考核评价的基础上,将考核评价结果与所在单位的绩效挂钩,进一步调动了各单位重视支持公职律师法律顾问工作的积极性,推动了公职律师法律顾问工作的有效落实。此外,强化考核结果的运用,将考核结果作为公职律师年审的重要依据,对考核不称职者实行退出机制,对考核优秀、业绩突出者授予优秀公职律师称号并予以表彰。

(三)强化实践导向

用好法律人才、提升法治水平,是推行公职律师制度的落脚点。为此,省局注重在实际工作中主动征询和采纳公职律师法律顾问的意见,进一步推动依法治税工作取得了明显成效。

1. 做好各项决策部署的“智囊团”,力促决策依法

通过列席会议和接受咨询等方式,积极开展合法性论证,利用专业优势,从法治角度提出意见和建议,为领导决策做好参谋助手。近两年来,公职律师法律顾问参与79件重大税务案件审理,在案件程序把关、定性处理、移送执行等方面发挥了专业作用;对22件规范性文件进行合法性审核,提出了106条法律建议。县级税务机关试点实行总法律顾问制度以来,总法律顾问共参加局长办公会49次,列席涉法事项党组会7次,共有9项议题被总法律顾问“一票否决”,为促进依法决策提供了有力的法治保障。

2. 做好涉法案件办理的“专家团”,力促依法办案

公职律师法律顾问既具备法律专业知识,又具有税收实践经验,在代理的八起税务行政案件中,全部取得胜诉。比如:某纳税人不服某市国税局的行政处罚决定提出行政诉讼,省局公职律师办公室组织公职律师进行论证研判,指派公职律师代理应诉,经过一审、二审,法院判决税务机关胜诉。沧州市局法律顾问针对欠税问题的困扰和风险,量身定制了“税务尽职调查”这一法律服务产品,针对全市欠税30万元以上的25户企业进行了税务尽职调查,清缴入库欠税270万元。

3. 做好纳税人权益的“保障团”,力促工作合法

一是积极吸纳公职律师法律顾问协助办理行政复议案件,组织召开行政复议听证会,认真核实证据、核对依据,依法提出公正处理意见,既保障了纳税人合法权益,又维护了税务执法形象,取得良好的社会效果。二是积极吸纳公职律师法律顾问参与税收规范性文件清理,对减损纳税人权益或增加纳税人义务的文件进行修订或废止,共集中清理4次,全文废止或部分废止规范性文件114件,提高了税收规范性文件质量,保障了纳税人合法权益。

4. 做好税收法治教育的"讲师团",力促全员懂法

公职律师法律顾问通过参与单位面向社会的各类普法和咨询活动,解答有关的税法问题,促进了纳税人税法遵从度的提高。同时,公职律师法律顾问以其专业知识和典型案例为主要内容,讲授依法行政、风险防范、以案说法等课程,深化宣传教育的影响力,深受基层一线执法人员的好评。近两年来,公职律师法律顾问授课70余次,培训税务工作人员近8000人次。

5. 做好民事法律活动的"顾问团",力促凡事讲法

近年来,随着市场经济的发展,税务机关对外民事法律活动日益增多,涉及房屋租赁、拆迁补偿、物资采购、劳动用工等多种类型。在民事法律活动中,公职律师法律顾问积极参与招投标论证、对各类经济合同进行认真审核把关。唐山市局在大宗设备采购合同签订、办公楼装修等重大法律事项当中,均由法律顾问审核把关,保证了合同的规范有效。近两年来,公职律师法律顾问共审核各类民事经济合同51份,涉及标的金额5000多万元,提出法律建议99条,在一定程度上弥补了合同漏洞,消除了潜在风险,较好地维护了当事双方的合法权益。

二、当前公职律师工作面临的问题

(一)本职工作和涉法工作的矛盾

公职律师具有双重身份,既是公务员,又是律师,受所在部门和公职律师办公室双重管理,接收和办理双重工作任务。受时间和精力所限,公职律师难以全力以赴地从事法律服务工作,当本职工作与公职律师工作发生冲突时,不得不暂缓公职律师工作或降低工作标准,一定程度上影响了公职律师作用的发挥。

(二)业务需求和知识欠缺的矛盾

公职律师的特点决定了其必须具备较高的法律和税收知识素养,而目前公职律师多数为近年新入职的大学生,分散在各个职能科室从事非法律性工作,尽管具备较为丰富的法律知识,但法律实践经验较少,解决法律实际问题的能力不足,对税收政策业务知识掌握得也不够全面、细致、深入,综合法律业务能力不适应日益发展的税收法治化工作的需要。另外,目前系统内对于公职律师的培训方式单一,尚未建立公职律师交流锻炼和参加法律实践的制度,一定程度上制约了公职律师的成长。

(三)无偿性和积极性的矛盾

公职律师担任法律顾问,有利于盘活税务系统现有的法律人才资源,为税收改革、税收执法、行政管理提供优质高效的法律服务。目前公职律师群体多数具有法律工作热情,希望把自己的专业才能应用到税收实践中,但是公职律师的身份决定了其提供的法律服务具有无偿性,而现行管理体制下激励手段有限,如何充分调动公职工作的积极性,使其长期保持工作热情,是深入推行公职工作面临的一个重要问题。

(四)阶段性与系统性的矛盾

从前期公职律师工作情况来看,其对法律服务的参与具有偶然性、阶段性,缺乏系统性、连续性,表现为公职律师参与的事项多是一事一办,税务机关遇到问题后才找公职律师,出现了行政复议、行政诉讼、上访事件之后才请公职律师介入,公职律师工作的重点在于事后补救,而不是事前防范和事中控制,导致工作往往被动,在很多情况下充当了"消防员"的角色,极少全程参与单位的重要行政决策并提供全面系统的法律服务。

三、深化公职律师工作的几点建议

(一)壮大公职律师专业队伍

随着依法行政进程的不断推进,公职律师数量与税收法治需求之间的差距越来越明显,在现有的条

件下,盘活存量争取增量成为壮大公职律师队伍的必然选择。一方面,努力营造遵法学法守法用法的良好氛围,鼓励税务工作者积极学习法律专业知识,踊跃参加国家司法考试,并为其学习考试提供方便;另一方面,继续招录一定数量具有法律学习背景的新人,将其分配到基层税务机关,加强锻炼培养,为持续壮大公职律师队伍储备后续人才。

(二)加大公职律师培训力度

通过举办税收业务培训班和法律业务培训班,不断提升公职律师的税收和法律业务水平。将公职律师日常培训和专项培训相结合,打造有专长的公职律师。强化与律师协会和社会律师的联系,积极参加律协组织的培训和交流。在总结市局公职律师外派实践锻炼经验的基础上,与省内知名律师事务所合作共建公职律师法律实践培训基地,每年选派一定数量的优秀公职律师进行实践锻炼,边实践边培训,边实践边提高。

(三)拓宽公职律师服务范围

改变目前公职律师以事后补救为主的工作状况,创建以事前防范和事中控制法律风险为主、事后法律补救为辅的工作机制,让公职律师多角度、全方位全程介入单位依法行政工作成为必须,特别是公职律师一定要参与重大事项决策,出具法律意见,为单位在决策时把好法律关。同时,建立公职律师挂职锻炼制度,每年由两个市各选派一名公职律师到省局公职律师办公室进行挂职锻炼,为公职律师提升站位、提高业务水平创造条件。

(四)发挥公职律师团队作用

把公职律师优先充实到法规部门,从事相对专职的法律工作,根据公职律师法律专业特长,组建若干公职律师团队,探索建立集中使用、协同攻坚的专业化团队化运作模式,以老带新,互帮互促,共同提高。以此为平台,发挥团队优势,群策群力,为全省国税系统范围内有重大影响、复杂、疑难法律事项进行审查、论证、调研,提出法律意见,对重大法律事项开展调研并形成成果,组织开展对税务人员法治培训,推进全省国税系统不断提升税收执法水平。

(五)深化总法律顾问试点工作

在调研、总结衡水市国税局试点推行总法律顾问工作制度的基础上,不断深化完善提高,根据国家税务总局部署安排,结合河北国税实际,做好全国总法律顾问试点推行工作,并适时在全省范围推广。通过总法律顾问制度的推行,推动基层行政管理权和税收执法权规范化、法律化,提升基层税务机关依法行政水平,同时也为公职律师职业发展提供更广阔的空间,充分发挥其正向激励和示范作用。

课题组组长:李亚松

课题组成员:刘红霞　葛玉刚　高　彦

关于深化改革规范执法的借鉴与思考

——赴成都、西安、银川等地的调研报告

国家税务总局广州市税务局调研组

我局组成调研组赴成都、西安、银川等市地方税务局学习调研，主题是深化国地税合作、绩效管理、行政复议和应诉、重大案件审理等工作情况。本次调研紧密围绕上述主题，行程紧凑、内容充实、简洁高效，通过座谈交流、参观考察、现场体验等多种方式，了解学习了三个单位在深化国地税合作、绩效管理、加强行政复议应诉以及重大案件审理等方面的亮点特色，对我局相关工作有着积极的启示借鉴意义。

一、兄弟单位的主要做法和经验

（一）落实深改和国地税合作各具特色

在深化国地税征管体制改革和国地税合作方面，三个单位都很重视，将深改和国地税合作作为年度重要工作，在具体做法上三个单位各有特色。

1. 成都地税采取统分结合，推动国地税合作落实

成都市在市局层面确定了从双定户核定、合作征收、协同管理、欠税公告、注销登记、信息共享六个方面加强国地税合作，明确了合作的总体工作方向。在具体工作落实上，充分发挥各基层单位积极性，鼓励各区县因地制宜、先行先试，再总结经验全市推广。基层单位的合作主动性和积极性得到充分调动，以省级国地税合作示范区简阳市为例，简阳市国税局、地税局制定“四同”工作思路，即文化认同、制度趋同、服务等同、管理相同，努力促成“四合”总体目标，即基础全面糅合、机制高度统合、服务深度融合、执法适度整合，实现从总局国地税合作2.0版到3.0版的无缝对接，合作规范3.0版中的51个项目，二级方案已全部完成，48个项目开始正式实施。同时，以“一窗一人一机双系统”为突破口，初步实现一个窗口一个税务工作人员一台电脑通办国地税业务的融合模式，纳税人可以“进一个厅、到一个窗、找一个人、办两家事”。

2. 西安地税通过协议约束，推动国地税合作落实

西安市通过签订协议书的方式推进各项工作，西安国税局、地税局签署了《重点项目合作推进协议书》，征管、纳服等核心环节负责部门分别签订了“征管基础工作”“税收风险管理”“税收分析”“纳税服务”等八个重点项目合作推进协议书。此外，西安国税局、地税局联合促成地方人大制定了《西安市税收保障条例》，并由地方政府牵头搭建了财源建设平台，为双方获取有效涉税信息和行政协助提供了有力保障。

3. 银川地税依托政府主导，推动深改方案落实

银川市在落实深改工作中，注重依托地方党委政府的力量推动深改工作稳步开展。银川市委市政府印发了《银川市深化国税地税征管体制改革工作方案》，涉及构建优质便捷的纳税服务体系；建立精准高效的税收管理体系；打造作风优良的税务工作者队伍；营造协同共治的综合治税环境四个方面共16项改革任务。为了确保改革顺利推进并取得实效，市委、市政府成立深化国税、地税征管体制改革领导小组，领导小组组长由分管财税工作的市政府领导担任；副组长由银川市财政局、国税局、地税局主要负责人担任；成员包括银川市社会综合治税各成员单位负责人、市纪委、市委组织部、市直机关工委、市人民检察

院、市司法局有关负责人。领导小组下设办公室,办公室设在银川市财政局。

(二)在绩效管理方面注重夯实工作基础

调研单位在国家税务总局"一年试运行,两年见成效,三年创品牌"的目标指引下,从上至下对绩效管理工作的重视程度日益提升,并不断加强制度建设,夯实工作基础。一是对绩效管理工作定位明确。西安地税将税务系统组织绩效管理办法与市政府年度目标责任考核工作规定相结合,建立绩效管理与目标责任考核"二位一体、同步推进"的制度机制。成都地税将绩效和督查、监察和执法监督结合起来,重点聚焦省局、市委市政府以及市局党组工作部署,将各项工作任务指标放入考核体系。二是在管理过程中制度先行。西安地税出台了年度考核制度办法,并将省局制度办法、考核指标和市局制度办法、考核指标编印成册。银川地税对《组织和个人绩效管理办法》等 9 项制度进行了多次修订和完善,对系统和机关考评指标进行优化,形成了四位一体的绩效管理考评新机制,使组织绩效和个人绩效双轮驱动,个人绩效与数字人事深度融合。三是在指标设计时逐级联动。银川地税从顶层设计到指标落地,从市局机关到税务所自上而下、三级覆盖、逐级联动。形成了上下联动、条块集合、整体推进的工作格局。成都地税在年初下达指标时召开绩效讲评会,由处室领导亲自讲解各项考核指标。四是将考核结果有效运用。成都地税在绩效结果运用上,个人绩效和组织绩效挂钩,将绩效结果和评优评先、干部选拔关联。西安地税将年度考核结果作为评价业绩、改进工作和激励约束的重要依据,主要运用于干部任用、评先评优、公务员年度考核等方面。银川地税实现了指标进展网上监测、绩效考评网上进行、绩效成绩网上展示的目标,同时将考评结果应用到干部提拔使用、年终评选优秀上。

(三)在行政复议应诉方面注重依法加强应诉能力

随着纳税人维权意识的提升,调研单位近三年来复议和应诉案件明显增多。成都地税三年来共发生 13 宗复议和 11 宗应诉案件。西安地税从过去的从未发生复议应诉案件到一年发生 3 宗复议和应诉案件。复议应诉案件增多,对单位的依法行政能力提出了更高要求,调研单位从完善机制制度、转变法治观念、加强沟通交流、强化队伍建设等几方面不断强化复议应诉能力,依法行政水平有了明显的提高。在完善复议和应诉机制制度上,成都地税实行定期案卷评比和案件通报制度,对重大有影响力的案件定期通报或汇编成册,以供执法人员学习和借鉴;西安地税坚持重大复议案件公开审理制度,当面充分听取双方意见,增强复议办案透明度。在提升法治观念上,成都地税从上至下转变观念,正确看待复议应诉工作,将其视为定纷止争、促进依法行政、维护纳税人合法权益的重要机制,避免单纯为了减少复议、应诉案件的出现而"以妥协换和谐"的观念。在加强沟通交流上,调研单位一方面充分沟通行政相对人,释疑解惑,化解争议,另一方面经常与法院等司法部门交流沟通,从消极等诉向积极应诉转变,让法院充分认识税务征管体制特色,加深对税务法律法规的理解,积极借鉴法院对税务文书和证据审理认定的标准和要求,及时了解和掌握本地区、本部门的行政诉讼案件审判情况。在加强队伍建设和改进工作条件上,成都地税积极引进高素质法律人才,各区(市)县局实施法制机构单设,在科(所)配备兼职法制员协助科所长抓好执法责任制、税收政策调研以及本科(所)的行政处罚和税收保全、强制执行措施等工作。西安地税落实必要的办案场所和条件,配备专门的复议听证室、审理室和档案室,配备办案车辆、录音录像等设备。

(四)慎用稽查重大税务案件审理以防范执法风险

调研单位近三年来均没有稽查重大税务案件审理发生。调研单位对重大税务案件审理制度的合法合理性存在比较一致的看法:一是重大税务案件审理没有上位法依据,《中华人民共和国税收征管法》没有设定该项制度,属于税务系统内部行政管理规定,但又对下级稽查部门独立行使执法权造成了干扰,违背了法人治理的理念。二是重大税务案件审理制度并不合理,重大税务案件审理委员会并没有调查取证,在稽查部门取证的基础上做出的审理难以起到监督作用。三是重大税务案件审理提高了行政复议、行政诉讼审级,放大了执法风险。经过重审程序的案件,仍由稽查部门做出具体行政决定,但按照行政复议、行政诉讼法律法规规定，纳税人不服重审决定的，应把审理委员会所在的税务机关作为被申请人，向上一级税务机关申请行政复议；不服复议决定的，复议机关作为被告或共同被告。由此，复议机关和行政诉讼被告将提高到稽查部门的上两级税务机关。基于以上原因，调研单位均通过提高重大案件审理标准等方式，尽量避免重大案件审理的发生，从而有效地防范和减少了执法风险，如成都地税是以罚款倍数作为标准，两倍以上的罚款案件列入重审范围；西安地税上调标准与省局一致均为处罚额达 1500 万。

（五）稽查案件定性严谨，处罚标准统一

调研单位对稽查案件执法尺度掌握比较严格，基本是"以处罚为原则，以不罚为例外"。对于适用《税收征管法》第 63 条、第 64 条处理的案件，基本是"逢案必罚"，并有以下几个特点：一是定性偷税案件较少，部分案件由于稽查环节对"故意"的证据很难取证，存在偷税可能性但无法定性偷税，为了规避渎职问题，适用《征管法》第 64 条第二款进行处罚；二是处罚标准多是 0.5 倍，顺应了降低处罚基准，减轻纳税人负担的税收征管立法趋势，但调研中也了解到，也有部分案件存在为了处罚而处罚的情形，主要原因是为了规避不处罚被审计、检察部门认定不作为渎职的风险。

二、启示和借鉴

调研组发现，近年来，成都市、西安市、银川市等相关单位在落实深化国税、地税征管体制改革和国地税合作，绩效管理、行政复议以及重大税务案件审理等方面取得了显著成效。调研成果对国家税务总局广州市税务局加强和推进相关工作有着较强的启示和借鉴，主要有以下四个方面。

（一）强化共治格局构建，形成改革合力

深化国税、地税征管体制改革工作是一项系统工程。国家税务总局明确提出，要建立健全"党政领导、税务主责、部门合作、社会协同、公众参与"的税收共治格局。成都市、西安市和银川市地税局的实践也给了我局启示，需从以下几方面着手进一步抓好深改和国地税合作工作落实：一是注重沟通协调，进一步推动税收共治。加强与公安、财政、人社、国规、住建等部门的沟通协作，充分运用综合治税平台，扩大信息共享、机制共建、管理协作的范围和深度。二是突出工作亮点，进一步打造改革品牌。抓准改革创新突破口。在全面落实改革任务的同时，重点做好共建办税服务厅、联合执法、信息共享等工作亮点，进一步打造广州国地税征管体制改革品牌。三是加强探索实践，进一步提高征管效率。针对"营改增"后，地方税主体税种缺失，自然人税收管理体系还不够完善，"以票控税"等传统征管手段弱化等突出问题，深化国地税合作和信息共享，提高征管效率。四是强化宣传引导，进一步营造改革氛围。把握"互联网＋"时代的信息传播特点，国地税同步同声联合宣传，把握话语权、增强影响力、扩大覆盖面，讲好改革故事、传播改革成效，争取赢得各方面对改革的理解支持，形成改革合力。

（二）强化绩效导向作用，推动工作落实

按照国家税务总局和省局对绩效工作的部署和要求，国家税务总局广州市税务局在强化顶层设计的同时，充分尊重和结合各单位工作实际，初步形成了一套既符合上级要求，又突出本局特色的绩效管理体系。成都市、西安市和银川市在绩效管理方面的经验给我局的启示包括：一是进一步完善制度办法。市局和局属各单位都要结合实际，查找现有绩效制度的不足。制度办法与实际工作有脱节的，要抓紧进行修订。同时，提高制度办法规定的规范性和完整性。二是进一步提高指标设置科学性。将绩效考评与实际工作紧密结合，年初制定考核指标，年中通过评估工作完成情况，合理增删、修改指标，调整指标权重，增强考评指标与实际工作的贴合度。三是进一步强化过程管理。强化日常跟踪记录，编制规范的共性管理台账，形成常态机制，通过"考评安排计划表""考评任务提醒表"等有效措施加强绩效过程管理。四是进一步加强结果运用。在干部晋升、年度考核、评先评优等方面进一步加强与绩效考评成绩的贴合度。

（三）加强复议应诉应对能力，畅通行政争议化解渠道

我局不断规范行政复议程序，通过案例指导基层单位做好相关执法和复议工作，规范全系统执法行为取得了显著成效。成都市、西安市、银川市地税局等单位在完善机制制度、强化沟通交流和加强法治队伍等方面的相关举措，启示国家税务总局广州市税务局需从以下几方面加强和提升：一是健全案例通报制度，加强个案总结，重视经验推广。定期组织案卷评比活动，集中集体智慧探讨执法中遇到的重点难点问题，对全系统办理的重大、复杂且具有影响力的案件，定期进行通报，以便大家学习和借鉴，在提高办案质量的同时规范行政执法，提升全系统人员的法治意识和依法行政工作能力。二是加强与法院等司法部门的交流沟通，结合广州已实行行政诉讼集中审理的实际情况，借助已有的良好沟通渠道，积极扩大交流及加深沟通。三是加强队伍和装备建设，目前广州地税系统已完成了第二次税收法务人才选拔，法制工作者队伍日益壮大，需要通过经常组织培训、案件分析交流和实际办案锻炼等方式培养和磨炼队伍。在办案规范化上，需要加大投入，有必要落实专门的办案场所和装备，以确保复议和应诉工作的顺利开展。

（四）谨慎开展重大案件审理工作，规避复议和诉讼连带风险

目前我局按照国家税务总局新的重大案件审理办法制定了贯彻实施意见。建议借鉴成都市、西安市、银川市地税局的理念和做法：一是合理减少重审案件数量，避免“为了重审而重审”，应用法治思维建立法人独立治理模式，尽量减少甚或不去干扰下级独立执法主体的执法过程，合理减少甚或避免将下级稽查单位正在审理的案件上提作为重大案件审理，充分尊重下级单位的独立执法权。二是提前介入，加强监督，可以在下级稽查单位审理过程中，通过法规、税政等业务部门讨论案情给予下级单位指导和监督。三是强化重大案件审理程序合法性，对于进入重大案件审理程序的案件，严格按照重大案件审理办法的规定，遵守各项程序，防止因程序缺失导致败诉的情况。

调研组组长：侯邦安

调研组成员：潘　旭　李笑儿　蓝　山　于笑坤　姜海军

税务系统法律顾问制度构建路径浅析

李亚松

中共中央办公厅、国务院办公厅联合印发《关于推行法律顾问制度和公职律师、公司律师制度的意见》(以下简称《意见》),将建立健全法律顾问制度正式提上日程,并明确了基本方向和框架。但面对卷帙浩繁的法律文件,税务人员很难做到熟练掌握并准确运用。因而,有效整合、利用内外资源,依托法律顾问为税务机关依法决策、依法行政、依法办事提供智力支持和专业保障,既是税务机关依法治税的必然选择,也是落实“普遍建立法律顾问制度”的现实要求。从目前法律顾问的实践来看,还普遍存在着独立性、专业性、积极性不足等方面的问题,法律顾问制度的作用尚未充分发挥,需要从制度层面加以改进和完善。

一、法律顾问相关概念探讨

(一)相关定义

1. 法律顾问

这是指具有法律专业知识,接受公民、法人或其他组织的聘请为其提供法律服务的人员,以及法人或其他组织内部设置的法律事务机构中的人员。

税务系统法律顾问队伍可包含以下几类人员:①法制机构人员。这部分人长期从事系统内相关政策法规工作,对部门运作机制和常见问题有着切身的体会和了解,对常规性法律工作有着丰富的经验,是法律顾问队伍的主体。②系统内法制机构以外专门从事法律事务的工作人员。这部分人虽然不在法制机构任职,但由于从事稽查、征管等与涉税法律紧密相关的业务工作,具有一定的法律功底,且精通税收业务,较为适合担任法律顾问。③法学专家和社会律师。这类人员往往具有较高的法学理论水平和丰富的法律实践经验,在聘用合同约定的工作范围内提供法律顾问服务,是税务系统法律顾问队伍的重要补充。

2. 公职律师

公职律师有“双重身份”,一方面具有律师资格,依法持有执业证书,享有《律师法》规定的权利并承担相应义务;另一方面具有公职人员身份,与社会律师的区别在于其服务的对象局限于所在的公职部门,不能面向社会开展律师业务。

(二)法律顾问与法制机构人员、公职律师的关系

法律顾问、法制机构人员、公职律师都可以向税务机关提供法律服务,职能相近,但仍有区别。

1. 法律顾问与法制机构人员的关系

《意见》要求,“建立以党内法规工作机构、政府法制机构人员为主体,吸收法学专家和律师参加的法律顾问队伍”。因此,法制机构人员应是法律顾问队伍的主体和核心部分,承担大量常规性工作和组织协调工作。《意见》同时要求法律顾问应具有律师资格或法律职业资格(老人老办法除外),这就要求法制机构应有部分人员取得相应资格,或有相应渠道将具有相应资格的公务人员遴选调入。

2. 法律顾问与公职律师的关系

根据《意见》,法律顾问分为三种情形,一是有律师资格,二是有法律职业资格,三是已担任法律顾问但未取得法律职业资格或者律师资格。公职律师具备成为法律顾问的资格,但能否成为法律顾问,则取

决于是否经选择后被聘请。

由此可见，法制机构人员和公职律师都可能但不必然成为法律顾问。以河北国税系统为例，政策法规部门工作人员取得法律职业资格或者律师资格的，可以申请成为公职律师，其后以公职律师身份受聘成为所在系统的法律顾问，也可以不申请成为公职律师，以有资格的法规工作人员身份成为所在单位的法律顾问。但法律顾问不限于上述人员，也可以是政策法规部门外其他部门的公职律师或有相应资格的社会律师、专家学者等。

二、推行法律顾问制度中存在的问题

针对税务系统法律顾问制度的建设，各地进行了一些有益的探索，形成了各具特色的法律顾问工作形式。但总的来说，法律顾问发挥的作用不理想，存在以下几方面的问题。

（一）在人员方面

1. 独立性不强

在我国目前的税务系统法律顾问制度实践中，内部法律顾问主要包括公职律师、法制机构人员等，但由于公务员的身份属性，这类法律顾问对其所在单位具有较强的隶属性和依附性，因此在对本单位一些问题的处理上会出现被掣肘的情况。这实际上有悖于法律顾问执业独立原则，可能会影响到其处理具体事务的法律至上和独立思维的原则。而受聘成为法律顾问的社会律师和专家学者，税务机关作为雇主的身份掌握着选择主动权，占据优势地位。在此条件下，受聘律师往往为了能继续受聘担任法律顾问，或者出于其他考虑而迎合领导的不当要求，丧失独立性。

2. 专业性不强

这里提到的专业性不强有两层含义：一是税收或法律专业知识水平不高；二是专业分工不够科学、精细。税收工作实践的复杂性对税务系统法律顾问提出了很高的要求：一方面由于税法的层级普遍不高，容易产生适用上的争议；另一方面税收业务有一定的专业性，对税收政策的理解需要以丰富的税务实践为基础。目前税务系统的法律人才并不能很好地匹配其实际需求。具体表现为，社会法律顾问在诉讼经验、法律实务方面有充分的优势，但是不熟悉行政业务、税务知识基础有所欠缺；内部法律顾问虽然更熟悉税收业务，但缺乏律师执业的实践和经历。

3. 积极性不够

实践中，公职律师、法规工作人员在兼顾本职工作的同时，为税务机关提供的法律服务是无偿的，法律顾问工作的价值未能在薪酬上得以体现，法律专业方面的额外付出并没有得到相应的价值回报。无合理对价支付，必然导致法律顾问积极性不高，也很难保障服务的质量。外聘的法律顾问大多兼任其他工作，现有制度很难保证其将税务系统的顾问工作放在一个比较优先的位置予以考虑。此外，由于受聘期等因素的制约，外聘法律顾问提供法律服务的连续性和稳定性较差，这种身份的不确定性也影响其工作的积极性和主动性。

（二）在机构方面

实践中，税务系统通常是在各级税务机关的法规部门成立一个临时性的、名义上的法律顾问办公室或公职律师办公室，人员和机构都与法规部门混同，以此来统筹协调管理本单位或本系统的法律顾问工作。这种机构设置模式有以下问题：一是机构独立性存在问题，难以独立发表意见。该机构由于绝对依附于所在税务机关，对税务机关的涉法事项往往只有建议权。它给出意见和建议的出发点和立场均为所在税务机关的利益所在，很难以独立的立场和视角提出客观的意见建议，完成顾问职责。二是机构效率存在问题，难以高效调动资源。税务系统内部的公职律师等人员往往并非专门从事法律顾问工作，而是有自己的日常工作职责，其人事、编制关系仍然归属于所在单位，法律顾问管理机构与这些法律顾问的关系比较松散;而外部法律顾问往往是兼职身份,由于工作时间和介入程度所限,对相关事件的响应通常不够及时高效。因此,法律顾问管理机构事实上并没有足够的权威,往往不能高效整合、调动人力资源。

(三)在机制方面

1. 刚性介入机制缺失

刚性介入制度就是将法律顾问的参与、审核、签章作为政府某些重要工作的法定程序要件和生效要件的制度。法治完善的国家,大多将法律顾问参与行政决策过程作为一项刚性规定。这种规定不仅为法律顾问制度提供了刚性的制度保障,还极大地提高了法律顾问的地位。现阶段,税务系统法律顾问一般在税务行政复议、诉讼、信访等纠纷冲突发生以后才实质性介入,而在许多重大事项的初始阶段、决策阶段没有起到法律审查、把关、论证的预防作用。事后救济虽能将事态发展引入法治轨道,但单纯依靠事后救济的做法不仅大大限制了法律顾问在防范违法行政上的作用,税务机关还会因为违法行政而折损自身的公信力。虽然各地重大行政执法决定法制审核办法正在制定或落实,但能否达到预期效果有待检验。

2. 管理机制不完善

法律顾问人力资源的配置与管理方面的问题主要体现在如下几方面:一是人才使用不合理。近几年,税务系统有计划地分批招录了一大批法学专业人才。但通过调查发现有相当一部分法律人才被安置在非法律工作岗位;另一方面,又从社会上招聘了大量的社会律师作为法律顾问。这种资源错配造成了人力、经费的大量浪费。二是遴选程序不规范。税务系统内部的公职律师和法规工作人员担任法律顾问一般是由本单位法制机构推荐,外部法律专家则多延续之前的惯例由行政部门负责聘用。在这种遴选方式下,由于缺少刚性制度的制约,很难保证遴选质量。尤其对于外部的法律顾问来说,大多数社会律师的选聘取决于与税务机关或个别工作人员与律师的私人关系,有可能使素质不高的人混入税务法律顾问队伍中,直接影响法律顾问的服务水平,同时又易形成外聘法律顾问对税务机关的依附性,削弱了执业的独立性。三是培训体系不完备。税务机关的业务有其特殊性,除了熟悉税法等相关法律制度外,还需要对财会知识、公司法、刑法等相关法律知识有所涉猎,因而对法律顾问的知识面提出了很高的要求。目前,多数税务机关并未建立科学、有效、针对性强的法律顾问培训体系。四是考核机制不健全。现有制度没有完善的考核机制,缺乏科学的考核指标及标准,对顾问工作缺乏客观、量化的评价;激励机制不完善。考核制度的不完善使得奖惩激励缺乏必要的依据,而激励机制的缺位导致在聘的法律顾问的工作热情不高,存在干多干少一个样、干好干坏一个样的现象,缺乏责任感和积极性。

三、构建法律顾问制度的几点建议

一切制度设计都应围绕“如何保障法律顾问想干事,会干事,能干成事”来开展。笔者从队伍建设、机构设置、机制完善三方面提出建议。

(一)队伍建设

1. 坚持公职律师、法律顾问一体化建设

就税务系统而言,由于公职律师的法律专业技能有国家司法考试作背书,能较好地保障法律人才素质,且其在对外履行顾问职能时有律师制度保障的优越性,因此,应将公职律师优先配置到法制机构岗位,并优先聘为法律顾问使其发挥主体作用。

2. 采用聘任制公务员方式

《中华人民共和国公务员法》明确规定:“机关根据工作需要,经省级以上公务员主管部门批准,可以对专业性较强的职位和辅助性职位实行聘任制。”“聘任制公务员按照国家规定实行协议工资制,具体办法由中央公务员主管部门规定。”税务系统可以根据上述法律规定,以协议工资方式面向全社会高薪招聘优秀的法律人才。这种方式一方面能较大程度提高法律顾问队伍的专业性,有效解决高端法律服务供给不足的问题，为促进依法治税提供有力的人才保障；另一方面按合同约定提供法律服务的方式以及聘任对象较高的专业性为其保持法律顾问工作的独立性提供了保障。

3. 分层配置人才资源

在实际工作中，根据不同地区、不同层次的需要，合理配置不同层次、水平的法律顾问。通过大胆采用聘任制，聘用少数的高水平、高层次的专家，结合系统内大量的优秀公职律师和其他法律人才，形成一个多层次、多来源的法律顾问队伍。这种金字塔形状的人才配置格局，辅以统分结合、协调联动的机制，将有效满足不同层次的法律服务需求，并且不会大幅增加经费，也较好地与《意见》提出的“与经济社会发展和法律服务需求相适应”的制度目标保持一致。

4. 优先挖掘内部法律人才资源

在公务员招录中，有计划加大法学专业的录用比例；鼓励符合条件的税务人员参加法律职业资格考试，为公职律师和法律顾问队伍建设积储后备人才；支持符合条件的税务人员申请公职律师资格，优先聘请公职律师成为法律顾问；将法律人才优先安置到法制机构。

（二）机构设置

1. 实践中法律顾问管理机构的几种模式探索

我国地方政府法律顾问的管理机构设置方式多种多样，有代表性的至少有三种：第一种是以各级政府法制机构为法律顾问管理机构，简称“法制机构模式”。黑龙江省、广东省、湖北省等地采用这种模式。比如黑龙江省政府建立了以省政府法制办公室为主体、吸收专家和律师等参加的政府法律顾问制度，省政府法律顾问的日常管理工作由省政府法制办承担。第二种是以司法行政机关为法律顾问管理机构，简称“司法行政机关模式”。法律顾问的选聘产生、职责分工、监督考核等均由司法行政机关负责。甘肃省、吉林省、湖南省、宁波市等地采用这种模式。比如，湖南省政府法律顾问是经该省司法厅推荐，省政府批准并聘用，组建法律顾问团。法律顾问团办公室设立在司法厅，司法厅负责法律顾问团日常工作的管理、指导和服务。第三种是由各级政府设立政府法律顾问室，直接聘请律师或律师事务所担任法律顾问，简称“法律顾问室模式”。陕西省、山东省、山西省、云南省、深圳市等地采用这种模式。比如，深圳市市政府设立法律顾问室，与市法制局合署办公，法律顾问室聘请专业人士担任法律顾问。浙江省、贵州省建立了法律事务顾问室，聘请法律专家咨询委员担任省政府法律顾问，法律专家咨询委员的日常联系工作由省政府法律事务顾问室的法律事务处承办。

2. 对法律顾问管理机构设置的建议

机构的设置要保障法律顾问人员的独立性、专业性。独立性不强会使得他们丧失法律的立场，违背法律精神，不能对行政决策提出有益的建议；专业性不强，便会使得他们成为一般的工作人员，无法发挥应有作用。比较以上三种模式，笔者认为，第三种模式能较好地保障法律顾问工作的独立性和专业性，实现法律顾问工作的核心价值。缺点是存在不能解决工作方式“团队化”、增加大量编制等问题。因此，笔者建议，应对第三种模式进行改良，寻求最适合税务系统的法律顾问管理模式。

由于法律顾问事实上以公职律师为人员主体，将“法律顾问室”进一步改组为“公职律师事务所”，更有利于法律顾问制度价值的实现。具体操作模式是：由省局层面向司法厅申请设立“公职律师事务所”，各地市可根据实际情况设立分支机构或独立设立，其运行机制全部参照社会律师事务所。系统内的公职律师全部挂靠于该公职律师事务所。选拔少数的“高精尖”公职律师成为事务所的专职律师，大部分的公职律师优先任职于各所在单位的法规部门，或与法律事务紧密相关的其他部门，如稽查局、征管等部门。为了加强与法制机构的联系，在保证公职律师事务所相对独立性的基础上，事务所负责人由法制机构负责人兼任。需要外聘的社会律师和法学专家也由公职律师事务所出面签订聘用合同。需要聘请法律顾问的各级税务机关与公职律师事务所签订聘用合同，由事务所指派公职律师或社会律师为其提供法律顾问服务。

（三）机制完善

工作机制的确定仍然要注意发挥法制机构的主体作用，考虑保障法律顾问工作的独立性、专业性和积极性。

1. 确立工作模式

《意见》要求，法制机构以集体名义发挥法律顾问作用。由于法制机构是法律顾问的职责主体，各级税务机关交办或者委托的法律事务，应由同级法制机构指派所聘任的法律顾问参与、明确工作要求，并负责提供相关资料；法律顾问出具的意见统一由法制机构按照工作规则呈报。系统内法律顾问由上一级公职律师事务所统一管理。如市、县税务机关与上一级公职律师事务所签订法律顾问聘用合同。公职律师事务所根据实际情况选择适合的公职律师或其他法律人才为其提供法律顾问服务。这种“上提一级”的工作模式能较好地保障法律顾问工作的独立性。在系统内法律顾问人才不能满足需求时，上级法律顾问管理机构可以根据实际工作需要或下级税务机关请求，聘请一定的社会律师，然后指派给下级税务机关提供法律顾问服务，最终实现系统内外法律顾问资源统一到法律顾问机构这个平台，实现统一聘用、统筹调配、团队化服务。法律顾问根据不同事项，分类提供法律服务：一般咨询事项，由法律顾问向顾问单位提供口头法律意见；疑难、复杂事项，法律顾问可草拟法律意见书，由公职律师事务所或其所属社会律师事务所经审核后，以集体名义出具法律意见书，并由经办人签字；对重大决策事项，必须由公职律师事务所或聘请的社会律师事务所以集体名义出具法律意见书。这种统分结合的工作模式，较好地兼顾了法律服务的效率和质量，并且以集体名义出具法律意见书，能保持较好的独立性。

2. 完善工作机制

一是完善法律顾问聘用机制。按照《意见》的要求，通过公开、公平、公正的方式遴选法律顾问人员，保证法律顾问进入机制的公正、客观，解决由于权力寻租现象造成的法律顾问专业能力不强、独立性差的问题；探索建立合理的人才流动机制，在考任制与聘任制、专职与兼职、系统内外之间达到合理流动、有效配置，较好地贯彻了“以人为本”的发展理念，从制度上为各类法律人才提供广阔的发展空间，在其能力、素质满足要求的情况下，可根据自己意愿决定职业发展路径，在一定程度上也提高了法律顾问岗位的吸引力，引导更多的税务工作人员去学习法律，吸引更多的法律人才加入法律顾问队伍。二是完善法律顾问培养机制。建立系统的培训、培养机制，对现有法律顾问和后备人员实行一体化培训、培养，保障法律知识技能持续提升。要以制度的形式保障各类培训的开展。通过集中培训、组织庭审旁听、案例研讨会等多种形式全面提升法律顾问执业技能。探索将系统内法律顾问外派公检法、律师事务所等机构实习，到稽查局、征管等与法律事务密切相关的部门挂职锻炼。不定期聘请法官、检察官对公职律师进行业务指导、培训，提升其处理各种诉讼事务的能力。三是完善法律顾问分工、协作机制。对法律顾问团队进行有效分工，根据个人爱好、擅长领域和工作需要等，分为合同组、刑事组、行政组、税收政策组等，引导法律顾问建立专攻方向，深入研究，做到“术业有专攻”，实现人人有专长、整体不漏项，以有效应对不同涉法事件需求。四是完善法律顾问刚性介入机制。保障法律顾问参与重大决策的合法性审查。在合理界定“重大决策”范围的基础上，将法律顾问机构出具的法律意见书规定为重大决策的生效要件；完善法律顾问评价、奖惩机制。通过合理的考核机制，解决法律顾问的积极性、勤勉尽责等问题。关于考评的内容，应当根据考评主体的不同进行分类处理，但都可以采取计分制，将考评结果进行量化，直观反映法律顾问工作质量。考评的合理化、精细化以及公开透明化能够在最大程度上遏制权力寻租现象的发生，能够不断优化政府法律顾问队伍建设。

（作者单位：国家税务总局河北省税务局政策法规处）

行政诉讼法的修改
对推进税务稽查法治化的影响及应对

国家税务总局上海市税务局第四稽查局课题组

2014 年 11 月 1 日，第十二届全国人民代表大会常务委员会第十一次会议通过《全国人民代表大会常务委员会关于修改〈中华人民共和国行政诉讼法〉的决定》，修改后的新行政诉讼法于 2015 年 5 月 1 日起施行。这是行政诉讼法自 1990 年施行以来的首次修改。在历经整整 24 年之后，我国"民告官"的基本法律终于迎来了"2.0 时代"。2017 年，根据中华人民共和国主席令（第七十一号），对行政诉讼法又进行了修订，新增了人民检察院对行政机关可提起公益行政诉讼的规定。

十八届四中全会《中共中央关于全面推进依法治国若干重大问题的决定》（以下简称《决定》）以相当大的篇幅部署了我国新时期的司法体系：确保法院依法独立、公正行使审判权，建立健全司法人员履行法定职责保护机制，建立领导干部干预司法活动记录以及责任追究制度等，这都与行政诉讼密不可分。

新行政诉讼法在该《决定》发布一周后就得以通过，成为落实该《决定》的第一部国家立法。在全面推进依法治国的大背景下，行政诉讼法的修改体现了党的十八届四中全会精神，瞄准了行政诉讼实践中饱受诟病的"立案难、审判难、执行难"等问题，从加强行政诉权保障、确保法院依法独立审判、推动法治政府建设等多个方面进行了制度完善。同时，该法的全面修订也改变了我国行政执法领域的外部约束条件，为深入推进依法行政、加快法治政府建设注入了强大的法制动力，也将对我国的依法行政进程产生有目共睹的影响，倒逼行政机关进行一场自我革命。

本课题旨在梳理行政诉讼法修改后的新变化，分析新行政诉讼法施行后税务行政诉讼的新趋势，并从税务行政诉讼案例入手，剖析新行政诉讼法对推进税务稽查法治化的新影响，从而提出进一步规范税务稽查行为的建议和举措，推进税务稽查的法治化建设。

一、行政诉讼法修改的亮点和变化

修改后的行政诉讼法包括附则在内共 10 章 103 条。其中，新增 33 条，修改 45 条，删除 5 条，无论从量上还是从质上而言，都是一次实实在在的"大修"。

新行政诉讼法的亮点及变化主要体现在以下方面。

（一）针对"立案难"问题，保障当事人的行政诉权

1. 进一步明确行政诉权的主体范围

修改后的行政诉讼法进一步明确了除行政相对人以外的、其他与行政行为有利害关系的公民、法人或者其他组织也有权提起诉讼，具有成为原告的资格。

2. 进一步拓展行政诉权的客体范围

修改后的行政诉讼法实现了行政诉权客体范围的三重突围。一是扩大受案范围。修改后的新行政诉讼法将受案范围的正面列举事项从原有的 8 项扩展为 12 项，并在第十二条第十二项中"其他人身权、财产权"后新增了"等合法权益"，表明行政诉讼的受案范围已经涵盖涉及行政相对人所有"合法权益"的案件，达到可以企及的最大外部边界。二是重新界定被诉行政行为。通过取消"具体行政行为"的概念，

为进一步扩大直至取消受案范围创造了条件。三是加大规范性文件审查力度。此次新行政诉讼法的创新之处在于创设了法院对于规章以下的规范性文件,可以依当事人申请进行附带性审查的权力,法院审查认为该规范性文件不合法的,不作为认定行政行为合法的依据,而一旦认为行政行为于法无据,法院就可能以该行政行为适用法律、法规错误或超越职权等,进而判决予以撤销,并向制定机关提出处理建议。同时,修改后的新行政诉讼法强调了人民法院审理行政案件,参照规章,实质上也加强了法院对规章的间接性审查力度和选择性适用权。

3. 进一步优化行政诉权的实现形式

修改后的行政诉讼法新增调解以解决行政争议。尽管保留了行政诉讼的以不调解为原则,但新增了"但书"规定,对于行政赔偿、补偿以及行政机关依法行使自由裁量权等可以进行调解,以实现新行政诉讼法"解决行政争议"的目的。此外,新行政诉讼法确立了立案登记制,新增口头起诉方式,延长诉讼时效,从而进一步维护当事人的诉权,解决"立案难"问题。

(二)针对"审理难"问题,保障法院的独立审判权

1. 完善判决形式

此次行政诉讼法修改,对判决形式进行了重大调整,将原维持判决更改为判决驳回原告诉讼请求;扩大了撤销判决的范围,新增对"明显不当的"行政行为判决撤销或者部分撤销,并可以判决被告重新作出行政行为,从某种意义上说突破了行政诉讼只审查行政行为合法性的界限,而且是对行政行为合法性与合理性的全面审查;增加给付判决;增加确认违法或无效判决;扩大了变更判决范围,不仅行政处罚明显不当的可以判决变更,其他行政行为涉及对款额的确定、认定确有错误的,法院也可以判决变更。这些修订,将对立案、审理和执行等都产生直接或间接的重大影响,对行政部门的执法行为也将产生深远影响。

2. 规范审理程序

修改后的新行政诉讼法确立了二审以开庭审理为原则、书面审理为例外的审理模式,并确立了全面审查原则,规定审理上诉案件应当对原审法院判决、裁定和被诉行政行为进行全面审查,需要改变原审判决的,应当同时对被诉行政行为做出判决。

3. 排除非法干涉

新行政诉讼法进一步强调了"行政机关及其工作人员不得干预、阻碍人民法院受理行政案件",确保了法院依法独立、公正行使审判权。

4. 优化管辖方式

新行政诉讼法进一步扩大了提级管辖范围,删除了下移管辖的规定,探索了跨区管辖制度,旨在排除地方行政部门对法院管辖、审判的不当影响,消除司法地方化的影响。

(三)针对"解决行政争议"目标,监督行政机关的执法权

1. 扶正诉讼定位

修改后的行政诉讼法第一条规定了行政诉讼的目的,增设了"解决行政争议"的目的。同时,删除了"维护"行政机关依法行使职权的表述,将行政诉讼定位在"监督"、而非"维护",符合行政诉讼将行政执法权关进法治笼子的本义。

2. 突出负责人责任

一是突出负责人出庭应诉责任。新行政诉讼法明确了"被诉行政机关负责人应当出庭应诉。不能出庭的,应当委托行政机关相应的工作人员出庭"。根据最高法院的司法解释,此处的负责人包括行政机关的正职和副职负责人。该规定旨在解决"百姓告官见官难"的问题。二是突出负责人拒绝履行法院裁判的责任。对行政机关拒绝履行裁判文书的,新行政诉讼法规定对行政机关直接负责人而不再是对行政机关,按日处五十元至一百元的罚款;造成恶劣社会影响的,可对直接负责的主管人员和其他直接责任人员

予以拘留等措施，以此保障法院判决的落实执行。

3. 理清被告资格

修改后的新行政诉讼法确立了“只要复议，复议机关就当被告”的格局：如果复议机关决定不予受理、驳回行政复议申请，或者未作出复议决定，复议机关是被告；复议决定改变原行政行为，复议机关也要当被告；复议决定维持原行政行为，复议机关还要当共同被告。同时，新行政诉讼法规定法院应当对复议决定和原行政行为一并做出裁判，在审查原行政行为合法性的同时，一并审查复议程序的合法性。作出原行政行为的行政机关和复议机关对原行政行为合法性共同承担举证责任，可以由其中一个机关实施举证行为；复议机关对复议程序的合法性承担举证责任。此项规定旨在敦促复议机关履行法定职责、及时纠错，改变以往“维持会”现象而导致政府部门公信力下降的现实困境。

4. 完善证据规则

新行政诉讼法在证据种类上增设了电子数据，将鉴定结论改为鉴定意见。在证据规则上对行政机关的举证责任做了更严格的规范：针对实践中行政机关怠于依法应诉的，新增规定被告不提供或者无正当理由逾期提供证据的，视为没有相应证据；原告能否提供证明行政行为违法的证据均不免除被告的举证责任；并增设了非法证据排除制度，规定以非法手段取得的证据，不得作为认定案件事实的根据。

二、行政诉讼法修改后税务稽查行政诉讼案例简介及新常态

行政诉讼法的修改对税务稽查工作将产生什么样的影响？先来看新行政诉讼法施行后的两则税务稽查诉讼案例。

(一)行政诉讼法修改后的税务稽查行政诉讼案例简介

1. 案例一：广州德发诉广州稽查一局(以下简称“广州德发案”)

2015 年 6 月 29 日，最高人民法院公开审理了广州德发房产建设有限公司(以下简称“广州德发”)诉广州市地税局第一稽查局(以下简称“广州稽查一局”)税务处理决定申请再审一案。该案创下三个“第一”：新中国成立以来最高人民法院提审的第一起税案；新行政诉讼法实施后，最高人民法院公开审理的第一起行政案件；新行政诉讼法实施后，最高人民法院审理的首起行政机关负责人出庭应诉案件，引起广泛关注。

该案的争议焦点在于：税务稽查局的主体资格和职权范围；税务机关能否在拍卖价格之外另行核定应纳税额，如何认定纳税义务人申报的计税依据明显偏低且无正当理由；税务机关追缴少缴税款时，是否应当加收滞纳金等。其中的关键问题在于第二项和第三项。

2017 年 4 月 7 日，最高人民法院对该案作出最后宣判，判决撤销一审、二审判决；撤销广州稽查一局税务处理决定中对广州德发征收营业税滞纳金和堤围防护费滞纳金的决定，并责令广州稽查一局 30 日内退还上述滞纳金，并按照同期中国人民银行公布的一年期人民币整存整取定期存款基准利率支付相应利息；驳回广州德发其他诉讼请求。

2. 案例二：华润置地诉稽查五局(以下简称“华润置地案”)

2015 年 6 月 26 日，上海市黄浦区人民法院立案受理了华润置地(上海)有限公司(以下简称“华润置地”)诉上海市国家税务局第五稽查局(以下简称“稽查五局”)、上海市国家税务局(以下简称“上海国税局”)案件，于 2015 年 10 月 28 日公开开庭审理了该案。

该案的第一被告稽查五局是作出被诉行政行为的税务部门，而第二被告上海国税局是作出行政复议维持决定的上一级税务部门，体现了此次行政诉讼法修改关于作出维持复议决定的复议机关成为共同被告的一大变化。同时，根据修改后行政诉讼法的规定，在本案中，稽查五局与上海国税局负责就稽查五局依法实施稽查对华润置地作出税务处理决定共同负举证责任，而上海国税局对复议程序的合法性负举证

责任。稽查五局的法定代表人范佶睿出席庭审也体现了此次修改强调的负责人出庭应诉义务。

该案主要争议焦点是：稽查五局作出被诉税务处理决定是否超越职权；稽查程序是否合法；房地产开发企业在计算企业所得税应纳税所得额时，是否需对已按权责发生制原则作出的土地增值税金额会计处理进行纳税调整；本纳税年度未缴纳的税金以及已计提未发放的工资可否在企业所得税汇算时税前扣除等。本案中，华润置地要求一并对《国家税务总局关于稽查局职责问题的通知》的合法性进行审查。对规范性文件的依申请附带审查也是此次行政诉讼法修改后法院受理范围三重扩围中的重要一环。

该案以华润置地一审败诉、二审撤诉告终。

(二)新行政诉讼法实施后税务行政诉讼的新常态

通过上述两件案例的简要分析可以看出，新行政诉讼法实施后，税务行政诉讼呈现出一些新常态。

1. 司法审查范围扩大后，税收文件被诉将成为可能

以上两个案件有一个共同点，行政相对人对于税务稽查局的执法主体资格和职权范围的质疑。究其原因，是作为法律的税收征管法在 2001 年修订前未明确规定各级税务局所属稽查局的法律地位，最高人民法院 1999 年 10 月 21 日甚至做出答复“地方税务局稽查分局以自己的名义对外作出行政处理决定缺乏法律依据”。而 2001 年修订后的税收征管法第十四条以及 2002 年施行的税收征管法实施细则第九条规定：“税务机关包括省以下税务局的稽查局。”稽查局的执法主体资格才最终得以确认。《国家税务总局关于稽查局职责问题的通知》(国税函〔2003〕140 号)进一步规定稽查局的现行职责。但由于该文件只是部门规章以下的规范性文件，在华润置地一案中，原告华润置地质疑该文件的合法性，请求一并进行合法性审查。

尽管最高人民法院与黄浦区人民法院最终均未认可行政相对人的主张，认定省以下税务局所属稽查局的法律地位具有行政主体资格，并且“税务稽查局的职权范围不仅包括偷、逃、骗、抗案件的查处，还包括与查处税务违法行为密切关联的稽查管理、税务检查、调查和处理等延伸性职权。”但由于立法层级过低、授权立法过多、立法不健全等造成税收规范性文件被附带审查并导致税务行政诉讼败诉的可能性将大大增加。

2. 司法审查力度加大后，实体争议焦点将日益突出

“广州德发案”中，税企双方争论的核心焦点在于税务机关能否在拍卖价格之外另行核定应纳税额、如何认定纳税义务人申报的计税依据明显偏低且无正当理由以及税务机关核定税款的滞纳金计征等问题。而在“华润置地案”中，争议的焦点主要集中在房地产开发企业在计算企业所得税应纳税所得额时，是否需对已按权责发生制原则作出的土地增值税金额会计处理进行纳税调整；本纳税年度未缴纳的税金以及已计提未发放的工资可否在企业所得税汇算时税前扣除等问题。

与以往涉税案件的焦点主要集中在行政执法程序合法性上不同，以上两起案件更多地涉及税务机关核定税额的适用条件、滞纳金的计征适用条件、企业所得税税前扣除计算等税务稽查实体内容。尤其在“广州德发案”中，最高人民法院基于税务机关适用滞纳金情形于法无据进行了撤销判决。新行政诉讼法实施后，随着法院对涉税行政行为的合法性审查扩展至合法性与合理性一并审查，涉税案件的争议焦点由程序合法为主转变为实体内容的合法、合理，或将是未来税务行政诉讼的一个趋势。

3. 行政诉讼定位明确后，税务举证责任将愈发凸显

随着新行政诉讼法监督行政执法的定位得到进一步明确，税务机关的举证责任也将越来越凸显。在行政诉讼中若不能按规定时限，提供确实、充分的证据证明行政行为的合法性，税务机关将承担败诉的不利后果。同时，根据新行政诉讼法新增的非法证据排除制度，以非法手段取得的证据，不得作为认定案件事实的根据。这就要求税务稽查部门在依法行使税务稽查职权时，必须严格按照税法的相关规定合法、合理行政，确保程序合法、规范，依法取得的证据材料合法、有效、充分。

在“广州德发案”中，广州稽查一局认为广州德发的房产拍卖行为存在瑕疵，所申报计税依据明显偏低且无正当理由，并据此另行核定了应纳税额并计征滞纳金。该局应对其所作出的税务处理决定负举证责任。但从最高人民法院的终审判决来看，该局对其计征滞纳金的处理决定是否满足相应适用条件举证不足、依法无据，因此被判决撤销。而在“华润置地案”中，尽管法院认为稽查五局在检查过程中存在的“制作笔录时互相授意代为签名”执法瑕疵不足以否定询问笔录的真实性与证明效力，但也在判决中提出“希被告市国税稽查五局在今后的工作中切实予以改进。”这也警示我们，在今后的稽查执法活动中，必须强化证据理念，注重证据搜集、固定的程序合法，确保证据具有相关性、真实性、合法性，形成完整的证据链以证明稽查执法行为的合法性与合理性。

三、行政诉讼法的修改对推进税务稽查法治化的影响

税务稽查法治化是指法治理念和原则在税务稽查领域中的运用过程，是在依法治国的前提下，依据税收法定原则，通过制约税务稽查部门权力以保障纳税人权利为核心，运用税收法律制度来协调各主体之间关系，达到稽查部门依法稽查、纳税人依法纳税的和谐状态，确保税法得到普遍、公正、准确、有效的实施。

税务稽查法治化的基本原则是税收法定原则，基本要求是税法面前人人平等，核心是在保障国家行使其征税权力的同时，适当限制和规范税务稽查权，以保障纳税人的合法权益不受侵犯。

税务稽查法治化的主要内容包括法治至上的治税理念、成熟完备的税务稽查法律体系、严谨高效的税务稽查程序、依法规范的稽查执法行为、公平充分的纳税人权益保障、税务稽查法律监督以及合力强大的税务稽查共治环境。

税务稽查部门作为依法行政的政府单位，是全面推进依法治国、全面推进税务稽查法治化的践行者和生力军。行政诉讼法的修改加大了对税务稽查的监督范围、监督概率和监督力度，对税务稽查部门进一步规范税务稽查行为、提升依法治税的能力与水平具有十分重要的指导意义，从行政诉讼法修改实施后税务行政诉讼的新常态，不难看出行政诉讼法的修改对推进税务稽查法治化产生的深远影响，挑战与机遇并存。

（一）行政诉讼法的修改致稽查案件的诉讼数量将越来越多

新行政诉讼法实施后，“民告官”的对象三重扩围、渠道多方拓宽、诉权得到保障，有利于引导当事人运用法律手段解决行政争议，改变“信访不信法”的现象。从大数据可以看出，2015 年 5 月 1 日行政诉讼法立案登记制实施以来，在全国法院受理的各类案件中，增幅最大的就是行政案件，行政案件“立案难”的情况大大改善。

随着“广州德发案”拉开新行政诉讼法实施后税务行政诉讼的大幕，大量涉税处理争议将在救济渠道畅通和法治意识增强的合力下，转入复议、诉讼程序，税务机关也很可能成为法庭上的常客。上海市税务局的统计数据显示，新行政诉讼法实施后，涉税行政诉讼案件较以往呈现出稳中有升的态势。而因涉税举报、税务处理处罚等税务行政诉讼案件的增多，也会使税务机关败诉的风险加大。

（二）行政诉讼法的修改对税务稽查的立法要求越来越高

随着规范性文件纳入可诉范围，法院对于税收政策规定等规范性文件拥有依申请审查的权力，而法院审理“参照规章”的规定则实际上放开了法院对于税务部门规章审议、裁量的权力。这对税务稽查部门实施税务稽查所依据的法律、规章及规范性文件的起草、制定等都提出了更高要求。

以上两则案例中的职权范围之争也是源于法律、行政法规、部门规章及税收规范性文件之间的规定不明确，所折射出的税收立法缺乏系统性、前瞻性等弊端最终造成税务机关的“红头”规定优先“法律”适用之困境，将严重制约税务稽查的实施。税务稽查的法律依据层级过低、不同文件规定彼此矛盾、具体制度朝令夕改等短板问题将严重困扰基层稽查干部的稽查执法行为，凸显出目前的税收立法现状，显然无

法满足建设现代化依法治税目标所匹配的税收立法要求，严重阻碍税务稽查法治化进程。如何避免因执法依据层级过低而受法院审查导致败诉的风险问题已迫在眉睫，这将对税务立法体系提出更严苛的要求。

（三）行政诉讼法的修改对稽查人员的执法标准越来越严

新行政诉讼法实施后，随着法院司法审查力度的不断加大，不仅要求税务稽查单向度的合法、合理，而且要求税务稽查全方位的合法、合理，即主体、权限、内容及程序的合法、合理。而其中影响最大的是稽查行为的内容合法、合理。

此次新行政诉讼法强调了非法证据排除制度，丰富了证据形式，新设了电子数据，对税务稽查带来了双重影响。有利的一面在于，税务稽查取证的方式更多样化了，对于目前企业会计电算化、核算无纸化、经营网络化的现状，通过依法获取电子数据材料即可认定行政相对人相关税收违法事实，将提高税务稽查的质量和效率。不利的一面在于，排除以非法手段获取证据的合法性与有效性，将敦促稽查部门在执法过程中要严格地依法实施稽查。

同时，此次新行政诉讼法放宽了法院对于被诉行政行为合理性审查的范围。这就要求税务稽查部门不仅要加强对税务稽查行为合法性的考量规范，还要对包括自由裁量权行使在内的稽查行为的合理尺度进行有效把控，统一、明确执法口径，防止因稽查执法行为不合理导致涉税行政诉讼的败诉。

（四）行政诉讼法修改后对稽查法治的人才需求量越来越大

随着行政诉讼之门畅通、诉讼案件的增多，复议机关成为被告概率的增大，税务稽查部门的法治人才缺口也逐渐显现出来。亟须大量熟悉法律、税务两方面专业知识，具有复议、诉讼实战经验的复合型人才，能在维护税法尊严的前提下，灵活运用调解的方式有效化解涉税争议；能依法开展、积极应对涉税行政复议和行政诉讼；同时，加强对日常税务稽查执法行为的合法、合规、合理性审核，从而降低和防范执法风险。需要全体税务稽查人员具有全面依法稽查的意识、牢固树立起法治思维，稽查部门负责人要高度重视依法稽查的重要性和紧迫性，高瞻远瞩、统筹安排稽查部门实施依法稽查；一般工作人员要加强法律知识和稽查业务的双培训，提升依法稽查的能力和水平，从而严格依法开展税务稽查工作。

（五）行政诉讼法修改后对税务稽查的监督力度越来越强

行政诉讼法修改实施后，不仅对税务稽查的监督范围扩大了、概率提高了，而且监督的强度也加大了。

审查范围已全面覆盖。法院不仅审查税务稽查行为，而且审查税务稽查所依据的税收政策文件，对于不合法、不合理的，不认定为审理依据及稽查行为的实施依据；而对经复议诉讼的案件，法院还在审查原行政行为合法性的同时，一并审查复议程序的合法性。

司法判决的多方约束。法院不仅审查税务稽查行为的合法性，而且审查其合理性，对“明显不当的”稽查行为可以直接判决撤销，重在监督和纠正税务稽查部门滥用自由裁量权的行为。而对税务稽查实施主体不具有稽查主体资格或者没有依据等重大且明显违法情形，法院可依原告申请判决确认该稽查行为无效。

监督主体呈双重特征。稽查部门不仅要接受审判监督，而且要间接接受行政诉讼程序中的检察监督，检察机关对税务稽查部门在行政诉讼过程中的违法违纪行为进行监督，并且可以提出检察建议和抗诉。

四、行政诉讼法的修改对推进税务稽查法治化的应对举措

面对行政诉讼法修改施行后税务行政诉讼的新常态，以及行政诉讼法的修改对税务稽查带来的新影响、新要求，税务稽查部门应当进一步培育法治理念，完善税收立法，坚持依法稽查，深化机制建设，优化

人才培养,加强执法监督,深入推进法治化、现代化、标准化的税务稽查部门建设。

(一)培育法治理念,有效化解涉税争议

面对日益增多的税务稽查行政诉讼案件,税务稽查部门应当切实学好新行政诉讼法,领会其立法宗旨,把培育法治理念作为最核心的应对举措,牢固树立依法行政、严格执法的理念,积极有效应诉,化解涉税争议,努力实现推进税务稽查法治化建设的目标。

1. 培育法治理念

作为执法部门,税务稽查部门应树立和固化法治理念,并以法治理念统领税务稽查工作,在税务稽查中秉持对法律的敬畏之心,自觉运用法治思维和法治方式解决税务稽查中的问题,避免"将常规当法规",按照法律、法规的要求重新审视、排摸目前稽查执法过程中存在的合法、合规性风险问题,及时采取措施有针对性地予以调整、改进,不断提升依法治税水平。一方面,严格依法稽查,维护法律的权威性和严肃性;另一方面,坚持稽查部门"法无授权不可为"、纳税人"法无禁止即可为",在依法稽查的同时切实保护纳税人的合法权益。

2. 积极有效应诉

首先,要积极履行出庭应诉义务。税务稽查部门积极履行负责人出庭义务,如果负责人确实不能出庭,则应当委托税务稽查部门相应的工作人员出庭,而不能交由律师代理包办。其次,要积极履行被告举证责任,重视在日常的税务稽查中做好证据的依法采集、案卷资料的归档管理,确保能在规定期限内提交合法有效的证据。最后,要积极履行生效司法文书,践行自己的法律义务,并通过司法审判重新审视被诉稽查行为的合法性与合理性,举一反三,加强整改,规范日常稽查行为,弥补稽查执法漏洞,防范稽查执法风险。

3. 化解涉税争议

首先,要完善救济机制,建议设置纳税人救济应对处理机构,细化岗位职责,规范纳税人争议事项处理流程,依法对受理举报案件并实时进行跟踪、按时予以答复、反馈,促进纳税争议及时、规范解决,维护纳税人的合法权益。其次,要依法居中复议,由于税务稽查部门做出的税务处理、处罚决定涉及的行政诉讼须前置复议程序,因此作为复议机关的上级税务部门,要规范复议程序,按照法定程序尽职尽责,全面了解纳税人诉求,客观分析相应税务机关、税务人员的行政行为,全面审查相关证据材料,并依法做出与行政行为相适配的行政复议决定。最后,要合理使用调解,由于修改后的行政诉讼法规定对于涉及行政赔偿、行政补偿以及自由裁量权的涉税行政诉讼可适用于调解程序,税务稽查部门应合理使用此项调解制度,在维护税法权威、保障国家税收利益不受侵犯的前提下,满足纳税人的合理诉求,从而有效化解此类涉税争议。

(二)完善税收立法,明确稽查法理依据

针对新行政诉讼法对税务稽查立法的高要求,税务稽查部门要把完善税收立法作为最关键的应对举措,严格贯彻税收法定原则,进一步完善税收立法,做到立法科学,为税务稽查提供合法依据。

1. 提升税收立法层级

依法制定税收法律、法规,提升税收立法层级,优化税收立法技术。尽快制定税务稽查法,明确税务稽查的主体资格、职责权限、工作流程、取证要求等;同时,进一步完善各大税法的体系建设,着重解决内容不全、彼此矛盾、程序缺失等"硬伤",及时修订不符合当前实际情况的税收文件,并及时公示失效文件,防范规范性文件附带审查的诉讼风险。

2. 梳理现有规范文件

依法清理现有规范性文件,排除存量规范性文件败诉隐患。按照权限对所有涉税文件进行全面体检,对立法依据、实体内容、执法程序等存在缺陷或瑕疵的文件,对执法过程中存在适用依据重复、矛盾的情况，应当分门别类、梳理汇总，尽快向上级部门汇报，提请上级部门及时做出相应处理。

（三）坚持依法稽查，规范税务稽查行为

针对新行政诉讼法对行政行为合法性、合理性的全面审查，税务稽查部门要把坚持依法稽查作为最根本的应对举措，在稽查工作中要着重树立四种意识，进一步规范稽查行为，做到严格执法。

1. 牢固树立职责权限意识

法无授权不可为，税务稽查部门做出税务稽查时必须有法律法规明确授权。按照法律文件的相关规定，界定选案、检查、审理、执行各环节的执法权限，明确各环节中执法人员的权力与义务，行使权力的方式、步骤、时限等，避免权限交叉，务必做到主体适格、依据合法。对于目前选案与执行、检查与执行存在职责分工不明的情况，要予以高度重视，设立单独的执行部门，专司税务稽查中税务处理、处罚决定的送达、查补税款征缴入库等事项，并相应调整金税三期系统设置，从而切实做到执法环节的“四分离”，防止因权限有误导致税务稽查行政诉讼败诉。

2. 牢固树立法律适用意识

在税务稽查的法律适用上，要严格遵循“上位法优于下位法、特别法优于一般法、新法优于旧法”的法律适用原则。在有法律明确规定的情况下，优先适用法律的规定；在法律规定不明的情况下，适用部门规章；在规章规定不明的情况下，方可适用税收规范性文件。对于法律适用有疑义的，要及时向上级部门汇报请示，防范法律适用错误的风险。

3. 牢固树立程序正当意识

在税务稽查的执法程序上，严格按照法律规定的步骤、顺序、时间、方式、形式行使稽查权力。在稽查执法中，选案、检查、审理、执行等过程性行为都要符合法律规定和要求，严格遵循“双随机、一公开”原则开展选案立案，依托金税三期系统实施税务稽查的“痕迹化”管理，通过对稽查人员配备执法记录仪，加强稽查执法程序的跟踪监控。同时，注重执法过程中的细节问题，避免稽查执法的行为瑕疵，降低因稽查程序不合法导致的税务行政诉讼的败诉风险。

4. 牢固树立实体证据意识

认定稽查案件事实须立足于稽查执法程序中获取的证据，证明稽查执法行为合法、合理也须立足于稽查执法中获取的证据，因此证据是税务稽查执法中的关键与核心。税务稽查部门要在职权范围内综合运用检查手段，依法获取、采集和固定充分、有效、合法的包括电子数据在内的符合证据形式要求的证据材料，形成完整的证据链，对照法律规定的事实要件，确认被查企业的税收违法事实。同时，在取证过程中，尤其要重视主体、权限、手段、方式的合法、合规，杜绝因非法获取证据而使证据失效、行为违法。

5. 牢固树立风险防范意识

鉴于新行政诉讼法赋予法院对自由裁量权的处理、处罚决定可合理性审查并直接改判，在稽查执法中就尤其要重视自由裁量权的行使等稽查执法合理尺度的问题。首先，要严格依照法律法规实施稽查行为、行使自由裁量权。其次，要进一步明确自由裁量权的行使口径，按照合理行政原则适用自由裁量权规范和基准，在合法的基础上合理、谨慎地行使自由裁量权，作出最终的处理、处罚决定，防止行政权力的任性扩张。

（四）深化机制建设，优化法治人才培养

在全面推进依法治国的大背景下，税务稽查部门应加快法治稽查部门的建设步伐，把优化人才培养作为最现实的应对举措，积极探索构建以法制部门为主体，以公职律师、法律顾问为两翼的“一体两翼”的税务法治新格局，不断深化稽查法治化建设。

1. 构建“一体两翼”，深化法治机制建设

首先，建立独立专职的法制部门，专门从事税务稽查相关法制工作，参与重大案件审理，并根据法律

规定，制定听证、复议、诉讼等法律事项的工作机制和操作办法，加强日常税务稽查行为的合法、合规性审查。其次，组建以内部公职律师和外聘法律顾问为“两翼”的工作模式。一方面，充分发挥公职律师的作用，进一步规范涉税法制工作和日常稽查工作，依托公职律师团队，组建跨单位的法律工作小组，参与重大税务行政诉讼案件，为做好税务行政诉讼工作提供人力保障；另一方面，充分引入外聘顾问的机制，进一步做好听证、复议、诉讼及调解工作。

2. 开展分类培训，优化法治人才培养

首先，优化法律人才培养。依托法律类人才库和公职律师制度，在全市范围内打造稽查相关法制工作的后备人才队伍，建立法律人才的常态化培训机制，结合稽查工作实际，对税务稽查、调查取证、开展听证以及行政复议、行政诉讼等各个环节进行案例分析和模拟演练，并通过让公职律师参与重大税务行政诉讼案件，进行实战训练，提升其法律素养、工作经验和应诉能力。同时，梳理、建立税务行政复习、诉讼的案例库，加强对税务稽查执法人员关于行政法规、税收法律等知识的培训，通过以案说法、以点带面提升全体稽查人员的法治素养。其次，优化执法人才培养。依托稽查类人才库和“大比武、大练兵”制度，分层次开展稽查业务培训。一方面，注重培养稽查精英队伍，使其成为破获稽查大案、要案的攻坚力量；另一方面，提升稽查队伍的整体水平，开展查账技能、调查取证和运用法律、法规方面的经验交流活动，不断提高税务稽查的办案能力。

(五)加强执法监督，严格稽查违法追究

税务稽查部门在规范稽查执法行为的同时，要把加强执法监督作为最有效的应对举措，坚持加强监督与责任追究相结合，做到有权必有责、用权受监督、违法必追究，坚决纠正有法不依、执法不严、违法不究行为。

1. 健全权力制约机制

实行税务稽查的分级授权、分岗设权、分事行权，定期轮岗，强化税务稽查内部流程控制，防止权力滥用。全面推进稽查内控机制信息化升级版建设，建立税务稽查内控风险指标预警体系，通过内部控制管理，加强税务稽查的事前、事中监督以及合法、合规性审查，促进权力依法运行。

2. 深化监察督察机制

不断完善税务稽查执法监察与执法督察工作，强化税收执法督察，及时发现税务稽查中存在的工作疏漏和薄弱环节，加强事后监督，消除执法隐患。加大执法监察和效能监察工作力度，增强对税收稽查执法重点岗位和关键环节的监督制约。

3. 完善责任追究制度

优化税务稽查人员绩效评价机制，深化税收执法责任制，完善纠错问责机制，并举一反三、防微杜渐，防止类似问题再次发生。对在稽查工作中发生重大违法案件、造成严重社会后果的，必须严肃问责、依法追究，涉嫌违纪的，应移送纪检监察部门处理；涉嫌犯罪的，应移送司法机关。

综上所述，行政诉讼法的修改对我国司法实践具有深远的影响和意义，对税务稽查部门参与行政诉讼活动提出了严格的要求和崭新的挑战，对税务稽查部门规范稽查执法行为、推进税务稽查法治化建设提供了强有力的指引和推动。面对这些要求和挑战、指引和推动，税务稽查部门要树立法治理念，完善税收立法，坚持依法稽查，深化机制建设，优化人才培养，加强执法监督，不断深入推进税务稽查的法治化建设，迅速适应新行政诉讼法的变化，做到严格执法，减少执法争议，从源头上减少行政诉讼及败诉的可能。

课题组成员：戴　莹

执　笔　人：戴　莹

对依法治税的思考

国家税务总局鄂尔多斯市税务局课题组

税收是国家财政收入的主要来源，既具有实施宏观调控、调节收入分配的经济职能，又具有规范税收征纳关系，调整利益结构的法治职能。依法治税是依法治国在税收领域的具体体现。党的十八届四中全会将依法治国确立为党和国家治国理政的基本方针，为完善税收法治体系、提高税收治理能力指明了方向。坚持依法治税是建设和发展中国特色社会主义市场经济的必然要求，是税收事业发展的内在需要，更是适应外部挑战，顺应时代潮流，与时俱进的一项战略举措。依法治税是一项系统工程，贯穿于税收工作的始终。随着计算机、互联网等高新技术在税收领域的广泛应用，以法治为核心的新一轮税制改革，要围绕完善税收立法、规范税收执法、强化税收司法保障、培育法治意识等方面展开。当前税收工作的难点与重点在依法治税，税收事业发展的机遇与挑战也在依法治税。

一、依法治税的基本内涵

依法治税根本在法，重点在治，法、制、治有机结合，实现三位一体，才是税收科学化、现代化、法治化发展的新内涵和新模式。

（一）税收法定是依法治税的基础

建立健全协调完备、清晰规范的税收立法体制，以法律法规形式规定税收征管、稽查制度、税收法律救济制度、征纳双方的权利、义务等一系列行为规范和准则，以法律形式规范税收行政执法权和纳税人的纳税权利义务，是法定原则在税收领域的体现，也是依法治税的前提和基础。法治“立法”先行，法外无权，法外无税。税收法定原则的重点是职权法定。税务机关的行政执法权是法律法规授予和设定的一项公共权力。相对于公民私权力，滥用公权力对法治的破坏力更大，社会影响力更强、更广，为此，税务公权力必须法定，法无授权则不为，也不能随意变更和放弃公权力，行政执法权既是职权，也是法律确定的义务和责任，税务机关必须在法律规定的职权范围内行使权力，履行职责，做到职责和职权统一，超越职权是滥用职权，放弃职权是失职。

（二）规范执法是依法治税的关键

税收执法的主要任务和目标是维护和落实税收法制，规范税收征纳秩序，打击税收违法行为，净化经济环境，确保财政收入。行政事务具有繁杂性、时效性等特征，为保证行政效率，法律通常赋予税务机关一定的自由裁量权，这就为权益膨胀埋下种子，行政权力需要一定裁量但又容易失度，为此，控制和规范税收执法权成为依法治税的重要内容和关键环节。规范税收执法程序是强化执法的关键，规范征收管理程序、税务行政处罚程序和税务行政救济程序等，严格依程序行使职权，防止税权滥用。税收取之于民，用之于民，税收执法权的行使以维护人民利益为出发点和落脚点，树立“执法为公，行政为民”的理念，做到执法公平、公正、合法、合理，保证人民对国家税收的民主管理和监督。依法征税、应收尽收是税收的最终目标，税收调节收入分配制度是否符合市场经济规律，组织收入是否合法、科学、合理是评价税收执法效果的客观指标，体现依法治税进程的实践标准。

(三)法治思维是依法治税的灵魂

法治思维是将法律作为判断是非和处理事务的准绳来认识、分析、解决问题的一种理性思维方式,贯穿以人为本的基本价值。依法治国要求全民树立法治意识和法治思维,既有权利意识,又有遵守法律、履行义务的观念,尊重法律、崇尚法治,内化于心、外化于行。依法治国更要求执法者培育强大的法治思维,将法治固化成职业化思维方式,提高办事依法、遇事找法、解决问题用法、化解矛盾靠法的治国理政思维和责任能力,从根本上摈弃“人治思维”和“特权思维”。法治思维直接影响执法者的执法态度和执法能力,是执法行为的指导思想和灵魂。税收执法部门和人员更要遵从法治思维,从制度构建、认知判断、综合决策等层面,转变治税思想、治税观念和治税方式,推进依法治税。

(四)征纳双方权利义务统一是依法治税的主旨

税收法律关系是法律设定和规范的国家和纳税人之间的权利义务关系。国家通过法律强制纳税人让渡一部分财产,用于社会管理和公共事务,依法让渡财产既是纳税人的义务,也是一项权力。税收本质是取之于民,用之于民,保障公民更好地享有社会公共利益、寻求国家公力救济,不断满足日益增长的对美好生活的公共需求。税务机关代表国家行使税收管理职责,与纳税人形成税收法律关系的征纳双方主体。依法治税的宗旨是规范行政执法行为,保障纳税人依法纳税的权利义务,保证征纳双方权利义务统一,实现征纳关系在法治层面上的公平、合法、有序。

二、依法治税存在的问题及影响因素

(一)税收法律体系的不完善直接影响法治动能

1. 立法级次偏低,税收执法刚性不足,纳税人遵从度不高

目前,我国由立法机关制定的狭义税收基本法律仅有《中华人民共和国税收征管法》《中华人民共和国企业所得税法》《中华人民共和国个人所得税法》《中华人民共和国车船税法》四部,现行的税法多以行政机关制订的“条例”“规定”等行政法规规章以及规范性文件为主,税收法定性不强,无形中降低了税法权威和执法刚性。行政立法程序(包括修订、解释行政法规规章和规范性文件的程序)也较人大的立法程序单一,自由裁量权过大,实际操作中缺乏时效性和稳定性,影响纳税人对税法的遵从意识和遵从能力。

2. 税法体系不完整,执法风险度高

伴随税收法律和行政法规的运行,税务部门又制定出台大量行政文件加以说明、应用,由于部门行政立法技术有限,导致所制定的行政文件结构松散、标准不一,甚至出现条文内容相互冲突现象,缺乏完整性、严肃性和持续性,从立法层面增加了执法部门和人员的执法风险。

(二)税收执法的不严谨直接影响法治成效

(1)重实体轻程序的片面执法影响执法严谨度,为执法留下风险隐患。

(2)重权力轻责任的执法意识膨胀了执法人员的权力欲望,淡化了责任意识和能力,造成执法中存在随意性和主观性,影响执法公平、公正。

(3)基层执法队伍知法、懂法、用法、护法的法律素质偏低,法治意识薄弱导致税法落实不准,大部分基层工作人员特别是一线执法人员文化层次偏低,法律专业人才较少,对税法的理解能力和运用能力较差,特别是对程序法的理解和认识存在误区,执法过程中存在有法不依、违规执法、徇私舞弊现象。

(4)纳税人素质参差不齐影响税收法治环境的净化,随着国家优商政策和“放管服”政策的推行,纳税人入“行”门槛降低,一批与实际经营状况不符的公司、只注册不经营的虚假公司、信息不健全的公司如雨后春笋般生长出来,给税收征管带来一定难度,随着税收网络化的推进,许多办税人员能力有限,不能适应信息化操作模式,就滋生了许多办税中介公司,这些中介公司在承担办税代理的同时,介入企业账务管理,甚至帮助企业偷逃国家税款,规避税收执法,严重扰乱税收法治秩序。

（三）税收司法缺乏独立性直接影响法治公正

税收司法权包括处理税务行政诉讼和税务刑事诉讼案件的权力。目前，我国的税收司法制度还不完善，司法权不完全独立，以司法权保障国家财政收入、维护纳税人合法权益的作用不明显。

（1）税务行政复议等行政司法权由税务机关行使，税务机关既当运动员又当裁判员，虽然有上下级监督关系，但相对纳税人而言，仍为同行同业，属于“近亲”关系，在自由裁量限度内，难免偏“亲”，影响司法公正。

（2）司法机关受地方党政领导，人、财不独立，司法权容易受到行政权的干扰。在审理民告官的税务行政诉讼案件中，权利义务容易失衡，纳税人的权益很难得到有效保护。

（3）大部分司法人员对税收政策不熟悉，处理业务型税收案件多依赖于税务部门和人员的配合，使税收司法在实践中形成行政依赖，为公正处理留下隐患。

三、新时期全面推进依法治税的思考

从 2014 年开始，我国进入新一轮税制改革，“营改增”、《税收征管法》的修订和国地税合并政策都是税改重拳，更是国家在税收领域完善治理体系、提升治理能力，推进依法治国的重要举措。依法治税、构建现代税收法治体系成为今后税收工作的主要任务，更是长期的战略目标。税收法治化建设须在税收立法、执法、司法、内部管理、统筹协调上加以规范和改进。

（一）进一步完善税收立法，筑牢法治根基

首先，提高税收立法级次，将税收立法权集中到省级以上立法机关。让各种税法由立法机关以法律形式加以确定，上位条例、规定成法律，清理税收规范性文件，提高税法权威性、规范性和稳定性。但是我国幅员辽阔，地区间发展不平衡，因此可将税源较为普遍、税基不易转移、对宏观经济影响较小、涉及维护地方基础设施的税种，由中央立法机关负责制定法律，授权国务院以行政立法形式制定实施办法。

其次，建议制定《税收基本法》，作为税法体系的主体和核心，具有仅次于宪法的法律地位和法律效力。规定税收基本制度、立法原则、管理机构及其权利义务、纳税人权利义务等基本内容，以统领、约束、指导、协调其他税收法律关系。最后，注重提高立法质量和立法技能。税收法律、法规的立项、起草、制定、修订、颁布都要做到科学、全面、系统、规范、透明，立法内容、立法技术、法治逻辑等要符合国家政治、经济、文化、生态等的发展需要，使税收真正体现合理分配税收利益、调整市场经济的杠杆作用。

（二）建立健全科学、高效的税收执法机制，维护法治之本

规范税收执法权是依法治税的根本，也是重点和难点。首先，要保证执法程序合法。在立法完备的基础上，依法履行税收核定、征收、检查、税务行政处罚、税务行政强制、税务行政复议等执法程序，注重从程序角度加强风险防范，做到规范执法、严格执法、刚性执法。其次，发挥治执法权“内外并举，重在治内，以内促外”的作用。将税务机关内部的执法责任工作制提升为行政法规，以国务院行政立法形式建立健全，对内分解岗位职责、明确工作规程、开展评议考核、严格过错追究，对外赋予纳税人和社会各界的监督和评议权，强化外部监督。最后，注重执法意识和执法能力培养。税收执法部门和执法人员是依法治税的主要承接者和推动者，注重加强对税务人员的法治教育，提高执法队伍的知法、用法、护法、宣法意识和能力，实现税权行使从主观随意型向依法行政型转变。

（三）公正税收司法保障，撑起法治之网

税收司法是惩治违法行为、打击违法犯罪，保障法治建设的最后法网，随着依法治税的推进，建立健全税收司法体制势在必行。首先，从立法层面完善税收司法的法律体系，将司法保障纳入立法范畴，做好税收司法与税收立法、税收执法科学合理衔接的技术问题。其次，在进一步完善公职律师的基础上，在司法部门设立税务法庭或单独设立税务法院，合理设置内部机构，配备既精通税收又精通法律的综合性人

才担任税务法官和税务警察，专司税务行政及刑事案件的审查处理。最后，完善纳税人诉讼制度，将复议案件移交税务法庭或税务法院处理，可取消行政复议前置的规定，为纳税人行使诉权广开绿色通道。

（四）深化内部管理，强化法治内力

在立法成熟的基础上，依法治税需要依靠税务部门、纳税人及社会各界的共同努力，但主要依靠税务部门。“打铁还需自身硬”，税务部门不断修炼内功，加强内部管理、规范工作机制、健全管理体制成为依法治税的必要内容。首先，依法治税与从严治党、从严治队相结合。从严治党是依法治国、依法治税的思想基础，推进依法治税应从从严治党、从严治队入手，加强党的建设、队伍建设和廉政建设，严肃党纪政纪，教育党员干部严格遵纪守法、严于律己，不断净化党性思想，增强党性意识和廉洁自律意识，充分发挥带头、引领作用，带动全体干部服从党的领导，言谈有度，行动统一。党性修养高的干部队伍才能遵从于法律，服务于法治。其次，依法治税与优化纳税服务相结合。为纳税人服务是税收行政行为的组成部分，科学合理的纳税服务是依法治税的必要环节。纳税服务在立法层面尽可能维护和保障纳税人的合法利益，在执法层面保障法律法规、各项税收政策公平、公正、高效落实，优质的纳税服务本身就是对纳税人合法权益的保护。税务部门在刚性执法的同时，要以解决纳税人实际困难、维护纳税人合法权益为己任，树立执法即是服务的意识。离开执法谈服务，等于放弃了税法的严肃性，服务成为保姆式服务，缺乏刚性，容易降低纳税人的法治遵从度，影响执法质量和效率。服务是在法律规定范围内的政策执法服务，执法是在政策服务下的责权统一执法，在执法中服务、在服务中执法。再次，依法治税与教育培训相结合。将法治教育作为税务工作者教育培训的重要内容，采取集中培训、实践调研、案件教学、异地交流学习等形式开展培训，针对不同岗位、不同学历、不同年龄的税务工作者的特点，制定不同的培训方案，确定有针对性的教学内容和模式。将学习培训与工作实践有机结合，从强化税务工作者内功入手深化依法治税。最后，依法治税与税收信息化建设相结合。税收信息工程建设是依法治税的有效载体。建立健全承载所有税收行政行为、运转规范高效的电子化税收管理系统，变人管为机管，有效杜绝人情执法、主观执法、随意执法现象的发生。广泛开发“互联网＋税务”征管模式，健全网络化税收信息共享体制。实现全国税务机关互联共享，共享法治资源，减少地区差异；实现税务机关与纳税人互联共享，规范纳税人财务核算和税款缴纳行为，推广网络化税法宣传，开通纳税人公开、透明的维权通道；实现税务机关与社会各界互联共享，使税收法治行为接受监察部门、新闻媒体和人民群众的广泛监督，全面推进依法治税科学化、民主化、现代化、法治化进程。

课题组组长：苗福成
课题组副组长：黄景明
课题组成员：朱存厚　刘晓燕
课题执笔人：刘晓燕

从税收征管工作实践浅谈税法行政解释的重要性

赵子旗

税法解释是税法学中一项非常重要的内容,它将税法创制与实践过程紧密相连,税法解释是税法顺利运行的必要前提,是提高税法灵活性与可操作性的基本手段之一。目前我国有权对税法做出解释的行政机关包括国务院及其所属关税税则委员会、财政部、国家税务总局、海关总署。实践中以财政部、国家税务总局为主体,而税法行政解释又在我国税法解释中占主体地位。通过税法解释可以解决税法没有规定的具体问题,同时,累积起来的税法解释也是下一步修订或设立税法的准备和依据。

一、税法行政解释在税法体系中的地位

我国现行的税法体系层级基本分为宪法、法律、税收法规、规章、规范性文件、另有条约和协定。如果把宪法比作树根、法律比作树干,法规和规章比作枝桠,条约和协定则是树上的一个个鸟巢,而税法行政解释就是使这棵广义的税法之树呈现出勃勃生机的片片绿叶,也正是因为有了这无数片绿叶,税法才有了生命力。

在税法体系中,税法行政解释也称税法执法解释,是国家税务机关在执法过程中对税收法律、法规等如何具体应用所作的解释,税法行政解释是税法解释的重要组成部分,主要指国家税务行政主管机关下达的大量具有行政命令性质的文件。目前,税法行政解释以“公告”“通知”“批复”“函”等形式表现出来,税法的规范性行政解释在执法中具有普遍的约束力。不但是维护税收秩序的主要工具,更是税务机关在执法实践中的行动指南。

二、完善税法行政解释的现实意义

随着我国社会主义市场经济的逐步发展,与市场经济体制不断发展的需要相适应,税法体系也应逐步完善和健全。依法治国已成为促进社会进步和经济发展的保障,依法治税又是依法治国的重要组成部分。在近年来的社会发展进程中,经济的发展速度远远快于人们思想认识的提升速度。在市场经济浪潮的冲击下,人们的经济意识增长很快,但法律意识却没有同步跟上,纳税意识与国家经济建设和政治体制发展的客观需要更是相去甚远,随着社会的不断发展,多种经济成分的并存,涉税违法行为层出不穷,税收执法者面临着各种各样的执法风险。

税法的适用,不仅关系到国家的经济命脉,也关系到执法者的执法风险和法律相对人的经济利益,法的适用离不开法律解释,如果税法行政解释不能与税收执法实践同步推进,或者与征管工作不够契合,就可能造成对纳税人合法权益的侵害或者国家利益的流失,也可能使税务机关在执法过程中处于被动局面。

税法行政解释不仅是税法体系构成的重要组成部分,更是指导税务执法的主要依据。税法行政解释对税法运行具有十分重要的指导意义。

三、目前税法行政解释的不足之处

从当前现实情况来看，税法解释制度还存在许多欠缺和不足，在一些具体问题上，税法行政解释还存在空白、模糊或滞后于工作实际的情况，主要表现在以下方面。

（一）税收征管实践中需要明确的法律问题

1. 征收税款加收的滞纳金金额能否超过税款本金

在这个问题上，《中华人民共和国税收征收管理法》与《中华人民共和国行政强制法》规定不一致，如何理解与执行，税务系统内部一直存在争议。

《中华人民共和国税收征收管理法》第三十二条规定，“纳税人未按照规定期限缴纳税款的，扣缴义务人未按照规定期限解缴税款的，税务机关除责令限期缴纳外，按日加收滞纳税款万分之五的滞纳金”。《中华人民共和国税收征管法实施细则》第七十五条规定，“税收征管法第三十二条规定的加收滞纳金的起止时间，为法律、行政法规规定或者税务机关依照法律、行政法规的规定确定的税款缴纳期限届满次日起至纳税人、扣缴义务人实际缴纳或者解缴税款之日止”。对于滞纳金能否超过税款本金，《中华人民共和国税收征收管理法》没有相应规定。其他规范性文件也没有做出解释。

《中华人民共和国行政强制法》第四十五条规定，“行政机关依法作出金钱给付义务的行政决定，当事人逾期不履行的，行政机关可以依法加处罚款或者滞纳金。……加处罚款或者滞纳金不得超出金钱给付义务的数额”。

《中华人民共和国税收征收管理法》自 2001 年 5 月 1 日起施行，在行政强制法出台之前，对加收滞纳金问题是没有争议的。但是自 2016 年 6 月 30 日起，《中华人民共和国行政强制法》颁布实施之后，在滞纳金的加收问题上是否适用《中华人民共和国行政强制法》的规定，社会各界有不同看法。两部同一位阶的法律，对一个事情做出了不同的规定，到底按哪个执行，基层税务机关举棋不定，按照哪个做都存在执法风险，少征则渎职，多征则违法。

根据特别法优于一般法的适用规则，应优先适用征管法的规定。但是行政强制法又是新法，根据新法优于旧法的法律适用规则，应当优先适用行政强制法的规定。行政强制法作为规范行政强制的一般法具有纲领性的地位，而且，行政强制法在规定滞纳金时，并无“除外”条款为其他法律预留特别设定的空间。对此，绝大多数税务机关采取了保守的做法，即加收滞纳金不突破税款本金。但是，这样的做法在一定程度上纵容了个别“老赖”占用国家税款的行为，一些纳税人在滞纳税款之后，无限期拖延缴纳，给一线税务部门造成了极大的被动与尴尬，对税法的威严也是一种蔑视与亵渎。

对这个问题，目前的税法行政解释没有做出权威的规定，从我们对税法的理解上来看，税务机关依据法律法规的规定，对纳税人滞纳的税款加收滞纳金是纳税人占用国家税款应当支付的利息，也是纳税人对国家的经济补偿。滞纳金具有贷款利息的性质，本身不属于行政处罚。我们不妨这样试想一下，单位或个人从金融机构贷款应当按照占用资金的时间长短来支付利息，并没有利息不能超过本金的说法，那么纳税人占用国家税款不也是一样的道理吗，税款本身体现的是一种债权债务关系，因而，在滞纳金加收能否超过税款本金问题上，我们认为并不应适用《中华人民共和国行政强制法》的相关规定。

为了便于基层税务部门在加强税收征管的同时避免承担不必要的诉讼风险，建议国家税务总局能对此给出一个税法行政解释，明确这种业务的处理尺度。

2. 如何正确把握一事不二罚原则

一事不二罚原则是法理学上的概念，是指对违法行为人的同一个违法行为，不得以同一事实和同一依据，给予两次或者两次以上的处罚。一事不二罚作为行政处罚的原则，立法目的在于防止重复处罚，在纠正违法行为的前提下，体现过罚相当的法律原则，以保护行政相对人的合法权益。

《中华人民共和国行政处罚法》第二十四条规定，“对当事人的同一个违法行为，不得给予两次以上罚款的行政处罚”。

在基层征管工作实践中，违反税收管理秩序的行为错综复杂，如何理解和适用一事不二罚原则，怎样界定纳税人的违法行为是一个违法行为还是两个违法行为，始终是一个有争议的问题。

第一种情况，例如：一个纳税人，其增值税按月进行申报，企业所得税按季度申报，如果在两个申报期重合的月份，企业既没有进行增值税申报也没有进行企业所得税申报，那么在违法性质的认定上，是按照一个违法行为认定还是按照两个违法行为认定？在违反行政法律规范问题的确认上，是按照违反一部税收法律认定还是按照违反两部税收法律认定？从实体法的角度来说，企业未按期申报的行为违反了两个税种的实体法，即《中华人民共和国增值税暂行条例》和《中华人民共和国企业所得税法》；从程序法角度来说，企业未按期申报的行为违反了一部程序法，即《中华人民共和国税收征收管理法》。从目前的税收征管实践来看，基层税务机关对这个问题的处理上做法是不同的，有的税务机关是按照一个违法行为处理，给予一次罚款的行政处罚；有的税务机关是按照两个违法行为来处理，给予两次罚款的行政处罚。到底哪种做法是正确的，目前尚无定论。

第二种情况，例如：一个企业以“大头小尾”的形式对外开具增值税发票，发票联金额为 10 万元，存根联和记账联金额为 1000 元，企业采取此种形式达到少缴税款的目的。那么在法律适用问题上，这是一个违法行为还是两个违法行为？是违反一部税收法律法规还是两部税收法律法规？在税务部门的工作实践中，这种现象较为普遍。多数税务机关的处理是分开处理，认为这是两个违法行为，一个是行为违法，一个是结果违法。违反了两部税收法律法规，虚开发票的行为违反了《中华人民共和国发票管理办法》，造成的少缴税款的行为违法了《中华人民共和国税收征收管理法》。在行政处罚的执行上，对虚开发票的行为按照《中华人民共和国发票管理办法》进行罚款处理，对造成的少缴税款的结果则构成偷税，按照《中华人民共和国税收征收管理法》的规定补税并做罚款处理。也有一些税务机关在处理上把这当作一个税收违法行为来处理，认为行为与结果之间是密不可分的，不能拆分为两个违法行为，所以不对未按规定开具发票的行为本身做处理，而只是对未按规定开具发票所造成的少缴税款的结果补税并做罚款的行政处罚。

类似以上两种情形，在税收征管实践中还有很多，应该如何适用法律，怎样做才不违反一事不二罚的行政处罚原则，目前有权部门尚未做出明确的解读。

笔者认为，对第一种情况的税收违法行为，即在季度申报与月度申报重合期的未遵期申报行为，应当按照一个税收违法行为来处理，只做一次罚款。因为从法理上来讲，无论是未按期申报增值税，还是未按期申报企业所得税，都属于未按期申报，是一类违法行为，并不能因为税种的不同而界定为两个违法行为从而给予两次行政处罚。而对第二种情况的税收违法行为，应当按照两个税收违法行为来处理，首先对未按规定开具发票的违法行为做一次处罚，如果这个违法行为本身并没有造成少交税款的结果（如金额属实，但商品名称不属实），则这个行为罚就结束了。但是，如果在发票使用上违法的同时又造成了少缴税款的结果，那么这就构成了两个违法行为，必须要对所造成的后果再做出一次行政处罚。因为就此类违法行为来说，行为人实施的违法行为，看似一个违法行为，实际上是同时或者连续发生了两个或两个以上违法行为，侵犯了不同的行政法律规范，不能适用一事不二罚原则，应依照处罚法定的原则分别处罚。如果仅仅对前一个行为进行处罚，并不足以对违法行为给予打击和警示；如果仅仅对后一个结果进行处罚，那么对前一个行为是否违法又缺乏明确的定性。所以，这种违法行为不能简单地视为一事，因为在其实施一个违法行为的过程中，又产生了其他违法行为。必须分别处罚，才能对违法者起到了必要的惩戒作用。

(二)税法行政解释与税收征管实践契合问题

1."营改增"之后挂靠经营建筑企业获取发票问题

2016年5月1日起,全国范围内全面推开"营改增"试点,建筑业、房地产业、金融业、生活服务业等营业税纳税人纳入试点范围,截至目前,全面"营改增"期间基层税务机关遇到了很多由于"营改增"带来的难题,尤其是在一些业务问题上,由于在改革过程中形成了政策的断裂而给纳税人造成了不便,也给税务部门带来了前所未有的压力。

比如在建筑领域比较突出的问题,全国各地有许多发生在2016年4月30日之前的建筑工程,部分工程已经在2016年4月30日之前竣工,有的工程尚未完工,仍在施工建设。施工单位多为挂靠企业,借用有资质企业的施工资质承揽工程,提供建筑服务,这种现象在营业税环境下十分普遍。这类施工项目有相当一部分为政府工程,金额巨大,在过去地税部门的管理模式下,大部分按照工程进度或依据其合同金额在2016年4月30日之前就已经征收了3%的营业税以及附加税,但没有缴纳企业所得税,按照地税部门处理模式,什么时候结算工程款,什么时候由施工方在地税部门窗口上开具建安发票,并同时缴纳企业所得税。

"营改增"之后,地税处理这种业务的模式戛然而止。一夜之间,各级地税部门失去了发票管理职能,不能再像过去一样在窗口为建筑安装行业纳税人代开发票。而根据目前国税部门的政策规定,国税部门不能在窗口上为增值税一般纳税人和月销售额在起征点以上的小规模纳税人代开增值税发票。因此,这部分挂靠资质进行工程作业的纳税人如何获取发票的矛盾便逐渐凸显出来。

"营改增"之前,此类业务处理并不是问题,"营改增"之后,这类业务如何处理变成了一个难题。导致纳税人对国税部门产生不满,社会舆论对国税部门较不利,对"营改增"也颇有非议。

怎样解决这类"营改增"历史遗留问题,目前仍然是一个疑难,笔者认为,造成此类问题的原因是由于政策制定过程中没有充分考虑到基层的具体情况,缺少过渡性政策,因而形成了断层。这就需要税法行政解释对割裂的税收政策做一个有效的连接。或者由地税部门继续使用其营业税发票,将未处理完毕的业务继续处理;或者由国税部门延续地税部门过去的处理方法,继续在窗口为此类挂靠企业代开增值税发票,将跨期性业务处理完毕。

2. 如何处理普遍性与特殊性的矛盾问题

2016年5月1日之后,我国全面实施"营改增"试点,部分省市在对餐饮行业管理过程中,根据《国家税务总局关于明确营改增试点若干征管问题的公告》(国家税务总局公告2016年第26号)文件精神,积极在餐饮行业推行农产品进项税额核定扣除办法,按照《财政部国家税务总局关于在部分行业试行农产品增值税进项税额核定扣除办法的通知》(财税〔2012〕38号)有关规定计算抵扣进项税额。但是,在政策执行过程中,发现一个新的问题。餐饮业在"营改增"之后,税负较之前大幅度降低,但是纳税人对农产品核定扣除政策意见较大,部分餐饮企业认为农产品核定扣除政策使餐饮业纳税人不能充分享受税制改革释放的减税红利。

在对餐饮业纳税人进行走访过程中我们通过测算发现,同一纳税人,实行农产品核定扣除与不实行核定扣除两种情况下税负相差较大,对部分采购渠道正规的纳税人来说,依规计算允许核定扣除的农产品进项税额低于企业购进农产品取得的增值税专用发票及海关完税凭证所载明的进项税额,实际税负较理论税负升高了40%~50%。这一事实表明,农产品增值税进项税额核定抵扣办法在餐饮企业中的推行会给部分餐饮企业带来不公正,直接影响到企业的税负水平。说明这一政策在普遍性问题上可行,但是在个案问题考量上可能存在一定欠缺。

从某种意义来说,"营改增"打通了第二、第三产业增值税抵扣链条,但餐饮业增值税一般纳税人实行农产品增值税进项税额核定抵扣政策,在一定程度上为第二、第三产业的增值税抵扣环节设置了瓶颈。

全面“营改增”后，企业税负升降的关键在于抵扣是否充分，对餐饮企业增值税一般纳税人统一执行购进农产品核定抵扣政策，人为地割裂了企业凭票抵扣的增值税抵扣链条，造成虽然取得增值税专用发票却不能应抵尽抵的状况，加重了部分企业的税收负担。

笔者认为，任何税法行政解释都有局限性，不可能放之四海皆准，也许会在一些个案处理上出现例外情况。所以我们建议，在制定税收规范性文件的时候，可以考虑设置额外条款，允许基层税务机关在有充分理由证明理论与实际不一致的情况下，准予报备后变通执行。这不是对权威的否定，而恰恰是以灵活的方式维护权威。

（三）个别税法行政解释与上位法不一致问题

从目前有效的税法行政解释来看，个别规范性文件存在与上位法冲突的现象，例如，就税务登记事项而言，根据《中华人民共和国税收征收管理法》第十五条之规定，“企业，企业在外设立的分支机构和从事生产、经营的场所，个体工商户和从事生产、经营的事业单位，自领取营业执照之日起三十日内，持有关证件，向税务机关申报办理税务登记……”，同时，根据《中华人民共和国税收征收管理法》第六十条之规定，“纳税人未按照规定的期限申报办理税务登记、变更或注销登记的，由税务机关责令限期改正，可以处二千元以下的罚款；情节严重的，处二千元以上一万元以下的罚款”。

在这个问题上，《国家税务总局关于推进“三证合一”进一步完善税源管理有关问题的通知》（税总函〔2015〕645 号）文件做出了与《中华人民共和国税收征管管理法》的相关款项不同的规定。该文件第二条规定，“对于领取营业执照后 30 日内未到税务局办理涉税事宜的纳税人，不予进行‘逾期办理税务登记’的处罚”。根据此条规定，对于逾期办理税务登记的纳税人，无论其是否在取得营业执照之日起三十日内办理税务登记，也无论其在超过 30 日未办理税务登记的情况下经税务机关责令限期改正之后纳税人是否改正，税务机关都不允许进行行政处罚。

因为这个规定与上位法的规定不一致，所以在这个文件发布之后，给基层税务机关带来了困惑，在具体的征管实践工作中，应该怎样执行，基层税务部门不知何去何从。

对于此类问题，我们认为，有权部门在制定税收规范性文件的时候，应当充分考虑基层在执行过程中可能出现的问题，尽可能不要与上位法的规定不一致，如果出现不一致，应当就这个不一致的情形做出专门的说明，以便一线税务机关把握和执行。如果上位法既无除外条款，规范性文件也无专门说明，下级税务机关可以根据实际情况酌情处理，无论是按照上位法还是新文件办理都不为错。

四、完善税法行政解释的意见与建议

（一）加强制定部门与执行部门的联系反馈

有权制定税法行政解释的机关并不具体执法，其制定出台的政策文件，具体实施效果如何，只有执法者最清楚。有权机关掌握政策实施问题的方法不外乎两种，或下基层调研，或听下级反馈，从目前情况来看，这两个方面做得都有所欠缺。

为全面掌握税收政策执行情况，不断提高税收政策的合法性、合理性、针对性及可操作性，推进决策过程的科学化、民主化进程，2014 年 12 月 30 日，国家税务总局制定实施了《国家税务总局税收政策执行情况反馈报告制度实施办法》（税总发〔2014〕159 号），要求各级税务机关在工作过程中，发现税收政策存在特殊情况的，应及时向上级税务机关反馈。

基层税务机关应当及时向上级税务机关反馈相关情况，使上级机关及时准确把握政策执行过程中出现的情况和问题，从而实时做出调整。对上级税务机关来说，税法解释的制定部门在出台税法行政解释之前要充分调研，广泛听取基层意见，在政策执行过程中要对下级反馈的问题予以及时回应，保证跟踪问效的连贯性，准确地做出适应性调整。

（二）坚持管理与服务并重的基本原则

在税法行政解释的导向上，不但要突出服务的必要性，更要体现管理的重要性。必须承认一个事实，在我国现阶段人民的纳税意识并不高，离法治社会要求还有较大差距。在相当长的一段时间里，税务系统在顶层设计上过于注重服务而弱化了管理，忽视了税收执法的刚性。我们应当清醒地认识到纳税人对服务需求的无限性和税务部门提供服务的有限性。税务机关不是一个纯粹的服务部门，它与其他行政职能部门具有显著区别。税务机关是国家行使征税权力的工具，代表国家无偿地、强制性地参与社会剩余产品的再分配，其实质是公权力对个人私有财产的侵犯与剥夺，如果没有严格的管理作为支撑，没有国家强制力作为保障，仅凭服务来获取国家财政收入，必然显得力不从心。

税法属于侵权规范，征纳双方在利益上的矛盾与对立是显而易见的，提高执法效能是维护正常税收秩序之有效手段，也是培育公民纳税意识的必然途径。随着我国经济社会进入中低速发展新常态，税收征管工作也面临更加严峻的局面，如何持续发挥税收职能作用，不但涉及千千万万纳税人的切身利益，更关乎国家的发展与社会的稳定，在依法治国的大背景下怎样做好依法治税工作，提振国民的国家意识与纳税意识，使广大纳税人承担起应尽的社会责任和应履行的纳税义务，是一个不容回避的课题。

随着我国社会主义市场经济体制的初步建立，以及“营改增”在全国范围内的全面推开试点，我国的税制体系日趋完善与合理，税收征管手段也逐渐走向信息化、科学化。经济发展对我国的税收法治进程提出了更高的要求，从我们国家目前的税收法律体系现状来看，完整的法律体系尚未建立，基层征管一线在工作实践中的法律适用问题上存在诸多现实问题与执法风险，如何完善税收法制，规范征纳行为，规避执法风险，提高纳税意识，显得日益迫切，这就需要加快税法行政解释的步伐，使税法行政解释承担起时代赋予的责任和使命，从而在我国税法体系的完善过程中发挥建设性的积极作用。

（作者单位：国家税务总局鄂托克旗税务局）

推进税务行政审批制度的研究

马　辉　亢明伟

一、税务行政审批制度改革的历程

2001年国务院办公厅成立了国务院行政审批制度改革工作领导小组，标志着我国行政审批制度改革的序幕正式拉开。2002—2012年，国家税务总局在国务院的统一领导下先后六次取消和调整行政审批项目，此期间共计取消行政审批104项。

2013年是税务行政审批制度改革的重要分界线。国家税务总局通过三年三步走的方式完成了行政审批制度的初步改革。2013年3月—2014年2月为全面摸清底数阶段，此期间国家税务总局发布了2014年10号公告，以正列举的方式公布了税务系统87项行政审批事项；2014年3月—2015年5月为取消下放审批事项阶段，2015年5月印发的《国家税务总局关于贯彻落实〈国务院关于取消非行政许可审批事项的决定〉的通知》（税总发〔2015〕74号），终结了非行政许可审批，同时将87项审批事项取消57项、调整为其他权力23项、保留行政许可7项；2015年6月至今，国家税务总局、省局先后发文对保留的行政许可事项进行全面规范，对取消审批事项出台后续管理措施，并提出了加强事中事后管理的原则性、指导性意见。

二、税务行政审批制度改革的现状

（一）税务行政审批制度改革成效渐显

税务行政审批改革成果大致可概括为“放、管、服”三项。所谓“放”，就是审批项目大量取消、下放，这也是改革取得的最大成果；“管”就是完善的事中事后管理，不断加强备案管理、申报管理、风险管理和信用管理；“服”就是更好的优化审批服务，审批机构集中设置，服务大厅窗口统一受理，从一窗通办到目前国税、地税业务一厅通办。

1.“放”上寻突破，让纳税人办税更通畅

行政审批制度改革锁定了审批事项“底数”，在一定程度上解决了审批事项不清、随意设置审批的问题。目前，除两项涉税审批事项仍保留由省局或省辖市局办理外，其余全部下放到县（区）局税务机关办理，同时实施审批目录化管理，实现了审批权力的公开透明，便于社会各界监督税务机关，促进了纳税人税法遵从度的提高。

2.“管”上下功夫，后续管理效率更高

放权，更要接得住放下的权力。在全面取消非行政许可审批事项的同时，不断探索事后管理新模式，以税收风险管理为导向，运用大数据，落实“互联网+税务”行动计划，建立和完善税收风险特征库及分析识别模型，统一下发风险分析应对任务，推行“征信互认银税互动”守信激励项目，使更多企业特别是小微企业受益。

3.“服”上搞创新，打造纳税服务新高度

实行窗口统一受理和出件，一次补正告知。所有涉税备案或审批事项都由办税服务厅统一受理，对资料不全的，一次性告知进行补正，所有办结事项由窗口统一出件。有效解决了长期以来一个事项多头管理，纳税人“多头、多次”跑的状况，真正实现窗口服务一体化管理。同时，通过窗口统一受理和出件，改变了以往纳税人办理审批事项需要与税收管理员个人联系的情况，有效预防后台操作所带来的道德风险，压缩权力寻租的空间。

（二）已取消的税务行政审批后续管理现状

（1）由于管户类型和行业的不同，基层税务局涉及的取消审批项目并不多，通过对葫芦岛市近几年取消行政审批明细项目统计分析，57 项取消的行政审批项目涉及 13 项，占全部项目的 22.81%；23 项转为其他权力事项的涉及 5 项，占全部项目的 21.74%。

（2）受理的已取消行政审批项目较为集中，例如葫芦岛市已取消行政审批项目主要集中在对办理税务登记（外出经营报验）的核准、增值税一般纳税人认定、申请开具红字增值税专用发票的审核及享受小型微利企业所得税优惠的核准等 4 个项目上，占比达到 98.79%；转为其他权力事项主要集中在对办理税务登记（注销）的核准、生产企业免抵退税审批、增值税即征即退审批等 3 个项目上，占比达到 95.09%。

（3）管理方式统一，业务流程较为规范，对于已取消的行政审批项目和转为其他权力事项的项目，基层税务机关在“一窗通办”的基础上，按照《全国税收征管规范（1.2 版）》《全国税务机关纳税服务规范（辽宁国税操作规范）》辽宁省国家税务局办理涉税事项工作规范（2.0 版）《全国税务机关出口退（免）税管理工作规范（1.1 版）》的规定进行处理，避免了业务办理流程不透明，名义取消变相审批的现象。

（4）由于取消的行政审批项目较为集中，因此市、县两级税务机关在各类规范的框架下，根据实际情况出台了部分后续管理办法，例如，为了加强对全市注销企业的管理，市局下发了《葫芦岛市国家税务局关于加强注销税务登记管理的通知》（葫国税函〔2015〕72 号），对全市注销企业实行分类、交叉管理。

三、当前已取消税务行政审批后续管理存在的问题

虽然近年来税务行政审批制度改革取得了一定成效，但由于长期以来受“以批代管、只批不管”的传统思维习惯和管理理念的影响，许多税务工作人员在大量行政审批事项取消下放后，思想观念转变不到位，不清楚管什么、不知道怎么管的问题普遍存在，既影响行政审批制度改革成效的发挥，也不利于减轻基层税务机关负担和执法风险。

（一）思想认识不够到位，理解片面

一是把简政放权片面理解为放任不管、一放了之，认为改革后税务部门的责任轻了，执法风险也降低了。二是把加强后续管理理解为是要弱化事前管理。三是风险意识淡薄。有的工作人员没有意识到有风险，特别是部分一线税收管理员还是习惯于事前审批的管理模式，没有充分认识到不重视后续管理存在的风险。有的工作人员虽然意识到有风险，但不知道风险是什么，即知道改革后管理要求发生了变化，如不按照新要求进行管理就会带来风险，但并不清楚到底有哪些具体的风险事项，应该如何防范等。还有的工作人员意识到有风险，也知道风险是什么，但没有积极防范风险。即由于主观意识上工作不认真、不负责，明知不可为而为，明知应该为而不为，任由风险自行发生。

（二）法律定位不明，配套制度建设滞后

究其实质而言，后续管理是税务机关的权力和责任，要依法进行。然而，当前相关法律、法规对后续管理并无明确的定位和界定，更多地体现在国家税务总局制定的一些部门规章和税收规范性文件中，存在自我授权的嫌疑。一是对已经被改革了的审批事项，原来配套的法律依据的清理、废止跟进不及时，导致基层税务机关在执行时对政策要求取消和下放事项的具体把握口径不一致，难以准确落实到位。二是相关税收规范性文件的修改、相关信息系统、表证单书和业务流程的调整、纳税服务规范和税收征管规范的更新等未及时跟上，导致基层无所适从。此外，有些后续管理规定太虚，过于框架化，在实际工作中难

以执行，有些甚至沦为文件的兜底条款，如文件表述为“各地要根据实际情况制定后续管理措施”“各地要加强后续管理”，等等。管理要求不明确，标准不清晰，基层税务机关容易出现“想管但不知道怎么管”的现象。而且，后续管理要求容易被外部监督、检查部门作为对税务人员的工作标准，管理不到位可能产生失职、渎职的执法风险。

（三）缺乏有效监管手段，监管效率不高

后续管理粗放，精细化程度不高。首先，风险特征指标覆盖面不够，无法完全覆盖各个业务环节和政策管理事项，对企业动态运行过程中产生的风险点估计不足，不能及时准确做出预测预警。其次，风险特征指标的指向性不强，目前大数据分析能力不足，造成很多风险点无法数据化、公式化，只能通过文字表述提示评估人员逐项核查评估。最后，管理对象确定被动。例如当上级税务机关要对某项减免税事项进行核查时就会花费大量人力对该项目进行全面逐户后续审查，未列入核查范围的事项，税务机关就不太重视。这种被动式开展后续管理的工作方式，缺乏系统性与科学性，工作开展存在一定盲目性。

（四）资源配置不合理，人员业务素质跟不上

过去的行政审批注重“以批代管”，对审批管理十分严格，相关的资源配置也主要集中于源头的审批管理，后续管理力量明显不足。而且简政放权后干部与企业的“距离感”增强了，管理难度大了，对后续管理人员的税收会计和法律知识、跟踪和化解风险的能力提出了更加专业和精细的要求。基层税务工作线多面广，部分基层税务人员业务熟而不精，难以适应后续管理的新要求。

四、进一步规范税务行政审批制度改革后续管理的建议

深化我国税务行政审批制度改革应做好“加法”和“减法”，在行政审批和办税负担方面做好“减法”，在后续管理以及纳税服务上做好“加法”，确保税务行政审批制度改革取得实效，以此激发市场活力，促进经济全面健康发展。在取消和下放行政审批事项过程中，如何加快建立健全后续管理体系，是当前摆在税务机关面前的一个迫在眉睫、亟待解决的重大现实课题。

（一）提高思想认识，实现理念创新

随着行政审批制度改革的进一步深入，税务工作人员应直面改革思潮，加强风险意识。税务部门应通过集中学习培训、媒介宣传等各种方式宣传学习税务行政审批制度改革，澄清税务工作人员的各类模糊思想认识。放权不是放松管理，更不是放任不管，税务部门要更加积极有为，采取有效措施，抓紧跟进。一是加强风险意识教育，解决风险意识较差的问题。二是制作风险清单，下发到一线税收管理员，明确告知可能存在的风险事项，解决不知道具体风险事项的问题。三是严格加强管理，解决主观意识上麻木，在风险防范上不作为的问题。

（二）强化服务职能，提升政务品质

要彻底改变目前行政审批不断创设的问题，就必须彻底扭转多年来形成的管制意识，树立服务社会的意识，依法进一步放宽准入门槛，强化法律赋予的事后监督和管理职能，真正做到简政放权，将税收治理能力提升到创造良好发展环境、提供优质公共服务的高度，从而激发市场主体创造活力，增强经济发展内生动力，实现税收服务经济发展、促进经济发展的目标。同时，要加强服务引导，创新纳税服务方式，持续开展“便民办税春风行动”，按照打连发、呈递进的要求，不断推出手机 App 等移动互联便民办税新举措，更好地提升为纳税人服务的水平；要完善税收守信激励机制和失信惩戒机制，为守信纳税人提供便利服务，健全税收违法“黑名单”制度，对违法当事人实施联合惩戒。

（三）明确后续管理的法律依据，完善后续管理体系

一是积极推动征管法的修订完善，对后续管理予以界定和明确，提高其合法性和权威性。二是继续加快相关法规文件的清理与整合，进一步完善《纳税服务规范》和《税收征管规范》，跟进取消项目后续管

理的流程修改、资料简并，进一步加快信息系统的更新和调整。三是要把后续管理职能在纳税服务、税源管理、纳税评估等各管理环节进行科学分解、合理配置，提高后续管理的效能。四是要研究制定后续管理办法，严格后续管理项目的设定、更改和废除程序，明确后续管理项目的条件依据、管理要求、管理程序、管理时限等内容。

(四)完善信息化管理手段，推进信息管税

一是加强税收信息管理系统建设，通过内控系统监控执法行为，实现信息化即时监控。二是完善风险指标体系，优化风险特征库。从税收政策分析、征管水平分析、案例分析、经验分析等多个层面研究风险规律，总结和提炼风险特征及指标。三是差别化、多层次应对税收风险。对于风险级别高的纳税人，可以采取全部核查或高频抽查的后续管理模式，对于风险级别较低的纳税人，可以适当降低后续管理中核查的频率或抽查数量。通过建立风险识别排序机制，动态跟踪每一经济时期中风险级别高的事项，利用有限的人力资源，最大限度做好后续管理工作，降低基层税务机关的执法风险。

(五)合理配置人力资源，打造专业队伍

税收业务事项的监管重心后移以后，后续管理部门将承担更大的监管责任，相比事前审核，事后监督对税务干部的素质也要求更高。相关人员对税收业务知识的掌握和业务熟练程度，是决定后续监管工作质效的关键。一是以岗定责，明确岗位职责要求，加大后续管理人员的配备。二是成立专门的机构，配备责任心强、税收业务水平高的专业团队，专门从事税收业务事项后续监管工作，切实提高后续管理工作质效。三是制定学习培训制度，定期组织针对事中事后管理的重点、难点和热点问题开展专题培训，提高一线税收管理人员的整体管理水平。四是组织经常性的工作经验讨论交流，分析存在的问题和不足，总结和归纳符合实际工作思路和方法，提高后续管理人员的工作能力。

(作者单位：国家税务总局葫芦岛市税务局)

对税收不确定性问题的思考

李国锋

税收不确定性是最近两年税收理论和实务界的热点话题。2017年年末，美国特朗普政府历史性税改所造成的政策外溢效应，使人们对经济全球化背景下税收不确定性问题有了新的更深的思考。那么，如何科学认识和正确应对税收不确定性？本文试图对此进行简单探讨。

一、税收不确定性概述

在《现代汉语词典》中，“确定”的含义是“明确而肯定”。将属于行政范畴的“税收”与“不确定”结合起来，考虑到行政涵盖的决策、执行、监督三个层面，我们可以将税收不确定性的内涵表述为税收政策的规范性、稳定性、可预期性以及税收执行能力和作用效果等方面均存在不明确、不肯定的因素。

（一）西方税收原则对税收确定性的论述

1. 亚当·斯密主要论述了税收政策的确定性

最早论述税收确定性的是英国古典政治经济学家亚当·斯密（Adam Smith，1723—1790年）。他在1776年出版的《国民财富的性质和原因的研究》一书中，第一次明确而系统地提出了“平等、确实、便利、最少征收费”等税收四原则。亚当·斯密对“确实”原则的解释是：各国国民应当完纳的赋税，必须是确定的，不得随意变更，完纳的日期、完纳的方法、完纳的数额，都应当让一切纳税人及其他人了解得十分清楚明白。因此，亚当·斯密主要从税收政策确定性方面进行了论述。

2. 阿道夫·瓦格纳将税收确定性的内涵扩展至税收执行范畴

德国著名财政学家阿道夫·瓦格纳（Adolf Wagner，1835—1917年）在《财政学》中，突破性地描述了税收确定原则。他在四大原则之一的“税务行政原则”中，提出了属于九小原则的“课税明确原则”，认为对征税的时间、地点、税源、缴纳方式都应明确地告诉纳税人。税收法规要明确，文字力求易于理解，不造成误会曲解。税务人员必须具有相当学识和良好道德，精通业务，否则会使课税出现不明确的弊病。由此可知，阿道夫·瓦格纳在论述“课税明确原则”时，除保留了亚当·斯密的税收政策确定性外，还将其内涵扩展至税收执行领域，认为税务人员的道德和业务素养对保持“课税明确”作用重大。

3. 西方经济流派对税收是否具有确定性效果意见不一

在对税收效果的论述方面，凯恩斯（Keynes，1883—1946年）学派、新古典综合学派、新剑桥学派等都对税收作用效果做了积极论述，但英国古典政治经济学的集大成者大卫·李嘉图（David Ricardo，1772—1823年）对税负转嫁问题进行研究后，他认为几乎所有的税收都可以转嫁，税收转嫁的归属要么是落在收入上面，要么是落在资本上面，这影响了税收作用和效果。而诞生于20世纪60年代的理性预期学派则否认税收政策的有效性，认为当人们对未来发生事件能够在理性预期的情况下做出行为判断时，实施税收政策是无效的；该学派还认为，政府实施某种政策产生效应有一定的时滞性，短期内频繁改变政策调节经济运行的效果非常不明显，因此，若要选择税收政策，关键是要确立诸多税收政策的规则，规则一经确立，就应维持长期不变，这样才能发挥税收政策的作用。总之，在对税收效果的论述方面，不同的西方经济学派观点差异很大，观点不同甚至尖锐对立。

（二）相对确定性是税收的基本特性

综合分析西方经济流派的税收观点可以看出，除对税收作用效果是否确定有不同论述外，各主要经济流派对税收政策的确定性和税收执行的确定性持一致观点。其实，纵观人类文明发展史，即使在遥远的农耕文明时期，“王令即税法”，税收仍有一定的制度和标准。如鲁国“初税亩”规定的“公田之法，十足其一；今又履其余亩，复十取一”。工业文明时期，人们逐渐认识到，税收斗争并非经济利益之争，而是政治权力斗争，于是英国率先确定了“无代表，不纳税”的原则，国王征税的权力开始受到人民代表的制约，税收法律主义原则逐渐形成。直到现代，“税由法定”已成为世界各国最基本的税收原则。

从我国情况看，2015 年 3 月，十二届全国人大三次会议通过了新修订的《中华人民共和国立法法》，规定“税种的设立、税率的确定和税收征收管理等税收基本制度”只能由法律确定，正式确立了“税收法定”原则。也就是说，我国税收基本制度的制定程序极其严格，必须以国家名义，由全国人大或其常委会经过法律案的提出、审议、表决、公布四个阶段才能正式生效，这也保证了我国税收制度的相对稳定性。

（三）不确定性也是一种税收常态

税收是一个古老的历史范畴，在数千年的发展进程中，从夏、商、周三代分别出现的贡、助、彻三种税收雏形，到周代出现的作为工商税收萌芽的“关市之赋”“山泽之赋”，再到唐初的“租庸调”、中唐的“两税法”、明代的“一条鞭法”、清代的“摊丁入亩”，以至最终形成现代税收制度，税收先后经历了自由纳贡、支持援助、专制课征和立宪课征等四个时期，税制模式、缴纳标准、课征方式等一直在不断发展变化。可以说，只要税收赖以产生、发展的经济和社会条件不断发展变化，作为上层建筑的税收也必然会处于发展变化过程中，从长期看，税收的不确定性就会一直存在。比如收入的提高奠定了所得税开征的物质基础，财产的积累为财产税的开征创造了条件，而国际贸易的出现又促使了关税和国际反避税的产生等。如今，随着新产业、新业态、新模式、新技术的不断涌现以及国际税收环境的不断发展变化，现行税制模式也面临着新的创新与发展。

二、税收不确定性的表现形式

税收不确定性的表现形式多种多样，比如，有的文章从狭义的税收政策角度，将税收不确定性归纳为内容的多变性、表述的不严谨性、理解的歧义性、解答的不权威性等。但从“发挥税收在国家治理中的基础性、支柱性、保障性作用”的宏观视角分析，税收不确定性应主要包括以下几种。

（一）税收政策的不确定性

税收政策的制定与完善，归根结底由本国的政治经济发展水平和发展目标决定。从宏观政策角度分析，目前影响我国税收政策不确定性的因素主要有以下几个。

1. 税收法定原则可能带来的不确定性

到 2020 年基本实现税收法定，是税收事业的发展目标。我国现行 18 个税种中，只有 6 个税种由法律规定，其余 12 个税种的立法尚待加速。把现行的暂行条例上升为税收法律，并非简单的条文平移，需要公开征求并听取社会意见，这就决定了其内容存在较大的可变性。特别是关乎每个社会成员切实利益的增值税、房地产税等税种，因为税制比较复杂、收入规模很大、改革方向一直未形成社会共识等原因，到底如何立法推进，确实还存在较大的不确定性，影响了人们的心理预期。

2. 完善现行税制结构可能带来的不确定性

一个国家对于税制结构的选择，固然与其生产力发展水平相关，但还取决于其对经济社会发展中公平与效率的权衡。我国现行税制结构以鼓励提高效率的流转税为主，而调节公平的所得税、财产税明显不足。随着国家对社会公平的愈益关注，充分发挥税收在公平分配中的作用成为众望所归。比如，如何通过税制改革更好发挥个人所得税的公平分配作用？调节财富代际转移的遗产与赠与税要不要开征？

具有金融属性的个人保有多套房地产要不要开征房地产税？如此等等，不一而足。解决这些问题需要完善税制结构，这也给未来税收政策带来较大的不确定性。

3. 国际税收环境变化可能带来的不确定性

当前，全球范围内通过减轻税收负担引资聚智已成趋势。美国特朗普政府上台后，不但大幅降低企业所得税率，还推出了境外所得免税、海外囤积利润回流低税等政策，对引导资金回流本土再投资起到积极推进作用。英国于 2017 年 4 月将企业所得税率由 28%降至 19%，计划 2020 年再降至 17%，在 G20 国家中最低，并大幅消减了 36%的非住宅房地产税收入，旨在通过减税成为世界上创立和发展企业的最佳地点。这种减税趋势与贸易保护主义、逆全球化影响相互叠加，必将进一步加剧国际税收竞争，弱化我国现行税制优势，影响我国投资环境，最终倒逼我国调整税收政策。

(二)税收执行能力的不确定性

作为将税收政策转化为税收收入的关键环节，税务机关的政策执行能力在税收活动中发挥着承上启下的作用。税收政策落实的程度、税收调控的广度和深度、税收收入规模的大小，最终都要依靠税务机关的执行能力。但受多种因素影响，目前税务机关的政策执行能力还存在很大不足。

1. 征管能力不足带来的税收不确定性

征管能力主要取决于人才支撑前提下的征管现代化水平，但与现代化要求相比，我们目前的征管能力还有很大提高空间。比如，由于机构、编制、人员的“三定”限制，目前征管资源配置还不够科学合理，业务流程不够优化，法治理念尚未牢固树立；应大力推行的分级分类管理和以风险为导向的税务内控机制建设在基层税务机关也未得到有效落实，地域管辖、划片固定管户、无差别管理等传统征管模式在很多税务机关仍大行其道；受人才因素制约，大数据、云计算等现代信息技术手段在大多数税务机关一直未得到广泛运用，其对税收管理的“乘数”效应并未得到实际发挥等。

2. 稽查打击震慑不足制约了税务执行能力的提升

当前社会经济发展的主旋律是全球化、高科技和智能化，新型逃避税手段花样繁多、防不胜防，但受征纳双方信息不对称、税收技术能力发展滞后、信息化查账手段欠缺、社会监督机制缺失等因素制约，税务机关对纳税人的现代化、高科技逃避税行为缺乏应对手段和能力，有时即使发现税收违法行为，碍于罚款对企业信用和地方经济发展环境可能带来的负面影响，往往补税了事，致使纳税人违法成本低廉，偷逃避税行为屡禁不绝。

(三)国际税务管理能力的不确定性

随着“一带一路”倡议的实施及“中国制造 2025”计划的推进，我国对外开放力度不断加大，“请进来”“走出去”企业日益增多，国际交流渐趋频繁，对我国税务机关国际税务管理能力的要求不断提高。

1. 税务人员的条约意识和能力还不强

“条约优先执行”是国际法的一条基本原则，我国国内法对此也做了规定。据国家税务总局网站提供的消息，截至 2018 年 5 月 1 日，我国签订多边税收条约 3 个，签订的避免双重征税协定 103 个，另外还与港澳台地区签订了避免双重征税安排(协议)，与巴哈马等 10 个国家或地区签署了税收情报交换协定，并就国际运输收入税收处理情况与近百个国家签署了专项税收协议。这些条约、协议都必须得到我国税务机关的优先遵守。但在开放力度越来越大的情况下，我们的国际税收高端人才储备不足，缺乏超常规跨越式的人才培养机制，目前很少有人系统了解国际条约知识，运用税收协定解决“走出去”企业涉税纠纷的能力还不强，服务双向开放、维护税基安全、处理涉税争议、做好协定执行的能力也不高，给服务外向型经济带来了较大的不确定性。

2. 对外国税制较为生疏

“走出去”企业在发展壮大过程中，面对千差万别的外国税制和陌生的国外税收环境，很难制定与境外投资战略完全匹配的税务管理策略，面临很大的纳税风险、转让定价风险、不能享受协定待遇风险和税收争议风险，在激烈的国际竞争中极易缴纳不必要的税款，产生不必要的税收损失。以"一带一路"沿线国家的分支机构留存收益税收政策为例，爱沙尼亚允许分支机构的留存收益免缴企业所得税，卢森堡仅就分支机构从该国取得的收入缴纳企业所得税，但在黎巴嫩和伊朗，分支机构要像居民企业一样缴纳企业所得税。因此，税企双方都必须尽快构建更为合理、高效的全球税务管理体系，以管控和降低对外投资过程中的税收不确定性。

(四)税收效果的不确定性

作为宏观调控的重要工具，税收不是万能的，其调控效果存在较大的不确定性，但这种不确定性由税收自身客观职能特点决定，非人为因素主观可以改变。比如，人们从认识问题、分析问题到制定政策解决问题，再到政策发挥作用需要一段很长的时间，因此，税收政策时滞包括认识时滞、执行时滞和反应时滞等三个阶段，其最终效果是否实现政策制定初衷，存在很大的不确定性。另外，税负转嫁的客观存在、税收可以"劫富"不能"济贫"、税收适合中长期调节不适合短期调节等，也使税收的作用效果大打折扣。

三、加强税收确定性管理的意义和路径

加强税收确定性管理是古今中外税收工作的基本追求。对于因税收自身职能特性所带来的效果不确定性的应对方法，不在本文的讨论范围之列，因此，本文所论述的加强税收确定性管理，主要指对于因为制度、管理等人为因素可以改变的不确定性。

(一)税收不确定性的危害

1. 税收不确定容易导致税务人员的道德风险

亚当·斯密从纳税人的角度论述了"确实"原则的重要性：如果纳税人不明确国家征税的标准、日期、方法和方式的话，就会出现损害纳税人利益的情况；如果税收制度不完善，比如赋税的标准不确定且随意性大的话，"哪怕是不专横不腐化的税吏，也会由此变得专横和腐化；何况他们这类人本来就是不得人心的。"可见，该原则是为杜绝征税人的任意专断征税，加重税收负担，以及恐吓、勒索等行为的。在亚当·斯密的观念里，赋税不确定给人们造成的伤害比赋税不平等给人们造成的伤害更大。事实上，这样的危害对我们现在的税收工作仍有较强的警示意义。

2. 税收不确定影响纳税人投资决策

对于经营者来说，税收虽然不会对投资决策起到决定性作用，但税收毕竟是一种很重要的经营成本，税制是否稳定、税负的高低、税收环境的优劣等是决定营商环境的重要因素。特别是在投资决策阶段，税收不确定性使征税活动或纳税活动处于未定状态，在项目评价中税收负担无法进行准确事前预测，投资决策分析难以正常进行，给项目带来较大风险。

3. 税收不确定影响政府形象

在税收征纳关系中，由于"权利义务的不对等性"，相对于政府，纳税人客观上处于弱势地位，而政府本身又存在增收扩支的压力和冲动，确定性的税收政策，能杜绝政府增收冲动，规范税务执法行为，化解税收执法争议，压缩税收"寻租"空间。如果税收政策执行不一致，或朝令夕改，或因人而异，都会影响纳税人对政府的评价。

(二)加强税收确定性管理的路径

1. 加快税制立法与结构完善步伐

在"税收法定"原则下，应坚持税制改革与税收立法同步，以税制改革促税收立法，以税收立法巩固税制改革成果，全面提高税收政策的相对确定性，稳定纳税人心理预期，为经济社会持续健康发展创造良好税收法治环境。当前，在加快税收立法进度的同时，要注意以下两点：一是尽快优化我国税制结构。当前

我国流转税特别是增值税一体独大，所得税和财产税占比偏低，影响了税收公平分配作用的发挥。要在注重保持税收政策和税负相对稳定和平衡基础上，在坚持结构性减税原则的前提下，对城镇土地使用税、房产税、土地增值税等涉及房地产的税种进行整合，并尽快开征遗产与赠与税、社会保障税等新税种。通过改革，逐步提高直接税比重，使我国真正形成流转税和所得税双主体同等并重、财产税制有效建立的科学合理税制结构。二是促进国际税收环境更加公平、合作共赢。在推动经济全球化、构建人类命运共同体的伟大事业中，各国发展相互影响、息息相关，没有哪一个国家可以独善其身，合作共赢是必然选择。我们必须秉持大国税务理念，用世界眼光谋划税收工作，深度参与国际税收改革合作，进一步增强我国的国际税收话语权，加强全球税收合作与治理，严厉打击国际逃避税，为推动构建全球税收新秩序而不断提供中国方案、传达中国声音、贡献中国智慧。

2. 加快提高税收征管查效能

税收征管查是与纳税人和广大人民群众打交道的工作，其效能大小，既关系着党和政府的形象，又体现着国家的治理能力和水平。现阶段，要加快征管模式转型升级步伐，尽快实现由事前审核向事中事后监管转变、由固定管户向分类分级管户转变、由无差别管理向风险管理转变、由经验管理向大数据管理转变，构建集约高效的现代税收征管方式，形成涵盖全过程、贯通各层级、统筹各要素的税收征管现代化工作机制。一要以风险管理为导向，加快推动税收征管体制机制创新。要全面推行税收风险管理，完善税收风险管理运行机制，探索建立风险分析评估机制、风险统筹协作机制，统筹各部门风险管理职能，优化各层级风险管理职责，健全征管质量监控评价体系，将征管资源优先配置于涉税风险大、税收集中度高的纳税人，构建立体化、全闭环、持续改进的风险防控网络。二要改革属地固定管户模式。在科学分类税源和涉税事项基础上，发挥各层级各部门比较优势，大力推行分级分类管理，提高大企业、重点税源和复杂涉税事项的管理层级，实施统一分析监控，分级分类应对。三要搭建数据资源管理平台，充分运用云计算、大数据等现代信息技术，深化数据分析应用，构建以“金税三期”为基础、以电子税务局和大数据平台为支撑的“互联网＋税务”信息化体系，充分发挥大数据应用对税收治理的“乘数”效应，通过大数据运用推动管理决策现代化，全面提升税收治理能力。四要充分发挥稽查的打击震慑功能。全面落实“双随机一公开”制度，依法加大涉税违法犯罪行为查处力度，坚决防止以补代罚、以罚代刑，发挥好纳税信用在社会信用体系建设中的基础性作用和惩戒震慑作用，严格涉税平等定级管理，实施部门联合奖惩，让依法诚信纳税者畅行无阻、失信偷逃税款者寸步难行。

3. 尽快提高国际税务管理能力

一要健全国际税务管理体系。要切实改变税收管理中“重内税，轻外税”倾向，结合目前正在推行的机构改革，丰富国际税收管理岗责体系，规范国际税务岗位职能配置，进一步加强国际税收管理流程法治化建设，通过制定国际税收政策汇编、管理流程、操作指南，严格国际税收管理标准、程序、权限、时限等，促进国际税务管理机构和团队建设。二要帮助纳税人提高自身风险防范能力。税务机关应该帮助“走出去”企业充分了解各国商业环境，定期收集投资对象国税收政策发展变化情况，加强对境外分支机构的自我税收分析检查，加强境外税务风险防范，不断提高化解税务风险能力。三要加大国际税务人才培养力度。面对日益繁重的跨境税源管理、维护国家税收利益的工作任务，我们一定要多措并举，不断加大国际税收业务培训力度，大力选拔、配备和培养一批忠诚担当、业务精湛、纪律严明、作风过硬、廉洁高效的国际税收专业人才队伍，更好地服务于我国对外开放战略。

（作者单位：国家税务总局莱芜市税务局）

基层税收执法风险的成因与防范

徐永国

防范税收执法风险是实现国家治理体系和治理能力现代化的重要环节，也是建设税收现代化的重要内容。随着依法治国的全面推进，纳税人维权意识的日益增强，如何防范税收执法风险，直接关系到税收职能的实现，关系到税收现代化的进展，也关系到税务部门推进“放管服”改革，优化税收营商环境的各项政策措施的落实。为此，本文通过分析当前基层税务机关税收风险的成因，提出有效防范税收执法风险的对策和建议。

一、基层税务机关税收执法风险的成因分析

基层税务机关是税收法律法规的执行者，也是各项税收政策的落实者和税收执法风险产生的直接者。近几年来，基层税收执法风险时有发生，有的甚至受到党纪、政纪和法纪追究，究其原因主要有以下几种。

(一)税收法律法规不完善

税收法律法规不完善，是引起执法风险的主要原因。

1. 税收规范性文件级次低，且复杂化

在现行的税收法律法规中，属于法律级次的所占比重较少，大多是通过制定规范性文件来指导基层执法，有些政策规定不仅级次低，而且复杂多变，甚至相互之间存在矛盾，使基层执法人员无所适从。

2. 规范性文件不规范，难以操作

比如推行《纳税评估管理办法(试行)》不仅法律地位依据不足，而且操作性也不强。由于纳税评估分析报告和工作底稿不发给纳税人，不作为行政复议和诉讼的依据，所以，在实际评估中，收集证据不充分、文书使用不统一、执法行为不规范，导致管理不像管理，稽查不像稽查，给税收执法带来了风险隐患。

3. 法律法规之间不衔接，难以执行

如《税收征收管理法》第三十二条规定，纳税人未按照规定期限缴纳税款的，扣缴义务人未按照规定期限解缴税款的，税务机关除责令限期缴纳外，从滞纳税款之日起，按日加收滞纳税款万分之五的滞纳金。这里对加收滞纳金没有限额限制。而《行政强制法》第四十五条规定，行政机关依法作出金钱给付义务的行政决定，当事人逾期不履行的，行政机关可以依法加处罚款或者滞纳金。加处罚款或者滞纳金的标准应当告知当事人。加处罚款或者滞纳金的数额不得超出金钱给付义务的数额。以上法律的不衔接，也给基层税务机关在实际执行中带来了风险。

(二)内部管理不到位

税务机关内部管理机制不科学，职责不明确，监督不到位，也是导致税收执法风险的主要因素。

1. 管理机制不科学

目前各级税务部门在对干部的使用提拔上，尚未引入公开、公平、公正的竞争上岗机制，不能够激发广大干部的工作热情和争先创优的激情；在干部管理上缺乏健全有效的管理制度和考核奖惩机制；在干部的教育培训上，缺乏针对性和实用性，有的是为了完成培训任务而培训；在考核指标上，缺乏科学性和

可行性，给基层应付考核、弄虚作假钻了空子；在奖惩措施上，仍然存在干好干坏一个样，干多干少一个样的平均分配机制，影响干部的工作积极性。

2. 管理职责不明确

有些地方岗位设置不合理，工作分工不明确，片面地将税收管理员管户与管事割裂开来，造成在实际征管中"淡化责任、疏于管理"的问题普遍存在，漏征漏管户、虚假停歇业户、虚假零申报户仍然存在。

3. 执法监督不到位

从目前各地税收执法检查和内审督察情况来看，主要是以事后监督为主，特别是在税收执法各岗位之间以及执法过程各环节之间缺乏相互监督和制约机制，加之在执法检查考核中，有的过多强调"只看结果，不看过程"，使税收执法检查流于形式，执法过错责任追究形同虚设。

(三)外部环境不协调

外部环境不协调也是影响税收执法的重要因素。

1. 有些地方政府干预过多

有的地方政府把依法治税与发展地方经济对立起来，需要组织收入时，要求税务部门千方百计多收超收，甚至寅吃卯粮，收过头税；需要支持企业发展时，要求税务部门放水养鱼，缓缴税款，甚至直接干扰税收执法，而一旦出现问题，责任要税务部门来承担。

2. 部门协调缺乏保障

由于我国税收立法与其他相关法律法规之间不衔接、不协调，造成部门之间协税护税意识不强，信息渠道不畅。有些部门出于自身利益考虑，当税务机关要求相关部门协助配合时，就无故推诿、拖延，影响了税收执法效力。

3. 少数纳税人纳税意识淡薄

对税务执法人员依法履行职责不理解、不配合，偷、骗、抗税现象时有发生。

(四)税务工作者素质不适应需求

税收执法人员的执法水平是直接导致税收执法风险的最重要因素。

1. 业务素质不适应

部分税务工作人员特别是执法一线人员学习税收业务和财会知识的氛围不浓，对税收政策法规掌握和理解不深不透，不能正确执行和运用税收法律法规，在执法过程中，凭印象、凭经验办事。

2. 执行能力不够强

部分工作人员对执法行为不当或不作为可能引起的风险和后果认识不足，工作责任心、事业心不强，办事拖拉，相互推诿，或以消极怠工的形式放弃执法权力，导致工作失职、渎职。

3. 自身要求不够严

少数执法人员存在"吃、拿、卡、要、报"等不廉行为，滥用职权，搞权钱交易，以税谋私，徇私舞弊，在税收执法中"收人情税"，不征或少征税款，甚至出现严重的违法犯罪行为。

二、税收执法风险的防范

分析研究税收执法风险产生的原因，其目的就是防范与化解税收执法风险，从而有效地保护执法人员的执法安全，提高执法效率。

(一)要进一步完善税收法律体系

完善的税收法律体系是推进依法治税的基础，也是防范税收执法风险的关键。

1. 要尽快完善税收实体法和程序法

要针对现行多是税收规范性文件的现状，认真开展规范性文件的清理工作，对超越解释权限和违反上位法的法律法规要加以纠正；对过期失效的政策文件要经过清理，及时废止；对税收法律法规与其他相关法律法规相矛盾的要加以协调，达到税收法律体系的内外统一；对通过实践确实行之有效的政策措施，经过严格审查审核，应上升为法律，提高法律级次和执行效力。

2. 制定规范性文件要注重合法性和可操作性

一方面税务机关在制定规范性文件和对法律法规做出解释时，要注意政策之间的衔接和配套，避免与相关法律法规发生冲突而引起的执法风险，确保其合法性和有效性；另一方面税务机关制定的政策措施和操作规程要注重对税务工作者的法律保护，要通俗易懂，简明扼要，对规范性文件中出现难以理解的专业用语和规定，应及时通过政策解读加以说明，便于执法人员及纳税人的理解、执行和接受，增强可操作性和可行性。此外，税务机关在制定内部管理规定和规章时，也要注意维护税法的统一性、稳定性，减少随意性。

3. 要建立税收政策执行反馈机制

基层税务机关要及时将税收执法过程中暴露出来的重大政策问题，以及政策中存在的难以理解和执行的问题，向上级税务机关反馈，上级税务机关对基层反映的问题，要及时组织调研论证，加以修订完善和答复，从而增强税收政策法规的科学性、合理性和可操作性。

（二）要进一步健全税收执法监督机制

推行税收执法责任制，加强执法检查考核，是控制和防范税收执法风险的重要手段。

1. 要建立健全税收执法监督机制

首先要制定符合科学化、精细化管理的岗责体系，明确执法人员岗位职责，细化执法标准，优化执法程序，量化考核办法，强化责任追究。其次要进行科学合理的工作分工和责任分解，使执法责任明确到岗，责任追究落实到人。

2. 要加强执法监督检查

一方面要健全内部执法检查监督制度，定期或不定期地开展日常执法检查和专项执法检查，并将执法检查与征管质量考核、绩效考核和数字人事考核相结合，使税收执法检查贯穿税收执法全过程；另一方面要加强外部执法监督，建立人大、政协、纪检监察、新闻媒体和纳税人为代表的外部监督网络，充分发挥财政、审计、纪检监察、社会舆论和纳税人维权等社会监督的作用。

3. 要落实责任追究和整改措施

要把执法过错责任追究作为落实执法责任制和考核评议制的核心内容，严格对执法过错行为追究其行政责任。同时，对执法检查中发现的问题，要制定整改措施，限期整改到位，防止类似情况的再次发生。

（三）要进一步改善税收执法环境

减少行政干预，健全协税护税网络是改善税收执法环境防范税收执法风险的有效途径。

1. 要积极争取地方党政部门的理解和支持

税务部门要经常向地方党委政府汇报税收工作，宣传税收政策，积极参与支持地方经济发展规划和政策的制定，正确处理依法治税与发展经济的关系，实现税收与经济的协调发展。

2. 积极争取部门的配合协作

税务机关应建立与税收执法相关的各部门配合协作机制。定期召开协税护税工作协调会和通报会，加强部门之间的信息交流与沟通，形成“政府领导、税务主管、部门配合、司法保障、社会参与”社会综合治税的执法环境。

3. 积极争取纳税人和社会各界的理解和配合

税务部门要正确处理好执法与服务的关系，注重维护纳税人的合法权益，充分调动广大纳税人和社会各界协税护税的积极性，从而营造社会各界都自觉维护税法尊严，纳税人自觉履行纳税义务的良好氛围。

(四)要进一步提升税收执法人员素质

加强税务工作者队伍建设,提高执法人员素质是防范税收执法风险的根本保证。

1. 要加强思想政治教育

要通过对税务工作人员的职业道德教育、法治教育、警示教育和廉洁自律教育,进一步增强其法治意识、责任意识和风险意识,牢固树立正确人生观、权利观和利益观,坚持“聚财为国、执法为民”的工作宗旨,筑牢拒腐防变的思想道德防线,树立良好的税务形象。

2. 要加强业务技能培训

要以提升税务工作人员的业务能力、管理能力和执行能力为教育培训目标,开展税收政策法规、财务会计知识、征收管理规程、税务稽查、信息化数据化运用以及专业技术职称等多层次、全方位的教育培训,并将教育培训与执法资格考试和岗位能级评定结合起来,增强税务工作人员学习专业知识的自觉性,努力提高执法人员的综合素质和执法水平。

3. 加强税务工作人员的管理和使用

要建立科学合理的数字人事管人员的考核评价机制,全面、准确、客观、公正的考核评价工作人员的工作业绩,将干部的数字人事考核、能级分类管理和实际工作业绩与干部的提拔任用、交流换岗、培训学习等奖惩措施有机结合起来,不断激励税务工作人员提升依法治税的水平和防范税收风险的能力。

(作者单位:国家税务总局镇江市丹徒区税务局)

民事执行与税费征缴个案协作机制的理论与实务分析

——以金华市地方税务局为例

国家税务总局金华市税务局课题组

随着经济纠纷的增多，人民法制意识的提高，各级法院受理的经济纠纷案件数量突飞猛进，案件执行涉及破产清算、资产拍卖抵债、债务重组等。其中，资产拍卖所得的分配问题一直是债权人关注的重点。但遗憾的是，这些情况没有完全进入税务部门视野，同时由于税收协助法律制度不完善、部门配合不到位等原因，税务部门很少参与此类案件的分配。另一方面，税务部门虽然想尽办法对欠税企业进行各种催缴，却收效甚微。税务与法院之间建立民事执行与税费征缴协作机制迫在眉睫。

一、民事执行与税费征缴个案协作现状

上位法对税收协作制度是有规定的。《中华人民共和国税收征收管理法》(以下简称《征管法》)第五条规定"各有关部门和单位应当支持、协助税务机关依法执行职务"，《最高人民法院关于人民法院大力支持税收征管工作的通知》也明确了各级人民法院有依法协助税务机关依法征税的义务。但是，一方面，对"有关部门和单位"是否包括法院存在法理上的争议；另一方面，关于法院协助税务机关征收税款的程序、环节，尤其是相关法律责任等具体法律法规制度缺失。因此，法院在执行强制拍卖时难免忽视税款问题。同时，法院强制执行涉及的利益主体复杂，加上案件执行业务繁重、法官个人对税收工作的理解不一等多方面原因，多数法院常以税务机关也有强制措施为由，对协助征收税款并不积极。在法院不主动告知税务机关强制执行信息情况下，税务机关不能及时掌握相关信息，参与分配更无从谈起，实际上也很难追究法院或税务机关的责任。

司法强制执行分配在实际操作中存在诸多问题，应当引起税收征管部门的重视。可喜的是最近几年为防止国家税费流失，保护执行当事人的合法权益，各地税务机关与法院就规范执行程序中有关税费参与分配问题以及司法处置被执行人财产所涉税费缴纳问题进行沟通和研讨并达成共识，陆续出台了民事执行与税费征缴个案协作机制或网拍税费询价协作机制等。以浙江省为例，浙江省高级人民法院与浙江省地方税务局联合下发了《关于建立人民法院民事执行与地税部门税费征缴协作机制的会议纪要》(以下简称《纪要》)，于 2015 年 9 月 1 日起施行。该《纪要》除要求各级人民法院和同级地方税务局之间建立联席会议协调机制、建立联络部门和联络员机制外，明确提出了建立民事执行与税费征缴个案协作机制的要求。《纪要》规定："在债务人没有进入执行程序之前，债务人所欠税费原则上由地税部门自行依法征收。债务人进入执行程序的，人民法院和地税部门开展执行与税费征缴个案协作。"根据《纪要》规定，浙江省各级执行法院处置房产、土地时，应书面通知财产所在地的地税部门，地税机关在收到执行法院通知后提出被执行人所欠税(费)款参与分配的申请，执行法院根据《征管法》规定对税款优先权予以支持。同时，在执行程序中处置被执行人财产的，交易双方按照税法规定各自缴纳相应的税费。

该《纪要》犹如一把破冰利剑，推动了浙江省各地执行与税费征缴个案协作的开展。以浙江省金华市地方税务局为例，该局(本级)2015 年 9 月—12 月申请参与分配税费合计 8605865.44 元，其中欠税(费)

6950457.06元、社保费782341.18元、滞纳金873067.2元;2016年全年申请参与分配税费合计152511799.9元,其中欠税(费)127176984.2元、社保费1027873.4元、滞纳金128204857.6元;2017年1月—10月申请参与分配税费合计86058416.01元,其中欠税82271915.6元、社保费1187834.8元、滞纳金2598665.61元。自《纪要》实施以来,浙江省金华市地方税务局共向法院申请参与分配税费合计247176081.05元。同时,被执行财产交易过户产生的税费也按规定足额缴纳入库。

二、民事执行与税费征缴个案协作存在的问题

然而,民事执行与税费征缴协作的推进并不容易。浙江省内,只有少部分法院与同级地税部门建立协作机制并下发正式文件,更多的地方是处于实际协作阶段,且并未全面铺开。而浙江省高级人民法院与浙江省国家税务局的协作机制仍在协商中,尚未正式下文。

(一)部分地区协作进展缓慢

部分地方法院考虑到其他债权人分配率以及工作量的问题,对欠税的个案执行并不十分积极,县(市)地税局与当地法院的沟通也较为困难,进展较慢。确实,有的债权人辛辛苦苦找了不动产请求法院查封、拍卖,原以为债权有着落了,谁知半路杀出个"程咬金",被税务机关分去一块拍卖所得,其债权却无法得到足额偿还,自然不情愿。对于那些有多个债权人的案子,执行法官需要对所有债权人解释分配理由,在得不到理解的情况下,工作压力显而易见,部分法官对协助机制就产生了抵触情绪。以金华市为例,全市共2个区,7个县(市),正式下发协作机制的只有2个区,1个县。虽然各县(市、区)都进入了实际操作阶段,但一半县(市、区)未形成常态。

(二)分配得偿率偏低

相对于申报债权数来说,税务部门分配到的金额偏低。如金华市地方税务局自《纪要》实施以来,共向法院申请参与分配税费合计2.47亿元,截至目前获得的分配额约1500万元,分配率为6%。除司法拍卖进程的滞后性、部分资产流拍外,主要原因在于拍卖资产普遍设有抵押且抵押早于欠税产生。因拍卖的多是房产、土地等不动产,这些资产的抵押权人往往是银行,银行在设置抵押时往往设置成最高额抵押,企业在之后的借贷依据都是该份抵押合同。而企业在缴纳欠税时,恰恰相反往往都是先将最早的欠税缴清,一步步地往后缴纳。

三、税务部门和法院在实践中的不同认识

(一)税收优先权问题

《中华人民共和国企业破产法》(以下简称《破产法》)第一百一十三条提到:"破产财产在优先清偿破产费用和共益债务后的清偿顺序为:(一)职工工资等职工债权;(二)社保费和欠税;(三)普通破产债权。"明确税款优先于无担保债权,但没有提及税款和有担保债权的优先级,也没有提及税款滞纳金问题。《破产法》又规定,被担保财产不属于破产财产的范围,应先于破产费用和共益债务清偿担保权人。因此,实践中很多法官认为有担保债权优先于税款,尤其是在担保物的分配上,担保权人绝对优先。与《破产法》不同的是,《征管法》提到了二者的比较,第四十五条规定:"税务机关征收税款,税收优先于无担保债权,法律另有规定的除外;纳税人欠缴的税款发生在纳税人以其财产设定抵押、质押或者纳税人的财产被留置之前的,税收应当先于抵押权、质权、留置权执行。"据此,可以理解为税款与有担保债权处于同一级次,根据发生时间确认哪个更为优先。并且,该优先权并不局限于是否处于破产中,而是所有的财产分配都应遵循该规定。《纪要》对此予以明确。但在实际执行过程中,仍然有不少法官和抵押权人对此有不同看法。事实上,除《破产法》《征管法》外,我们应重视另一部重量级法律——《中华人民共和国物权法》(以下简称《物权法》)。《物权法》第一百七十条规定:"担保物权人在债务人不履行到期债务或者发生当事人约

定的实现担保物权的情形,依法享有就担保财产优先受偿的权利,但法律另有规定的除外。"《征管法》第四十五条规定应当为《物权法》第一百七十条规定所说的除外情形,而《破产法》并未排除对《征管法》的适用,事实上三部法律是互相协调统一的。

(二)税款滞纳金优先权问题

按照国家税务总局的相关文件精神,滞纳金和税款具有同等优先权。比如,《国家税务总局关于税收优先权包括滞纳金问题的批复》(国税函〔2008〕1084号)认为,税款滞纳金在征缴时视同税款管理,《征管法》第四十五条规定的税收优先权执行时包括税款及其滞纳金。不过,最高人民法院在《最高人民法院关于税务机关就破产企业欠缴税款产生的滞纳金提起的债权确认之诉应否受理问题的批复》(法释〔2012〕9号)中认为,破产企业在破产案件受理前因欠缴税款产生的滞纳金属于普通破产债权。也就是说,只有欠税本身享有优先权,而滞纳金不享有优先权。即使在非破产程序的资产拍卖分配中,各级法院也不支持滞纳金的优先权。《纪要》明确:根据最高人民法院《关于税务机关就破产企业欠缴税款产生的滞纳金提起的债权确认之诉应否受理问题的批复》精神,被执行人欠缴税款产生的滞纳金属于普通债权,在执行程序中不享有优先受偿权。

(三)破产清算程序中新产生的欠税及由此产生的滞纳金问题

破产清算是一个漫长的过程,债权申报结束至破产程序终结需要经历多个环节,历时一两年、三四年的并不少见。而这段时期,会产生新的税款,如增值税、土地使用税、房产税等。最高人民法院在《最高人民法院关于税务机关就破产企业欠缴税款产生的滞纳金提起的债权确认之诉应否受理问题的批复》(法释〔2012〕9号)中并未对此类税款做出规定。在目前的实践操作中,如何鉴定、归类这部分税款是一个难题。部分破产管理人认为此类税款应列入破产债权等待破产分配,而此类税款引起的滞纳金更被认为属于一般债权。但笔者认为:此类税款应视其产生的原因列入破产费用或共益债务。《破产法》第四十一条第一款第(二)项规定:人民法院受理破产申请后发生的管理、变价和分配债务人财产的费用为破产费用。《破产法》第四十二条第(四)项规定:为债务人继续营业而应支付的劳动报酬和社会保险费用以及由此产生的其他债务为共益债务。因此,如房地产企业的破产管理人将房地产企业的房源进行售卖应视为管理、变价债务人财产,产生的企业所得税、增值税、土地增值税等应视为管理、变价债务人财产所产生的费用,作为破产费用随时清偿。而土地使用税也应视为管理债务人财产所产生的费用,作为破产费用随时清偿。此类税款欠缴产生的滞纳金也应一起清偿。目前,对此类税款和滞纳金的归类无明确的法律规定,实践中分歧较大,尤其是在严重资不抵债的企业破产案件中,破产管理人主观上不愿意提前支付税款,担心影响管理人的报酬以及相关债权人的利益。

(四)以部分资产清偿所有欠税问题

在实际执行中,有很多债权人以及部分法官认为:企业所欠税款是整个企业的欠税,应分布于企业的所有资产,而在非破产执行中,法院执行的是企业的部分资产,不能将所有欠税在部分资产中予以优先分配。然而《征管法》对欠税强制执行并未区分其产生于哪部分资产,而是在清缴所有欠税后将多余款项返还纳税人。况且,在实际操作中,多数税种的来源与企业的不动产等资产并不直接挂钩,无法进行区分。

(五)资产拍卖的税费转嫁问题

司法拍卖成交后涉及的交易环节税费缴纳是一个常见的难题。比如企业所得税、土地增值税等税费,纳税义务人为原资产所有人。由于被拍卖企业几乎都是资不抵债,即使拍卖了,也无法满足所有债权。这时再由出卖方(被执行人)缴纳交易环节的增值税、城市维护建设税、教育费附加、地方教育附加、土地增值税、印花税、个人所得税等简直成了不可能完成的任务,而这些税款作为待分配债权参与分配则势必影响其他债权人的利益。因此,交易环节所需缴纳的税费全部由买受人承担成了各级法院拍卖公告中的常见条款。

根据税收法定原则，纳税义务人的身份不能因拍卖公告的载明条款而发生转移。但拍卖公告载明的税费承担条款，并没有改变纳税义务人的身份，只是关于税费实际承担者的规定。税费具有金钱给付特征，并不具有人身专属特性，因此，尽管纳税人的法定身份不能基于约定而改变，但税费的实际承担者却可以由当事人约定。合同实践中也普遍存在"包税"条款。在司法拍卖中，也可以约定购买者为相关税费的实际承担者。税务机关考虑的是税款能否依法及时入库，至于实际上由谁来承担，税务机关无权干预。

但在实践中部分买受人在拍卖成交后对此条款提出了异议。原因一是竞拍前未详细了解所需承担的税费，盲目竞拍，等到要过户时才发现该笔税费大大超过预期；二是法院公告只说明所有税费由买受人承担，但并未指出具体金额，而税务机关在最终成交价及评估报告出来前无法计算税款金额，只能提供计算公式及可能的优惠政策。金华市地方税务局某税务分局曾发生过这样的案例：十几人分别从淘宝司法拍卖平台竞买到同一小区排屋，但嫌过户税费太高，便集体向法院和税务机关提出异议。法院认为，拍卖公告已明确所有税费由买受人承担，竞拍人参与竞拍便是同意了该条款。税务机关认为，税法规定了买卖双方各自应承担的税费，但税务机关不干涉买受人自愿承担的税款。十几个买受人便提出缴纳买方税费后允许其过户办证，卖方税费由税务机关向卖方追缴。税务机关未予认可，明确需缴清买卖双方的税款后才能办理过户。

（六）强制执行分配所得的税款和滞纳金配比问题

根据《国家税务总局关于进一步加强欠税管理工作的通知》（国税发〔2004〕66号）规定，纳税人缴纳欠税时，必须以配比的办法同时清缴税金和相应的滞纳金，不得将欠税和滞纳金分离处理。但是在执行分配中，税款及滞纳金往往得不到足额分配。实践中往往出现这种情况：税款因有优先权，获得了全部或部分分配，但是滞纳金因属于普通债权，往往获得较少分配甚至分文不得。在这种情况下，税务机关所获分配有着明确的指向。因此，笔者认为，国家税务总局强制进行配比的规定值得商榷。

四、完善民事执行与税费征缴个案协作机制的建议

（一）完善相关立法，明确责任及分配规则

建议在国家层面上修改完善现有法律法规条款，弥补司法机关与税务机关在税收协作工作上的法律制度缺失，使税收法律、征管制度更加清晰完备。

1. 明确协作义务

应明确法院、房产交易中心等部门的协作义务以及不予协作的责任追究。只有明确了责任，并责任到人，才能更好地促进协作，否则再好的制度也容易成为一纸空文。

2. 明确税收优先顺序

《破产法》第一百一十三条规定："破产财产在优先清偿破产费用和共益债务后，依照下列顺序清偿：（一）破产人所欠职工的工资和医疗、伤残补助、抚恤费用，所欠的应当划入职工个人账户的基本养老保险、基本医疗保险费用，以及法律、行政法规规定应当支付给职工的补偿金；（二）破产人欠缴的除前项规定以外的社会保险费用和破产人所欠税款；（三）普通破产债权。"该条规定明确了税款在破产财产清偿中的地位和顺序，但却将有担保债权排除在破产财产之外，先于破产费用和共益债务清偿。这与征管法不论是否破产，税款优先于设置在后的担保债权是相冲突的。同时，现行《中华人民共和国拍卖法》并未对税款问题做出规定，造成拍卖行为中的税收征管漏洞。《中华人民共和国强制法》虽规定存在除外情形，但并未明确指出。建议完善相关立法，对税收的优先权进一步明确，对破产申报后产生的税款和滞纳金进行明确归类，便于税务机关、法院和破产管理人执行。

3. 明确税款滞纳金的属性

对其是否能超过本金以及是否具有优先权进行统一、明确，避免基层执法人员无所适从，产生执法

风险。

4. 取消强制配比

建议国家税务总局取消税款与滞纳金强制配比的规定，允许根据实际情况缴纳入库。

（二）继续加强部门协作，积极参与执行分配

我国未采取部分西方国家设立税务警察和税务法庭方式，因此，税务部门与法院的良好协作至关重要。要建立健全涵盖法院在内的税收保障机制，完善税务机关与法院之间的定期信息交换制度，及时获取法院强制拍卖不动产案件情况、执行进度等涉税信息。且该制度应由税务总局与最高人民法院建立，避免各地操作不一以及本地保护主义。建立统一的分配程序和规则，明确各级法院在委托拍卖、变卖被执行人财产前，必须及时向税务机关提供有关法律文书、涉诉财产、拍卖信息等相关资料；依法拍卖后，及时将拍卖结果告知税务机关。对符合《中华人民共和国征管法》第四十五条“税收优先于无担保债权，法律另有规定的除外；税收应当先于抵押权、质权、留置权执行”规定条件的，法院必须履行协助税务机关扣缴相关税款的义务。税务机关在收到法院拍卖的信息后，要及时跟进，准确核定被执行人在财产拍卖（变卖）环节应缴纳的税费金额，自行征缴交易税费或向法院发出“协助扣税通知书”请求法院协助扣款。法院协助税务机关征收应缴纳的税款后，税务机关应及时出具完税证明，方便购买人办理房产、土地过户手续，从而实现税收源泉控管，保障税收优先权。同时，对于代征税款的法院可按规定支付代征手续费，提高法院、法官护税协税的积极性。

（三）设立警戒线，做好日常征管基础工作

税务部门要按照《征管法》有关规定，做好欠税清缴基础工作。在日常征管中，做好企业资产、负债等情况摸底，动态跟踪欠税企业的经营状况和经济行为，并要求欠税企业在发生抵债行为或大额资产转让时应及时报告主管税务机关，由税务机关进行监管，以避免征管滞后造成税款流失，如涉及法院强制拍卖时，税务机关可以快速准确提供欠税信息。同时，在缴纳欠税时应先缴纳新欠，然后再清缴陈欠，且对陈欠的清缴应按纳税所属期从后往前清缴。

（四）履行相关程序，做好税收强制执行工作

《征管法》明确赋予了税务机关强制执行的权力。欠税清缴工作中，应及时启动纳税担保、纳税保全、纳税强制执行措施，不能等到企业已非正常经营或进入法院资产拍卖程序才开始启动强制执行措施，应在企业有逃避缴纳税款的行为或产生欠缴税款时迅速采取相应的措施，避免错过时机，产生渎职风险。

课题组组长：郑　路

课题组成员：周　黎　史　莉　君怀胜　吴　曦

执　笔　人：吴　曦

纳税评估和税收风险管理对基层税收执法促进的思考

国家税务总局喀什地区税务局课题组

近几年，随着我国“依法治税”工作的逐渐推进和完善，“营改增”税收体制的改革及“简政放权”政策的实施，加之纳税人数量的日益增长，客观上不仅对我国的税收执法人员和税收管理人员的专业技能和职业素养提出了新的要求，更对我国的税收体制改革，征管体制改革及组织机构的改革提出了更高的要求。研究如何提升和完善基层税收执法风险管理，不仅有利于税收政策、法律法规的不断完善，提升税收征管职能，还有利于税收执法部门的执法促进，营造和谐的征纳关系。然而，目前我国的基层税收执法在风险防范和控制等方面，无论是理论研究还是执法实践都存在一定的薄弱点。本文力求通过对喀什地税基层税收执法运行管理的分析和研究，揭示基层税收执法工作中潜在的税收风险点，并提出防范和控制的建议，为基层税收的执法工作提供有价值的借鉴和参考意见，促进喀什地税税收执法工作和谐发展。

一、理论概念

(一)纳税评估

纳税评估是指税收征管部门依据相关的法律法规政策，对获取的纳税人的纳税信息，通过科学的技术手段对纳税人的相关信息进行归集、审核、评定，以确保纳税人的纳税信息的真实、准确并合法。在审核、检查的过程中，及时准确地发现纳税人行为的异常点，归纳错误的纳税信息，并对“异常申报”“错误申报”等开展专项的审查、分析工作，为税收征管工作提供有效信息和数据，从而对征纳过程进行全方面地实时监管和控制管理。

(二)税收风险管理

税收风险管理是指基于“风险管理”理论之上，制定严谨的税收风险管理制度，构建科学的税收风险管理体系。税收风险管理是通过运用各种有效手段和途径对潜在的可能性税收风险能够提前预警，并采取有力措施高效地控制住风险的过程。税收风险的检测和预防可以有效地将税收事后控制处理的常态变为事前预警防范，从而将潜在的损失和风险降到最低，从根本上降低税收征管成本及税收风险。在税收风险管理的过程中往往是通过加强对税收执法过程的监督和控制，以及开展高效的纳税评估工作，以提升纳税人的纳税遵从度为目的，进而降低税收风险。

二、喀什地税税收执法运行创新点

(一)以提升纳税服务质量为宗旨开展政策辅导和培训工作

为了构建优质高效的纳税服务系统，推进税收信息化、现代化建设步伐，提升税收征管质量，喀什地税严格落实执行各项纳税服务工作部署。

(1)制定了《2017年金三操作水平再提升培训计划实施方案》，对全系统税务工作人员进行金三操作水平深化培训，并对未达标人员进行严格绩效追责。

(2)继续运用办税服务厅业务量考核办法，带动税务工作者的主观性和积极性。

(3)在办税高峰实行增加导税人员、调整窗口职能、增设办税窗口、增辟等候休息区等方式，引导或分流办税人员，防止出现秩序混乱的情况，以提高办税效率。

(4)加强对纳税人的培训力度，喀什地税针对新政策的发布、新型网报系统等定期对纳税人进行多样化的分类培训和辅导，提升了纳税人的办税效率，受到纳税人的一致好评。

(二)以提升纳税人税法遵从度为方向建立纳税信用等级评价系统

近年来，喀什地税不断推进社会诚信体系建设，采取措施，扎实开展纳税信用等级管理，推动守信联合激励和失信联合惩戒机制，提高纳税人税法遵从度，促进税企和谐共赢发展。通过建立纳税信用等级评价系统，逐渐增强纳税人自律意识，形成学法，用法，守法，积极争做守信纳税人的良好氛围。以信养信，“银税互动”助力诚信纳税小微企业发展，将纳税人的“纳税信用”与“贷款信用”相结合，为纳税守信企业提供贷款支持，帮助企业解决融资难题，让纳税信用成为小微企业的信用资产。截至 2017 年 6 月，喀什地区已为 7 户纳税人发放“税易贷”贷款 550 万元。

(三)以降低税收执法风险为目的健全权力制约及问责制

喀什地税以坚持依法行政为原则，以降低税收执法风险为目标，提高税收风险分析预测能力，拓宽对税源的监控范围，强化权力制约问责制，并制定相关政策法规。以喀什市地税局为例：2015 年喀什市地税局制定了《喀什市地方税务局关于修订〈公务员作风建设效能问责管理办法〉的通知》，并结合《喀什市地方税务局关于印发〈喀什市地方税务局税收执法督察效能问责办法(试行)〉的通知》要求，健全了权力制约机制及问责制。权力制约机制的开展从进一步加强税收执法督察和纪检监察协调配合做起，做到各有侧重、资源共享、成果共用。实行分事行权、分岗设权、分级授权，防止权力滥用，重点关注易发生执法问题的薄弱环节，保障税收政策有效落实。其次，问责制从加大责任追究力度入手，做到有权必有责、用权受监督、违法必追究。严格执行《喀什市地方税务局税收执法督察效能问责办法(试行)》，对违法违规行为严肃问责、依法追究，进一步规范了税收秩序和净化了执法环境，降低了税收执法的风险。

三、喀什地区税收执法风险表现形式

近两年，喀什地税税收执法的运行和管理取得了可喜的成绩及宝贵的实践经验，但随着社会经济的快速发展，征管体制改革的日益深化、日益增多的纳税人数量及复杂多变的税收征管环境，喀什地税的税收执法风险也在不断加大。

(一)内部表现

1. 税收执法人员业务素质不高，“岗能”不匹配

近几年，喀什地税为了满足日益增长的业务需求，招录了许多年轻人才充实基层税收执法队伍，并积极开展了“老带新、一带一”的培训工作。但纵观喀什地税人才体系，仍存在税收征管人才短缺、税收执法中坚力量缺乏等问题。随着我国税收征管体系的日益完善，相关政策法规更新速度快，并且越来越细化，这就对税收执法人员的业务水平提出了更高的要求。从主观角度分析，基层税收执法人员不再只拘泥于单一性的征税业务，而是需要掌握税收业务及财务管理知识，还需要掌握相关经济学，计算机信息化知识等。税务工作人员不仅要能够熟练掌握基本业务，更需要加强应对和处理突发事件的能力。然而，仍有不少基层的税收执法人员学习意识淡薄，没有自我提升和进步的主观意识，缺少全方位的知识武装做后盾，直接影响了基层税收执法的水平提升。客观层面，根据党中央对新疆社会稳定和长治久安重大战略决策部署，喀什地税系统包括地区及 12 个县市局共抽调了近 2/3 的基层干部驻村、驻寺、支教、下沉等工作岗位，导致喀什地税实际在岗工作人员急剧减少，出现了“一人多岗，一人多户”的征管模式，繁重的工作量和工作任务在一定程度上加大了基层税收执法的风险。

2. 税务法律文书有待规范，执法程序难以到位

随着税收征管体制的不断改革和完善，喀什地税在法律、法规文书的使用及送达程序采取了相关的督察方法，制定了相关督察路径。但在税收执法督察中仍存在很多问题：①在收集整理资料的基础上，应根据各类文书的具体格式要求填写各项内容，做到字迹清晰、工整，表述全面、严密、明确，填写完整、规范，引用法律条文要准确、详细，反映的数据、逻辑关系要无误。此外，在制作行政处罚决定文书时，处罚要与规定的罚种完全一致，其量化也必须在其规定的幅度以内。但在实际工作中常常出现文书填写格式混乱、内容不全、缺少签字盖章等问题。②执法过程中重实体轻程序的现象较为突出。在实际工作中，一些税务执法人员对税务法律文书不重视，不习惯使用法律文书或不能规范地制作法律文书，导致执法行为过于随意，执法程序难以落实。这样可能引发行政复议和行政诉讼的执法风险，也造成了税收执法行为的随意性，影响了税法的权威性。

3. 税收政策执行不到位，执法监督未日常化

喀什地税税收政策执行不到位主要表现在：①缺乏持续的、深入的税收宣传。虽然一再强调税收政策宣传，但是由于我国现行税收政策更新较快，税法宣传衔接不到位，导致纳税人对最新政策掌握不及时，不能依据相关政策对本单位进行合理的税收筹划。②税务工作人员对新的政策掌握不及时。目前许多政策出台后，仅通过公文或者网站下发，专门的学习组织不够。基层大部分税务工作人员因日常工作繁忙，没有时间仔细研读新的政策文件，导致在实际运用中出现税收政策偏差。此外，喀什地税的执法监督工作未做到日常化，喀什地税内部监督存在的问题主要体现在虽然执法督察工作按照规定每年至少执行两次，但因具体执法过程需要耗费一定的人力和精力，在时间有限、人员有限，工作重点受限的情况下，往往容易使“督察”的深度不足，广度不够，以至有些问题不能及时发现给予控制和纠正，影响监督权力的有效发挥。

4. 税收法律体系不健全，税收执行政策边界模糊

由于我国税收立法层级偏低，从而造成大量的税收法律法规在法律层面还未进一步细化，税收的立法体制、法律体系及政策法规等还不尽完善，并且与国家相关的法律法规的衔接不够顺畅，易出现“下位法”与“上位法”之间存在冲突的状况，造成税收执法人员无所适从，税法执行依据的政策边界不清晰而导致执法混乱。例如：××地税局 2016 年发生的一起土地增值税清算诉讼案件，主管税务机关依据国税发〔2006〕187 号文第一条规定，认为“土地增值税以国家有关部门审批的房地产开发项目为单位进行清算，对于分期开发的项目，以分期项目为单位清算。开发项目中同时包含普通住宅和非普通住宅的，应分别计算增值额”。纳税人认为依据新财法税〔2006〕12 号文第二条规定，“土地增值税清算的最小单位为一个幢号”，不能再细分，应合并计算土地增值税。在土地增值税清算管理工作中，部分房地产开发企业进行土地增值税清算时，将国税发〔2006〕187 号文和新财法税〔2006〕12 号文均作为土地增值税清算的政策依据，致使土地增值税清算单位出现两种不同的政策规定，从法律适用原则上，上位法应优于下位法，但新财法税〔2006〕12 号文并未废止，仍然有效，给税收执法带来风险。另外，对个人投资者从其投资的企业借款，财税〔2003〕158 号文件规定“纳税年度内个人投资者从其投资的企业借款，在该纳税年度终了后既不归还，又未用于企业生产经营的，其未归还的借款可视为企业对个人投资者的红利分配，依照利息、股息、红利所得项目计征个人所得税”。而国税发〔2005〕120 号文件则规定“加强个人投资者从其投资企业借款的管理，对期限超过一年又未用于企业生产经营的借款，严格按照有关规定征税”。这两个文件对“借款归还期限”征收个人所得税的规定，一个是纳税年度终了后，一个是期限超过一年，虽然按照新法优于旧法的原则，应适用国税发〔2005〕120 号文件更准确，但是在实践中容易造成政策执行混乱，执行边界不够清晰。

（二）外部表现

1. 企业纳税意识欠缺，缺乏税收风险常态管理

喀什地处南疆，属经济欠发达地区。目前，虽然许多企业的经营者和管理层已经意识到因“税收风险”带来的损失和危害不容小觑。但大部分企业纳税人仍相对缺乏自主纳税、预防税收风险的意识。其纳税行为往往属于被动执行，并没有将“税收风险”的问题提升到企业的经营管理中。很多企业没有设置专职会计岗位，财务人员频繁更换，或者是一个会计同时兼职多个企业，致使多数的企业财务人员只是机械地进行编制凭证、出报表工作，缺乏对纳税资料逻辑性的审核。还有的企业没有设立专门的税务专员，办税人员的业务水平不高，专业知识匮乏，对相关税收政策法规了解不透彻，防范税收风险的意识不强，这便使企业在实际经营管理中很难准确及时掌握和运用适用于本企业经济业务的税收优惠政策和法律法规，容易造成企业潜在的多缴税或偷税、漏税的风险。有的企业管理者轻视自身的基本权益一味地迎合税务机关，致使自身应享受的权益却没有享受到，使自身利益受到损失。由此可见，高素质的财务管理人员与企业之间的供需矛盾加大了基层税收执法风险。

2. 政府“干预”税收优惠，缺乏维护税法严肃意识

政府为了招商引资，促进当地经济的发展，承诺企业在一定时期内的相关课税的税收优惠政策，但政府承诺企业的税收优惠政策有部分实际上与税收相关政策相违背，企业对税法不了解，认为只要有政府承诺就可以免除或减征部分税费，发生营业收入不及时到税务机关进行申报缴纳，待税务机关发现该企业少缴税款后同时要求企业缴纳相关滞纳金及罚款，增加了企业税收负担和税收风险。例如：部分县市局为发展当地经济，建立了专门的工业园区，政府承诺招商引资企业给予免征一定时期内的房产税、土地使用税或耕地占用税政策，但实际上部分县市局建立的工业园区要么在房产土地等税收开征范围内，要么是占用耕地建设非农业生产活动，依税法规定应缴纳相关税费，但企业容易认为只要政府承诺，就可以抛开税法规定，享受减免政策，造成税务机关与纳税人的矛盾冲突。另外，近几年我国实行的简政放权的改革措施，在简化了办事流程的同时也将一些需“事前”审核审批的行政事项改为“事后”的核查跟踪，但由于有些工作人员对“简政放权”的认识不够深刻，对下放的权力缺乏必要的监管控制，缺失对其他机构单位的辅助和引导工作，政府监管权力的“缺位”在一定程度上易造成“放权”后的权力真空状态，这便加大了税收的潜在风险，一定程度上影响了正常税收征管收入，也加大了税务执法机关的执法风险。

3. 网报系统不稳定，缺乏高效监控预警机制

目前，企业进行纳税申报的主要方式一是通过网上报税软件申报，二是通过办税服务大厅进行纳税申报。而在网报过程中，因为纳税人和系统等原因，造成网报数据错误较多，形成涉税风险点。主要体现在一是由于国地税网报系统不关联，纳税人在国税局申报的财务报表不能传递到地税局，纳税人到地税网报系统申报财务报表时，会根据当月的经营情况和需求采取主观的人为调整申报的信息和数据，只要申报的财务报表数据的勾稽关系成立，这些调整项在网报系统中便很难被发现。二是纳税人在填报申报信息时没有将内容填写完整，数据计算不全面或者错误，尤其是涉及相关税收风险指标的信息，而这种现象十分普遍，纳税人填报涉税信息和数据的准确性、完整性直接关系到税务机关对风险户的筛选和监控工作，直接导致税收风险管理指标的预测和分析不够准确。三是纳税人对税款申报理解有偏差，主体税种为增值税的纳税人在国税申报完增值税后没有主动到地税网报系统申报附税的意识，造成国地税两税比对时出现少缴纳附征税的风险。四是金三系统几乎在每个征期前都会进行调整升级，征期一到升级也就结束，网报系统理应同步升级，但存在与征期时间冲突的问题造成申报系统稳定性不高，在应对和缓解信息录入、采集、分析过程中契合度不佳，导致纳税人在进行纳税申报中因网报系统不稳定、不顺畅而出现纳税申报错误的现象。因此，目前的网报系统还需在提高稳定性的基础上进一步解决涉税信息和数据的不准确和不完整问题，健全对涉税信息的筛选和监控预警机制。

四、喀什地税税收风险管理成效及执法促进

(一)税收风险管理成效

喀什地税主动适应国家发展新常态和税收工作新常态，以优化征管体制改革、提升税收风险管理能力为导向，全面建立风险管理“横向”机制，创新税收执法服务体系，构建纳税遵从联防体制，围绕坚持依法治税、深化征管改革的主题，落实改革任务，努力完成各项税收工作任务。面对日益复杂的经济发展趋势及纳税人数量的逐年增加，喀什地税始终将税收风险管理工作作为优化税源管理的重要措施，目前，喀什地税主要采取纳税评估的方法提升税收风险管理的能力，纳税评估流程如图1所示：

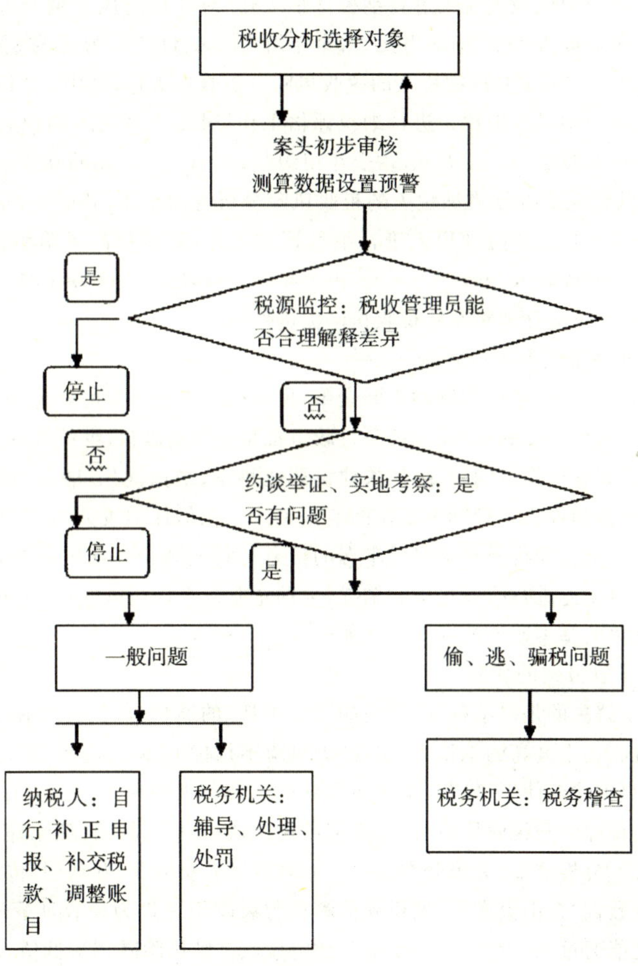

图1 纳税评估流程图

近三年喀什地税对现有的税收风险管理体系不断总结并完善，税收风险管理工作取得了一定成效，如表1所示。

表 1　　　　喀什地区近三年风险管理成效表

年度	风险应对户	风险等级及应对措施			风险管理税收（万元）	组织税收收入	税收风险成效占比（%）
		高风险	中风险	低风险			
		税务稽查	纳税评估	纳税辅导			
2014	629	3	566	60	13272.88	411283	3.2
2015	582	4	530	48	2542.12	420216	0.6
2016	820	6	678	136	6980.91	343382	2

2014 年喀什地税共计完成 629 户纳税人的税收风险分析管理工作，其中，对 60 户低风险户给予纳税辅导和培训工作，对 566 户中风险纳税人进行纳税评估工作，对 3 户高风险纳税人进行了税务稽查。通过税收风险管理，查补税收收入 13272.88 万元，占全年组织收入 411283 万元的 3%。

2015 年喀什地税共计完成 582 户纳税人的税收风险分析管理工作，其中，对 48 户低风险户给予纳税辅导和培训工作，对 530 户中风险纳税人进行纳税评估工作，对 4 户高风险纳税人进行了税务稽查。通过税收风险管理，查补税收收 2542.12 万元，占全年组织收入 420216 万元的 0.6%。

2016 年喀什地税共计完成 820 户纳税人的税收风险分析管理工作，其中，对 136 户低风险户给予纳税辅导和培训工作，对 678 户中风险纳税人进行纳税评估工作，对 6 户高风险纳税人进行了税务稽查。通过税收风险管理，查补税收收入 6980.91 万元，占全年组织收入 343382 万元的 2%。

（二）纳税评估和税收风险管理对基层税收执法促进作用

1. 利于推动税收执法部门职能的转变

随着市场经济的高速发展，经济体制的不断变革，税务机关作为重要的职能部门，其基本职能也随之转变。税务机关应顺应时代的发展，以深化税务行政审批制度为突破口，继续简政放权，着力推动管理理念、管理职能、管理方式和管理作风的转变，加快建设职能科学、结构优化、廉洁高效、人民满意的服务性税务机关。开展纳税评估和税收风险管理工作的前提是建立在信任纳税人可以自行依法纳税的基础之上，将纳税人申报的数据信息和税务机关自行掌握的信息材料相结合并加以分析，评估其异常申报而形成的税收风险点，及时对企业进行政策培训和辅导，辅助企业自查自纠风险点，充分体现了税务机关的人文关怀，使税收执法机关的基本职能向服务型职能转变。

2. 利于推动税收征管方式的变革

当前税务机关急于解决的是对纳税人“眉毛胡子一把抓”的通病，应该遵循诚实推定理念，将征管资源集中用于风险大、税收集中度高的纳税人，实现“无风险不打扰，风险高施重拳”，充分保障纳税人权益，只有实现征管方式的突破才能使纳税服务更优质高效的惠及广大纳税人。建立征管方式转变的运行机制，主要是全面实施纳税评估和税收风险管理，规范纳税评估和税收风险管理流程，健全税收风险管理平台和指标体系，实施统一分析监控、分级分类应对。同时落实大众创业、万众创新及“互联网＋税务”行动方案，建好用好税收大数据“金山银库”。纳税评估和税收风险管理作为税收征管的有力助手，其不仅具有预警性和前瞻性，更能通过及时地发现和反馈问题将税收征纳风险降到最低值，是确保税收执法高效，推动征管方式变革的重要手段。

3. 利于推进税收网络信息化建设

纳税评估及税收风险管理的过程从宏观角度分析便是对相关数据信息进行归集、筛选、审核、分析、预警、防范、控制的过程。因此，高质量的纳税评估及税收风险管理工作需要先进的现代化信息技术作支撑，科学的、完善的、规范的信息化数据处理平台是纳税评估及税收风险管理工作准确、及时、严谨的重要保障。近几年，我国税收体系的信息化建设进展日益完善，税收的信息化应用领域逐渐拓宽。纳税评估及税收风险管理很大程度上推进了税收信息化网络建设及税务人员的信息化操作水平。

4. 利于降低税收征纳成本

衡量税收执法工作效率是否高效的重要指标便是税收成本的高低。税收成本不仅包含税务机关在税收活动中人力、物资、财力等方面的经费消耗，也包含纳税人为核算、缴纳税金而承担的相关人员工资，信息咨询代理等经费。纳税评估和税收风险管理工作是税收征管工作的重要组成部分，其对纳税人的申报信息、申报行为发挥着监督、检查、预警等作用，进而及时发现并纠正税收征管过程中的漏洞，弥补薄弱环节，提高税收征管水平，另外纳税评估和税收风险管理为税收执法部门提供了广阔的纳税信息资源，通过对申报数据的评估和筛选，把日常税收征管工作与税收风险管理工作有机结合，为纳税评估明确方向和范围。另一方面，纳税人的纳税情况得以实时评估和监管，对异常申报和风险点得以及时纠正，为依法纳税提供了保障，有效地避免了因纳税错误而引起的罚款及滞纳金问题，降低了纳税人的纳税成本。

五、喀什地税纳税评估和税收风险管理探索

喀什地税在纳税评估和税收风险管理中取得了一定的成绩并收获了一些经验，工作成果明显。但通过对影响喀什地税基层税收执法潜在因素的分析，也有不少需解决和进一步完善的问题呈现在眼前，因此，喀什地税进一步强化纳税评估的水平和质量、加强税收风险管理能力是促进基层税收执法和谐发展的必要保障。

（一）打造“学习型”的税收执法队伍，提升税收执法水平

喀什地税在强化税收风险管理方面，应进一步完善基层税收执法人才队伍，努力打造“学习型”的税收执法队伍，营造良好的内部学习氛围，为基层税收系统提供人才保障。

（1）在培训内容上，除了对税收执法人员定期开展税务管理、财务管理等方面的基本技能知识培训工作，还应按照具体的职务分工开展专项的技能知识培训，扩大培训范围，对税收征管人员开展以“重点税源监控，提升纳税评估”为专题的培训，此外，还应调动税务人员学习的积极性和自觉性，鼓励其根据自身需求和兴趣选择经济学、计算机知识、信息管理学、职业道德等多领域的培训。

（2）在培训模式上，应采用灵活多样的培训方式，注重培训的效果，增强“教与学之间，学与学之间”的互动性，利用互联网技术、多媒体教学等手段将课堂开放化，通过不同部门间的相互学习和交流来提升每一名税务人员的综合能力，基层税收执法是税收工作的基础工作，其要求税收执法人员不仅有较强的理论知识，更需要丰富的实践经验，因此培训内容不能只是填鸭式的理论教学方式，而应结合典型案例分析、角色扮演等教学模式，鼓励税务工作人员实践操作演练，以提升税收人员的应变能力，不断提高职业素养和执法水平。

（3）加大对风险应对人员的培训力度和深度。对风险应对人员进行系统化、针对性培训，切实提高学习成效，提升纳税评估质量。

（4）加强税收执法的廉政廉洁，税务机关内部应强化对税务人员的廉政教育，通过宣传教育，展示腐败案例等方法，提高执法人员的警示性，做到税收执法廉洁自律，提高税收执法业务水平。

（二）充分发挥政府导向作用，构建综合性税收征管系统

喀什地税应逐步构建起以“政府领导为导向，以税务机关为主体，各部门相互配合，以司法为保障，保证社会全员参与”的综合性的税收征管体系。在新型的税收征管体制中，第三方涉税的信息系统是一个相对独立的系统，其提供的数据参考信息相较于纳税人自行提供的信息数据更具有客观性。因此，各级政府及相关部门应协助税务部门不断完善第三方信息系统，税务机关应加强对国税、工商、房管、国土、银行、社保等部门涉税、信息的采集，沟通协商涉税信息共享传递事宜，保障税务系统的工作人员能够及时、准确、全面、高效地采集涉税信息，清楚本地的税基，明确监管的税源，从而进一步解决税收执法涉税信息

采集渠道有限，税源监控不准确，税收风险管理不到位的问题。要做到以下几点。

（1）深化国地税合作，与国地税签订互相委托代证协议，联合国税局加强对大企业、重点税源的监控，协同制定风险管理计划，确定工作重点、工作措施和实施步骤，充分融合风险分析指标，共同梳理、共享涉税数据，共同督促、帮助企业防范税收风险，充分发挥国地税双方风险管理合作优势。

（2）与工商部门配合，加强对纳税人股权变更、注销等环节的涉税数据共享及传递，对“漏征、漏管”户及时开展风险推送。

（3）加强与银行等金融机构的配合，对企业运行的现金流实现税务和银行信息共享，使税务机关对企业信息全面掌握，不断提升税收征管的质量。

（4）加强与房管土地部门的信息交换，通过三方信息数据比对，核实纳税人申报数据的真实性，及时规避税收风险。

（5）加强与社保部门的配合，通过社保缴纳情况加强对高收入者个人所得税的监控。另外，进一步完善“电子”税务涉税信息采集平台，努力打造“国家级数据采集”平台，实现跨机构、跨行业、跨区域的涉税信息共享。

（三）保障纳税人合法权益，提升纳税服务机制

税收征管的过程是税务机关与纳税人合作的过程，纳税人是税收征管体系的中心，纳税人“自愿、主动、积极”的纳税行为是保障纳税评估质量，降低税收风险的必要保障。税收优惠鼓励纳税人享受减免税的权益，是调动纳税人积极、主动纳税意识，提高纳税人税收遵从度有效措施。因此，喀什地税应确保纳税人充分享受税收优惠政策，加大税收政策宣传力度，保障税负公平，以提高纳税人的税收遵从度。首先，税务机关应对纳税人加大宣传、教育、培训的力度，发挥纳税人网络学堂和实体纳税人学校作用，利用“微课堂”“微广播”“微视频”等形式，开展纳税辅导培训。加大对企业法人、财务人员的涉税政策的宣传和培训力度，并在对纳税人宣传、培训的过程中，做到内容有重点，对象有针对，使纳税人及时、准确地掌握税收优惠信息和政策，保障纳税人结合自身实际，充分、准确地享受税收优惠权益。在对于有办理期限和实效性的事项时，税务机关要充分利用网站、微信、QQ 等信息化平台及新闻媒体机构发布政策信息，提醒纳税人及时办理，并告知办理所需资料等。其次，应持续完善享受税收优惠的监督检查工作，对应享受优惠的企业进行实时的跟踪问询，确保纳税人充分地享受税收优惠权益；针对有特殊情况客观原因的，例如，需要企业管理者签字但因出差或其他客观原因造成的不能如期完成的情况，可以据实酌情分析后，给予一定的延期办理期限，使纳税服务不要被制度硬性捆绑，有利于维护纳税人的合法权益，使税收优惠政策落到实处，提高纳税人的税法遵从度。

（四）加强税源分级分类管理，提高重点税源监控能力

纵观喀什地区企业行业分布，第一产业、第二产业、第三产业均有分布，喀什地税应加强税源分级分类管理，找准税源分级、分类管理方法，提高税收风险管理，优化征管模式。首先，按照企业的规模大小进行划分管理，筛选大型税收企业设立专门的重点税源岗实施管辖，深入企业经营的全过程，全面掌握其上游、下游及关联企业的状况，详细分析其运营情况与税收的关联性，彻底扭转对大企业的看得见却摸不清的税收征管现状。其次，对中、小企业实施监管，通过广泛的收集涉税信息和资料，以市局为中心，建立不同的纳税评估模型，对不同行业、不同规模的企业建设不同的纳税评估指标体系，增强纳税评估的实效性。再次，对区域内的零散税源实施社会监督管理，因喀什地区内的零星散户分布较广，可把控性较低，单靠税收机关征管零星散户的税源，不仅税收征管要求难以全面落实，还造成了税收征管成本加大，因此，喀什地税应拓展税收管理的主体，完善委托代征工作，全面实施以社会为监管主体的税收征管模式。另外，按纳税人信用等级进行划分实施管理。纳税人纳税评估的结果为纳税人的“信誉等级”提供了客观的评判依据，税务系统据此对纳税人实行“差别化”的税收服务，根据纳税人企业的性质类别、行业特点、

规模大小等特点，因地制宜地提供专业化服务，采取合理征管方式；以高质量高水准的纳税评估报告作为标杆性、指导性的分析意见，用以指导和规范同类型、同行业纳税人的纳税评估工作。对无风险、等级信誉高的纳税人提供便捷办事窗口，为其提供优先、优质服务；加强对“低风险”纳税人的政策辅导及宣传教育工作，提升低风险纳税人办税能力和业务水平；对“高风险”低信用的黑名单纳税人，需加大监督的范围和稽查的力度。

（五）明确税收执法监督重点，完善税收执法监督考核机制

改进喀什地区税收文书制定不规范、税收政策执行不到位、执法监督缺失的状况，首先，应进一步明确税收执法监督重点：一是对税收征管的监督工作，主要针对监督未按期缴纳税金的纳税人是否加收了税收滞纳金，对滞纳金的征收计算是否准确；对核定征收的纳税人税收征管是否合理，对欠税户的管理是否得当。二是加强对减免税的监督，对申请减免的税收事项加以监督，分析其是否符合减免规定，所适用的税收政策是否恰当，减免程序是否规范，税收执法人员是否对减免税款按规定进行了跟踪的管理。三是加强对税务注销的监督管理工作，监督税务注销中所得税是否进行了准确的清算，应交税金是否按期缴纳，领购的发票等是否已经全部缴销等。其次，加强对税收执法工作的监督考核力度，保证税收执法程的程序规范化：一是进一步落实执法工作中的程序制度不折不扣地执行，不搞形式化，不搞简约化；税务人员要强化法制观念，严格遵守税收政策的时效要求，例如对“不予减税免税的批复、定额征收核定征收公示”等事项，做到既不超时也不走“人情税”违反规定提前办理，以此防范不规范的执法行为引起潜在的执法风险。二是还需进一步加强税收执法的监督考核工作，执法监督工作进一步精细化、透明化，鼓励各部门积极开展“自查自纠”，不断提高执法水平。

（六）完善金税三期风险管理平台，打造“信管税”风险预警系统

金税三期数据平台是一个涉税信息数据进行大集中整合的专业化、现代化的信息处理系统。因此，完善金税三期的税收风险管理系统，有利于对税收执法、征纳工作全过程、各环节进行具体分析和控制，形成了税收事前“预警”，税收过程“控制”，税后事项“监控”的全方位风险管理模式。加强金税三期风险管理平台需从以下几点开展。一是积极实现金税三期系统对跨行业、跨区域、跨机构的大数据采集和集中整合工作。大数据的集中整合工作可以有效地减少数据分析与评估反馈的时间，通过对同类税种的同行业经济类型的纳税人的本期纳税信息与以前年度同期的数据进行比对，从而为分析税收增减因素提供有力的数据支持，增强税收收入控制的可行性，实现大数据有效地为纳税评估、税收风险预警、税收风险控制提供服务，努力建设金税三期一体化的涉税信息风险管理体系。二是进一步完善金三风险管理平台的系统操作，强化其运行的稳定性，确保金税三期涉税信息的归集的准确性、完整性和真实性。三是加强金三风险管理平台对税收风险“监督、控制”的功能，通过信息数据的资源共享，有效地监控纳税人的经营状况，比对开票信息与纳税申报信息，发现问题，筛选异常申报，对纳税人进行及时的涉税风险提醒，一次排除税收风险点，最终实现金税三期风险管理平台贯穿于整个税收执法及征纳过程，全面提升税收风险预警能力。

课题组组长：高玉良

课题组成员：白凤丹　汪　昆　龚　岩　杜　倩

实行重大税收执法决定法制审核的探索与实践

张淑华

山东省山海天旅游度假区地税局深入学习贯彻落实党的十九大会议精神和全面依法治国基本方略，建立重大执法决定法制审核制度，通过组建专业团队，全程参与，协调联动，进一步提高了工作人员的法治意识，防范了税收执法风险，在推动法治地税建设方面取得了良好成效。

一、做好重大税收执法决定法制审核基础保障工作

(一)提高思想认识

要充分认识到重大税收执法决定的重要性和必要性。党的十九大报告明确提出，全面依法治国是中国特色社会主义的本质要求和重要保障，强调只有依法治国，建设中国特色社会主义法治体系，才能建设科学立法、严格执法、公正司法、全民守法的社会主义法治国家。从调查数据来看，各地地税机关目前仍然存在行政诉讼败诉的情况，究其原因，主要是由于执法部门的法治意识和法治观念较为薄弱，执法人员法律素养与专业法制人员存在较大差距，造成在日常执法过程中执法程序存在不同程度的不规范现象。因此，开展重大税收执法决定法制审核，强化执法人员的法治意识和法治思维，是一项迫在眉睫的工作。

(二)完善相关制度

按照要求，重大税收执法决定法制审核，执法单位在做出重大执法决定之前，必须进行法制审核，未经法制审核或者审核未通过的，不得做出决定。山海天地税分局根据区域实际情况，制定了《山海天地税分局推行行政执法公示制度执法全过程记录制度重大执法决定法制审核制度实施方案》和《重大行政执法决定法制审核办法》，进一步明确了法制审核的审核主体、审核范围、审核内容和审核程序等内容，规范法制审核的工作方式和处理机制，规定法制审核实现、法制审核意见与拟处理意见不一致的协调解决机制和责任追究机制，为重大税收执法决定法制审核工作开展提供制度保障。

(三)建立动态清单

此前，山东省地方税务局以清单形式列明重大税收执法决定法制审核事项，梳理出 26 项重大税收执法事项。在此基础上，山海天地税分局结合区域工作实际，全面梳理重大税收执法事项种类，将重大税务处理、重大税务行政许可、重大税务行政处罚、税务行政强制和一般反避税调查调整等重大执法决定纳入法制审核范围，延伸出了 36 项重大税收执法事项，并制定了动态预审核清单。同时，针对不同税收执法行为，明确具体审核内容和判断标准，编制《重大执法决定法制审核要素清单》，明确送审资料、审核依据、审核重点、审核时限，以及明确主要事实是否清楚、证据是否确凿充分、适用法律法规规章是否准确、程序是否合法、行政执法文书是否规范齐备以及其他应当审核的内容。

(四)建立专业团队

为加强重大执法决定法制审核机构和人员力量，从其他科室抽调了 1 名相关专业人员，与原有的 2 名法制部门工作人员组建法制审核团队，专项负责重大税收执法决定的法制审核。除了为重大税收执法决定出具审核意见外，存在争议、社会影响较大、可能存在滥用职权等问题的执法行为，同样属于法制审

核团队审核范围。在此基础上，分局还对外聘请了 1 名法律顾问，以充分满足分局法制审核工作的需要，保障执法决定的客观、公正。

二、协调联动，全面推进重大税收执法决定法制审核

(一)重大税收执法事项启用时同步介入

在税收执法决定法制审核程序启动后，执法部门拟定执法决定之前，法制部门提前介入协助执法部门拟定执法决定，提前规范审核程序。这一环节，执法部门的主要职责是纠正执法人员执法决定、执法文书、执法程序等方面存在的问题，确保每一项程序都符合规范，对于执法人员不合理不合规的执法决定或执法行为，及时提出合理意见，对于缺少的某些证据或资料，按照法制审核要求提醒、引导执法部门及时补齐，确保审核资料的完整，提高审核效率。同时方便在协助过程中了解执法决定的详细情况，弄清事件原委，协助执法部门收集有关证据，找出法律依据，有助于法制部门更加全面、深入地分析案情，为下一步法制审核做好准备，然后将执法决定提报至下一环节的法制部门进行审核。

(二)列席局长办公会议同步出具法制意见

在召开局长办公会议时，法制部门审核人员要在会前、会中、会后出具法制意见。会前，根据审核事项内容，查询相关法律规定，有针对性地对部门提交资料是否合法及程序是否规范进行审核，出具相关意见供局领导参考。会议进行时，法制人员列席会议，对该项执法决定的具体决定内容进行审核，提供法制建议。会后，相关部门针对法制审核决定的落实，法制部门同步参与提供法律帮助。尤其在采取税收强势措施以及税收保全等落实过程中，法制人员从文书制作、送达及执法过程记录以及执法权限、证据收集、资料留存等环节同步跟进，及时纠正问题。

(三)在重大税收执法决定落实环节同步跟进纠正

执法部门在执行执法决定过程中，法制部门陪同执法部门执行，提供法律协助不具有执法权，主要对执法过程中整个执法程序做进一步法制规范，对未按照法律规定程序执法的，应当及时提醒执法人员严格按照执法程序和法律要求规范执法行为，应当提醒而未提醒的，在后续追究责任时同时追究法制部门渎职责任。同时法制部门要确保税收执法按照最终决定实行，从法制角度规范执法人员的不规范行为，将每一次重大税收执法决定的执行情况形成“执法台账”，由执法部门记录执行情况，再由法制部门提出建议。目前，已登记执法记录 3 次，提出执法建议 11 项，均已整改。

(四)提出法制建议，推动规范执法长效化机制建设

一项重大税收执法决定从拟定到最终执行落实，法制部门的全程参与有助于其对整个工作流程有更加全面、完整的认识和了解。按照分局法制审核机制要求，当法制部门每次完成执法决定法制审核工作后，要结合实际、立足法制、站位全局，出具一份有操作性的整体工作改进建议，对发现的不规范、不合法、不合理问题的执法行为具体问题具体分析，出具改进意见和改进办法，指导有关部门改进工作，同时结合问题，举一反三查找问题隐患，排查风险，工作领导小组实时验收。

三、推进重大税收执法决定法制审核工作取得良好成效

(一)法制审核程序得到进一步规范，法制审核趋于常态化制度化

法制部门的全程参与，为审核程序提供了坚实的法制保障，在多项机制的协调运转下，审核程序得到进一步规范，执法部门严格按照法定权限和程序行使权力，执法决定的正确性、合法性、有效性得到了有效保障，避免了因程序错误导致败诉现象的发生。同时，通过细化法制审核各个环节，进一步规范法制审核程序，从细节处完善审核机制和审核程序，同时，越来越完善的机制有助于推动法制审核的常态化制度化建设。根据近段时间的运行情况，经过法制审核的执法决定更加准确、客观、合法，自实行法制审核以

来分局至今未出现过行政诉讼败诉等情况，切实提高了纳税人对执法决定的遵从度。

（二）进一步提高了执法人员的法治意识

随着法制审核工作的不断深入，各项工作在法制部门的协助下得到进一步改进，在潜移默化中增强了执法人员的法治意识和法治观念。通过对重大税收执法决定实行法治审核，执法依据、执法程序、执法责任进一步明确，执法人员自觉养成遵守相关法治法规的行为习惯，进而形成更加规范的税收执法，严格按照法定权限和程序履行执法职责。不断增强规范执法的意识，避免出现以往因法治意识不强、法治观念薄弱而导致的执法行为不规范等问题。特别需要注意的是，法制审核意见对执法部门能够起到一定的制约作用，在促进工作的同时，倒逼执法人员严格按照法律规定规范自身执法行为。

（三）进一步形成良好的法治环境，推动法治地税建设

营造良好的法治环境，打造法治地税机关品牌，需要法制部门的全力配合才能加以实现，通过加强各个审核环节的法制参与力度，充分发挥法制部门的职能作用，用法治思维和法律手段处理税收问题、抓好税收工作，规范执法程序，在全局形成了依法治税的执法氛围，优化了执法环境，从而使各项税收执法的法治化、规范化程度以及税法遵从度得到提高，保障各项审核程序有序推进以及最终执法决定的合法性和有效性，进一步推进了“法治地税”品牌建设，有法不依、执法不严、违法不纠等税收执法风险得到了有效缓解和遏制。

（四）进一步规范了税收执法行为

通过法制部门出具的法制审核意见，为执法人员进一步规范执法提供了可供借鉴的法制标准，帮助其有针对性的规范自身行为。审核结束时出具的工作改进意见，在帮助执法人员改进执法工作的同时，强化其运用法治思维和法制方式解决实际问题的能力。同时，法制部门的提前介入为后续审核减少了许多不必要的麻烦，节省了审核时间，提高了法制审核的审核效率，且各项工作通过法制部门的建议完善和改进，充分保障执法公平的同时，执法人员的工作能力和执法效率得到进一步提高。促进了以组织收入为中心的各项税收工作的开展。

（作者单位：国家税务总局日照山海天旅游度假区税务局）

职工队伍建设

推进税务机关内控机制建设的实践与思考

许满棠

内控机制建设是贯彻落实中央全面从严治党和全面依法治国的重要抓手，是推进实现税收现代化的重要保障。本文以问卷调查为切入口，深入分析税务机关内控机制建设面临的挑战，结合实践基础，从内控环境、制度、信息化和联动四个维度提出深化内控机制建设的建议。

一、税务工作人员对内控机制建设的认知与评价

通过对3511名税务工作人员开展的问卷调查结果分析，税务工作人员普遍认为，在国家税务总局内控基本制度和专项制度的框架下，基层税务机关内控制度操作规程正在细化，风险识别、风险定级和风险应对措施进一步优化，各项内控工作不断夯实。同时，由于内控机制建设是一个内容繁杂、结构丰富、层次多样的体系化工程，基层税务机关内控机制建设也面临着亟须突破的困境。

(一)内控价值认知较为正面，但宣传力度仍有待提升

据问卷反馈，税务工作人员对于内控建设的价值及作用给予了较为正面的反馈，其中，约65%的税务工作人员认为内控与取得的成绩之间具有保障与被保障关系；约59%的税务工作人员认为内控建设保证了工作的正确性；88%的税务工作人员认为内控能够发挥监督作用。从调查结果看，绝大多数税务工作人员充分肯定了内控对工作监督的积极作用。但同时，少数税务工作人员给予了“不清楚”和“无法评价”的判断，持模糊态度的人员主要集中在区局和分局，这说明基层税务机关的宣传培训力度还有待加强。

问卷设置了“您认为内控活动(风险的识别、定级和应对)与目前风控的关系如何”的针对性题目，其中977份认为两者不应区分，1158份认为前者针对内部风险而后者针对外部风险，918份认为两者应当区分但目前界定不明，458份认为两者应当区分但区分标准在于责任部门。从结果看，大部分税务工作人员对内控与风控的定位易造成混淆，这表明内控文化宣传仍需有效改进。

(二)内控制度建设扎实推进，但形式相对单一，闭环不足

分析发现，一方面基层税务机关在推进内控制度建设上做出了积极尝试，3191份问卷反馈被调查者所在单位制定了方案计划或者与其他工作结合开展，2719份问卷反馈被调查者所在单位设置专岗或兼岗，2973份问卷反馈税务工作人员了解自身岗位职责及规程要求。这说明基层税务机关内控制度建设基础扎实、组织到位，为下一阶段深入开展内控建设奠定了良好基础；但另一方面，税务工作人员认为内控制度清晰明确的只占20%，2414份问卷反馈在制度层面细化不足或可操作性不强，反映内控建设在制度的落地和细化上仍需不断强化。

(三)内控信息化建设力度加大，但与工作人员的需求仍有较大差距

为了解内控建设的薄弱环节，在问卷中特别就内控建设资源投入意向进行了摸查，其中，支持加大信息化建设(包含内生化建设)的达到2428份，制度建设611份，宣传培训458份，其他选项14份，这反映出基于风险控制、执法监督的价值取向，税务工作人员尤其是基层工作人员对于内控信息化功能的迫切需求及对信息化建设的高期望值。

（四）“朝深里做、朝宽处拓”内控推进动力尚显不足

1. 内控成果运用不深

目前各主责部门在业务流程中设置了内控节点，制定了防控措施，但是内控节点和措施是否起到了预期效果、是否有效防住了风险，仍缺少可靠数据和直观载体进行反映。内控结果的运用更多地体现在人事管理中，即通过追责和绩效扣分，影响人事考评结果和评先评优等，真正实现整改以点带面的责任单位比较少，能由内控发现问题上升到制度完善建议的更少，反映出目前内控结果运用还未深入触及管理深层次。

2. 风险防控联动不强

随着税收征管改革的深入推进，内控措施必须根据政策和流程而动态调整，但目前防控措施制定者与防控成效体验者之间缺乏常态化互动，风险应对反应不够灵敏，防控措施动态调整不够及时。

3. 内控人才储备不足

内控机制建设是一项长期而复杂的系统工作，但从现状看，内控管理部门的人才储备仍显不足，集中体现在专业化、复合型人才欠缺，基层单位基本是兼岗，加事不加人，人才阶梯培养有待加强。

二、税务内控机制建设新的实践与探索

近年来，税务系统稳中求进，探索深化内控机制建设，坚持以服务税收中心工作为落脚点，以组织、制度、宣传、信息化为四大基础体系，形成内控实施、评价、调整、优化的闭环管理；以“项目管理”为手段，细化工作清单，分解任务、压实责任，形成市局机关基层齐抓共管、上下联动的良好态势。

（一）持续优化内控环境

1. 以完善的组织体系打好内控基础

各级税务机关普遍成立了以主要负责人任组长、其他局领导任副组长、各部门主要负责人为成员的内控工作领导小组，统筹、部署和指导全市国税系统内控工作。同时在督察内审处增设了内控组或者指定专人负责内控工作，在各单位、各部门设置内控岗。组织体系的完善明确了工作目标和分工，有效推动内控机制建设工作。

2. 以全面的内控制度搭建控制网络

根据税务总局内控基本制度，许多基层税务机关制定了内控机制建设工作实施方案，以健全内控组织体系、完善内控操作规程、创新信息化手段、营造内控文化氛围为重点，全面推进内控机制建设。制定了内控评估、监督检查、考核评价及结果运用等实施办法，并以专项制度为统领，制定内控制度操作指引。有的税务机关制定的行政管理内控指引涵盖了政府采购、财务管理、政务管理、人事管理等方面，通过规范管理和事后监督，形成有效的内控机制，并结合巡视、监察、审计发现的问题进一步完善内控链条；税收执法内控指引严格落实岗责分工原则，对不相容岗位与职责进行了有效设计，明确了税收业务办理流程和指引，细化办理时限，并通过知识管理平台分享，使工作人员依规履职，提升流程内控效果。

3. 以良好的内控文化提升风险认知

良好的内控文化氛围是内控机制持续有效运行的前提，是防范执法风险、廉政风险的重要保障，许多基层税务机关将内控文化宣传与培育工作列为内控机制建设年度重点工作，加强培训及信息发布，开设“内控机制建设”专栏，打造内控文化宣传阵地。通过微门户等便捷平台进行问卷调查，摸底的同时加强全面宣传。许多基层单位还印发专刊，利用“微信企业号”推送内控建设举措，提高内控认知水平。

（二）大力推进内控信息化建设

内控监督平台的全面推广应用，有效提升了内控机制建设的质效，带来内控机制建设新飞跃。一些税务机关还利用金税三期、财务内控信息化平台、内控机制防御和管理评价（RED）等系统开展补充风险

防控，建立起事前预警控制、事中实时提示、事后监督问责的风险动态监管体系。如，许多基层税务机关上下联动、结对开展内控指引编写，梳理风险事项，提出信息化控制措施，全面实施操作软件内控内生化。并针对督审发现的新问题，及时统筹协同有关部门和基层单位深入剖析原因，提炼形成新的风险指标。在指标的具体设置上，贴合政策变化及时提出新的指标，关闭不适用的指标，形成科学、系统的指标闭合管理架构，实现了监控全面化和规则应用普遍化，提升了整体执法水平，防范了执法风险。

（三）加大内控管理力度

1. 以“新”引领，提升督察审计内控服务效能

近年来，根据国家税务总局“监督焦点越聚越准”的形势判断和“聚焦中心加强执法督察，突出重点加强内部审计”的工作部署，基层税务部门积极做好“营改增”试点政策落实等专项执法督察，加大遵守财经法纪情况审计。主动立足改革、适应改革、参与改革、服务改革，用新思想、新观念、新要求开展督审工作，融合税制改革、税收征管体制改革以及作风建设等中心工作。督察审计的范围不断扩大，重点更加突出，时效不断增强，揭示了新的税务风险，为加强内部控制提供了丰富素材。

2. 以“准”定标，深化督察审计内控成果运用

一是精准分析，推进服务决策。以近年的专项督审（调研）项目为基础，不断拓展专项督审力度和成果运用深度。二是定准责任，注重风险防范。以税收执法责任制为抓手强化绩效考核，进一步明确工作目标、任务，细化考核指标，查清问题、定准责任，实现税收执法责任制与绩效管理的有机结合，每年开展“回头看”等工作，将查问题、提建议、抓整改与完善制度、强化管理、深化改革结合起来，建立了检查、整改、教育、改革一体化的长效机制，为加强内部控制探索新路径。

3. 以“合”聚力，有效整合督察审计内控资源

建立监督检查工作统筹机制和联席会议制度，以“机制＋流程”为抓手，推进内控资源整合，加强各部门在内控资源整合、项目筛选、问题整改等方面的协同。建立覆盖各基层单位的督审人才库，以“人才库＋项目”为着力点，推进内控人才融合，实现多专业有机融合、多层级优势互补、多部门高效协同。以“平台＋模板”为依托，借力各征管系统及风控平台，全面应用内部审计系统，试点运行督审平台等推进内控信息聚合，不断提高疑点数据挖掘分析效能和应用深度、准度，着力打造智能内控。

三、加强税务机关内控机制建设的思路和对策

加强税务内控机制建设，要按照“朝深里做、朝宽处拓”的要求，从体系化入手，按照“制度＋科技＋文化”的思路，打造内控闭环。

（一）优化内控环境

完善内控组织体系，梳理岗责问题，明晰内控岗位性质及其与业务岗位的关系，完善岗位流程。同时应从岗位兼容性、排他性和独立性等方面考虑，充分保障岗位人员施行岗位职责的可行性，避免权责不清。着力培育内控文化，将内控文化建设与组织文化统筹考虑，有效融合，突出内控文化的密集和多样宣传，通过微信、网站、宣传板报、座谈会、分享会等形式，不断夯实内控文化建设阵地，达到“润物细无声”的宣传效果。

（二）完善内控制度建设

在制度空白领域实现自主创新。按照国家税务总局分层制定内控规则的思路，抓住税务上下级制度完善的时间差，结合内控建设经验，在制度空白处发挥主观能动性，填补和丰富内控制度。一是完善行政管理类的内控制度。全面梳理市国税局层面的工作监督制度，对制度进行“净化”和“纯化”，去芜存菁，形成关系密切、结构合理的监督链条。二是形成“统而有度、分而有序”的制度建设机制。以体系化为目标，由内控领导小组确立各项内控制度的分层关系，专项工作组制定原则性、纲领性制度，主要责任部门制定

业务范畴内的内控制度并报领导小组备案，各基层单位根据市局确立的原则，以创新试点为要求，探索制定个性化、特色化的试行制度，使制度建设呈现“层级分明、权责明晰、有统有分、百花齐放”的试点效果。

完善辅助性制度建设。综合考虑制度体系的完整性和稳定性，填补辅助性制度。一是明晰容错机制。以绩效为导向，市国税局各处室、基层税务机关的创新性制度，只要其在可行性评估中具有增益价值，即使最终结果未如预期，仍给予绩效的肯定性评价。二是突出激励机制，在专栏集中展示内控机制建设成果。三是构建内控自我评价机制。增加定期回头校验的自我评价机制，对具体控制制度、措施、风险处置进行综合性评价，提出改进意见或建议，为局部内控的停废、优化提供参考数据，实现制度试点效果的闭合跟踪。

（三）强化内控信息手段

进一步强化内控信息化建设，在“精准”上下功夫。一是全面实现应用软件内控功能内生化。将内控措施嵌入税务应用软件，实现职责分工、不相容岗位（职责）分离、授权审批、流程、公开运行、痕迹记录等控制措施的信息化。二是提升优化 RED 系统。通过升级 RED 系统配置，优化运行环境，扩大数据库容量和提高系统内存等方式，增强系统的稳定性。同时，扩大 RED 系统覆盖范围，扩充数据源，使监控指标更精准更全面。三是实现与内控监督平台的有效衔接，持续改进和完善平台，扩充和完善平台指标，实现内控覆盖面再扩大，有效发挥内控监督平台的“控制、督审、纠偏、评价、推送”作用。

（四）实现内控拓展联动

一是加强联动和协同，将内控融入各项税收工作的组织筹划、制度建设、信息化建设、监督检查等环节中。二是推进内控主责部门与管理部门的协作，及时推送、核查疑点信息，反馈内控建议和内控措施。三是加强内控评估与改进的结合，根据内控评估发现问题及时完善内控措施。四是实现业务人才与内控人才培养的结合，尤其强化信息化数据分析人才、资深政策执行人才的投入和配置，确保内控工作的专业化和系统化。

（作者单位：国家税务总局广州市税务局）

运用数字人事助推税收现代化

李廷廷

2014 年 6 月,国家税务总局提出干部数据化管理的理念和设想后,税务人历经调研论证、制度起草、模拟验证、开展试点、完善优化等多个环节的艰辛探索,一步一个脚印地迈出了人事管理创新的坚实步伐。2017 年 1 月 1 日起,国家税务总局部署,在总局机关和国家税务局系统全面推行数字人事工作。数字人事管理的开篇、探索与推进,是税务系统贯彻落实中央全面从严治党、建设高效廉洁干部队伍的重要举措,是适应新时代的需要、推进税收管理现代化的重要抓手与工作创新。

一、数字人事管理是新时代税务队伍建设的必然要求

中央历来高度重视干部考核管理,在长期实践中形成了一套行之有效的制度和做法。特别是党的十八大以来,中央对此作出一系列决策部署。习近平总书记指出,考察识别干部,功夫要下在平时,并注意重大关头、关键时刻;要坚持全面、历史、辩证看干部,注重一贯表现和全部工作;要精准科学选人用人,等等。这些重要论述,为做好干部考核管理工作指明了根本方向,提供了重要遵循。

一支高素质的公务员队伍,是治国理政的重要组织保障,是实现税收现代化的必备条件。税务系统是国家重要的行政管理和执法部门,全系统干部近 80 万人,约占全国公务员人数的 1/10。队伍庞大、层级多、分布广,基层单位 3 万多个,队伍管理的难度很大。在这样的背景下,如何贯彻落实好总书记的讲话精神,创新干部队伍管理、推动干部队伍建设,怎样真正公平公正、客观实际地选好人、用好人,一直是国家税务总局党组思考和探索的重要课题。

数字人事管理的探索与创新是时代所需、使命所系,是落实党中央加强干部队伍建设的必然要求,也是新时代打造高效廉洁税务干部队伍的必然要求。国家税务总局王军局长在江苏调研时指出,全国税收部门的数字人事改革,助推了新时代税收管理体制改革的快速发展,取得了良好的社会效果。通过制度和机制,促使税务干部永葆一身正气,一生正气,做到一生向上,一心向善。这一系列创新干部管理机制的出台,对于促进税收事业科学发展和税务干部全面发展,具有里程碑式的意义。

二、数字人事管理需要把握的基本要素

数字人事,是将现行主要按"事"制定的一系列干部管理法规制度,转化为按"人"归集的考核指标。通过将每一位税务干部的日常工作、学习、成长的轨迹和考核成绩记录并累积下来,形成"个人成长账户"大数据,实现干部考核管理日常化、多维化、数据化、累积化和可比化。从而为干部的实绩评估、提拔任用、考核问责和能上能下等提供全面、科学和准确的参考。

按照 2016 年 5 月国家税务总局出台的现行税务系统数字人事实施办法(试行),数字人事框架结构包括"一个基础、四个支柱、一个平台、一个顶子"。

"一个基础"指职业基础。考核每一名干部的任职基础,重在把好公务员招考质量关,并督促其从初任培训开始就不能懈怠,扣好从税的"第一粒扣子"。

"四个支柱"分别是指平时考核、公认评价考核、业务能力考核和领导胜任能力考核。旨在引导干部

把精力用在平时，提高日常工作业绩；引导干部自觉接受内外部的监督，厚植良好的群众基础；引导干部潜心钻研业务理论和知识技能，提升履职能力；引导领导干部德才兼修，敢于担当负责，发挥“领头雁”作用。

“一个平台”，就是开发运行数字人事信息系统。把制度规定固化到软件中，把大量工作交给计算机解决，凡是计算机能操作的，就不用手工；系统能自动生成的，就不重复录入，实现从制度设计“全”到软件操作“简”的平滑衔接，提升数字人事工作的便捷性和实用性，避免给税务干部增加负担。

“一个顶子”，就是数据应用。将数字人事数据作为重要参考，应用到干部年度考核、评先评优、选拔任用、交流调整和能上能下等干部管理工作中，树立正确的选人用人导向。

三、数字人事管理开展情况及存在的问题

数字人事工作自 2016 年年底在河南省国税系统全面开展以来，传统的“评官”“评政”“管人”方式宣告结束，覆盖全省 2.2 万人的全新的数字管人方式拉开了帷幕。从整体推进一年多来的情况看，河南省税务系统数字人事管理工作可以说是：领导重视，措施得力，运行平稳，效果良好。

（一）从提升干部认识入手加强宣传和培训

开场抓认识。全局上下采取会议动员、播宣传片、挂横幅、出专栏、发简报等方式，形成氛围、凝聚共识、转变观念。在培训工作方面，通过开展专题培训、模拟演练、随堂测试，让各级干部掌握操作技能。在宣传工作方面，在利用电视、报纸等新闻媒体专题报道的基础上，还创新性地借用各种娱乐节目宣传数字人事、运用数字人事辩论赛等喜闻乐见的形式，更直观生动地展示数字人事这一新生事物，引发广泛关注和共鸣，为数字人事管理的实施打下良好基础。

（二）干部队伍管理迈入数字化的新时代

数字人事工作的推进从无到有，成效明显。借力大数据，将税务干部相关信息整合到一个完整开放的系统中，形成涵盖目标管理、日常考核等内容的整体联动考核体系。数字人事解决了税务系统长期以来存在的干部管理条块分割、软件林立、信息分散封闭等突出问题。坚持“数据质量是数字人事生命”的理念，不断提高数据的完整性和准确性。数字变活，数据变准，一数多用，数据共享，从而使数字人事更具生命力。

（三）数字人事丰富了“互联网＋税务”的内涵

数字人事既提升了干部管理水平，又助推了税务工作顺利开展。开发数字人事信息系统，把制度规定固化到软件中，把大量工作交给计算机解决。“互联网＋税收征管”实现了数字化管税，“互联网＋纳税服务”实现了数字化服务，而“互联网＋人事管理”则催生了数字化管人的新变革，并且可以促进和推动互联网时代税收管理的新成效。

（四）数字人事激发税务干部队伍的活力

白纸黑字，真实公开。依托数字人事系统，运用数据管理思维和信息技术手段，全面实时记录税务干部的职业基础、业务能力、领导胜任力、日常绩效、公认评价等各方面数据信息。同时，用好数据活字典，将数字人事结果作为选拔任用的“千里眼”、年度考核的“刻度尺”、评先评优的“坐标系”、人才培养的“导航仪”。通过大数据分析，客观反映和评价干部综合表现。数字人事激发活力、严管善待的作用逐渐显现。

（五）数字人事推进中存在的主要问题

数字人事工作虽然推进平稳，进展顺利，但距离上级要求还存在一些差距。一是工作开展不够平衡。少数税务机关和税务干部对推进数字人事制度改革的必要性和紧迫性的认识不够到位，数字人事改革推进的力度不够到位，存在被动应付跟着走随大流现象，工作成效不够明显。二是工作完成质量不够高。

少部分同志在撰写工作纪实时简单复制，没能真实反映个人当周完成的工作。撰写个人自评时也是简单写成“完成任务”或“较好完成任务”，而不是客观地总结分析当月工作任务的完成情况。三是工作中有不负责任现象。个别领导在“领导评鉴”工作中，不是按照同志们的业绩进行工作评价，而是图省事当好人，评鉴出现有雷同和平均主义的现象。当前数字人事管理工作正处于全面铺开、优化提升阶段，这些问题和不足之处需引起各单位的重视。

四、以数字人事管理助推税收现代化

税收现代化是税务系统的不懈追求，数字人事是助推税收现代化的创新工程。改革只有进行时，没有完成时，思想解放、观念更新永无止境。新的一年，要不忘初心、牢记使命，锐意改革，更加精准地贯彻国家税务总局的部署，在数字人事管理与助推税收现代化方面，思想再解放、改革再深入、工作再抓实。

（一）站位要高

全体国税干部要从落实中央全面从严治党的政治高度，准确把握、深刻理解数字人事的核心要义和基本内涵，深刻认识推进数字人事制度改革的必要性和紧迫性。各级领导站位要高，要更加注重运用宣传引导方式，充分发挥舆论宣传在推动重点工作落实中的作用。要搭建多种宣传平台，把宣传与数字人事制度改革、助推税收现代化等结合起来，推介带有共性的经验做法，纠正部分基层干部认识上的偏差，加大对数字人事制度改革推进中过程的跟踪宣传报道，把思想认识真正统一到国家税务总局的工作部署上来，为推行数字人事改革营造良好的氛围。

（二）要求要严

数字人事是推进干部管理制度体系的重大改革，任务艰巨，责任重大，必须要从严要求，从严管理。各级党组要统筹谋划，认真研究，明确责任分工，细化目标任务，严格落实责任，精心组织推进。各职能部门要在党组的统一领导下，分工协作，紧密配合，按照时间进度要求认真完成各阶段工作任务。各项目组要分工负责，切实加强组织和宣传，形成齐抓共管、协同作战的工作局面。各相关部门领导要切实增强政治自觉和责任担当，带头做好数字人事工作。每一名干部职工都要积极参与，认真操作，自觉记录工作纪实，做数字人事工作的参与者、促进者和推动者。

（三）推进要稳

数字人事改革创新，任务重、要求严、参与广、难度大，要平稳有序扎实推进。要保持干部思想稳定，及时了解思想动态，强化思想政治工作，积极正面引导，加大宣传力度。要按照工作部署，确定好路线图和时间表，扎实推进，保质保量，提高效率，确保数字人事制度全面落实到位。要加强工作指导，坚持问题导向，及时研究解决各种制度、软件和操作问题，促进数字人事制度和软件不断完善提升，确保推行工作平稳有序。

（四）成效要实

推行数字人事涉及面广，内容丰富，必须加强与其他工作的衔接配合，确保取得实效。要将绩效管理与数字人事深度融合，充分发挥绩效管理管事与数字人事管人的双重作用。在推进工作中，要将个人纪实、领导评鉴工作、工作考核与干部日常管理有机结合，教育引导干部注重平时积累，在日常工作中敬业奉献、恪尽职守。要强化数字人事成果运用，准确掌握每名干部的日常工作情况，直观把握每名干部的发展轨迹，从中发现干部成长的内在规律，客观、动态地评价干部，在选拔任用等工作中，树立用群众满意的干部、凭实绩能力用干部的正确导向，引导干部在提升自身素质和真抓实干上下功夫、见实效。

（五）总结要常

数字人事是一项新的系统工程。但凡一项改革与创新，都会有一个摸着石头过河的过程。创新没有现成的经验可以照抄照搬，没有既定的模式可以复制推广，要拿出有底气、接地气的办法措施，唯有在实践中完善，在完善中提高。这就需要坚持问题导向，做好总结工作。走数字人事改革新路，在实践中总结推广完善，在运行中调整修正改进，注重阶段总结，及时助长补短，有利于运作程序简洁实用，有利于评价导向公正科学，有利于助推工作事半功倍。同时，也为今后数字人事长效机制的建立打下基础。

数字人事是现代人事管理工作发展的新阶段，与传统的人事管理模式相比，其优势显而易见。在新时代充满机遇和挑战的今天，充满新活力新动力的数字人事管理加盟，必将助推河南国税在人事管理中实现人尽其才、才尽其用、人岗相宜的管理目标，必将为助推河南经济顺利转型和稳步发展做出新贡献。

（作者单位：国家税务总局河南省税务局）

关于鄂尔多斯市国家税务局数字人事运行情况的调研报告

国家税务总局鄂尔多斯市税务局数字人事课题组

2017年是数字人事系统上线以来完整运行的第一年，也是个人绩效成绩按照数字人事年度考核得分来计算的第一年。截至2018年2月28日，内蒙古自治区鄂尔多斯市国税局已经完成了2017年度数字人事的全部工作，在此基础上，通过对市局机关各科室、3个市局直属机构、15个旗县区局的领导班子成员、环节干部、普通干部进行走访调查，收集各单位对绩效的意见反馈等形式，全面了解当前数字人事运行和开展情况，找出其中的不足及其背后的原因，为今后数字人事工作提供有益的参考和借鉴。

一、数字人事运行现状

数字人事系统是在原有的以完成工作任务为核心内容的绩效管理体系的基础上，加入领导评鉴、现实表现测评、年终测评、“一报告两评议”测评、廉政测评、外部评价等环节，使得干部职工的年终绩效不仅反映工作任务完成情况，更体现干部职工在德能勤绩廉等各方面的发展情况，使得上级领导和人事部门能够更加全面地了解干部职工，为后续的干部选拔任用提供重要参考。

2017年鄂尔多斯市国家税务局数字人事工作逐渐步入正轨，按照时间节点顺利完成了全年的各类测评和评鉴，具体情况如下。

（一）依据数字人事的年度考核得分确定个人绩效成绩

按照区局的统一部署，改变过去绩效管理从部门扣分到个人以确定个人绩效的传统做法，转而运用数字人事的考核得分作为个人绩效成绩，并按照人员类别、所属部门和实际工作情况针对不同职务层次的干部职工科学设定划段分组，按成绩由高到低进行划段，前40%为一段，其余为二段，最后分部门对本人的绩效结果进行反馈。数字人事使个人绩效结果更加严谨，避免过去人为协商轮流评优的状况，进一步提升绩效考核结果的可信度和认可度。

（二）在年底评先选优和干部选拔中运用数字人事考核结果

数字人事是国税系统“管好干部，带好队伍”的一项重大举措，在运行之初就一直强调对数据结果的运用。鄂尔多斯市国税局在绩效划段结果确定之后，就将“绩效为一段”列为年底评选优秀公务员和选拔正科级领导干部的必要条件，将绩效结果与工作激励和晋升直接联系起来，落实数字人事的考评管理作用，发挥“数字人事管干部”的激励作用。

（三）在全单位形成了讨论数字人事学习数字人事的热烈氛围

数字人事是一套全新的绩效管理考核和干部管理体系，由于之前缺乏实践应用，部分干部职工对数字人事不够关心，或者没有能够充分理解数字人事系统的管理理念和记分规则，但是随着年底数字人事绩效管理功能的逐渐应用，在全单位自发形成了关注数字人事、讨论数字人事、学习数字人事的热潮，数字人事系统逐渐被广大干部职工了解和接受，成为绩效管理和干部管理的重要环节之一。

二、数字人事运行中产生的问题及其原因

作为一种全新的考核方式和人事管理理念，数字人事的运行仍处在探索和完善阶段，由于现实中各

个旗县区人员状况的复杂性，数字人事在实际运用的过程中也遇到了如下问题。

（一）部分干部职工反映绩效考核结果不能够客观体现实际工作表现

如表 1 所示，从 2017 年数字人事各项成绩分配的权重来看，主观性打分成绩所占的比重较高，其中领导班子正职的比重最低，占 45%，而其他人员的比重最高，占 86%，可以说主观打分成绩基本可以直接决定年终个人绩效成绩的优劣。但以此认为数字人事的绩效成绩不客观、不公正也有失偏颇。

表 1　　2017 年鄂尔多斯市国税局数字人事个人绩效各项成绩权重分配表　　单位：%

人员分类	客观成绩	主观成绩					合计
	组织绩效挂钩得分	工作任务完成得分	现实表现测评得分	年终测评	一报告两评议得分	廉政测评得分	
领导班子正职	49	7	14	9.6	4.8	9.6	45
领导班子副职	35	14	21	9.6	4.8	9.6	59
部门正职	35	14	21	24	—	—	59
部门副职	21	21	28	24	—	—	73
其他人员	7	35	27	24	—	—	86

由于数字人事管理的基本理念是对干部的德能勤绩廉进行全面动态化的考核评价，部分指标很难像完成工作任务情况一样列出明确的定量化的指标，例如个人的政治品质、道德品行，很难用具体次数的某种特定行为来衡量，而作为朝夕相处的同事，对于同事的政治品质和道德品行反而能够做出更加全面和客观的评价，因此在数字人事中引入主观定性评价指标是必要的。但是在实际的运行和评价过程中，由于参评人员个人素质参差不齐和评价范围有限等原因，出现了主观评价成绩无法完全反映实际情况的问题，其原因具体表现为。

1. 关于测评指标定性评价的标准和方法缺乏深入培训

以现实表现测评为例，主要关注政治品质、道德品行、改革创新、依法行政、服务群众、担当作为、能力水平、勤勉敬业、廉洁从政、工作作风十个方面的指标，并设置好、较好、一般、差四个档次的评价标准，由于参加测评的人员众多，每个人心中对于这十项指标四个档次的评判标准各不相同，这就造成每个人给出的成绩主观性较强，难以比较。

2. 基层税务局人员较少，测评范围较小

旗县区基层税务局普遍存在各股室人员人数较少的情况，部分股室只有一个人或者两个人。依据现行自动生成的测评关系，如果一个股室只有一名干部的人员类别为其他人员，则这名干部的现实表现测评得分和年终测评得分完全来自一名分管局长或者部门正职的打分，换句话说一个人就可以直接决定该名干部 52%的个人绩效得分。受限于单个个人信息掌握和认识能力的局限性，在这种情况下就容易出现主观定性打分结果的偏差。

3. 单位内人员关系平衡倾向性的客观存在

单位内部的同事每天朝夕相处，为了维持良好的人际关系，客观存在着互相打分趋于平衡一致的倾向。在这种倾向的影响下，主观打分不再以干部实际表现为依据，而是以相互之间的私人关系或者感情为依据，部分干部给所有人的打分成绩都一致，从而造成绩效成绩得分都一样，没有区分度的结果。

通过上述分析可以看出，主观定性测评是实现全面绩效考察不可或缺的环节，但是在实际推行过程中的具体情况会导致主观定性测评结果与实际工作表现不一致的问题。因此不应该直接否定主观测评的公正性，而应该着力提高主观测评实施的科学性和有效性。

(二)弱化了干部对绩效责任落实的重视力度

数字人事在原有绩效考核的基础上增加了对干部其他方面的考核内容,这在实现了更加全面考核的同时,也在客观上弱化了绩效考核对个人年终绩效结果的决定作用,进而导致部分干部职工降低了对绩效责任落实的重视程度。而造成这一现象的原因主要有两个方面。

1. 数字人事采用组织绩效成绩,即因个人工作疏漏而造成的绩效扣分不再明确扣分到个人,而是由干部所在部门的所有人员共同承担,这样就弱化了绩效责任明确到人的原则,同时对于其他人员而言,组织绩效成绩只占最终成绩的7%,这就容易导致其他人员进一步降低对工作任务完成情况的关注度。

2. 各个旗县区单位的组织绩效计算标准不统一,按照绩效管理工作的要求,各旗县区国税局在市局下发的绩效指标的基础上,根据本局管理需要各自制定了不同的绩效管理方案,增添了不同的绩效考核指标,这就造成了不同旗县区局干部职工最终的组织绩效成绩标准不一致,从长期发展来看,不同旗县区局干部职工在后续的选拔竞争中不可避免地需要进行横向绩效成绩比较,组织绩效成绩考评标准的不一致则会降低绩效成绩的可比性。

(三)划段方案不能完全体现部门绩效成绩

在原有绩效管理制度下,部门绩效优异的干部职工可以在个人绩效划段时分配到更多的一段名额,而现行的划段方案中所有科室和股室一律按照40%来评定一段。这样就造成干部职工过度关注科室或股室内部竞争而忽视部门整体绩效的提升,挫伤干部职工的工作积极性和凝聚力。

(四)对学员和工人的管理缺位

由于各旗县区人员流动性较大,人员短缺等问题长期存在,各单位的学员和工人与公务员一样需要承担绩效工作任务,进行绩效考评,但是在数字人事的绩效成绩划段中学员和工人不参与划段,这就造成了对学员和工人绩效管理的缺位,这样一方面导致学员和工人年底评选先进工作者没有绩效依据,难以进行干部考核,另一方面也降低了工人和学员的工作热情和责任心。

三、对数字人事工作的建议

(一)提高主观定性测评结果的科学性和公正性

对干部职工进行主观定性测评是数字人事考评的重要组成部分,也是不可或缺的必要环节,为此需要着力提高主观定性测评的科学性和公正性。

1. 加强对干部职工,特别是领导干部测评能力的培训

测评主体测评能力的高低直接关系着测评结果的准确性和公正性,在主观定性测评成绩比重较高的设定下,全体干部特别是领导干部都有必要系统提高主观定性测评能力,为此可以引入参照框架培训来提高测评结果的质量。参照框架培训通过使评价者彻底熟悉需要被评价的各种绩效维度来提高评价结果的准确性。具体而言首先要通过评价者共同讨论明确每项测评指标中好、较好、一般、差的标准分别应该达到什么样的程度或有至少包括哪些行为,然后通过对评价标准进行训练和测试让评价者能够迅速判断哪些行为属于好的等次,哪些行为只能属于较好的等次,接着对每次测试的评价结果进行讨论,在反复几次后共同形成比较一致的评价尺度和标准,从而实现主观定性测评能力的提升。

2. 应扩大测评主体范围,实现测评成绩多元化

每个人都有信息掌握和认知能力的局限性,增加测评主体的数量则可以有效避免主观测评结果的偏差,有效提高测评结果的公正性和客观性。为此,应该在现有自动生成的测评关系的基础上,进一步增加测评关系。特别是针对旗县区基层国税局人数较少的部门,应该以工作关系为基础,除了按照直接上下级管理关系进行测评外,还可以将与工作内容对应的市局主管科室、经常进行协作配合的单位内股室的人员也作为测评主体参与对干部的测评打分,从而获得更加全面客观的测评成绩。

3. 加强宣传教育,营造客观公平的测评氛围

受传统文化的影响,单位内部人际关系取向和平衡性打分取向一直以来都客观存在。为了确保实现主观定性测评结果的客观性和公正性,在后续的工作中需要加强客观测评给分的宣传,在每半年或年终需要进行测评给分的时间节点通过召开集中宣传引导或对领导干部进行单独谈话等方式,提高干部职工对主观定性测评给分的重视度和责任心,营造良好的测评打分氛围。

(二)加强绩效责任落实,统一绩效管理标准

进行绩效管理的核心意义之一就是为了发现工作中的不足并进行进一步改进,为此在关注主观定性绩效的同时也不能放松对工作任务完成情况和完成责任的落实。

1. 要进一步强调绩效责任落实到人

虽然数字人事绩效成绩中使用组织绩效,但是绩效管理过程中依然要将绩效责任明确落实到个人,并且在每个季度及时反馈绩效扣分情况,定期开展绩效问题反馈和改进工作,确保改进责任落实到个人,持续提升工作完成质效。

2. 统一全市范围内各部门和单位的绩效管理方案

根据数字人事对组织绩效成绩的需要,在全市范围内统一制定组织绩效的考核指标和计分规则,提高各旗县区干部职工绩效成绩的可比性。

(三)细化个人绩效划段方案

对部门绩效表现优异的科室或股室适度提高一段比率,引导干部职工关注部门整体绩效,从而形成同舟共济、团结向上的良好工作氛围,进而提升整体工作质效。

(四)将工人和学员纳入数字人事绩效管理过程中

可以通过对学员和工人进行独立划段等方式,客观考评学员和工人全年的工作表现,为后续年度考核确定等次和评选先进工作者等工作提供依据,同时提高学员和工人对工作的责任心和积极性。

综上所述,数字人事是一种全新的绩效考评和人事管理体系,是税务系统着力优化人事管理体系,提升人事管理现代化能力的有益尝试。在的推行和运用过程中,基本发挥了绩效考评和结果运用的功能,得到了干部职工的广泛认可,但同时也存在一些问题需要在后续的工作中进一步改进和完善。

课题组组长:苗福成

课题组成员:段惠琴　解婧媛　张媛丽

执　笔　人:张媛丽

新疆国税系统开展谈话函询工作的实践与思考

孙争欢

十八届中央纪委七次全会审议通过的《中国共产党纪律检查机关监督执纪工作规则(试行)》(以下简称《监督执纪工作准则》),专辟第四章以强化对谈话函询的要求。作为纪检监察部门处置问题的一种重要线索方式,特别是作为监督执纪第一种形态最基本、最有效的实现形式,谈话函询在“抓早抓小”“治病救人”方面发挥了重要作用。现结合新疆国税系统工作实践,浅谈对开展谈话函询工作的几点思考和认识。

一、主要做法

近年来,新疆国税系统认真贯彻落实监督执纪工作要求,把谈话函询作为践行“监督执纪四种形态”第一种形态的重要手段,切实用好谈话函询这一政治性、政策性、业务性很强的纪律戒尺并将其贯穿到监督执纪问责的全过程,有力提升了系统执纪监督整体工作水平。

(一)加强制度建设,彰显谈话函询的严肃性

1. 明确对象

2016年,新疆国税局结合系统工作实际,制定出台了《新疆国税系统纪检监察谈话函询类线索办理办法》(以下简称《办法》),对谈话函询的适用对象、分类等要求进行了明确:对反映领导干部工作方法、工作作风、自身要求不严格等问题,轻微、不够组织处理或纪律处分条件的或线索不具体、无可查性的,可采取谈话方式进行处置,明确对线索具体、有一定的可查性,但需本人进一步说明以决定是否初核或线索具体、情节轻微,需本人做出解释说明或表明态度的,线索不具体但群众多次反映的,可采取函询方式进行处置。

2. 明确程序

严格谈话函询工作程序,在《办法》中明确规定了谈话函询的审批管理、组织实施、分类处置、审核归档等一系列流程,明确在进行谈话函询前,纪检监察部门应制定周密的工作方案,并报党组书记或纪检组长审批后,组织实施。

3. 明确文书

结合实际,制定了新疆国税系统谈话函询有关文件,在《办法》中把相关文书制度化、标准化,制发“委托谈话函件模版”和“函询模版”,做到规范可行、全程留痕,防止工作简单化、随意化和形式化,体现谈话函询的严肃性,为开展谈话函询提供了依据和规范。

(二)坚持抓早抓小,诠释监督执纪“四种形态”理念要求

1. 主动收集线索

落实和探索以盯住“常态”为主的工作思路,将监督功夫下在平时,抓在日常,贯穿于税收执法和行政监督管理的全过程,让“咬耳扯袖、红脸出汗”成为常态。畅通监督举报渠道,通过信访、明察暗访、执纪审查等多种线索来源,及时受理群众反映的问题,积极开展各项专项检查,有效发现问题线索,实行问题线

索的集中管理。

2. 严格线索筛选

制定印发《中共新疆维吾尔自治区国家税务局党组关于运用监督执纪“四种形态”的实施意见(试行)》,对反映领导干部的问题线索,按照领导干部问题线索处置方式,严格进行分类筛选,将反映党员干部苗头性、倾向性、一般性的问题线索列入谈话函询,提出处置意见报党组纪检组主要负责人研究确定。

3. 及时启动程序

对确定列入谈话函询类的问题线索,坚决做到不留存、不压办,迅速启动谈话函询程序,及时处置问题,将问题消灭在萌芽状态,防止小问题演变成大错误。从 2016 年至今,全疆国税系统共开展谈话函询 24 件,其中失实了结 23 件,部分属实给予组织处理 1 件。

(三)层层传导压力,促进责任落实

1. 压实谈话函询对象责任

谈话函询中,严明各项纪律要求,促进了谈话函询对象坦诚对待组织,认真回复问题,打消了应付了事、蒙混过关等思想,确保谈话函询结果的真实可靠。

2. 压实主体责任

函询抄送其所在党组主要负责人,要求被函询人在收到函件后 15 个工作日内写出说明材料,由其所在党组主要负责人签署意见后发函回复。

3. 压实监督责任

实行谈话函询专人负责制,每条谈话函询线索处置指定专人限期负责办理,严格审查,防止谈话函询走过场、草率了结。

二、当前谈话函询工作中存在的主要问题

谈话函询作为一种新的监督执纪手段,在实际应用中没有较多现成的经验可以借鉴,需要边实践、边总结、边完善、边提高,从工作实践的角度来看,现在主要存在以下几个方面的问题。

(一)主观上有顾虑

什么样的对象,反映领导干部线索的哪些问题、什么样的程度应当进行谈话函询,《监督执纪工作规则》中并没有给予明确的界定。对于习惯“老套路”的纪检监察人员,有时不敢贸然使用这一手段。虽然在制定办法中,我们依据经验对谈话函询的对象进行了明确分类,但客观上仍然存在有些问题多是比较笼统或难以查证核实的线索,凭借函询书面材料进行了结,可能存在把握不精准的情况出现,事后如果被调查人出现违反法纪问题受到处理,使用谈话函询的纪律审查人员也会存有因没有尽到职责而受到追究的顾虑,导致谈话函询的执纪手段难以进行常态运用。

(二)客观上不会用

由于对谈话函询工作缺乏必要的学习研读,加之实践运用经验欠缺,一些纪律审查人员对谈话函询的使用程序、办理时限和结果处置方式理解掌握不够深入和全面,有的将谈话和函询人为“分割”开来,认为是两种方式,不清楚谈话和函询可以交叉使用,甚至可以反复使用,一定程度上影响了谈话函询的质量和效果。再者,谈话函询谈什么?函询问什么?在实践中还需进行探索,有些纪律审查人员在拟定谈话提纲或者函询问题摘要时习惯就事论事,或者揪住问题线索不去延展,不用道德标准引导,或者只用纪律底线衡量,使效果打了折扣,达不到“咬耳扯袖、红脸出汗”的效果,甚至导致后续的调查工作难以开展。同时,当前谈话函询工作中还存在一定的模糊地带,如:函询一般使用对象为个人,涉及对组织的核查、谈话函询是否适用、由谁做出说明未予明确;被函询人说明材料需由被函询人所在党委(党组)主要负责人签署意见后发函回复,但涉及被函询人的某些事项所在党委(党组)主要负责人不一定全面知晓,签署意

见或流于形式，或存在一定风险隐患。

（三）实践中待完善

《监督执纪工作规则》对谈话函询的启动程序、使用规定和结果处置提出了新的要求，就目前新疆国税系统谈话函询工作现状看，原有《新疆国税系统纪检监察谈话函询类线索办理办法》有待进一步修订完善，特别在谈话人、发函部门、抄送及意见签署等方面需加以明确，确保系统谈话函询工作规范高效。《监督执纪工作规则》中明确规定谈话函询材料应当存入个人廉政档案，现阶段自上而下未对廉政档案做规范性的要求，新疆国税系统虽能将谈话函询办理情况及时录入中纪委案件管理系统，但未能将谈话函询材料定期存入个人廉政档案。同时，在开展函询工作中还存在不规范、不严谨的问题：函询对象方面，未严格要求被函询对象在民主生活会或组织生活会上对函询做出情况说明；函询反馈方面，纪检监察部门经函询后做出的处理结果未以适当方式反馈被函询对象。

三、对策和建议

（一）进一步强化学习宣传和教育引导

加强“四种形态”的学习教育，营造正确的舆论导向，引导党员干部摆正心态，理性对待组织作出的谈话函询决定，让被谈话函询者认识到组织对其谈话函询的过程是个人“信用”在纪检监察机关“备案”的过程，是对组织忠诚度的检验过程，也是加强党员干部党性作风锻炼的过程，应坦诚向组织做出说明。对隐瞒、编造、歪曲事实、回避问题、阻碍或对抗调查的行为，要从反面进行教育宣传，真正体现“抓早抓小、挺纪在前”的理念，发挥“第一种形态”的预防效果。

（二）进一步加强规范谈话函询的制度建设

结合《监督执纪工作规则》（试行）关于谈话函询的要求，进一步梳理谈话函询的适用对象、方式、内容、时限、程序和纪律要求等。根据问题线索情形对谈话函询处置进一步分类，明确哪些线索可采取谈话方式进行处置，哪些线索可采取函询方式进行处置。对原有办法不规范、不健全的事项进行修订完善，采取谈话方式处置问题线索的，应由分管纪检监察工作局领导或纪检监察部门相关负责人进行，可以由被谈话人所在党组或者纪检组主要负责人陪同，经批准也可以委托被谈话人所在党组主要负责人进行；采取函询方式处置问题线索的，应以党组纪检组的名义发函给被反映人，并抄送其所在党组主要负责人，并对谈话函询的程序时限、文书使用等内容做进一步规范。在此基础上，积极探索要求相关组织做出书面说明问题线索类函询处置方式，明确适用情形和办理方式，提高谈话函询类问题线索处置成效。通过完善谈话函询制度设计，使得谈话函询程序上严密规范，既防止小题大做，又防止跑风漏气、线索流失，最大限度减少谈话函询的主观性和随意性，确保谈话函询工作规范有序，推动纪律审查工作科学化、规范化、制度化。

（三）加强谈话函询“后半篇文章”的处理

作为处置问题线索的一种方式，谈话函询不能泛泛地谈，更不能草草结束，只有注重做好“后半篇文章”，完善后续工作，正确运用结果，才能确保效果最大化。对反映不实，或者没有证据证明存在问题的，予以了结澄清，提醒被反映人时刻绷紧纪律之弦，让谈话函询成为一次很好的纪律教育。对问题轻微，不需要追究党纪责任的，可采取谈话提醒、批评教育、责令检查、诫勉谈话等“监督执纪”第一种形态组织措施处理，让被反映人养成向组织如实报告的好习惯，时时处处体现对党忠诚。对反映问题比较具体，反映人予以否认，但又无法提供有效证明，或者说明存在明显问题的，应当再次谈话函询或者进行初步核实。同时，及时向被函询人反馈结果，对反映不实或问题轻微，不需要追究党政纪责任予以了结的，向被函询人下发《函询了结通知书》，其中采取谈话提醒、批评教育、责令检查、谈话函询等“监督执纪”第一种形态组织措施处理的，应指出其存在的问题，并提出相关要求。谈话函询对象应当在民主生活会或党员组织生活会上做情况说明，开展批评和自我批评，提出整改措施，接受组织监督。

（四）加强谈话函询结果应用

及时做好谈话函询类问题线索资料归集，纪检监察部门应将问题线索原件、谈话工作记录、回函说明及其他相关材料，按照信函和案件规定要求，及时进行整理归档，实现有据可查。自上而下建立完善党员干部廉政档案管理制度，将反映党员、干部廉洁自律情况的档案材料、个人有关事项报告、问题线索及处置情况等及时更新归入个人廉政档案，切实做到对干部负责、对工作负责、对历史负责。加强谈话函询结果的处置管理，谈话函询结束后，视情况适时将谈话函询情况根据干部管理权限通报所在单位党委（党组）和组织人事部门，并与干部使用、考核管理挂钩，强化谈话函询结果的运用。

（作者单位：国家税务总局新疆维吾尔自治区税务局）

用高质量发展理念构建绩效管理新格局的路径思考

国家税务总局淮安市税务局课题组

一、高质量发展理念的内涵及基本要求

高质量发展是一场涉及发展方式、经济结构、增长动力等诸多方面的系统性重大变革，其核心要义是体现新发展理念、满足人民日益增长的美好生活需要，基本特征就是让创新成为第一动力、协调成为内生特点、绿色成为普遍形态、开放成为必由之路、共享成为根本目的。各级税务机关应认真贯彻落实中央和国家的重大决策部署，必须认真审视新发展理念与税收之间的关系，找准新方位、聚焦新目标、谋划新发展。

（一）高质量发展对发挥税收职能提出更高要求

筹集财政收入是税收最基本的职能。税务机关一方面要坚持从经济到税收，深入研究高质量发展背景下的经济税收规律，把握行业产业特点，依法组织税收收入，实现税收收入持续稳定增长，为经济、社会、民生等各领域的高质量发展提供可靠的财力支持；另一方面要坚持从税收到经济，通过税收与经济、税收与政策等相关性分析，揭示研判产业、行业发展特点、走势，客观反映经济社会高质量发展状况，进而为施政决策提供重要参考。

（二）高质量发展对优化税收营商环境提出更高标准

良好的营商环境不仅是一个国家核心竞争力、一个区域软实力的重要组成部分，而且是推动高质量发展的应有之义。社会进步和发展阶段的变化，对营商环境提出了更高要求。从宏观上看，税务机关需要有效运用税收杠杆，实施精准灵活的调控措施，引导要素供给，鼓励技术进步与创新，加快新旧动能转换，促进和支持市场主体发展；从微观上看，税务机关需要针对市场主体日趋多元的需求，进一步优化集成服务资源，提升税务公共服务供给的质量和效率，推动营商环境持续优化，增加市场主体的获得感。

（三）高质量发展对税收治理提出更高定位

牢牢把握高质量发展这个总要求，既体现在发展思路、发展导向、发展战略上，也体现在国家治理的各个环节中。税收是国家治理体系的重要组成部分，在国家治理中具有基础性、支柱性、保障性作用。税务机关要更加自觉地对照“六个高质量”发展要求，一方面练好内功，牢固树立并践行法治、善治、共治理念，全面提升税收治理水平；另一方面着眼全局，确保税收治理体系和治理能力必须全面匹配高质量发展的各方面要求，以税收治理现代化服务、保障高质量发展。

（四）高质量发展对税务绩效管理提出更高要求

国家税务总局王军局长批示要求按照新时代高质量发展的要求不断完善和优化税务系统的绩效管理。各级税务机关绩效管理部门应深入学习党的十九大精神和国家税务总局领导批示指示要求，认真总结绩效管理运行情况，充分吸纳各方面意见和建议，积极借鉴地方政府绩效考评的经验和做法，构建高质量发展理念下的税收绩效管理新格局。

高质量发展理念下税收绩效管理的总体思路是：以习近平新时代中国特色社会主义思想为指导，坚

持稳中求进和持续改进的总基调，按照往上做、往外做、往深做、往优做的要求，围绕战略定位，坚持目标、问题和需求导向，以优化指标体系为基础，以完善考评方式为关键，以规范运行机制为保障，突出重点、注重统筹，实现平滑平稳升级，更好发挥"抓班子、促落实"的积极作用，以高质量绩效管理服务高质量发展，推进新时代税收现代化。

二、高质量发展视角下税务绩效管理中存在的问题

(一)当前绩效管理指标设定不够科学合理，难以体现高质量发展要求

1. 绩效指标设计的主体单一

税务机关在规划绩效管理的目标时，往往是自上而下制定指标体系，其他群体只有有限的参与权。由上级为下级制定标准，下级只能被动地按照上级的评估标准工作，很大程度上降低了绩效评估的科学性。有的单位在分解上级局下发的绩效指标时，只是机械地沿用上级税务机关的考核指标，缺乏根据工作实际编制符合自身绩效指标的意识，导致绩效目标、绩效计划"上下一致"，缺乏自身特色，甚至存在绩效考核指标与目前征管工作要求衔接不力，指标考评标准"空""虚"，脱离实际等情况。

2. 指标设定较烦琐，缺乏特色

有的基层税务机关的考核指标越来越细化、操作烦琐耗时、考评标准过于严格，单一地为考核而考核，而在加分激励和创新工作上体现不足，忽视了工作亮点及加分指标的设置和思考。这不仅不能激发基层税务人员的工作热情，相反会让基层税务人员失去方向感，甚至选择主动放弃，产生消极的影响。

3. 定量与定性指标未能有效结合

一方面，基层的绩效指标体系设计偏重于定性考核，即对工作完成情况进行综合评价打分，评价往往凭经验、凭印象，忽视定量考核，导致考核的主观性，出现"多做事多出错，少做事少出错，不做事不出错"的不良现象；另一方面，绩效指标体系的设计出现两种极端，或在考核项目的设置上，内容太多、太细，落实起来难以操作；或考核指标大而笼统、不明确，无法衡量税务工作人员的真实工作绩效。

4. 绩效指标体系的权重不合理

考核指标所占权重是否合理对后期的绩效考核非常重要。在绩效目标设定时，往往对"关键目标"把握不准，未能结合工作的次重点，设置不同的权重；在个人绩效目标的设定上，岗位职责不同，业绩要求也不同，所采取的考核指标及其权重也应有所差别，但实际操作中由于缺少科学的方法，很难做到合理确定分值和权重。

5. 指标体系缺乏正确的导向和激励

下级税务机关在分解上级考核指标时往往照搬照抄，没有充分考虑基层的实际情况，甚至对不同级次的机关提出同样的要求，比如，对于表扬性批示和国家级荣誉，市级以下税务机关实际上很难争取到，但往往也被列入考核。分档考评的主观性较高，基础性工作不扣分较为普遍，这两个因素叠加造成基层单位忽视重要的基础工作，把精力放在跑关系来获取较高的分档，而分档考评又会对最终的考评结果产生重大影响，使整个绩效考评不够公平公正，无法发挥褒奖先进和鞭策落后的作用。

(二)绩效管理在管人评价人等方面存在缺憾

1. 部分干部思想认识不到位，对贯彻执行绩效考核管理机制存在认识误区

个别税务工作人员思想认识不到位，认为绩效考核管理与自己无关，是领导干部的事情，是走过场，本着"事不关己、高高挂起"的态度，不是积极主动参与其中，而是持观望态度；另外，工作人员素质参差不齐、复合型人才相对缺乏、干部职工学习的主动性还不够强，对涉及自身利益的绩效考核管理机制缺乏系统的认识。一些干部对贯彻执行绩效考核管理机制存在"学得越多，干得越多，责任越大，风险越大"的认识误区，对贯彻执行绩效考核管理机制的积极性不高。

2. 个人绩效指标细化程度不够，岗位职责界限越来越模糊，考核标准不严谨，可操作性不强，尤其是共性指标，常常出现推诿扯皮、不主动担当的现象，导致部门领导对个人绩效无从下手，无法达到以考核促工作的目的；另一方面，在绩效考核时只是单纯地比对个人所承接的指标数量及完成结果，并未将个人承担指标所付出的工作量纳入考核，现实情况是，各部门承担的指标数量及工作量相差悬殊，导致部门之间、个人之间的工作量不均衡，造成了干得多的扣分多，干得少的扣分少，一定程度上挫伤了干部的积极性。此外，部分指标的导向性不甚明确，有些指标容易使工作人员产生只要不扣分、维持现状就好的惰性思维。

3. 绩效沟通方面不够顺畅

在绩效计划阶段，缺少与工作人员的沟通，工作人员参与度低，对绩效管理的心理认可度不高；在绩效实施阶段，不对过程进行控制，不能及时地反馈绩效考核结果和辅导工作人员，导致工作人员不能做出及时调整；在绩效改进阶段，忽略和工作人员沟通或者未能进行有效沟通，难以实现促进工作人员改进的绩效目标。

4. 绩效管理的专业人才较为缺乏

推行绩效管理需要一定的人力资源保障，绩效管理的设计和实施需要经验丰富的绩效管理专业人员来负责。但目前税务机关的绩效管理工作往往是由非专业人员主导，由于缺乏经验，对绩效管理的实质理解不到位，在推行过程中往往流于表面形式，收效甚微。

（三）绩效考评、反馈和评价作用存在薄弱之处

1. 现行考评方式存在一定缺陷

领导班子个人绩效考评成绩与省绩效办对机关的考评结果挂钩，这一制度设计不合理，绩效办如果认真实施考评，扣了部门的分也等于扣了全部局领导的分。同时，绩效考评规则不完善，存在执行过程中随意变动规则的现象，且无令人信服的解释，影响了绩效考评的严肃性。在考评手段上，绩效管理考评的信息收集量较大，资料信息整合较为复杂，特别是实施个人绩效管理后，需要每个人、每项工作都实现“过程留痕”，基层税务机关无论是软硬件条件，还是公务员的素质，都离绩效管理的要求有差距。在考评主体上，绩效考评往往是绩效办对各单位绩效资料进行评估计分，考评结果的客观公正性也难以保证。

2. 绩效反馈方面存在短板

考核结果的反馈是绩效管理过程中非常重要的环节，既是考核者与被考核者互动的过程，也是检验整个考核体系是否科学合理的过程，所以不能走过场，更不能省略。而目前的绩效考核在对税务人员进行绩效反馈时，只是简单地反映考核成绩及考核评语，被考核者仅仅作为一个被动的客体接受考核者的单向评价，没有将被考核者的想法纳入考评流程，使被考核者对通过考评需要解决什么、达到什么目的缺乏清醒认识，产生绩效管理更多的是作为打分排名的工具和落实奖惩依据的误区，对绩效管理发现问题、改进问题的功效认识不足，侧重于绩效考核，忽视绩效沟通与反馈，绩效管理在过程监控、发现问题、持续改进方面的作用难以显现。

3. 绩效考核的结果运用不充分

受公务员管理体制和薪酬制度等的制约，税务工作人员的工资、津贴待遇基本上是利益均等，使得绩效结果无法客观公正地反馈到薪酬的分配上来，只是用来作为等级评定和评优评先的依据。同时，在实际操作层面由于缺乏制度性的安排，绩效考核的结果与任用提拔、职级晋升、工资晋升、培训等方面没有真正做到挂钩，使考核流于形式。

（四）绩效管理的配套体系不够健全

1. 绩效管理的制度体系仍不够健全，制度刚性不足

绩效管理是系统工程，涉及税收管理的方方面面，充分发挥出绩效管理作用，必须着力解决体制性缺陷，强化绩效考评功能。目前，我国还未建立起完善的公务员职位分类制度和公务员薪酬管理制度，绩效考评与公务员考核相脱离，绩效结果与公务员考核挂钩缺少明确可行的办法。绩效考评人员角色尴尬，绩效办是临时性机构，往往由兼职或借调人员组成，疲于应付烦琐的工作任务，难以也无力进行管理制度的创新。绩效结果应用奖惩方式单一，惩戒措施远远严于激励措施，在一定程度上挫伤人员的工作热情。绩效文化尚未形成，在实际操作中存在重"指标排队"、轻"过程执行"的现象，绩效分析停留在较低层面，绩效沟通流于形式，过程控制和持续改进效用不明显。

2. 绩效管理和绩效文化宣传培训不够

绩效管理的推行需要税务机关内部广大干部职工的广泛参与，也需要来自外部的社会各界和广大纳税人的支持，开展广泛宣传和培训将为绩效管理的实施营造良好的舆论氛围。针对绩效管理人才匮乏的情况，税务机关需加强绩效管理工作人员的专业培训，打造专业化的绩效管理队伍。提高绩效管理工作人员的业务操作技能，帮助其理解评价指标、评价标准，了解具体的评价程序，尽可能地消除误差与偏见，保证绩效管理的有效性。

3. 绩效管理信息化平台有待完善

推行绩效管理需要强大的信息化平台做支撑。国家税务总局于 2014 年 1 月开始上线运行的绩效管理信息系统，还需要在实践操作中不断完善。尤其是在基层税务局，受到硬件软件设施的制约，有的绩效管理工作只能用手工形式开展，严重影响了绩效管理的效果。

三、高质量发展理念下构建绩效管理新格局的路径选择

（一）构建高质量发展理念的绩效管理框架体系

为深入贯彻党的十九大精神，牢牢把握高质量发展这个根本要求，适应高质量推进税收现代化的需要，各级税务机关要以战略为导向，围绕税收现代化"六大体系"设置绩效指标，把长远规划和年度目标有机接合起来，按照"战略－目标－执行－考评－改进"的管理闭环，形成抓落实的路线图、时间表、任务书和责任状，凝聚全系统的力量"一张蓝图绘到底"；优化和完善的是以横向上机关各部门和纵向上系统各级局的不同职责为依托，对"六大体系"内容进行细化，按"全面从严治党""税收改革发展""税收行政效能""税收工作创新""各方综合评价"五大类，只下设一个层级指标，既体现战略导向，又把当前要抓的重点任务很直观地"亮"出来，有效解决旧版与"六大体系"简单对应设置三个层级指标所带来的展示不直观、重点不凸显以及机关各部门难以按"六大体系"归类的问题，从而进一步凸显考评重点、丰富考评维度、增强综合效应，更有利于各级各部门切中关键、精准发力。

（二）改进考评方式，做到科学公正合理考评

1. 提升量化机考评指标占比，优化量化考评指标的目标值和计分方法，更加凸显公平合理

目标值的确定采取两种方法：一种是目前设置指标时就可以确定固定值的，建议以固定值为目标值，如"小微企业优惠政策惠及面"以 100% 为目标值；另一种是目前很难确定固定值的，建议按照年中或年底各单位实际完成值的结果来确定，如对"纳税人满意度""干部满意度""支部书记述职评议"等指标根据这项工作完成后的实际成绩确定。在计分方法方面，建议将计分标杆值从各单位完成值的平均值调整为上年先进单位完成的平均值，根据各单位与该平均值的差异计算其得分。

2. 融合加减分项目，更加凸显激励约束

建议通过三个途径将加减分考评转变为指标考评。第一，建议将部分加分项目融入"税收工作创新"

指标。对各单位以创新理念推动税收工作发展的成效，年底提交绩效办后由领导及系统内外的专家进行评估，从创新重点、创新措施、创新质量、创新效应等维度评议，结合领导批示、荣誉表彰、通报表扬、媒体报道、经验推广等因素，使之更直接与相关创新工作挂起钩来，促进各单位创造性地开展工作。第二，建议将部分加减分项目融入“上级领导考评”考点。对受到上级领导表扬性批示的进行加分，并对批示加分采取封顶，这样既鼓励各单位能够“跳一跳够得着”，又避免出现个别单位单纯为了加分而“跑批示”的现象。反之，对受到批评的则减分，年底按加减分净值计算得分。第三，建议将“违纪违法”“监督检查”“舆情应对”等减分情形纳入相关指标考评并加大扣分力度，其中被外部督查审计等指出问题的即按所负责任扣分，对内部督查审计等发现问题的则视情节和是否整改到位扣分。

3. 利用外部评价，更加凸显社会公认

比如，对通过组织部门个人事项抽查核实联席机制反馈存在漏报、瞒报情形的领导干部所在单位扣分，促进各单位切实做好个人事项申报工作；对违反中央八项规定精神，被各级纪委查实并通报的，加大扣分力度，促进驰而不息纠“四风”；在继续考评“纳税人满意度”的同时，运用国家统计局组织评估的税收营商环境评价得分，对各单位进行考评，促进各单位不断优化税收营商环境；委托第三方对依申请公开工作、网站建设、税收新闻传播效果等进行评估，促进增强政务公开工作的规范性和影响力。

（三）丰富考评维度，细化测评标准

1. 科学合理设立测评类指标，更加凸显整体效应

吸取以往开展测评的经验，结合实际，由主管部门对各条线重点任务落实和工作的质效进行测评；增设“干部满意度”指标，以上一年度领导班子考核测评结果为依据，将“服务地方政府”指标名称变为“地方政府考评”，将考评从两个档次调整为三个档次，在一档单位得满分的基础上，适当提高二档、三档单位得分，其中二档得标准分值的97%，三档得标准分值的94%，以更有利于进一步统筹税务系统考评和地方政府考评。

2. 细化具体测评标准，更加凸显有利操作

建议通过细化测评标准，增强测评的针对性和操作性。比如，对“领导考评”从全面从严治党、重点任务落实、工作质效、工作创新四个维度测评；对“基层满意度”从精简会议报表、整合检查、减轻基层负担、加强工作指导、解决基层难题五个维度测评。另外，每个维度按“优秀”“良好”“合格”三档测评，并规定每个维度被评为“优秀”的比例从占单位总数的40%提高到50%，以有利于体现被测评单位的差异。同时，对“领导考评”指标，不设置强制分布比例。鉴于“干部满意度”由干部对本单位测评，仅涉及一个单位，建议不设置强制分布比例，对“协作配合度”指标也不设置强制分布比例。

（四）调整优化考评机制

1. 调整考评部门，更加凸显考评责任

建议将综合性强的指标考评部门调整为绩效办，主管部门主要履行对被考评单位指标落实情况进行监控、获取考评数据、提出考评结果建议、进行绩效分析等职责，绩效办根据各部门提供的考评结果建议进行复核、计算成绩，既有利于减轻部门压力，又有利于防范各单位将此类指标简单分解至对口部门。

2. 明晰操作指引，更加凸显简便易行

配套编制操作手册，由考评部门对绩效指标所考评工作的具体操作事项、业务流程及措施要求等进行细化，从而使被考评单位既掌握“考什么”，又清楚该“做什么”“怎么做”。

3. 强化督考评查，更加凸显持续改进

坚持考评“考评者”。通过对上半年有关指标的考评情况进行评议，查找短板，及时采取措施，确保下半年考评工作顺畅运行。实行“督考融合”。对部门未按规定时限完成督办任务的，既按件考评，又按率考评，让干活多的不吃亏。对部门无法按时完成绩效指标任务的，则报主要领导审批，如果二次延期的则

按该指标逾期扣分分值加倍计分。突出“评督结合”。实时公布各被考评单位的指标考评成绩、综合排名、指标考评情况，各单位在按季开展绩效分析讲评的基础上，绩效办重点加强对下的督促检查，促进层层抓好改进提升。

（五）加强绩效考评后续管理

1. 树立高质量发展理念下的绩效考评理念

为深入贯彻党的十九大关于“严管和厚爱结合”的精神，将年度绩效考评结果作为评价业绩、改进工作和激励约束的重要依据，应坚持和继承的是注重正向激励，严格兑现绩效考评结果，既促进各级税务机关高度重视并不断完善绩效管理，又通过抓两头带中间促进组织和个人共同成长发展；优化和完善的是将结果运用与考评实施匹配起来，更加注重多奖少罚、强调优势、补齐短板的组织文化，以激发全系统推进税收现代化的内生动力。按照新时代新要求，要将税务绩效管理进行理论提升，将一以贯之推进绩效管理、环环相扣严格实施考评、层层负责狠抓工作落实、人人向上共树税务形象的内在机理，贯穿于绩效指标、考评规则和结果运用的优化之中，以更好地引领全系统的绩效管理实践。

2. 提高绩效考评质量，进一步为基层减负

要坚持战略绩效管理导向，用平衡记分卡工具对税收现代化“六大体系”目标细化，突出关键绩效指标，在考评数量和参评效率的基础上，更加注重对质量和效果的考评。建议压缩报告报送，尽量不对报告报送工作进行考评，更加体现效能原则。特别是要通过绩效考评内在机理的优化和考评机制的完善，减轻考评部门和被考评单位的负担，促进各层级、各单位把更多精力放在抓落实上。

3. 大力培育税务绩效文化

既从刚柔并济、求同存异等中国传统文化中汲取营养，又借鉴绩效契约、内外部评价和定量考评等国外管理经验，同时保持面向未来的发展姿态，促进绩效管理从数量型向质量型、从奖惩型向发展型的转变，积极培育“人人讲绩效、事事求绩效”的文化氛围，助力高质量推进税收现代化。

课题组负责人：孙长举

课题组成员：符晓露　史以兵　岳　涛　赵剑峒　徐向东　徐亚东　李永久

广州国税知识管理应用成效与未来发展探索

国家税务总局广州市税务局课题组

广州国税开展知识管理的初衷，是考虑到随着税收工作要求的不断提高，高知识含量工作对税务人员掌握专业知识的要求越来越高，虽然多年来税务部门积累、整理了岗位工作的指引、流程、模板、总结、经验技巧，建立了税收法律法规库、征管工作规程、内部制度汇编、行业管理手册、典型案例分析等知识材料，但仍然存在系统管理思维不够、整合层次不高、知识资源虽然百花齐放但权威性不够、案例分析及业务技巧等隐性知识资源挖掘力度不够等问题，因此迫切需要建立一套完善的知识管理体系。

所谓知识管理，是指在组织中建构一个量化与质化的知识系统，让组织中的资讯与知识，通过获得、创造、分享、整合、记录、存取、更新、创新等过程，不断回馈到知识系统内，形成永不间断的累积，个人与组织的知识成为组织智慧的循环，成为组织中管理与应用的智慧资本，帮助组织降低成本、提高效率、创造组织新竞争价值、构建组织新文化。现代管理学之父彼得·德鲁克曾说，“管理在 21 世纪所需要做的最重要贡献，就是提高知识工作和知识工作者的生产力”，“知识将取代土地、劳动、资本与机器设备，成为最重要的生产因素”。

早在 2006 年，广州国税就开始关注知识管理；2008 年，正式成立市国税局知识管理领导小组，组织骨干力量着手搭建税务知识管理体系；2009 年，时任国家税务总局征管和科技发展司副司长的任荣发同志（现任税务总局党委委员、副局长）到广州调研金税三期工程，对广州国税的知识管理工作给予高度认可；2010 年，广州国税被国家税务总局正式确定为金税三期知识管理试点单位；2012 年，知识管理平台面向全市国税系统正式上线运行；2014 年，实现税收业务指南内外版本管理源头的统一，将知识管理的成果辐射到广大纳税人；2015 年，结合金税三期系统上线，统一对 200 多个涉税事项、600 多条涉税指引进行核对和更新；2017 年，开发知识管理手机移动端，实现了网上平台和移动平台的双向连接和同步更新。

一、知识管理平台功能设计介绍

广州国税在推进知识管理的过程中，始终坚持把实用性放在首位，并站在服务全国税务系统知识管理长远发展的高度，立足于当前和未来税收工作的实际需求，充分考虑并兼顾到全国各层级国、地税税务机关对知识管理的差异性需求，搭建完备的、具有兼容性和可成长性的知识管理体系，在实践中不断优化、创新知识管理的运行机制（如图 1 所示）。

（一）构建了结构严密的知识管理体系

广州国税以“更新管理理念、创新管理模式、提升管理质效”为目标，借鉴国家知识管理标准、美国生产力与质量中心（APQC）、欧洲标准化委员会（CEN）等业界知识管理最佳实践，充分结合税务系统的业务特点和管理要求，构建了结构严密的知识管理体系（如图 2 所示）。

1. 核心层：确定知识管理的核心对象

知识管理的核心工作是依据税务系统的业务属性和特点，在大量数据、信息、资讯等基础上，将提炼、归纳出来的行动指南和经验总结纳入管理的范畴。一方面，将涉及税收业务法律依据、工作规程、操作指

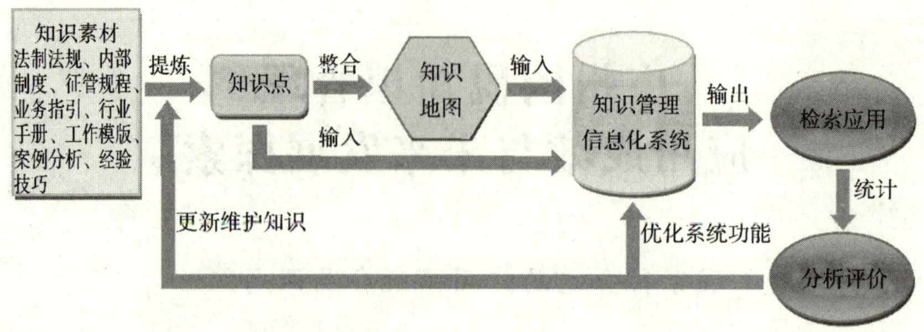

图 1　知识管理流程

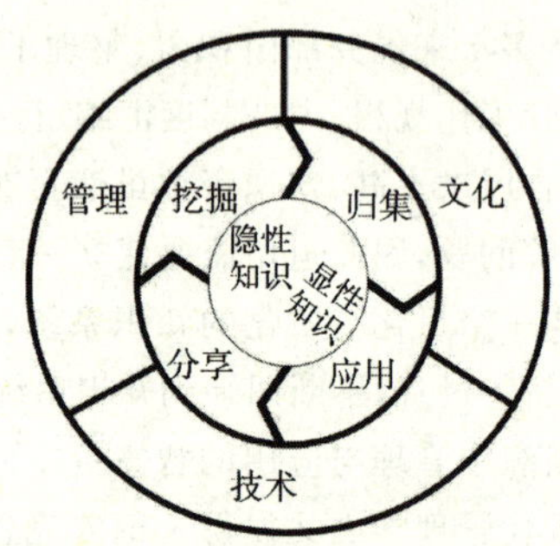

图 2　知识管理体系

引等方面的显性知识纳入管理；另一方面，将存在于个人头脑里的工作经验、技巧、分析和体会等隐性知识一并纳入管理。

2. 运作层：确立知识管理的运行模式

中间的运作层，主要设计了知识归集、知识应用、知识分享和知识挖掘四个环节，实现对税务知识的全生命周期管理。通过知识归集环节将散落在各个部门、各种岗位、各类文件、各信息系统中的法规依据、工作规程、操作指引等显性知识进行系统性归集，实现显性知识从个人、部门到组织的集中；通过知识应用环节将系统归集的显性知识方便、快捷地提供给税务人员应用；通过知识分享环节促进干部之间、团队之间和单位之间将经验、心得类的隐性知识进行分享和传递；通过知识挖掘环节将隐性知识进行总结、归纳，变成新的显性知识，再次进行新一轮的归集和储存。通过四大环节的管理，推动知识在组织和成员之间的积累发展和创新，实现螺旋式上升发展。

3. 支撑层：明确知识管理的发展保障

最外围的支撑层，主要通过“技术 + 管理 + 文化”的组合模式，推动知识管理的循环实现螺旋式上升发展。强大的技术支撑为知识管理搭建了高效的平台，为税务工作人员归集知识、应用知识、分享知识和挖掘知识的全过程、全方位提供信息化、智能化支撑。科学的管理支撑为知识管理提供了机制保障，通过建立管理制度规范对知识的界定、分类、发布、维护等的标准和流程；通过组建管理团队，保障知识维护的人力资源和长效运行。长效的文化引领为知识管理拓展了应用外延，使广大税务人员乐于参与知识管理，乐于分享知识，进而推动知识管理成为一种文化。

（二）设计了科学合理的知识分类维度

广州国税根据日常税务工作的内容和习惯，将现行有效的知识归集入知识库，并按照税收业务类型、税务部门、知识类型、税种四个维度分类，其中税务部门按照总局、省局、市局和区局四个层级分级。构建好分级分类的知识库使各级税务机关可以在基本统一的体系框架下对知识进行系统化归集，使用者可以从多个维度方便快速地进行查找和学习。

(三)开发了功能强大的信息交互平台

广州国税借助信息技术开发了功能强大的信息交互平台,全面支撑起知识管理的应用(如表1所示)。

表1　　信息交互平台的主要功能

序号	主要功能	功能描述
1	知识库	实现税务知识的多维度管理和全生命周期管理,包括税务知识的提交、审核、储存、发布,知识的查询、点评、推荐、收藏、维护等应用
2	知识地图	将税务知识以工作事项地图索引的方式呈现,满足某类税务人员快速查找某个事项所涉及的相关知识的需要
3	税务百科	汇聚广大税务人员的智慧共同建立和维护涵盖所有税务知识领域的百科全书
4	知识论坛	税务人员友好、方便、自由的交流知识和经验的公共平台
5	知识评测	实现按个人、组织、知识的应用情况统计分析,为知识管理推广及考核提供数据依据
6	外部知识传输	利用信息交换平台将内部知识向外发布,为纳税人提供最及时的办税指引等

(四)确立了规范清晰的知识管理机制

通过出台《广州市国家税务局知识管理办法》《广州市国家税务局知识管理运维办法》等制度,对知识的分类、采集、审核、储存、发布、应用、分享、维护等管理活动进行规范,确保知识管理应用能够长效运行。同时,组建跨部门的管理机构,实现知识管理在组织内的平稳展开(如图3所示)。在领导管理层,由市国税局领导和部门负责人组成领导小组,从总体上把握知识管理的战略发展方向,对知识管理的重大问题进行决策;在项目推进层,由关键部门的骨干组成推进小组,负责推进和协调知识管理进展情况;在系统维护层,以专家小组、维护小组和技术小组等形式,由各个部门的相关岗位人员负责日常具体管理工作。

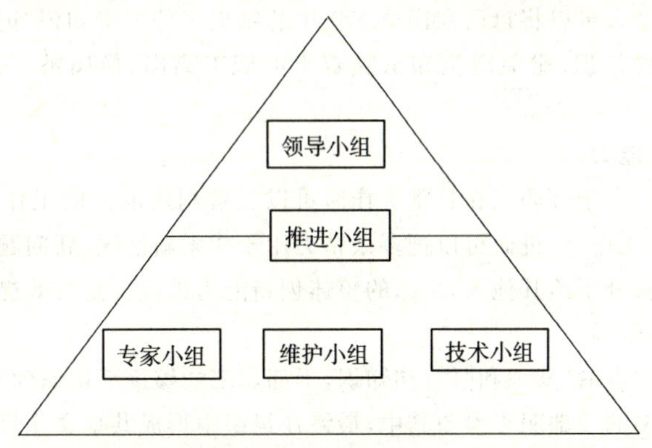

图3　跨部门管理机构

二、知识管理平台六年运行成果

由于知识管理平台的设计完全从实用角度出发,能够最大限度满足各岗位人员的使用需求,帮助干部职工提高工作效率,降低执法风险,平台一经上线即得到全体干部职工的广泛认可。截至2018年5月上旬,平台共吸纳相关知识类文章9612篇、知识地图1277幅,总字数达到5407万字;知识库点击量累计高达101万次,知识地图点击量累计达50万次,关键词搜索量累计达23万次,日均应用量超过1000人次。这些数据充分说明了知识管理的强大效能已经释放到了服务税收现代化发展的大局之中，取得了显著的工作成果。

(一)提高了日常工作效率

知识管理平台通过将税收政策、法律法规进行梳理整合，转换成简明易懂的操作指引，干部职工可以直接利用现成的知识成果快速开展工作，大量重复劳动得以节省，组织和个人的工作效率得到了大幅提高。

(二)降低了税收执法风险

通过系统化、规范化管理的知识库为干部职工提供了统一、有效、准确的工作规程和操作指引，各岗位人员可以“按图索骥”开展各环节工作，从而最大限度减少工作失误，有效降低税收执法风险。

(三)优化了纳税服务水平

知识管理信息化的支持有效保障了纳税服务工作质量和纳税服务水平的提升，纳税人对税务机关的满意度不断提升。同时，纳税人能够通过知识管理的对外发布平台及时了解和掌握最新办税指南，加强了与税务部门的良性互动，提高了办税效率，税企共建和谐征纳关系得到进一步巩固。

(四)缓和了干部工学矛盾

在当前工学矛盾比较突出的形势下，干部职工可以结合自身闲暇时间，自由登录知识管理平台开展针对性自学，这种学习方式甚至能够取得比集中培训更好的效果。

(五)加速了人才培养速度

一方面，干部职工可以根据自己的兴趣和职业发展规划自由学习知识管理平台中的各类知识，快速提升自身业务水平；另一方面，使用者也可以在平台中“分享”自己的智力成果。知识管理，让每一名干部职工既是知识的需求方，又是知识的供给方，在知识的供需交互中，提高了个人综合素养，使得组织培养人才的速度也得到明显提高。

(六)降低了离岗换岗损失

通过知识管理机制，个人可以将自己在岗位工作中总结出来的宝贵知识“记录”在知识管理平台进行分享，进而沉淀成为组织的知识，避免岗位知识随着干部职工离岗、换岗被“带走”，最大限度减少知识流失。

(七)提升了组织创新能力

借助知识管理平台，广大干部职工在日常工作时可以直接利用前人的工作模板和经验，无须将过多的精力放在思考如何完成工作上，进而可以把多余精力用于探索新情况、新问题，或者对原有问题进一步反思，最终形成更好的经验分享给其他人，组织的整体创新能力因此得到有效提升。

(八)形成了知识共享氛围

通过向知识管理平台“索取”知识和“供应”知识，干部职工能够逐渐认识到知识管理是一个互利共赢的载体，从而带动越来越多的干部职工参与其中，最终在组织中形成共享文化氛围。

三、今后知识管理工作发展探索

随着“互联网+”时代的飞速发展和深化税收征管体制改革的持续推进，广大干部职工对知识管理平台和知识管理手段提出了更高期望，知识管理工作需要在新形势下实现新突破。

(一)知识更新需要提速

在当前各种新的税收政策、法律法规不断出台的大形势下，使得需要将条文式文件转换成可操作性工作指引的知识更新维护工作面临较大的压力，同时知识处理人往往又是该业务线条的骨干人员，在新政策出台的时期往往正是本职工作最为繁忙的时期，这种状况一定程度上制约了知识更新的速度。鉴于此，广州国税因应新形势建立健全税收业务指引运维机制，不断推动知识更新更加公开、及时、规范。

（二）平台运行需要提速

当前广州国税服务器整体压力较大，分配给知识管理平台的资源有限，而知识管理平台日均应用量达到1000人次的水平，平台运行速度难以满足使用者快速检索的需求。今后，将对全市国税系统的各种信息化系统进行应用数据分析，为像知识管理平台这种应用量高的系统配置更多服务器资源，优化全局网络资源配置，提高整体运行成效。

（三）知识库进一步扩容

目前知识管理平台主要收录了原CTAIS系统和现金税三期系统相关业务事项的显性知识和个人分享的隐性知识。行政管理类知识尚未收录，这在较大程度上制约了知识管理平台作用的进一步发挥，今后，将着力对知识库进行扩容。针对集中组织骨干人员开展知识库扩容工作难度较大的问题，将灵活采取集中工作和分散工作相结合的方式，在各业务线条人力资源不太紧张的时期，分批小范围组织集中采集工作；在工作繁忙时期则由各人利用业务时间分散采集知识，同时强化统筹分工，确保各人各环节分散的工作紧密衔接。

（四）知识绑定上门服务

知识管理平台作为各项业务工作的助手，目前需要使用者主动登陆访问才能获取所需知识。今后将考虑把知识嵌入相关业务系统的对应模块，以“绑定”的形式实现知识“上门”服务，进一步方便使用者。

（五）弘扬知识管理文化

当前广州国税知识共享的氛围已经形成，但很大程度上还是依靠干部员工的自觉性，知识管理尚未成为广大干部职工内在需要的文化。今后可以考虑通过设立科学合理的计算指标，如将个人对知识管理的贡献度纳入数字人事系统，作为个人档位升级和职务晋升的影响因素，使知识管理成为广大干部职工的内在需要，在全市国税系统建立起知识导向型文化，树立知识管理文化理念。

课题组组长：陈忠文

课题组成员：周永康　程世贵　郑圳升

如何防范基层税务人员违法违纪行为发生

张凤平　陈海博　林　琳　苏广斌　龙　勇　邓　沛

近年来，广州市地税系统在市局党组和党组纪检组的正确领导下，切实担当全面从严治党主体责任和监督责任，扎实开展党风廉政建设和反腐败工作，取得了一系列突出的成绩，绝大部分干部职工平安稳定。但令人痛心的是，一些基层税务人员也出现违纪违法的行为，有的甚至被刑事处罚。基层税务人员的违纪违法行为给个人、家庭和组织带来了严重的损害。痛定思痛，只有深入分析和把握违纪违法行为的特点、原因，探索建立和完善相应的防控措施，才能避免类似问题再现，使全面从严治党真正在基层得到有效延伸。

一、广州地税系统基层税务人员违纪违法的特点

(一)党的十八大以后少数基层税务人员仍顶风作案

党的十八大以后，党中央在全国范围内加大了正风反腐力度，查处了上至正国级、下至科员的各类贪腐分子，形成全面从严治党的高压态势。但是，仍有少数基层税务人员利欲熏心，以身涉险，甚至在身边干部被查处之后依然我行我素，拿党纪国法当儿戏。从近 4 年与同期数据的比较不难看出，广州市地税系统受理税务人员违纪违法案件上升 67%。其中，关于基层税务人员的违法违纪案件占近 4 年违纪违法案件总数的 93%(如表 1 所示)。从 2012 年 11 月—2017 年 10 月，全市地税系统共有 22 人被司法机关立案调查，其中涉及的违纪违法事实部分或全部发生在党的十八大以后的为 13 人，即被司法机关立案查处的人员中，有 59%在全国高压反腐态势下仍顶风违纪违法(如图 1 所示)。

表 1　近 10 年广州市地税系统发生违纪违法案件人员数量表

	2008 年 11 月—2012 年 10 月	2012 年 11 月—2017 年 10 月
违纪违法案件总人数(个)	28	47
涉及基层税务人员的案件总数(件)	28	44
占比	100%	93.6%

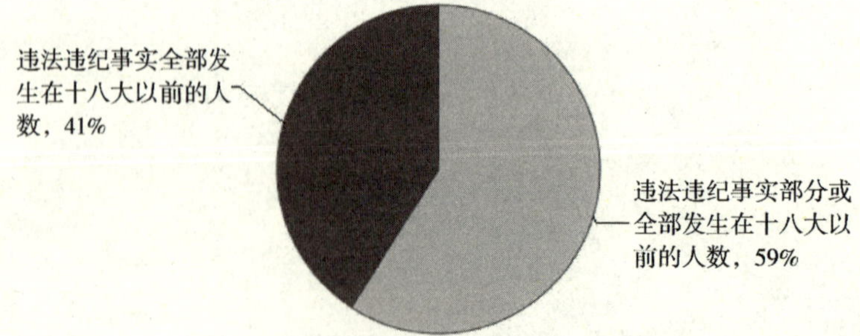

图 1　2012—2017 年 10 月在党的十八大以后被司法机关立案查处人员中违纪违法事实情况

（二）涉案主体集中于税龄较长的基层业务骨干

从近年天河区税务局发现的基层税务人员违纪违法案件来看，涉案主体中93%在税务执法岗位。其中，税收征管岗和税务稽查岗占基层税务违纪违法案件总数的64%（如图2所示），说明基层税收执法环节仍存在较大的廉政风险防控漏洞。2012年11月—2017年10月，全市地税系统违纪违法人员中，本科以上学历的占73%（如图3所示），税龄15年以上人员占76%（如表2所示），在一定程度上反映出，工作时间较长、学历较高且熟悉业务政策和操作系统的业务骨干，利用自身的学历、业务优势和制度、日常监管的漏洞，为个人或他人谋取利益，已成为天河区税务局近年主要的涉案主体。表3显示，从涉案人员的职级来看，处级以上、科级、科员、协税员分别占涉案主体的14.89%、53.19%、14.89%和14.89%。值得关注的是，科级干部是近年涉案人数比例最高的群体，形成了广州地税系统违纪违法案件的一种独特现象。此外，协税员在天河区税务局税收征管中多被安排在协助执法的岗位，但在实际操作中，协税员往往掌握了税收征管系统一个或多个环节的操作权限，从而与处级一把手类似，也成为了执法权力相对集中的岗位。

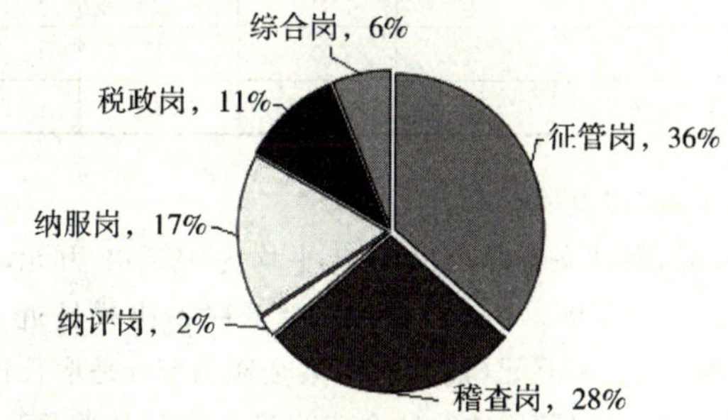

图2　2013—2017年10月违纪违法人员岗位分布图

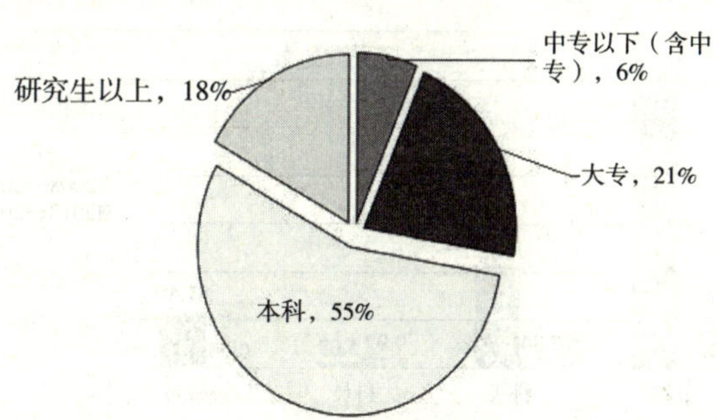

图3　2012年11月—2017年10月违纪违法人员学历分布情况

表2　2012年11月—2017年10月违纪违法人员工作年限分布情况

	5年以内	5—10年	10—15年	15—20年	20—30年	30年以上
2012年11—12月	1	0	0	0	1	0
2013年	0	0	1	0	3	0
2014年	1	2	1	2	7	7
2015年	0	1	0	0	2	0

续表

	5 年以内	5—10 年	10—15 年	15—20 年	20—30 年	30 年以上
2016 年	0	0	0	1	4	3
2017 年 10 月	1	2	1	1	3	2
合计	3	5	3	4	20	12

表 3　2012 年 11 月至 2017 年 10 月违纪违法人员级别分布情况

	2012 年 11—12 月	2013 年	2014 年	2015 年	2016 年	2017 年 10 月	合计(人)	占比(%)
处级以上	0	1	2	0	3	1	7	14.89
科级	1	4	10	2	2	6	25	53.19
科员	0	0	4	1	2	0	7	14.89
协税员	0	1	3	0	0	3	7	14.89
事业干部	0	0	0	0	1	0	1	2.13
合计	1	6	19	3	8	10	47	100

(三)涉案金额出现“小官大贪”现象

从 2013—2017 年违纪违法的案件来看,涉案金额年平均为 455.68 万元,较前五年(2008—2012 年)同期平均额 104.42 万元增长了 3.36 倍。图 4 显示,科级干部和协税员近 5 年平均涉案金额分别为 526.08 万元(增长了 8.7 倍)和 287.48 万元(前 5 年涉案金额为 0),是增长比率最快的两个群体,说明“小官”≠“小权”,“微腐败”行为、“小官员”群体往往会成为税务部门的监督盲点。尤其是社保费征收过程中出现的协税员违纪违法案件,更应引起监督部门的高度重视。

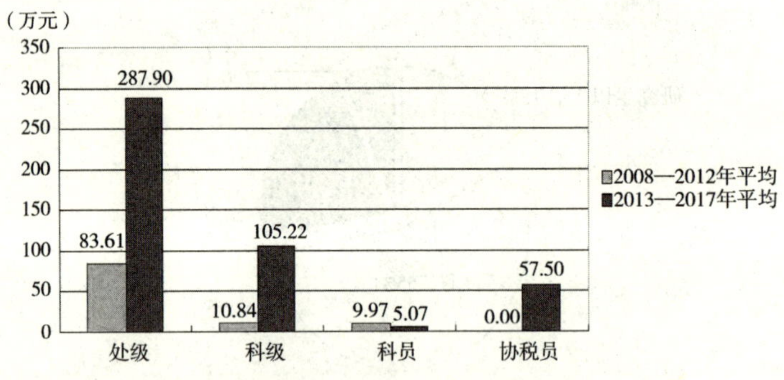

图 4　各层级涉案主体的涉案金额

(四)违法违纪行为多发于高风险领域且手段较隐蔽

从近年天河区税务局基层税务人员违法违纪行为发生的领域来看,企业所得税汇算清缴后续管理、税务注销、土地增值税清算、社保费补缴、股权变更、税费完税证明的开具等大家普遍认为是高风险的领域成为基层税务人员违纪违法行为的重灾区。“营改增”后,地税违纪违法问题则较多集中在社保费补缴、房地产交易等涉及个人税收领域。对于这些高风险领域,税务机关从上到下都高度重视,制定了若干风险防控制度和措施,也对有关经办人员和审核人员,进行了重点盯防,但违法违纪行为仍禁而不止。从作案手段来看,绝大部分都牵扯到外部人员,与税务系统内人员共同谋取非法利益,手段相对隐蔽,尤其是税务中介机构或人员充当掮客现象突出，税务部门在日常管理中不易发现。多宗案件线索都来源于税务系统之外，特别是个别地方政府部门人员被查而循迹暴露出地税基层部门的违法违纪问题。从涉案人员来看，由于权力制约和案件查处力度加大，窝案、串案数量明显增加，近几年全系统接连出现了几起系列案件，导致涉案人员数量迅速上升。以2014年曝光的某局系列案件为例，一宗案件就涉及4个层级12名税务干部，是党的十八大以前全市地税系统从未出现过的现象。

二、基层税务人员违法违纪行为发生的原因分析

分析基层税务人员违纪违法行为发生的原因，首先要了解违法违纪行为发生的模式。德国心理学家温勒认为：人的心理、人的行为决定于人内在需要和周围环境的相互作用。人的行为遵循着“意识—动机—行为—结果”这一演化过程，违法违纪行为是个体社会化过程中心理演化产生偏差的产物。由此我们可以勾勒出基层税务人员违法违纪的行为模式（如图5所示）。

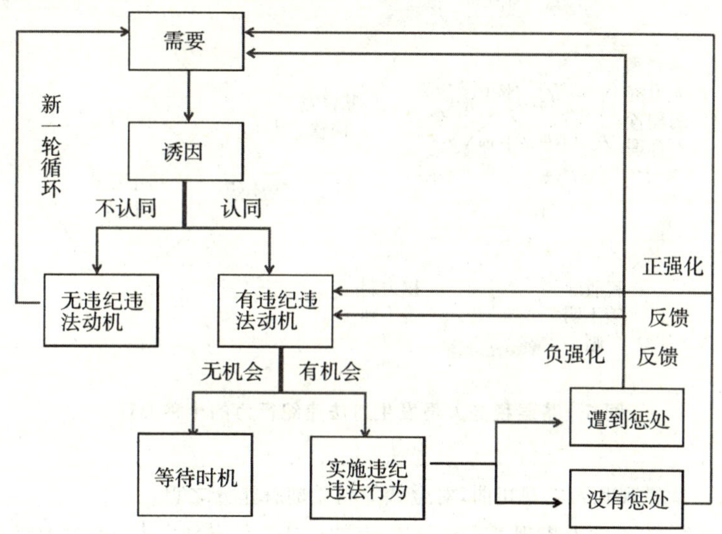

图5 税务人员违纪违法基本行为模式

在该模型中，税务人员违法违纪行为的发生有以下几个基本步骤。

第一步：需要是动机的源泉，不正当的需要是产生违纪违法动机的根源。当拥有合法正当需要的时候，受环境的影响，并不会产生违纪违法的动机。以下四种情况的存在，使得税务人员的不正当需要占据主动，在心理上产生一些不健康的动机：一是理想信念破灭，党性修养缺失，放弃了世界观改造，背弃了共产主义和中国特色社会主义的理想；二是价值观扭曲，将个人的需求建立在物质的基础上；三是私欲膨胀，心理意志薄弱，禁不住诱惑；四是作风不正，奢靡享受，丧失了拒腐防变的能力。

第二步：外界不良环境的刺激强化了需要，从而转化为违法违纪动机。不良的环境包括社会、文化、家庭等不良因素的影响，使得物质上的攀比成为风尚，请客送礼、吃拿卡要成为一种风气，容易造成税务人员在经济上产生失衡的心理，物质上产生享乐的心理。

第三步：违法违纪机会的出现使动机变成行动成为可能。基层税务人员拥有的税收执法权和行政管理权是其据以进行权力寻租的基础，如权力得到较好的监督，则违法违纪将无机可乘。如自由裁量权过大，权力制约不到位，信息不透明等，则为违法违纪打开了机会的大门。

第四步：违法违纪行为发生后的不同结果，会强化或者弱化需要和动机。违法违纪行为实施后，在一

定的时间内可能会出现不同的结果，一是被发现并惩处，使其得不偿失，此时会对其贪欲产生负强化的作用，使其校正自己的需求，弱化自己的不良动机；二是如果在相当长的一段时间内都相安无事，会让其有一种满足感，增强侥幸心理，并纵容自己的私欲膨胀，正强化不良的需求和动机，进一步行事。

图 5 所示的行为模式是一个动态的过程，随着时间的推移和客观因素的变化，个体的行为会经历不同的循环。如果正强化因素占据主导地位，则违纪违法动机就会呈螺旋式上升，这也是税务人员从轻微的违纪到违法甚至犯罪量变到质变的原因。

据此，我们可以得出广州市地税系统基层税务人员违法违纪行为发生的原因。基层税务人员在走向违法违纪的渐进过程中往往有不同的心路历程，形成了十种不同的心理状态，这些心理是他们走向违法违纪道路的诱因和根源（如图 6 所示）。

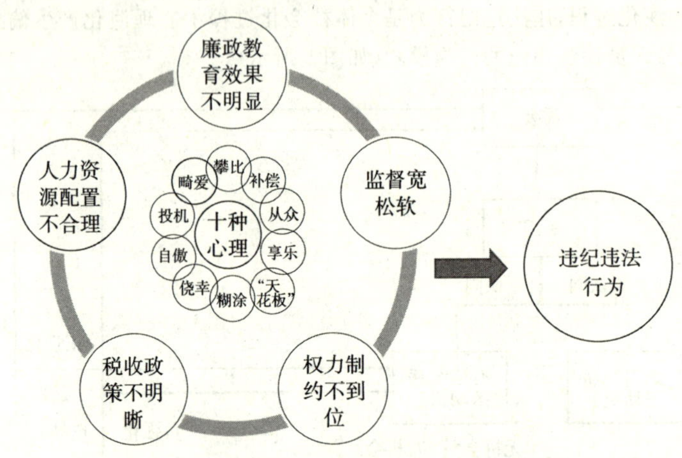

图 6　基层税务人员发生违法违纪行为的十种心理

1. 个别税务人员世界观和人生观扭曲，对金钱等利益抱有非分之想

随着市场经济的发展，社会上出现了富裕阶层，有的税务人员看到别人待遇比自己高，生活条件比自己好，产生了严重的攀比心理；有的税务人员认为自己在基层工作了很长时间，职位级别却没有得到晋升，对所在单位时有抱怨，进而以此为借口向纳税人伸手，存在畸形的补偿心理；有的税务人员认为办事收红包是社会的潜规则，身边同事也有人这样做，自己不收反而不合群，会被孤立，有盲目的从众心理；有的税务人员生活娱乐方式不够积极健康，对逛夜总会、赌博等活动趋之如鹜，社交圈、生活圈和朋友圈不纯净，存在奢靡的享乐心理；有的税务人员重视亲情，清楚一些行为是违法违纪的，但在亲情价值超重心理的驱使下，将亲情置于党纪国法之上，利用权力为亲属谋取利益，或者放纵亲属利用自己的权力做违法违纪的事情；有的协税员因为自己不是公务员身份，觉得没有上升空间，职业没有发展前途，便动起了歪心思，利用工作之便谋取私利，存在错误的"天花板"心理。

2. 个别税务人员对党的十八大后全面从严治党和高压反腐的态势认识不清，仍以原有的思维和方式任性妄为

有的税务人员对党中央全面从严治党向基层延伸的决心和力度认识不足，认为基层一线是反腐败的盲区，反腐反不到自己这样的基层税务干部，拿点捞点没有什么大问题，抱有似是而非、浑浑噩噩的糊涂心理；有的税务人员对身边的违法违纪行为认识不深刻、反思不到位，觉得违法违纪行为被发现只是因为运气不好，自己只要会做人、不得罪人，肯定不会出事，抱有掩耳盗铃的侥幸心理。

3. 个别税务人员党纪法纪意识淡漠，将聪明才智用在歪道上，以钻制度漏洞谋取私利为能事

有的税务人员只注重业务学习，对党纪法律的学习积极性不高，认识不到位，错误地认为自己精通税收业务，违法违纪行为只要实施隐蔽、方法巧妙、手段高明，就可以不露痕迹而逃脱惩罚，存在偏学偏信的自傲心理；有的税务人员对日常税收工作中发现的制度漏洞和系统漏洞，不及时向组织汇报，而是抱着“不拿白不拿”的心理，千方百计利用漏洞谋取私利，存在胆大妄为的投机心理。

从外因来看，以下几个因素的存在，强化了基层税务人员违法违纪的动机，为其违法违纪行为的实施创造了机会，并通过结果的反馈最后又影响了税务人员的心理状态，使其成为一个相互影响的恶性循环。

1. 个别税收法律政策本身不够明确，存在较大自由裁量的空间

在税收业务实践中，个别税收法律政策规定得比较笼统，基层税务人员执行时缺乏统一的操作指引和业务规程，自由裁量的空间较大，执法和廉政风险较高。

2. 个别基层单位人力资源配置不合理，岗能匹配不充分，蕴藏一定风险

基层征收单位普遍存在人均管理纳税户数多的情况。有的基层单位未根据岗位的风险程度、工作量、工作难度、所需工作人员品德和能力等因素进行人力资源配置，个别自身素质差、思想品德不高的税务人员被安排在高风险岗位，存在较大的风险隐患。有的基层单位轮岗机制没有得到有效落实，个别税务人员长期从事同一个高风险岗位。

3. 个别基层单位监督宽松软，抓早抓小不细致

个别基层单位内部监督弱化、虚化，负有监督责任的人员不想监督、不会监督、不敢监督。个别领导干部碍于情面，“老好人”思想严重，怕得罪人，对税务人员违纪违规的行为或闭口不提，没有及时上报，或在谈话提醒时下点“毛毛雨”、隔靴搔痒，没有真正做到“咬耳扯袖、红脸出汗”；个别领导干部对本单位人员的了解主要局限在业务能力方面，对其思想动态掌握不全面以及对“八小时”以外的情况监督不到位；对高风险岗位和环节进行内部抽查的力度不够大、频率不够高，有的高风险环节长期没有受到检查和有效内外部监督，存量风险得不到消解，增量风险得不到应对；面对上级部门对本单位人员的调查或问责，个别领导干部本着“护犊子”“摆平就是水平”的错误观念，帮着遮掩，忙着善后，三番四次要求上级部门对有关人员的问责“打折扣”。

4. 个别基层单位内控建设欠扎实，权力制约不到位

个别基层单位领导干部重业务、轻党廉，重征管、轻内控，对党风廉政建设主体责任和监督责任没有切实担起来、扛在肩，税收业务和党风廉政建设“两张皮”的现象仍然存在。个别单位没有建立定期的风险排查机制，对一些明显、重大的风险发现不及时，接到上级部门布置的风险排查任务后敷衍塞责、应付了事；针对某些重要的风险点，尤其是与纳税人接触较多的重要岗位，如企业所得税后续管理、税务注销、土地增值税清算、纳税信用评级、股权变更、减免税报备管理、纳税评估、稽查选案、检查、审理、执行等，所制定的防控措施粗放、“牛栏关猫”形同虚设，过程管理和痕迹管理缺位，对自由裁量权没有进行有效地制约；在日常税收业务工作中，个别领导干部有时以业务量大、人员少等为借口，放松对税务人员的要求，对不执行或不严格执行征管、稽查和内控制度的情况“睁一只眼、闭一只眼”，听之任之，审核把关流于形式，将制度挂在墙上、说在嘴上，就是落不到行动上。

5. 个别基层单位廉政教育走形式，警示效果不明显

在开展廉政教育时，仍然停留在读文件、念政策等浅表层次。对风险及内控知识的培训不够，基层税务人员缺乏必备的风险防范常识；教育的形式创新不够，现场教育、身边案例剖析等活动开展不足，缺乏吸引力；教育的内容与税收业务实际结合得不够，缺乏针对性和指导性；对教育的效果检查评估不够，存在为教育而教育的问题，廉政教育没有真正在基层税务人员中入脑入心。

三、防范基层税务人员违纪违法行为发生的对策

基层税务人员的违法违纪行为使其被党纪国法制裁，家庭随之蒙羞，所在单位也受到负面影响。为防止类似行为的再次发生，有效防范执法和廉政风险，基层税务机关应深化标本兼治，坚持无禁区、全覆盖和零容忍，坚持重遏制、强高压和长震慑，加大整治纳税人身边腐败问题的力度，强化“不敢腐”的震慑、扎牢“不能腐”的笼子、增强“不想腐”的自觉，打造基层良好的治税生态（如图 7 所示）。

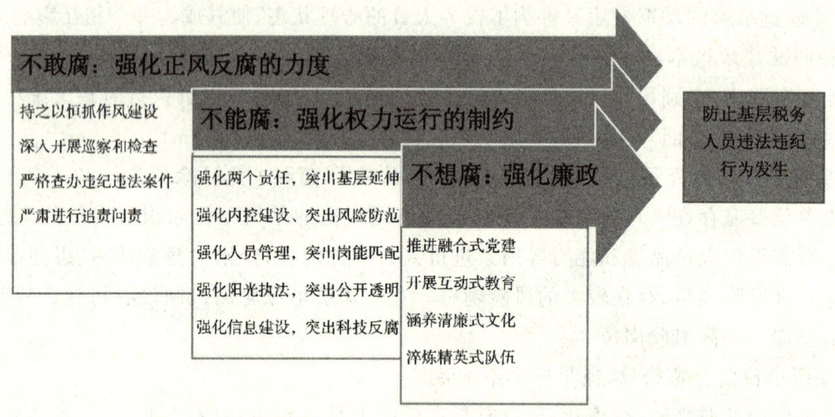

图 7　防止基层税务人员违法违纪行为发生的三大机制

（一）进一步强化正风反腐的力度，抓严抓实，保持高压态势

将全面从严治党向基层一线有效延伸和拓展，以党风廉政建设永远在路上的韧劲和执着，保持力度不减、尺度不松，减少基层税务人员违纪违法行为的存量，遏制其增量，使正风反腐“踏石留印、抓铁有痕”。

1. 持之以恒抓作风建设

基层税务机关要继续深入落实“中央八项规定”精神，把监督执纪“四种形态”体现在作风建设全过程，坚持经常抓、抓经常，看住重要节点，紧盯享乐奢靡和隐形变异的不正之风。对执纪审查中发现的“四风”问题线索，要深挖细查、绝不放过。坚决惩治和查处基层税务人员侵害纳税人利益的不正之风，遏制“微腐败”现象，严肃处理“吃、拿、卡、要、报”等违纪现象。对基层税务人员“不作为、慢作为、乱作为”的情况，发现一起，查处一起，曝光一起。作风建设在坚持中深化，在深化中坚持。

2. 以问题为导向深入开展政治巡察和专项检查

持续深入开展系统内政治巡察工作，发挥政治巡察“探照灯”和“显微镜”的作用，抓住基层税务机关关键，着力发现党的领导弱化、党的建设缺失、全面从严治党不力等问题。全面贯彻落实《全国税务系统督察审计规范（1.0 版）》的要求，在进一步做好离任审计的同时，充分开展任中审计和专项审计，将监督的关口前移，着重加强在事前和事中对问题的发现。严格督促基层单位百分之百完成对审计发现问题的整改，扎实开展整改效果“回头看”工作，杜绝审而不改、屡改屡犯、边改边犯等情况的发生。扎实做好税收执法督查、财务检查、采购和基建工程检查等专项工作，提高发现问题的精准度。

3. 严格查办违纪违法案件

对基层税务人员违纪违法行为要“零容忍”。贯彻落实《中国共产党纪律检查机关监督执纪工作规则（试行）》和上级单位关于案件查办的规定和要求，使线索处置、谈话函询、初步核实、立案审查、审理、监督

管理等环节更加规范,使案件查办的程序合规、证据充分、结论公正。优化案件办理人员的结构,选配忠诚干净担当的纪检监察干部,加强业务培训,提高其素质和能力。升级案件办理设备,不断创新案件办理的方法和思路,将有关案件查深查透,杜绝办"人情案"等情况发生。

4. 严肃进行追责问责

落实《中国共产党党内问责条例》及其他有关问责办法的要求,坚持动辄得咎,有责必问,问责必严。对基层税务人员出现的违法违纪行为开展"一案双查",运用批评教育、诫勉谈话、通报批评、组织处理和纪律处分等方式,追究主体责任和监督责任,追究有关领导责任和党组织的责任。典型问题加大公开曝光的力度,问责情况要定期向上级党组报告,确保问责追究立竿见影、不走形式、不讲情面、不打折扣,达到"问责一个,警醒一片"的效果。

(二)进一步强化权力运行的制约,抓常抓长,织密制度铁笼

"权力导致腐败,绝对的权力导致绝对的腐败"。预防基层税务人员违法违纪行为的发生,要加强对权力运行的制度约束,让人民监督权力,使权力在阳光下运行。

1. 强化"两个责任",突出基层延伸

基层科(所、室、分局)作为预防税务人员违法违纪行为发生的一线阵地,要切实将党风廉政建设的关口前移、责任下沉,层层压实责任,层层传导压力。上级党组与基层科(所、室、分局)负责人签订党风廉政建设责任书、科(所、室、分局)负责人与基层税务人员签订党风廉政建设责任书。根据基层"两个责任"考核的情况完善考核指标,补充考核内容,健全考核体系,更好地发挥考核的"指挥棒"作用。完善基层单位领导班子党风廉政建设主体责任和监督责任清单,把有效防范基层税务人员违纪违法行为发生作为重要的责任内容,敦促其严格带队伍,精细抓管理。

2. 强化内控建设,突出风险防范

基层税务机关要贯彻《全国税务系统内部控制基本制度(试行)》以及《税收法制工作风险内部控制制度(试行)》等8个专项制度的要求,将内控建设与税收业务同部署、同安排,建立风险排查和防范的动态机制。对重要岗位、关键环节,如企业所得税后续管理、注销、股权变更、土地增值税清算、二手房交易涉税事项、纳税信用等级评价、大宗物品采购、基建工程、纳税评估、稽查选案、检查、审理、执行等,进行全方位的风险排查,覆盖到每个基层税务人员和重点权力事项。对排查出的风险点,制定详细周密的防控措施,重点规范自由裁量权行使的标准、形式和范围,突出加强前后岗、上下级、部门之间的相互制衡和相互监督,形成环环相扣的立体防控网络。严防基层税务人员在进行税收执法和行政管理时不受任何人的监督,形成滥用权力的死角和盲区。基层税务人员要严格落实双人经办、双人复核、双人负责的风险防控措施。基层科(所、室、分局)要对重点岗位、重点工作环节以及需要重点关注的对象进行底册登记,及时向上级部门汇报苗头性、倾向性问题。如天河区局创新建立的党风廉政建设"双月报"制度。

3. 强化人力资源管理,突出岗能匹配

上级部门根据基层(所、室、分局)人力资源现状,结合执法督查、内外部审计、信访投诉举报等发现的问题,以工作量、工作难度、风险程度、人员自身素质等因素为参考不断优化人力资源配置,提升岗能匹配度,加强岗位人员的轮换(包括区局内部以及跨区轮岗交流)。不断优化协税员工资待遇、职位晋升等制度,构建协税员的升迁通道,提高协税员的工作积极性和职业荣誉感。加强对协税员的日常监督管理,严把"入口关",规范协税员办理的税收事项,做到需要执法资格的事项协税员坚决不能办理。

4. 强化阳光执法,突出公开透明

基层税务机关应督促税务人员在执法时严格落实《广东省税务系统行政执法公示办法(试行)》《广东省税务系统行政执法全过程记录办法(试行)》《广东省税务系统重大执法决定法制审核办法(试行)》等制度的规定,加强税收执法的过程监督和痕迹管理,使税收执法公开透明,减少权力寻租的空间。上级部门

应进一步加强对税收法律政策和业务办理流程的统一和指引，规范自由裁量权的行使。通过发放纳税人意见反馈卡，收集纳税人对基层税务人员的意见和建议。进一步畅通纳税人信访投诉举报的渠道，保证其得到快速公允地处理。充分发挥特邀监察员的监督作用，加快税企廉政共建示范点的建设。

5. 强化信息建设，突出科技反腐

基层税务机关要贯彻《全国税务系统应用软件内控功能内生化管理办法(试行)》的精神，对现有税务工作软件进行优化升级，将风险控制方法和措施嵌入其中，使各类软件风险控制功能内生化，实现对税收执法和行政管理行为的事中控制。应充分利用现有的金税三期系统以及其他辅助系统，促进税收业务数据、行政管理数据及其他工作软件数据的融合利用，打破数据的"孤岛效应"，实现信息资源共享，深入进行数据的挖掘和筛查，及时发现和处置违纪违法行为的疑点。要切实加强信息安全的管理，做好身份认证、权限管理、信息加密和安全审核等环节，严格限定有关数据的知悉、使用范围，防止后台信息被篡改、伪造、窃取和泄露，实现信息及系统操作留痕、存取可控、存储有效和数据真实完整。

(三)进一步强化廉政文化的氛围，抓早抓小，筑牢思想堤坝

思想是行为的先导。只有从思想根源上让基层税务人员深刻认识到全面从严治党向基层延伸的当下态势以及违纪违法行为的危害，破除其思想迷失，铲除腐败的思想土壤，才能使基层税务人员在抵制腐败问题上由别人"要我做"变成"我要做"，形成廉政自觉。

1. 深入推进融合式党建，发挥基层党组织思想堡垒作用

基层税务机关党组织应用新时代中国特色社会主义思想武装基层党员干部，按照党章党规的要求，推进"两学一做"学习教育常态化制度化，开展"不忘初心、牢记使命"主题教育，增强"四种意识"，坚定其理想信念。将基层党建与税收业务实际工作融合推进，以党建引领业务，以业务夯实党建，避免出现党建与业务"两张皮"的现象。深入贯彻落实《关于新形势下党内政治生活的若干准则》的精神，进一步严格基层党组织生活，坚持"三会一课"等制度。在组织生活中，紧密结合基层党员干部在税收业务工作中面临的新形势和新问题、思想出现的新动态、行为出现的新变化，灵活运用谈心谈话、批评与自我批评等手段，不断强化其组织观念，在做好本职工作的过程中自觉筑牢思想堤坝，经受住各种诱惑和风险的考验。充分发挥基层优秀共产党员的先锋模范作用，树立党员干部依法治税、廉洁自律的典型，形成比学赶超的良性氛围。加强基层党员干部与普通群众的联系，通过党员的示范带动，提升普通群众的纪律法律意识。

2. 创新开展互动式教育，增强基层廉政教育针对性实效性

基层税务机关应将最新的反腐形势、党中央及上级部门的党风廉政建设部署、新出台的党纪法规等及时通过廉政教育传达到每个基层税务人员。在廉政教育中加强对重要岗位和环节权力制约状况的分析，对税收执法和行政管理过程中出现的苗头性和倾向性问题及时进行识别和处理。加强税务、纪委、检察院三家的紧密合作，邀请纪委、检察院的领导和专家给基层税务人员讲课，结合税务系统发生的典型案例，针对税务工作的特点，对税务领域职务犯罪的表现形式、发展态势、犯罪后果、处罚形式、引发原因、预防对策等进行深入讲授。丰富廉政教育的形式，组织基层税务人员参加税务案件的法庭庭审，参观反腐倡廉教育基地、监狱，观看廉政电影等活动。丰富廉政宣传的载体，充分利用"互联网+"、廉政宣传展板、公交车站亭、户外广告屏等媒介提升廉政宣传的效果。灵活运用头脑风暴、"世界咖啡馆"等模式开展廉政教育活动，改变基层税务人员被动接受廉政教育、只听不说的局面。基层税务机关在廉政教育的现场要对税务人员接受教育的情况进行问答、抽查或者考试，促使其认真参与，入脑入心。在基层税务人员年度考核、绩效考核中增加廉政教育情况的考核指标，对其进行推动和促进。纪检监察部门要深度参加基层单位的党风廉政建设教育，对其不足提出意见和建议。

3. 培植涵养清廉式文化，提振基层税务干部廉政文化自信

基层税务机关应着力建立本单位积极健康的组织文化，形成平安进取的精神内核，塑造正气浩然、影

响广泛的廉政文化品牌。通过成立文学社、举办廉政文艺演出等喜闻乐见的方式增强基层税务干部的参与性。大力弘扬中华民族优秀传统文化，赋予廉洁教育新的时代内涵。以传统文化凝聚共识，加强家风教育，推动基层税务人员从传统的礼序家规、乡规民约中，汲取规矩意识和纪律意识，把“规”字在心中立起来；以传统文化倡廉政，讲好中华优秀传统文化故事，弘扬中华民族“孝悌忠信、礼义廉耻”的价值观，发挥文化浸润心灵的作用，推动本单位形成“以廉为荣、以贪为耻”的良好风尚。

4. 打造淬炼精英式队伍，实现基层税务干部品德能力提升

基层税务机关应着力于加强税务人员的职业道德建设，使其达到为人民服务、廉洁自律的职业道德要求。通过树立基层税务干部的正面先进典型，发挥其示范带头作用，以先进带后进，形成爱岗敬业的良好风气。以市、区局年度培训为依托，以“三师”资格考试以及中级职称考试为切入点，着力构建基层学习型团队，运用情景模拟、深度反思、定期讨论等方法，发挥上下级、老中青、业务能手等的传帮带作用，在学习中实践、在实践中学习，丰富完善基层税务人员的知识体系，提高其应对日益复杂的经济形态的能力，避免出现税收执法风险。

全面从严治党永远在路上，反腐败斗争的形势依然严峻复杂，全市地税系统要深入贯彻落实习近平同志十九大报告中关于全面从严治党和反腐败的指示精神，要将预防基层税务人员违法违纪行为的发生作为党风廉政建设工作的重中之重，巩固反腐败斗争压倒性态势、夺取压倒性胜利的决心必须坚如磐石，持之以恒，久久为功。

（作者单位：国家税务总局广州市天河区税务局）

立足税收事业需要抓好人才队伍建设

董永军　陈　龙　夏烈操

习近平总书记在党的十九大报告中指出,“人才是实现民族振兴、赢得国际竞争主动的战略资源”,这一重要论断,是站在历史和全局角度深入思考得出的正确结论。面对新形势、新任务、新要求,如何持久有效地发挥税务人才的积极作用,为加快推进税收现代化建设提供强有力的人力资源保障,是新时代税务工作面临的重要课题。

一、加强新形势下税务人才队伍建设的重要性和紧迫性

税务人才是指具有一定的专业知识或技能,能够胜任本职岗位、进行创造性工作并对税收工作做出积极贡献的人,简言之,就是税务干部队伍中“有德、有才、有为”之人。只有德才兼备、担当作为,才能委以重任,才能称之为税务人才。充分发现、挖掘和发挥人才的潜能,调动其积极性和创造性,对推进税收事业全面发展具有重要意义。

(一)加强新形势下税务人才队伍建设是传承历史和履行使命的现实需要

中华民族、中国共产党以及税务系统历来重视人才。早在西周时期,太师姜尚就提出了“治国安家,得人也。亡国破家,失人也”的思想。革命战争年代,毛泽东同志提出“政治路线确定之后,干部就是决定因素。因此,有计划地培养大批的新干部,就是我们的战斗任务”的重才思想。党的十八大以来,以习近平总书记为核心的党中央高度重视人才工作,做出了“我们比历史上任何时期都更接近中华民族伟大复兴的宏伟目标,我们也比历史上任何时期都更加渴求人才”的重要论断。国家税务总局党组高度重视税务人才建设,大力培育干部成长成才,做出了培养领军人才、建立青年才俊队伍、成立各级各类专业人才库的战略部署。在国际经贸领域竞争越发激烈、建设社会主义现代化强国的步伐不断加快、税收现代化持续推进的现实形势下,大力发现人才、培养人才、储备人才仍然是新时代摆在我们面前的首要任务。

(二)加强新形势下税务人才队伍建设是改善税务人才队伍现状的必然要求

党的十八大以来,辽宁省国税系统认真贯彻中央和国家税务总局关于人才队伍建设工作的各项方针政策和决策部署,大力实施人才强税战略,先后建立了辽宁省税务系统高素质人才、省局专业人才库等人才队伍,人才队伍建设工作不断加强。人才总量稳步提升,人才结构日趋合理,人才环境不断优化,人才队伍整体素质不断提高。但是,与税收现代化建设的现实需要相比,与党的十九大提出的“人人渴望成才、人人努力成才、人人皆可成才、人人尽展其才”的良好局面相比,还存在不小差距。领导人才年龄趋于老化,人才培养模式相对单一,人才“选而不育”“育而不用”等问题均不同程度地存在,对各类人才干事创业积极性、创造性均产生了不利影响。人才队伍的现状和存在的问题要求我们务必正确面对、深入分析,采取有效措施予以解决。

(三)加强新形势下税务人才队伍建设是推动税收事业长远发展的战略工程

当前,全省国税系统正值全面深化国税地税征管体制改革、实现税收现代化的宏伟目标的关键时期,迫切需要大批忠诚担当、本领高强、攻坚克难的税务人才。社会经济发展对税务人才的需求也已形成普遍共识,即:经济越发达,税收工作越重要,对税务方面人才特别是高层次人才的需求就越迫切。只有对

人才队伍建设的严峻形势有更加清醒的认识，增强紧迫感、危机感和责任感，牢固树立科学的人才观，把实施人才强税战略，加强人才队伍建设作为解决税收事业发展的关键环节抓紧抓好，才能造就一支复合型、能力型、创新型的人才队伍，才能为税收事业长远发展提供坚强的人才保证和智力支持。

二、目前全省国税系统人才队伍建设现状

近年来，辽宁省国税局党组高度重视人才队伍建设工作，通过学习育人、实践树人、事业聚人，审时度势，因才施策，人才队伍建设取得了明显成效。

（一）税务人才总量情况

以后备干部、国家税务总局领军人才、取得“三师”资格人员、省局高素质人才、青年才俊、“115 工程”专业骨干和岗位能手、入选总局和省局人才库人员等七类人才为范围进行统计。截至 2018 年 3 月，全省国税系统共有市县局后备干部 821 人，国家税务总局领军人才及培养对象 9 人，取得注册会计师资格的 75 人、取得税务师资格的 682 人，取得律师资格的 140 人，省局高素质人才及培养对象 90 人，青年才俊 100 人，“115 工程”专业骨干和岗位能手 447 人，入选国家税务总局、省市局三级人才库人员 727 人，以上人才占在职干部职工总人数的 17.8%。

（二）人才培养使用情况

一是搭台。实施领导人才、高素质人才、青年才俊、业务骨干等人才队伍建设工程，大力选拔培养中青年人才，加强各层次人才梯队建设；开办绩效管理硕士研究生班，引进国内著名高校的教育资源，为人才学习提供方便；先后组织高素质人才到辽宁税专、上海复旦大学、江苏扬州税院、中南财经政法大学分批次培训，提升综合素质和能力。二是重用。通过选拔任用、安排到重要岗位、开展上挂下派锻炼、组织参与重大项目攻关、承担重要任务等措施，丰富人才阅历，提升人才综合素质。党的十八大以来，先后有 583 名各类人才得到提拔使用、459 名各类人才交流至重要岗位，大批人才被抽调参与总局、省市局巡视巡察、督查督办、课题研究、专项检查等重要工作任务。

（三）人才机制建设情况

近年来，省局为加大人才建设工作，建立了相关人才制度体系，完善了人才配套政策，先后出台了《辽宁省国税系统干部培养规划（2014—2020 年）》《辽宁省国家税务局专业人才库管理办法》《辽宁省国家税务局系统高素质人才培养与使用办法》《辽宁国税系统高素质人才培养方案》《辽宁省国税系统“高素质人才带团队”管理办法》《辽宁省国税系统“导师制”管理办法》《辽宁省国税系统“师徒制”管理办法》《辽宁省国家税务局关于做好全省高素质人才培养对象挂职锻炼的通知》等文件为引人、育人、用人构建制度体系，打牢制度基础。

三、存在的主要问题及原因分析

尽管全省国税系统人才队伍建设积累了一定经验，取得了显著成绩，但与当前税收工作面临的新形势、新任务、新要求相比，仍存在一些需要解决的问题。

（一）人才选拔工作还不够科学合理

一是针对性不强。个别税务人才的产生存在“现用现选”或者“为选而选”的现象，选拔的人才一定程度上存在同实际工作联系不够紧密，选拔人才的方向有所重叠的问题。二是人才梯队还未完全搭建。可以满足工作需要的一般性人才较多，但特殊业务人才、复合型人才明显不足，领军型、专家型、创新型人才较为稀少，特别是税务稽查、国际税收等领域的专家型、专业型人才十分匮乏。三是领导人才储备年轻化趋势不明显。目前，市局领导班子后备干部平均年龄 49.6 岁，县局领导班子后备干部平均年龄 45.2 岁，作为领导人才的“预备役”和“生力军”，后备干部年龄普遍偏大。

（二）人才培养工作还不够深入到位

一是对人才能力建设工作重视不够。各类人才知识更新、能力提升不够及时，人才被一味损耗，创新能力不足，人才数量的提升没有完全转化为工作上的效能提升。二是培养锻炼效果不够明显。据调查，个别在上级机关挂职锻炼的人才仅承担挂职部门日常事务性工作，独立承担重点工作任务、独立思考研究问题的机会不多，人才的个人能力既未得到充分发挥，也未得到有效提升。三是在人才优势尚未得到充分发挥。部分人才所学专业特长与所从事工作不一致，专业特长未充分发挥。

（三）人才激励工作还不够充分有效

一是尚未形成健全有效的人才激励机制。受主客观条件制约，全省税务系统一定程度上存在对优秀人才的激励手段不先进、激励效果不明显、激励方式不丰富等问题。二是人才发展空间不足。受税务系统垂直管理体制影响，干部同地方其他部门的交流渠道不够畅通，个人发展易出现“天花板”现象。

四、如何加强新形势下人才队伍建设

加强人才队伍建设，需要科学谋划、细致实施。以农耕为喻，春种、夏管、秋收、冬藏，每一阶段都做到早谋划、深研究、细实施，才能够获得好收成。培养人才，需要在明确需求、精挑细选、悉心培育、科学使用四个环节上下足功夫。

（一）把握标准，定好“调子”

“凡事预则立，不预则废”，收成的好坏，年初的合理规划是基础，是根本。种什么、种哪里、怎么种，事先都应该有因地制宜、科学合理的谋划。同理，培养人才，首先要明确用人的标准。习近平总书记在参加全国组织工作会议时，提出了“信念坚定、为民服务、勤政务实、敢于担当、清正廉洁”的二十字好干部标准。税务系统选育的人才，要在坚持好干部标准的基础上，结合自身实际，确定所要培育人才的方向和目标。例如对税务系统领军人才的基本定位为：具有国际视野、战略思维、德才兼备、精通业务、善于管理，并具有引领带动作用的复合型、国际化、现代化高端人才；辽宁省国税系统高素质人才队伍的建立目标为：培养造就一支综合素质优秀、业务能力卓越、引领作用突出、团队效应显著，能够在推进全省国税事业科学发展中发挥改革创新、攻坚克难作用的高素质人才队伍；总局和省局专业人才库的建立目标为：培养造就适应税收事业发展需要的高素质、专业化人才队伍。

（二）严格选拔，挑好“种子”

党的十九大报告中提出，“要坚持党管人才原则，聚天下英才而用之”。选拔人才，要牢牢抓住“党管人才”的“纲”，发挥“集中力量办大事”的独特体制优势，凝聚集体力量，推进各类人才建设工程。各级党组要切实提高思想认识，充分认识到人才问题是关乎事业成败和前途命运的关键问题，增强责任意识，强化责任担当。要坚持党管人原则，牢固树立“人才兴税、人才强税”理念，将选好人才、育好人才、用好人才作为抓班子带队伍的首要职责，不断增强搞好人才工作的使命感和责任感。当前，要结合总局关于优化干部队伍年龄结构的工作部署，进一步做好优秀年轻人才的发现和储备工作。针对市县领导班子后备干部年龄结构老化，及时组织开展调整补充工作，大力推进后备干部队伍年轻化、专业化；按照青年才俊培养计划，大力培养35岁以下的青年才俊，为优化市县国税局领导班子结构提供有力的人才支撑。继续有计划地做好全省国税系统高素质人才选拔工作，认真做好各类专业人才库调整补充，选好人才的“种子”，为培育工作打下坚实基础。

（三）打牢基础，墩好“苗子”

习近平总书记强调，“好干部不会自然而然地产生。成长为一个好干部，一靠自身努力，二靠组织培养”。“父母之爱子，则为之计深远”，培养人才，特别是年轻干部，不能揠苗助长，要把基础打牢，才能成大器、堪大用。要舍得花时间，投入实实在在的精力到基层工作，到基层见识实实在在的工作方法，得到真本领。要科学制定培养目标，突出培训重点，针对各类人才特点，设计不同的培养内容和方式。要有计划地安排人才参与重大项目、重要工作、专项检查等，推行“项目＋团队＋人才”模式，依托专业化团队参与重要工作任务，实现人才使用效率和价值的最大化。要实施人才培养导师制管理，形成人才“传帮带”的培养成长机制；要加强税务系统优秀干部到地方党政机关挂职工作，推进省市县（区）三级国税干部下派上挂，特别要把基层作为培养锻炼年轻干部的主阵地，鼓励优秀年轻干部到基层一线、复杂环境经受锻炼，磨炼意志、增长本领。要继续落实好总局“115工程”、省局“751工程”，做好领军人才、高素质人才等后续培养管理工作，继续开展“岗位大练兵业务大比武”等活动，让更多优秀人才脱颖而出。

（四）常备常用，摘好“果子”

人才成长起来了，培养出来了，关键还是要用。要加大人才选用力度，当有空缺岗位时，应按程序优先从优秀人才中选用。特别是要加大对优秀青年人才的使用力度，做到既突破旧有观念、敢于启用年轻人，又不降格以求，片面追求低龄化。要建立健全后备干部管理办法，切实加强对后备干部的管理、培养和使用，着力破解后备干部“备而不用”的问题。要认真落实国家税务总局关于市县局领导班子成员年轻干部比例到2020年达到20%以上的要求，大力推进基层领导班子年轻化。要建立健全充分体现人才价值、激发人才工作热情的有效激励机制。针对不同类别人才，制定有针对性的奋斗目标，将人才的个人职业目标统一到集体的发展战略上来，激励其为实现税收现代化目标而努力工作。对可造之才重点培养、委以重任，用才、惜才、爱才，使人才各尽所能、各展其长。对工作业绩突出、具有典型示范作用的人才，要给予充分的肯定和表彰，同时要积极探索在相关政策规定范围内建立符合各类人才特点的物质奖励机制，鼓励人才在工作中成就事业并享有社会地位和经济待遇，真正让想干事的人有舞台、会干事的人有地位，营造创一流业绩的良好环境，增强人才队伍的活力。

（作者单位：国家税务总局辽宁省税务局）

关于加强青年干部理想信念教育的思考

张保林　李云鹏

一、加强青年干部理想信念教育的重要意义

习近平总书记在中央党校省部级领导干部秋季学期开学典礼重要讲话中指出，现在我们的干部特别是年轻干部中，最重要也是最需要注意并切实解决好的是理想信念问题和思想作风问题。在 2013 年五四青年节同各界优秀青年代表进行“实现中国梦、青春勇担当”主题团日活动座谈时习近平总书记强调，广大青年一定要坚定理想信念，“功崇惟志，业广惟勤”，理想指引人生方向，信念决定事业成败，没有理想信念，就会导致精神上“缺钙”。

近年来，随着税收事业的发展和工作需要，税务系统陆续招录了大批年轻公务员（如表 1 所示），补充了许多新鲜血液，青年干部群体日益壮大，在干部队伍中所占比例也日益提高。以辽宁省朝阳国税系统为例，目前，全市国税系统共有在职干部职工 1144 名，其中 30 岁以下青年干部 200 人，占总人数的 17.5%，35 岁以下青年干部 298 人，占总人数的 26%，青年干部已经成为推动朝阳国税事业持续发展的一支重要力量（如表所示）。

表 1　　青年干部学历及政治面貌情况

年龄区间 / 占比及学历情况	30～35 周岁		30 岁以下	
	人数	占比%	人数	占比%
研究生	11	11.2%	17	8.5%
本科	85	86.7%	183	91.5%
专科	2	2%	0	0
党员	79	80.6%	85	42.5%
总计	98	—	200	—

与此同时，新招录的青年干部大多为“80 后”“90 后”，他们有着这一群体独有的特点：大都是独生子女，成长在改革开放新时期，生活条件比较优越，没有经过大的艰难困苦，普遍学历较高，综合素质较好，接受新事物快，特别是青年干部正处于理想信念形成期，思想活跃，容易受到各种文化思潮和多元化价值观影响。因此，在新老不断交替，青年干部人数逐年增加的情形下，加强青年干部理想信念教育，培养坚定的政治信仰和优秀思想作风，正确引导青年干部跟党走、不变色，为实现税收事业现代化发展提供坚强保障，具有深刻的现实意义和长远的战略意义。

二、当前青年干部理想信念教育中存在的主要问题和表现

随着我国改革开放的不断深入，当代青年干部的价值取向发生了深刻的变化，突出表现在追求社会利益与个人利益并重、崇尚自我，强调自我价值的实现；自立、公平、竞争的时代意识明显增强、人生价值的选择和判断极易受外界的影响、价值观上的困惑和矛盾明显增多。具体到税务部门，在对青年干部进

行理想信念教育中,往往也受一些不利因素影响,主要表现在以下几个方面。

(一)学习能力欠缺

现代社会人们的消遣方式较多,越来越多的青年干部习惯于通过网络游戏、电影、追剧来消磨时间,越来越少的青年干部能够保持自主学习的能力,不读书、不读好书导致很多青年干部遇到人生问题时没有出口,缺少一个良性的解决途径。调查问卷显示,朝阳市国税系统青年干部年读书量在 2 本以下的占到了参与调查人数的 45.79%,年读书量超过 5 本的不足 5%,读书量远低于全国每年 4.77 本的平均水平(如图 1 所示)。

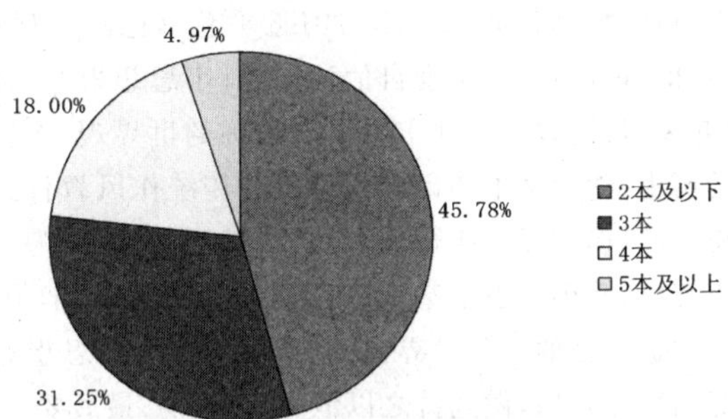

图 1 朝阳市青年干部年平均读书人数比例图

(二)社会环境影响

市场经济条件下,社会价值取向多元化,人们的思想观念、生活方式价值取向也发生了深刻变化,社会上的拜金主义、利己主义、享乐主义以及腐败丑恶现象对税务部门青年干部的思想也有所冲击和影响。

(三)是体制机制缺陷

青年干部理想信念教育是近几年的新课题,没有现成的可使用或者借鉴的培养制度机制,部分基层单位存在重使用轻培养、重短期轻长远的现象,缺乏对青年干部的培养规划和培养策略。

(四)疏导机制缺失

不少基层部门对青年干部心理问题重视不够,没有建立健全有效的防范和疏导机制,不能及时有效排除干部心理不和谐的隐患,对于青年干部出现的问题束手无策,甚至漠不关心、视而不见。

(五)工作压力增大

近年来税收征管改革频繁,税收规范性文件变化快,集中性、突击性工作较多,而且,节奏快、要求高、考核严,使许多刚参加工作不久的青年干部在具体操作中难以很快适应,干部精神紧张、压力很大,容易产生厌倦心理甚至执法风险。

(六)个人认知偏差

部分青年干部在家长亲友的鼓励支持下,出了校门就通过公务员考试进入到税务机关工作,满足于已经取得的成绩和荣誉,勤勉敬业、脚踏实地、积极进取和开拓创新的精神有所弱化,少数青年干部把追求个人利益和安逸享受作为人生追求主要目标定位,没有全身心投入到建设税收现代化宏伟事业当中。

三、加强青年干部理想信念教育方式和途径

“十年树木,百年树人。”青年干部是税收工作的希望和未来,应充分认识到加强青年干部教育培养工作的重要性和必要性,把青年干部理想信念教育作为一项政治责任,记在心上、扛在肩上、抓在手上,精心组织,狠抓落实。结合新形势新要求,要主动适应新形势下青年干部队伍结构的变化,勇于探索理想信念

教育新的方式、新的手段,力戒空洞说教、隔靴搔痒等弊端,不断增强青年干部理想信念教育的有效性。主动关心青年干部的思想工作和学习,帮助他们总结经验,思考问题,克服缺点,迎难而上,在国税系统形成一个有利于青年干部健康成长的良好氛围和环境。

(一)加强思想理论教育,筑牢青年干部理想信念的思想理论基础

理论是行动的先导。一个人有什么样的立场、观点和方法,就会有什么样的人生态度和价值取向,就会有什么样的理想信念。原原本本学理论,是年轻干部坚定理想信念的根本所在。当前,面对改革和建设不断深入发展的新形势,青年干部要不断深入学习马克思主义基本理论和中国特色社会主义理论体系,牢固树立社会主义核心价值观,特别是要深入学习习近平总书记的系列重要讲话精神,领会精神实质,吸取思想精华,增强道路自信、理论自信、制度自信,真正打牢思想根基、补足精神之“钙”。把理想信念教育与国情党情教育结合起来,帮助青年干部牢固树立正确的世界观、人生观和价值观。加强青年党员干部的党性锻炼,强化党的历史、党的基本知识和党的优良传统作风教育。通过思想道德和职业道德教育,引导青年干部提高思想境界,提高任务执行能力,切实担当起“聚财为国、执法为民”的重任。学习中,首先要引导青年干部端正态度,筑牢思想根基,做到真学真懂真信真用,摒弃形式主义、教条主义和只用理论武装嘴皮子现象,努力改造自己的主观世界,自觉抵御各种腐朽思想意识、价值观念的侵袭;其次要发扬钉钉子精神,养成良好的学习习惯,做到持之以恒、久久为功;最后要充分运用各种学习载体,如出宣传栏、办简报、举办“支部讲堂”“书记党课”、培训教育等,做到学习形式多样化、学习内容经常化。

(二)结合税收中心工作开展教育,在实践中坚定青年干部理想信念

理想信念是思想认识问题,更是实践问题。理想信念教育不像其他阶段性的政治教育活动,而是一项长期不能间断的政治任务,这就决定了教育本身必须结合日常及中心工作坚持不懈地开展,以达到使青年干部既受教育又能促进工作的目的。结合税收中心工作的开展,发挥党组织和团组织作用,激发青年干部的勤奋努力工作、不断开拓创新的热情,鼓舞引导他们在税收工作中体现理想信念的价值,使理想信念在具体的税收实践中得到升华。根据岗位要求和个人特点,尽可能地将青年干部安排在适合的工作岗位上,使其工作岗位与所学专业相匹配,岗位要求和个人专业特长相结合,用其所长,避其所短,发挥最佳的人才效应。开展“师徒结对”活动,对新录入干部指定一名有多年丰富税收实践经验的年长同志进行“一对一”的综合指导,引导青年干部爱岗敬业、履职尽责、成长成才。积极培养青年干部树立终生学习和学习工作一体化的理念,创造条件,搭建平台,鼓励他们参加注册税务师、注册会计师等专业资格考试和各项业务竞赛,不断更新知识结构,促使青年干部在学习实践中脱颖而出,成为系统内敬业、精业的专业能手和领军人才。要引导青年干部立足本职岗位,扎实工作,守德敬业,从小事做起,过好每一天,干好每件事,积小流成江海,积小胜为大胜,一步一个脚印,在加快推进税收现代化伟大实践中展现青春的光彩。

(三)将典型示范和警示教育相结合,对青年干部进行生动的理想信念教育

做人的思想工作,一靠真理,二靠人格。特别是人格的力量,最能感染人、激励人、影响人。青年人富有激情,崇尚典范,能够并且容易在高尚的道德品格中接受某种思想观念。要经常选树身边典型、宣传典型人物事迹,让青年干部看得见,摸得着,学有榜样,学有动力。一方面用先进模范人物事迹,开展好先进典型的宣传教育,引导广大青年干部自觉地向先进人物学习,结合“学雷锋标兵”“最美税务人”等选树活动,帮助青年干部树立正确的世界观、人生观、价值观,立足自身岗位,努力成为业绩突出、群众认可、纳税人满意的好青年、好干部。另一方面通过抓反面典型,揭示一些青年干部因理想信念动摇而腐化变质的深刻教训,让广大青年干部以此为镜、引以为戒,从而达到增强理想信念的目的和明辨是非,端正方向,提高防范各种诱惑和风险的能力。

(四)注重人文关怀,激发青年干部青春活力

要坚持“严管善待”方针,对青年干部既严格要求、严格管理、严格监督,又在政治上信任、工作上放

手、生活上关心。建立新录用公务员见面座谈制度。新录用公务员分配到岗后，及时举办见面会或座谈会，向新录用人员及其亲属介绍本单位基本情况，给刚入职的青年干部留下进取向上、和谐团结、充满温馨的印象。建立岗前培训和定期轮训制度。对新录用公务员采取岗前培训，帮助其全面系统了解税务工作，迅速进入工作状态，比如我市就对2010年后参加工作的青年同志进行知识更新轮训，让其充分感受到上级的关注与关怀。在条件允许的情况下，建设文化活动场所，配备一些必要的文体娱乐设施，丰富青年干部的业余生活。

（五）发挥各级团组织的引领作用，增强青年干部的责任感和归属感

共青团组织是广大青年的家。各级团组织要紧紧围绕税收中心工作，以理想信念教育为核心，团结带领系统广大青年干部在税收工作中不断激发活力、深化改革、破解难题、服务大局，为税收工作再上新台阶贡献力量。要竭诚服务青年干部成长，通过开展技能竞赛、比武等多种形式，为优秀人才成长成材创造条件，努力提高广大青年干部的业务素质，为税收工作保驾护航。要努力做广大青年值得信赖的贴心人。团组织要积极培养推荐青年干部中的优秀分子加入党员队伍中来，及时了解掌握青年干部的思想动态和困惑，从工作生活上更多地了解、理解和支持他们，鼓励支持他们积极组织开展丰富多彩的文体娱乐活动和志愿服务活动，成立税收志愿者服务队、社会志愿者服务队、学雷锋郭明义志愿者服务队，奉献社会，传递正能量。积极打造“国税青年之家”交流互动平台，在内网设置“青年之家”版块，在外网设立青年之家QQ群，设立“青年之家”意见信箱等，让青年人的诉求件件有回音。

（六）建立健全长效机制，使青年干部理想信念教育制度化、规范化

建立一整套科学、便利可行的教育机制，使理想信念教育制度化、规范化，并在实际操作中坚持高标准、严要求，把理想信念教育深入持久开展，真正做到持之以恒、不走过场。按照教育对象的不同层次，分别制定青年党员学习制度、入党积极分子培训、青年干部学理论中长期规划等学习教育制度，为加强理想信念教育提供思想基础。制定严格的组织管理制度，加强日常考核和年终考核，包括青年党员教育评议制度，青年岗位能手评选制度，青年干部考察、任用、考核和管理制度，为加强理想信念教育提供组织保障。建立青年人才培养的竞争激励制度，对青年人才统一管理、重点培养、合理使用。

（作者单位：国家税务总局朝阳市税务局）

走进新时代谋求新作为

——学习贯彻党的十九大精神的思考

蔡登明

党的十九大报告提出，中国特色社会主义进入新时代，我们党一定要有新气象新作为。作为基层地税机关，学习贯彻落实党的十九大精神，就是要结合基层实际，在组织收入、依法治税、推进改革、创新服务、管党带队等方面要有新作为、新发展，让党的十九大精神在基层税务机关真正落地生根。

一、围绕中心，在组织收入上谋求新作为

党的十九大报告提出了“不忘初心，牢记使命”的大会主题。税务机关肩负着“为国聚财、为民收税”的神圣使命，依法组织收入是税务部门永恒的主题和工作中心。因此，学习贯彻党的十九大精神，就要在组织收入上谋求新作为。确保实现新时代开好局、起好步。

（一）要加强税收预测分析，精准掌握税源

全面实施“营改增”后，地税部门在组织收入方面，虽然面临着主体税种缺失，税源零星分散、征管难度大、收入任务重等严峻形势，但同时我们也应该看到党的十九大为地税事业发展带来的新机遇，我国的经济已由高速增长转向高质量发展，经济增长结构、增长动力的转型，环保税的开征等，都将为地方税源质量提高和税收结构优化带来新的机遇。因此，我们要建立健全组织收入分析预测监控联动机制。结合当前税收政策调整、经济税源发展变化和税收征管的新要求，深入开展经济税收分析、政策效应分析，了解税源结构状况，精准掌握税源底数和收入潜力所在，努力寻找新的收入增长点，提高组织收入的主动性和科学性。

（二）要建立税源管理台账，强化收入管理

要树立经济决定税源、管理增加税收的组织收入观，按行业企业、分税种税源建立健全税源管理台账。同时，要着重做好与环保部门的衔接，建立环保税的税源管理台账，摸清环保税的征收管户，掌握税源基数。对各项收入事先预测数与事后实际入库数有差异的，要及时进行税收风险分析，找出差异原因，采取堵漏增收措施，努力提升税源管理水平，确保已形成的税源转化成实实在在的税收。

（三）要落实组织收入原则，提高收入质量

坚持依法征税，应收尽收，坚决不收过头税，坚决抵制越权减免税的组织收入原则。要将地方人大通过的预算收入计划作为地税部门的收入目标来完成，落实收入目标责任制，面对好的收入形势，要做到应收尽收；面对组织收入困难时，要强化税收风险分析应对，细化堵漏增收措施，努力提升收入质量，保持地方税收入持续稳定增长，为满足人民日益增长的美好生活需要提供财力支撑。

二、规范执法，在依法治税上谋求新作为

党的十九大报告提出“全面依法治国是中国特色社会主义的本质要求和重要保障。”依法治税是依法治国的重要组成部分，因此，我们要牢牢把握依法治税生命线，坚定不移推进税收法治化建设。

（一）要牢固树立依法治税理念

要深化依法治税实践，以法治思维统领各项税收工作，推动税收工作全面走向法治。要坚持在税收法律和政策的框架内收好税，把税收法治化建设作为税收现代化建设的重要内容，同步推进，同向发力，同步提升。

（二）要全面规范税收执法行为

要遵循“法定职权必须为，法无授权不可为”的执法规则，全面梳理税收执法权力清单、责任清单、问题清单和整改清单，让税收执法在法治的轨道上规范运行。要将依法治税始终贯穿于税收管理、税款征收、纳税服务、减税免税和违章处罚等各个环节。要聚焦社会高度关注、涉及群众切身利益的随意执法、任性执法等问题，以“刀刃向内，自我革命”的勇气和担当，打造规范有序、公平公正的税收执法环境。要通过规范执法，提高税法遵从度和纳税人满意度。

（三）要严格执法过错责任追究

要健全税收执法内控机制，把权力关进制度的笼子里。要加强对税收执法程序、税收政策落实、税收行政审批等事项的监督检查。要严格落实“一案双查”制度，以外防偷逃骗税、内防执法风险为重点，加大税务稽查和税收执法督察力度。要严格落实税收执法责任制和执法过错责任追究制度，坚决查处有法不依、执法不严以及不作为、乱作为的行为。切实维护纳税人的合法权益。

三、积极实践，在深化改革上谋求新作为

党的十九大报告提出，要“深化税收制度改革，健全地方税体系”。党的十九届三中全会审议通过了《中共中央关于深化党和国家机构改革的决定》和《深化党和国家机构改革方案》，这为地方税收和税务机关的改革和发展指明了方向。我们要把学习贯彻党的十九大及十九届三中全会精神和地方税收及国税地税征管体制改革相结合，积极实践，认真落实中央的各项税收改革举措。

（一）要深入调研，积极推进地方税制改革

当前，我们要针对地方税改革滞后、地方税制结构不合理及地方主体税种缺失等突出问题，结合加快建立综合与分类相结合的个人所得税制度、加快推进房地产税改革、深化资源税改革以及加快费改税的改革，深入开展地方税制改革调研，积极探索健全地方税体系的路径方法，为各项税制改革的尽快实施建言献策，出谋划策。

（二）要加强合作，推进国税地税征管体制改革

加强国税地税合作，是改革所趋，民心所向。当前，在国税地税机构合并尚未到位前，作为基层地税部门，要进一步增强真诚合作意识，保持沟通协商，以平等开放的心态，共同寻找国地税合作的契合点，要加快国税地税联合办税步伐，努力实现国税地税业务做到“一厅通办”，更好便利纳税人。同时，加强国税地税的稽查合作，涉及同一纳税人的一律实行联合稽查、检查，坚决避免多头查、重复查。真正让纳税人享有更加优质、便捷和统一的纳税服务。

（三）服从大局，确保机构改革顺利到位

深化税务机构改革是以习近平同志为核心的党中央做出的重大战略部署，充分体现了党中央、国务院对税务部门和税收工作的高度重视，是加强党对税收工作的集中统一领导、加强和优化税收职能、夯实国家治理基础的重要举措，是利国、利民、利企、利税的重要举措，对进一步增强人民群众改革获得感，更好发挥税收在国家治理中的基础性、支柱性、保障性作用，推进国家治理体系和治理能力现代化，必将产生重大而深远的影响。因此，地税系统的广大税务干部职工要自觉服从大局，充分认识税务机构改革的重要性，把推进税务机构改革作为一项重大政治任务，以习近平新时代中国特色社会主义思想为指导，增强“四个意识”，坚定“四个自信”，切实增强责任感和使命感。同时，在机构改革中，做到严明政治纪律、组

织纪律、干部人事纪律、财经纪律和保密纪律；做到人心不乱、队伍不散、工作不断。确保机构改革顺利到位。

四、不断创新，在优化服务上谋求新作为

党的十九大报告中指出，“坚持以人民为中心。必须坚持人民主体地位，坚持立党为公、执政为民，践行全心全意为人民服务的根本宗旨”。为此，作为基层税务机关，要坚持以纳税人为中心，在服务纳税人、服务经济社会发展、服务供给侧结构性改革上有作为。

（一）坚持以纳税人为中心，开展多元化、规范化和个性化的纳税服务

为纳税人和广大群众服务是税务机关的职责义务。要持续深化“便民办税春风行动”，从纳税人“看得见、摸得着、最关心”的小事实事做起，要坚持把人民群众的小事当作自己的大事来做；要本着“马上就办、办就办好”的服务初心，不断优化服务流程，提升服务质效，让纳税人办税省心、省事、省力、省钱；要大力推进“放管服”改革，打造规范有序、公平公正的市场环境和政务服务环境；要推行“互联网＋税务服务”，全力打造电子税务局，实现纳税人申报、缴税等绝大部分涉税事项网上办理，让纳税人多跑“网路”，少跑“马路”，真正让纳税人感受到纳税服务的方便和快捷；要体现对大企业、高新技术企业和“一带一路”“走出去”企业的个性化服务，切实优化营商环境。

（二）坚持以经济建设为中心，服务地方经济社会发展

党的十九大报告提出，“中国特色社会主义进入新时代，我国社会主要矛盾已经转化为人民日益增长的美好生活需要和不平衡不充分的发展之间的矛盾”。这一重大的科学论断，不仅反映了人民对物质文化生活提出了更高的要求，同时，也反映了我国经济社会发展从解决“落后的社会生产力”到解决“不平衡不充分的发展”问题。虽然，我国社会主要矛盾发生了变化，但没有改变我国仍处于社会主义初级阶段这一基本国情的判断。因此，经济建设仍是中心工作，在新时代更要注重抓全面发展。作为基层税务部门就是要一方面坚持依法征税，高质量地完成好组织收入任务，为地方经济社会发展提供坚实的财力保障；另一方面要充分发挥税收促进经济的职能作用，不折不扣地贯彻执行好各项税收政策，为解决不平衡不充分的发展和促进地方经济持续稳定健康发展做出新的贡献。

（三）坚持以改革发展为中心，服务供给侧结构性改革

党的十九大报告提出“要建设现代化经济体系，必须把发展经济的着力点放在实体经济上，把提高供给体系质量作为主攻方向，显著增强我国经济质量优势”。当前我国正处在深化供给侧结构性改革的关键时期，作为基层税务部门要主动对接和服务供给侧结构性改革，要全面落实国家结构性减税和各项税收优惠政策，助力企业发展和产业转型升级，推进供给侧结构性改革；要落实好支持促进大众创业万众创新和鼓励科技创新、支持绿色环保产业、扶持小微企业发展及下岗再就业等税收优惠政策，增强企业科技研发动力，促进实体经济发展，推动社会经济实现更高质量、更有效率、更加公平、更可持续的发展。

五、忠诚履职，在党建带队上谋求新作为

党的十九大报告提出，“要坚持党要管党、全面从严治党”。基层税务机关要进一步落实管党治党的政治责任，以新思想为引领，以党建带队建，坚定不移推进全面从严治党向纵深发展，在基层落地生根。

（一）坚持从严治党，加强基层党的建设

坚持党要管党、从严治党，加强基层党建工作，关键在于做实机关党委和基层党支部。我们将按照“建强支部、管好党员”的党建工作思路，持续加强基层党组织标准化规范化建设。当前，我们要将深入学习贯彻十九大精神作为加强党员干部思想建设的首要政治任务，实现全体党员干部职工包括离退休干部在内的全员参与、全面覆盖。同时，扎实推进“两学一做”学习教育常态化制度化，周密组织开展好“不忘

初心、牢记使命”的主题教育。通过召开党组会、中心组学习会、支部大会、党员“三会一课”以及主题党日活动等形式组织好学习培训。通过主题鲜明、形式多样、内容丰富的学习活动，进一步提高基层党员干部的思想觉悟。

（二）坚持严管善待，加强干部队伍建设

要坚持从严治党与从严治队相结合，切实加强税务系统的队伍建设，要让全体税务人员认识到从严治党不仅是党内及党员的责任，也是全体税务干部职工共同的责任，教育引导大家坚持弘扬社会主义核心价值观，践行地税创业精神和职业道德，始终保持对税收事业的满腔热情和忠诚担当，从而推进税收事业健康发展。要坚持严管和善待相结合，一方面，对干部从严要求，从严管理，要像抓组织收入一样抓好对基层干部的教育和培养，形成奋发向上的干事创业氛围；另一方面，对干部要投入真感情，关心、爱护、培养和使用干部，持续增强队伍战斗力和向心力。要坚持激励和约束相结合，发挥绩效管理、数字人事管干部的作用，要将个人绩效考核的结果，作为干部评先选优、选拔任用时的重要参考依据。在干部交流遴选、人才培养、职称评定、组织关怀等干部管理中进行挂钩应用，通过“真挂真用”，充分激发基层干部干事创业的热情。

（三）坚持求真务实，加强作风建设

学习贯彻党的十九大精神，最根本的是要体现在行动上、落实到岗位上。要认真组织党员、干部学习讨论习近平总书记就新华社题为《形式主义、官僚主义新表现值得警惕》的文章做出的重要指示，深刻领会指示的内容和精神实质，以纠正“四风”不能止步，作风建设永远在路上的坚韧和锲而不舍抓好作风建设。要结合税务部门实际，通过召开民主生活会、组织生活会、民主评议党员以及公务员年度考核的形式，把贯彻落实中央八项规定精神、转作风改作风情况作为对照检查的重要内容，认真梳理查找税务部门在组织收入、税源管理、税种管理、纳税服务、风险防控、工作落实等方面存在的问题、风险和短板，认真查找“四风”突出问题特别是形式主义、官僚主义的新表现，有针对性地运用好监督执纪“四种形态”，做到抓早抓小，让“咬耳扯袖、红脸出汗”成为常态，使党员干部感到监督无处不在、约束无时不有。要坚持从区局领导班子做起，以上率下、层层带动，坚持从一件件小事抓起，坚决防止不良风气反弹回潮，着力营造风清气正的政治生态。

（作者单位：国家税务总局镇江市丹徒区税务局）

新形势下地税部门开展融合式党建的探索

——以广州市天河区地方税务局“蛛网式共建”模式为例

郭展伟　陈　明　陈晓佳　蒋　杰　赵念婷

党的十八大以来，以习近平同志为核心的党中央着眼于“四个全面”战略布局的整体设计，坚定推进全面从严治党，坚持思想建党和制度建党紧密结合，党建工作的重要性被提升到了前所未有的新高度。与此同时，税务系统也在经历深刻的变革，“营改增”全面试点、国地税征管体制改革等一系列改革举措对地税部门的工作产生了巨大而深远的影响。在党建工作与地税工作均面临新形势新任务的背景格局下，地税部门如何将党建工作与税收中心工作高度融合，使二者互相促进、共同提升，成为当下地税部门需要重视的新课题。

广州市天河区地方税务局（以下简称“天河区局”）作为广州市地税系统的组织收入大局、党建工作示范单位，税收改革任务重，党建工作要求高。近年来，天河区局为了更好地推进各项改革、破解基层党建工作与业务工作“两张皮”的难题，积极探索融合式党建，在工作中逐渐摸索出了构建党建共建网络，通过党建共建共同推进税收工作与地方经济社会发展的新模式，取得了较好的工作成效。本文以天河区局“蛛网式共建”模式为例，开展新背景新格局下地税部门融合式党建探索。

一、探索融合式党建的背景

天河区局积极探索融合式党建主要基于以下几个方面的背景因素。

（一）是党的十八大以来落实全面从严治党的要求

1. 全面从严治党要求地税部门从思想上重视党建

“治国必先治党，治党务必从严”，自中央将“全面从严治党”纳入治国理政战略部署以来，先后制定实施多项党内规章制度，省委、市委以及省局、市局也相应出台了多项贯彻落实的文件，对新时期基层地税部门的党建工作提出了较高要求，推动天河区局高度重视、积极作为，通过积极开展融合式党建从根本上扭转部分党员干部仍旧存在的“重业务、轻党建”思维。

2. 全面从严治党要求地税部门创新党建工作思路

在目前“党要管党，从严治党”的大背景下，基层党组织要想把党建工作做好做强，仅仅在思想上重视还不够，必须要发散思维，创新工作方法。思路决定出路，思路的创新是党建工作创新的前提和基础，在目前地税部门面临重大改革的形势下，党建要有新的起色，实现新的突破，必须在工作思路上有所创新。只有不断创新党建工作思路，才能使党建工作真正体现时代性、把握规律性、富于创造性。特别是对于天河区局这个有着 240 多名党员，队伍层级较多、规模较大，地域分布较广、点多线长的基层党组织来说，要把党建工作做出成效、做出特色，需要进行大胆创新，积极探索融合式党建新路子。

3. 全面从严治党要求地税部门更加注重学习党建先进经验

不断学习是保持先进性的必要保证，注重学习是我们党的优良传统。在新时期加强党的建设、创新党建思路不能闭门造车，更需要充分学习借鉴其他单位好的经验，通过交流学习共同提高。

(二)是新时期新常态下税收征管新趋势的必然要求

当前,地税工作正面临着金税三期全面上线后、“营改增”全面实施后、深化国地税改革全面推进后的“三后时期”,地税部门税源逐渐以自然人税收为主,税收征收方式的变化一方面要求地税部门深化与国税部门的合作,另一方面要求地税部门与管辖区域范围内的社会基层管理单位(如街道、社区、工业园区、行业协会等)合作,以党建活动为平台,开展一系列的交流分享、调查研究、优化服务、联合治理等行动,推动辖区经济和税收环境的升级优化。

1. 国地税合作不断深入必然要求加强党建合作

国地税征管体制改革要求国地税开展全方位、多领域的合作。自本轮国地税征管体制改革实施以来,天河区国地税合作逐步走向深入,从联合办税到联合税宣,再到互派挂职干部,合作领域从单一的业务合作扩展到各个方面。而当前党建工作“服务中心,建设队伍”的属性能够充分引导、协调其他领域的合作,开展党建合作是国地税合作走向深入的必然。

2. 税收共治新格局的形成必然要求加强党建合作

《深化国税、地税征管体制改革方案》提出“建立健全党政领导、税务主责、部门合作、社会协同、公众参与的税收共治格局”的重要部署,在当前以自然人税收为主的形势下,地税部门需要更多地与地方社会基层管理单位沟通协调,充分利用基层管理单位的行政资源进行税源管理。而与基层管理单位开展党建合作,能够发挥党建工作对业务工作的引领带动作用,也能够通过灵活多样的共建活动与基层管理单位开展多方位的合作,是加强双方合作的最有效途径。

3. 纳税人对优化纳税服务的需求必然要求加强党建合作

在当前经济发展步入新常态、纳税人法治意识与维权意识逐渐提升的大背景下,优化纳税服务成为包括天河区局在内的广大税务机关的一项极其重要的工作。在传统的税收宣传、税收辅导等提升纳税人满意度的手段之外,与辖区企业开展党建合作,通过党建合作平台加强税企沟通、促进税企双向互动、全面了解企业需求成为一种行之有效的优化纳税服务新手段。

二、“蛛网式共建”党建融合新模式初探

融合式党建,关键在“融”字。在以往的党建工作中,由于思想上对党建工作不重视,且开展党建工作的思维方法不够多,导致党建与业务“两张皮”的现象较为常见,党建工作“服务中心”的作用不能充分发挥。近年来,一方面受益于从中央到地方各级皆重视党建工作的大环境,另一方面受到“营改增”、国地税征管体制改革等对地税部门税收收入以及工作职能等产生巨大影响的重大改革倒逼,天河区局开始在“融”字上下功夫,结合上级党组织对党建工作的要求以及地税部门改革趋势初步构建了“蛛网式共建”党建融合新模式。

“蛛网式共建”模式,就是以天河区局作为“蜘蛛”,通过地税部门内部共建以及与国税部门、基层管理单位、辖区企业开展党建共建的方式,以共建项目与共建活动为连结各单位的“丝线”,编织出一张互相沟通学习、业务高度融合的“大网”。这种模式突破组织隶属界限,突出条块联动,以党组织结对共建为平台,以整合区域内各种党建资源和社会资源为依托,实现区域内共建单位多方共赢的目标。

(一)国地共建,编好共建核心网

地税部门与国税部门开展党建共建是构建共建网络的核心力量。在目前国地税深入合作的背景下,地税部门无论是与地方基层管理单位还是与辖区企业开展党建共建,依托于共建平台开展的活动缺少国税部门的共同参与,活动效果会打折扣。故要充分发挥共建效果,先要编好国地税共建这张网。天河区局高度重视与国税部门的共建工作,在组织文化、纳税服务、党风廉政等方面均开展了富有成效的共建活动。

1. 党建共建带动党风廉政建设

党风廉政共建是天河区局与天河区国税局最早开展的共建项目，由国地税双方纪检监察部门发起，天河区局各党支部、党小组均与国税对应的党组织开展了党风廉政共建。共建双方一同开展党纪党规知识以及风险防控知识学习、一同开展廉政主题活动、一同参观党风廉政教育基地、一同赴监狱开展现场警示教育。通过多种多样的共建活动，使国地税党员干部普遍接受了廉政教育洗礼，有效地提高了党员干部防腐拒变的能力以及风险防控水平。

2. 党建共建引领组织文化建设

良好的组织文化能够起到凝聚人心的作用，近年来，天河区国地税以党建共建为平台，先后组织了“同心圆梦，情满天河”以及“党徽照亮税徽”两个主题的共建活动，以舞台演绎的形式赞扬在“营改增”、国地税合作过程中涌现出来的优秀组织与优秀共产党员典型，极大地激发了税务工作人员的工作热情，增进了国地税工作人员的团结，营造了“国地税一家亲”的良好氛围，得到了新闻媒体的广泛报道以及上级领导的一致好评。

3. 党建共建促进纳税服务工作

共同提升纳税服务水平是本轮国地税征管体制改革的题中应有之义，天河区国地税以党建共建为平台，整合两家资源，通过开展一系列“优服务”活动为纳税人提供优质服务。如在“营改增”全面试点期间组织“青年兴税突击队”，在办税服务厅热情辅导纳税人；联合开展“税收宣传进中超”活动，组织青年党员在中超比赛现场进行税收宣传；共同开展企业走访，主动走进辖区企业问需求；共同举办税收政策辅导会，为企业提供政策咨询等等。

(二)地方共建，编好共建骨干网

地税部门与地方基层管理单位的共建是构建共建网络的骨干力量。街道、社区作为基层的管理机构，与其辖区内的企业、居民联系较为紧密，掌握着大量的基础信息；而工业园区更是聚集了大量企业，其管理机构掌握园区所有企业的生产经营信息。与上述基层管理单位开展党建共建，能够起到以点带面的作用，使共建网络成倍扩大。天河区局在开展融合式党建工作实践中十分注重利用各类社会资源，在区局机关党委层面以及党支部层面均与辖区内相关基层管理机构开展了党建共建。

1. 重视与各类工业园区开展共建

天河区作为广州乃至整个华南地区的经济强区，辖区内各类工业园区林立。为贯彻落实习近平总书记对广东工作重要批示精神，助推创新驱动发展战略，天河区局联合天河区国税局与天河科技园管委会开展三方党建联建共建。本次共建以党建工作为引领，以优化税收营商环境、建设国际一流创业园区、促进地方经济发展为目标。力争在一年左右的时间内，通过党的工作联建、服务企业联手、精神文明联创、文化活动联谊、干部人才联育等多方位共建的形式，打造党建引导下的互带互动、优势互补、资源共享、共同发展的多元社会参与的基层党建新格局。共建的首个项目——“走进科技园”大型政策宣传活动即吸引了200多家园区企业参加，受到园区企业的热烈欢迎。在党支部层面，区局第八党支部联合区国税相关党组织与辖区内的宏太智慧谷党支部开展党建共建，实现文化互联、优势互补、阵地互用、党群互动、管理互通。利用共建平台，天河区局第八党支部与该园区多家企业在党风廉政建设、税收政策宣传等方面联合开展了多项活动，取得显著成效。

2. 加强与街道社区等基层组织共建互动

自然人税收的特点强化了地税部门与街道、社区等基层组织的合作基础，加强与这些单位的共建也成为本轮征管体制改革中天河区局重点探索的方向。自2016年以来，天河区局先后有多个党支部分别与街道机关党支部、村党支部、街道出租屋管理中心党支部开展党建共建。这些共建平台的搭建为区局相关部门开展税收征管、纳税服务、税收宣传等工作提供了极大的便利。如有的支部开展“税收知识进社区”活动，组织党员将税收政策辅导课堂开在小区里，为群众送上房屋买卖相关税费知识；有的支部联合共建的国税党支部以及街道机关党支部共同组织辖区内的所有物业企业开展行业专门税收辅导。以上这些共建活动，均充分利用了各共建单位的行政资源，实现了优势互补，使税收的春风吹进了千家万户。

（三）税企共建，编好共建末端网

地税部门与辖区企业的共建是构建共建之间网络的基本力量。企业是税务机关每天都要打交道的主要对象，在传统的征纳关系中，税务机关与企业仅有税收业务上的往来，税企交流缺乏温度。而党建共建的形式为税企交流增添了更多的温情与人文关怀，有助于提升征纳关系，提高企业的税收遵从度。目前天河区局各党支部均与辖区企业党组织开展了丰富多彩的共建活动。

1. 同学习共活动

共同过组织生活、共同开展党员思想教育、共同开展党日活动既是党建共建的规定动作，也是共建单位加强沟通了解的有效方式。在天河区局各党支部与企业党组织开展的共建活动中，各类学习教育活动不少。如在“两学一做”学习教育中，区局第三党支部、第四党支部分别与共建的中国南方人才市场直属第四党支部、石牌三骏企业集团党支部共同过组织生活并开展“四讲四有”专题学习；区局第七党支部与共建的广州棠下经济发展有限公司党总支联合组织开展主题党日活动，双方党员一同到毛主席视察棠下纪念馆接受党史教育。

2. 优服务促发展

优化纳税服务、助力企业发展是天河区局开展党建共建的一项重要任务。天河区局大力开展“攻坚奋战一百天”行动，着力提升纳税服务质效，各党支部与共建企业开展了大量“问需求、优服务”活动。各支部由支部书记带队深入共建企业进行走访，为企业精心准备税收政策大礼包，并就企业关心的税收问题进行深入解答。同时，向各共建企业真诚征求其对地税部门改进纳税服务的意见和建议，并对收集的意见和建议逐一进行落实反馈。

（四）内部共建，编好共建支撑网

地税部门与内部单位的共建是构建共建网络的支撑力量。充分学习借鉴地税系统内部融合式党建先进经验、不断强化自身建设是天河区局“走出去”开展党建共建的有力支撑。近年来，天河区局积极与系统内部各单位党组织开展党建共建，取得了丰硕成果。区局第九党支部（纳税服务分局党支部）与省地税局人事处党支部开展共建，充分发挥该支部青年党员较多的优势，先后共同组织“弘扬长征精神，争当时代先锋”主题朗诵活动、“学习习总书记重要批示精神”主题读书交流活动等深受青年党员喜欢的主题党日活动，并充分利用各自优势联合研究探索协税员管理问题，形成研究成果“协税员管理制度分析报告”，使党建工作与中心工作高度融合。区局第一党支部（由办公室、政策法规科、行政科三个党小组组成）与省地税局政策法规处党支部开展共建，共同开展税务法治研究，通过全面落实抓制度强机制、抓服务强法治、抓考核强监督的“三抓三强”工作思路，稳步有序推进法治税务示范基地建设工作。区局第四党支部（由人事教育科、监察室、管理三科、管理四科四个党小组组成）与市地税局第十一党支部（人事处党支部）开展共建，并与区局第九党支部、省地税局党支部开展联建，共同研究青年干部培养成材问题以及协税员管理问题。

随着全面从严治党战略的不断推进以及国地税征管体制改革的不断深化，新形势下地税部门开展融合式党建将迎来从思想理念到工作模式的一系列深刻变革，对基层地税部门的党建工作而言，既充满了巨大的挑战，也饱含着发展的机遇。结合实际，天河区局将一如既往地坚持从服务中心大局出发、从带好党员干部队伍出发、从加强基层组织建设出发，在完善健全当前共建模式的基础上继续积极探索融合式党建，争取在党建工作上取得更大的成绩。

（作者单位：国家税务总局广州市天河区税务局）

党的十八大以来新疆国税局党组巡察工作的思考

国家税务总局新疆维吾尔自治区税务局课题组

党的十八大以来，新疆国税局党组认真落实全面从严治党主体责任，深入推进党风廉政建设和反腐败工作，按照总局巡视巡察工作新精神新要求，采取“常”与“专”相结合的方式，不断深化政治巡察，加强组织领导，健全完善制度，改进方式方法，强化整改落实，严肃追究问责，自觉把巡察放到税收工作大局中认识和思考，放到加强领导班子建设、干部队伍建设和党风廉政建设全局中谋划和推进，切实发挥好巡察利剑作用，推动全面从严治党向纵深发展，向基层延伸。

一、提高政治站位，把准“新形势”方向，高位推动巡察开展

（一）全面遵循上级要求，提高政治站位

新疆国税局党组坚决维护以习近平同志为核心的党中央权威和集中统一领导，牢固树立和自觉践行“四个意识”，时刻对标习近平总书记关于巡视工作重要讲话精神和税务总局巡视巡察新精神新要求，对巡察工作实施坚强有力领导。从聚焦党风廉政建设和反腐败斗争，围绕“四个着力”，突出发现问题、形成震慑，到围绕“六项纪律”、深化“四个着力”，突出纪严于法、纪在法前，再到聚焦全面从严治党，深化政治巡察，巡察工作的定位越来越准确，工作越来越深入。

（二）准确把握形势任务，加强组织领导

定期研究巡察工作，区市两级国税局成立了由党组书记任组长、分管人事的党组成员和纪检组长任副组长、相关职能部门负责人任成员的巡视（巡察）工作领导小组，每年专题研究巡察工作至少两次，及时听取巡视情况汇报，分析重要问题线索，提出具体的处置意见，部署下一步工作任务。十八大以来新疆国税局党组召开专题会 12 次听取巡察综合情况汇报，对重要问题提出处置意见，对重要问题线索提出处理要求。巡视工作领导小组先后召开 10 轮巡视工作动员部署会、15 次领导小组会议，抓实抓好巡察工作组织实施，制定了市级国税局党组巡察工作实施方案，指导系统巡察工作开展。明确新疆国税局党组、巡视工作领导小组、巡视办、巡察组及市局、县局党组等各巡察主体的责任，做好工作分工，形成一级抓一级，层层抓落实的责任体系和工作机制。

（三）聚焦全面从严治党，深化政治巡察

新疆国税局党组积极学习党的十八届三中全会、四中全会、五中全会、六中全会精神，钻研新形势下党内政治生活若干准则、党内监督条例和习近平总书记提出的政治巡视理论，深化了对管党治党规律的认识。把始终坚定政治方向、坚持问题导向、坚守价值取向、坚持党的领导作为根本目的，把加强党的建设作为根本途径，把全面从严治党作为根本保障，以“四个意识”为政治标杆，以党章党规党纪为政治尺子，把维护党中央权威和集中统一领导作为根本政治任务，坚定“四个自信”，盯住“关键少数”，查找政治偏差，着力发现党的领导弱化、党的建设缺失、全面从严治党不力，党的观念淡漠、组织涣散、纪律松弛，管党治党宽松软等突出问题，严肃党内政治生活，净化党内政治生态，发挥政治“显微镜”和政治“探照灯”作用。

二、聚焦重点问题，实现“全覆盖”目标，圆满完成巡察任务

(一)整体推进与重点突破相结合，巡察工作全覆盖无缝隙

新疆国税局党组及时定规划、排工期、抓进度、提质量，有序推进巡察工作全覆盖。在巡察过程中坚持把“放管服”“营改增”、深化国税地税征管改革、“金三”上线等重大决策部署作为巡察重点内容，正确处理政治和业务的关系，既注重从税收业务角度印证政治问题，又善于从政治上分析、归纳和提炼业务问题，体现巡察的政治性和严肃性。党的十八大以来，新疆国税局共组织开展了10轮27个地州市国税局的巡察，其中对3个地州市国税局巡察了2次，对25个地州进行了“回头看”；各地州市国税局组织完成了全区108个县级国税局的巡察任务，实现了两级全覆盖。

(二)顶层设计与上下联动相结合，巡察工作全覆盖零容忍

全局上一体谋划。实行党组统一领导、分级负责的巡察工作领导体制，把区市两级巡察工作有机结合，将县局党组领导班子及成员纳入巡察工作总体布局中来，实现系统全覆盖，监督无死角。制度上一体规范。对巡察工作程序方法、工作要求、责任追究、队伍建设等重要方面和关键环节统一做出规定，统一实施、统一执行，做到纵向贯通，横向协同，整体规范。工作上一体推动。及时将国家税务总局要求和地方巡察经验向基层传达和推广，解决问题、修正偏差，确保巡察形成联动合力。成果上一体运用。建立健全巡察成果共享互通机制，形成以上带下、以上促下的良性互动局面。对综合巡察发现的共性问题加以分析，凝练成果，积极为各级党组提供决策参考。队伍上一体建设。坚持一个标准选配，按照一致要求管理，切实把政治素质高、业务能力强、作风过硬、勇于担当的干部选拔到巡察战线上来。

(三)政治体检与从严治吏相结合，巡察工作全覆盖有震慑

党的十八大以来，新疆国税局党组共派出22个巡察组开展了10轮巡察，发现问题691个，党的领导方面问题122个，党的建设方面问题242个，全面从严治党方面问题327个。巡察报告坚持以反映问题为主，反馈会议视频开到县市局，整改落实情况持续督导，追究问责紧抓不放，巡察的震慑作用日益凸显，在加强党内监督和促进全面从严治党向基层延伸方面起到良好效果。实践证明，巡察全覆盖既是一次全面的政治体检，也是一次深刻的党性教育和思想洗礼，强化了管党治党政治担当，增强了党的凝聚力、战斗力和领导力、号召力。巡察成为从严治吏的重要手段，进一步严明了组织纪律，匡正了选人用人风气，树立了正确用人导向，促进了领导班子和干部队伍建设，夯实了党执政的组织基础。

三、探索破解难题，树立“规范化”意识，切实做好巡察保障

(一)坚持问题导向，不断改进方式方法

多措并举，注重加强巡前了解。通过网上查询，征求相关处室意见建议，查阅近年来审计、考核资料等方式，收集工作情况和领导班子及其成员的问题线索，增强巡察针对性。优化资源，配齐配强巡察人员。坚持巡察组组长从正处级领导干部中选定，优先考虑副厅级后备干部，副组长和组员从巡察人才库中选定，对提升巡察工作质效起到明显作用。压实责任，以绩效促工作落实。细化绩效考核指标，加强日常考核、注重考评实质，促进巡察工作按时高效完成。拓展应用，促进工作效率提高。将网上测评系统、税务巡视工作平台拓展应用至全系统，运行信息化手段提高工作效率，丰富交流平台。主动学习，借鉴地方巡察工作经验。丰富巡察方式方法，与地方巡察部门建立了沟通交流机制。

(二)夯实工作基础，不断规范巡察流程

制定年度巡察工作规划。根据年度巡察和巡察回访工作任务，分季分月安排时间表，统筹集成巡察工作，做到依规开展、稳步推进。规范巡察流程。严格按照国家税务总局要求规范开展巡察工作，坚持“十三要”，即巡前准备要充分，组内分工要科学，动员精神要传导，民主测评要准确，查阅资料要细致，个

别谈话要技巧，延伸任务要明确，信访问题要关注，分析情况要溯源，撰写报告要斟酌，办理移交要归口，巡察反馈要分层，整改落实要督办，做到规定动作一个不少，规定程序一项不漏。强化档案规范管理。统一规范工作底稿、谈话记录、问题移交单等文书，按照随办随组、随巡随建、专人负责的原则，做好组卷归档。初步形成“一个遵循、两级管理、三项标准”的新疆巡察档案管理模式，即遵循国家税务总局巡视档案管理办法，分区市两级分别管理本级巡察档案资料，坚持完整性、规范性、保密性三项标准。

（三）选优配强干部，不断强化队伍保障

在系统内选拔一批综合素质高、能力强、作风好的业务骨干，建立201人的巡察人才库。强化专业知识培训。共举办5期全区国税系统巡察干部培训班，543人次参加培训，提升巡察干部理论水平，抽调人才库成员参与全区巡察工作，以巡代训，岗位练兵，注重在实践中增长才干。注重对巡察组成员进行廉政、纪律、作风等方面教育，签订承诺书，严格落实中央八项规定和税务总局“五个严禁”要求，转变工作作风，树立敢于担当的责任意识和自觉接受监督的自律意识。

四、强化成果运用，坚持“见成效”要求，严格推进巡察整改

（一）坚持及时反馈，让整改见成效见成绩

按照“三反馈”要求，严肃指出巡察发现的问题，提出整改意见，督促整改落实。分解任务，强化联合督导。根据问题性质分类分级向相关职能部门移交，强化部门督办、指导作用，多方同时发力，促进整改落实。跟踪问效，强化持续督导。对2012—2016年巡察过的地州市局全部开展了“回头看”，对整改落实情况进行专项巡察，按照“不彻底整改不放手”的要求，持续督促整改，有力推动整改取得实效。

（二）坚持防微杜渐，把纪律挺起来严起来

巡察坚持纪严于法、纪在法前，以党章党规党纪为尺子，加强对被巡察党组织和党员领导干部遵守党章、执行党规党纪、落实“两个责任”情况的监督检查，深入查找各种违纪违规行为，抓早抓小、动辄则咎，使纪律规矩真正成为“带电的高压线”，防止出现“破窗效应”。巡察监督有力推动制度落实，督促领导干部发挥“关键少数”作用，增强党章党规党纪意识，坚持高标准、守住底线，带头按规矩办事、按制度用权，促进形成尊崇制度、遵守制度、捍卫制度的良好氛围，不断提高依规管党治党水平。党的十八大以来，对巡察发现的问题和线索追根溯源，做到了件件有着落，事事有人担，将问责落到实处，充分发挥巡察推动执纪问责的作用，全系统通过巡察发现问题共问责151人次，其中党纪处分4人次，政纪处分5人次，组织处理134人次，受到司法机关处理8人次。

（三）坚持促进落实，使成果有指导有执行

区市两级国税局党组始终围绕中央和税务总局党组一系列重大决策部署、党风廉政建设和人民群众关心的热点、难点问题组织开展巡察监督，及时汇总报告巡察中了解到的情况和问题，使党组对系统工作全貌有了客观、全面的了解和掌握，为党组科学决策提供了重要信息和可靠依据。及时发现和纠正个别单位有令不行、有禁不止、工作落实不到位等现象，促进工作部署落到实处。巡察组提出的工作建议均被采纳，向被巡察党组织提出的整改建议都得到有效落实，纪检监察部门对涉及领导干部廉洁自律方面倾向性、苗头性问题认真纠正处理，组织人事部门将巡视结果作为调整班子和选配干部的重要参考依据。

五、持续深化政治巡察，发挥“利剑”作用，总结提炼巡察经验

（一）强化主体责任落实是持续深化政治巡察的根本

完善各级党组负责领导巡察工作、巡察机构具体组织实施、相关职能部门协作配合的领导体制和工作机制。党组书记承担起第一责任人的责任，领导小组发挥统筹作用，抓好组织实施，及时听取汇报，研究巡察工作，确保决策部署落地，领导小组成员单位发挥主观能动性，通力协作，形成工作合力。

(二)坚持学以致用态度是持续深化政治巡察的基础

新疆国税局党组将认真学习党的十九大精神和习近平新时代特色社会主义思想,全面贯彻国家税务总局巡视巡察工作新精神,深入学习《中国共产党党章》《中国共产党党内监督条例》《中国共产党巡视工作条例》,增强"四个意识",结合"四个全面"要求,不断深化政治巡察,聚焦全面从严治党,创新方式方法,强化成果运用,狠抓执行、见诸行动,有效发挥巡察监督作用,为实现税收现代化目标提供坚强政治保障。

(三)保持开拓创新是持续深化政治巡察的灵魂

加强常规巡察和专项巡察的有机结合,既要开展全面巡察,又要针对重点、突发问题开展"机动式"巡察。加强区市两级巡察整体规划,切实解决对县级国税局监督较弱的问题。加强对巡察过的党组织开展"回头看",对新出现的问题"再发现""再了解""再整改"。加强巡察成果运用,综合分析巡察情况,为党组决策部署提供更多更有用的参考。落实巡察"双闭环"要求,强化对整改落实的监督,严肃追究问责。

(四)形成完备的制度体系是持续深化政治巡察的保证

注重建章立制,做好顶层设计,制定《自治区国税系统市级国税局党组巡察工作实施方案(试行)》等制度办法,逐步形成一整套既符合中央、国家税务总局精神,又切合新疆国税实际,科学规范、运转高效的巡察工作制度体系。对未来五年系统巡察工作进行全面规划,按年度制订详细的巡察计划,确保数量按进度完成,质量随工作提升。

(五)打造强有力队伍是持续深化政治巡察的保障

按照"忠诚、干净、担当、出活"的标准和要求,不断完善充实巡察人才库,努力打造一支政治过硬、业务精良、作风正派、敬业奉献的巡察队伍。加强思想作风建设,牢固树立"有重大问题发现不了就是失职,有重大问题不如实反映就是渎职"的意识,科学合理配置巡察组人员,确保结构合理、精干高效,为巡察工作开展提供组织保障。

课题组组长:阿迪力·热西丁
课题组副组长:阿力木江·阿布都热西丁
课题组成员:崔力天　周立楠
执笔人:崔力天

对基层绩效管理公平性问题的思考

陈建国　张　涛

绩效管理在全国税务系统全面推开已经三年多，实践证明成效显著，但绩效管理实践中还存在哪些矛盾与问题？笔者在广泛调研的基础上发现，问题的关键在绩效指标设置、绩效运行及结果运用机制的公平性。公平问题已成为关系到绩效管理能否行稳致远的核心问题。

一、绩效管理机制存在的问题

（一）指标设置方面

1. 全局性指标责任分解和分值权重不明

一些指标涉及多部门甚至全局，要共同努力才能达到好的成绩，如征管主观努力程度、政务公开等。但在绩效指标设置中，这些指标往往落到某个具体部门，或者即使明确主办与协办部门，但是在分值设置、责任认定上难以准确划分。

2. 绩效指标分值与工作量缺乏必然的对应关系

各科室间，尤其是行政科室与业务科室之间由于职能不同，对应的工作量和指标分值差异较大。县（区）局机关存在一个科室对应市局多个处室的情况，与部分科室对口上级一个处室相比，工作量和难易程度不同，向上对口的处室越多，承接的指标必然多，工作量必然大。当前考核在设置“承接上级指标”考核项目时，采取的是干得好不加分，干得不好减分的方式，以县区局为例，“承接上级指标”考核项目满分3分，系统指标被扣分后，承接系统指标的科室按比例扣分，不承接系统指标的直接得满分。各科室由于工作量不同，承接的系统指标数量也不同，导致多做多错，少做少错，不做不错。科室之间苦乐不均，不在同一起跑线上参与考核。

3. 个人岗位绩效指标承接存在个体差异

在个人岗位绩效设置框架中，纵向比较，由于个人素质和能力的差异以及考评唯结果论的导向，在分解指标时，往往能力越强的人承接的指标越多。在个人绩效总分值一致的情况下，无法改变能者多劳、多劳多错的现象。横向比较，由于机构职能不一样，所承担的工作除了存在数量上的差异性，在工作的难易程度上也不一样，不同科室人员工作的好与坏难以衡量。

（二）运行机制方面

1. 过程监控松紧不一

绩效指标的考评节点基本上是以季、半年为主，并且主要以结果为考评依据。在考评间隔中，不能及时反映工作进度，容易造成前松后紧的情况；缺乏过程监控，不能监督工作过程的合理、规范。由于绩效管理在认同性方面存在的差异，致使上热下冷，多数人认为是领导班子、科室负责人、绩效办及绩效联络员的事情，部分科室的考评指标填写甚至主要依靠绩效办的提醒来完成。在自觉考评方面缺乏刚性的制度规范和要求。

2. 分档指标考评覆盖不全

有的科室和单位有分档指标，有的则没有。由于数量减分指标扣分的较小，形成各单位过分关注分档指标，相对忽视其他指标的情况。同时由于一档指标的名额有限，有的考核对象即使完全达到考评标准往往也被排除在一档之外。在节点考核过程中，对下级机关进行考评时往往需要依据上级分档考评的结果进行。由于有的分档指标不可量化，具体考评标准不明晰，加之考评结果滞后，导致基层在落实分档考评指标相关工作时缺乏工作前瞻性，不利于工作过程的监控和改进。

3. 岗位绩效考评较为被动

岗位绩效考评严重依赖组织绩效考评，只有在组织绩效考评中出现扣分，在失分必须要追责到个人的情况下，个人才会被考评扣分。由于个人重点工单的存在，个人被扣分后通过争取重点工单得分的方式弥补。个人考评得分更多体现的是工作的数量，而不反映工作质量，不利于工作的提高。日常考评中，由于大家长期在一个部门共事，碍于情面难以“真考实评”，考核者存在“睁一只眼闭一只眼”的“老好人”现象，岗位绩效过程监控流于形式。

（三）结果运用方面

1. 结果运用形式较少

考核结果运用主要体现在干部选拔任用方面的“五必看”和公务员评先评优必对照方面。考评结果的公平性是前提，在绩效管理自身制度缺陷尚未解决的情况下，考评结果如果不公平必然带来仅有的两个方面结果运用得不公平，就会对税务工作人员缺乏吸引力、驱动力、影响力，造成争先创优的积极性不高。

2. 考评结果不能全面真实地反映个人工作成绩和能力

按照组织绩效的要求，所有指标必须承接到人，目前，各科室指标承接数量很难均衡，干得多，出错的概率必然大。由于个人承接的岗位绩效总分一致，个人承接的指标数量不同也直接导致扣分标准无法统一掌握，年底岗位绩效成绩很难真实地反映出一个税务工作人员的工作能力、成绩和态度。

3. 结果运用激励手段不够

现行考评方式、结果激励效果不明显，无法有效解决“干多干少一个样，干好干坏一个样”的问题。当前主要围绕绩效考核优秀等次区间，在选拔任用干部和评先评优方面进行考评结果运用。绩效考评优秀比例为40%，一般的比例为60%。因此，对于大多数人来说，结果运用只涉及少数人，即使是40%的优秀人员也只是涉及少数人，一定程度上致使大多数人对争当绩效优秀的积极性不够、认同度不高。尽管目前已规定了对单位绩效不达标情况的具体惩罚措施，但对个人考评排名倒数、较差的没有刚性的惩罚措施，且尚未与物质利益挂钩，既没有正向激励、奖励惠及大部分干部的办法，也没有对不干、干得少、干得差的干部的惩戒措施和办法。

二、提升绩效管理公平性的意见和建议

（一）优化指标设置，提升指标承接公平性、岗位绩效指标要顾及干部的个体差异性

除承接组织绩效指标外，个人岗位指标统一规定承担组织绩效指标派生的指标和部门重点工作的指标不得超过5个。部门指标确定后，由部门或单位负责人派发，个人认领到岗到人。在考核个人时应综合考虑其实际工作量和实际工作完成情况，实行多劳多得、少劳少得。在派发指标，个人认领过程中，要根据每个人的岗位、能力、综合素质，在数量和难易程度上合情合理的分配，充分考虑个人、岗位、工作的差异性，使岗位考核更加贴近实际，解决组织绩效指标分配到岗到人的公平性问题。

（二）强化过程监控，提升考评过程规范性

制定绩效运行考评和督促检查办法。对考评过程的各个阶段、环节、节点运用刚性的制度规范实行考评，并实行量化扣分制。强化绩效系统与其他系统的衔接，实现扣分、考评的自动化，使绩效考核具体到每一项工作、每一个环节上。每季度实行书面督查或一年两次实地督查，将督查和运行考评结合起来，

督考合一，防止随意考评、考评不到位情况的发生，确保考评过程规范、有序、有效。解决部门或单位之间对考评尺度把握宽严、松紧不一的问题，杜绝“老好人”现象，实现一把尺子量到底。

（三）注重制度创新，提升结果运用公正性

一是拓展考核结果运用的范围。将考核结果与培训、评先评优、表彰、晋升等挂钩，对连续评分结果靠前的可考虑授予“岗位标兵”等荣誉称号，或在公务员年终考评时直接定为“优秀”等次。对考核靠前的或评分上升较快的，可以考虑优先给予参加相应培训和学习考察的机会。同时，将职务升迁、晋职晋级和绩效考核挂钩，使职务提升与工作实绩之间形成直接的关联关系。二是制定约谈和责任追究办法。对屡次被省、市局扣分或位于考评末位的部门或单位、个人，分不同层级、不同问题，按不同层级进行一般谈话或诫勉谈话，合理区分单位和个人责任，按责任追究程序，追责到人，进行通报或组织处理。

（四）营造文化氛围，提升绩效认识同一性

一是突出文化引领促进全员认同。通过召开讨论会、动员会、开设网站专栏、编写绩效动态等形式，普及绩效知识，营造浓厚的绩效管理文化氛围，推动全员认同，着力解决“上热下冷”、管理效应层层递减的问题。大力宣传绩效管理在推进工作持续改进，干部个人成长等方面的作用，大力表彰绩效优秀单位和个人，不断强化绩效管理的正向引导作用。二是加强思想政治工作。通过指标解读、“一把手”谈绩效、绩效优秀个人谈感言、我为绩效管理献一策、考评结果公示等举措，破除少数干部以偏概全、全盘否定绩效管理工作的错误思想。着力体现对差异部门和个人的考评公平性，通过科学合理、客观公正的考评提升绩效管理的公信力和认同度。

（作者单位：国家税务总局临漳县税务局）

鄂尔多斯市国家税务局教育培训现状分析及合理化建议

苗福成　刘晓燕

鄂尔多斯市国税局紧紧围绕党中央、国务院关于干部教育培训的战略部署，认真落实国家税务总局和自治区国税局关于干部教育培训工作的部署和要求，以强化基层教育培训为重点，提高税收工作质量和效率为目标，进一步整合有效资源，完善制度，创新方法，强化管理，大规模开展教育培训工作，在全系统形成规范、高效的教育培训模式，营造出良好的学习氛围，优化了干部队伍建设和基层建设，为税收事业实现又好又快发展提供强有力的人才保障和智力支持。近年来，伴随着国家税务总局深入推进素质提升"115"工程和全区国税系统"1155"创先争优活动的开展，鄂尔多斯市国税局将教育培训工作与争创活动紧密结合，同安排、同部署、同落实，进一步推进教育培训工作全面、深入、创新发展。

一、鄂尔多斯市国税队伍现状

（一）人员与管户现状

鄂尔多斯市国税系统现有干部职工929名，管辖纳税户112546户，其中企业42636户，个体工商户69910户。相对于所管理的纳税人来说，税务人员严重紧缺，整体征管力量薄弱，个别基层单位一人兼数岗，工作量大，职工的工作压力和心理负担比较重，基层力量突显不足。

（二）年龄现状

截至2017年年底，全系统税务干部平均年龄42周岁，个别单位已达到46周岁。45周岁以上干部有413人，占总人数的44.46%。年龄结构整体偏大，老龄化趋势明显。

（三）学历现状

77%的干部具有本科以上学历，其中，具有研究生及以上学历学位的47名，本科学历的667人，还有215人处在专科以下学历层次，学历结构整体偏低，知识能力结构相对偏弱。近十年，随着大学毕业生的考入，干部队伍的学历层次也较往年有所提高。35周岁以下的干部基本为本科、研究生学历，35周岁以上干部中，65%拥有本科及以上学历，35%仍为大专或中专学历。

（四）分布现状

鄂尔多斯市东部区经济发达，西部区经济欠发达，导致国税系统东西部人员分布不均，东部区人员偏多，但年龄结构偏大，学历层次较低，西部区人员少，但年龄结构较小，学历层次较高。此外，城市核心区也处于东部，近年来由于城市化发展，呈现非核心区人员向核心区流动的趋势，城市核心区国税局人数增长较快，非核心区人员相对短缺。

二、教育培训措施及成效

鄂尔多斯市国税局工作人员现状为教育培训工作提出了新课题，既要兼顾老中青三代人的个人需求，又要兼顾东西部地域差异造成的不同的组织需求和岗位需求，工作盲点多、难度大。但市国税局迎难而上，根据干部队伍特点，在人员紧缺和知力不足的情况下，以提高现有干部的胜任力和创造力为切入口，分级分类开展教育培训，创新思路，完善机制，措施得力，管理有序，培养储备了一批能够熟练从事征收管理、税务稽查、税收分析、纳税评估、执法检查等工作的高素质、专业化人才。

（一）深化思想信念和政治理论教育

持续开展群众路线教育实践活动，推进"两学一做"学习教育和党纪党规教育。以党课、政治理论讲座、研讨等形式，组织干部深入学习贯彻党的十八大和党的十九大精神，教育引导干部牢固树立"四个意识"，坚持用习近平新时代中国特色社会主义思想武装头脑，指导实践，始终在思想上、政治上、行动上同以习近平同志为核心的党中央保持高度一致。

（二）坚持开展全员培训，以基层带动全局，形成合力

以送教上门、集中办班、专题讲座、视频学习等方式对基层一线干部进行轮训。开展金税三期、"营改增"、企业所得税、纳税服务等专门业务培训，着力培养专业化岗位人才。举办科局级领导干部读书班、股所级干部任职培训、更新知识培训，注重对领导干部的能力培养。制订青年干部培养计划，突出对2010年后参加工作青年干部的教育和培养。加强与高校和专业培训机构的合作，深化培训内容和形式。近三年，鄂尔多斯市国税局累计举办培训班112期，其中，与清华大学、复旦大学联合举办科局级领导干部读书班2期，与上海财经大学联合举办青年干部更新知识培训班2期，与东北财经大学联合举办专门业务培训班3期，与无锡税校联合举办业务骨干培训班6期，与内蒙税校联合举办岗位业务培训3期，独立举办培训班近百期。

（三）以"岗位大练兵，业务大比武"为抓手，不断优化人才队伍

市局每两年举办一次全市国税系统"岗位大练兵，业务大比武"竞赛活动，建立和完善专业人才库。对人才库实行动态管理，优胜劣汰，以竞争方式优化人才队伍。多年来，全系统累计建立税收征管、税务稽查、纳税评估、信息管理、行政管理5个专业人才库，选拔优秀岗位能手84名。

素质提升"115"工程和"1155"创先争优活动开启了练兵比武的新模式和教育培训工作的新旅程。全系统紧扣活动主题，充分利用现有的成功经验和成果，立足实际、纵横结合，立足岗位、点面结合深化比武练兵，800多名税务工作者共同参与，齐心协力，形成合力，掀起比、学、赶、超的勤学知识、争当先进、创先评优的新热潮。活动开展以来，全市国税系统举办岗位知识培训班220期，集中授课880课时，集中视频培训96课时，培训干部18408人次，为干部职工提供了更为广阔、更高层次学习知识、提升自我的良好机会和平台。在全区业务标兵选拔考试中，鄂尔多斯市国税系统有16名同志脱颖而出进入全区109名标兵之列，考取比例占15%，居全区首位。有34名同志考入全区500名岗位能手之列。在国家税务总局素质提升"115"工程纳税服务业务大比武中，市局荣获集体二等奖，1人被评为纳税服务类专业骨干，3人被评为纳税服务类岗位能手。在练兵、比武中，还有许多干部虽然没有考入标兵、能手之列，但知识水平和工作能力大幅提升，迅速成长为全市国税系统的业务骨干和岗位标兵，为全市乃至全区国税事业发展不断贡献力量。

（四）考学同步、以考促学的激励机制成效显著

始终坚持开展全员业务考试、岗位知识竞赛，实行考学同步、以考促学的教育模式和以奖代惩、奖优促教、积极鼓励的激励机制，将学习固化成习惯，干部队伍整体素质大幅提升。在自治区国税局的两次干部遴选考试中，鄂尔多斯市国税系统7名基层干部以优异成绩通过遴选，进入区局机关工作。在全区国税系统兼职教师选拔中，全系统先后有10名干部经过层层选拔，进入兼职教师队伍。这两项考取比例均居全区国税系统前列。

（五）学历教育、专业资格教育取得明显成效

积极鼓励干部职工参加学历学位教育和专业资格教育，为干部的再教育尽可能提供绿色通道。截至目前，全系统有47名同志通过全国硕士研究生联考，取得硕士研究生学位，有31名同志通过税务师、注

册会计师资格考试以及司法考试，取得注会、税务师和律师资格证书，成为全系统的业务骨干和教育培训师资力量。

（六）开辟“科长讲堂”培训新模式，为教育培训注入新活力

从 2014 年开始，鄂尔多斯市国税局创新性开展“科长讲堂”，每周一期，每位干部既是学员又是老师，以学教相结合的方式促学促教，有效推进学习型机关建设。

（七）以国地税合作为契机深化培训

在国地税合作过程中，创新性开展“国地税周末税收大讲堂”，国地税互派业务骨干到对方开展业务培训，每周按时进行。此外，国地税局互派副科级领导干部到对方“挂职”业务副局长，进行国地税合作交流学习。“大讲堂”和“挂职”方式的推行为国地税干部互学互通业务、深化国地税合作提供了人才保障。

（八）开展网络培训

充分利用中国税务网络大学学习平台和办公自动化网络系统，推行网络化培训。建立“智慧党建”学习平台，深入开展支部学习、党员培训。积极宣传推行“法宣在线”学习考试，调动全系统干部深入学法、知法、用法。组织开展财税网络知识竞赛，加强对财税知识学习。在内网系统搭建网络问答系统，建立微信、微博、QQ 群等新载体，方便干部职工交流讨论、答疑解惑。网络培训以学习时间和点击率考核学习状态，以考试成绩考核学习成效，双重考核，多重推进。

鄂尔多斯市国税局教育培训工作制度规范、措施得力，干部职工凝心聚力、开拓进取，创造了优质的工作业绩，干部队伍的整体素质明显提升。第一，年轻干部的成长速度惊人。多数年轻干部参加工作仅一年便能在基层税务局独当一面，成为税收工作的行家里手，再经过两三年的历练便成长为全市乃至全区国税系统的业务标兵和岗位能手。在入选自治区国税系统的 50 名业务标兵和岗位能手中，80%为 35 周岁以下的青年干部。被选拔参加国家税务总局大比武大练兵活动的参赛人员 100%为青年干部。在近几年科级领导干部竞岗中，6 名 2012 年后才参加工作的年轻干部，由于个人素质和工作业绩突出，得到领导和群众的一致认可，被选拔到科级领导岗位。第二，干部队伍的税收征管水平整体提升。从服务岗位到执法岗位，从全面落实“营改增”到推进国地税合作，从推进“放管服”改革到落实税收优惠政策，国税干部做到了政策熟悉、知识精通、实操熟练、分析应用到位，征管体制改革得到进一步巩固和拓展。一些优秀骨干深受自治区国税局相关处室青睐，经常被抽调参与全区税收检查、分析等工作。第三，素质提升促进基层建设和精神文明建设喜结硕果。良好的文化氛围为基层建设和文明建设创造了优质的人文环境。鄂尔多斯市国税局于 2015 年荣获国家级“文明单位”称号。截至目前，全系统共创建国家级“文明单位”2 个，自治区级“文明单位标兵”9 个，自治区级“文明单位”2 个；“全国税务系统先进集体”2 个；全国巾帼文明岗 1 个；2 个局被授予全区民族团结进步模范集体；1 个机关科室被总局授予执法督查税收执法大督察工作成绩突出的集体；1 名干部被授予中国好税官；2 名干部被总局授予先进个人；1 名干部家庭被授予全区首届文明家庭。绩效考评成绩连续五年位居全区国税系统首位。第四，税收收入创历史新高。毫不动摇坚持依法征税，做到应收尽收。2013—2017 年，五年累计为国家组织税收收入 1620.90 亿元，收入总量和增速每年均位居全自治区首位。其中，2017 年完成税收收入 472.59 亿元，同比增长 101%，组织收入质量实现历史最高。依法打击偷骗税能力增强，法治环境进一步得到净化。第五，练就了鄂尔多斯国税人坚硬的担当精神。多年来，政治业务素质教育练就了干部勇于担当、奋勇进取的敢干、实干精神。金税三期工程上线、“营改增”大，国地税合作进程，无论在哪项改革发展进程中，干部们加班加点，任劳任怨，充分运用所学所知，团结合作，集思广益，圆满完成各项改革任务，受到国家税务总局和自治区国税局领导的高度赞扬。在总局营改增试点记功表彰中，1 人荣获全国三等功；在自治区国税局的表彰中，4 个单位荣获先进基层党组织，9 名同志荣获优秀共产党员，9 名同志荣获优秀工作者。第六，党建工作突显品牌效应。以“党建 + 互联网 + 税务”为基点，开发应用鄂尔多斯国税“智慧党建”信息平

台，实现数字化、网络化、信息化的党组织和党员教育、管理、监督格局，打造党建品牌特色，在全区国税系统树立了新时代党建典型。

三、教育培训工作中存在的困难和问题

经过努力，鄂尔多斯市国税局教育培训工作取得了长足进步，积累了宝贵经验。但由于一些主观和客观因素影响，工作推进中还存在一些困难和问题。

（一）思想认识不到位

部分干部对教育培训工作的思想认识度不高，认为学与不学一个样，学好学坏一个样，学习积极性和自觉性不高。部分领导干部对教育培训工作的重要性和必要性也认识不足，认为教育培训相对于税收征管而言，是边缘性工作。对人才培养和队伍建设的重视程度还不够，缺乏长远规划，领导力和执行力不强，从源头上影响了教育培训工作深入、全面发展。

（二）人才总量、结构和素质还不能完全适应税收发展的需求

高层次、高技能复合型人才缺乏，截至目前，全系统硕士研究生学历学位人数仅占总人数的 5%，获得律师、注册会计师和税务师资格的人数仅占总人数的 3%，两项占比较低。在国家税务总局开展的领军人才选拔中，市局为区局和总局输送领军人才的概率相对较低，客观反映出培养高层次人才势在必行。

（三）工学矛盾突出

全市国税系统总人数不足千人，17 个基层单位人员不足 700 人，各基层税务局一线工作人员更是稀缺，基层普遍存在岗位多人员少、一人身兼数岗、工作量大等情况，许多干部难以抽出时间参加较长时间的培训，短时间的培训又难见成效，工学矛盾一直存在。

（四）干部老龄化严重

全系统干部年龄结构整体偏高，老龄化趋势明显，年龄偏大的干部接受新知识能力较差，主动学习的意识也不强，影响队伍整体的创新能力和动力。年龄偏差大导致干部的知识层次、学历层次、理解能力也存在较大差异，培训很难形成统一的规模和尺度。

（五）教育培训资源和能力较弱

目前，全市国税系统现有教育培训管理人员 21 名，基层局多数管理人员还兼职人事、党务以及税收业务工作，专职人员较少。全系统兼职教师仅有 6 名，无专职教师，教学资源相对匮乏。教育管理者和师资的稀缺在一定程度上影响对教育培训工作的高质量、深层次规划。

四、推进教育培训工作创新发展的思路和建议

人才是一个组织集体中最具活力性、能力性和创造性的因素，优秀的人力资源队伍是事业发展的基石，而教育培训是人力资源开发与利用的最卓有成效的方法。作为调节国家经济、行使税务管理职能的税务部门，是一个行业性、专业性比较强的行政执法部门，对人才的需求特别是专业化人才的需求极为迫切。在外部补充有限的基础上，对内强化教育培训，不断优化人才队伍，完善人力资源体系是税收工作创新的不竭动力。

（一）更新人才发展理念，提高思想认识

各级国税干部要树立人才资源是第一资源的理念，深刻认识国税事业的发展更需要人才的支撑。基层部门更要重视人才培养，加强对青年干部的培养和选拔，为人才的发展进步创造条件和机会，使有限的人力资源变成优势的人才资源。

（二）建立保障激励机制，营造竞学氛围

一是建立高素质专业化人才评价标准，对符合条件并有培养前途的业务骨干，确定培养方向和目标，

在工资晋级、评先评优、职务提拔中创造积极条件，优先考虑，大胆使用，以激励强动力，拓展其成长发展的空间，真正发挥人才的能动性和创造性。二是解决好投入差异大、发展不平衡的问题，对偏远地区尽可能提供必要的人、财、物支撑，实现物质基础保障。

（三）与时俱进创新模式，提升培训品质

在运用传统培训模式的基础上，努力开发教学新模式，更好地满足干部特别是年轻干部的学习诉求和学习习惯。一是广泛应用组织调训方式，实现对个别人才的分时、分步培养，突显实操性和针对性。二是与系统内外培训机构深度合作，引入夜校、周末课堂、网络视频课堂、自主选学等形式，升华教育培训专业化品质。三是充分拓展“互联网 + 教育培训”新模式，开发数字化学习和管理软件，使教育管理和培训学习突破时间和空间限制，推行个性化培训，做到精准教学。实现网上“教、学、管、考”等功能统一，也大大减轻了培训机构人员的工作量。四是进一步创新“智力援西”培训形式，在选派科级领导干部到地税局挂职的基础上，建议选派科级及以上领导干部和专业骨干人才到东部发达地区的市县区局挂职锻炼 1～2 年，实地学习东部优秀教育培训资源和管理经验，实现东西部资源共享。

（四）加强软硬件设施建设，建立健全电子教材体系

支持基层单位建立图书室、培训资料库等学习基地，构建规范、务实的教学硬件环境；建立系统的、灵活的、适应各种教育需求的电子教材体系，不断丰富、更新教材内容。

当前，国家处正在全面建成“小康社会”的攻坚期，政治经济文化蒸蒸日上、稳步发展。税务部门正面临重大的征管体制改革，教育培训工作也迎来了新的机遇和挑战，任重道远。重视并加强税务干部的教育培训和人才培养工作，勇于创新，开拓进取，为税收事业不断注入新鲜活力，为征管改革稳步推进提供强大的人才保障，奠定牢固的人才基础。

（作者单位：国家税务总局鄂尔多斯市税务局）

始终以基层队伍所思所想所盼为中心突出加强思想政治工作的思考

吴伟夫

随着党的十九大的召开，全国税改步伐临近，当前地税人思想日渐活跃，其思想观念、价值取向、工作态度、关注热点和需求愿望等方面都呈现出多样化复杂化。为更好地了解基层思想政治工作状态，了解一线税务工作人员所思所想及所盼，提高工作的针对性和有效性，本文通过倾听一线领导想法，倾听一线干部职工诉求，与业务骨干、二线干部、军转人员、事编人员、劳务派遣人员等 80 多人进行座谈了解，较全面地掌握基层思想政治工作状况和一线的所思所想，并针对基层反映的问题提出改进建议。

一、基层思想政治工作的主要做法

(一)高度重视，坚决贯彻落实思想政治工作要求

从调研情况看，基层能围绕目标，坚持“六为”工作定位，扎实开展思想政治工作建设。一是注重把思想政治工作作为实现党的领导的重要途径和社会主义精神文明建设的重要内容，作为做好税收工作的有力保证。丹阳地税把思想政治工作作为地税一切工作的生命线，突出地税核心价值理念，注重制度、载体建设；句容地税紧绕“三台建设”工程，坚持以人为本，将思想政治工作贯穿于各项工作中。全系统在今年的文明创建中，获得了五个镇江市文明行业、32 个基层单位获得镇江市文明单位称号。二是注重从培养正确的世界观、人生观、价值观入手，夯实思想政治工作的基础。扬中地税通过“112 民心秤”工程引领，先后开展了“记一本完整笔记，读两本励志书籍，开展三次谈心谈话，听四次主题讲座，看五部视听教育，召开六次专题会议”活动，积极引导干部职工树立正确的世界观、人生观、价值观；市区某分局提出“关心干部要从灵魂深处入手”的理念，充分相信干部、信任干部。三是注重从“尊重人、理解人、关心人、帮助人”的角度入手，创新思想政治工作方法。句容地税牢固树立“群众利益无小事”的理念，开展“五必访”“六必谈”“送温暖工程”的活动，切实了解每名干部职工的思想和工作、生活情况，竭力解决干部职工子女入托、入学、住房等困难。丹徒地税坚持“三个贴近”(贴近实际、贴近群众、贴近生活)，开展经常性的面对面谈心活动。针对干部职工工作压力大、思想波动的实际，邀请江苏大学教授做“树立自信、舒缓压力、不断提高身心健康水平”讲座，把思想政治工作从思想教育层面提升到心理关怀层面，培养干部职工健康积极的阳光心态。

(二)联系实际，组织开展思想政治工作主题教育

基层单位能够结合自身实际，开展丰富多彩，形式多样的主题教育活动。一是以构建精神家园为目的，强化思想政治工作的教育塑造。通过深入开展“学习十九大说句心里话”“群众性路线教育实践”主题活动、公务员职业道德主题教育活动、道德领域突出问题专项教育和治理活动，引导大家树牢“奉献在地税”的大局意识、“建功在税收”的责任意识和“敬业在岗位”的主人翁意识。丹阳地税开展了“社会公德、职业道德、家庭美德”的“三德”教育；扬中地税开展了思想作风教育整治、“低碳”主题宣传、回报社会志愿者等活动；丹徒地税从健全制度入手，制定出台一系列加强和改进全系统思想政治工作的制度和措施，不断强化思想政治工作长效机制建设。二是以开展创先争优活动为契机，注重思想政治工作的模范引领。

先后开展“对标苏南、创先争优”、争创“群众满意的窗口服务单位”“便民春风行动，优化营商环境”等活动，涌现了像办税服务厅“全国先进税务工作者”袁静同志这样的先进典型。三是以弘扬地税文化建设为抓手，丰富思想政治工作的内容载体。全市系统坚持“持之以恒、顺势而为”的工作理念，围绕“凝心聚力、真抓实干，推动地税事业高质量发展”的工作主题，坚持把地税文化建设作为思想政治工作的重要载体，积极探索从地税文化建设的角度审视和推进思想政治工作。大力加强地税文化建设，以社会主义核心价值观为主导，塑造“创新、奋进、务实、文明”的地税精神。深入开展以创建文明行业、文明单位、青年文明号、巾帼文明岗等为主要载体的群众性精神文明创建活动。工会部门组织“卡拉OK”家庭歌唱比赛、越野登山、游泳、拓展训练、趣味运动会等经常性文体项目，激发活力，凝聚人心。丹阳地税将“教育、文化、法治”有机结合，开办国学专题讲座，开设“文化学习日”，重点打造具有地税特色的“五大文化”创新举措，被中共中央党校主管的《党建导刊》录用介绍，被县处级以上领导参阅的内部资料《决策参考》刊登推荐，被省局简报专刊推介；句容地税以“知书达理、革新争先”为主题，深入开展“日学半小时，月读一本书”的全员读书学习活动，通过好书共享、心得共享全力打造“书香地税”。

（三）凝心聚力，注重发挥基层党组织战斗堡垒作用

在发挥基层党组织战斗堡垒作用方面，各级党组织认真贯彻落实全面从严治党，针对新情况新问题，不断改进工作方式，紧密联系群众，充分发挥战斗堡垒作用。一是坚决贯彻落实党的路线方针政策。深刻领会党的路线方针政策的精神实质，做党的路线方针政策的先行者、传播者、实践者。各级党组（支部）以邓小平理论、“三个代表”重要思想和科学发展观为指导，深入学习贯彻习近平新时代中国特色社会主义思想，牢记“为国聚财、为民收税”使命，认真担当服务全市经济社会科学发展、跨越发展的重大责任，用实际行动履行地税职责。二是密切联系和服务群众。全心全意为人民群众服务，密切联系群众是我们党区别于其他任何政党的一个显著标志。丹阳地税注重做好联系群众的桥梁和纽带。建立健全领导联系、党员帮扶、基层调研、民意知晓、实事办理等长效机制，让联系群众的桥梁和纽带制度化、经常化。三是充分体现党员先锋模范作用。基层党组织的战斗堡垒作用最直接、最现实、最具体的是通过广大党员的先锋模范作用反映出来。围绕新时代先锋模范党员基本标准，丹徒地税抓住干部大培训的有利时机，创新学习方式，展开学习培训：认真学好党章，坚定理想信念；学好专业知识，胜任本职工作；学好其他知识，拓展服务本领。句容地税通过加强党员形象展示、党员技能大赛、主题实践活动等一系列设计和管理，为党员发挥先锋模范作用提供宽阔的舞台；丹徒地税建立健全“数字人事”机制，创新绩效考核办法，促进党员先锋模范作用的进一步发挥。

（四）人文关怀，充分体现思想政治工作坚强活力

通过调研发现，基层党组织较好地从关心人内心的感受出发，引导广大干部职工正确对待自己、他人和社会，正确对待困难、挫折和荣誉。一是情感上尊重人，让大家有亲切感。干部职工是地税的主人，是推动地税事业发展的主力，也是思想政治工作的主体。市局某分局支部一班人带着真挚朴实的感情去开展思想政治工作，做到时机上适当，方法上适用，分寸上适度，让干部职工心悦诚服地接受，并转化为自觉的行动。二是工作上激励人，让大家有成就感。丹阳地税善于营造有利于干部职工干事兴业的良好发展环境，建立健全行之有效的绩效考核机制，让干部职工有奔头、有干头、有甜头、有劲头，最终达到在推动事业发展中实现人生价值目标、在实现人生价值目标中更好地推动事业发展的目的。三是文化上吸引人，让大家有认同感。随着干部职工的文化需求愈加丰富，全系统充分发挥工青妇等群众性组织的作用，成立了各种俱乐部，不断丰富职工文化生活，用健康丰富的文化生活陶冶干部职工的情操、情感和心理，培育乐观、豁达、宽容的精神，培养自尊自信、理性平和、健康向上的心态，以开阔的心胸和积极的心境看待一切。

二、基层一线的所思所想

在当前利益多元、矛盾凸显、社会转型和全国性深化税改的背景下，基层一线面临着收入任务压力、业绩考核压力、改革的压力和提拔升迁空间变窄、个人收入变少、事业编制人员前途担忧等情况，或多或少地影响着队伍的思想情绪。

(一)当收入压力和风险控制同在时的所思所想

当前，各级税收任务仍然是地税各级的首要任务。由于经济形势的原因，完成任务的困难始终存在，因而在目标管理考核中常有人被罚，管理任务越重被罚反而越多。为了减少罚款，大多数单位加大征管力度，依法征收取得了一定的效果，但也有的放弃了风险控制原则。针对这种现象，丹阳地税坚持不收过头税，并在实际行动上采取措施，清查征收情况，并强调了该收的税一分不少，不该收的税一分不要。还有的单位强调依法征收、不收过头税费，但无解决问题的办法，使得有些干部在思想上放弃了风险控制，长此以往，容易给基层干部职工在思想上带来了困惑情绪。

(二)当税源改革和绩效考核指标不匹配时的所思所想

有些工作与考核不匹配，导致基层一线既要按专业化改革路径去做，也要按管户制的方法去操作，两个工作方法同时运行，工作压力很大，常常加班加点。据不完全统计，有的干部加班占国家规定休息日达30%左右，加上各种活动形成了忙上加忙。对此，丹徒地税等基层单位外请大学的心理专家为大家上心理辅导课程，进行压力释放，收到一定成效。但长期下去仍会影响基层一线干部职工的思想情绪。

(三)当晋升空间狭窄和人生规划相矛盾时的所思所想

当前，人生价值的体现有一种比较时尚的说法叫人生规划，根据自身的条件经过几年奋斗实现人身各个阶段的目标愿景。当晋升空间狭窄时，人生规划的奋斗目标就应适时调整，加上奋斗目标也不应该只以职务来衡量，面对这样的情况，基层单位开展了价值观、人生观、世界观的系列教育。丹阳地税、句容地税开展学先进、赶先进活动，端正大家的“三观”认识，并用身边先进典型事迹教育引导广大干部职工，收效明显。但仍有一些人不能正确对待人生观与价值观，把晋升作为人生追求的唯一目标。当晋升空间变窄、提拔茫然无望时就会出现精神消退、埋怨组织、不求上进等现象。

(四)当军转干部遭遇使用瓶颈时的所思所想

军转干部在系统总人数中占有较大比例，市局占比近 1/3，这是地税事业发展的重要组成部分。他们带有一定职务来到地方，政治素质较强，执行力较好，作风较踏实。但面对新战场、新行业，可能显得英雄无用武之地，有不被重用之感。针对这种现象曾经组织过军转的业务培训，提供了让军转干部尽快适应地税工作需要的机会，很多人刻苦钻研，业务水平提高很快。句容地税针对一些实际问题，主动协调帮助军转干部，调动了其工作的积极性，有的同志还取得了“三师”资格，有力促进了军转学业务钻业务的劲头。很多军转干部纷纷表示：来到地税，唯有努力工作才能回报组织，才能与地税事业发展同兴共振。但还有一些同志把自己停留在过去的功劳簿上，埋怨领导关心不够、任用不够，产生悲观、抵触情绪，出现了混日子现象。

(五)当事业编制人员、派遣人员需求组织关心时的所思所想

事业编制人员大都是从契税和交通划转进来，加上原来在用人员，这类人数变多，他们来自不同部门，却套用不同工资做着同样的事业，因公务员管理规定，使得这部分人升迁可能性变小，成为身在公务员队伍当中的一个特殊群体。各级基层组织针对这种情况，一是加强思想教育，提高认识，稳定情绪；二是加强培训，鼓励他们报考“三师”，提高自身业务水平；三是对优秀者任用到一定岗位，发挥他们的作用。关于占全市正式干部职工的 1/4 强的派遣人员，他们被派遣到地税，工资收入按全市最低标准执行，有的一干十多年，有的组织关系没有着落，思想政治工作几乎是一个空地。而丹阳地税针对这些人员开创思

想政治工作的新路，把他们纳入本级党、青、妇组织，同干部一起参加组织活动接受思想教育，并在派遣人员中发展了两名预备党员，思想政治工作的优势得到突显，同时丹阳地税还考虑将对他们实行考级制，达到一定级别就增加一份收入，着力推动派遣人员队伍的积极性和创造性，与地税事业同发展。

（六）当退居二线时干部的所思所想

面对着退居二线，有的凭着执着的敬业精神，工作态度不减当年，有的凭丰富经验做好传帮带，但也有的上自由班，对于这些人员，基层普遍认为，放在一线不合适，有可能影响一线干部的精神状态；放任自流也不合适，他们的一言一行也会给地税形象带来影响。

三、加强思想政治工作的几点建议

调研活动中，针对思想政治工作，基层组织和干部职工提出了一些建议和想法：思想政治工作所取的成绩靠的是“改革、创新”，解决基层一线所思所想的问题，调动大家积极性，同样还要靠“改革、创新”。

（一）进一步提高思想政治工作的认识，强化思想政治工作

一是把思想政治工作提高到“是一切工作的生命线”的高度来认识，这一认识是我党带领人民群众建立、建设新中国的政治优势，也是做好管理工作的重要方法。在当前的社会、思想背景下显得尤为重要。二是把思想政治工作提高到支部战斗堡垒作用得到充分发挥的重要途径来认识。发挥支部在思想政治工作中的优势，结合本单位、本部门的实际开展有针对性的思想政治工作和主题教育活动。三是把思想政治工作提高到坚持“以人为本”的基本点来认识。思想政治工作既要务“虚”，解决价值观、世界观、人生观的问题，也要务“实”，解决干部职工的实际困难和思想障碍，才能突显“以人为本”。

在机构改革还未落地之前，在必须进一步提高思想认识的同时，更应当坚持思想政治工作与税收工作一同布置、一同督查、一同总结，确保队伍的整体稳定。对思想政治工作先进的做法进行交流学习，不断提高思想政治工作的水平；应当坚持领导干部一岗双责，“收好税带好队”是各级领导的根本职责，只有“带好队”才能更好地“收好税”；应当坚持基层组织的事权与财权的统一，给予一定的经费让支部根据上级思想政治工作的要求，结合本单位的实际开展主题活动，更具有针对性、实效性；应当坚持研讨交流，以这种形式，拓展视野与思路、勇于创新把思想政治工作落到实处。

（二）进一步用典型引路，发现、培养、宣传、学习先进典型

榜样力量是无穷的，用典型引路，就是用身边的人和事教育身边的人。先进典型应当是全方位的，既要有舍小家顾大家的舍己为人的事迹，也要有攀登业务高峰的刻苦钻研的事迹；既要有圆满完成上级交给的各项任务，勇于执行和承担的事迹，也要有为纳税人服务无微不至的事迹；还应当有军转干部发扬革命传统，在地税事业上做贡献的事迹和事业编制人员在自己工作岗位任劳任怨的先进事迹。要在各行、各业、各类中树立榜样。典型引路需要宣传典型，搭建先进事迹与人物的交流平台，在媒体上宣传他们的先进事迹，在内部每几年组织一次先进人物与事迹的巡回宣讲。通过不断地发现、培养、宣传先进典型人物与事迹，从而不断充实和储备地税先进人物库和人才库。用先进激励全体干部，把先进作为人人的人生价值体现，作为人生规划的重要目标，在地税系统形成学先进、当先进、超先进的热潮。

（三）进一步创新工作方法，让思想政治工作走进队伍心里

思想政治工作既要开展正面教育、主题教育等一系列的说教形式，同时也要创新方式方法，把工作做到干部职工的心里。一是开展谈心活动，倾听述说，了解想法，有针对性地开展工作，这种互动形式有利于干部职工的心理释放和相互理解，许多同志在交流中深有感触地说，一次深刻的交流谈心，远胜于十次说教的效果。二是开展有意义的活动，把思想政治工作融于各种活动之中，通过开展丰富多彩的集体活动，培养干部的团队意识，增强干部的归属感和集体荣誉感，让干部在各种活动中享受快乐，让干部在各种活动中感受友情，让干部在各种活动中表现自我，让干部在各种活动中成长进步。三是用好正激励手

段调动人的积极性。在目前领导职数有限的情况下,可以用好非领导职务,通过考核评比评先等来调动干部和职工的积极性。

(四)进一步关心一线干部职工的工作与生活,以人为本把党的温暖送到每位同志

一是用足用好党的干部政策,落实优秀干部疗养制度,形成制度,体现组织的关怀和温暖。二是加强对事业编制人员的管理。目前此类人员占有一定数量,且身份来源不同,工资套用不同,职务安排不同,应当一视同仁,让每一个工作人员都有出彩的机会,调动其积极性。三是关注派遣人员的工作与生活。这些人大都在服务岗位,按全市最低标准发放工资,普遍反映收入较低,影响工作的自豪感和积极性,同时大部分的组织生活也无着落。因此更有必要加强对派遣人员的管理,关注其工作生活,可以纳入所在单位党、工、青妇组织体系中,发挥组织作用开展思想政治工作,正确引导与帮助他们;可制定派遣人员考级制度,同时以级定薪,实现多干、能干者多一份收入。四是关心军转人员的政治和业务学习。在加强针对性业务培训外,开展"我来地税为什么,我为地税做什么",发挥革命传统争取更大光荣的主题教育作用,让他们在思想和业务水平上同步上升,在地税平台上大显身手。五是加强对"二线干部"的管理。"二线干部"有一定思想觉悟和丰富的工作经验,当担任一定职务退居二线以后,应当加强其思想政治工作和制度约束,并给予合适岗位,发挥其优势,调动其积极性,为税收事业高质量发展再立新功。

(五)进一步为基层减负、解难,提高基层工作效率

提倡机关为基层服务。机关各处室接到上级通知,首先自身要吃透通知精神,同时要结合本单位实际,提出贯彻落实意见,让基层少走弯路,避免重复劳动。有计划地实行机关与基层轮岗,有利于相互支持,相互体谅,共同完成上级交给的各项工作任务。提倡人力财力向基层倾斜。目前机关人员占比较大,机关从基层调入优秀干部数也较多,基层工作任务重、压力大。因此要十分注意机关和基层在人力资源配置上的平衡协调。

(作者单位:江苏省镇江市国际税收研究会)

鼓励干部提高综合素质和岗位技能研究

国家税务总局淮安市淮安区税务局课题组

近年来，江苏省淮安市地税系统着力提高干部综合素质和岗位技能，以“三基一专”为平台，采用自编教材、自行组织师资力量等形式，深化基础税收征管、税法、机关应用等知识学习；同时，通过组织干部参加院校培训，针对基层、机关岗位需求开展差异化素质能力提升活动，不断拓宽干部素质能力渠道，取得了明显成效。

一、当前地税干部综合素质和岗位技能现状分析

淮安地税系统干部的综合素质和整体形象得到明显提升的同时，与前瞻性、明确性的税收治理现代化目标，以及与现阶段不断完善和深化的税收征管改革形势要求相比，干部队伍的政策分析、理论思维、履职尽责等方面，仍存在需要不断拓展的空间。

（一）习惯性思维，主动提升意愿不强

部分干部习惯安于现状，沉浸在知识够用、能力应付等感觉良好状态中，缺乏与专业化管理相适应的知识匮乏危机感、压力感。部分干部主动思考税收征管、主动提高风险管理能力的意识不强，惯于吃老本、凭经验，忽视能力素养在税收征、管、查实践中的磨合和提升，不注重知识积累更新，出现能力与素质跟不上发展的现象。有些干部陷于面上资料报送、风险应付等细碎繁杂的事项，聚焦主业的力度分散，驾驭和处理棘手、复杂问题的能力素质跟不上。

（二）结构不尽合理，素质滞后征管需求

当前，基层干部知识结构不尽合理，在风险识别、风险应对岗位上干部大多是税校、财校毕业生，当时与当今财税知识结构存在一定差距；当前能适应基层税源、低等风险管理岗位人员较多，但完全适应信息分析利用、处理复杂风险应对等专业素质的干部较少；在征管实践中，主动分析征管问题、主动请战钻研的更少，不同程度地存在少数干部疲于应付，执行力不强、效能不高。当前教育培训在对提高干部信息化分析、精准化风险识别、专业化风险应对等素质能力、改变知识方面针对性不强、前瞻性不远，存在重知识传授、疏实践结合、轻技能提升的倾向，使教育培训一定知识程度上存在与知识结构断档、与岗位需求脱节的现象，与干部完全胜任岗位要求差距较大。

（三）发展空间不畅，进取担责精神弱化

当前干部队伍整体呈现积极向上的氛围，但部分干部进取意识不强，存在不思进取、不是比工作、比贡献，而是比舒服、比享乐、敷衍塞责，做表面文章等现象，主动担当、勇于担责的动力明显不足。目前交流轮岗、选拔任用方式，促进干部合理流动，选配调优干部结构，激发干部自觉加强学习、自我提升能力素质的潜能；但受到交流轮岗、提拔晋升数量和范围都有限制，以及自身素质能力、年龄特长及工作年限等因素的限制，客观上难以与其自身交流、晋升的意愿相一致，产生目标与追求落差，容易引起进取精神弱化、工作动力不足、素质和能力提升的行动迟缓。

（四）岗责匹配度不高，才尽其用尚未形成

完善和深化税收征管改革条件下，信息数据采集分析、纳税人风险识别、风险推送、风险应对是一个闭环过程，对岗责体系规范、紧密度提出更高的要求。但现行岗责体系契合度、人员配备紧密度尚缺乏科学严密、顺畅合理之处，存在有岗无职、有责无岗、岗责不清等情形，容易引起岗位之间、职责之间扯皮推诿、工作量不均，直接影响干部的积极性和主动性。同时，税收征管中才尽其用、人尽其才的格局尚未完全形成，AB岗制度、以高带低等举措推动才岗相适局面打开，但部分干部不想担责、不愿担责，其较高素质能力尚未调整到合适岗位或A岗上，人才资源的活力和潜力尚待挖掘。

二、干部综合素质和岗位技能存在问题的分析

在当前税收征管改革不断完善和推进过程中，对干部队伍知识结构、素质能力提出系统性要求；但目前改善队伍知识结构、提高综合素质等方面效果不突出，需要从教育培训、激发活力潜能等高层次上度量分析。

（一）结构不尽合理，干部素质能力提升动力不足

1. 年龄结构老龄化，引发提升动力不足

干部队伍整体年龄结构不合理，平均年龄在40岁以上，队伍趋于老龄化，存在人才断层的危机，总量呈现减员多增员少的趋势。税收征管改革带来的压力对老同志尤为明显，有些干部基础较为薄弱，提升自己素质能力的意愿不强，缺乏足够的学习动力，对税收持续发展带来活力不足。

2. 知识结构差异化，引发提升发展差异

当前鼓励干部在职参加学历培训、“三师”资格考试，干部队伍知识结构发生明显改善，呈现两头小、中间粗的现象，大部分干部知识素质结构能够满足税收征管实践需求；同时，引发改善自身结构诉求差异化，善于与征管实践融合，自愿担责，自觉钻研提升素质和能力的占少数；大部分干部受工学矛盾因素制约、习惯依靠传统经验，疲于应付风险化管理等原因影响，对业务学习和技能培训需求性不旺，素质和能力盘旋升前行。

3. 发展理念滞后，主动提升意愿不足

目前，税收征管中重管理、轻服务的理念依然存在，主动服务和高效服务意愿不足，纳税服务规范执行力不强，服务质量提高不快，纳税人税法遵从度提升缓慢。

（二）教育培训长效谋划不足，学用联系不深

基层教育培训存在时松时紧、不抓不紧的现象，市局大规模考试、省局专项比武直接引发基层抓全员培训、着眼成绩排名短期效应，对顶层设计的长效教育培训谋划明显不力。教育培训对基层需求调研分析筹划不足，在培训形式内容、对象与现实需求对称度低，学用紧密度不高，侧重于理论前沿性和知识开拓性，但不能有效满足基层大部分干部实用性、操作性和突出性需求，解难题、提效率功效不足。教育培训随意性大、重形式、轻实效，省、市局要求什么培训什么，考什么学习什么，忽视税收征管质效、税收现代化进程中根本性、基础性素质能力提升。

（三）制度落实不力，激励机制尚待完善

当前普遍存在组织税收收入是硬任务，素质提高、技能培训等其他工作是软任务等现象，对落实素质能力考核制度执行不力，存在浮于表面、流于形式现象。同时，从绩效管理考核指标设计来看，对岗位、职责的素质、技能还未制定相应考核标准，难以利用评判考核结果全面、公允衡量干部的工作能力、工作技能，容易导致岗位、工作量不均衡，存在干与不干、干多干少、干好干坏一个样等现象，难以正向激励引导

干部提升素质和技能规划。

(四)发展空间受限,与晋升关联度亟待提高

税务系统机构设置和人员现有结构现状,基层干部晋升空间渠道狭窄,自身价值的难以得到有效展现,容易挫伤想干事干部的积极性。干部能下渠道尚未建立,致使少数干部存在船到码头、车到站的思想,压力感、进取心下降。同时,素质技能没有与选拔任用有效地融合,选拔考核干部时,过多关注群众选票,不利于主动担责、立志岗位的年轻干部脱颖而出,素质技能关注度亟待提升。

三、鼓励干部提高综合素质和岗位技能对策和建议

在当前完善和深化税收征管改革的现实条件下,必须从创新理念着手,整合内外资源,着力引导干部发挥才能,激发潜能,在税收征管实践中,将解决实际征管问题与提高干部综合素质和岗位技能相结合,适应税源专业化管理和实现税收现代化的需要,培养一支勇于担当、主动担责、素质全面、岗责相适的干部队伍。

(一)创新理念引导,推动提高综合素质和岗位技能行动自觉

思想是行动的先导,强化干部核心价值理念引导,将提高干部综合素质和岗位技能这项强基工程,要实现从"要我提高"到"我要提高"、从"阶段提高"到"持续提高"、从"学了什么"到"解决什么"的转变,不断适应完善和深化税收征管改革新形势的要求。

1. 凝聚核心价值,强化思想教育引导

要从思想理念不断创新着手,把提高干部综合素质和岗位技能放到更加突出的位置。结合税务文化建设,广泛开展以爱岗敬业、公正执法、优化服务、廉洁自律为主要内容的职业道德教育,以凝聚淮安税务为核心价值理念,使税务干部树立正确的世界观、人生观和价值观;提高团队执行力,凝聚团队力量,形成关爱、包容的文化氛围,吸引更多的干部参与到税务文化建设的实践中来,使干部在轻松愉悦的氛围中增长见识、凝心聚力,使干部在自觉认同中增强开拓创新意识自我提升意识。

2. 凝聚源生动力,构建善于提升素质技能地税

着力构建善于学习、善于思考的氛围,培养整个组织学习气氛,提高干部创造性思维能力。利用淮安税务文化引导干部全员学习、全过程学习,利用基层科室负责人、分局长全身心投入学习的引领作用,将学习贯彻于税收征管整个过程和环节之中,使干部不断学习、终身学习、善于学习成为干部不断追求的理想境界,以开放求实的心态互相切磋,做到自我发展、自我提升,在本职岗位上善学善思、立足岗位创新,增强快速应变、预测发展的能力。

3. 凝聚关爱能量,促使干部身心健康发展

构建最大化和谐氛围。定期开展思想交流和调研走访,让每名干部踊跃参加组织决策的研究和讨论,集思广益、群策群力,获取工作效益的最大化。将解决思想问题和实际问题结合起来,畅通基层领导与普通干部之间的沟通联系,全力解决干部实际困难、后顾之忧,使干部感受到集体的温暖,营造相互理解、相互关心的和谐氛围,增强团队凝聚力。安排最优化减压增效。在完善和深化税收征管过程中,要对岗责进行计量预测,确定最优的业务流程和最合理的岗位工作负荷,根据职能、人员、岗责,构建和完善制度办法,加以规范和指引。通过任务同类合并、手段丰富多样增加工作间的纵横向关联,借助信息化技术大幅减少机械性重复性劳动,合理设定绩效考核指标,给予基层一线减负。创造良好调适环境。组织开展干部职工喜闻乐见的道德讲堂、体育娱乐活动,丰富干部精神生活,帮助其排忧解压、拓展视野、提升素质。同时,定期开展心理健康讲座、开设心理咨询热线,帮助干部提高心理自我监测、自我调适的能力。

(二)统筹谋划教育培训,着眼素质技能长效提升

统筹谋划好教育培训工作,做好基层的需求调研分析,从全面提高干部素质和能力入手,树立科学的、创新的教育培训理念,引导干部将素质技能与税收征管实践相结合,提高岗职相适能力。

1. 加强教育培训需求调研,强化分类分层差异培训

按照教育培训实效要求,围绕中高等风险应对难点、所得税汇算重点等方面,采取由上而下、由下而上的调研座谈、讨论会商等形式,强化教育培训需求的调查分析,及时掌握干部需要什么、解决什么问题,想提高什么,在统筹兼顾组织、岗位、个人等需求基础上,规划设计教育培训项目。尝试建立培训自主选择机制。通过组织定目标、个人提需求,建立培训项目个人申报制度,帮助每个干部制订个性化培训计划,将干部个人需求与培训内容紧密结合起来,做到按需施教、按能施训。按岗责需求分岗培训。对中等、高等风险应对人员提高财务分析判断能力,将分析申报纳税资料、税会差异等方面作为重点内容;对稽查人员,注重加强稽查技巧、查账能力等作为培训重点。对基础薄弱老同志重点进行应知应会知识、简单操作培训;对大部分干部重点进行提高型、解决实际重难题培训;对业务骨干要发挥其带动效应,将其作为培训重点,注重开拓性素质和能力培训,突出风险管理前瞻性难点,强化土地增值税、所得税等复杂税种知识的学习,发挥 AB 岗互练、高低互带的实际功效,推动全员素质和技能的有效升。

2. 创新教育培训方式,突出结合征管实践

着眼培训质量,把教育培训与研讨解决难题相结合,把课堂教学与征管实践相结合。改变满堂灌、单向封闭式模式,开拓启发式情景模拟、案例分析、双向交流等方法,提高干部课堂培训参与程度,增强交流互动。对税收征管中难以解决的疑点识别、中高等难点应对等问题,请上级业务骨干、院校教授现场解决实际难题形式进行专门培训,提高实际征管能力。

3. 突破思维定式,提升岗责适应能力

本职岗位是锻炼提高能力素质的"主阵地"和最佳课堂,坚持把岗位练兵、技术比武作为提高干部技能水平的重要抓手,在岗位比武竞赛中结合税收征管专业化流程运行特点,按岗责特点和干部实际需求,拟定岗责培训计划,落实专人负责,确定师徒、互带关系定向培训;通过骨干引领、岗位交叉培训等方式提高干部素质和技能水平。

(三)完善激励机制,加强综合素质和岗位技能引领

建立和完善科学合理的激励体系,是提升干部能力素质的原动力,可以有效突破征管工作中瓶颈,促使地税工作持续长效地发展。

1. 完善激励发展机制

建立科学的激励考核机制,定期组织干部进行岗位技能考试,做到全程考核、任务到人,将工作责任量化到每名干部、使税收征管工作每个环节、岗位工作有目标、评价有标准、奖惩有依据。完善评价体系和使用机制,加快培养一批复合型、专业型人才,让真正能干事、肯干事、会干事的年轻人才尽快成长起来。将干部岗位素质技能与公务员年度考核、能级管理、职务晋升和绩效待遇挂钩,通过自我测评、专业测试、同事评价、社会评议和组织评定等多种形式,客观公正地评定干部,打破素质高低、技能强弱、干好干坏等一个样的现状,营造积极进取的良好氛围。

2. 人力资源科学分配

按照满足基层一线要求,把辅助岗位、科室多余人员通过培训,输送到基层一线,锻炼培养一批业务骨干。在税源专业化管理改革进入"深水区"中,要综合考虑干部素质能力、专业特长,让丰富实践经验、专业技术资格干部承担重大工作任务,配置在风险分析、重要风险应对等专业程度高的岗位上,提高处理

复杂问题和驾驭全局能力，发挥正向导向作用。同时，分门别类地建立信息技术、风险应对等专业人才库，优先安排人才库成员参加专项工作和承担重要任务，搭建学以致用、用中学习的平台。

3. 注重合理轮动

按照唯才是举、用人所长原则，注重扬长避短、优化组合，对不同层次、类型、素质、技能的干部，进行合理搭配，相互补充补位，实现人力资源配置"合理重构"，以团队之力应对不断发展的征管需求。要从激发干部队伍活力、优化干部队伍素质出发，把组织需要与个人愿望相结合，做到人尽其才，才尽其用。干部配置全局考量，合理调整，推行轮岗交流，实现人员和岗位间优化配置。按照干部成长阶梯型上升基本走势和一般规律，使每个干部尽量在同一层级、不同岗位或同一岗位、不同层级上进行锻炼；采用动态调整、不定向轮换等形式，使干部都能获取丰富的专业知识，经受岗位锻炼，深入掌握专业理论和实际操作技能，从深度及广度上培养"专家""骨干"型人才。

课题组负责人：丁　宏

课 题 组 成 员：翟长扬　雍润生　徐　萌　沈正一

执　笔　人：徐亚军

基层法治税务建设的实践与思考

——基于四川省射洪县国家税务局全国税务系统法治基地创建实践

范　凯

近年来，四川省射洪县国家税务局围绕“五个注重、五个筑牢”法治建设行动工程，明晰“责任清单”，确保法定职责必须为，厘清“权力清单”，确保法无授权不可为，有效推进了法治税务建设。2017 年通过了国家税务总局“全国税务系统法治基地”创建验收。

一、主要做法

（一）注重抓实“学法与统筹”，筑牢组织基础

1. 坚持学法学纪，增强法纪意识

坚持党组中心组学法学纪，局务会前法纪学习，通过职工大会、学习小组、“以案说法”等形式开展法纪专题讲座，建立法规案例库，开展政策法规知识测试，促进全员自觉学用法纪。

2. 坚持统筹联动，形成齐抓共管

以系统化思维统筹法治税务建设。以“全员、全面、全程”为理念，着力营造“部门齐抓共管，全体职工参与”的法治氛围；构建与省市县“推进依法行政示范县乡”同建，与税制改革、征管转型纳税服务共促，与党建、精神文明和税务文化同抓“工作联动”机制；全面推进与地税、法制办、公检法司、社区等部门法治共建。

（二）注重抓牢“行权用权规范”，筑牢执法基础

把各项工作置于严格的规范之中，有效防止权力失控、决策失误和行为失范。

1. 规范党务政务行为

建立重大事项集体审议、党组会议、行政决策、局长例会等议事决策规则。实施会议前议题公示、意见收集和充分论证。实行职工代表列席党组会、局长办公会等制度，确保行政决策权合法合规。

2. 规范税收执法权

以征管、纳服、出口退（免）税管理、国地税合作四个规范和《稽查工作规程》为指引，清权、确权、亮权。推行执法公示、执法过程记录、重大执法决定法制审核等制度。建立真实性核查团队作业和审批事项的事后复审机制，加强取消审批事项后续管理。对稽查办案全程进行监督和环节互审把关。落实省局裁量权执行标准，坚持处罚集体审议机制，实施行政处罚复查会审制度。规范落实各类税收优惠政策，近 3 年实现税收优惠 6.64 亿元，惠及 1.8 万余户纳税人。多年来，县局执法正确率保持在 99.9%以上。

3. 规范财务管理

县局制发《财务重大工作事项风险评估管理办法》，建立政府采购监管机制，开通银行资金变动短信通知业务，经费审批实行“三审一签”，严格执行财务公开制度，防范财务风险。

4. 规范事务活动

建立完善会议、接待、物品采购、车辆、网络等管理办法，制定信访、舆情、宣传、保密、安全等各类应急

预案。开发职工出勤和公车、固定资产管理信息系统。推行“工单式”“工分制”绩效考评办法。引入能耗软件,管理监控水、电、油、气和各类办公用品的使用。

(三)注重抓强“风险管控”,筑牢监督基础

坚持底线思维和问题导向,抓住关键环节、岗位,盯紧重点人和事项,推动共同治理,构建税务行为事前、事中、事后风险防控体系,确保法治平安。

1. 抓强执法与执纪监督

落实税收执法责任制评议考核办法和过错责任追究实施标准,按年开展执法质量评议;完善综合监督机制,严格内查外调,切实加强督察内审;畅通以管理服务对象评价和第三方监测为核心的监督渠道;突出规矩和纪律的约束,加强党纪政纪监督,促进依法履职和各项基础工作规范有序。

2. 抓强风险管控

构建“5+3”风险内控体系,形成“领导班子、团队、岗位、事项、人员”五层风险管控格局。定期召开风险管理例会,运用差别化的风险应对策略落实全员全程全面风险防控理念。坚持作风建设、思想政治工作、风险防控同步分析,落实党组负责、纪检监督党风廉政建设责任制,制定预防和化解税务行政争议实施意见等。干部队伍、税收业务、财务管理、行政运转、党风廉政实现法治平安。

3. 抓强信息公开

制发《政务公开实施办法》和《政务公开目录》,通过公告栏、电子终端、税企QQ群等平台公开办税流程和涉税信息,让纳税人了解、参与、监督税收工作。定期召开特邀监察员座谈会,向其通报工作,促进监督。

(四)注重抓优“纳服互动”,筑牢共治基础

着眼“放管服”改革落实,围绕《纳服规范》和“春风行动”,坚持以“依法快办”和“贴心服务”为内核,推出“3S”纳税服务品牌,形成“最多跑一次”机制体制,突出事前宣辅引导、盯紧事中过程合规、跟进事后完善,多方位国地税合作,推动征纳等多方税收优质环境共建。

1. 筑造涉税“省心”多平台

建成标准化办税服务厅,设国地税自助办税终端、24时“银税超市”和“税收+金融”、接通网上和手机App办税、取票等平台,降低纳税人办税成本。

2. 营造涉税“省事”大环境

制发新办企业税事告知书,开展“六零”服务、“流动税校”培训,非法定事由不“打扰”纳税人,国地税委托代征,确保营商环境宽松和谐、纳税人专注经营发展。

3. 打造办税“省时快”机制

建立办税快标准、快流程和涉税诉求快回应指引,实行首问责任制、导税和“免填单”、限时服务等制度;国地税互设“一窗通办”窗口等。县局在满意度等测评中多次排名靠前。

(五)注重抓好“创新推动”,筑牢善治基础

坚持创新推动,不断深化和丰富法治税务建设内涵。

1. 实施“零计划”税收管理模式

以征管质量监控管理为核心,实现了由收入目标导向到法治目标导向的转变。

2. 深化征管服务改革

以风险管理为导向和信息技术为支撑,建立分类管事机制,构建纳税服务网格化、税源管理板块化、风险防控层级化、税收法治全域化“一制四化”征管服务新模式,推进各类税收业务流程规范化、标准化,内防不廉、外堵逃漏。

3. 编制"岗位说明书"

以岗位职责、操作规程(流程与标准)、风险内控(风险描述与应对)为核心,解决了全局 61 个岗位"做什么""怎么做"和风险预警管控。

4. 坚持打造"四层多维"一流团队,把提高执法队伍综合素质作为关键和核心

一是以家庭、军队、学校"三合一"为抓手,建优建廉县局大团队;二是以"一岗双责"为核心,建精部门团队;三是以特、复、重事项为标准建强专业化管理团队;四是建实兴趣活动团队和工会小组。促使基础工作规范到位、重点亮点突出、队伍平安和谐,职工养成有益身心的行为习惯。

二、主要成效

(一)税收收入质效双升

从 2014 年入库税收 5.26 亿元,到 2017 年入库 10.125 亿元,实现了收入规模与质量同步提升,连年获得市局绩效管理示范单位和全县目标考核先进等荣誉。

(二)示范创建硕果丰累

县局获评"全国法治税务基地""四川省依法行政示范单位";先后被省局确定为"便民办税春风行动""'四位一体'风险防控""国地税合作""依法行政""廉政文化建设"示范单位;被遂宁确定为"共产党员""两学一做"学习教育、"学法用法"示范单位;县局职工书屋获评四川和全国"工会职工书屋示范点"荣誉。

(三)创先争优成果突出

荣获"全国税务系统文明单位""省级最佳文明单位"、遂宁市"五五"普法先进集体、"2011—2015 年全市法治宣传教育先进集体";法治文化建设入围"四川省十个法治政府建设事件"前 20 位;县局获评全县"规范化党组织""先进基层党组织";办税大厅获评"2015—2016 年度四川省青年文明号",执法案卷多次被市县评为优秀案卷。

(四)经验做法交流推广

县局"六零"服务举措、"四位一体"风险防控、税源专业化管理、法治文化建设等在省局相关会上进行经验交流,依法行政示范单位创建经验在遂宁市推广,党工团妇工作在县上有关会议做经验发言。

三、主要思考

我们认为,建设基层法治税务不能离开八个"持续把握":

(一)持续把握思想的先导性,始终不放松在灵魂上的先入为主

只有在灵魂深处播下法治的种子,才能养成法治意识觉醒、法治理念觉悟和法治行为自觉。在职工的思想和灵魂深处种下法治之果,开出繁茂的法治鲜花。

(二)持续把握文化的引领性,始终不放松在价值观上的深耕细培,厚植文化基础

坚持培育三大文化品牌,突出文化引领效应。一是培育"五有五必""五无五不"法治文化;二是培育以"舍非分之欲,得长久之福"为内涵的"舍得"税务廉政文化;三是培育"来者"党建文化。使全局职工牢固树立起了法治理念、廉洁意识、党员意识。

(三)持续把握队伍的先进性,始终不放松在绩效上的争先创优

绩效是法治效果在内部的综合体现,只有把队伍带好,才能做好工作收好税,各项绩效指标才能排位靠前。

(四)持续把握制度的约束性,始终不放松在行为上的以制管人

先后三次编修县局制度汇编,且很有可能即将启动第四次修订,使制度与主流要求跟进,实现以纪律人、以制管人。

(五)持续把握统筹的系统性,始终不放松全面的齐头并进

法治税务建设是一项全面系统的工作,不能有所偏废。我们在党务政务、业务、事务财务、工青妇所有方面,统筹思维,全面推进,无一放松。

(六)持续把握问题的导向性,始终不放松在实践上的持续改进和风险的及时把控

在法治税务的建设过程中,我们针对法治意识不强、税收执法不规范、纳税服务不到位、绩效指标不优化等问题,及时采取有效措施,持续加以改进。

(七)持续把握领导的重视性,始终不放松在表率上的以身作则

一项工作的推开推动和圆满完成,领导班子的高度重视是不可或缺的关键。县局班子一直注重法治税务建设,持续发力,坚韧前行,取得了十分显著的效果。

(八)持续把握社会参与的共治性,始终不放松法治税务建设大合唱主旋律

法治税务建设不应只是税务部门的“家事”,党政、人大、税收司法机关、纳税人、社会、公民等,都应是法治税务建设的“主角”。县局在这方面做了大量工作,取得了显著的成效。

(作者单位:国家税务总局射洪县税务局)

垒土起高台　根深树参天

——关于税务系统基层建设的实践与思考

国家税务总局随州市税务局课题组

基层是税务事业发展的基石。70%以上的干部工作在基层，70%以上的工作靠基层完成。大力推进基层建设，主动应对后“营改增”时代“二次创业”的新形势，是聚财为国、执法为民的必然要求，是促进税务事业科学发展的应有之义。本文以湖北省随州市为例，就如何加强基层税务建设进行调研分析。

一、过去的基层建设，随州国税做出了十大成绩

围绕基层硬件、软件，队伍、思想，政务、业务建设，随州国税顺势而为，历时二十余载矢志不渝抓基层建设，积累了丰富的经验，取得了阶段性成效。主要看点如下。

(一)思路规划尽量贴近基层

思路越接近基层，就越接近梦想。随州国税一直致力于在贴近基层中找到方向和力量。建立联系基层制度，加强市局与县(市、区)局、机关与基层的沟通联系；在收入计划编制上，讲求实事求是，充分考虑各基层单位实际，不搞层层加码，尽可能让工作思路和措施切合基层实际；坚持一线工作法，把基层一线作为“摔打”干部的最好“练兵场”，形成“人才在一线培养、业绩在一线创造、干部在一线选拔”的用人导向，近三年来优先从基层一线选拔任用干部 14 名；树立“平实”“务实”“扎实”工作作风，不搞“一哄而上”“一刀切”，先在高新区局开展征管体制综合改革试点，待条件成熟后再行推开，最大限度地避免走弯路、瞎折腾。

(二)经费情感尽量倾注基层

脚下沾有多少泥土，心中就沉淀多少真情。随州国税带着深情、感情和激情深入基层，“同群众坐在一条板凳上”，用实际行动探寻“为了谁、依靠谁、我是谁”的真实答案。2008 年起，随州国税将新招录公务员全部安排到县(市、区)局工作，并由市局统一安排周转房，解决新进公务员的后顾之忧，有效充实了基层力量；坚持节约与投入并举，一方面市局积极创建国家级节约型示范机关，通过光伏发电、雨水利用、自动温控等措施，勒紧裤带过紧日子，另一方面市局将节约下来的经费全部用于基层建设，每年拨付广水市局近百万元解决临时工问题，每年投资 50 余万元改善基层分局办公环境，一次性投资 20 万元建设随县局“职工之家”，满足了广水局经费短缺、马坪分局迁至广水城区、随县局干部“住读”等实际需求，极大地方便了干部职工的生活和工作。

(三)战斗堡垒尽量筑牢基层

基层稳，队伍稳；基层兴，国税兴。2016 年起，随州国税自上而下构建“6810”全面从严治党新格局，明确了从党组到支部到党员各个层级的责任，层层“签字背书”，个个立下“军令状”，纵合横通抓党建；坚决落实主体责任，党组(支部)书记履行党建“第一责任人”工作要求，每年坚持开展党组书记述职述廉述评；落实监督责任，通过竞争上岗择优选拔两名纪检组长，并对随县局、广水市局、曾都区局和高新区局四个单位实行纪检组长异地派驻交流，有效解决监督执纪难题；加强党组织建设，2017 年初根据税收业务性质，通过选举、上报、备案将机关党支部由三个增加为七个，完成了机关党委换届选举；严格监督执纪问

责，近年来对部门一把手违纪失职行为进行问责四人次，强化了基层组织的责任和担当。

(四)业务管理尽量巩固基层

业务管理是基层建设的主线。随州国税结合实际，大胆探索，逐步形成一系列具有随州特色的管理模式。推行个体税收社会化管理，按照“政府主导、税务主管、部门配合、社会参与”原则，建立市、区、街道、社区四级协税护税网络，借助政府及50个相关部门力量协税护税，有效解决个体零散税收征管难题；推行行业税收管理，先后推出石材行业“以电控税”管理、农产品加工出口行业“三率一价”管理、汽车改装行业“税负预警值”管理、建安行业“一体化”管理等模式，有效地将税源转化为税收；探索税务稽查新机制，按照“精准选案、透明检查、公正审理、惩导执行”的思路，整合稽查执法主体，上收稽查执法权限，探索建立“一集中十统一”稽查模式，有效弥补了以往基层稽查工作“心有余力不足”的短板。

(五)涉税服务尽量方便基层

对接“最先一公里”，打通“最后一公里”，把最便捷最高效的服务送给基层。在对接“最先一公里”上，自2015年起整合系统业务骨干180人，成立“随时办”专家服务团队，先后为306户企业提供近3000次主动式、在线式、面对面式个性化服务，有效地解读、落实了税收政策；开展“纳税服务公众体验日”活动，每月定期开放城区办税服务厅，让纳税人“零距离”感受纳税服务的便捷。在打通“最后一公里”上，自2015年起在全省率先试点推出“委托邮政代开发票代征税款”业务，不仅有效减轻了窗口工作压力，而且大大方便了偏远地区纳税人，当年被评为全省国税系统10优创新项目，居社会认可度之首；创新推出“出口退税贷”，并逐步优化升级为“银税互动”融资业务，与中、农、工、建、农商和邮政储蓄等6家商业银行联手，推出“信用贷”“菇农贷”等“一行一主题”金融产品，2016年以来协助全市94家企业获得融资贷款9.84亿元，为出口企业送去“及时雨”。

(六)手段创新尽量保障基层

苟日新，日日新，又日新。实施创新驱动，促进各项工作在基层得到有效落实。2016年，联合宜昌市局探索开展“辅导式督查”工作模式；2017年，该项目被省局办公室确定为创新项目，整合后嵌入“及时办”掌上办公平台，提高了督查信息化水平；在政府采购上，市局科学统筹，尝试推行“六统一分”政府采购管理模式，大大提高了政府采购工作质效；2017年，市局再次与武汉市局联手，着力打造“资产管理360”项目，将进一步加强基层资产管理水平，为基层各项工作有序开展提供了充裕的物资保障。

(七)政治宣教尽量引导基层

思想政治就像阳光和空气一样，普照普惠，失之难存。随州国税面对新形势、新要求，不断强化基层政治理论学习，巩固基层政治思想基础，形成从严治党、反腐倡廉的强大气场。以党组中心组学习、“两学一做”“三会一课”、党风廉政宣教月、“凝聚青春力量助力精准扶贫”“心手相牵传温暖与爱同行促成长”等活动为载体，每年开展集中专题学习活动十多次，各级党组书记讲党课人均四次，党组成员讲党课人均两次；以支部为单位建立“123”学习教育模式，即每月组织一次“支部主题党日”活动，每两个月组织一次专题讨论，每三个月组织一次专题党课，得到随州市委组织部的好评；扎实开展开展以“小阵地”“小教育”“小警示”“小行动”为主题的“四小”宣教活动，用“小活动”解决思想“大障碍”，广大干部职工在大是大非面前始终能够保持清醒头脑，做到不随波逐流，形成支持改革发展的正能量。2015年津补贴改革中，随州国税干部无一起上访及舆情事件发生；2017年职务职级并行中，尽管高新区局因行政机构问题迟迟没有落实待遇，但干部们始终头脑清醒，相信组织会处理好这个问题，没有发生大的思想波动。

(八)学习培训尽量提升基层

学习是成长的方式，没有学习力就没有竞争力。随州国税努力创造条件，为广大干部职工提供良好的学习平台，形成人人学习、自觉学习、团队学习、终身学习、学以致用的好风气。实施“干部能力提升工程”，不断加强教育培训力度，全系统42人获得注册会计师、注册税务师、律师资格，有3名同志入选全省国税系统“素质提升115工程骨干”名单；开展“岗位大练兵业务大比武”活动，随州国税在2016年获得“行政管理类第一名”和“纳税服务类第三名”的好成绩；大胆尝试青年干部“跟班学习”模式，于2015年7月从全市国税系统年轻干部中择优选拔7人到市局跟班学习，不固定科室，不指定范围，遇到大事集中办公，由业务骨干对学员全程指导，加速了青年干部能力的提升。2016年9月，在市局机关工作人员遴选考试中，跟班学习的7人中有5人通过遴选考试，进入市局机关工作。

(九)拓展文化尽量扎根基层

文化的力量在于影响人改变人。弘扬“家国”文化，从基层税务干部中挖掘典型，评选出10名“好家风好家训”代表，在全市2016年首期道德讲堂上进行推介，以家孝之风，倡爱国情怀；推崇“敬业”文化，在全市评选“爱岗敬业”模范、“最美国税人”“优秀共产党员”“先进党务工作者”和“先进党支部”；展示“税史”文化，在全市范围内发动基层人员，广泛征集照片5400张、实物8664件，通过认真整理，建成22个分类展室、展陈面积900多平方米的全省第一家市州局税史文化博物馆，自2016年5月1日开馆以来，已接待省政协主席张昌尔在内的各级领导参观30余次，接待兄弟市州、市直部门单位等参观学习近万人次，让税务文化得到鲜活传承；营造“干事”文化，创办全省国税系统市州级第一家月刊杂志《随州国税》，讲好随州国税故事，2015年7月首期刊发后，已累计编辑刊印23期，用稿近500篇，既展示了随州国税工作特色，也为基层培养锻炼出一批难得的写作人才。

(十)改进作风尽量深入基层

改进作风，贵在敢改。开展“十比十改”活动，采取不打招呼、自上而下、随机抽查等方式，深入13个基层单位开展4轮明察暗访，不断强化基层作风建设，在2016年全市“两不”专项整治推进会上，随州市局作为唯一市直单位进行经验交流，在2017年省局年中督查中作为特色工作向全省推介；开展巡察和“回头看”活动，在全系统选拔8名科级领导干部、16名业务骨干组建巡察人才库，提升巡视巡察队伍素质，对系统内各单位实行巡视巡察工作全覆盖，2013年以来，通过巡察共发现各类问题138个，对系统内94人进行了个别谈话，组织处理2人；开展“比学赶帮超”活动，对照“比学赶帮超25条”履职尽责，做到时刻保持“比”的状态，扎实做好“学”的功课，始终坚守“赶”的劲头，携手提升“帮”的力度，持续培养“超”的锐气，在历年行风评议、履职尽责等活动中，市局社会满意度始终排名第一，所辖县(市、区)局成绩在当地也名列前茅。2017年3月，全市干部作风能力“提升工程”现场会在市局召开，3名市委常委及150多名代表参加会议，国税部门作风建设得到了社会各界的充分肯定。

二、现在税务系统的基层建设，面临着十类难题

随着全面从严治党、税制改革、征管改革等政治经济形势步入新常态，基层建设处于一个转型期，面临着新矛盾和新问题。主要体现在“十难”上。

一难：收入指标偏高。在组织收入上，随州呈现“一稳一重一快”三个特征：“一稳”，就是税源稳定，优势产业农副产品加工出口在2013年时已经冲顶，传统纺织、汽车改装行业因产品附加值不高难有突破，资源石材行业受环保、林业等政策影响产能大幅下降，新兴风电、光伏等产业短期内难有较大作为；“一重”，就是一般预算收入任务重，“十二五”期间随州地方一般预算收入年均增长19.63%，高于全省平均增幅2个百分点，2016年比2015年增长60%，高于全省平均增幅3.3个百分点；“一快”，就是增速快，“十二五”期间全市累计组织国税收入115.89亿元，年均增幅16.25%，高于全省平均增幅近4个百分点。一方面，宏观经济减速换挡，中央坚持“稳中求进”总基调，推行“三去一降一补”，及时推出“营改增”给企业减税让利；另一方面，地方政府出于“保运转”的需要，财政需求持续走强，在编制收入计划时，很少考虑减税因素，仍追求财政税收的高速增长，造成税收收入规模越来越大。过快的税收增幅、过重的税收任务，没有与之匹配的税源予以支撑，加剧了需要与可能之间的矛盾，地方政府的指令性税收计划越来越难

以完成。

二难:税源发展偏慢。在税源建设上,基层面临“三难”形势:企业融资难。受当前国内外金融环境影响,企业融资风险、难度比以往任何时候都大,严重制约了中小企业发展。做大做强难。原材料及人工成本上升,中小企业负重前行,难以壮大。招商引资难。政策、环境等因素制约了新税收增长极的培植。以随州为例,一度形势大好的随州荣兴隆、炎帝科技两家公司,因资金链的断裂,经营状况一落千丈,运行难以为继;随州汽车改装行业本身附加值低难以做大做强,电子行业基础薄弱,虽然 2016 年产生首家 A 股上市公司泰晶电子,但一枝独秀,难成气候;在招商引资上,随州近 5 年来招引落户的规模企业屈指可数,工业发展停滞不前,组织税收收入基本靠“啃老本”。对基层税收工作来说,最难的就是“无米之炊”。

三难:税收风险偏多。涉税风险主要体现在税收执法风险、税款流失风险、税收政策风险三个方面。在税收执法风险上,随州一起失职渎职案例为基层干部敲响了警钟。2016 年,广水市局卢某、沈某两名干部,因 2009—2011 年落实《税收管理员制度》不力,被法院判处刑罚。在税款流失风险上,由于基层税收管理员过少,基层信息技术程度过低,日常管理任务过重,容易形成税款流失风险。据统计,全市国税系统 9 个基层分局 248 人,共管理 5.7 万户纳税人,人均管户量为 230 户,管理幅度过大,难以精细管理。特别是厉山分局,一个人管理着整个石材行业 1 亿多元的税收,其中风险显而易见。在税收政策风险上,基层国税不仅要承担落实税收政策的本职工作,还要承担数字人事、绩效考核、文明创建、纪检监察、扶贫脱贫等众多行政管理工作,无法聚焦主业。“营改增”后,国税部门短期内接手管理 7777 户纳税人,很多税收政策无论是税务人方面,还是纳税人方面,都是“营改增”期间“恶补”的,对税收政策的理解上,难免有所误差,往往会带来税收管理的政策风险。2016 年,全市对营改增政策进行了一次摸底考试,参加测试的 121 人中,能够达到及格线以上的仅 30 人,占比不足 40%。

四难:工作责任偏淡。基层责任意识淡薄,主要体现在“三类人”身上。一类是“有心无力干不了事”的人,基层干部素质和能力可以用三个“三分之一”来概括,即能够基本适应工作的占 1/3,能够简单处理一般性税收业务的占 1/3,基本不胜任工作的占 1/3。部分县市局反映,约一半干部不能适应信息化条件下的工作需要。这类人抱着“应付”心态,不主动、不认真去学习研究,工作敷衍搪塞,不追求最优效果。一类是“有力无心不想干事”的人。体制机制上,由于国税部门在人事上垂直管理,人员调动提拔平台狭窄,部分人员认为升迁无望,因此工作缺乏激情,“不求有功,但求无过”;一些年龄偏大的同志认为“船到码头车到站”,存在“出工不出力,消磨时间,得过且过”“坐等职务职级额并行”之类的消极思想。自 2010 年以来,县(市、区)局没有出现一个省级创新项目;2013 年以来,市局查处了 3 名基层一线税收管理员,暴露了部分领导干部在履行监督责任上不想承担责任、不愿触及矛盾的“畏难观望”心态。一类是“无心无力还总闹事”的人。少数人仗着年龄大、资历老,不主动学习,不掌握新政策,干不了事不说,还动辄发牢骚要待遇要位置。个别基层单位历史遗留问题突出,少部分人(如:广水临时工)为了一己私利,与组织对抗,与单位对抗,上访扯皮,没完没了。

五难:基层底子偏薄。基层主要有“三弱”。人员弱。当前国税系统人力资源配置呈现“大机关、小分局”的特点,新招录公务员又绝大部分安排在办税服务厅,基层分局人手严重短缺,已成为一个制约基层发展的共性问题。随州市局现有 787 人,市县两级机关 539 人占 68.49%;分局 248 人,占 31.51%。如曾都区南郊分局干部现有干部 18 人,平均年龄 51 岁,无 30 岁以下干部,未来 5～10 年,将有一半人员退休,人员老化;曾都区淅河分局现只有一正一副两位分局长、两名办事员在苦撑局面。财力弱。基层办公经费本身不足,地方政府在征收经费上支持有限,但各项改革、发展的资金投入一项都不能落下,经费问题影响到基层工作的正常开展,如广水市局 2016 年经费缺口达到 1000 余万元。装备弱。基层国税部门要保工资、保运转,根本无暇顾及基础设施建设。全市基层分局均无图书室、荣誉室、体育娱乐等设施;广水市局各基层分局现有办公电脑 119 台,人均仅 0.85 台,不能满足正常工作需要。

六难：专业人才偏少。在基层国税系统中，有三类人才数量短缺严重：高精尖政策人才、写作人才、师资人才。以随州为例，截至 2016 年年底，全市虽然已有 42 人通过了“三师”资格考试，55 人（次）获得省级综合业务能手，但这个数字在总量中占比依然很小，“领军人才”一个也没有；深入研究税收政策的人员偏少，尤其所得税、“营改增”、税务稽查“专家型人才”少。在文字综合上，能够写、愿意写、坚持写的人不多。目前，全市国税系统办公室从事文秘写作的仅 10 人，从近 10 年的人员流动看，从文秘写作岗位上调出的 8 人，但调进的只有 5 人，办公室文秘写作人员呈减少趋势，有的一旦变换岗位后，放弃写作，都认为写作是一件辛苦、痛苦、清苦的事情。在师资力量上，尽管在省局层面建设了师资库，但市州及以下层面在这方面还很匮乏，很多培训只有依靠上级力量或者外部力量才能完成。

七难：人员活力偏差。调查显示，基层人员最关心的三个问题是提高工资待遇、人才合理流动、建设国税文化。在“最亟待上级解决的问题”中，80%以上基层干部将“提高工资待遇”放在第一诉求。虽然近两年基层国税干部职工的待遇有所提高，但工资增长水平仍不同程度上滞后于经济发展速度，甚至落后于同级其他部门。从薪酬待遇上看，“大锅饭”仍然存在，虽然绩效管理在全系统已推行两年多，但还没有真正与干部利益挂上钩，干与不干、干多干少、干长干短在薪酬上差别不大，不能体现出贡献的大小和能力的高低。基层关心的第二个诉求是“解决干部流动机制不活的问题”。在调查走访中，基层干部普遍认为“干了多少年了，该提拔了”“在乡镇干了这么久，该进城了”。四个县（市、区）局中，有 2/3 的人 10 年没有调整过岗位，县（市、区）局班子的平均任职时间超过 8 年，最长的达到 15 年。长期“一种工作，一个岗位，一个职务，一个待遇”的环境，容易使人产生懈怠情绪。如果个人需求无法满足，容易消极怠工。基层关心的第三个诉求是“文化氛围不浓”。多数干部对文体活动持欢迎态度，但苦于工作任务较重，能够腾出时间参加常态化文体活动的确实不多，以致很多干部身体长期处于“亚健康”状态，出现“读书的少了，看手机的多了；写文章的少了，转博文的多了”现象，文化底蕴的缺失，一定程度上影响和制约干部活力的提升。

八难：服务要求偏高。以随州为例，纳税服务有“三个跟不上”：服务意识跟不上纳税人的维权意识。调查显示，对国税部门的“十大要求”中，90%以上的纳税人将“服务意识的提升”作为首选项，而“服务态度的转变”紧随其后。这充分说明，社会公众对“纳税服务”越来越敏感，可以说是进入了“税感时代”。如果部分国税干部思想观念和纳税服务意识依然停留在过去“以管代服”的阶段，就会与时代要求“格格不入”。服务能力跟不上纳税人的政策需求。当前基层纳税服务科与办税服务厅是一套班子、两块牌子，从我市情况来看，在大厅（纳服）岗位工作 1～3 年的 47 人，占比 53.4%；工作 5～10 年仅 10 人，占比 11.4%。总体上呈现“两极分化”、骨干流动频繁、中坚力量缺乏等状态，前台人员变动快，操作不熟练，办税效率不高，仍然是纳税人反映的主要问题之一。服务措施跟不上纳税人的个性要求。目前，网上办税的推行力度很大，但基层纳税人的使用率却不高、体验度不佳，过多的涉税软件，没有提升纳税人满意度，有的反而产生负效应。社会化服务上，除 51 个乡镇邮政双代网点外，全市只有自助办税终端 16 台，仅一家汽车 4S 店开通了一台缴税终端机，其他市州开展较成熟的社区便民办税服务点在我市还没开设，24 小时 ARM 自助办税服务也未启动。

九难：追责压力偏大。追责、问责成为常态，基层税收工作面临“三大压力”：风险意识低、风险排查少、管控能力差。风险意识低。少数同志思想观念更新慢，不及时学习研究新政策，习惯按老套路、老办法、老经验处理问题，风险找上门却浑然不知。2015 年，随县局主要负责人和纪检组长，因政策学习领会不准、把关不严，几次会后违规吃桌餐，受到行政处理。风险排查少。领导干部注重宣传教育、会议强调、制度建设、清权确权等工作，忽视了围绕重点领域、重点对象和权力运行的关键部位，从岗位、部门和单位三个层面，重点查找岗位职责、权力行使、制度机制和思想道德等方面存在的廉政风险，开会的多落实的少。曾都区局主要负责人，因下面一分局长违规收受纳税人礼金，被市局诫勉谈话。管控能力差。调查显示,基层税务干部"最反感的问题"是社会上对公务员队伍的误解,将一些"黑帽子""潜规则"强加于身。虽然是非自有曲直,但如果领导干部对廉政风险不抓不管、不问不查,任由不正之风蔓延,就会出现区域性、系统性廉政问题,遭受群众的"吐槽""拍砖",影响基层国税部门形象。

十难:管理手段偏软。管理手段偏软的原因,大概有三种:被任务掩盖管理、让服务冲淡管理、因风险害怕管理。被任务掩盖管理。有的基层部门片面认为,完成收入任务便可"一俊遮百丑",无形中弱化了对税源的管理,降低了对纳税人的规范化管理标准。让服务冲淡管理。在调查中,基层税务人员中,谈论较多的是"强调服务,就要弱化管理;管理多了,会降低服务质量",这是一个明显的思想误区,尤其是在当前大力推行"放管服"的情况下,过多地强调"放"和"服",如果"管"的配套制度和手段缺失,将会影响税收征管质量。因风险害怕管理。新常态下,税收管理员的执法风险不断攀升,以致基层管理员"多一事不如少一事",越来越不愿意进行严管,税收管理失之于软、失之以宽。2013—2016 年间,市稽查局受理涉嫌虚开案件 30 起;而 2017 年已受理各级涉嫌虚开案件 62 起,涉嫌虚开增值税专用发票案件呈抬头之势,反映基层国税部门将更多的精力放在"千方百计组织税收收入上",而放松了对企业风险防范和管控力度。

三、未来的基层建设,国税应予着眼的十个建议

基础不牢,地动山摇。基层建设,关乎全局,涉及长远。在充分调研基层实情,准确把握基层现状的基础上,总局、省局、市局、县局、分局要上下同欲,整体联动,统筹推进,奏响基层建设的"大合唱"。

(一)总局:完善顶层设计,为基层建设"谋篇"

完善垂管体制。垂直管理体制的初衷是减少地方政府的行政干预。要修改、完善基层建设的纲领性文件,设计出科学合理的工作格局、工作目标和工作措施,彻底改变当前"垂而不直""受制于人"的现状。建议总局研究完善垂直管理体制的办法,启动"征管、机构、人员、经费""四位一体"改革,择机考虑合并国地税两套机构,重塑征管流程,对基层经费实行全额预算管理或转移性支付,减少经费对地方政府的依赖,增强基层国税部门行政执法的刚性和底气。

整合两大系统。建议国家税务总局整合绩效管理与数字人事两大系统,按照"一个班子、一套系统、一个平台、一套指标、一体运用"的模式,构筑覆盖组织、个人的考评体系。加大整合后考评结果的运用力度,尽快实现考评结果与干部政治利益和经济利益的"双挂钩"。在全国选择部分县(市、区)局,试点推行"从奖励性工资中拿出部分资金兑现考核奖励"的薪酬机制,彻底打破"大锅饭"。

建立减收体系。建议国家税务总局与国务院有关部门协调,在出台减税政策的同时,同步出台减收计划,并对减收计划进行考核,确保减税政策落到实处。中央每年的减税政策,应早于地方"两会"确定预算之前公布,让地方有充裕时间调整预算。在税收收入增长口径上,从总局到地方应遵循统一口径,税务系统内可以根据各地实情进行调整,不再接受地方政府层层加码的指令性计划,也不参加地方政府组织的税收收入考核,打破地方政府"任务至上"的传统思维模式,改进"基数加增长率""黄鳝泥鳅一般长"的计划编制方法,让欠发达地区企业真正享受到中央的减税红利。

(二)司局:加强项目规划,为基层建设"布局"

集成软件规范。建议各司局对现有系统软件和工作规范进行梳理,废除一批、停用一批、整合一批、优化一批,达到最佳配置,实现最佳效果,减轻基层负担。在税收业务上,停用金三系统以外的业务软件,将其功能全部整合到金三系统;在行政业务上,停用综合办公系统以外的软件,拓展综合办公软件功能,实现党务、政务的全覆盖;在行业规范上,合并简化征管、纳服、国地税合作等规范,制定简明统一、易于操作的通用规范,真正发挥规范的指导作用。

下放审批权限。鉴于各地发展程度不同,基层建设进度不一,建议司局适当下放一批行政管理权限,

在行政管理领域来一场革命。如将政府采购权限适当下放到市州州局;将职务职级并行、公车改革等审批权限适当下放到省局、市局;将 500 万元以内的基建项目审批权下放到省局。

完善减税政策。“营改增”后,部分行业从理论上是减税的,但在实际操作过程中,因增值税链条还不够完整,造成实际税负不降反升。如建筑行业因其上游小规模纳税人不能提供专用发票,企业大量进项税根本无法抵扣。建议相关司局广泛调研,加快制定出台相关制度办法,完善抵扣链条,让营改增减税效应真正惠及企业,推进行业健康快速发展。

(三)省局:科学统筹协调,为基层建设“列纲”

盘活人事机制。根据各省实际,实行灵活多样的人事管理机制。如在人员招录计划上,建议适当提高本地人员、男性考生的招录比例;在人员流通上,建议省内灵活流通,新进异地公务员,在遵守基本服务年限的前提下,可以采取“本人申请、县市核实、市州协商、省局审批”的模式,实现异地公务员跨区调动;在干部交流上,可借鉴银行等垂管部门做法,由下派干部自行选择人事工资关系是挂靠本级还是落户下派地,确保干部在政治责任增加的情况下,经济待遇不降低。

推行征管改革。建议省局结合实际,大胆探索,打破 1997 年以来税收管理员制度的藩篱,推行征管方式改革,进一步推动“管户制”向“管事制”转变。可以结合各县(市区)不同情况,组建纳税服务中心、风险防控中心、政务保障中心,通过“三个中心”的职能发挥,做实纳税服务,做强风险管理,做优政务保障,压缩管理层级,优化人力配置,构建优质服务、科学规范的现代化税收征管体系。

强化社会共治。在当前国地税尚未合并的情况下,建议省局因势利导,顺势而为,主动打破现有格局,不断完善国地税合作机制,消除市州及以下层级在国地税合作上的各种障碍,实现“一栋楼里两家办公,一个大厅两家共建,一份资料两家共享,一套制度两家遵守,一个窗口两家通办”,在省、市、县三级把国地税合作做得更精、更实、更细、更好。

(四)处室:制定实施方案,为基层建设“穿针”

加快落实既定政策。建议省局相关部门加紧研究,解决职务职级并行遗留问题,重点解决各地高新区国税局职务职级并行不到位的问题;加快落实市州州局及以下公车改革、养老保险等政策,重点解决事业编制和工人编制人员的车改补助和养老保险问题。

(1)建立电子税务局。建议纳服部门整体把握纳税服务工作要求,以门户网站升级重建为契机,建立集“办税、宣传、辅导、服务”于一体的全省统一电子税务局,重点建设“纳税、管理、监控”三个操作平台。其中,“纳税平台”面向纳税人,可提供网上“一站式”涉税服务,逐步实现“足不出户”办税模式全覆盖;“管理平台”面向税务人员,可进行税法宣传、税收管理、纳税辅导、纳税服务指引和审理涉税事项;“监控平台”面向管理人员,建立由分局、县局、市局各相关部门组成的三级监控,对电子税务局的日常工作进行全方位监控。

(2)加强创新项目管理。近年来,省局在强化管理方面卓有成效,涌现出邮政双代、资产条码管理等一大批在全省乃至全国叫得响的管理创新项目。建议加大现有创新项目的推广力度,发挥创新项目的使用效率。同时,严格规范创新项目的立项、评比、表彰,避免创新项目过多、过滥;适当提高行政管理创新的比重,避免步入“重业务、轻政(党)务”的误区;引入创新项目退出机制,对随着税收现代化的发展,已经不再适用的创新项目,要逐步退出项目库。

(五)市州:做好承上启下,为基层建设“引线”

(1)实施精准帮扶。在人、财、物向基层倾斜的大前提下,市州局应根据基层特点,选择 4 个以上项目进行重点支援。如在人员安排上,新进公务员一律安排在县(市、区)局及以下;提拔干部和机关遴选,优先考虑基层一线优秀人员,特别是县(市、区)局中层干部;资金优先保障基层,调剂资金保障职务职级并行、养老保险、公车改革政策率先在基层落实;在硬件建设上,对县(市、区)局确实不具备建设条件的文体设施，由市州一级建设好后打通使用。

(2)强化培养人才。建议市州局推行“青年人才培养工程”，加强干部梯队建设，保障日常工作衔接；建议市州局在干部教育上“一竿子插到底”，通过脱产培训“走出去”、高端名师“请进来”、业务能手“上讲台”、税收业务“大讲评”、岗位技能“大比武”、信息技术“大练兵”等多种形式，全方位、多层次培养锻炼基层人员，造就一批高素质人才队伍；建议市州局重点加强对本地师资力量的培养，为基层干部队伍建设提供持续动力。

(3)探索预防体系。建议以市州局为单位，集中纪检、监察、巡视、巡察、督查力量，建立“大巡察大监察大督查”工作格局。具体来说，可比照纪委机构设置模式，由市州局统筹督、监、察力量，根据税收业务、政务、党务等不同方面，设立多个派出纪工委，实现一次进驻、各项统察。通过“大巡察大监察大督查”，强化教育、批评、监督、惩处等手段的运用，做到早打“预防针”，多念“紧箍咒”，减轻基层负担，提高工作效率。

(六)科室：开展具体指导，为基层建设“开路”

(1)尝试团队化管理。在科室层面，整合资源，集中力量，按照“重兵管执法、精兵抓服务、强将管大户、能手搞评估”的思路，建立税收执法、纳税服务、行业管理、稽查评估管理团队，实现“单兵作战”向“团队作业”转变。如顺应税源集中在城市的趋势，上收县(市、区)局稽查权，集中人员分为若干检查小组实行“一级稽查”，选案、稽查、审理、执行均在市州局稽查局完成，既减少力量分散带来的效能低下问题，又“攥紧拳头”打击偷漏税，提高稽查效果。

(2)加大减负力度。建议市局机关实行“四个不准”：不准下发无用的文件，拟文之前，必须深入调查，确保文件的可操作性；安排工作不准“打乱仗”，在安排工作前，机关各部门必须进行沟通协调，统一步调，坚决制止和避免因沟通不畅引起的政出多门、口径不一、相互矛盾等情况；不准随意要求基层上报材料、报表，凡是网络能够提供的信息及情况，机关科室不得再让基层报送；不准随意“派工”，即不允许上级机关将本应由上级机关人员承担的工作转嫁到基层。

(3)强化风险防控。科室是风险防范的前哨，建议以科室为单位，完善风险预警机制，建立专岗专人，适时关注风险点，加强风险提醒、督办、反馈，指导基层防范应对风险。强化税收风险分析平台运用，运用金税三期征管系统、增值税专用发票预警系统，及时分析风险指标和风险点，做到早发现、早发布、早预防、早处置；科室定期召开风险应对处置会，研究措施，总结经验，找出规律，指导基层有效预防税收风险。

(七)县市：强化责任担当，为基层建设“领航”

(1)探索容错纠错机制。在落实“两个责任”的基础上，探索建立国税干部容错纠错机制，推动履职免责深入开展。通过明确问责标准，细化责任清单，界定容错范围，限定容错条件，纠正过错行为，旗帜鲜明地为敢担当的干部担当、为敢负责的干部负责，帮助干部打消顾虑、扔掉“包袱”、轻装上阵，在基层营造一种愿干事、敢干事、能干事的工作氛围。

(2)参与地方经济发展。协调好地方政府部门关系，扛起地方经济社会发展大旗。用活用足税收政策，扶持企业做大做强。充分发挥部门职能，持续加强税收发展软环境建设，主动参与招商引资，努力培植有效税源。积极开展文明创建，扎实开展精准扶贫，提升部门形象。提高行政管理能力，积极化解信访、舆情，加强基层干部思想教育，维护干部队伍稳定和谐。

(3)持续加强文化建设。加强基层文化建设，积极开展评选“十佳征管(稽查)能手”“微型党课”“重温新党章，永葆初心”等活动，召开以珍惜美好人生、筑牢廉政防线，珍惜工作岗位、远离职务犯罪等为主题的教育演讲会，建立以教育引导、情感培养、心理调适、习惯养成、意志锻炼、氛围熏陶、环境建设、品牌创造、机制保障为主要内容的国税文化，形成一批“廉文化”“家文化”“和文化”等“一局一品”文化品牌，用美好远景鼓舞人、用宏伟事业凝聚人、用科学机制激励人、用优美环境熏陶人、用高尚情操感染人，凝聚税务干部情感、理想、精神和追求，进一步增强基层干部凝聚力、向心力。

(八)股室：抓好工作落实，为基层建设“助力”

(1)推行扁平化管理。压缩管理层级，整合股室与分局、办税服务厅职能，将县(市、区)局股室职能前移，使之直接参与到分局的各项工作中，并发挥关键的引导作用；根据工作需要，成立专业化工作团队，股室与分局人员打通使用，发挥办税大厅的支点作用，实现股室与分局集中办公，既方便纳税人办理涉税事宜，又充分集中基层资源，提高工作质效；修订完善股室工作考评办法，提高基层分局评价权重，充分发挥股室的指导、协调、落实作用。

(2)实施全方位服务。股室职能由“管理职能”转向“服务职能”。对基层分局工作实行“保姆式”服务，工作开展前，机关股室要认真研究，细化方案；工作开展中，机关股室要指挥到位，全程参与；工作结束后，机关股室要全面总结，查漏补缺。在服务纳税人上，机关股室可以“一竿子插到底”，主动走出去，进企业、进大厅、进部门，直接对接纳税人、对接相关职能部门，为纳税人提供政策咨询、业务辅导、协调项目等全方位服务。

(3)积极开展管理创新。将工作的主战场定位在基层一线，发挥连接市局机关和基层分局的纽带作用，加强对政策法规、工作要求的理解和领悟，善于发现基层工作的不足，总结基层工作中的经验。既要结合岗位工作，认真抓好落实，又要不拘一格，深入研究，主动探索，向下深挖一级管理，向上提高一步站位，形成一批创新项目，力争本块工作在系统内占有一席之地，为整个市级工作的创先进位发挥重要作用。

(九)分局：激发内生动力，为基层建设“加油”

(1)加强班子建设。加强基层组织建设，特别是加强基层班子思想政治理论学习，提高分局支部对基层工作的驾驭能力。抓紧抓牢基层党建，创新党务活动，把激发基层干部活力，维护基层干部队伍稳定，当作一项重要的政治任务来抓。经常性开展思想政治工作，准确掌握基层人员思想动态，将各种隐患消除在一线。

(2)开展“五小”建设。总结前期经验，在基层分局继续推进“关注小人物”“解决小问题”“重视小点子”“树立小典型”“创优小环境”的“五小”建设，为基层国税建设注入了活力。同时，结合实际，拓展外延，在基层分局开展办好“小食堂”“小课堂”“小菜园”“小图书室”“小活动场”等“新五小”活动。以“五小”建设为契机，不断丰富基层分局文体活动，提高基层干部队伍的凝聚力。

(3)深化行业管理。科学分类税源，根据经济发展现状、税源分布和人员配置情况，将税源分为重点税源、一般税源和小型税源，按照所辖税源行业特点，探索重点税源集中管理、一般税源统一管理、小型税源属地管理模式，对分局人员进行优化重组，把每个行业管精管透。如推行房地产一体化管理、商贸税收一体化管理、农产品加工出口“三率一价”、石材行业以电控税、汽车改装行业税负预警值等行业管理模式，增强基层分局税收管理的规范性和实效性。

(十)个人：积极以身作则，为基层建设“出力”

(1)提高自身能力。加强自身学习，提高个人能力，使自己成为基层建设的主人。加强政治理论学习，始终保持清醒政治头脑；加强税收业务学习，始终保持高效工作能力；加强思想道德修炼，始终保持健康向上品质；依托数字人事系统，建立个人成长账户，结合基层干部自身年龄、知识结构、岗位需求等，制定出适合自身发展的个人职业规划，根据账户动态数据变化情况，及时找准自身短板，通过有针对性地强化学习，实现逐年提档升级，积累个人账户成长值，完善自身成长轨迹。

(2)规范税收执法。转变思想观念，摆脱过去的经验主义束缚，树立依法行政的理念；把握基本原则，做到“三个明确、三个依照”，即明确职责、明确程序、明确依据，依照规定的权限、依照规定的程序、依照规定的文书进行执法；加强税法宣传，提高社会大众的税法遵从度，构建规范执法的大环境；强化风险意识，主动接受监督，提高自我保护能力；加强业务学习，准确把握政策，降低过错行为发生率。

(3)增强担当意识。树立“拿钱干事”的意识，不能坐等养老；树立“依规守纪”的意识，不能心存侥幸；树立“善于创新”的意识，不能按部就班；树立“敢于担当”的意识，不能推卸责任。每一名基层税务人员都应该以自己的激情、自己的工作全力投入到加强基层建设的“大工程”中来，在基层建设的事业中，留下自己奋斗的痕迹，贡献自己应有的力量。

课题组组长：赵先锋
课题组副组长：付　涛
课题组成员：蒋泽亮　吴　松

关于加强税务部门基层党建工作的思考

平吉山

加强国税基层党建工作，是全面从严治党的需要，是推进税收事业现代化的根本保证，也是实现强国梦的需要。在经济发展的新常态下，是党的十九大会议精神，给国税基层党建工作提出新的更高的要求，如何加强国税基层党建工作，发挥国税基层党组织的战斗堡垒作用，提高税收执法和税收服务能力，是摆在我们面前一项非常现实而紧迫的课题。

一、基层党建工作存在的主要问题

国税基层党建工作存在的问题是经济社会快速发展中的新问题，要用发展的目光去审视、去分析。

（一）重业务、轻党建

对国税基层党建工作重要性的认识有待提高，不能认为国税机关是业务性最强的执法部门，抓好税收业务，完成组织收入就行了。错误地认为党建工作是务虚、是面子工程、是搞形式主义，甚至有人怕抓党建影响组织收入，把党建与税收工作对立化，造成党建工作虽有布置、却无检查、无落实的现象。究其原因有二，一是国税基层党组织处于“两管两难管”境地。组织关系归地方党委领导，基层局党的负责人又由国税系统上级党组任命，党建工作出现“盲区”，主体责任没有压实。二是长期以来地方党政府领导重点关注和经常询问国税部门的组织收入进度，特别是推行绩效考核以来，组织收入任务成了压倒一切的硬指标。

（二）能力弱、不会抓

基层党建工作能力弱化，主要表现在班子建设方面，特别是班子的主要负责人统揽全局的能力不强，主体责任不明、领导水平不高。经常是会前不下告示、不酝酿，临时抱佛脚，会上或一言堂，或意见不统一。围绕税收中心服务大局、服务纳税人、税务人的意识不强。工作中党政不分，甚至连行文都经常混淆，以政代党现象比较严重。在解决自身问题上，能力尤显不足，不会开展组织活动，党委（组）会、支部会很少开，小组会长期不开。即使开展活动也是内容单一，方式僵化，缺乏活力和凝聚力，难以发挥党组织战斗堡垒作用。原因有二，一是班子成员未配齐，国税基层班子成员，只有几名业务副局长、纪检组长，没有配备专职抓党建工作的副书记。二是“三缺少”，即基层党的负责人缺少党务工作经验，缺少组织方法和领导水平，缺少组织活动经费。

（三）笼子疏、不完善

基层党组织相继建立和健全了一些党组织制度，但笼子关不住任性的权力现象依然存在。“三会一课”制度不落实，特别是在干部选拔任用方面，有程序不走，有规章不循。有些制度不完善，针对性和操作性不强，缺乏创新，如思想政治工作制度虚设，党内民主制度不落实，党员的知情权、监督权、选举权、被选举权得不到保障，党员有义务而没有权利，挫伤了党员参与组织活动的积极性。主要原因有二，一是制度笼子没有及时关严，“苍蝇、蚊子”还有自由活动空间。二是缺乏完善的制度和严厉的考评措施。基层党建工作没有纳入单位和个人绩效考核范围，特别是没有纳入干部提拔晋级条件内容。

（四）三转慢、监督难

总局2017年4月下发《税务系统落实全面从严治党主体责任和监督责任实施办法（试行）》（以下简称“两个责任实施办法”，）指出纪检监察部门要履行“监督执纪问责”的职能，但由于没有出台与之配套的实施细则，且岗责不明，监督很难操作，出现纪检监察部门仍然管“别人的孩子”、还在“种他人的地”，荒了监督执纪问责的田。原因有二，一是体制创新不到位。基层纪检监察人员还没有实现由上级监察部门管理，还是本级自己监督自己、自己裁判自己。监督力量呈现“弱病残”“夕阳红”现象。二是涉及部分人员切身利益不愿意转。由于监督执纪问责工作的展开，势必带来很多棘手的问题，因此“三转”的积极性不高。

二、加强国税基层党建工作的对策

（一）加强教育、提高思想认识

加强对国税基层党组织主要负责人、党务工作者的思想教育工作。一是加强理想、信念、宗旨教育，牢固树立“抓党建是最大的政绩和第一责任”的理念。要从苏联共产党、中国国民党失去民心、失去执政权力的教训中，充分认识再不从严治党、铁腕治吏，将有脱离人民群众，失去党心民心、亡党亡国的危险。要清醒地看到我党面临“四大考验”“四种危险”是长期的、复杂的、严峻的，特别是“塌方式、系统性、家庭式”腐败问题严重危害党的执政之基、理政之位。二是坚决克服和纠正普遍存在的重税收业务轻党建工作的错误思想，认真学习贯彻总局“两个责任实施办法”，端正党务与税收业务的关系，把党建工作摆在工作重要议事日程，以抓党建促税收，切实担负起全面从严治党的主体责任，不断增强做好党建工作的自觉性和主动性。三是根据国税基层党务工作实际需要，将党务工作程序、方式、方法编撰《国税系统基层党务操作手册》《国税系统基层落实主体责任、监督责任实施办法》、根据党章、党纪、准则、条例编撰《国税系统基层党员知识教育手册》等。四是上级局党组和一把手要对所任命的基层局党组织主要负责人履行教育、提醒、监督、考核的责任，经常开展民主评议和明察暗访活动，对群众反映的违纪问题确凿的基层一把手要及时查处，或进行组织调整。

（二）先贤用能、加强党务培训

加强基层党组主要负责人和党务工作者的培训工作。一要严把入选关，解决用啥人的问题。在选拔基层党组织负责人和党务工作者方面要履行严格程序，如笔试、面试、本单位干部评议和党员评议、纳税人评议、上级党组、本级党组、地方党委意见综合考察。把政治坚定、党性强、素质高的优秀年轻的干部选拔上来，坚持不懂、不会党务工作的干部不能选拔为基层党组织负责人和班子成员的原则，配齐、配强基层党组织主管党务工作的负责人和党务工作者。二要加大培训力度，解决不懂不会的问题。要充分利用总局党校、省税校等地方党校或行政学院的教育培训资源，努力实现资源共享。全面提升基层组织主要负责人和党务工作者的组织能力和领导能力，提高理论知识水平及党务本领。学会创新教育方法。因人施教，针对不同层次、不同岗位、不同类型的党员，有针对性地开展教育。学会做思想政治工作。积极开展谈心活动，解决党员关心的热点、焦点问题。掌握党员发展方法和党的组织生活程序。学会组织党员领导干部参加党内民主生活会和小组会的方法。开好“三会一课”的基础上，开展组织活动创新，总结推广党员微信互助组、党风监督群等党员喜闻乐见、带富脱贫活动形式，针对党员分散不易集中，开展微信视频讨论会、思想汇报会、节日联欢会等。使之成为会组织、善落实、懂党务、懂税收的优秀人才。三要完善培训和使用计划，重点解决成长渠道的问题。把党务培训工作纳入总局、省市局年度培训计划。每年要对基层党组织负责人和党务工作者或优秀的年轻干部定期举办两次党务知识培训，并有计划有组织地从优秀的党务工作者中选拔进入领导班子，充分调动和激发基层党务工作者的工作热情。

（三）完善制度、强化考核执行

要建立健全基层党组织生活制度和工作制度，规范党建工作行为，夯实党建工作基础。一是严格执行“三会一课”特别是民主生活会制度，扎扎实实地开展好基层党组织活动，基层党组织负责人和班子成员要积极参加所在党小组会议、支部大会。二是结合基层实际，创新性落实总局“两个责任实施办法”。完善党建工作领导责任机制，进一步压实责任。明确主要负责人担负主体责任，又要明确其他班子成员的党建具体责任，还要对科室负责人实行党建“一岗双责”，明确其党建工作的职责任务。实行分级负责，一级抓一级，形成从上到下层层抓党建的新局面。三是落实好述职、述廉报告和民主评议制度。下一级党组织负责人每年要向上级党组和地方党委和本单位全体干部、全体党员报告履行党建主体责任情况和廉洁自律情况，并接受全体干部或党员评议或质询。民主评议结果一要当场公布，二要存入本人廉政档案。四是建立督促检查责任制度。对基层党建工作加强督促检查，发现问题及时解决，并建立工作台账，推行巡视、督查工作负责制，即谁巡视、督查，谁负责的制度，应发现而未发现或已经发现却未指出也没解决的问题，要追究巡视、督查人员的责任。五是完善党建工作保障制度。宣传落实《中国共产党党员权利保障条例》，让党员保障条例宣传深入基层组织，纳入党组班子成员学习的内容，保障党员行使赞成反对或改选他人的表决权利，如选举优秀党员的权利、优秀党务工作者的权利；有对拟提升职务的党员干部发表意见的权利。有对基层组织负责人监督、评议的权利。要进一步完善党员权利保障条例，加大对违反条例侵害党员权利的行为的处罚力度。同时还要进一步完善《党建工作经费保障制度》。明确党组织活动经费来源，规范支出项目和额度，不断增加经费投入力度。落实办公、活动场所，添置设备、学习资料。六是建立完善奖惩机制。建立和完善《基层党建工作绩效考核管理办法》，根据基层党组织的工作目标任务和要求，科学设置考核项目和指标及分值。要将习近平总书记在十九大所做的报告和对党员干部提出“五个必须、五个决不允许”做尺子，纳入班子、领导干部考核评价体系和党（组）委年度综合目标考核体系。做到党建工作与税收工作目标任务同明确、同展开、同落实、同检查考核、同奖惩。抓好考核结果运用，党建考核先进单位不但要大力进行表彰奖励，而且要作为基层党组织负责人提拔使用的重要指标内容。对考评不合格的，取消年度评先选优和晋升职级的资格。

（四）创新三转、强化监督问责

加强对一把手和领导班子成员教育，充分认识国税基层纪检监察部门落实“三转”，是全面从严治党的需要。“三转”工作直接关系主体责任和监督责任的落实，三转能否转到位，关系全面从严治党工作格局的形成。首先要以上率下，从上级局做起，从一把手做起，保障基层纪检监察部门聚焦“监督执纪问责”主业，不再安排“种他人的地”，保障监督执纪“四种形态”的形成，尽快出台明晰的纪检监察工作岗责。其次是创新管理方式。基层纪检监察人员实行上级监察部门统一管理和使用，彻底解决“自己刀削不了自己把”监督难的问题。配齐配强监督力量，把年轻有为热爱纪检监察工作的干部调入纪检监察岗位，解决“弱病残”“夕阳红”现象。明确三转工作时间表并纳入主体责任考核内容，确保纪检监察部门对基层党组织，特别是“关键少数”和党员的“监控探头”功能得到发挥，畅通党内监督的渠道，通过治理恢复基层政治生态的绿水青山，政治空间的月朗风清。再次，基层局党组织主要负责人，在组织生活中不但要有高姿态，主动表态接受监督的同时，还要做接受监督的表率，主动向党员大会、干部大会和党小组会汇报主体责任和廉洁自律落实情况，听取党员和干部的批评意见和工作建议。工作中严格执行党的六项纪律，坚持“惩前毖后、治病救人”的原则，加强对党员，特别是党员领导干部的监督，确保党员模范带头作用得到充分发挥，基层堡垒的战斗力得到提高，党建工作迈上新台阶。

（作者单位：国家税务总局长春市税务局）

建立纪律风险与执法风险一体化防控机制的探索与实践

高志华

日照市地税局山海天旅游度假区分局根据国家税务总局《税收违法违纪行为处分规定》第二十条“有税收违法违纪行为，应当给予党纪处分的，移送党的纪律检查机关处理”，结合当前执法人员大部分都是党员的实际，按照全面从严治党、严格依法治税的要求，坚持“纪在法前、纪严于法”的原则，建立了职责清晰、制度健全、风险可控、层级监管的纪律风险与执法风险一体化防控机制，取得了初步成效。

一、纪律风险与执法风险一体化防控工作举措

从各地执法机关发生的真实案例来看，以往违反行政执法行为规范的执法人员，有相当一部分也同时违背了党的纪律规定。纪律风险和执法风险一体化防控，就是在两种风险具有互通性的基础上，通过排查梳理和汇总，将两种风险相互整合，同步进行防控。

（一）梳理岗位职责流程，排查风险点，提高风险防控的针对性

在分局成立一体化风控办公室，按照权责一致要求，梳理所有关键岗位的职责及流程。在此基础上，编制了以岗位为主体，以岗位职责、工作流程、风险点、表现形式为主要内容的“执法风险汇总表”，通过分局政策法规科牵头和全局上下“个人查、互相提、集体议”的方式逐条梳理，共排查出了存在执法风险的岗位 41 个，执法风险点 76 个。同时，结合六大纪律（政治纪律、组织纪律、廉洁纪律、群众纪律、工作纪律、生活纪律），由监察室牵头排查出了 62 个可能存在纪律风险的岗位以及 141 个纪律风险点。然后将纪律风险与执法风险相互重合的风险点全部定性为一体化防控最高等级风险。再对照纪律风险梳理“执法风险汇总记录表”，找出可能存在纪律风险的执法行为补充到一体化防控范围，确保防控无漏项、无死角、全覆盖。目前，已登记在案的一体化防控风险点 37 个。

（二）深入分析和研究，制定防控措施，提高风险防控可操作性

针对不同的风险等级和风险种类，对 37 项风险点逐条分析和研究，并结合有关规定，制定了 37 项一体化防控措施，登记在“税务廉政风险内控指标情况统计册”中，防控措施与风险点相对应，对风险点负责，是风险点的具体应对措施，具体包括事前预防、事中督查、事后管控三个内容。例如，在纳税评估这一执法环节中，纪律风险点主要表现在，执法人员为谋取不正当利益，未按规定的工作规程开展评估，或在开展日常分析评估和质疑约谈时，人为采取低评、少评或视而不见、故意瞒报等，造成错征少征税款。在防控时应逐步完善分析评估和质疑约谈制度，压缩自由裁量空间；实行管评分离，管户人员不得作为管户评估人员，专项评估推行项目组管理，评后实施廉政调查反馈制度。再如，在欠税清缴环节中，纪律风险主要表现在执法人员为谋取不正当利益，发现纳税人少报少缴税款或偷漏税，不及时履行催报催缴程序，主观故意造成纳税人少报、漏报甚至隐瞒不报。在进行风险防控时，充分运用惩防体系预警系统，实施事前监控预警；定期检查相关资料，及时发现问题。

（三）同步防控，同步追责，划实纪律和执法两条红线

当查证执法人员存在违规执法行为时，对照一体化防控指标，同步跟进是否同时违反了六大纪律要求，对同时违反六大纪律要求之一的，按照《中国共产党纪律处分条例》《税收违法违纪行为处分规定》等，同时追究该执法人员的纪律责任和执法责任；发现执法人员存在纪律风险的，同步跟进是否存在违规执法，按照相关规定追究执法责任，并把不在已有指标范围内的新风险点纳入一体化防控范围。例如，负责欠税清缴工作的王某在开展清缴工作时，发现纳税人少报少缴税款或偷漏税却不及时履行催报催缴程序，故意造成纳税人少报、漏报甚至隐瞒不报，对照一体化防控指标和六大纪律调查核实后，发现王某同时违背了六大纪律要求中的廉洁纪律、工作纪律，相关部门便可按照有关规定同时追究王某的双重责任。

二、纪律风险与执法风险一体化防控工作取得初步成效

（一）提升党员干部职工的纪律意识和法治意识

通过对自身岗位存在的风险反复排查和梳理，使干部职工能够对自身岗位职责、岗位风险有更加清楚的了解和认识，有助于他们在实际工作中有针对性地规避风险、防范风险，做到有则改之，无则加勉，进一步强化了风险防范意识和自我保护能力。特别是，对于同时具备党员、执法人员、公务员等多重身份的干部职工，充分发挥出了一体化风险防控的职能作用，改变执法人员以往只注重防范纪律风险或只注重防范执法风险的片面心理，重视两者之间的利害关系，严堵风险漏洞，切实强化了法治意识、纪律意识、责任意识、风险意识以及应对多重风险的能力，为分局打造一支政治坚定、作风优良、纪律严明、廉洁务实的执法队伍提供了有力保障。

（二）推动税收执法风险和纪律风险防控进入制度化轨道

为保障一体化防控工作正常推进，结合《中国共产党纪律处分条例》及《税收违法违纪行为处分规定》，重新梳理工作流程，从事前、事中、事后三个层面入手，制定了包括提醒机制、预警机制、监督机制、学习机制在内的 6 项制度、9 项保障措施，基本涵盖了一体化防控工作的全部环节。例如风险提醒机制，主要领导在召开执法工作会议以及中秋、春节等重要时间节点临近时，对风险点要进行特别强调，提醒执法人员注意防范风险和自我保护。目前，已累计提醒干部职工 110 余次；针对风险预防建立风险预警机制，由监察室、一体化防控办公室联合开展工作，对发现疑似有违法违纪行为的执法人员，进行约谈、提醒和警告，列为重点防控对象，对情节严重的联合有关部门调查取证。消除执法人员“小节无事论”的侥幸心理，倒逼执法人员忠实履职、遵纪守法，将风险隐患的苗头性、倾向性问题从根部遏制，防止积小成大，防患于未然。

（三）促进税务工作开展实现 1＋1＞2 倍增效应

实施纪律风险与执法风险一体化防控，将两种风险聚而治之，同时加强了纪律风险与执法风险的防控能力，加强了分局反腐倡廉建设和落实全面从严治党要求，为推动地税部门税收事业和各项工作开展提供了组织基础和纪律保障。同时有效规范了税收执法行为，提高了执法质量和水平，营造了公平公正的法治环境，进一步提升了分局干部职工的综合素质，提高了抗腐拒变能力，优化了执法环境和纪律氛围，构建了制度严密、执法规范、监督有力的税收执法体系，促进了以组织收入为中心的各项税收工作的开展。

（作者单位：国家税务总局日照山海天旅游度假区税务局）

履行新使命展现新作为

李金洲

深化国税地税征管体制改革，要加强党的领导，以纳税人和缴费人为中心，强化党的意识和组织观念，发挥党组织和党员的作用，健全和完善“条主动，块为主”“下抓两级，抓深一层”的工作机制，使党的税务干部队伍更加忠诚坚定、凝心聚力，确保机构改革和税收工作“两不误、两促进”，更好地服务于税收现代化建设，更好地服务于保定市竞秀区转型发展、高质量发展。

一、突出新主题

坚持和加强党的全面领导，是贯穿深化党和国家机构改革全过程的政治主题。目前保定市竞秀区税务局按照组织程序设立了联合党委和临时机关党委，对优化税务系统党的领导组织架构等做出了一系列制度安排。这既是把加强党的全面领导贯穿于税务机构改革各方面和全过程的重要体现，也必将使税务系统党的领导前所未有地加强，必将使党的税务干部队伍更加忠诚坚定地尽职履责。各级税务机关特别是领导干部要把党的全面领导贯彻落实到税收工作的各个领域、各个环节，把党的政治建设摆在首位，旗帜鲜明讲政治，树牢“四个意识”，坚定“四个自信”，做到“四个服从”，坚定不移把党中央决策部署落到实处，在各项改革实践中坚决维护党中央权威，坚定执行党的决策部署，严格遵守党的政治纪律和政治规矩，为税务机构改革平稳推进提供坚强政治保障。

二、履行新使命

作为税务部门的党员干部，不忘初心，就是要在党的全面领导下，坚持以人民为中心，时刻不忘为纳税人和缴费人服务的初心。牢记使命，就是牢记“聚财为国，执法为民”的神圣使命，并把奋力完成这一使命体现在具体的税收实践之中，用勇于担当的品质、为国为民的情怀和税务工匠的作风，充分发挥税收职能作用。

三、健全新机制

塑造党的坚强领导力，根本在于建立和完善“条主动、块为主”“下抓两级、抓深一层”工作机制，实施党建办实体化运行，打造纵合横通强党建格局。要坚持思想建党与制度治党相结合，通过二者同向发力、同时发力，提高全面从严治党的能力和水平。要优化顶层设计，着力以联合党委的全面领导为主心骨，以临时机关党委为支部建设和党员管理的脊梁骨，发挥党支部战斗堡垒作用和党小组、党员的先锋模范作用，增强全系统党建工作的系统性、整体性和协同性，夯实基础，稳扎稳打，以点带面，点面结合，最终形成党建引领、支撑、保障税收工作的生动局面。

四、强化新担当

广大党员干部特别是领导干部要亮出党员身份，强化党的意识和组织观念，发挥党组织和党员作用。做好新时代党建工作，要坚持目标导向和问题导向相统一，创新工作方法，突出党员主体地位，使他们化被动为主动，从而自觉增强参与党内组织生活的激情，着力解决问题。要通过强化担当来真心真情履职。特别是党支部书记要当好指挥员、教练员、联络员和服务员四种角色，切实增强为党组织服务、为党员服务、为人民服务的意识，尽心尽力、用心用情为基层党建服好务，努力把党支部打造成坚强战斗堡垒。

五、展现新作为

面对当前国税地税征管体制改革的重任，各级税务机关要根据国家税务总局“七个阶段”“八项任务”要求，抓紧抓好改革“接力棒”，有力有序推进税务机构改革。各级税务机关“一把手”，要做好表率，守住公道，敢于担当，确保改革平稳有序落地。领导班子成员要摆正心态，干好分内的事，尽好配合的责任。广大党员干部要继续保持“赶考”之心、集聚“赶考”之力，讲政治、顾大局、重情义、尽心力、守纪律，坚决把思想统一到党中央、国务院关于税务机构改革决策部署上来，积极投身改革攻坚战，担当好改革责任，履行好改革使命。

（作者单位：国家税务总局保定市竞秀区税务局）

落实全面从严治党须做到“严、真、实”

郑其林

国家税务总局就税务系统全面从严治党进行了部署，开启了全面从严治党新时代。面对全面从严治党新形势、新任务、新要求，要增强推进全面从严治党的紧迫性、责任感和使命感。笔者认为，基层税务机关落实全面从严治党，须做到“严”字当头、“真”字为要、“实”字为用，把全面从严治党的各项要求落到实处。

一、“严”字当头

“严”是一种态度、一种规范、一种作风。只有“严”字当头，做到严格规范、严格要求、严格管理、严格实施，才能相沿成习。管党治党责任重大，必须把“全面从严”落实到位，形成常态。在严明政治纪律和政治规矩上，下真功、见真章、动真格，保证全面从严治党的各项部署和要求，落实得不虚、不空、不偏。一是从严治党，要从“关键少数”严起。风成于上，俗成于下，“关键少数”要在坚持中见常态，向制度建设要长效，把管党治党主体责任抓在手上，扛在肩上，党组书记要担当好第一责任人责任，班子成员要认真履行“一岗双责”，持之以恒建好班子、带好队伍、营造好风气，对党负责，对本单位的政治生态负责，对干部健康成长负责。要加强和规范党内政治生活，严格落实民主集中制，严格党的组织生活制度，经常性开展批评与自我批评，使红红脸、出出汗、排排毒成为常态。二是坚持全面从严治党必须坚持治标不松劲，坚持挺纪在前，严抓严管，真管真严、敢管敢严、长管长严，有效运用监督执纪“四种形态”，立足于早、着眼于小，盯住重点人、重点事、重点岗位、重点领域，特别是从严查处发生在群众身边的“微腐败”和损害群众利益的人和事，多积尺寸之功，经常防微杜渐，强化制度执行力，让制度真正成为“带电的高压线”。三是把问责作为全面从严治党的重要抓手，失责必问、问责必严，一级压一级，层层传导压力，全面加强纪律建设，强化日常监督执纪，有针对性地建章立制，把制度的篱笆扎得更紧。切实构建不敢腐、不能腐、不想腐的机制，坚决整治群众身边腐败问题，把全面从严治党覆盖到“最后一公里”。

二、“真”字为要

基层税务机关落实全面从严治党，应做到真“领”真“导”是关键。首先，要做到真“领”，领好班子、带好队伍，保持党组织的凝聚力、战斗力。从战略和全局的高度，把抓好党建作为最大的政绩，落实全面从严治党主体责任。一要“主动抓”，牢固树立不管党治党就是严重失职的观念，把党的领导体现在日常管理监督中，体现在抓早抓小、落实落细上。二要驰而不息“经常抓”，发扬“钉钉子”的精神，一个节点一个节点地抓，常抓不懈、久久为功。三要促进税收发展“结合抓”，把全面从严党工作和税收工作摆在同等重要的位置，同步安排、同力推进、同步考核。聚焦中心任务、服务发展大局，把党建优势转化为发展优势，把组织优势转化为发展活力。其次，在真“导”下功夫。基层领导既要自身正、敢担当、言传身教，又要加强日常管理和监督，敢红脸敢瞪眼，要自身做到清廉，增强权威。以身作则、树立标杆，带头遵守廉洁从政的各项规定，带头接受组织和群众的监督，自觉养成在清风正气中生活的习惯，在监督环境里工作的习惯，在法治轨道上用权的习惯，自划“警戒线”，切实注重“慎初”，自设“防火墙”；切实注重“慎独”，自套“紧箍咒”；切实注重“慎微”，要求别人不做的自己坚决不做，要求别人做到的自己首先做好，真正发挥好导向作用。

三、“实”字为用

严在实中求，治在实中得。全面从严治党不仅是一个理论课题，更是一个实践问题。没有实的标准、实的要求、实的办法，管党治党再如何三令五申也会落空，正风肃纪再怎么反复强调也会走虚。全面从严治党是荡涤更是唤醒，是除弊更是拯救，是非为不可之事。以“实”为行、凭“实”立信。所以务必实字着力，具体地而不是抽象地、认真地而不是敷衍地抓落实，以实的方法、实的风气、实的品格推进基层税务全面从严治党工作落地落细落实。坚持把思想建党和制度治党紧密结合起来，严肃党内政治生活，从严管理干部，持续深入改进作风，严明党的纪律。把全面从严治党的责任牢牢扛在肩上，需要从细处入手，无论是进一步破除形式主义的“客里空”、打掉官僚主义的特权感，还是抑制享乐主义的庸懒散、刹住铺张挥霍的奢靡风，力度都不能减、劲头都不能松。对出现的“四风”种种变异问题，要保持高度警惕、露头就打；对顶风违纪现象，要严肃责任追究。通过持续不懈的努力、扎实细致的工作，只有在一切工作中都以“实”立身行事，做事不应付，做人不对付，才能干得了实事、做得出实绩。只争朝夕抓落实，交好时代新答卷，把责任扛在肩上，认认真真管，实实在在严；不走过场、不搞形式，踏石留印、抓铁有痕。只要我们以“实”为信念、准则和标尺，谋事以实、创业以实、做人以实，则事必善成、政必善治，才能推动党风政风实现根本好转。

（作者单位：国家税务总局保定市税务局）

凝聚职业道德力量激发干事创业动力

全玉秀

职业道德是推动地税工作的重要精神力量。山东省武城县地税局将职业道德建设作为聚力之魂，采用“四抓四促”模式，教育引导广大干部职工不断增强职业观念、职业态度、职业作风、职业素质，不断提振干部队伍的精气神，持续激发“实干创优、走在前列”的源动力。

一、抓“文化熏陶”，促干部队伍职业观念更强

地税文化具有磁场作用。我们将职业道德建设与地税文化建设紧密结合，坚持以文化的力量来引导人、激励人、约束人和升华人。

（一）明晰文化内涵

在承接省市局文化精神的前提下，结合当前工作新常态，提出“核心层、中间层、外表层”互为一体的文化建设整体构想。其中，在精神“核心层”，提炼出“讲政治、守规矩、转观念、激活力、尽职责、勤敬业、重实绩”21 字地税文化精神；在制度和行为的“中间层”，打造“高效、公平、透明”的制度文化和“自律、务实、服务”的行为文化；在物态“外表层”，推行依法行政“规范化”、税收征管“精准化”、纳税服务“便捷化”。三个层面的文化建设构想成为广大干部职工共同的价值取向和目标愿景。

（二）构筑文化阵地

综合利用国学古训、论语漫画、名句书法、宣传挂图、声像资料五种手段，打造出展室、楼道、走廊、庭院、办公室五种文化阵地，确保文化建设长期化、系统化。在县局大院内安装电子屏幕，滚动播放集体和个人获得的荣誉、优秀共产党员视频资料、道德模范简要事迹、创新性工作成果等内容，进一步提高干部职工提高崇德敬业水平。

（三）创办绩效论坛

加强绩效文化建设，在全局创办“绩效论坛”，弘扬工匠精神、担当精神、认真精神，坚持“早、细、高、勤、严”五字标准，引导干部职工积极转变观念：经济欠发达，思想不能欠发达，干劲不能欠发达，更需要树立追求卓越、争先进位意识；转变过多追求物质待遇的思想，更加重视精神追求；由“要我干”向“我要干”转变，改变老同志年龄界线的观念束缚，充分发挥经验优势、能力优势、阅历优势，传递正能量。

二、抓“诚德工程”，促干部队伍职业态度更强

把“诚”作为职业道德的核心，大力实施“诚德工程”，教育引导广大干部职工忠诚事业、诚实劳动、诚信待人，创建“诚信型”地税团队。

（一）加强诚信教育

开设道德讲堂，开展“恪守职业道德、保持党的纯洁性”主题教育活动，深入学习党章、社会主义核心价值观、《山东省公民道德建设实施纲要》、“八荣八耻”、道德模范先进事迹等内容，大力培育明责之心、倡导负责之举。建立“善行义举四德榜”，对涌现出的道德典型、先进事迹进行张榜公示和宣传表彰。

（二）强化诚信服务

开展“服务承诺”活动，广大地税干部职工面向纳税人、社会郑重承诺，并将每个人的承诺在公示栏中公示，接受纳税人的监督。开展“便民办税春风行动”和“百名地税干部访百户企业办百件实事”活动，进一步优化纳税服务。深入贯彻纳税服务规范、国地税合作规范，建立“无缺位服务”工作机制，让纳税人办税更顺心。推进“征纳共赢”纳税服务品牌创建工作，广泛开展纳税人满意度调查，提升纳税人满意度。

（三）健全诚信制度

制定《个人“诚德”档案》《税企诚信互动评价制度》《纳税信用等级评定办法》等制度，使干部职工行有依据，动有规范。建立“诚德”工程建设落实情况和承诺情况公示榜，在全系统层层签订“诚德”责任状，在全局形成良好风尚，促使干部职工更加自觉地践行“坚定信念、忠于国家、服务人民、恪尽职守、依法办事、公正廉洁”的基本准则。

三、抓“思想引领”，促干部队伍职业作风更强

在从严治党的大背景下，纪律、规矩、作风已经摆到前所未有的突出位置。我们通过强化思想政治工作，引导干部全面认识、准确把握新任务新要求，进一步转变作风，夯实队伍建设根基。

（一）强化党建引领

牢固树立“抓好党建是最大政绩”理念，将党建活动作为地税各项工作的正确指引和有力抓手。深化“两学一做”学习教育，坚持三会一课、谈心谈话、固定学习日制度，有效规范党内政治生活。大力实施“党建筑桥”工程，构建“支部建设＋税收征管”“支部建设＋法治地税”“支部建设＋优化服务”工作机制，充分发挥支部战斗堡垒作用和党员先锋模范作用，引导广大党员在其位干其事，敢担当能干事。

（二）强化廉洁保障

树立“严是爱、宽是害”思想，坚持廉政谈话制度，逐级开展廉政提示约谈，对存在苗头性、倾向性的问题及时约谈、提醒、告诫，防范廉政风险。开展纪律行动，整风肃纪，抓早抓小，不断提升纪律规矩意识。实行“作风点评制度”，通过领导述评、干部互评，对作风建设中存在的问题剖析原因，从源头上避免潜在风险蜕变成为实际风险。

（三）强化典型示范

坚持正面引导，在注重学习先进模范人物的同时，注重挖掘干部身边看得见、摸得着的典型，大力开展“最美地税人”评选活动，组织“学习身边先进人物，争当科学发展标兵”主题活动、“岗位能手、服务明星”展示活动，让干部从身边先进人物事迹上得到触动和感化，增强思想政治工作的说服力，使全局上下呈现“组织创先进、干部争优秀”的生动局面。

四、抓“能力提升”，促干部队伍职业素质更强

提高干部队伍的履职能力，是加强地税部门职业道德建设的关键。我们坚持知行合一，通过学习、培训和创新等举措，大力提升干部队伍能力素质。

（一）营造学习氛围

广泛开展“书香地税”活动，构建有上千册书籍的“职工书屋”，积极为广大党员干部推荐好书，倡导多读书、读好书。坚持“以老带新”与“以新带老”相结合，强化结对帮扶，争创齐头并进。坚持正面引导激励，把干部的培训教育成果纳入绩效管理考核，对大型考试中成绩优秀的同志给予绩效考核特别加分的奖励。开展“学习标兵”评选活动，积极选树先进学习典型。

（二）狠抓学习培训

开展“业务部门学业务”活动，积极邀请上级领导做专题讲座，不断提升干部职工专业水平。创新教

育培训形式，针对不同岗位不同业务需求，每年年初开展全员大集训，年中组织“走出去”学习，每季度开展业务考试，广泛开展各类岗位能手竞赛活动，努力营造“人人皆可成才、人人尽展其才”的浓厚氛围。

（三）鼓励创新创优

建立容错免责机制，营造尊重创新、宽容失败、创新有功的浓厚氛围，在全局开展工作创新，深入开展意见建议征集，积极打造“创新创优”平台。对工作创新、创先争优加大个人绩效考评分值，与晋升提拔紧密挂钩，树立正确的干事创业导向，激发干部队伍的进取精神。

（作者单位：国家税务总局武城县税务局）

浅析税务人员参与赌博的危害性及纠治办法

王官金

一、税务人员参与赌博的表现形式及产生的主要根源

同事之间、朋友之间，利用周末、节假日、空余时间打打麻将、打打扑克，娱乐一下，本来无可厚非。但是有一些人却将这种娱乐变了味，把打麻将、打扑克演变成一种赌博行为。从已查处的税务人员的赌博案例来看，其表现主要有如下这几种：

（一）利用麻将进行赌博

如铜陵市地方税务局涉外分局原局长周某赌博问题。经查，2012 年 12 月 20 日晚 9 时许，周某与黄某等 4 名参赌人员在狮子山区一栋别墅内利用麻将进行赌博。案发后，公安机关对周某赌博处行政拘留 5 日，收缴赌资 22700 元。铜陵市地方税务局决定，撤销周某市地税局涉外分局局长职务；铜陵市市直机关纪工委决定，给予周某留党察看一年处分。

（二）挪用税款赌博

如云南省丽江华坪县地方税务局三分局的会计付某某，工作之余迷上赌博，俗话说“常赌必输”，为了“搬本”他竟把公款当成他的“私款”，在赌桌上一掷千金。3 年时间里，他挪用税款 148 万余元去赌博。近日，法院以挪用公款罪判处其有期徒刑 12 年。

（三）因赌博进行诈骗

李某本是新疆哈密某税务局干部，却因为赌博成瘾，欠了一身赌债。为了偿还债务、筹措赌资，李某先后虚构能为他人开具 3.3％的低税率发票的事实骗取吴某 1061855.38 元，虚构承包高铁工程、倒卖柴油的事实分三次骗取马某 170000 元。近日，李某诈骗罪一案在哈密市人民法院开庭审理。

赌博之所以盛行有其复杂的原因，既有历史的因素，又有社会风气的原因，也有自己主观的原因。但从根本上来看，主要的原因有三个，一是制约干部赌博的制度还不完善，监督有空缺，执行不到位；二是部分税务人员放松了世界观、人生观和价值观的改造，对赌博的危害性认识不足；三是赌风日盛，环境使然，看到别人赌，自己也眼红，具有跟从心理。

尽管法律法规对禁止赌博有明确规定，《中华人民共和国公务员法》第五十三条第十二款规定公务员不得“参与或支持色情、吸毒、赌博、迷信等活动”。《中国共产党党员纪律处分条例》第十一章“对违反生活纪律行为的处分”第一百三十四条规定“生活奢靡、贪图享乐追求低级趣味，造成不良影响的，给予警告或者严重警告处分；情节严重的，给予撤销党内职务处分”。中央纪委、中央组织部曾下发《关于严肃查处党员和干部参与赌博的通知》（组通字〔2004〕43 号），要求各级党组织要高度重视党员和干部参与赌博的问题，采取有力措施，切实加以整治。《中华人民共和国治安管理处罚法》第七十条规定“以营利为目的，为赌博提供条件的，或者参与赌博赌资较大的，处五日以下拘留或者五百元以下罚款；情节严重的，处十日以上十五日以下拘留，并处五百元以上三千元以下罚款”。国家税务总局机关工作人员五项禁令第三条“严禁在上班、会议和下基层期间打麻将，严禁参与境内外任何形式的赌博及接受色情服务”。各单位也制定有一些制止赌博的规章制度。例如，福建省国家税务局下发了《关于重申严禁参与“六合彩”赌博

的通知》(闽国税函〔2007〕200 文),《福建省国家税务局关于坚决制止和严肃查处党员干部参与赌博的通知》(闽国税函〔2004〕526 号文),但监督制度跟不上,监督机制还不完善。特别是税务人员在八小时外赌博时,谁在监督,怎么监督?由于监督机制不完善,监督上还存在空档,尽管有行为规定,有处分条款,也只有"英雄无用武之地了"。

从主观上来看,部分税务人员参与赌博,一是精神空虚,不思进取;二是随波逐流,寻求刺激。然而不管是什么原因,其思想根源,就是党性观念、宗旨意识淡薄。他们追求的是自己的个人私利,这已经完全背离了党员和国家公务员全心全意为人民服务的宗旨,在灵魂的深处已经变质。

二、税务人员赌博的危害性

税务人员参与赌博,其危害性大,后果非常严重。其危害性主要表现在以下几个方面:

(一)服务宗旨观念蜕化

"玩物丧志",是税务人员赌博带来后果的突出表现。由于经常赌博,追求物质利益和刺激,势必放松学习,放松主观世界的改造,人生观、世界观、价值观发生倾斜;为人民服务的思想观念产生动摇,甚至发生质变;损人利己、损国家利自己的行为难免发生,逐渐走向人民的反面,堕落成腐败分子,也使自己陷入深渊。从上述税务系统的例子就可以看出,有的因赌博问题贪污挪用税款,有的因赌博问题诈骗钱财,最后走上了犯罪的道路。

(二)助长腐败风气

名为赌博,实为受贿。因为赌博的外衣可以使纳税人或有求于己的人的钱堂而皇之地进入自己的口袋,这就为权力寻租提供了条件,权钱进入交易,乱用权力的后果,是损害人民的利益,损害党的事业,助长腐败的风气。

(三)既影响工作,又危害家庭和健康

赌博一旦上瘾就是赌徒。正如前面所说,有的税务人员因为赌博,没日没夜地围在赌桌旁,纳税人有事找不到,家中有事找不到,即使回到办公室,也是哈欠连天,两眼模糊,怎么有精力处理本职工作?有的甚至因为赌博恶意敲诈纳税人,诈骗纳税人,这些人既毁了自己的家庭和声誉,也损害了税务人员的形象。

三、纠治办法

税务人员参与赌博带来的一系列问题和危害性是不容低估的。而参与赌博活动的税务人员的人数同样不能小看。赌风这样盛,确实令人担忧。我们以为,应从以下方面加强对税务人员赌风的纠治。

(一)要健全完善税务人员活动的规章制度,增加税务人员活动的透明度

除工作时间之外,税务人员的社交圈、生活圈一般人都无从知晓。要制定规定,税务人员工作八小时之外的活动,要接受社会和群众的监督,举报税务人员有赌博等违纪违法现象的要奖励。而税务人员的违纪违法行为,要公开曝光,从制度上加强对税务人员八小时之外活动的监督,使税务人员不敢违纪、不能违纪。

(二)要加强对税务人员的理想信念教育

一是加强宗旨意识教育,提高税务人员全心全意服务纳税人的意识;二是加强法律法规教育,提高税务人员知法守法意识;三是加强党风廉政教育,增强他们的理想信念,树立正确的世界观、价值观、人生观、地位观和利益观,只有提高了拒腐防变的能力,才能杜绝税务人员赌博的歪风。

(三)要加强对税务人员坚守岗位的监督

以往税务人员外出只要随便打声招呼,组织对他们的去向并不清楚。因此,上级组织要加强管理,加

强岗位监督，必须严格执行离岗汇报制度、离岗去向公示制度。要实行组织监督与群众监督相结合，经常抽查外出干部的去向，确保税务人员坚守岗位，把精力投入到工作中去。

（四）对税务人员的赌博行为要严肃查处

赌博歪风严重地损害了党风政风，对于税务人员的赌博行为，要发现一起就严肃查处一起。是领导的，先免职再处理；情节轻的，须组织打招呼的要及时打招呼；影响较大的，要进行组织处理或党纪政纪处分；构成违法的要移交司法部门查处。查处税务人员赌博案件，要公开曝光或在一定范围内进行通报；要通过查处赌博歪风，严肃党纪政纪，端正党风政风，树立良好的税务形象。

（作者单位：国家税务总局宁化县税务局）

强化对基层税务部门行政管理权监督的思考

敖荣义　匡　洪

就税务部门而言，行政管理权是指在正确履行税务部门人、财、物行政管理过程中法律所赋予的责任，行政管理权的运行过程是税务工作中容易滋生腐败的重要环节，加强对基层税务部门行政管理权的监督是税务系统从源头上预防和治理腐败的重要举措，对于提高税务系统的党风廉政建设水平，全面完成税收工作任务，具有十分重要的意义。

一、强化对基层税务部门行政管理权监督力度的重要意义

（一）依法治国、依法治税的必然要求

强化对基层税务部门行政管理权的制约和监督，保障其依法正确行使，是依法治国、依法治税的必然要求。推进依法治国，必然要求依法行政。而行政权力作为国家权力的重要组成部分，一旦被滥用，就会对公民合法权益带来损害，从而影响依法治国方略实施。强化对基层税务部门行政管理权的制约和监督，既是有效保障公民基本权利的客观需要，更是全面推进依法治国、依法治税的重点环节。

（二）权为民所用的必然要求

国家一切权力属于人民。行政权力间接性、受托性，客观上使行政权力在某种条件下有可能背离人民委托的本意。加强对基层税务部门行政管理权的监督制约，促使税务部门真正按照人民意志进行公共事务管理，是坚持社会主义国家人民主体地位的必然要求。

（三）推进税收现代化的必然要求

推进税收现代化要求我们构建有效的行政权力制约和监督体系，加强反腐败体制机制创新和制度保障，使行政权力于法有据、依法行使、受法制约，真正做到“法定职权必须为”“法无授权不可为”，确保行政权力不越位、不错位、不缺位。

（四）防止腐败的现实要求

行政权力的集中，有很大可能会导致行政管理中的权力不受限制，损害人民的利益，还是权钱交易的基础，是腐败的根源。建立一套强大的监督制约机制，对权力进行制约，可以防止权力的滥用。

二、新余市税务系统强化行政管理权监督的实践

对税务部门而言，强化内部行政管理权监督，实现内控机制建设工作，不仅是反腐倡廉的制度基础，也是建设党风廉政的重要载体。可以规范权力配置，切实保障税收中心工作的开展，防范廉政风险。围绕税务部门中人、财、物等环节，全面整合税务管理工作规程，监督每个环节与岗位，提高税务干部的廉政水平。

（一）强化党建引领，营造“严”“实”工作氛围

1. 强组织领导，落实党要管党的主体责任

坚守责任担当，把主体责任始终落实在行动上。成立了党建工作领导小组，制定了“新余市地方税务局落实全面从严治党主体责任工作任务清单”，对全年的任务列出了责任事项、落实单位、时间进度，对部

署的任务对号入座，强化考核，确保了党建工作任务的按期完成。抓好了党建工作述职评议考核，2018年以来，党组专题研究党建工作 5 次，召开会议 6 次，有力地落实了全面从严治党的主体责任。

2. 强制度建设，推进党建工作常态化

把党建工作放在首要位置，拓宽“党建 + ”渠道，启动了“党建 + 征管改革”“党建 + 联合办税”“党建 + 文化建设”，党的领导深入到工作的各个方面。印发了“2017 年度全市税务系统全面从严治党工作要点”，建立了“下抓两级、抓深一层”工作机制和党组挂点联系“六个一”制度，制定了调研管理制度，落实了民主生活会和谈心谈话制度，推动全面从严治党向基层延伸。

3. 强理论学习，营造浓郁厚重的学习氛围

坚持把思想教育作为首要任务。制订了学习计划及推进表，编印近 30 万字的《党建制度汇编》。突出“四讲四有”集中专题学习。通过领导干部带头讲党课、党组中心组专题学习研讨、党支部集中学习、开展主题党日活动等方式，落实“三会一课”制度，营造浓郁学习氛围。深入开展“先锋创绩”工作，积极开展创建“共产党员示范市”活动，充分发挥了党员先锋模范作用。“两学一做”学习教育得到了省市各级领导的好评，经验和做法在省委《今日信息汇要》199 期进行了刊登。

4. 强基层党建，建设团结务实的战斗堡垒

倾听基层声音，共听取基层意见建议 88 条，解决基层问题 86 条。畅通上下级之间的沟通渠道，健全了问题反映处置机制，通过建立“税收业务平台”，快速地处理了基层人员在各种业务中出现的问题，提高了税务工作质效。优化整合基层党支部，制定了《国税务联合党建工作方案》，建立了联合开展党建工作机制。分宜县局办税厅在全省率先建立国、税务联合党支部，高新区局在全省率先建立国税务联合党总支，进一步激活联合党建“源头活水”。

5. 坚持从严从实，转变工作作风

强化执纪问责，以上率下，树立标杆，在全省税务系统率先实行了重大事项“双报告”工作制度，率先制定《纪检组对同级党组及其成员监督工作实施办法(试行)》，得到了上级领导的充分肯定和有关媒体的积极关注。

6. 深化“三转”落实到位，下发《关于深化市、县(区)税务纪检监察管理方式的实施意见(试行)》

率先在全省采取单独设置和综合设置两种方式完成纪检监察机构管理体制改革，其中分宜县局、渝水区局采取单独设置，高新区局、仙女湖区局纪检组合署办公，市局直属单位设立市局直属单位纪检室，实现市县两级机构设置和人员分工上彻底“三转”到位。率先在全省实行重大事项“双报告”制度，同级党组班子成员在按规定向上级党组报告的同时，还要报同级纪检组备案。

7. 深入开展扶贫项目监督检查、违规购买高档白酒问题检查、违规收送“红包”问题专项清查、公务车加油卡清理等多项专项检查工作

发现全市税务系统落实中央八项规定精神存在的共性问题 12 个，个性问题 46 个，下发整改意见书 8 份，已经全部整改到位。与其他地市兄弟单位联合开展明察暗访 2 次，新增特邀监督员 3 名，全系统明察暗访共 39 次，共批评教育 20 人次，实现了内外部监督相结合，各项集中整治工作成效明显。

(二)强化对人事任免权的监督，确保“人”“位”相称

1. 突出“竞”字抓激励

健全精神激励机制，激发干部的集体荣誉感。举办了全市首届“新时代”杯五人制足球赛，进一步增进税务干部职工的友谊，深化了国地合作的感情基础，在全市产生了较大影响，《新余日报》、新余市电视台等市主流媒体进行了关注报道。组织参加了全省税务系统第五届运动会，取得了历史最好成绩，激发了集体荣誉感，激活了干部职工人人思进、事事争先的精气神。深入推进文化兴税战略，积极打造“一局一品”的特色文化品牌，以优秀的税务文化感召人，让奉献和担当成为一种习惯。

2. 突出“正”字抓生态

按照《党政领导干部选拔任用工作条例》及省局党组的有关规定，认真策划，精心组织了全市税务系统科级领导干部选任工作，确保了程序到位、规范有序、客观公正。提拔使用科级领导职务 16 人、任命科级非领导职务 35 人、交流轮岗 16 人，40 多名工作人员实施了“双向选择”，全系统风清气正的政治生态正在形成。

(三)强化财务监管，确保每一分钱都用到实处

财务管理工作是税收工作的重要组成部分，强化对基层税务分局的财务管理，可以提高经费的使用效益，保障基层工作高效开展；可以防范廉政风险，促进基层税务干部廉洁从政，有效推动全面从严治党向基层延伸。分宜税务采取多种措施强化对基层分局的财务管理，在保障基层税务工作高效开展和党风廉政建设方面取得了良好成效。

1. 把好收入关，规范经费来源

分宜县所有的分局都实现了联合办公，在此基础上，税务部门规定下属的各分局经费全部由县局予以保障，实行按月报账制。严格禁止接受乡、镇政府的经费资助，禁止所有的基层分局向所在乡镇政府要求弥补办公经费，有效地化解了其中存在的腐败风险。禁止向工会、残联等受托单位要求经费弥补，代征工会经费、残疾人保障金等所有的代征手续费都由县局计财部门统一按照相关法律法规和财务管理规定与受托单位对接接收，实行收支两条线制度，禁止基层分局要求拨付、接受受托单位的经费。严禁向纳税人索要经费，要求所有分局不得索要、接受纳税人以任何名义给予的赞助、捐赠等。

2. 把好支出关，规范经费开支

建立长效机制，严格财务监管。分宜县全面落实《税务系统公务接待管理办法》，修订完善了《机关食堂管理办法》，坚持来人来客接待审批制度，严格接待标准和费用开支，控制陪客人数。制定了《差旅费管理办法》《加强财务管理严肃财经纪律的通知》《关于加强财务费用报销管理的通知》等制度，严把报销审核关，加强经费管理，重点加强了食堂开支、车辆维修支出等方面的审核管理。组织各分局开展了突击花钱和滥发津贴补贴、奖金问题专项自查，组织了国税税务分局的交叉检查，规范了经费开支。树立节俭理念，提高经费使用效率。组织开展了系列的勤俭节约宣传工作，倡导人人节约的用钱氛围，着重从节能减排、降低接待费交通费等方面着手，从节约一张纸、一度电、一滴油开始，做到了该花的钱不省，不该花的钱一分也不花。

3. 把好教育关，提高廉洁意识

抓好廉政教育，强化责任意识。一方面强化了对各分局负责人的廉政教育，逢会就宣讲上级党风廉政文件精神、通报各地违反财经纪律的案例，组织了各分局负责人到监狱接受了现场廉政警示教育；另一方面加强对各分局财务人员的廉政教育和业务培训，纪检组联合计财股不定期组织对财务人员的联合培训，及时学习最新的财务管理规定和财经纪律，提高了各分局财务人员的道德水平、廉政意识和业务水平。明确了财务人员的岗位责任，要求适度减低各分局财务人员的其他工作任务，鼓励通过多种形式提高财务专业知识，对获得资格证书的人员按规定予以奖励。

4. 把好监督关，强化执纪问责

财务公开，民主监督。分宜县税务部门对各分局财务实施了民主理财和财务公开制度，要求分局大额的财务开支必须由分局集体讨论，并报上级计财部门同意后才可以开支，防止财务支出分局长一人说了算；分局财务情况定期、如实地进行公开，接受大家的监督，防止虚列开支，确保支出的真实性。监督检查，严格追责。实现了监督常态化，纪检组开展了自查 + 抽查 + 财务内部审计 + 财经纪律检查等多种形式的监督检查。以分局长经济责任审计为契机，对离任的分局长所属分局的行政经费管理使用情况进行了监督检查，对存在问题全部予以督促整改到位，对违规的开支予以追缴、退赔；组织开展了财务清查，突

出对 10000 元以上大额发票开支情况进行了全面梳理、清理和规范；组织开展了财务管理专项检查，重点检查了经费收支、会计核算、各类奖金、津补贴发放情况；组织了端午、中秋、春节等重点时节的专项检查，对"三公"经费使用情况进行监督；组织了对财务收支情况的自查自纠活动等多种自查、检查，有效规范了分局的财务管理。严格责任追究，提高纪律刚性。明确了各分局负责人对本单位的财务开支负主要责任，对开支的真实性、完整性负主要责任；财务人员、经办人员对资金使用负直接责任。对巡察、检查等发现的苗头性问题，纪检组第一时间运用监督执纪四种形态进行处理，约谈各分局、部门负责人 5 人次，对在各种检查中发现的问题一律按要求整改到位，对财务制度执行不力、在检查中出现问题的单位和人员及时给予了处理，提高了纪律的刚性。

三、进一步强化行政管理权监督的思考

(一)强党建，从思想上筑牢自律的篱笆

1. 深入推进基层党的建设

积极发挥垂直管理与属地管理的双重优势，建立齐抓共管，内外结合的党建工作机制。坚持"严善活"厚植干事氛围，深化学习教育，引导党员干部牢固树立"四个意识"，增强四个自信，深入推进"连心、强基、模范"三大工程，推动"党建＋"工作向纵深发展。加强党支部规范化建设，基层党风廉政建设和思想政治工作。着力解决基层党支部弱化，战斗力不强的问题。健全党的基层组织，贯彻基层党建工作"五化"要求，强化基层党支部在全面从严治党中的主体作用，进一步构建全面从严治党的新格局。

2. 抓好基层领导班子建设

严格规范县区局领导班子的年度考核，配优基层领导班子特别是一把手，集中解决基层"火车头"的问题，注重选拔经过多岗位锻炼、领导经验丰富、作风过硬的优秀干部进入基层领导班子。落实《江西省税务系统推进领导干部能上能下实施办法(试行)》，全面分析研究县(区)局、直属单位班子力量，进一步加强班子梯队建设，优化基层班子结构，促进基层领导班子成员的领导经验和专业知识的互补。

3. 强化警示教育

以多种形式开展警示教育，通过观看警示教育片、旁听法院庭审、参观警示教育基地等形式，不断加大党风廉政建设和反腐败教育力度。通过通报典型案件观看教育片等形式达到以案说法的目的。让大家更加清醒地认识到作为一名党员干部要把纪律和规定放在前面，严守底线、不踩红线，坚决抵制各种不正当利益的诱惑，自觉接受组织和群众的监督。通过组织参观廉政教育基地、看守所、监狱等警示教育基地，让税务干部直面"高墙一步遥，人生两重天"的剧变，真切感受自由的可贵、亲情的温暖、党纪国法的威慑力；邀请法院、检察院、纪委工作人员授课，为税务干部算好职务犯罪的政治账、经济账、名誉账、自由账、健康账、家庭账、亲情账。通过重要时间节点及时提醒达到"咬耳扯袖"的目的，在春节、端午、中秋等传统节日和汇算清缴等入企入户重点时间段组织开展警示提醒活动，在重要节日前都以短信提醒、微信群提醒等形式做到全体干部全覆盖，做到"常提醒、常警示、常熏陶"，起到防微杜渐的作用。

(二)强素质，把全面从严治党作为强化队伍建设的根本

1. 思想建设摆首位

落实新时代党的建设总要求，打造党建"堡垒工程"，持续推进"三严三实"和"两学一做"教育常态化制度化，全面落实全面从严治党主体责任，创新开展多种形式的"党建＋"活动，把党的领导体现在税务工作各个方面，确保中央、总局、省局和市局党组各项决策部署落到实处。抓好党性教育、道德教育、法治教育和警示教育，强化爱国主义、社会主义核心价值观教育，更加自觉地在思想上、政治上、行动上同以习近平同志为核心的党中央保持高度一致。

2. 严管厚爱带队伍

规范干部管理，加强对干部队伍的监督管理，监督做好干部选拔任用工作，实现想干事有机会，能干事有舞台，干成事有地位，干部队伍不出事。发挥群众、纪检监察部门等的监督作用，监督人员录用过程中的资格审查，防止发生降低录用标准，违反择优录用原则等问题；监督选拔干部中的公开、公正性，防止发生个人意志、失察等问题；监督落实干部任职回避、公务回避和岗位交流等项制度，促进干部队伍的廉政建设。加强对领导班子监督，坚持民主集中制，严肃党的组织纪律，落实领导班子议事规则，对涉及干部职务任免、奖惩、调配等重要人事管理事项，须经党组研究；加强群众监督，对干部任免、评功评奖、人员录用、转业干部和大中专毕业生接收安置、职务及等级评定工作要进行公开，接受群众的监督；加强纪检监察监督，纪检监察部门对人事管理权实施监督，及时听取群众意见和向党组反映。认真调查核实有关人事管理方面的信访、举报线索，对情况属实的案件线索，认真查处。认真组织对各级领导干部任中和离任的财务审计，特别是对调出干部任职期间的财务管理、经济活动等进行任期经济责任审计，并将审计结果及时通报同级人事部门，防止用人失察。

3. 文化引领提素质

践行江西税务文化理念，营造浓厚的文化氛围，坚持开展读书荐书活动，组织干部参加演讲比赛、主题征文等文化活动。全力打造基层文化建设示范点，加强廉政文化建设，深入开展家庭助廉和“传承好家风好家训”活动，推动“四种风气”在全系统蔚然成风，使税务文化建设成为全体税务干部职工的自觉行动，形成先进的税务文化意识和理论体系，推动税务事业实现新发展。

（三）深入贯彻落实中央八项规定精神，严肃财经纪律，强化财务监督管理

对局内财务进行监督管理是对内监督最为重要的一环，把好了这一关可以防范很多风险和矛盾。收入环节，要加强对各项资金、收入来源的监督，全部纳入财务部门统一管理。收入的取得必须符合法律法规，严禁坐支挪用税费、向企业借款等；不得隐瞒、转移经费，严禁公款私存和私设“小金库”等。支出环节，要加强公务接待管理，严格按照规定程序、接待范围和开支标准执行。重点是防范和监督内部接待公私不分，违规公款吃喝、公款消费、违反禁酒令。加强对会议费、培训费的管理。重点是防范和监督虚报、冒领、转嫁和摊派会议费、培训费。加强公务用车管理。重点是防范和监督借用、占用其他单位、个人车辆及使用其他单位、个人油卡加油或者变相虚开发票报销私人车辆使用费用。加强资产管理。重点是防范和监督资产购置和处置管理，监督按规定购置、处置国有资产，资产处置收入和出租出借收入严格按规定管理，防止落实私人口袋。加强支出报销管理。重点是防范和监督虚列支出行为，强化对购置费、会议费、培训费、宣传费、维修费等的监督。加强食堂管理。重点是防范和监督多报多领行为、虚开冒领行为、账实不符行为、虚列开支行为，要监督建立一套行之有效的监督机制，防止内部的小循环的不透明导致违规违纪行为发生。

（四）强监督，让权力在阳光下运行

1. 从严治党贯始终

把管党治党作为首要责任，坚持真管真严、敢管敢严、长管长严。以创建“共产党员示范市”为契机，扎实打牢党组织建设基础，加强对党员干部的教育管理，坚定不移把全面从严治党引向深入。加强党内制度建设，进一步严肃党内政治生活，严格落实“三会一课”制度、领导干部双重组织生活制度，坚持谈心谈话和领导干部家访制度，营造风清气正的政治氛围。

2. 驰而不息转作风

进一步严格落实纪检监察干部三转制度，认真落实习近平总书记关于纠正“四风”不能止步的重要指示，不断提高思想认识，以永远在路上的坚韧锲而不舍抓好作风建设。强化理想信念教育，要采取多种方式，教育引导党员干部加强党性修养，进一步坚定理想信念，提高落实中央八项规定精神及实施细则的思

想自觉和行动自觉。强化主体责任落实。认真落实“一岗双责”,紧盯关键少数,用严明的纪律、严格的监督,使党员领导干部知敬畏、存戒惧、守底线。严格监督执纪问责。坚持把纪律和规矩挺在前面,综合运用监督执纪“四种形态”,发挥巡察利剑震慑作用,严抓执纪问责,倒逼党员干部转作风改作风。

3. 权力运行保制衡

人事管理中提拔任用干部必须进行民主测评,要事先征求纪检监察部门的意见,凡被纪检监察部门否决的,不得提交党组会讨论;财、物管理实行管事权与管财权分离,坚决贯彻民主集中制原则,坚持领导班子议事规则,凡是属于人事、财务、基建等重大问题,由党组领导班子集体讨论决定,不允许个人说了算,分管领导严格按照集体研究的决定审批执行。

4. 政务公开守清廉

要按照公正、公平、公开的原则,公开选拔任用干部的标准和程序,实行群众民主推荐、干部公开考录、竞争上岗;公开经费划拨审批标准和使用原则,对基建项目确定、大宗物品采购、税款划拨、计算机软硬件购置等招投标情况在一定范围内公布,主动接受群众的监督。

(作者单位:国家税务总局分宜县税务局)

全面从严治党新形势下加强税务干部“八小时以外”监督的思考

张剑虹

“八小时以外”，是指上班时间以外的时间，主要包括“生活圈”“社交圈”“娱乐圈”等。随着经济社会的发展，在多元价值的相互冲击下，税务干部面对的诱惑越来越多，从近年发生的一些违法违纪的典型案例来看，一些基层税务干部往往不是在工作时间出问题，而是在“八小时以外”犯错误，其中固然暴露出了个别基层税务干部在“八小时以外”放松了对自己的要求和约束，同时也折射出了对干部“八小时以外”监督存在着一定的“真空”地带。因此加强新形势下的税务干部“八小时以外”监督管理工作显得越来越重要，这既是落实八项规定转变作风的具体要求，也是加强新形势下干部队伍建设的现实需要，更是落实全面从严治党要求，强化党风廉政建设的重要抓手。本文拟从“八小时以外”监督存在问题，探讨如何加强对基层税务干部“八小时以外”的监督管理工作。

一、基层税务干部“八小时以外”活动的主要特点

当前基层税务干部“八小时以外”活动主要有以下特点。

（一）社会交往的广泛性

“八小时以外”社交的范围涉及经济、文化、体育、休闲、家庭、婚姻、恋爱等诸多方面，社交的场所涉及家庭、娱乐、文体、餐饮等场所，社交的人员涉及各种各样的社会群体。基层税务干部在社会交往活动中，与什么人交往、在什么地方活动、做什么事情，完全取决于自己的政治思想、职业道德、文化爱好、家庭状况、自律意识、鉴别能力等主观因素。因此，了解和掌握基层税务干部社交的广泛性，对于有针对性地做好基层税务干部的思想引导工作至关重要。

（二）社会活动的多样性

由于基层税务干部自身综合素质、个人情趣、文化修养、社交范围、家庭状况、经济条件等因素差异和不同，因而“八小时以外”的活动内容也是多种多样的。有的喜欢亲朋交流，参与文化、文体运动，从中锤炼自己的思想修养；有的喜欢琴棋书画、摄像钓鱼、良友往来，从中满足自己的精神需求。但也有极少数人不能严于律己，有的广交酒肉朋友，甚至酗酒滋事；有的交友不慎，参与了不该参与的其他活动，发生违纪违规问题甚至违法。基层税务干部社会活动的多样性，给“八小时以外”的管理监督带来一定的难度。

（三）个体活动的随意性

基层税务干部在“八小时以外”的社会活动完全由自己决定，大都以个体形式进行各种社会交流往来，有些活动纯属个人隐私，如家庭聚会、朋友往来、走亲访友、情趣追求、文体运动等活动，大都是以个人、家庭为中心。地税干部职工“八小时以外”个体活动的自由幅度与程度，自己能否掌握适中，更多地取决于干部职工的自律能力和修养。

（四）个体行为的隐蔽性

由于“八小时以外”活动远离单位和组织，其生活圈、社交圈涉及面广，流动性大，在时间、空间上跨度大，再加上个别以税谋私、权钱交易的干部大都用隐蔽的方式，进行一对一的私下交易，除了当事人，其他

人很难发觉。因此，“八小时以外”腐败具有较强的隐蔽性和复杂性，监督难度大。

二、当前“八小时以外”监督管理存在的问题

（一）思想认识上存在误区

作为被监督者，主动接受监督的意识还比较欠缺，抵触心理比较强烈。多数认为八小时之内努力工作、不犯错误就行了，“八小时以外”的监督涉及个人的私生活，单位和有关组织不应该干涉。作为监督人员，有的出于务实的考虑，认为谁都有“八小时以外”的生活圈和朋友圈，对此监督容易伤了和气，也害怕影响人际关系，给自己树“敌”。

（二）监督范围不够清晰

开展“八小时以外”监督，首先要明确监督的范围。但目前对“八小时以外”监督尚缺乏统一的认识，工作时间外哪些活动、哪些场所、哪些要素应当纳入监督范围，简单地从时间点来划分缺乏科学性和合理性。对于监督人员来说，没有明确的监督范围和监督内容，实际操作的可行性将极大弱化，难免有畏难情绪，工作重心自然也更偏向于八小时以内的监督。

（三）监督机制不够健全

主要表现在四个方面：一是监督制度滞后。目前对“八小时以外”的监督没有建立一套操作性强的监督制度或实施细则，对地税干部八小时以外的去向、活动、表现无从掌握，加强监督更无从谈起。二是监督力量分散。纪检监察部门因受时间、空间限制，对干部的活动情况不易掌握，监督也难以到位；家属及身边人员休戚相关，不愿监督。群众监督、社会监督尚未形成长效化机制。三是监督尺度难把握。在八小时以外，干部活动属于个人活动范畴，也可以说属于个人隐私范畴，其八小时以外的私人生活属于国家法律保护范围，任何人都无权干预，如何准确界定八小时以外监督权的边界，把握好监督尺度，是加强“八小时以外”监督管理的难点。四是防范措施滞后。“八小时以外”监督的关键点在于“防”。但目前基层税务干部“八小时以外”监督仍然偏重于案发后的惩处，如近年查处的干部违纪违法案件，大多数都是出了问题才查处，对于违纪违法事前、事中的教育惩戒落实得不够，抓早抓小抓预防方面做得还不够。

三、加强税务干部八小时以外监督的建议

加强干部“八小时以外”的监督管理，净化基层干部交友圈、生活圈、社交圈，延伸监督时间，拓展监督空间，是加强干部日常监督的必要补充，但归根结底还是要从建章立制入手，突出重点领域、重点对象、重点环节，不断扎紧扎密制度的笼子，建立长效化的监督机制。

（一）突出思想政治教育，筑牢拒腐防变思想道德防线

干部“八小时以外”活动的广泛性和隐蔽性，决定了对于其行为的约束更多地依赖于干部个人的自律。“欲事立，须是心立。”思想政治教育能为反腐倡廉建设提供重要的思想支撑，给人以精神力量，在思想上和行为上筑牢拒腐防变的“堤坝”，增强主动防腐的能力。

1. 强化理想信念教育

理想信念是立身处世的基石，是每个人一生中最重要的支撑，树立什么样的理想信念，就会有什么样的行为取向和人生历程。深入开展中国特色社会主义理论教育、理想信念教育、宗旨意识教育，借助“三会一课”、理论宣讲、先进税务文化引领等多种方式，教育引导基层税务干部坚定理想信念，牢固树立正确的世界观、人生观、价值观，不断提升基层干部、系统党员对理想信仰的忠诚度，克服拜金主义、享乐主义、个人主义思想，防止在复杂的经济环境中迷失方向。

2. 抓好道德建设

要把道德建设摆在干部队伍建设更加突出的位置来抓，切实加强基层税务干部社会公德、职业道德、

思想品德的“三德”教育，扎实推进税务先进文化建设，从中华优秀传统文化、革命文化、行业文化中汲取营养，积极践行社会主义核心价值观，注重家庭家教家风建设，引导系统干部不断提高人文素养和精神境界，去庸俗、远低俗、不媚俗，做到修身慎行、怀德自重、清廉自守。同时，加强警示教育，借助提醒谈话、诫勉谈话、反面典型警示教育等方面进行正反面预防教育，不断增强干部自律自警自省意识。

3. 培养健康生活情趣

首先要引导干部职工加强学习，学习不仅开阔眼界，增长见识，增强本领，而且有利于陶冶情操，提高道德修养，提升人生品位。一个人知识越丰富，精神财富就越多，生活情趣自然就更高尚，辨别是非的能力就更强，反之如果长时间不学习，消极因素就会占据头脑，世界观、人生观、价值观就会偏移，抵御诱惑的免疫力就会下降，生活情趣就容易“质变”。其次，培养健康的生活情趣，还要把握好“度”，一个人没有兴趣爱好，容易养成孤僻的性格，如果兴趣爱好太广泛，把大部分的时间都花在爱好上，又容易影响本职工作。因此，凡事都要拿捏好一个“度”字。通过积极开展和参加丰富多彩的职工文体活动，培养健康生活爱好，提高干部八小时外的生活品位。

(二)优化监督力量，构筑拒腐防变的“防火墙”

1. 要加强日常监督

要从一些重要节点、重要时期寻找突破口，加强事前监督，比如婚丧嫁娶、乔迁新居、职务升迁、子女升学、生病住院、生日寿辰以及干部任期负责重要案件办理、重大项目建设、采购项目实施、外出学习考察等关键时间，有针对性地做好这些关键节点、特殊时段的监督检查。由于“八小时以外”的生活圈、社交圈涉及面广，流动性大，一些高档酒店餐厅等场所往往都是腐败高发频发的“重灾区”。对于这些场所，也要纳入监督范围，要通过严格落实个人重大事项报告制度，探索建立干部八小时以外重要信息报备制度，制定税务干部八小时外行为规范，对干部“八小时以外”的活动做出明确的禁止性规定，如禁止在企业兼职，禁止参加封建迷信、赌博等违法违规活动，深化“八小时以外”监督。对领导干部报告个人有关事项要进行抽查，把组织日常掌握的问题与个人报告结合起来，相互印证，看是否如实进行报告，有没有欺瞒组织的问题。做到红红脸、出出汗，扯扯袖子、咬咬耳朵，通过多种方式把监督工作抓早抓小、抓细抓实。

2. 突出重点岗位税务干部的监督

重要部门及重要岗位的干部，都掌握一定的实权。在对外履职及内部管理中，这些人极易被别有用心者在“八小时以外”腐蚀诱惑，走向违纪违法。对此，要实时关注在重要部门及重点岗位上的人员，把“八小时之内”与“八小时以外”监督相结合，及时掌握信息变化，提前干预防范。突出对有苗头性倾向性干部的监督。干部违纪违法，都具有长期性和苗头性，如信访投诉举报比较多，干部非议比较多，平时工作萎靡不振，经常不在岗，常出入娱乐场所，对这些人员要重点关注，及时采取谈话提醒，或让其写材料说明情况，做到关口前移，防微杜渐。

3. 筑牢家庭助廉防线

家庭是社会的细胞，也是党风廉政建设的重要阵地，家风正、家风好、家风和是防范干部廉政风险、管好八小时外的重要保证。建立家庭助廉教育制度。每个时期选择不同形式的廉政教育载体，邀请家属与党员干部共同参加教育学习，提高思想素质，树立良好家风。借助家庭力量对干部进行监督，通过定期召开家属座谈会、发放征求意见表、入户走访等方式，及时了解干部八小时以外的情况，请干部家庭成员与自己的亲人多交流思想，引导家属积极协助单位抓好八小时以外的监督管理，少吹腐败的“枕边风”，多敲廉洁的“枕边钟”，自觉抵制不廉洁、不健康的言行，营造有效的“第二道防线”。

4. 引入社会监督力量

聘请行风监督员和税务特邀监察员，设立举报电话和举报箱，扩大监督范围，鼓励群众对基层税务干部八小时以外的非正常活动进行监督举报。发挥社区监管作用，按干部所住社区情况进行分类，不定期走访社区，听取意见，随时掌握基层税务干部“八小时以外”的情况，针对反映的情况，采取措施，把问题解决在其萌芽状态。充分发挥外部信访监督作用。将十部“八小时”以外监督管理工作作为行风监督的一项重要内容，聘请新闻媒体、纳税人代表作为特邀监督员，听取他们对干部“八小时”以外表现情况的反映。公开信访监督渠道。通过公布举报电话，设立举报信箱，落实信访接访制度等方式，发挥群众监督作用，增强网络媒体监督的威慑力。

（三）强化监督职责，增强监督的约束力

探索建立干部“八小时”以外监督的责任问责机制，强化主体责任，将干部“八小时以外”监督也纳入主体责任范畴，领导班子承担对干部“八小时以外”活动监管的主体责任。领导班子主要负责人是本单位“八小时以外”活动监管的第一责任人，要重点负起对班子成员“八小时以外”活动监管的职责。领导班子其他成员应按照分级管理的原则，了解掌握分管或联系部门和单位的领导干部“八小时以外”的活动情况，发现问题及时提醒、纠正和报告。要建立健全工作机制，落实监督措施，将党员领导干部“八小时以外”活动情况纳入巡查监督内容，将“八小时以外”活动情况作为干部年度考核、评先评优和提拔任用的重要依据。强化纪检专门监督责任，协助党组开展对干部“八小时以外”活动的监督，将“八小时以外”活动情况作为述责述廉述德、落实全面从严治党工作、党风廉政建设责任制检查考核、干部日常监督管理的重要内容。对未能正确履行监督管理责任，应发现问题而未发现，应当处理而没有及时处理，致使小错误酿成大问题的，要追究相关主体的责任或监管责任。

（作者单位：国家税务总局连云港市税务局）

全面覆盖正向激励 以个人绩效促进整体工作提升

唐殿良

个人绩效管理是提高税务机关的行政效率的重要保障。在推进组织绩效管理的同时开展好个人绩效管理,有利于组织任务和个人责任紧密融合,使组织绩效管理进一步延伸拓展。山东省莒县地税局通过实践探索,在现行个人绩效管理开展的过程中,加入实践元素,实现个人绩效管理全覆盖,激发了地税团队的活力,推动了以个人绩效促进组织绩效整体工作提升的目的。

一、基层个人绩效管理工作存在的问题

(一)存在个人实际工作量与月度工作总结不匹配现象

在当前实际情况下,在基层部分岗位工作人员出现了工作压力大的心理烦躁、前途无望引起的职业倦怠等,导致干部职业认同感出现下滑,部分干部职工出现“干多干少一个样、干与不干一个样”等消极思想。有些老同志进取意识减退,所承担的工作只能由单位年轻的工作人员代劳或者由劳务派遣人员完成。但是,由于工作任务分配及劳务派遣人员不进行系统考核等原因,在进行个人绩效系统录入过程中却仍然将工作量归于其个人,这在一定程度上无法真实反映某个人的工作量。

(二)个人绩效考核管理不能实现全局覆盖

由于绩效管理系统中只录有正式在职人员个人绩效考评模块,劳务派遣人员无法在管理系统进行绩效考评。这就造成了在绩效管理系统中不能直接将工作任务分配给承担大量工作的劳务派遣人员,他们的工作无法体现。单位劳务派遣人员无法通过系统进行个人绩效考评,对他们形成了考评空缺。

(三)个人绩效系统填报方式需要改进

在绩效管理个人绩效系统中,月度工作填报存在着部门月度工作计划与个人月度工作记录不匹配的情况。一方面个人的月度工作总结不能完全体现本单位负责人分配的月度工作计划;另一方面,单位负责人不能完全按照月初填报的月度工作计划进行任务分配,即便任务被分配,本单位工作人员也不能对本月度所分配的工作任务一目了然。

(四)组织绩效与个人绩效不完全对接

在年初编制绩效指标时,由于组织绩效指标是针对单位编制的,考核的对象是单位,而具体工作对应分解到个人时,就会造成在一个单位内有的同志承担得多,有的同志承担得少的现象,出现干得多错误多,不干少干没错误的现象,这在客观上造成税务干部之间承担组织绩效任务的不平衡,不利于调动干部职工的工作积极性。

二、增加个人绩效考评项目,实现单位个人绩效全覆盖

莒县地税局以平衡计分卡理论及美国行为学家赫茨伯格的“双因素理论”为理论依据,将平衡计分卡应用到个人绩效管理,解决组织绩效与个人绩效相脱节、实现长远战略目标与个人短期目标的融合问题。同时,按照激励因素理论对单位个人进行激励促进,从而使组织绩效成为每个人的日常工作,并具体化到

各工作人员岗位，从多个维度量化工作数量、评价工作质量，从而客观评价工作人员的工作，最终促进税务干部个人目标和税务系统发展目标的和谐共赢。

（一）科学设定考评指标，实现个人绩效考评公正合理

根据平衡记分卡的外部评价指标、内部评价指标、业绩评价指标、发展驱动因素评价指标等四个指标体系，并结合本单位工作实际，科学设定个人绩效考核指标。将指标分为承接上级工作、工作考勤、工作纪律、税容风纪、廉政作风、特别加分、特别扣分 7 类，并对考核要求、考核标准进行了详细说明。从而使考评内容清晰明了，实现组织绩效和个人绩效的有机结合。

（二）分组进行考评管理，实现个人绩效考评全覆盖

针对人员结构不同，分别进行绩效考评，对于局领导，分管单位的组织绩效成绩即为本人个人绩效成绩，对于单位负责人，本单位的组织绩效成绩即为本人个人绩效成绩；对于单位一般工作人员，能够在个人绩效系统中进行填报的仍然以填报为主，同时，在日常考评中按照实事求是的原则，在季度考核结束后由绩效员如实填报《个人绩效考核表》，并经单位主要负责人签字后报绩效办，作为年度评先树优的重要参考内容。对于劳务派遣人员，以人事科考评为主，在季度考核结束后由本单位绩效员如实填报《个人绩效考核表》，并经单位主要负责人签字后报绩效办及人事科，以此作为劳务派遣人员的年度考核依据。

（三）合理利用激励、保健因素，实现单位个人发展

美国行为学家赫茨伯格的“双因素理论”阐述了影响人们工作动机的因素。那些能带来积极态度、满意和激励作用的因素就叫激励因素，包括成就、赏识、挑战性的工作、增加的工作责任以及成长和发展的机会等。这些因素具备了，就能对人们产生更大的激励。因此，在做好日常个人绩效工作时，从激发干部动力活力、提高干部职工的积极性、创造性出发，从增加外出培训机会、给予先进荣誉等方面，对于干部职工工作中的成绩及时给予肯定。同时，重视干部职工的精神需求，对于干部职工完成的创新性的工作给予书面或者口头赞赏，激励个人在奉献中实现自我价值。

三、个人绩效促进整体工作提升

（一）组织绩效管理水平有了新突破

个人绩效管理工作的开展使组织任务和个人责任紧密融合，实现了组织绩效和个人绩效的相互支撑、相互依托。以组织收入为中心的各项工作取得新成绩，在市局对区县局的绩效考评中，莒县地税局继续处于前列位置。为地方经济发展做出了重要贡献。

（二）内部管理水平不断提升

按照“局领导班子成员—中心所和科室负责人——般工作人员—劳务派遣人员”四个层面实施个人绩效管理，从工作任务确定到日常监控管理，从结果评鉴到结果运用，为加强干部队伍管理和提高管理质量提供了有效平台。同时，全局范围内的个人绩效管理使岗责进一步明晰，运行流程进一步规范，干部职工的执行力不断加强，防止了推诿扯皮现象的发生，实现了各项工作“件件有着落，事事有回声”，内部管理效能得到持续提升。

（三）干部职工干事创业积极性显著提高

莒县税务局有一人被省局评为“最美税务人”，一人被评为县级劳动模范。同时，根据个人绩效考评成绩，结合日常工作表现，对科室、基层中心所人员进行了岗位调整，有 36 人得到晋升，被提拔到领导岗位。同时，将个人考核结果作为激励的重要标准，共有 12 名干部职工由于工作突出获得县、市组织的疗养、外出培训学习机会。通过个人绩效考评对干部职工进行激励，增强了干部职工的主人翁意识、职业荣誉感和团队归属感，激发了队伍活力。

（四）地税队伍凝聚力不断增强

在个人绩效管理的实施过程中，将工作任务、绩效目标层层分解，落实到人，个人的绩效与单位、部门绩效直接挂钩，较好地实现了个人目标与部门目标相一致，个人利益与团队利益相一致，部门间工作协作更顺畅，配合更紧密；上下级之间、岗位之间更加团结和谐，大家心往一处想，劲往一处使，"地税兴我荣，地税衰我耻"氛围更加浓厚，团队精神得到激发，团队凝聚力大大加强。

（作者单位：国家税务总局莒县税务局）

如何构建标准化基层税务机关党支部的研究

张惠边　柯　榕

税务机关基层党支部的标准化、规范化、科学化建设是新时期发展的要求，要将建设透明化、标准化的基层党组织工作放在首位，加强党组织的廉政建设，保持党的先进性，始终把为人民服务的宗旨记在脑海，挂在心间。党的三基工作是指基层建设、基础管理、基本功训练。在基层党支部标准化建设的途径中，遵循党的三基工作是加快推进党支部建设的重要途径。

一、开展基层党组织标准化建设的必要性与重要意义

（一）开展基层党组织标准化建设是落实全面从严治党的重要抓手

开展基层党组织标准化建设，就是将全面从严治党的标准和要求通过标准化手段，以易理解、易操作的方式，层层压实到基层党建工作的各个方面、各个环节和各个流程，实现基层党建工作规范化、程序化、目标化管理，推动全面从严治党落实落地。

（二）开展基层党组织标准化建设是抓好税务机关党建工作的重要保障

通过党建标准化建设，能促使各基层党组织更有效地把握党建工作的目标和要求，有效提升基层党建工作的效率和水平，真正将税务机关的党建工作落实好。

（三）开展基层党组织标准化建设是确保税务机关改革发展的重要途径

开展基层党建工作标准化建设，能够有效确保党组织融入各个环节，使党组织在决策、执行、监督各个环节的权责落到实处，确保党员干部“两个责任”和“一岗双责”有效落实，为税务事业的发展提供坚强的思想保证、政治保证、组织保证和文化保证。

二、推进税务机关基层党支部标准化建设

（一）选优配强党支部委员会成员

(1)规范支部设置，党支部委员会设置 5 人，书记、副书记组织委员、宣传委员、纪检委员各 1 人。每届任期二年。党支部委员会任期届满应按期进行换届选举。因特殊情况，需延期或提前进行换届选举，应报机关工委批准，延长期限一般不超过 1 年。

(2)选好党支部书记，配强党支部班子。把党性强，作风正，有一定政策理论水平和党务工作知识，熟悉本单位的业务工作，干部、职工信任，工作能力强，具有敬业、奉献精神的同志选进党支部班子。党支部书记由党员领导干部兼任。

(3)严格程序，做好组织发展工作。按照“坚持标准、保证质量、改善结构、慎重发展”的方针，加强对入党积极分子的教育、培养和考察，有计划、有重点地做好发展党员的工作。党支部对提出入党申请的同志，要按照入党积极分子的条件进行衡量和确认，一般需经一年以上的考察，才能列为入党积极分子，并报上级党组织备案。

（二）扎实有效开展学习教育，补充精神钙剂

统筹安排各类学习的内容、时间、学习方式，制订切实可行的学习方案、学习计划。基层税务机关开

展的各类学习教育，要求参与的干部职工，必须亲身参与，深入研讨，主动结合工作实际谈认识、谈感想、说体会、想问题、撰写心得，坚决杜绝敷衍了事、以念文件代替真学真用。要把学习当成一种生活态度、一种工作责任、一种精神追求，作为提高思想政治素质和理论水平、提高管理能力和服务水平的有效途径。党员领导干部要带头倡导勤于学习，善于学习，带头撰写心得体会，带头上党课、带动税务机关全体干部职工形成比学赶帮超的良好氛围。切实将学习成果转化为提高自身素质、提升工作水平的动力。

同时，为使学习取得预期效果，扩大学习受众范围，将积极分子、发展对象纳入党支部学习教育的范围。

1. 不断推进“两学一做”学习教育常态化、制度化

深入贯彻落实党的十九大精神和习近平总书记系列重要讲话精神，用党章党规规范党支部和党员的行为，把思想教育作为首要任务，坚持融入日常、抓在经常，学做结合、务求实效。

2. 积极开展“不忘初心，牢记使命”主题教育活动

习近平新时代中国特色社会主义思想是马克思主义中国化最新成果，实现了马克思主义同中国实际相结合的又一次历史性飞跃。广大党员干部要高举习近平新时代中国特色社会主义思想伟大旗帜，增强“四个意识”，树牢“四个自信”，把思想和行动统一到十九大精神上来，不断提高政治站位，积极担当“两个责任”，为进一步推动国税工作发展做出积极贡献。

3. 大力推行请进来授课与走出去见学，拓宽学习渠道

通过走出去见学取“真经”。学习先进地区、先进单位的党支部建设模式、机制体制创新等显著成果和先进经验，创办分局党支部自身品牌。最大限度利地用各种资源提升党员干部学习质量，邀请市委党校、监察委等部门的专家开展讲座。

4. 坚持每周一次专题学习

每周开展一次“弘扬主旋律，传播正能量”专题学习，不断提升思想道德建设水平。利用下班时间观看红色电影、感动中国、最美乡村医生、最美乡村教师等传播正能量的节目或影视作品，学习英雄人物、先进人物的典型事迹，践行社会主义核心价值观。学习中国共产党党史、中国革命历史知识。开展硬笔、毛笔书法学习，提高精神境界，陶冶情操。要求全体党员用硬笔书写《党章》、十九大报告，鼓励更多有创意的书写方式，鼓励书法和美术创作，择优评选奖励。

5. 做好智慧党建各项工作

(1)党员每月 26 号前做好评议评价工作。

(2)承诺和践诺要求每季度分别一次，建议大家多做。

(3)在智慧党建系统里维护个人信息、个人荣誉等内容。

(4)个人学习方面，要求全年不得少于六次。

(5)民主评议，要求一年一次，按期限及时完成。

(三)严格落实“三会一课”制度，推动党支部建设迈上新台阶

“三会一课”要突出政治学习和教育，突出党性锻炼，坚决防止表面化、形式化、娱乐化、庸俗化。党的十八届六中全会通过《关于新形势下党内政治生活的若干准则》，再次明确了“三会一课”制度的严肃要求。基层税务机关党支部要以“三会一课”为抓手，不断推动党员干部在政治立场、政治方向、政治原则、政治道路上同党中央保持高度一致。

按照上级要求，结合基层税务机关党支部实际情况，把“三会一课”列入月计划，具体内容按照实际情况具体安排。支部党员大会每季度召开一次，支部委员会每月召开一次，党小组会每月召开一次。党支部书记讲党课一年至少两次，其他领导班子成员讲党课每人每年至少一次。活动必须留有记录，不准无故缺席，不准迟到、早退。

制定“三个三”(三征求、三留存、三入档)工作机制:就“三会一课”召开的时间、内容、方式向全体党员征求意见(党小组活动向小组成员征求意见)。指定专人据实记录会议情况,留存会议签到表、会议记录、照片视频等资料。会后5个工作日内,将签到表、会议记录、影像资料整理归档,实行“一活动一入册”,保证台账资料规范、完整。

(四)严肃召开专题组织生活会

按照中央党的群众路线教育实践活动领导小组印发《关于在第二批党的群众路线教育实践活动中基层党组织召开专题组织生活会并开展民主评议党员工作的通知》的精神,基层税务机关党支部要以严肃认真的态度开好专题组织生活会并做好民主评议党员工作,确保广大党员经受严格的党内生活锻炼,受到党的群众路线教育。

1. 认真组织学习

组织广大党员进一步学习党章党规,学习习近平总书记系列重要讲话精神,让广大党员清楚认识党员的条件和标准、召开专题组织生活会和民主评议党员的目的和方法,切实增强思想自觉和行动自觉。

2. 开展谈心谈话

党支部书记与党支部副书记、支部委员、每名党员都要谈心,支部委员要相互谈心,党员彼此之间也要谈心。谈心谈话要互相掏心窝子,说心里话,既主动找自己的毛病,也要指出对方的缺点和不足,特别是对群众反映强烈的问题和意见,要坦诚接受并相互提醒。开展批评与自我批评要坚持用事实说话,敢于动真碰硬,自我批评要发自内心,批评他人要一针见血。既红脸出汗、触动思想,又增进团结、促进工作。

3. 撰写对照检查材料

党支部要认真汇总梳理征求到的意见、建议,召开会议集体把脉会诊,列出问题清单,剖析存在的问题,提出切实可行的改进措施。

4. 召开党员大会,开展民主评议党员工作

党支部书记做对照检查发言,听取党员批评意见。之后,按照个人自评、党员互评、民主测评的程序开展民主评议党员活动。民主测评采取发放测评表的方式,按照“好”“一般”“差”三种情况,对党员进行投票测评。党支部要对每名党员提出评定意见。对表现优秀的党员,要予以表彰奖励。对那些长期不发挥作用甚至起负面作用的党员,要逐一研究并落实帮助教育的具体措施,促其改正;经教育仍无转变的,按照党章和党内有关规定做出组织处理。

(五)积极开展“我们的节日”系列主题活动

为全面贯彻落实习近平新时代中国特色社会主义思想和党的十九大精神,以培育和践行社会主义核心价值观为根本,以中华民族传统节日为载体,开展主题鲜明、内容丰富、形式多样的群众性节日文化活动即“我们的节日”主题活动。重点在清明节、端午节、中秋节、重阳节、蒙古族祭火节等中华民族传统节日期间,开展“为党旗增辉,为税徽添彩”实践活动,增强党支部的凝聚力。开展节日民俗、经典诵读、文化娱乐、体育健身、书法创作、好家训好家规好家风展示等。分局工会小组、共青团、女工小组等群众团体要充分发挥职能作用,激发青年活力和创造力,鼓励干部职工特别是党员干部在助人为乐、见义勇为、诚实守信、敬业奉献、孝老爱亲等方面做出榜样。

清明节以“纪念故人、缅怀先烈”为主题,开展“祭奠革命先烈”活动;端午节以“送温暖、献爱心、促和谐”为主题,开展“送温暖、献爱心”志愿活动、“过端午,话祥和”主题教育活动和爱国卫生义务劳动;中秋节开展以“团结、团圆、庆丰收”为主题开展志愿服务活动、敬老助残、扶贫帮困、清洁环保、文明护绿等主题活动,开展慰问孤寡老人、帮助贫困家庭、关爱留守儿童等活动以及系列中秋民俗文化活动;重阳节以“思亲敬老,友爱互助”为主题开展节日慰问活动以及经典诵读、诗词朗诵等活动;蒙古族祭火节以“祈安

康、求幸福”为主题，开展“祭火神、祭火膳”活动，传承民族风俗，促进民族团结，构建和谐社会。

鼓励基层税务机关党支部与非公企业党支部结对共建，共同开展“我们的节日”主题活动，引导广大税务党员和非公企业党员弘扬和传承中华优秀传统文化和传统美德，着力营造文明、和谐、团结、幸福的节日氛围和税企一家亲的活动氛围。

（六）举办道德讲堂活动

弘扬传统文化，传承中华美德，聆听道德故事，接受道德洗礼。以“不忘初心，牢记使命”为主题，举办道德讲堂（以党小组为单位）。道德讲堂的布置要体现出国学、品德、文明等要素，营造出不忘初心的道德氛围。与基层税务机关开展精神文明活动联系起来，到扶贫村开展文明教育和帮扶共建活动。

按照“做省身、唱歌曲、看短片、诵经典、讲故事、谈感悟、做点评、送吉祥”的规范流程依次进行。做省身：问问自己的初心是什么，什么样的初心不应该忘记，怎么样才能保持初心。唱歌曲：歌唱祖国、歌唱共产党、歌唱红军、歌唱幸福新生活。看短片：用短片播放（或其他形式）先进事迹、革命事迹、展示共产党的优良作风。诵经典：重温入党誓词、古诗词、经典语录。讲故事：讲述牢记党的宗旨，不忘初心，不忘使命的故事。谈感悟：部分党员畅谈心声，如何把不忘初心贯彻工作始终，如何做一名合格党员。做点评：党支部书记根据活动内容总结评价。送吉祥：送契合主题的祝福、心愿、希望、小礼品。

（七）开展争做“合格党员”活动

基层税务机关全体党员始终要以“讲政治、有信念，讲规矩、有纪律，讲道德、有品行，讲奉献、有作为”为标尺，积极争做合格党员。“讲政治、有信念”，要认真学习党章、习近平总书记系列重要讲话精神，坚定正确的政治方向和理想信念，坚定不移向中央看齐。“讲规矩、有纪律”，要认真学习《中国共产党廉洁自律准则》《中国共产党纪律处分条例》等党内法规，切实增强重规守规意识，坚决做到令行禁止。“讲道德、有品行”，要认真教育党员自觉做到修身立德、风正行远，从中汲取管党治党精神力量，躬身实践“四讲四有”“讲奉献、有作为”，要以“亮身份、晒承诺、创先进、争优秀”为实践载体，教育引导党员积极担当作为、勇于无私奉献。党支部将对照党章党纪，对党员从党性、纪律、政治、思想等方面进行考核。考核成绩将作为党员干部评先选优的重要依据。

（八）制定党员献言献策制度

为进一步深化“两学一做”学习教育，切实做好“三会一课”相关工作，加强基层税务机关建设和完善党支部标准化建设，制定献言献策制度。要求党员、预备党员、积极分子广开言论、群策群力，每人每月至少提出一条有利于基层税务机关发展且具有创新意识的意见或建议。并将此项纳入党员绩效考核，要求党员、预备党员、入党积极分子按时限完成。

三、小结

基层税务机关党支部标准化建设的推进，要贯彻落实习近平同志对党建设的论述，将“两学一做”、党的机关基层建设作为工作的重中之重，做到党要管党，从严治党，坚持党的工作作风，树立党为民、务实、清廉的机关改进和建设目标；推进基层党支部标准化的进一步建设。在建设的道路上，还需要党的上级组织支持党支部工作的开展，共同推进基层税务机关党支部的建设。

（作者单位：国家税务总局乌审旗税务局）

税务系统绩效管理浅析

王　喜　汪　玲

一、税务系统绩效管理发展历程

(一)税务绩效管理定义

所谓税务绩效管理是指为实现税收管理目标，提高税收工作和税务干部的绩效和效率的科学管理活动及工作评价体系。其内容涵盖税收工作的全过程，包括税务系统的内部管理以及税务人员税收执法、纳税服务、税收征管等外部行为，目的是要建立科学的综合绩效。税务绩效管理旨在调动税务人员的主观能动性和工作积极性，通过确立目标、明确职责、分解责任、过程控制、评估反馈和成果应用提升税务机关的整体绩效。

(二)实施背景

近年来，税务工作科学有序发展与转型已经被提上议程，而政府绩效管理作为近年来我国深化行政体制改革，创新行政管理方式大力推行的一种理念模式，在工作流程优化、业务风险防控、公务员能力素质提升等方面具有天然的优势。通过绩效管理改进工作方式，提升队伍能力能很好地促进税务工作的服务转型，因此，在税务系统推行绩效管理势在必行。

(三)发展历程

我国税务系统实施绩效管理一共经历了五个发展阶段。

1. 绩效管理体系 1.0 版

绩效管理作为一种新的管理模式，起源于西方国家的公务员制度。我国从 20 世纪 80 年代引入并学习西方政府绩效管理与评估的理论研究，在借鉴发达国家应用进展的基础上，我国的税务部门开始推行绩效管理以此来更好地提高工作质效。2014 年 1 月，国家税务总局在总局机关及九个省(市)税务机关进行税务系统绩效管理试点工作，对绩效管理进行初步探索。

2. 绩效管理体系 2.0 版

2014 年 7 月 1 日起，国家税务总局推出绩效管理 2.0 试行版体系，各级税务机关按照绩效管理体系要求，逐级分解任务，落实指标，建立符合自身工作实际情况的绩效管理运行机制，并完善了各项工作措施。2.0 版绩效管理体系初步建立了国税系统绩效管理自上而下的制度框架和指标体系，形成了自国家税务总局到县局、从上而下、国税地税一体、机关系统同步的逐级联动、五级覆盖的整体运行格局。

3. 绩效管理体系 3.0 版

2015 年开始正式实施 3.0 版绩效管理体系，进一步发挥了“指挥棒”的作用。3.0 版绩效管理体系与传统的考评或单纯的目标考核不同，其绩效管理更加注重控制过程，关注管理的各个环节。基于 3.0 版绩效管理体系，各地税务系统特别重视节点管理、日常监控和督查督办，形成了重过程、重改进的工作格局。

4. 绩效管理体系 4.0 版

2016 年起，税务系统绩效管理体系进一步升级为 4.0 版，4.0 版绩效管理体系要求科学合理承接上级的绩效指标，形成各级可考性、操作性强的指标体系，4.0 版绩效管理体系比之前三版更为完备和成熟。

5. 绩效管理体系 5.0 版

国家税务总局结合前面四个版本的运行情况，编制形成了 5.0 版绩效管理体系，本着坚持平滑、平稳升级的原则，以绩效管理与中心工作高度融合为着眼点，以适应形势发展，并吸取专家建议最终解决实际问题，以形成成熟定型的制度体系和运行机制为落脚点。5.0 版保持基本框架稳定，而更加突出抓班子定位，以此来完善绩效管理的全过程，提高工作质效。

二、税务系统绩效管理发挥的作用

事实表明将绩效管理运用到税务系统实际工作中为促进税务工作提质增效发挥了很大的作用。下面以某基层国税局关于 2016 年及 2017 年度绩效管理考评情况为例，来具体分析绩效管理发挥的作用（见表 1）。

表 1　　某基层国税局关于 2016 年及 2017 年度绩效管理考评情况

得分 绩效内容	完备规范的税法体系	成熟定型的税制体系	优质便捷的服务体系	科学严密的征管体系	稳固强大的信息体系	高效清廉的组织体系	总分
2016 年标准分	25	45	10	288	35	200	603
2017 年标准分	35	60	160	250	100	295	900
某局 2016 年分项得分	24.7	45	9	287	34.3	197.6	597.6
某局 2017 年分项得分	35	59.5	159.2	249.7	99.7	293	896.1

（一）明晰年度重点工作，有效传递压力

绩效指标是绩效管理工作的“指挥棒”和“风向标”，对绩效管理工作的全面推行，促进税收工作的全面发展具有至关重要的意义。从表中可以看出 2016 年该局绩效管理指标分值最高的是科学严密的征管体系，2017 年绩效指标分值最高的是高效清廉的组织体系，绩效指标分值高相应的就突出了重点工作，重点工作导向引领作用突出，强化了绩效指标的杠杆作用，有利于高效快捷地完成各项重点工作。同时指标落实强化了组织和个人的责任，通过指标任务完成情况可以让普通税务工作人员认识到工作差距，传递压力，有利于提高税务干部的工作积极性，使税务工作人员每天都能充满斗志地去完成每一项工作和每一项考核，有效地促进了自身的发展。

（二）发现工作不足，及时解决短板

绩效考评指标，是绩效管理设计中的一个重要环节，是按照一定的标准，采用科学的方法，确定其工作成效和潜力的管理指标。从表 1 中我们可以看出每一年度的绩效指标都有一个固定的标准分和实际得分，基层局可以通过指标得分及时发现工作中的不足并及时解决短板。比如 2016 年的高效清廉的组织体系绩效，标准分是 200 分，实际得分是 197.6 分，说明该项绩效工作有所失分，应有针对性地进行分析改进。

（三）形成科学决策，传递激励文化

税务系统绩效管理通过指标涵盖各项工作任务，强调全员参与，这样才能形成科学决策，使各项工作有效推进。首先要统一全体税务工作人员的思想，使他们明白绩效考评对税务工作、对各税务人员都有巨大的推动作用和重大意义；其次要引导全体税务工作人员对照指标，形成人人争先，人人创优的良好氛围，以促进税务工作的顺利开展，促使税务工作人员保质保量地做好每一项工作，在税务系统内部形成良好的工作氛围，并向所有税务工作人员传递一种激励文化，有效提高所有税务工作人员的工作积极性。

三、税务系统绩效管理具体运行存在的问题

税务系统绩效管理已经推行相当长的一段时间，从全国税务系统运行现状来看，如何很好地发挥出绩效管理的作用并以此来让税务系统更加完善是我们一直需要改进的地方。目前来看，基层税务局在实行绩效管理的过程当中仍然存在很多问题比较突出的可以概括为以下三个方面。

（一）以考代管，不能全面理解绩效管理

在实际管理过程中，有些税务工作人员只将绩效管理简单定义为考核奖惩，以考核代管理，许多单位的绩效管理都是机械地例行公事：每月、每季、每年末接到通知后，就填表上报、考核打分，考评结束后再等待新一轮的开始。这样的考核如同走形式，忽视了绩效管理所倡导的管理完善的闭环理念和追求的目标，体现不出真正的绩效管理作用。同时还有一些基层单位往往只重视考核结果，在日常工作中只看指标成绩，而忽略了绩效考核只是绩效管理系统的一个环节，从目标开始到反馈，考核成绩只是完善的方向，这也反映出税务人员对绩效管理的全过程缺乏全面深刻的了解，没有理解绩效管理的本质和初衷。

（二）管理者绩效管理水平有待提高

基层单位各级领导很少从全局、全市、全省甚至全国税务系统年度目标的高度认知绩效指标和绩效管理，也很少多方位利用其他管理支持系统进行科学管理，只是片面的理解绩效管理以致不能在一定的高度上理解国家税务总局的全年工作目标。管理者本身对于考评方式、有关流程等不熟悉，对如何做好绩效管理工作比较模糊，同时缺乏相应的独立思维与创新意识，在很多工作开展上依然存在扁平化的惯性模式，习惯于市局安排，一定程度上使基层单位开展绩效管理工作时，只满足于听从市局安排，缺乏工作独立性和主动性。

（三）绩效管理过程中缺少有效的沟通

绩效管理是考评部门、被考评部门与绩效办不断进行多向沟通，在绩效管理目标上形成一致，最终实现绩效管理目标的一个闭环管理过程。在这个过程中沟通是不可缺少的。但是现在很多基层税务部门的一线税务工作人员由于缺少绩效管理工作的有效沟通对组织的绩效管理过程不够充分了解，在思想上没有形成绩效管理的共识。

四、针对存在问题的解决方法和建议

（一）加强绩效文化建设，树立正确的绩效管理理念

税务机关应该努力在税务工作人员中间加强绩效文化建设，让税务工作人员对绩效管理有深刻的理解，形成一种良好的组织文化氛围，使绩效管理可以顺利地进行。税务人员应该正确认识绩效管理的作用，取消“唯分论”“成绩论英雄”的错误认识，抓重点工作的同时，也要重视其他各项工作的齐头并进。对此，可以通过集中学习、组织培训、研究讨论等方法引导广大税务工作人员树立正确的绩效管理理念，不但要学习开展绩效管理工作的基本方法，更重要的是要让每一位税务工作人员认识到开展绩效管理对个人和组织未来发展的重要作用，要让大家克服畏难情绪，积极主动地参与进来。从最基本的概念掌握做起，让全体员工深刻认识税务系统绩效管理的本质，掌握目标绩效管理的方法和技巧，以促进目标绩效管理的顺利进行。

（二）提高税务干部的绩效管理能力

税务部门担负着为国聚财、振兴财政、服务经济的重大责任，而税务人员是肩负上述任务，实现上述目标的主体，所以税务人员的管理能力高低、工作是否有效，直接决定税收工作的整体绩效，对于税收事业的发展具有重要意义。我们有必要提高税务人员的绩效管理能力，督促广大税务干部坚持学习，适应

税收事业快速发展的需要，努力使自己的工作卓有成效。采取有效措施，激发广大税务人员的创新意识和工作能力，提高业务水平，切实转变作风，提高工作效率。加强对税务人员的教育培训是一个重要的途径，培养敬业精神和责任意识，提高税务人员的积极性。

（三）大力畅通绩效管理沟通体系

税务机关应该建立全过程的绩效管理沟通体系，在不同的阶段，沟通的侧重点也应不同。在绩效计划的阶段，各级税务人员应该对绩效目标和指标体系进行沟通，达成共识。之后在绩效辅导阶段，管理者应该积极地和税务人员沟通，对出现的问题进行辅导和纠正。同时，如果税务人员在绩效管理过程中遇到难题，管理者应该及时给予帮助，在最后的绩效评估阶段，各级税务人员应该就绩效目标的完成情况进行沟通，做出评价并给出改进意见。

在沟通的过程中，管理者应该要学会做一个好的倾听者，鼓励税务人员表达自己内心的真实想法，并给予积极的反馈和指导；税务人员也应该实事求是，说出自己内心最真实的想法。同时双方一定要注重沟通的时效性，发现问题及时进行沟通；针对考核中表现好的方面管理者要及时、即时予以鼓励，对于出现的问题，也要帮助税务人员找出原因，并讨论改进的措施。

（作者单位：国家税务总局鄂尔多斯市税务局）

习近平新时代中国特色社会主义思想的真理力量、信仰力量和担当力量

汤景流

党的十九大举世瞩目。不仅进一步确立了习近平总书记在党中央和全党的核心地位,更确立了习近平新时代中国特色社会主义思想,体现了马克思主义中国化的重大理论创新,把中国共产党对中国特色社会主义的认识水平与创新水平提到了新的高度。习近平新时代中国特色社会主义思想为实现中华民族伟大复兴提供了新的行动指南,为我们带来了真理力量、信仰力量和担当力量三大思想与行动力量。

一、习近平新时代中国特色社会主义思想的真理力量

党的十九大报告指出,“时代是思想之母,实践是理论之源。”习近平新时代中国特色社会主义思想对马克思主义真理的延续、创新,更是未来行动的理论指引。当前,我国发展正处于前所未有的新常态,国内社会、经济、文化及世界环境都发生了重大变化,急需新的理论与思想指导。在建设中国特色社会主义的过程中,以习近平同志为核心的党中央创造性地发展出了新时代中国特色社会主义思想,为今后新时期的前进与发展提供了伟大的真理力量。

(一)习近平新时代中国特色社会主义思想是马克思主义真理的延续

习近平总书记在庆祝中国共产党成立 95 周年大会上的重要讲话指出:“坚持不忘初心、继续前进,就要坚持马克思主义的指导地位,坚持把马克思主义基本原理同当代中国实际和时代特点紧密结合起来,推进理论创新、实践创新,不断把马克思主义中国化推向前进。”

“十月革命一声炮响,给我们送来了马克思列宁主义。”毛泽东指出:“马克思、恩格斯、列宁……的理论,是‘放之四海而皆准’的理论。不是把他们的理论当作教条看待,而是当作行动的指南。不是学习马克思列宁主义的字母,而是学习他们观察与解决问题的立场与方法。”

中国共产党一直努力延续马克思主义真理,并努力顺应时代将其中国化,为中国发展服务,将马克思主义真理发扬光大。

马克思曾提出关注“人民的现实幸福”,他说:“废除作为人民的虚幻幸福的宗教,就是要求人民的现实幸福,要求抛弃关于人民处境的幻觉,就是要求抛弃那需要幻觉的处境。”中国共产党始终将“人民的现实幸福”当作奋斗的目标。2016 年 10 月 21 日,在纪念红军长征胜利 80 周年大会上,习近平总书记指出:“我们要坚持党的群众路线,始终保持党同人民群众的血肉联系,始终接受人民群众批评和监督,心中常思百姓疾苦,脑中常谋富民之策,使我们党永远赢得人民群众信任和拥护,使我们的事业始终拥有不竭的力量源泉。”这充分说明了马克思主义真理观是一脉相承的,是在不断延续的。

(二)习近平新时代中国特色社会主义思想是马克思主义真理的创新

2017 年 9 月 29 日,中共中央政治局就当代世界马克思主义思潮及其影响进行第四十三次集体学习。中共中央总书记习近平在主持学习时强调,我们党是用马克思主义武装起来的政党,马克思主义是我们共产党人理想信念的灵魂。发展 21 世纪马克思主义、当代中国马克思主义,必须立足中国、放眼世界,保持与时俱进的理论品格,深刻认识马克思主义的时代意义和现实意义,锲而不舍推进马克思主义中国化、

时代化、大众化，使马克思主义放射出更加灿烂的真理光芒。

自中国共产党成立以来，对马克思主义中国化创新一直没有间断过。在 1939 年 12 月 13 日的中共中央政治局会议上，毛泽东提出："马克思主义中国化问题，不能说马克思主义早已中国化。马克思主义是普遍的东西，中国有特殊情况，不能一下子就完全中国化。"这正式确定了马克思主义中国化创新的长期性。中国共产党在此后相继发展确立了毛泽东思想、邓小平理论、"三个代表"重要思想、科学发展观等指导思想。

党的十八大以来，习近平总书记通过一系列重要讲话和治理理政举措，在建设中国特色社会主义的实践当中，坚持马克思主义理论的中国化与现代化，将马克思主义中国化拓展到了新的领域，将中国特色社会主义理论提升到了新的境界。党的十九大报告更是指出，我们党紧密结合新的时代条件和实践要求，以全新的视野深化对共产党执政规律、社会主义建设规律、人类社会发展规律的认识，进行艰辛理论探索，取得重大理论创新成果，形成了新时代中国特色社会主义思想。

习近平新时代中国特色社会主义思想不仅论证了新时代我国社会主义主要矛盾的转变，更提出了中华民族伟大复兴的新时代中国共产党的历史使命。在现代化经济体系建设、社会主义民主政治发展、社会主义文化繁荣昌盛的推动、美丽中国建设等一系列领域内，对新时代中国特色社会主义思想提出了新的发展理念。其中，以实现中华民族伟大复兴的"中国梦"，成为新时代中国共产党与全体中国人民共同奋斗的目标，将党的近期目标、中期目标、远期目标融会贯通，把新时代的要求与我国现有实际相结合，极大地丰富与发展了中国特色社会主义思想，使中国特色社会主义理论思想体系往前迈出了极为关键的一大步。

作为马克思主义中国化的重大理论创新成果，新时代中国特色社会主义思想"深刻回答了新形势下党和国家事业发展的一系列重大理论和现实问题，进一步深化了我们党对共产党执政规律、社会主义建设规律、人类社会发展规律的认识，是中国革命、建设和改革的历史逻辑、理论逻辑和实践逻辑的贯通结合，升华了马克思主义发展新境界，续写了中国特色社会主义事业新篇章"。

（三）习近平新时代中国特色社会主义思想是我们事业发展的理论纲领

习近平新时代中国特色社会主义思想为我们提供了"武装头脑、凝心聚魂"的最新理论指导与战略。新时代中国特色社会主义思想第一次提出实现中华民族伟大复兴，激励全体中国人民不断奋进；第一次提出坚持中国特色社会主义道路自信、理论自信、制度自信和文化自信，"提示着中国共产党和中国人民……自觉地、牢牢地把握住中国特色社会主义的文化使命、文化权利和文化责任"；第一次提出要把适应新常态、把握新常态、引领新常态作为贯穿发展全局和全过程的大逻辑，加快实施创新驱动发展战略，全力推进供给侧结构性改革……许许多多的理论创新第一次，为我们提供了巨大的前进力量，为党和人民事业的不断向前发展注入了源源不断的理论源泉。

新时代中国特色社会主义突破性地指出，我国社会主要矛盾已经转化为人民日益增长的美好生活需要和不平衡不充分的发展之间的矛盾。如同在 2012 年 11 月 15 日十八届中央政治局常委与中外记者见面时习近平总书记所指出的，"我们的人民热爱生活，期盼有更好的教育、更稳定的工作、更满意的收入、更可靠的社会保障、更高水平的医疗卫生服务、更舒适的居住条件、更优美的环境，期盼着孩子们能成长得更好、工作得更好、生活得更好。人民对美好生活的向往，就是我们的奋斗目标"。

其中，习近平总书记指出，"保护生态环境就是保护生产力，改善环境就是发展生产力"，"走出一条经济发展和生态文明相辅相成、相得益彰的新发展道路"，为我们构建社会主义和谐社会提供了理论指导；习近平指出，"科学布局生产空间、生活空间、生态空间，给自然留下更多生存空间，给子孙后代留下天蓝、地绿、水净的美好家园"，为我们建设美丽中国提供了行动指南；习近平指出，"全面从严治党永远在路上"，反腐倡廉必须常抓不懈，拒腐防变必须警钟长鸣，关键就在"常""长"二字，"一个是要经常抓，一个是要长期抓”,为我们从严治党与反腐败斗争提供了方向指引。

新时代中国特色社会主义为我们指明了新征程:我们既要全面建成小康社会、实现第一个百年奋斗目标,又要乘势而上开启全面建设社会主义现代化国家新征程,向第二个百年奋斗目标进军。

二、习近平新时代中国特色社会主义思想的信仰力量

邓小平指出,“对马克思主义的信仰,是中国革命胜利的一种精神动力”。作为马克思主义重大理论创新成果,它是全党全国人民为实现中华民族伟大复兴而奋斗的行动指南,为全党全国人民提供了新的信仰力量。

(一)习近平新时代中国特色社会主义思想坚定了人们对中国特色社会主义的信仰

2014 年 5 月 4 日,习近平总书记在北京大学师生座谈会上强调,“现在,我们比历史上任何时期都要更接近实现中华民族伟大复兴的目标,比历史上任何时期都更要有信心、更有能力实现这个目标”。在中华民族伟大复兴的实践过程中,中国共产党第一次提出把党风廉政建设和反腐败斗争作为全面从严治党的重要内容,坚定了人民对新时代中国特色社会主义的信仰。

新时代中国特色社会主义第一次提出每一名党员干部都要坚守“严以修身、严以用权、严以律己,谋事要实、创业要实、做人要实”,做到心中有党、心中有民、心中有责、心中有戒,做到忠诚干净担当,把为党和人民事业无私奉献作为人生的最高追求。

党的十九大报告指出,五年来,我们勇于面对党面临的重大风险考验和党内存在的突出问题,以顽强意志品质正风肃纪、反腐惩恶,消除了党和国家内部存在的严重隐患,党内政治生活气象更新,党内政治生态明显好转,党的创造力、凝聚力、战斗力显著增强,党的团结统一更加巩固,党群关系明显改善,党在革命性锻造中更加坚强,焕发出新的强大生机活力,为党和国家事业发展提供了坚强政治保证。

这种以前所未有的坚定态度、实施勇气与惩治力度,取得了反腐败斗争的巨大成就,使得不能腐、不敢腐、不想腐、不易腐的态势取得压倒性的优势。党中央将反腐败斗争进行到底的政治决心与毅力,不仅营造了良好的政治生态和社会环境,也赢得了全体中国人民的心。

正是新时代中国特色社会主义思想的理论指导,我们党在实践中不断增强人民群众凝聚力,“彰显了马克思主义信仰的时代价值,更在指导现实社会中不断阐释马克思主义信仰的魅力”。

(二)“中国梦”凝聚了全国人民的未来信仰

习近平新时代中国特色社会主义思想确定了新时代中国共产党的历史使命,那就是实现中华民族伟大复兴是近代以来中华民族最伟大的梦想。

习近平总书记在 2012 年 11 月 29 日参观《复兴之路》展览时首次提到“中国梦”,他指出“实现中华民族伟大复兴,就是中华民族近代以来最伟大的梦想”。2013 年 3 月 17 日,在第十二届全国人民代表大会第一次会议闭幕会上,习近平总书记做了重要讲话,对“中国梦”做了更加全面深刻的阐述,“中国梦就是要实现国家富强、民族振兴、人民幸福,中国梦归根到底是人民的梦,实现中国梦的三个基本条件是必须走中国道路、弘扬中国精神、凝聚中国力量。”随着习近平新时代中国特色社会主义思想的不断完善和发展,“中国梦”的内涵与外延也越来越丰富,全国人民群众对“中国梦”的信仰也越来越深入。

“中国梦话语体系通过简明的语言、通俗的表达、民族的风格,把党的执政理念与执政目标同人民大众的切身利益以及中华民族的共同愿望有机统一起来。中国梦话语体系把中国共产党的执政理念与执政目标具体化、生动化、形象化,诉说出了广大民众的心声和期盼,道出了中华民族的百年梦想,激发了中华民族内心深处强烈的民族情感,因而在社会上得到强烈共鸣。”

“中国梦”把实现中华民族伟大复兴的理想清晰明确生动地表达出来,“无论面对多少挑战、多大困难,都始终以中华民族深厚的文化积淀和历史智慧为底蕴,给人以希望、给人以信心、给人以力量”。“中

国梦”是国家富强、民族振兴与人民幸福的和谐统一，是致力于当下的现实画卷，更是着眼于未来的理想蓝图。在新时代中国特色社会主义发展的“两个阶段”建设时期，“中国梦”将引导着中国人民不断奋斗、不断向前。

（三）“四个自信”坚定了全国人民对中国特色社会主义文化的信仰

新时代中国特色社会主义思想强调坚定道路自信、理论自信、制度自信、文化自信。“四个自信”的提出，创造性地拓展了党的十八大提出的中国特色社会主义“三个自信”，使得中国特色社会主义思想的文化建构更加完善明确。它不仅是对我国特色社会主义文化生命力的充分肯定，更为我们在新时代这一伟大征途中提供了强大的文化信仰力量。

2016 年 7 月 1 日，习近平总书记在庆祝中国共产党成立 95 周年大会上发表了重要讲话。他指出，全党要坚定道路自信、理论自信、制度自信、文化自信。当今世界，要说哪个政党、哪个国家、哪个民族能够自信的话，那中国共产党、中华人民共和国、中华民族是最有理由自信的。有了“自信人生二百年，会当水击三千里”的勇气，我们就能毫无畏惧面对一切困难和挑战，就能坚定不移开辟新天地、创造新奇迹。

在中国特色社会主义进入新时代之时，全中国人民越来越坚信，中国特色社会主义道路是实现中华民族伟大复兴的必由之路，只有这条道路才能引领中国人民夺取新时代中国特色社会主义伟大胜利；新时代中国特色社会主义思想是指导党和人民不断奋斗，是立于时代前沿的正确理论、科学理论与先进理论；中国特色社会主义制度是当代中国发展进步的根本制度保障，是无可比拟的先进制度；中国特色社会主义文化积淀着中华民族最深层的精神追求，在经历中国特色社会主义的洗礼后，有着无比强大的生命力。

三、习近平新时代中国特色社会主义思想的担当力量

党的十九大报告指出，五年来，我们党以巨大的政治勇气和强烈的责任担当，提出一系列新理念新思想新战略，出台一系列重大方针政策，推出一系列重大举措，推进一系列重大工作，解决了许多长期想解决而没有解决的难题，办成了许多过去想办而没有办成的大事，推动党和国家事业发生历史性变革。随着新时代的到来，习近平新时代中国特色社会主义思想将给中华民族伟大复兴、全面从严治党及为人类做出更大贡献提供强大的担当力量。

（一）新时代中国特色社会主义思想为实现中华民族伟大复兴提供担当力量

2013 年 6 月 28 日召开的全国组织工作会议上，习近平总书记在讲话中特别强调敢于担当的问题，他指出，“担当就是责任，好干部必须有责任重于泰山的意识”，“为了党和人民事业，我们的干部要敢想、敢做、敢当，做我们时代的劲草、真金”。2014 年 2 月 7 日，习近平接受俄罗斯电视台专访，“我的执政理念，概括起来说就是：为人民服务，担当起该担当的责任”。习近平总书记一直强调勇于担当的重要性，它已经成为新时代中国特色社会主义思想的一个鲜明特征。

实现中华民族伟大复兴，不仅是勇于担当的精神动力，更为党和人民提供了担当的力量。习近平指出，“我们的责任，就是要团结带领全党全国各族人民，接过历史的接力棒，继续为实现中华民族伟大复兴而努力奋斗，使中华民族更加坚强有力地自立于世界民族之林，为人类做出新的更大的贡献”，“党的十八大以来，我们新一届中央领导集体接过了党、国家、人民交给我们的沉甸甸的接力棒，我们一定要接好这一棒”。

事实上，敢于担当一直是中国共产党的优良传统。毛泽东强调“我们是为着解决困难去工作、去斗争的。越是困难的地方越是要去，这才是好同志”。邓小平更是要求在工作遇到困难的时候“要敢字当头，横下一条心”。这就要求我们按照新时代中国特色社会主义思想的要求，持续发扬敢于担当的精神。习近平多次强调要引导干部职工正确认识苦和乐、得和失的关系，牢固树立奉献精神，养成“计利当计天下利”的胸襟。

如今，这个接力棒仍在继续，在承前启后、继往开来的新时代下，新时代中国特色社会主义思想持续为实现中华民族伟大复兴提供担当力量，鼓舞着全中国人民在新的历史条件下继续夺取中国特色社会主义伟大胜利。

（二）新时代中国特色社会主义思想为全面从严治党提供担当力量

党的十八大以来，以习近平同志为核心的党中央坚持全面从严治党，从全面建成小康社会、全面深化改革、全面依法治国、全面从严治党等“四个全面”的战略高度，对党的各项建设进行新推进、新布局，形成了一系列党的建设新理论，构成了新时代中国特色社会主义思想的重要组成部分，为进一步坚持全面从严治党提供了强大的支撑力量。

习近平总书记从战略全局角度论述了全面从严治党的重要性和紧迫性，“党要管党，才能管好党；从严治党，才能治好党。如果管党不力、治党不严，人民群众反映强烈的党内突出问题得不到解决，那我们党迟早会失去执政资格，不可避免被历史淘汰”。他特别强调治党要有担当意识，“‘打铁还需自身硬’是我们党的庄严承诺，全面从严治党是我们立下的军令状”。

全面从严治党的深入推进，是新时代中国特色社会主义思想为全面从严治党的担当力量重要体现。全面从严治党已经形成一个完整、系统的科学理论体系，它“不仅具有鲜明的现实针对性和实践操作性，更蕴含着深深的爱党、忧党、为党情怀，体现了鲜明的党性原则和担当精神”。

新时代中国特色社会主义思想全面从严治党部分内涵丰富，目标明确，具有重要的战略意义，是推进我国进一步反腐倡廉的强大理论依据，是新时代我国反腐败斗争的科学行动指南。它指引全党坚定对习近平全面从严治党思想的理论自信与实践自信，就如习近平总书记在党的十九大报告中强调的那样，“把党建设成为始终走在时代前列、人民衷心拥护、勇于自我革命、经得起各种风浪考验、朝气蓬勃的马克思主义执政党”。

（三）新时代中国特色社会主义思想给我国为人类做出更大贡献提供担当力量

党的十九大报告指出，经过长期努力，中国特色社会主义进入了新时代，这是我国发展新的历史方位。中国特色社会主义进入新时代，意味着中国特色社会主义道路、理论、制度、文化不断发展，拓展了发展中国家走向现代化的途径，给世界上那些既希望加快发展又希望保持自身独立性的国家和民族提供了全新选择，为解决人类问题贡献了中国智慧和中国方案。这便要求“我国日益走近世界后台中央、不断为人类作出贡献”，这是一种伟大的担当精神。

要实现“不断为人类做出贡献”的担当，需要新时代中国特色社会主义思想的指引。历史上，中华民族曾经以先进的文明为世界做出了特别的贡献，深深影响了世界的进程。如今，中国再次步入新时代，开启了“不断为人类做出贡献”的新时代。在庆祝中国共产党成立 95 周年大会上，习近平指出，“中国将积极参与全球治理体系建设，努力为完善全球治理贡献中国智慧”，“中国发展得益于国际社会，愿意以自己的发展为国际发展做出自己的贡献”。

如今，在新时代中国特色社会主义思想的指引下，中国正在通过自己的实践，不断通过建设中国特色社会主义，通过坚定的道路自信、理论自信、制度自信以及文化自信，将发展的成功经验散播出去，为世界和平与发展担当起自己的大国责任。

（作者单位：国家税务总局连云港市税务局）

新时期加强地税党建工作的思考

朱　伟　黄玉宏　朱生清

一、党建工作存在的问题与不足

(一)教育流于形式,带来认识偏差

客观地讲,目前地税系统部分基层党组织的支部会、支委会、党小组会和党课还流于形式,没有真正把"工作中教育,教育中工作"的党建要求落到实处,导致少部分党员干部对当前形势缺乏深刻的了解和认知,还是以老思想、老观念、老方法对待组织、对待工作、对待自己。在此情况下,牢骚满腹,乱发言论,认为组织高高在上,认为组织不关心职工,把一切责任推向组织,把所有委屈留给自己。而不是静下心来,认真地想一想组织决策的依据是什么,组织决策的导向为了什么,组织决策的要求该如何落实,结果导致个人与组织人心向背,背道而驰。

(二)有效沟通不力,影响工作执行

不可否认,当前在系统内部分部门、部分群体中时不时还会传来不和谐的音符,这些杂音的存在在某种程度上影响了干群关系,影响了税务人员的工作热情,影响了任务的推动和落实。究其缘由,主要还是缺少沟通,相互之间产生了隔阂,带来思想不同步,你说你的,我做我的,看似大家都在忙,但却如和尚撞钟,整天消磨时间,工作缺乏效率和质量,联动力不够,执行力不高,创造力不强,质效力不优。

(三)党建载体缺乏,凝心聚力不够

体现为工作方法缺乏,没能很好地做到以理服务与以情感人相结合,真理力量与人格力量相统一,导致实际工作中个人与组织发展不同步,个人与组织领导之间不同心;体现为工作内容缺乏,党建推动、带动、促动税收中心的针对性实效性不强,党员干部的工作热情不高,党建优势发挥不明显;体现为工作方式缺乏,党建合力不够,未能真正地贴近基层、深入基层,把党建真正做在党员的心坎上,党组织的战斗堡垒和党员的先锋作用发挥欠佳。

二、对策与建议

(一)教育常态化,引领党员干部提高思想自觉和行动自觉

在计划层面,实行一月一训。由负责党务工作的机构或部门联合人事教育科、纪检监察室共同制定月度教育计划,于每月局务会通过后以函正式下发,增强教育计划的刚性,确保教育内容落地生根。在方式上,建议由局各分管领导带队,定期参加各支部会议,将支部会与各单位局务工作会议一并进行,上传下达,听取意见,释疑解惑,既掌控基层实情和党员干部心理动态,也让党员干部明白党组的意图,清楚党组的意向,坚守目标定位,心往一处想,劲往一处使,实现一个声音传到底,一个调子唱到底,上下同步,共同进步,形成地税事业发展的共同体。在导向上,培树"三种意识",针对一般党员干部,树立勤奋意识,分类型分业务范围开展"地税是我家、兴业靠大家"业务竞赛,营造学比赶拼超的工作氛围;对中层正职,树立使命意识。一方面自下而上,配合党组定期组织沟通交流;另一方面,自上而下,局党组与中层党员干部定期互通有无,通过尊重中层正职的意见,信任中层正职的行为,扩大中层正职的人财物权力,激发中

层正职的干事热情、带队热情，发挥出中层正职的组织力、协调力、创新力、垂范力，真正成为事业发展的中坚力量。在全局上下树立责任意识，对重点工作、重点事项、重点环节、重点人员，强化经常性督查、经常性指导、经常性帮扶，以诚待人，宽容待人，容许工作中出现的过错，多以表扬性语言鞭策后进，促其从思想上、行动上加快转变，做到在岗在心，用心工作，将自己的责任田种植好，收获最优成果。

（二）沟通常态化，营造合作互鉴、和谐共进的工作氛围

主要在密切四层关系上下功夫。一是处理好党组与党务部门的关系，局党组应扩大机关党务部门融入中心工作、专项工作的参与度，让机关党务部门及时掌握了解中心工作的重点、热点、关注点，利用各支部会议有针对地抓好对党员干部的宣传解释、督促引导，实现矛盾化解有的放矢，思想认识求同存异，将党员干部的力量凝聚到工作中来。二是处理好党务部门与各支部的关系，前移党务部门工作阵地，做到真正深入基层，及时将党组的声音传到各支部，又指导各支部工作按党建要求良序开展，发挥党支部的战斗堡垒作用。同时通过深入基层，加强与各支部书记和党员干部的沟通，共同探讨解决支部党员不良思想、不良行为的路径和途径，对能解决的及时解决，对需要党组解决的，及时提请解决；同时对系统内存在的共性现象、潜在风险形成专题报告上报党组，适时将基层和党员干部的思想、心声传上去，成为上传下达的桥梁，发挥党务部门的参谋助手和工作纽带作用。三是处理好支部与党员的关系，引导各支部利用各种节日平台和思想分析会、廉政对照日、谈心等载体，实现对党员教育管理的常态化。同时要求各支部负责人对所属党员的问题和错误思想能够消化在内部、解决在内部的，必须在内部解决，不把矛盾激化，不把问题扩大，不把责任上推，做到守土一方，各司其职。要将此作为各支部主要负责人责任列入目标考核，对履职不力造成一定影响的，给予绩效扣分和行政问责，促使各支部负责人把责任扛在肩上，装在心中。四是处理好组织与个人的关系，重点围绕“我是谁为了谁依靠谁”，引导党员干部摆正“党员身份、地税人身份”两个身份，自觉维护大局利益和集体利益。在为了谁方面：引导党员干部把维护纳税人和社会群众的利益作为工作的导向；在依靠谁方面，把依靠团队、形成发展共同体贯穿于党员干部大脑，激发全员协作，携手共进的热情；在我是谁方面，采取第三方测评、群众评议、民主生活会、服务承诺等措施，倒逼党员干部摆正位置，树立正确的人生观、世界观和价值观。

（三）活动常态化，营造鼓舞士气，弘扬正气的治税环境

区分党员干部类型，发挥党、工、团、妇作用，将活动作为保护党员干部身心健康，保持阳光心态，积聚正能量，激发精气神的有效手段，进而与各类教育培训形成“互补”。重点做好以下五个方面：一是用真挚的情感贴近党员干部，通过活动，通过纳谏，通过激励，体现党组的担当和亲切感，提高党组的威信和领导的个人魅力。二是用真正的行动解决党员干部的后顾之忧，变观望落实为主动解决，变被动应付为靠前倾听，变上纲上线为容错纠错，捋顺干部心气，激发工作热情和奉献精神。三是用真实的语言赢得党员干部的拥护。说实话，说真话，说掏心窝子的话，不讲套话，虚话，说到就要做到，做不到的不说。四是用真心关怀提高党员干部对组织的信赖度。重点在政治上关心党员干部，通过轮岗、双向选择、提拔，让党员干部感到有奔头，未来充满希望，进而紧密团结在党组身边。五是用真诚的帮扶体现党组对党员干部的关怀。通过走访、慰问、捐款、捐物、协调、上争，解决干部职工家庭遇到的就业、上学、医疗等实际问题。

（四）执纪常态化，深化作风建设和党风廉政建设。聚焦“四风”，坚决落实“中央八项规定”

以学习贯彻新的党员干部廉洁自律准则和新的党员干部纪律处分条例为抓手，强化岗位廉政教育，有效预防党员干部职务犯罪。定期组织开展廉政教育主题和各项专题教育活动，将作风建设和廉洁自律抓在平时。严格执行党风廉政建设责任制、一岗双责和两个责任制度，将纪律规矩挺在前面，切实加强监督检查，不定期对党员干部的工作纪律、税容风纪等方面明察暗访，预防失之于宽、失之于软。

（作者单位：国家税务总局宝应县税务局）

新形势下基层税务部门推进数字化档案建设的思考

黄卫东　张　俊　徐　凡

所谓数字化档案建设，就是将以传统纸质为载体的档案资料，通过计算机网络技术进行处理，实现档案原件、原文、原貌的计算机采集储存传输检索、查询利用等涵盖文件生命周期管理的全过程。数字化档案在提高管理水平、保障档案安全、提升服务效率等方面都具有重要意义，是对传统档案管理模式的一种创新和突破。而税收档案作为记录税制体系、征管体系、服务体系等整个税收活动的重要载体，在服务地方经济决策、提升征管质量、改进服务水平、推进信息管税等方面发挥着基础性作用。如何准确认识在税收档案数字化建设中存在的问题，科学借鉴国外的一些先进经验和做法积极应对，将是基层税务部门推进税收现代化过程中亟须面对和解决的问题。

一、当前基层税务部门推进数字化档案建设存在的问题

近年来，随着大数据战略、“互联网＋政务服务”等现代信息技术的发展和应用，税收档案信息化建设有了飞速发展，数字化管理水平也有了很大提高，“原始保管、手工检索、上门利用”的传统税收管理和应用模式已经得到根本改变。但是，相比于社会信息化发展趋势以及税收管理的现代化需求，基层税务部门的档案数字化建设仍普遍相对滞后，还存在许多不足亟待解决。

（一）推进数字化档案建设的思想认识不足

目前来看，安全、便捷、高效的数字化技术在档案管理工作中的应用，已经得到了社会各界的普遍认可。但在税收工作实践中，由于税收工作具有高度的专业性，“重业务执法、轻档案管理”思想仍然存在，很多基层税务部门还没有真正认识到档案工作在整个税收工作中的作用和地位，还没有深刻意识到数字化档案建设的重要性和紧迫性，缺乏统一的规划设计，硬软件资金投入保障不足，阻碍了数字化档案建设进程。另外，当前基层税务部门档案管理专职人员普遍不足，且对档案专业知识及计算机技术掌握不够，也鲜有招录档案类专业人才，个别计算机专业人才也不愿从事档案管理工作，因此档案人才的缺乏也是制约数字化档案建设的主要因素。

（二）推进数字化档案建设的技术应用不足

推进数字化档案建设的基础是强大的档案数字化管理系统，但从目前基层税务部门档案工作实际来看，档案管理仍是以“金三”系统为依托的档案管理体系，采集方式主要经过再扫描录入系统，缺乏对电子档案资料及相关数据的统计分析、指导和应用，档案管理系统所采集的数据只能通过管理码或纳税人名称来检索，而不能直接检索文件内容，在档案工作中依托现代信息技术的机制还尚未形成，科技应用程度还不高。同时由于征管职能的细化，相关档案均以部门为单位，档案资料移交不及时、不准确和不规范现象也在所难免。另外在对外利用方面，由于涉税数据的敏感性以及涉及纳税人隐私，目前税收数字档案信息的利用主要系统内部查询使用，对外开放程度有限，数字档案对外服务功能尚未完全发挥，有待进一步进行系统优化和提升。

（三）推进数字化档案建设的制度标准不足

在实际工作中，基层税务部门涉及的资料文书非常复杂，行政管理、发票管理、税收执法等档案资料种类很多，数量也十分庞大。目前只要能获取到的资料都要进行扫描上传，没有明确的采集范围，加大了档案采集的工作量。同时对于即将到期的执法案件、稽查卷宗等档案资料，由于其基本已没有利用价值，如果也全部进行数字化归档，会消耗大量的人力、物力和财力。另外，由于以前档案载体和装订的特殊性，再次数字化处理可能造成档案的损坏或遗失，加大了工作难度。在档案质量方面，数字化档案不仅受档案原件质量的影响，档案的文件格式、图像像素等也会影响档案质量。目前由于缺乏统一的文件格式和像素标准，部分数字档案还无法满足实际的利用需求，制约了数字化档案工作的整体质量。

（四）推进数字化档案建设的安全防范不足

以实体档案为管理对象的传统档案管理模式，档案安全的工作重点是防火、防盗、防潮等。但在数字化档案建设中，计算机和网络技术应用必不可少，而当前基层税务部门信息安全管理制度和安全防护技术普遍不足，尚未形成新的电子档案管理模式下的安全防范体系，一旦出现系统故障、计算机中毒以及硬件损坏等情况，就会发生档案丢失、数据泄密等安全隐患，数字化档案安全问题不容忽视。

二、国外税收档案数字化建设的经验做法

欧美等世界很多发达国家税收治理现代化程度高，依托开放的服务理念、高度的信息化水平以及科学的税收中介服务模式，推动了税收档案数字化建设的高水平发展，对我国基层税务部门推进数字化档案建设具有借鉴意义。

（一）开放的服务理念培养了大批高素质档案人才

包括税收档案在内，欧美等发达国家档案管理的主要初衷是为公众服务，档案工作者通过挑选和保管文献、照片、录音等有价值的档案，对市民开放并提供良好的档案服务，帮助公众加深对过去相关事件的了解。特别是随着现代科技的发展，欧盟还专门对 21 世纪的档案工作者提出了扎实掌握档案整个生命周期中所有的专业知识，全面了解部门职能、程序和行政等方面的管理知识，必须掌握计算机以及数字化技术等多项专业技能要求，所有档案工作者除了较强的服务意识、接受过较高的档案教育外，也要具有较强的实践能力。

（二）高度的信息化奠定了税收档案数字化的基础

从 20 世纪 60 年代开始，美国就开始税收的计算机网络技术应用，建立了涵盖纳税服务、企业征管、电子申报、图像识别、综合统计、人力资源管理、财务管理等多个子系统的综合信息管理系统，实现了从税收预算、税务登记、纳税申报、税款征收、税务稽查、税源控制、纳税资料收集存储检索等环节的信息化网络化。德国基本实现了税收管理信息化全覆盖。通过设立信息处理中心和税务服务信息站，借助计算机网络传递、汇总信息，把纳税人信息全部纳入信息技术集成处理，纳税人可以通过网络及时准确地查询和利用所需信息。瑞典、丹麦等北欧国家同样特别注重税收的信息化水平，通过网络系统全部实现了与海关、银行等部门的电子监管一体化，保证了税收档案资料采集的便捷、全面。可见，依托现代信息技术，发达国家税收档案管理更多是在征管环节同步采集完成，而不是后期的扫描补录，既保证了档案采集的质量也降低了成本，电子化档案管理水平较高。

（三）科学的中介服务为数字化档案建设提供了便利

众所周知，美国的税法非常严格而且复杂，一般人很难全面掌握，因此美国许多公司、企业及个人，在相关的税收事项中都会请专业的社会中介机构进行处理。这些从事税务中介服务的社会中介机构从业人员，普遍由会计师、律师或专业报税人员组成，主要帮助纳税人进行纳税申报、逻辑审核等。这些专业的办税机构和人员，在税收资料的提交和处理等方面都相对比较熟悉和专业，这也就保证了原始档案资

料的全面、准确。在德国，普遍通过会计（税务）师数据处理中心为纳税人进行代理纳税申报，会计（税务）师数据处理中心与税务部门的信息处理中心联网，纳税人的电子申报资料直接在信息处理中心采集归档。

三、基层税务部门推进数字化档案建设的建议

2013年10月，国家档案局提出用15年左右时间建成以数字资源为基础、安全管理为保障、远程利用为目标的数字档案馆（室）体系。2014年，中办、国办下发意见，要求各地、各部门把数字档案馆（室）建设列入信息化建设整体规划。2014年9月，江苏省委办公厅、省政府办公厅明确要求把数字档案馆（室）建设作为“十三五”期间档案事业发展的主要任务。特别是部分基层部门5A级数字档案室的建成和通过，不仅丰富了基层税务部门对税收档案管理应用的认识，也为数字化档案建设提供了标准和参考。但对照国际经验，基层税务部门的数字化档案建设依然任重道远，笔者认为，还须从思想认识、制度规范、信息化建设、安全防范等方面进行系统性深层次的思考和改进。

（一）深化数字化档案建设的思想认识

作为基层税务部门，要切实增强对数字化档案建设对税收治理现代化紧迫性、现代信息技术发展必然性、档案事业发展规律客观性的思想认识，明确本单位数字化档案建设工作的目标和职责，建立数字化档案建设的检查考核和监督约束机制，切实部署和落实数字化档案建设工作。同时要加大数字化档案建设的资金投入，购买先进的计算机、打印机、扫描和录像等设备，建设综合化的网络系统及档案管理平台，确保软硬件设施的齐备健全。注重档案管理人才的培养，特别是从新招录公务员起，就把好从事档案工作的入口关，加大日常的档案管理知识以及计算机、信息软件操作的培训力度，着力打造一支技术能力和职业素质兼备的档案工作队伍。

（二）完善数字化档案建设的制度规范

税收档案的数字化建设是一项系统性工程，需要多个环节紧密配合，需要严格的制度保障，基层个税务部门在按照档案管理局制定的信息化标准操作的同时，也要结合税收工作实际，不断完善税收档案管理的标准体系，从档案保存、利用、鉴定和销毁等方面，制定每个环节的作业内容、作业标准、作业流向和作业时限，如进一步明确传统载体档案（文书、录音、录像）以及各类电子文件归档和接收的范围、保存期限、数据质量等，减轻档案管理的工作量，减少不必要的数据储量。统一电子资源格式、元数据内容以及数据提取方式，为今后与其他部门数字档案系统的连接共享打好基础。

（三）强化数字化档案建设的信息技术支持

尽管“金三”系统的上线大大提升了税收档案管理工作的信息化水平，但由于现有的档案管理系统不是基于网络开放条件下设计的，无法实现外部涉税电子资料和档案的同步获取。因此必须要加快税收共治网络建设，增强信息的共享力度和覆盖面，切实发挥网络信息技术的优势，实现对外部涉税电子文档和资料的同步获取、归档以及查询利用，降低税收电子档案的采集难度。另外对现有档案管理平台，要统筹考虑实际税收征管业务流程与档案归集处理的内在联系，不断优化和完善相关模块功能，在确保业务流转需要的基础上，对相互关联的相关电子和纸质、文档和影像等资料进行自动识别，实现相同资料一次采集避免重复。同时积极探索档案管理系统对存储资料的逻辑审核以及外部的即时查阅等功能，最大限度发挥档案的服务功能。

（四）加强数字化档案建设的安全防范

计算机和网络技术是数字化档案建设的前提，由此而带来的信息安全问题也是数字化档案建设中不可忽视的一大难题。在数字化档案建设中，作为档案工作者必须具备高度的安全意识，了解各种档案新载体的物理性能，掌握基本的网络安全策略和知识，坚持做到档案数据的全方位、实时备份，确保档案数

据不丢失、不泄密安全可靠。同时对档案管理系统要积极采取一些必要的安全防范举措，通过定期杀毒、设置防火墙、数据备份、口令加密等防护措施，确保系统运行和档案数据的安全。

（作者单位：国家税务总局淮安市洪泽区税务局）

编后语

2018年6月15日，全国各省（自治区、直辖市）级以及计划单列市国税局、地税局同时宣告合并，36个省级新税务机构统一挂牌，标志着国税地税征管体制改革迈出关键一步。

这是改革开放40年以来，继20世纪80年代“利改税”和1994年分税制改革后，我国税收征管体制迎来的第三次重大改革。

与往年一样，2018年3月中国税制改革与发展编辑部发起了征文活动，并在同年5月底截止征稿。《2018中国税官论税制改革》一书，内容包括税制改革、增值税、所得税、房地产税、消费税环境保护税及其他相关税种、税收征管、税务稽查、涉外税收、税收法制建设、职工队伍建设十个部分。论文的许多内容都是参照2018年全国税务系统改革之前的政策法规，对了解我国税务发展历程不无参考价值。所以我们依旧保留了文章原有的内容，未作改动，只为记录下来，留作历史的见证。

自1995年以来，《中国税官论税制改革》征文活动已经连续逐年举办24届，《中国税官论税制改革》文集也已经随之出版23卷，得到了全国各地各级税务机关的大力支持和税务人员的积极参与。在此一并感谢所有的作者和税务同仁！

中国税制改革与发展编辑部

2019年8月